Rechtsanwaltskanzlei
Gerald Munz
Bismarckstraße 75
70197 Stuttgart
Tel.: 07 11 / 305 888-3
Fax: 07 11 / 305 888-4
E-Mail: info@ra-munz.de
Internet: www.ra-munz.de

Kossens/von der Heide/Maaß

SGB IX

SGB IX

Rehabilitation und Teilhabe
behinderter Menschen
mit Behindertengleichstellungsgesetz

Kommentar

Herausgegeben von

Dr. Michael Kossens
Niedersächsische Staatskanzlei, Hannover

Dr. Dirk von der Heide
Deutsche Rentenversicherung Bund, Berlin

Dr. Michael Maaß
Behörde für Soziales und Familie der Freien und
Hansestadt Hamburg

Bearbeitet von den Herausgebern und von

Dr. Friedrich-Wilhelm-Dopatka, Rechtsanwalt, Berlin, Staatssekretär a. D.
Dr. Ulrich Gerke, Bundesarbeitsgemeinschaft für Rehabilitation, Frankfurt
Marion Götz, Deutsche Rentenversicherung Bund, Berlin
Ingo Nürnberger, Deutscher Gewerkschaftsbund Bundesvorstand, Berlin
Dr. Hans-Günther Ritz, Behörde für Soziales und Familie der Freien
und Hansestadt Hamburg
Martin Vogt, Bundesministerium für Wirtschaft und Arbeit, Berlin
Frank Wollschläger, Deutsche Rentenversicherung Bund, Berlin

2. Auflage

Verlag C. H. Beck München 2006

Zitiervorschlag:
Kossens/von der Heide/Maaß, SGB IX, § 31 Rdnr. 2

Verlag C. H. Beck im Internet:
beck.de

ISBN 3 406 54046 5

© 2006 Verlag C. H. Beck oHG
Wilhelmstraße 9, 80801 München
Druck: Bercker Grafischer Betrieb GmbH,
Hooge Weg 101, 47624 Kevelaer

Gedruckt auf säurefreiem, alterungsbeständigem Papier
(hergestellt aus chlorfrei gebleichtem Zellstoff)

Bearbeiterverzeichnis

SGB IX

I. Nach Paragraphen

Einleitung	Maaß
§§ 1–16	Götz
§§ 17–21a	von der Heide
§§ 22–25	Nürnberger
§§ 26–32	Gerke
§§ 33–43	Vogt
§§ 44–54	von der Heide
§§ 55–67	Wollschläger
§§ 68–160	Kossens

II. In alphabetischer Ordnung

Gerke	§§ 26–32
Götz	§§ 1–16
von der Heide	§§ 17–21a und 44–54
Kossens	§§ 68–160
Maaß	Einleitung
Nürnberger	§§ 22–25
Vogt	§§ 33–43
Wollschläger	§§ 55–67

Behindertengleichstellungsgesetz – BGG .... Ritz/Dopatka

Vorwort

Mehr als vier Jahre sind seit dem Inkrafttreten des SGB IX am 1. 7. 2001 vergangen. An zahlreichen Stellen ist das neue Gesetz u.a. durch den Erlass von Empfehlungen nach § 13 SGB IX sowie durch Rechtsprechung und Fachliteratur näher konkretisiert worden. Daneben hat der Gesetzgeber das SGB IX durch eine Vielzahl von Änderungen im Rahmen der zwischenzeitlich erfolgten sozialpolitischen Reformen angepasst. Hervorzuheben ist dabei das Gesetz zur Förderung der Ausbildung und Beschäftigung schwerbehinderter Menschen vom 23. 4. 2004 (BGBl. I S. 606), mit dem u. a. die Beschäftigungsquote dauerhaft auf 5% festgesetzt, die Anrechnungsmöglichkeiten schwerbehinderter Menschen auf die Pflichtquote erweitert, der Präventionsgedanke gestärkt, das Verfahren des besonderen Kündigungsschutz beschleunigt und die Rechte der Schwerbehindertenvertretungen verbessert wurden.

Diese gesetzlichen Neuerungen und die seit der 1. Auflage ergangene Vielzahl gerichtlicher Entscheidungen lassen eine Neubearbeitung des Praxiskommentars SGB IX sinnvoll und notwendig erscheinen. Neben der Kommentierung zum SGB IX haben sich die Herausgeber entschlossen, auch das Bundesbehindertengleichstellungsgesetz mit in die Kommentierung einzubeziehen. Hier konnten die Herren *Dr. Dopatka* und *Dr. Ritz* als neue Autoren gewonnen werden. Das Autorenteam ist zudem durch Herrn *Wollschläger* (Deutsche Rentenversicherung Bund), Herrn *Dr. Gerke* (BAR) sowie Herrn *Nürnberger* (DGB-Bundesvorstand) ergänzt worden.

Die Grundstruktur des Kommentar ist dadurch nicht berührt worden. Unter Einziehung der aktuellen Rechtsprechung werden die Vorschriften im Hinblick auf die in der Praxis relevanten Fragestellungen erörtert. Ziel der Herausgeber war es, durch einen klaren Gliederungsaufbau der Kommentierung dem Leser einen schnellen Zugriff auf die gesuchte Problematik zu geben. Der Abdruck der wichtigsten Verordnungen im Anhang sowie zahlreiche Internethinweise erleichtert die praktische Arbeit von Rechtsanwälten, Richter, den Mitarbeitern bei Gewerkschaften und Arbeitgeberverbänden sowie den Wohlfahrtsorganisation.

Bremen und Berlin im März 2006
Dr. Michael Kossens
Dr. Dirk von der Heide
Dr. Michael Maaß

Inhaltsübersicht

	Seite
Bearbeiterverzeichnis	V
Inhaltsverzeichnis	XI
Abkürzungsverzeichnis	XVII
Literaturverzeichnis	XXV
I. Sozialgesetzbuch (SGB) Neuntes Buch (IX) – Rehabilitation und Teilhabe behinderter Menschen	1
II. Behindertengleichstellungsgesetz	528
Anhang	589
Stichwortverzeichnis	661

Inhaltsverzeichnis

	Seite
Abkürzungsverzeichnis	XVII
Literaturverzeichnis	XXV

I. Sozialgesetzbuch (SGB) Neuntes Buch (IX) – Rehabilitation und Teilhabe behinderter Menschen

Einleitung 1

Teil 1. Regelungen für behinderte und von Behinderung bedrohte Menschen

Kapitel 1. Allgemeine Regelungen

§ 1	Selbstbestimmung und Teilhabe am Leben in der Gesellschaft	35
§ 2	Behinderung	39
§ 3	Vorrang von Prävention	42
§ 4	Leistungen zur Teilhabe	44
§ 5	Leistungsgruppen	47
§ 6	Rehabilitationsträger	50
§ 7	Vorbehalt abweichender Regelungen	51
§ 8	Vorrang von Leistungen zur Teilhabe	53
§ 9	Wunsch- und Wahlrecht der Leistungsberechtigten	54
§ 10	Koordinierung der Leistungen	58
§ 11	Zusammenwirken der Leistungen	60
§ 12	Zusammenarbeit der Rehabilitationsträger	62
§ 13	Gemeinsame Empfehlungen	63
§ 14	Zuständigkeitsklärung	71
§ 15	Erstattung selbstbeschaffter Leistungen	79
§ 16	Verordnungsermächtigung	81

Kapitel 2. Ausführung von Leistungen zur Teilhabe

§ 17	Ausführung von Leistungen, Persönliches Budget	83
§ 18	Leistungsort	89
§ 19	Rehabilitationsdienste und -einrichtungen	94
§ 20	Qualitätssicherung	99
§ 21	Verträge mit Leistungserbringern	103
§ 21 a	Verordnungsermächtigung	107

Kapitel 3. Gemeinsame Servicestellen

§ 22	Aufgaben	107
§ 23	Servicestellen	112
§ 24	Bericht	115
§ 25	Verordnungsermächtigung	118

Kapitel 4. Leistungen zur medizinischen Rehabilitation

§ 26	Leistungen zur medizinischen Rehabilitation	118
§ 27	Krankenbehandlung und Rehabilitation	121
§ 28	Stufenweise Wiedereingliederung	123

Inhaltsverzeichnis

		Seite
§ 29	Förderung der Selbsthilfe	125
§ 30	Früherkennung und Frühförderung	128
§ 31	Hilfsmittel	135
§ 32	Verordnungsermächtigungen	138

Kapitel 5. Leistungen zur Teilhabe am Arbeitsleben

Vorbemerkung		138
§ 33	Leistungen zur Teilhabe am Arbeitsleben	142
§ 34	Leistungen an Arbeitgeber	152
§ 35	Einrichtungen der beruflichen Rehabilitation	156
§ 36	Rechtsstellung der Teilnehmenden	159
§ 37	Dauer von Leistungen	161
§ 38	Beteiligung der Bundesagentur für Arbeit	162
§ 39	Leistungen in Werkstätten für behinderte Menschen	164
§ 40	Leistungen im Eingangsverfahren und im Berufsbildungsbereich	165
§ 41	Leistungen im Arbeitsbereich	167
§ 42	Zuständigkeit für Leistungen in Werkstätten für behinderte Menschen	170
§ 43	Arbeitsförderungsgeld	171

Kapitel 6. Unterhaltssichernde und andere ergänzende Leistungen

§ 44	Ergänzende Leistungen	173
§ 45	Leistungen zum Lebensunterhalt	176
§ 46	Höhe und Berechnung des Übergangsgelds	181
§ 47	Berechnung des Regelentgelts	184
§ 48	Berechnungsgrundlage in Sonderfällen	188
§ 49	Kontinuität der Bemessungsgrundlage	190
§ 50	Anpassung der Entgeltersatzleistungen	191
§ 51	Weiterzahlung der Leistungen	193
§ 52	Einkommensanrechnung	199
§ 53	Reisekosten	203
§ 54	Haushalts- oder Betriebshilfe und Kinderbetreuungskosten	206

Kapitel 7. Leistungen zur Teilhabe am Leben in der Gemeinschaft

Vorbemerkung		209
§ 55	Leistungen zur Teilhabe am Leben in der Gemeinschaft	210
§ 56	Heilpädagogische Leistungen	213
§ 57	Förderung der Verständigung	215
§ 58	Hilfen zur Teilhabe am gesellschaftlichen und kulturellen Leben	216
§ 59	Verordnungsermächtigung	217

Kapitel 8. Sicherung und Koordinierung der Teilhabe

Titel 1. Sicherung von Beratung und Auskunft

§ 60	Pflichten Personensorgeberechtigter	218
§ 61	Sicherung der Beratung behinderter Menschen	219
§ 62	Landesärzte	221

Titel 2. Klagerecht der Verbände

§ 63	Klagerecht der Verbände	222

Titel 3. Koordinierung der Teilhabe behinderter Menschen

§ 64	Beirat für die Teilhabe behinderter Menschen	223
§ 65	Verfahren des Beirats	225

Inhaltsverzeichnis

		Seite
§ 66	Berichte über die Lage behinderter Menschen und die Entwicklung ihrer Teilhabe	226
§ 67	Verordnungsermächtigung	228

Teil 2. Besondere Regelungen zur Teilhabe schwerbehinderter Menschen (Schwerbehindertenrecht)

Kapitel 1. Geschützter Personenkreis

§ 68	Geltungsbereich	229
§ 69	Feststellung der Behinderung, Ausweise	233
§ 70	Verordnungsermächtigung	245

Kapitel 2. Beschäftigungspflicht der Arbeitgeber

§ 71	Pflicht der Arbeitgeber zur Beschäftigung schwerbehinderter Menschen	245
§ 72	Beschäftigung besonderer Gruppen schwerbehinderter Menschen	249
§ 73	Begriff des Arbeitsplatzes	252
§ 74	Berechnung der Mindestzahl von Arbeitsplätzen und der Pflichtarbeitsplatzzahl	257
§ 75	Anrechnung Beschäftigter auf die Zahl der Pflichtarbeitsplätze für schwerbehinderte Menschen	260
§ 76	Mehrfachanrechnung	262
§ 77	Ausgleichsabgabe	265
§ 78	Ausgleichsfonds	271
§ 79	Verordnungsermächtigungen	272

Kapitel 3. Sonstige Pflichten der Arbeitgeber; Rechte der schwerbehinderten Menschen

§ 80	Zusammenwirken der Arbeitgeber mit der Bundesagentur für Arbeit und den Integrationsämtern	273
§ 81	Pflichten des Arbeitgebers und Rechte schwerbehinderter Menschen	279
§ 82	Besondere Pflichten der öffentlichen Arbeitgeber	293
§ 83	Integrationsvereinbarung	295
§ 84	Prävention	299

Kapitel 4. Kündigungsschutz

§ 85	Erfordernis der Zustimmung	303
§ 86	Kündigungsfrist	309
§ 87	Antragsverfahren	311
§ 88	Entscheidung des Integrationsamtes	315
§ 89	Einschränkungen der Ermessensentscheidung	320
§ 90	Ausnahmen	326
§ 91	Außerordentliche Kündigung	332
§ 92	Erweiterter Beendigungsschutz	338

Kapitel 5. Betriebs-, Personal-, Richter-, Staatsanwalts- und Präsidialrat, Schwerbehindertenvertretung, Beauftragter des Arbeitgebers

§ 93	Aufgaben des Betriebs-, Personal-, Richter-, Staatsanwalts- und Präsidialrates	340
§ 94	Wahl und Amtszeit der Schwerbehindertenvertretung	343

Inhaltsverzeichnis

		Seite
§ 95	Aufgaben der Schwerbehindertenvertretung	353
§ 96	Persönliche Rechte und Pflichten der Vertrauenspersonen der schwerbehinderten Menschen	362
§ 97	Konzern-, Gesamt-, Bezirks- und Hauptschwerbehindertenvertretung	371
§ 98	Beauftragter des Arbeitgebers	374
§ 99	Zusammenarbeit	376
§ 100	Verordnungsermächtigung	378

Kapitel 6. Durchführung der besonderen Regelungen zur Teilhabe schwerbehinderter Menschen

§ 101	Zusammenarbeit der Integrationsämter und der Bundesagentur für Arbeit	378
§ 102	Aufgaben des Integrationsamtes	382
§ 103	Beratender Ausschuss für behinderte Menschen bei dem Integrationsamt	391
§ 104	Aufgaben der Bundesagentur für Arbeit	393
§ 105	Beratender Ausschuss für behinderte Menschen bei der Bundesagentur für Arbeit	397
§ 106	Gemeinsame Vorschriften	399
§ 107	Übertragung von Aufgaben	401
§ 108	Verordnungsermächtigung	403

Kapitel 7. Integrationsfachdienste

§ 109	Begriff und Personenkreis	403
§ 110	Aufgaben	406
§ 111	Beauftragung und Verantwortlichkeit	409
§ 112	Fachliche Anforderungen	414
§ 113	Finanzielle Leistungen	416
§ 114	Ergebnisbeobachtung	417
§ 115	Verordnungsermächtigung	419

Kapitel 8. Beendigung der Anwendung der besonderen Regelungen zur Teilhabe schwerbehinderter und gleichgestellter behinderter Menschen

§ 116	Beendigung der Anwendung der besonderen Regelungen zur Teilhabe schwerbehinderter Menschen	419
§ 117	Entziehung der besonderen Hilfen für schwerbehinderte Menschen	422

Kapitel 9. Widerspruchsverfahren

§ 118	Widerspruch	425
§ 119	Widerspruchsausschuss bei dem Integrationsamt	426
§ 120	Widerspruchsausschüsse bei der Bundesagentur für Arbeit	429
§ 121	Verfahrensvorschriften	430

Kapitel 10. Sonstige Vorschriften

§ 122	Vorrang der schwerbehinderten Menschen	432
§ 123	Arbeitsentgelt und Dienstbezüge	434
§ 124	Mehrarbeit	436
§ 125	Zusatzurlaub	439

Inhaltsverzeichnis

Seite

§ 126	Nachteilsausgleich	445
§ 127	Beschäftigung schwerbehinderter Menschen in Heimarbeit	446
§ 128	Schwerbehinderte Beamte und Beamtinnen, Richter und Richterinnen, Soldaten und Soldatinnen	449
§ 129	Unabhängige Tätigkeit	453
§ 130	Geheimhaltungspflicht	455
§ 131	Statistik	458

Kapitel 11. Integrationsprojekte

§ 132	Begriff und Personenkreis	459
§ 133	Aufgaben	461
§ 134	Finanzielle Leistungen	462
§ 135	Verordnungsermächtigung	464

Kapitel 12. Werkstätten für behinderte Menschen

§ 136	Begriff und Aufgaben der Werkstatt für behinderte Menschen	464
§ 137	Aufnahme in die Werkstätten für behinderte Menschen	469
§ 138	Rechtsstellung und Arbeitsentgelt behinderter Menschen	471
§ 139	Mitwirkung	476
§ 140	Anrechnung von Aufträgen auf die Ausgleichsabgabe	481
§ 141	Vergabe von Aufträgen durch die öffentliche Hand	484
§ 142	Anerkennungsverfahren	486
§ 143	Blindenwerkstätten	488
§ 144	Verordnungsermächtigungen	489

Kapitel 13. Unentgeltliche Beförderung schwerbehinderter Menschen im öffentlichen Personenverkehr

§ 145	Unentgeltliche Beförderung, Anspruch auf Erstattung der Fahrgeldausfälle	490
§ 146	Persönliche Voraussetzungen	496
§ 147	Nah- und Fernverkehr	500
§ 148	Erstattung der Fahrgeldausfälle im Nahverkehr	503
§ 149	Erstattung der Fahrgeldausfälle im Fernverkehr	506
§ 150	Erstattungsverfahren	507
§ 151	Kostentragung	509
§ 152	Einnahmen aus Wertmarken	511
§ 153	Erfassung der Ausweise	512
§ 154	Verordnungsermächtigungen	513

Kapitel 14. Straf-, Bußgeld- und Schlussvorschriften

§ 155	Strafvorschriften	514
§ 156	Bußgeldvorschriften	516
§ 157	Stadtstaatenklausel	521
§ 158	Sonderregelung für den Bundesnachrichtendienst	522
§ 159	Übergangsregelung	524
§ 159 a	Übergangsvorschrift zum Dritten Gesetz für moderne Dienstleistungen am Arbeitsmarkt	526
§ 160	Überprüfungsregelung	527

Inhaltsverzeichnis

Seite

**II. Gesetz zur Gleichstellung behinderter Menschen
(Behindertengleichstellungsgesetz – BGG)** 528

Anhang

1. Wahlordnung Schwerbehindertenvertretungen (SchwbVWO) 591
2. Schwerbehinderten-Ausgleichsabgabeverordnung (SchwbAV) 600
3. Werkstättenverordnung (WVO) 613
4. Schwerbehindertenausweisverordnung (SchwbAwV) 621
5. Werkstätten-Mitwirkungsverordnung (WMVO) 632
6. Budgetverordnung (BudgetV) 644
7. Frühförderungsverordnung (FrühV) 646
8. Kommunikationshilfenverordnung (KHV) 649
9. Verordnung über barrierefreie Dokumente in der Bundesverwaltung (VBD) 651
10. Barrierefreie Informationstechnik-Verordnung (BITV) 653
11. Kraftfahrzeughilfe-Verordnung (KfzHV) 655
12. Nahverkehrzügeverordnung 659
13. Kraftfahrzeugsteuergesetz (Auszug) (KraftStG 1994) 660

Stichwortverzeichnis 661

Abkürzungsverzeichnis

aA	anderer Ansicht
aaO	am angegebenen Ort
ABl.	Amtsblatt
ABM	Arbeitsbeschaffungsmaßnahmen
Abs.	Absatz
Abt.	Abteilung
abw.	abweichend
ähnl.	ähnlich
a. F.	alte Fassung
AFG	Arbeitsförderungsgesetz
AHB	Anschlussheilbehandlung
AiB	Arbeitsrecht im Betrieb (Zeitschrift)
allg. M.	allgemeine Meinung
Alt.	Alternative
amtl	amtlich, amtliche
Amtsbl.	Amtsblatt
ANBA	Amtliche Nachrichten der Bundesagentur für Arbeit
Anm.	Anmerkung
AO	Abgabenordnung
AP	Arbeitsrechtliche Praxis, Nachschlagewerk des Bundesarbeitsgerichts, Loseblatt
AR-Blattei	Arbeitsrechts-Blattei, Loseblatt
ArbGG	Arbeitsgerichtsgesetz
ArbRB	Arbeitsrechts-Berater (Zeitschrift)
ArbSchG	Arbeitsschutzgesetz
ArbStättV	Verordnung über Arbeitsstätten
ArbuR	Arbeit und Recht (Zeitschrift)
ArbZG	Arbeitszeitgesetz
A Reha	Anordnung des Verwaltungsrates der Bundesanstalt für Arbeit über die Arbeits- und Berufsförderung Behinderter
Art.	Artikel
ArztR	Arztrecht (Zeitschrift)
ASiG	Arbeitssicherheitsgesetz
ASP	Zeitschrift für Arbeits-, Sozial- und Präventivmedizin
ASUmed	Bayerische Akademie für Arbeits-, Sozial- und Umweltmedizin
AuA	Arbeit und Arbeitsrecht (Zeitschrift)
Aufl.	Auflage
ausf.	ausführlich
AVG	Angestelltenversicherungsgesetz
Az	Aktenzeichen
BA	Bundesagentur für Arbeit
BAG	Bundesarbeitsgericht
BAGE	Entscheidungen des Bundesarbeitsgerichtes (Amtliche Sammlung)
BAGH	Bundesarbeitsgemeinschaft Hilfe für Behinderte e. V.
BAG WfB	Bundesarbeitsgemeinschaft der Werkstätten für Behinderte e. V.
BAnz.	Bundesanzeiger
BAR	Bundesarbeitsgemeinschaft für Rehabilitation
BArbl.	Bundesarbeitsblatt (Zeitschrift)
BAT	Bundesangestelltentarifvertrag
BAU	Bundesanstalt für Arbeitsschutz und Unfallforschung
BayObLG	Bayerisches Oberstes Landgericht

XVII

Abkürzungsverzeichnis

BB	Betriebs-Berater (Zeitschrift)
BBiG	Berufsbildungsgesetz
Bd.	Band
BDA	Bundesvereinigung Deutscher Arbeitgeberverbände
BEG	Bundesentschädigungsgesetz
Begr.	Begründung
BehindertenR	Behindertenrecht (Zeitschrift)
Beiträge	Die Beiträge zur Sozial- und Arbeitslosenversicherung (Zeitschrift)
ber.	berichtigt
BErzGG	Bundeserziehungsgeldgesetz
betr.	betreffend
BetrAVG	Gesetz zur Verbesserung der Betrieblichen Altersversorgung
BetrVG	Betriebsverfassungsgesetz
BfA	Bundesversicherungsanstalt für Angestellte
BFH	Bundesfinanzhof
BFHE	Amtliche Sammlung der Entscheidungen des Bundesfinanzhofs
BFW	Berufsförderungswerk
BG	Die Berufsgenossenschaft (Zeitschrift)
BGB	Bürgerliches Gesetzbuch
BGBl.	Bundesgesetzblatt
BGG	Bundesgleichstellungsgesetz
BGH	Bundesgerichtshof
BGHZ	Amtliche Sammlung der Entscheidungen des Bundesgerichtshofes in Zivilsachen
BI TV	Barrierefreie Informationstechnik-Verordnung
BK	Berufskrankheit
BKK	Die Betriebskrankenkasse (Zeitschrift)
Bl.	Blatt
BlStSozArbR	Blätter für Steuerrecht, Sozialversicherung und Arbeitsrecht
BMF	Bundesministerium der Finanzen
BMFSFJ	Bundesministerium für Familie, Senioren, Frauen und Jugend
BMGS	Bundesministerium für Gesundheit und Soziale Sicherung
BMI	Bundesministerium des Innern
BMJ	Bundesministerium der Justiz
BML	Bundesministerium für Landwirtschaft, Ernährung und Forsten
BMU	Bundesministerium für Umwelt, Naturschutz und Reaktorsicherheit
BMV	Bundesministerium für Verkehr
BMVg	Bundesministerium der Verteidigung
BMWA	Bundesministerium für Wirtschaft und Arbeit
BMZ	Bundesministerium für wirtschaftliche Zusammenarbeit und Entwicklung
BNotO	Bundesnotarordnung
BPersVG	Bundespersonalvertretungsgesetz
BR	Bundesrat
BR-Drucks.	Bundesratsdrucksache
Br	Betriebsrat
BReg.	Bundesregierung
BRTV	Bundesrahmentarifvertrag
BSG	Bundessozialgericht
BSGE	Entscheidungen des Bundessozialgerichts (Amtliche Sammlung)
BSHG	Bundessozialhilfegesetz
bspw.	beispielsweise
BT	Bundestag
BtG	Gesetz zur Regelung des Rechts der Vormundschaft und Pflegschaft für Volljährige – Betreuungsgesetz
BT-Drucks.	Bundestagsdrucksache
BT-Prot.	Bundestagsprotokoll
BU	Berufsunfähigkeit

Abkürzungsverzeichnis

Buchst.	Buchstabe
BudgetV	Budgetverordnung
BurlG	Mindesturlaubsgesetz für Arbeitnehmer (Bundesurlaubsgesetz)
BuW	Betrieb und Wirtschaft (Zeitschrift)
BV	Betriebsvereinbarung
BVA	Bundesversicherungsamt
BVerfG	Bundesverfassungsgesetz
BVerfGE	Entscheidungen des Bundesverfassungsgerichts (Amtliche Sammlung)
BVerwG	Bundesverwaltungsgericht
BVerwGE	Entscheidungen des Bundesverwaltungsgerichts (Amtliche Sammlung)
BVG	Gesetz über die Versorgung der Opfer des Krieges – Bundesversorgungsgesetz
bzgl.	bezüglich
bzw.	beziehungsweise
Cramer	*Cramer,* Kommentar zum Schwerbehindertengesetz, 5. Aufl. 2000
DÄ	Deutsches Ärzteblatt (Zeitschrift)
DAngVers	Die Angestellten-Versicherung (Zeitschrift)
DB	Der Betrieb (Zeitschrift)
ders.	derselbe
DGB	Deutscher Gewerkschaftsbund
dgl.	desgleichen
d. h.	das heißt
dies.	dieselbe(n)
Diss.	Dissertation
DO	Dienstordnung
Drucks.	Drucksache
DRV	Deutsche Rentenversicherung (Zeitschrift)
DV	Dienstvereinbarung
DVBl.	Deutsches Verwaltungsblatt (Zeitschrift)
DVO	Durchführungsverordnung
EFZG	Entgeltfortzahlungsgesetz
EG	Europäische Gemeinschaft
EGV	Vertrag zur Gründung der europäischen Gemeinschaft
EinglHVO	Eingliederungshilfe-Verordnung nach § 47 BSHG
Einf.	Einführung
EneuOG	Eisenbahnneuordnungsgesetz
Entw.	Entwurf
Erl.	Erläuterung
EStG	Einkommenssteuergesetz
EU	Europäische Union
EuGH	Europäischer Gerichtshof
EV	Einigungsvertrag
e. V.	eingetragener Verein
evtl.	eventuell
EzA	Entscheidungssammlung zum Arbeitsrecht, Loseblatt
f.	folgend(e)
FEVS	Fürsorgliche Entscheidungen der Verwaltungs- und Sozialgerichte, Loseblatt
ff.	folgende
FG	Finanzgericht
Fn.	Fußnote
FrühV	Frühförderungsverordnung
Fst.	Fürsorgestelle

Abkürzungsverzeichnis

G	Gesetz
GBl.	Gesetzblatt
GE	Gesetzentwurf
GemABl.	Gemeindeamtsblatt
gem.	gemäß
Ges.	Gesetz
GdB	Grad der Behinderung
GG	Grundgesetz für die Bundesrepublik Deutschland
ggf.	gegebenenfalls
GL	Gemeinsam Leben (Zeitschrift)
GmbH	Gesellschaft mit beschränkter Haftung
GmbHG	Gesetz betreffend die Gesellschaften mit beschränkter Haftung
GMBl.	Gemeinsames Ministerialblatt
GS	Großer Senat
GVG	Gerichtsverfassungsgesetz
HAG	Heimarbeitsgesetz
Halbs.	Halbsatz
HandwO	Handwerksordnung
HGB	Handelsgesetzbuch
Hfst.	Hauptfürsorgestelle(n)
h. M.	herrschende Meinung
Hrsg.; hrsg.	Herausgeber; herausgegeben
HVBG	Hauptverband der gewerblichen Berufsgenossenschaften
HwB AR	Handwörterbuch des Arbeitsrechts, Loseblatt
ibv	Informationen für den Berater- und Vermittlungsdienst
i. d. F.	in der Fassung
i. d. R.	in der Regel
insbes.	insbesondere
i. S.	im Sinne
i. V. m.	in Verbindung mit
JArbschG	Jugendarbeitsschutzgesetz
Jg.	Jahrgang
JR	Juristische Rundschau (Zeitschrift)
JZ	Juristenzeitschrift
Kap.	Kapitel
Kfz	Kraftfahrzeug
KfzHV	Kraftfahrzeughilfe-Verordnung
KG	Kommanditgesellschaft
KHV	Kommunikationshilfeverordnung
KraftStG	Kraftfahrzeugsteuergesetz
krit.	kritisch
KrV	Die Krankenversicherung (Zeitschrift)
KSchG	Kündigungsschutzgesetz
KV	Krankenversicherung
LAG	Landesarbeitsgericht
lfd.	laufend
Lfg.	Lieferung
LG	Landgericht
Ls.	Leitsatz
LSG	Landessozialgericht
LVA	Landesversicherungsanstalt
MdB	Mitglied des Bundestages
MDR	Monatszeitschrift für Deutsches Recht
MdE	Minderung der Erwerbsfähigkeit
MedSach	Der medizinische Sachverständige (Zeitschrift)

Abkürzungsverzeichnis

Meso	Medizin im Sozialrecht, Entscheidungssammlung, Loseblatt
MinBl.	Ministerialblatt
MittAB	Mitteilungen aus der Arbeitsmarkt- und Berufsforschung
MittLVA	Mitteilungen der Landesversicherungsanstalt
MTV	Manteltarifvertrag
MuSchG	Mutterschutzgesetz
MV	Mecklenburg-Vorpommern
m. w. N.	mit weiteren Nachweisen
NachwG	Nachweisgesetz
NachrLVA HE	Nachrichten der LVA Hessen
Nbl. LVA Ba	Nachrichtenblatt der LVA Bayern
Nds.	Niedersachsen, niedersächsisch
NDV	Nachrichtendienst des Vereins für öffentliche und private Fürsorge
n. F.	neue Fassung
NJW	Neue Juristische Wochenschrift (Zeitschrift)
Nr.	Nummer
NRW/NW	Nordrhein-Westfalen
n.v.	nicht veröffentlicht
NZA	Neue Zeitschrift für Arbeitsrecht
NZS	Neue Zeitschrift für Sozialrecht
o. Ä.	oder Ähnliches
OEG	Opferentschädigungsgesetz
ÖffGesundhwesen	Das öffentliche Gesundheitswesen (Zeitschrift)
o.g.	oben genannt
OHG	Offene Handelsgesellschaft
OLG	Oberlandesgericht
OVG	Oberverwaltungsgericht
OWiG	Gesetz über Ordnungswidrigkeiten
PBefG	Personenbeförderungsgesetz
PersR	Der Personalrat (Zeitschrift)
PersVR	Personalvertretungsrecht
PflV	Pflegeversicherung
RABl.	Reichsarbeitsblatt
rd.	rund
RdA	Recht der Arbeit (Zeitschrift)
RdErl.	Runderlass
RdlH	Rechtsdienst der Lebenshilfe
Rdnr.	Randnummer(n)
RdSchr.	Rundschreiben
Rspr.	Rechtsprechung
Ref.E	Referentenentwurf
Reg.Begr.	Regierungsbegründung
Reg. E.	Regierungsentwurf
Reha	Rehabilitation
Rehabilitation	Die Rehabilitation (Zeitschrift)
RehaAnglG	Gesetz über die Angleichung der Leistungen zur Rehabilitation
Reichsbund	Reichsbund der Kriegsopfer, Behinderten, Sozialrentner und Hinterbliebenen e. V.
RGBl.	Reichsgesetzblatt
RiA	Recht im Amt (Zeitschrift)
Richtl.	Richtlinie(n)
RPK	Rehabilitationseinrichtung für psychisch Kranke und Behinderte
RRG 1992	Gesetz zur Reform der Gesetzlichen Rentenversicherung (Rentenreformgesetz 1992)

Abkürzungsverzeichnis

RRG 1999	Gesetz zur Reform der Gesetzlichen Rentenversicherung (Rentenreformgesetz 1999)
Rspr.	Rechtsprechung
5. RVÄndG	Gesetz zur Herabsetzung der flexiblen Altersgrenze in der gesetzlichen Rentenversicherung für Schwerbehinderte
RV	Rentenversicherung
RVO	Reichsversicherungsordnung
s.	siehe
S.	Satz, Seite
SAE	Sammlung arbeitsrechtlicher Entscheidungen
SAM	Strukturanpassungsmaßnahmen
SB	Schwerbehinderter
Schwb	Schwerbehinderte(r)
SchwbAV	Zweite Verordnung zur Durchführung des Schwerbehindertengesetzes (Schwerbehinderten-Ausgleichsabgabeverordnung)
SchwbAV-DDR	Ausgleichsabgabeverordnung zum Schwerbehindertengesetz (SchwbAV)
SchwbAwV	Vierte Verordnung zur Durchführung des Schwerbehindertengesetzes (Ausweisverordnung, Schwerbehindertengesetz)
Schwbesch	Schwerbeschädigte(r)
SchwbeschG	Gesetz über die Beschäftigung Schwerbeschädigter (Schwerbeschädigtengesetz)
SchwbG	Gesetz zur Sicherung der Eingliederung Schwerbehinderter in Arbeit, Beruf und Gesellschaft (Schwerbehindertengesetz)
SchwbG-ÄndG	Erstes Gesetz zur Änderung des Schwerbehindertengesetzes
SchwbG-DDR	Gesetz zur Eingliederung Schwerbehinderter in Arbeit, Beruf und Gesellschaft (Schwerbehindertengesetz)
SchwbNV	Nahverkehrszügeverordnung
SchwbVWO	Wahlordnung Schwerbehindertenvertretung
SchwbWG	Gesetz zur Weiterentwicklung des Schwerbeschädigtenrechts
SchwbWO	Erste Verordnung zur Durchführung des Schwerbeschädigtengesetzes (Wahlordnung Schwerbehindertengesetz)
SchwbWO-DDR	Verordnung zur Wahl der Schwerbehindertenvertretungen – SchwbWO
SF	Sozialer Fortschritt (Zeitschrift)
SG	Sozialgericht
SGb	Die Sozialgerichtsbarkeit (Zeitschrift)
SGB I	Sozialgesetzbuch Erstes Buch – Allgemeiner Teil
SGB II	Sozialgesetzbuch Zweites Buch – Grundsicherung für Arbeitsuchende
SGB III	Sozialgesetzbuch Drittes Buch – Arbeitsförderung
SGB IV	Sozialgesetzbuch Viertes Buch – Gemeinsame Vorschriften für die Sozialversicherung
SGB V	Sozialgesetzbuch Fünftes Buch – Gesetzliche Krankenversicherung
SGB VI	Sozialgesetzbuch Sechstes Buch – Gesetzliche Rentenversicherung
SGB VII	Sozialgesetzbuch Siebtes Buch – Gesetzliche Unfallversicherung
SGB VIII	Sozialgesetzbuch Achtes Buch – Kinder- und Jugendhilfe
SGB IX	Sozialgesetzbuch Neuntes Buch – Rehabilitation und Teilhabe behinderter Menschen
SGB X	Sozialgesetzbuch Zehntes Buch – Verwaltungsverfahren
SGB XI	Sozialgesetzbuch Elftes Buch – Soziale Pflegeversicherung
SGG	Sozialgerichtsgesetz
SHR	Sozialrechtshandbuch (Maydell/Ruland)
SHRG	Gesetz zur Reform des Sozialhilferechts
s. o.	siehe oben
sog.	so genannt
SozArb.	Soziale Arbeit (Zeitschrift)

Abkürzungsverzeichnis

SozF	Sozialer Fortschritt (Zeitschrift)
SozR	Sozialrecht – Entscheidungssammlung des BSG
SozSich	Soziale Sicherheit (Zeitschrift)
SozVers	Die Sozialversicherung (Zeitschrift)
StAnz.	Staatsanzeiger
StGB	Strafgesetzbuch
st. Rspr.	ständige Rechtsprechung
str.	strittig
SuP	Sozialrecht und Praxis (Zeitschrift)
SV	Schwerbehindertenvertretung
Thür	Thüringen
TV	Tarifvertrag
TVG	Tarifvertragsgesetz
TzBfG	Gesetz über Teilzeit und befristete Arbeitsverhältnisse
u. a.	und andere, unter anderem
u. Ä.	und Ähnliches
umstr.	umstritten
UnbefG 85	Gesetz zur Erweiterung der unentgeltlichen Beförderung Schwerbehinderter im öffentlichen Personenverkehr
USK	Urteilssammlung für die gesetzliche Krankenversicherung, Loseblatt
usw.	und so weiter
u. U.	unter Umständen
UV	Unfallversicherung
UVV	Unfallverhütungsvorschrift
v.	vom, von
VBD	Verordnung über barrierefreie Dokumente in der Bundesverwaltung
VersA(Ä)	Versorgungsamt (-ämter)
VdK	Verband der Kriegs- und Wehrdienstopfer, Behinderten und Sozialrentner Deutschlands e. V.
VDR	Verband Deutscher Rentenversicherungsträger
VEIP	Vorläufige Empfehlungen der Arbeitsgemeinschaft der Deutschen Hauptfürsorgestellen zur Förderung von Integrationsprojekten
VersorgVerw	Die Versorgungsverwaltung (Zeitschrift)
VG	Verwaltungsgericht
VGH	Verwaltungsgerichtshof
vgl.	vergleiche
v. H.	von Hundert
VkBl.	Verkehrsblatt (Zeitschrift)
VL	Vertrauensleute der Schwerbehinderten
VM	Vertrauensmann der Schwerbehinderten
VmiB	Der Vertrauensmann im Betrieb (Zeitschrift)
VO	Verordnung
Vorbem.	Vorbemerkung
VR	Verwaltungsrundschau (Zeitschrift)
VReformG	Gesetz zur Umsetzung des Versorgungsberichtes (Versorgungsreformgesetz 1998)
VSSR	Vierteljahrsschrift für Sozialrecht (Zeitschrift)
VV	Verwaltungsvorschrift
VwGO	Verwaltungsgerichtsordnung
VwVG	Verwaltungsvollstreckungsgesetz
WfB	Werkstatt für behinderte Menschen
WfBl	Werkstatt für Blinde
WMVO	Werkstätten-Mitwirkungsverordnung

Abkürzungsverzeichnis

WO	Wahlordnung
WVO	Werkstättenverordnung
ZAP	Zeitschrift für die Anwaltspraxis
ZB	Behinderte im Beruf
z. B.	zum Beispiel
ZBR	Zeitschrift für Beamtenrecht
ZDG	Zivildienstgesetz
ZfA	Zeitschrift für Arbeitsrecht
ZfS	Zentralblatt für Sozialversicherung, Sozialhilfe und Versorgung
ZfSG	Zentrum für Sicherheit im Gesundheitsdienst
ZfSH	Zeitschrift für Sozialhilfe
ZfSH/SGB	Zeitschrift für Sozialhilfe und Sozialgesetzbuch
Ziff.	Ziffer
ZSR	Zeitschrift für Sozialrechtsreform
zust.	zustimmend
zutr.	zutreffend
z. T.	zum Teil
ZTR	Zeitschrift für Tarifrecht

Literaturverzeichnis

Kommentare und Handbücher

Castendiek/Hoffmann	Das Recht der behinderten Menschen – Handbuch, 2. Aufl., Baden-Baden 2004
Cramer	Werkstätten für behinderte Menschen, 3. Aufl., München 2003
Dau/Düwell/Haines (Hrsg.)	Lehr- und Praxiskommentar SGB IX, 2. Auflage, Baden-Baden 2004
Ernst/Groß/Morr	Ratgeber zum Behindertenrecht und sozialen Entschädigungsrecht, Stuttgart 2005
Feldes	Handbuch Integrationsvereinbarung, Frankfurt/M. 2003
Gagel (Hrsg.)	SGB III Arbeitsförderung, Kommentar, München 2004
Gagel	Loseblatt 25. Auflage 2005
Hennig (Hrsg)	SGB II-Arbeitsförderungsrecht, Kommentar, Neuwied 2004
Hauck/Noftz (Hrsg.) ..	SGB IX, Kommentar Loseblatt, Grundwerk Stand 2001,
Huber/Ochs	Die Vertretung schwerbehinderter Menschen im Betrieb, 3. Aufl., Frankfurt/M. 2004
Klie/Krahmer	Lehr- und Praxiskommentar SGB XI, 2. Aufl., Baden-Baden 2003
Krahmer (Hrsg.)	Lehr- und Praxiskommentar SGB I, Baden-Baden 2003
Marschang	Verminderte Erwerbsfähigkeit, Frankfurt/M. 2003
Maydell/Ruland	Sozialrechtshandbuch, 3. Aufl., Baden-Baden 2003
Meyer-Ladewig	Sozialgerichtsgesetz, Kommentar, 8. Aufl., München 2005
Mühlum/Gödecker-Geenen	Soziale Arbeit in der Rehabilitation, München 2003
Müller-Wenner/Schorn	SGB IX Teil 2, Kommentar, München 2003
Münder (Hrsg.)	Lehr- und Praxiskommentar SGB II, Baden-Baden 2005
Neumann/Pahlen/Majerski-Pahlen	Rehabilitation und Teilhabe behinderter Menschen, SGB IX Kommentar, 11. Aufl. München 2005
Schaub	Arbeitsrechts-Handbuch, 11. Aufl., München 2005
Schmidt/Minniger	Rechte behinderter Menschen, Frankfurt/M. 2002

Aufsätze

Adlhoch	Die Finanzierungsfunktion der Ausgleichsabgabe für Leistungen an Arbeitgeber nach dem SchwbG, BehindertenR 1993, 161
ders.	Die verstärkte Beschäftigung Schwerbehinderter im öffentlichen Dienst trotz Haushaltskonsolidierung, BehindertenR 1995, 1
ders.	Die beabsichtigte Einordnung des SchwbG in das geplante SGB IX, BehindertenR 1995, 133
ders.	Rechtsfragen bei der Anrechnung von Aufträgen an Werkstätten für Behinderte auf die Ausgleichsabgabe nach § 55 SchwbG nF, BehindertenR 1997, 1
ders.	Welche Auswirkungen hat das am 1. Oktober 1996 in Kraft getretene Arbeitsrechtliche Beschäftigungsförderungsgesetz auf die Durchführung des Kündigungsschutzes nach dem SchwbG?, BehindertenR 1997, 65
ders.	Die Beiziehung von Fremdsprachen-Gehörlosendolmetschern im Kündigungsschutz nach dem SchwbG, BehindertenR 1997, 181
ders.	Die Förderung von Integrationsunternehmen im Sinne von § 53 a ff. SchwbG, BehindertenR 2001, 8

Literaturverzeichnis

Adlhoch	Die Förderung von Integrationsunternehmen im Sinne von §§ 53 a ff. SchwbG, BehindertenR 2001, 87
ders.	Auswirkungen der BetrVG-Reform auf die Wahl der Schwerbehindertenvertretung, BehindertenR 2002, 161
ders.	Der Inhalt der Struktur- und Finanzverantwortung der Integrationsämter für die Integrationsfachdienste aufgrund der Änderung des SGB IX, BehindertenR 2004, 134
ders.	Anfechtung der Wahl zur Schwerbehindertenvertretung im öffentlichen Dienst, NZA 2004, 1373
ders./Schneider	Arbeitsassistenz für Schwerbehinderte, Fachliche und juristische Aspekte, BehindertenR 2001, 51
André	Sozialdatenschutz neu geregelt, BArbl. 1994, 9
Arlitt	Schwerbehindertenvertretung – Anspruch auf Freistellung und Aufwandsentschädigung, SuP 1995, 610
ders.	Zusatzurlaub für Schwerbehinderte bereitet immer wieder Probleme, SuP 1996, 689
Assmus/Druckenmüller/Götz/ Oberscheven/Ritz	Drei Jahre Sozialgesetzbuch Neuntes Buch (SGB IX), DRV 2004, 241
Bach	Startchancen in aussichtslosen Fällen, Arbeit und Beruf 1997, 293
Bachner	Gesetzlicher Schutz für Schwerbehinderte, AiB 1995, 86
Bachmann	Schwerbehindertenschutz durch Kündigungsschutz, ZfA 2003, 43
Balders/Lepping	Das betriebliche Eingliederungsmanagement nach dem SGB IX, NZA 2005, 854
Bauer	Die Werkstatt für behinderte Menschen nach neuem Recht, ZfSH/SGB 2002, 707
Bayer	Zuständigkeit des Betriebsrats zur Stellungnahme nach § 17 Abs. 2 SchwbG auch bei Kündigung als leitender Angestellte, DB 1990, 933
ders.	Zustimmung zur außerordentlichen Kündigung eines Arbeitsverhältnisses, BehindertenR 1989, 36
Behn	Sozialgerichtliche Schwerbehindertenstreitsachen, VersorgVerw 1991, 6
ders.	Sozialrechtliche Feststellungen nach dem SchwbG und Zulässigkeit der Berufung in Schwerbehindertenstreitsachen, ZfSG/SGB 1991, 412, 449
Behrend	Gleichstellung mit Schwerbehinderte, AiB 1992, 310
Behrens	Der Zusatzurlaub für Schwerbehinderte, Betriebsrat 1995, 57
Benz	Die Arbeitsassistenz – eine neue Leistung in der gesetzlichen Unfallversicherung für schwerbehinderte Versicherte, BG 2002, 528
ders.	Kostenerstattung für selbst beschaffte Leistungen im Rahmen der Heilbehandlung, der medizinischen Rehabilitation oder der Teilhabe, NZS 2002, 511
Beraus	Kriterien für die Gewährung des Zusatzurlaubs nach dem SchwbG, BehindertenR 1998, 61
ders.	Freistellung Schwerbehinderter von Mehrarbeit, BehindertenR 2000, 65
ders.	Fallen arbeitslose ehemalige Grenzgänger unter den geschützten Personenkreis des Schwerbehindertengesetzes?, BehindertenR 2000, 170
ders.	Bieten die Feststellungen der Versorgungswaltung nach dem Teil 2 SGB IX noch eine sichere Grundlage für Hilfen?, BehindertenR 2002, 148
Berger-Delhey	Gesetz ist mächtig, mächtiger ist die Not, Anmerkungen zum reformierten Schwerbehindertenrecht, ZTR 2004, 347
Bernhardt/Barthel	Verwirkter Sonderkündigungsschutz – Ehrlich währt am längsten, AuA 8/2004, 20
Beule/Deutsch	Kennzahlen zur Arbeit der Integrationsfachdienste, Fachbereich besonders betroffener schwerbehinderter Menschen, BehindertenR 2001, 136

Literaturverzeichnis

Beyer	Mobilität für Alle, BehindertenR 1991, 74
Biebrach-Nagel	Welche Bedeutung haben heute noch Behinderungen im Feststellungsverfahren nach dem Schwerbehindertengesetz?, VersorgVerw 1997, 8
Bieritz-Harder	Übungen zur Stärkung des Selbstbewusstseins – eine neue Leistung in der Rehabilitation, NDV 2002, 213
Bihr	Sozialgesetzbuch IX – Ein Gesetz im Entstehen, BB 2000, 407
Blens	Anspruch auf Verringerung der Arbeitszeit, ZMV 2003, 58
ders.	Berechtigtes Informationsinteresse und Diskriminierungsverbot – Welche Fragen darf der Arbeitgeber bei Einstellung eines behinderten Bewerbers stellen?, DB 2003, 1734
Böhn	Die Aufgaben der Hauptfürsorgestelle bei vorzeitiger Versetzung in den Ruhestand oder Entlassung von Beamten und Richtern, BehindertenR 1995, 65
Bornemann	Betriebliches Eingliederungsmanagement – sinnvoller Versicherungsschutz bei Arbeitsunfähigkeit, ifo-schnelldienst 3/2005, 19
Braasch	Anhörung des Betriebs- und Personalrats zur Kündigung Schwerbehinderter, BIStSozArbR 1998, 1
Brand	Reformstau im Feststellungsverfahren nach dem Schwerbehindertengesetz, BehindertenR 1999, 77
Braun	Qualitätssicherung in der Begutachtung mit Außengutachten im Schwerbehindertenrecht, VersorgVerw 1995, 23
ders.	Schwerbehindertengesetz – Die zentralen Neuregelungen, MDR 2001, 63
ders.	Die Neuregelung des Behindertenrechts durch das SGB IX, RiA 2001, 217
ders.	SGB IX – Überblick über die Neuregelung, MDR 2001, 1157
ders.	Der Beauftragte des Arbeitgebers iSd. § 98 SGB IX, ZTR 2003, 18
ders.	Die Pflicht des öffentlichen Arbeitgebers zur Einladung schwerbehinderter Bewerber, RiA 2004, 262
ders.	Der Entschädigungsanspruch schwerbehinderter Beschäftigter nach § 81 SGB IX, FA 2005, 36
Brausch	Das nochmals reformierte Schwerbehindertenrecht, BehindertenR 2001, 177
Brill	Die Zustimmung zur Kündigung von Schwerbehinderten aus der Sicht des Arbeitgebers und des Arbeitnehmers, BehindertenR 1993, 97
Brors	Berechtigtes Informationsinteresse und Diskriminierungsverbot – Welche Fragen darf der Arbeitgeber bei Einstellung eines behinderten Bewerbers stellen? DB 2003, 1734
Brose	Das betriebliche Eingliederungsmanagement nach § 84 Abs. 2 SGB IX als neue Wirksamkeitsvoraussetzung für die krankheitsbedingte Kündigung?, DB 2005, 390
Bürck	Die Merkzeichen im Schwerbehindertenrecht – Ihre rechtlichen Voraussetzungen und die Vorteile für den Behinderten, ZfS 1998, 97
ders.	Zur Arbeitsmarktsituation Schwerbehinderter, AuA 1995, 225
Cramer	Gesetz zur Bekämpfung der Arbeitslosigkeit Schwerbehinderter – Ein Wegweiser durch die Neuerungen, DB 2000, 2217
Cramer-Schell	Verrechnung von Aufträgen an Werkstätten für Behinderte auf die Ausgleichsabgabe durch beschäftigungspflichtige Arbeitgeber, NZA 1997, 638
Dallhoff/Hötten	Qualifizierung am Arbeitsplatz für Menschen mit Behinderungen, BehindertenR 2002, 62
Danzer	Die Rechtsfolgen des § 4 Abs. 2 SchwbG für die Versorgungsverwaltung, ZfS 1996, 359
Dobbe	Erfahrungen und Perspektiven der psychosozialen Betreuung Schwerbehinderter im Arbeitsleben nach dem Schwerbehindertenrecht, BehindertenR 1995, 85

Literaturverzeichnis

Dörner	Die Rechtsprechung des Bundesarbeitsgerichts zum Zusatzurlaub nach dem SchwbG, DB 1995, 1174
Dolata	Die Grundlagen für die Feststellung eines Grades der Behinderung im Schwerbehindertenrecht und die Frage, ist die Festsetzung eines Grades der Behinderung ein Anachronismus oder ein unabdingbar notwendiges Kriterium zur Schaffung von Einzelgerechtigkeit, BehindertenR 2004, 1
Droste	Integration Schwerbehinderter in Betrieben setzt Offenheit voraus, SuP 2002, 585
Dücks	Zur Abgrenzung von Schwerbehindertenrecht und Arbeitsrecht bei der Kündigung Schwerbehinderter, BehindertenR 1989, 25
Düwell	Die Zusammenarbeit von Betriebsrat und Schwerbehindertenvertretung, ArbuR 1993, 345
ders.	Veränderung des Schwerbehindertenrechts – Ablösung des SchwbG durch das SGB IX, AiB 2001, 375
ders.	SGB IX – Rehabilitation und Teilhabe behinderter Menschen am Leben in der Gesellschaft, FA 2001, 105
ders.	Schwerbehinderung im reformierten Kündigungsrecht, DB 2003, 1574
ders.	SGB IX – Rehabilitation und Teilhabe behinderter Menschen am Leben in der Gemeinschaft, FA 2001, 105
ders.	Änderungsbedarf beim Zusatzurlaub für schwerbehinderte Menschen, FA 2003, 26
ders.	Schwerbehinderte nach reformierten Kündigungsrecht, DB 2003, 1574
ders.	Bestellen eines Beauftragten ist Arbeitgeberpflicht, AuA 2002, 254
ders.	Die Auswirkungen des Betriebsverfassungsreformgesetzes auf das Recht der betrieblichen Schwerbehindertenvertretung, BB 2001, 2581
ders.	Der Kündigungsschutz schwerbehinderter Beschäftigter nach der Novelle vom 23. 4. 2004, DB 2004, 2811
Eichberger	Neuere Tendenzen zur Reform des Schwerbehindertenrechts, BehindertenR 1997, 145
Eichenhofer	Zusammenarbeit zwischen Arbeitgeber, Betriebsrat und Schwerbehindertenvertretung, ZTR 1994, 103
Ernst	Betreuungs- und Beratungsdienste in der beruflichen Eingliederung Schwerbehinderter, BehindertenR 1995, 101
ders.	Integrationsfachdienste für besonders betroffene Schwerbehinderte – eine Zwischenbilanz aus Sicht der Hauptfürsorgestellen, BehindertenR 1998, 155
ders.	Zur Institutionalisierung und Finanzierung von Integrationsfachdiensten – Rechtslage seit dem 1. 10. 2000, BehindertenR 2001, 66
Fahlbusch	Bewerbung Schwerbehinderter und Pflichten nach § 99 BetrVG, Betriebsrat 1993, 73
Fankhaene/Ihmel	Zwei Jahre Integrationsvereinbarung gem. § 83 SGB IX – Erfahrungen, Umsetzungsstand, Arbeitshilfen, BehindertenR 2003, 177
Feldes	Bekämpfung der Arbeitslosigkeit Schwerbehinderter – Anmerkungen zur Novellierung des SchwbG, BehindertenR 2000, 187
ders.	Die Gesetzesinitiative zur Bekämpfung der Arbeitslosigkeit Schwerbehinderter, AiB 2000, 371
ders.	Neues Behindertenrecht und betriebliche Integrationspraxis, AiB 2002, 291
ders.	Neues Behindertenrecht und der Wandel betrieblicher Integrationsarbeit, BehindertenR 2002, 128
ders.	Nach der Wahl – Bühne frei für die neuen Schwerbehindertenvertretungen, BehindertenR 2003, 76
ders.	Rehabilitation vor Entlassung – Geänderte Kündigungsprävention und neues betriebliches Eingliederungsmanagement im SGB IX –

Literaturverzeichnis

	nicht nur für behinderte Beschäftigte, sondern auch für längerfristig Kranke, SozSich 2004, 270
Feldes	Kündigungsprävention und betriebliches Eingliederungsmanagement im novellierten SGB IX, BehindertenR 2004, 187
Fenski	Außerordentliche Kündigung von Schwerbehinderten, BB 2001, 570
Finke	Die Auswirkungen des Gesetzes zur Reform des Bundessozialhilferechts auf Werkstätten für Behinderte, BehindertenR 1996, 184
ders.	Leistungsverbesserungen für Besucher von Werkstätten für behinderte Menschen durch das SGB IX, BehindertenR 2002, 5
Flütmann	Eingliederungszuschüsse im Rahmen von Leistungen zur Teilhabe am Arbeitsleben nach dem SGB IX, DRV 2003, 293
Förster	Der Begriff der Blindheit, BehindertenR 1994, 65
ders.	Die Notwendigkeit einer Novellierung des SchwbG, BehindertenR 1998, 1
Frehse	Die maßgebenden Kriterien und die Prüfungsfolge zur Feststellung einer Behinderung im Sinne des § 3 Abs. 1 SchwbG, VersorgVerw 1991, 19
ders.	Zur Bezeichnung von Behinderungen in Feststellungsbescheiden nach dem Schwerbehindertengesetz, VersorgVerw 1991, 34
ders.	Die Förderung von Behindertenarbeitsplätzen, DB 1988, 1064
Fuchs	SGB IX: die Folgen für die medizinische Rehabilitation – Reform von historischer Bedeutung, SozSich 2001, 150
Gaa-Unterpaul	Die Nachteilsausgleiche nach dem Sozialgesetzbuch – Neuntes Buch (SGB IX) unter Berücksichtigung der jüngeren Rechtsprechung des BSG, NZS 2002, 406
Gagel	Rehabilitation im Betrieb unter Berücksichtigung des neuen SGB IX – ihre Bedeutung und das Verhältnis von Arbeitgebern und Sozialleistungsträgern, NZA 2001, 988
ders.	Die Dominanz der Rehabilitation bei Bearbeitung und Begutachtung in Rentenverfahren, SGb 2002, 529
ders.	Betriebliches Eingliederungsmanagement, NZA 2004, 1359
Gaul/Süßbrich/ Kulejewski	Keine krankheitsbedingte Kündigung ohne „betriebliches Eingliederungsmanagement, ArbRB 2004, 308
Gebauer	Feststellung der Wegefähigkeit im Schwerbehinderten- und Rentenrecht aus medizinischer Sicht, MedSach 1995, 53
Gitschmann	Mehr Selbstbestimmung und Teilhabe für behinderte Menschen, NDV 2002, 16
Glombik	Die Bedeutung der Rehabilitation wächst, Rv 2004, 149
Goedelt	Die Festsetzung des Grades der Minderung der Erwerbsfähigkeit/des Grades der Behinderung nach dem SchwbG, ZfS 1994, 194
Goetzeler	Die Beurteilung von Aids im Rahmen des SchwbG, BehindertenR 1988, 106
Gottwald	Zur Problematik des Rechtsweges bei Streitigkeiten zwischen Schwerbehindertenvertretung und dem Arbeitgeber im öffentlichen Dienst, PersV 2004, 95
Grimm/Brock/ Windeln	Einschränkung des besonderen Kündigungsschutzes für Schwerbehinderte im SGB IX, DB 2005, 282
Großmann	Schwerbehinderte im Konflikt zwischen Statusrecht und Offenbarungspflicht, NZA 1989, 702
ders.	Geltendmachung und Nachweis der Schwerbehinderteneigenschaft bei Kündigungen, NZA 1992, 241
ders.	Prüfungspflicht, Benachteiligungsverbot und Entschädigungsanspruch im Zusammenhang mit der Einstellung von schwerbehinderten Menschen, BehindertenR 2003, 125
Grünberger	Kündigungsschutz SB und Gleichgestellter nach dem SchwbG, Betrieb und Wirtschaft 1997, 709

Literaturverzeichnis

Haines	Die Einordnung des Rehabilitations- und Schwerbehindertenrechts im Sozialgesetzbuch, KrV 1992, 338
Hajen	Persönliche Budgets in der Behindertenpolitik, NDV 2001, 113
Hamer	Besonderer Kündigungsschutz für Schwerbehinderte – Einigungsvertrag, PersR 1992, 125
Hammel	Das SchwbG – Eingliederungshilfe oder -verhinderung?, BehindertenR 1992, 151
Hansen	Die Änderungen im Schwerbehindertenrecht durch das SGB IX, NZA 2001, 986
Hauel	Das Arbeitsverhältnis mit Schwerbehinderten, Personal 1994, 194
Heinz	Geld zurück bei nachträglicher kostenloser Wertmarke wegen Hilflosigkeit?, BehindertenR 1992, 78
Helser	Die Kündigung von Schwerbehinderten und das Schlichtungsverfahren vor der Hauptfürsorgestelle für Schwerbehindertenfragen, ZAP Fach 17, 577 (2001)
Herter	Rechtsprechung zum Schwerbehindertenrecht, BehindertenR 1987, 29
ders.	Leistungen zur behindertengerechten Gestaltung von Arbeitsplätzen unter besonderer Berücksichtigung der Abgrenzung zu Leistungen der Rehabilitationsträger, BehindertenR 1991, 124
ders.	Anerkennung psychisch Kranker/seelisch Behinderter als Schwerbehinderte, BehindertenR 1992, 73
ders.	Veränderungen in den neuen Anhaltspunkten, BehindertenR 1997, 89
Hery	Zum Reformstau im Feststellungsverfahren, BehindertenR 1999, 140
Heuser	Die Wahl der Schwerbehindertenvertretung, BehindertenR 1990, 25
Hörz	Das Feststellungsverfahren nach dem SchwbG, BehindertenR 1988, 78
Hochrein	Neuerungen im Reha-Verfahren, MittbayLVAen 2004, 274
Hohmann	Vereinheitlichung des Rechtsschutzes bei der Kündigung schwerbehinderter Menschen, ZRP 2005, 159
Hohn	Schwerbehindertenabgabe trotz Kurzarbeit? AuA 1996, 153
Hoger	Arbeitsplatzgestaltung Schwerbehinderter, AiB 1991, 438
Holscher	Integrationsagentur für behinderte Menschen, AuB 2003, 195
Isenberg	Verzicht auf einen Schwerbehindertenausweis aus Gründen der Eingliederung in das Berufsleben, BehindertenR 1996, 45
Jacobs	Das „arbeitnehmerähnliche" Rechtsverhältnis in § 54b SchwbG, ZFSH/SGB 1998, 203
Jobs	Das Werkstattverhältnis gemäß § 136 ff. SGB IX, ZTR 2002, 515
Joussen	Die Kündigungsfristen bei der außerordentlichen Kündigung von schwerbehinderten, DB 2002, 2162
ders.	Si tacuisses – Der aktuelle Stand zum Fragerecht des Arbeitgebers nach einer Schwerbehinderung, NJW 2003, 2857
Jürgens	Das Rechtsverhältnis zwischen Behinderten und Werkstätten für Behinderte, RdA 1986, 349
Jugel	Die Hauptfürsorgestellen in den neuen Bundesländern, BehindertenR 1992, 58
Kaiser	Das Informations- und Anhörungsrecht der Schwerbehindertenvertretung und deren Beteiligung bei der Besetzung freier Arbeitsplätze, BehindertenR 1990, 31
ders.	Die Stellung des Beauftragten des Arbeitgebers nach dem SchwbG, BehindertenR 1997, 34
ders.	Rechtsproblem des Kündigungsschutzes für Schwerbehinderte, BehindertenR 1998, 3
Kamm	Zur Wahl der Schwerbehindertenvertretung, PersR 1986, 183

Literaturverzeichnis

ders.	Neuwahlen der Schwerbehindertenvertretungen, Personalrat 1994, 393
Kappelhoff	Außerordentliche Kündigung gegenüber einem Schwerbehinderten, ArbuR 2002, 350
Kardorff	Das Sozialgesetzbuch IX „Rehabilitation und Teilhabe behinderter Menschen" und das Gleichstellungsgesetz – eine Herausforderung für die Umsetzung in die Praxis, psychomed 2003, 85
Klare	Die Zustimmung zur Kündigung von SB, BehindertenR 1993, 73
Kleinebrink	Die materielle und prozessuale Bedeutung von Verschlimmerungsattesten, NZA 2002, 716
Klosterhuis	Die Rolle der Angehörigen in der Rehabilitation, DAngsVers. 2002, 157
Knöbel	Die Versorgung hochgradig schwerhöriger und gehörloser Suchtkranker, BehindertenR 1997, 125
Koch/Koch	Die erhebliche Gehbehinderung im Schwerbehindertenrecht, ZfS 1984, 321
Kossens	Zusatzurlaub für Schwerbehinderte, AiB 1995, 766
ders.	Die Arbeitsweise der Schwerbehindertenvertretung, ZfPR 2003, 16
ders.	Neuregelung des besonderen Kündigungsschutzes für schwerbehinderte Menschen, ZfPR 2004, 280
ders./Maaß	Das Gesetz zur Bekämpfung der Arbeitslosigkeit Schwerbehinderter, NZA 2000, 1025
ders./Wollschläger	Gesetz zur Förderung der Ausbildung und Beschäftigung schwerbehinderter Menschen, ZfSH/SGB 2004, 346
Kothe	Gleichstellungsanspruch von Behinderten zum Erlangung oder Behalten eines geeigneten Arbeitsplatzes, ArbuR 2001, 351
ders.	Die Verantwortung für Prävention im Arbeitsleben von Arbeitgebers, Rehabilitationsträgern und Integrationsamt, ZSR 2003, 443
Kraus	Reform des Behindertenrechts – Diskussionsbeiträge im Deutschen Bundestag, BehindertenR 2001, 1
Kreutz	Was sind Integrationsunternehmen im Sinne von § 132 Abs. 1 SGB IX, ZfSH/SGB 2003, 341
Kuhlmann	Der Kündigungsschutz Schwerbehinderter im Insolvenzverfahren, BehindertenR 2000, 159
dies.	Auswirkungen der Altersteilzeit auf das Schwerbehindertenrecht, BehindertenR 2002, 1
dies.	Auswirkungen des § 90 Abs. 2a SGB IX auf das Widerspruchsverfahren im Rahmen des besonderen Kündigungsschutzes schwerbehinderter Menschen beim Integrationsamt, BehindertenR 2004, 181
Kunkel	Welche Bedeutung hat das SGB IX für die Jugendhilfe, ZfSH/SGB 2001, 707
Kunze	Rechtssystematische Erwägungen zur Bildung GesamtGdB, VersorgVerw 1994, 70
Lachwitz	Reform des Rehabilitationsrechts – Diskussionspunkte für ein SGB IX, RdLH 1999, 51
Lambrich/Thüsing	Das Fragerecht des Arbeitgebers – aktuelle Probleme zu einem klassischen Thema, BB 2002, 1146
Laschet	Integrationsvereinbarungen stärken Interessen von Behinderten SuP 2002, 683
Laskoswki/Welti	Die Integrationsvereinbarung nach § 83 SGB IX – Modell für die Umsetzung positiver Maßnahmen nach Maßgabe der Europäischen Gleichbehandlungsrichtlinien?, ZESAR 2003, 215
Liebig	Individuelle Menschrechte gestärkt, BArbl. 11/2001, 13
Lindlahr	Die kommunalen Jugend- und Sozialhilfeträger im neuen Rehabilitationsrecht des SGB IX, SozArb 2002, 381
Lorenzen	Gesetz zur Bekämpfung der Arbeitslosigkeit Schwerbehinderter – Neue Aufgaben für den Personalrat, PersV 2001, 50
Losch	Zum Schwerbehindertengesetz und seiner Durchführung, ASUmed 2001, 21

Literaturverzeichnis

Maaßen	Integrationsprojekte: Was und Warum?, BehindertenR 2004, 26
Magin/Schnetter	Die Einführung des betrieblichen Eingliederungsmanagements – Erste Erfahrungen in der Praxis, BehindertenR 2005, 52
Majerski-Pahlen	Feststellung der Wegefähigkeit im Schwerbehinderten- und Rentenrecht, MedSach 1995, 50
Marschner	Mehr Chancengleichheit im Arbeits- und Berufsleben, AuA 2000, 569
ders.	Gesetzliche Neuregelung zur Rechtsstellung von schwerbehinderten Arbeitnehmern, ZTR 2000. 545
ders.	Schwerbehindertenrecht – Neu zu beachtende Bestimmungen, AuA 7/2004, 14
Meinert	Betriebsbedingte Kündigung eines Schwerbehinderten, BB 1988, 222
Messingschlager	Sind sie schwerbehindert? – Das Ende der (unbeliebten) Frage, NZA 2003, 301
Moll	Zur Entscheidungsfrist der Hauptfürsorgestelle bei der außerordentlichen Kündigung Schwerbehinderter, NZA 1987, 550
Möller/Bierth	Alkohol am Arbeitsplatz als Kündigungsgrund im besonderen Kündigungsschutz für Schwerbehinderte, BehindertenR 1994, 44
Moritz	Die rechtliche Integration behinderter Menschen nach SGB IX, BGB und Antidiskriminierungsgesetz, ZfSH/SGB 2002, 204
Morr	Das neue Verfahren zur Zuständigkeitserklärung und die Bearbeitungsfristen gemäß § 14 SGB IX, BehindertenR 2001, 160
Mrozynski	Berufliche Rehabilitation und behindertengerechte Arbeit, SGb 1993, 103
ders.	Kündigungsschutz Schwerbehinderter, AR-Blattei Schwerbehinderte II
ders.	Zum Schutz von Sozialdaten im Recht der Leistungserbringer, NZS 1996, 45
Namendorf/Natzel	Betriebliches Eingliederungsmangement nach § 84 Abs. 2 SGB IX und seine arbeitsrechtlichen Implikationen, DB 2005, 1794
Neumann	Die unterlassene Beteiligung der Agentur für Arbeit bei der Stellenbesetzung schwerbehinderter Menschen, BehindertenR 2004, 103
ders.	Begriff des Arbeitsplatzes nach § 73 SGB IX und Bewertung eines schwerbehinderten GmbH-Geschäftsführers als Arbeitnehmer, BehindertenR 2002, 168
Ockenga	Feststellung des Grades der Behinderung nach dem SchwbG, SozVers 1991, 281
Offezors	Stillstand und Konzeptionslosigkeit im Schwerbehindertenrecht?, SGb 1991, 6
Opitz	Wertmarke ohne Eigenbeteiligung für Schwerbehinderte, die für den Lebensunterhalt laufende Hilfe nach dem Kinder- und Jugendhilfegesetz (SGB VIII) erhalten, VersorgVerw 1994, 57
Pahlen	Schwerbehinderte I, II, AR-Blattei 1440.1 und 1440.2
ders.	Die Frage nach der Schwerbehinderteneigenschaft, RdA 2001, 143
Peiseler	Beteiligung der Schwerbehindertenvertretung, AiB 1991, 68
Pippke	Mögliche Auswirkungen der Neuen Behördensteuerung auf die berufliche Situation SB, BehindertenR 1997, 96
Pitschas	Integration behinderter Menschen als Teilhabekonzept. Zur Neuordnung des deutschen Rehabilitationsrechts in vergleichender Perspektive, SGb 2003, 64
Pöppl	Kündigungsschutz für Schwerbehinderte im Blickfeld der Rechtsprechung und des Verfassungsrechts, BehindertenR 1986, 5
ders.	Der Beschäftigte in der Werkstatt für Behinderte – Objekt oder Subjekt? ArbuR 1987, 104

Literaturverzeichnis

ders.	Der behinderte Beschäftigte in der „Werkstatt für Behinderte", Festschrift Gnade 1992, 323
ders.	Der Beschäftigte in der Werkstatt für Behinderte, ArbuR 1996, 483
Raddatz	Neue Anhaltspunkte für die örtliche Gutachtertätigkeit im sozialen Entscheidungsrecht und nach dem Schwerbehindertengesetz, MedSach 1996, 173
Reber	Hilfen für psychisch Behinderte im Arbeitsleben, BehindertenR 1994, 15
Rehwald/Kossak	Neue Kündigungsschutzbestimmungen im SGB IX zum 1. 5. 2004, AiB 2004, 604
Reifenhäusser	Teilhabe am Arbeitsleben, AuA 1/2003, 20
Richardi	Arbeitsrechtliche Probleme bei Einstellung und Entlassung Aidsinfizierter Arbeitnehmer, NZA 1988, 73
Riebe	Nichtwählbarkeit leitender Beschäftigter des öffentlichen Dienstes bei der Wahl einer Schwerbehindertenvertretung, BehindertenR 1995, 183
Rieß	Die Gleichstellung nach § 2 SchwbG, BehindertenR 1991, 49
ders.	Rückläufige Beschäftigung Schwerbehinderter, BehindertenR 1992, 121
ders.	Besondere Förderung der Einstellung und Beschäftigung Schwerbehinderter, BehindertenR 1994, 169
Rindt	Die berufliche Eingliederung Behinderter, AuA 1991, 1
ders.	Berufliche Eingliederung vordringlich, BArbl. 10/1991, 3
Rische	SGB IX – Paradigmenwechsel vollzogen, DAngVers 2001, 273
Ritz	Hauptfürsorgestellen – Partner der Betriebe und der Arbeitgeber, Arbeitgeber 2000, Nr. 10, 22
ders.	Hauptfürsorgestellen – Partner der Betriebe bei der Beschäftigung Schwerbehinderter, BehindertenR 2001, 71
ders.	Maßnahmen zum Übergang von der Werkstatt ins Erwerbsleben, BehindertenR 2001, 197
Rolfs	Aufgaben der Schwerbehindertenvertretung, ZfPR 2003, 10
ders./Paschke	Die Pflichten und die Rechte schwerbehinderter Arbeitnehmer nach § 81 SGB IX, BB 2002, 1260
Rühle	Kündigung der Werkstattverhältnisse von Schwerbehinderten, DB 2001, 1364
Sailer	Das Feststellungsverfahren nach dem SchwbG, BehindertenR 1992, 25
Sanmann	Schwerbehindertenarbeitslosigkeit – ein strukturelles Dauerproblem?, Festschrift Lampert 1995, 309
Saul	Abstufung des GdB in Zehner Stufen – noch zeitgemäß?, Versorg Verw 2000, 90
Sauer	Der Vorrang SB bei beruflichen Fortbildungsmaßnahmen, BehindertenR 1997, 189
Schäfer	Sollen von der Versorgungsverwaltung im Rahmen der §§ 4 und 48 SchwbG beigezogene ärztliche Unterlagen für Antragsteller weiterhin kostenfrei sein?, BehindertenR 1997, 9
Schareck	Das schwerbeschädigte Schwerbehindertengesetz, SozVers 1986, 57, 85
ders.	Die Rechte und Pflichten der Schwerbehindertenvertretung, AuA 1991, 172
ders.	Das Zustimmungsverfahren der Hauptfürsorgestelle, SozSich 1992, 308
ders.	Das Fragerecht nach der Schwerbehinderteneigenschaft, BehindertenR 1994, 81
Schaub	Ist die Frage nach der Schwerbehinderung zulässig? NZA 2003, 299
Schell/Clearenger	Verbesserungen in den Behindertenwerkstätten, BArbl. 11/2001, 22
Schillings	Die ärztliche Gutachtertätigkeit muss Gesetz werden, SuP 2003, 117

Literaturverzeichnis

Schimanski	Die besonderen Schwerbehindertenvertretungen, BehindertenR 2004, 74
ders.	Prävention bei Gefährdung eines Arbeitsplatzes – § 84 SGB IX, BehindertenR 2002, 121
ders.	Das Rest- und Übergangsmandat der Schwerbehindertenvertretung, BehindertenR 1999, 129
Schleicher	Begriff der Behinderung im Schwerbehindertenrecht, Deutsche Medizinische Wochenschrift 1998, 11
Schlewing	Der Sonderkündigungsschutz schwerbehinderter Menschen nach der Novelle des SGB IX, NZA 2005, 1218
Schmidt	Der besondere Arbeitsschutz der Schwerbehinderten, AiB 1992, 564
ders.	Arbeitsplätze Schwerbehinderter, AiB 1996, 222
ders.	Anfechtung des Arbeitsvertrages – Täuschung über Schwerbehinderteneigenschaft, AiB 1996, 743
ders.	Zur Gleichstellung mit schwerbehinderten Menschen, BehindertenR 2002, 141
ders.	Zur Gleichstellung mit schwerbehinderten Menschen, BehindertenR 2002, 141
Schneider	Zur Problematik der Lernbehinderten im Kontext des Schwerbehindertenrechts und der besonderen Hilfen bei der beruflichen Eingliederung, BehindertenR 1995, 180
ders.	Veränderungen bei der Beurteilung von Teilleistungsschwächen, Lernbehinderung und geistiger Behinderung im Rahmen der Anerkennung der Schwerbehinderteneigenschaft, BehindertenR 1998, 63
ders.	Persönliche Arbeitsassistenz am Arbeitsplatz für Schwerbehinderte, SuP 2000, 389
ders./Adlhoch	Arbeitsassistenz am Arbeitsplatz für Schwerbehinderte – Fachliche und juristische Aspekte, BehindertenR 2001, 51
Scholdei-Klie	Integrationsfachdienste und Arbeitsassistenz, SozArb 2002, 411
Schorn	Anhaltende Versäumnisse – Der Grad der Behinderung im SGB IX, SozSich 2002, 127
ders.	Rechtsstellung und Arbeitsentgelt der Mitarbeiter, SozSich 2003, 19
Schröder	Arbeitsgerichtliche Fragen des Werkstattverhältnisses, AuR 2001, 172
Schütte	Selbstbestimmung, Sicherstellung und Leistungserbringung im Rehabilitationsrecht des SGB IX, NDV 2003, 416
Schuntermann	Grundsatzpapier der Rentenversicherung zur Internationalen Klassifizierung der Funktionsfähigkeit, Behinderung und Gesundheit (ICF) der Weltgesundheitsorganisation, DRV 2003, 52
Schwidden	Förderung von Behinderten im öffentlichen Dienst, RiA 1997, 70
Seel	Was ist neu?, Ein Überblick über die SchwbG-Novellierung durch das Gesetz zur Bekämpfung der Arbeitslosigkeit Schwerbehinderter, BehindertenR 2001, 37
ders.	Integrationsvereinbarung – Ein neues Instrument zur Planung und Steuerung der beruflichen Integration von Menschen mit Behinderungen, BehindertenR 2001, 61
v. Seggem	Anträge der Arbeitgeber und Entscheidungskriterien der HfSt im Zustimmungsverfahren zur Kündigung SB, BehindertenR 1989, 31
ders.	Gesetz zur Bekämpfung der Arbeitslosigkeit Schwerbehinderter, AiB 2000, 717
ders.	Begleitende Hilfe im Arbeitsleben trotz der Multiplen Sklerose, BehindertenR 1991, 78
ders.	Blinde und hochgradig Sehbehinderte, BehindertenR 1994, 141
ders.	Die Aussetzung des Kündigungsschutzverfahrens durch das Arbeitsgericht bei Kündigung eines Schwerbehinderten oder Gleichgestellten, DB 1994, 1286
ders.	Die Teilzeitarbeit von Schwerbehinderten, SuP 1995, 45
ders.	Hilfen zur Beschaffung und Erhaltung einer behindertengerechten Wohnung, BehindertenR 1995, 89

Literaturverzeichnis

v. Seggem	Epilepsie-Kranke im Arbeitsleben, AiB 1996, 147
ders.	Der Kündigungsschutz nach dem Schwerbehindertengesetz, DB 1996, 1409
ders.	Auswirkungen des Sparpakets auf den besonderen Kündigungsschutz nach dem SchwbG, SuP 1997, 39
ders.	Der Beitrag des Betriebs- und Personalrats bei der Eingliederung Schwerbehinderter, BehindertenR 1997, 37
ders.	Der Kündigungsschutz nach dem SchwbG, AuA 1997, 292
Seidel	Der Anspruch schwerbehinderter Menschen innerhalb bestehender Arbeitsverhältnisse auf Teilzeitbeschäftigung, BehindertenR 2001, 153
ders.	Schwerbehinderte haben Anspruch auf Integrationsmaßnahmen, SUP 2002, 31
ders.	Persönliche Rechte und Pflichten der Schwerbehindertenvertretung, PersR 2002, 458
ders./Zipf	Hilfe zur wirtschaftlichen Selbständigkeit gem. § 21 SchwbAV, BehindertenR 2002, 197
ders./Adlhoch	Welche Auswirkungen hat das am 1. Oktober 1996 in Kraft getretene Arbeitsrechtliche Beschäftigungsförderungsgesetz auf die Durchführung des Kündigungsschutzes nach dem SchwbG?, BehindertenR 1997, 65
Siebenweiber	SchwbG und Schwerbehindertenausweisverordnung zum 1. 7. 1991 geändert, BehindertenR 1991, 121
ders.	Das Ausweiswesen nach dem SchwbG, BehindertenR 1992, 29
ders.	Die Ausgleichsabgabe nach § 8 SchwbG, AR-Blattei Schwerbehinderte III
ders.	Schwerbehindertengesetz, AR-Blattei, Schwerbehinderte I
Sieg	Wahl der Schwerbehindertenvertretung, NZA 2002, 1064
Spallek	„Anhaltspunkte" ergänzungsbedürftig – Nachteilsausgleich „G" bei IC-Erkrankungen, VersorgVerw 2002, 47
Splanemann	Schwerbehindertenvertretung und Betriebsrat: Wege zur Kooperation, AiB 2002, 404
Spranger	Der Grad der Diskriminierung hängt nicht von GdB ab, SuP 1998, 3
Springer	Umfassender Schutz aller Behinderten über Art. 3 Abs. 3 Satz 2 GG, BehindertenR 1998, 92
Stähler	Rechte behinderter Menschen – Änderungen und Neuregelungen durch das Behindertengleichstellungsgesetz, NZA 2002, 777
ders./Wimmer	Die Neuordnung des Rehabilitations- und Schwerbehindertenrechts, NZS 2002, 570
Stark	Klare Zuständigkeiten für die Hauptfürsorgestellen, BehindertenR 1988, 97
ders.	Zur Entwicklung der Kriegsopferfürsorge und der Aufgaben nach dem SchwbG 1989/90, BehindertenR 1991, 25
ders.	Die Kriegsopferfürsorge und die Aufgaben nach dem SchwbG, BehindertenR 1992, 1
ders.	Entwicklung der Aufgaben nach dem SchwbG im Jahre 1992, BehindertenR 1994, 1
ders.	20 Jahre Schwerbehindertengesetz – Aspekte einer Entwicklung, BehindertenR 1995, 165
ders.	Anmerkungen zur Novellierung des Schwerbehindertengesetzes, BehindertenR 2001, 40.
Steck	Entwurf eines Gesetzes zur Gleichstellung behinderter Menschen – Behindertengleichstellungsgesetz (BGG), Sozialer Fortschritt 2002, 23
v. Steinau-Steinrück/ Hagemeister	Das neue betriebliche Eingliederungsmanagement, NJW-Spezial 2005, 129
Steinke	Ein Werkstattbericht zur Umsetzung des SGB IX, KrV 2004, 69
Straßfeld	Aufhebung und Rücknahme von Bescheiden nach § 69 SGB IX, SGb 2003, 88

Literaturverzeichnis

Straßfeld	Der Nachteilsausgleich „G", VersorgVerw 2003, 35
Strehmel	Schwerbehinderte, AuA 2002, 418
Stremming	Praxistauglichkeit von Integrationsunternehmen aus ökonomischer Sicht, BehindertenR 2004, 28
Striegel	Schweigen ist Gold? – Der Kündigungsschutz des Schwerbehinderten gem. § 85, § 90 Abs. 2a SGB IX, FA 2005, 12
Süllwold	Suspensives Veto der Schwerbehindertenvertretung, ZVBR 2003, 21
dies.	Zeitpunkt der Wahlen der Schwerbehindertenvertretung, ZBVR 2003, 23
dies.	Doppelmandat als Schwerbehindertenvertreter und Personalratsmitglied, ZfPR 2003, 254
Thiel	Die Vertrauensperson der schwerbehinderten Menschen, ZMV 2003, 105
ders.	Werkstätten-Mitwirkungsverordnung für Werkstätten für behinderte Menschen, ZMV 2001, 219
Thüsing	Handlungsbedarf im Diskriminierungsrecht, NZA 2001, 1061
Trümmer	Das Fragerecht des Arbeitgebers, FA 2003, 34
Türk	Überführung des Schwerbeschädigtenrechts der ehemaligen DDR auf das Schwerbehindertengesetz, VersorgVerw 1991, 38
Unterhinninghofer	Schwerbehindertenvertretung – Gemeinsame Ausschüsse, AiB 1994, 48
Ustarbowski	Die Bildung des Gesamt-GdB nach dem Schwerbehindertengesetz, SGB 1991, 15
Voelzke	Bindungswirkung des Schwerbehindertenausweises, SGb 1991, 80
Vömel	Das SGB IX – Reformansätze, Neuerungen, erste Umsetzungen, Rehabilitation 2002, 274
ders.	Das SGB IX – eine Zwischenbilanz, Die Rehabilitation 2004, 42
Wachholz	Die „Anhaltspunkte" als Bewertungsmaßstab für den Grad einer Behinderung, BehindertenR 1992, 35
ders.	Geschlechtsbezogene Störungen im Schwerbehindertenrecht, BehindertenR 1993, 25
ders.	Krank vom Alkohol – krank nach Alkohol, Alkoholabhängigkeit als Schwerbehinderung, BehindertenR 1994, 25
Wagner	Die Zusammenarbeit der Bundesanstalt für Arbeit mit den Integrationsfachdiensten (IFD) in Nordrhein-Westfalen, BehindertenR 2002, 209
Wahrendorf	Zur Anhörung bei der Kündigung eines Schwerbehinderten, BB 1986, 523
Weber	Arbeitsassistenz nach dem Neunten Buch Sozialgesetzbuch, BehindertenR 2004, 193
dies.	Arbeitsassistenz als ein Instrument zur Teilhabe schwerbehinderter Menschen am Arbeitsleben, BehindertenR 2005, 40
Welti	Das neue Recht der Teilhabe und Rehabilitation (SGB IX) – Chancen und Verpflichtung –, SozSich 2001, 146
ders.	Das neue SGB IX – Recht der Rehabilitation und Teilhabe behinderter Menschen, NJW 2001, 2210
ders./Raspe	Zur Feststellung von individuellem Bedarf an medizinischen Rehabilitationsleistungen nach dem SGB IX – Rehabilitation und Teilhabe behinderter Menschen, DRV 2004, 76
Wendt	Der verfassungsrechtliche Rahmen der Schwerbehindertenabgabe, ZSR 1992, 541
dies.	Anerkennung einer Werkstatt für Behinderte – Auflage hinsichtlich der Höhe der Entlohnung, SGb 1994, 35
dies.	Die Sozialhilferechtsreform 1996 und ihre Auswirkungen auf die Werkstätten für Behinderte, Beiträge zum Recht der sozialen Dienste und Einrichtungen Nr. 36 (1997), 43

Literaturverzeichnis

Wendt	Neustrukturierung des Sonderarbeitsmarktes für Menschen mit Behinderung durch die Reform des Reha-Rechts – Folgen für die Werkstatt für Behinderte, Rehabilitation 2001, 92
dies.	Einzelbetreuung im Berufsbildungsbereich einer WfbM, RdLH 2003, 30
dies.	Bericht der Bundesregierung über die Beschäftigungssituation schwerbehinderter Menschen – folgt daraus eine SGB IX-Novelle, RdLH 2003, 107
dies.	Folgen der „Hartz-Reform" (Drittes und Viertes Gesetz für moderne Dienstleistungen am Arbeitsmarkt) für Werkstattbeschäftigte, BehindertenR 2003, 215
Westers	Neuregelungen im Recht des besonderen Kündigungsschutzes nach dem Neunten Buch Sozialgesetzbuch (SGB IX), BehindertenR 2004, 93
Wiedermann	Kündigungsschutz und Kündigungsschutzpraxis bei schwerbehinderten Arbeitnehmern im Lande Bremen, BehindertenR 1987, 49
Wieland	Neue Technologien und Arbeitsplätze für Behinderte, Zeitschrift für Arbeitswissenschaft 1988, 142
Wolber	Kritische Betrachtung der Festsetzung des Gesamtgrades der Behinderung, ZVBR 2004, 20
ders.	Die Nicht-Schwerbehinderten als besondere Zielgruppe des Personalrats, PersV 2003, 214
Wolf	Ausgleichsabgabe nach dem SchwbG für „nichtanerkannte" Schwerbehinderte? BB 1991, 1720
Wollschlaeger	Zum Verwaltungsverfahren bei Anträgen nach den §§ 15, 21, 22 SchwbG, BehindertenR 1987, 25
ders.	Förderung bei Einstellung von Schwerbehinderten, AuA 1993, 73
ders.	Rechtsfehlerhafte Entscheidungen des Widerspruchsausschusses nach den §§ 40, 41 SchwbG, BayVBl. 1994, 106
ders.	Behinderungsbedingte Zusatzausstattung eines Kraftfahrzeuges, BehindertenR 1994, 104
Wuttke	Neues Schwerbehindertenrecht, Quotensenkung und praktische Hilfen, Der Arbeitgeber 10/2000, 14
Zellner	Hilfen für Schwerbehinderte, BehindertenR 1996, 33
ders.	Der Kündigungsschutz für Vertrauensleute der Schwerbehinderten, BehindertenR 1996, 153
Zetl	Fürsorge und Förderung schwerbehinderter Arbeitnehmer, ZMV 2002, 125

Einleitung

Inhaltsübersicht

	Rdnr.
A. Geschichtliche Entwicklung	1–12
I. Anfänge des Schwerbehindertenrechts	2
II. Schwerbeschädigtengesetz 1953	3–6
III. Schwerbehindertengesetz 1974	7–9
IV. Schwerbehindertengesetz 1986	10
V. Gesetz zur Bekämpfung der Arbeitslosigkeit Schwerbehinderter vom 27. 9. 2000	11, 12
B. Beratungen zum SGB IX	13–27
C. Inhaltliche Schwerpunkte und wichtigste Neuerungen des Gesetzes	28–69
I. Konzeptionelle Übersicht	30, 31
II. Die wichtigsten Neuerungen im Teil 1 SGB IX	32–53
1. Definition des Begriffs „Behinderung"	32
2. Unmittelbar geltendes Recht	33
3. Einbeziehung der Träger der Sozialhilfe und der Träger der Jugendhilfe	34
4. Koordination der Leistungen und Kooperation der Leistungsträger, speziell Gemeinsame Servicestellen und Gemeinsame Empfehlungen sowie Trägerübergreifende Qualitätssicherung	35–40
5. Rasche Zuständigkeitsklärung	41, 42
6. Integrationsämter	43
7. Wunsch- und Wahlrecht der Leistungsberechtigten, Erstattung selbst beschaffter Leistungen	44–46
8. Arbeitsassistenz	47
9. Vorrang von Leistungen zur Teilhabe, psychologische und pädagogische Hilfen, stufenweise Wiedereingliederung	48, 49
10. Gebärdensprache	50
11. Verbandsklage	51
12. Ambulant vor stationär	52
13. Besondere Bedürfnisse und Probleme behinderter Frauen und Kinder	53
III. Einbeziehung des Schwerbehindertengesetzes in Teil 2 SGB IX	54–69
1. Beschäftigungspflicht der Arbeitgeber	55
2. Gestaffelte Ausgleichsabgabe	56, 57
3. Pflichten des Arbeitgebers	58
4. Besonderer Kündigungsschutz	59
5. Vereinbarung eines Integrationsplans/Prävention	60, 61
6. Schwerbehindertenvertretung	62, 63
7. Integrationsfachdienste	64, 65
8. Integrationsprojekte	66
9. Werkstätten für behinderte Menschen	67, 68
10. Unentgeltliche Beförderung im Personenverkehr	69
D. Bisherige Erfahrungen mit dem SGB IX	70–78
I. Generelle Erfahrungen	70–74
II. Erfahrungen mit Gemeinsamen Erklärungen	75–78
E. Bundesbehindertengleichstellungsgesetz	79–95
I. Parlamentarische Beratungen	79–82
II. Wichtigste Neuerungen im BGG	83–95

	Rdnr.
F. Landesbehindertengleichstellungsgesetze	96–116
I. Landesgesetze	96–114
II. Erfahrungen mit den Landesgleichstellungsgesetzen	115, 116
G. Gesetz zur Förderung der Ausbildung und Beschäftigung schwerbehinderter Menschen vom 23. April 2004	117

Schrifttum: *Cramer,* Schwerbehindertengesetz, Einleitung Rdnr. 1–43; *ders.,* Die Neuerungen im Schwerbehindertenrecht des SGB IX – Gesetz zur Förderung der Ausbildung und Beschäftigung schwerbehinderter Menschen, NZA 2004, 698; *Düwell,* Veränderung des Schwerbehindertenrechts – Ablösung des SchwG durch das SGB IX, AiB 2001, 375; *Felders,* Bekämpfung der Arbeitslosigkeit Schwerbehinderter – Anmerkungen zur Novellierung des SchwbG, BehindertenR 2000, 187; *Förster,* Die Notwendigkeit einer Novellierung des SchwbG, BehindertenR 1998, 1; *Großmann/Schimanski,* Einleitung Rdnr. 29–41; *Hansen,* Die Änderungen im Schwerbehindertenrecht durch das SGB IX, NZA 2001, 986; *Haines,* Die Einordnung des Rehabilitations- und Schwerbehindertenrechts im Sozialgesetzbuch, KrV 1992, 338; *Hoger,* Die Novelle zum Schwerbehindertengesetz, DB 1986, 1673; *Kamm,* Zur Novellierung des Schwerbehindertengesetzes, Personalrat 1986, 208; *Kossens/Maaß,* Das Gesetz zur Bekämpfung der Arbeitslosigkeit Schwerbehinderter, NZA 2000, 1025; *ders./Wollschläger,* Gesetz zur Förderung der Ausbildung und Beschäftigung schwerbehinderter Menschen, ZfSH/SGB 2004, 346; *Neumann/Pahlen,* Schwerbehindertengesetz, Einleitung Rdnr. 47–71; *Offezors,* Stillstand und Konzeptionslosigkeit im Schwerbehindertenrecht? SGb 1991, 6; *Rische,* SGB IX – Paradigmenwechsel vollzogen, DAngVers 2001, 273; *Schatzschneider,* Die Neuregelung des Schutzes Schwerbehinderter, NJW 1986, 2873; *Stähler/Wimmer,* Die Neuordnung des Rehabilitations- und Schwerbehindertenrechts, NZS 2002, 570; *Stark,* Anmerkungen zur Novellierung des Schwerbehindertengesetzes, BehindertenR 2001, 40; *Steck,* Entwurf eines Gesetzes zur Gleichstellung behinderter Menschen – Behindertengleichstellungsgesetz (BGG), Sozialer Fortschritt 2002, 23; *Türk,* Überführung des Schwerbeschädigtenrechts der ehemaligen DDR auf das Schwerbehindertengesetz, VersorgVerw 1991, 38; *Vömel,* Das SGB IX – Reformansätze, Neuerungen, erste Umsetzungen, Die Rehabilitation 2002, 274; *ders.,* Das SGB IX – eine Zwischenbilanz, Die Rehabilitation 2004, 42; *von Seegern,* Drei Jahre SGB IX: Was aus der grundlegenden Reform zur Rehabilitation und Teilhabe behinderter Menschen wurde, SozSich 2004, 110; *Welti,* Das neue Recht der Teilhabe und Rehabilitation (SGB IX) – Chancen und Verpflichtung –, SozSich 2001, 146; *ders.,* Das neue SGB IX – Recht der Rehabilitation und Teilhabe behinderter Menschen, NJW 2001, 2210.

A. Geschichtliche Entwicklung

1 Am 1. 7. 2001 trat das **SGB IX** in Kraft, am 28. 2. 2002 wurde das **Bundesbehindertengleichstellungsgesetz (BGG)** vom Deutschen Bundestag verabschiedet. Obwohl auch durch andere, nachfolgende Gesetze, etwa das **Antidiskriminierungsgesetz** und das **Präventionsgesetz,** Änderungen in der Rechtslage für behinderte und von Behinderung bedrohte Menschen eintraten, bilden diese beiden Gesetze doch den grundsätzlichen Rahmen. Mit ihnen wurde eine Entwicklung zur **Neukodifizierung des Behindertenrechts** weitgehend durchgesetzt und abgeschlossen, die über viele Jahre hinweg mehrere Bundesregierungen beschäftigt hatte. Erstmalig sind im **SGB IX** die Aufgaben der verschiedenen Rehabilitationsträger in einem Gesetzeswerk festgelegt und koordiniert worden. Ebenso ist durch das neu geschaffene Gesetzeswerk einem neuen Verständnis des behinderten Menschen in der Gesellschaft Rechnung getragen worden, das „nicht mehr Fürsorge und Versorgung von behinderten Menschen, sondern ihre selbstbestimmte Teilhabe am gesellschaftlichen Leben und die Beseitigung der Hindernisse, die ihrer Chancengleichheit entgegensteht", in den Mittelpunkt stellt (Gesetzentwurf der Bundesregierung zum SGB IX, Begründung Allgemeiner Teil, S. 276). Mit dem **Bundesbehindertengleichstellungsgesetz** wiederum wurden Schritte eingeleitet, Benachteiligungen behinderter Menschen im täglichen Leben zu beseitigen und zu verhindern und somit eine möglichst gleichberechtigte Teilhabe am Leben in der Gesellschaft zu ermöglichen. Damit hat das **Schwerbehindertenrecht** in der Bundesrepublik nach seiner Einführung im Jahr 1953 durch das Schwerbeschädigtengesetz und einer umfassenden Neuordnung in den Jahren 1974 und 1986 eine weitere Fortentwicklung und grundsätzlich neue Konzeption erfahren, die Form und Inhalt dieses wichtigen sozialpolitischen Regelwerks auf lange Zeit hin entscheidend prägen wird.

I. Anfänge des Schwerbehindertenrechts

Das deutsche Schwerbehindertenrecht hat seit seinen Ursprüngen aus dem Schwerbeschädigtenrecht der **Weimarer Republik** bis zu seiner Neuordnung Mitte der fünfziger Jahre Grundsätze vertreten, die heute völlig in den Hintergrund getreten sind (zur Rechtshistorie ausführlich *Neumann/Pahlen*, SchwbG, Einleitung, Rdnr. 1 ff. und *Cramer*, SchwbG, Einleitung, Rdnr. 1 ff.): einerseits, dass der Schutz sich beinahe ausschließlich nur auf Personen bezog, die im Dienste der Allgemeinheit beschädigt worden waren oder Schäden erlitten hatten, andererseits, dass Schutz und Versorgung der Behinderten gewährleistet sein sollten, während der Gedanke der Rehabilitation nur marginal angegangen wurde. Jedoch wurden bereits 1919 (Verordnung v. 8. 2. 1919, RGBl. S. 187) Hauptfürsorgestellen und Fürsorgestellen errichtet, um die Versorgung und Betreuung der Schwerbeschädigten zu übernehmen. An dieser organisatorischen Regelung wurde auch bis 1953 festgehalten, als die arbeitsmarktpolitische Betreuung auf die Bundesanstalt für Arbeit überging. Im neuen SGB IX obliegt die Aufgabe der Teilhabe schwerbehinderter Menschen am Arbeitsleben nun den Integrationsämtern (früher: Hauptfürsorgestellen) in enger Zusammenarbeit mit der Bundesanstalt für Arbeit (nun Bundesagentur für Arbeit) (§§ 101 ff. SGB IX). Zudem wurden bereits 1920 (Gesetz über die Beschäftigung Schwerbehinderter v. 6. 4. 1920, RGBl. S. 458) Regelungen wie die Bildung einer Schwerbeschädigten-Vertretung sowie die erforderliche Zustimmung zu einer Kündigung durch die Hauptfürsorgestellen eingeführt, die grundsätzlich auch heute noch Bestand haben.

II. Schwerbeschädigtengesetz 1953

Bei den Beratungen zum **Schwerbeschädigtengesetz 1953** (BGBl. I S. 389) standen die Fragen nach dem geschützten Personenkreis, der Höhe der Ausgleichsabgabe und dem Umfang der Beschäftigungspflicht (eine Beschäftigungspflichtquote des Arbeitgebers für schwerbeschädigte Arbeitnehmer, damals 2 v. H., ist übrigens bereits seit 1923 gesetzlich festgeschrieben) im Mittelpunkt. Dabei ergab sich die Zuständigkeit des Bundes für das Schwerbeschädigtengesetz aus Art. 74 Nr. 12 des damals jungen Grundgesetzes (Arbeitsrecht einschl. Arbeitsschutz und Arbeitsvermittlung als konkurrierende Gesetzgebung des Bundes) sowie Art. 74 Nr. 10 GG (Versorgung Kriegsbeschädigter und Kriegshinterbliebener).

1953 wurden **Blinde und Gehörlose** sowie durch das **NS-Regime Verfolgte** ausdrücklich in die Schutzbestimmungen des Schwerbeschädigtengesetzes aufgenommen, außerdem sah das Gesetz eine Beschäftigungspflicht von 10 v. H. für öffentliche Verwaltungen, Banken, Versicherungen und Bausparkassen und 6 v. H. für andere öffentliche Betriebe vor. Nicht öffentlich-rechtliche Arbeitgeber wurden bei einer Beschäftigtenzahl von bis zu sieben Personen verpflichtet, mindestens einen Schwerbeschädigten zu beschäftigen, bei mehr als sieben Beschäftigten galt eine Quote von 8 v. H. Bei Nichteinhaltung der **Beschäftigungspflicht** wurde gem. § 9 SchwbschG eine Ausgleichsabgabe von DM 50 pro Monat eingeführt. Nach § 10 SchwbeschG war es zudem dem zuständigen Landesarbeitsamt möglich, einem privaten Arbeitgeber, der seiner Beschäftigungspflicht nicht nachkam, nach

Verstreichen einer bestimmten Frist einen Schwerbeschädigten zuzuweisen, der dann als eingestellt galt. Eine Besonderheit der Nachkriegszeit stellte es dar, dass auch Witwen und Ehefrauen von Kriegs- und Arbeitsopfern bevorzugt eingestellt und vermittelt werden sollten.

5   Ein wichtiger, bereits oben angesprochener Schritt, der die Entwicklung des deutschen Behindertenrechts auf Jahrzehnte hinaus bestimmte, war die Festlegung der verwaltungsmäßigen Durchführung der gesetzlichen Bestimmungen: Waren seit 1919 die **Hauptfürsorgestellen** allein hierfür zuständig, wurde nun eine Teilung der Aufgaben zwischen Hauptfürsorgestellen und Arbeitsverwaltung eingeführt: Für die fürsorgerischen Aufgaben waren weiterhin die Hauptfürsorgestellen verantwortlich, die arbeitsmarktpolitischen Aufgaben sollten von den Dienststellen der damaligen Bundesanstalt für Arbeitsvermittlung und Arbeitslosenversicherung übernommen werden.

6   Nach einer Novellierung im Jahre 1961 (im Wesentlichen Aufnahme von Impfopfern, Besatzungsgeschädigten und politischen Häftlingen in die geschützte Personengruppe) trat 1974 ein wesentlich geändertes Schwerbehindertenrecht in Kraft (BGBl. I S. 981). Bei der Novellierung 1961 war es, obwohl nur etwa die Hälfte der Pflichtplätze mit anerkannten Schwerbehinderten zu besetzen war, vom Gesetzgeber noch abgelehnt worden, den anspruchsberechtigten Personenkreis umfassend zu erweitern (BT-Drucks. 3/1256, s. auch *Neumann/Pahlen,* Einleitung, S. 54 ff.). Bereits seit 1970 aber wurde angestrebt, wie in der damaligen DDR die Schutzbestimmungen des Schwerbeschädigtengesetzes auf alle Schwerbehinderten, ohne Unterscheidung der Ursache der Behinderung, auszuweiten. Auch wurde in dem Sozialbericht dieses Jahres (BT-Drucks. 6/643) angekündigt, die Regierung wolle das Verwaltungsverfahren vereinfachen und die **Beschäftigungspflicht,** das **Quotensystem** und die **Ausgleichsabgabe** überprüfen. Ein entsprechender Gesetzentwurf kam jedoch wegen der vorgezogenen Auflösung des 6. Bundestages über einen Kabinettsentscheid nicht hinaus.

III. Schwerbehindertengesetz 1974

7   Nachdem die Bemühungen um eine grundlegende Reform durch die im November 1972 gewählte Bundesregierung (SPD/FDP) wieder aufgenommen worden waren, trat nach einem Vermittlungsverfahren, in dem vor allem die Verteilung der Ausgleichsabgabe sowie Zuständigkeitsfragen strittig waren, das „Gesetz zur Weiterentwicklung des Schwerbeschädigtenrechts" (BGBl. I S. 981) am 29. 4. 1974 als **„Gesetz zur Sicherung der Eingliederung Schwerbehinderter in Arbeit, Beruf und Gesellschaft" (Schwerbehindertengesetz)** (BGBl. I S. 1005) in Kraft. Seit diesem Zeitpunkt gilt der Grundsatz, dass Schwerbehinderte solche Personen sind, die körperlich, geistig oder seelisch bedingt eine Minderung der Erwerbsfähigkeit von wenigstens 50% aufweisen. Damit wurde anstatt des bislang weitgehenden Kausalitätsprinzips (Ursache der Behinderung als maßgeblicher Faktor) das Finalitätsprinzip (Tatsache der Behinderung als maßgeblicher Faktor) festgeschrieben. Von nun an zählte jede Person, die einen MdE von mindestens 50% aufwies, unabhängig davon, ob die Schwerbehinderten-Eigenschaft festgestellt war oder nicht, als Schwerbehinderter.

8   Eine entscheidende Neuerung betraf die **Beschäftigungspflicht** und die Ausgleichsabgabe: Für erstere wurde eine einheitliche Regelung für öffentliche und private Arbeitgeber geschaffen, nach der beide bei einer Größe von über 16 Beschäftigten 6 v. H. der Arbeitsplätze Schwerbehinderten zur Verfügung zu stellen hatten. Bei Unterschreitung dieser Quote wurde eine **Ausgleichsabgabe** in Höhe von 100 DM monatlich pro unbesetzten Pflichtplatz festgelegt. Weiterhin wurde der Kündigungsschutz der Schwerbeschädigten erweitert, der **Zusatzurlaub** für

A. Geschichtliche Entwicklung 9–12 **Einleitung**

diese auf sechs Arbeitstage erhöht und die Stellung des Vertrauensmannes der Schwerbehinderten gestärkt. Eine weitere Neuerung bestand darin, dass erstmals einheitliche Grundvorgaben für Werkstätten für Behinderte festgeschrieben wurden, deren Beschäftigte wegen der Art oder Schwere ihrer Behinderung nicht auf dem allgemeinen Arbeitsmarkt tätig sein konnten.

Eine entscheidende Neuerung für die rechtliche Behandlung Behinderter trat ebenfalls 1974 in Kraft, und zwar das **„Gesetz über die Angleichung der Leistungen zur Rehabilitation"** vom 7. 8. 1974 (BGBl. I S. 1881). In seinem Bemühen um einheitliche Regelungen bei der Rehabilitation behinderter Menschen durch die verschiedenen Rehabilitationsträger kann es durchaus als ein Vorläufer des neugeschaffenen SGB IX gelten. In ihm wurde bestimmt, dass nun auch die Krankenversicherung in den Kreis der Rehabilitationsträger einbezogen würde. Weiterhin wurden für alle Sozialversicherungsträger, die Kriegsopferversorgung und die Bundesanstalt für Arbeit die Sachleistungen zur medizinischen und beruflichen Rehabilitation sowie die während der Rehabilitationsmaßnahmen zu zahlenden Lohnersatzleistungen vereinheitlicht und Grundsätze für die Rehabilitation und die Eingliederung behinderter und von Behinderung bedrohter Menschen festgelegt. 9

IV. Schwerbehindertengesetz 1986

Mit der Novellierung des Schwerbehindertenrechts im Jahre 1986 wurde versucht, der steigenden Erwerbslosigkeit unter den Schwerbehinderten, die durch die allgemeine Entwicklung auf dem Arbeitsmarkt bedingt war, entgegenzusteuern. So wurde im **„Ersten Gesetz zur Änderung des Schwerbehindertengesetzes"** vom 26. 8. 1986 (BGBl. I S. 1110) die **Ausgleichsabgabe** auf 150 DM pro Monat erhöht, die Ausbildungsplätze bei der Berechnung der Pflichtzahl nicht angerechnet und der angeblich diskriminierende Begriff „Minderung der Erwerbsfähigkeit" (MdE) durch **„Grad der Behinderung" (GdB)** ersetzt werde. Allerdings wirkten sich diese Maßnahmen – ebenso wie eine weitere Erhöhung der Ausgleichsabgabe auf 200 DM durch den Einigungsvertrag vom 3. 10. 1990 – nicht im erhofften Maße positiv auf die Beschäftigungssituation Schwerbehinderter aus (zum Instrument der Ausgleichsabgabe für Schwerbehinderte sowie deren Auswirkungen auf den Arbeitsmarkt vgl. Antwort der Bundesregierung auf die Anfrage der CDU/CSU-Bundestagsfraktion v. 10. 5. 2001, BT-Drucks. 14/3310). 10

V. Gesetz zur Bekämpfung der Arbeitslosigkeit Schwerbehinderter vom 27. 9. 2000

Am 7. 7. 2000 wurde im Bundestag das **„Gesetz zur Bekämpfung der Arbeitslosigkeit Schwerbehinderter"** (BGBl. I S. 1394) beschlossen, das zum 1. 10. 2000 in Kraft trat. In ihm wurde u. a. eine Neugestaltung des Systems von Beschäftigungspflicht und Ausgleichsabgabe beschlossen. Demnach wurde die **Ausgleichsabgabe** nach dem Kriterium der Erfüllung der **Beschäftigungspflicht** zwischen 200 und 500 DM gestaffelt. Die Beschäftigungspflicht wurde zunächst bis Ende 2002 befristet auf 5 v. H. gesenkt. Gleichzeitig wird der Beginn der Beschäftigungspflicht von 16 auf 20 Arbeitsplätze angehoben (BGBl. I S. 1394, zu den weiteren Inhalten des Gesetzes s. *Felser*, AiB 2000, 371; *Kossens/Maaß*, NZA 2000, 1025; *Wendt*, RdLH 2000, 65). 11

Mit dem Gesetz zur Sicherung der Eingliederung Schwerbehinderter in Arbeit, Beruf und Gesellschaft vom 21. 6. 1990 (BGBl. I S. 381) übernahm die ehemalige DDR bereits vor der staatlichen Einheit Deutschlands im Wesentlichen und mit nur wenigen Übergangsregelungen das Behindertenrecht der Bundesrepublik. 12

Nachdem auch diese durch Fristablauf außer Kraft gesetzt getreten waren, bestand ab dem 1. 1. 1994 im gesamten Bundesgebiet ein **einheitliches Schwerbehindertenrecht**.

B. Beratungen zum SGB IX

13 Konkrete Planungen für eine grundsätzliche Neuordnung des Schwerbehindertenrechts in einem eigens zu schaffenden Sozialgesetzbuch gehen bis zum Jahr 1986 zurück, als die Arbeits- und Sozialministerkonferenz ein eigenes und übersichtliches Sozialgesetzbuch forderte, in dem die Rechtsvorschriften zur Eingliederung und Rehabilitation zusammengefasst werden sollten. In der 12. Legislaturperiode führten diese Planungen zu einem Referentenentwurf eines Neunten Buches des Sozialgesetzbuches, der die komplette Einordnung der bisherigen Regelungen des Schwerbehindertenrechts in ein Buch vorbereiten sollte, auf dessen Grundlage 1995 das Gesetzgebungsverfahren offiziell eingeleitet werden sollte (*Adlhoch*, BehindertenR 1995, 133). Geplant war, „dass das Neunte Buch des Sozialgesetzbuches unmittelbar geltendes Recht für alle Rehabilitationsträger zum Inhalt hat; es enthält die allgemein geltenden Grundsätze und das für alle oder mehrere Rehabilitationsträger gemeinsam geltende Leistungsrecht". Das Neunte Buch bildet damit den Allgemeinen Teil des Rehabilitations- und Behindertenrechts, der für alle Bereiche einheitlich gilt; die besonderen Vorschriften stehen – jeweils unterschiedlich – weiterhin in den genannten Einzelgesetzen." Auf dieser Grundlage wurden Gespräche mit Verbänden und Ländern geführt, die trotz unterschiedlicher Bewertung im Detail zu einer grundsätzlichen Befürwortung eines SGB IX als Fortentwicklung des Rechts zur Rehabilitation und Eingliederung behinderter Menschen führten (s. Vierter Bericht der Bundesregierung über die Lage der Behinderten und die Entwicklung der Rehabilitation, BT-Drucks. 13/9514, S. 145 ff.). Die Pläne der damaligen christlich-liberalen Regierung, die auch in der Koalitionsvereinbarung festgelegt worden waren, scheiterten jedoch einerseits an Differenzen über die Kostenverteilung zwischen Bundesarbeits- und Bundesgesundheitsministerium, andererseits an der Priorität, die die Regierung der Einführung einer gesetzlichen Pflegeversicherung einräumte und die viele Ressourcen des BMA für diese Aufgabe band. Zudem äußerten sich auch die Behindertenverbände in ihren Stellungnahmen zurückhaltend, da sie befürchteten, dass eine Reform des Behindertenrechts unter den bereits damals einsetzenden Sparanstrengungen eher zu Verschlechterungen als zu Verbesserungen für ihre Klientel führen könnten.

14 Nach dem Regierungswechsel im Oktober 1998 wurde bereits mit der Koalitionsvereinbarung von SPD und Bündnis 90/Die Grünen klar, dass das Thema Neuordnung des Behindertenrechts in der kommenden Legislaturperiode einen Schwerpunkt in der Sozialpolitik bilden würde. Unter der Überschrift „Rechte von Menschen mit Behinderungen stärken" wurde angekündigt, die neue Bundesregierung werde die Selbstbestimmung und die gesellschaftliche Teilhabe der behinderten Menschen fördern sowie ihre Vermittlung auf den ersten Arbeitsmarkt auch mit spezifischen Instrumenten der Arbeitsmarktpolitik vorantreiben (vgl. Rechtsdienst der Lebenshilfe 4/1998, **Koalitionsvereinbarung** mit wichtigen Ansätzen zur Reform der Behindertenhilfe). Zudem sollte „das Recht der Rehabilitation (...) in einem Sozialgesetzbuch IX zusammengefasst und weiterentwickelt (werden)" (Koalitionsvereinbarung zwischen der Sozialdemokratischen Partei Deutschlands und Bündnis 90/Die Grünen v. 20. 10. 1998).

15 Zur Umsetzung der Zusammenfassung und Weiterentwicklung des Rechts der Rehabilitation und Eingliederung behinderter Menschen wurde eine Koalitionsarbeitsgruppe eingesetzt. Als ein erstes konkretes Ergebnis wurde Mitte 2000 das

„**Gesetz zur Bekämpfung der Arbeitslosigkeit Schwerbehinderter**" (BT-Drucks. 14/3372) vorgelegt, das am 7. 7. 2000 in 2./3. Lesung im Bundestag verabschiedet wurde (BGBl. I S. 1394; zum Inhalt des Gesetzes *Felser,* AiB 2000, 371; *Kossens/Maaß,* NZA 2000, 1025; *Wendt,* RdLH 2000, 65).

Zum SGB IX legte die **Koalitionsarbeitsgruppe** im Oktober 1999 nach knapp einem Jahr die „**Eckpunkte zum Sozialgesetzbuch IX**" vor. Die Eckpunkte wurden von den Koalitionsfraktionen im Deutschen Bundestag einstimmig gebilligt. Diese Grundsätze für eine Neuregelung des Rechts der Rehabilitation und der Eingliederung behinderter Menschen in einem Neunten Sozialgesetzbuch beinhalteten folgende Forderungen:

– **Umsetzung des Benachteiligungsverbotes** des Art. 3 Abs. 3 Satz 2 des Grundgesetzes im Bereich der Sozialpolitik;
– **Beendigung** der Divergenz und der **Unübersichtlichkeit** des bestehenden Rehabilitationsrechts vor allem bzgl. der Einheitlichkeit der Regelungen, für die mehrere Sozialleistungsbereiche zuständig sind, der Abstimmung unterschiedlicher Vorschriften nach einheitlichen Gesichtspunkten sowie Vereinheitlichung und Abgrenzung aller einschlägigen Regelungen unabhängig von ihrem Standort;
– Errichtung einer gemeinsamen Plattform, auf der durch **Koordination, Kooperation** und **Konvergenz** ein gemeinsames Recht und eine einheitliche Praxis der Rehabilitation und der Behindertenpolitik entwickelt werden kann;
– **bürgernaher Zugang** zu Leistungen und Aufbau von Strukturen, die die Zusammenarbeit von Leistungsträgern, Leistungserbringern und Leistungsempfängern organisieren und die Zusammenarbeit der Sozialversicherungsträger (Krankenversicherung, Unfallversicherung, Rentenversicherung, Arbeitslosenversicherung) und des Versorgungs- und Entschädigungsrechts sowie das Recht der Fürsorge, der Jugendhilfe und der Sozialhilfe zur Rehabilitation und Eingliederung behinderter Menschen harmonisieren.

Auf der Grundlage dieser Vorgaben arbeiteten die Fraktionen von SPD und Bündnis 90/Die Grünen einen Gesetzentwurf (BT-Drucks. 14/5074) aus, der am **19. 1. 2001** in **Erster Lesung** im Bundestag debattiert wurde. Bereits zu diesem Zeitpunkt war absehbar, dass es auch innerhalb der Oppositionsfraktionen CDU/CSU, F.D.P. und PDS keinen Widerstand gegen das Gesetz geben werde und allenfalls in Detailfragen eine gegensätzliche Meinung vertreten werden würde. Bundesarbeitsminister *Walter Riester* führte in seiner Rede im Deutschen Bundestag aus, dass es bei der Schaffung eines SGB IX darum gehe, „die Vielfalt der Angebote der Leistungsträger zu bündeln", die „Leistungen als Wunsch- und Wahlrecht" auszugestalten und „eine die Träger übergreifende Qualitätssicherung der Leistung" herbeizuführen. Dabei solle auch die Leistung der medizinischen Rehabilitation und der Eingliederung in den Arbeitsprozess durch die Leistungen der Sozialhilfeträger und der Jugendhilfe ergänzt werden. Besonderen Wert legte er auch auf die Feststellung, dass bei den Leistungen der Sozialhilfe für die medizinische Rehabilitation und die Eingliederung auf die Bedürftigkeitsprüfung in Zukunft verzichtet werde, um von Geburt an Behinderte nicht schlechter zu stellen als etwa Unfallopfer. Weiterhin ging er auf den im Gesetzentwurf enthaltenen Rechtsanspruch auf Arbeitsassistenz und das dort vorgesehene Leistungsangebot für Gehörlose ein (Bundestagsprotokoll 14/144 v. 19. 1. 2001, 14 133 f.).

Die Redner der Opposition bemängelten an dem Gesetzentwurf vor allem, er sei nicht weitführend und umfassend genug und beinhalte keine oder kaum Leistungsverbesserungen. Außerdem seien die verschiedenen Leistungsgesetze nur ungenügend aufeinander abgestimmt (Bundestagsprotokoll 14/144 v. 19. 1. 2001, 14 134 ff., Reden der Abg. *Nolte* (CDU/CSU), *Göring-Eckardt* (Bündnis 90/Die Grünen), Dr. *Kolb* (F.D.P.), Dr. *Seifert* (PDS), *Schmidt*/Eisleben (SPD), *Strebl*

Einleitung (CDU/CSU), *Haack* (SPD, Beauftragter der Bundesregierung für die Belange Behinderter), Dr. *Schwaetzer* (F.D.P.), *Weiß*/Emmendingen (CDU/CSU)).

19 Dezidiert wurde von der CDU/CSU-Fraktion ein eigenständiges Leistungsgesetz für behinderte Menschen gefordert. Interfraktionell wurde nach der Aussprache die Überweisung des Gesetzentwurfs an den federführenden Ausschuss für Arbeit und Sozialordnung sowie an die **mitberatenden Ausschüsse** Innenausschuss, Rechtsausschuss, Finanzausschuss, Ausschuss für Wirtschaft und Technologie, Ausschuss für Ernährung, Landwirtschaft und Forsten, Verteidigungsausschuss, Ausschuss für Familie, Senioren, Frauen und Jugend, Ausschuss für Gesundheit, Ausschuss für Verkehr, Bau- und Wohnungswesen, Ausschuss für Bildung, Forschung und Technikfolgenabschätzung und Hauhaltsausschuss beschlossen. In der Bundestagssitzung am 8. 2. 2001 wurde der Ausschuss für Ernährung, Landwirtschaft und Forsten aus den mitberatenden Ausschüssen gestrichen (BT-Protokoll v. 8. 2. 2001, 14/149).

20 Am 19. und 20. 2. 2001 fand eine **öffentliche Anhörung** mit betroffenen Verbänden und Institutionen im federführenden Ausschuss für Arbeit und Sozialordnung statt. (Die schriftlichen Stellungnahmen der Anhörungsteilnehmer sind veröffentlicht in den Ausschuss-Drucksachen 14/1298 und 14/1299. Zur interdisziplinären wissenschaftlichen Diskussion s. Sozialrecht in Deutschland und Europa 4/2001, S. 216–220; *Kostorz/Meyer,* Der Weg zu einem Rehabilitationsgesetz – Anforderungen an ein SGB IX aus interdisziplinärer Sicht, 3. Praktikerseminar des Instituts für Sozialrecht der Ruhr-Universität Bochum.)

21 Bei der **Beratung in dem federführenden Ausschuss** für Arbeit und Sozialordnung wurden mehrere Änderungs- bzw. Entschließungsanträge der CDU/CSU (Ausschuss-Drucks. 14/1374, 14/1375, 14/1376, 14/1404, 14/1439 und 14/1444) eingebracht, die mit der Mehrheit der Stimmen der Koalitionsfraktionen bei Enthaltung der PDS abgelehnt wurden. Angenommen wurden hingegen Änderungsanträge der Koalitionsfraktionen (Ausschuss-Drucks. 14/1406, 14/1441 und 14/1445; zu dem Inhalt der Änderungsanträge und den Beratungen im Ausschuss allgemein BT-Drucks. 14/5800 vom 4. 4. 2001). Gleichwohl herrschte im Ausschuss bei allen Fraktionen Einigkeit darüber, dass es sinnvoll sei, das Behindertenrecht in einem neuen SGB IX zusammenzufassen und weiterzuentwickeln, weshalb die Beratungen ohne grundsätzliche Gegensätze durchgeführt wurden.

22 Dennoch wurden im Rahmen der Beratungen in den Ausschüssen Änderungen an dem Gesetzentwurf vorgenommen, welche im Wesentlichen folgende Punkte betrafen:

– **Ausbau der Prävention** durch Einbindung der behandelnden Ärzte sowie der betrieblichen Prävention in den gemeinsamen Empfehlungen (§ 3 SGB IX);
– **Verlagerung des vollen Kostenrisikos** bei selbstbeschafften erforderlichen Rehabilitationsleistungen auf die Rehabilitationsträger (§ 15 SGB IX);
– **Verpflichtung der Rehabilitationsträger** zur Erfassung der Fälle, in denen die Fristen zur Zuständigkeitserklärung und Antragsbescheidung nicht eingehalten und Kosten für selbstbeschaffte Leistungen erstattet werden (§ 15 SGB IX);
– **Einbeziehung der Spitzenverbände** der privaten Rehabilitationseinrichtungen nicht nur bei der Vorbereitung der gemeinsamen Empfehlungen (§ 13 SGB IX), sondern auch im Hinblick auf die Qualitätssicherung (§ 20 SGB IX), die Belegung von Rehabilitationseinrichtungen (§ 19 SGB IX) und Schonung dieses Betrags bei der Mittelaufbringung zu Wohnheimkosten (§ 85 Abs. 2 BSHG);
– Unbedingter **Anspruch auf heilpädagogische Leistungen** für schwerst- und schwerstmehrfachbehinderte Kinder, die noch nicht eingeschult sind (§ 56 SGB IX);

B. Beratungen zum SGB IX 23–26 **Einleitung**

- **Verzicht auf die Bedürftigkeitsprüfung** auch bei schwerstmehrfachbehinderten Menschen, die unterhalb der Schwelle der Werkstätten für Behinderte in sog. Tagesfördereinrichtungen tätig sind (§ 42 BSHG);
- **Ersatz der derzeitigen Regelung** der Heranziehung unterhaltspflichtiger Eltern zu den Kosten der Unterbringung ihrer behinderten Kinder durch eine vereinfachte pauschalierte Regelung (§ 91 Abs. 2 BSHG), um die bisher erforderliche Einkommens- und Vermögensprüfung im Rahmen der Erbringung von Leistungen der Eingliederungshilfe und der Hilfe zur Pflege zu vermeiden.

Zudem wurden in die Beschlussempfehlung Änderungen aufgrund der Stellung- **23** nahme des Bundesrates eingefügt. Dieser hatte – der Gesetzentwurf galt als zustimmungspflichtig – am 9. 3. 2001 in seiner 760. Sitzung zu dem Gesetzentwurf zum SGB IX Stellung genommen (BT-Drucks. 14/5531, Anl. 2). Grundsätzlich wurde von der Länderkammer die Zielsetzung des Gesetzesvorhabens, nämlich das Rehabilitations- und Schwerbehindertenrecht zusammenzufassen und weiterzuentwickeln, begrüßt. Gleichzeitig wurde jedoch kritisiert, dass durch die Neuregelungen akute finanzielle Belastungen auf die Sozialhilfe- und Jugendhilfeträger – überwiegend Kommunen und Länder – zukämen, während „vermeintliche und im Einzelnen nicht quantifizierbare Entlastungen" durch das Gesetz allenfalls mittelfristig wirksam werden würden. Zudem gab der **Länderrat** der Befürchtung Ausdruck, durch **Mehrbelastungen** der **Krankenkassen** in Höhe von mindestens 244 Mio. DM sei ein Anstieg der Beiträge und somit der Lohnnebenkosten wahrscheinlich. Deshalb solle der Gesetzentwurf vor allem bezüglich der Mehrbelastungen der Sozialhilfeträger und der Krankenkassen überarbeitet werden.

In ihrer **Gegenäußerung** zu der Stellungnahme **des Bundesrates** vom 23. 3. **24** 2001 (BT-Drucks. 14/5639) widersprach die Bundesregierung dem Einwand der Länder, durch ein SGB IX würden Länder und Gemeinden belastet. Mehrausgaben durch den Wegfall der Bedürftigkeitsprüfung bei Leistungen der medizinischen und beruflichen Rehabilitation und eventuellen Mehrausgaben durch die Beteiligung der Sozialhilfeträger an den geplanten Servicestellen stünden eine Reihe von Entlastungen gegenüber, insbesondere durch die Sozialhilfe entlastende Leistungsverbesserungen bei der Krankenversicherung, die Tätigkeit von Integrationsfachdiensten und Integrationsprojekten, Essensbeiträge in Werkstätten für Behinderte und die Übernahme von Kosten für Gebärdensprache als neue Leistung anderer Sozialleistungsträger. Allerdings stimmte die Bundesregierung den meisten der 47 vom Bundesrat vorgeschlagenen Änderungswünschen zu, die jedoch nicht die Kernpunkte des Gesetzentwurfs berührten.

Änderungen zum Gesetzentwurf im federführenden Bundestagsausschusses **25** (und damit letztendlich im Gesetzentwurf selbst) betrafen vor allem die Mitwirkung der Bundesländer bei der jährlichen Berichterstattung durch die Bundesarbeitsgemeinschaft für Rehabilitation (Art. 1 § 13 Nr. 8), die Möglichkeit der Berücksichtigung regionaler Gegebenheiten und Erfordernisse (Art. 1 § 13 Nr. 9), die Mitwirkung der Werkstatträte (Art. 1 § 139), die unentgeltliche Beförderung im Personennahverkehr (Art. 1 § 151) und die Förderung der betrieblichen Aus- und Weiterbildung (Art. 3 § 235a). Bei den sonstigen in der Beschlussempfehlung vorgeschlagenen Änderungen handelte es sich größtenteils um redaktionelle Folgeänderungen, Klarstellungen und Korrekturen.

Am **6. 4. 2001** fand im Deutschen Bundestag die zweite und dritte Lesung des **26** von SPD und Bündnis 90/Die Grünen vorgelegten Entwurfs eines SGB IX statt (BT-Drucks. 5074). In der Debatte hob Bundesarbeitsminister *Walter Riester* die Bedeutung des SGB IX als „Meilenstein der Sozialpolitik" hervor und bezeichnete es „als zentrales Anliegen der Bundesregierung, für Menschen mit Behinderungen das Leben einfacher und vor allem besser zu machen." Er betonte, dass „über alle Parteigrenzen hinweg" beschlossen worden sei, „dass die Integration von Menschen mit Behinderungen eine zentrale, eine dringliche politische und gesellschaftliche Aufgabe ist." Auf diesem Weg sei mit dem vorliegenden Gesetzentwurf durch die Erweiterung der Wunsch- und Wahlrechte, der Berücksichtigung der Bedürfnisse behinderter Frauen und Kinder, der finanziellen Besserstellung behinderter Menschen vor allem in Werkstätten sowie dem vereinfachten Zugang zu Leistungen ein großer Schritt getan worden. Aus den Reihen der Opposition wurde hauptsächlich kritisiert, dass der Entwurf nicht weit genug gehe und kein Leistungsgesetz auf den Weg gebracht worden sei. Die Einzelvorschriften im Rehabilitationsrecht seien durch das SGB IX nur unter ein gemeinsames Dach gebracht, aber nicht geändert worden. Allerdings wurde allgemein die gute Zusammenarbeit mit der Bundesregierung und den Regierungsfraktionen speziell in der Endphase der Gesetzesberatung hervorgehoben.

27 Nachdem fünf **Änderungsanträge** der PDS von der Mehrheit des Plenums abgelehnt worden waren (BT-Drucks. 14/5826, 14/5827, 14/5828, 14/5829, 14/5830) wurde der Gesetzentwurf in der Schlussabstimmung mit den Stimmen von SPD, CDU/CSU, Bündnis 90/Die Grünen und F.D.P. bei Stimmenthaltung der PDS angenommen. Jeweils ein Entschließungsantrag von CDU/CSU und PDS zu dem Entwurf wurden mit den Stimmen der Regierungsfraktionen abgelehnt (BT-Drucks. 5804 bzw. 14/5823).

C. Inhaltliche Schwerpunkte und wichtigste Neuerungen des Gesetzes

28 Das SGB IX stellt im Wesentlichen eine **sozialrechtliche Kodifikation** dar, während die Sachreform eher begrenzt ist. Insgesamt wurden 60 Gesetze und Verordnungen geändert, darunter so wichtige Bereiche wie das SGB VI (Rentenversicherung), das SGB X (Verwaltungsverfahren) und das SGB XI (Pflegeversicherung) sowie das Bundessozialhilfegesetz.

29 Das SGB IX Art. 1 ist in **zwei Teile gegliedert.** Der **erste Teil** beinhaltet die Regelungen für behinderte und von Behinderung bedrohte Menschen und bietet einen allgemeinen Rahmen für die Normierung der Rehabilitation und der Teilhabe in den für die Rehabilitationsträger geltenden Gesetzen. Er ersetzt das Rehabilitationsangleichungsgesetz von 1974, allerdings mit einer Erweiterung auf die Bereiche Jugendhilfe und Sozialhilfe.

I. Konzeptionelle Übersicht

30 Das neue SGB IX gliedert sich in den Teil 1 (§§ 1–67) und den Teil 2 (§§ 68–160). **Teil 1** ist wie folgt untergliedert:

Kapitel 1 (§§ 1–16) enthält „Allgemeine Regelungen", die zur Teilhabe an der Gesellschaft behinderter und von der Behinderung bedrohter Menschen erbracht werden.

Kapitel 2 (§§ 17–21) bildet eine Zusammenfassung der Regelungen über die „Ausführungen von Leistungen zur Teilhabe" (auch durch Rehabilitationsdienste und -einrichtungen), soweit dies bereichsübergreifend möglich ist.

Kapitel 3 (§§ 22–25) regelt die Aufgaben und Einrichtung der sog. „Servicestellen".

Kapitel 4 (§§ 26–32) regelt die Leistungen zur medizinischen Rehabilitation, „soweit zu Gegenstand, Umfang und Ausführung bereichsübergreifende Vorschriften möglich und erforderlich sind".

In **Kapitel 5 (§§ 33–43)** werden die „Leistungen zur Teilhabe am Arbeitsleben" nach Gegenstand, Umfang und Ausführung inhaltlich und abschließend gere-

C. Inhaltliche Schwerpunkte/Neuerungen   **31 Einleitung**

gelt. Zuständigkeit und Leistungsvoraussetzungen richten sich jedoch nach wie vor nach den jeweiligen Vorschriften für die einzelnen Leistungsbereiche.
Kapitel 6 (§§ 44–54) bietet eine Übersicht der Leistungen, die von einzelnen Sozialversicherungen und der Bundesanstalt für Arbeit erbracht werden, sowie Leistungen nach dem Recht der sozialen Entschädigung bei Gesundheitsschäden.
Kapitel 7 (§§ 55–59) bietet eine Übersicht bzgl. der „Leistungen zur Teilhabe am Leben in der Gemeinschaft", die für eine volle Teilhabe an der Gesellschaft neben den Leistungen zur medizinischen Rehabilitation und den Leistungen zur Teilhabe am Arbeitsleben erforderlich sein können.
Kapitel 8 (§§ 60–67) regelt die „Sicherung und Koordinierung der Teilhabe". Es beinhaltet das neu geschaffene Verbandsklagerecht (§ 63) und fasst Regelungen zusammen, die bislang dem Schwerbehindertengesetz und dem Bundessozialhilfegesetz zugehörten.
Teil 2 (§§ 68–160) umfasst im Wesentlichen unter dem Titel „Besondere Regelungen zur Teilhabe schwerbehinderter Menschen" das bisherige Schwerbehindertengesetz. Es betrifft also hauptsächlich die Gruppe der als schwerbehindert anerkannten Menschen, regelt aber auch Rechte und Pflichten der Arbeitgeber und der Betriebs- und Personalräte. Teil 2 ist wie folgt untergliedert:
Kapitel 1 (§§ 68–70) regelt den geschützten Personenkreis, also die schwerbehinderten Menschen und deren Gleichgestellte.
Kapitel 2 (§§ 71–79) bestimmt Einzelheiten zur Beschäftigungspflicht der Arbeitgeber und zur Zahlung und Höhe der Ausgleichsabgabe.
In **Kapitel 3 (§§ 80–84)** sind die Pflichten des Arbeitgebers gegenüber schwerbehinderten Menschen beschrieben und die Einzelheiten zum Abschluss der Integrationsvereinbarung niedergelegt.
Kapitel 4 (§§ 85–92) umfasst die Vorschriften zum besonderen Kündigungsschutz Schwerbehinderter bei ordentlichen und außerordentlichen Kündigungen.
Kapitel 5 (§§ 93–100) regelt die Wahl, Zusammensetzung und Aufgaben der Schwerbehindertenvertretung sowie Einzelheiten zum Beauftragten des Arbeitgebers (§ 98).
Kapitel 6 (§§ 101–108) bestimmt die Grundsätze der Zusammenarbeit von Integrationsämtern und der Bundesagentur für Arbeit und enthält Einzelheiten über die beratenden Ausschüsse.
Kapitel 7 (§§ 109–115) enthält die erst mit dem „Gesetz zur Bekämpfung der Arbeitslosigkeit Schwerbehinderter" in das Schwerbehindertenrecht aufgenommenen Vorschriften über Integrationsfachdienste.
In **Kapitel 8 (§§ 116 und 117)** sind die Vorschriften über die Beendigung der Anwendung der Schutzvorschriften für behinderte Menschen enthalten.
In **Kapitel 9 (§§ 118–121)** ist das Widerspruchsverfahren bei den Integrationsämtern und den Arbeitsämtern geregelt.
Kapitel 10 (§§ 122–131) regelt die unterschiedlichsten Bereiche, wie Zusatzurlaub, Mehrarbeit die Beschäftigung schwerbehinderter Menschen in Heimarbeit sowie Geheimhaltungspflichten.
In **Kapitel 11 (§§ 132–135)** sind die Einzelheiten zu den Integrationsprojekten geregelt. Integrationsprojekte sind zum ersten Mal durch das „Gesetz zur Bekämpfung der Arbeitslosigkeit Schwerbehinderter" auf eine gesetzliche Grundlage gestellt worden, die jetzt in Kapitel 11 festgeschrieben ist.
In **Kapitel 12 (§§ 136–144)** sind die Vorschriften über die Werkstätten für behinderte Menschen enthalten.
Kapitel 13 (§§ 145–154) regelt die Einzelheiten der unentgeltlichen Beförderung behinderter Menschen im öffentlichen Personenverkehr.

Maaß

Das **Kapitel 14 (§§ 155–160)** umfasst die Straf- und Bußgeldvorschriften sowie in den § 159 und 160 Überprüfungs- und Übergangsregelungen.

II. Die wichtigsten Neuerungen im Teil 1 SGB IX

1. Definition des Begriffs „Behinderung"

32 „**Menschen sind behindert,** wenn ihre körperliche Funktion, geistige Fähigkeit oder seelische Gesundheit mit hoher Wahrscheinlichkeit länger als sechs Monate von dem für das Lebensalter typischen Zustand abweichen und daher ihre Teilhabe am Leben in der Gemeinschaft beeinträchtigt ist. Sie sind von Behinderung bedroht, wenn die Beeinträchtigung zu erwarten ist" (§ 2 Abs. 1 SGB IX). Mit dieser Beschreibung bietet das SGB IX erstmals eine Definition des Begriffs „Behinderung", der für den gesamten Bereich des Sozialrechts Gültigkeit besitzt. Sie orientiert sich an der **Definition der Weltgesundheitsorganisation (WHO).** Den Schwerpunkt bildet die Aussage, dass eine Behinderung dann vorliegt, wenn eine Verhinderung der Teilhabe an den unterschiedlichen Lebensbereichen nicht möglich ist. Um diese Teilhabe zu ermöglichen, soll mit medizinischen, beruflichen und sozialen Leistungen schnell, wirkungsvoll, wirtschaftlich und dauerhaft gefördert und geholfen werden. Die Dauer der Beeinträchtigung, die der Feststellung einer Behinderung vorangestellt ist, nämlich sechs Monate, ist vom bisherigen § 3 Abs. 1 SchwbG übernommen worden und soll sicherstellen, dass die Beeinträchtigung nicht nur vorübergehender Art ist.

2. Unmittelbar geltendes Recht

33 Mit dem SGB IX wird die Kodifizierung der Rechtsvorschriften zur Rehabilitation und Eingliederung behinderter Menschen, die für **mehrere Sozialleistungsbereiche** einheitlich gelten, in ähnlicher Weise bereichsübergreifend wirksam wie bereits bisher die Regelungen des SGB I, des SGB IV und des SGB X. Zwar gelten nach dem § 7 SGB IX die Vorschriften des SGB IX nur insofern, als die für den jeweiligen Rehabilitationsträger geltenden Leistungsgesetze nichts Abweichendes ergeben. Ist dies jedoch nicht der Fall, so gelten die Vorschriften des SGB IX unmittelbar und originär.

3. Einbeziehung der Träger der Sozialhilfe und der Träger der Jugendhilfe

34 Unter Berücksichtigung der grundsätzlichen Unterschiede der Leistungen der Sozialhilfe und der Leistungen der übrigen Leistungsträger werden neben den **Trägern der Jugendhilfe** die **Träger der Sozialhilfe** in den Kreis der Rehabilitationsträger einzubezogen. Damit wird nicht zuletzt klargestellt, dass zu einer vollen Teilhabe am Leben in der Gesellschaft neben den medizinischen und beruflichen Leistungen zur Rehabilitation auch weitere Leistungen gehören.

4. Koordination der Leistungen und Kooperation der Leistungsträger, speziell Gemeinsame Servicestellen und Gemeinsame Empfehlungen sowie Trägerübergreifende Qualitätssicherung

35 Ein Hauptanliegen des SGB IX ist es, die Koordination der Leistungen und die Kooperation der Leistungsträger durch wirksame Instrumente sicherzustellen. Dies wird neben verschiedenen anderen Regelungen (etwa in § 12 zur Zusammenarbeit der Rehabilitationsträger oder in § 19 zu Rehabilitationsdiensten und -einrichtungen) vor allem durch die Bildung **Gemeinsamer Servicestellen** und die **Gemeinsamen Empfehlungen** vorangetrieben.

36 Das SGB IX schreibt für behinderte und von Behinderung bedrohte Menschen eine Beratung durch sog. „**Gemeinsame Servicestellen**" aller Rehabilitations-

träger vor (§§ 22–25). Mit dieser neuen Institution soll bewirkt werden, dass behinderte Menschen und Hilfesuchende bzw. deren Vertrauenspersonen sich besser und mit Zeitersparnis im Kontakt mit den sieben Rehabilitationsträgern zurechtfinden und somit schnell und kompetent die notwendigen Rehabilitationsleistungen erhalten können.

Unter der Ausnutzung bereits bestehender Beratungsstellen sollen diese bis Ende 2002 in **allen Landkreisen und kreisfreien Städten** eingerichtet werden, wobei die zuständigen obersten Landessozialbehörden mit der Unterstützung der Spitzenverbände auf die unverzügliche Umsetzung hinzuwirken haben (§ 23). Das BMA behält sich vor, bei Nichteinhaltung dieser Frist im Zusammenwirken mit dem BMG und dem Bundesrat das Nähere über die Einrichtung der „Gemeinsamen Servicestellen" durch Verordnung zu regeln (§ 25).

Die **Beratungs- und Unterstützungspflicht** der Servicestellen umfasst speziell Auskünfte über Leistungsvoraussetzungen, Klärung des Rehabilitationsbedarfs, die Zuständigkeit der verschiedenen Rehabilitationsträger, Unterstützung bei der Erlangung und Genehmigung der notwendigen Rehabilitationsleistungen und die Koordination zwischen den Rehabilitationsträgern während der Genehmigungs- und auch während der Leistungserbringungsphase. Die Servicestellen sind **barrierefrei** zu gestalten und personell quantitativ und qualitativ so auszugestalten, dass eine umfassende und kompetente Beratung der behinderten oder von Behinderung bedrohten Menschen bzw. ihrer Vertrauenspersonen möglichst ohne Wartezeiten möglich ist (§ 23 Abs. 3).

Zu den Servicestellen hat die Bundesarbeitsgemeinschaft für Rehabilitation (BAR) eine Rahmenempfehlung vereinbart, nach der die Landesversicherungsanstalten federführend bei der Vernetzung und Entwicklung der „Gemeinsamen Servicestellen" sind. Die Rehabilitationsträger nach § 6 Abs. 1–5 (also mit Ausnahme der Sozial- und Jugendhilfeträger) werden verpflichtet, ergänzend zu den gesetzlichen Regelungen durch **Gemeinsame Empfehlungen** eine reibungslose und koordinierte Zusammenarbeit aufzustellen (§ 13). Nachdem in § 12 bereits geregelt ist, in welchen Bereichen und auf welche Art und Weise sich die Zusammenarbeit der Rehabilitationsträger zu gestalten hat, gibt § 13 nähere Erläuterungen zur Gestaltung der gemeinsamen Empfehlungen. Deren Hauptziel ist es, die Koordination der Leistungen und die Kooperation der Rehabilitationsträger durch wirksame Instrumente sicherzustellen. Voraussetzungen und Inhalte von Leistungen sollen nicht neu bestimmt, sondern im Rahmen des geltenden Rechts eine einheitliche bzw. koordinierte Leistungserbringung ermöglichen. Geregelt und koordiniert werden sollen insbesondere Maßnahmen zur Prävention, die Leistungen zur Teilhabe, die Vermeidung einer Chronifizierung von Erkrankungen, die Förderung von Selbsthilfegruppen sowie die Abgrenzung beim Zusammentreffen mehrerer Entgeltersatzleistungen. Sollte ein Rehabilitationsträger zukünftig für sich von den Gemeinsamen Empfehlungen abweichende Empfehlungen vereinbaren, so hat er über diese mit den anderen Partnern der Rahmenempfehlungen Einvernehmen zu erzielen. Damit soll erreicht werden, dass ein Auseinanderdriften zwischen den Gemeinsamen Empfehlungen und den Rahmenrichtlinien eines Rehabilitationsträgers nicht oder nur geringfügig eintreten kann. (Zu den inzwischen verabschiedeten Gemeinsamen Empfehlungen und bisherigen Erfahrungen s. Abschnitt D, Rdnr. 75–78).

Ein effizientes, effektives und kooperatives Handeln der Rehabilitationsträger soll auch durch eine **Trägerübergreifende Qualitätssicherung** gewährleistet werden. (§ 20). Deshalb vereinbaren die Rehabilitationsträger gemeinsame Empfehlungen zur Sicherung und Weiterentwicklung der Qualität der Leistungen sowie für die Durchführung vergleichender Qualitätsanalysen als Grundlage für ein effektives Qualitätsmanagement. Die Vorbereitung der Empfehlungen wird der BAR unter der Beteiligung der Verbände und Selbsthilfegruppen übertragen.

5. Rasche Zuständigkeitsklärung

41 Ziel der Zuständigkeitsklärung (§ 14) ist es, durch eine Beschleunigung des Zuständigkeitsverfahrens eine möglichst schnelle Leistungserbringung für den behinderten oder von Behinderung bedrohten Menschen zu ermöglichen. Deshalb wird nach § 14 Abs. 1 der zuerst angegangene Rehabilitationsträger beauftragt, innerhalb von zwei Wochen seine Zuständigkeit zu klären und im Falle der Nicht-Zuständigkeit den betreffenden Antrag an den Träger weiterzuleiten, der seiner Auffassung nach zuständig ist. Bestätigt sich die Zuständigkeit des als erstem angegangenen Rehabilitationsträgers, so stellt er den Rehabilitationsbedarf unverzüglich fest und entscheidet – wenn ein Gutachten nicht nötig ist – innerhalb von drei Wochen über den Rehabilitationsbedarf (§ 14 Abs. 2). Sollte sich bei nachträglicher Prüfung ergeben, dass aufgrund der Regelung in § 14 Abs. 1 Satz 2–4 Leistungen erbracht wurden, für die der kostentragende Rehabilitationsträger nicht zuständig gewesen wäre, so sind zwischen den Rehabilitationsträgern die Kosten zu erstatten. Inzwischen liegt zur Zuständigkeitserklärung eine Gemeinsame Empfehlung der BAR vom 22. 3. 2004 vor, mit der der Fristbeginn für die Zuständigkeitserklärung, die Weiterleitung von Anträgen, die Behandlung weitergeleiteter Anträge, die Weiterleitung bei ungeklärter Behinderungsursache sowie die Erstattung und die Gutachtenerstellung einheitlich geregelt werden sollen

42 **Gutachten über den Rehabilitationsbedarf** werden, soweit erforderlich, von dem zunächst angegangenen Rehabilitationsträger unmittelbar in Auftrag gegeben. Es wird innerhalb von zwei Wochen unter Berücksichtigung aller sozialmedizinischen Aspekte erstellt und liegt der Entscheidung aller relevanten Rehabilitationsträger zugrunde und muss also auch von allen diesen anerkannt werden.

6. Integrationsämter

43 Die Hauptfürsorgeämter wurden in **Integrationsämter** umgewandelt, wobei ihr Aufgabenbereich im Wesentlichen erhalten bleibt. Dies sind vor allem die Erhebung und Verwendung der Ausgleichsabgabe, der Kündigungsschutz für schwerbehinderte Menschen und die begleitende Hilfe im Arbeitsleben (§ 102 Abs. 1 Nr. 1–4). Speziell die begleitende Hilfe im Arbeitsleben wird in enger Zusammenarbeit mit der Bundesanstalt für Arbeit (nun Bundesagentur für Arbeit) und den übrigen Rehabilitationsträgern durchgeführt (hierzu sowie zur weiteren Aufgabendefinition s. § 102 Abs. 2). In jedem Integrationsamt wird ein **Beratender Ausschuss für behinderte Menschen** gebildet, der die Teilhabe der behinderten Menschen am Arbeitsleben fördert und bei der Vergabe der Mittel der Ausgleichsabgabe mitwirkt (§ 103).

7. Wunsch- und Wahlrecht der Leistungsberechtigten, Erstattung selbstbeschaffter Leistungen

44 § 9 schreibt ein **Wunsch- und Wahlrecht der Leistungsberechtigten** bei der Auswahl der ihnen zustehenden Leistungen fest. Kriterien sollen auch die persönliche Lebenssituation, das Alter, das Geschlecht, die Familie sowie die religiösen und weltanschaulichen Bedürfnisse der behinderten Menschen sein (Abs. 1). Einem übergeordneten Grundsatz des SGB IX folgend soll auch die Erfüllung des Erziehungsauftrags behinderter Mütter und Väter berücksichtigt werden. Bislang galt nur die Regelung, dass angemessenen Wünschen entsprochen werden sollte (§ 33). Gleichzeitig sollen auch Dienste und Einrichtungen den Leistungsberechtigten möglichst viel Raum zu eigenverantwortlicher Gestaltung und ihrer Selbstbestimmung einräumen. Hiermit soll dem Anspruch auf Selbstbestimmung und dem Selbstverständnis der behinderten und von Behinderung bedrohten Menschen Rechnung getragen werden. Allerdings kann von berechtigten und angemessenen Wünschen nur ausgegangen werden, wenn sie sich im Rahmen des Leistungsrechts, der im Gesetz festgelegten Zielsetzungen und sonstiger Vorgaben bewegen. Die Entscheidung, ob die genannten Voraussetzungen zutreffen, liegt beim Rehabilitationsträger.

Nach § 15 ist es zukünftig Leistungsberechtigten möglich, sich nach Ablauf der Entscheidungsfrist **Leistungen** (mit Ausnahme der Jugend- und Sozialhilfe sowie Kriegsopferfürsorge) **selbst zu beschaffen.** Voraussetzung ist, dass der Träger die vorgeschriebene Frist für eine Entscheidungsfindung nicht eingehalten hat und dies dem Berechtigten nicht oder ohne Aufführung eines ausreichenden Grundes mitgeteilt hat. Leistungsberechtigte können sodann dem Träger eine angemessene Frist setzen und ihm mitteilen, dass sie sich nach dem Ablauf die Leistungen selbst beschaffen werden. Ist die Leistung nach Ansicht des Rehabilitationsträgers nicht erforderlich, so hat er dies – mit einem Hinweis auf die mit einer Selbstbeschaffung verbundenen Risiken – dem Antragsteller mitzuteilen. Die **Erstattungspflicht** (unter Beachtung von Wirtschaftlichkeit und Sparsamkeit) besteht auch bei Eilfällen und bei rechtswidriger Ablehnung der Leistung. 45

Eine weitere Stärkung der individualisierten Leistungserbringung bildet die Möglichkeit für Leistungsberechtigte, die Ausführung der Leistungen in Absprache mit den Rehabilitationsträgern über ein **persönliches Budget** abzuwickeln (§ 17 Abs. 1 Nr. 4). Allerdings muss eine Deckelung unter Beachtung der Grundsätze von Wirtschaftlichkeit und Sparsamkeit möglich sein und ebenso sind Einschränkungen der Wahlfreiheit in den einzelnen Gesetzen weiterhin zu beachten. Die mit der Sozialhilfereformreform zu einem trägerübergreifenden Persönlichen Budget ausgebauten Vorschriften sind am 1. 7. 2004 in Kraft getreten. Zum selben Zeitpunkt trat die Budgetverordnung in Kraft, mit der die näheren Einzelheiten des Verfahrens geregelt werden (VO zur Durchführung des § 17 Abs. 2–4 des SGB IX – Budgetverordnung vom 27. 5. 2004, BGBl. I, 1055). In den Leistungs- und Anspruchsgesetzen ist das Budget nun ausdrücklich hervorgehoben worden. Das Budget wird trägerübergreifend gewährt und kann auch Leistungen der Pflegekassen und Integrationsämter einschließen. Bei Sachleistungen bestehen im gegliederten System des Rechts der Rehabilitation und Teilhabe jedoch weiterhin unbefriedigende Schnittstellen. Diese Schnittstellen sollen durch eine Komplexleistung als Gesamtleistung beseitigt werden. Um jedoch den großen Herausforderungen, vor die das trägerübergreifende Budget alle Beteiligten stellt, besser begegnen zu können, wurde eine dreieinhalbjährige Erprobungsphase vorgesehen. Dabei werden in acht Modellregionen, die mit den obersten Landessozialbehörden abgestimmt wurden, Verfahren zur Bemessung von budgetfähigen Leistungen in Geld und in die Weiterentwicklung von Versorgungsstrukturen unter wissenschaftlicher Begleitung und Auswertung erprobt. Während dieser Zeit – also bis zum 31. 12. 2007 – ist das persönliche Budget bundesweit eine Ermessensleistung, nicht nur in den Modellregionen. Ab 1. 1. 2008 besteht ein Rechtsanspruch, Leistungen in Form des Persönlichen Budgets zu erhalten. 46

8. Arbeitsassistenz

Um die schwierige Arbeitsmarktsituation behinderter Menschen zu verbessern, wird ein Anspruch auf die **notwendige Arbeitsassistenz** gegenüber dem Rehabilitationsträger begründet (§ 33 Abs. 8 Nr. 3). Die Regelung stellt sicher, dass behinderte Menschen die notwendigen Leistungen, die ihnen die Teilhabe am Arbeitsleben ermöglichen, im erforderlichen Umfang erhalten und führt zu einer angemessenen Verteilung der hierdurch entstehenden Kosten zwischen Rehabilitationsträgern und Integrationsämtern. Mittlerweile liegt hierzu die Empfehlung der Bundesarbeitsgemeinschaft der Integrationsämter und Hauptfürsorgestellen zur Erbringung finanzieller Leistungen zur Arbeitsassistenz schwerbehinderter Menschen gem. § 102 Abs. 4 SGB IX vor. 47

9. Vorrang von Leistungen zur Teilhabe, psychologische und pädagogische Hilfen, stufenweise Wiedereingliederung

48 § 8 schreibt (in Fortentwicklung des § 7 RehaAnglG) fest, dass generell alle Rehabilitationsträger bei allen Sozialleistungen wegen einer Behinderung alle Möglichkeiten zu einer positiven Entwicklung zu nutzen haben. **Leistungen zur medizinischen Rehabilitation** und **zur Teilhabe am Arbeitsleben** umfassen – soweit diese Leistungen im Einzelfall zum Erreichen oder zur Sicherung des Erfolgs der Leistungen zur Teilhabe erforderlich sind – auch psychologische und pädagogische Hilfen (§ 26 Abs. 3 und § 33 Abs. 6).

49 Neu geregelt ist auch, dass die bislang nur für die gesetzliche Krankenversicherung vorgesehene Möglichkeit der **stufenweisen Wiedereingliederung** auch in anderen Bereichen der medizinischen Rehabilitation angewandt werden soll, um arbeitsunfähigen Leistungsberechtigten eine schrittweise Wiederaufnahme ihrer Tätigkeit zu ermöglichen (§ 28).

10. Gebärdensprache

50 Die Teilhabe an der Gesellschaft ist für Gehörlose in weiten Teilen abhängig von der Möglichkeit, gerade im Verkehr mit öffentlichen Einrichtungen die **Gebärdensprache** verwenden zu können. Deshalb ist § 57 geschaffen worden, der bestimmt, dass hörbehinderten Menschen oder Menschen mit einer starken Beeinträchtigung der Sprachfähigkeit zur Verständigung mit der Umwelt aus besonderem Anlass die erforderlichen Hilfen zur Verfügung gestellt werden oder angemessene Aufwendungen hierfür erstattet werden.

11. Verbandsklage

51 Mit § 63 wird **Verbänden,** die auf Landes- oder Bundesebene behinderte Menschen vertreten, das **Recht** eingeräumt, **Klage zu erheben,** wenn mindestens ein behinderter Mensch in seinen Rechten nach dem SGB IX beeinträchtigt wird. Voraussetzung ist, dass alle Verfahrensvoraussetzungen wie bei einem Rechtsschutzersuchen durch den behinderten Menschen selbst vorliegen.

12. Ambulant vor stationär

52 Eine Handlungsvorgabe des Gesetzes ist es, ambulanten und teilstationären Leistungen grundsätzlich den Vorrang vor stationären Leistungen zu gewähren. Auf eine explizite Festschreibung eines Grundsatzes „**ambulant statt stationär**" wurde jedoch verzichtet, da nicht in jedem Fall eine solche Vorgehensweise zu einer erfolgreichen Rehabilitation führen würde. Die Entscheidung über ambulante oder stationäre Leistungen solle unter Beachtung aller Umstände des Einzelfalls und der Interessen der Betroffenen getroffen werden, insbesondere auch der persönlichen und beruflichen Situation von Frauen. Ebenso ist zu berücksichtigen, ob es möglich ist, die Leistung wohnortnah zu erbringen, denn eine ambulante Leistung kann in der Regel nur in Frage kommen, wenn eine entsprechende Einrichtung in Nähe des Wohnorts liegt.

13. Besondere Bedürfnisse und Probleme behinderter Frauen und Kinder

53 Mit dem Gesetz sollen geschlechtstypische Belastungsmomente für behinderte und von Behinderung bedrohte Frauen vermindert werden und ihre besonderen Probleme und Bedürfnisse berücksichtigt werden. Dies gilt ebenfalls für behinderte und von Behinderung bedrohte Kinder. Die Maßnahmen umfassen u. a. die Erwähnung einer besonderen Zielbestimmung in § 1, die Berücksichtigung der persönlichen Lebenssituation in § 9 Abs. 1, die Möglichkeit der Übernahme von **Reisekosten für Kinder,** die an den Rehabilitationsort mitgenommen werden, sowie die Möglichkeit für alle Rehabilitationsträger, **Kinderbetreuungskosten**

C. Inhaltliche Schwerpunkte/Neuerungen 　　　　　　　　　　**Einleitung**

zu übernehmen und die Zusicherung von Chancengleichheit behinderter Frauen im Erwerbsleben in § 33 Abs. 2. Ebenso sind die durch die Einordnung des SchwbG in das SGB IX übernommenen, mit dem Gesetz zur Bekämpfung der Arbeitslosigkeit Schwerbehinderter geschaffenen besonderen Regelungen für behinderte Frauen ein Beitrag zum Abbau der geschlechtstypischen Belastungssituation.

III. Einbeziehung des Schwerbehindertengesetzes in Teil 2 SGB IX

Das **Schwerbehindertengesetz** wurde als Teil 2 in das SGB IX eingeordnet. **54** Die Regelungen entsprechen im Wesentlichen inhaltsgleich dem bisherigen Schwerbehindertengesetz in der Ausgestaltung durch das „Gesetz zur Bekämpfung der Arbeitslosigkeit Schwerbehinderter" vom 29. 9. 2000 (BGBl. I S. 1394). Allerdings wurden neben sprachlichen Anpassungen auch einige inhaltliche Änderungen vorgenommen: Speziell wurde ein Verbot der Benachteiligung schwerbehinderter Menschen im Beschäftigungsverhältnis und eine Entschädigungspflicht bei Verstoß gegen dieses Verbot festgeschrieben, um dem Benachteiligungsverbot des Art. 3 Abs. 3 Satz 2 GG Rechnung zu tragen.

1. Beschäftigungspflicht der Arbeitgeber

Die Beschäftigungspflichtquote zur Beschäftigung Schwerbehinderter wurde mit **55** dem Gesetz zur Bekämpfung der Arbeitslosigkeit Schwerbehinderter vom 29. 9. 2000 von 6% auf 5% abgesenkt. Die Pflicht zur Beschäftigung von Schwerbehinderten besteht für Arbeitgeber, die über mindestens 20 (früher 16) Arbeitsplätze verfügen. Die dauerhafte Senkung der Pflichtbesetzungsquote sollte allerdings an die Bedingung geknüpft sein, dass das Ziel der Verringerung der Zahl der arbeitslosen Schwerbehinderten um 25% bis Oktober 2002 erreicht wird. Träte diese Verringerung nicht ein, so sollte ab Januar 2003 wieder der Pflichtsatz von 6% gelten. Allerdings war die Arbeitslosigkeit schwerbehinderter Menschen vom Oktober 1999 bis Oktober 2002 „nur" um 23,9% (45 305 Personen) zurückgegangen. Um einen möglichen weiteren Rückgang nicht zu behindern, wurde im April 2003 gesetzlich die eventuelle Anhebung der Beschäftigungspflichtquote auf den 1. 1. 2004 verschoben. Obwohl sich der positive Trend im Jahr 2003 nicht fortsetzte und die schlechte wirtschaftliche Entwicklung sich auch auf die Zahl der arbeitslosen schwerbehinderten Menschen durchschlug, wurde die Beschäftigungspflichtquote mit dem „Gesetz zur Förderung der Ausbildung und Beschäftigung schwerbehinderter Menschen" im April 2004 dauerhaft und rückwirkend zum 1. 1. 2004 auf 5% festgeschrieben (BGBl. I S. 606, zur Diskussion BT-Plenarprotokoll 15/102 v. 1. 4. 2004).

2. Gestaffelte Ausgleichsabgabe

Weiterhin wird eine Staffelung der Ausgleichsabgabe festgelegt. Die **Höhe der** **56** **Ausgleichsabgabe** richtet sich nach der Erfüllung der Pflichtquote und bewegt sich zwischen monatlich 105 € bis monatlich 260 €, wobei für Kleinbetriebe Erleichterungen vorgesehen sind. Solange Arbeitgeber die vorgeschriebene Zahl Schwerbehinderter nicht besetzen, haben sie für jeden unbesetzten Pflichtplatz nach altem Recht unabhängig von der Erfüllung der Pflichtquote monatlich eine Ausgleichsabgabe von 105 € je unbesetztem Pflichtplatz zu entrichten. Die Höhe der Ausgleichsabgabe ist neu festgelegt worden (Staffelung) und beträgt nun je unbesetztem Pflichtplatz:
− monatlich 105 € bei einer jahresdurchschnittlichen Erfüllungsquote zwischen 3% und 5%,

– monatlich 180 € bei einer jahresdurchschnittlichen Erfüllungsquote zwischen 2% und 3%,
– monatlich 260 € bei einer jahresdurchschnittlichen Erfüllungsquote von unter 2%.

57 Für **Kleinbetriebe** bestehen Erleichterungen; so beträgt die Ausgleichsabgabe
1. für Arbeitgeber mit bis zu 39 zu berücksichtigenden Arbeitsplätzen bei einer Beschäftigungsquote von 0% 105 € und
2. für Arbeitgeber mit bis zu 59 zu berücksichtigenden Arbeitsplätzen bei einer Beschäftigungsquote von 2% bis 3% 105 € und bei einer Beschäftigungsquote von 0% 180 €.

3. Pflichten des Arbeitgebers

58 Der Arbeitgeber ist verpflichtet, sich bei der Prüfung, ob freie Arbeitsplätze mit Schwerbehinderten besetzt werden können,
– Bewerber vom Arbeitsamt vorstellen zu lassen,
– bei der Prüfung die Schwerbehindertenvertretung zu beteiligen und
– seine Entscheidung nachprüfbar zu machen.

Zudem sind die Arbeitgeber verpflichtet, durch organisatorische Maßnahmen sicherzustellen, dass in ihren Betrieben und Dienststellen wenigstens die vorgeschriebene Zahl Schwerbehinderter eine möglichst dauerhafte, behinderungsgerechte Beschäftigung finden kann.

4. Besonderer Kündigungsschutz

59 In den §§ 85–92 ist der besondere Kündigungsschutz schwerbehinderter Menschen geregelt. Gesetzgeberisches Ziel war es, den Bestand des Arbeitsverhältnisses schwerbehinderter Menschen zu stärken. Die arbeitgeberseitige Kündigung bedarf der vorherigen Zustimmung des Integrationsamtes. Dies gilt auch im Fall der außerordentlichen Kündigung. Das Integrationsamt entscheidet nach freiem Ermessen, ist aber in den Fällen der Auflösung oder Einstellung von Betrieben und Dienststellen in seinem Ermessen eingeschränkt. Die **Kündigungsfrist** für die Kündigung eines schwerbehinderten Menschen beträgt nach § 86 mindestens vier Wochen. Der besondere Kündigungsschutz nach dem SGB IX tritt neben den allgemeinen Kündigungsschutz nach dem Kündigungsschutzgesetz.

5. Vereinbarung eines Integrationsplans/Prävention

60 § 83 verpflichtet die Arbeitgeber, mit der Schwerbehindertenvertretung einen verbindlichen Integrationsplan einschließlich Regelungen zu dessen Durchführung zu vereinbaren. Auf Antrag der Schwerbehindertenvertretung hat der Arbeitgeber über die Aufstellung des Integrationsplans zu verhandeln. In der Vereinbarung sind Regelungen im Zusammenhang mit der Eingliederung schwerbehinderter Menschen, insbesondere zur Personalplanung, Arbeitsplatzgestaltung, Gestaltung des Arbeitsumfelds, Arbeitsorganisation, Arbeitszeit sowie Verfahrensregelungen zu treffen.

61 Nach § 84 wird der Arbeitgeber verpflichtet, bei Eintreten von personen-, verhaltens- oder betriebsbedingten **Schwierigkeiten im Arbeitsverhältnis**, die zur Gefährdung des Arbeitsverhältnisses führen können, möglichst frühzeitig die Schwerbehindertenvertretung einzuschalten, damit diese dem Arbeitgeber alle Möglichkeiten aufzeigen und alle ihr zur Verfügung stehenden Hilfen zur Beratung und finanziellen Leistungen gewähren kann, mit denen die Schwierigkeiten beseitigt werden können. Das Gesetz zur Förderung der Ausbildung und Beschäftigung schwerbehinderter Menschen von 23. 4. 2004 (BGBl. I S. 606) hat das Instrument der Integrationsvereinbarungen weiter ausgebaut (§ 84 Abs. 2 SGB IX). Neben den Bereichen Personalplanung, Arbeitsplatzgestaltung, Arbeitsorganisation und Arbeitszeit können in der Vereinbarung insbesondere auch Regelungen über die angemessene Berücksichtigung schwerbehinderter Menschen bei der Besetzung freier, frei werdender oder neuer Stellen, über eine anzustrebende Beschäftigungsquote, einschl. eines angemessenen Anteils schwerbehinderter Frauen, zur Ausbildung behinderter Jugendlicher sowie über betriebliche Prävention und Gesundheitsförderung getroffen werden. Eine Übersicht von Integrationsvereinbarungen nach Branchengruppen gruppiert, enthält die Datenbank REHADAT unter www.rehadat.de.

6. Schwerbehindertenvertretung

Die Schwerbehindertenvertretung nimmt die Interessen der schwerbehinderten Beschäftigten des Betriebs bzw. der Dienststelle wahr. Einzelheiten zur Wahl und zu den Aufgaben der **Schwerbehindertenvertretung** sind in den §§ 93 ff. geregelt. In jedem Betrieb und jeder Dienststelle, in denen wenigstens fünf schwerbehinderte Menschen nicht nur vorübergehend beschäftigt sind, wird eine Vertrauensperson und wenigstens ein stellvertretendes Mitglied gewählt. Die Schwerbehindertenvertretung wird für die Dauer von vier Jahren gewählt.

Die **Vertrauensperson** führt ihr Amt unentgeltlich als Ehrenamt und hat Anspruch auf Freistellung von der Arbeit unter Fortzahlung des Arbeitsentgelts, soweit es zur Durchführung ihrer Aufgaben erforderlich ist. In Betrieben mit mehr als 100 (vormals 200) schwerbehinderten Beschäftigten wird die Vertrauensperson auf Wunsch von der Arbeit freigestellt. Die Schwerbehindertenvertretung hat das Recht, an den Besprechungen des Betriebsrats mit dem Arbeitgeber sowie an Betriebsratssitzungen teilzunehmen. Einmal im Vierteljahr kann eine Versammlung mit den schwerbehinderten Beschäftigten des Betriebes oder der Dienststelle durchgeführt werden.

7. Integrationsfachdienste

Die §§ 109–115 enthalten Vorschriften über die Integrationsfachdienste. Integrationsfachdienste dienen dem Zweck, schwerbehinderten Menschen, die auf dem allgemeinen Arbeitsmarkt nur schwer zu vermitteln sind, durch **arbeits- und berufsbegleitende Dienste** zu unterstützen. Vorgesehen ist, dass grundsätzlich in jedem Bezirk einer Arbeitsagentur nur ein Integrationsfachdienst beauftragt wird. Aufgabe der Integrationsfachdienste ist es, die Arbeitsverwaltung, die Rehabilitationsträger und die Integrationsämter bei der Erfüllung ihrer Aufgaben zu unterstützen und den Betrieben und Verwaltungen mit Information, Beratung und Hilfestellung zur Seite zu stehen. Mit dem Gesetz zur Förderung der Ausbildung und Beschäftigung schwerbehinderter Menschen v. 23. 4. 2004 sind die Aufgaben und Struktur der Integrationsfachdienste fortentwickelt worden. So werden sie bereits bei Berufsberatung und -orientierung in den Schulen hinzugezogen und sind Hauptansprechpartner für die Arbeitgeber bei Klärung aller Leistungen und Unterstützungen zur Erlangung und Sicherung eines Arbeitsplatzes.

Nachdem die Bundesagentur für Arbeit ihre Aufgabe, ein flächendeckendes Netz von Integrationsfachdiensten einzurichten, erfüllt hatte, ging die Strukturverantwortung für die Integrationsfachdienste zum 1. 1. 2005 von der Bundesagentur für Arbeit auf die Integrationsämter der Länder über. Deshalb sind durch das Gesetz zur Förderung der Ausbildung und Beschäftigung schwerbehinderter Menschen die bes. Regelungen zur Beauftragung der Integrationsfachdienste durch die Bundesagentur für Arbeit im SGB IX aufgehoben worden. Die Nutzung des Angebots dieser Dienste nach den Regelungen des SGB III und SGB II. Die bisher der Bundesagentur zum Aufbau und zur Förderung der Integrationsfachdienste aus der Ausgleichsabgabe des Bundes zur Verfügung gestellten Mittel verbleiben folgerichtig ab dem Jahr 2005 bei den Integrationsämtern.

8. Integrationsprojekte

66 Integrationsprojekte sollen als „Dritter Weg" besonderen Problemgruppen von Schwerbehinderten, die langzeitarbeitslos oder unzureichend qualifiziert sind, den Weg ins Arbeitsleben und auf den allgemeinen Arbeitmarkt ebnen. Die Vorschriften über die Integrationsprojekte sind zum ersten Mal zum 1. 10. 2000 in das Schwerbehindertengesetz aufgenommen und in den §§ 132–135 auf eine gesetzliche Grundlage gestellt worden. Integrationsprojekte sind rechtlich und wirtschaftlich selbstständige Unternehmen **(Integrationsfirmen),** unternehmensinterne Betriebe **(Integrationsbetriebe)** oder Abteilungen **(Integrationsabteilungen)** zur Beschäftigung von Schwerbehinderten auf dem allgemeinen Arbeitsmarkt, deren Eingliederung in eine Beschäftigung auf dem allgemeinen Arbeitsmarkt aufgrund der Schwere der Behinderung oder wegen sonstiger Umstände trotz Ausschöpfens aller Fördermöglichkeiten und des Einsatzes von Integrationsfirmen auf besondere Schwierigkeiten stößt. Mit der Dritten VO zur Änderung der Schwerbehinderten-AusgleichsabgabeVO ist mit Wirkung zum 1. 1. 2004 die Zuständigkeit für die Förderung aller Formen von Integrationsprojekten bei den Integrationsämtern der Länder zusammengefasst worden. Unklarheiten über das Vorliegen von Gemeinnützigkeiten wurden durch das Gesetz zur Förderung der Ausbildung und Beschäftigung schwerbehinderter Menschen vom 23. 4. 2004 dahingehend geklärt, dass Integrationsprojekte mit einem Anteil von 40% besonders betroffener schwerbehinderter Menschen gemeinnützig sind. Diese Regelung ist rückwirkend zum 1. 1. 2003 in Kraft getreten und findet auch auf davor liegende Veranlagungszeiträume Anwendung, soweit Steuerfestsetzungen noch nicht bestandskräftig sind oder unter dem Vorbehalt der Nachprüfung stehen.

9. Werkstätten für behinderte Menschen

67 Auch die Vorschriften über die Werkstätten für behinderte Menschen (WfB) wurden vom Schwerbehindertengesetz in das SGB IX übernommen. Zweck der Werkstätten für behinderte Menschen ist die Eingliederung behinderter Menschen in das Arbeitsleben. Die §§ 136 ff. bestimmen den **Begriff und die Anerkennungsvoraussetzungen** als bzw. für Werkstätten für behinderte Menschen.

68 Die in der Werkstatt beschäftigten behinderten Menschen wirken durch **Werkstatträte** in den ihre Interessen berührenden Angelegenheiten mit. Die einzelnen Mitwirkungsmöglichkeiten sind durch die Werkstätten-Mitwirkungsverordnung (WMVO) vom 19. 6. 2001 (BGBl. I S. 1046), die auf Grundlage von § 144 erlassen wurde, geregelt.

10. Unentgeltliche Beförderung im Personenverkehr

69 Schwerbehinderten Menschen steht nach dem 13. Kapitel des 2. Teils des SGB IX das Recht zu, im öffentlichen Personenverkehr unentgeltlich befördert zu werden.

D. Bisherige Erfahrungen mit dem SGB IX

1. Generelle Erfahrungen

70 Den bislang umfangreichsten Erfahrungsbericht über das SGB IX hat die Bundesregierung mit dem „Bericht über die Lage behinderter Menschen und die Entwicklung ihrer Teilhabe" (BT-Drucks. 15/4575 v. 16. 12. 2004) vorgelegt, zu dem sie gem. § 66 SGB IX bis zum Ende des Jahres 2004 verpflichtet war.

71 In dem Bericht zieht die Bundesregierung das Fazit, dass diese Reform nicht nur in Deutschland den Grundstein für eine Verbesserung der Situation behinderter Menschen gelegt habe, sondern sie auch auf internationaler Ebene beispielgebend sei (BT-Drucks. 15/4575, S. 16). In der Praxis bewährt hätte sich das Instrument der Integrationsvereinbarungen. Hier seien gerade bei großen Unternehmen und Konzernen häufig weitreichende und detaillierte Regelungen vereinbart worden (BT-Drucks. 15/4575 S. 103). Mit dem neuen Verfahren der Zuständigkeitserklärung sei es gelungen, bei vielen Rehabilitationsträgern die durchschnittliche Laufzeit von Anträgen zu verkürzen und unterhalb der Frist von 14 Tagen zu halten. Dies steht jedoch im Gegensatz zur Einschätzung des Deutschen Städtetages, der die Frist gem. § 14 SGB IX nach wie vor für praxisfern und nicht einhaltbar bewertet. (BT-Drucks. 15/4575 S. 3 bzw. 22).

Dieser grundsätzlich positiven Bilanz stehen jedoch Kritikpunkte gegenüber. So **72** sei zwar der Aufbau eines flächendeckenden Netzes von Integrationsfachdiensten inzwischen abgeschlossen (in allen 181 Bezirken der Agentur für Arbeit sind Integrationsfachdienste eingerichtet), dennoch sei die Inanspruchnahme – ebenso wie bei den Integrationsprojekten – eher unbefriedigend (BT-Drucks. 15/4575, S. 99 ff.) Dies gilt auch für die 570 gemeinsamen Servicestellen der Rehabilitationsträger: Sie seien wenig bekannt und würden nur in geringem Umfang in Anspruch genommen. Zudem beklagen die Behindertenverbände über die mangelnde Qualität der Beratung. Dennoch will die Bundesregierung prüfen, den Servicestellen mehr Verantwortung und bestimmte Entscheidungsbefugnisse zu übertragen. Dadurch soll den Beratungsstellen mehr Beachtung der Rehabilitationsträger und somit auch ein Mehr an Qualität zuwachsen (BT-Drucks. 15/4575, S. 2).

Verständlicherweise fiel die Bilanz der Sozial- und Behindertenverbände über **73** die Umsetzung von des SGB IX und auch des BGG kritischer aus als die Selbsteinschätzung der Bundesregierung. So fasste z. B. der Präsident des Sozialverbandes Deutschlands, *Adolf Bauer,* in einer Pressemeldung zur Veröffentlichung des Berichtes der Bundesregierung am 15. 12. 2004 zusammen: „Die Gesetze sind gut. Die Umsetzung ist mangelhaft." Anspruch und Wirklichkeit klafften speziell bei der Verwirklichung des Wunsch- und Wahlrechts behinderter Menschen, der trägerübergreifenden Beratung durch die gemeinsamen Servicestellen und des Zusammenwirkens der Rehabilitationsleistungen und der Zusammenarbeit der Rehabilitationsträger auseinander.

Ähnliche Kritikpunkte standen auch bereits im Mittelpunkt einer Anhörung **74** zum Umsetzungsstand des SGB IX am 13. 10. 2003 im Deutschen Bundestag. Die Vertreter von Behindertenverbänden beklagten vor allem die schleppende Umsetzung der Wunsch- und Wahlrechte und der Einführung des Persönlichen Budgets in der Praxis. Die Servicestellen seien oft nicht behindertengerecht, von den Trägern nur mangelhaft ausgestattet und das Personal teilweise nicht gut qualifiziert. Zudem gehe die Erarbeitung von gemeinsamen Empfehlungen nur langsam voran (Wortprotokoll unter: www.sgb-ix-umsetzen.de).

2. Erfahrungen mit Gemeinsamen Erklärungen

Gemäß § 13 SGB IX sind die Rehabilitationsträger verpflichtet, gemeinsame **75** Empfehlungen für die in § 12 Abs. 1 und § 13 Abs. 2 genannten Koordinierungsaufgaben abzuschließen. Ziel hierbei ist es, durch ein konzentriertes Zusammenwirken eine möglichst rasche, abgestimmte und wirksame Hilfe für den behinderten oder von Behinderung bedrohten Menschen zu ermöglichen. Dabei sollen durch die Gemeinsamen Empfehlungen nicht neue Rechtsgrundlagen geschaffen werden, sondern im Rahmen des geltenden Rechts eine einheitliche Leistungserbringung „wie aus einer Hand" befördert werden.

Nach den gesetzlichen Vorgaben bildet die BAR den organisatorischen Rah- **76** men für die zur Vereinbarung gemeinsamer Empfehlungen notwendigen Vorbereitungs- und Abstimmungsprozesse der jeweiligen beteiligten Reha-Träger und der sonstigen Beteiligten. An der Erarbeitung der Empfehlungen werden die Verbände behinderter Menschen einschließlich der Verbände der Freien Wohlfahrtspflege, der Selbsthilfeorganisationen und der Interessenverbände behinderter Frauen sowie die für die Wahrnehmung der Interessen der ambulanten und stationären Rehabilitationseinrichtungen auf Bundesebene maßgeblichen Spitzenverbände beteiligt.

77 Bislang sind zu folgenden Regelungsbereichen Gemeinsame Empfehlungen verabschiedet worden (Stand November 2005):
- Gemeinsame Empfehlung „Frühzeitige Bedarfserkennung" vom 16. 12. 2004
- Gemeinsame Empfehlung „Integrationsfachdienste" vom 16. 12. 2004
- Gemeinsame Empfehlung „Prävention nach § 3 SGB IX" vom 16. 12. 2004
- Gemeinsame Empfehlung „Teilhabeplan" vom 16. 12. 2004
- Gemeinsame Empfehlung nach § 13 Abs. 1 i. V. m. § 12 Abs. 1 Nr. 4 SGB IX für die Durchführung von Begutachtungen möglichst nach einheitlichen Grundsätzen vom 22. 3. 2004
- Gemeinsame Empfehlung zur Förderung der Selbsthilfe gemäß § 13 Abs. 2 Nr. 6 SGB IX vom 22. 3. 2004
- Gemeinsame Empfehlung über die Ausgestaltung des in § 14 SGB IX bestimmten Verfahrens – gemeinsame Empfehlung „Zuständigkeitserklärung" i. d. F. vom 22. 3. 2004
- Gemeinsame Empfehlung „Qualitätssicherung" nach § 20 Abs. 1 SGB IX vom 27. 3. 2003
- Gemeinsame Empfehlung „Einheitlichkeit/Nahtlosigkeit" vom 22. 3. 2004
- Gemeinsame Empfehlung zur Verbesserung der gegenseitigen Information und Kooperation aller beteiligten Akteure nach § 13 Abs. 2 Nr. 8 und 9 SGB IX vom 22. 3. 2004.

Allerdings wird das Zusammenwirken der Rehabilitationsträger bei der Erarbeitung Gemeinsamer Empfehlungen sowohl von Behindertenverbänden als auch von Seiten der Bundesregierung als verbesserungswürdig dargestellt.

78 So wird in dem „Bericht der Bundesregierung über die Lage behinderter Menschen und die Entwicklung ihrer Teilhabe" (BT-Drucks. 15/4575, S. 4 bzw. S. 28) kritisiert, die Erarbeitung der Empfehlungen verlaufe schleppend und führe häufig zu wenig befriedigenden Ergebnissen. So habe sich im Fall der „Früherkennung und Frühförderung behinderter und von Behinderung bedrohter Kinder" das BMGS veranlasst gesehen, die Probleme durch eine Rechtsverordnung lösen, weil sich die beteiligten Reha-Träger nicht auf eine gemeinsame Empfehlung der Selbstverwaltung verständigen konnten. Die bisher vereinbarten sechs Empfehlungen seien nicht hinreichend konkret, um wesentliche Hilfestellung für die Praxis bieten zu können. Ein weiteres Manko sei, dass sich z. B. die Träger der Sozial- und Jugendhilfe häufig an der Ausarbeitung Gemeinsamer Empfehlungen beteiligen würden, selbst aber keiner Empfehlung beitreten oder die Anwendung der Empfehlungen ihren Mitgliedern empfehlen würden. Deshalb prüfe die Bundesregierung inzwischen, ob und welche weiteren Schritte dafür erforderlich sind, dass die gesetzlichen Ziele des SGB IX eine verbindliche, hinreichende Konkretisierung erfahren.

E. Bundesbehindertengleichstellungsgesetz

I. Parlamentarische Beratungen

79 Am 1. 5. 2005 ist das Bundesbehindertengleichstellungsgesetz (BGG) in Kraft getreten. Mit ihm wird angestrebt, die Benachteiligung von behinderten Menschen zu beseitigen und zu verhindern sowie die gleichberechtigte Teilhabe von

behinderten Menschen am Leben der Gemeinschaft zu gewährleisten und ihnen eine selbstbestimmte Lebensführung zu ermöglichen. Die **wichtigsten Regelungen** im BGG sind:
– Umsetzung des Benachteiligungsverbots im Grundgesetz für den Bereich der Bundesverwaltung,
– Gleichstellung behinderter Frauen,
– Anerkennung der Deutschen Gebärdensprache im Rechtsverkehr,
– Ausgestaltung der Internetangebote für Sehbehinderte,
– Erleichterung für Sehbehinderte bei Wahlen,
– Gewährleistung der Barrierefreiheit, speziell im Verkehrsbereich und bei modernen Kommunikationssystemen,
– Vertretungsbefugnisse für Verbände,
– Beseitigung von Diskriminierungen in berufsregelnden Vorschriften,
– Tätigkeitsregelungen für den Behindertenbeauftragten der Bundesregierung.

Die **Beratungen** zu einem Behindertengleichstellungsgesetz wurden bereits zu Beginn der 14. Legislaturperiode parallel zu den Vorbereitungen zum SGB IX aufgenommen. Im Dezember 2000 übertrug die Bundesregierung dem damaligen BMA die Federführung bei der Vorbereitung eines Gleichstellungsgesetzes, das mit den Innen- und Justizressorts sowie den Bundesministerien für Verkehr, Bau- und Wohnungswesen und für Bildung und Forschung abgestimmt werden sollte. Einbezogen in die Ausarbeitung wurden zudem Behindertenverbände und Vertreter der Länder und Kommunen. Nachdem im August 2001 ein Referentenentwurf zur Stellungnahme an die Länder geschickt worden war und Anhörungen für die Länder und Verbände stattgefunden hatten, beschloss das Bundeskabinett im November den „Entwurf eines Gesetzes zur Gleichstellung behinderter Menschen und zur Änderung anderer Gesetze".

Auf die **Erste Lesung** des Gesetzentwurfes im Bundestag (15. 11. 2001) folgte am 20. 12. 2001 die Stellungnahme des Bundesrates. Obwohl die Länderkammer des Gesetzesvorhaben grundsätzlich begrüßte, wurden verschiedene Punkte kritisiert: Zum einen wurde eine Benennung der durch das Gleichstellungsgesetz anfallenden **Kosten** sowie eine Erstattung durch den Bund gefordert. Zum anderen wurde im Bereich der Barrierefreiheit die hauptsächliche **Kompetenz der Länder** für die Gestaltung der öffentlichen Straßen, Wege und Plätze betont und die fehlende Gesetzgebungskompetenz des Bundes für das Gaststättenrecht hervorgehoben, da dieses Bauordnungsrecht sei und damit den Ländern obliege. Außerdem wurde die Streichung des nach Meinung der Länder zu weit reichenden **Verbandsklagerechts** gefordert (detailliert in den Empfehlungen der Ausschüsse v. 11. 12. 2001, BR-Drucks. 928/1/01). Der Dissens wurde dadurch gelöst, dass in den Gesetzentwurf eine Präzisierung des Anwendungsbereichs des Verbandsklagerechts eingefügt wurde (§ 13 BGG) und es den Ländern überlassen wurde, Mindestanforderungen und Unzumutbarkeitskriterien für die Barrierefreiheit in Gaststätten festzulegen (Art. 41 Abs. 2 Satz 3 BGG). Eine Benennung oder Übernahme anfallender Kosten durch den Bund erfolgte jedoch nicht.

Am 28. 2. 2002 wurde das BGG mit großer Mehrheit bei Enthaltung der PDS in Zweiter/Dritter Lesung verabschiedet, wobei gegenüber der ursprünglichen Vorlage (BT-Drucks. 14/7420) Änderungen vorgenommen wurden. So hatte bereits der federführende Fachausschuss für Arbeit und Sozialordnung die ursprünglich enthaltene Vorschrift zu behinderten Frauen dahingehend geändert, dass auch bestehende Benachteiligungen ausdrücklich beseitigt werden müssen. Zudem wurde dort die Selbstverpflichtung des Bundes auch auf den Bereich „kleinerer" ziviler Neubauten erstreckt.

II. Wichtigste Neuerungen im BGG

83   Die Belange behinderter Frauen sind besonders zu berücksichtigen und Benachteiligungen zu beseitigen. Dabei sind auch besondere Maßnahmen zur Beseitigung bestehender Benachteiligungen zulässig (§ 1 BGG).

84   Barrierefreiheit wird definiert als Zugang und Nutzung für behinderte Menschen in der allgemein üblichen Weise, ohne besondere Erschwernis und grundsätzlich ohne fremde Hilfe. Sie bezieht sich auf bauliche und sonstige Anlagen, Verkehrsmittel, technische Gebrauchsgegenstände sowie Informations- und Kommunikationsmittel (§ 2 BGG).

Zur Herstellung der Barrierefreiheit sollen Zielvereinbarungen zwischen anerkannten Verbänden behinderter Menschen und Unternehmen oder Unternehmensverbänden für ihren jeweiligen sachlichen und räumlichen Organisations- und Tätigkeitsbereich getroffen werden, soweit nicht besondere gesetzliche oder verordnungsrechtliche Vorschriften entgegenstehen. Die anerkannten Verbände können die Aufnahme von Verhandlungen über Zielvereinbarungen verlangen. In den Zielvereinbarungen soll insbesondere der Geltungsbereich und die Geltungsdauer, die Festlegung von Mindeststandards für einen besseren Zugang und eine bessere Nutzung der gestalteten Lebensbereiche für behinderte Menschen und ein Zeitplan für die Umsetzung festgelegt werden, wobei auch Sanktionen für Nichterfüllung oder Verzug enthalten sein können. Um Parallelverhandlungen zu vermeiden, wird vom Bundesministerium für Gesundheit und soziale Sicherung (früher vom BMA) ein Zielvereinbarungsregister geführt, das auf der Internetseite des Ministeriums veröffentlicht wird (http://bmgs.bund.de, über link Datenbanken/Statistiken. Über die dortige Suchmaske können mit verschiedenen Suchkriterien Ankündigungen von Verhandlungen und auch Volltexte abgeschlossener Vereinbarungen [soweit zur Veröffentlichung freigegeben] eingesehen werden). Hat ein Verband behinderter Menschen dort seine Absicht bekundet, in Verhandlungen mit einem Unternehmen oder einem Unternehmensverband einzutreten, so können andere Verbände behinderter Menschen beitreten und eine gemeinsame Verhandlungskommission bilden. Für die Dauer von Verhandlungen und für die Geltungsdauer und den Geltungsbereich zustande gekommener Zielvereinbarungen ist ein Anspruch auf weitere Verhandlungen ausgeschlossen (§ 5 BGG).

85   Die Deutsche Gebärdensprache wird als eigenständige Sprache anerkannt (§ 6 BGG).

86   Die Dienststellen und sonstige Einrichtungen der Bundesverwaltung sollen die Benachteiligung von behinderten Menschen beseitigen und verhindern sowie die gleichberechtigte Teilhabe von behinderten Menschen am Leben in der Gemeinschaft gewährleisten und ihnen eine selbstbestimmte Lebensführung ermöglichen (§ 7 BGG).

87   Zivile Neubauten sowie große zivile Um- oder Erweiterungsbauten des Bundes einschließlich der bundesunmittelbaren Körperschaften, Anstalten und Stiftungen des öffentlichen Rechts sollen ebenso wie Wege, Plätze und Straßen, Verkehrsanlagen und Beförderungsmittel barrierefrei gestaltet werden. Landesrechtliche Bestimmungen und Vorschriften, insbesondere die Bauordnungen, bleiben unberührt (§ 8 BGG).

88   Hör- und sprachbehinderte Menschen haben das Recht, mit Trägern öffentlicher Gewalt in Deutscher Gebärdensprache oder mit anderen geeigneten Kommunikationshilfen zu kommunizieren. Hierfür sind den Berechtigten Gebärdensprachendolmetscher oder andere Kommunikationshilfen bereitzustellen und die Kosten zu tragen. Näheres regelt eine Rechtsverordnung (§ 10 BGG).

89   Träger der öffentlichen Gewalt haben bei der Gestaltung von schriftlichen Bescheiden, Allgemeinverfügungen, öffentlich-rechtlichen Verträgen und Vordrucken

eine Behinderung von Menschen zu berücksichtigen. Für blinde und sehbehinderte Menschen regelt das Nähere eine Rechtsverordnung (§ 10 BGG).

Träger der öffentlichen Gewalt haben ihre Internetauftritte und -angebote schritt- 90 weise so zu gestalten, dass sie von behinderten Menschen grundsätzlich uneingeschränkt genutzt werden können. Näheres regelt eine Rechtsverordnung.

Verbände behinderter Menschen können für behinderte Menschen in verwal- 91 tungs- und sozialrechtlichen Verfahren Rechtsschutz beantragen, auch wenn die Verbände nicht selbst an dem Verfahren beteiligt sind (§ 12).

Ein anerkannter Verband behinderter Menschen kann ohne in seinen Rechten verletzt zu sein unter bestimmten Voraussetzungen Klage nach Maßgabe der Verwaltungsgerichtsordnung oder des Sozialgerichtsgesetzes erheben (Verbandsklagerecht, § 13 BGG).

Das Amt des Beauftragten für die Belange behinderter Menschen erhält eine 92 gesetzliche Grundlage. Die Bestellung, Bezeichnung, Aufgabe und die Befugnisse des Beauftragten werden geregelt (§§ 14 und 15 BGG).

Das Bundeswahlgesetz, die Bundeswahlordnung und die Europawahlordnung 93 werden geändert. Dies betrifft die Herstellung und Verwendung von Stimmzettelschablonen für Blinde sowie die Einrichtung barrierefreier Wahlräume (Art. 1 a, 2, 3 BGG).

Das Gaststättengesetz wird dahingehend geändert, dass die Erlaubnis zum Be- 94 trieb einer Gaststätte zu versagen ist, wenn die Gasträume nicht barrierefrei genutzt werden können, soweit sie in einem Gebäude liegen, für das nach dem 1. 11. 2002 eine Baugenehmigung erteilt wurde oder das nach diesem Termin wesentlich umgebaut oder erweitert wurde. Für den Fall, dass eine Baugenehmigung nicht erforderlich war, gilt der Stichtag 1. 5. 2002 (Art. 41). Dies gilt jedoch nicht, wenn die barrierefreie Gestaltung nicht möglich oder nur mit unzumutbaren Aufwendungen zu erreichen ist. Die Landesregierungen können jedoch durch Rechtsverordnung Mindestanforderungen bestimmen und die Unzumutbarkeitskriterien festlegen.

Zwar nicht im BGG geregelt, jedoch im Kontext des Abbaus der Benachteili- 95 gungen behinderter Menschen zu erwähnen, sind die Regelungen im Gesetz zur Änderung des Rechts der Vertretung durch Rechtsanwälte vor den Oberlandesgerichten (OLG-Vertretungsänderungsgesetz, BGBl. I 2002, Nr. 53, S. 2850, Art. 28 ff.). Hör- und sprechbehinderte Menschen haben demnach vor Gericht ein Wahlrecht zwischen schriftlicher und mündlicher Verständigung oder der Hinzuziehung eines Gebärdensprachendolmetschers. Schriftstücke müssen blinden oder sehbehinderten Menschen auf Antrag in einer für sie wahrnehmbaren Form zugänglich gemacht werden. Rechtsgeschäfte kleineren Umfangs volljähriger geschäftsunfähiger Menschen gelten als wirksam, sobald Leistung und Gegenleistung bewirkt sind.

F. Landesbehindertengleichstellungsgesetze

I. Landesgesetze

Da das BGG nur den Bund und seine Verwaltung bindet, gibt es keine direkten 96 Auswirkungen auf die Bundesländer. Um jedoch die Vorgaben des BGG auch auf Länderebene umzusetzen und die landesrechtlichen Regelungen an die Bundesgesetzgebung anzupassen, haben fast alle Bundesländer Landesgleichstellungsgesetze für behinderte Menschen erlassen (Stand: Januar 2006):

In **Baden-Württemberg** hat der Landtag am 20. 4. 2005 das **"Landesgesetz** 97 **zur Gleichstellung von Menschen mit Behinderungen und zur Änderung**

anderer Gesetze" beschlossen (Gesetzblatt für Baden-Württemberg, Nr. 7/2005). Es ist am 1. 6. 2005 in Kraft getreten. Mit dem Gesetz soll ein allgemeines Verbot der Benachteiligung behinderter Menschen durch öffentliche Stellen festgeschrieben werden. Das grundsätzlich verankerte Diskriminierungsverbot soll damit gestärkt und die besonderen Belange von behinderten Frauen berücksichtigt werden. Erleichterungen soll es zudem im Umgang und in der Kommunikation mit Behörden und öffentlichen Einrichtungen geben. So sollen die Deutsche Gebärdensprache und lautsprachbegleitende Gebärden rechtlich anerkannt und verankert werden. Außerdem sollen öffentliche Stellen ihre Internetangebote zukünftig im Rahmen technischer, finanzieller und verwaltungsorganisatorischer Möglichkeiten so gestalten, dass sie von Menschen mit Behinderungen uneingeschränkt genutzt werden können. Ein grundsätzliches Klagerecht wird einem nach dem Behindertengleichstellungsgesetz anerkanntem Verband oder dessen baden-württembergischen Landesverband eingeräumt, auch ohne selbst in seinen Rechten verletzt zu sein. Der Ministerpräsident kann einen Beauftragten der Landesregierung für die Belange von Menschen mit Behinderungen bestellen.

98 Erleichterungen soll es zudem im Umgang und in der Kommunikation mit Behörden und öffentlichen Einrichtungen geben. So sollen die Deutsche Gebärdensprache und lautsprachbegleitende Gebärden rechtlich anerkannt und verankert werden. Außerdem soll der barrierefreie Internetzugang künftig von der Ausnahme zur Regel werden. Das Gesetz hat zwar nur unmittelbare Gültigkeit für den Bereich der Landesverwaltung, kommunale Behörden und auch privatwirtschaftliche Unternehmen sind jedoch aufgefordert, dem Beispiel zu folgen.

99 Der Bayerische Landtag hat am 25. 6. 2003 das **„Bayerische Gesetz zur Gleichstellung, Integration und Teilhabe von Menschen mit Behinderung"** (BayBGG) einstimmig beschlossen. Es trat am 1. 8. 2003 in Kraft (Bayr. Gesetz- und Verordnungsblatt Nr. 15/2003 v. 9. 7. 2003). Das Gesetz lehnt sich eng an die Bestimmungen des Bundesgleichstellungsgesetzes an und ergänzt es. Schwerpunkte sind die Verbesserung der Barrierefreiheit und Mobilität behinderter Menschen, die Erleichterung der Kommunikation unter anderem durch Anerkennung der deutschen Gebärdensprache und die Einrichtung von Beauftragten für die Belange von Menschen mit Behinderung auf kommunaler Ebene. Das Gesetz regelt die unterschiedlichsten Lebensbereiche, wie z. B. Hochschule, Denkmalschutz, Bauordnung. Die Zuständigkeit verbleibt bei den jeweiligen Fachressorts, d. h. für den Bereich Hochschule ist das Wissenschaftsministerium, für den Denkmalschutz das Kultusministerium und für die Bauordnung die Oberste Baubehörde zuständig. Kritische Würdigungen des Entwurfs gibt es u. a. von *Alexander Drewes* (Forum behinderter Juristinnen und Juristen).

100 Am 5. 3. 2003 hat der brandenburgische Landtag das **„Gesetz zur Gleichstellung behinderter Menschen im Land Brandenburg"** (BbgBGG) verabschiedet. Es trat am 20. 3. in Kraft (Gesetz- und Verordnungsblatt für das Land Brandenburg I/03 S. 42). Kernstück des Gesetzes ist die Herstellung einer umfassenden Barrierefreiheit. Das Land verpflichtet sich u. a. dazu, Bescheide und Vordrucke für sehbehinderte Menschen künftig in einer für sie wahrnehmbaren und verständlichen Form zugänglich zu machen (Braille-Schrift); hörbehinderten Menschen zu ermöglichen, bei Verwaltungsangelegenheiten mit Landesbehörden in der Gebärdensprache zu kommunizieren; bei Landtags- und Kommunalwahlen dafür zu sorgen, dass Wahllokale so ausgestattet werden, dass Menschen mit Behinderungen die aktive und weitestgehende selbstbestimmte Teilnahme an der Wahl möglich ist; den Internetauftritt des Landes für sehbehinderte Menschen nutzbar zu machen. Den Punkt Barrierefreie Informationstechnik regelt § 9 Barrierefreie Informationstechnik. Die entsprechende weiterführende „Verordnung zur Schaffung barrierefreier Informationstechnik nach dem Brandenburgischen Behindertengleichstellungsgesetz" (Brandenburgische Barrierefreie Informationstechnik-Verordnung – BbgBITV) trat am 15. 7. 2004 in Kraft.

Im Land Berlin trat bereits am 29. 5. 1999 das **"Gesetz über die Gleichberechtigung von Menschen mit und ohne Behinderung"** (Gesetz- und Verordnungsblatt für Berlin, Nr. 21/1999, S. 178–182, zuletzt geändert am 29. 9. 2004, Gesetz- und Verordnungsblatt für Berlin, Nr. 42/2004, S. 433) [LGBG]) in Kraft. Anders als das Bundesgleichstellungsgesetz verzichtet das Berliner „Gesetz über die Gleichberechtigung von Menschen mit und ohne Behinderung" weitgehend auf konkrete Regelungen, beauftragt aber den Landesbehindertenbeauftragten darauf hinzuwirken, dass die Verpflichtung des Landes, für gleichwertige Lebensbedingungen von Menschen mit und ohne Behinderung zu sorgen, in allen Bereichen des gesellschaftlichen Lebens erfüllt wird. Verwaltungsvorschriften zur Schaffung barrierefreier Informationstechnik (VVBIT) sind in Vorbereitung. Sie werden sich an der Brandenburgischen Barrierefreien Informationstechnik-Verordnung orientieren.

Die Bremische Bürgerschaft verabschiedete am 18. 12. 2003 das **"Bremische Gesetz zur Gleichstellung von Menschen mit Behinderungen und zur Änderung anderer Gesetze"** (Gesetzblatt der Freien Hansestadt Bremen, Nr. 50/2003, S. 414 ff.) (BremBGG). Das Gesetz enthält in Artikel 1 das eigentliche Gleichstellungsgesetz, in Artikel 2 ff. folgen Ergänzungen bestehender Landesgesetze und Verordnungen, mit denen die Berücksichtigung der Belange behinderter Menschen einzelgesetzlich umgesetzt wird.

Die Hamburgische Bürgerschaft hat am 10. 3. 2005 das **Hamburgische Gesetz zur Gleichstellung behinderter Menschen** beschlossen. Das Hamburgische Gleichstellungsgesetz für behinderte Menschen orientiert sich eng an dem BGG. Mit diesem Gesetz sollen die Behörden und sonstigen Verwaltungseinrichtungen der Freien und Hansestadt Hamburg verpflichtet werden, Menschen mit Behinderungen Gleichstellung und Barrierefreiheit zu ermöglichen. Diese Verpflichtung gilt vor allem für öffentliche Gebäude und Wege, für mündliche und schriftliche Kommunikationshilfen im Umgang mit der Verwaltung und für öffentliche Internet- und Intranetauftritte. Besonderer Wert wird darauf gelegt, die Durchsetzung der Gleichberechtigung behinderter Frauen zu stärken. Bei Verstößen gegen dieses Gesetz können nicht nur diejenigen klagen, die in ihren eigenen Rechten verletzt sind, sondern auch die anerkannten Verbände zur Vertretung der Belange behinderter Menschen. Zukünftig erhalten Senat und Bürgerschaft alle zwei Jahre von der Koordinatorin oder dem Koordinator unter Beteiligung des Landesbeirates einen Bericht über die Umsetzung dieses Gesetzes und die Lage der Menschen mit Behinderungen in Hamburg.

Das **"Hessische Gesetz zur Gleichstellung von Menschen mit Behinderungen"** wurde am 20. 12. 2004 verabschiedet und trat am 24. 12. 2005 in Kraft (Gesetz- und Verordnungsblatt für das Land Hessen, Teil I, Nr. 23/2004, S. 482–487). Es formuliert ein allgemeines Benachteiligungsverbot und verpflichtet das Land, seine Behörden und Dienststellen, das Ziel des Gesetzes aktiv zu unterstützen. Weiterhin enthält es die Zielbestimmung der Schaffung einer möglichst barrierefreien Umwelt. Hör- oder sprachbehinderten Menschen wird das Recht eingeräumt, mit Behörden und Dienststellen in Deutscher Gebärdensprache, mit lautsprachbegleitenden Gebärden oder über andere geeignete Kommunikationshilfen zu kommunizieren. Zudem werden Hör- oder sprachbehinderten Eltern von Kindern, die diese Behinderungen nicht aufweisen, die Aufwendungen für die Kommunikation in Gebärdensprache mit der Schule erstattet.

In **Mecklenburg-Vorpommern** existiert kein Landes-Gleichstellungsgesetz für Behinderte, ein Gesetzentwurf befindet sich jedoch in Vorbereitung. Eine erste Kabinettsbefassung hat im Januar 2006 stattgefunden.

Einleitung 106–111

106 In **Niedersachsen** existiert kein Landes-Gleichstellungsgesetz für Behinderte, allerdings hat das zuständige Sozialministerium angekündigt, den Entwurf für ein Gleichstellungsgesetz nach vorheriger Abstimmung mit den Kommunen und Verbänden so bald wie möglich in den Niedersächsischen Landtag einzubringen. Die SPD hat im Februar 2005 den Entwurf eines Landesbehindertengleichstellungsgesetzes vorgelegt. In der anschließenden Debatte wollte sich die Landesregierung auf keinen Zeitpunkt für die Präsentation eines eigenen Gesetzentwurfes festlegen (vgl. Protokoll der Sitzung des niedersächsischen Landtages v. 23. 2. 2005.

107 Der Landtag in **Nordrhein-Westfalen** hat am 16. 12. 2003 das „Gesetz zur Gleichstellung behinderter Menschen und zur Änderung anderer Gesetze" verabschiedet, das am 1. 1. 2004 in Kraft getreten ist (Gesetz- und Verordnungsblatt für das Land Nordrhein-Westfalen, Nr. 57/2003, S. 766 ff. Das Land und die Kommunen werden damit verpflichtet, behinderten Menschen ein selbstbestimmtes Leben zu ermöglichen. Die Zugänge zu öffentlichen Gebäuden müssen künftig barrierefrei gestaltet werden. Ferner schreibt das Gesetz vor, dass Behörden Gehörlosen Gebärdendolmetscher zu Verfügung stellen und Formulare auch in Blindenschrift bereit stellen müssen. Die Einstellung eines Landesbeauftragten für Behinderte ist im Gesetz ebenfalls vorgesehen.

108 Am 4. 12. 2002 hat der Landtag von **Rheinland-Pfalz** das „Landesgesetz zur Herstellung gleichwertiger Lebensbedingungen für Menschen mit Behinderungen" verabschiedet. Es trat am 1. 1. 2003 in Kraft (Gesetzes- und Verordnungsblatt für das Land Rheinland-Pfalz 2002, S. 481).

109 Rheinland-Pfalz war somit das erste Bundesland, das in Folge der Bundesgesetzgebung ein Landesgleichstellungsgesetz hatte. Es enthält u. a. ein allgemeines Benachteiligungsverbot mit Beweislastumkehr und berücksichtigt die besonderen Belange behinderter Frauen. Öffentliche Stellen werden verpflichtet, das Ziel des Gesetzes zu berücksichtigen und aktiv zu fördern.

110 Der **Saarländische Landtag** verabschiedete am 26. 11. 2003 das **„Gesetz zur Gleichstellung von Menschen mit Behinderung im Saarland"**, in Kraft getreten am 19. 12. 2003 (Amtsblatt des Saarlandes 2003, S. 2987 ff.). Ziel des Gesetzes ist es, die Benachteiligung von Menschen mit Behinderungen zu beseitigen und zu verhindern sowie die gleichberechtigte Teilhabe von behinderten Menschen am Leben in der Gesellschaft zu gewährleisten und ihnen eine selbstbestimmte Lebensführung zu ermöglichen. Das Gesetz schreibt vor, dass bauliche Anlagen, öffentliche Wege, Plätze und Straßen sowie der öffentliche Personennahverkehr in Zukunft barrierefrei gestaltet sein müssen. Die Einstellung eines Landesbehindertenbeauftragten ist ebenfalls vorgesehen. Außerdem soll ein Landesbeirat für die Belange von Menschen mit Behinderungen unter Vorsitz der Landesbeauftragten für die Belange von Menschen mit Behinderungen gebildet werden. Aufgabe des Landesbeirats ist die Beratung des Landtages und der Landesregierung in allen grundsätzlichen Fragen der Politik von Menschen mit Behinderungen. Den Punkt Barrierefrei Informationstechnik regelt § 8 Barrierefreie Informationstechnik. Die dort angekündigte weiterführende Rechtsverordnung befindet sich in Arbeit und soll im Laufe des Jahres 2006 erlassen werden.

111 Der **Sächsische Landtag** hat am 23. 4. 2004 bzw. 28. 5. 2004 das „Gesetz zur Verbesserung des selbstbestimmten Handelns von Menschen mit Behinderungen im Freistaat Sachsen" beschlossen (Sächsisches Gesetz- und Verordnungsblatt, Nr. 8/2004, S. 196–200). Die Integration für Menschen mit Behinderungen soll u. a. verbessert werden durch ein Benachteiligungsverbot für Behörden und öffentliche Dienststellen des Freistaates, durch die barrierefreie Gestaltung von Informationen und die Berücksichtigung der besonderen Belange behinderter Menschen bei der Gestaltung von Bescheiden und Vordrucken, die Vertretungsbefugnis durch Verbände und die Möglichkeit einer Verbandsklage sowie eine Berichtspflicht der Staatsregierung gegenüber dem Landtag.

Das „Gesetz für Chancengleichheit und gegen Diskriminierung behinderter Menschen" des Landes **Sachsen-Anhalt** vom 20. 11. 2001 trat am 27. 11. 2001 in Kraft (Gesetz- und Verordnungsblatt für das Land Sachsen-Anhalt 2001, S. 457). Damit war Sachsen-Anhalt nach Berlin das zweite Bundesland, das ein Gleichstellungsgesetz verabschiedet hat. Dessen Anliegen ist es, das im Grundgesetz verankerte Diskriminierungs- und Benachteiligungsverbot für Menschen mit Behinderung durch Landesrecht zu untermauern und zu konkretisieren. Gleichzeitig schafft es die Rechtsgrundlagen für das Amt des Beauftragten sowie für die auf ehrenamtlicher Basis tätig werdenden Beteiligungsgremien, den Runden Tisch für behinderte Menschen und den Landesbehindertenbeirat. 112

Das **„Gesetz zur Gleichstellung behinderter Menschen des Landes Schleswig-Holstein und zur Änderung anderer Rechtsvorschriften"** (Gesetz- und Verordnungsblatt Schleswig-Holstein, 2002, S. 264 f.) wurde am 16. 12. 2002 verabschiedet und ist seit 21. 12. 2002 in Kraft. Das Gesetz untermauert das Ziel, Benachteiligungen von Menschen mit Behinderung zu beseitigen und zu verhindern sowie gleichwertige Lebensbedingungen herzustellen. Außerdem verpflichtet es öffentliche Träger zur Barrierefreiheit in den Bereichen Neubauten, Verkehr, Informationstechnik und Verwaltung. Es führt ein Verbandsklagerecht für die Interessenverbände behinderter Menschen ein und erkennt die deutsche Gebärdensprache als eigenständige Sprache an. Unter anderem beinhaltet dieses Gesetz auch klare Regelungen zur Arbeit des Beauftragten für Menschen mit Behinderung. 113

In Thüringen wurde am 16. 12. 2005 das „Thüringer Gesetz zur Gleichbehandlung und Verbesserung der Integration von Menschen mit Behinderungen" verabschiedet (Gesetz- und Verordnungsblatt des Landes Thüringen, Nr. 17 v. 23. 12. 2005, S. 383 ff.). Das Gesetz verpflichtet das Land, die kommunalen Gebietskörperschaften, deren Behörden und Dienststellen sowie die landesunmittelbaren Körperschaften, Anstalten und Stiftungen, die Gleichstellung behinderter Menschen und Barrierefreiheit aktiv zu fördern. Auch Empfänger öffentlicher Zuwendungen können hierzu verpflichtet werden (§ 6). Neubauten sind grundsätzlich barrierefrei zu gestalten (§ 10). Kommunikationshilfen sind von der öffentlichen Verwaltung grundsätzlich bereitzustellen (§§ 11–14). Eine Durchführungs-VO soll im Laufe des Jahres 2006 erlassen werden. 114

II. Erfahrungen mit den Landesgleichstellungsgesetzen

In ihrem im Dezember 2004 vorgelegten Bericht über die Lage behinderter Menschen sieht die Bundesregierung von einem ausführlichen Resümee zum BGG ab. Hervorgehoben wird, dass die Bundesregierung ihre Verpflichtungen zur Herstellung von Barrierefreiheit konsequent umsetze. Ebenso wird die Verpflichtung der Länder hervorgehoben, ihren Teil zu einer barrierefreien Lebenswelt für behinderte Menschen beizutragen. Im Zusammenhang mit dem § 17 SGB I, der den barrierefreien Zugang zu Sozialleistungen regelt, wird zudem kritisiert, dass gerade im Bereich der medizinischen und therapeutischen Versorgung die Barrierefreiheit nicht ausreichend gewährleistet sei (Bericht, S. 10 bzw. S. 54). 115

Erste Erfahrungen mit den Behindertengleichstellungsgesetzen auf Länderebene sind bislang vor allem aus Rheinland-Pfalz dokumentiert, dem ersten Land, in dem ein solches Gesetz nach Erlass des Bundesgesetzes in Kraft trat. In der Unterrichtung durch die Landesregierung über die Umsetzung des „Landesgesetzes zur Herstellung gleichwertiger Lebensbedingungen für Menschen mit Behinderungen" (Landtag Rheinland-Pfalz, Drucks. 14/3739 v. 29. 12. 2004) werden detailliert die Schritte bei der Umsetzung des Gleichstellungsgesetzes aufgezeigt. Als erforderlich 116 wird eine stärkere Vernetzung und Koordinierung der handelnden Akteure (Beratungsstellen, Architektenkammern, Hochschulen, Verwaltung und Behindertenorganisationen) angesehen. Ebenso sollen durch einen Ausbau der Zielvereinbarungen Wirtschaftsunternehmen besser in die Umsetzung des Gesetzes einbezogen werden. Auch in anderen Ländern liegen kurze Bestandsaufnahmen über die Umsetzung der jeweiligen Landesbehindertengleichstellungsgesetze vor (Bayerischer Landtag, Drucks. 15/1606 v. 29. 9. 2004, Landtag Sachsen-Anhalt, Drucks. 4/1066 v. 7. 10. 2003, Nordrhein-Westfalen, AGS-Ausschussprotokoll 13/1167 v. 17. 3. 2004). In vielen Ländern jedoch kann aufgrund der kurzen Dauer nach Inkrafttreten keine fundierte Aussage über die Bewährung der Landesbehindertengleichstellungsgesetze in der Praxis erfolgen.

G. Gesetz zur Förderung der Ausbildung und Beschäftigung schwerbehinderter Menschen v. 23. April 2004

117 Eine **weitere größere Veränderung** erfuhr das Behindertenrecht durch das **Gesetz zur Förderung der Ausbildung und Beschäftigung schwerbehinderter Menschen** vom 23. 4. 2004 (BGBl. I 2004 v. 28. 4. 2004). Das Gesetz geht auf einen Entwurf der Fraktionen von SPD und Bündnis 90/Die Grünen zurück und wurde, nachdem Änderungsvorschläge des Bundesrates in einem Vermittlungsverfahren teilweise übernommen worden waren, am 1. 4. 2004 vom Bundestag und Bundesrat beschlossen. Die Änderungen bezogen sich vor allem auf die **Erhöhung der Ausbildungsbereitschaft**, **Sicherung der Beschäftigung** durch den Ausbau der Prävention, den **Ausbau der Integrationsfachdienste** und die **Beibehaltung der 5%igen Beschäftigungspflichtquote**. Im Überblick wurden vor allem folgende Regelungen geändert:

SGB IX, Teil 1: Regelungen für behinderte und von Behinderung bedrohte Menschen

- In § 14 Abs. 2 Satz 5 SGB IX wurde neu festgelegt, das ein **Rehabilitationsträger** einen Antrag auf Leistung zur Teilhabe nicht an einen anderen Rehabilitationsträger weiterleiten darf, sondern **selbst einen Bescheid erteilen muss.** Durch die Streichung des § 14 Abs. 4 Satz 3 SGB IX hat der Rehabilitationsträger, falls er als erstangegangener Träger trotz Nicht-Zuständigkeit als Leistungserbringer fungierte, neuerdings einen **Erstattungsanspruch** gegen den zuständigen Rehabilitationsträger.
- Betreffend die dauerhafte Beschäftigung von behinderten oder schwerbehinderten Jugendlichen sollen in Zukunft Berufsbildungswerke, Berufsförderungswerke und vergleichbare Einrichtungen darauf hinwirken, dass **Teile einer Ausbildung in Betrieben oder Dienststellen durchgeführt werden.** Um hierzu **Anreize für Arbeitgeber** zu schaffen, ist es möglich, zwei Pflichtarbeitsplätze eines schwerbehinderten Menschen für die Dauer einer Ausbildung anzurechnen (§ 76 Abs. 2 Satz 2 SGB IX). Sollte ein behinderter oder schwerbehinderter Mensch nach seiner Ausbildung von dem ausbildenden oder einen anderen Arbeitgeber übernommen werden, gilt die Anrechnung auf zwei Pflichtarbeitsplätze weiter für das erste Jahr der Beschäftigung (§ 76 Abs. 2 SGB IX).
- Bezüglich der **Leistungen im Eingangsverfahren und im Berufsbildungsbereich** wurde neu geregelt, dass die Dauer im Eingangsverfahren regelmäßig für drei Monate erbracht wird. Die Leistungsdauer wird auf bis zu vier Wochen verkürzt, wenn während des Eingangsverfahrens im Einzelfall festgestellt wird, dass eine kürzere Leistungsdauer ausreichend ist. Damit erfolgt eine **Umkeh-**

G. Gesetz zur Förderung der Ausbildung und Beschäftigung **117 Einleitung**

rung des bisherigen Regel/Ausnahmeprinzips (§ 40 Abs. 2 SGB IX, § 3 Abs. 2 WVO).
- In § 51 Abs. 5 SGB IX ist klargestellt worden, dass **Übergangsgeld im Anschluss von Leistungen der medizinischen Rehabilitation** auch während der Dauer einer stufenweisen Eingliederung zu gewähren ist.
- In § 55 SGB IX wurden die **Leistungen zur Teilhabe am Leben in der Gemeinschaft** ausgeweitet. So gehören nun zu den Leistungen auch die Kosten für bauliche Veränderungen in der Wohnung selbst, etwa eine behindertengerechte Anpassung von Sanitäreinrichtungen und Kochbereich.

SGB IX, Teil 2: Schwerbehindertenrecht

- In § 68 Abs. 4 SGB IX wird geregelt, dass zukünftig auch behinderte Jugendliche und junge Erwachsene während einer **Berufsausbildung in Betrieben** behinderten Menschen gleichgestellt werden, wenn der Grad der Behinderung weniger als 30 beträgt oder der Grad der Behinderung noch nicht festgestellt ist.
- Durch eine Ergänzung in § 72 Abs. 2 SGB IX wurde festgelegt, dass künftig Arbeitgeber, Betriebsrat und Schwerbehindertenvertretung über die **Ausbildung behinderter junger Menschen** im Betrieb gemeinsam beraten sollen.
- Nach § 102 Abs. 3 Nr. 2c SGB IX können nun **Prämien und Zuschüsse an Arbeitgeber für Kosten der Berufsausbildung** für behinderte Jugendliche und junge Erwachsene gewährt werden, die für die Zeit der Berufsausbildung schwerbehinderten Menschen nach § 68 Abs. 4 SGB IX gleichgestellt sind.
- Bezüglich des **Antrages auf Feststellung der Behinderung** ist nun das Gelten der in § 14 Abs. 2 Satz 2 und 4 sowie § 14 Abs. 5 Satz 2 und 5 SGB IX angegebenen **Fristen** festgeschrieben (§ 69 Satz 1 SGB IX). Somit hat das Versorgungsamt über die Behinderung innerhalb einer dreiwöchigen Frist nach Antragseingang zu entscheiden, falls ein Gutachten für die Feststellung der Schwerbehinderung nicht erforderlich ist. Ist ein Gutachten erforderlich, so gelten gestufte Fristen.
- Mit einer redaktionellen Änderung des bisherigen § 71 Abs. 1 Satz 2 SGB IX wurden Irritationen in der Praxis ausgeräumt und klargestellt, dass Arbeitgeber mit (und nicht unter) 39 bis 59 Arbeitsplätzen die **geringere Beschäftigungspflicht** zu erfüllen haben. Ebenso wurde mit der Streichung von § 71 Abs. 2 SGB IX die die **5%ige Pflichtquote** für die Zukunft (ohne Veränderungsmechanismus) dauerhaft festgeschrieben. Allerdings soll sie bis zum 30. 6. 2007 überprüft werden (§ 160 SGB IX).
- Neu geregelt wurde in § 73 Abs. 2 Nr. 7 SGB IX, dass auch Stellen, die sich der **Freistellungsphase der Altersteilzeit** (Verblockungsmodell) befinden, bei der Berechnung der Arbeitsplätze und des Umfangs der Beschäftigungspflicht nicht mehr gezählt werden, wenn der Arbeitgeber den Arbeitsplatz aus Anlass des Übergangs des Beschäftigten in die Freistellungsphase wieder besetzt.
- In einem neuen § 75 Abs. 2 Satz 1 SGB IX wurde festgeschrieben, dass in Altersteilzeit tätige schwerbehinderte Menschen auch dann auf einen Pflichtplatz anzurechnen sind, wenn ihre Arbeitszeit infolge von **Altersteilzeit weniger als 18 Stunden** wöchentlich beträgt.
- Um die Übernahme schwerbehinderter Auszubildender in ein Arbeits- und Ausbildungsverhältnis attraktiver zu gestalten, wurde die **Mehrfachanrechnung** in § 76 Abs. 2 Satz 4 SGB IX neu geregelt. Wird ein schwerbehinderter Mensch in ein Arbeits- oder Beschäftigungsverhältnis durch den ausbildenden oder einen anderen Arbeitgeber im Anschluss an eine Ausbildung übernommen, so werden für den schwerbehinderten Arbeitnehmer im ersten Jahr der Beschäftigung zwei Pflichtarbeitsplätze angerechnet.

Maaß

- Bezüglich der **Verwendung der Mittel der Ausgleichsabgabe** wurde im neu gefassten § 26a SchwAV neu geregelt, dass **Zuschüsse zu den Gebühren bei der Berufsausbildung** besonders betroffener schwerbehinderter Jugendlicher und junger Erwachsener gewährt werden können, nicht jedoch Kosten der Ausbildungsvergütung oder der Sozialversicherungsbeiträge. Allerdings sind auch hierfür künftig Zuschüsse durch die Bundesagentur für Arbeit oder die Rehabilitationsträger möglich. Eindeutig legt der § 26a SchwAV jedoch fest, dass nur die Berufsausbildung, nicht die Berufsausbildungsvorbereitung gefördert werden kann.
- In einer Dritten Verordnung zur Änderung der Schwerbehinderten-Ausgleichsabgabe, die Anfang 2004 erlassen wurde, wurde die **Förderung von Integrationsprojekten, Werkstätten und Wohnstätten für behinderte Menschen bei den Ländern gebündelt.** So verbleiben 70 v. H. des Aufkommens an der Ausgleichsabgabe bei den Integrationsämtern der Länder, um Leistungen der begleitenden Hilfe im Arbeitsleben und Projekte zu fördern. 30 v. H. des Aufkommens aus der Ausgleichsabgabe werden einem Ausgleichsfonds zugeführt, um sicherzustellen, dass bereits abschließend koordinierte Werk- und Wohnstättenprojekte, die nicht von den Ländern übernommen wurden, weiterhin gefördert werden.
- § 83 Abs. 2 SGB IX trifft Festlegungen zu **Integrationsvereinbarungen** und deren Inhalt. So können Integrationsvereinbarungen insb. Regelungen zur Stellenbesetzung mit schwerbehinderten Menschen, zu einer angestrebten Beschäftigungsquote (auch einer Frauenquote), zur Teilzeitarbeit, zur Ausbildung behinderter Jugendlicher und zur Durchführung der betrieblichen Prävention beinhalten. § 97 Abs. 6 Satz 1 schreibt fest, dass über Integrationsvereinbarungen auch im Konzern verhandelt werden kann und Konzernschwerbehindertenvertretungen auch zu einem Abschluss befugt sind.
- Regelungen zu einer **verbesserten Prävention** enthält der neu gefasste § 84 Abs. 2 SGB IX. So ist der Arbeitgeber verstärkt zur Prävention am Arbeitsplatz aufgerufen, allerdings entfällt die bisherige Pflicht des Arbeitgebers zur Einschaltung der Schwerbehindertenvertretung, wenn das Arbeitsverhältnis aus gesundheitlichen Gründen gefährdet ist. Neu ist auch der § 84, Abs. 4 SGB IX, der bestimmt, dass die Rehabilitationsträger und Integrationsämter Arbeitgebern, die ein betriebliches **Eingliederungsmanagement** einführen, durch Prämien oder einen Bonus unterstützt werden können.
- Eine größere Änderung haben die Regelungen zur **Kündigung eines schwerbehinderten Menschen** erfahren. So ist nach neuem Recht die Einholung einer Stellungnahme der Agentur für Arbeit durch das Integrationsamt nicht mehr erforderlich. Um eine rasche Klärung zu erreichen, verpflichtet das Gesetz künftig die Integrationsämter in § 88 Abs. 5 SGB IX, in Fällen des § 89 Abs. 1 und Abs. 3 SGB IX, innerhalb eines Monats eine Entscheidung zu treffen. § 88 Abs. 5 regelt, dass die Zustimmung des Integrationsamtes als erteilt gilt, wenn nicht binnen Monatsfrist des Integrationsamt eine Entscheidung vorlegt. Eine weitere Neuerung betrifft die §§ 85 ff. SGB IX, die künftig keine Anwendung finden, wenn zum Zeitpunkt der Kündigung die **Eigenschaft als schwerbehinderter Mensch** nicht nachgewiesen ist oder das Versorgungsamt nach Ablauf der Frist des § 69 Abs. 1 Satz 1 SGB IX eine Feststellung wegen der fehlenden Mitwirkung nicht treffen konnte. Allerdings gilt die Schwerbehinderung als nachgewiesen, wenn sie entweder offenkundig ist oder ein Feststellungsbescheid nach § 69 Abs. 1 SGB IX vorliegt.
- **Integrationsfachdienste** werden nicht mehr über Leistungen aus der Ausgleichsabgabe über die Agenturen für Arbeit (früher: Arbeitsämter) finanziert (§ 104 Abs. 1 Nr. 10 SGB IX). Gem. § 113 Satz 1 SGB IX werden die Leistun-

gen der Integrationsfachdienste **von den jeweiligen Auftraggebern vergütet.** Bzgl. der zugewiesenen **Klientel** bestimmt § 109 Abs. 4 Satz 2 SGB IX ausdrücklich, dass die Integrationsfachdienste bei der Wahrnehmung ihrer Aufgaben den besondern Bedürfnissen von Menschen mit seelischen Behinderungen Rechnung zu tragen haben. Eine Ergänzung erfuhr auch der **Aufgabenkatalog** der Integrationsfachdienste in § 110 Abs. 2 SGB IX. So wurde die Berufsorientierung der Berufsberatung in Schulen, die Begleitung der betrieblichen Ausbildung schwerbehinderter, insbesondere seelisch und lernbehinderter Jugendlicher und die Zusammenarbeit mit Rehabilitationsträgern und Integrationsämtern aufgenommen. Als Neuformulierung im § 110 Abs. 2 Nr. 7 werden die Integrationsfachdienste zudem als Ansprechpartner für Arbeitgeber bzgl. eventueller Leistungen aufgeführt.
- Bezüglich des **Zusatzurlaubes für Schwerbehinderte** bestimmt der neue § 125 Abs. 2 künftig, dass der Anspruch auf Zusatzurlaub bei Eintritt oder Wegfall der Schwerbehinderteneigenschaft im Verlauf des Urlaubsjahres nicht in vollem Umfang, sondern entsprechend den Regelungen für den Erholungsurlaub bei Beginn oder Beendigung eines Beschäftigungsverhältnisses anteilig bestehen soll.
- Drastisch wurde der **Bußgeldrahmen** erhöht, nämlich von 2500 € auf 10 000 €, sollten Arbeitgeber gegen ihrer Verpflichtungen bzgl. der Beschäftigung schwerbehinderter Menschen verstoßen.

Kommentar

I. Sozialgesetzbuch (SGB) Neuntes Buch (IX) – Rehabilitation und Teilhabe behinderter Menschen –

vom 19. Juni 2001 (BGBl. I S. 1046), zuletzt geändert durch Art. 4 Abs. 3 Drittes Gesetz zur Änderung eisenbahnrechtlicher Vorschriften vom 22. 4. 2005 **(BGBl. I S. 1138)**

Teil 1. Regelungen für behinderte und von Behinderung bedrohte Menschen

Kapitel 1. Allgemeine Regelungen

§ 1 Selbstbestimmung und Teilhabe am Leben in der Gesellschaft

[1] Behinderte oder von Behinderung bedrohte Menschen erhalten Leistungen nach diesem Buch und den für die Rehabilitationsträger geltenden Leistungsgesetzen, um ihre Selbstbestimmung und gleichberechtigte Teilhabe am Leben in der Gesellschaft zu fördern, Benachteiligungen zu vermeiden oder ihnen entgegenzuwirken. [2] Dabei wird den besonderen Bedürfnissen behinderter und von Behinderung bedrohter Frauen und Kinder Rechnung getragen.

Schrifttum: *Assmus/Druckenmüller/Götz/Oberscheven/Ritz,* Drei Jahre Sozialgesetzbuch Neuntes Buch (SGB IX), DRV 2004, 241; *Glombik,* Die Bedeutung der Rehabilitation wächst, Rv 2004, 149; *Haack,* Die Leistung muss dem Menschen folgen und nicht umgekehrt – Ziele und Inhalte des Gesetzgebungsvorhabens SGB IX, BKK 2000, 97; *Hochrein,* Neuerungen im Reha-Verfahren, MittbayLVAen 2004, 274; *Kardorff,* Das Sozialgesetzbuch IX „Rehabilitation und Teilhabe behinderter Menschen" und das Gleichstellungsgesetz – eine Herausforderung für die Umsetzung in der Praxis, psychomed 2003, 85; *Lachwitz,* Bundesregierung legt Entwurf eines Sozialgesetzbuches – Neuntes Buch (SGB IX) vor, RdLH 2001, 6; *Pitschas,* Integration behinderter Menschen als Teilhabekonzept. Zur Neuordnung des deutschen Rehabilitationsrechts in vergleichender Perspektive, SGb 2003, 64; *Schütte,* Selbstbestimmung, Sicherstellung und Leistungserbringung im Rehabilitationsrecht des SGB IX, NDV 2003, 416; *Stähler/Wimmer,* Die Neuordnung des Rehabilitations- und Schwerbehindertenrechts, NZS 2002, 570; *Vömel,* Das SGB IX – Reformansätze, Neuerungen, erste Umsetzungen, Rehabilitation 2002, 274.

Inhaltsübersicht

	Rdnr.
A. Allgemeines	1, 2
B. Verhältnis zu anderen Vorschriften	3–5
C. Selbstbestimmung	6, 7
D. Teilhabe	8, 9
E. Benachteiligungsverbot	10–13
F. Behinderte und von Behinderung bedrohte Frauen und Kinder	14–16

A. Allgemeines

1 Durch das Recht der Rehabilitation und Teilhabe soll das **Benachteiligungsverbot** des Artikel 3 Abs. 3 Satz 2 GG umgesetzt werden, Selbstbestimmung unterstützt bzw. herbeigeführt und die gleichberechtigte Teilhabe für behinderte oder von Behinderung bedrohte Menschen gefördert werden. Die Vorschrift formuliert die Ziele des Neunten Buches im Rahmen des Sozialgesetzbuches. Vorangestellt und herausgehoben wird das Ziel, **Selbstbestimmung und gleichberechtigte Teilhabe** behinderter und von Behinderung bedrohter Menschen durch besondere Sozialleistungen (Leistungen zur Teilhabe) zu fördern. Der in seiner Zielsetzung umfassende Ansatz bezieht alle Lebensumstände behinderter und von Behinderung bedrohter Menschen ein. Die Vorschrift zielt darauf ab, so weitgehend wie immer möglich, die eigenen Fähigkeiten zur Selbstbestimmung und damit auch zur Selbsthilfe zu stärken, zu unterstützen und damit eine möglichst selbstständige Lebensführung zu ermöglichen.

2 Satz 2 stellt klar, dass dabei den besonderen Bedürfnissen behinderter und von Behinderung bedrohter **Frauen** Rechnung zu tragen ist; Entsprechendes gilt auch für die besonderen Bedürfnisse von betroffenen **Kindern**. Die Vorschrift richtet sich an die in § 6 Abs. 1 genannten Träger der Leistungen zur Teilhabe (Rehabilitationsträger) bei der Erbringung der in § 5 genannten Leistungen.

B. Verhältnis zu anderen Vorschriften

3 Durch die Zusammenfassung der Rechtsvorschriften zur Rehabilitation und Eingliederung behinderter Menschen, die für mehrere Sozialleistungsbereiche einheitlich gelten, sowie des Schwerbehindertenrechts entsprechend den Ordnungsprinzipien des Sozialgesetzbuches (BT-Drucks. 7/868, Begründung zum SGB I) wird das **Neunte Buch des Sozialgesetzbuches** in ähnlicher Weise **bereichsübergreifend wirksam** wie bereits bisher die Regelungen des Ersten, des Vierten und des Zehnten Buches des Sozialgesetzbuches. Nach dem bisherigen **Gesetz über die Angleichung der Leistungen zur Rehabilitation – RehaAnglG** (BGBl. I S. 1881, 1974) stellten dessen leistungsrechtliche Regelungen in den §§ 10 bis 20 lediglich „Grundsätze" dar (BT-Drucks. 7/1237, Begründung zu § 9 RehaAnglG), während sich Voraussetzungen, Art und Umfang der Leistungen der Rehabilitationsträger im Einzelnen nach den für sie jeweils geltenden besonderen Rechtsvorschriften richteten.

4 § 7 sieht vor, dass der generelle **Vorrang dieser besonderen Rechtsvorschriften** weiterhin hinsichtlich der Zuständigkeit und der Leistungsvoraussetzungen gilt, da sich diese bei Beibehaltung des gegliederten Systems und der Einbindung der Leistungen zur Rehabilitation und Eingliederung behinderter Menschen in das Leistungsrecht und die Leistungspraxis der einzelnen Rehabilitationsträger nicht einheitlich regeln lassen. Im Übrigen stellt § 7 klar, dass die Vorschriften des Neunten Buches unmittelbar und originär für die Rehabilitationsträger Anwendung finden, soweit nicht in den originär geltenden Leistungsgesetzen Abweichendes bestimmt ist.

5 Im Neunten Buch sind somit alle Regelungen zusammengefasst, die für die in § 6 genannten Rehabilitationsträger einheitlich gelten. Die ersten drei Kapitel des Ersten Teils enthalten **alle Regelungen, die für alle Rehabilitationsträger maßgebend** sind, nämlich allgemeine Regelungen, Regelungen zur Ausführung von Leistungen zur Teilhabe und zu Servicestellen. In Kapitel 4 bis 7 werden die Leistungen bestimmt, die von den jeweils zuständigen Rehabilitationsträgern als Leistungen zur medizinischen Rehabilitation, zur Teilhabe am Arbeitsleben, als unterhaltssichernde und andere ergänzende Leistungen sowie als Leistungen zur Teilhabe am Leben in der Gemeinschaft erbracht werden.

C. Selbstbestimmung

In der Gesetzesbegründung zum SGB IX findet sich der Aspekt der Förderung **6** der Selbstbestimmung explizit wieder. Es wird insgesamt ein grundsätzlicher Wandel des Selbstverständnisses behinderter Menschen herausgestellt. Im Mittelpunkt steht demnach nicht mehr die Fürsorge und die Versorgung behinderter Menschen, sondern ihre selbstbestimmte Teilhabe am gesellschaftlichen Leben und die Beseitigung der Hindernisse, die ihrer Chancengleichheit entgegenstehen.

In § 4 Abs. 1 wird dieses Ziel näher konkretisiert. Weitere Konkretisierungen **7** finden sich in den einleitenden Vorschriften der leistungsrechtlichen Teile des SGB IX (§§ 26, 33, 44, 55). Ausformungen der Förderung der Selbstbestimmung sind z. B. auch im Wunsch- und Wahlrecht der Leistungsberechtigten (§ 9), in der Koordinierung der Leistungen in Abstimmung mit den Leistungsberechtigten (§ 10 Abs. 1 Satz 1), sowie in der Ausführung von Leistungen durch ein persönliches Budget (§ 17 Abs. 2) zu finden.

D. Teilhabe

Der Begriff **Teilhabe** übernimmt den **Partizipationsbegriff** der **Internationalen Klassifikation der Funktionsfähigkeit Behinderung und Gesundheit** der Weltgesundheitsorganisation (ICIDH-2: International Classification of Functioning and Disability, WHO, 1999). Die Schlussfassung der ICIDH-2 wurde von der Vollversammlung der WHO im Mai 2001 beschlossen; sie trägt nunmehr die Bezeichnung „International Classification of Functioning, Disability and Health (ICF)". Die deutsche Version kann unter: http:/www.dimdi.de unter der Rubrik „Klassifikationen" heruntergeladen werden.

Die Teilhabe am Leben in der Gesellschaft ist vor diesem Hintergrund als ein **9** umfassender Ansatz zu verstehen, der **alle Lebensumstände** behinderter oder von Behinderung bedrohter Menschen einbezieht, die für den Betroffenen den jeweils unmittelbaren Bezugsrahmen bilden. Es handelt sich dabei um die **Wechselwirkung** zwischen dem Gesundheitszustand des Betroffenen und seiner sozialen und physikalischen Umwelt im Hinblick auf die Körperfunktionen und -strukturen einer Person, auf die Durchführung von Tätigkeiten oder die Teilhabe an Lebensbereichen.

E. Benachteiligungsverbot

Mit der Verfassungsreform von 1994 (42. Änderungsgesetz zum GG, BGBl. I **10** S. 3146) wurde der Katalog der Diskriminierungsverbote erweitert: „Niemand darf wegen seiner Behinderung benachteiligt werden" (Art. 3 Abs. 3 Satz 2 GG). Das **Benachteiligungsverbot** entfaltet als Grundrecht zum Schutz gegen Diskriminierungen zulasten behinderter Menschen unmittelbare Wirkung gegenüber der öffentlichen Gewalt. Es bindet Gesetzgebung, vollziehende Gewalt und Rechtsprechung als unmittelbar geltendes Recht (Art. 1 Abs. 3 GG).

Das Sozialgesetzbuch IX setzt das Benachteiligungsverbot des Art. 3 Abs. 2 **11** Satz 2 GG im Bereich der **Sozialpolitik** um. Dem liegt die Überzeugung zugrunde, dass die Teilhabechancen in wichtigen gesellschaftlichen Bereichen durch den Sozialstaat mit seinen Regeln und Institutionen ausgeformt werden und dem Staat hierbei durch das Benachteiligungsverbot im Sinne eines Gebotes zur Optimierung aufgegeben wird, Behinderungen zu vermeiden und durch sie erwachsende Benachteiligungen zu beseitigen.

12 Vergleiche dazu auch das in einem weiteren Schritt im Folgejahr des Inkrafttreten des SGB IX beschlossenen Gesetzes zur Gleichstellung behinderter Menschen (**Behindertengleichstellungsgesetz** – BGG) vom 27. 4. 2002.

13 Nach § 1 dienen die Leistungen nach dem **Sozialgesetzbuch IX** insgesamt auch dem Ziel, Benachteiligungen der nach diesem Gesetz Leistungsberechtigten zu vermeiden und ihnen entgegenzuwirken. Leistungsberechtigte sind behinderte und von Behinderung bedrohte Menschen nach § 2 Abs. 1 sowie schwerbehinderte Menschen im Sinne des Teils 2 (§ 2 Abs. 2) und diesen gleichgestellte Menschen (§ 2 Abs. 3).

F. Behinderte und von Behinderung bedrohte Frauen und Kinder

14 Die besondere Erwähnung von behinderten und von Behinderung bedrohten **Frauen** macht deutlich, dass der Staat die tatsächliche Durchsetzung der **Gleichberechtigung von Frauen und Männern** (Art. 3 Abs. 2 Satz 2 GG) fördern und auf die Beseitigung bestehender Nachteile hinwirken muss. Die besonderen Bedürfnisse behinderter Frauen beziehen sich dabei nicht nur auf Familienpflichten und Erziehungsaufgaben, sondern auch auf die Berücksichtigung **geschlechtsspezifischer Anforderungen** an Art, Umfang und Durchführung von Leistungen. Die gleichberechtigte Teilhabe von Frauen mit Behinderungen am Leben in der Gesellschaft erfordert die Berücksichtigung ihrer besonderen Lebensrealitäten und -zusammenhänge und die Anpassung der Leistungen und Hilfen zur Teilhabe an die geschlechtsspezifischen Belastungen.

15 Die besonderen Bedürfnisse behinderter oder von Behinderung bedrohter **Kinder** ergeben sich insbesondere daraus, dass bei Kindern der Körper, die Seele und der Geist noch in besonderem Maße in der Entwicklung sind und daher nicht nur der aktuelle Zustand, sondern auch die weitere Entwicklung bei Teilhabeleistungen zu beachten sind. Eine wesentliche **Konkretisierung** erfährt das Ziel in Satz 2 durch § 4 Abs. 3 und § 19 Abs. 2 und 3. Danach sollen Leistungen für behinderte und von Behinderung bedrohte Kinder so geplant und gestaltet werden, dass nach Möglichkeit Kinder nicht von ihrem sozialen Umfeld getrennt und gemeinsam mit nicht behinderten Kindern betreut werden können. Behinderte Kinder werden dabei alters- und entwicklungsentsprechend an der Planung und Ausgestaltung der einzelnen Hilfen beteiligt und ihre Sorgeberechtigten intensiv in Planung und Gestaltung der Hilfen einbezogen. Gegebenenfalls sollen Leistungen unter Einbeziehung familienentlastender und -unterstützender Dienste erbracht werden.

16 Das SGB IX trägt den besonderen Bedürfnissen und Problemen **behinderter und von Behinderung bedrohter Frauen und Kinder** Rechnung insbesondere durch:
– die Ausgestaltung der Früherkennung und Frühförderung behinderter und von Behinderung bedrohter Kinder als Komplexleistung (§§ 30 und 56),
– die Berücksichtigung von berechtigten Wünschen der Betroffenen und Rücksichtnahme auf die persönliche Lebenssituation und der Familie, § 9 Abs. 1,
– die Möglichkeit Kinderbetreuungskosten zu übernehmen, § 54,
– die umfassende Beteiligung von Interessenvertretungen behinderter Frauen, z. B. bei der Vereinbarung gemeinsamer Empfehlungen der Rehabilitationsträger

nach § 13 Abs. 6, bei der Beratung nach § 22 Abs. 1 und an der Berichterstellung nach § 24,
- die Zusicherung von Chancengleichheit behinderter Frauen im Erwerbsleben (§ 33 Abs. 2) sowie
- die Erweiterung des Rehabilitationssports (§ 44 Abs. 1 Nr. 3) um Übungen für behinderte und von Behinderung bedrohte Frauen und Mädchen, die der Stärkung des Selbstbewusstseins dienen.

§ 2 Behinderung

(1) ¹Menschen sind behindert, wenn ihre körperliche Funktion, geistige Fähigkeit oder seelische Gesundheit mit hoher Wahrscheinlichkeit länger als sechs Monate von dem für das Lebensalter typischen Zustand abweichen und daher ihre Teilhabe am Leben in der Gesellschaft beeinträchtigt ist. ²Sie sind von Behinderung bedroht, wenn die Beeinträchtigung zu erwarten ist.

(2) Menschen sind im Sinne des Teils 2 schwerbehindert, wenn bei ihnen ein Grad der Behinderung von wenigstens 50 vorliegt und sie ihren Wohnsitz, ihren gewöhnlichen Aufenthalt oder ihre Beschäftigung auf einem Arbeitsplatz im Sinne des § 73 rechtmäßig im Geltungsbereich dieses Gesetzbuches haben.

(3) Schwerbehinderten Menschen gleichgestellt werden sollen behinderte Menschen mit einem Grad der Behinderung von weniger als 50, aber wenigstens 30, bei denen die übrigen Voraussetzungen des Absatzes 2 vorliegen, wenn sie infolge ihrer Behinderung ohne die Gleichstellung einen geeigneten Arbeitsplatz im Sinne des § 73 nicht erlangen oder nicht behalten können (gleichgestellte behinderte Menschen).

Schrifttum: *Matthesius/Jochheim/Barolin/Heinz,* ICIDH – International Classification of Impairments, Disabilities, and Handicaps – Teil 1 Die ICIDH – Bedeutung und Perspektiven, Teil 2 Internationale Klassifikation der Schädigungen, Fähigkeitsstörungen und Beeinträchtigungen, Berlin/Wiesbaden, 1995; *Schuntermann,* Grundsatzpapier der Rentenversicherung zur Internationalen Klassifikation der Funktionsfähigkeit, Behinderung und Gesundheit (ICF) der Weltgesundheitsorganisation, DRV 2003, 52; *World Health Organization* (Hrsg.), ICIDH-2: International Classification of Functioning and Disability. Beta-2 draft, Full Version, 1999.

Inhaltsübersicht

	Rdnr.
A. Allgemeines	1, 2
B. Bisheriges Recht	3, 4
C. Internationale Klassifikation der Funktionsfähigkeit, Behinderung und Gesundheit, ICF	5–8
D. Definition der Dimensionen	9
E. Drohende Behinderung	10–12
F. Schwerbehinderte Menschen (Abs. 2)	13
G. Gleichgestellte behinderte Menschen (Abs. 3)	14–17

A. Allgemeines

Die Vorschrift grenzt mit Begriffsbestimmungen den Personenkreis ab, für den die in § 1 umschriebenen Ziele und damit die Regelungen des SGB IX insgesamt von Bedeutung sind. Ob bei Vorliegen einer Behinderung auch die für den Reha- 1 bilitationsträger jeweils geltenden Leistungsvoraussetzungen erfüllt sind, richtet sich entsprechend § 7 nach den für den Rehabilitationsträger geltenden Leistungsgesetzen. Absatz 1 Satz 1 legt die **Internationale Klassifikation der Funktionsfähigkeit, Behinderung und Gesundheit**, ICF zugrunde.

2 Absatz 1 Satz 2 enthält eine Bestimmung des Kreises der Personen, die nach dem Neunten Buch als „von Behinderung bedroht" anzusehen sind. Die Absätze 2 und 3 übertragen inhaltsgleich die früheren Regelungen der §§ 1 und 2 Abs. 1 **SchwbG**.

B. Bisheriges Recht

3 Das Rehabilitationsrecht kannte bis zum Inkrafttreten des SGB IX keinen einheitlichen Begriff der Behinderung. Das RehaAnglG legte den Begriff der Behinderung nicht fest; die Inhaltsbestimmung blieb offen.

4 Die im Jahr 1986 in § 3 Abs. 1 SchwbG eingefügte Definition der Behinderung unterschied sich noch deutlich von § 2 Abs. 1, da die „Auswirkung der Funktionsbeeinträchtigung" entscheidend war und der Bezug zur Teilhabebeeinträchtigung fehlte. Die Regelung im SchwbG enthielt eine Legaldefinition der Behinderung, die vom Behinderungsbegriff der Weltgesundheitsorganisation (WHO) und der daraus entwickelten „Internationalen Klassifikation der Schädigungen, Fähigkeitsstörungen und Beeinträchtigungen **ICIDH-1**" (WHO 1980) ausging (vgl. dazu unter C Rdnr. 5).

C. Internationale Klassifikation der Funktionsfähigkeit, Behinderung und Gesundheit, ICF

5 Mit der Formulierung in Absatz 1 hat der Gesetzgeber an den von der Weltgesundheitsorganisation (WHO) entwickelten Behinderungsbegriff angeknüpft. Im Jahr 1980 wurde die Internationale Klassifikation der Schädigungen (Impairments), Fähigkeitsstörungen (Disabilities) und Beeinträchtigungen (Handicaps) als **ICDH-1** beschlossen. In den neunziger Jahren wurde das der ICDH-1 zugrunde liegende Krankheitsfolgenkonzept als zu eng erkannt und von der WHO unter dem Titel **ICDH-2** (ICIDH-2: International Classification of Functioning and Disability, WHO, 1999) über eine Erweiterung des Konzepts diskutiert. Die Schlussfassung der ICIDH-2 wurde von der Vollversammlung der WHO im Mai 2001 beschlossen; sie trägt nunmehr die Bezeichnung „**Internationale Klassifikation der Funktionsfähigkeit (Functioning), Behinderung (Disability) und Gesundheit (Health), ICF**". Die deutsche Version kann unter: http:/www.dimdi.de unter der Rubrik „Klassifikationen" heruntergeladen werden.

6 Die in Satz 1 enthaltene Definition, der die ICF zugrunde liegt, findet sich auch in § 3 des am 1. 5. 2002 in Kraft getretenen Bundesgleichstellungsgesetzes für Menschen mit Behinderungen wieder. Sie rückt nicht mehr die Orientierung an wirklichen oder vermeintlichen Defiziten des behinderten Menschen in den Vordergrund, sondern das Ziel seiner Teilhabe an den verschiedenen Lebensbereichen **(Partizipation)**. Mit der Neudefinition rückt der soziale Aspekt stärker in den Mittelpunkt. Eine Behinderung liegt danach vor, wenn Schädigungen und Fähigkeitsstörungen zusammen mit Umweltfaktoren die Teilhabe in der Gesellschaft beeinträchtigen. **Behinderung ist damit ein soziales Verhältnis zwischen dem behinderten Mensch und seiner Umwelt.** Eine Besonderheit des Individuums wird erst zusammen mit Umweltfaktoren behindernd. Behinderung ist

Das Erfordernis der Abweichung von dem für das **Lebensalter typischen Zu-** 7
stand war schon in § 3 Abs. 1 SchwbG enthalten und sollte bedeuten, dass Funktionsstörungen, die sich im Alter typischerweise physiologisch entwickeln nicht als Behinderung angesehen werden können.

Die voraussichtliche Dauer der Beeinträchtigung von mehr als **sechs Monaten** 8 entspricht dem früher in § 3 Abs. 1 SchwbG und in § 4 der Eingliederungshilfeverordnung als nicht nur vorübergehend festgelegten Zeitraum. Die Formulierung schließt zwar **vorübergehende Störungen** der Teilhabe aus, nicht jedoch die Einleitung von Rehabilitationsleistungen so früh wie im Einzelfall geboten. Ist nach fachlicher Erkenntnis aufgrund von Störungen der Funktionsfähigkeit eine Beeinträchtigung zu erwarten, ist von einer drohenden Behinderung auszugehen, deren Manifestation nach dem in § 3 festgelegten Grundsatz durch geeignete Maßnahmen vermieden werden soll.

D. Definition der Dimensionen

In der ICF sind die Merkmale der Beeinträchtigung in drei Dimensionen ein- 9 geteilt: Ebene der **Funktionen und Strukturen des Körpers,** Ebene der **Aktivitäten einer Person** und Ebene der **Teilhabe an Lebensbereichen** vor dem Hintergrund ihrer sozialen und physikalischen Umwelt. Diese Dimensionen sind als „Körperfunktionen und -strukturen", „Aktivitäten" und „Partizipation" bezeichnet. Unter Behinderung ist die negative Wechselwirkung zwischen einer Person mit einem Gesundheitsproblem und ihren Kontextfaktoren auf ihre Funktionsfähigkeit, insbesondere die Teilhabe, zu verstehen.

E. Drohende Behinderung

Eine Behinderung droht, wenn ihr Eintritt nach allgemeiner ärztlicher oder 10 sonstiger fachlicher Erkenntnis mit hoher Wahrscheinlichkeit zu erwarten ist. Nicht ausreichend für eine drohende Behinderung ist danach eine vage Wahrscheinlichkeit. Andererseits wird auch keine an Sicherheit grenzende Wahrscheinlichkeit gefordert. Eine bloße Vermutung ist also nicht ausreichend, andererseits erlaubt das auf eine rasche und umfassende Eingliederung in die Gesellschaft gerichtete SGB IX auch keine zu enge Auslegung.

Einbezogen sind auch **chronisch Kranke** und **suchtkranke Menschen,** so- 11 weit bei ihnen die jeweiligen Voraussetzungen gegeben sind. Ob eine Behinderung oder eine drohende Behinderung vorliegt, wird **individuell** und in gleicher Weise wie andere Anspruchsvoraussetzungen bei der Entscheidung über die Leistung durch den zuständigen Rehabilitationsträger festgestellt.

Eine generelle Gleichstellung der von Behinderung bedrohten Menschen mit 12 behinderten Menschen wie früher in § 1 Abs. 2 RehaAnglG enthalten, ist im Rahmen des SGB IX nicht möglich, da eine Reihe von Leistungen und sonstigen Hilfen nur bei eingetretener Behinderung erbracht werden (insbesondere in Teil 2). Durch die Fassung der einschlägigen Leistungsvorschriften ist sichergestellt, dass sich hierdurch die Rechtsposition der von Behinderung bedrohten Menschen nicht ändert.

F. Schwerbehinderte Menschen (Abs. 2)

13 In Abs. 2 ist inhaltsgleich die bisherige Regelung des § 1 SchwbG übernommen. Er enthält in Verbindung mit Abs. 1 eine erschöpfende Begriffsbestimmung hinsichtlich der Menschen, die unmittelbar **kraft Gesetzes** geschützt sind, im Unterschied zu anderen behinderten Menschen, die im Einzelfall durch Verwaltungsakt gemäß Abs. 3 gleichgestellt und damit in den gesetzlichen Schutz einbezogen werden können (*Gröninger/Thomas*, SchwbG, § 1 Rdnr. 1). Da sich die Schwerbehinderteneigenschaft unmittelbar aus dem Gesetz ergibt, tritt sie in dem Augenblick ein, in dem die gesetzlichen Voraussetzungen vorliegen. Die Entscheidung des Versorgungsamts hat lediglich deklaratorische Wirkung. Dies gilt auch für die Ausstellung des Schwerbehindertenausweises. Die Schwerbehinderteneigenschaft ist vom Willen der Beteiligten unabhängig (*Gröninger/Thomas*, SchwbG, § 1 Rdnr. 3).

G. Gleichgestellte behinderte Menschen (Abs. 3)

14 In Abs. 3 ist inhaltsgleich die bisherige Regelung des § 2 SchwbG übernommen. Die Vorschrift geht davon aus, dass auch behinderte Menschen **besonders schutzbedürftig** sein können, die nicht unter Abs. 2 fallen, weil bei ihnen „nur" ein Grad der Behinderung von weniger als 50 vorliegt. Dabei geht das Gesetz davon aus, dass der geringere Grad der Behinderung nicht gleichbedeutend ist mit der vollen und uneingeschränkten Vermittlungsfähigkeit auf dem Arbeitsmarkt, ein minderer Grad der Behinderung als 50 also allein noch nichts darüber aussagt, ob ein besonderer gesetzlicher Schutz zur Eingliederung in das Arbeitsleben erforderlich ist (*Gröninger/Thomas*, SchwbG, § 2 Rdnr. 1).

15 Voraussetzung der Gleichstellung ist, dass der zu dem genannten Personenkreis gehörende behinderte Mensch infolge seiner Behinderung ohne die Gleichstellung und die damit verbundene Rechtsstellung eines schwerbehinderten Menschen überhaupt keinen oder keinen geeigneten **Arbeitsplatz** erlangen oder auf Dauer behalten kann, obwohl er arbeitsfähig ist (*Gröninger/Thomas*, SchwbG, § 2 Rdnr. 5).

16 Die Gleichstellung kann erfolgen, wenn der behinderte Mensch ohne die Gleichstellung nicht in der Lage ist, einen geeigneten Arbeitsplatz zu erlangen. Der behinderte Mensch muss konkrete Anhaltspunkte dafür nennen, dass ein für ihn geeigneter Arbeitsplatz zur Verfügung steht.

17 Der behinderte Mensch ist ohne die Gleichstellung nicht in der Lage, seinen Arbeitsplatz zu erhalten, wenn sein Arbeitsplatz konkret gefährdet ist und er ernstlich mit dem Verlust des Arbeitsplatzes rechnen muss (*SG Düsseldorf* v. 28. 8. 1996, BehindertenR 1997, 46). Existiert der Arbeitsplatz des behinderten Menschen nicht mehr, kommt eine Gleichstellung nicht in Betracht. Die Gleichstellung kann nicht zur Förderung des Aufstiegs erfolgen, wenn der Arbeitsplatz des behinderten Menschen gesichert ist. Voraussetzung für die Gleichstellung ist ein **Antrag** des behinderten Menschen, § 68 Abs. 2.

§ 3 Vorrang von Prävention

Die Rehabilitationsträger wirken darauf hin, dass der Eintritt einer Behinderung einschließlich einer chronischen Krankheit vermieden wird.

Kap. 1. Allgemeine Regelungen 1–8 § 3

Inhaltsübersicht

Rdnr.
A. Allgemeines 1–5
B. Inhalt der Vorschrift 6–8

Schrifttum: Hochrein, Neuerungen im Reha-Verfahren, MittelbayLVAen 2004, 274; Welti/Raspe, Zur Feststellung von individuellem Bedarf an medizinischen Rehabilitationsleistungen nach dem SGB IX – Rehabilitation und Teilhabe behinderter Menschen, DRV 2004, 76.

A. Allgemeines

Die Vorschrift knüpft an die in § 1 genannten Ziele an und verdeutlicht, dass im Interesse dieser Ziele, soweit möglich, der Eintritt von Behinderungen einschließlich chronischer Krankheiten **vermieden** werden muss und dass alle Rehabilitationsträger **im Rahmen ihrer Aufgabenstellung und Leistungsgesetze** hierauf hinzuwirken haben. Die Regelung soll die Vorrangigkeit präventiver Ansätze der Rehabilitationsträger hervorheben und verankert damit ein **Strukturprinzip des SGB IX**. Hinzuweisen ist insbesondere auf § 84 „Prävention" für den betrieblichen Bereich, und auf § 30 „Früherkennung und Frühförderung" sowie auf § 4 **Abs. 1**. 1

Nach einem Vorschlag der Commission on Chronic Illness werden drei Stufen der Prävention unterschieden: 2

Primäre Prävention: Förderung der Gesundheit und die Verhütung von Krankheit durch Beseitigung eines oder mehrere ursächlicher Faktoren, Erhöhung der Resistenz von Individuen und Veränderung von Umweltfaktoren, die ursächlich oder als Überträger an der Krankheitsentstehung beteiligt sind. Maßnahmen der primären Prävention werden in unspezifische (z.B. gesunde Ernährung) und spezifische (z.B. Impfungen) unterteilt. 3

Sekundäre Prävention: Krankheitsfrüherkennung und nachfolgende Behandlung. 4

Tertiäre Prävention: die Verhütung oder Verlangsamung des Fortschreitens einer Krankheit, die bereits eingetreten ist. 5

B. Inhalt der Vorschrift

Eine **sozialrechtliche Definition** des Begriffs der Prävention enthalten die Sozialgesetzbücher V (§ 20), VII (§§ 14f.) und XI (§ 5), die den Begriff der Prävention verwenden, bisher **nicht**. 6

Prävention i.S. des § 3 kann daher als jede Maßnahme und Intervention verstanden werden, die bereits vor Eintritt oder Verschlimmerung der Behinderung oder chronischen Krankheit unternommen wird, um diesen Eintritt oder die Verschlimmerung zu verhindern. Prävention bedeutet damit **frühestmögliche Intervention**, die z.B. auch durch § 8 (Vorrang von Rehabilitation vor Rente und Pflege) zum Ausdruck kommt. 7

Die Rehabilitationsträger sind verpflichtet, gem. §§ 12 Abs. 1 Nr. 5 und 13 Abs. 2 Nr. 1 eine gemeinsame Empfehlung zu vereinbaren, welche Maßnahmen im Rahmen ihrer Aufgabenstellung und unter Berücksichtigung ihrer Leistungsvorschriften geeignet sind, den Eintritt einer Behinderung einschließlich chronischer Krankheiten zu vermeiden. Vergleiche hierzu die **Gemeinsame Empfehlung nach §§ 12 Abs. 1 Nr. 5, 13 Abs. 2 Nr. 1 SGB IX**, dass Prävention entsprechend dem in § 3 SGB IX genannten Ziel erbracht wird (Gemeinsame Empfehlung „Prävention"), die zum 1.4.2005 in Kraft getreten ist. 8

§ 4 Leistungen zur Teilhabe

(1) Die Leistungen zur Teilhabe umfassen die notwendigen Sozialleistungen, um unabhängig von der Ursache der Behinderung
1. die Behinderung abzuwenden, zu beseitigen, zu mindern, ihre Verschlimmerung zu verhüten oder ihre Folgen zu mildern,
2. Einschränkungen der Erwerbsfähigkeit oder Pflegebedürftigkeit zu vermeiden, zu überwinden, zu mindern oder eine Verschlimmerung zu verhüten sowie den vorzeitigen Bezug anderer Sozialleistungen zu vermeiden oder laufende Sozialleistungen zu mindern,
3. die Teilhabe am Arbeitsleben entsprechend den Neigungen und Fähigkeiten dauerhaft zu sichern oder
4. die persönliche Entwicklung ganzheitlich zu fördern und die Teilhabe am Leben in der Gesellschaft sowie eine möglichst selbständige und selbstbestimmte Lebensführung zu ermöglichen oder zu erleichtern.

(2) ¹Die Leistungen zur Teilhabe werden zur Erreichung der in Absatz 1 genannten Ziele nach Maßgabe dieses Buches und der für die zuständigen Leistungsträger geltenden besonderen Vorschriften neben anderen Sozialleistungen erbracht. ²Die Leistungsträger erbringen die Leistungen im Rahmen der für sie geltenden Rechtsvorschriften nach Lage des Einzelfalls so vollständig, umfassend und in gleicher Qualität, dass Leistungen eines anderen Trägers möglichst nicht erforderlich werden.

(3) ¹Leistungen für behinderte oder von Behinderung bedrohte Kinder werden so geplant und gestaltet, dass nach Möglichkeit Kinder nicht von ihrem sozialen Umfeld getrennt und gemeinsam mit nicht behinderten Kindern betreut werden können. ²Dabei werden behinderte Kinder alters- und entwicklungsentsprechend an der Planung und Ausgestaltung der einzelnen Hilfen beteiligt und ihre Sorgeberechtigten intensiv in Planung und Gestaltung der Hilfen einbezogen.

Schrifttum: *Welti/Raspe,* Zur Feststellung von individuellem Bedarf an medizinischen Rehabilitationsleistungen nach dem SGB IX – Rehabilitation und Teilhabe behinderter Menschen, DRV 2004, 76.

Inhaltsübersicht

	Rdnr.
A. Allgemeines	1–3
B. Bisheriges Recht	4
C. Finalitätsprinzip	5
D. Ziele der Leistungen zur Teilhabe	6–8
E. Teilhabe am Arbeitsleben	9
F. Ganzheitliche Förderung	10
G. Besondere Vorschriften der Rehabilitationsträger	11
H. Behinderte oder von einer Behinderung bedrohte Kinder	12

A. Allgemeines

1   Die Vorschrift verknüpft das soziale Recht behinderter Menschen auf Sozialleistungen zur Teilhabe am Leben in der Gesellschaft, wie es in § 10 SGB I enthalten ist, mit den Ansprüchen, die in diesem Buch sowie in den für die Rehabilitationsträger geltenden besonderen Vorschriften geregelt sind. In Konkretisierung

der in § 10 SGB I angesprochenen grundsätzlichen sozialen Rechte nennt Abs. 1 die mit den Leistungen zur Teilhabe nach dem SGB IX anzustrebenden **Ziele**.

Absatz 2 regelt in Satz 1, dass Leistungen zur Teilhabe nur nach Maßgabe des SGB IX und der für die zuständigen Leistungsträger geltenden besonderen Vorschriften erbracht werden. Weiter regelt Satz 1, dass behinderte und von Behinderung bedrohte Menschen zunächst die gleichen Sozialleistungen und sonstigen Hilfen wie jeder andere Bürger in Anspruch nehmen können; die einschlägigen Vorschriften gelten grundsätzlich in gleicher Weise für diesen Personenkreis. Die Leistungen zur Teilhabe sind demgegenüber Sozialleistungen, die gezielt auf die Teilhabe behinderter und von Behinderung bedrohter Menschen gerichtet sind und die dann einzusetzen sind, wenn die Ziele durch die allgemeinen Sozialleistungen nicht voll erreicht werden können. Satz 2 verpflichtet die Leistungsträger zur **vollständigen und umfassenden Leistungserbringung.** 2

Absatz 3 regelt spezifische Anforderungen an die Ausgestaltung und Durchführung der Leistungen zur Teilhabe für **behinderte Kinder** bis zur Vollendung des achtzehnten Lebensjahres. 3

B. Bisheriges Recht

Eine vergleichbar umfassende Zielbestimmung war im RehaAnglG nicht enthalten. Nach **§ 1 RehaAnglG** waren die medizinischen, berufsfördernden und ergänzenden Maßnahmen und Leistungen zur Rehabilitation darauf auszurichten, körperlich, geistig oder seelisch Behinderte möglichst auf Dauer in Arbeit, Beruf und Gesellschaft einzugliedern. In Abs. 2 Satz 2 ist in fortentwickelter Fassung **§ 5 Abs. 2 RehaAnglG** übernommen worden. 4

C. Finalitätsprinzip

Leistungen zur Teilhabe sind unabhängig von der **Ursache der Behinderung** (Abs. 1) zu erbringen. Damit hat der Gesetzgeber das Finalitätsprinzip als Grundsatz in das SGB IX aufgenommen. Nach dem Recht der gesetzlichen Unfallversicherung und dem Recht der sozialen Entschädigung bei Gesundheitsschäden ist der Anspruch auf die Leistungen zur Teilhabe jedoch davon abhängig, dass die (drohende) Behinderung durch die in den Leistungsgesetzen dieser Trägerbereiche normierten Kausalbedingungen verursacht ist (Kausalitätsprinzip). 5

D. Ziele der Leistungen zur Teilhabe

Absatz 1 Nr. 1 richtet die Leistungen zur Teilhabe in ihrer Gesamtheit auf das Ziel aus, die Behinderung abzuwenden, zu beseitigen, zu mindern, ihre Verschlimmerung zu verhüten oder ihre Folgen zu mildern. Das Ziel, eine Behinderung abzuwenden betont das Präventionsprinzip (§ 3) der frühestmöglichen Intervention. Ebenfalls dem Prinzip der Prävention – hier der Tertiärprävention – entsprechend ist auch das Ziel der Verhütung der Verschlimmerung von Behinderung genannt. Die Zielsetzung, Behinderungen zu beseitigen, macht deutlich, dass Behinderung kein unveränderbarer Zustand ist, sondern durch besondere Interventionen auch wieder beseitigt werden kann. Von einer Minderung der Behinderung und einer Minderung der Folgen einer Behinderung kann dann ausgegangen werden, wenn durch Leistungen zur Teilhabe eine als Verbesserung der Gesamtsituation anzusehende Erleichterung der behinderungsbedingten Lage erreicht werden kann. 6

7 Absatz 1 Nr. 2 bezeichnet als eigenständige Zielsetzungen der Leistungen zur Teilhabe, Einschränkungen der Erwerbsfähigkeit oder Pflegebedürftigkeit zu vermeiden, zu überwinden, zu mindern oder eine Verschlimmerung zu verhüten sowie den vorzeitigen Bezug anderer Sozialleistungen zu vermeiden oder laufende Sozialleistungen zu mindern.

8 Eine möglichst weitgehende Unabhängigkeit und eine weitgehende selbstständige Lebensführung zu ermöglichen, entspricht den in Nr. 2 enthaltenen Grundsätzen **„Rehabilitation vor Rente, Pflege und anderen Sozialleistungen"**, nach denen diese Sozialleistungen nicht etwa trotz Bedarfs versagt, sondern durch bedarfsorientierte Leistungen zur Teilhabe nach Möglichkeit entbehrlich gemacht werden sollen.

E. Teilhabe am Arbeitsleben

9 Absatz 1 Nr. 3 hebt als Ziel der Leistungen zur Teilhabe heraus, die Teilhabe am Arbeitsleben entsprechend den Neigungen und Fähigkeiten dauerhaft zu sichern. Die dauerhafte **Teilhabe am Arbeitsleben** sichert behinderten Menschen zum einen die materielle Grundlage der Existenz. Zum anderen ist sie angesichts der Bedeutung, die Arbeit und Beruf in der gesellschaftlichen Werteordnung einnehmen, eine wesentliche Voraussetzung für gesellschaftliche Integration. Die Verpflichtung, die Teilhabe am Arbeitsleben entsprechend den Fähigkeiten und Neigungen dauerhaft zu sichern, beinhaltet qualitative Anforderungen an den Integrationsprozess.

F. Ganzheitliche Förderung

10 Absatz 1 Nr. 4 macht deutlich, dass sich die Ziele des SGB IX nicht in der Teilhabe am Erwerbsleben erschöpfen, sondern sich auf eine **ganzheitliche Förderung** mit dem Ziel der Teilhabe am Leben in der Gesellschaft beziehen. Zu den Zielen gehört, die persönliche Entwicklung von behinderten und von Behinderung bedrohten Menschen – insbesondere in der Kindheit – ganzheitlich zu fördern. Dabei wird auf die in Art. 2 Abs. 1 GG verbürgte **Entfaltung der Persönlichkeit** verwiesen.

G. Besondere Vorschriften der Rehabilitationsträger

11 § 7 schreibt vor, dass die Regelungen des SGB IX gelten, soweit sich aus den für den jeweiligen Rehabilitationsträger geltenden Leistungsgesetzen nichts Abweichendes ergibt. Für die **Zuständigkeit und die Leistungsvoraussetzungen** gilt weiterhin der generelle Vorrang der besonderen Leistungsgesetze der Rehabilitationsträger. Dementsprechend betont Abs. 2, dass die Leistungen zur Teilhabe zur Erreichung der in Abs. 1 genannten Ziele nach Maßgabe des SGB IX und der für die zuständigen Rehabilitationsträger geltenden **besonderen Vorschriften** zu erbringen sind.

H. Behinderte oder von einer Behinderung bedrohte Kinder

12 Absatz 3 regelt spezifische Anforderungen an Leistungen zur Teilhabe für **behinderte Kinder** bis zur Vollendung des achtzehnten Lebensjahres. Ziel ist hier, die Entwicklung von Kindern und ihre Integration in die Gesellschaft zu unterstützen. Die Zuordnung von Kindern zu Gruppen von Menschen mit Behinderungen soll nicht zu spezialisierten Versorgungssystemen und damit zur Ausgrenzung dieses Personenkreises aus ihrem sozialen Lebensumfeld führen. Vielmehr sind im Interesse behinderter wie nichtbehinderter Kinder die notwendigen Leistungen zur Teilhabe **möglichst integrativ** zu erbringen, auch mit dem Ziel, wechselseitiges, emotionales, soziales und kognitives Lernen zu fördern. Die Eltern sind in die Planung und Gestaltung der Leistungen einzubeziehen, Kinder je nach Alter und Entwicklungsstand daran zu beteiligen.

§ 5 Leistungsgruppen

Zur Teilhabe werden erbracht
1. **Leistungen zur medizinischen Rehabilitation,**
2. **Leistungen zur Teilhabe am Arbeitsleben,**
3. **unterhaltssichernde und andere ergänzende Leistungen,**
4. **Leistungen zur Teilhabe am Leben in der Gemeinschaft.**

Inhaltsübersicht

	Rdnr.
A. Allgemeines	1, 2
B. Früheres Recht	3
C. Leistungen zur medizinischen Rehabilitation	4, 5
D. Leistungen zur Teilhabe am Arbeitsleben	6–10
E. Unterhaltssichernde und andere ergänzende Leistungen	11, 12
F. Leistungen zur Teilhabe am Leben in der Gemeinschaft	13–15

A. Allgemeines

Die Vorschrift führt die verschiedenen Gruppen von **Leistungen zur Teilhabe** 1 behinderter und von Behinderung bedrohter Menschen auf, die im Rahmen der in § 4 angesprochenen notwendigen Sozialleistungen nach dem SGB IX erbracht und in den Kapiteln 4 bis 7 konkretisiert werden. Vergleiche auch § 29 SGB I.

Unterhaltssichernde Leistungen sind Entgeltersatzleistungen (§§ 44–52), unter die 2 ergänzenden Leistungen fallen u. a. Reisekosten (§ 53), Haushalts- und Betriebshilfe sowie Kinderbetreuungskosten (§ 54). Die Leistungen zur Teilhabe am Arbeitsleben (§§ 33–43) umfassen die früheren Leistungen zur beruflichen Rehabilitation. Für die Leistungen zur Teilhabe am Leben in der Gemeinschaft sind weiterhin die Träger der Sozialhilfe entsprechend den Sozialhilfeprinzipien zuständig, soweit keine Zuständigkeit der Träger der Unfallversicherung, Kriegsopferfürsorge oder Jugendhilfe gegeben ist. Die Verwendung sowohl des Begriffs „Leistungen zur Rehabilitation" als auch des Begriffs „Leistungen zur Teilhabe" führt nicht zu einer Änderung der in § 4 beschriebenen Zielsetzung der Leistungen.

B. Früheres Recht

In Weiterentwicklung des RehaAnglG wurden als Leistungen in das SGB IX 3 **Leistungen zur Teilhabe am Leben in der Gemeinschaft** aufgenommen. Die Leistungen zur Teilhabe am Leben in der Gemeinschaft waren früher im Rahmen der Eingliederungshilfe nach dem BSHG erbracht worden. Damit wird klargestellt, dass zu einer vollen Teilhabe am Leben in der Gemeinschaft neben medizinischen und beruflichen Leistungen zur Rehabilitation unter Umständen auch weitere Leistungen gehören.

C. Leistungen zur medizinischen Rehabilitation

4 **Leistungen zur medizinischen Rehabilitation** sind in den §§ 26 bis 32 geregelt. Ihre Träger können die Krankenkassen, die Unfallversicherung, die Rentenversicherung, die Alterssicherung der Landwirte, Kriegsopferfürsorge, Sozial- und Jugendhilfe sein (§ 6).

5 Leistungen zur medizinischen Rehabilitation (§ 26 Abs. 2) umfassen insbesondere:
1. Behandlung durch Ärzte, Zahnärzte und Angehörige anderer Heilberufe, soweit deren Leistungen unter ärztlicher Aufsicht oder auf ärztliche Anordnung ausgeführt werden, einschließlich der Anleitung, eigene Heilungskräfte zu entwickeln,
2. Früherkennung und Frühförderung behinderter und von Behinderung bedrohter Kinder,
3. Arznei- und Verbandmittel,
4. Heilmittel einschließlich physikalischer, Sprach- und Beschäftigungstherapie,
5. Psychotherapie als ärztliche und psychotherapeutische Behandlung,
6. Hilfsmittel,
7. Belastungserprobung und Arbeitstherapie.

D. Leistungen zur Teilhabe am Arbeitsleben

6 **Leistungen zur Teilhabe am Arbeitsleben** sind in den §§ 33 bis 43 geregelt. Ihre Träger können die Bundesagentur für Arbeit, die Unfallversicherung, die Rentenversicherung, die Kriegsopferfürsorge, die Sozial- und Jugendhilfe sein (§ 6).
Leistungen zur Teilhabe am Arbeitsleben werden erbracht, um die Erwerbsfähigkeit behinderter oder von Behinderung bedrohter Menschen entsprechend ihrer Leistungsfähigkeit zu erhalten, zu verbessern, herzustellen oder wiederherzustellen und ihre Teilhabe am Arbeitsleben möglichst auf Dauer zu sichern (§ 33 Abs. 1). Behinderten Frauen werden gleiche Chancen im Erwerbsleben gesichert, insbesondere durch in der beruflichen Zielsetzung geeignete wohnortnahe (§ 19 Abs. 2) und auch in Teilzeit nutzbare Angebote.

7 Die Leistungen zur Teilhabe am Arbeitsleben (§ 33) umfassen insbesondere:
1. Hilfen zur Erhaltung oder Erlangung eines Arbeitsplatzes einschließlich Leistungen zur Beratung und Vermittlung, Trainingsmaßnahmen und Mobilitätshilfen,
2. Berufsvorbereitung einschließlich einer wegen der Behinderung erforderlichen Grundausbildung,
3. berufliche Anpassung und Weiterbildung, auch soweit die Leistungen einen zur Teilnahme erforderlichen schulischen Abschluss einschließen,
4. berufliche Ausbildung,
5. Überbrückungsgeld,
6. sonstige Hilfen zur Förderung der Teilhabe am Arbeitsleben, um behinderten Menschen eine angemessene und geeignete Beschäftigung oder eine selbstständige Tätigkeit zu ermöglichen und zu erhalten.

8 Zu den Leistungen gehören auch (§ 33 Abs. 7 und 8):
– Übernahme der erforderlichen Kosten für Unterkunft und Verpflegung, wenn für die Ausführung einer Leistung eine Unterbringung außerhalb des eigenen oder des elterlichen Haushalts wegen Art oder Schwere der Behinderung oder zur Sicherung des Erfolgs der Teilhabe erforderlich ist,
– Übernahme der erforderlichen Kosten, die mit der Ausführung einer Leistung in unmittelbarem Zusammenhang stehen, insbesondere für Lehrgangskosten, Prüfungsgebühren, Lernmittel, Arbeitskleidung und Arbeitsgerät;

- Kraftfahrzeughilfe nach der Kraftfahrzeughilfe-VO;
- Ausgleich unvermeidbaren Verdienstausfalls des behinderten Menschen oder einer erforderlichen Begleitperson wegen Fahrten der An- und Abreise zu einer Bildungsmaßnahme und zur Vorstellung bei einem Arbeitgeber;
- Kosten einer notwendigen Arbeitsassistenz für schwerbehinderte Menschen als Hilfe zur Erlangung eines Arbeitsplatzes;
- Kosten für Hilfsmittel, die wegen Art oder Schwere der Behinderung zur Berufsausübung, zur Teilnahme an einer Leistung zur Teilhabe am Arbeitsleben oder zur Erhöhung der Sicherheit auf dem Weg vom und zum Arbeitsplatz und am Arbeitsplatz erforderlich sind;
- Kosten technischer Arbeitshilfen, die wegen Art oder Schwere der Behinderung zur Berufsausübung erforderlich sind und
- Kosten der Beschaffung, der Ausstattung und der Erhaltung einer behinderungsgerechten Wohnung in angemessenem Umfang.

Die Rehabilitationsträger nach § 6 Abs. 1 Nr. 2–5 können Leistungen zur Teilhabe am Arbeitsleben auch an **Arbeitgeber** (§ 34) erbringen, insbesondere als:
- Ausbildungszuschüsse zur betrieblichen Ausführung von Bildungsleistungen,
- Eingliederungszuschüsse.
- Zuschüsse für Arbeitshilfen im Betrieb,
- teilweise oder volle Kostenerstattung für eine befristete Probebeschäftigung.

Leistungen in anerkannten **Werkstätten für behinderte Menschen** (§ 136) werden erbracht, um die Leistungs- oder Erwerbsfähigkeit der behinderten Menschen zu erhalten, zu entwickeln, zu verbessern oder wiederherzustellen, die Persönlichkeit dieser Menschen weiterzuentwickeln und ihre Beschäftigung zu ermöglichen oder zu sichern (§ 39).

E. Unterhaltssichernde und andere ergänzende Leistungen

Unterhaltssichernde und andere ergänzende Leistungen sind geregelt in den §§ 44 bis 54. Leistungsträger können sein die Krankenkassen, die Bundesagentur für Arbeit, die Unfallversicherung, die Rentenversicherung, die Träger der Alterssicherung der Landwirte, Kriegsopferfürsorge (§ 6).

Die Leistungen zur medizinischen Rehabilitation und zur Teilhabe am Arbeitsleben werden ergänzt (§ 44) durch:
- Leistungen zum Lebensunterhalt (§ 45);
- Beiträge und Beitragszuschüsse zur Krankenversicherung, Unfallversicherung, Rentenversicherung, zur Bundesagentur für Arbeit und zur Pflegeversicherung;
- ärztlich verordneten Rehabilitationssport in Gruppen unter ärztlicher Betreuung und Überwachung, einschließlich Übungen für behinderte oder von Behinderung bedrohte Frauen und Mädchen, die der Stärkung des Selbstbewusstseins dienen;
- ärztlich verordnetes Funktionstraining in Gruppen unter fachkundiger Leitung und Überwachung;
- Reisekosten;
- Betriebs- oder Haushaltshilfe und Kinderbetreuungskosten.

F. Leistungen zur Teilhabe am Leben in der Gemeinschaft

Leistungen zur Teilhabe am Leben in der Gemeinschaft sind geregelt in den §§ 55 bis 59. Leistungsträger können sein die Unfallversicherung, die Kriegsopferfürsorge, die Sozial- und Jugendhilfe (§ 6).

§ 6 1   Teil 1. Behinderte u. von Behinderung bedrohte Menschen

14   Als Leistungen zur Teilhabe am Leben in der Gemeinschaft (§ 55) werden die Leistungen erbracht, die den behinderten Menschen die Teilhabe am Leben in der Gesellschaft ermöglichen oder sichern oder sie soweit wie möglich unabhängig von Pflege machen und nach Kapiteln 4 bis 6 nicht erbracht werden.

15   Leistungen in diesem Sinne sind insbesondere:
- Versorgung mit anderen als den in § 31 genannten Hilfsmitteln oder den in § 33 genannten Hilfen;
- heilpädagogische Leistungen für Kinder, die noch nicht eingeschult sind;
- Hilfen zum Erwerb praktischer Kenntnisse und Fähigkeiten, die erforderlich und geeignet sind, behinderten Menschen die für sie erreichbare Teilnahme am Leben in der Gemeinschaft zu ermöglichen;
- Hilfen zur Förderung der Verständigung mit der Umwelt;
- Hilfen bei der Beschaffung, Ausstattung und Erhaltung einer Wohnung, die den besonderen Bedürfnissen der behinderten Menschen entspricht;
- Hilfen zu selbstbestimmtem Leben in betreuten Wohnmöglichkeiten;
- Hilfen zur Teilhabe am gemeinschaftlichen und kulturellen Leben.

§ 6 Rehabilitationsträger

(1) **Träger der Leistungen zur Teilhabe (Rehabilitationsträger) können sein**
1. **die gesetzlichen Krankenkassen für Leistungen nach § 5 Nr. 1 und 3,**
2. **die Bundesagentur für Arbeit für Leistungen nach § 5 Nr. 2 und 3,**
3. **die Träger der gesetzlichen Unfallversicherung für Leistungen nach § 5 Nr. 1 bis 4,**
4. **die Träger der gesetzlichen Rentenversicherung für Leistungen nach § 5 Nr. 1 bis 3, die Träger der Alterssicherung der Landwirte für Leistungen nach § 5 Nr. 1 und 3,**
5. **die Träger der Kriegsopferversorgung und die Träger der Kriegsopferfürsorge im Rahmen des Rechts der sozialen Entschädigung bei Gesundheitsschäden für Leistungen nach § 5 Nr. 1 bis 4,**
6. **die Träger der öffentlichen Jugendhilfe für Leistungen nach § 5 Nr. 1, 2 und 4,**
7. **die Träger der Sozialhilfe für Leistungen nach § 5 Nr. 1, 2 und 4.**

(2) **Die Rehabilitationsträger nehmen ihre Aufgaben selbständig und eigenverantwortlich wahr.**

Inhaltsübersicht

	Rdnr.
A. Allgemeines	1
B. Leistungszuordnung im gegliederten Rehabilitationssystem (Abs. 1)	2, 3
C. Eigenverantwortliche Aufgabenwahrnehmung (Abs. 2)	4

A. Allgemeines

1   Die Vorschrift nennt unter Berücksichtigung der nunmehr einbezogenen Träger der Sozialhilfe und der öffentlichen Jugendhilfe zusammenfassend die für die Leistungen zur Teilhabe zuständigen Leistungsträger und definiert sie entsprechend der bisherigen Terminologie als „Rehabilitationsträger".

B. Leistungszuordnung im gegliederten Rehabilitationssystem (Abs. 1)

Im Gegensatz zu den anderen sozialen Rechten, die nur in einem Sozialleistungsbereich eine gesetzliche Ausgestaltung gefunden haben, ist die Rehabilitation eine Aufgabe, die in fast allen Sozialleistungsbereichen wahrgenommen wird. 2

Die Zuordnung unterschiedlicher Leistungsgruppen zu teilweise unterschiedlichen Trägergruppen in Abs. 1 stellt klar, dass das SGB IX am sog. **„gegliederten Rehabilitationssystem"** festhält, in dem die einschlägigen Sozialleistungen durch verschiedene Sozialleistungsträger erbracht werden und in deren spezifische Systemzusammenhänge eingebunden sind. Dementsprechend erbringen: 3
- die gesetzlichen Krankenkassen Leistungen zur medizinischen Rehabilitation sowie unterhaltssichernde und andere ergänzende Leistungen,
- die Bundesagentur für Arbeit Leistungen zur Teilhabe am Arbeitsleben sowie unterhaltssichernde und andere ergänzende Leistungen,
- die Träger der gesetzlichen Unfallversicherung Leistungen zur medizinischen Rehabilitation, zur Teilhabe am Arbeitsleben und zur Teilhabe am Leben in der Gemeinschaft sowie unterhaltssichernde und andere ergänzende Leistungen,
- die Träger der gesetzlichen Rentenversicherung Leistungen zur medizinischen Rehabilitation, zur Teilhabe am Arbeitsleben sowie unterhaltssichernde und andere ergänzende Leistungen,
- die Träger der Alterssicherung für Landwirte Leistungen zur medizinischen Rehabilitation und unterhaltssichernde sowie andere ergänzende Leistungen,
- die Träger der sozialen Entschädigung bei Gesundheitsschäden Leistungen zur medizinischen Rehabilitation, zur Teilhabe am Arbeitsleben und zur Teilhabe am Leben in der Gemeinschaft sowie unterhaltssichernde und andere ergänzende Leistungen,
- die Träger der öffentlichen Jugendhilfe Leistungen zur medizinischen Rehabilitation, zur Teilhabe am Arbeitsleben und zur Teilhabe am Leben in der Gemeinschaft,
- die Träger der Sozialhilfe Leistungen zur medizinischen Rehabilitation, zur Teilhabe am Arbeitsleben und zur Teilhabe am Leben in der Gemeinschaft.

C. Eigenverantwortliche Aufgabenwahrnehmung (Abs. 2)

Absatz 2 stellt klar, dass die Rehabilitationsträger ihre **Aufgaben eigenverantwortlich wahrnehmen.** Es ergeben sich deshalb keine Mitplanungs-, Mitverwaltungs- und Mitentscheidungsbefugnisse für andere Rehabilitationsträger und sonstige Stellen. Die Entscheidung über die Leistung und ihre Ausführung obliegt dem jeweiligen Rehabilitationsträger. 4

§ 7 Vorbehalt abweichender Regelungen

[1] Die Vorschriften dieses Buches gelten für die Leistungen zur Teilhabe, soweit sich aus den für den jeweiligen Rehabilitationsträger geltenden Leistungsgesetzen nichts Abweichendes ergibt. [2] Die Zuständigkeit und die Voraussetzungen für die Leistungen zur Teilhabe richten sich nach den für den jeweiligen Rehabilitationsträger geltenden Leistungsgesetzen.

Schrifttum: *Schütte,* Selbstbestimmung, Sicherstellung und Leistungserbringung im Rehabilitationsrecht des SGB IX, NDV 2003, 416.

Inhaltsübersicht

	Rdnr.
A. Allgemeines	1
B. Früheres Recht	2
C. Inhalt der Vorschrift im Einzelnen	3, 4

A. Allgemeines

1 Satz 1 bestimmt, dass die Vorschriften des SGB IX – abweichend vom RehaAnglG – nicht nur als Grundsatz geregelt sind, sondern unmittelbar anzuwenden sind, soweit in den besonderen Regelungen für die einzelnen Trägerbereiche nichts Abweichendes bestimmt ist. Satz 2 regelt, dass die Zuständigkeit und die Voraussetzungen der Leistungen sich nach den besonderen Regelungen für die einzelnen Rehabilitationsträger richten.

B. Früheres Recht

2 Nach dem früheren RehaAnglG (§ 9 Abs. 1) stellten dessen leistungsrechtliche Regelungen in §§ 10 bis 20 **lediglich Grundsätze** dar, während sich Voraussetzungen, Art und Umfang der Leistungen der Rehabilitationsträger im Einzelnen nach den für sie jeweils geltenden besonderen Rechtsvorschriften richteten. Demzufolge konnten die Rehabilitationsträger die Möglichkeit, die Leistungen zur Rehabilitation auf dem Wege des Abschlusses von **Gesamtvereinbarungen** gem. § 5 Abs. 5 RehaAnglG trägerübergreifend anzugleichen, nur insoweit umsetzen, als die für sie geltenden besonderen Rechtsvorschriften dies zuließen.

C. Inhalt der Vorschrift im Einzelnen

3 Satz 1 stellt klar, dass die Vorschriften des SGB IX für die Leistungen zur Teilhabe unmittelbar und originär für die Rehabilitationsträger Anwendung finden, soweit nicht in den jeweils geltenden Leistungsgesetzen Abweichendes bestimmt ist. Aufgrund dieses **Vorbehalts** bleiben **spezielle Regelungen** der Rehabilitationsträger vorrangig gegenüber den Regelungen des SGB IX. Zu nennen sind beispielsweise das Sozialhilferecht (nachrangige Leistungspflicht, Bedürftigkeits- und Bedarfsdeckungsprinzip) und die Besonderheiten der gesetzlichen Unfallversicherung, die auf dem Prinzip des zivilrechtlichen Schadenersatzes beruhen.

4 Nach Satz 2 gilt der generelle Vorrang der besonderen Rechtsvorschriften der Rehabilitationsträger weiterhin hinsichtlich der Zuständigkeit und der Leistungsvoraussetzungen, da sich diese wegen der Beibehaltung des gegliederten Systems und daraus resultierender **Aufgabenverteilung der Trägergruppen** nicht einheitlich regeln lassen. Die Vorschrift trägt den Gegebenheiten des gegliederten Systems Rechnung, in dem die Leistungen zur Teilhabe von verschiedenen Rehabilitationsträgern in spezifische Systemzusammenhänge eingebunden sind. Dementsprechend kann Leistungen zur Teilhabe nur beanspruchen, wer die für die Rehabilitationsträger jeweils geltenden versicherungsrechtlichen, versorgungs- bzw. fürsorgerechtlichen **Anspruchsvoraussetzungen** erfüllt.

§ 8 Vorrang von Leistungen zur Teilhabe

(1) **Werden bei einem Rehabilitationsträger Sozialleistungen wegen oder unter Berücksichtigung einer Behinderung oder einer drohenden Behinderung beantragt oder erbracht, prüft dieser unabhängig von der Entscheidung über diese Leistungen, ob Leistungen zur Teilhabe voraussichtlich erfolgreich sind.**

(2) ¹Leistungen zur Teilhabe haben Vorrang vor Rentenleistungen, die bei erfolgreichen Leistungen zur Teilhabe nicht oder voraussichtlich erst zu einem späteren Zeitpunkt zu erbringen wären. ²Dies gilt während des Bezuges einer Rente entsprechend.

(3) Absatz 1 ist auch anzuwenden, um durch Leistungen zur Teilhabe Pflegebedürftigkeit zu vermeiden, zu überwinden, zu mindern oder eine Verschlimmerung zu verhüten.

Schrifttum: *Gagel*, Die Dominanz der Rehabilitation bei Bearbeitung und Begutachtung in Rentenverfahren, SGB 2002, 529; *Gagel/Dalitz/Schian*, Diskussionsforum SGB IX, IQPR.

Inhaltsübersicht

	Rdnr.
A. Allgemeines	1
B. Grundsatz (Abs. 1)	2–4
C. Rehabilitation vor Rente (Abs. 2)	5, 6
D. Rehabilitation vor Pflege (Abs. 3)	7

A. Allgemeines

Ausgehend von den **sozialpolitischen Zielvorgaben in §§ 3** (Vorrang von Prävention) und **4 Abs. 1 Nr. 2** (Vermeidung von Einschränkungen der Erwerbsfähigkeit und von Pflegebedürftigkeit, des vorzeitigen Bezugs von Sozialleistungen und Minderung des laufenden Bezugs von Sozialleistungen) sind die Rehabilitationsträger verpflichtet, bei allen Sozialleistungen wegen oder unter Berücksichtigung einer Behinderung oder einer drohenden Behinderung zu prüfen, ob die Behinderung durch Leistungen zur Teilhabe im Sinne eines positiven Entwicklungsprozesses beeinflusst werden kann. Leistungen zur Teilhabe haben **grundsätzlich Vorrang** vor allen rentenartigen Dauerleistungen und vor Pflegeleistungen. Die Vorschrift stellt klar, dass Leistungen zur Teilhabe auch dann zu erbringen sind, wenn die rentenbegründenden Umstände oder die Pflegebedürftigkeit **bereits eingetreten sind**.

B. Grundsatz (Abs. 1)

Die Vorschrift entwickelt den bisher in § 7 RehaAnglG festgelegten Grundsatz „Rehabilitation vor Rente" weiter. Der **Vorrang der Leistungen zur Teilhabe** gilt nunmehr **bei allen Sozialleistungen** wegen oder unter Berücksichtigung einer Behinderung oder einer drohenden Behinderung. Die Rehabilitationsträger sind zu aktivem Verwaltungshandeln verpflichtet, wenn bei ihnen eine Sozialleistung wegen oder unter Berücksichtigung einer Behinderung oder einer drohenden Behinderung beantragt oder erbracht wird. Durch die ausdrückliche Erwähnung der „**unter Berücksichtigung**" einer Behinderung erbrachten oder beantragten

Sozialleistung, wird klargestellt, dass die Prüfung der Erfolgsaussicht von Leistungen zur Teilhabe auch dann vorzunehmen ist, wenn eine Sozialleistung **ohne unmittelbaren Bezug** zur Behinderung beantragt oder erbracht wird, jedoch eine Behinderung vorliegt oder droht.

3   Aus der Formulierung „**unabhängig von der Entscheidung**" wird deutlich, dass das Ergebnis der Prüfung auch die Erbringung von Teilhabeleistungen **neben anderen Sozialleistungen** sein kann. Dies berücksichtigt, dass die nach § 4 Abs. 1 durch Teilhabeleistungen anzustrebenden Ziele über die Vermeidung von Sozialleistungen hinausgehen. Leistungen zur Teilhabe sind auch dann zu gewähren, wenn durch sie das Ziel der Vermeidung von Sozialleistungen nicht mehr erreichbar ist, aber **andere Ziele** des § 4 Abs. 1 gleichwohl noch erreicht werden können.

4   Die Prüfung erfolgt unabhängig von der Frage, ob der prüfende Rehabilitationsträger für die Leistung zur Teilhabe auch **zuständig** wäre. Sie umfasst grundsätzlich **alle Leistungsgruppen nach § 5**.

C. Rehabilitation vor Rente (Abs. 2)

5   Absatz 2 **konkretisiert** in Satz 1 die generelle Regelung des Absatz 1 für **Rentenleistungen.** Vergleiche die entsprechende Regelung im Recht der Rentenversicherung nach § 9 Abs. 1 Satz 2 SGB VI. Erfasst sind die Rentenleistungen **aller** Sozialleistungsträger.

6   Nach Satz 2 ist auch **während des Rentenbezugs,** ggf. durch Nachuntersuchungen zu prüfen, ob die Rentenzahlung durch Leistungen zur Teilhabe vermieden oder verringert werden kann.

D. Rehabilitation vor Pflege (Abs. 3)

7   Absatz 3 setzt den Grundsatz **Rehabilitation vor Pflege** durch die leistungsrechtliche Absicherung des Vorrangs von Rehabilitations- vor Pflegeleistungen in allen einschlägigen Sozialleistungsbereichen um. Die Verpflichtung der Rehabilitationsträger nach Abs. 1 erstreckt sich ausdrücklich auch auf die Vermeidung, Überwindung, Minderung oder die Verhütung einer Verschlimmerung von Pflegebedürftigkeit. Diese Regelung übernimmt den Regelungsgehalt des **§ 5 SGB XI** in das SGB IX, wonach alle sozialen Leistungsträger im Rahmen ihres Leistungsrechts auch nach Eintritt der Pflegedürftigkeit ihre Leistungen zur medizinischen Rehabilitation und ergänzende Leistungen in vollem Umfang einzusetzen und darauf hinzuwirken haben, die Pflegebedürftigkeit zu überwinden, zu mindern, sowie ihre Verschlimmerung zu verhindern.

§ 9 Wunsch- und Wahlrecht der Leistungsberechtigten

(1) ¹**Bei der Entscheidung über die Leistungen und bei der Ausführung der Leistungen zur Teilhabe wird berechtigten Wünschen der Leistungsberechtigten entsprochen.** ²**Dabei wird auch auf die persönliche Lebenssituation, das Alter, das Geschlecht, die Familie sowie die religiösen und weltanschaulichen Bedürfnisse der Leistungsberechtigten Rücksicht genommen; im Übrigen gilt § 33 des Ersten Buches.** ³**Den besonderen Bedürfnissen behinderter Mütter und Väter bei der Erfüllung ihres Erziehungsauftrages sowie den besonderen Bedürfnissen behinderter Kinder wird Rechnung getragen.**

(2) ¹Sachleistungen zur Teilhabe, die nicht in Rehabilitationseinrichtungen auszuführen sind, können auf Antrag der Leistungsberechtigten als Geldleistungen erbracht werden, wenn die Leistungen hierdurch voraussichtlich bei gleicher Wirksamkeit wirtschaftlich zumindest gleichwertig ausgeführt werden können. ²Für die Beurteilung der Wirksamkeit stellen die Leistungsberechtigten dem Rehabilitationsträger geeignete Unterlagen zur Verfügung. ³Der Rehabilitationsträger begründet durch Bescheid, wenn er den Wünschen des Leistungsberechtigten nach den Absätzen 1 und 2 nicht entspricht.

(3) Leistungen, Dienste und Einrichtungen lassen den Leistungsberechtigten möglichst viel Raum zu eigenverantwortlicher Gestaltung ihrer Lebensumstände und fördern ihre Selbstbestimmung.

(4) **Die Leistungen zur Teilhabe bedürfen der Zustimmung der Leistungsberechtigten.**

Schrifttum: *Assmus/Druckenmüller/Götz/Oberscheven/Ritz,* Drei Jahre Sozialgesetzbuch Neuntes Buch (SGB IX), DRV 2004, 241; *Hochrein,* Neuerungen im Reha-Verfahren, MittelbayLVAen 2004, 274; *Stähler/Wimmer,* Die Neuordnung des Rehabilitations- und Schwerbehindertenrechts, NZS 2002, 570.

Inhaltsübersicht

	Rdnr.
A. Allgemeines	1–6
B. Erweiterte Wunsch- und Wahlrechte (Abs. 1)	7–11
C. Sachleistungen als Geldleistungen (Abs. 2)	12, 13
D. Dienste und Einrichtungen	14, 15

A. Allgemeines

Die Vorschrift ist inhaltlich neu und wurde neben der bis dahin allein maßgeblichen Regelung des § 33 SGB I zum 1. 7. 2001 eingeführt. Einzig Abs. 4 entspricht der Regelung des § 4 Abs. 1 Satz 1 RehaAnglG. **1**

Überragende Zielbestimmung der Leistungen zur Teilhabe i. S. des SGB IX ist **2** die Förderung der **Selbstbestimmung, Selbstständigkeit und Eigenverantwortung** der von einer Behinderung betroffenen oder bedrohten Menschen (vgl. auch § 1 Satz 1 und § 4 Abs. 1 Nr. 4). Eine wesentliche Ausprägung dieser Zielsetzung ist die besondere Hervorhebung der Wunsch- und Wahlrechte der Leistungsberechtigten.

Absatz 1 verpflichtet die Rehabilitationsträger, sowohl bei der Entscheidung als **3** auch bei der Ausführung der Leistungen zur Teilhabe **berechtigten Vorstellungen der Leistungsberechtigten zu entsprechen** und dabei auf die persönliche Lebenssituation, das Alter, das Geschlecht, die Familie sowie die religiösen und weltanschaulichen Bedürfnisse der Leistungsberechtigten Rücksicht zu nehmen. Den besonderen Bedürfnissen behinderter Eltern bei der Erfüllung ihrer Erziehungsaufgaben sowie den besonderen Bedürfnissen behinderter Kinder ist bei der Ausgestaltung der Leistungen Rechnung zu tragen.

Nach § 33 SGB I haben die Rehabilitationsträger bisher bereits bei der Ausgestaltung nach Art und Umfang inhaltlich im Einzelnen nicht bestimmten Rechten und Pflichten die persönlichen Verhältnisse des Berechtigten, seinen Bedarf, seine Leistungsfähigkeit und seine örtlichen Verhältnisse zu berücksichtigen **4** sowie **angemessenen Wünschen** zu entsprechen. § 9 konkretisiert diese allgemeine Verpflichtung für den Bereich der Leistungen zur Teilhabe und betont, dass die allgemeinen Pflichten des § 33 SGB I weiterhin zu erfüllen sind, soweit sie durch die Konkretisierung nicht berührt sind.

5 Absatz 2 ermöglicht, **Sachleistungen zur Teilhabe,** die nicht in Rehabilitationseinrichtungen auszuführen sind und bei gleicher Wirksamkeit zumindest gleich wirtschaftlich erbracht werden können, auf Antrag des Leistungsberechtigten als **Geldleistungen auszuführen.**

6 Absatz 3 regelt, dass den Leistungsberechtigten **Selbstbestimmung und Raum zur eigenverantwortlichen Gestaltung** nicht nur bei der Auswahl **der Leistungen,** sondern auch innerhalb der Leistungen und der mit ihrer Ausführung befassten Dienste und Einrichtungen einzuräumen ist. Nach Abs. 4 regelt, dass die Leistungen grundsätzlich der **Zustimmung des Leistungsberechtigten** bedürfen.

B. Erweiterte Wunsch- und Wahlrechte (Abs. 1)

7 Wenngleich die Rehabilitationsträger bereits vor Inkrafttreten des SGB IX die angemessenen Wünsche und persönlichen Lebensumstände der Leistungsberechtigten in ihre Entscheidungsfindung miteinbezogen haben (vgl. § 33 SGB I), fordert die wiederholte und hervorgehobene Erwähnung der Wünsche und persönlichen Belange der Rehabilitanden, dass den Anliegen des Leistungsberechtigten bei der Ermessensentscheidungen über diese Leistungen ein **besonderer Stellenwert** zukommt und diese im Hinblick auf Art, Umfang und Ausführung der Leistung stets zu berücksichtigen sind. Das bedeutet, dass die Rehabilitationsträger das **Wunschrecht** des Leistungsberechtigten insbesondere bei der **Auswahl der Leistung** im konkreten Fall als maßgebliches Kriterium zu berücksichtigen haben. So kann der Leistungsberechtigte beispielsweise Wünsche hinsichtlich der **Leistungsform** (ambulant oder stationär) und auch im Hinblick auf die Auswahl einer konkreten **Rehabilitationseinrichtung** äußern.

8 Der zuständige Rehabilitationsträger hat den Wünschen im Hinblick auf die Auswahl und die Ausführung der konkreten Leistung zur Teilhabe jedoch nur dann zu entsprechen, wenn diese **berechtigt** sind. Der unbestimmte Rechtsbegriff „berechtigter Wunsch", setzt zunächst voraus, dass sich die begehrte Ausgestaltung der Leistungserbringung im Rahmen des für den jeweiligen Rehabilitationsträger geltenden Leistungsrechts bewegt und insbesondere den dort und im SGB IX beschriebenen **Zielen** Rechnung trägt. Als nicht berechtigt müssen danach u. a. alle Wünsche angesehen werden, die die **Zielgerichtetheit,** die **Bedarfsgerechtigkeit** und die **Wirksamkeit** der Teilhabeleistungen einschränken oder gefährden. Zu beachten ist darüber hinaus das Gebot der **sparsamen und wirtschaftlichen** Leistungserbringung (vgl. § 69 SGB IV).

9 Daneben gilt das Wunschrecht des Leistungsberechtigten **nur neben** der und nicht vorrangig zur Bestimmung des **§ 19 Abs. 4,** nach der die Auswahl der Rehabilitationseinrichtung danach erfolgt, welche Einrichtung die Leistung in der am **besten geeigneten Form** ausführt und die ebenfalls eine das Ermessen der Träger im Wesentlichen bestimmende Norm ist.

10 Ungeachtet der mit dem SGB IX betonten besonderen Bedeutung der Wünsche und Lebensumstände der Leistungsberechtigten, hat der entscheidende Rehabilitationsträger bei der pflichtgemäßen Ausübung seines Auswahlermessens auch das **Vertragsgebot des § 21** zu beachten. Ein Wunsch hinsichtlich eines bestimmten Leistungserbringers wird demnach regelmäßig nur dann als berechtigt anzusehen sein, wenn der Rehabilitationsträger mit der betreffenden Einrichtung

einen Vertrag abgeschlossen hat. Aus Abs. 1 folgt im Umkehrschluss jedoch nicht, dass die von einem einzelnen Leistungsempfänger präferierte Einrichtung bei Vorliegen eines gegenüber dem Rehabilitationsträger entsprechend geäußerten Wunsches stets zu belegen ist und damit in jedem Fall der Abschluss eines Vertrages zu erfolgen hat. Eine Pflicht des Rehabilitationsträgers zum Abschluss eines Vertrages kann nämlich nicht aus dem Begehren eines einzelnen Versicherten hergeleitet werden, weil dies letztlich dazu führen würde, dass der Rehabilitationsträger mit einer Vielzahl von Einrichtungen Verträge abzuschließen hätte, obwohl das entsprechende Leistungsangebot voll durch vorhandene Einrichtungen abgedeckt ist (*LSG Rheinland-Pfalz*, Urt. v. 12. 1. 2004, L 2 RI 160/03). Ein Anspruch gegen einen Rehabilitationsträger auf Abschluss eines Vertrages kann sich also u. U. nur dann aus der Äußerung eines berechtigten Wunsches nach Abs. 1 ergeben, wenn keine gleich geeignete Rehabilitationseinrichtung dem Rehabilitationsträger bereits zur Verfügung steht.

Die Sätze 2 und 3 heben Tatbestände und **Lebenssituationen** hervor, die **11** Wünsche i. S. des Satzes 1 als besonders berechtigt erscheinen lassen. Die Vorschrift erfasst dabei individuelle, in der Person des Berechtigten vorliegende Faktoren und weltanschauliche Bedürfnisse und Lebenssituationen, die Auswirkungen auf den Ort, die Art und auch den Inhalt einer Leistung haben können. Allerdings dürften es bereits qualitative Maßstäbe erfordern, bestimmte therapeutische Verfahren altersentsprechend zu gestalten, geschlechtsspezifischen Anforderungen Rechnung zu tragen und den familiären Bedingungen gerecht zu werden. Die in Satz 3 enthaltene Verpflichtung, den besonderen Bedürfnissen **behinderter Kinder und behinderter Eltern** Rechnung zu tragen, korrespondiert mit der Pflicht der Rehabilitationsträger nach § 4 Abs. 3.

C. Sachleistungen als Geldleistungen (Abs. 2)

Absatz 2 räumt den Leistungsberechtigten unter bestimmten Voraussetzungen **12** ein Wahlrecht ein, zwischen Sachleistungen zur Teilhabe, die nicht in Rehabilitationseinrichtungen auszuführen sind und Geldleistungen. Von den Sachleistungen zur Teilhabe, die auf Antrag der Leistungsberechtigten als Geldleistungen erbracht werden können, sind ausdrücklich Sachleistungen **ausgenommen,** die in **Rehabilitationseinrichtungen** auszuführen sind. Zu den danach ausgenommenen Rehabilitationseinrichtungen gehören neben den Einrichtungen zur Erbringung ambulanter und stationärer Leistungen zur medizinischen Rehabilitation insbesondere auch Berufsförderungswerke, Berufsbildungswerke und Werkstätten für behinderte Menschen.

Voraussetzung für eine Geldleistung ist, dass die von den Leistungsberechtigten **13** mit der Geldleistung „eingekauften" Leistungen zur Teilhabe voraussichtlich die **gleiche Wirksamkeit** (vgl. §§ 4 Abs. 1, 10 Abs. 1, 20 Abs. 1) entfalten werden und **wirtschaftlich** zumindest **gleichwertig** (vgl. § 69 SGB IV) ausgeführt werden kann. Die Entscheidung, ob diese Voraussetzungen vorliegen, trifft der Rehabilitationsträger. Um dem Rehabilitationsträger diese Entscheidung zu ermöglichen, sind ihm bezüglich der Wirksamkeit vom Leistungsberechtigten geeignete Unterlagen zur Verfügung zu stellen. Diese Unterlagen müssen eine ausreichende Transparenz und Aussagefähigkeit über die Leistungserbringung beinhalten. Der Rehabilitationsträger hat mit Hilfe der ihm zur Verfügung gestellten Unterlagen seine Entscheidung vorzubereiten, zu begründen und ggf. auch im Rechtsbehelfsverfahren zu vertreten.

D. Dienste und Einrichtungen (Abs. 3)

14 Nach Abs. 3 werden die Rehabilitationsträger hinsichtlich der Ausgestaltung, insbesondere jedoch die Leistungserbringer dazu verpflichtet, den Leistungsberechtigten möglichst viel Raum zu **eigenverantwortlicher Gestaltung ihrer Lebensumstände** zu belassen und ihre **Selbstbestimmung** zu fördern. Der Gesetzgeber erkennt durch die Formulierung „möglichst viel Raum" an, dass die Durchführung von Teilhabeleistungen nicht möglich ist ohne Einschränkungen der eigenverantwortlichen Ausgestaltung der Lebensumstände. Er unterstreicht aber im Sinne des Benachteiligungsverbotes und des Selbstbestimmungsrechtes (vgl. §§ 1 und 4 Abs. 1 Nr. 4), dass diese Einschränkungen auf das unvermeidbare Maß beschränkt bleiben müssen.

15 Vergleiche auch § 21 Abs. 1 Nr. 4, wonach Verträge mit Leistungserbringern Regelungen über **angemessene Mitwirkungsmöglichkeiten** der Teilnehmer an der Ausführung von Leistungen enthalten müssen. Dies gilt entsprechend auch für eigene Einrichtungen der Rehabilitationsträger (§ 21 Abs. 4).

§ 10 Koordinierung der Leistungen

(1) ¹Soweit Leistungen verschiedener Leistungsgruppen oder mehrerer Rehabilitationsträger erforderlich sind, ist der nach § 14 leistende Rehabilitationsträger dafür verantwortlich, dass die beteiligten Rehabilitationsträger im Benehmen miteinander und in Abstimmung mit den Leistungsberechtigten die nach dem individuellen Bedarf voraussichtlich erforderlichen Leistungen funktionsbezogen feststellen und schriftlich so zusammenstellen, dass sie nahtlos ineinander greifen. ²Die Leistungen werden entsprechend dem Verlauf der Rehabilitation angepasst und darauf ausgerichtet, den Leistungsberechtigten unter Berücksichtigung der Besonderheiten des Einzelfalls die den Zielen der §§ 1 und 4 Abs. 1 entsprechende umfassende Teilhabe am Leben in der Gesellschaft zügig, wirksam, wirtschaftlich und auf Dauer zu ermöglichen. ³Dabei sichern die Rehabilitationsträger durchgehend das Verfahren entsprechend dem jeweiligen Bedarf und gewährleisten, dass die wirksame und wirtschaftliche Ausführung der Leistungen nach gleichen Maßstäben und Grundsätzen erfolgt.

(2) Absatz 1 gilt entsprechend auch für die Integrationsämter in Bezug auf Leistungen und sonstige Hilfen für schwerbehinderte Menschen nach Teil 2.

(3) **Den besonderen Bedürfnissen seelisch behinderter oder von einer solchen Behinderung bedrohter Menschen wird Rechnung getragen.**

(4) **Die datenschutzrechtlichen Regelungen dieses Gesetzbuchs bleiben unberührt.**

Inhaltsübersicht

	Rdnr.
A. Allgemeines	1–3
B. Koordinierung (Abs. 1 und 2)	4
C. Abstimmungsaufgaben	5
D. Mitwirkung der Betroffenen	6

Kap. 1. Allgemeine Regelungen 1–5 § 10

A. Allgemeines

Absatz 1 überträgt dem nach § 14 leistenden Rehabilitationsträger in Fällen, in 1
denen Leistungen verschiedener Leistungsgruppen (§ 5) oder mehrerer Rehabilitationsträger (§ 6) erforderlich sind, die **Verantwortung für die Koordinierung der Leistungen** der beteiligten Rehabilitationsträger. Nach Abs. 2 sind in die Abstimmungsaufgaben nach Abs. 1 auch die **Integrationsämter** einzubeziehen, soweit Leistungen und sonstige Hilfen für schwerbehinderte Menschen nach Teil 2 in Betracht kommen.

Absatz 3 verpflichtet die beteiligten Rehabilitationsträger, den besonderen Be- 2
dürfnissen von Menschen mit einer (drohenden) **seelischen Behinderung** bei der Koordinierung der Leistungen Rechnung zu tragen. Absatz 4 stellt klar, dass die **datenschutzrechtlichen Regelungen** des SGB I und X und die für die Rehabilitationsträger jeweils geltenden bereichsspezifischen datenschutzrechtlichen Regelungen unberührt bleiben.

Vergleiche in diesem Zusammenhang auch die Gemeinsame Empfehlung über 3
die nahtlose, zügige und einheitliche Leistungserbringung von Leistungen zur Teilhabe nach § 12 Abs. 1 Nr. 1 bis 3 i. V. m. § 13 Abs. 1, Abs. 2 Nr. 5 SGB IX (**Gemeinsame Empfehlung „Einheitlichkeit/Nahtlosigkeit"**, s. unter www.bar-frankfurt.de), Inkrafttreten am 1. 4. 2004 und die Gemeinsame Empfehlung nach § 13 Abs. 2 Nr. 3 SGB IX, in welchen Fällen und in welcher Weise die Klärung der im Einzelfall anzustrebenden Ziele und des Bedarfs an Leistungen schriftlich festzuhalten ist (**Gemeinsame Empfehlung „Teilhabeplan"**, s. unter www.bar-frankfurt.de), Inkrafttreten am 1. 12. 2004.

B. Koordinierung (Abs. 1 und 2)

Die Vorschrift hat mit den Regelungen in den Abs. 1 und 2 zum Ziel, die sich 4
aus der Zuständigkeitsverteilung im gegliederten Rehabilitationssystem entsprechend der individuellen Fallgestaltung ergebenden Schnittstellen, sowohl zwischen den Leistungsgruppen als auch zwischen den Trägergruppen, durch ein umfassendes **Rehabilitations-, Eingliederungs- und Teilhabemanagement** zu überwinden. Damit werden die früheren Regelungen der §§ 4 Abs. 2 und 5 Abs. 1 RehaAnglG fortentwickelt. Die allgemeinen Regelungen der §§ 16, 17 SGB I über Antragstellung und Ausführung von Sozialleistungen sowie die allgemeine Vorschrift über die Zusammenarbeit der Leistungsträger (§ 86 SGB X) werden ergänzt, soweit dies durch die Besonderheiten bei der Teilhabe behinderter und von Behinderung bedrohter Menschen geboten ist. Soweit notwendig, sollen die Rehabilitationsträger die im Einzelfall anzustrebenden Rehabilitationsziele und die hierfür notwendigen Rehabilitationsleistungen trägerübergreifend so bestimmen und ihre Durchführung so sichern, dass die insgesamt erforderlichen Leistungen aus der Sicht der Leistungsberechtigten „wie aus einer Hand" erscheinen.

C. Abstimmungsaufgaben

Erkennt der nach § 14 leistende Rehabilitationsträger, dass Leistungen aus ver- 5
schiedenen Leistungsgruppen oder Leistungen mehrerer Rehabilitationsträger erforderlich sind, veranlasst er, dass die beteiligten Rehabilitationsträger gemeinsam und in Abstimmung mit den Leistungsberechtigten die voraussichtlich erforderlichen Leistungen entsprechend der individuellen Rehabilitationsbedürftigkeit fest-

stellen, schriftlich zusammenstellen und entsprechend dem Verlauf der Rehabilitation anpassen. Hierbei handelt es sich um eine **interne Koordination,** die nicht in die Entscheidungsbefugnisse der beteiligten Rehabilitationsträger eingreift. In die Abstimmungsaufgaben sind die Integrationsämter einzubeziehen, soweit Leistungen und sonstige Hilfen für schwerbehinderte Menschen nach Teil 2 in Betracht kommen.

D. Mitwirkung der Betroffenen

6   Der Leistungsberechtigte ist in den Koordinationsprozess einzubeziehen. Dies entspricht dem Grundsatz der Selbstbestimmung (§ 1) und trägt dem in § 9 geregelten Wunsch- und Wahlrecht sowie dem Zustimmungserfordernis des Leistungsberechtigten Rechnung. Die Erreichung der Rehabilitationsziele hängt wesentlich von der **Motivation und Mitwirkung** der Betroffenen ab. Die vorgeschriebene Abstimmung mit den Leistungsberechtigten über die voraussichtlich erforderlichen Leistungen und deren Koordinierung informiert die Betroffenen, bietet ihnen die Möglichkeit zur Mitwirkung und fördert damit die Motivation, an den Maßnahmen aktiv teilzunehmen. Ein wirkungsvolles Rehabilitations- und Teilhabemanagement schafft durch die frühzeitige Einleitung und das nahtlose Ineinandergreifen der erforderlichen Leistungen die Voraussetzungen für die bestmögliche Nutzung der **Rehabilitationschancen.** Die Rehabilitationsträger haben daher das Rehabilitationsverfahren so zu koordinieren, dass die Leistungen zügig, wirksam, wirtschaftlich und nachhaltig erbracht werden.

§ 11 Zusammenwirken der Leistungen

(1) Soweit es im Einzelfall geboten ist, prüft der zuständige Rehabilitationsträger gleichzeitig mit der Einleitung einer Leistung zur medizinischen Rehabilitation, während ihrer Ausführung und nach ihrem Abschluss, ob durch geeignete Leistungen zur Teilhabe am Arbeitsleben die Erwerbsfähigkeit des behinderten oder von Behinderung bedrohten Menschen erhalten, gebessert oder wiederhergestellt werden kann. Er beteiligt die Bundesagentur für Arbeit nach § 38.

(2) Wird während einer Leistung zur medizinischen Rehabilitation erkennbar, dass der bisherige Arbeitsplatz gefährdet ist, wird mit den Betroffenen sowie dem zuständigen Rehabilitationsträger unverzüglich geklärt, ob Leistungen zur Teilhabe am Arbeitsleben erforderlich sind.

(3) Bei der Prüfung nach den Absätzen 1 und 2 wird zur Klärung eines Hilfebedarfs nach Teil 2 auch das Integrationsamt beteiligt.

Inhaltsübersicht

	Rdnr.
A. Allgemeines	1, 2
B. Frühzeitiges Erkennen eines Leistungsbedarfs (Abs. 1)	3, 4
C. Gefährdung des Arbeitsplatzes (Abs. 2)	5
D. Beteiligung der Integrationsämter (Abs. 3)	6

A. Allgemeines

1   Die Regelung konkretisiert die Verpflichtung nach § 10 Abs. 1 für den Fall, dass eine Leistung zur medizinischen Rehabilitation einem möglichen Bedarf an Leis-

tung zur Teilhabe am Arbeitsleben vorausgeht. Absatz 1 verpflichtet den zuständigen Rehabilitationsträger, soweit es im Einzelfall geboten ist, gleichzeitig mit der Einleitung einer Leistung zur medizinischen Rehabilitation, während ihrer Ausführung und nach ihrem Abschluss zu prüfen, ob durch **geeignete Leistungen zur Teilhabe am Arbeitsleben** die Erwerbsfähigkeit des behinderten oder von Behinderung bedrohten Menschen erhalten, gebessert oder wiederhergestellt werden kann.

Die Prüfpflicht entspricht im Wesentlichen § 4 Abs. 3 des früheren RehaAnglG, 2 erweitert um die Beteiligung der Bundesagentur für Arbeit nach § 38 und des Integrationsamtes. Die Regelung des Abs. 2 hat das Ziel, den **drohenden Verlust des Arbeitsplatzes** zu vermeiden.

B. Frühzeitiges Erkennen eines Leistungsbedarfs (Abs. 1)

Die Vorschrift bezweckt das **frühzeitige Erkennen** eines Bedarfs an Leistun- 3 gen zur Teilhabe am Arbeitsleben und einen möglichst **nahtlosen Übergang** von der medizinischen zur beruflichen Rehabilitation. Die Prüfung, ob Leistungen zur Teilhabe am Arbeitsleben zur Erhaltung, Besserung oder Wiederherstellung der Erwerbsfähigkeit erforderlich sind, hat während des gesamten Verfahrens der medizinischen Rehabilitation (Einleitung, Durchführung und Abschluss) zu erfolgen. Zu dieser Prüfung sind nicht nur die Rehabilitationsträger verpflichtet, deren Leistungsrecht auch die Gewährung von Leistungen zur Teilhabe am Arbeitsleben zulässt, sondern alle Träger der medizinischen Rehabilitation. Die Prüfung bezieht sich ausdrücklich auf die Erwerbsfähigkeit, so dass sie erst entfällt, wenn jemand endgültig aus dem Erwerbsleben ausgeschieden ist.

Der Rehabilitationsträger hat die **Bundesagentur für Arbeit** zu beteiligen. In 4 einem Gutachten nimmt die Bundesagentur für Arbeit zu Notwendigkeit, Art und Umfang von Leistungen zur Teilhabe am Arbeitsleben unter Berücksichtigung arbeitsmarktlicher Zweckmäßigkeit Stellung (§ 38). Der für den Leistungsberechtigten zuständige Träger für Leistungen zur Teilhabe am Arbeitsleben entscheidet über die erforderlichen Leistungen unter Berücksichtigung der gutachterlichen Stellungnahme der Bundesagentur für Arbeit. Erforderliche Leistungen zur Teilhabe am Arbeitsleben sind frühzeitig einzuleiten und gemäß § 10 so zu koordinieren, dass vermeidbare Wartezeiten nicht entstehen.

C. Gefährdung des Arbeitsplatzes (Abs. 2)

Unabhängig davon, ob und inwieweit bereits eine Gefährdung oder Minderung 5 der Erwerbsfähigkeit eingetreten oder zu befürchten ist, löst Abs. 2 auch dann die Klärung des Hilfebedarfs aus, wenn der **Arbeitsplatz** gefährdet ist. Ein konkreter Arbeitsplatz kann auch dann gefährdet sein, wenn die Erwerbsfähigkeit nicht gefährdet ist und umgekehrt. Die Verpflichtung zum Tätigwerden ist auf den Erhalt des Arbeitsplatzes ausgerichtet und ist in Zusammenhang zu sehen mit der Regelung des § 84.

D. Beteiligung der Integrationsämter (Abs. 3)

Absatz 3 stellt sicher, dass zur Klärung eines Hilfebedarfs für schwerbehinderte 6 Menschen im Arbeitsleben die **Integrationsämter** beteiligt werden. Die Regelung bezieht sich sowohl auf die Fälle des Absatz 1 als auch des Absatz 2. Die Prüfung beinhaltet auch, ob der Betroffene die Voraussetzungen des § 68 erfüllt und ggf. ein Feststellungsverfahren nach § 69 durchzuführen ist.

§ 12 Zusammenarbeit der Rehabilitationsträger

(1) **Im Rahmen der durch Gesetz, Rechtsverordnung oder allgemeine Verwaltungsvorschrift getroffenen Regelungen sind die Rehabilitationsträger verantwortlich, dass**
1. **die im Einzelfall erforderlichen Leistungen zur Teilhabe nahtlos, zügig sowie nach Gegenstand, Umfang und Ausführung einheitlich erbracht werden,**
2. **Abgrenzungsfragen einvernehmlich geklärt werden,**
3. **Beratung entsprechend den in §§ 1 und 4 genannten Zielen geleistet wird,**
4. **Begutachtungen möglichst nach einheitlichen Grundsätzen durchgeführt werden sowie**
5. **Prävention entsprechend dem in § 3 genannten Ziel geleistet wird.**

(2) [1]Die Rehabilitationsträger und ihre Verbände sollen zur gemeinsamen Wahrnehmung von Aufgaben zur Teilhabe behinderter Menschen insbesondere regionale Arbeitsgemeinschaften bilden. [2]§ 88 Abs. 1 Satz 1 und Abs. 2 des Zehnten Buches gilt entsprechend.

Inhaltsübersicht

	Rdnr.
A. Allgemeines	1, 2
B. Gemeinsame Verantwortung (Abs. 1)	3–10
C. Arbeitsgemeinschaften (Abs. 2)	11, 12

A. Allgemeines

1   Absatz 1 konkretisiert die Pflicht zur Zusammenarbeit der Leistungsträger nach § 86 SGB X für den Bereich der Rehabilitation und Teilhabe und benennt die Aufgabenstellungen, die die Rehabilitationsträger durch enge Zusammenarbeit verantwortlich zu regeln haben.

2   Nach Abs. 2 sollen die Rehabilitationsträger und ihre Verbände zur gemeinsamen Wahrnehmung von Aufgaben zur Teilhabe behinderter Menschen insbesondere regionale Arbeitsgemeinschaften bilden.

B. Gemeinsame Verantwortung (Abs. 1)

3   Absatz 1 verpflichtet alle Rehabilitationsträger nach § 6, also auch die Träger der Sozial- und Jugendhilfe, nicht nur zur Zusammenarbeit, sondern überträgt ihnen **gemeinsam die Verantwortung** für die Ausgestaltung der in den Nr. 1 bis 5 genannten Regelungsbereiche. Der Rahmen für die Zusammenarbeit sind insbesondere die gemeinsamen Empfehlungen (vgl. § 13 Abs. 1). Die Verpflichtung nach Nr. 1 entspricht dabei der Verpflichtung der Rehabilitationsträger nach § 4 Abs. 2 und § 10 Abs. 1.

4   Mit der Verpflichtung, Fragen der Abgrenzung zwischen einzelnen Leistungen und damit auch der Zuständigkeiten verschiedener Rehabilitationsträger einvernehmlich zu klären (Nr. 2), sollen auch Rechtsstreitigkeiten vermieden werden.

Kap. 1. Allgemeine Regelungen § 13

Gesetzliche Hinweise auf einen **Abgrenzungsbedarf** finden sich bei den Leistungen zur Früherkennung und Frühförderung (§ 30 Abs. 3) und den Leistungen zum Lebensunterhalt (§ 45 i. V. m. § 13 Abs. 2 Nr. 7).

Die Verpflichtung zur Zusammenarbeit mit dem Ziel, Beratung entsprechend 5 den in §§ 1 und 4 genannten Zielen, also unter einer trägerübergreifenden Sichtweise zu leisten (Nr. 3), findet eine Konkretisierung in den Vorschriften über gemeinsame örtliche Servicestellen (§§ 22 f.).

Vergleiche auch die **Gemeinsame Empfehlung über die nahtlose, zügige** 6 **und einheitliche Leistungserbringung von Leistungen zur Teilhabe nach § 12 Abs. 1 Nr. 1 bis 3 i. V. m. § 13 Abs. 1, Abs. 2 Nr. 5 SGB IX** (Gemeinsame Empfehlung „Einheitlichkeit/Nahtlosigkeit", s. unter www.bar-frankfurt.de), Inkrafttreten am 1. 4. 2004.

Mit der Vorschrift, **Begutachtungen** möglichst **nach einheitlichen Grund-** 7 **sätzen** durchzuführen (Nr. 4) wird das Ziel verfolgt, unwirtschaftliche Doppeluntersuchungen und die damit verbundenen Belastungen der Leistungsberechtigten möglichst zu vermeiden. Zu berücksichtigen ist auch die Regelung in § 14 **Abs. 5 Satz 6**, nach der die in dem Gutachten getroffenen Feststellungen zum Rehabilitationsbedarf den Entscheidungen der beteiligten Rehabilitationsträger zugrunde zu legen sind.

Vergleiche auch die **Gemeinsame Empfehlung nach § 13 Abs. 1 i. V. m.** 8 **§ 12 Abs. 1 Nr. 4 SGB IX für die Durchführung von Begutachtungen möglichst nach einheitlichen Grundsätzen** (Gemeinsame Empfehlung „Begutachtung", s. unter www.bar-frankfurt.de), Inkrafttreten am 1. 7. 2004.

Die Regelung in Nr. 5 verpflichtet die Rehabilitationsträger durch Zusam- 9 menarbeit sicherzustellen, dass durch geeignete Maßnahmen der Eintritt einer Behinderung einschließlich einer chronischen Krankheit vermieden wird (§ 3).

Vergleiche auch die **Gemeinsame Empfehlung nach §§ 12 Abs. 1 Nr. 5,** 10 **13 Abs. 2 Nr. 1 SGB IX, dass Prävention entsprechend dem in § 3 SGB IX genannten Ziel erbracht wird** (Gemeinsame Empfehlung „Prävention", s. unter www.bar-frankfurt.de), Inkrafttreten am 1. 4. 2005 (vgl. §§ 12 Abs. 1 Nr. 5, 13 Abs. 2 Nr. 1).

C. Arbeitsgemeinschaften (Abs. 2)

Die Rehabilitationsträger sollen miteinander und mit anderen Stellen insbeson- 11 dere **regionale Arbeitsgemeinschaften** mit kooperativem und konsultativem Charakter bilden um dem gemeinsamen Handeln der am Rehabilitationsgeschehen Beteiligten einen stabilen Rahmen zu geben. Die Rehabilitationsträger können sich durch ihre Verbände vertreten lassen.

Für die Arbeitsgemeinschaften ist § 88 Abs. 1 Satz 1 und Abs. 2 SGB X 12 entsprechend anzuwenden. Das heißt auch, dass sich auch die Träger der Kriegsopferfürsorge, sowie die Träger der Sozial- und Jugendhilfe an den Arbeitsgemeinschaften beteiligen können. Die **Aufsicht** ergibt sich aus § 94 Abs. 2 SGB X.

§ 13 Gemeinsame Empfehlungen

(1) **Die Rehabilitationsträger nach § 6 Abs. 1 Nr. 1 bis 5 vereinbaren zur Sicherung der Zusammenarbeit nach § 12 Abs. 1 gemeinsame Empfehlungen.**

(2) **Die Rehabilitationsträger nach § 6 Abs. 1 Nr. 1 bis 5 vereinbaren darüber hinaus gemeinsame Empfehlungen,**

1. welche Maßnahmen nach § 3 geeignet sind, um den Eintritt einer Behinderung zu vermeiden, sowie über die statistische Erfassung der Anzahl, des Umfangs und der Wirkungen dieser Maßnahmen,
2. in welchen Fällen und in welcher Weise rehabilitationsbedürftigen Menschen notwendige Leistungen zur Teilhabe angeboten werden, insbesondere um eine durch eine Chronifizierung von Erkrankungen bedingte Behinderung zu verhindern,
3. in welchen Fällen und in welcher Weise die Klärung der im Einzelfall anzustrebenden Ziele und des Bedarfs an Leistungen schriftlich festzuhalten ist sowie über die Ausgestaltung des in § 14 bestimmten Verfahrens,
4. in welcher Weise die Bundesagentur für Arbeit von den übrigen Rehabilitationsträgern nach § 38 zu beteiligen ist,
5. wie Leistungen zur Teilhabe zwischen verschiedenen Trägern koordiniert werden,
6. in welcher Weise und in welchem Umfang Selbsthilfegruppen, -organisationen und -kontaktstellen, die sich die Prävention, Rehabilitation, Früherkennung und Bewältigung von Krankheiten und Behinderungen zum Ziel gesetzt haben, gefördert werden,
7. wie während der Ausführung ambulanter Leistungen zur Teilhabe Leistungen zum Lebensunterhalt (§ 45) untereinander und von anderen Entgeltersatzleistungen abzugrenzen sind, soweit für diesen Zeitraum Anspruch auf mehrere Entgeltersatzleistungen besteht,
8. in welchen Fällen und in welcher Weise der behandelnde Hausarzt oder Facharzt und der Betriebs- oder Werksarzt in die Einleitung und Ausführung von Leistungen zur Teilhabe einzubinden sind,
9. zu einem Informationsaustausch mit behinderten Beschäftigten, Arbeitgebern und den in § 83 genannten Vertretungen zur möglichst frühzeitigen Erkennung des individuellen Bedarfs voraussichtlich erforderlicher Leistungen zur Teilhabe sowie
10. über ihre Zusammenarbeit mit Sozialdiensten und vergleichbaren Stellen.

(3) Bestehen für einen Rehabilitationsträger Rahmenempfehlungen auf Grund gesetzlicher Vorschriften und soll bei den gemeinsamen Empfehlungen von diesen abgewichen werden oder sollen die gemeinsamen Empfehlungen Gegenstände betreffen, die nach den gesetzlichen Vorschriften Gegenstand solcher Rahmenempfehlungen werden sollen, stellt der Rehabilitationsträger das Einvernehmen mit den jeweiligen Partnern der Rahmenempfehlungen sicher.

(4) Die Träger der Renten-, Kranken- und Unfallversicherung sowie der Alterssicherung der Landwirte können sich bei der Vereinbarung der gemeinsamen Empfehlungen durch ihre Spitzenverbände vertreten lassen.

(5) [1]An der Vorbereitung der gemeinsamen Empfehlungen werden die Träger der Sozialhilfe und der öffentlichen Jugendhilfe über die Bundesvereinigung der Kommunalen Spitzenverbände, die Bundesarbeitsgemeinschaft der überörtlichen Träger der Sozialhilfe, die Bundesarbeitsgemeinschaft der Landesjugendämter sowie die Integrationsämter in Bezug auf Leistungen und sonstige Hilfen für schwerbehinderte Menschen nach dem Teil 2 über die Bundesarbeitsgemeinschaft der Integrationsämter und Hauptfürsorgestellen, beteiligt. [2]Die Träger der Sozialhilfe und der öffentlichen Jugendhilfe orientieren sich bei der Wahrnehmung ihrer Aufgaben

Kap. 1. Allgemeine Regelungen § 13

nach diesem Buch an den vereinbarten Empfehlungen oder können diesen beitreten.

(6) ¹Die Verbände behinderter Menschen einschließlich der Verbände der Freien Wohlfahrtspflege, der Selbsthilfegruppen und der Interessenvertretungen behinderter Frauen sowie die für die Wahrnehmung der Interessen der ambulanten und stationären Rehabilitationseinrichtungen auf Bundesebene maßgeblichen Spitzenverbände werden an der Vorbereitung der gemeinsamen Empfehlungen beteiligt. ²Ihren Anliegen wird bei der Ausgestaltung der Empfehlungen nach Möglichkeit Rechnung getragen. ³Die Empfehlungen berücksichtigen auch die besonderen Bedürfnisse behinderter oder von Behinderung bedrohter Frauen und Kinder.

(7) ¹Die beteiligten Rehabilitationsträger vereinbaren die gemeinsamen Empfehlungen im Rahmen der Bundesarbeitsgemeinschaft für Rehabilitation im Benehmen mit dem Bundesministerium für Gesundheit und Soziale Sicherung und den Ländern auf der Grundlage eines von ihnen innerhalb der Bundesarbeitsgemeinschaft vorbereiteten Vorschlags. ²Der Bundesbeauftragte für den Datenschutz wird beteiligt. ³Hat das Bundesministerium für Gesundheit und Soziale Sicherung zu einem Vorschlag aufgefordert, legt die Bundesarbeitsgemeinschaft für Rehabilitation den Vorschlag innerhalb von sechs Monaten vor. ⁴Dem Vorschlag wird gefolgt, wenn ihm berechtigte Interessen eines Rehabilitationsträgers nicht entgegenstehen. ⁵Einwände nach Satz 4 sind innerhalb von vier Wochen nach Vorlage des Vorschlags auszuräumen.

(8) ¹Die Rehabilitationsträger teilen der Bundesarbeitsgemeinschaft für Rehabilitation jährlich ihre Erfahrungen mit den gemeinsamen Empfehlungen mit, die Träger der Renten-, Kranken- und Unfallversicherung sowie der Alterssicherung der Landwirte über ihre Spitzenverbände. ²Die Bundesarbeitsgemeinschaft für Rehabilitation stellt dem Bundesministerium für Gesundheit und Soziale Sicherung und den Ländern eine Zusammenfassung zur Verfügung.

(9) Die gemeinsamen Empfehlungen können durch die regional zuständigen Rehabilitationsträger konkretisiert werden.

Schrifttum: *Assmus/Druckenmüller/Götz/Oberscheven/Ritz,* Drei Jahre Sozialgesetzbuch Neuntes Buch (SGB IX), DRV 2004, 241; *Steinke,* Ein Werkstattbericht zur Umsetzung des SGB IX, KrV 2004, 69.

Inhaltsübersicht

	Rdnr.
A. Allgemeines	1–10
B. Früheres Recht	11
C. Gemeinsame Empfehlungen (Abs. 1 und 2)	12–16
D. Rahmenempfehlungen (Abs. 3)	17
E. Vertretung bei gemeinsamen Empfehlungen (Abs. 4)	18, 19
F. Vorbereitung der gemeinsamen Empfehlungen (Abs. 5)	20
G. Beteiligung der Verbände (Abs. 6)	21
H. Vereinbarung der gemeinsamen Empfehlungen (Abs. 7)	22–24
I. Berichtspflicht (Abs. 8)	25, 26
J. Regionale Rehabilitationsträger (Abs. 9)	27

A. Allgemeines

1 Die Regelung des § 13 setzt eines der Hauptanliegen des SGB IX um, nämlich **Koordination und Konvergenz der Leistungen sowie Kooperation der Leistungsträger.** Um die trägerübergreifende Kooperation und Koordination zu verbessern, sind die Rehabilitationsträger nach § 6 Abs. 1 Nr. 1 bis 5 verpflichtet, zu verschiedenen, gesetzlich vorgeschriebenen Themenkomplexen im Rahmen der Bundesarbeitsgemeinschaft für Rehabilitation (BAR) solche gemeinsamen Empfehlungen abzuschließen, an deren Erarbeitung die Verbände behinderter Menschen und der Leistungserbringer beteiligt werden. Die Themenkomplexe sind in den §§ 12 und 13 aufgezählt. Als **weitere Regelungskomplexe** sind die gemeinsame Empfehlung zur Sicherung und Weiterentwicklung der Qualität von Leistungen (§ 20 Abs. 1), die gemeinsame Empfehlung zur Inanspruchnahme der Integrationsfachdienste (§ 113 Abs. 2) sowie die gemeinsame Empfehlung zur Abgrenzung von Leistungen zur Früherkennung und Frühförderung (§ 30 Abs. 3, da zwischen den Vereinbarungspartnern nach intensiven Beratungen keine Einigung erzielt werden konnte, erließ das Bundesministerium für Gesundheit und Soziale Sicherung aufgrund des § 32 Abs. 1 eine **Rechtsverordnung zur Früherkennung und Frühförderung** behinderter und von Behinderung bedrohter Kinder (Frühförderungsverordnung – FrühV) vom 24. 6. 2003 (im Anhang Nr. 7), die zum 1. 7. 2003 in Kraft getreten ist. Die Verordnung konzentriert sich im Wesentlichen auf die Abgrenzung der Leistungen und regelt die Übernahme und die Teilung der Kosten zwischen den beteiligten Rehabilitationsträgern) zu nennen. Die Vereinbarung von gemeinsamen Empfehlungen über den **Inhalt von Verträgen mit Leistungserbringern** (§ 21 Abs. 2) ist demgegenüber ins Ermessen der Rehabilitationsträger gestellt.

2 Die Absätze 1 und 2 verpflichteten die Rehabilitationsträger nach § 6 Abs. 1 Nr. 1 bis 5, gemeinsame Empfehlungen zu den in § 12 Abs. 1 genannten Themen und darüber hinaus für weitere Regelungsgegenstände zu vereinbaren, die für eine reibungslose und **koordinierte Zusammenarbeit** von besonderer Bedeutung sind.

3 Absatz 2 zählt dabei noch weitere Regelungsgegenstände der gemeinsamen Empfehlungen auf, bei denen die Zusammenarbeit z. T. auch mit weiteren Beteiligten (z. B. behandelnde Ärzte, Betriebs- oder Werksärzte, Arbeitgebern, Schwerbehindertenvertretungen, Sozialdiensten und vergleichbare Stellen) zu regeln ist.

4 Absatz 3 stellt sicher, dass die gemeinsamen Empfehlungen mit den **Rahmenempfehlungen** in Übereinstimmung gebracht werden, die aufgrund gesetzlicher Vorschriften bereits abgegeben worden sind oder künftig abgegeben werden.

5 Nach Abs. 4 können sich die Träger der Sozialversicherung bei der Vereinbarung der gemeinsamen Empfehlungen durch ihre **Spitzenverbände** vertreten lassen.

6 Absatz 5 regelt die **Beteiligung der Träger der Sozialhilfe und der öffentlichen Jugendhilfe sowie der Integrationsämter** an der Vorbereitung der gemeinsamen Empfehlungen und sichert die Berücksichtigung der gemeinsamen Empfehlungen bei diesen Trägern.

7 Absatz 6 stellt sicher, dass die **Kompetenz von Verbänden** behinderter Menschen einschließlich der Verbände der Freien Wohlfahrtspflege, der Selbsthilfegruppen und Interessenvertretungen behinderter Frauen sowie der Spitzenverbände der ambulanten und stationären Rehabilitationseinrichtungen durch ihre Beteiligung an der Vorbereitung der gemeinsamen Empfehlungen genutzt wird. Die Rehabilitationsträger sind verpflichtet, bei der Vereinbarung der gemeinsamen Empfehlungen auch die besonderen Bedürfnisse behinderter oder von Behinderung bedrohter Frauen und Kinder zu berücksichtigen.

Nach Abs. 7 bildet die **Bundesarbeitsgemeinschaft für Rehabilitation** den organisatorischen Rahmen für die zur Vereinbarung der gemeinsamen Empfehlungen notwendigen Vorbereitungs- und Abstimmungsprozesse der jeweils beteiligten Rehabilitationsträger und sonstiger Beteiligten. **8**

Absatz 8 überträgt der Bundesarbeitsgemeinschaft für Rehabilitation eine **Berichtspflicht** hinsichtlich der mit den gemeinsamen Empfehlungen gemachten Erfahrungen. **9**

Absatz 9 bietet den **regional zuständigen Rehabilitationsträgern** die Möglichkeit, die auf Bundesebene vereinbarten gemeinsamen Empfehlungen zur Anpassung an die Verhältnisse vor Ort zu konkretisieren. Kommen die Rehabilitationsträger ihrer Verpflichtung zur Vereinbarung gemeinsamer Empfehlungen nicht nach, ermächtigt § 16 das Bundesministerium für Gesundheit und Soziale Sichtung unter bestimmten Voraussetzungen ersatzweise Regelungen durch **Rechtsverordnung** zu erlassen. **10**

B. Früheres Recht

Die Vereinbarung gemeinsamer Empfehlungen zur Zusammenarbeit der Rehabilitationsträger ersetzt die früher nach § 5 Abs. 5 RehaAnglG mögliche Regelung durch Abschluss von **Gesamtvereinbarungen.** Die im RehaAnglG erfassten Rehabilitationsträger hatten folgende Gesamtvereinbarungen abgeschlossen: Gesamtvereinbarung über die Beteiligung der Bundesanstalt für Arbeit bei beruflicher Rehabilitation vom 1. 4. 1977, Gesamtvereinbarung über Auskunft und Beratung nach dem Gesetz über die Angleichung der Leistungen zur Rehabilitation vom 1. 7. 1977, Gesamtvereinbarung über die Gewährung vorläufiger Leistungen vom 1. 1. 1978, Gesamtvereinbarung über den Gesamtplan vom 1. 7. 1978, Gesamtvereinbarung über die Berücksichtigung der Grundsätze der Wirtschaftlichkeit und Sparsamkeit bei der Durchführung der Maßnahmen zur beruflichen Rehabilitation vom 1. 9. 1983, Gesamtvereinbarung über die Berücksichtigung der Grundsätze der Wirtschaftlichkeit und Sparsamkeit bei der Durchführung der Maßnahmen zur medizinischen Rehabilitation vom 1. 9. 1984, Gesamtvereinbarung über den Rehabilitationssport und das Funktionstraining vom 1. 1. 1994. **11**

C. Gemeinsame Empfehlungen (Abs. 1 und 2)

Mit der Verpflichtung der Rehabilitationsträger, gemeinsame Empfehlungen für die in § 12 Abs. 1 und § 13 Abs. 2 genannten Koordinierungsaufgaben abzuschließen, wird eines der zentralen Anliegen des SGB IX verfolgt, die **Koordination der Leistungen und die Zusammenarbeit der Rehabilitationsträger** durch wirksame Regelungen **sicherzustellen.** Die Verpflichtung nach dieser Vorschrift gemeinsame Empfehlungen zu vereinbaren erfasst aber nur die Rehabilitationsträger nach § 6 Abs. 1 Nr. 1 bis 5. Die „neuen" Rehabilitationsträger Sozial- und Jugendhilfe sind nicht unmittelbar erfasst. Sie haben sich bei der Wahrnehmung ihrer Aufgaben nach dem SGB IX jedoch an den gemeinsamen Empfehlungen zu orientieren oder können diesen beitreten (Abs. 5). **12**

Es ist nicht Aufgabe der gemeinsamen Empfehlungen, Voraussetzungen und Inhalte von Leistungen zur Teilhabe neu zu bestimmen, sondern im Rahmen des geltenden Rechts eine einheitliche und, bei Leistungen unterschiedlicher Rehabilitationsträger, eine koordinierte Leistungserbringung zu gewährleisten. Damit soll **13** erreicht werden, dass die zur gleichberechtigten Teilhabe am Leben in der Gesellschaft insgesamt erforderlichen Leistungen aus der Sicht der Leistungsberechtigten **„wie aus einer Hand"** erscheinen, auch wenn sie von mehreren rechtlich selbstständigen Rehabilitationsträgern erbracht werden.

14 Mit der Vereinbarung gemeinsamer Empfehlungen wird **Selbstverwaltungslösungen** der Vorrang vor staatlichen Regelungen eingeräumt. Angesichts der Bedeutung, die den gemeinsamen Empfehlungen als Instrument zur Umsetzung der Vorschriften über die Koordination der Leistungen und die Kooperation der Rehabilitationsträger zukommt, kann hinsichtlich der Bindungswirkung davon ausgegangen werden, dass die Vereinbarung gemeinsamer Empfehlungen zur **Selbstbindung der beteiligten Rehabilitationsträger** führt. Die Empfehlungen lassen die **Rechtsansprüche der Leistungsberechtigten unberührt**.

15 Bereits **vereinbarte gemeinsame Empfehlungen:**
   A) Gemeinsame Empfehlung über die Ausgestaltung des in § 14 bestimmten Verfahrens (Gemeinsame Empfehlung „Zuständigkeitsklärung", s. unter www.bar-frankfurt.de), Inkrafttreten am 1. 5. 2003 (vgl. § 13 Abs. 2 Nr. 3)
   B) Gemeinsame Empfehlung Qualitätssicherung nach § 20 Abs. 1 SGB IX (Gemeinsame Empfehlung „Qualitätssicherung", s. unter www.bar-frankfurt.de), Inkrafttreten am 1. 7. 2003 (vgl. § 20 Abs. 1)
   C) Gemeinsame Empfehlung über die nahtlose, zügige und einheitliche Leistungserbringung von Leistungen zur Teilhabe nach § 12 Abs. 1 Nr. 1 bis 3 i. V. m. § 13 Abs. 1, Abs. 2 Nr. 5 SGB IX (Gemeinsame Empfehlung „Einheitlichkeit/Nahtlosigkeit", s. unter www.bar-frankfurt.de), Inkrafttreten am 1. 4. 2004 (vgl. § 12 Abs. 1 Nr. 1 bis 3 i. V. m. § 13 Abs. 1, Abs. 2 Nr. 5)
   D) Gemeinsame Empfehlung zur Verbesserung der gegenseitigen Information und Kooperation aller beteiligten Akteure nach § 13 Abs. 2 Nr. 8 und 9 SGB IX (s. unter www.bar-frankfurt.de), Inkrafttreten am 1. 4. 2004 (vgl. 13 Abs. 2 Nr. 8 und 9)
   E) Gemeinsame Empfehlung zur Förderung der Selbsthilfe gemäß § 13 Abs. 2 Nr. 6 SGB IX (Gemeinsame Empfehlung „Selbsthilfeförderung", s. unter www.bar-frankfurt.de), Inkrafttreten am 1. 7. 2004 (vgl. § 13 Abs. 2 Nr. 6).
   F) Gemeinsame Empfehlung nach § 13 Abs. 1 i. V. m. § 12 Abs. 1 Nr. 4 SGB IX für die Durchführung von Begutachtungen möglichst nach einheitlichen Grundsätzen (Gemeinsame Empfehlung „Begutachtung", s. unter www.bar-frankfurt.de), Inkrafttreten am 1. 7. 2004 (vgl. § 13 Abs. 1 i. V. m. § 12 Abs. 1 Nr. 4)
   G) Gemeinsame Empfehlung nach § 13 Abs. 2 Nr. 3 SGB IX, in welchen Fällen und in welcher Weise die Klärung der im Einzelfall anzustrebenden Ziele und des Bedarfs an Leistungen schriftlich festzuhalten ist (Gemeinsame Empfehlung „Teilhabeplan", s. unter www.bar-frankfurt.de), Inkrafttreten am 1. 12. 2004 (vgl. § 13 Abs. 2 Nr. 3)
   H) Gemeinsame Empfehlung nach §§ 12 Abs. 1 Nr. 5, 13 Abs. 2 Nr. 1 SGB IX, dass Prävention entsprechend dem in § 3 SGB IX genannten Ziel erbracht wird (Gemeinsame Empfehlung „Prävention", s. unter www.bar-frankfurt.de), Inkrafttreten am 1. 4. 2005 (vgl. §§ 12 Abs. 1 Nr. 5, 13 Abs. 2 Nr. 1)
   I) Gemeinsame Empfehlung nach § 113 Abs. 2 SGB IX zur Inanspruchnahme der Integrationsfachdienste durch die Rehabilitationsträger zur Zusammenarbeit und zur Finanzierung der Kosten, die dem Integrationsfachdienst bei der Wahrnehmung der Aufgaben der Rehabilitationsträger entstehen (Gemeinsame Empfehlung „Integrationsfach-

dienste", s. unter www.bar-frankfurt.de), Inkrafttreten am 1. 4. 2005 (vgl. § 113 Abs. 2)

J) Gemeinsame Empfehlung gem. § 13 Abs. 2 Nr. 2 SGB IX zur frühzeitigen Erkennung eines Bedarfs an Leistungen zur Teilhabe (Gemeinsame Empfehlung „Frühzeitige Bedarfserkennung", s. unter www.bar-frankfurt.de), Inkrafttreten am 1. 4. 2005 (vgl. § 13 Abs. 2 Nr. 2)

Zurzeit in Erarbeitung befindet sich die **Gemeinsame Empfehlung „Sozialdienste"** nach § 13 Abs. 2 Nr. 10. 16

D. Rahmenempfehlungen (Abs. 3)

Sind für einen Rehabilitationsträger **Rahmenempfehlungen** auf gesetzlicher Grundlage abgegeben worden (z. B. Gemeinsame Rahmenempfehlungen für ambulante und stationäre Vorsorge- und Rehabilitationsleistungen auf der Grundlage des § 111b SGB V), hat dieser sicherzustellen, dass über den Inhalt der gemeinsamen Empfehlung mit den übrigen Partnern der Rahmenempfehlungen **Einvernehmen** hergestellt wird, wenn in den gemeinsamen Empfehlungen abweichende Regelungen vorgesehen werden sollen. Gleiches gilt für künftige Rahmenempfehlungen. Damit ist sichergestellt, dass eine Auseinanderentwicklung zwischen den gemeinsamen Empfehlungen und den Rahmenvereinbarungen nicht erfolgen kann. 17

E. Vertretung bei gemeinsamen Empfehlungen (Abs. 4)

Partner der gemeinsamen Empfehlungen sind entsprechend dem jeweiligen Regelungsinhalt die in § 6 Abs. 1 Nr. 1 bis 5 bezeichneten Rehabilitationsträger. Die Träger der Renten-, Kranken- und Unfallversicherung sowie der Alterssicherung der Landwirte können sich bei der Vereinbarung der gemeinsamen Empfehlungen durch ihre **Spitzenverbände vertreten** lassen. 18

Die Vertretungsregelung dient der Vereinfachung des Verfahrens beim Abschluss der Vereinbarungen, z. B. angesichts der Vielzahl der Krankenkassen als Vereinbarungspartner im Bereich der Krankenversicherung. 19

F. Vorbereitung der gemeinsamen Empfehlungen (Abs. 5)

Absatz 5 sichert die **Beteiligung der Träger der Sozialhilfe und der öffentlichen Jugendhilfe sowie der Integrationsämter** über deren Bundesvereinigungen an der Vorbereitung der gemeinsamen Empfehlungen. Die Träger der Sozialhilfe und der öffentlichen Jugendhilfe sind verpflichtet, sich bei der Wahrnehmung ihrer Aufgaben nach dem SGB IX an den vereinbarten gemeinsamen Empfehlungen **zu orientieren** oder können diesen **beitreten.** Bislang haben die „neuen" Rehabilitationsträger Sozial- und Jugendhilfe von der Möglichkeit eines Beitritts zu den vereinbarten Empfehlungen noch keinen Gebrauch gemacht. 20

G. Beteiligung der Verbände (Abs. 6)

Absatz 6 sichert die **Beteiligung der Verbände** behinderter Menschen einschließlich der Verbände der Freien Wohlfahrtspflege, der Selbsthilfegruppen, der Interessenvertretungen behinderter Frauen sowie der Spitzenverbände der ambulanten und stationären Rehabilitationseinrichtungen an der Vorbereitung der ge- 21 meinsamen Empfehlungen mit dem Ziel, ihren Sachverstand und ihre Kompetenz in die gemeinsamen Empfehlungen einfließen zu lassen. Dem Anliegen der beteiligten Verbände soll nach Möglichkeit Rechnung getragen werden. Die Möglichkeit, den vorgebrachten Anliegen zu entsprechen muss also nachvollziehbar geprüft werden und entgegenstehende Gründe müssen im Verfahren ausgeführt werden.

H. Vereinbarung der gemeinsamen Empfehlungen (Abs. 7)

22 Nach Abs. 7 vereinbaren die beteiligten Rehabilitationsträger die gemeinsamen Empfehlungen im Rahmen der **Bundesarbeitsgemeinschaft für Rehabilitation (BAR)**. Bei der BAR handelt es sich um einen freiwilligen Zusammenschluss im Wesentlichen der Rehabilitationsträger und ihrer Selbstverwaltung.

23 Die BAR bildet den **organisatorischen Rahmen für die Vorbereitungs- und Abstimmungsprozesse** der jeweils beteiligten Rehabilitationsträger und der sonstigen Beteiligten. Die BAR hat Initiativ-, Steuerungs- und Berichtsaufgaben (Abs. 8). Der BAR kommt die Aufgabe zu, die Vorbereitung des Vorschlages nach Abs. 7 Satz 1 zu initiieren, zu steuern, die Beteiligung der in den Abs. 5 und 6 genannten Verbände und Organisationen entsprechend dem jeweiligen Regelungsinhalt sowie des **Bundesdatenschutzbeauftragten** sicherzustellen und das **Benehmen mit Bund und Ländern** herzustellen. „Benehmen" bedeutet in diesem Zusammenhang Gelegenheit zur Stellungnahme und Auseinandersetzung mit den möglicherweise vorgebrachten Kritikpunkten.

24 Grundsätzlich soll das Verfahren nach Abs. 7 in eigener Initiative der Rehabilitationsträger durchgeführt werden. Die Sätze 3 bis 5 sehen aber auch vor, dass das Bundesministerium für Gesundheit und Soziale Sicherung zu einem Vorschlag **auffordern** kann. Die BAR hat dann den Vorschlag innerhalb von sechs Monaten vorzulegen. Dem Vorschlag wird gefolgt, wenn ihm nicht berechtigte Interessen eines Rehabilitationsträgers entgegenstehen. Entsprechende Einwände sind innerhalb von vier Wochen nach Vorlage des Vorschlags auszuräumen (vgl. auch die **Verordnungsermächtigung** nach § 16).

I. Berichtspflicht (Abs. 8)

25 Absatz 8 verpflichtet die Rehabilitationsträger, der BAR jährlich die mit den gemeinsamen Empfehlungen gemachten **Erfahrungen** mitzuteilen. Die Erfahrungsberichte der Träger der Renten-, Kranken- und Unfallversicherung sowie der Alterssicherung der Landwirte sind über ihre Spitzenverbände mitzuteilen. Die BAR hat dem Bundesministerium für Gesundheit und Soziale Sicherung und den Ländern eine Zusammenfassung der Berichte zur Verfügung zu stellen.

26 Im Sinne der Praktikabilität der Vorschrift haben die Rehabilitationsträger im Rahmen der BAR beschlossen, den Begriff „jährlich" als „zum Jahresende" auszulegen. Weiter soll der erste Erfahrungsbericht nicht vor Ablauf eines Jahres seit Inkrafttreten einer gemeinsamen Empfehlung abgegeben werden. Zum **Jahresende 2004** ist demgemäß der erste Bericht über die Erfahrungen mit den gemeinsamen Empfehlungen „Zuständigkeitsklärung" und „Qualitätssicherung" vorgelegt worden. Zum **Jahresende 2005** wird entsprechend ein Bericht über die Erfahrungen mit den gemeinsamen Empfehlungen „Zuständigkeitsklärung", „Qualitätssicherung", „Einheitlichkeit/Nahtlosigkeit", „Teilhabeplan", „Begutachtung", „Selbsthilfeförderung" sowie „Verbesserung der gegenseitigen Information und Kooperation der beteiligten Akteure" abgegeben werden (vgl. Rdnr. 14).

J. Regionale Rehabilitationsträger (Abs. 9)

Absatz 9 sieht vor, dass die auf Bundesebene vereinbarten gemeinsamen Empfehlungen durch die regional zuständigen Rehabilitationsträger bei Bedarf im Hinblick auf **besondere Gegebenheiten und Erfordernisse vor Ort konkretisiert** werden können. In Betracht kommen z.B. die gemeinsamen Empfehlungen nach Abs. 2 Nr. 5, 9 und 10. 27

§ 14 Zuständigkeitsklärung

(1) [1]**Werden Leistungen zur Teilhabe beantragt, stellt der Rehabilitationsträger innerhalb von zwei Wochen nach Eingang des Antrages bei ihm fest, ob er nach dem für ihn geltenden Leistungsgesetz für die Leistung zuständig ist; bei den Krankenkassen umfasst die Prüfung auch die Leistungspflicht nach § 40 Abs. 4 des Fünften Buches.** [2]Stellt er bei der Prüfung fest, dass er für die Leistung nicht zuständig ist, leitet er den Antrag unverzüglich dem nach seiner Auffassung zuständigen Rehabilitationsträger zu. [3]Muss für eine solche Feststellung die Ursache der Behinderung geklärt werden und ist diese Klärung in der Frist nach Satz 1 nicht möglich, wird der Antrag unverzüglich dem Rehabilitationsträger zugeleitet, der die Leistung ohne Rücksicht auf die Ursache erbringt. [4]Wird der Antrag bei der Bundesagentur für Arbeit gestellt, werden bei der Prüfung nach den Sätzen 1 und 2 Feststellungen nach § 11 Abs. 2a Nr. 1 des Sechsten Buches und § 22 Abs. 2 des Dritten Buches nicht getroffen.

(2) [1]Wird der Antrag nicht weitergeleitet, stellt der Rehabilitationsträger den Rehabilitationsbedarf unverzüglich fest. [2]Muss für diese Feststellung ein Gutachten nicht eingeholt werden, entscheidet der Rehabilitationsträger innerhalb von drei Wochen nach Antragseingang. [3]Wird der Antrag weitergeleitet, gelten die Sätze 1 und 2 für den Rehabilitationsträger, an den der Antrag weitergeleitet worden ist, entsprechend; die in Satz 2 genannte Frist beginnt mit dem Eingang bei diesem Rehabilitationsträger. [4]Ist für die Feststellung des Rehabilitationsbedarfs ein Gutachten erforderlich, wird die Entscheidung innerhalb von zwei Wochen nach Vorliegen des Gutachtens getroffen. Kann der Rehabilitationsträger, an den der Antrag weitergeleitet worden ist, für die beantragte Leistung nicht Rehabilitationsträger nach § 6 Abs. 1 sein, klärt er unverzüglich mit dem nach seiner Auffassung zuständigen Rehabilitationsträger, von wem und in welcher Weise über den Antrag innerhalb der Fristen nach den Sätzen 2 und 4 entschieden wird und unterrichtet hierüber den Antragsteller.

(3) [1]Die Absätze 1 und 2 gelten sinngemäß, wenn der Rehabilitationsträger Leistungen von Amts wegen erbringt. [2]Dabei tritt an die Stelle des Tages der Antragstellung der Tag der Kenntnis des voraussichtlichen Rehabilitationsbedarfs.

(4) [1]Wird nach Bewilligung der Leistung durch einen Rehabilitationsträger nach Absatz 1 Satz 2 bis 4 festgestellt, dass ein anderer Rehabilitationsträger für die Leistung zuständig ist, erstattet dieser dem Rehabilitationsträger, der die Leistung erbracht hat, dessen Aufwendungen nach den für diesen geltenden Rechtsvorschriften. [2]Die Bundesagentur für Arbeit leitet für die Klärung nach Satz 1 Anträge auf Leistungen zur

Teilhabe am Arbeitsleben zur Feststellung nach § 11 Abs. 2 a Nr. 1 des Sechsten Buches an die Träger der Rentenversicherung nur weiter, wenn sie konkrete Anhaltspunkte dafür hat, dass der Träger der Rentenversicherung zur Leistung einer Rente unabhängig von der jeweiligen Arbeitsmarktlage verpflichtet sein könnte. [3] Für unzuständige Rehabilitationsträger, die eine Leistung nach Absatz 2 Satz 1 und 2 erbracht haben, ist § 105 des Zehnten Buches nicht anzuwenden, es sei denn, die Rehabilitationsträger vereinbaren Abweichendes.

(5) [1] Der Rehabilitationsträger stellt sicher, dass er Sachverständige beauftragen kann, bei denen Zugangs- und Kommunikationsbarrieren nicht bestehen. [2] Ist für die Feststellung des Rehabilitationsbedarfs ein Gutachten erforderlich, beauftragt der Rehabilitationsträger unverzüglich einen geeigneten Sachverständigen. [3] Er benennt den Leistungsberechtigten in der Regel drei möglichst wohnortnahe Sachverständige unter Berücksichtigung bestehender sozialmedizinischer Dienste. [4] Haben sich Leistungsberechtigte für einen benannten Sachverständigen entschieden, wird dem Wunsch Rechnung getragen. [5] Der Sachverständige nimmt eine umfassende sozialmedizinische, bei Bedarf auch psychologische Begutachtung vor und erstellt das Gutachten innerhalb von zwei Wochen nach Auftragserteilung. [6] Die in dem Gutachten getroffenen Feststellungen zum Rehabilitationsbedarf werden den Entscheidungen der Rehabilitationsträger zugrunde gelegt. [7] Die gesetzlichen Aufgaben der Gesundheitsämter bleiben unberührt.

(6) [1] Hält der leistende Rehabilitationsträger weitere Leistungen zur Teilhabe für erforderlich und kann er für diese Leistungen nicht Rehabilitationsträger nach § 6 Abs. 1 sein, wird Absatz 1 Satz 2 entsprechend angewendet. [2] Die Leistungsberechtigten werden hierüber unterrichtet.

Schrifttum: *Götz*, Beschleunigung des Antragsverfahrens nach § 14 SGB IX, DRV 2003, 632; *Hochrein*, Neuerungen im Reha-Verfahren, MittbayLVAen 2004, 274; *Stähler/Wimmer*, Die Neuordnung des Rehabilitations- und Schwerbehindertenrechts, NZS 2002, 570.

Inhaltsübersicht

	Rdnr.
A. Allgemeines	1–4
B. Früheres Recht	5, 6
C. Prüfung der Zuständigkeit (Abs. 1)	7–14
D. Entscheidung über den Antrag (Abs. 2)	15–21
E. Leistungen von Amts wegen (Abs. 3)	22
F. Erstattung von Leistungen (Abs. 4)	23–28
G. Beauftragung von Sachverständigen (Abs. 5)	29–32
H. Weitere Leistungen (Abs. 6)	33

A. Allgemeines

1   Ziel der Vorschrift ist, durch ein auf **Beschleunigung gerichtetes Zuständigkeitserklärungsverfahren** die möglichst schnelle Leistungserbringung zu sichern. Sie enthält für Leistungen zur Teilhabe behinderter Menschen eine für die Rehabilitationsträger abschließende Regelung die den allgemeinen Regelungen zur vorläufigen Zuständigkeit oder Leistungserbringung im SGB I vorgeht und alle Fälle der Feststellung der Zuständigkeit für Leistungen zur Teilhabe erfasst. Dem Grundsatz nach darf ein Rehabilitationsantrag nur noch höchstens **einmal** an einen an-

deren Träger **weitergeleitet** werden. Die Rehabilitationsleistung soll auf diese Weise zügig eingeleitet werden, auch wenn noch nicht abschließend geklärt ist, welcher Rehabilitationsträger leistungspflichtig ist. Nach Abs. 1 Satz 1 klärt der zuerst angegangene Rehabilitationsträger innerhalb von **zwei Wochen** seine **Zuständigkeit** ab. Stellt er fest, dass er für die beantragte Leistung nicht zuständig ist, **leitet** er den Antrag an den aus seiner Sicht zuständigen Rehabilitationsträger weiter, anderenfalls stellt er den Rehabilitationsbedarf unverzüglich fest und entscheidet über den Antrag (Abs. 1 Satz 2 und Abs. 2 Satz 1). Der Rehabilitationsträger, an den der Antrag weitergeleitet wurde, kann sich nun nicht mehr auf eine fehlende Zuständigkeit berufen, er muss in jedem Fall **über den Antrag entscheiden** (Abs. 2 Satz 3). Eine Spezialregelung gilt hier für den Fall, dass der Rehabilitationsträger, an den der Antrag weitergeleitet wurde, für die beantragte Leistung nicht Rehabilitationsträger nach § 6 Abs. 1 sein kann (Abs. 2 Satz 5). Die Entscheidung hat innerhalb von **drei Wochen nach Antragseingang** zu erfolgen, es sei denn, zur Abklärung des Rehabilitationsbedarfs ist ein sozialmedizinisches **Gutachten** erforderlich. In diesem Fall wird die Entscheidung innerhalb von zwei Wochen nach Vorliegen des Gutachtens getroffen (Abs. 2 Satz 2 und 4). Wird die Leistung vom zweitangegangenen Rehabilitationsträger bewilligt und stellt sich nachträglich heraus, dass ein anderer Träger dafür zuständig gewesen wäre, sieht Abs. 4 eine **Erstattungsregelung** vor. Zur Nichteinhaltung der vorgegebenen Fristen vgl. die Ausführungen zu § 15.

Für die **Integrationsämter** gilt § 14 nach § 102 Abs. 6 Satz 1 entsprechend. 2

Die Vorschrift des § 14 verdrängt als Spezialregelung die Regelung über die 3 Vorleistungspflicht in **§ 43 SGB I** (*VG Oldenburg*, ZfF 2004, 36 f.). Denn § 43 SGB I setzt einen Streit zwischen den Leistungsträgern über die Frage der Leistungsverpflichtung voraus. Ein solcher Streit ist aber bei Beachtung der Regelung des § 14 ausgeschlossen. Teilweise wird aber in der Rechtsprechung (*OVG Lüneburg*, RdLH 2003, 111 f., *VG Braunschweig*, Behindertenrecht 2003, 190 f.) die Auffassung vertreten, dass der Vorrang der Zuständigkeitsklärung nach § 14 eine Anwendung des § 43 SGB I in den Fällen nicht ausschließt, in denen die Zuständigkeitsklärung nach § 14 nicht zum Erfolg geführt hat, weil die in Betracht kommenden Rehabilitationsträger ihre Leistungspflicht bestreiten oder der zuerst angegangene Träger seine Zuständigkeit nicht innerhalb der Zwei-Wochen-Frist klären kann und weitere Ermittlungen zu einer unzumutbaren Leistungsverzögerung führen würden.

Mit der gemeinsamen Empfehlung über die Ausgestaltung des in § 14 SGB IX 4 bestimmten Verfahrens (**Gemeinsame Empfehlung zur Zuständigkeitsklärung,** s. unter www.bar-frankfurt.de) vom 1. 5. 2003 in der Fassung vom 22. 3. 2004 haben die Rehabilitationsträger nach § 6 Abs. 1 Nr. 1 bis 5 verwaltungspraktikable Regelungen geschaffen, die die auf eine Beschleunigung des Zuständigkeits- und Verwaltungsverfahrens gerichtete Vorschrift des § 14 konkretisieren (vgl. hierzu auch die Ausführungen zu § 13 Rdnr. 15). Die Träger der Sozial- und Jugendhilfe haben von der Möglichkeit, der gemeinsamen Empfehlung beizutreten (vgl. § 13 Abs. 5 Satz 2) keinen Gebrauch gemacht.

B. Früheres Recht

Vorgängerregelungen waren bis zum 30. 6. 2001 die Regelungen über die **Gewährung vorläufiger Leistungen** in § 6 Abs. 2 RehaAnglG und die gem. § 5 Abs. 5 RehaAnglG von den Rehabilitationsträgern abgeschlossene Gesamtvereinbarung über die Gewährung vorläufiger Leistungen vom 1. 1. 1978 sowie die Vorleistungsregelung in § 31 Abs. 5 SchwbG. Die Regelung des § 6 Abs. 2 Reha-

AnglG bestimmte in Fällen ungeklärter Zuständigkeit oder bei Gefährdung der unverzüglichen Einleitung der erforderlichen Maßnahmen aus anderen Gründen eine Vorleistungspflicht, die den Träger der gesetzlichen Rentenversicherung in Fällen medizinischer Maßnahmen zur Rehabilitation und in Fällen berufsfördernder Maßnahmen zur Rehabilitation die Bundesanstalt für Arbeit traf. Die vorläufige Leistung war nach Ablauf einer Frist von längstens sechs Wochen zu erbringen. Fristbeginn war der Zeitpunkt, zu dem der vorleistungspflichtige Träger von dem Antrag und den die Vorleistungspflicht begründenden Tatsachen Kenntnis erlangte.

6 Einzelne Unklarheiten des in § 14 beschriebenen Verfahrens konnten durch das **Gesetz zur Förderung der Ausbildung und Beschäftigung schwerbehinderter Menschen** vom 23. 4. 2004 (BGBl. I S. 606) mit Wirkung zum 1. 5. 2004 gelöst werden. Danach wurde Abs. 2 um Satz 5 ergänzt. Darüber hinaus wurden in Abs. 4 Satz 3 nach dem Wort „anzuwenden" die Worte „es sei denn, die Rehabilitationsträger vereinbaren Abweichendes" angefügt. Außerdem wurden in Abs. 5 Satz 5 nach dem Wort „Wochen" die Worte „nach Auftragserteilung" angefügt.

C. Prüfung der Zuständigkeit (Abs. 1)

7 Die Vorschrift strebt die **möglichst schnelle Leistungsgewährung** in der Weise an, dass sie dem vom Leistungsberechtigten zuerst angegangenen Rehabilitationsträger eine Schlüsselfunktion im Verwaltungsablauf zuweist. Absatz 1 verpflichtet den zuerst angegangenen Rehabilitationsträger, kurzfristig, d. h. innerhalb **von zwei Wochen nach Eingang des Antrags** bei ihm, festzustellen, ob er für die Leistung zuständig ist. Die Zwei-Wochen-Frist beginnt am Tag nach Eingang des Antrags bei dem Rehabilitationsträger (vgl. § 187 Abs. 1 BGB und die entsprechende Regelung in § 1 Abs. 1 Satz 1 der Gemeinsamen Empfehlung zur Zuständigkeitsklärung). Für die Berechnung der Frist gilt § 26 Abs. 1 SGB X i. V. m. § 188 Abs. 2 BGB. Der Tag des Eingangs ist entsprechend § 130 Abs. 3 BGB der Tag des Zugangs bei dem angegangenen Träger und damit des Eingangs in seinen Organisationsbereich. Wird ein Antrag bei einer **gemeinsamen Servicestelle** nach § 22 gestellt, beginnt die Zwei-Wochen-Frist am Folgetag der Antragsaufnahme bzw. des Antragseingangs mit Wirkung für den Träger, dem die gemeinsame Servicestelle organisatorisch angehört. Dieser gilt dann als erstangegangener Träger (vgl. § 1 Abs. 3 der Gemeinsamen Empfehlung zur Zuständigkeitsklärung). In bestimmten Fällen ist gesetzlich vorgesehen, dass die Krankenkasse nach § 51 SGB V oder die Agentur für Arbeit nach § 125 SGB III zur **Antragstellung auffordert.** In diesem Fall ist nicht der auffordernde Träger sondern der Adressat des Antrags als erstangegangener Träger zu betrachten (vgl. § 2 Abs. 4 der Gemeinsamen Empfehlung zur Zuständigkeitsklärung). Ein die Frist auslösender Antrag liegt dann vor, wenn die Unterlagen, die die eine **Beurteilung der Zuständigkeit ermöglichen,** vorliegen. Hierzu gehört insbesondere, dass die Identität und das konkrete Leistungsbegehren des Antragstellers erkennbar sind (vgl. § 1 Abs. 1 Satz 2 der Gemeinsamen Empfehlung zur Zuständigkeitsklärung). Daneben werden bei einem Antrag auf medizinische Leistungen zur Rehabilitation auch die standardmäßig eingeforderten medizinischen Unterlagen vorliegen müssen. Der Rehabilitationsträger muss allerdings gem. § 16 Abs. 3 SGB I auf die Stellung sachdienlicher Anträge hinwirken.

8 Der erstangegangene Träger hat zunächst zu prüfen, ob er für die beantragte Leistung nach den Vorschriften des § 6 Abs. 1 und seines Leistungsgesetzes überhaupt Rehabilitationsträger sein kann und ob eine vorrangige Leistungszuständig-

keit eines anderen Rehabilitationsträgers besteht. Bei den Krankenkassen legt Abs. 1 Satz 1 2. Halbs. ausdrücklich fest, dass die Prüfung auch § 40 Abs. 4 SGB V, also den Grundsatz des Nachrangs gegenüber Leistungen der gesetzlichen Rentenversicherung mit Ausnahme der Leistungen nach § 31 SGB VI, umfasst. Die Träger der gesetzlichen Rentenversicherung prüfen neben den versicherungsrechtlichen Voraussetzungen des § 11 SGB VI und dem Vorliegen von Ausschlussgründen nach § 12 SGB VI auch die persönlichen Voraussetzungen des § 10 SGB VI. Die Prüfung nach Abs. 1 Satz 1 umfasst nicht nur die Klärung der sachlichen Zuständigkeit zwischen verschiedenen Rehabilitationsträgern bzw. verschiedener Sozialleistungszweige, sondern auch die Zuständigkeit verschiedener Rehabilitationsträger desselben Sozialleistungszweiges. Nach dem Wortlaut und Sinn der §§ 6 und 14 kann unter „Rehabilitationsträger" nur der einzelne Sozialleistungsträger und nicht der gesamte Sozialleistungszweig gemeint sein. Insofern ist als Folge auch eine Weiterleitung nach Abs. 1 Satz 2 **zwischen Trägern desselben Sozialleistungszweigs** möglich.

Ergibt die Prüfung des erstangegangenen Trägers, dass er nicht zuständig ist, **9** leitet er den Antrag einschließlich bereits vorliegender Unterlagen unverzüglich, spätestens am Tag nach Ablauf der Zwei-Wochen-Frist, dem nach seiner Auffassung zuständigen Rehabilitationsträger mit einer schriftlichen Begründung zu, aus der hervorgeht, dass eine inhaltliche Prüfung der Zuständigkeit stattgefunden hat. Über die **Weiterleitung** des Antrags wird der Antragsteller schriftlich informiert (vgl. § 2 der Gemeinsamen Empfehlung zur Zuständigkeitsklärung). Von ihrem **Rechtscharakter** her ist die Weiterleitung des Antrags nicht ein Verwaltungsakt, sondern eine Verfahrensentscheidung ohne Außenwirkung und Regelungscharakter i. S. v. § 31 SGB X. Der erstangegangene Träger trifft mit der Weiterleitung keine Feststellung über die Zuständigkeit des zweitangegangenen Trägers und auch keine bindungsfähige Entscheidung über die eigene Zuständigkeit. Es handelt sich um eine schlichte Weiterleitung des Vorgangs an eine zuständige Stelle. Der zweite Träger wird nicht deshalb verpflichtet, weil der erste Träger dies so entschieden hat, sondern allein, weil das Gesetz an die Tatsache der Weiterleitung Folgen knüpft.

Eine Weiterleitung liegt nicht vor, wenn ein Rehabilitationsträger einen Antrag **10** **erkennbar** für einen anderen Rehabilitationsträger aufnimmt, z.B. auf dessen Antragsvordrucken. Der Rehabilitationsträger, für den der Antrag aufgenommen wurde ist erstangegangener Träger (vgl. § 2 Abs. 3 der Gemeinsamen Empfehlung zur Zuständigkeitsklärung).

Nach **Ablauf** der Zwei-Wochen-Frist ist eine Weiterleitung nicht mehr möglich. **11** Mit der Fristversäumnis wird gesetzlich die Zuständigkeit des erstangegangenen Trägers begründet (*BayVGH*, BehindertenR 2004, 87f., vgl. auch § 2 Abs. 2 der Gemeinsamen Empfehlung zur Zuständigkeitsklärung).

Aufgrund der Weiterleitungsregelung in Abs. 1 Satz 2 ist ein **Ablehnungsbe-** **12** **scheid** durch den erstangegangenen Träger nur noch dann zu erteilen, wenn ein Rehabilitationsbedarf im weit gefassten Sinne zu verneinen ist. Die Prüfung nach Abs. 1 Satz 1 muss also ergeben haben, dass kein Rehabilitationsträger für die beantragte Leistung zuständig sein kann.

Muss der zuerst angegangene Rehabilitationsträger zur Feststellung seiner Zu- **13** ständigkeit die **Ursache der Behinderung klären,** und ist diese Klärung nicht innerhalb der in Satz 1 festgelegten Frist möglich, ist der Antrag nach Satz 3 unverzüglich dem Rehabilitationsträger zuzuleiten, der die Leistung ohne Rücksicht auf die Ursache erbringt. Für Leistungen zur medizinischen Rehabilitation ist der Träger der gesetzlichen Rentenversicherung oder der Alterssicherung der Landwirte zuständig, wenn die versicherungsrechtlichen und persönlichen Voraussetzungen erfüllt sind, ansonsten die Krankenkasse. In Fällen von Leistungen zur

Teilhabe am Arbeitsleben der Träger der gesetzlichen Rentenversicherung, wenn die versicherungsrechtlichen Voraussetzungen erfüllt sind, ansonsten die Bundesagentur für Arbeit. Für Leistungen zur Teilhabe am Leben in der Gemeinschaft der Träger der Sozialhilfe, der nach den Vorschriften des SGB XII örtlich und sachlich zuständig ist. Bei Unklarheit darüber, ob Leistungen zur medizinischen Rehabilitation oder zur Teilhabe am Arbeitsleben erforderlich sind, der Träger der gesetzlichen Rentenversicherung (vgl. § 4 der Gemeinsamen Empfehlung zur Zuständigkeitsklärung).

14 Wird der Antrag bei der **Bundesagentur für Arbeit** gestellt, hat sie bei der Prüfung der Zuständigkeit nach Satz 1 und 2 Feststellungen nach § 11 Abs. 2a Nr. 1 SGB VI (Rehabilitation vor Rente) und § 22 Abs. 2 SGB III (Nachrang) nicht zu treffen, um das Verfahren zu beschleunigen. Diese Feststellungen werden erst in dem Verfahren nach Abs. 4 getroffen (Rdnr. 23 ff.).

D. Entscheidung über den Antrag (Abs. 2)

15 Wird der Antrag von dem erstangegangenen Träger nicht weitergeleitet, stellt dieser den **Rehabilitationsbedarf** unverzüglich fest und entscheidet über den Antrag innerhalb von drei Wochen nach Antragseingang sofern für die Bedarfsfeststellung ein Gutachten nicht eingeholt werden muss (Satz 1 und 2). Ist für die Feststellung des Rehabilitationsbedarfs ein Gutachten erforderlich, wird die Entscheidung innerhalb von zwei Wochen nach Vorliegen des Gutachtens getroffen (Satz 4).

16 Mit dem Ablauf der Zwei-Wochen-Frist des Abs. 1 wird **gesetzlich die Zuständigkeit des erstangegangenen Trägers** begründet (vgl. Rdnr. 8), der erstangegangene Träger hat den Rehabilitationsbedarf zu prüfen und die Leistung auch dann zu erbringen, wenn er nicht zuständig ist. Mit der Regelung wird der zügigen Antragserledigung Vorrang vor den gesetzlich geregelten Zuständigkeiten der Rehabilitationsträger eingeräumt. **Versäumt** ein erstangegangener Träger die Frist zur Zuständigkeitsklärung des Abs. 1 und **leitet** er den Antrag nach Ablauf der zwei Wochen **trotzdem** an den aus seiner Sicht zuständigen Träger weiter, spricht der Sinn des § 14 dafür, dass der zweitangegangene Träger den Antrag nicht zurückgibt, sondern den Rehabilitationsbedarf auch in diesen Fällen unverzüglich feststellt, die Leistung erbringt und gegen den erstangegangenen Träger einen **Erstattungsanspruch** nach Abs. 4 Satz 1 geltend macht. Dies gilt sowohl in den Fällen, in denen der zweitangegangene Träger für die Leistung ursprünglich zuständig war als auch in den Fällen, in denen er eigentlich nicht zuständig war. Eine Rückgabe des Antrags wäre mit der Beschleunigungsfunktion des § 14 demgegenüber nicht zu vereinbaren. Mit der Fristversäumnis ist die gesetzliche Zuständigkeit des erstangegangenen Trägers begründet worden, so dass sich der Erstattungsanspruch nach Abs. 4 Satz 1 gegen ihn richtet.

17 Wird der Antrag **weitergeleitet,** gelten für den **zweitangegangenen Träger** hinsichtlich der unverzüglichen Bedarfsfeststellung und der Entscheidungsfristen die gleichen Regelungen wie für den erstangegangenen Träger. Die in Satz 2 genannte Frist beginnt mit dem Eingang des Antrags bei diesem Rehabilitationsträger (Satz 3). Er ist an die nach Abs. 1 getroffene Feststellung des erstangegangenen Trägers über die Zuständigkeit gebunden und kann den **Antrag nicht erneut weiterleiten.** Der zweitangegangene Träger hat den Bedarf ungeachtet seiner tatsächlichen Zuständigkeit unverzüglich festzustellen, über den Antrag zu entscheiden und die Leistung zu erbringen. Durch die Weiterleitung des Antrags wird somit die (vorläufige) gesetzliche Zuständigkeit des zweitangegangenen Trägers begründet. Der zweitangegangene Träger hat über den Antrag im **Rahmen seiner Leistungsgesetze** zu entscheiden. Besteht Rehabilitationsbedarf und wird die erforderliche Leistung vom Leistungsspektrum des zweitangegangenen Trägers umfasst, ist **ungeachtet** einer Prüfung der spezifischen **versicherungsrechtlichen und persönlichen Leistungsvoraussetzungen** des jeweiligen Rehabilitationsträgers die Leistung durchzuführen (vgl. § 3 Abs. 1 der Gemeinsamen Empfehlung zur Zuständigkeitsklärung). Beispiel: ein Rentenversicherungsträger ist zweitangegangener Träger, die persönlichen Voraussetzungen nach § 10 SGB VI sind nicht erfüllt, dennoch liegt Rehabilitationsbedarf i. S. der Krankenversicherung vor.

Eine **Ausnahme** von dieser Leistungspflicht besteht nur dort, wo die beantragte 18 Leistung **nicht im Leistungskatalog** des Trägers enthalten ist (vgl. der zum 1. 5. 2004 durch das Gesetz zur Förderung der Ausbildung und Beschäftigung schwerbehinderter Menschen vom 23. 4. 2004 (BGBl. I S. 606) eingefügte Satz 5). Beispiel: Weiterleitung eines Antrags auf Leistungen zur Teilhabe am Arbeitsleben an eine Krankenkasse. Der zweitangegangene Träger, der für die beantragte Leistung nicht Rehabilitationsträger nach § 6 sein kann, hat danach mit dem nach seiner Auffassung zuständigen Rehabilitationsträger unverzüglich abzuklären, von wem und in welcher Weise über den Antrag innerhalb der Fristen der Sätze 2 und 4 zu entscheiden ist. Der Antragssteller wird hierüber unterrichtet (vgl. § 3 Abs. 3 der Gemeinsamen Empfehlung zur Zuständigkeitsklärung). Die Verantwortung für die Koordination der weiteren Antragsbearbeitung verbleibt damit aber zunächst beim unzuständigen zweitangegangenen Rehabilitationsträger. Die Vorschrift zeigt aber, dass im Gegensatz zur vorläufigen Leistung, die den zuständigen Leistungsträger nicht unmittelbar tangiert, eine nach außen verbindliche neue Zuständigkeit geschaffen worden ist, gleichzeitig aber intern Verpflichtungen des eigentlich zuständigen Leistungsträgers fortbestehen (*BSG*, Urt. v. 26. 10. 2004, B 7 AL 16/04 R).

Eine weitere Ausnahme besteht in den Fällen der **nochmaligen Weiterlei-** 19 **tung innerhalb eines Sozialleistungsbereichs.** Innerhalb eines Sozialleistungsbereichs kann **unter Wahrung der Entscheidungsfristen** nach Abs. 2 eine nochmalige Weiterleitung des Antrags möglich sein (vgl. § 3 Abs. 4 der Gemeinsamen Empfehlung zur Zuständigkeitsklärung). Die nochmalige Weiterleitung des Antrags an den Träger desselben Sozialleistungszweigs sollte allerdings dann ausgeschlossen sein, wenn die beantragte Leistung ihrer Art nach nicht im Leistungskatalog des betreffenden Trägerbereichs enthalten ist oder ein Ausschlussgrund vorliegt, der für den gesamten Sozialleistungszweig gilt (z. B. § 12 SGB VI).

Integrationsämter dürfen einen an sie nach § 16 Abs. 2 SGB I weitergeleite- 20 ten Antrag **nochmals weiterleiten,** wenn sie nach Prüfung ihre Nichtzuständigkeit feststellen (§ 102 Abs. 6 Satz 2, vgl. auch § 3 Abs. 2 der Gemeinsamen Empfehlung zur Zuständigkeitsklärung).

Kann über den Antrag **nicht innerhalb der Fristen** des Abs. 2 entschieden 21 werden, teilt der Rehabilitationsträger dies dem Betroffenen unter Darlegung der Gründe rechtzeitig mit (vgl. § 15 Abs. 1 Satz 1).

E. Leistungen von Amts wegen (Abs. 3)

Absatz 3 stellt sicher, dass die Fristen nach Abs. 1 und 2 auch in den Fällen gel- 22 ten, bei denen Leistungen zur Teilhabe nicht auf Antrag sondern **von Amts wegen** erbracht werden, z. B. in der gesetzlichen Unfallversicherung, Sozialhilfe und Kriegsopferfürsorge. An die Stelle des Tages der Antragstellung tritt dabei der Tag der **Kenntnis** des voraussichtlichen Rehabilitationsbedarfs (vgl. § 1 Abs. 2 der Gemeinsamen Empfehlung zur Zuständigkeitsklärung). Für die Antragsfiktion reicht es aus, dass der Rehabilitationsträger aus den vorliegenden Unterlagen unter Berücksichtigung seiner Fachkompetenz erkennen kann, dass die Klärung eines konkreten Rehabilitationsbedarfs angezeigt ist.

F. Erstattung von Leistungen (Abs. 4)

23 Wird nach Bewilligung der Leistung durch einen **zweitangegangenen Träger** nach Abs. 1 Satz 2 bis 4 festgestellt, dass ein anderer Rehabilitationsträger für die Leistung zuständig ist, **erstattet** dieser dem zweitangegangenen Träger dessen Aufwendungen nach den für ihn geltenden Rechtsvorschriften (Satz 1). Bei der Regelung des Satz 1 handelt es sich um eine **reine Erstattungsregelung,** wonach die dem leistenden Träger nach dessen Rechtsvorschriften tatsächlich entstandenen Kosten erstattet werden. Der Fall ist von dem erstattungspflichtigen und eigentlich zuständigen Träger nicht noch mal von Grund auf aufzugreifen, so dass z. B. eine Entgeltersatzleistung nicht noch mal neu berechnet wird und auch entrichtete und als entrichtet geltende Beiträge zur Sozialversicherung zu erstatten sind. Die Regelung soll einen Ausgleich dafür schaffen, dass der zweitangegangene Träger keine Möglichkeit hatte, den Antrag noch mal weiterzuleiten und trotz Unzuständigkeit zur Leistung verpflichtet war (vgl. Rdnr. 17 ff.).

24 Der Erstattungsanspruch besteht unabhängig davon, ob sich die Unzuständigkeit des leistenden Trägers **vor oder nach Bewilligung der Leistung** herausstellt. Allerdings begründet sich ein Erstattungsanspruch nicht dadurch, dass sich eine ursprünglich durch den Rentenversicherungsträger festgestellte **positive Rehabilitationsprognose** während oder nach der Rehabilitation nicht bestätigt (vgl. § 5 Abs. 2 der Gemeinsamen Empfehlung zur Zuständigkeitsklärung).

25 Bei der Geltendmachung von Erstattungsansprüchen nach Satz 1 finden die Regelungen der **§§ 108, 111 f. SGB X** Anwendung (vgl. § 5 Abs. 3 der Gemeinsamen Empfehlung zur Zuständigkeitsklärung).

26 In dem Erstattungsverfahren ist auch die Zuständigkeit zwischen der **Bundesagentur für Arbeit und der Rentenversicherung** in den Fällen des § 11 Abs. 2 a Nr. 1 SGB VI zu klären. Die Einleitung des Erstattungsverfahrens ist der Bundesagentur für Arbeit in diesen Fällen aber nur dann erlaubt, wenn sie **konkrete Anhaltspunkte** dafür hat, dass der Träger der Rentenversicherung zur Leistung einer Rente unabhängig von der konkreten Arbeitsmarktlage verpflichtet sein könnte (Satz 2).

27 Hat ein **erstangegangener Rehabilitationsträger** eine Leistung **unzuständig** erbracht, hat er auch keinen Erstattungsanspruch nach § 105 SGB X (Satz 3). Dieser Erstattungsausschluss ist als „Strafvorschrift" zu Lasten desjenigen Trägers zu verstehen, der seine Zuständigkeit fahrlässig annimmt oder die Zwei-Wochen-Frist des Abs. 1 versäumt.

28 Andererseits darf diese Regelung nicht dazu führen, dass schon bei geringen Zweifeln an der eigenen Zuständigkeit eine Weiterleitung erfolgt. Der Gesetzgeber hat daher durch das Gesetz zur Förderung der Ausbildung und Beschäftigung schwerbehinderter Menschen vom 23. 4. 2004 (BGBl. I S. 606) mit Wirkung zum 1. 5. 2004 Satz 3 der Vorschrift um den **zweiten Halbsatz** ergänzt, wonach die Rehabilitationsträger die Anwendung des § 105 SGB X als Erstattungsanspruch des erstangegangenen unzuständigen Rehabilitationsträgers in bestimmten Fällen vereinbaren können. Die Spitzenverbände der Renten-, Kranken- und Unfallversicherung sowie die Bundesagentur für Arbeit haben dementsprechend bereits eine **Verfahrensabsprache** zur Anwendung von § 14 Abs. 1 Satz 3 und Abs. 4 getroffen, die die Frage des Erstattungsanspruchs in den Fällen löst, in denen – um den Versicherten unnötige Verzögerungen zu ersparen – trotz geringer Zweifel an der eigenen Zuständigkeit Leistungsanträge nicht rein vorsorglich weitergeleitet werden, sondern die Leistung bereits dann ermöglicht wird, wenn die Ursache der Behinderung noch nicht abschließend feststellbar ist (vgl. Rdnr. 13).

G. Beauftragung von Sachverständigen (Abs. 5)

Soweit für die Feststellung des Rehabilitationsbedarfs nach Abs. 2 ein Gutachten 29
erforderlich ist, beauftragt der Rehabilitationsträger unverzüglich einen geeigneten
Sachverständigen. Die Rehabilitationsträger haben sicherzustellen, dass ihnen
Sachverständige zur Verfügung stehen, die ohne **Zugangs- und Kommunikationsbarrieren** zu erreichen sind, also z. B. Auffahrrampen, behindertengerechte
Fahrstühle oder Gebärdendolmetscher zur Verfügung stehen. Der Rehabilitationsträger hat dem Leistungsberechtigten in der Regel drei möglichst wohnortnahe
Sachverständige zu benennen. Dies können auch Sachverständige der sozialmedizinischen Dienste der Rehabilitationsträger sein. Damit wird dem Leistungsberechtigten in Konkretisierung des **Wunsch- und Wahlrechts** (§ 9) ermöglicht,
unter mehreren geeigneten Sachverständigen auszuwählen. Hat sich der Leistungsberechtigte für einen benannten Gutachter entschieden, wird dem Wunsch Rechnung getragen (Sätze 1–4).

Der Sachverständige nimmt eine unfassende sozialmedizinische, bei Bedarf auch 30
psychologische Begutachtung vor und erstellt das Gutachten **innerhalb von zwei
Wochen nach Auftragserteilung** (Satz 5, vgl. § 6 der Gemeinsamen Empfehlung zur Zuständigkeitsklärung). Mit dem Gesetz zur Förderung der Ausbildung
und Beschäftigung schwerbehinderter Menschen vom 23. 4. 2004 (BGBl. I S. 606)
wurde mit Wirkung zum 1. 5. 2004 klargestellt, dass die Zwei-Wochen-Frist zur
Erstellung des Gutachtens bereits mit der Auftragserteilung und nicht erst mit der
Begutachtung bzw. mit der Untersuchung des Antragstellers beginnt. Die Regelung dürfte in der Praxis auf Schwierigkeiten stoßen, da Umstände in die Frist miteinbezogen werden, die außerhalb des Verantwortungsbereichs des Rehabilitationsträgers oder auch des Sachverständigen liegen. So ist es insbesondere auch von
dem Verhalten des Leistungsberechtigten abhängig, ob die Gutachtenerstellung innerhalb von zwei Wochen nach der Auftragserteilung erfolgen kann.

Das Gutachten soll nach **einheitlichen Grundsätzen** der Rehabilitationsträger 31
durchgeführt werden (vgl. § 12 Abs. 1 Nr. 4 und die Gemeinsame Empfehlung
für die Durchführung von Begutachtungen möglichst nach einheitlichen Grundsätzen).

Die in dem Gutachten **getroffenen Feststellungen** zum Rehabilitationsbedarf 32
werden den Entscheidungen der Rehabilitationsträger zugrunde gelegt, soweit sie
nach dem Stand des Rehabilitationsverfahrens für deren Entscheidung relevant
sind (Satz 6). Damit werden die für die Betroffenen belastenden **Mehrfachuntersuchungen** soweit wie möglich ausgeschlossen (vgl. auch § 96 SGB X).

H. Weitere Leistungen (Abs. 6)

Hält der leistende Rehabilitationsträger weitere Leistungen zur Teilhabe für er- 33
forderlich, die aber nicht zu seinem Leistungsspektrum gehören (§ 6), so hat er den
Antrag unverzüglich dem nach seiner Auffassung zuständigen Leistungsträger zuzuleiten (vgl. auch § 10 Abs. 1). Der Leistungsberechtigte ist hierüber zu unterrichten.

§ 15 Erstattung selbstbeschaffter Leistungen

(1) [1]Kann über den Antrag auf Leistungen zur Teilhabe nicht innerhalb der in § 14 Abs. 2 genannten Fristen entschieden werden, teilt der Rehabilitationsträger dies den Leistungsberechtigten unter Darlegung der

Gründe rechtzeitig mit. ²Erfolgt die Mitteilung nicht oder liegt ein zureichender Grund nicht vor, können Leistungsberechtigte dem Rehabilitationsträger eine angemessene Frist setzen und dabei erklären, dass sie sich nach Ablauf der Frist die erforderliche Leistung selbst beschaffen. ³Beschaffen sich Leistungsberechtigte nach Ablauf der Frist eine erforderliche Leistung selbst, ist der zuständige Rehabilitationsträger unter Beachtung der Grundsätze der Wirtschaftlichkeit und Sparsamkeit zur Erstattung der Aufwendungen verpflichtet. ⁴Die Erstattungspflicht besteht auch, wenn der Rehabilitationsträger eine unaufschiebbare Leistung nicht rechtzeitig erbringen kann oder er eine Leistung zu Unrecht abgelehnt hat. ⁵Die Sätze 1 bis 3 gelten nicht für die Träger der Sozialhilfe, der öffentlichen Jugendhilfe und der Kriegsopferfürsorge.

(2) Die Rehabilitationsträger erfassen,
1. in wie vielen Fällen die Fristen nach § 14 nicht eingehalten wurden,
2. in welchem Umfang sich die Verfahrensdauer vom Eingang der Anträge bis zur Entscheidung über die Anträge verringert hat,
3. in wie vielen Fällen eine Kostenerstattung nach Absatz 1 Satz 3 und 4 erfolgt ist.

Schrifttum: *Benz*, Kostenerstattung für selbst beschaffte Leistungen im Rahmen der Heilbehandlung, der medizinischen Rehabilitation oder der Teilhabe, NZS 2002, 511; *Hochrein*, Neuerungen im Reha-Verfahren, MittbayLVAen 2004, 274.

Inhaltsübersicht

	Rdnr.
A. Allgemeines	1, 2
B. Erstattung von Aufwendungen (Abs. 1)	3–6
C. Statistik (Abs. 2)	7

A. Allgemeines

1   Die Vorschrift ermöglicht Leistungsberechtigten, sich die **Leistung selbst zu beschaffen,** wenn die beantragte und erforderliche Leistung trotz Fristsetzung nicht rechtzeitig erbracht wird. § 15 regelt unter welchen Voraussetzungen unter Abweichung vom Sachleistungsprinzip eine Selbstbeschaffung mit anschließender **Kostenerstattung** erfolgen kann. Systematisch ist die Vorschrift als Folgeregelung zu den Entscheidungsfristen des § 14 Abs. 2 zu sehen und gilt wegen § 14 Abs. 3 auch für Verfahren, die von Amts wegen eingeleitet wurden. Die Dokumentationspflicht nach Abs. 2 (Nr. 1 und 2) betrifft insofern auch überwiegend das Verfahren nach § 14.

2   § 15 gilt für die Träger der Sozialhilfe, der öffentlichen Jugendhilfe und der Kriegsopferfürsorge nur eingeschränkt (Abs. 1 Satz 5). Die Träger der Sozialhilfe, der öffentlichen Jugendhilfe und der Kriegsopferfürsorge sind zur Erstattung nur verpflichtet, wenn sie eine unaufschiebbare Leistung nicht rechtzeitig erbringen können oder eine Leistung zu Unrecht abgelehnt haben. Für die Krankenversicherung gilt durch § 13 Abs. 3 Satz 2 SGB V die Anwendung von § 15.

B. Erstattung von Aufwendungen (Abs. 1)

3   Die Anwendung der Vorschrift setzt voraus, dass der Rehabilitationsträger nach Sachlage zu der Leistung verpflichtet ist; hierzu müssen nicht nur die Leistungsvo-

Kap. 1. Allgemeine Regelungen § 16

raussetzungen gegeben, sondern auch bestehende Mitwirkungspflichten (§§ 60 f. SGB I) vom Leistungsberechtigten erfüllt sein.

Satz 1 verpflichtet den Rehabilitationsträger, den Antragsteller unter Darlegung 4 der Gründe rechtzeitig zu informieren, wenn über den **Antrag auf Leistungen zur Teilhabe nicht** innerhalb der in § 14 Abs. 2 festgelegten Fristen **entschieden werden kann.** Der unbestimmte Begriff „rechtzeitig" ist so zu verstehen, dass der Rehabilitationsträger dem Antragsteller die Mitteilung zugehen lassen muss, sobald für ihn erkennbar ist, dass er über den Antrag nicht innerhalb der maßgebenden Frist entscheiden kann. Die Mitteilung muss immer die Gründe für die Verzögerung enthalten. Unterbleibt eine entsprechende Mitteilung oder sind die dargelegten Gründe für die Verzögerung der Entscheidung unzureichend, hat der Leistungsberechtigte die Möglichkeit, den Rehabilitationsträger aufzufordern, innerhalb einer angemessenen Frist über den Antrag zu entscheiden und dabei zu erklären, dass er sich nach Ablauf der Frist die **Leistung selbst beschaffen** werde. Als **zureichende Gründe** sind sachliche Gründe anzusehen, die außerhalb der Sphäre des Rehabilitationsträgers liegen (z. B. die Verletzung von Mitwirkungspflichten oder von Informationspflichten Dritter). Die **Angemessenheit der Frist** beurteilt sich nach dem Einzelfall. Einerseits muss dem Rehabilitationsträger die Möglichkeit gegeben werden, die Entscheidung nachzuholen, andererseits muss die Dringlichkeit der Entscheidung berücksichtigt werden. Als Orientierung kann die Zwei-Wochen-Frist in § 14 Abs. 2 Satz 4 dienen.

Erkennt der Rehabilitationsträger während der ihm gesetzten Frist, dass die be- 5 antragte Leistung aus seiner Sicht nicht erforderlich ist, hat er dies dem Antragsteller mitzuteilen und ihm die mit einer **Selbstbeschaffung verbundenen Risiken** zu verdeutlichen. Diese Risiken bestehen insbesondere darin, dass der Rehabilitationsträger zur Erstattung der Aufwendungen unter Beachtung der Grundsätze der Wirtschaftlichkeit und Sparsamkeit verpflichtet ist, dem Antragsteller dagegen die wirtschaftlichen Versorgungsmöglichkeiten ggf. nicht erkennbar sind und er daher aufwändige, insoweit nicht erforderliche Leistungen selbst beschafft. Die Mehrkosten solcher Leistungen sind nicht erstattungsfähig. Daneben dürfte auch das Nichtvorliegen eines zureichenden Grundes und die Angemessenheit der Nachfrist (Abs. 1 Satz 2) in der Bewertung durch den Antragsteller schwierig sein.

Die Erstattungspflicht besteht nach Satz 4 auch in Eilfällen und bei rechtswid- 6 riger Ablehnung der Leistung. Bei der Beurteilung, ob eine Leistung **unaufschiebbar** ist wird es auf den medizinisch zu beurteilenden Bedarf ankommen. Ob eine Leistung **zu Unrecht** abgelehnt wurde, wird sich erst im Rechtswege klären lassen.

C. Statistik (Abs. 2)

Absatz 2 verpflichtet die Rehabilitationsträger zur Dokumentation aller Fälle der 7 Fristüberschreitung nach § 14, über die Verringerung der Verfahrensdauer sowie über die Zahl der Fälle von Kostenerstattung nach Abs. 1 Satz 3 und 4.

§ 16 Verordnungsermächtigung

Vereinbaren die Rehabilitationsträger nicht innerhalb von sechs Monaten, nachdem das Bundesministerium für Gesundheit und Soziale Sicherung sie dazu aufgefordert hat, gemeinsame Empfehlungen nach § 13 oder ändern sie unzureichend gewordene Empfehlungen nicht innerhalb dieser Frist, kann das Bundesministerium für Gesundheit und Soziale Sicherung Regelungen durch Rechtsverordnung mit Zustimmung des Bundesrates erlassen.

Inhaltsübersicht

	Rdnr.
A. Allgemeines	1, 2
B. Verordnungsermächtigung	3–5

A. Allgemeines

1   Die Vorschrift enthält eine **Verordnungsermächtigung** für den Fall, dass die Rehabilitationsträger einer Aufforderung des Bundesministeriums für Gesundheit und Soziale Sicherung zur Vereinbarung der in § 13 vorgesehenen oder zur Änderung unzureichend gewordener gemeinsamer Empfehlungen nicht nachkommen.

2   Die Vorschrift ersetzt den zum 30. 6. 2001 außer Kraft getretenen § 8 RehaAnglG. Nach § 8 RehaAnglG konnte die Bundesregierung durch Rechtsverordnung mit Zustimmung des Bundesrates bestimmen, in welchen Fällen und in welcher Weise ein Gesamtplan zur Rehabilitation aufzustellen war, in welcher Weise die Bundesagentur für Arbeit von den übrigen Rehabilitationsträgern zu beteiligen war, nach welchem Verfahren vorläufig Leistungen zu erbringen und in welcher Weise bei der Durchführung von Maßnahmen zur Rehabilitation die Grundsätze der Wirtschaftlichkeit und Sparsamkeit zu berücksichtigen waren. Eine derartige Rechtsverordnung wurde von der Bundesregierung nicht erlassen.

B. Verordnungsermächtigung

3   Mit der Befugnis zur Ersatzvornahme für gemeinsame Empfehlungen die sich mit Regelungen zu Art, Umfang, Inhalt und Wirksamkeit der Leistungen beschäftigen (vgl. § 13 Abs. 2) geht § 16 über die früher in § 8 RehaAnglG enthaltene Verordnungsbefugnis hinaus. Die Verordnungsermächtigung hat Wirkung für die in § 13 Abs. 1 und 2 bezeichneten Vereinbarungspartner **(§ 6 Abs. 1 Nr. 1–5)**. Für die **Sozial- und Jugendhilfe** gilt § 13 Abs. 5 Satz 2.

4   Vorraussetzung für die Verordnungsermächtigung ist, dass das Bundesministerium für Gesundheit und Soziale Sicherung die Rehabilitationsträger zur Erstellung oder Änderung gemeinsamer Empfehlungen aufgefordert hat. Nach § 13 Abs. 7 Satz 3 führt die Aufforderung zur Pflicht der **Bundesarbeitsgemeinschaft für Rehabilitation,** innerhalb von sechs Monaten nach dem in § 13 beschriebenen Verfahren einen Vorschlag zu erarbeiten und vorzulegen. Nach § 13 Abs. 7 Satz 5 sind Einwände aufgrund von berechtigten Interessen eines Rehabilitationsträgers innerhalb von vier Wochen nach Vorlage des Vorschlags auszuräumen.

5   Eine nach § 16 erlassene Rechtsverordnung liegt zurzeit noch nicht vor. Vergleiche aber die Verordnungsermächtigung nach § 32 und die aufgrund des § 32 Abs. 1 erlassene Rechtsverordnung zur Früherkennung und Frühförderung behinderter und von Behinderung bedrohter Kinder (Frühförderungsverordnung – FrühV) vom 24. 6. 2003 (im Anhang Nr. 7), die zum 1. 7. 2003 in Kraft getreten ist. Die Verordnung konzentriert sich im Wesentlichen auf die Abgrenzung der Leistungen und regelt die Übernahme und die Teilung der Kosten zwischen den beteiligten Rehabilitationsträgern.

Kapitel 2. Ausführung von Leistungen zur Teilhabe

§ 17 Ausführung von Leistungen, Persönliches Budget

(1) [1]Der zuständige Rehabilitationsträger kann Leistungen zur Teilhabe
1. allein oder gemeinsam mit anderen Leistungsträgern,
2. durch andere Leistungsträger oder
3. unter Inanspruchnahme von geeigneten, insbesondere auch freien und gemeinnützigen oder privaten Rehabilitationsdiensten und -einrichtungen (§ 19)

ausführen. [2]Er bleibt für die Ausführung der Leistungen verantwortlich. [3]Satz 1 gilt insbesondere dann, wenn der Rehabilitationsträger die Leistung dadurch wirksamer oder wirtschaftlicher erbringen kann.

(2) [1]Auf Antrag können Leistungen zur Teilhabe auch durch ein Persönliches Budget ausgeführt werden, um den Leistungsberechtigten in eigener Verantwortung ein möglichst selbstbestimmtes Leben zu ermöglichen. [2]Bei der Ausführung des Persönlichen Budgets sind nach Maßgabe des individuell festgestellten Bedarfs die Rehabilitationsträger, die Pflegekassen und die Integrationsämter beteiligt. [3]Das Persönliche Budget wird von den beteiligten Leistungsträgern trägerübergreifend als Komplexleistung erbracht. [4]Budgetfähig sind auch die neben den Leistungen nach Satz 1 erforderlichen Leistungen der Krankenkassen und der Pflegekassen, Leistungen der Träger der Unfallversicherung bei Pflegebedürftigkeit sowie Hilfe zur Pflege der Sozialhilfe, die sich auf alltägliche und regelmäßig wiederkehrende Bedarfe beziehen und als Geldleistungen oder durch Gutscheine erbracht werden können. [5]An die Entscheidung ist der Antragsteller für die Dauer von sechs Monaten gebunden.

(3) [1]Persönliche Budgets werden in der Regel als Geldleistung ausgeführt, bei laufenden Leistungen monatlich. [2]In begründeten Fällen sind Gutscheine auszugeben. [3]Persönliche Budgets werden auf der Grundlage der nach § 10 Abs. 1 getroffenen Feststellungen so bemessen, dass der individuell festgestellte Bedarf gedeckt wird und die erforderliche Beratung und Unterstützung erfolgen kann. [4]Dabei soll die Höhe des Persönlichen Budgets die Kosten aller bisher individuell festgestellten, ohne das Persönliche Budget zu erbringenden Leistungen nicht überschreiten.

(4) [1]Enthält das Persönliche Budget Leistungen mehrerer Leistungsträger, erlässt der nach § 14 zuständige der beteiligten Leistungsträger im Auftrag und im Namen der anderen beteiligten Leistungsträger den Verwaltungsakt und führt das weitere Verfahren durch. [2]Ein anderer der beteiligten Leistungsträger kann mit den Aufgaben nach Satz 1 beauftragt werden, wenn die beteiligten Leistungsträger dies in Abstimmung mit den Leistungsberechtigten vereinbaren; in diesem Fall gilt § 93 des Zehnten Buches entsprechend. [3]Die für den handelnden Leistungsträger zuständige Widerspruchsstelle erlässt auch den Widerspruchsbescheid.

(5) § 17 Abs. 3 in der am 30. Juni 2004 geltenden Fassung findet auf Modellvorhaben zur Erprobung der Einführung Persönlicher Budgets weiter Anwendung, die vor Inkrafttreten dieses Gesetzes begonnen haben.

(6) [1]In der Zeit vom 1. Juli 2004 bis zum 31. Dezember 2007 werden Persönliche Budgets erprobt. [2]Dabei sollen insbesondere modellhaft Verfahren zur Bemessung von budgetfähigen Leistungen in Geld und die

§ 17 1, 2 Teil 1. Behinderte u. von Behinderung bedrohte Menschen

Weiterentwicklung von Versorgungsstrukturen unter wissenschaftlicher Begleitung und Auswertung erprobt werden.

Schrifttum: *Eckert,* Erste Versuche einer Verankerung „persönlicher Budgets" in der Bedarfs- und Finanzplanung der Stadt Hamburg für die Behindertenhilfe, in: Paradigmenwechsel der Behindertenhilfe, Freiburg 2001, S. 102; *Fuchs,* Reform von historischer Bedeutung, SGB IX – die Folgen für die medizinische Rehabilitation, SozSich 2001, 150; *Haines,* Das SGB IX für kompetente Menschen in einem kompetenten Leistungssystem, KrV 2001, 268; *Hajen,* Persönliche Budgets in der Behindertenpolitik, NDV 2001, 66; *Kaas/Fichert/Frank,* Mehr Selbstbestimmung für behinderte Menschen durch Persönliche Budgets, SF 2003, 309; *Kukla,* Umsetzung des trägerübergreifenden Persönlichen Budgets, KrV 2004, 185; *Lachwitz,* Persönliche Budgets für Menschen mit Behinderung, RdLH 2004, 9 ff.; *Liebig,* Individuelle Wunschrechte gestärkt, BArbl. 2001, 12; *Rische,* Persönliche Budgets und SGB IX – Paradigmenwechsel vollzogen? – Das SGB IX aus Sicht der gesetzlichen Rentenversicherung –, DAngVers 2001, 273; *Schoelter,* Persönliche Budgets und viele Aktivitäten, DÄ 2005, 337; *Spereiter,* SGB IX als Leistungsgesetz, BArbl. 2001, 18; *Stenzig,* Was können persönliche Budgets leisten? Anforderungen an Modellversuche nach 101 a BSHG, in: Paradigmenwechsel in der Behindertenhilfe, Freiburg 2001, S. 96; *Westecker,* Die Selbstbestimmung finanzieren, Erfahrungen mit dem persönlichen Budgets in Großbritannien und in den Niederlanden, Hamburg 1999.

Inhaltsübersicht

	Rdnr.
A. Allgemeines	1–2
B. Formen der Leistungsausführung (Abs. 1)	3–8
C. Persönliches Budget (Abs. 2 bis Abs. 4)	9–21
D. Erprobung durch Modellvorhaben (Abs. 5 und 6)	22, 23

A. Allgemeines

1 § 17 stellt dar, in welcher Weise der jeweilige Rehabilitationsträger **Leistungen zur Teilhabe** erbringen kann. Mit der Vorschrift wird die Möglichkeit geschaffen, dass Rehabilitationsträger Leistungen auch in Form von persönlichen Budgets erbringen. Im Bereich der Sozialhilfe war dies schon bisher im Rahmen von Modellversuchen nach § 101 a BSHG möglich (s. zu Modellversuchen nach § 101 a BSHG: *Stenzig,* in: Paradigmenwechsel in der Behindertenhilfe, S. 96). Für die Sozialversicherungsträger war das Instrument des persönlichen Budgets dagegen neu. In Großbritannien, den Niederlanden und Schweden gibt es seit einigen Jahren bereits Erfahrungen mit persönlichen Budgets (hierzu *Hajen,* NDV 2001, 66 ff.; s. hierzu auch *Eckert,* Erste Versuche einer Verankerung „persönlicher Budgets", S. 102; *Westecker,* Die Selbstbestimmung finanzieren; *Liebig,* BArbl. 2001, 12; zu dem Modellprojekt in Rheinland-Pfalz s. den Abschlussbericht von Kaas „Selbst bestimmen – Hilfe nach Maß für Behinderte, Veröffentlichung des Ministeriums für Arbeit und Soziales des Landes Rheinland-Pfalz).

2 Mit dem **Gesetz zur Einordnung des Sozialhilferechts in das Sozialgesetzbuch** wurden zum 1. 7. 2004 die gesetzlichen Regelungen zur Ausführung von Sozialleistungen in Form persönlicher Budgets mit dem Ziel ausgeweitet, dieser Leistungsform dadurch einen größeren Anwendungsbereich zu verschaffen, dass persönliche Budgets als trägerübergreifende Komplexleistungen zur Verfügung gestellt werden können. Mit dem **Gesetz zur Vereinfachung der Verwaltungsverfahren im Sozialrecht** wurden die Regelungen in § 17 weiter konkretisiert. Auch diese Neuregelungen sind zum 1. 7. 2004 in Kraft getreten. Zum 1. 7. 2004 in Kraft getreten ist darüber hinaus die **Verordnung zur Durchführung des § 17 Abs. 2 bis 4** (vgl. auch Vorläufige Handlungsempfehlungen der BAR zum persönlichen Budget, § 33 ff.).

Kap. 2. Ausführung von Leistungen zur Teilhabe 3–9 § 17

B. Formen der Leistungsausführung (Abs. 1)

Absatz 1 enthält eine **Aufzählung der Formen,** in denen der zuständige Rehabilitationsträger die Leistungen ausführen kann. Dies ist möglich: 3
1. allein oder gemeinsam mit anderen Leistungsträgern,
2. durch andere Leistungsträger,
3. unter Inanspruchnahme von geeigneten, insbesondere auch freien und gemeinnützigen oder privaten Rehabilitationsdiensten und -einrichtungen (§ 19).

Ein Rangverhältnis zwischen diesen Möglichkeiten ist damit nicht verbunden 4 (BR-Drucks. 49/01, Begründung, S. 307). Nach Abs. 1 Satz 3 gilt allerdings Satz 1 Nr. 1–3 insbesondere dann, wenn der Rehabilitationsträger die Leistung dadurch wirksamer und wirtschaftlicher erbringen kann. Die Möglichkeiten in Nr. 1–3 entsprechen dabei der bereits vor Inkrafttreten des SGB IX geübten Praxis der Leistungserbringung in der Rehabilitation.

Der Rehabilitationsträger hat **eigenverantwortlich** zu entscheiden, welche 5 Form der Leistungsausführung am geeignetsten ist, damit die Leistung wirksam und wirtschaftlich erbracht wird (BR-Drucks. 49/01, Begründung, S. 307). In jedem Fall bleibt der zuständige Rehabilitationsträger für die Ausführung der Leistungen **verantwortlich** (Abs. 1 Satz 2).

Die zuständigen Rehabilitationsträger können **Leistungen allein oder gemein-** 6 **sam mit anderen Leistungsträgern** erbringen (Nr. 1). Grundsätzlich hat jeder Rehabilitationsträger die erforderlichen Leistungen so vollständig zu erbringen, dass Leistungen eines anderen Trägers möglichst nicht erforderlich werden. Das ist in der Regel bei Geldleistungen der Fall. Werden Leistungen gemeinsam mit anderen Leistungsträgern erbracht, so können Arbeitsgemeinschaften nach § 12 Abs. 2 gebildet werden (*Welti,* in: Lachwitz/Schellhorn/Welti, § 17 Rdnr. 12).

Nach Nr. 2 können **Leistungen auch durch andere Leistungsträger** erbracht werden. Dies setzt ein Auftragsverhältnis zu den anderen Leistungsträgern voraus. Es gelten hier die allgemeinen Regelungen über die Zusammenarbeit der Leistungsträger untereinander (§ 86 ff. SGB X). 7

Der zuständige Rehabilitationsträger kann Leistungen zur Teilhabe auch unter 8 Inanspruchnahme von geeigneten, insbesondere auch **freien und gemeinnützigen oder privaten Rehabilitationsdiensten und -einrichtungen** (§ 19) ausführen (Nr. 3). Eine Vorrangstellung wird hierdurch nicht eingeräumt. Die Entscheidung über die Eignung liegt beim Leistungsträger. Die Auswahl der Einrichtung hat unter Berücksichtigung des individuellen Rehabilitationsbedarfs, der Eignung unter den Gesichtspunkten der Wirksamkeit und Wirtschaftlichkeit sowie auch unter Beachtung der Wunsch- und Wahlrechte der Betroffenen zu erfolgen. Dienste und Einrichtungen sind geeignet, wenn sie nicht nur nach den Gesichtspunkten der Wirtschaftlichkeit und Sparsamkeit, sondern auch nach den Gesichtspunkten der Leistungsfähigkeit ein optimales Rehabilitationskonzept anbieten (vgl. *Brodkorb,* in: Hauck/Noftz, § 17 Rdnr. 9). Mit Rehabilitationsdiensten und -einrichtungen werden Verträge nach § 21 abgeschlossen. Sie unterliegen der Verpflichtung zur Qualitätssicherung nach § 20 Abs. 2.

C. Persönliches Budget (Abs. 2 bis Abs. 4)

Auf Antrag können Leistungen zur Teilhabe auch durch ein persönliches Bud- 9 get ausgeführt werden (zur Antragstellung s. Vorläufige Handlungsempfehlungen der BAR zum persönlichen Budget, S. 30 f.). Ziel ist es, die Leistungsberechtigten dabei zu unterstützen, ein möglichst selbstständiges und selbstbestimmtes Leben zu führen. Auch für die Leistungsausführung durch ein persönliches Budget müssen sowohl die persönlichen (medizinischen) als auch die versicherungsrechtlichen Leistungsvoraussetzungen erfüllt sein. Ob der jeweilige Rehabilitationsträger die Leistung in Form eines persönlichen Budgets erbringt, liegt in seinem Ermessen („können").

10 Nach der Gesetzesbegründung zu Abs. 2 Satz 1 (BR.-Drucks. 559/03, S. 224 f.) können die Leistungsberechtigten mit Hilfe des persönlichen Budgets selbst entscheiden, welche Hilfe sie überhaupt und wann sie diese Hilfen in Anspruch nehmen bzw. wie und durch wen. Den Leistungsberechtigten wird damit auch die Möglichkeit eröffnet, durch eine bedarfsgerechtere Organisation ihrer Hilfen diese besser als im Rahmen standardisierter Vollversorgung im stationären Bereich zu gestalten. Dadurch, dass die Leistungsberechtigten über einen längeren Zeitraum in der Regel eine Geldleistung erhalten, entstehen für sie sachliche, zeitliche und soziale Dispositionsspielräume, die dem maßgeblichen Anreiz der Inanspruchnahme des persönlichen Budgets ausmachen. Wie sich aus der Rechtsänderung durch das Gesetz zur Einordnung des Sozialhilferechts in das Sozialgesetzbuch ergibt, kann bei der Inanspruchnahme des Persönlichen Budgets auch auf die Beratung und Unterstützung durch die Gemeinsamen Servicestellen zurückgegriffen werden.

11 Durch die Streichung des Wortes „**monatlichen**" persönliches Budgets in Abs. 2 Satz 1 im Rahmen der Rechtsänderung durch das Verwaltungsvereinfachungsgesetz wird berücksichtigt, dass im Rahmen von persönlichen Budgets grundsätzlich auch einzelne Leistungen erbracht werden können. Nach der Gesetzesbegründung (BR-Drucks. 676/04, S. 60) gilt für einzelne Sachleistungen zur Teilhabe, die nicht im Rahmen des persönlichen Budgets beantragt sind, § 9 Abs. 2 SGB IX.

12 Absatz 2 Satz 2 legt nach Maßgabe des individuell bestehenden Bedarfs den Kreis der bei der Leistungserbringung **beteiligten Leistungsträger** fest. Dies sind die Rehabilitationsträger, die Pflegekassen und die Integrationsämter.

13 Absatz 2 Satz 3 schreibt die Erbringung des persönlichen Gesamtbudgets trägerübergreifend als **Komplexleistung** vor (BR-Drucks. 559/03, Begründung, S. 225, § 2 Satz 2 der Budgetverordnung). Ziel dieser Komplexleistung ist eine zwischen den jeweiligen Leistungsträgern abgestimmte Leistungserbringung, die bei den Leistungsberechtigten „**aus einer Hand**" ankommt, ohne die Zuständigkeit der Leistungsträger zu ändern. Damit kann sich die Leistung bei Vorliegen eines entsprechenden Bedarfs aus verschiedenen Einzelleistungen (Teilbudgets) zusammensetzen, die zwischen den jeweils beteiligten Leistungsträgern abgestimmt, bei einem die Gesamtleistung ausführenden Träger zusammengeführt und von diesem erbracht werden. Im Grundsatz kommt diese Regelung insbesondere den Bedürfnissen von schwerst- und mehrfach behinderten Menschen zu Gute. Diese erhielten in der Vergangenheit in der Regel mehrere Teilleistungen von unterschiedlichen Sozialleistungsträgern und werden durch die Zusammenführung der Teilleistung in ein Budget in die Lage versetzt, ihren Hilfebedarf zielgerechter geltend zu machen und die ihnen zustehenden Leistungen wirtschaftlicher und wirksamer einzusetzen (*Rische*, DAngVers 2001, 273). § 3 Abs. 1 der Budgetverordnung regelt das Verfahren zur Erbringung der Komplexleistung (siehe beispielhafte Aufzählung budgetfähiger Leistungen einzelner Leistungsträger, in Vorläufige Handlungsempfehlungen der BAR zum persönlichen Budget, S. 8 ff.).

14 Nach der Neufassung durch das Verwaltungsvereinfachungsgesetz sind nach Abs. 2 Satz 4 budgetfähig die neben den Leistungen nach Satz 1 erforderlichen Leistungen der **Krankenkassen** und der **Pflegekassen**, Leistungen der **Träger der Unfallversicherung** bei Pflegebedürftigkeit sowie Hilfen zur Pflege der Sozialhilfe, die sich auf **alltägliche und regelmäßig wiederkehrende Bedarfe** beziehen und als Geldleistung oder durch Gutscheine erbracht werden kön-

Kap. 2. Ausführung von Leistungen zur Teilhabe 15–18 § 17

nen (s. hierzu auch § 2 Satz 1 der Budgetverordnung). Die damit vorgenommene Unterscheidung zwischen Leistungen zur Teilhabe und anderen Sozialleistungen führt dazu, dass sich lediglich andere Sozialleistungen außerhalb des Katalogs der Leistungen zur Teilhabe auf alltägliche und regelmäßig wiederkehrende Bedarfe (zur Definition der Begriffe s. Vorläufige Handlungsempfehlungen der BAR zum persönlichen Budget, S. 6 f.) beziehen müssen, um als budgetfähig zu gelten. Diese Sozialleistungen müssen als Geldleistung oder durch Gutscheine erbracht werden können.

Die Erbringung der Leistung des persönlichen Budgets erfolgt mindestens für 15 die **Dauer von sechs Monaten** (Abs. 2 Satz 5). Die Vorschrift eröffnet den Antragstellern damit die Möglichkeit, nach sechs Monaten aus dem Budget wieder „auszusteigen".

Absatz 3 regelt die **Art der Leistungserbringung.** Das persönliche Budget 16 wird in der Regel als eine **in Geld bemessene, bugdetierte Einzelleistung** erbracht. Das entspricht der Natur des persönlichen Budgets. Sie sind dadurch gekennzeichnet, dass der individuelle Bedarf des Leistungsempfängers ermittelt und der entsprechende Geldbetrag zur persönlichen Verwendung ausgezahlt wird. Dem Leistungsberechtigten wird also ein Geldbetrag zur Verfügung gestellt, mit dem er seinen individuellen Bedarf eigenständig und selbst bestimmt deckt und die entsprechenden Leistungen „einkauft". Die Rehabilitationsträger als diejenigen, die das persönliche Budget finanzieren, treten gegenüber den Leistungserbringern nicht mehr als Vertragspartner auf (*Hajen,* NDV 2001, 66). Im Rahmen des persönlichen Budgets sind in begründeten Ausnahmefällen Gutscheine auszugeben (Absatz 3 Satz 2). Diese Regelung ist Ausprägung des Sachleistungsprinzips. Ein **„begründeter Fall"** kann insbesondere dann vorliegen, wenn die Ausgabe eines Gutscheins zur Sicherung der Qualität der Leistung oder eine stationäre Leistung geboten ist (BR-Drucks. 559/03, Begründung, S. 225). Die Einführung dieser Möglichkeit der Leistungsausführung resultiert aus der Erkenntnis, dass streng regulierte staatliche Leistungen die Integrationshilfe bedürftiger Personen oft erschweren (vgl. auch *Brodkorb,* in: Hauck/Noftz, § 17 Rdnr. 12).

Persönliche Budgets werden im Verfahren nach § 10 so bemessen, dass der in- 17 dividuell festgestellte Bedarf gedeckt wird und die erforderliche Beratung und Unterstützung erfolgen kann. Dabei soll die Höhe des Budgets die Kosten aller bisher individuell festgestellten, ohne das persönliche Budget zu erbringende Leistungen, nicht überschreiten (Abs. 3 Satz 3). Damit wird grundsätzlich eine **Obergrenze des Gesamtbudgets** festgelegt, um Leistungsausweitungen und damit unkalkulierbare Mehrkosten für die Leistungsträger zu vermeiden. Es gilt also das Prinzip der Budgetneutralität. Von diesem Grundsatz kann in besonders begründeten **Ausnahmefällen** abgewichen werden. Dies kann nach der Gesetzesbegründung (BR-Drucks. 559/03, S. 226) geboten sein, wenn dem bisher stationär betreuten Leistungsberechtigten nur so ein Umsteigen auf die ambulante Betreuung und Inanspruchnahme des persönlichen Budgets übergangsweise ermöglicht werden kann. Bei der Gewährung von persönlichen Budgets sind nach Abs. 3 Satz 4 auch die Grundsätze der **Wirtschaftlichkeit und Sparsamkeit** zu beachten, um die Leistung möglichst wirkungsvoll und kostengünstig zu erbringen (vgl. hierzu auch *Reimann,* Ziele des SGB IX und Auswirkungen auf die Rehabilitation, DRV 2002, 736 ff.).

Um eine Zweckentfremdung des persönlichen Budgets auszuschließen, wird 18 nach § 4 der Budgetverordnung eine schriftliche **Zielvereinbarung** mit dem Leistungsberechtigten abgeschlossen. Sie enthält mindestens Regelungen über die Ausrichtung der individuellen Förder- und Leistungsziele, die Erforderlichkeit eines Nachweises für die Deckung des festgestellten individuellen Bedarfs sowie die Qualitätssicherung (s. zur Zielvereinbarung auch *Assmus/Druckenmüller/Götz/*

von der Heide

Oberscheven/Ritz, DRV 2004, 242 ff., s. auch Vorläufige Handlungsempfehlungen der BAR zum persönlichen Budget, S. 36 ff.).

19 Absatz 4 regelt, welcher Leistungsträger **im Auftrag und im Namen** der anderen beteiligten Leistungsträger diesen Verwaltungsakt erlässt und das weitere Verfahren durchführt. Enthält das persönliche Budget Leistungen mehrerer Leistungsträger, erlässt der nach § 14 zuständige der beteiligten Leistungsträger im Auftrag und im Namen der anderen beteiligten Leistungsträger den Verwaltungsakt und führt das weitere Verfahren durch (Muster für den Gesamtbescheid, s. Anhang II zur Vorläufigen Handlungsempfehlung der BAR zum persönlichen Budget). Der nach § 14 zuständige der beteiligten Leistungsträger wird nach Abs. 4 grundsätzlich Beauftragter und ist damit für die trägerübergreifende Koordinierung der Leistungserbringung verantwortlich. Diese Regelung gilt auch für Anträge auf Leistungen in Form eines Persönlichen Budgets, die bei einer Gemeinsamen Servicestelle gestellt werden. Hier ist im Grundsatz der Rehabilitationsträger der Beauftragte, dem die Gemeinsame Servicestelle zugeordnet ist.

20 Ein anderer der beteiligten Leistungsträger kann mit den Aufgaben nach Satz 1 beauftragt werden, wenn die beteiligten Leistungsträger dies in Abstimmung mit dem Leistungsberechtigten vereinbaren. In diesen Fällen gilt § 93 SGB X entsprechend (s. auch BR-Drucks. 676/04, Begründung, S. 61). Nach der Regelung kann nur der Leistungsträger verpflichtet werden, der für zumindest eine der Leistungen im Rahmen des beantragten persönlichen Budgets zuständig ist. Eine Weiterleitung des Antrags auf ein persönliches Budget an andere Leistungsträger ist nur möglich, wenn der Leistungsträger, bei dem der Antrag auf Leistung durch ein persönliches Budget gestellt wird, weder für eine der beantragten Leistungen zuständig ist noch eine solche bereits erbringt. Dies ermöglicht den Leistungsträgern, von der Regel des Satzes 1 Ausnahmen zu vereinbaren, wenn dies im Interesse der Leistungsberechtigten liegt. Dies kann etwa der Fall sein, wenn sich die Beteiligung des Leistungsträgers nach Abs. 4 Satz 1 nur auf einen geringen Anteil des zu erbringenden persönlichen Budgets. Insgesamt empfiehlt es sich, regelmäßig zu vereinbaren, dass derjenige der beteiligten Leistungsträger die Aufgaben des Beauftragten übernimmt, der voraussichtlich den „Hauptteil" an dem trägerübergreifenden Persönlichen Budget trägt, um Kontinuität und Verlässlichkeit zu gewährleisten und einen Wechsel des Beauftragten während des Bewilligungszeitraums zu vermeiden.

21 Die für den handelnden Leistungsträger zuständige Widerspruchstelle erlässt auch den Widerspruchsbescheid. Satz 3 berücksichtigt damit im Interesse der Leistungsberechtigten und entsprechend der allgemeinen Regeln über das Vorverfahren, dass es auch in Fällen des **Widerspruchs** nicht zu wechselnden Beteiligten kommt (s. hierzu auch *Assmus/Druckenmüller/Götz/Oberscheven/Ritz*, DRV 2004, 242 ff.). Soweit sich der Widerspruch auf Teilbudgets bezieht, die sich auf der Grundlage der für die übrigen beteiligten Leistungsträger geltenden Leistungsgesetze erbracht werden, ist der Beauftragte bei der Entscheidung im Rahmen des gesetzlichen Auftragsverhältnisses an die Auffassung der Auftraggeber gebunden (§ 89 Abs. 5 SGB X).

D. Erprobung durch Modellvorhaben (Abs. 5 und 6)

22 Absatz 5 regelt, dass Modellvorhaben, die zur **Erprobung** der Einführung Persönlicher Budgets vor dem 1. 7. 2004 begonnen worden sind, zu Ende geführt werden können.

23 Absatz 6 regelt, dass in der Zeit vom 1. 7. 2004 bis 31. 12. 2007 persönliche Budgets unter wissenschaftlicher Begleitung erprobt werden. Damit soll geprüft werden, welche Leistungen sich dafür eignen und wie die Budgets konkret bemessen sein müssen, um den tatsächlichen Bedarf zu ermitteln (Bundesversicherungsanstalt für Angestellte, Handbuch Rehabilitation, S. 64). Dabei sollen insbesondere modellhaft Verfahren zur Bemessung von budgetfähigen Leistungen in Geld und die Weiterentwicklung von Versorgungsstrukturen unter wissenschaftlicher Begleitung und Auswertung erprobt werden. Diese Auswertung sollte auf der Grundlage allgemein anerkannter wissenschaftlicher Standards durch unabhängige Sachverständige erfolgen und veröffentlicht werden. In diesem Rahmen wird sich auch feststellen lassen, ob sich einmalige Leistungen ausnahmsweise sinnvoll in ein Budget einfügen lassen. Die Erprobungsphase soll auch dazu dienen, neue Versorgungsstrukturen zu schaffen und rehabilitative Strukturen weiterzuentwickeln. Nach der Gesetzesbegründung (BR-Drucks. 559/03, S. 226) hat der Antragsteller ab dem 1. 1. 2008 einen **Rechtsanspruch** auf Leistungen des persönlichen Budgets.

§ 18 Leistungsort

[1] Sachleistungen können auch im Ausland erbracht werden, wenn sie dort bei zumindest gleicher Qualität und Wirksamkeit wirtschaftlicher ausgeführt werden können. [2] Leistungen zur Teilhabe am Arbeitsleben können im grenznahen Ausland auch ausgeführt werden, wenn sie für die Aufnahme oder Ausübung einer Beschäftigung oder selbständigen Tätigkeit erforderlich sind.

Schrifttum: *Becker*, Brillen aus Luxemburg und Zahnbehandlung in Brüssel – Die Gesetzliche Krankenversicherung im europäischen Binnenmarkt, NZS 1998, 359; *Bieback*, Etablierung eines Gemeinsamen Marktes für Krankenhausbehandlung durch den EUGH, NZS 2001, 561; *Bruns/Debong*, Grenzüberschreitende Leistungspflicht der Gesetzlichen Krankenversicherung, ArztR 1998, 318; *Burger*, Freier Dienstleistungsverkehr auch für stationäre Leistungen – Beschränkungen sind möglich, Die BKK 2001, 356; *Dauck/Nowak*, Das Recht auf unionsweite, bestmögliche medizinische Versorgung, EuR 2001, 741; *Eichenhofer*, Dienstleistungsfreiheit und freier Warenverkehr als Rechtsgrundlagen für grenzüberschreitende Behandlungsleistungen, Zentrum für Europäisches Wirtschaftsrecht, Bonn 1998, S. 1; *Füßer*, Transfer sozialversicherungsrechtlicher Komplexleistungen ins Ausland – zur Öffnungsbereitschaft des aktuellen Sozialversicherungsrechts aus der Sicht des europäischen Gemeinschaftsrechts, ASP 1997, 30; *Hirsch*, Die Auswirkungen der Europäischen Verträge auf den freien Waren- und Dienstleistungsverkehr in der Gesundheitsversorgung, BKK 1999, 11; *Kötter*, Die Urteile des Gerichtshofs der Europäischen Gemeinschaften in den Rechtssachen Decker und Kohll – Der Vorhang zu und alle Fragen offen?, VSSR 1998, 233; *ders.*, Marktsteuerung im Gesundheitswesen und europäische Markt- und Wettbewerbsordnung, SozF 2000, 27; *Lenz/Lampert*, Gemeinsamer Binnenmarkt und Leistungserbringung in der Gesetzlichen Krankenversicherung, Pharma Recht 1999, 96; *Neumann-Duesberg*, Grenzüberschreitende Behandlungsleistungen, Zentrum für Europäisches Wirtschaftsrecht, Bonn 1998, S. 21; *Steinmeyer*, Hat das Territorialitätsprinzip in der GKV noch Zukunft?, KrV 1999, 288; *Schulte*, „Zur Kur nach Abano Terme, zum Zahnarzt nach Antwerpen?" – Europäische Marktfreiheiten und nationales Krankenversicherungsrecht, ZfSH 1999, 347; *Verband Deutscher Rentenversicherungsträger (VDR)*, Stellungnahme vom 1. 4. 1992, Vereinbarkeit von § 14 SGB VI (Grundsatz der Leistungserbringung im Inland) mit EWG-Recht, SozVers 1992, 177; *Verschueren*, Auswirkungen der Rechtsprechung des Europäischen Gerichtshofes auf die Ansprüche von Patienten auf medizinische Leistung, SGB 2001, 356; *Welti*, Das neue SGB IX – Recht der Rehabilitation und Teilhabe behinderter Menschen, NJW 2001, 2213; *Zabre*, Rehabilitationsleistungen durch die deutsche Rentenversicherung und EG-Binnenmarkt, Territorialitätsprinzip nach § 14 SGB VI, DAngVers 1993, 285; *ders.*, Rehabilitationsleistungen weiterhin im Inland, Auswirkungen der Urteile des EuGH vom 28. 4. 1998 (C-158/96 und C-120/95) auf das Territorialitätsprinzip nach § 14 SGB VI, DAngVers 1999, 18; *Zechel*, Die territorial begrenzte Leistungserbringung im Lichte des EG-Vertrages, Berlin 1995, S. 158.

Inhaltsübersicht

	Rdnr.
A. Allgemeines	1–3
B. Erbringung von Sachleistungen im Ausland (Satz 1)	4–10
C. Leistungen zur Teilhabe am Arbeitsleben bei Aufnahme einer Beschäftigung im grenznahen Ausland (Satz 2)	11
D. Rechtsprechung des EuGH	12–21

A. Allgemeines

1 Die Vorschrift geht von dem **Grundsatz** aus, dass Leistungen zur Teilhabe im Inland zu erbringen sind. Mit der Vorschrift wird aber die Möglichkeit eröffnet, Sachleistungen bei zumindest gleicher Qualität und Wirksamkeit **im Ausland** auszuführen, wenn dies dort wirtschaftlicher möglich ist. Leistungen zur Teilhabe am Arbeitsleben können im grenznahen Ausland auch ausgeführt werden, wenn sie für die Aufnahme oder Ausübung einer Beschäftigung oder selbstständigen Tätigkeit erforderlich sind.

2 Mit der Einführung des SGB IX ist im Bereich der **gesetzlichen Rentenversicherung** die Vorschrift des § 14 SGB VI (Ort der Leistungen) weggefallen. § 18 ist damit für die Rentenversicherung die relevante Vorschrift zum Leistungsort. Damit wird jetzt für die gesetzliche Rentenversicherung die Möglichkeit eröffnet, unter den genannten Voraussetzungen Leistungen zur Teilhabe auch im Ausland zu erbringen. Nach der für die Rentenversicherung bisher maßgebenden Vorschrift des § 14 SGB VI konnten Leistungen zur Rehabilitation nur im Inland erbracht werden. Die Träger der Rentenversicherung konnten allerdings nach gutachterlicher Äußerung des Verbandes Deutscher Rentenversicherungsträger (VDR) für bestimmte Erkrankungen Ausnahmen hiervon zulassen, wenn Leistungen im Ausland aufgrund gesicherter medizinischer Erkenntnisse für diese Erkrankungen einen besseren Rehabilitationserfolg erwarten lassen.

3 Für die gesetzliche **Krankenversicherung** hat die Vorschrift geringere Bedeutung. Hier gelten nach § 7 (Vorbehalt abweichender Regelungen) die §§ 16–18 SGB V vorrangig weiter. Auch bleiben die speziellen Regelungen wie § 88 SGB III für die **Bundesanstalt für Arbeit** und § 97 SGB VII für die **Unfallversicherung** nach der Gesetzesbegründung (BR-Drucks. 49/01, Begründung, S. 307) unberührt. Unberührt bleiben auch entsprechend § 30 Abs. 2 SGB I Regelungen des über- und zwischenstaatlichen Rechts.

B. Erbringung von Sachleistungen im Ausland (Satz 1)

4 Nach Satz 1 der Vorschrift können Sachleistungen der Rehabilitationsträger auch im Ausland erbracht werden, wenn sie dort bei zumindest gleicher Qualität und Wirksamkeit wirtschaftlicher ausgeführt werden können. Satz 1 bezieht sich dem eindeutigen Wortlaut nach nur auf **Sachleistungen**. Ein Export von Geldleistungen ist nach der Vorschrift nicht vorgesehen. Nicht möglich ist eine Selbstbeschaffung der Leistung durch den Versicherten im Ausland mit anschließender Kostenerstattung. Eine Kostenerstattung ist auf die Fälle des § 15 beschränkt.

5 Ob eine **Rehabilitationsmaßnahme im Ausland** erbracht wird, steht im Ermessen der Rehabilitationsträger. Dies ergibt sich zum einen aus der eindeutigen Formulierung in § 18 („können") und zum anderen aus dem Grundsatz, dass die Rehabilitationseinrichtung vom Rehabilitationsträger nach pflichtgemäßem Ermessen zu bestimmen ist. Es besteht damit ein Anspruch auf fehlerfreie Ermessensausübung nach § 39 SGB I. Das **Ermessen des Rehabilitationsträgers** im

Hinblick auf die Belegung einer ausländischen Einrichtung kann allerdings ggf. durch über- und zwischenstaatliches Recht wie etwa das Recht der Europäischen Union und insbesondere die Rechtsprechung des EuGH eingeschränkt sein (hierzu Rdnr. 12 ff.).

Sollten Einrichtungen im Ausland belegt werden, so ist vorher ein Qualitäts-, **6** Wirksamkeits- und Wirtschaftlichkeitsvergleich mit einer Durchführung der Leistung im Inland durchzuführen. Bei der Belegung einer ausländischen Rehabilitationseinrichtung hat der Leistungsträger die gleichen Qualitätsmaßstäbe anzulegen, die er bei einer Belegung einer inländischen Einrichtung zugrunde legt. Insoweit ergänzt die Vorschrift des § 18 Satz 1 die Vorschrift des § 19 Abs. 4 Satz 1, nach der die Auswahl einer Rehabilitationseinrichtung oder eines Rehabilitationsdienstes danach zu erfolgen, welcher Dienst oder welche Einrichtung die Leistung in der am besten geeigneten Form ausführt.

Grundlage für eine pflichtgemäße Ermessensausübung sind für die Rehabilita- **7** tionsträger sowohl wirtschaftliche Gesichtspunkte sowie auch das durch § 9 verbriefte Wunsch- und Wahlrecht, das angemessen zu berücksichtigen ist. Die in der Vorschrift vorausgesetzte wirtschaftlichere Durchführung einer Rehabilitationsleistung im Ausland ist nicht ausschließlich über den Preis zu definieren. Ausschlaggebend muss in erster Linie die **Qualität** und die **Wirksamkeit der Leistung** sein. Die Rehabilitation ist eine sehr komplexe Gesundheitsleistung mit dem Ziel einer möglichst dauerhaften beruflichen Integration der Leistungsberechtigten. Der Leistungserbringer im Ausland muss in der Lage sein, im Hinblick auf eine interdisziplinäre Ausrichtung ein breites Spektrum von Begleiterkrankungen zu behandeln und auch berufliche und soziale Fragestellungen zu berücksichtigen. Im Rahmen des den Rehabilitationsträgern eingeräumten Auswahlermessens haben diese auch die Geeignetheit, Erfahrung und Fachkunde der jeweiligen Rehabilitationseinrichtung, die Qualitätsanforderungen gemäß § 20 und 21 sowie die in § 19 Abs. 2 festgeschriebenen unterschiedlichen Arten der Leistungsdurchführung und die Bedeutung der ambulanten und betrieblichen Leistungserbringung zu beachten. Gerade im Hinblick auf die besondere Zielsetzung der Leistungen zur Teilhabe, Beeinträchtigungen der Erwerbsfähigkeit zu verhindern oder zu überwinden und damit eine möglichst dauerhafte Integration in das Erwerbsleben zu gewährleisten, spielen die Wohnortnähe der Rehabilitation, die Kooperation mit anderen Akteuren im Gesundheitswesen sowie die die Nahtlosigkeit der medizinischen Leistungen mit den Leistungen zur Teilhabe am Arbeitsleben eine zunehmend wichtige Rolle. Vor diesem Hintergrund wird insbesondere die ambulante Durchführung von Leistungen zur medizinischen Rehabilitation zukünftig eine noch größere Rolle spielen.

Die **Qualität ausländischer Rehabilitationseinrichtungen** wird darüber **8** hinaus bestimmt durch die medizinische und die therapeutische Versorgungsstruktur. Hierzu gehören auch psychosoziale Kontakte der Rehabilitanden sowie Gesundheitserziehung und gesundheitsfördernde Maßnahmen, die sich aber wegen der Sprachbarrieren in den ausländischen Einrichtungen im Einzelfall schwierig gestalten können. Auch könnte es für Ärzte im Ausland im Einzelfall schwierig sein, eine deutschen Normen entsprechende sozialmedizinische Beurteilung anzufertigen, da es keine einheitliche Definition etwa des Invaliditätsbegriffs in der EU gibt. Dies erschwert die Entscheidung über eine angemessene Weiterbetreuung eines Versicherten. Sichergestellt werden muss ferner eine gleichbleibend gute Qualität der Leistungserbringung in einer ausländischen Einrichtung.

Bei der **Prüfung der Wirtschaftlichkeit** sind etwa auch die Reisekosten (ggf. **9** auch zweier Familienheimfahrten nach § 53) mit einzubeziehen, denn auch hier handelt es sich um ein Kriterium der Wirtschaftlichkeit. Auch dürfte die Kontrolle der Qualität der Leistungserbringung durch einen Rehabilitationsträger bei ausländischen Einrichtungen in der Regel mit höheren Kosten verbunden sein als bei inländischen Einrichtungen. Auch dieser Aspekt ist im Rahmen der Wirtschaftlichkeitsberechnungen zu berücksichtigen.

10 Die bisher im Ausland belegten Rehabilitationseinrichtungen können auch weiterhin in Anspruch genommen werden, wenn die entsprechenden Voraussetzungen von § 18 erfüllt sind. Im Bereich der Rentenversicherung wurden Leistungen im Ausland bisher nur dann erbracht, wenn sie aufgrund gesicherter medizinischer Erkenntnisse für bestimmte Erkrankungen einen besseren Rehabilitationserfolg erwarten ließen (Rdnr. 2). Zwar wurde die Wirtschaftlichkeit der Inanspruchnahme dieser Einrichtungen nicht explizit überprüft, doch stellt bereits der bessere Rehabilitationserfolg ein entscheidendes Argument dafür dar, dass die auch bisher schon im Ausland belegten Rehabilitationseinrichtungen weiter in Anspruch genommen werden können.

C. Leistungen zur Teilhabe am Arbeitsleben bei Aufnahme einer Beschäftigung im grenznahen Ausland (Satz 2)

11 Nach Satz 2 können Leistungen zur Teilhabe am Arbeitsleben im grenznahen Ausland auch ausgeführt werden, wenn sie für die Aufnahme oder Ausübung einer Beschäftigung oder selbstständigen Tätigkeit erforderlich sind. Damit können Leistungen wie die Kfz-Hilfe, Eingliederungszuschüsse an Arbeitgeber oder das Überbrückungsgeld bei Vorliegen der entsprechenden Voraussetzungen ins **grenznahe Ausland** exportiert werden. Ein Qualitäts- bzw. Wirtschaftlichkeitsvergleich ist im Rahmen von Satz 2 nicht durchzuführen. Was unter dem Begriff „im grenznahen Ausland" zu verstehen ist, ist dem Gesetz nicht zu entnehmen. Es sollte hierunter das Gebiet verstanden werden, das von einem Tagespendler erreicht werden kann. In Fällen, in denen etwa entfernungsbedingt die Arbeitswoche durchgängig im „grenznahen" Ausland verbracht wird und eine Heimfahrt in den inländischen Wohnort nur zum Wochenende erfolgt, kommt eine Förderung nicht in Betracht (Bundesversicherungsanstalt für Angestellte, Handbuch Rehabilitation, S. 68).

D. Rechtsprechung des EuGH

12 Zu der Frage des Exports von Rehabilitationsleistungen in andere EU-Staaten sind mittlerweile mehrere **Urteile des EuGH** ergangen. In den Urteilen vom 28. 4. 1998 in den Rechtssache C-120/95 (*Decker,* Slg. 1998, I-1831, 1871 ff., NZS 1998, 283 ff., NJW 1998, 1769 ff.) und C-158/96 (*Kohll,* Slg. 1998, I-1931, 1935 ff., NZS 1998, 280 ff., NJW 1998, 1771 ff.) ging es um die Erstattung von Kosten für eine Brille und für die ambulante kieferorthopädische Behandlung im EU-Ausland. Nach den *Kohll/Decker*-Entscheidungen sieht der EuGH den grenzüberschreitenden Fluss von Dienstleistungen und Waren als beeinträchtigt an, wenn ein Mitgliedstaat die Nachfrage von ambulanten medizinischen Leistungen und von Hilfsmitteln im Ausland von einer vorherigen Genehmigung abhängig macht – es sei denn, die Stabilität des nationalen Gesundheitssystems würde dadurch nachweislich gefährdet. Nationalrechtliche Vorschriften, welche den Erwerb und die Anpassung einer Brille *(Decker),* deren Kosten die Kasse pauschal erstatte, in einem anderen Mitgliedstaat von der Genehmigung des nationalen Trägers abhängig machen, stellen nach dem Urteil ein Hindernis für den freien Warenverkehr nach Art. 30 EGV dar. Eine erhebliche Gefährdung der Finanzierung oder des finanziellen Gleichgewichts des sozialen Sicherungssystems, die als zwingender Grund des Allgemeininteresses eine solche Beschränkung finanziell rechtfertigen könne, bestehe wegen der Pauschalerstattung nicht.

Die Genehmigungspflicht bezüglich der Kostenerstattung für eine kieferortho- 13 pädische Behandlung in einem anderen Mitgliedstaat *(Kohll)* verstoße gegen den (passiven) freien Dienstleistungsverkehr gem. Art. 59 und 60 EGV. Es sei nicht vorgetragen worden, dass die Vorschrift erforderlich sei, um eine ausgewogene und jedermann zugängliche medizinische Versorgung oder ein unabdingbares Niveau der Heilkunde sicherzustellen (Art. 56 und 66 EGV).

Diese EuGH-Entscheidungen sind im Bereich der ambulanten Behandlung und 14 auf der Grundlage von Kostenerstattungssystemen ergangen. Nicht entschieden wurde die Rechtslage auf der Grundlage eines Sachleistungssystems oder zu stationären Behandlungsmaßnahmen (hierzu *Zabre,* DAngVers 1999, 18). Diese Entscheidungen haben daher für die Sozialversicherungsträger in Deutschland geringe praktische Bedeutung (hierzu auch Antwort des Bundesgesundheitsministeriums vom 28. 2. 2001 auf die Frage des Abgeordneten *Holetschek* (CDU/CSU), BT-Drucks. 14/5508, S. 26, 27, Bericht der gemeinsamen Arbeitsgruppe der Länder Brandenburg, Baden-Württemberg, Bayern, Nordrhein-Westfalen und des Saarlandes, der Spitzenverbände der Krankenkassen und des Bundesministeriums für Gesundheit zu den Auswirkungen der Rechtsprechung des EuGH zur Erstattung von Kosten für Medizinprodukte und Behandlungen im EU-Ausland durch nationale Krankenversicherungsträger).

Von größerer Bedeutung für die Sozialleistungsträger in Deutschland dürften 15 dagegen die Urteile des EuGH vom 12. 7. 2001 in den Rechtssachen C-157/99 *(Smits* und *Peerbooms)* und C-368/98 *(Vanbraeckel)* sein. Hier ging es um die Kostenübernahme von **stationären Krankenhausbehandlungen,** die ohne vorherige Genehmigung oder nach ablehnendem Bescheid der Krankenkasse erfolgten. Grundsätzlich gilt nach den Urteilen die EU-Dienstleistungsfreiheit auch für stationäre Behandlungen. Andererseits ist der Genehmigungsvorbehalt prinzipiell rechtens, weil die Sicherstellung der Krankenhausversorgung besonders aufwendig ist. Allerdings:
– muss die Krankenkasse ihre Entscheidung nach nachvollziehbaren, also überprüfbaren objektiven Kriterien fällen,
– darf dabei im Ausland wissenschaftlich allgemein anerkannte und dort erstattungsfähige Diagnose- und Therapieverfahren auch dann nicht diskriminieren, wenn sie im Inland nicht anerkannt sind, nicht erstattet oder nicht angeboten werden und
– muss berücksichtigen, ob der Patient im Inland unzumutbar lange Zeit auf eine Behandlung warten müsste.

In den Fällen *Smits* und *Peerbooms* stützt sich die ablehnende Haltung der Kassen 16 hinsichtlich der Kostenübernahme auf niederländisches Sozialrecht. Dieses sieht vor, dass Patienten eine Genehmigung einholen müssen, bevor sie sich sowohl in den Niederlanden als auch in Ausland einer medizinischen Versorgung in Einrichtungen unterziehen, die keine Vertragsvereinbarungen mit der zuständigen Kasse unterhalten. Eine solche Praxis lehnten die Richter des EuGH in ihrer Urteilsbegründung nicht grundsätzlich ab. Schließlich seien die Mitgliedstaaten für die Ausgestaltung ihrer sozialen Systeme zuständig. Da es eine Harmonisierung auf Gemeinschaftsebene nicht gebe, bestimme jeder Staat also selbst, unter welchen Voraussetzungen ein Recht auf Leistungen bestehe.

Allerdings, so der EuGH, müssten die Mitgliedstaaten das Recht auf freien 17 Dienstleistungsverkehr auch bei der Erbringung von Sachleistungen achten (anders noch Schlussantrag des Generalanwalts *Ruiz-Jarabo Colomer* vom 18. 5. 2001, Rs. C-157/99, wonach die im Pflichtkrankenversicherungssystem gewährten Sachleistungen mangels Entgeltlichkeit nicht der Dienstleistungsfreiheit unterfielen). Und das gelte auch für medizinische Leistungen, die „sehr wohl unmittelbar vom Patienten bezahlt werden. Eine in einem Mitgliedstaat erbrachte medizinische

Leistung, die vom Patienten vergütet wird, kann ihre Zugehörigkeit zum Geltungsbereich des vom Vertrag gewährleisteten freien Dienstleistungsverkehrs nicht schon allein deshalb verlieren, weil die Erstattung der Kosten für die in Rede stehende Versorgung nach den Rechtsvorschriften eines anderen Mitgliedstaates über die Krankenversicherung beantragt wird, die im Wesentlichen Sachleistungen vorsieht."

18 Der EuGH musste in der Rechtssache *Vanbraeckel* über die Höhe der Kostenerstattung urteilen. Dazu stellte das Gericht fest: Hat der Träger der Sozialversicherung eine Behandlung im Ausland ungerechtfertigt abgelehnt, dann muss er dem Versicherten nach der nachträglichen Erteilung der Genehmigung die Kosten in der Höhe erstatten, wie sie in dessen eigenem Mitgliedstaat üblich sind. Der belgischen Klägerin stand laut EuGH deshalb die Differenz zwischen den niedrigeren Kosten in Frankreich und den höheren in ihrem Heimatland zu. Begründung: Eine nationale (belgische) Regelung, die diese ergänzende Erstattung verhindert, verstößt gegen den Grundsatz des freien Dienstleistungsverkehrs.

19 Der EuGH hat in der Rechtssache „*Müller–Fauré/van Riet*" (C–385/99) für den Bereich der ambulanten medizinischen Versorgung im EU-Ausland entschieden, dass das Erfordernis einer vorherigen Genehmigung gegen den Grundsatz des freien Dienstleistungsverkehrs verstößt und das Genehmigungserfordernis auch nicht aus anderen Gründen gerechtfertigt werden kann. Der Versicherte könne allerdings nur die Übernahme der Kosten verlangen, wie die, die das nationale Krankenversicherungssystem des Versicherten trage, dies allerdings unabhängig davon, ob dieses System auf dem Sachleistungs- oder dem Kostenerstattungsprinzip beruhe.

20 In seinem Urteil in der Rechtssache „*Leichtle*" vom 18. 3. 2004 (C–8/02) hat der EuGH entschieden, dass die Regeln über die Dienstleistungsfreiheit einer nationalen Regelung entgegenstehen, die die Übernahme verschiedener im Zusammenhang mit einer Heilkur anfallenden Kosten von einer Genehmigung abhängig macht, die nur dann erteilt wird, wenn die geplante Heilkur im Ausland wesentlich größere Erfolgsaussichten erwarten lässt. Die Entscheidung betraf zwar einen Sachverhalt der beamtenrechtlichen Beihilfe und ist damit nicht unmittelbar auf die deutsche Sozialversicherung und die von ihr erbrachten Leistungen zur medizinischen Rehabilitation anwendbar. Sie verdeutlicht aber doch, dass eine unterschiedliche Behandlung von inländischen und ausländischen Anbietern von außerhalb des Krankenhauses erbrachten stationären medizinischen Leistungen nur in den vom EuGH bestimmten Ausnahmefällen gerechtfertigt sein kann.

21 Aus der Rechtsprechung des EuGH folgt, dass Erbringer von Dienstleistungen im europäischen Ausland ebenso wie Leistungsanbieter im Inland grundsätzlich Verträge nach § 21 mit den Rehabilitationsträgern schließen können, soweit sie die von den Trägern im Rahmen des § 20 und der von den Trägern entwickelten Qualitätssicherungsprogramm zu Grunde gelegten Qualitätsmaßstäbe erfüllen und die übrigen Voraussetzungen von § 18 Satz 1 vorliegen. Ein grundsätzlicher Ausschluss von Betreibern ausländischer Rehabilitationseinrichtungen nur auf Grund der Tatsache, dass die angebotenen Rehabilitationsleistungen nicht im Inland durchgeführt werden, ist damit nicht möglich.

§ 19 Rehabilitationsdienste und -einrichtungen

(1) **¹Die Rehabilitationsträger wirken gemeinsam unter Beteiligung der Bundesregierung und der Landesregierungen darauf hin, dass die fachlich und regional erforderlichen Rehabilitationsdienste und -einrichtungen in ausreichender Zahl und Qualität zur Verfügung stehen. ²Dabei achten sie darauf, dass für eine ausreichende Zahl solcher Rehabilitationsdienste**

Kap. 2. Ausführung von Leistungen zur Teilhabe § 19

und -einrichtungen Zugangs- und Kommunikationsbarrieren nicht bestehen. ³Die Verbände behinderter Menschen einschließlich der Verbände der Freien Wohlfahrtspflege, der Selbsthilfegruppen und der Interessenvertretungen behinderter Frauen sowie die für die Wahrnehmung der Interessen der ambulanten und stationären Rehabilitationseinrichtungen auf Bundesebene maßgeblichen Spitzenverbände werden beteiligt.

(2) Soweit die Ziele nach Prüfung des Einzelfalls mit vergleichbarer Wirksamkeit erreichbar sind, werden Leistungen unter Berücksichtigung der persönlichen Umstände in ambulanter, teilstationärer oder betrieblicher Form und gegebenenfalls unter Einbeziehung familienentlastender und -unterstützender Dienste erbracht.

(3) Bei Leistungen an behinderte oder von einer Behinderung bedrohte Kinder wird eine gemeinsame Betreuung behinderter und nichtbehinderter Kinder angestrebt.

(4) ¹Nehmen Rehabilitationsträger zur Ausführung von Leistungen besondere Dienste (Rehabilitationsdienste) oder Einrichtungen (Rehabilitationseinrichtungen) in Anspruch, erfolgt die Auswahl danach, welcher Dienst oder welche Einrichtung die Leistung in der am besten geeigneten Form ausführt; dabei werden Dienste und Einrichtungen freier oder gemeinnütziger Träger entsprechend ihrer Bedeutung für die Rehabilitation und Teilhabe behinderter Menschen berücksichtigt und die Vielfalt der Träger von Rehabilitationsdiensten oder -einrichtungen gewahrt sowie deren Selbständigkeit, Selbstverständnis und Unabhängigkeit beachtet. ² § 35 Abs. 1 Satz 2 Nr. 4 ist anzuwenden.

(5) Rehabilitationsträger können nach den für sie geltenden Rechtsvorschriften Rehabilitationsdienste oder -einrichtungen fördern, wenn dies zweckmäßig ist und die Arbeit dieser Dienste oder Einrichtungen in anderer Weise nicht sichergestellt werden kann.

(6) Rehabilitationsdienste und -einrichtungen mit gleicher Aufgabenstellung sollen Arbeitsgemeinschaften bilden.

Schrifttum: *Fuchs,* Reform von historischer Bedeutung, SozSich 2001, 150; *Haines,* Das SGB IX für kompetente Menschen in einem kompetenten Leistungssystem, KrV 2001, 268; *Lachwitz,* Bundesregierung legt Entwurf eines Sozialgesetzbuchs – Neuntes Buch – (SGB IX) vor, RdLH 2001, 6; *Liebig,* Individuelle Wunschrechte gestärkt, BArbl. 2001, 12; *Rische,* SGB IX – Paradigmenwechsel vollzogen? – Das SGB IX aus Sicht der gesetzlichen Rentenversicherung – DAngVers 2001, 273; *Spereiter,* SGB IX als Leistungsgesetz, BArbl. 2001, 18.

Inhaltsübersicht

	Rdnr.
A. Allgemeines	1
B. Ausreichende Anzahl und Qualität von Rehabilitationsdiensten und -einrichtungen (Abs. 1)	2–5
C. Erbringung der Leistungen in ambulanter, teilstationärer oder betrieblicher Form (Abs. 2)	6–9
D. Leistungen an behinderte oder von einer Behinderung bedrohte Kinder (Abs. 3)	10
E. Auswahl von Rehabilitationsdiensten und -einrichtungen (Abs. 4)	11
F. Förderung von Rehabilitationsdiensten oder -einrichtungen (Abs. 5)	12
G. Bildung von Arbeitsgemeinschaften der Rehabilitationsdienste und -einrichtungen (Abs. 6)	13

A. Allgemeines

1 Die Vorschrift ergänzt die Grundsätze des § 17 zur Zusammenarbeit der Rehabilitationsträger und zur Ausführung von Leistungen, soweit für die Durchführung von Leistungen zur Eingliederung besondere Dienste oder Einrichtungen in Anspruch genommen werden. Bei der Sicherstellung der Deckung des Bedarfs an Rehabilitationsdiensten und -einrichtungen sollen die Verbände und Selbsthilfegruppen behinderter Menschen, einschließlich der Interessenvertretungen behinderter Frauen sowie die Verbände der freien Wohlfahrtspflege und die für die Wahrnehmung der Interessen der ambulanten und stationären Rehabilitationseinrichtungen auf Bundesebene maßgeblichen Spitzenverbände beteiligt werden. Außerdem soll mit der Vorschrift den besonderen Bedürfnissen und Problemen insbesondere behinderter Frauen Rechnung getragen werden, indem ein Vorrang von ambulanten und teilstationären Leistungen bei vergleichbarer Wirksamkeit unter der besonderen Berücksichtigung der persönlichen Umstände vorgeschrieben wird (BR-Drucks. 49/01, Begründung, S. 285). Im RehaAnglGesetz und im Schwerbehindertengesetz waren vergleichbare Regelungen nicht enthalten.

B. Ausreichende Anzahl und Qualität von Rehabilitationsdiensten und -einrichtungen (Abs. 1)

2 Absatz 1 macht deutlich, dass für die Leistungserbringung fachlich und regional erforderliche Rehabilitationsdienste und -einrichtungen in **ausreichender Anzahl und Qualität** zur Verfügung stehen müssen. Insoweit greift Abs. 1 die Vorschrift des § 17 Abs. 1 Nr. 2 SGB I auf, wonach die Leistungsträger verpflichtet sind darauf hinzuwirken, dass die zur Ausführung von Sozialleistungen erforderlichen sozialen Dienste und Einrichtungen rechtzeitig und ausreichend zur Verfügung stehen. Hierzu müssen diese in so ausreichender Zeit zugelassen sein, dass Wartezeiten und Fehlbelegungen vermieden werden. Auch reicht es nicht, nur stationäre Versorgungsangebote beizubehalten. Auch ambulante und bei der beruflichen Rehabilitation teilstationäre Angebote sind vorzuhalten. Das SGB IX hat darüber hinaus § 17 Abs. 1 SGB I um eine Nr. 4 ergänzt, wonach die Leistungsträger verpflichtet sind, darauf hinzuwirken, dass ihre Verwaltungs- und Dienstgebäude frei von Zugangs- und Kommunikationsbarrieren sind und Sozialleistungen in barrierefreien Räumen und Anlagen ausgeführt werden.

3 Diese Pflicht wendet sich in erster Linie an die Rehabilitationsträger, die diese Aufgabe gemeinsam unter **Beteiligung der Bundesregierung** und der **Landesregierungen** wahrnehmen. Dabei sollte nach der Gesetzesbegründung (BR-Drucks. 49/01, S. 308) auch die Einbringung kommunalen Sachverstands gesichert werden. Zu den hier angesprochenen Rehabilitationseinrichtungen gehören neben den Einrichtungen zur Erbringung von Leistungen zur medizinischen Rehabilitation insbesondere auch Berufsförderungswerke, Berufsbildungswerke und Werkstätten für behinderte Menschen.

4 Nach Abs. 1 Satz 3 sind die Verbände behinderter Menschen einschließlich der Verbände der freien Wohlfahrtspflege sowie Selbsthilfegruppen behinderter Menschen einschließlich der Interessenvertretungen behinderter Frauen sowie die für die Wahrnehmung der Interessen der ambulanten und stationären Rehabilitationseinrichtungen auf Bundesebene maßgeblichen Spitzenverbände zu beteiligen. Die **Beteiligung der Verbände** der freien Wohlfahrtspflege erfolgt auch im Hinblick darauf, dass sie Träger von Rehabilitationseinrichtungen sind (BR-Drucks. 49/01, Begründung, S. 308). Die Beteiligungserfordernisse entsprechen denen des § 13

Abs. 6 im Rahmen der Vereinbarung gemeinsamer Empfehlungen durch die Vorschrift.

Eine **Verpflichtung,** dass Rehabilitationsträger eigene Einrichtungen schaffen oder unterhalten, wird durch die Vorschrift nicht begründet. Der Vorschrift des Abs. 1 Satz 1 kommt damit lediglich ein **deklaratorischer Charakter** im Hinblick auf die Sicherstellung des Angebots an Leistungen zur Teilhabe zu. Subjektiv öffentliche Rechte werden hierdurch nicht begründet. Es kann also kein Schadensersatzanspruch entstehen, wenn der Sozialleistungsträger den in dieser Vorschrift beschriebenen Initiativen nicht nachkommt (zu § 17 SGB I, BfA-Kommentar, SGB I, § 17 Anm. 4).

C. Erbringung der Leistungen in ambulanter, teilstationärer oder betrieblicher Form (Abs. 2)

Nach Abs. 2 werden Leistungen unter Berücksichtigung der persönlichen Umstände in ambulanter, teilstationärer oder betrieblicher Form erbracht, soweit die Ziele nach Prüfung des Einzelfalls mit vergleichbarer Wirksamkeit erreichbar sind. Absatz 2 kommt damit der immer stärker werdenden Bedeutung einer **Flexibilisierung der Rehabilitation** nach.

Aus der Gesetzesbegründung (BR-Drucks. 49/01, S. 308) ergibt sich, dass unter Berücksichtigung der persönlichen Umstände und der Wirksamkeit ambulante und bei Leistungen zur Teilhabe am Arbeitsleben teilstationäre Leistungen in wohnortnahen Einrichtungen zu bevorzugen sind. Leistungen zur **Teilhabe am Arbeitsleben** kommen damit also u. U. auch in teilstationärer (ggf. auch in betrieblicher) Form in Betracht. Dies kommt vor allem Menschen zugute, die das bis heute vorrangig stationär ausgerichtete Leistungsangebot nur schwer oder gar nicht in Anspruch nehmen können, wie z. B. Alleinerziehende oder selbstständige Handwerker (*Haines*, KrV 2001, 268).

Andererseits ist die strikte Festlegung eines Grundsatzes **„ambulant vor stationär"** im Einzelfall zu **unflexibel.** Nach der Gesetzesbegründung (BR-Drucks. 49/01, S. 308) kann maßgebend allein die Wirksamkeit der Leistungen sein, die auch durch persönliche Umstände beeinflusst werden kann. Es besteht kein grundsätzlicher Vorrang für ambulante und teilstationäre Formen. Deshalb müssen bei der Entscheidung alle Umstände des Einzelfalles berücksichtigt werden. Maßgebend sind dabei die Wirksamkeit der Leistungen sowie die Möglichkeit der Inanspruchnahme, die auch durch persönliche Umstände und das Wunsch- und Wahlrecht nach § 9 beeinflusst werden können (s. auch Auslegungsfragen des VDR zum SGB IX, S. 43). Für die Rehabilitationsträger ergibt sich daraus die Verpflichtung, in jedem Einzelfall zu prüfen, welche Form der Maßnahmendurchführung den größten Nutzen erwarten lässt. Es gibt durchaus Sachverhalte, in denen bei gleicher Wirksamkeit der Leistungen die stationäre Form vorzuziehen ist. Gedacht ist hierbei etwa an Mütter mit Familienpflichten, die bei einer ambulanten Leistung nicht genügend Abstand vom Alltag erreichen können. Damit räumt das SGB IX den Rehabilitationsträgern an dieser Stelle die notwendige Flexibilität ein und gibt ausreichend Handlungsspielraum auch zur Entwicklung neuer Formen der Rehabilitation (*Rische*, DAngVers 2001, 273; *Lachwitz*, RdLH 2001, 6 geht davon aus, dass die Vorschrift in vorsichtiger Form den Grundsatz „ambulant vor stationär" festhält, sieht aber bestimmte Leistungsgesetze, wie § 3a BSHG, als vorrangig an; s. auch *Fuchs*, SozSich 2001, 150).

Die Leistungen sollen ggf. unter Einbeziehung familienentlastender Dienste erbracht werden. Durch diese Dienste wird dem Grundsatz Rechnung getragen, dass die **Integration behinderter Kinder** in der Regel bei der Stärkung und Stützung ihrer Familien ansetzen muss.

D. Leistungen an behinderte oder von einer Behinderung bedrohte Kinder (Abs. 3)

10 Nach Abs. 3 wird bei Leistungen an behinderte oder von einer Behinderung bedrohte Kinder eine **gemeinsame Betreuung** behinderter und nichtbehinderter Kinder angestrebt. Kinder im Sinne dieser Vorschrift sind alle bis 18-jährige Personen. Absatz 3 korrespondiert damit mit der Regelung in § 4 Abs. 3 und soll ein besseres Miteinander von behinderten und nichtbehinderten Kindern fördern. Nach § 4 Abs. 3 sollen Leistungen an behinderte oder von einer Behinderung bedrohte Kinder auf deren besondere Bedürfnisse ausgerichtet sein und deren Entwicklung fördern. Absatz 3 hat Bedeutung für alle individuellen Ermessensentscheidungen nach § 17 Abs. 1 und § 19 Abs. 9 (*Welti,* in: Lachwitz/Schellhorn/Welti, § 19 Rdnr. 20).

E. Auswahl von Rehabilitationsdiensten und -einrichtungen (Abs. 4)

11 Absatz 4 der Vorschrift gibt Vorgaben für die Auswahl der Rehabilitationsdienste und -einrichtungen. Die Rehabilitationsträger haben ihre **Auswahl** danach zu treffen, dass die Leistungen in der am besten geeigneten Form erbracht werden. Dabei haben sie die Dienste und Einrichtungen freier und gemeinnütziger Träger entsprechend ihrer Bedeutung für die Rehabilitation und Teilhabe behinderter Menschen zu berücksichtigen (BR-Drucks. 49/01, Begründung, S. 309). Gewahrt werden muss dabei auch die Vielfalt der Träger von Rehabilitationsdiensten oder -einrichtungen. Beachtet werden müssen darüber hinaus deren Selbstständigkeit, Selbstverständnis und Unabhängigkeit. Dies gilt vor allem für kirchliche Einrichtungen und Dienste der Wohlfahrtspflege. Nach Abs. 4 Satz 2 ist § 35 Abs. 1 Satz 2 Nr. 4 anzuwenden. Nach dieser Vorschrift sind Leistungen nach den Grundsätzen der Wirtschaftlichkeit und Sparsamkeit, insbesondere, dass die Einrichtung mit dem zu angemessenen Vergütungssätzen, auszuführen. Das bedeutet nicht automatisch dem niedrigsten Vergütungssatz der Vorrang zu geben ist. Vielmehr bedeutet der Begriff eine Relation zwischen den zu erbringenden Anforderungen und den dafür aufzuwendenden Kosten. Abzustellen ist dabei auch auf die Fachkunde, Leistungsfähigkeit, Erfahrung und Zuverlässigkeit des Dienstleisters. Bei der Auswahl ist in einem Abwägungsprozess aber auch den berechtigten Wünschen des Leistungsberechtigten nach § 9 Abs. 1 Rechnung zu tragen.

F. Förderung von Rehabilitationsdiensten oder -einrichtungen (Abs. 5)

12 Absatz 5 ermöglicht den Rehabilitationsträgern die **Förderung** von Rehabilitationsdiensten oder -einrichtungen im Rahmen des geltenden Rechts. Rehabilitationsträger können Rehabilitationsdienste oder -einrichtungen fördern, wenn dies zweckmäßig ist und die Arbeit dieser Dienste oder Einrichtungen in anderer Weise nicht sichergestellt werden kann. Die Zweckmäßigkeit ist in den Zielen des Gesetzes und insbesondere an den Infrastrukturzielen der Abs. 1 bis 4 zu messen. Es besteht nur ein Anspruch auf **pflichtgemäße Ermessensausübung.** Auf die Förderung besteht kein Rechtsanspruch. Gefördert werden insbesondere Projekte, aber auch Institutionen. Die Förderung hat nach den auch bisher schon für die Rehabilitationsträger geltenden Vorschriften zu erfolgen (z. B. § 31 SGB VI, § 248 SGB III).

G. Bildung von Arbeitsgemeinschaften der Rehabilitationsdienste und -einrichtungen (Abs. 6)

Absatz 6 legt den Rehabilitationsdiensten und -einrichtungen nahe, **Arbeits-** 13
gemeinschaften zu bilden, auch im Interesse einer laufenden Qualitätssicherung und -entwicklung. Die Vorschrift dient der Erleichterung der Koordination und Kooperation der Dienste und Einrichtungen mit den Rehabilitationsträgern. Die Organisationsform der Arbeitsgemeinschaft kann privatrechtlicher Natur sein. Nach § 21 Abs. 2 können die Rehabilitationsträger Rahmenverträge mit den Arbeitsgemeinschaften abschließen. Die Vorschrift des § 94 ist auf die Arbeitsgemeinschaft nach Absatz 6 nicht anzuwenden, da diese die Zusammenarbeit der Leistungsträger und ihre Beziehung zu Dritten regelt.

§ 20 Qualitätssicherung

(1) ¹Die Rehabilitationsträger nach § 6 Abs. 1 Nr. 1 bis 5 vereinbaren gemeinsame Empfehlungen zur Sicherung und Weiterentwicklung der Qualität der Leistungen, insbesondere zur barrierefreien Leistungserbringung, sowie für die Durchführung vergleichender Qualitätsanalysen als Grundlage für ein effektives Qualitätsmanagement der Leistungserbringer. ²§ 13 Abs. 4 ist entsprechend anzuwenden. ³Die Rehabilitationsträger nach § 6 Abs. 1 Nr. 6 und 7 können den Empfehlungen beitreten.

(2) Die Erbringer von Leistungen stellen ein Qualitätsmanagement sicher, das durch zielgerichtete und systematische Verfahren und Maßnahmen die Qualität der Versorgung gewährleistet und kontinuierlich verbessert.

(3) ¹Die Bundesarbeitsgemeinschaft für Rehabilitation bereitet die Empfehlungen nach Absatz 1 vor. ²Sie beteiligt die Verbände behinderter Menschen einschließlich der Verbände der Freien Wohlfahrtspflege, der Selbsthilfegruppen und der Interessenvertretungen behinderter Frauen sowie die nach § 19 Abs. 6 gebildeten Arbeitsgemeinschaften und die für die Wahrnehmung der Interessen der ambulanten und stationären Rehabilitationseinrichtungen auf Bundesebene maßgeblichen Spitzenverbände. ³Deren Anliegen wird bei der Ausgestaltung der Empfehlungen nach Möglichkeit Rechnung getragen.

(4) § 13 Abs. 3 ist entsprechend anzuwenden für Vereinbarungen auf Grund gesetzlicher Vorschriften für die Rehabilitationsträger.

Schrifttum: *Berghaus,* Das QS-Reha-Verfahren der GKV – Die Beteiligten-Sichtweisen, BKK 2005, 66; *Beckmann/Klosterhuis/Mitschele,* Qualitätssicherung durch Qualitätsentwicklung – Erfahrungen aus zehn Jahren Qualitätssicherung der Rehabilitation, DAngVers 2005, 431; *Egner/Gerwin/Müller-Fahrnow/Schliehe,* Das Qualitätssicherungsprogramm der gesetzlichen Rentenversicherung für den Bereich der medizinischen Rehabilitation, Die Rehabilitation, Supplement, S. 1; *Dorenburg/Jäckel/Korsukéwitz,* Qualitätssicherung und Leitlinien in der medizinischen Rehabilitation, DRV 5/2004, 273; *Fuchs,* Reform von historischer Bedeutung, SGB IX – Die Folgen für die medizinische Rehabilitation, SozSich 2001, 150; *Golderjahn,* Qualitätssicherung und Zertifizierung in der Dienstleistungsbereich Gesundheitswesen – aus Sicht der Spitzenverbände der Krankenkassen, Informationsdienst der GVG Nr. 270, 1; *Hartmann,* Wettbewerb, Qualitätssicherung und Nutzerorientierung als neue Herausforderung für die Behindertenhilfe, in: Paradigmenwechsel in der Behindertenhilfe, Freiburg 2001, S. 87; *Hehling,* Die gemeinsame Empfehlung „Qualitätssicherung" nach § 20 Sozialgesetzbuch, BG 2003, 514; *VDR,* Das Qualitätssicherungsprogramm der gesetzlichen Rentenversicherung in der medizinischen Rehabilitation, Instrumente und Verfahren, DRV-Schriften, Bd. 18; *Welti,* Das SGB IX in der Entwicklung des Sozialrechts, Rehabilitation 2002, 274.

Inhaltsübersicht

	Rdnr.
A. Allgemeines	1–5
B. Gemeinsame Empfehlungen der Rehabilitationsträger (Abs. 1)	6–9
C. Qualitätsmanagement durch die Leistungserbringer (Abs. 2)	10, 11
D. Empfehlungen durch die Bundesarbeitsgemeinschaft für Rehabilitation (Abs. 3)	12, 13
E. Zusammentreffen der gemeinsamen Empfehlungen mit bestehenden Rahmenempfehlungen (Abs. 4)	14

A. Allgemeines

1 Nach dieser Vorschrift sind die **Struktur-, Prozess- und Ergebnisqualitäten** der Leistungen zur Teilhabe soweit wie möglich für alle Rehabilitationsträger einheitlich und gemeinsam zu entwickeln und zu regeln. Dabei sind allerdings die unterschiedlichen Aufgabenschwerpunkte und Ziele in den einzelnen Trägerbereichen maßgebend zu berücksichtigen.

2 Um ein **effizientes und effektives gemeinsames Handeln** der Rehabilitationsträger zu gewährleisten und um die erforderlichen Leistungen in der gebotenen Qualität sicherzustellen, sollen die Rehabilitationsträger **gemeinsame Empfehlungen** zur Sicherung und Weiterentwicklung der Qualität der Leistungen sowie für die Durchführung vergleichender Qualitätsanalysen als Grundlage für ein effektives Qualitäts-Management vereinbaren. Diese Empfehlungen werden nach Abs. 3 der Vorschrift durch die Bundesarbeitsgemeinschaft für Rehabilitation unter Beteiligung der Verbände und Selbsthilfegruppen behinderter Menschen vorbereitet (vgl. auch § 13 Abs. 7). Die Vorschrift stellt für die Rehabilitationsträger eine eigene Rechtsgrundlage dar, gemeinsame Empfehlungen zur Qualitätssicherung abzuschließen. Auf dieser Grundlage wurde die gemeinsame Empfehlung Qualitätssicherung am 27. 3. 2003 verabschiedet und ist am 1. 7. 2003 in Kraft getreten (s. unter www.bar-frankfurt.de).

3 Das Instrument der Qualitätssicherung bei den Sozialversicherungsträgern ist nicht neu. Im Bereich der gesetzlichen Rentenversicherung wird ein **Qualitätssicherungsprogramm** bereits seit dem 1. 1. 1994 von den Rentenversicherungsträgern in Gestalt eines „Fünf-Punkte-Programms für Qualitätssicherung in der stationären medizinischen Rehabilitation" angewendet. Seither wird es schrittweise in den eigenen Rehabilitationskliniken der Rentenversicherung sowie in den federführend belegten Vertragsrehabilitationseinrichtungen umgesetzt. Ziel des Reha-Qualitätssicherungsprogramms ist eine generelle Qualitätsverbesserung der medizinischen Rehabilitation, vor allem mehr Ergebnisorientierung und Wirtschaftlichkeit. Es soll zudem sichergestellt werden, dass in allen Rehabilitationskliniken der Rentenversicherung ein bundesweit vergleichbarer Qualitätsstandard eingehalten wird (*Schulin*, Handbuch des Sozialversicherungsrechts, § 36, Rdnr. 20–24; *Egner*, Das Qualitätssicherungsprogramm der Rentenversicherung, S. 26). Auf der Grundlage von Arbeiten der Rehakommission Berufsförderung des VDR und der gemeinsamen Empfehlung zur Qualitätssicherung nach § 20 wurde mittlerweile ein „Rahmenkonzept Qualitätssicherung bei Leistungen zur Teilhabe am Arbeitsleben" erarbeitet. (s. hierzu *Hansmeyer/Raduschewski*, Qualitätssicherung bei Leistungen zur Teilhabe am Arbeitsleben, DAngVers 2005, 371 ff.).

4 Für den Bereich der gesetzlichen Krankenversicherung wurde durch **die Gesundheitsreform 2000** die gesetzliche Verpflichtung und Verantwortung in der Qualitätssicherung in der Rehabilitation erweitert und umfassend geregelt. So werden die Leistungserbringer ausdrücklich verpflichtet, die Qualität der von ihnen erbrachten Leistungen zu sichern und weiterzuentwickeln sowie ein internes Qualitäts-Management einzuführen. Die Leistungen müssen dem jeweiligen Stand der wissenschaftlichen Erkenntnis entsprechen und in der fachlich gebotenen Qualität erbracht werden. Der Gesetzgeber bleibt mit den Regelungen des SGB IX hinter denen durch die Gesundheitsreform 2000 für den Bereich der Rehabilitation der Krankenversicherung in den §§ 135 a ff. SGB V geschaffenen Vorschriften für die Qualitätssicherung zurück (*Fuchs*, SozSich 2001, 150).

Die Träger der Sozialversicherung haben bereits in ihrer **gemeinsamen Erklärung über eine Zusammenarbeit in der Qualitätssicherung der medizinischen Rehabilitation** vom Oktober 1999 ihren Willen zur Zusammenarbeit in diesem Bereich begründet. In der gemeinsamen Erklärung haben sich die Sozialversicherungsträger darauf verständigt, dass der Grundsatz verfolgt werden soll, die erforderliche Qualität der Rehabilitation zu gewährleisten und mit der Rehabilitation die Effizienz im Gesundheitssystem zu steigern. Verfahren zur Qualitätssicherung sollen dabei zentrale Elemente zur Sicherstellung einer effektiven und effizienten Rehabilitation darstellen. Durch eine Einbindung der Rentenversicherung in den Projektbeirat der gesetzlichen Krankenkassen wurde eine Abstimmung und weitgehende Harmonisierung der beiden Qualitätssicherungsprogramme der beiden großen Reha-Träger weiter vorangebracht. Darüber hinaus wurden zwei Arbeitsgemeinschaften zwischen Rentenversicherung und Krankenversicherung gegründet. Eine Arbeitsgemeinschaft hat die Aufgabe übernommen, ein Qualitätssicherungsprogramm für die ambulante medizinische Rehabilitation trägerübergreifend zu entwickeln. Dieses Projekt hat am 1. 3. 2004 begonnen. Seit April 2004 koordiniert eine Arbeitsgemeinschaft die Entwicklung eines trägerübergreifenden Programms zur Erfassung der Strukturqualität in Einrichtungen der Rehabilitation für Kinder und Jugendliche. 5

B. Gemeinsame Empfehlungen der Rehabilitationsträger (Abs. 1)

Nach Abs. 1 sollen die gesetzlichen Krankenkassen, die Bundesanstalt für Arbeit, die Unfallversicherungsträger, die Rentenversicherungsträger, die Träger der Alterungsicherung der Landwirte und die Träger der Kriegsopferversorgung sowie die Träger der Kriegsopferfürsorge als Rehabilitationsträger gemeinsame Empfehlungen zur **Sicherung und Weiterentwicklung der Qualität der Leistungen** sowie für die **Durchführung vergleichender Qualitätsanalysen** als Grundlage für ein effektives Qualitäts-Management der Leistungserbringer vereinbaren. Damit soll ein effizientes und effektives gemeinsames Handeln der Rehabilitationsträger gewährleistet und die erforderlichen Leistungen insbesondere auch für behinderte und von Behinderung bedrohte Frauen in der gebotenen Qualität sichergestellt werden. Mit der Abstimmung zwischen den für die Qualitätssicherung in der Rehabilitation verantwortlichen Trägern soll gewährleistet werden, dass bisherige Qualitätsmaßstäbe zur Struktur- und Prozessqualität sowie Bemühungen zur Ergebnisqualität nicht nivelliert werden (zur Definition der Struktur-, Prozess- und Ergebnisqualität s. Bundesversicherungsanstalt für Angestellte, Handbuch Rehabilitation, S. 75). Nach der Gesetzesbegründung (BR-Drucks. 49/01, S. 309) ist abgestimmte Qualitätssicherung unabdingbare Voraussetzung für die gemeinsame Bedarfsplanung (§ 19 Abs. 1), die Koordination der Leistungen und die Kooperation der Leistungsträger, insbesondere für ein trägerübergreifendes Rehabilitations-Management. Durch Untersuchungen zur Struktur- und Prozessqualität soll ein hoher Qualitätsstandard und eine Gleichstellung der Versicherten erreicht werden. Erreicht werden soll auch ein Vergleich von Einrichtungen und Diensten untereinander, um so einen qualitätsorientierten Wettbewerb zu fördern. 6

7 Die Hervorhebung der Worte in Satz 1 „insbesondere zur barrierefreien Leistungserbringung" dient der Klarstellung, dass die **Barrierefreiheit** zur Leistungsqualität gehört (s. auch § 17 Abs. 1 Nr. 4 SGB I). Bestehende Qualitätssicherungsprogramme sind im Kreise der Träger nach § 6 Abs. 1 Nr. 1 bis 5 abzustimmen.

8 Nach Abs. 1 Satz 2 der Vorschrift ist § 13 Abs. 4 entsprechend anzuwenden. Das bedeutet, dass die Träger der Renten-, Kranken- und Unfallversicherung sowie der Alterssicherung der Landwirte sich bei der Vereinbarung der gemeinsamen Empfehlungen durch ihre Spitzenverbände vertreten lassen können. Im Rahmen des Abs. 1 Satz 3 können die Träger der öffentlichen Jugendhilfe und die Sozialhilfeträger den Empfehlungen beitreten.

9 Die gesetzlichen Krankenkassen, die Bundesagentur für Arbeit, die Träger der gesetzlichen Unfallversicherung, die Träger der gesetzlichen Rentenversicherung, die Träger der Alterssicherung der Landwirte, die Träger der Kriegsopferversorgung und die Träger der Kriegsopferfürsorge im Rahmen des Rechts der sozialen Entschädigung bei Gesundheitsschäden haben sich am 27. 3. 2003 auf eine gemeinsame Empfehlung zur Sicherung und Weiterentwicklung der Qualität der Leistung, insbesondere zur barrierefreien Leistungserbringung, sowie zur Durchführung vergleichender Qualitätsanalysen als Grundlage für ein effektives Qualitätsmanagement der Leistungsträger verständigt. Die gemeinsame Empfehlung ist am 1. 7. 2003 in Kraft getreten. Nach der Empfehlung wirken die Rehabilitationsträger auf bedarfsgerechte, zielgerichtete und an den individuellen Bedürfnissen der Leistungsberechtigten ausgerichtete qualifizierte Leistungen zur Teilhabe hin. Sie stellen dies durch geeignete Leistungserbringer sicher. Dabei wird ein umfassender und interdisziplinärer Rehabilitationsansatz zu Grunde gelegt. Verfahren zur Qualitätssicherung und zum Qualitäts-Management stellen dabei zentrale Elemente einer effektiven und effizienten Leistungserbringung dar. Die damit einhergehende Transparenz soll entscheidend zur kontinuierlichen Verbesserung der Qualität der Leistungen beitragen.

C. Qualitäts-Management durch die Leistungserbringer (Abs. 2)

10 Absatz 2 bindet die Erbringer von Leistungen zur Teilhabe in die Qualitätssicherung der Rehabilitationsträger ein, indem sie zu einem **internen Qualitäts-Management** verpflichtet werden. Die Erbringer der Leistungen sind nicht nur durch die Verträge, sondern auch unmittelbar nach Abs. 2 verpflichtet, ein Qualitätsmanagement zu betreiben.

11 Die Erbringer von Leistungen stellen ein Qualitäts-Management sicher, das durch zielgerichtete und systematische Verfahren und Maßnahmen die Qualität der Versorgung gewährleistet und kontinuierlich verbessert. Die Vorschrift richtet sich an Leistungserbringer, d. h. die Rehabilitationsdienste und -einrichtungen auch von freien und gemeinnützigen Trägern. Für den Bereich der gesetzlichen Krankenversicherung beinhaltet die Vorschrift keine Neuregelung. Die bereits am 1. 1. 2000 in Kraft getretene Regelung des § 135a SGB V (Verpflichtung zur Qualitätssicherung) bleibt weiterhin gültig. Absatz 2 begründet keinen Anspruch auf Durchführung eines Qualitäts-Managements.

D. Empfehlungen durch die Bundesarbeitsgemeinschaft für Rehabilitation (Abs. 3)

12 Nach Abs. 3 bereitet die Bundesarbeitsgemeinschaft für Rehabilitation die Empfehlungen nach Abs. 1 vor (vgl. auch § 13 Abs. 7). Sie hat dabei die Verbände behinderter Menschen, einschließlich der Verbände der freien Wohlfahrtspflege, der Selbsthilfegruppen und der Interessenvertretungen behinderter Frauen, sowie die nach § 19 Abs. 6 gebildeten Arbeitsgemeinschaften und die für die Wahrnehmung der Interessen der ambulanten und stationären Rehabilitationseinrichtungen auf Bundesebene maßgeblichen **Spitzenverbände** zu **beteiligen.** Deren Anliegen wird bei der Ausgestaltung der Empfehlungen nach Möglichkeit Rechnung getragen. Der Spielraum im Hinblick auf die Nichtberücksichtigung der Anliegen ist hierdurch eingeschränkt, ein Rechtsanspruch auf die Berücksichtigung aller Anliegen besteht allerdings nicht. Nach der Gesetzesbegründung (BR-Drucks. 49/01, S. 310) erfolgt die Beteiligung der Verbände der freien Wohlfahrtspflege auch im Hinblick darauf, dass sie Träger von Rehabilitationseinrichtungen sind. Die Regelung sichert somit den gesetzlichen Auftrag zur gemeinsamen Qualitätssicherung institutionell ab. Voraussetzung zur Umsetzung des Auftrags ist allerdings eine verbindliche, einheitliche Datenerhebung. Da die Empfehlung mittlerweile verabschiedet wurde, sind die Grundsätze nur noch im Hinblick auf eine **Weiterentwicklung** der Empfehlung von Bedeutung.

Nach der gemeinsamen Empfehlung zur Qualitätssicherung teilen die Vereinbarungspartner der Bundesarbeitsgemeinschaft für Rehabilitation im Abstand von zwei Jahren ihre **Erfahrungen** mit der gemeinsamen Empfehlung mit. Die Vereinbarungspartner und die anderen Rehabilitationsträger werden auf der Ebene der Bundesarbeitsgemeinschaft für Rehabilitation in angemessenen Zeitabständen prüfen, ob die Empfehlung aufgrund zwischenzeitlich gewonnener Erfahrungen und eingetretener Entwicklungen verbessert oder wesentlich veränderten Verhältnissen angepasst werden muss. Dabei sollen die Verbände behinderter Menschen einschließlich der Verbände der freien Wohlfahrtspflege, der Selbsthilfegruppen und der Interessenvertretungen behinderter Frauen sowie der für die Wahrnehmung der Interessen der ambulanten und stationären Rehabilitationseinrichtungen auf Bundesebene maßgeblichen Spitzenverbände einbezogen werden. 13

E. Zusammentreffen der gemeinsamen Empfehlungen mit bestehenden Rahmenempfehlungen (Abs. 4)

Absatz 4 stellt durch die Verweisung auf die Regelung in § 13 Abs. 3 sicher, dass auch bei den gemeinsamen Empfehlungen über Qualitätssicherung **Vereinbarungen** von einzelnen Rehabilitationsträgern, z. B. nach § 137 d SGB V oder nach §§ 93 ff. BSHG, die erforderliche Berücksichtigung finden. 14

§ 21 Verträge mit Leistungserbringern

(1) **Die Verträge über die Ausführung von Leistungen durch Rehabilitationsdienste und -einrichtungen, die nicht in der Trägerschaft eines Rehabilitationsträgers stehen, enthalten insbesondere Regelungen über**

1. **Qualitätsanforderungen an die Ausführung der Leistungen, das beteiligte Personal und die begleitenden Fachdienste,**
2. **Übernahme von Grundsätzen der Rehabilitationsträger zur Vereinbarung von Vergütungen,**
3. **Rechte und Pflichten der Teilnehmer, soweit sich diese nicht bereits aus dem Rechtsverhältnis ergeben, das zwischen ihnen und dem Rehabilitationsträger besteht,**
4. **angemessene Mitwirkungsmöglichkeiten der Teilnehmer an der Ausführung der Leistungen,**

§ 21 1, 2   Teil 1. Behinderte u. von Behinderung bedrohte Menschen

5. **Geheimhaltung personenbezogener Daten** sowie
6. **die Beschäftigung eines angemessenen Anteils behinderter, insbesondere schwerbehinderter Frauen.**

(2) ¹**Die Rehabilitationsträger wirken darauf hin, dass die Verträge nach einheitlichen Grundsätzen abgeschlossen werden; sie können über den Inhalt der Verträge gemeinsame Empfehlungen nach § 13 sowie Rahmenverträge mit den Arbeitsgemeinschaften der Rehabilitationsdienste und -einrichtungen vereinbaren.** ²**Der Bundesbeauftragte für den Datenschutz wird beteiligt.**

(3) **Verträge mit fachlich nicht geeigneten Diensten oder Einrichtungen werden gekündigt.**

(4) **Absatz 1 Nr. 1 und 3 bis 6 wird für eigene Einrichtungen der Rehabilitationsträger entsprechend angewendet.**

Schrifttum: *Lachwitz,* Bundesregierung legt Entwurf eines Sozialgesetzbuchs – Neuntes Buch – (SGB IX) vor – Ein Blick auf kontroverse Fragestellungen, Auslegungsprobleme und Spielräume für die weiteren gesetzgeberischen Beratungen, RdLH 2001, 6.

Inhaltsübersicht

	Rdnr.
A. Allgemeines	1–3
B. Anforderungen an Verträge mit Leistungserbringern (Abs. 1)	4–9
C. Abschluss der Verträge nach einheitlichen Grundsätzen (Abs. 2)	9
D. Kündigung von Verträgen mit nicht geeigneten Diensten (Abs. 3)	10, 11
E. Anwendung von Grundsätzen für die eigenen Einrichtungen der Rehabilitationsträger (Abs. 4)	12

A. Allgemeines

1   Die Vorschrift stellt sicher, dass die Verträge mit Rehabilitationsdiensten und -einrichtungen den sich aus § 20 ergebenden **Qualitätsanforderungen** entsprechen. Über den Inhalt der Verträge können die Rehabilitationsträger gemeinsame Empfehlungen nach § 13 oder Rahmenverträge vereinbaren. Verträge mit fachlich nicht geeigneten Diensten werden gekündigt.

2   Das **Reha-Angleichungsgesetz** enthielt keine entsprechende Vorschrift. Die für die Rehabilitationsträger geltenden Leistungsgesetze enthalten zum Teil Vorschriften hinsichtlich des Abschlusses von Verträgen. Wegen § 7 gehen diese Vorschriften § 21 vor. Für den Bereich der gesetzlichen Krankenkassen ist in § 2 Abs. 2 Satz 2 SGB V geregelt, dass über die Erbringung der Sach- und Dienstleistungen mit den Leistungserbringern Verträge abzuschließen sind. Das Verhältnis der Krankenkassen zu den Leistungserbringern ist in den § 69 bis 140h SGB V geregelt. Für den Bereich der Sozialhilfe bestehen Regelungen in §§ 93 ff. BSHG, für den Bereich der Jugendhilfe sind Verträge in Form von Vereinbarungen nach den §§ 78a ff. SGB VIII abzuschließen. Für den Bereich der Rentenversicherung werden die stationären Leistungen zur medizinischen Rehabilitation in Einrichtungen erbracht, die von den Trägern der Rentenversicherung selbst betrieben werden oder mit denen ein Vertrag nach § 21 besteht. Beim Abschluss von Verträgen ist damit jetzt nur noch § 21 anzuwenden. Dies gilt auch für den Bereich der Unfallversicherung. In § 34 Abs. 8 Satz 2 SGB VII wird für den Bereich der medizinischen Rehabilitation ausdrücklich auf § 21 verwiesen. Die Vorschriften über die Versorgungsverwaltung und das SGB III enthalten keine eigenen Regelungen zum Vertragsrecht.

Zwischen den Rehabilitationsträgern, den Leistungserbringern und dem Leistungsberechtigten bestehen **drei Rechtsverhältnisse.** Das Grundverhältnis zwischen dem Rehabilitationsträger und dem Leistungsberechtigten ist eindeutig **öffentlich-rechtlicher** Natur. Das Rechtsverhältnis zwischen dem Rehabilitanden und dem Leistungserbringer ist eindeutig **privatrechtlicher** Natur. Dagegen ist die Qualifizierung des Leistungsbeschaffungsverhältnisses zwischen dem Rehabilitationsträger und dem Leistungserbringer streitig. Der Umstand, dass die Sozialversicherungsträger die Möglichkeit haben, entsprechende Leistungen sowohl in eigenen Einrichtungen als auch in Einrichtungen, mit denen ein Vertrag besteht, durchführen zu lassen, dürfte dafür sprechen, dass das Leistungsbeschaffungsverhältnis ebenfalls privatrechtlicher Natur ist. Insbesondere dürfte dies dann der Fall sein, wenn von dem beteiligten Leistungsträger kein anderer Wille zu erkennen ist (siehe hierzu *BSG* vom 10. 7. 1996, SozR 3-2500, S. 125 Nr. 6; *Brodkorb,* in: Hauck/Noftz § 21 Rdnr. 3 ff., *Quas,* in: Biehr/Fuchs/Krauskopf/Lewering, § 21 Rdnr. 7 ff., s. auch die Einordnung in *Welti,* in: Lackwitz/Schellhorn/Welti, § 21 Rdnr. 17). 3

B. Anforderungen an Verträge mit Leistungserbringern (Abs. 1)

Nach der Vorschrift des Abs. 1 enthalten die **Verträge** über die Ausführung von Leistungen durch Rehabilitationsdienste und -einrichtungen, die nicht in der Trägerschaft eines Rehabilitationsträgers stehen, die in Abs. 1 Nr. 1 bis 6 genannten Anforderungen. Die Inhalte sind als Mindestanforderungen zu verstehen, was den Rehabilitationsträgern einen darüber hinausgehenden Gestaltungsspielraum einräumt. Mit den Einrichtungen sind – soweit sie nicht Eigeneinrichtungen der Rehabilitationsträger sind – Verträge abzuschließen, die u. a. auch die notwendigen Regelungen zu den in Abs. 1 genannten Anforderungen enthalten müssen. Absatz 1 ist nicht abschließend ("insbesondere"). Eine Rehabilitationseinrichtung hat keinen Rechtsanspruch auf Abschluss eines Vertrages mit dem Rehabilitationsträger. Der Vertragsschluss liegt im Ermessen des Rehabilitationsträgers. 4

Nach Abs. 1 Nr. 1 enthalten die Verträge Regelungen über **Qualitätsanforderungen** an die Ausführung der Leistung, das beteiligte Personal und die begleitenden Fachdienste. Diese Qualitätsanforderungen entsprechen im Wesentlichen denen der gemeinsamen Empfehlungen nach § 20. Darüber hinaus sind die allgemeinen Ziele des Gesetzes sowie die sich etwa aus § 19 Abs. 3 (gemeinsame Betreuung von Kindern) und § 19 Abs. 2 (Vermeidung von Kommunikations- und Zugangsbarrieren) zu beachten. 5

Nach Abs. 1 Nr. 2 enthalten die Verträge Regelungen über die Übernahme von Grundsätzen der Rehabilitationsträger zur Vereinbarung von **Vergütungen.** Hierbei ist ein leistungsbezogenes Vergütungssystem anzustreben. 6

Nach Nr. 3 müssen in den Verträgen **Rechte und Pflichten** der Teilnehmer, soweit sich diese nicht bereits aus dem Rechtsverhältnis ergeben, das zwischen ihnen und den Rehabilitationsträgern besteht, enthalten sein. Zu den Rechten gehört insbesondere, dass dem Wunsch- und Wahlrecht nach § 9 Abs. 1 entsprochen wird. Die Pflichten ergeben sich insbesondere aus den Mitwirkungspflichten nach §§ 60–65 SGB I. 7

Absatz 1 Nr. 4 befasst sich mit **angemessenen Mitwirkungsmöglichkeiten** der Teilnehmer an der Ausführung der Leistungen. Sie sind nach § 9 Abs. 3 so 8 auszuformen, dass den Berechtigten möglichst viel Raum zur eigenverantwortlichen Gestaltung ihrer Lebensumstände gelassen und ihre Selbstbestimmung gefördert wird. Nach Nr. 5 sind datenschutzrechtliche Regelungen zu beachten. Damit soll der Schutz der Sozialdaten der betroffenen Personen sichergestellt werden. Die Grundsätze der § 35 SGB I, 67–85a SGB X sind zu beachten.

9 Absatz 1 Nr. 6 enthält eine Regelung über die Beschäftigung eines angemessenen Anteils behinderter, insbesondere **schwer behinderter Frauen.** Nach der Gesetzesbegründung (BR-Drucks. 49/01, S. 310) sollen bei der Gestaltung der Verträge auch die notwendigen Inhalte geregelt werden, damit die Einrichtungen den erweiterten **Wunsch- und Wahlrechten** der Leistungsberechtigten entgegenkommen und die Bedürfnisse besonderer Personengruppen berücksichtigt werden können. Berücksichtigt werden sollen dabei insbesondere die Bedürfnisse behinderter und von Behinderung bedrohter Frauen, z.B. durch die Ermöglichung von Teilzeitmaßnahmen. Damit wird die Beschäftigungspflicht nach § 71 Abs. 1 Satz 2 erfüllt, in der auch eine besondere Berücksichtigung schwer behinderter Frauen vorgesehen ist.

C. Abschluss der Verträge nach einheitlichen Grundsätzen (Abs. 2)

10 Absatz 2 erweitert das **Abstimmungsgebot** sowie die Möglichkeit gemeinsamer Empfehlungen nach § 13 über den Inhalt von Verträgen mit Rehabilitationseinrichtungen. Die Rehabilitationsträger wirken darauf hin, dass die Verträge nach einheitlichen Grundsätzen abgeschlossen werden. Die Rehabilitationsträger können über den Inhalt der Verträge gemeinsame Empfehlungen nach § 13 sowie Rahmenverträge mit den Arbeitsgemeinschaften der Rehabilitationsdienste und -einrichtungen vereinbaren. Der Abschluss steht im Ermessen der Rehabilitationsträger. Nach Abs. 2 Satz 2 ist der Bundesbeauftragte für den Datenschutz zu beteiligen.

Die Rehabilitationsträger haben sich darauf verständigt, keine gemeinsame Empfehlung in diesem Bereich zu verabschieden. Vor dem Hintergrund der Regelungen des Abs. 2 sind die Rehabilitationsträger aufgefordert, beim Abschluss neuer Verträge dafür Sorge zu tragen, dass den Vorgaben für die Ausgestaltung der Verträge mit Einrichtungen der medizinischen Rehabilitation entsprochen wird.

D. Kündigung von Verträgen mit nicht geeigneten Diensten (Abs. 3)

11 Nach Abs. 3 sind Verträge mit fachlich nicht geeigneten Diensten oder Einrichtungen zu **kündigen.** Fachlich nicht geeignet sind Dienste insbesondere dann, wenn sie die in Abs. 1 aufgeführten Anforderungen nicht einhalten können, aber auch wenn sie nicht in der Lage sind, Teilhabeleistungen zu erbringen, die den Zielen und Normen des SGB IX und der Leistungsgesetze nicht entsprechen (*Welti*, in: Lachwitz/Schellhorn/Welti, § 21 Rdnr. 31). Der Begriff „fachlich nicht geeignet" ist gerichtlich voll überprüfbar. Anzuwenden ist die Vorschrift des § 92 SGB X über die Kündigung eines Auftrags.

E. Anwendung von Grundsätzen für die eigenen Einrichtungen der Rehabilitationsträger (Abs. 4)

Absatz 4 regelt, dass die oben genannten Anforderungen (Rdnr. 2 ff.) in Abs. 1 Nr. 1 und 3 bis 6 für **eigene Einrichtungen** der Rehabilitationsträger entsprechend angewendet werden. Damit sind an Eigeneinrichtungen die gleichen Anforderungen zu stellen wie an private Dienste und Einrichtungen.

12

§ 21a Verordnungsermächtigung

¹Das Bundesministerium für Gesundheit und Soziale Sicherung wird ermächtigt, durch Rechtsverordnung mit Zustimmung des Bundesrates Näheres zum Inhalt und Ausführung des Persönlichen Budgets, zum Verfahren sowie zur Zuständigkeit bei Beteiligung mehrerer Leistungsträger zu regeln.

§ 21a enthält die **Ermächtigung** zum Erlass einer Rechtsverordnung, die – in Ergänzung zu § 17 Abs. 2 bis 4 SGB IX – die näheren Regelungen zum Inhalt und zur Ausführung des Persönlichen Budgets, zum Verfahren sowie zur Zuständigkeit bei Beteiligung mehrerer Leistungsträger regelt. Im Rahmen dieser Ermächtigung hat das Bundesministerium für Gesundheit und Soziale Sicherung am 27. 5. 2004 eine die gesetzliche Regelung des § 17 Abs. 2 bis 4 konkretisierende Verordnung erlassen. Die Verordnung ist am 1. 2. 2004 in Kraft getreten; s. zur Budgetverordnung Vorläufige Handlungsempfehlungen der BAR zum Persönlichen Budget, S. 33 ff.).

Kapitel 3. Gemeinsame Servicestellen

§ 22 Aufgaben

(1) ¹Gemeinsame örtliche Servicestellen der Rehabilitationsträger bieten behinderten und von Behinderung bedrohten Menschen, ihren Vertrauenspersonen und Personensorgeberechtigten nach § 60 Beratung und Unterstützung an. ²Die Beratung und Unterstützung umfasst insbesondere,

1. über Leistungsvoraussetzungen, Leistungen der Rehabilitationsträger, besondere Hilfen im Arbeitsleben sowie über die Verwaltungsabläufe zu informieren,
2. bei der Klärung des Rehabilitationsbedarfs, bei der Inanspruchnahme von Leistungen zur Teilhabe, bei der Inanspruchnahme eines Persönlichen Budgets und der besonderen Hilfen im Arbeitsleben sowie bei der Erfüllung von Mitwirkungspflichten zu helfen,
3. zu klären, welcher Rehabilitationsträger zuständig ist, auf klare und sachdienliche Anträge hinzuwirken und sie an den zuständigen Rehabilitationsträger weiterzuleiten,
4. bei einem Rehabilitationsbedarf, der voraussichtlich ein Gutachten erfordert, den zuständigen Rehabilitationsträger darüber zu informieren,
5. die Entscheidung des zuständigen Rehabilitationsträgers in Fällen, in denen die Notwendigkeit von Leistungen zur Teilhabe offenkundig ist, so umfassend vorzubereiten, dass dieser unverzüglich entscheiden kann,
6. bis zur Entscheidung oder Leistung des Rehabilitationsträgers den behinderten oder von Behinderung bedrohten Menschen unterstützend zu begleiten,

§ 22 1, 2　　　Teil 1. Behinderte u. von Behinderung bedrohte Menschen

7. bei den Rehabilitationsträgern auf zeitnahe Entscheidungen und Leistungen hinzuwirken und
8. zwischen mehreren Rehabilitationsträgern und Beteiligten auch während der Leistungserbringung zu koordinieren und zu vermitteln.

[3] Die Beratung umfasst unter Beteiligung der Integrationsämter auch die Klärung eines Hilfebedarfs nach Teil 2 dieses Buches. [4] Die Pflegekassen werden bei drohender oder bestehender Pflegebedürftigkeit an der Beratung und Unterstützung durch die gemeinsamen Servicestellen beteiligt. [5] Verbände behinderter Menschen einschließlich der Verbände der Freien Wohlfahrtspflege, der Selbsthilfegruppen und der Interessenvertretungen behinderter Frauen werden mit Einverständnis der behinderten Menschen an der Beratung beteiligt.

(2) [1] § 14 des Ersten Buches und § 10 Abs. 2 und § 11 Abs. 1 bis 3 und 5 des Zwölften Buches bleiben unberührt. [2] Auskünfte nach § 15 des Ersten Buches über Leistungen zur Teilhabe erteilen alle Rehabilitationsträger.

Inhaltsübersicht

	Rdnr.
A. Allgemeines	1, 2
B. Bisheriges Recht	3
C. Aufgaben der Servicestellen (Abs. 1)	4–17
D. Gemeinsame Empfehlungen	18

A. Allgemeines

1　Die Vorschrift zählt – nicht abschließend – die Aufgaben der gemeinsamen Servicestellen auf, beschreibt den Adressatenkreis, an den sich das Angebot an **Beratung und Unterstützung** richtet und benennt die an der Beratung zu Beteiligenden. Weitere Aufgaben sind u. a. im § 84 Abs. 2 SGB IX – im Zusammenhang mit dem betrieblichen Eingliederungsmanagement – genannt. Die Vorschrift ergänzt und präzisiert die in §§ 14 und 15 SGB I bestehenden Regelungen über Beratung und Auskunft, ohne aber sie zu ersetzen. § 22 Abs. 2 dehnt die Auskunftspflicht nach § 15 SGB I (der nur für die gesetzlichen Kranken- und Pflegekassen gilt) über Leistungen zur Teilhabe auf alle Rehabilitationsträger aus. § 22 schafft die Grundlage für unverzügliche, trägerübergreifende, anbieterneutrale und zugleich verbindliche Beratung und Unterstützung. Die Gemeinsamen Servicestellen sind ein Instrument, das der Gesetzgeber geschaffen hat, um die Verpflichtung der Rehabilitationsträger zu verwirklichen, die im Einzelfall erforderlichen Leistungen zur Teilhabe nahtlos und zügig zu erbringen (s. § 12 Abs. 1 Nr. 1) und Zuständigkeiten in kurzer Frist zu klären (s. § 14). Der Rehabilitand kann die Dienstleistungen der Gemeinsamen Servicestellen nutzen, muss dies aber nicht. Um seine Rechte zu verwirklichen und seinen Mitwirkungspflichten nachzukommen, kann er sich auch an den zuständigen Rehabilitationsträger direkt wenden. In manchen Fällen wird es auch nicht sinnvoll sein, nur über den Kontakt mit der Gemeinsamen Servicestelle die Einleitung einer Rehabilitationsmaßnahme zu erreichen. Die Gemeinsamen Servicestellen haben eine beratende und klärende sowie unterstützende Funktion.

2　Absatz 2 bestimmt, dass der Anspruch der Bürgerinnen und Bürger auf Beratung über ihre Rechte und Pflichten nach dem Sozialgesetzbuch (§ 14 SGB I) und der Anspruch auf Beratung als Teil der persönlichen Hilfe nach § 8 BSHG unberührt bleiben.

B. Bisheriges Recht

Durch die Einrichtung gemeinsamer örtlicher Servicestellen der Rehabilitations- 3
träger werden die Zielsetzungen des § 3 Abs. 2, § 5 Abs. 2 und § 7 Abs. 1 RehaAnglG bezüglich der Beratungspflichten der Rehabilitationsträger aufgegriffen und auf alle vom SGB IX erfassten Rehabilitationsträger und -trägergruppen erstreckt. Nach § 5 Abs. 1 RehaAnglG sollten die Rehabilitationsträger eine umfassende Beratung und Auskunft in gemeinschaftlichen Auskunfts- und Beratungsstellen anstreben – eine – Zielsetzung, die die Rehabilitationsträger nicht aufgegriffen haben.
§ 22 SGB IX präzisiert die Aufgabenbeschreibung, indem den Servicestellen konkrete Unterstützungs- und Nachhaltepflichten übertragen und Verfahren festgelegt werden. Die von den Rehabilitationsträgern abgeschlossene **Gesamtvereinbarung über Auskunft und Beratung nach dem RehaAnglG vom 1. 7. 1977** (§ 13 Rdnr. 11) wurde durch eine Rahmenempfehlung zur Einrichtung trägerübergreifender Servicestellen für Rehabilitation vom 24. 4. 2001 ersetzt. Auch die Gemeinsame Empfehlung über die nahtlose, zügige und einheitliche Erbringung von Leistungen zur Teilhabe (GE „Einheitlichkeit/Nahtlosigkeit") und die Gemeinsame Empfehlung über die Ausgestaltung des in § 14 SGB IX bestimmten Verfahren (GE „Zuständigkeitsklärung") sind von Bedeutung für die Arbeit in den Gemeinsamen Servicestellen.

C. Aufgaben der Servicestellen (Abs. 1)

Entsprechend dem individuellen Rehabilitationsbedarf sind in vielen Fällen für 4
eine erfolgreiche Rehabilitation Leistungen verschiedener Leistungsgruppen erforderlich. Für die Erbringung der Leistungen können aufgrund der versicherungsrechtlichen Voraussetzungen des Rehabilitanden und des unterschiedlichen Leistungskatalogs der Rehabilitationsträger im konkreten Einzelfall mehrere Träger verantwortlich sein (§ 6 Rdnr. 3). Beispielsweise kann es sein, dass die gesetzliche Krankenversicherung die medizinische Rehabilitation erbringt, für die sich anschließenden Leistungen zur Teilhabe am Arbeitsleben aber die Bundesagentur zuständig ist. Durch diese Besonderheit des sogenannten gegliederten Systems entstehen also Schnittstellen bei der Leistungserbringung, die im Interesse des Rehabilitanden möglichst reibungslos und ohne Zeitverlust zu überbrücken sind. Das SGB IX behält die Entscheidung des RehaAnglG bei, die Gewährung von Leistungen und Maßnahmen zur Rehabilitation nicht einem eigenständigen Träger zu übertragen (vgl. *Stähler/Welti*, in: § 22 Rdnr. 3 HK-SGB IX), schafft mit den gemeinsamen Servicestellen neue Verwaltungseinheiten, die die Aufgabe haben, den Rehabilitanden bei der Überwindung der Schnittstellen zu unterstützen.

Die nicht abschließende Aufzählung der Aufgaben im § 22 Abs. 1 begründet 5
einen Anspruch auf eine umfassende, d. h. **trägerübergreifende Beratung** und Auskunftserteilung (vgl. *Mrozynski*, § 22 Rdnr. 6, in SGB IX Teil 1). Allerdings ließ der Gesetzgeber die Definition von „gemeinsam" bewusst offen und eröffnete damit den Weg, den die Rehabilitationsträger in der Praxis gingen: nämlich in aller Regel Servicestellen zu schaffen, die einem einzelnen Träger zugeordnet sind und in unterschiedlicher Qualität mit den Rehaträgern vernetzt sind. Servicestellen, die mit Personal aus unterschiedlichen Trägern beschickt werden oder von den Trägern mit Aufgaben beauftragt werden, die über Beratungs- und Vermittlungstätigkeiten hinausgehen, sind sehr selten.

Die Inanspruchnahme der Leistungen zur Teilhabe ist in der Regel von einem 6
Antrag, d. h. von der Initiative der Leistungsberechtigten, abhängig. Deshalb kommt

Nürnberger

§ 22 7–10   Teil 1. Behinderte u. von Behinderung bedrohte Menschen

der umfassenden und qualifizierten **Beratung schon beim Zugang zur Rehabilitation** besondere Bedeutung zu. Bereits zu diesem Zeitpunkt fallen Vorentscheidungen über Ausgestaltung und Verlauf der Gesamtmaßnahmen und ihrer einzelnen Phasen. Eine zielorientierte und qualifizierte Beratung behinderter oder von Behinderung bedrohter Menschen in dieser Phase sowie ihre Unterstützung bei der Inanspruchnahme notwendiger Sozialleistungen liegt nicht nur im Interesse der Betroffenen, sondern ist von besonderer Bedeutung auch für die Wirksamkeit und damit den Erfolg der Leistungen.

7   Diese Aufgaben werden durch gemeinsame Servicestellen erfüllt, die den Leistungsberechtigten den Zugang zur Rehabilitation erleichtern und bei Bedarf die systembedingten Schnittstellen im gegliederten Rehabilitationssystem (§ 6 Rdnr. 3) überbrücken. Die gemeinsamen Servicestellen sind nicht Bundes- und Landesverwaltung zugleich, sondern sind den Rehabilitationsträgern zugeordnet. Sie besitzen keine eigene Rechtspersönlichkeit (vgl. *Stähler/Welti*, § 22 Rdnr. 7 HK-SGB IX) und sind nicht parteifähig und nicht prozessführungsbefugt. Für die Folgen fehlerhafter Beratung muss deshalb der Rehabilitationsträger einstehen, dem die Servicestelle zugeordnet ist bzw. der den Beschäftigten in die Servicestelle entsandt hat (vgl. Durchführungshinweise zur Rahmenempfehlung, Hinweis Nr. 5; *Harry Fuchs,* Nr. 4 in Praxiskommentar; *Stähler/Welti,* § 22 Rdnr. 7 HK-SGB IX).

8   Der Beratungspflicht der nach § 23 von den Rehabilitationsträgern einzurichtenden gemeinsamen Servicestellen entspricht ein Anspruch behinderter und von Behinderung bedrohter Menschen auf Beratung und Unterstützung. Aus der Aufgabenbeschreibung der Servicestellen als Lotsen durch das gegliederte System ergibt sich, dass Fragen der sachlichen und örtlichen Zuständigkeit bei der Inanspruchnahme der Dienstleistungen durch den Rehabilitanden keine Rolle spielen. So kann eine Servicestelle, die einer AOK angegliedert ist, sich nicht für unzuständig erklären, weil ein Versicherter einer anderen Krankenversicherung um Rat nachsucht oder Informationen über Leistungen zur beruflichen Teilhabe erbittet. Es steht dem Betroffenen völlig frei, an welche Servicestelle er sich wendet (vgl. *Harry Fuchs,* Nr. 4 in Praxiskommentar), und er hat den Anspruch, in jeder Servicestelle – unabhängig vom für die Stelle verantwortlichen Träger – fachlich kompetent beraten zu werden.

9   Den besonderen Lebenssituationen und Problemen des betroffenen Personenkreises trägt die Regelung in Abs. 1 Satz 1 Rechnung, wonach diesen Anspruch auch ihre **Vertrauenspersonen und Personensorgeberechtigten** geltend machen können. Zu den Personensorgeberechtigten zählen gem. § 60 die Eltern, Vormünder, Pfleger und Betreuer behinderter Menschen. Eine Pflicht zur Inanspruchnahme der gemeinsamen Servicestellen besteht nicht. Leistungsberechtigte können sich auch weiterhin unmittelbar an die aus ihrer Sicht zuständigen Rehabilitationsträger wenden, z.B. mit Leistungsanträgen.

10 Absatz 1 Satz 2 enthält einen nicht abschließenden **Aufgabenkatalog.** Absatz 1 Satz 2 Nr. 1 verpflichtet die Gemeinsame Servicestelle, den Besucher über die Leistungsvoraussetzungen, die möglichen Leistungen sowie über die Verfahrensabläufe zu informieren. Diese Informationspflicht wird in Nr. 2 dadurch ergänzt, dass den Betroffenen u. a. dabei geholfen werden muss, eine Klärung des Rehabilitationsbedarfs und die Erfüllung von Mitwirkungspflichten zu erreichen. Durch die Novelle des SGB IX ist mit Gültigkeit zum 1. 7. 2004 die Aufgabe hinzugekommen, auch bei der Inanspruchnahme eines Persönlichen Budgets zu helfen. Die Hilfen können ganz praktischer Natur sein – z. B. als Unterstützung beim Ausfüllen von Anträgen (vgl. dazu auch § 22 Abs. 1 Satz 2 Nr. 3). Die Servicestelle muss – mit Hilfe des Betroffenen – die vorhandenen Unterlagen zusammentragen und auswerten, um die Art und das Ausmaß der Behinderung und den Bedarf an Teilhabeleistungen festzustellen.

Kap. 3. Gemeinsame Servicestellen 11–17 § 22

Absatz 1 Satz 2 Nr. 3 spiegelt die inhaltliche Begründung für die Schaffung der **11** Gemeinsamen Servicestellen wider (vgl. § 22 Rdnr. 1): So haben die Gemeinsamen Servicestellen unverzüglich den zuständigen Rehabilitationsträger zu ermitteln und Anträge auf Leistungen zur Teilhabe an diesen weiterzuleiten. Der Rehabilitationsträger, dem die Gemeinsame Servicestelle organisatorisch angegliedert wird, gilt als erstangegangener Träger i. S. des § 14 (vgl. § 1 Abs. 3 GE „Zuständigkeitsklärung"). Der Rehabilitationsträger, dem der Antrag von der Gemeinsamen Servicestelle zugeleitet wurde, ist damit – von wenigen Ausnahmen abgesehen – verpflichtet, über den Antrag innerhalb von drei Wochen zu entscheiden (vgl. § 14 Abs. 2). Diese Regelungen sollen sicherstellen, dass Streitigkeiten über die Zuständigkeitsfrage nicht mehr zu Lasten der Betroffenen gehen und die Verfahrensabläufe beschleunigt werden.

Absatz 1 Satz 2 Nr. 4 überträgt den Servicestellen die Aufgabe festzustellen, ob **12** für die Klärung des Rehabilitationsbedarfs voraussichtlich ein **Sachverständigengutachten** erforderlich ist (z. B. bei behinderten Kindern). In diesem Fall hat die Servicestelle hierüber unverzüglich den Rehabilitationsträger zu unterrichten, damit dieser den Leistungsberechtigten entsprechend dem in § 14 Abs. 5 geregelten Verfahren geeignete Sachverständige benennt und entsprechend der Entscheidung der Leistungsberechtigten heranziehen kann.

In Fällen, in denen die Notwendigkeit von Leistungen zur Teilhabe der Rat- **13** suchenden offenkundig ist (Abs. 1 Nr. 5), sollen die Servicestellen die Entscheidung des zuständigen Rehabilitationsträgers so umfassend vorbereiten (z. B. Prüfung und Herstellung der Vollständigkeit der Antragsunterlagen), dass sie unverzüglich getroffen werden kann. Eigene Ermittlungen der für die Leistung zuständigen Rehabilitationsträger sollen dadurch weitgehend vermieden werden. Die Servicestellen haben allerdings keine eigene Entscheidungsbefugnis. Dadurch sind der Fallmanagement-Funktion der gemeinsamen Servicestellen enge Grenzen gesetzt. Wirkungsvolles Fallmanagement setzt Entscheidungs- und Fallsteuerungskompetenz voraus. Eine solche Kompetenz müsste den Servicestellen explizit von den Rehabilitationsträgern übertragen werden.

Die unterentwickelte Fallsteuerungs-Kompetenz der gemeinsamen Servicestel- **14** len spiegelt sich auch darin wider, dass sie zwar gegenüber den Rehabilitationsträgern auf zeitnahe Entscheidungen hinwirken sollen (§ 22 Abs. 1 Satz 1 Nr. 7), aber über keine verfahrensrechtlichen Sanktionsmöglichkeiten – zum Beispiel in Form einer Ersatzvornahme – verfügen (*Stähler/Welti*, § 22 Rdnr. 11 HK-SGB IX). Sie nehmen stattdessen die Rolle eines „amtlichen Anwalts" der Betroffenen gegenüber den Trägern wahr (*Haines*, § 22 Rdnr. 20 LPK SGB IX).

Absatz 1 Satz 2 Nr. 8 verpflichtet die Servicestellen, den Leistungsberechtigten **15** auch nach Bewilligung der beantragten Leistungen, z. B. bei **Verzögerungen im Verfahrensablauf,** Unterstützung zu gewähren.

Absatz 1 Satz 3 ermöglicht den gemeinsamen Servicestellen, bei schwerbehin- **16** derten Menschen die Beratung durch **Beteiligung der Integrationsämter** auf die Leistungen und Hilfen nach den Regelungen für schwerbehinderte Menschen im Teil 2 zu erstrecken. Die **Pflegekassen** sind gem. Satz 4 an den gemeinsamen Servicestellen an der Beratung und Unterstützung zu beteiligen, wenn bei drohender oder bestehender Pflegebedürftigkeit gem. § 4 Abs. 1 Nr. 2 Leistungen zur Teilhabe in Betracht kommen.

Nach Abs. 1 Satz 5 beteiligen die Servicestellen – mit Einverständnis der Be- **17** troffenen – die Verbände behinderter Menschen einschließlich der Verbände der Freien Wohlfahrtspflege und der Selbsthilfegruppen behinderter Frauen an der Beratung, um die Kompetenz dieser Interessenvertretungen der Betroffenen in der Beratung und bei der Unterstützung der Leistungsberechtigten zu nutzen.

D. Rahmenempfehlung

18 Angesichts der erweiterten Aufgabenstellung, die der Beratung in Form der gemeinsamen örtlichen Servicestellen zukommt, haben die Spitzenverbände der Krankenversicherung, Rentenversicherung, Unfallversicherung und die Bundesanstalt für Arbeit im Vorgriff auf das SGB IX am 24. 4. 2001 eine „Rahmenempfehlung zur Einrichtung trägerübergreifender Servicestellen für Rehabilitation" mit Durchführungshinweisen vereinbart, die am 1. 5. 2001 in Kraft getreten ist. Die **Rahmenempfehlung** gewährleistet bundeseinheitliche Standards und Strukturen für die Einrichtung trägerübergreifender Servicestellen. Die Vereinbarungen der Rehabilitationsträger waren stark geprägt davon, die organisatorischen Veränderungen und den Aufwand an Ressourcen für die Gemeinsamen Servicestellen so stark wie möglich zu beschränken. Die Vorgabe im § 23 Abs. 1 Satz 1, die bestehenden Strukturen zu nutzen, wurde konsequent umgesetzt: So wurden vor allem die schon vorhandenen Beratungsstellen der Rehabilitationsträger zur Einrichtung der „Gemeinsamen Servicestellen" genutzt (vgl. § 23 Rdnr. 4). In der Rahmenvereinbarung wurde zudem pointiert festgeschrieben, was sich auch aus den Regelungen zu § 22 und aus § 6 Abs. 2 ergibt: Rechtsverbindliche Entscheidungen über die zu erbringenden Leistungen trifft allein der zuständige Rehabilitationsträger.

§ 23 Servicestellen

(1) **¹Die Rehabilitationsträger stellen unter Nutzung bestehender Strukturen sicher, dass in allen Landkreisen und kreisfreien Städten gemeinsame Servicestellen bestehen. ²Gemeinsame Servicestellen können für mehrere kleine Landkreise oder kreisfreie Städte eingerichtet werden, wenn eine ortsnahe Beratung und Unterstützung behinderter und von Behinderung bedrohter Menschen gewährleistet ist. ³In den Ländern Berlin, Bremen und Hamburg werden die Servicestellen entsprechend dem besonderen Verwaltungsaufbau dieser Länder eingerichtet.**

(2) **Die zuständigen obersten Landessozialbehörden wirken mit Unterstützung der Spitzenverbände der Rehabilitationsträger darauf hin, dass die gemeinsamen Servicestellen unverzüglich eingerichtet werden.**

(3) **¹Die gemeinsamen Servicestellen werden so ausgestattet, dass sie ihre Aufgaben umfassend und qualifiziert erfüllen können, Zugangs- und Kommunikationsbarrieren nicht bestehen und Wartezeiten in der Regel vermieden werden. ²Hierfür wird besonders qualifiziertes Personal mit breiten Fachkenntnissen insbesondere des Rehabilitationsrechts und der Praxis eingesetzt. ³§ 112 Abs. 3 ist sinngemäß anzuwenden.**

(4) **In den Servicestellen dürfen Sozialdaten nur erhoben, verarbeitet und genutzt werden, soweit dies zur Erfüllung der Aufgaben nach § 22 Abs. 1 erforderlich ist.**

Inhaltsübersicht

	Rdnr.
A. Allgemeines	1–6
B. Strukturverantwortung (Abs. 1)	7–12
C. Organisation der Servicestellen (Abs. 3)	13–14
D. Verordnungsermächtigung	15

A. Allgemeines

Die Regelung des § 23 fasst die Verpflichtung der Rehabilitationsträger nach 1
§ 5 Abs. 1 RehaAnglG, gemeinschaftliche Auskunfts- und Beratungsstellen anzustreben, schärfer und konkretisiert sie.

Absatz 1 verpflichtet die Rehabilitationsträger, unter Nutzung vorhandener Be- 2
ratungsstrukturen sicherzustellen, dass auf **Kreisebene** gemeinsame Servicestellen
bestehen, und schafft die Möglichkeit, gemeinsame Servicestellen für mehrere
kleine Landkreise oder kreisfreie Städte einzurichten. In den Ländern Berlin, Bremen und Hamburg erfolgt die örtliche Anbindung der Servicestellen entsprechend
dem besonderen Verwaltungsaufbau dieser Länder.

Absatz 2 überträgt den obersten **Landessozialbehörden** die Verpflichtung, mit 3
Unterstützung der Spitzenverbände der Rehabilitationsträger die unverzügliche
Einrichtung gemeinsamer Servicestellen zu fördern und zu unterstützen. Absatz 3
bestimmt, dass die personelle und behindertengerechte sachliche **Ausstattung der
gemeinsamen Servicestellen** den umfassenden Beratungs- und Unterstützungsaufgaben nach § 22 entsprechen muss und legt besondere Anforderungen an die
fachliche Qualifikation des Personals fest.

Mit der Verweisung auf § 112 Abs. 3 wird sichergestellt, dass bei der Besetzung 4
der gemeinsamen Servicestellen schwerbehinderte Menschen bevorzugt berücksichtigt und ein angemessener Teil der Stellen mit schwerbehinderten Frauen besetzt wird. Bislang wurde diese Vorgabe nur bedingt verwirklicht: Sechs Prozent
aller Beschäftigten, also kein besonders hoher Anteil, sind behindert, davon sind
zwei Drittel Frauen (vgl. *Pfeuffer u. a.,* Einrichtung und Arbeitsweise Gemeinsamer
Servicestellen für Rehabilitation, Wissenschaftliche Begleitforschung des Instituts
für Sozialforschung und Gesellschaftspolitik, Abschlussbericht Juli 2004, S. 28).

Absatz 4 enthält die datenschutzrechtlichen Regelungen. Daten dürfen erhoben, 5
verarbeitet und genutzt werden, soweit dies zur Aufgabenerfüllung nach § 22 notwendig ist. Sie dürfen in diesem Rahmen auch übermittelt werden (vgl. *Mrozynski,*
§ 23 Rdnr. 5, in SGB IX Teil 1), z.B. an zuständigen Rehabilitationsträger.

Zwar bleibt die konkrete regionale Verteilung, die konzeptionelle Ausgestaltung 6
und die personelle Ausstattung der gemeinsamen Servicestellen den Rehabilitationsträgern überlassen (vgl. § 23 Rdnr. 4). Anders als im RehaAnglG hat der Gesetzgeber allerdings Regelungen geschaffen, die Grundlage für eventuell notwendige
Eingriffe hätten sein können und die deshalb Druck auf die Rehabilitationsträger
entwickelt haben: die Pflicht der Landessozialbehörden, auf die Einrichtung der
Servicestellen hinzuwirken (§ 23 Abs. 2), die Berichtspflicht nach § 24 und die
Verordnungsermächtigung nach § 25.

B. Strukturverantwortung (Abs. 1)

Nach Abs. 1 Satz 1 liegt die Verantwortung für die gemeinsamen Servicestellen 7
bei den Rehabilitationsträgern (so auch *Stähler/Welti,* § 23 Rdnr. 4 HK-SGB IX).
Sie haben sicherzustellen, dass gemeinsame **Servicestellen auf Kreisebene** vorhanden sind und damit für die Betroffenen eine ortsnahe Beratung und Unterstützung, d. h. in zumutbarer Entfernung zum Wohn- bzw. Aufenthaltsort gewährleistet ist (Sicherstellungsauftrag). Dieser Sicherstellungsauftrag ist an Qualitätskriterien
gebunden (§ 23 Rdnr. 14): Die Servicestelen sind bzgl. der personellen, räumlichen und technischen Ausstattung so auszugestalten, dass sie ihre zugewiesenen
Aufgaben umfassend und qualifiziert erledigen können, barrierefrei zugänglich sind
und dass Wartezeiten in der Regel vermieden werden können.

Nürnberger

8 Entsprechend den regionalen Gegebenheiten können in einem Kreis mehrere Servicestellen eingerichtet werden, wenn dies erforderlich ist, um die wohnortnahe Versorgung zu verwirklichen. Gleichzeitig können aber auch gemeinsame Servicestellen für mehrere kleine Landkreise oder kreisfreie Städte eingerichtet werden, wenn dies die Wohnortnähe des Angebots nicht gefährdet. Nach der BAR-Rahmenempfehlung soll ein Beratungsgespräch auch in der Wohnung des Betroffenen oder an seinem sonstigen Aufenthaltsort, z.B. in einer Rehabilitationseinrichtung, ermöglicht werden, wenn dies die Umstände erforderlich machen.

9 Um Mehrfachstrukturen und den damit verbundenen zusätzlichen Personal- und Finanzaufwand zu vermeiden, sind vorhandene Beratungsstrukturen der Rehabilitationsträger zu nutzen. Dies gilt insbesondere für die trägerspezifischen Beratungsstrukturen. Eingeschlossen sind hierbei auch die Beratungsangebote der örtlichen Versicherungsämter sowie der Träger der Sozialhilfe. Verbände und Selbsthilfegruppen behinderter Menschen sowie Verbände der Freien Wohlfahrtspflege haben die Möglichkeit, sich an den Servicestellen und mit Einverständnis der Betroffenen an der Beratung zu beteiligen (vgl. § 22 Abs. 1 Satz 5). Damit kann die spezifische Beratungskompetenz dieser Stellen frühzeitig im Rehabilitationsverfahren genutzt werden. Eine Erstattung der Kosten für die Beteiligung ist nicht vorgesehen.

10 Es wurden in den Jahren 2002 bis 2004 insgesamt 578 Servicestellen eingerichtet. Diese arbeiten in der Regel nach dem „Kooperationsmodell", das von den Rehabilitationsträgern in der Rahmenempfehlung und den Durchführungshinweisen etabliert wurde. Die meisten Servicestellen sind mit Beschäftigten des Rehabilitationsträgers besetzt, der Träger der Servicestelle ist. Die Rehabilitationsträger benennen den Servicestellen feste Ansprechpartner, die für spezielle Fragen zur Verfügung stehen („vernetzte Servicestellen", vgl. § 1 Abs. 1 Rahmenempfehlung). Im Rahmen einer Arbeitsgemeinschaft nach § 12 Abs. 2 wäre die gemeinsame Trägerschaft einer Servicestelle durch mehrere Rehabilitationsträger möglich gewesen. Von dieser gesetzlichen Möglichkeit wurde allerdings in der Praxis kein Gebrauch gemacht.

11 In 347 von 439 Kreisen gibt es eigene Servicestellen, 85 Landkreise und kreisfreie Städte werden durch eine gemeinsame Servicestelle benachbarter Kreise mitbetreut. Auch in den drei Stadtstaaten wurden dezentrale Strukturen gebildet, d.h. es gibt mehrere Servicestellen über die jeweilige Stadt verteilt. Insgesamt ist davon auszugehen, dass die Vorgaben des § 23 Abs. 1 erfüllt worden sind – allerdings mit erheblichen Unterschieden, was die Betreuungsdichte (von 60 000 Einwohner pro Servicestelle in Mecklenburg-Vorpommern bis 368 000 Einwohner pro Servicestelle in Baden-Württemberg) und die inhaltlichen Konzepte angeht.

12 Überwiegend wurden die gemeinsamen Servicestellen von den Rentenversicherungsträgern (ca. 38%) und den Allgemeinen Ortskrankenkassen (ca. ein Drittel) einrichtet. Insgesamt 22% sind den Angestellten-, Innungs- und Betriebskrankenkassen angegliedert. In wenigen Einzelfällen sind Servicestellen bei einem Unfallversicherungs- oder Sozialhilfeträger oder bei einer Arbeitsagentur vorhanden (vgl. zu den empirischen Ergebnissen *Pfeuffer u. a.*, Einrichtung und Arbeitsweise Gemeinsamer Servicestellen für Rehabilitation, Wissenschaftliche Begleitforschung des Instituts für Sozialforschung und Gesellschaftspolitik, Abschlussbericht Juli 2004).

C. Organisation der Servicestellen (Abs. 3)

13 Die Einzelheiten der Organisation der Servicestellen sind den Rehabilitationsträgern – im Rahmen der erwähnten Qualitätsstandards – überlassen. Die Spit-

Kap. 3. Gemeinsame Servicestellen § 24

zenverbände der Krankenversicherung, Unfallversicherung, Rentenversicherung und die Bundesanstalt für Arbeit haben in den „Durchführungshinweisen zu der Rahmenempfehlung zur Einrichtung trägerübergreifender Servicestellen für Rehabilitation vom 24. 4. 2001" Grundsätze zur Umsetzung der Vorgaben in Abs. 3 und 4 entwickelt.

§ 23 Abs. 3 schreibt vor, dass Zugangs- und Kommunikationsbarrieren in den Servicestellen vermieden werden müssen. Die Barrierefreiheit wurde in der Praxis weitgehend umgesetzt (vgl. *Pfeuffer u. a.*, Einrichtung und Arbeitsweise Gemeinsamer Servicestellen für Rehabilitation, Wissenschaftliche Begleitforschung des Instituts für Sozialforschung und Gesellschaftspolitik, Abschlussbericht Juli 2004, *Pfeuffer u. a.*, Einrichtung und Arbeitsweise Gemeinsamer Servicestellen für Rehabilitation, Wissenschaftliche Begleitforschung des Instituts für Sozialforschung und Gesellschaftspolitik, Abschlussbericht Juli 2004, S. 43). Zudem wird in Abs. 3 explizit verlangt, dass in den Servicestellen „besonders qualifiziertes Personal" einzusetzen ist. Damit ist nicht nur eine bestimmte berufliche Qualifikation der Beschäftigten vorausgesetzt, sondern auch eine besondere Schulung für die Tätigkeit in der Servicestelle. Die Begleitforschung ergab, dass zwar in aller Regel hochqualifiziertes Personal eingesetzt wird (Sozialversicherungsfachangestellte, Rehabilitationsberater, Sozialarbeiter und -pädagogen), dass aber nicht alle Beschäftigten speziell auf die Tätigkeit vorbereitet worden sind. Aber immerhin zwei Drittel der Beschäftigten haben an der trägerübergreifenden Schulung nach den Konzept der Bundesarbeitsgemeinschaft für Rehabilitation teilgenommen (vgl. *Pfeuffer u. a.*, Einrichtung und Arbeitsweise Gemeinsamer Servicestellen für Rehabilitation, Wissenschaftliche Begleitforschung des Instituts für Sozialforschung und Gesellschaftspolitik, Abschlussbericht Juli 2004, S. 27 ff.). **14**

D. Verordnungsermächtigung

Zur Sicherstellung der Einrichtung der gemeinsamen Servicestellen enthält § 25 eine Verordnungsermächtigung für den Fall, dass die Träger ihrer Pflicht aus Abs. 1 nicht zügig nachkommen. Von dieser Verordnungsermächtigung wurde allerdings nicht Gebrauch gemacht. **15**

§ 24 Bericht

(1) ¹**Die Rehabilitationsträger, die Träger der Renten-, Kranken- und Unfallversicherung über ihre Spitzenverbände, teilen der Bundesarbeitsgemeinschaft für Rehabilitation im Abstand von drei Jahren, erstmals im Jahre 2004, ihre Erfahrungen über die Einrichtung der gemeinsamen Servicestellen, die Durchführung und Erfüllung ihrer Aufgaben, die Einhaltung des Datenschutzes und mögliche Verbesserungen mit.** ²**Personenbezogene Daten werden anonymisiert.**

(2) **Die Bundesarbeitsgemeinschaft für Rehabilitation bereitet die Mitteilungen der Rehabilitationsträger auf, beteiligt hierbei die zuständigen obersten Landessozialbehörden, erörtert die Mitteilungen auf Landesebene mit den Verbänden behinderter Menschen einschließlich der Verbände der Freien Wohlfahrtspflege, der Selbsthilfegruppen und der Interessenvertretungen behinderter Frauen und berichtet unverzüglich dem Bundesministerium für Gesundheit und Soziale Sicherung und den Ländern.**

Inhaltsübersicht

	Rdnr.
A. Allgemeines	1
B. Berichtspflicht (Abs. 1)	2, 3
C. Aufgaben der Bundesarbeitsgemeinschaft für Rehabilitation (Abs. 2)	4–8

A. Allgemeines

1 Absatz 1 verpflichtet die Rehabilitationsträger, der Bundesarbeitsgemeinschaft für Rehabilitation – BAR – (§ 13 Rdnr. 22) im Abstand von drei Jahren, erstmals im Jahre 2004, ihre Erfahrungen über die Einrichtung der gemeinsamen Servicestellen, die Aufgabenerledigung, die Einhaltung des Datenschutzes und mögliche Verbesserungen mitzuteilen. Absatz 2 überträgt der Bundesarbeitsgemeinschaft für Rehabilitation die Aufbereitung der Mitteilungen, benennt die daran Beteiligten und die Adressaten des Berichts. Die Berichtspflicht untermauert den hohen Anspruch und Erwartungen, die der Gesetzgeber an die gemeinsamen Servicestellen stellte.

B. Berichtspflicht (Abs. 1)

2 Die **Berichtspflicht** wird mit der Neuerung begründet, den behinderten Menschen die notwendige Unterstützung in Form der Servicestellen trägerübergreifend und gemeinsam zukommen zu lassen. Sie soll die Evaluation der Regelungen in §§ 22, 23 ermöglichen. In regelmäßigen Abständen ist daher auch zu überprüfen, in welcher Weise die regionale Organisation erfolgt ist, ob die Praxis diesen Anforderungen gerecht wird und ob Verbesserungen, auch gesetzlicher Art, notwendig sind. Die Berichtspflicht erstreckt sich sinnvollerweise auf alle Regelungsinhalte von §§ 22 und 23 (so auch *Stähler/Welti*, § 24 Rdnr. 3 HK-SGB IX; *Haines*, § 24 Rdnr. 4 LPK SGB IX). Dies legt die Formulierung des § 24 Abs. 1 nahe, der einen Bericht u. a. über die Erfahrungen mit der Einrichtung der Servicestellen und über die Durchführung und Erfüllung ihrer Aufgaben vorschreibt. Gegenstand des Berichts sollten deshalb u. a. auch sein: die Erreichung der Barrierefreiheit, der Anteil schwerbehinderter Beschäftigter in den Servicestellen, Probleme bei der Zuständigkeitsklärung oder beim Hinwirken auf zeitnahe Entscheidungen und Leistungen.

3 Der Bericht ist im Abstand von drei Jahren, erstmals im Jahr 2004, zu erstellen. Diese erstmalige Berichtspflicht korrespondiert mit dem Termin für den Bericht der Bundesregierung über die Lage behinderter Menschen nach § 66, so dass der Bericht der BAR im Bericht der Bundesregierung Berücksichtigung finden konnte.

C. Aufgaben der Bundesarbeitsgemeinschaft für Rehabilitation (Abs. 2)

4 Nach der Vorschrift hat die Bundesarbeitsgemeinschaft für Rehabilitation die Mitteilungen der Rehabilitationsträger aufzubereiten und die obersten Landesbehörden dabei zu beteiligen. Zudem hat sie die Mitteilungen mit Vertretern der Betroffenenverbände und -gruppen und mit den Verbänden der freien Wohlfahrtspflege zu erörtern. Bei dieser Erörterung ist den Verbänden die Gelegenheit zu geben, ihre Erfahrungen einzubringen.

§ 24 Abs. 2 schreibt vor, dass die Bundesarbeitsgemeinschaft für Rehabilitation 5
die Landessozialbehörden an der Erstellung des Berichts zu beteiligen hat. Zudem
ist der Bericht mit den Verbänden behinderter Menschen und den Verbänden der
Freien Wohlfahrtspflege zu erörtern. Der Gesetzestext spricht davon, dass die BAR
die Erörterung mit den Verbänden auf Landesebene durchführen soll. Dies würde
die BAR aber überfordern. Wahrscheinlich handelt es sich um einen redaktionellen Fehler bei der Entwicklung des Gesetzes: In früheren Stadien der Erarbeitung
des Gesetzes war vorgesehen, dass die Rehabilitationsträger selbst ihre Mitteilungen auf Landesebene mit den Verbänden der Wohlfahrtspflege und der Betroffenen zu erörtern hätten.

Im Bericht, den die Bundesarbeitsgemeinschaft für Rehabilitation auf der Basis 6
der Einzelberichte der Spitzenverbände der Rehabilitationsträger erstmals im Jahr
2004 erstellte, wird vor allem darüber berichtet, dass die Inanspruchnahme der
Servicestellen insgesamt gering ist (nur knapp 7000 Fälle, allerdings bei einer engen
Definition, nach der nur solche Fälle als Servicestellen-Fälle gezählt werden, bei
denen ein anderer Rehabilitationsträger eingeschaltet wurde). Eine ausführliche
Darstellung der Erfahrungen in der Umsetzung von §§ 22 und 23, wie der Wortlaut des § 24 Abs. 1 nahe legt (§ 24 Rdnr. 2), erfolgt nicht. Als Verbesserungsvorschläge werden unter anderem unterbreitet: Verstärkung der Öffentlichkeitsarbeit
bzgl. der Servicestellen; eine weitergehende, stärker praxisorientierte Schulung der
Beschäftigten; Intensivierung und Verbesserung der Zusammenarbeit insbesondere
mit den Trägern der Sozial- und Jugendhilfe; sowie die Schaffung eines „Mitarbeiter-Mix" an verschiedenen Trägern zumindest an einzelnen Sprechtagen (siehe
Bundesarbeitsgemeinschaft für Rehabilitation, Bericht über die Gemeinsamen Servicestellen nach § 24 Abs. 2 SGB IX, Dezember 2004, S. 25 f.).

Der Bericht der Bundesarbeitsgemeinschaft für Rehabilitation vom Dezember 7
2004 enthält auch Anregungen aus der Erörterung: Die Verbände schlagen unter
anderem vor, Selbsthilfegruppen noch stärker an der Arbeit der Servicestellen zu
beteiligen und die Servicestellen mit Fallmanagement-Aufgaben zu betrauen. Zudem wurde in der Erörterung auch klargemacht, dass die Schnittstellenprobleme
zwischen den kommunalen Trägern der Leistungen zur Teilhabe und den Rehabilitationsträgern nach § 6 Abs. 1 Nr. 1 bis 5 noch nicht optimal gelöst worden
sind (siehe *Bundesarbeitsgemeinschaft für Rehabilitation,* Bericht über die Gemeinsamen Servicestellen nach § 24 Abs. 2 SGB IX, Dezember 2004, S. 27 f.).

Wie dargestellt, konnte der Bericht der BAR – ebenso wie die Begleitforschung – 8
bei der Erstellung des Berichts der Bundesregierung nach § 66 Berücksichtigung
finden. Die Regierungskoalition aus SPD und Bündnis 90/Grüne zogen in ihrem
Entschließungsantrag zum Bericht der Bundesregierung folgenden Schluss daraus
(*vgl. Deutscher Bundestag,* Drucks. 15/5463): „Die dem gegliederten System immanenten Schnittstellenprobleme können nur durch die Servicestellen nur gelöst werden,
wenn durch sie eine fallbezogene Beratung und Unterstützung, eine gemeinsame
Bedarfsermittlung sowie Zielformulierung und Hilfeplanung erfolgen und das gesamte Verfahren bei Bedarf über die gemeinsame Servicestelle gesteuert wird. Die
Servicestellen sind unter Beteiligung aller Rehabilitationsträger auszubauen und es
ist zu prüfen, ob sie mit bestimmten Entscheidungsbefugnissen ausgestattet werden
können, um Hilfe aus einer Hand (Rehabilitation und Teilhabe) zu ermöglichen.
Dieses Verständnis über die Aufgaben der gemeinsamen Servicestellen fügt sich
in den Rahmen einer Politik, die für den Bürger in allen Bereichen des Verwaltungshandelns den Behördenkontakt auf möglichst eine Stelle zu konzentrieren
sucht."

§ 25 Verordnungsermächtigung

Sind gemeinsame Servicestellen nach § 23 Abs. 1 nicht bis zum 31. Dezember 2002 in allen Landkreisen und kreisfreien Städten eingerichtet, bestimmt das Bundesministerium für Gesundheit und Soziale Sicherung durch Rechtsverordnung mit Zustimmung des Bundesrates das Nähere über den Ort der Einrichtung, den Rehabilitationsträger, bei dem die gemeinsame Servicestelle eingerichtet wird und der für die Einrichtung verantwortlich ist, den Zeitpunkt, zu dem die Einrichtung abgeschlossen sein muss, sowie über die Organisation, insbesondere entsprechend ihrem Anteil an den Leistungen zur Teilhabe über Art und Umfang der Beteiligung der Rehabilitationsträger in den gemeinsamen Servicestellen.

Die Vorschrift enthält eine **Verordnungsermächtigung zur Einrichtung von Servicestellen** sowie über deren Organisation und die Beteiligung der Rehabilitationsträger für den Fall, dass diese nicht rechtzeitig flächendeckend eingerichtet wurden. Ebenso wie bei der Einrichtung der gemeinsamen Servicestellen durch die Rehabilitationsträger darf auch bei einer Einrichtung durch Verordnung keine Mischverwaltung begründet werden. Eine Verordnung würde die Zustimmung des Bundesrats erfordern. Gebrauch von der Verordnungsermächtigung wurde nicht gemacht.

Kapitel 4. Leistungen zur medizinischen Rehabilitation

§ 26 Leistungen zur medizinischen Rehabilitation

(1) Zur medizinischen Rehabilitation behinderter und von Behinderung bedrohter Menschen werden die erforderlichen Leistungen erbracht, um
1. Behinderungen einschließlich chronischer Krankheiten abzuwenden, zu beseitigen, zu mindern, auszugleichen, eine Verschlimmerung zu verhüten oder
2. Einschränkungen der Erwerbsfähigkeit und Pflegebedürftigkeit zu vermeiden, zu überwinden, zu mindern, eine Verschlimmerung zu verhüten sowie den vorzeitigen Bezug von laufenden Sozialleistungen zu vermeiden oder laufende Sozialleistungen zu mindern.

(2) Leistungen zur medizinischen Rehabilitation umfassen insbesondere
1. Behandlung durch Ärzte, Zahnärzte und Angehörige anderer Heilberufe, soweit deren Leistungen unter ärztlicher Aufsicht oder auf ärztliche Anordnung ausgeführt werden, einschließlich der Anleitung, eigene Heilungskräfte zu entwickeln,
2. Früherkennung und Frühförderung behinderter und von Behinderung bedrohter Kinder,
3. Arznei- und Verbandmittel,
4. Heilmittel einschließlich physikalischer, Sprach- und Beschäftigungstherapie,
5. Psychotherapie als ärztliche und psychotherapeutische Behandlung,
6. Hilfsmittel,
7. Belastungserprobung und Arbeitstherapie.

(3) Bestandteil der Leistungen nach Absatz 1 sind auch medizinische, psychologische und pädagogische Hilfen, soweit diese Leistungen im

Einzelfall erforderlich sind, um die in Absatz 1 genannten Ziele zu erreichen oder zu sichern und Krankheitsfolgen zu vermeiden, zu überwinden, zu mindern oder ihre Verschlimmerung zu verhüten, insbesondere
1. **Hilfen zur Unterstützung bei der Krankheits- und Behinderungsverarbeitung,**
2. **Aktivierung von Selbsthilfepotentialen,**
3. mit Zustimmung der Leistungsberechtigten Information und Beratung von Partnern und Angehörigen sowie von Vorgesetzten und Kollegen,
4. **Vermittlung von Kontakten zu örtlichen Selbsthilfe- und Beratungsmöglichkeiten,**
5. **Hilfen zur seelischen Stabilisierung und zur Förderung der sozialen Kompetenz, unter anderem durch Training sozialer und kommunikativer Fähigkeiten und im Umgang mit Krisensituationen,**
6. **Training lebenspraktischer Fähigkeiten,**
7. **Anleitung und Motivation zur Inanspruchnahme von Leistungen der medizinischen Rehabilitation.**

Inhaltsübersicht

	Rdnr.
A. Allgemeines	1–3
B. Begriff der medizinischen Rehabilitation	4
C. Abgrenzung zur kurativen Versorgung	5, 6
D. Konzeptionelle Grundlagen der medizinischen Rehabilitation	7
E. Leistungen nach Absatz 3	8

A. Allgemeines

Die Vorschrift hat lediglich deklaratorischen Charakter und für sich keine leistungsbegründende Wirkung. Absatz 1 beschreibt die **Aufgabenstellung** der Leistungen zur medizinischen Rehabilitation als Teil (Leistungsgruppe) der Leistungen zur Teilhabe nach § 1 Abs. 1 Nr. 1 und stellt dabei auf die allgemeine Begriffsdefinition der Behinderung in § 2 Abs. 1 ab, der die Internationale Klassifikation der Funktionsfähigkeit, Behinderung und Gesundheit (ICF; § 2 Rdnr. 5–14) zugrunde liegt. Nr. 2 stellt spezifische Aufgabenstellungen im Kontext zu den Grundsätzen „Rehabilitation vor Rente" und „Rehabilitation vor Pflege" heraus. 1

Absatz 2 nennt die wesentlichen **Leistungselemente** der medizinischen Rehabilitation. Die Aufzählung stimmt weitgehend mit dem bisherigen Leistungskatalog in § 10 RehaAnglG überein, ist jedoch ergänzt durch Leistungen zur Früherkennung und Frühförderung behinderter und von Behinderung bedrohter Kinder sowie um Psychotherapie als ärztliche und psychotherapeutische Behandlung. Die Aufzählung ist nicht abschließend und bietet den Rehabilitationsträgern auch die Möglichkeit, neue Leistungsformen zu entwickeln, die der Zielsetzung in Abs. 1 dienen. 2

Absatz 3 regelt, dass zu den Leistungen zur medizinischen Rehabilitation auch **psychosoziale Leistungen** gehören, soweit diese im Einzelfall erforderlich sind, um die in Abs. 1 genannten Ziele zu erreichen oder zu sichern. 3

B. Begriff der medizinischen Rehabilitation

Die medizinische Rehabilitation umfasst einen **ganzheitlichen Ansatz,** der über das Erkennen, Behandeln und Heilen einer Krankheit hinaus die aus einer 4

Schädigung folgenden Funktions- bzw. Fähigkeitsstörungen oder drohenden oder bereits manifesten Beeinträchtigungen in der Teilhabe am Leben in der Gesellschaft einbezieht. Einzubeziehen, d. h. zu berücksichtigen sind auch die Kontextfaktoren und Risikofaktoren als Voraussetzung für einen bestmöglichen Rehabilitationserfolg im Hinblick auf die anzustrebende Integration in Arbeit, Beruf und Gesellschaft (§ 2 Rdnr. 11–14). Dieser Rehabilitationsansatz erfordert – entsprechend den individuellen Verhältnissen – die Anwendung von **komplexen Maßnahmen** medizinischer, pädagogischer, beruflicher und sozialer Art und die interdisziplinäre Verzahnung insbesondere der ärztlichen, pflegerischen, physiotherapeutischen, ergotherapeutischen, logopädischen/sprachtherapeutischen, diätetischen und psychotherapeutischen Versorgung unter Einschluss von Hilfen zur Bewältigung der Krankheitsfolgen und zur Verhaltensänderung mit dem präventiven Ziel des Abbaus von gesundheitlichen Risikofaktoren.

C. Abgrenzung zur kurativen Versorgung

5   Die Leistungen zur medizinischen Rehabilitation umfassen überwiegend Behandlungselemente, die auch der kurativen Versorgung dienen. Auch wenn es eine strikte **Trennung zwischen kurativer Behandlung und medizinischer Rehabilitation** nicht geben kann und soll, lassen sich doch die besonderen Schwerpunkte und primären Ziele von Kuration und Rehabilitation definieren. Die kurative Versorgung i. S. v. SGB V ist im Unterschied zur medizinischen Rehabilitation primär ausgerichtet auf das klinische Bild als Manifestation einer Krankheit/Schädigung. Sie zielt auf Heilung bzw. Remission (kausale Therapie) oder bei Krankheiten mit Chronifizierungstendenz auf Vermeidung einer Verschlimmerung sowie Linderung des Leidens und auf die Vermeidung weiterer Krankheitsfolgen ab. Kurative Versorgung ist a priori kausal orientiert. Ihr konzeptionelles Bezugssystem ist in der Regel das bio-medizinische Krankheitsmodell und die entsprechende „Klassifikation die Internationale statistische Klassifikation der Krankheiten und verwandter Gesundheitsprobleme, 10. Revision" (*Deutsches Institut für medizinische Dokumentation und Information,* 1999) mit den Gliederungsmerkmalen Ätiopathogenese und Lokalisation.

6   Demgegenüber liegt der medizinischen Rehabilitation ein **bio-psycho-soziales Modell** von Krankheit und Behinderung zugrunde, das Gesundheit und Krankheit als Ergebnis des Ineinandergreifens physiologischer, psychischer und sozialer Vorgänge beschreibt und den gesamten Lebenshintergrund der Betroffenen berücksichtigt (§ 2 Rdnr. 5).

D. Konzeptionelle Grundlagen der medizinischen Rehabilitation

7   Die medizinische Rehabilitation umfasst konzeptionell insbesondere:
– die Rehabilitationsdiagnostik, die die Schädigungen, Fähigkeitsstörungen und Beeinträchtigungen sowie die Kontext- und Risikofaktorenkonstellation beschreibt und bewertet;
– die Rehabilitationsplanung mit Beschreibung des Rehabilitationsziels;
– die Rehabilitationsdurchführung und ihre Überprüfung;
– die Dokumentation des Rehabilitationsverlaufs und der -ergebnisse, insbesondere unter Berücksichtigung des Rehabilitationsziels (s. auch Rahmenempfehlungen zur ambulanten medizinischen Rehabilitation).

E. Leistungen nach Absatz 3

Die in Abs. 3 aufgeführten Hilfen lassen sich unter den Begriff **psychosoziale** 8
Leistungen subsumieren. Unter psychosozialen Leistungen werden medizinische und psychologische Hilfen verstanden, die neben den in Abs. 2 aufgeführten Leistungen zur medizinischen Rehabilitation erforderlich sind, um die in Abs. 1 beschriebenen Ziele der medizinischen Rehabilitation zu erreichen oder zu sichern. Die psychosozialen Leistungen sollen die Betroffenen unterstützen, die aus Behinderung oder chronischer Krankheit folgenden geistig-seelischen und sozialen Belastungen zu bewältigen, und sie befähigen, unter Nutzung der Ressourcen des sozialen Umfeldes aus eigener Kraft zur Erreichung des Rehabilitationszieles und zur Erhaltung der erreichten Rehabilitationsergebnisse beizutragen. Auch familienentlastende und -unterstützende Dienste sind zur Erreichung oder zur Sicherung des Rehabilitationsziels einzusetzen. Die Leistungen nach Abs. 3 sind von den Leistungen nach § 55 abzugrenzen; hierfür bietet sich die Vereinbarung einer Empfehlung nach § 13 Abs. 1 an.

§ 27 Krankenbehandlung und Rehabilitation

Die in § 26 Abs. 1 genannten Ziele sowie § 10 gelten auch bei Leistungen der Krankenbehandlung.

Schrifttum: *Fuchs,* Frührehabilitation im Krankenhaus, Soziale Sicherheit 5/2005, 168; *Fuhrmann/Liebig,* Frührehabilitation im Krankenhaus – Zeit für Strukturveränderungen, Rehabilitation 38/1999, 65; *Haaf/Volke/Schliehe,* Neue Vergütungs- und Versorgungsformen und ihre Auswirkungen auf die Rehabilitation, Rehabilitation 2004, 312; *Hüllen,* Medizinische Rehabilitation – Ein Beitrag zur Weiterentwicklung, BKK 1999, 3; *Leistner et al.,* Frührehabilitation im Krankenhaus – Definition und Indikation, Rehabilitation 2005, 167; *Steinke/Schäfer,* Frührehabilitation im Krankenhaus, KrV 1992, 168; *VDR* (Hrsg.), Rechtliche und strukturelle Weiterentwicklung der Rehabilitation, Frankfurt/M., 1999.

Inhaltsübersicht

	Rdnr.
A. Allgemeines	1
B. Anwendung auf Krankenbehandlung	2–6

A. Allgemeines

Die Vorschrift beinhaltet, dass die in § 26 Abs. 1 genannten Ziele der Rehabilitation sowie die in § 10 normierten Grundsätze zur Koordinierung der Leistungen nicht nur bei den rehabilitationsspezifischen, sondern bei allen medizinisch orientierten Leistungen zu beachten sind. 1

B. Anwendung auf Krankenbehandlung

Die Vorschrift verknüpft die Versorgungsformen **Krankenbehandlung und** 2
Rehabilitation in zweifacher Weise. Zum einen wird die primär auf das Erkennen, Behandeln und Heilen einer Krankheit ausgerichtete Aufgabenstellung der Krankenbehandlung erweitert um die Zielsetzung, Behinderungen einschließlich

chronischer Krankheiten abzuwenden, zu beseitigen, zu mindern, auszugleichen, eine Verschlimmerung zu verhüten oder Einschränkungen der Erwerbsfähigkeit und Pflegebedürftigkeit zu vermeiden, zu überwinden, zu mindern oder eine Verschlimmerung zu verhüten.

3 Zum anderen sind die Leistungen der Krankenbehandlung mit den Leistungen zur medizinischen Rehabilitation von den Leistungsträgern verfahrensmäßig so zu koordinieren, dass sowohl in der ambulanten Krankenbehandlung durch niedergelassene Ärzte als auch in der stationären Krankenhausbehandlung drohende oder bereits manifeste **Behinderungen frühzeitig erkannt**, erforderliche Leistungen zur Rehabilitation zum frühestmöglichen Zeitpunkt eingeleitet und ein nahtloser Übergang von der Akutbehandlung in die medizinische Rehabilitation gewährleistet ist.

4 Für die gesetzlichen Krankenkassen stellt Art. 5 durch Ergänzung in § 39 Abs. 1 Satz 3 nunmehr klar, dass die akutstationäre Behandlung auch die im Einzelfall erforderlichen und zum frühestmöglichen Zeitpunkt einsetzenden Leistungen zur **Frührehabilitation** umfasst. Der Begriff der Frührehabilitation im Sinne des SGB V kennzeichnet die rehabilitativen Maßnahmen, die während der stationär akutmedizinisch-kurativen Versorgung im Krankenhaus erbracht werden, um eine Behinderung oder Pflegebedürftigkeit abzuwenden, zu beseitigen, zu mindern, auszugleichen, ihre Verschlimmerung zu verhüten oder ihre Folgen zu mildern (§ 11 Abs. 2 SGB V).

Die Leistungen zur Frührehabilitation dürfen als Teil der Krankenhausleistungen nur solange erbracht werden, wie eine Krankenhausbehandlung erforderlich ist. Die Finanzierung frührehabilitativer Leistungen, die im Akutkrankenhaus durchzuführen sind, ergibt sich insbesondere aus den Vereinbarungen der Selbstverwaltungspartner zum Fallpauschalensystem für Krankenhäuser für das Jahr 2005 (FPV 2005). Voraussetzung für die Abrechnung von Fallpauschalen für die Frührehabilitation ist die Erbringung und Dokumentation entsprechender frührehabilitativer Leistungen. Die Rahmenbedingungen hierzu sind im maßgeblichen Operationen- und Prozedurenkatalog (OPS-301) unter dem Kode 8-551 definiert.

5 Die Frührehabilitation bezieht Leistungen ein, die neben der Behandlung der Körper- und Strukturstörungen auf die Verbesserung der funktionalen Gesundheit (Funktionsstörungen) zielen. Sie schafft damit die Grundlage für den nahtlosen Übergang von einer Krankenhausbehandlung in ambulante/teilstationäre und stationäre Leistungen zur medizinischen Rehabilitation. Um die möglichst frühzeitige Einleitung rehabilitativer Maßnahmen sicherzustellen und die damit verbundenen Chancen für die Rehabilitation zu nutzen, hat die Rentenversicherung in Zusammenarbeit mit den gesetzlichen Krankenkassen das Verfahren der **Anschlussheilbehandlung** (AHB) bzw. **Anschlussrehabilitation** (AR) vereinbart. Als Anschlussheilbehandlungen/Anschlussrehabilitationen werden medizinische Leistungen zur Rehabilitation bezeichnet, die sich unmittelbar oder in engerem zeitlichen Zusammenhang an eine Krankenhausbehandlung anschließen. (*Bundesversicherungsanstalt für Angestellte,* AHB-Anschlussheilbehandlung, Informationsschrift für Krankenkassen, Ausgabe 2000).

6 In der **gesetzlichen Unfallversicherung** stellen insbesondere die Vorschrift über die Durchführung der Heilbehandlung (§ 34 SGB VII) und die besonderen Verfahren für die Heilbehandlung sicher, dass in der Krankenhausbehandlung (Heilbehandlung) die Zielsetzung des § 26 Abs. 1 zum Tragen kommt (*Hauck,* SGB VII, K § 34, Handbuch für die berufliche Rehabilitation der Unfallverletzten, HVBG, Oktober 2000, Kap. C). Die Vorschrift des § 13 Abs. 2 Nr. 2 bietet die Grundlage, die mit § 27 verfolgte Zielsetzung in Form von gemeinsamen Empfehlungen (§§ 12, 13) der Rehabilitationsträger umzusetzen.

§ 28 Stufenweise Wiedereingliederung

Können arbeitsunfähige Leistungsberechtigte nach ärztlicher Feststellung ihre bisherige Tätigkeit teilweise verrichten und können sie durch eine stufenweise Wiederaufnahme ihrer Tätigkeit voraussichtlich besser wieder in das Erwerbsleben eingegliedert werden, sollen die medizinischen und die sie ergänzenden Leistungen entsprechend dieser Zielsetzung erbracht werden.

Schrifttum: *Berenz*, Nochmals: Wiedereingliederung arbeitsunfähiger Arbeitnehmer nach § 74 SGB V, NZA 1992, 1019; *Bundesarbeitsgemeinschaft für Rehabilitation*, Arbeitshilfe für die stufenweise Wiedereingliederung in den Arbeitsprozess, Band 8 der Schriftenreihe der BAR, 2004; *Bundesministerium für Arbeit und Sozialordnung*, Maßnahmen zur stufenweisen Wiedereingliederung in den Arbeitsprozess, Forschungsbericht 249 Sozialforschung, 1995; *Gitter*, Arbeitsrechtliche Probleme bei der stufenweisen Wiedereingliederung arbeitsunfähiger Arbeitnehmer, ZfA 1995, 123; *Glaubnitz*, Nochmals: Das Rechtsverhältnis der Stufenweisen Wiedereingliederung arbeitsunfähiger Arbeitnehmer, NZA 1992, 404; *Kossens*, Stufenweise Wiedereingliederung, Handwörterbuch des Arbeitsrechts, S. 1665, Stand: 1/2000; *Morawe*, Schrittweise Rückkehr Langzeitkranker ins Arbeitsleben, AuA 1998, 273; *Mrozynski*, Sozialrechtliche Fragen der stufenweise Wiedereingliederung psychisch Behinderter in das Arbeitsleben, SGb 1985, 277.

Inhaltsübersicht

	Rdnr.
A. Allgemeines	1
B. Inhalt der Vorschrift im Einzelnen	2–6
I. Zielsetzung	2
II. Freiwilligkeit	3
III. Zustimmung des Arbeitgebers	4
IV. Vertragliche Vereinbarung	5
V. Flexibilisierung und Dauer	6
VI. Entgeltersatzleistungen	7–9

A. Allgemeines

Die Vorschrift sieht für alle Trägerbereiche der medizinischen Rehabilitation die bisher nur in der Krankenversicherung (§ 74 SGB V) vorgesehene Möglichkeit der **stufenweisen Wiedereingliederung** vor. 1

B. Inhalt der Vorschrift im Einzelnen

I. Zielsetzung

Die stufenweise Wiedereingliederung dient dazu, arbeitsunfähige Leistungsberechtigte schrittweise an die volle Arbeitsbelastung am bisherigen Arbeitsplatz heranzuführen und so den Übergang zur vollen Berufstätigkeit zu erleichtern. Durch die Steigerung von Arbeitszeit und Arbeitsbelastung – möglichst im Rahmen eines medizinisch, arbeitsphysiologisch und psychologisch begründeten sowie ärztlich überwachten Stufenplans – wird angestrebt, den Rehabilitationsprozess günstig zu beeinflussen. Mit der stufenweisen Wiedereingliederung wird den arbeitsunfähigen Leistungsberechtigten die Möglichkeit gegeben, ihre berufliche Belastbarkeit kennen zu lernen, ihre Selbstsicherheit wieder zu gewinnen und die Angst vor Über- 2 forderung und einem Krankheitsrückfall abzubauen. Eine der Zielsetzung der stufenweisen Wiedereingliederung entsprechende Ausgestaltung der medizinischen Leistungen zur Rehabilitation erfordert in erster Linie eine **zeitliche Abstimmung des Rehabilitationsprogramms** mit der (Teil-)Berufstätigkeit der Leistungsberechtigten. Hier bietet sich u. a. an, die medizinischen Leistungen zur Rehabilitation gem. § 19 Abs. 2 mit Zustimmung der Betroffenen in ambulanter Form zu erbringen. Dabei kommt der Einbeziehung familienentlastender und -unterstützender Dienste besondere Bedeutung zu; dies gilt vor allem für berufstätige Frauen mit Behinderungen.

II. Freiwilligkeit

3   Da die Arbeitsunfähigkeit während einer stufenweisen Arbeitsaufnahme fortbesteht, ist die Teilnahme an einer solchen Maßnahme stets freiwillig. Dafür spricht auch, dass ein therapeutischer Effekt nur zu erwarten sein wird, wenn der Leistungsberechtigte sich in **eigener Verantwortung** für eine schrittweise Arbeitsaufnahme entscheiden kann und ihr dann zustimmt. Eine erzwungene Teilnahme wäre keine gute Voraussetzung für eine erfolgreiche Wiedereingliederung.

III. Zustimmung des Arbeitgebers

4   Es besteht keine gesetzlich normierte Verpflichtung des Arbeitgebers, eine teilweise Arbeitsleistung anzunehmen und dadurch eine schrittweise Arbeitsaufnahme zu ermöglichen. Ob eine stufenweise Wiedereingliederung eines leistungsberechtigten Arbeitnehmers erfolgen kann, ist daher immer abhängig von der Zustimmung des Arbeitgebers.

IV. Vertragliche Vereinbarung

5   Haben der Leistungsberechtigte und der Arbeitgeber im Grundsatz der stufenweisen Wiedereingliederung zugestimmt, ist für Art und Form der weiteren Durchführung (Stufenplan) eine vertragliche Vereinbarung, sofern hierzu keine Betriebsvereinbarung besteht, erforderlich. In der **Vereinbarung** sollten folgende Punkte geregelt werden:
– Beginn und Ende des Wiedereingliederungsplans,
– Einzelheiten der verschiedenen Stufen (Art und Dauer),
– Höhe eines evtl. Arbeitsentgeltes,
– Rücktrittsrecht vor dem vereinbarten Ende,
– Gründe für ein vorzeitiges Zurücktreten,
– Ruhen der entgegenstehenden Bestimmungen des Arbeitsvertrages während der Dauer des Wiedereingliederungsplans.
(im Einzelnen *BAR* (Hrsg.), Arbeitshilfe für die stufenweise Wiedereingliederung in den Arbeitsprozess, Frankfurt/M., 2004).

V. Flexibilität und Dauer

6   Die Wiedereingliederungspläne sollen nicht nur im Hinblick auf die gesamte Dauer des Eingliederungsprozesses, sondern auch hinsichtlich der Abfolge und der Dauer einzelner Stufen (Intervalle) individuell differenziert ausgearbeitet werden. Die Zeit der Wiedereingliederung kann dabei zwischen wenigen Wochen und mehreren Monaten variieren, wobei die einzelnen Intervalle bei einer täglichen Arbeitszeit von einer Stunde beginnen und beim Erreichen einer vollschichtigen Tätigkeit enden können. Flexibilität bedeutet auch eine individuelle Differenzierung im Hinblick auf zu übernehmende Verantwortungsbereiche, Stressbelastung u. a. m. am Arbeitsplatz.

VI. Entgeltersatzleistungen

Die Dauer des Bezugs einer Entgeltersatzleistung während einer schrittweisen 7
Arbeitsaufnahme wird nach den Vorschriften über das Krankengeld auf die 78
Wochen innerhalb von 3 Jahren angerechnet, für die ein Versicherter im Fall der
Arbeitsunfähigkeit wegen derselben Krankheit Krankengeld beziehen kann. Auch
wenn der Versuch einer schrittweisen Arbeitsaufnahme scheitert, wird diese Zeit
auf die maximale Krankengeldbezugsdauer angerechnet.

Grundsätzlich steht einem arbeitsunfähigen Versicherten nach Auslaufen der 8
Entgeltfortzahlung (nach dem EFZG) bzw. der durch kollektivrechtliche Regelungen (Tarifvertrag, Betriebsvereinbarung) festgelegten Krankenbezüge Entgeltersatz, also Krankengeld, Versorgungsgeld oder Übergangsgeld, zu. Erzielt ein arbeitsunfähiger Versicherter während einer stufenweisen Wiedereingliederung beitragspflichtiges Arbeitsentgelt, so wird dies auf seine Entgeltersatzleistung angerechnet.

Die Gewährung von Entgeltersatzleistungen während einer stufenweisen Wiedereingliederung richtet sich nach den Leistungsgesetzen der Rehabilitationsträger. 9
Mit dem am 1. Mai 2004 in Kraft getretenen Gesetz zur Förderung der Ausbildung und Beschäftigung schwerbehinderter Menschen wurde ein neuer Absatz 5
an § 51 SGB IX angefügt, der den Trägern der gesetzlichen Unfall- und Rentenversicherung ermöglicht, auch nach dem Abschluss von Leistungen zur medizinischen Rehabilitation Übergangsgeld zu zahlen, wenn sich eine stufenweise Wiedereingliederung hieran unmittelbar anschließt.

§ 29 Förderung der Selbsthilfe

Selbsthilfegruppen, -organisationen und -kontaktstellen, die sich die Prävention, Rehabilitation, Früherkennung, Behandlung und Bewältigung von Krankheiten und Behinderungen zum Ziel gesetzt haben, sollen nach einheitlichen Grundsätzen gefördert werden.

Schrifttum: Staatliche Förderung von Selbsthilfegruppen für Behinderte und chronisch Kranke in Bayern, BehindertenR 1991, 52; *Borgetto/v. Troschke* (Hrsg.), Entwicklungsperspektiven der gesundheitsbezogenen Selbsthilfe im deutschen Gesundheitswesen, Freiburg 2001; *Deutsche Arbeitsgemeinschaft Selbsthilfegruppen* (Hrsg.), Selbsthilfegruppenjahrbuch, Gießen 2004; *Niederbühl*, Selbsthilfeförderung 2005, Ersatzkasse 8/2005, 342.

Inhaltsübersicht

	Rdnr.
A. Allgemeines	1–5
B. Begriffsbestimmungen	6
C. Selbsthilfegruppen	7
D. Selbsthilfeorganisationen	8, 9
E. Selbsthilfekontaktstellen	10, 11
F. Gemeinsame Empfehlung zur Förderung der Selbsthilfe	12–16

A. Allgemeines

Die Vorschrift verpflichtet die Träger der Leistungen zur medizinischen Rehabilitation Selbsthilfegruppen, -organisationen und -kontaktstellen nach einheitlichen Grundsätzen zu fördern. Diese Vorschrift begründet jedoch keine allgemeine Leistungspflicht. Die Leistungsvoraussetzungen sind vielmehr in den jeweiligen Leistungsgesetzen der Rehabilitationsträger geregelt (vgl. § 7 SGB IX).

§ 29 2–7　　　　Teil 1. Behinderte u. von Behinderung bedrohte Menschen

2　　Die gesetzlichen Krankenkassen unterstützen die gesundheitlichen Selbsthilfegruppen, -organisationen und -kontaktstellen auf der Basis der „Gemeinsamen und einheitlichen Grundsätze der Spitzenverbände der Krankenkassen zur Förderung der Selbsthilfe gemäß § 20 Abs. 4 SGB V" vom 10. 3. 2000 (BKK 1/2001, 34). Eine mit allen Beteiligten abgestimmte Aktualisierung der Grundsätze soll 2006 in Kraft treten.

3　　Die gesetzliche Rentenversicherung kann nach § 31 Abs. 1 Satz 1 Nr. 5 und Abs. 3 SGB VI als sonstige Leistungen Zuwendungen für Einrichtungen erbringen, die auf dem Gebiet der Rehabilitation forschen oder die Rehabilitation fördern. Bezogen auf den Bereich der Selbsthilfe bedeutet dies, dass von der Rentenversicherung eine Zuwendung nur dann erbracht werden darf, wenn das Vorhaben, für das eine finanzielle Förderung beantragt wird, einen engen Bezug zur Rehabilitation der Rentenversicherung aufweist.

4　　Die Vorschriften der gesetzlichen Unfallversicherung (SGB VII), der Jugendhilfe (SGB VIII), der Sozialhilfe (SGB XII) sowie das Bundesversorgungsgesetz (BVG) enthalten keine expliziten Hinweise zur Förderung der Selbsthilfe. Es ist jedoch nicht ausgeschlossen, dass einzelnen Versicherten nach § 39 Abs. 1 SGB VII die Teilnahme an Angeboten der Selbsthilfe ermöglicht werden kann.

5　　Um eine einheitliche Rechtsanwendung und Transparenz der Förderung zu erreichen, für alle Beteiligten das Verfahren zu erleichtern und durch abgestimmte Entscheidungsstrukturen zu einer besseren Planungssicherheit für die Selbsthilfe beizutragen, haben die gesetzlichen Krankenkassen, die Träger der gesetzlichen Rentenversicherung und der gesetzlichen Unfallversicherung eine Gemeinsame Empfehlung zur Förderung der Selbsthilfe gemäß § 13 Abs. 2 Nr. 6 SGB IX vereinbart, die am 1. 7. 2004 in Kraft getreten ist. Darin wird eine flächendeckende und bedarfsgerechte Verteilung der Fördermittel auf die jeweilige Ebene (Regional, Land, Bund) und Bereiche der Selbsthilfe (Selbsthilfegruppen, -organisationen und -kontaktstellen) angestrebt.

B. Begriffsbestimmungen

6　　Die Vereinbarungspartner (gesetzliche Krankenkassen, Träger der gesetzlichen Renten- und Unfallversicherung) anerkennen die Selbsthilfe als einen wichtigen Bestandteil des Gesundheitssystems. Sie ergänzt nicht nur die Maßnahmen zur Rehabilitation und Teilhabe der Leistungsträger, sondern schließt die Lücke zwischen den Angeboten von Leistungsträgern und Institutionen und den Bedürfnissen der unmittelbar betroffenen chronisch kranken und behinderten Menschen. Charakteristikum und wesentlicher Vorzug der Selbsthilfe ist ihre Betroffenenkompetenz, die auf der Kenntnis ihrer besonderen Lebenssituation beruht. Diese unmittelbare Erfahrung ermöglicht es, bedarfsgerechte und perspektivisch sinnvolle Hilfen zur Teilhabe zu ermitteln und einzuleiten – und damit langfristig einen Rehabilitationserfolg abzusichern.

C. Selbsthilfegruppen

7　　Selbsthilfegruppen sind freiwillige Zusammenschlüsse von Menschen auf örtlicher/regionaler Ebene, deren Aktivitäten sich auf die gemeinsame Bewältigung von Krankheiten und/oder psychischen Problemen richten, von denen sie – entweder selbst oder als Angehörige – betroffen sind. Sie wollen mit ihrer Arbeit keinen materiellen Gewinn erwirtschaften. Ihr Ziel ist eine Veränderung ihrer persönlichen Lebensumstände und häufig auch ein Hineinwirken in ihr soziales und politisches Umfeld. In der regelmäßigen, meist wöchentlichen Gruppenarbeit betonen sie Gleichstellung, gemeinsames Gespräch und gegenseitige Hilfe. Die Angebote von Selbsthilfegruppen richten sich vor allem an ihre Mitglieder; darin unterscheiden sie sich von anderen Formen des Bürgerengagements. Selbsthilfegruppen werden nicht von professionellen Helfern geleitet; manche ziehen jedoch gelegentlich Experten (z. B. Ärzte, Therapeuten) zu bestimmten Fragestellungen hinzu.

D. Selbsthilfeorganisationen

Vielfach haben sich Selbsthilfegruppen in Selbsthilfeorganisationen (Verbänden) zusammengeschlossen. Hierbei handelt es sich um Organisationen mit überregionaler Interessenvertretung, meist größeren Mitgliederzahlen, formalisierten Arbeits- und Verwaltungsabläufen, bestimmten Rechtsformen (zumeist eingetragener Verein) und stärkeren Kontakten zu professionellen Systemen (z. B. Behörden, Sozialleistungsträgern, Trägern der Freien Wohlfahrtspflege, Leistungserbringern im Gesundheitswesen).

Als **Aufgaben** der Selbsthilfeorganisationen sind z. B. zu nennen: Interessenvertretung im gesundheits- und sozialpolitischen Bereich, Herausgabe von Medien zur Information und Unterstützung der Betroffenen sowie der ihnen angeschlossenen Selbsthilfegruppen und -organisationen, Durchführung von Kongressen. Dabei ist hervorzuheben, dass die Selbsthilfeorganisationen nicht nur für die eigenen Mitglieder, sondern weit über den Mitgliederbestand hinaus Beratungs- und Informationsleistungen erbringen. Sie untergliedern sich im Allgemeinen auf Bundes-, Landes- und Ortsebene. Der Verbreitungsgrad einer chronischen Erkrankung oder Behinderung führt allerdings zu unterschiedlichen Strukturen, so dass nicht immer Landes- und Ortsebene eigenständig ausgebildete Strukturen aufweisen. Dies hat auch Auswirkungen auf die Erfüllung der vielfältigen Aufgaben der Selbsthilfeorganisationen. Aufgaben, die bei zahlenmäßig großen Verbänden die örtlichen Selbsthilfegruppen übernehmen (z. B. die Beratung der Betroffenen oder die Information von Ärzten), werden bei kleinen Verbänden häufig unmittelbar von der Bundesebene übernommen. Die meisten Selbsthilfeorganisationen sind auf Bundesebene in der Bundesarbeitsgemeinschaft Selbsthilfe (BAGS), Düsseldorf, und im Deutschen Paritätischen Wohlfahrtsverband „Der PARITÄTISCHE" – Gesamtverband e. V., Berlin, zusammengeschlossen.

E. Selbsthilfekontaktstellen

Selbsthilfekontaktstellen sind örtlich oder regional arbeitende professionelle Beratungseinrichtungen mit hauptamtlichem Personal. Träger sind in der Regel Vereine, Kommunen oder Wohlfahrtsverbände. Sie stellen themen- bzw. indikationsübergreifend Dienstleistungsangebote bereit, die auf die Unterstützung und Stabilisierung von Selbsthilfeaktivitäten abzielen. Eine Hauptzielgruppe von Selbsthilfekontaktstellen sind Bürger, die noch nicht Teilnehmer bzw. Mitglieder von Selbsthilfegruppen sind, sondern sich informieren und beraten lassen möchten. Die Motivation zur Teilnahme an Selbsthilfegruppen ist ein wesentlicher Arbeitsbereich für Selbsthilfekontaktstellen. Auf Wunsch unterstützen sie aktive Betroffene bei der Gruppengründung. Bestehenden Selbsthilfegruppen bieten sie infrastrukturelle Hilfen wie z. B. Räume, Beratung und supervisorische Begleitung in schwierigen Gruppensituationen oder bei Problemen an. Selbsthilfekontaktstellen stärken die Kooperation und Zusammenarbeit von Selbsthilfegruppen und Professionellen (insbesondere Ärzten).

§ 30   Teil 1. Behinderte u. von Behinderung bedrohte Menschen

11   Durch Öffentlichkeitsarbeit (beispielsweise die Durchführung von Selbsthilfetagen) tragen Selbsthilfekontaktstellen zur größeren Bekanntheit und Akzeptanz von Selbsthilfegruppen bei. **Selbsthilfekontaktstellen** sind Agenturen zur Stärkung der Eigenverantwortung und gegenseitigen freiwilligen Hilfe. Sie nehmen eine Wegweiserfunktion im System der gesundheitlichen und sozialen Dienstleistungsangebote wahr und verfolgen rehabilitative und präventive Zielsetzungen. Selbsthilfekontaktstellen verbessern die Infrastruktur für die Entstehung und Entwicklung von Selbsthilfegruppen (s. Nationale Kontakt- und Informationsstelle zur Anregung und Unterstützung von Selbsthilfegruppen **NAKOS**, Berlin: Bundesweite Selbsthilfevereinigungen und relevante Institutionen – Grüne Adressen; Lokale – Regionale Selbsthilfegruppen – Unterstützungsstellen (Selbsthilfekontaktstellen) in der BRD – Rote Adressen; Suche von Menschen mit seltenen Erkrankungen und Problemen nach Gleichbetroffenen und Selbsthilfegruppen – Blaue Adressen 2004/2005).

F. Gemeinsame Empfehlung zur Förderung der Selbsthilfe

12   Die Vereinbarungspartner (gesetzliche Krankenkassen, gesetzliche Renten- und Unfallversicherung) unterstützen die Aktivitäten der Selbsthilfe zur Prävention, Rehabilitation, Früherkennung und Bewältigung von Krankheiten und Behinderungen vorrangig durch finanzielle Hilfen. Zu diesem Zweck haben sie die Gemeinsame Empfehlung zur Förderung der Selbsthilfe vereinbart, die am 1. 7. 2004 in Kraft getreten ist.

13   Die zweckgebundene Förderung erfolgt durch finanzielle Zuschüsse in Form projektgebundener und/oder pauschaler Zuwendungen. Sie kann sich auf gezielte, zeitlich begrenzte Vorhaben und Aktionen richten und auch die gesundheitsbezogene Arbeit von Selbsthilfegruppen, -organisationen und -kontaktstellen in Form pauschaler Zuschüsse beinhalten.

14   Durch ideelle Förderung unterstützen die Vereinbarungspartner die Selbsthilfe z.B. durch Wertschätzung, Kooperation und partnerschaftliche Zusammenarbeit sowie Hinweise bzw. Verweise auf Selbsthilfegruppen und deren Arbeit.

15   Die Vereinbarungspartner können die Selbsthilfe strukturell und sächlich unterstützen, indem sie ihre Institutionsmöglichkeiten zur Verfügung stellen (z.B. Räume, Büroinfrastruktur, Kopien, Druck von Faltblättern, Hilfestellung bei sozialrechtlichen Fragen und sonstigen Problemstellungen, Vorträge im Rahmen von Veranstaltungen),

16   Die Vereinbarungspartner verfolgen mit der Gemeinsamen Empfehlung das Ziel, gemeinsam mit den Vertretern der Selbsthilfe die Selbsthilfeförderung und inhaltliche Zusammenarbeit als Gemeinschaftsaufgabe weiter zu entwickeln. Hierzu empfehlen sie unter Nutzung bestehender Strukturen die Einrichtung von Arbeitskreisen der Rehabilitationsträger auf allen Ebenen. Die Vertreter der Selbsthilfe und ggf. andere Förderer, z.B. die öffentliche Hand, sind zu beteiligen. Näheres zum Aufgabenprofil der Arbeitskreise sollen deren Mitglieder in einer gemeinsamen Geschäftsordnung bzw. Kooperationsvereinbarung regeln. Die Arbeitskreise werden als wesentliches Element zur Umsetzung der mit der Gemeinsamen Empfehlung verbundenen Intentionen angesehen.

§ 30 Früherkennung und Frühförderung

(1) ¹**Die medizinischen Leistungen zur Früherkennung und Frühförderung behinderter und von Behinderung bedrohter Kinder nach § 26 Abs. 2 Nr. 2 umfassen auch**

Kap. 4. Leistungen zur medizinischen Rehabilitation § 30

1. die medizinischen Leistungen der mit dieser Zielsetzung fachübergreifend arbeitenden Dienste und Einrichtungen,
2. nichtärztliche sozialpädiatrische, psychologische, heilpädagogische, psychosoziale Leistungen und die Beratung der Erziehungsberechtigten, auch in fachübergreifend arbeitenden Diensten und Einrichtungen, wenn sie unter ärztlicher Verantwortung erbracht werden und erforderlich sind, um eine drohende oder bereits eingetretene Behinderung zum frühestmöglichen Zeitpunkt zu erkennen und einen individuellen Behandlungsplan aufzustellen.

²Leistungen nach Satz 1 werden als Komplexleistung in Verbindung mit heilpädagogischen Leistungen (§ 56) erbracht.

(2) Leistungen zur Früherkennung und Frühförderung behinderter und von Behinderung bedrohter Kinder umfassen des Weiteren nichtärztliche therapeutische, psychologische, heilpädagogische, sonderpädagogische, psychosoziale Leistungen und die Beratung der Erziehungsberechtigten durch interdisziplinäre Frühförderstellen, wenn sie erforderlich sind, um eine drohende oder bereits eingetretene Behinderung zum frühestmöglichen Zeitpunkt zu erkennen oder die Behinderung durch gezielte Förder- und Behandlungsmaßnahmen auszugleichen oder zu mildern.

(3) ¹Zur Abgrenzung der in den Absätzen 1 und 2 genannten Leistungen und der sonstigen Leistungen dieser Dienste und Einrichtungen, zur Übernahme oder Teilung der Kosten zwischen den beteiligten Rehabilitationsträgern, zur Vereinbarung und Abrechnung der Entgelte sowie zur Finanzierung werden gemeinsame Empfehlungen vereinbart; § 13 Abs. 3, 4 und 6 gilt entsprechend. ²Landesrecht kann vorsehen, dass an der Komplexleistung weitere Stellen, insbesondere die Kultusverwaltung, zu beteiligen sind. ³In diesem Fall ist eine Erweiterung der gemeinsamen Empfehlungen anzustreben.

Schrifttum: *Altöttinger Papier:* ein Beitrag zur Qualitätssicherung – Grundlagen und Zielvorgaben für die Arbeit im Sozialpädiatrischen Zentrum, Kinderärztliche Praxis, 2000, 460; *Müller-Fehling,* Frühförderung ist eine Komplexleistung, Das Band 5/2000, 10. *Schlack,* Sozialpädiatrische Zentren: Entwicklungen, aktuelle Probleme, Aufgaben und Perspektiven, Kinderärztliche Praxis, 1998, 278; *Sohns,* Frühförderung entwicklungsauffälliger Kinder in Deutschland, Weinheim 2000; *Speck,* Entwicklungen im System der Frühförderung, in: Speck/Thurmair (Hrsg.), Fortschritte der Frühförderung entwicklungsgefährdeter Kinder, München 1989, S. 11; *ders.,* Frühförderung entwicklungsauffälliger Kinder unter ökologisch-integrativem Aspekt, in: Peterander/Speck (Hrsg.), Frühförderung in Europa, München 1996, S. 15.

Inhaltsübersicht

	Rdnr.
A. Allgemeines	1–4
B. Frühförderungsverordnung (FrühV)	5
I. Anwendungsbereich (§ 1 FrühV)	6, 7
II. Früherkennung und Frühförderung (§ 2 FrühV)	8, 9
III. Interdisziplinäre Frühförderstellen (§ 3 FrühV)	10–13
IV. Sozialpädiatrische Zentren (§ 4 FrühV)	14, 15
V. Leistungen zur medizinischen Rehabilitation (§ 5 FrühV)	16, 17
VI. Heilpädagogische Leistungen (§ 6 FrühV)	18
VII. Förder- und Behandlungsplan (§ 7 FrühV)	19–22
VIII. Erbringung der Komplexleistung (§ 8 FrühV)	23–26
IX. Teilung der Kosten der Komplexleistung (§ 9 FrühV)	27–29
C. Vereinbarung von Landesrahmenempfehlungen	30–32

A. Allgemeines

1 Die Vorschrift regelt in Abs. 1 Satz 1 Nr. 1, dass die von **fachübergreifend arbeitenden Diensten und Einrichtungen** (insbesondere sozialpädiatrische Zentren und Frühförderstellen) neben anderen (z. B. pädagogischen) Leistungen erbrachten medizinischen Leistungen zu den Leistungen zur medizinischen Rehabilitation nach § 26 Abs. 2 Nr. 2 gehören.

2 Absatz 1 Satz 1 Nr. 2 bestimmt entsprechend § 43a SGB V, dass **nichtärztliche sozialpädiatrische Leistungen** dieser Dienste und Einrichtungen zu den Leistungen zur medizinischen Rehabilitation gehören und von den hierfür zuständigen Rehabilitationsträgern zu erbringen sind, wenn sie zur Diagnostik oder zur Aufstellung eines Behandlungsplanes erforderlich sind.

3 Absatz 1 Satz 2 regelt, dass die in Satz 1 der medizinischen Rehabilitation zugeordneten Leistungen im Hinblick auf den funktionellen Zusammenhang mit den heilpädagogischen Leistungen nach § 56 systembezogen als Komplexleistungen zu erbringen sind. Absatz 2 ordnet den Leistungen zur **Früherkennung und Frühförderung** auch Leistungen der interdisziplinären Frühförderstellen zu.

4 Absatz 3 schafft die Grundlage für die Vereinbarung gemeinsamer Empfehlungen der beteiligten Rehabilitationsträger nach § 13 zur Regelung der Einzelheiten. Soweit Landesrecht vorsieht, dass an der Komplexleistung weitere Stellen – insbesondere die Kultusverwaltungen – zu beteiligen sind, soll die Einbeziehung dieser Stellen in die Empfehlungen angestrebt werden.

B. Frühförderungsverordnung (FrühV)

5 Auf der Ebene der BAR wurde in den Jahren 2001 und 2002 der Entwurf einer Gemeinsamen Empfehlung Früherkennung und Frühförderung erarbeitet, der weitgehend die Zielsetzung des SGB IX erfüllte. Dieser Entwurf wurde von den Trägern der Sozialhilfe abgelehnt. Sie hatten sich gegen die Nennung von Anteilen bei der Kostenverteilung ausgesprochen, Mindeststandards abgelehnt und unter bestimmten Voraussetzungen die Kostenübernahme von heilpädagogischen Leistungen durch die Krankenkassen gefordert. Nach dem endgültigen Scheitern der Verhandlungen hat das Bundesministerium für Gesundheit und soziale Sicherheit mit Zustimmung des Bundesrates eine Rechtsverordnung nach § 32 Nr. 1 SGB IX (Frühförderungsverordnung-FrühV) erlassen, die am 24. Juni 2003 in Kraft getreten ist (siehe Anlage).

I. Anwendungsbereich (§ 1 FrühV)

6 § 1 FrühV bestimmt, dass die Abgrenzung der durch interdisziplinäre Frühförderstellen und sozialpädiatrische Zentren ausgeführten Leistungen nach § 30 Abs. 1 und 2 SGB IX, die Übernahme und die Teilung der Kosten zwischen den beteiligten Rehabilitationsträgern sowie die Vereinbarungen der Entgelte sich nach den Vorschriften der FrühV zu richten haben.

7 Darüber hinaus begrenzt § 1 FrühV den Anwendungsbereich der Verordnungen nach § 30 Abs. 1 und 2 SGB IX, soweit sie durch interdisziplinäre Frühförderstellen und sozialpädiatrische Zentren ausgeführt werden. Da die im Rahmen der Komplexleistung zu erbringenden heilpädagogischen Leistungen nach § 55 Abs. 2 Nr. 2 und § 56 SGB IX für Kinder erbracht werden, die noch nicht eingeschult sind, enden die Leistungen nach § 30 SGB IX mit dem Schuleintritt.

II. Früherkennung und Frühförderung (§ 2 FrühV)

Nach § 2 FrühV umfassen die Leistungen zur Früherkennung und Frühförderung Leistungen zur medizinischen Rehabilitation und heilpädagogische Leistungen, die durch fachlich geeignete interdisziplinäre Frühförderstellen und sozialpädiatrische Zentren unter Einbeziehung des sozialen Umfeldes des Kindes erbracht werden. Damit werden solche Dienste und Einrichtungen ausgeschlossen, die insbesondere nicht in der Lage sind, die erforderlichen Leistungen entsprechend ihrer Zielsetzung und unter Berücksichtigung der Anforderungen der FrühV und des SGB IX auszuführen.

Näheres zu den Anforderungen an interdisziplinäre Frühförderstellen und sozialpädiatrische Zentren kann durch Landesrahmenempfehlungen geregelt werden. Sie können einen wichtigen Beitrag zur Ausgestaltung der Komplexleistung und zur Umsetzung des SGB IX leisten. Angesichts unterschiedlicher regionaler Strukturen besteht ein Regelungsbedarf insbesondere bei der Ausdifferenzierung von Leistungselementen, der Definition von Standards und bei den Vorgaben zur Ermittlung von Leistungseinheiten und Leistungsentgelten.

III. Interdisziplinäre Frühförderstellen (§ 3 FrühV)

Interdisziplinäre Frühförderstellen im Sinne der FrühV sind familien- und wohnortnahe Dienste und Einrichtungen, die der Früherkennung, Behandlung und Förderung von Kindern dienen, um in interdisziplinärer Zusammenarbeit von qualifizierten medizinisch-therapeutischen und pädagogischen Fachkräften eine drohende oder bereits eingetretene Behinderung zum frühestmöglichen Zeitpunkt zu erkennen und die Behinderung durch gezielte Förder- und Behandlungsmaßnahmen auszugleichen oder zu mildern. Leistungen durch interdisziplinäre Frühförderstellen werden in der Regel in ambulanter, einschließlich mobiler, Form erbracht.

Interdisziplinäre Frühförderstellen bieten nach dem Prinzip der Rechtzeitigkeit umfassende Hilfen für Familien von Kindern mit **Entwicklungsstörungen** und Entwicklungsgefährdungen sowie drohenden Entwicklungsbeeinträchtigungen einschließlich aus körperlichen Schädigungen resultierenden Behinderungen an. Sie arbeiten für Säuglinge, Kleinkinder und Kinder bis zum Schuleintritt. Ihre Hauptaufgaben sind eine interdisziplinär konzipierte Eingangs-, Begleit- und Verlaufsdiagnostik, heilpädagogische und therapeutische Hilfen sowie eine alltagsstützende Zusammenarbeit mit den Familien der gefährdeten bzw. behinderten Kinder. Außerdem kooperieren sie im Sinne eines koordinierten Arbeitskonzepts mit anderen Einrichtungen und Fachpersonen, Sozialpädiatrischen Zentren, niedergelassenen Ärzten und Therapeuten, insbesondere aber auch mit Kinderkrippen und Kindergärten und – zur Vorbereitung der Aufnahme der Kinder – mit den Schulen.

Die Arbeit der Frühförderstellen beschränkt sich nicht auf Kinder mit eindeutigen medizinischen Diagnosen, sondern bezieht sich auf **alle Formen von Entwicklungsgefährdungen,** weil eine gesicherte Prognose des Entwicklungsverlaufs in der frühen Kindheit auch bei gering erscheinenden Entwicklungsproblemen nicht möglich ist. Auch soziale Gefährdungen des Kindes sowie Unsicherheiten der Eltern im Umgang mit dem Kind können Anlass genug sein, die Hilfen der Frühförderstellen als „offene Anlaufstellen" anzubieten.

Das Team der **Frühförderstellen** besteht in der Regel aus Fachkräften verschiedener Berufsgruppen, nämlich aus (Heil-)Pädagogen, Diplom-Psychologen, Sozialpädagogen, Kinderärzten sowie Physio-, Ergo- und Sprachtherapeuten. Wo im Team selber nicht alle Berufsgruppen eingebunden sind, geschieht die Zusammenarbeit auf der Grundlage eines gemeinsam abgestimmten und verantworteten

Arbeitskonzepts im Sinne der Komplexleistung Frühförderung. In diesem Rahmen erfolgt auch die Koordinierung der Tätigkeit der Frühförderstellen mit Sozialpädiatrischen Zentren und niedergelassenen Ärzten und Therapeuten. Der Zugang zu den Sozialpädiatrischen Zentren und den Frühförderstellen muss niederschwellig und auch für Familien in einfachen sozialen Verhältnissen ohne unvertretbar hohen zeitlichen Aufwand und ohne Umwege über andere Institutionen möglich sein.

IV. Sozialpädiatrische Zentren (§ 4 FrühV)

14 Sozialpädiatrische Zentren im Sinne der FrühV sind die nach § 119 Abs. 1 SGB V zur ambulanten sozialpädiatrischen Behandlung von Kindern ermächtigten Einrichtungen. Sozialpädiatrische Zentren sind klinisch ambulante Einrichtungen für einen größeren Einzugsbereich und notwendigerweise personell differenziert ausgestattet. Sie stehen unter ärztlicher Leitung. Die Arbeit in Sozialpädiatrischen Zentren stellt eine Sonderform interdisziplinärer ambulanter Krankenbetreuung dar. Niedergelassene Ärzte überweisen die wegen Krankheiten oder **Entwicklungsbeeinträchtigungen** zu behandelnden Kinder und Jugendlichen in Sozialpädiatrische Zentren. Die Behandlung erfolgt nach entsprechend differenzierter Diagnostik im Kontext des sozialen Umfeldes, einschließlich der Beratung und Anleitung der Bezugspersonen. Das Team der Sozialpädiatrischen Zentren (Kinderärzte mit Zusatzqualifikation, Diplom-Psychologen mit Zusatzqualifikation, Psychotherapeuten, Physiotherapeuten, Logopäden, Ergotherapeuten, Heil- und Sozialpädagogen) arbeitet nach dem Prinzip des Querschnittdenkens und der Vernetzung mit allen Fachkräften und Einrichtungen der Früherkennung, Frühförderung, Therapie und Rehabilitation und mit Einrichtungen des Öffentlichen Gesundheitswesens zusammen.

15 Ärztliche Maßnahmen der umfassenden Diagnostik und Therapie, psychologisch-diagnostische und psychotherapeutische Maßnahmen sowie nichtärztliche, aber ärztlich verordnete und koordinierte, sozialpädiatrisch ausgerichtete heil- und sonderpädagogische Maßnahmen und Therapieverfahren werden als untrennbare Einheit in diesem **Arbeitskonzept** verstanden. Krankheitsfrüherkennung und -behandlung einerseits, Krankheitsbewältigung, Rehabilitation und Integration andererseits sind in diesem Konzept bestmöglich integral zusammengeführt. Kinder und Jugendliche können von Geburt bis zur Vollendung ihres 18. Lebensjahres dort behandelt und rehabilitiert werden.

V. Leistungen zur medizinischen Rehabilitation (§ 5 FrühV)

16 § 5 FrühV konkretisiert in Abs. 1 die Leistungen nach § 30 SGB IX nicht abschließend. Die zur Früherkennung und Frühförderung zu erbringenden medizinischen Leistungen umfassen insbesondere die ärztliche Behandlung, einschließlich der ärztlichen Diagnostik, und alle anderen Leistungen zur Diagnostik und zur Aufstellung des Förder- und Behandlungsplans, einschließlich der heilpädagogischen, psychosozialen Leistungen und der Beratung der Erziehungsberechtigten, soweit sie unter ärztlicher Verantwortung erbracht werden. Weiterhin gehören hierzu die nicht-ärztlichen medizinisch-therapeutischen Leistungen, die nach Feststellung des von einem Arzt und einer pädagogischen Fachkraft nach § 7 Abs. 1 Satz 4 unterzeichneten Förder- und Behandlungsplans zur Förderung und Behandlung erbracht werden können.

17 Absatz 2 konkretisiert die insbesondere nach § 4 Absatz 3 und § 30 SGB IX geltenden Grundsätze der intensiven Beteiligung der Sorgeberechtigten. Absatz 3 soll dazu beitragen, dass auf Landesebene bewährte weitergehende Regelungen nicht in Frage gestellt werden.

VI. Heilpädagogische Leistungen (§ 6 FrühV)

Heilpädagogische Leistungen nach § 56 SGB IX umfassen alle Maßnahmen, die mit pädagogischen Mitteln die Entwicklung des Kindes und die Entfaltung seiner Persönlichkeit anregen, einschließlich der jeweils erforderlichen sozial- und sonderpädagogischen und psychosozialen Hilfen sowie der Beratung der Erziehungsberechtigten.

VII. Förder- und Behandlungsplan (§ 7 FrühV)

Ein wesentliches Kriterium der Komplexleistung „Frühförderung" sind die stringent aufeinander abgestimmten Leistungen. Grundlage ist ein interdisziplinär entwickelter Förder- und Behandlungsplan, in dem die interdisziplinären Frühförderstellen und die sozialpädiatrischen Zentren die nach dem individuellen Bedarf voraussichtlich erforderlichen Leistungen nach §§ 5 und 6 in Zusammenarbeit mit den Erziehungsberechtigten schriftlich zusammenstellen. Dieser Förder- und Behandlungsplan wird den beteiligten Rehabilitationsträgern nach Maßgabe des § 14 SGB IX zur Entscheidung vorgelegt.

Gleichzeitig ist der Förder- und Behandlungsplan wichtige Voraussetzung zur Umsetzung der Verordnungsermächtigung (§ 32 Nr. 1 SGB IX), indem durch ihn für die Rehabilitationsträger erst die Abgrenzung der im Einzelfall erforderlichen Leistungen und der Kostenteilung möglich wird.

Absatz 1 Nr. 3 kommt dem Erfordernis der interdisziplinären Leistungserbringung nach und stellt darüber hinaus die besondere Bedeutung der ärztlichen Verantwortung und die für die Frühförderung erforderliche pädagogische Kompetenz sicher.

Absatz 2 stellt klar, dass Leistungen, die der Früherkennung und Frühförderung dienen, auch außerhalb des Anwendungsbereichs des § 30 SGB IX erbracht und darüber hinaus auch von anderen Leistungserbringern ausgeführt werden; in diesen Fällen erfolgt die Förderung und Behandlung nicht auf der Grundlage der FrühV.

VIII. Erbringung der Komplexleistung (§ 8 FrühV)

Auf der Grundlage des Förder- und Behandlungsplans werden von den beteiligten Rehabilitationsträgern die erforderlichen Leistungen nach §§ 5 und 6 zuständigkeitsübergreifend als ganzheitliche Komplexleistung erbracht. Ein Antrag kann bei allen beteiligten Rehabilitationsträgern gestellt werden. Diese stimmen sich untereinander ab und entscheiden innerhalb von zwei Wochen nach Vorliegen des Förder- und Behandlungsplans über die Leistungen.

Die Komplexleistung Frühförderung besteht aus einem interdisziplinär abgestimmten System ärztlicher, medizinisch-therapeutischer, psychologischer, (heil)pädagogischer (§ 56) und psychosozialer Leistungen (§ 26 Abs. 3). Alle Leistungen werden auf der Grundlage des Förder- und Behandlungsplans erbracht, der interdisziplinär entwickelt ist und laufend fortgeschrieben wird, entsprechend den Erfordernissen. Leitende Prinzipien dieser Leistungen sind **Familiennähe und Lebensweltorientierung**. Sobald der Verdacht auf ein **Entwicklungsrisiko bei einem Kind** besteht, erfolgt eine interdisziplinäre Diagnostik, die den Zugang zur Komplexleistung Frühförderung begründet.

Absatz 2 überlässt es vorrangig den beteiligten Rehabilitationsträgern zu vereinbaren, wer gegenüber den Leistungsberechtigten die Komplexleistung erbringt und damit zunächst die Kosten übernimmt. Für den Fall, dass derartige Vereinbarungen nicht zustande kommen, bestimmt Abs. 2 dass der Rehabilitationsträger die Komplexleistung erbringt, der regelmäßig für den überwiegenden Teil der Leistungen zuständig ist. In diesem Fall entscheiden die Krankenkassen in der Regel über die

Leistungen der sozialpädiatrischen Zentren und die Träger der Sozialhilfe in der Regel über die Komplexleistung in den interdisziplinären Frühförderstellen.

26 Absatz 4 dient der Förderung der integrativen Leistungserbringung. Dies schließt ein, dass Leistungen interdisziplinärer Frühförderstellen und sozialpädiatrischer Zentren auch in der Verantwortung eines Trägers erbracht werden können. Absatz 4 Satz 3 berücksichtigt wie § 30 Abs. 3 Satz 2 und 3 SGB IX, dass in einigen Bundesländern auch die Kultusverwaltung im vorschulischen Bereich sonderpädagogische Hilfen erbringen. Zur Sicherung der Zusammenarbeit können Kooperationsverträge und regionale Arbeitsgemeinschaften beitragen.

IX. Teilung der Kosten der Komplexleistung (§ 9 FrühV)

27 § 9 FrühV konkretisiert die in § 30 SGB IX vorgesehene Möglichkeit der anteilig finanzierten Komplexleistung. Abs. 1 begrenzt die Verpflichtung zur Schließung von dreiseitigen Vergütungsvereinbarungen auf die regelmäßig an der Komplexleistung beteiligten Rehabilitationsträger. Rehabilitationsträger, die Leistungen zur Frühförderung nur in wenigen Einzelfällen erbringen, brauchen sich daher nicht am Abschluss der Vereinbarungen zu beteiligen. Darüber hinaus wird sichergestellt, dass Zuwendungen Dritter, insbesondere der Länder, die Kostenübernahme der Rehabilitationsträger nicht mindern, es sei denn, die Zuwendungen werden für Leistungen nach der FrühV gewährt.

28 Absatz 2 nimmt Bezug auf di sehr heterogen gewachsenen Strukturen der Frühförderstellen und fordert die Rehabilitationsträger auf, Vereinbarungen über die Aufteilung der Entgelte für Komplexleistungen zu schließen, die die Spezialisierung und das Leistungsprofil der Dienste und Einrichtungen sowie die regionalen Gegebenheiten berücksichtigen.

29 Von Bedeutung ist, dass die Rehabilitationsträger gemeinsam Entgelte für die Komplexleistung in interdisziplinären Frühförderstellen und sozialpädiatrischen Zentren zu vereinbaren haben. Nach Abs. 3 kann die Aufteilung der Entgelte pauschal erfolgen. Da durch interdisziplinäre Frühförderstellen vornehmlich heilpädagogische erbracht werden, in sozialpädiatrischen Zentren jedoch medizinische Leistungen überwiegen, soll der Anteil der Sozialhilfe in interdisziplinären Frühförderstellen 80 vom Hundert, in sozialpädiatrischen Zentren 20 vom Hundert nicht übersteigen.

C. Vereinbarung von Landesrahmenempfehlungen

30 Der Bundesrat hatte die Bundesregierung in 2004 aufgefordert, das SGB IX im Hinblick auf § 30 zu ändern, insbesondere hinsichtlich einer klaren und eindeutigen Leistungsabgrenzung, einer eindeutigen Zuordnung zu den jeweiligen Leistungsträgern sowie klarer Aussagen zur ausgewogenen Aufteilung der Kosten im Rahmen der Komplexleistung.

31 In ihrer Stellungnahme zum Beschluss des Bundesrates zur Frühförderungs-Verordnung (BR-Drs. 106/05 vom 14. 2. 2005) macht die Bundesregierung deutlich, dass sie die geforderten Änderungen des SGB IX nicht für erforderlich hält. Nach Ansicht der Bundesregierung sind mit den Regelungen des SGB IX und der FrühV die rechtlichen Voraussetzungen für die Weiterentwicklung interdisziplinärer Frühförderung gegeben. Sie betrachtet daher die mit der FrühV gefundenen rechtlichen Lösungen als dauerhaft.

32 Darüber hinaus macht die Bundesregierung deutlich, dass die Zukunft der Frühförderung davon abhängt, dass in den Ländern von der Möglichkeit der Vereinbarung von Landesrahmenempfehlungen Gebrauch gemacht wird. Die Vereinbarung von Landesrahmenempfehlungen wird vom BMGS als Schlüssel für den

Erfolg der Komplexleistung Frühförderung angesehen. Bislang hat jedoch nur das Land Nordrhein-Westfalen eine Landesrahmenempfehlung verabschiedet, die die Zuständigkeiten verbindlich festlegt.

§ 31 Hilfsmittel

(1) **Hilfsmittel (Körperersatzstücke sowie orthopädische und andere Hilfsmittel) nach § 26 Abs. 2 Nr. 6 umfassen die Hilfen, die von den Leistungsempfängern getragen oder mitgeführt oder bei einem Wohnungswechsel mitgenommen werden können und unter Berücksichtigung der Umstände des Einzelfalles erforderlich sind, um**
1. **einer drohenden Behinderung vorzubeugen,**
2. **den Erfolg einer Heilbehandlung zu sichern oder**
3. **eine Behinderung bei der Befriedigung von Grundbedürfnissen des täglichen Lebens auszugleichen, soweit sie nicht allgemeine Gebrauchsgegenstände des täglichen Lebens sind.**

(2) [1]**Der Anspruch umfasst auch die notwendige Änderung, Instandhaltung, Ersatzbeschaffung sowie die Ausbildung im Gebrauch der Hilfsmittel.** [2]**Der Rehabilitationsträger soll**
1. **vor einer Ersatzbeschaffung prüfen, ob eine Änderung oder Instandsetzung von bisher benutzten Hilfsmitteln wirtschaftlicher und gleich wirksam ist,**
2. **die Bewilligung der Hilfsmittel davon abhängig machen, dass die behinderten Menschen sie sich anpassen oder sich in ihrem Gebrauch ausbilden lassen.**

(3) **Wählen Leistungsempfänger ein geeignetes Hilfsmittel in einer aufwendigeren Ausführung als notwendig, tragen sie die Mehrkosten selbst.**

(4) [1]**Hilfsmittel können auch leihweise überlassen werden.** [2]**In diesem Fall gelten die Absätze 2 und 3 entsprechend.**

Schrifttum: *AOK-BV,* Hilfsmittelkatalog, Bonn, 2001; *Benz,* Hilfsmittel (§ 31 SGB VII) und Hilfen in der gesetzlichen Unfallversicherung, BG, 1/1999, 42; *Grigoleit/Schliehe/Wenig,* Handbuch Rehabilitation und Vorsorge, Sankt Augustin, 1999.

Inhaltsübersicht

	Rdnr.
A. Allgemeines	1
B. Begriffsbestimmungen (Abs. 1)	2–6
I. Körperersatzstücke	2
II. Orthopädische Hilfsmittel	3
III. Andere Hilfsmittel	4
IV. Allgemeine Gebrauchsgegenstände	5
V. Zubehör	6
C. Änderung, Instandhaltung, Ersatzbeschaffung sowie Ausbildung im Gebrauch der Hilfsmittel (Abs. 2)	7
D. Mehrkosten (Abs. 3)	8
E. Leihweise Überlassung (Abs. 4)	9

A. Allgemeines

1 Die Vorschrift regelt die **Versorgung mit Hilfsmitteln** – soweit sie nach § 26 Abs. 2 Nr. 6 als Leistungen zur medizinischen Rehabilitation erbracht werden – und fasst die in den verschiedenen Leistungsbereichen teils gesetzlich teils im Wege des Gemeinsamen Rundschreibens der Spitzenverbände, der Kranken-, Unfall- und Rentenversicherung vom 10. 6. 1975 festgelegten Grundsätze zusammen. Weiterreichende spezifische Vorschriften des SGB V (§§ 33, 36, 128, 139), des SGB VII (§ 31 Abs. 2 Satz 2), des Bundesversorgungsgesetzes (§ 10 Abs. 1 Satz 1, § 11 Abs. 3, § 13 i. V. m. § 24 a und der Orthopädieverordnung v. 17. 10. 1994) und des SGB XII (§ 54 Abs. 1 SGB XII i. V. m. der Eingliederungshilfe-Verordnung) gelten weiter. Der Einleitungssatz verdeutlicht, dass bei der Beurteilung der Erforderlichkeit in jedem Fall die Umstände des Einzelfalls, und in Nr. 3, dass auch andere als körperliche Behinderungen zu berücksichtigen sind.

B. Begriffsbestimmungen (Abs. 1)

I. Körperersatzstücke

2 **Körperersatzstücke** dienen zum Ersatz fehlender Körperteile (z. B. Arm- oder Beinprothesen). Sie tragen damit unmittelbar zur medizinischen Rehabilitation bei.

II. Orthopädische Hilfsmittel

3 **Orthopädische Hilfsmittel** (z. B. Stützvorrichtungen, Orthesen, orthopädische Schuhe, Gehhilfen) sollen die orthopädische Behandlung unterstützen bzw. den Erfolg der orthopädischen Therapie sicherstellen. Auch die Korrektur von Fehlstellungen, die Wiederherstellung der natürlichen Lage und Form von bestimmten Körperteilen sollen durch orthopädische Hilfsmittel (z. B. orthopädische Schuheinlagen) erreicht werden. Orthopädische Hilfsmittel dienen immer medizinischen Zwecken.

III. Andere Hilfsmittel

4 **Andere Hilfsmittel** dienen, z. T. vom unmittelbaren Körperkontakt losgelöst, der Verbesserung der Beweglichkeit (z. B. Gehstützen, Krankenfahrstühle u. a.), der Orientierung für seh- und hörgeschädigte Menschen, dem Sprechen und Verständigen (z. B. Hörgeräte, Blindenführhunde).

IV. Allgemeine Gebrauchsgegenstände

5 Gebrauchsgegenstände des täglichen Lebens, teilweise auch als **Alltagshilfen** für Behinderte bezeichnet (z. B. verlängerter Schuhanzieher, besonders geformtes Essbesteck, rutschfeste Unterlagen), begründen keine Leistungspflicht der Leistungsträger der medizinischen Rehabilitation. Solche Gebrauchsgegenstände, die auch von nichtbehinderten Menschen benutzt werden, verlieren ihre Eigenschaft als allgemeiner Gebrauchsgegenstand nicht dadurch, dass dieser durch gewisse Veränderungen oder durch eine bestimmte Eigenschaft oder Qualität behindertengerecht gestaltet wird.

V. Zubehör

Zu der vom Rehabilitationsträger zu gewährenden Leistung gehört auch das **Zubehör**. Zubehör sind bewegliche Sachen, die als Nebensache dazu bestimmt sind, dem Zweck des Hilfsmittels zu dienen und ohne die das Hilfsmittel nicht sachgerecht benutzt werden kann. Als Zubehör kommen demnach z. B. Batterien oder ein Batterieladegerät für ein Hörgerät in Betracht.

C. Änderung, Instandhaltung, Ersatzbeschaffung sowie Ausbildung im Gebrauch der Hilfsmittel (Abs. 2)

Der Anspruch der Leistungsberechtigten umfasst nicht nur die Erstausstattung mit Körperersatzstücken, orthopädischen und anderen Hilfsmitteln sondern auch die Änderung, Instandsetzung, Ersatzbeschaffung sowie die Ausbildung im Gebrauch der Hilfsmittel. Zu den notwendigen **Änderungen** gehören insbesondere Erweiterungen und Ergänzungen, die ihre Ursache in der Person des behinderten Menschen haben oder in der fortschreitenden technischen Entwicklung begründet sind. Die **Instandsetzung** umfasst die Reparaturen bei Verschleiß sowie bei Beschädigung. Vor einer **Ersatzbeschaffung** soll der Rehabilitationsträger prüfen, ob eine Änderung oder Instandsetzung von bisher benutzten Hilfsmitteln wirtschaftlicher und gleich wirksam ist. Für eine Ersatzbeschaffung ist eine individuelle Entscheidung erforderlich, da eine Vielzahl von Faktoren die Gebrauchsfähigkeit eines Hilfsmittels beeinflusst. Art und Beschaffenheit des Hilfsmittels, Körperkonstitution sowie Lebensweise und berufliche Tätigkeit des behinderten Menschen sind hierbei von Bedeutung. Ferner kommt es auf die erforderliche pflegliche Behandlung des Hilfsmittels an. Der Rehabilitationsträger soll die Bewilligung der Hilfsmittel davon abhängig machen, dass die Leistungsberechtigten sie sich **anpassen** lassen, sich mit dem Gebrauch vertraut machen und sich der dazu ggf. erforderlichen **Ausbildung im Gebrauch** (z. B. Gehschulung, Armschulung) auf Kosten des Rehabilitationsträgers unterziehen. Die Ausbildung bezieht sich auf den Leistungsberechtigten sowie auf solche Personen, mit deren Hilfe der behinderte Mensch in die Lage versetzt wird, das Hilfsmittel sachgerecht zu benutzen.

D. Mehrkosten (Abs. 3)

Die Rehabilitationsträger leisten die erforderlichen technischen Hilfen. Bei Wahl einer hierüber hinausgehenden Ausführung müssen die Mehrkosten vom Leistungsempfänger getragen werden.

E. Leihweise Überlassung (Abs. 4)

Die Rehabilitationsträger können den Leistungsberechtigten Hilfsmittel auch leihweise überlassen, z. B. wenn es sich um teuere und in der Regel langlebige Hilfsmittel handelt. Von einer Rückforderung leihweise überlassener Hilfsmittel sollte abgesehen werden, wenn die Rückforderung aus hygienischen Gründen, im Hinblick auf die Wiederverwendbarkeit des Hilfsmittels oder wegen der entstehenden Versand- oder Verwahrkosten unwirtschaftlich ist.

§ 32 Verordnungsermächtigungen

Das Bundesministerium für Gesundheit und Soziale Sicherung wird ermächtigt, durch Rechtsverordnung mit Zustimmung des Bundesrates
1. Näheres zur Abgrenzung der in § 30 Abs. 1 und 2 genannten Leistungen und der sonstigen Leistungen dieser Dienste und Einrichtungen, zur Übernahme oder Teilung der Kosten zwischen den beteiligten Rehabilitationsträgern, zur Vereinbarung und Abrechnung der Entgelte sowie zur Finanzierung zu regeln, wenn gemeinsame Empfehlungen nach § 30 Abs. 3 nicht innerhalb von sechs Monaten, nachdem das Bundesministerium dazu aufgefordert *haben*[1], vereinbart oder unzureichend gewordene Empfehlungen nicht innerhalb dieser Frist geändert worden sind,
2. Näheres zur Auswahl der im Einzelfall geeigneten Hilfsmittel, insbesondere zum Verfahren, zur Eignungsprüfung, Dokumentation und leihweisen Überlassung der Hilfsmittel sowie zur Zusammenarbeit der anderen Rehabilitationsträger mit den orthopädischen Versorgungsstellen zu regeln.

Die Vorschrift enthält Verordnungsermächtigungen für den Fall, dass notwendige Klärungen bei den medizinischen Leistungen zur Früherkennung und Frühförderung (§ 30) nicht durch Vereinbarung gemeinsamer Empfehlungen erreicht werden sowie zur näheren Ausgestaltung der geeigneten Hilfsmittel und der Zusammenarbeit der anderen Rehabilitationsträger mit den orthopädischen Versorgungsstellen.

Nachdem eine Gemeinsame Empfehlung zur Frühförderung an der ablehnenden Haltung der Träger der Sozialhilfe gescheitert ist, hat das Bundesministerium für Gesundheit und Soziale Sicherung mit Zustimmung des Bundesrates eine Verordnung zur Früherkennung und Frühförderung behinderter und von Behinderung bedrohter Kinder (Frühförderungsverordnung-FrühV) nach Nr. 1 erlassen, die am 20. 6. 2003 in Kraft getreten ist.

Kapitel 5. Leistungen zur Teilhabe am Arbeitsleben

Vor §§ 33 ff.

Inhaltsübersicht

	Rdnr.
A. Allgemeines	1, 2
B. Regelungen in den Spezialgesetzen	3–13
I. Grundsicherung für Arbeitsuchende (Zweites Buch)	3
II. Arbeitsförderung (Drittes Buch)	4, 5
III. Gesetzliche Rentenversicherung (Sechstes Buch)	6
IV. Gesetzliche Unfallversicherung (Siebtes Buch)	7
V. Jugendhilfe (Achtes Buch)	8
VI. Sozialhilfe (Zwölftes Buch)	9–11
VII. Kriegsopferfürsorge (Bundesversorgungsgesetz)	12, 13
C. Grundlagen im früheren Recht	14
D. Abgrenzung der Teilhabe am Arbeitsleben	15–18
E. Vorrang vor Leistungen der Integrationsämter	19
F. Rechtsweg	20

---

[1] Richtig wohl: „hat".

A. Allgemeines

Art und Umfang der Leistungen zur Teilhabe am Arbeitsleben werden grundsätzlich in diesem Buch geregelt (§ 7). Die früheren Regelungen in den für die beruflichen Rehabilitationsträger geltenden Leistungsgesetzen sind gestrichen oder angepasst worden; teilweise bestehen aber für die einzelnen Leistungsbereiche Sonderregelungen, die vom Neunten Buch abweichen (entsprechende Hinweise enthalten die Erläuterungen zu den einzelnen Leistungsgesetzen sowie zu den Leistungsarten). 1

Soweit Regelungen aus den für die Rehabilitationsträger geltenden Leistungsgesetzen in das Neunte Buch – mit Wirkung für alle Rehabilitationsträger – übernommen worden sind, können die einschlägigen Definitionen und Auslegungsregelungen einheitlich bei der Leistungserbringung zugrunde gelegt werden (Beispiel: Erbringung von Überbrückungsgeld nach § 33 Abs. 3 Nr. 5, das vor dem 1. 7. 2001 nur auf der Grundlage des § 57 des Dritten Buches von den Arbeitsämtern geleistet worden war). 2

B. Regelungen in den Spezialgesetzen

I. Grundsicherung für Arbeitsuchende (Zweites Buch)

Die Grundsicherung für Arbeitsuchende (SGB II) ist am 1. 1. 2005 in Kraft getreten. Sie wird an erwerbsfähige Hilfebedürftige geleistet, die bisher Anspruch auf Arbeitslosenhilfe nach dem SGB III oder auf Leistungen nach dem Bundessozialhilfegesetz hatten. Für Eingliederungsleistungen an erwerbsfähige behinderte Hilfebedürftige sind im Rahmen des Zweiten Buches die §§ 97 bis 99, § 100 Nr. 1 bis 3 und 6, § 101 Abs. 1, 2, 4 und 5, §§ 102, 103 Satz 1 Nr. 3, Satz 2, § 109 Abs. 1 Satz 1 und Abs. 2 des Dritten Buches entsprechend anzuwenden (§ 16 Abs. 1 Satz 2 SGB II). Diese Leistungen – es handelt sich um Leistungen zur Wiedereingliederung – können von der Bundesagentur nur auf der Basis des Zweiten Buches erbracht werden; beitragsfinanzierte Leistungen nach dem Dritten Buch scheiden insoweit grundsätzlich aus (§ 22 Abs. 4 SGB III). Dies gilt allerdings nicht für die Beratungs- und Vermittlungsangebote der Bundesagentur für Arbeit sowie einige Leistungen wie z. B. die Zuschüsse nach §§ 236 ff. SGB III. Soweit ein nach § 6a SGB II zugelassener kommunaler Träger die Leistungen der Grundsicherung für Arbeitsuchende erbringt, gelten weitere Besonderheiten: eine Vermittlung auf der Grundlage der §§ 35 f. SGB III ist dann nicht möglich. 3

Leistungen zur Teilhabe am Arbeitsleben, die zur Ersteingliederung erbracht werden sollen, sind hingegen nicht nach dem Zweiten Buch, sondern nur auf der Basis des Dritten Buches möglich, das in diesem Bereich auch keine Ausschlussregelung enthält.

Leistungen an Arbeitgeber sind auf der Grundlage des § 16 Abs. 1 Satz 1 SGB II möglich, der auf das Fünfte Kapitel des SGB III verweist. Die Leistungen stehen im Ermessen des Trägers. Für – institutionelle – Leistungen an Träger fehlt eine entsprechende Verweisung.

II. Arbeitsförderung (Drittes Buch)

Die detaillierten Regelungen der §§ 97 ff. SGB III, die zwischen **allgemeinen und besonderen Leistungen** zur Teilhabe unterscheiden, sind im Wesentlichen beibehalten und teilweise an die Vorschriften des Neunten Buches angepasst worden. Es bleibt dabei, dass die **allgemeinen Leistungen** auf den Vorschriften des 4

Ersten bis Sechsten Abschnitts des Vierten Kapitels basieren (§ 99 SGB III), wobei allerdings die §§ 101 ff. SGB III Besonderheiten vorsehen. § 102 Abs. 2 SGB III verweist hinsichtlich der Leistungen im Eingangsverfahren und Berufsbildungsbereich der Werkstätten für behinderte Menschen auf § 40.

5 Gemäß § 109 Abs. 1 Satz 1 SGB III bestimmen sich die Teilnahmekosten nach den §§ 33, 44, 53 und 54; nach Satz 2 können allerdings darüber hinausgehend weitere durch Art oder Schwere der Behinderung entstehende Aufwendungen sowie Kosten für Sonderfälle der Unterkunft und Verpflegung (§ 111 SGB III) übernommen werden. §§ 110 (Reisekosten), 112 (Haushaltshilfe- oder Kinderbetreuungskosten), 113 (Kranken- und Pflegeversicherung) und 114 (sonstige Hilfen) SGB III sind aufgehoben worden.

III. Gesetzliche Rentenversicherung (Sechstes Buch)

6 § 16 SGB VI verweist für den Bereich der **Rentenversicherung** unmittelbar auf die §§ 33–38 und 40. Die §§ 17–19 SGB VI sind aufgehoben worden.

IV. Gesetzliche Unfallversicherung (Siebtes Buch)

7 § 35 Abs. 1 SGB VII verweist für die Leistungen der gesetzlichen Unfallversicherungsträger auf §§ 33–38 sowie §§ 40 und 41. § 35 Abs. 2 bis 4 SGB VII enthält allerdings Besonderheiten. Die Leistungen der gesetzlichen Unfallversicherung umfassen weiterhin Hilfen zu einer angemessenen **Schulbildung** ergänzt durch Hilfen im Vorfeld der Schulpflicht. Die Träger der gesetzlichen Unfallversicherung erbringen auch Leistungen im Arbeitsbereich der Werkstätten für behinderte Menschen (§ 42 Abs. 2 Nr. 1).

V. Jugendhilfe (Achtes Buch)

8 Einbezogen in den Kreis der Rehabilitationsträger sind auch die Träger der Jugendhilfe nach dem Achten Buch. Von den Trägern wird **Eingliederungshilfe** an seelisch behinderte Jugendliche nach Maßgabe des § 35a SGB VIII geleistet. § 35a SGB VIII verweist u.a. auf § 53 Abs. 3 und Abs. 4 Satz 1 und § 54 SGB XII, die wiederum auf Vorschriften des Neunten Buches verweisen.

VI. Sozialhilfe (Zwölftes Buch)

9 Die Träger der Sozialhilfe sind mit Inkrafttreten des Neunten Buches erstmals – formal – in den Kreis der Rehabilitationsträger einbezogen worden. Leistungen zur Teilhabe werden im Rahmen der **Eingliederungshilfe** nach den §§ 53 ff. SGB XII erbracht. Das frühere Bundessozialhilfegesetz ist zum 1. 1. 2005 durch das Gesetz zur Einordnung des Sozialhilferechts in das Sozialgesetzbuch im Wesentlichen aufgehoben und durch das Zwölfte Buch ersetzt worden. § 54 verweist auf §§ 33 und 41 SGB IX; § 54 Abs. 1 Satz 1 Nr. 5 regelt die nachgehende Hilfe zur Sicherung der Teilhabe am Arbeitsleben.

10 Weiterhin maßgeblich sind die einschlägigen Vorschriften der **Eingliederungshilfe-VO** in der Fassung der Bekanntmachung vom 1. 2. 1975 (BGBl. I S. 433), zuletzt geändert durch Art. 13 des Gesetzes vom 27. 12. 2003 (BGBl. I S. 3022).

11 § 8 der VO enthält Regelungen zur **Kraftfahrzeughilfe.** § 17 Abs. 1 der VO sieht ergänzend zu § 54 Abs. 1 Satz 1 SGB XII in Verbindung mit §§ 33 und 41 des Neunten Buches sowie zu § 54 Abs. 1 Satz 1 Nr. 5 SGB XII die Finanzierung von Gegenständen oder Leistungen vor, die zur Aufnahme oder Fortsetzung einer angemessenen Beschäftigung erforderlich sind. § 14 der VO, der Hilfen zur Fortbildung und Umschulung betraf, ist mit dem Inkrafttreten des Neunten Buches aufgehoben worden.

VII. Kriegsopferfürsorge (Bundesversorgungsgesetz)

Für den Bereich der Kriegsopferfürsorge verweist § 26 BVG auf §§ 33 bis 38 **12** sowie 40, regelt allerdings in den Abs. 2 bis 5 Besonderheiten. Eine detaillierte Beschreibung der Leistungen enthält weiterhin der Erste Abschnitt (§§ 1 bis 17) der **VO zur Kriegsopferfürsorge** vom 16. 1. 1979 (BGBl. I S. 80) zuletzt geändert durch Art. 5 Abs. 34 des Gesetzes vom 15. 12. 2004 (BGBl. I S. 3396):

§ 2 beschreibt die Hilfen zur Erhaltung oder Erlangung eines Arbeitsplatzes und **13** zur Förderung der Arbeitsaufnahme. § 3 regelt die Unterstützung bei der Berufsfindung und Arbeitserprobung. § 4 betrifft die Berufsvorbereitung. § 5 erläutert die Hilfen zur beruflichen Anpassung. § 6 enthält Regelungen zur Förderung der Fortbildung (einschließlich der Förderung des beruflichen Aufstiegs), § 8 zur Förderung von Umschulungen. § 7 nennt die Ziele der beruflichen Ausbildung. § 10 erläutert die Erbringung sonstiger Hilfen und verweist für die Kraftfahrzeughilfe auf die Kraftfahrzeughilfe-VO. § 11 beschreibt die Voraussetzungen für die Hilfen zur Gründung und Erhaltung einer selbstständigen Existenz. § 12 (Gegenstand der Förderung) listet die möglichen Ausbildungsformen im Rahmen der Teilhabe am Arbeitsleben auf. § 13 regelt die Dauer der Ausbildungsförderung. § 14 nennt die Voraussetzung für berufsfördernde Maßnahmen im Ausland. § 15 eröffnet die Möglichkeit, die Kosten nach § 33 Abs. 7 des Neunten Buches durch Pauschbetrag abzugelten. Hinsichtlich der Leistungen im Arbeitsbereich einer Werkstatt für Behinderte bleibt es bei den Regelungen in § 27d Abs. 1 Nr. 3 und Abs. 3 BVG; § 27d Abs. 3 BVG verweist u. a. auf das Sechste Kapitel des SGB XII; dieses enthält die Verweisung auf die Vorschriften des Neunten Buches.

C. Grundlagen im früheren Recht

Die §§ 33 ff. basieren zum Teil auf den §§ 5, 11 und 12 RehaAnglG. Teilweise **14** werden aber auch Vorschriften, die nur für einzelne Rehabilitationsträger galten, für alle Träger verallgemeinert (z. B. § 101 Abs. 5 Nr. 3 und der aufgehobene § 114 SGB III). **Hinweise zu den Vorgängernormen** enthalten die Erläuterungen zu den einzelnen Vorschriften.

D. Abgrenzung der Teilhabe am Arbeitsleben

Die Teilhabe am Arbeitsleben ist von den anderen Bereichen – medizinische **15** Rehabilitation und Teilhabe am Leben in der Gemeinschaft – abzugrenzen. Bei der Zuständigkeit der Unfallversicherungsträger oder der nach dem Sozialen Entschädigungsrecht zuständigen Träger kommt der Unterscheidung wenig praktische Bedeutung zu, da die genannten Träger Leistungen durchgängig für alle Bereiche der Teilhabe erbringen.

Leistungen zur Teilhabe am Leben in der Gemeinschaft kommen vor- **16** rangig in Betracht, wenn die Teilhabe am Arbeitsleben noch nicht möglich ist oder die Phase der Erwerbstätigkeit abgeschlossen ist. In diesen Fällen geht es um die Förderung der allgemeinen Fähigkeit, sich in die Gemeinschaft mit anderen einzuordnen, d. h. um die Herstellung ausreichender Kompetenz, die oft durch persönlichkeitsbildende oder -stärkende Maßnahmen erreichbar ist. Beispielhaft sei auf Hilfen zugunsten psychisch behinderter Menschen hingewiesen, die ohne die besondere Unterstützung nicht mehr am gesellschaftlichen Leben teilnehmen könnten. An der Zuordnung zur Teilhabe am Leben in der Gemeinschaft ändert sich auch dann nichts, wenn die geeigneten Hilfen Bezüge zum Arbeitsleben haben (vgl. *LSG Rheinland-Pfalz* v. 22. 5. 1997 – ZfS 1998, 25). Dies gilt z. B. bei der therapeutischen Beschäftigung in einer Beschäftigungsfirma, wenn gemessen an Art und Umfang der Beschäftigung nicht die Erwerbstätigkeit oder der Erwerb der dazu erforderlichen fachlichen Kompetenz, sondern die Stabilisierung der Persönlichkeit im Vordergrund steht (s. zur Abgrenzung auch *BSG* v. 26. 5. 1976 – SozR 4100 § 40 Nr. 8).

17 Nicht der Teilhabe am Arbeitsleben dient grundsätzlich der **Erwerb von Grundkompetenz** (z. B. der allgemeinen Schulbildung), auch wenn diese Kompetenz Voraussetzung für die berufliche Entwicklung ist. Besonderheiten gelten aber im Bereich der Leistungen der gesetzlichen Unfallversicherung (Rdnr. 7).

18 Relativ problematisch ist die Abgrenzung der **Leistungen** nach §§ 33 ff. von denen **der medizinischen Rehabilitation.** Der Grund dafür ist, dass die Leistungen sich in beiden Fällen auf die Erhaltung, Verbesserung oder Wiederherstellung der Erwerbsfähigkeit beziehen. Unterschieden werden kann zwar grundsätzlich danach, ob es schwerpunktmäßig um den Erwerb beruflicher Kompetenz geht mit der Folge, dass die Leistung auf die Förderung der Teilhabe am Arbeitsleben abzielt (*BSG* v. 26. 5. 1976 – SozR 4100 § 56 Nr. 4), oder ob rein medizinische Leistungen zum Einsatz kommen (*BSG* v. 12. 8. 1982, BSGE 54, 54, 59; SozR 2200 § 1237 Nr. 18). Diese Unterscheidung ist allerdings nicht in allen Fällen trennscharf möglich.

E. Vorrang vor Leistungen der Integrationsämter

19 Die Leistungen nach den §§ 33 ff. sind grundsätzlich vorrangig vor Leistungen der Integrationsämter nach § 102 (siehe auch § 101 Abs. 2). Allerdings kann auch das Integrationsamt unmittelbar für Leistungen zur Erlangung eines Arbeitsplatzes zuständig sein, nämlich wenn die neuerliche Leistung nicht in Zusammenhang mit einem vorausgegangenen Rehabilitationsverfahren steht (Beispiel: der behinderte Mensch hat die Aufgabe der Beschäftigung selbst herbeigeführt).

F. Rechtsweg

20 Bei Streitigkeiten zwischen den Rehabilitationsträgern und den behinderten Menschen ist – soweit es um die Leistungen der Bundesagentur für Arbeit, der Träger der gesetzlichen Rentenversicherung, der Träger der gesetzlichen Unfallversicherung und um Leistungen der Sozialhilfe geht – der **Rechtsweg zu den Sozialgerichten** eröffnet (§ 51 Abs. 1 SGG). In Angelegenheiten nach dem Achten Buch und im Rahmen der Kriegsopferfürsorge kann Rechtsschutz vor den Verwaltungsgerichten gesucht werden.

§ 33 Leistungen zur Teilhabe am Arbeitsleben

(1) Zur Teilhabe am Arbeitsleben werden die erforderlichen Leistungen erbracht, um die Erwerbsfähigkeit behinderter oder von Behinderung bedrohter Menschen entsprechend ihrer Leistungsfähigkeit zu erhalten, zu verbessern, herzustellen oder wiederherzustellen und ihre Teilhabe am Arbeitsleben möglichst auf Dauer zu sichern.

(2) Behinderten Frauen werden gleiche Chancen im Erwerbsleben gesichert, insbesondere durch in der beruflichen Zielsetzung geeignete, wohnortnahe und auch in Teilzeit nutzbare Angebote.

(3) Die Leistungen umfassen insbesondere
1. Hilfen zur Erhaltung oder Erlangung eines Arbeitsplatzes einschließlich Leistungen zur Beratung und Vermittlung, Trainingsmaßnahmen und Mobilitätshilfen,
2. Berufsvorbereitung einschließlich einer wegen der Behinderung erforderlichen Grundausbildung,
3. berufliche Anpassung und Weiterbildung, auch soweit die Leistungen einen zur Teilnahme erforderlichen schulischen Abschluss einschließen,
4. berufliche Ausbildung, auch soweit die Leistungen in einem zeitlich nicht überwiegenden Abschnitt schulisch durchgeführt werden,
5. Überbrückungsgeld entsprechend § 57 des Dritten Buches durch die Rehabilitationsträger nach § 6 Abs. 1 Nr. 2 bis 5,
6. sonstige Hilfen zur Förderung der Teilhabe am Arbeitsleben, um behinderten Menschen eine angemessene und geeignete Beschäftigung oder eine selbständige Tätigkeit zu ermöglichen und zu erhalten.

(4) ¹Bei der Auswahl der Leistungen werden Eignung, Neigung, bisherige Tätigkeit sowie Lage und Entwicklung auf dem Arbeitsmarkt angemessen berücksichtigt. ²Soweit erforderlich, wird dabei die berufliche Eignung abgeklärt oder eine Arbeitserprobung durchgeführt; in diesem Fall werden die Kosten nach Absatz 7, Reisekosten nach § 53 sowie Haushaltshilfe und Kinderbetreuungskosten nach § 54 übernommen.

(5) Die Leistungen werden auch für Zeiten notwendiger Praktika erbracht.

(6) Die Leistungen umfassen auch medizinische, psychologische und pädagogische Hilfen, soweit diese Leistungen im Einzelfall erforderlich sind, um die in Absatz 1 genannten Ziele zu erreichen oder zu sichern und Krankheitsfolgen zu vermeiden, zu überwinden, zu mindern oder ihre Verschlimmerung zu verhüten, insbesondere
1. Hilfen zur Unterstützung bei der Krankheits- und Behinderungsverarbeitung,
2. Aktivierung von Selbsthilfepotentialen,
3. mit Zustimmung der Leistungsberechtigten Information und Beratung von Partnern und Angehörigen sowie von Vorgesetzten und Kollegen,
4. Vermittlung von Kontakten zu örtlichen Selbsthilfe- und Beratungsmöglichkeiten,
5. Hilfen zur seelischen Stabilisierung und zur Förderung der sozialen Kompetenz, unter anderem durch Training sozialer und kommunikativer Fähigkeiten und im Umgang mit Krisensituationen,
6. Training lebenspraktischer Fähigkeiten,
7. Anleitung und Motivation zur Inanspruchnahme von Leistungen zur Teilhabe am Arbeitsleben,
8. Beteiligung von Integrationsfachdiensten im Rahmen ihrer Aufgabenstellung (§ 110).

(7) Zu den Leistungen gehört auch die Übernahme
1. der erforderlichen Kosten für Unterkunft und Verpflegung, wenn für die Ausführung einer Leistung eine Unterbringung außerhalb des eigenen oder des elterlichen Haushalts wegen Art oder Schwere der Behinderung oder zur Sicherung des Erfolges der Teilhabe notwendig ist,
2. der erforderlichen Kosten, die mit der Ausführung einer Leistung in unmittelbarem Zusammenhang stehen, insbesondere für Lehrgangskosten, Prüfungsgebühren, Lernmittel, Arbeitskleidung und Arbeitsgerät.

(8) ¹Leistungen nach Abs. 3 Nr. 1 und 6 umfassen auch
1. Kraftfahrzeughilfe nach der Kraftfahrzeughilfe-Verordnung,
2. den Ausgleich unvermeidbaren Verdienstausfalls des behinderten Menschen oder einer erforderlichen Begleitperson wegen Fahrten der An- und Abreise zu einer Bildungsmaßnahme und zur Vorstellung bei einem Arbeitgeber, einem Träger oder einer Einrichtung für behinderte Menschen durch die Rehabilitationsträger nach § 6 Abs. 1 Nr. 2 bis 5,
3. die Kosten einer notwendigen Arbeitsassistenz für schwerbehinderte Menschen als Hilfe zur Erlangung eines Arbeitsplatzes,
4. Kosten für Hilfsmittel, die wegen Art oder Schwere der Behinderung zur Berufsausübung, zur Teilnahme an einer Leistung zur Teilhabe am Arbeitsleben oder zur Erhöhung der Sicherheit auf dem Weg vom und zum Arbeitsplatz und am Arbeitsplatz erforderlich sind, es sei denn, dass eine Verpflichtung des Arbeitgebers besteht oder solche Leistungen als medizinische Leistung erbracht werden können,
5. Kosten technischer Arbeitshilfen, die wegen Art oder Schwere der Behinderung zur Berufsausübung erforderlich sind und
6. Kosten der Beschaffung, der Ausstattung und der Erhaltung einer behinderungsgerechten Wohnung in angemessenem Umfang.
²Die Leistung nach Satz 1 Nr. 3 wird für die Dauer von bis zu drei Jahren erbracht und in Abstimmung mit dem Rehabilitationsträger nach § 6 Abs. 1 Nr. 1 bis 5 durch das Integrationsamt nach § 102 Abs. 4 ausgeführt. ³Der Rehabilitationsträger erstattet dem Integrationsamt seine Aufwendungen. ⁴Der Anspruch nach § 102 Abs. 4 bleibt unberührt.

Schrifttum: *Klein/Stutzer/Zahn*, Förderung der beruflichen Rehabilitation durch die Bundesanstalt für Arbeit (Hrsg. Bundesanstalt für Arbeit), 1995; *Sattler*, Berufsfördernde Leistungen zur Rehabilitation – aus der Sicht des Arbeitsförderungsgesetzes (AFG), SGb 1995, 284.

Inhaltsübersicht

	Rdnr.
A. Allgemeines	1, 2
B. Ziel der Leistungen (Abs. 1)	3–11
C. Belange behinderter Frauen (Abs. 2)	12, 13
D. Hilfearten (Abs. 3)	14–27
E. Auswahl der Leistungen (Abs. 4)	28–32
F. Leistungen bei Teilnahme an Praktikum (Abs. 5)	33, 34
G. Medizinische und psychosoziale Hilfen (Abs. 6)	35–41
H. Kosten bei auswärtiger Unterbringung und Maßnahmekosten (Abs. 7)	42, 43
I. Sonstige Kosten (Abs. 8)	44–49

A. Allgemeines

1   Die Vorschrift fasst die Leistungen zusammen, die zur Teilhabe am Arbeitsleben von den zuständigen Rehabilitationsträgern **an behinderte Menschen** zu erbringen sind; für den Bereich der Werkstätten für Behinderte bestehen allerdings Sondervorschriften in den §§ 39 ff.

2   § 33 entspricht im Wesentlichen der aufgehobenen Vorschrift des § 11 Abs. 1 und 2 RehaAnglG und den früheren in den Leistungsgesetzen enthaltenen Vorschriften (§ 16 SGB VI und § 35 SGB VII verweisen auf die Vorschriften des Neunten Buches; § 14 der Eingliederungshilfe-VO ist aufgehoben worden). Die

bisherigen Regelungen des Dritten Buches (§§ 97 ff., Ausnahme: § 114) und des BVG (§ 26 i. V. m. mit der VO zur Kriegsopferfürsorge) sind im Wesentlichen bestehen geblieben. Die Leistungen an **Arbeitgeber** sind in § 34 geregelt.

B. Ziel der Leistungen (Abs. 1)

Absatz 1 beschreibt die **Zielrichtung der Leistungen** zur Teilhabe am Arbeitsleben. Die Erwerbsfähigkeit behinderter oder von Behinderung bedrohter Menschen soll entsprechend ihrer Leistungsfähigkeit erhalten, verbessert, hergestellt oder wiederhergestellt werden; die so bewirkte Möglichkeit der Teilhabe soll auf Dauer gesichert werden. 3

Der **Begriff der Leistungen** hat sich durch die Zusammenfassung der Vorschriften über deren Art und Umfang gegenüber dem früheren Recht nicht geändert. Es kann deshalb grundsätzlich auf die Rechtsprechung und Literatur zu den bisher für die einzelnen Rehabilitationsträger geltenden Vorschriften zurückgegriffen werden. 4

Leistungen sind alle Arten von Leistungen, die der Erreichung des in Abs. 1 genannten Zieles dienen, also insbesondere die Geld- oder Sachleistungen, aber auch die Beratung, deren besonderer Stellenwert gegenüber der bisherigen Regelung in § 3 Abs. 2 RehaAnglG noch stärker betont wird. Dies verdeutlichen die Vorschriften über die Einrichtung von Servicestellen im 1. Teil Kap. 3 SGB IX. Die Erbringung von Leistungen beinhaltet nicht eine Verpflichtung der Leistungsträger Plätze in Einrichtungen zu schaffen. 5

Der Begriff der **Teilhabe als Förderziel** verdeutlicht, dass die Leistungen wie bisher nicht nur auf die Beschaffung eines Arbeitsplatzes, sondern ebenso auf die Erhaltung der Beschäftigung abzielen (*BSG* v. 11. 3. 1976; BSGE 41, 241, 246; SozR 4100 § 57 Nr. 2). 6

Für die Frage, ob die Leistungen geeignet sind und Aussicht auf Erfolg haben, ist eine vorausschauende Betrachtung maßgeblich (*LSG Rheinland-Pfalz* v. 21. 10. 1998 – L 6 A 5/97; auch *BSG* v. 29. 7. 1993 – SozR 3–4100 § 60 Nr. 1). Der **Erfolg der Maßnahmen** zur Teilhabe muss zumindest wahrscheinlich sein (*BSG* v. 17. 2. 1982, BSGE 53, 100, 105 m. w. N.). 7

Nicht erforderlich – weil nicht geeignet – sind **Leistungen,** mit denen das Ziel der möglichst dauerhaften Teilhabe nicht erreichbar ist. Der Rehabilitationsträger darf deshalb z. B. eine berufliche Weiterbildungsmaßnahme nicht bewilligen, wenn der behinderte Mensch in dem von ihm angestrebten Beruf nicht voll einsatzfähig wäre und alternativ besser geeignete Weiterbildungsmöglichkeiten zur Verfügung stehen. 8

Die Leistungen müssen zur Erhaltung, zur Verbesserung, zur Herstellung oder Wiederherstellung der **Erwerbsfähigkeit** erbracht werden. Erwerbsfähigkeit ist die Fähigkeit behinderter Menschen, durch erlaubte Erwerbstätigkeit Einkommen zu erzielen (*BSG* v. 11. 12. 1969, BSGE 30, 192, 195; SozR Nr. 20 zu § 1247 RVO). Entsprechend dem Ziel der umfassenden Ermöglichung der Teilhabe sind alle Leistungen zu erbringen, die den bisherigen Status sichern (Erhaltung), die Kompetenz des behinderten Menschen insbesondere im Hinblick auf die Leistungsfähigkeit und berufliche Qualifikation stärken (Besserung), eine Erwerbstätigkeit erstmals ermöglichen (Herstellung) oder wieder ermöglichen (Wiederherstellung). 9

Art und Umfang der Leistungen müssen die **individuelle Leistungsfähigkeit** des behinderten Menschen berücksichtigen. Maßnahmen zur beruflichen Teilhabe streben zwar grundsätzlich die Herstellung der vollen Wettbewerbsfähigkeit auf dem allgemeinen Arbeitsmarkt an (*BSG* v. 26. 5. 1976 – SozR 4100 § 56 Nr. 4). 10

Das Ziel der Leistungen würde allerdings verfehlt, wenn bei der Auswahl der Leistungen die individuelle Leistungsfähigkeit unberücksichtigt bliebe. Eine Überforderung der behinderten Menschen muss deshalb ausgeschlossen werden. Am deutlichsten wird diese Differenzierung in den §§ 39 ff., die für Menschen mit relativ geringer Leistungsfähigkeit Maßnahmen zur Teilhabe am Arbeitsleben in einer Werkstatt für behinderte Menschen vorsehen.

11 Die **Teilhabe** ist **dauerhaft** zu sichern. Nur wenn der erreichte Erfolg ohne die Fortsetzung von Leistungen dauerhaft und in seinem Bestand nicht gefährdet ist, kommt eine Beendigung der Leistungen in Betracht. Es können auch Dauerleistungen erforderlich sein.

C. Belange behinderter Frauen (Abs. 2)

12 Absatz 2 konkretisiert die in § 1 Satz 2 enthaltene Verpflichtung zur Berücksichtigung der besonderen Bedürfnisse **behinderter Frauen** für den Bereich der Teilhabe am Arbeitsleben. Behinderten Frauen müssen gleiche Chancen im Erwerbsleben gesichert werden. Die Leistungen zur Teilhabe müssen deshalb so gestaltet werden, dass sie den bei Frauen typischen Problemlagen – u. a. Belastung durch Familienpflichten und unterbrochene Erwerbsbiographien – Rechnung tragen. Dies gilt gleichermaßen für Angebote an Frauen (und Männer) mit betreuungsbedürftigen Kindern.

13 Zur Erreichung der gleichwertigen Teilhabe verweist das Gesetz auf Angebote, die der beruflichen Zielsetzung gerecht werden, **wohnortnah** sind und in **Teilzeit** durchgeführt werden können. Diese Anforderungen sind nicht abschließend. Es müssen auch sonstige Besonderheiten berücksichtigt werden. Das Zusammentreffen der besonderen Erschwernisse für Frauen und behinderungsbedingten Problemlagen bedeutet in der Regel nicht nur eine „Addition" der damit verbundenen Probleme, sondern führt oft zu einer überproportional hohen Barriere für die betroffenen behinderten Frauen. Diese Barriere muss durch spezifische Hilfsangebote beseitigt werden.

D. Hilfearten (Abs. 3)

14 Absatz 3 zählt die Leistungen zur Teilhabe am Arbeitsleben auf. Die Aufzählung ist nicht abschließend.

15 Nummer 1 nennt die Hilfen zur **Erhaltung oder Erlangung eines Arbeitsplatzes**. Leistungen zur Beratung und Vermittlung sind die Übernahme von Bewerbungskosten und Reisekosten, die z.B. bei Vorstellungsreisen entstehen. Bei den Leistungen zur Erhaltung oder Erlangung eines Arbeitsplatzes geht es aber auch um die für viele behinderte Menschen besonders wichtige **Kraftfahrzeughilfe** und die neu eingeführte **Arbeitsassistenz** (Abs. 8 Satz 1 Nr. 1 bzw. Nr. 3; Rdnr. 44 ff.).

16 **Trainingsmaßnahmen** sind Maßnahmen zur Verbesserung der Eingliederungsaussichten. Sie können die Feststellung der Eignung für einen bestimmten Beruf umfassen. Weitere mögliche Leistungsbestandteile sind die Unterstützung der Selbstsuche z.B. durch Bewerbertraining und Vermittlung von Kenntnissen und Fähigkeiten, um die Vermittlung auf einen Arbeitsplatz oder die erfolgreiche Teilnahme an einer Aus- oder Weiterbildung zu erleichtern.

17 Zu den **Mobilitätshilfen** zählen:
– die Übergangs(Überbrückungs-)beihilfe, mit der bei einer Arbeitsaufnahme der Lebensunterhalt des behinderten Menschen und seiner Familie bis zur ersten Arbeitsentgeltzahlung sichergestellt wird,

– die Ausrüstungsbeihilfe zur Finanzierung von Arbeitskleidung und Arbeitsgerät,
– die Fahrkostenbeihilfe für tägliche Fahrten zwischen Wohnung und Arbeitsstelle,
– die Trennungs-(kosten)beihilfe bei getrennter Haushaltsführung und
– die Umzugskostenbeihilfe.

Nicht zu den Leistungen nach Nr. 1 gehören grundsätzlich Leistungen an Arbeitgeber (z. B. Eingliederungszuschüsse), da **Leistungen an Arbeitgeber** in § 34 geregelt sind. Diese Unterscheidung ist allerdings nicht in allen Bereichen durchgehalten worden. § 2 der VO zur Kriegsopferfürsorge zählt wie bisher zu den Hilfen zur Erlangung eines Arbeitsplatzes auch die Leistungen an Arbeitgeber. 18

Zur **Berufsvorbereitung** (Nr. 2) gehören insbesondere sog. berufsvorbereitende Bildungsmaßnahmen (BVB), die die Aufnahme einer Ausbildung vorbereiten oder sonst der beruflichen Eingliederung dienen. Besonderer Schwerpunkt dieser Maßnahmen sind **Orientierungshilfen** insbesondere für junge behinderte Menschen im Vorfeld der Berufswahl und die **Förderung der Ausbildungsreife**. Dabei geht es nicht nur um die Vermittlung beruflicher Fertigkeiten und Kenntnisse; wichtige Bestandteile sind auch die Entwicklung der Persönlichkeit, die Förderung der Berufswahl- und Entscheidungskompetenz sowie die Vermittlung berufsübergreifender Schlüsselqualifikationen. 19

Im Herbst 2004 hat die Bundesagentur für Arbeit (BA) ein neues „Fachkonzept BVB" vorgestellt, das unterschiedliche Qualifizierungsebenen beinhaltet, nämlich Eingangsanalyse, Grundstufe, Förderstufe und Übergangsqualifizierung. Für Rehabilitanten ist insbesondere die Förderstufe von Bedeutung. 20

Mit der Einfügung der Nr. 3 ist die bisher schon im Dritten Buch vorgesehene Möglichkeit, **berufliche Anpassung** und **Weiterbildung** einschließlich eines für die Teilnahme erforderlichen Abschlusses zu fördern, auf alle Rehabilitationsträger erstreckt worden. Dabei können wie bisher bei der Förderung durch die Bundesagentur für Arbeit (BA) auch Weiterbildungsmaßnahmen gefördert werden, die (auch) auf den **beruflichen Aufstieg** ausgerichtet sind (BT-Drucks. 14/5074, Begründung, S. 108). § 35 Abs. 3 SGB VII enthält besondere Regelungen hinsichtlich der Höhe der Leistungen. Sie müssen auf die Höhe des Aufwandes für eine unter Berücksichtigung von Eignung, Neigung und bisheriger Tätigkeit angemessene Maßnahme begrenzt bleiben. Bei nicht angemessenen Maßnahmen kommt deshalb nur eine anteilige Förderung in Betracht. 21

Der **beruflichen Anpassung** dienen Maßnahmen, die Lücken im beruflichen Wissen schließen, die berufliche Kompetenz auf dem neuesten Stand halten oder zu einer anderen Tätigkeit im erlernten Beruf befähigen. **Weiterbildungsmaßnahmen** umfassen die Fortbildung und die Umschulung. Fortbildung ist die über die berufliche Anpassung hinausgehende Erweiterung der beruflichen Kompetenz, die auch der Ermöglichung des beruflichen Aufstiegs dienen kann. Umschulung ist die Weiterbildung mit dem Ziel des Berufswechsels. 22

Leistungen zur beruflichen **Ausbildung** nach Nr. 4 zielen in der Regel auf die Förderung der Erstausbildung, die betrieblich, überbetrieblich (also in besonderen von Betrieben getragenen Ausbildungsstätten) oder außerbetrieblich erfolgen kann. Die Förderung der **außerbetrieblichen Ausbildung** ist – als allgemeine Leistung für nichtbehinderte und für behinderte Menschen – in den §§ 240 ff. SGB III geregelt. Sie beinhaltet ausbildungsbegleitende Hilfen (z. B. Nachhilfeunterricht), außerbetriebliche Ausbildungslehrgänge, die bis zu drei Jahren dauern können, sowie Übergangshilfen (z. B. nachgehende Betreuung beim Übergang von der außerbetrieblichen Ausbildung in eine betriebliche Beschäftigung); am 1. 1. 2004 sind Aktivierungshilfen und Beschäftigung begleitende Eingliederungshilfen hinzu gekommen Die Ausbildung ist grundsätzlich auf der Grundlage von **Ausbildungsordnungen** durchzuführen. Wenn Art oder Schwere der Behinderung es erfordern, kann davon abgewichen werden (§ 42 b HandwO); § 65 BBiG sieht seit dem 23

1. 4. 2005 vor, dass die auf der Grundlage dieses Gesetzes erlassenen Prüfungsordnungen die Belange behinderter Menschen berücksichtigen müssen.

24 Einheitlich für die Träger der Arbeitsförderung, der gesetzlichen Unfallversicherung, der gesetzlichen Rentenversicherung und der Kriegsopferfürsorge wird nach Nr. 5 grundsätzlich auch das **Überbrückungsgeld** zur Unterstützung von Existenzgründern in den Leistungskatalog integriert. Dadurch wird sichergestellt, dass die Leistung einheitlich durch die genannten Rehabilitationsträger erbracht wird. In der Vergangenheit hatten ungeklärte Zuständigkeitsfragen zu Nachteilen für behinderte Menschen geführt, die die Zugangsvoraussetzungen nach dem Sechsten Buch erfüllten.

25 Die Leistung kann an behinderte Menschen zur vorübergehenden **Sicherstellung des Lebensunterhalts** und zur sozialen Sicherung gezahlt werden. Die Leistungen unterstützen den besonderen Ansatz zur Teilhabe am Arbeitsleben, weil während der Aufbauphase zumeist noch keine Erträge aus dem Unternehmen erwirtschaftet werden können und ohne die Sicherung des Lebensunterhalts durch das Überbrückungsgeld die Bereitschaft zur Existenzgründung nur in wenigen Fällen gegeben wäre.

26 Das Überbrückungsgeld bemisst sich nach der zuvor von der Arbeitsverwaltung gezahlten Entgeltersatzleistung; bei der Vermeidung von Arbeitslosigkeit ist der Betrag maßgeblich, der als Entgeltersatzleistung hätte gezahlt werden müssen. Außerdem werden die auf die Entgeltersatzleistung entfallenden Sozialversicherungsbeiträge pauschaliert übernommen. Das Überbrückungsgeld ist auf einen Zeitraum von sechs Monaten befristet.

27 Nummer 6 regelt die sonstigen Hilfen zur Teilhabe am Arbeitsleben. Es handelt sich um Hilfen, die in den vorhergehenden Regelungen nicht explizit genannt werden, die aber unter Berücksichtigung von Art und Schwere der Behinderung im Einzelfall zur Ermöglichung und Erhaltung einer Beschäftigung beitragen. Die konkretisierenden Regelungen in Abs. 8 sind lediglich als Beispiele zu verstehen; die Aufzählung ist nicht abschließend.

E. Auswahl der Leistungen (Abs. 4)

28 Absatz 4 verdeutlicht den Grundsatz, dass der zuständige Rehabilitationsträger bei der Auswahl der Leistungen **Eignung, Neigung und bisherige Tätigkeit** der behinderten Menschen sowie Lage und Entwicklung auf dem Arbeitsmarkt zu berücksichtigen hat.

29 Damit wird klargestellt, welche Kriterien bei der Prüfung der Geeignetheit von Maßnahmen nach Abs. 1 besonders zu berücksichtigen sind. Die Ausrichtung der Leistungen an Eignung und Neigung der behinderten Menschen stärkt deren Position, indem sie den Rehabilitationsträger verpflichtet, den besonderen Bedürfnissen dieser Menschen Rechnung zu tragen. Die Eignung ist gleichzeitig aber auch Messlatte, die zum Ausschluss objektiv nicht geeigneter Leistungen führt (oben Rdnr. 8). Die Berücksichtigung der bisherigen Tätigkeit sichert die Erhaltung oder Verbesserung des erreichten sozialen Status. Der Rehabilitationsträger muss u. U. die Weiterbeschäftigung eines behinderten Menschen im Arbeitsbereich einer Werkstatt für behinderte Menschen auch dann fördern, wenn der behinderte Mensch nicht im Einzugsbereich der Werkstatt wohnt, die Weiterbeschäftigung in dieser Einrichtung aber unter Berücksichtigung von Eignung, Neigung und bisheriger Beschäftigung die richtige Maßnahme ist (*VG Ansbach* v. 31. 5. 2005 – AN 4 K 04.02656).

30 Eine dauerhafte Eingliederung hängt grundsätzlich von einer **Vermittlung auf dem allgemeinen Arbeitsmarkt** ab. Deshalb muss bei der Auswahl der Leistungen der Aspekt der anschließenden Vermittelbarkeit geprüft werden. Flankiert wird diese Regelung durch § 38, der die Bundesagentur für Arbeit (BA) bei Anforderung durch die anderen Rehabilitationsträger zu einer gutachterlichen Stellungnahme über die arbeitsmarktliche Zweckmäßigkeit verpflichtet.

Von erheblicher praktischer Bedeutung ist die Möglichkeit, **Eignungsfeststellungen und Arbeitserprobungen** durchzuführen (Satz 2). Bedarf für diese Maßnahmen besteht insbesondere, wenn der Rehabilitationsträger trotz Einschaltung der Agentur für Arbeit einen Eingliederungsvorschlag ohne die Eignungsfeststellung nicht machen kann oder die behinderten Menschen sich nicht für ein bestimmtes berufliches Ziel entscheiden konnten. 31

Satz 3 regelt die während der Eignungsfeststellung oder der Arbeitserprobung möglichen Hilfen; dies sind insbesondere Kosten für Unterkunft und Verpflegung, Lehrgangskosten einschließlich der Kosten für Lernmittel etc., Reisekosten sowie die Kosten für eine Haushaltshilfe und Kinderbetreuung. Die Erbringung dieser ergänzenden Leistungen bedarf einer eigenständigen Regelung, weil es sich bei der Abklärung der Eignung und der Arbeitserprobung um Maßnahmen des Verwaltungsverfahrens im Vorfeld, nicht um die eigentlichen Leistungen zur Teilhabe handelt. 32

F. Leistungen bei Teilnahme am Praktikum (Abs. 5)

Absatz 5 stellt klar, dass die Leistungen zur Teilhabe am Arbeitsleben auch für Zeiten der Teilnahme an einem **Praktikum** erbracht werden. Eine umfassende Leistungserbringung für diese integralen Bestandteile von Bildungsmaßnahmen ist besonders wichtig, weil betriebliche Praktika der Erprobung und Vertiefung erworbener Kenntnisse dienen und darüber hinaus eine Wiedereingliederung in das Berufsleben wesentlich erleichtern, eventuell z. B. durch spätere Übernahme des Teilnehmers in den Praktikumbetrieb. 33

Von den integralen Praktika sind Beschäftigungszeiten zu unterscheiden, die im Anschluss an die Maßnahme absolviert werden und die nach den einschlägigen berufsrechtlichen Regelungen Voraussetzung für die staatliche Anerkennung des Berufs oder für die staatliche Erlaubnis zu dessen Ausübung sind. Für diese Zeiten ist – wie schon vorher nach den für die Reha-Träger geltenden Regelungen (z. B. § 99 i. V. m. § 85 Abs. 5 SGB III) – eine Leistungserbringung – insbesondere durch die Zahlung von Übergangsgeld – nicht möglich. Ausschlaggebend ist, dass bei den sog. **Anerkennungspraktika** der Schwerpunkt nicht auf dem Erwerb zusätzlicher beruflicher Kompetenz, sondern auf der Berufstätigkeit selbst liegt. Die Finanzierung der Berufstätigkeit gehört nicht zu den Aufgaben der Rehabilitationsträger. 34

G. Medizinische und psychosoziale Hilfen (Abs. 6)

Absatz 6 schreibt für den Bereich der Teilhabe am Arbeitsleben fest, dass der zuständige Rehabilitationsträger auch die im Einzelfall erforderlichen **medizinischen und psychosozialen Hilfen** erbringen muss. Die Aufzählung der einzelnen Hilfearten ist nicht abschließend. 35

Die Hilfen der Nummern 1 bis 8 haben keinen eigenständigen Charakter; sie ergänzen die Leistungen, die die Rehabilitationsträger nach den Abs. 1 bis 3 zur Teilhabe am Arbeitsleben erbringen. Ein Teil der Hilfen ist Bestandteil des Angebots der Einrichtungen, die Maßnahmen zur Teilhabe durchführen. Allerdings können die ergänzenden Hilfen auch gesondert z. B. durch die **Integrationsfachdienste** erbracht werden. 36

37 Unter den **medizinischen Hilfen** können nur solche verstanden werden, die mit der in den Einrichtungen nach § 35 vorhandenen Ausstattung möglich sind. Es sind also nur begleitende Maßnahmen denkbar, nicht etwa weitergehende Hilfen, wie sie im Rahmen der medizinischen Rehabilitation zu erbringen sind.

38 Bedarf für besondere **psychosoziale Hilfen** kann z. B. infolge von Erblindung oder Ertaubung entstehen. In diesen Fällen ist die Wiederherstellung einer stabilen Psyche Voraussetzung für die Bewältigung der im zukünftigen Berufsleben erforderlichen Umstellungen und Anpassungen. Dieser Prozess kann insbesondere durch die in Nummern 1, 2 und 5 genannten Maßnahmen gestaltet werden. Gleichermaßen wichtig ist eine Einbindung der Angehörigen, Kollegen und Vorgesetzten, die oft erst durch Beratung in die Lage versetzt werden, behinderte Menschen bei der Teilhabe wirksam zu unterstützen (Nr. 3).

39 Die in Nr. 7 vorgesehene **Anleitung und Motivation zur Inanspruchnahme von Leistungen** zur Teilhabe am Arbeitsleben kann insbesondere bei der Teilhabe von psychisch behinderten Menschen Bedeutung haben. Diesen Menschen können wichtige Hilfen vorenthalten bleiben, weil sie die Anspruchnahme z. B. von Leistungen für schwerbehinderte Menschen, die an die Feststellung des Status als schwerbehinderter Mensch gebunden ist, als Stigmatisierung empfinden. Die Beseitigung dieser Vorbehalte kann sich positiv auf die Teilhabe am Arbeitsleben auswirken.

40 Nummer 8 sieht die **Beteiligung von Integrationsfachdiensten** im Rahmen der Maßnahmen zur Teilhabe am Arbeitsleben vor. Die Definition dieser Fachdienste ergibt sich aus § 109; die Aufgaben sind in § 110 festgelegt. Bedeutung für den Zugang zum Arbeitsleben haben insbesondere die in § 110 Abs. 2 Nr. 1 und 2 genannten Aufgaben. Dem Abgleich von Leistungsprofilen der behinderten Menschen einerseits und der arbeitsplatzbezogenen Anforderungsprofile andererseits kommt für die Vermittlung Bedeutung zu. Nur wenn die Profile zu einander passen, kommt die Besetzung eines Arbeitsplatzes überhaupt in Betracht. Ebenso wichtig ist die Akquisition geeigneter Arbeitsplätze, die zumeist nur durch zeitaufwendige Betriebsbesuche, also durch persönlichen Kontakt zu Arbeitgebern möglich ist.

41 Bei der Einschaltung von Integrationsfachdiensten müssen die Träger der Rehabilitation berücksichtigen, dass mit den Vorschriften zur Integration von Schwerbehinderten in der Verantwortung der Integrationsämter bereits die Grundlagen für ein Netz von Integrationsfachdiensten gelegt worden sind. Es wäre unsinnig hierzu Parallelstrukturen aufzubauen. Deshalb sind die Träger gehalten, auf die bereits vorhandenen Strukturen zurückzugreifen. Wichtig ist, dass die Fachdienste, die zur Unterstützung eingeschaltet werden, trägerübergreifend tätig sind. Nur so kann dem Anspruch des Neunten Buches, die **Leistungen** für behinderte Menschen zu **vereinheitlichen** und die Kontinuität der Teilhabe sicherzustellen, Rechnung getragen werden.

H. Kosten bei auswärtiger Unterbringung und Maßnahmekosten (Abs. 7)

42 Absatz 7 legt fest, unter welchen Voraussetzungen bei notwendiger auswärtiger Unterbringung die Kosten für Unterkunft und Verpflegung übernommen werden können; außerdem regelt er die Übernahme der **„Maßnahmenkosten"**, d. h. insbesondere der Lehrgangskosten, Prüfungsgebühren, Kosten für Lernmittel, Arbeitskleidung und Arbeitsgerät.

43 Nach § 15 der VO zur Kriegsopferfürsorge können die Leistungen nach Abs. 7 im Bereich der Kriegsopferfürsorge pauschaliert erbracht werden (s. auch vor §§ 33 Rdnr. 13).

I. Sonstige Kosten (Abs. 8)

Absatz 8 **ergänzt den Katalog** der Hilfen zur Erhaltung oder Erlangung eines 44
Arbeitsplatzes (Abs. 3 Nr. 1) einschließlich der sonstigen Hilfen (Abs. 3 Nr. 6).
Dabei geht es um die Kraftfahrzeughilfe (Kraftfahrzeughilfe-VO v. 28. 9. 1987,
BGBl. I S. 2251, zuletzt geändert durch Art. 53 des Gesetzes vom 27. 12. 2003,
BGBl. I S. 3022 – s. Anhang Nr. 11), die Beschaffung, Ausstattung und Erhaltung
einer behinderungsgerechten Wohnung, die Erstattung von Verdienstausfall der
behinderten Menschen oder der Begleitpersonen sowie um Hilfsmittel und technische Arbeitshilfen. Die Leistungen setzten voraus, dass ein kausaler Zusammenhang zwischen Arbeitstätigkeit und Notwendigkeit der Leistung bestehen muss.
Die Kosten für die Anschaffung und den Einbau einer behinderungsgerechten
Küche können deshalb nicht übernommen werden (*LSG Nordrhein-Westfalen*
v. 7. 1. 2004 – L 12 AL 202/03). Wohnungshilfe nach § 41 SGB VII ist für den
behindertengerechten Umbau von Wohnraum erneut zu gewähren, wenn dieser
aufgrund eines Wohnsitzwechsels erforderlich ist (*BSG SozR* 4-2700 § 41 Nr. 1). Verdienstausfall wird von den Trägern der Jugendhilfe und denen der Sozialhilfe *nicht*
geleistet.

Die in Nr. 3 vorgesehene Übernahme der Kosten für eine notwendige **Ar-** 45
beitsassistenz bei der Teilhabe von schwerbehinderten Menschen geht auf das
Gesetz zur Bekämpfung der Arbeitslosigkeit Schwerbehinderter vom 29. 9. 2000
(BGBl. I S. 1394) zurück. Sie ist im damaligen Schwerbehindertengesetz als Leistung der Hauptfürsorgestellen im Rahmen der begleitenden Hilfe im Berufsleben
eingeführt und durch Nr. 3 in den Leistungskatalog der Rehabilitationsträger eingefügt worden.

Arbeitsassistenz kann in unterschiedlicher Ausprägung gewährleistet werden. Es 46
ist möglich, dass der den behinderten Menschen beschäftigende Arbeitgeber die
Assistenzkraft zur Verfügung stellt und die dadurch entstehenden Aufwendungen
ersetzt bekommt. Davon zu unterscheiden ist die selbstbeschaffte Arbeitsassistenz.
In diesem Fall hat der behinderte Mensch die Assistenzkraft im Rahmen eines Beschäftigungsverhältnisses verpflichtet und erhält die ihm entstehenden Aufwendungen ersetzt. Für behinderte Menschen hat diese Möglichkeit einen erheblichen
Stellenwert, weil sie der Maxime eines möglichst selbstbestimmten Lebens Rechnung trägt. Andererseits muss aber auch gewährleistet sein, dass der Arbeitgeber
des behinderten Menschen die Assistenzkraft im Betrieb akzeptiert. Die Arbeitsassistenz ist grundsätzlich als **zeitlich befristete Einstiegshilfe** angelegt (BT-Drucks. 14/5074, S. 108). Der Förderzeitraum ist deshalb nach Satz 2 auf drei
Jahre begrenzt. Davon bleiben allerdings Bereiche unberührt, in denen – wie z. B.
in der Unfallversicherung – weitergehende Leistungen zur Finanzierung der Arbeitsassistenz schon bisher erbracht worden sind.

Satz 2 legt auch fest, dass die Arbeitsassistenz **in Abstimmung mit dem Re-** 47
habilitationsträger nach § 6 Abs. 1 Nr. 1 durch die Integrationsämter zu
organisieren ist. Die Einbeziehung der Träger der gesetzlichen Krankenversicherung in den Kreis der Rehabilitationsträger, die Leistungen nach Abs. 8 Nr. 3
erbringen, stellt wohl ein Redaktionsversehen dar. § 6 Abs. 1 Nr. 1 regelt, dass die
Träger der gesetzlichen Krankenversicherung Leistungen zur medizinischen Rehabilitation sowie unterhaltssichernde und andere ergänzende Leistungen erbringen,
nicht aber Leistungen zur Teilhabe am Arbeitsleben. Aus der oben genannten
Verweisung auf § 6 Abs. 1 Nr. 1 bis 5 folgt auch, dass die Träger der Jugendhilfe
und die Sozialhilfe (siehe § 6 Abs. 1 Nr. 6 und 7) keine Leistungen zur Arbeitsassistenz erbringen.

§ 34 Teil 1. Behinderte u. von Behinderung bedrohte Menschen

48 Mit der Abstimmung zwischen den Rehabilitationsträgern und den Integrationsämtern soll die erforderliche **Kontinuität** bei der Erbringung der Leistung sichergestellt werden; denn im Anschluss an die Leistungen des Rehabilitationsträgers wird bei Bedarf die Finanzierung der Arbeitsassistenz vom Integrationsamt übernommen.

49 Die Leistungen des Rehabilitationsträgers und die des Integrationsamtes stehen nicht in Konkurrenz. Dies wird in Satz 4 gesetzlich klargestellt. Der zuständige Rehabilitationsträger hat dem Integrationsamt die Kosten zu erstatten (Satz 3). Die einheitliche Festlegung der erstattungsfähigen Aufwendungen bleibt der VO nach § 108 überlassen. Bis zum Inkrafttreten der VO gelten die Empfehlungen der Bundesarbeitsgemeinschaft der Integrationsämter und Hauptfürsorgestellen (BIH) für die Erbringung finanzieller Leistungen zur Arbeitsassistenz schwerbehinderter Menschen gemäß § 102 Abs. 4 SGB IX (Stand: 1. 6. 2003).

§ 34 Leistungen an Arbeitgeber

(1) ¹Die Rehabilitationsträger nach § 6 Abs. 1 Nr. 2 bis 5 können Leistungen zur Teilhabe am Arbeitsleben auch an Arbeitgeber erbringen, insbesondere als

1. **Ausbildungszuschüsse zur betrieblichen Ausführung von Bildungsleistungen,**
2. **Eingliederungszuschüsse,**
3. **Zuschüsse für Arbeitshilfen im Betrieb,**
4. **teilweise oder volle Kostenerstattung für eine befristete Probebeschäftigung.**

²Die Leistungen können unter Bedingungen und Auflagen erbracht werden.

(2) **Ausbildungszuschüsse nach Absatz 1 Satz 1 Nr. 1 können für die gesamte Dauer der Maßnahme geleistet werden und sollen bei Ausbildungsmaßnahmen die von den Arbeitgebern im letzten Ausbildungsjahr zu zahlenden monatlichen Ausbildungsvergütungen nicht übersteigen.**

(3) ¹**Eingliederungszuschüsse nach Absatz 1 Satz 1 Nr. 2 betragen höchstens 50 vom Hundert der vom Arbeitgeber regelmäßig gezahlten Entgelte,** soweit sie die tariflichen Arbeitsentgelte oder, wenn eine tarifliche Regelung nicht besteht, die für vergleichbare Tätigkeiten ortsüblichen Arbeitsentgelte im Rahmen der Beitragsbemessungsgrenze in der Arbeitsförderung nicht übersteigen; die Leistungen sollen im Regelfall für nicht mehr als ein Jahr geleistet werden. ²Soweit es für die Teilhabe am Arbeitsleben erforderlich ist, können die Leistungen um bis zu 20 Prozentpunkte höher festgelegt und bis zu einer Förderungshöchstdauer von zwei Jahren erbracht werden. ³Werden sie für mehr als ein Jahr geleistet, sind sie entsprechend der erwarteten Zunahme der Leistungsfähigkeit der Leistungsberechtigten und den abnehmenden Eingliederungserfordernissen gegenüber der bisherigen Förderungshöhe, mindestens um zehn Prozentpunkte, zu vermindern. ⁴Bei der Berechnung nach Satz 1 wird auch der Anteil des Arbeitgebers am Gesamtsozialversicherungsbeitrag berücksichtigt. ⁵Eingliederungszuschüsse werden zurückgezahlt, wenn die Arbeitsverhältnisse während des Förderungszeitraums oder innerhalb eines Zeitraums, der der Förderungsdauer entspricht, längstens jedoch von einem Jahr, nach dem Ende der Leistungen beendet werden; dies gilt nicht, wenn

Kap. 5. Leistungen zur Teilhabe am Arbeitsleben 1–3 § 34

1. die Leistungsberechtigten die Arbeitsverhältnisse durch Kündigung beenden oder das Mindestalter für den Bezug der gesetzlichen Altersrente erreicht haben oder
2. die Arbeitgeber berechtigt waren, aus wichtigem Grund ohne Einhaltung einer Kündigungsfrist oder aus Gründen, die in der Person oder dem Verhalten des Arbeitnehmers liegen, oder aus dringenden betrieblichen Erfordernissen, die einer Weiterbeschäftigung in diesem Betrieb entgegenstehen, zu kündigen.

⁶Die Rückzahlung ist auf die Hälfte des Förderungsbetrages, höchstens aber den im letzten Jahr vor der Beendigung des Beschäftigungsverhältnisses gewährten Förderungsbetrag begrenzt; ungeförderte Nachbeschäftigungszeiten werden anteilig berücksichtigt.

Schrifttum: *Flüthmann,* Eingliederungszuschüsse im Rahmen von Leistungen zur Teilhabe am Arbeitsleben nach dem SGB IX, DRV 2003, 293.

Inhaltsübersicht

	Rdnr.
A. Allgemeines	1, 2
B. Ausbildungszuschüsse (Abs. 1 Nr. 1, Abs. 2)	3
C. Eingliederungszuschüsse (Abs. 1 Nr. 2, Abs. 3)	4–8
D. Eingliederungszuschüsse nach dem Dritten Buch	9–14
E. Zuschüsse für Arbeitshilfen, Kostenerstattung bei Probebeschäftigung	15

A. Allgemeines

§ 34 regelt die in dem früheren § 11 Abs. 2 Nr. 1 RehaAnglG nur am Rande **1** angesprochenen Leistungen, die an Arbeitgeber zur Ermöglichung der Teilhabe behinderter Beschäftigter oder Bewerber erbracht werden können, in einer eigenständigen Vorschrift. Diese **systematische Neuordnung** entspricht der Bedeutung, die die Leistungen in der Praxis haben. Aufgehoben worden sind § 17 SGB VI und § 36 SGB VII. Im Bereich der Kriegsopferfürsorge gibt es weiterhin gesonderte Regelungen (§ 26 BVG i.V.m. § 2 der VO zur Kriegsopferfürsorge). § 34 lehnt sich weitgehend an die Regelungen über Eingliederungszuschüsse nach dem Dritten Buch an.

Die Leistungen an Arbeitgeber können Probleme im Zusammenhang mit den **2** Regelungen über den Gemeinsamen Markt innerhalb der **Europäischen Union** aufwerfen. Die EU-Kommission vertritt teilweise zu den nach dem Dritten Buch an Arbeitgeber erbrachten Leistungen die Auffassung, dass diese als Beihilfen i.S.v. Art. 87 EGV anzusehen seien. Dies hätte zur Folge, dass die Hilfen der Notifizierung nach Art. 88 des Vertrages bedürften. Die Bundesregierung hebt allerdings auf den besonderen Zweck der Förderung ab, der in der Integration von arbeitslosen Arbeitnehmern liegt, und verneint deshalb wettbewerbsverzerrende Effekte.

B. Ausbildungszuschüsse (Abs. 1 Nr. 1, Abs. 2)

In Nr. 1 sind die **Ausbildungszuschüsse** angesprochen, die maximal in Höhe **3** der für das letzte Ausbildungsjahr zu zahlenden monatlichen Ausbildungsvergütung erbracht werden können (Abs. 2). Hier gibt es allerdings Sonderregelungen z.B. im Dritten Buch (SGB III). § 236 SGB III begrenzt die regelmäßige Höhe auf

60% der monatlichen Ausbildungsvergütung, allerdings mit der Möglichkeit einer vollen Bezuschussung im Ausnahmefall. § 235a Abs. 1 und Abs. 2 SGB III lässt für die betriebliche Aus- und Weiterbildung von schwerbehinderten Menschen eine Förderung in Höhe von 80% der Ausbildungsvergütung, ebenfalls mit der Möglichkeit der vollen Übernahme der Vergütung, im Ausnahmefall zu. Entgegen dem bisherigen Recht muss die geförderte Bildungsmaßnahme sich nicht mehr auf einen Ausbildungsberuf beziehen. Damit wird das Spektrum der möglichen Fördermaßnahmen für schwerbehinderte Menschen erheblich erweitert.

C. Eingliederungszuschüsse (Abs. 1 Nr. 2, Abs. 3)

4   Große Bedeutung haben die in Abs. 1 Nr. 2 genannten **Eingliederungszuschüsse,** zu denen Abs. 3 die Leistungsmodalitäten im Detail regelt. Der **Regelzuschuss** beträgt 50% des berücksichtigungsfähigen Entgelts, die regelmäßige Förderdauer bis zu zwölf Monate. Wenn es zur Teilhabe am Arbeitsleben erforderlich ist, können der Zuschuss auf bis zu 70% aufgestockt werden und die maximale Förderdauer bis zu 24 Monate betragen. Bei einer Förderungsdauer von mehr als einem Jahr ist die Höhe des Zuschusses ab dem zweiten Jahr mindestens um zehn Prozentpunkte (also z.B. von 70% auf 60%) zu mindern.

5   Berücksichtigungsfähig bei der Berechnung des Zuschusses ist grundsätzlich das regelmäßig durch den Arbeitgeber gezahlte **Entgelt,** auch wenn es unterhalb des Tariflohns oder des für vergleichbare Tätigkeiten ortsüblichen Entgelts liegt (Abs. 3 Satz 1). Tariflohn und ortsübliches Entgelt begrenzen das berücksichtigungsfähige Entgelt der Höhe nach; gleiches gilt für die Beitragsbemessungsgrenze der Arbeitsförderung (2006 monatlich 5250 Euro in den alten Bundesländern, 4400 Euro in den neuen Bundesländern), die eine absolute Obergrenze darstellt. Satz 4 regelt, dass auch der Anteil des Arbeitgebers am Gesamtsozialversicherungsbeitrag bezuschusst werden kann.

6   Der **Zuschuss** ist zurückzuzahlen, wenn das Arbeitsverhältnis innerhalb des Förderzeitraums oder nach Ende der Leistungen innerhalb eines der Förderungsdauer entsprechenden Zeitraums, maximal eines Zeitraums von einem Jahr, beendet wird. In diesen Fällen ist der Einsatz der für die Zahlung der Zuschüsse aufgewendeten Mittel nicht gerechtfertigt, weil die angestrebten Erfolge bei der Teilhabe am Arbeitsleben nicht erreicht wurden.

7   Die **Rückzahlungspflicht** besteht aber **nicht** in folgenden Fällen:
– Das Arbeitsverhältnis ist einseitig durch den Arbeitnehmer beendet worden, ohne dass der Arbeitgeber hierzu materielle Ursachen gesetzt hat (z.B. bei Kündigung durch den Arbeitnehmer). Die Feststellung dieses Ausnahmetatbestandes kann insbesondere bei Aufhebungsverträgen schwierig sein; es muss feststehen, dass die Aufhebung ausschließlich im Interesse des Arbeitnehmers erfolgt ist.
– Der behinderte Mensch hat das **Mindestalter** für den Bezug von **Altersrente** erreicht. In diesem Fall kann auf eine Rückzahlung verzichtet werden, weil das Ziel der Leistungen, die dauerhafte Beendigung von Arbeitslosigkeit, erreicht worden ist. Dabei ist das Mindestalter einzelfallbezogen zu ermitteln; es kommt darauf an, wann der behinderte Mensch, dessen Beschäftigung mit Eingliederungszuschüssen erreicht worden ist, in den Rentenbezug eintreten kann. Auf das generelle Mindestalter für den Bezug vorgezogener Altersrente (Vollendung des 60. Lebensjahres) kann hingegen nicht abgestellt werden, weil sich die Möglichkeit des Rentenbezugs nach dem individuellen Versicherungsverlauf richtet.
– Der Arbeitgeber kann aus **wichtigem Grund** (§ 626 BGB) oder wegen dringender betrieblicher Erfordernisse **kündigen.**

Die maximale Höhe der Rückzahlung ergibt sich aus Satz 6. Der **Rückzah-** 8
lungsbetrag vermindert sich durch Berücksichtigung ungeförderter Nachbeschäftigungszeiten. Tritt die Rückzahlungspflicht z.b. drei Monate nach Auslaufen der Förderung ein, ist entsprechend der Gesamtbetrag der auf drei Monate entfallenden Zuschüsse vom Rückzahlbetrag abzuziehen.

D. Eingliederungszuschüsse nach dem Dritten Buch

Eingliederungszuschüsse nach den §§ 217 ff. SGB III stehen grundsätzlich auch 9
zur Ermöglichung der Teilhabe behinderter Menschen am Arbeitsleben zur Verfügung.

§ 218 Abs. 1 SGB III sieht eine **Regelförderdauer** von bis zu zwölf Monaten 10
(bei Arbeitnehmern ab dem vollendeten 50. Lebensjahr bis zu 36 Monaten – siehe § 421 f Abs. 1 SGB III) und eine Begrenzung der Zuschusshöhe auf maximal 50% des berücksichtigungsfähigen Arbeitsentgelts vor. Für schwerbehinderte oder sonstige behinderte Menschen kann die Förderdauer bis zu 24 Monate (bei Arbeitnehmern ab dem vollendeten 50. Lebensjahr bis zu 36 Monaten – siehe § 421 f Abs. 1 SGB III) betragen; die Zuschusshöhe ist auf 70% begrenzt. Weitere Sonderregelungen hinsichtlich der Förderdauer sieht § 219 i.V.m. § 421 f Abs. 2 SGB III für besonders betroffene schwerbehinderte Menschen vor: Die Förderdauer kann für diesen Personkreis bis zu 36 Monate betragen. Für besonders betroffene ältere schwerbehinderte Menschen kann sie ab dem vollendeten 50. Lebensjahr bis zu 60 Monate, ab dem vollendeten 55. Lebensjahr auf bis zu 96 Monate verlängert werden.

Die Sonderregelungen des § 421 f SGB III sind nur anzuwenden, wenn die 11
Förderung vor dem 31. 12. 2009 begonnen hat.

Bei **Überschreiten der Regelförderdauer** ist der Zuschuss in den Fällen der 12
§§ 218 und 219 SGB III um mindestens 10 Prozentpunkte pro weiterem Förderjahr zu vermindern; bei Förderungen nach § 219 SGB III darf eine Mindesthöhe von 30% nicht unterschritten werden. Bei der Förderung von älteren Schwerbehinderten ist der Zuschuss erst nach Ablauf von 24 Monaten zu vermindern.

In § 221 SGB III ist (wie bis zum 31. 12. 2003 in § 223 SGB III) geregelt, dass 13
die Einstellung der in § 104 Abs. 1 Nr. 3 Buchst. a–d genannten schwerbehinderten Menschen auch dann nach § 219 SGB III gefördert werden, wenn sie zuvor bei demselben Arbeitgeber (z.B. in einer Arbeitsbeschaffungsmaßnahme) befristet beschäftigt waren.

Einen Sonderfall des Eingliederungszuschusses regelt § 235 a Abs. 3 SGB III. Bei 14
Übernahme eines schwerbehinderten Menschen durch den ausbildenden oder einen anderen Arbeitgeber **im Anschluss an eine abgeschlossene Aus- oder Weiterbildung** kann der Arbeitgeber für die Dauer von maximal einem Jahr einen Eingliederungszuschuss in Höhe von bis zu 70% erhalten. Voraussetzung ist, dass auch während der Aus- oder Weiterbildung Zuschüsse zur Ausbildungsvergütung gezahlt worden sind. Weitere Sonderfälle sind in §§ 229 ff. (Job-Rotation), 235 c und – für Förderungen, die spätestens bis zum 31. 12. 2006 begonnen haben – in § 417 Abs. 2 SGB III geregelt.

E. Zuschüsse für Arbeitshilfen, Kostenerstattung bei Probebeschäftigung

Absatz 1 Nr. 3 regelt die Zuschüsse für Arbeitshilfen im Betrieb, Nr. 4 die Kos- 15
tenerstattung für befristete Probebeschäftigungen. **Spezielle Regelungen** hierzu enthalten z.B. § 237 bzw. § 238 SGB III.

§ 35 Einrichtungen der beruflichen Rehabilitation

(1) ¹Leistungen werden durch Berufsbildungswerke, Berufsförderungswerke und vergleichbare Einrichtungen der beruflichen Rehabilitation ausgeführt, soweit Art oder Schwere der Behinderung oder die Sicherung des Erfolges die besonderen Hilfen dieser Einrichtungen erforderlich machen. ²Die Einrichtung muss

1. nach Dauer, Inhalt und Gestaltung der Leistungen, Unterrichtsmethode, Ausbildung und Berufserfahrung der Leitung und der Lehrkräfte sowie der Ausgestaltung der Fachdienste eine erfolgreiche Ausführung der Leistung erwarten lassen,
2. angemessene Teilnahmebedingungen bieten und behinderungsgerecht sein, insbesondere auch die Beachtung der Erfordernisse des Arbeitsschutzes und der Unfallverhütung gewährleisten,
3. den Teilnehmenden und den von ihnen zu wählenden Vertretungen angemessene Mitwirkungsmöglichkeiten an der Ausführung der Leistungen bieten sowie
4. die Leistung nach den Grundsätzen der Wirtschaftlichkeit und Sparsamkeit, insbesondere zu angemessenen Vergütungssätzen, ausführen.

³Die zuständigen Rehabilitationsträger vereinbaren hierüber gemeinsame Empfehlungen nach den §§ 13 und 20.

(2) ¹Werden Leistungen zur beruflichen Ausbildung in Einrichtungen der beruflichen Rehabilitation ausgeführt, sollen die Einrichtungen bei Eignung der behinderten Menschen darauf hinwirken, dass Teile dieser Ausbildung auch in Betrieben und Dienststellen durchgeführt werden. ²Die Einrichtungen der beruflichen Rehabilitation unterstützen die Arbeitgeber bei der betrieblichen Ausbildung und bei der Betreuung der auszubildenden behinderten Jugendlichen.

Schrifttum: *Keßler*, Einrichtungen der Rehabilitation in: Weiss/Gagel (Hrsg.) Handbuch des Arbeits- und Sozialrechts, 32. Lfg., Baden-Baden 1998.

Inhaltsübersicht

	Rdnr.
A. Allgemeines	1
B. Begriff der Einrichtung (Abs. 1 Satz 1)	2–12
C. Anforderungen (Abs. 1 Satz 2)	13–19
D. Gemeinsame Empfehlungen (Abs. 1 Satz 3)	20
E. Zusammenarbeit mit Betrieben und Dienststellen	21, 22

A. Allgemeines

1 Die Vorschrift erweitert den nach früherem Recht geltenden Anforderungskatalog an Einrichtungen (§ 11 Abs. 2a RehaAnglG) und ergänzt die nach den §§ 19 und 20 in allgemeiner Hinsicht für Einrichtungen der beruflichen Rehabilitation geltenden Bestimmungen. Absatz 2 ist durch das Gesetz zur Förderung der Ausbildung und Beschäftigung schwerbehinderter Menschen v. 23. 4. 2004 (BGBl. I S. 606) angefügt worden.

B. Begriff der Einrichtung (Abs. 1 Satz 1)

Einrichtungen sind von den sozialen Diensten abzugrenzen (§§ 1 Abs. 1 und 2
17 Abs. 1 Nr. 2 SGB I). Es handelt sich um Institutionen, die Leistungsempfänger
ganztags oder zumindest in Teilzeit betreuen und verpflegen (sog. stationäre oder
teilstationäre Betreuung; vgl. *Mrozynski,* § 17 Rdnr. 17). Satz 1 nennt ausdrücklich
die Berufsbildungs- und Berufsförderungswerke als Einrichtungen.

Berufsbildungswerke sind Einrichtungen, in denen die Berufsvorbereitung 3
und die Berufsausbildung in der Regel von jugendlichen Behinderten durchgeführt wird. Die Einrichtungen sind darauf ausgelegt, die Ausbildung entsprechend
den speziellen Anforderungen zu gestalten, die die Art der Behinderung und die
damit verbundenen Auswirkungen mit sich bringen. Besonderen Stellenwert
haben dabei die ärztlichen, psychologischen und sonderpädagogischen Fachdienste.
Zu den Berufsbildungswerken gehört auch eine spezielle Berufsschule.

Berufsförderungswerke dienen der beruflichen Teilhabe von Erwachsenen, 4
die wegen ihrer Behinderung ihren Beruf oder ihre bisherige Tätigkeit nicht mehr
ausüben können und sich deshalb neu orientieren müssen.

Zu den Einrichtungen i.S.v. § 35 gehören aber auch **andere vergleichbare** 5
Einrichtungen, die teilweise auf die Bedürfnisse bestimmter Gruppen behinderter Menschen (z.B. psychisch behinderter Menschen) zugeschnitten sind. An die
Vergleichbarkeit mit den Berufsförderungs- und Berufsbildungswerken dürfen
keine überhöhten Anforderungen gestellt werden. Es reicht aus, dass Leistungen
stationär oder teilstationär erbracht werden. Andernfalls würde das Ziel eines einheitlichen Standards in den Einrichtungen verfehlt.

Weitere Einrichtungen sind Berufstrainingszentren, Rehabilitationseinrichtun- 6
gen für psychisch Kranke und Behinderte (sog. **RPK-Modell**) und medizinisch-
berufliche Rehabilitationseinrichtungen (sog. Einrichtungen der II. Phase), wenn
sie Leistungen in stationärer oder teilstationärer Betreuung ausführen.

Die **Berufstrainingszentren** bieten psychisch behinderten Menschen die Mög- 7
lichkeit, an Maßnahmen zur Förderung der Teilhabe am Arbeitsleben teilzunehmen. Dabei geht es um berufsvorbereitende Maßnahmen, um Maßnahmen der
beruflichen Weiterbildung oder um Anpassungsmaßnahmen.

Die **Einrichtungen für psychisch Kranke und Behinderte** haben zum Ziel, 8
frühzeitig im Zusammenhang mit der psychiatrischen Akutversorgung Maßnahmen zur Teilhabe am Arbeitsleben einzuleiten. Sie arbeiten deshalb eng mit den
Krankenhäusern zusammen. Der Schwerpunkt der Maßnahmen liegt bei den
Hilfen zur Stabilisierung und bei Hilfen zur Berufsfindung oder der Arbeitserprobung, die z.B. Maßnahmen der beruflichen Bildung vorbereiten. Ein weiteres
Merkmal ist die Sicherstellung der psychosozialen Betreuung.

Auf die Belange von Patienten bzw. behinderten Menschen mit Hirnverletzun- 9
gen, Querschnittslähmungen und Herz-/Kreislaufleiden haben sich die **Einrichtungen der medizinisch-beruflichen Rehabilitation** spezialisiert. Auch diese
Einrichtungen verfolgen das Ziel, die medizinische Rehabilitation und die Leistungen zur Förderung der Teilhabe am Arbeitsleben möglichst nahtlos zu erbringen. Als Leistung zur Teilhabe kommen insbesondere berufsvorbereitende Maßnahmen und Maßnahmen zur Berufsanpassung in Betracht.

Auch die Werkstätten für Behinderte sind Einrichtungen; für sie gelten aller- 10
dings besondere Anforderungen, die im 12. Kapitel (§§ 136 ff.) geregelt sind.

Keine Einrichtungen sind die Weiterbildungsträger, die allgemeine Leistun- 11
gen i.S. des Dritten Buches z.B. zur beruflichen Qualifizierung erbringen. Die
von ihnen durchgeführten Leistungen erfolgen „ambulant", also ohne die Stellung
von Unterkunft und Verpflegung.

Vogt

12 Leistungen sind nach § 35 nur dann in Einrichtungen durchzuführen, wenn dies durch Art oder Schwere der Behinderung oder zur Sicherung des Erfolgs erforderlich ist. Damit wird klargestellt, dass auch behinderte Menschen vorrangig im Betrieb, in überbetrieblichen Einrichtungen oder in außerbetrieblicher Ausbildung (z. B. im Rahmen der sog. **Benachteiligtenförderung** nach §§ 240 ff. SGB III) qualifiziert werden sollen.

C. Anforderungen (Abs. 1 Satz 2)

13 Es muss erwartet werden können, dass nach Dauer, Inhalt und Gestaltung der Leistungen, nach der Unterrichtsmethode, der Ausbildung und Berufserfahrung der Leitung und der Lehrkräfte sowie der Ausgestaltung der Fachdienste eine erfolgreiche Ausführung der Leistungen erfolgt. Wichtig ist insbesondere die Qualifikation der Leitung und der Lehrkräfte, die höher sein muss als das Qualifikationsniveau, das durch die Leistungen vermittelt werden soll; erforderlich ist auch eine kontinuierliche **Weiterbildung** der Lehrkräfte.

14 In Satz 2 Nr. 1 wird jetzt besonders auf die Bedeutung der **Fachdienste** für die Ausführung einer sachgerechten Ermöglichung der Teilhabe hingewiesen. Es handelt sich dabei insbesondere um die medizinischen, psychologischen und sozialen Fachdienste, deren Existenz für die Gewährleistung effektiver Maßnahmen zur Teilhabe am Arbeitsleben unabdingbar sind. Die herausgehobene Erwähnung der Fachdienste ist Ergebnis der Diskussion im zuständigen Ausschuss für Arbeit und Sozialordnung (BT-Drucks. 14/5786, S. 35 und 14/5800, S. 27).

15 Die Einhaltung angemessener **Teilnahmebedingungen** nach Nr. 2 dient dem Schutz der Teilnehmer vor unzumutbaren Nachteilen, soll andererseits aber auch eine wirtschaftliche Verwendung der für die Leistungen eingesetzten Mittel sicherstellen; denn ungünstige Teilnahmebedingungen können die Erreichung der Teilhabe am Arbeitsleben gefährden. Zu den angemessenen Teilnahmebedingungen gehört u. a. auch eine den Belangen der Teilnehmer angemessene Ferienregelung.

16 Nummer 2 weist ergänzend zu dem bisherigen Recht auch auf die Einhaltung der Vorschriften des Arbeitsschutzes und der Unfallverhütung hin. Die Vorschrift ist i. V. m. § 36 (Rechtsstellung der Teilnehmenden) zu sehen, der für die Ausführung von Leistungen zur Teilhabe am Arbeitsleben für das Verhältnis zwischen Teilnehmenden und Einrichtungen u. a. die entsprechende Geltung der Vorschriften über den Arbeitsschutz anordnet.

17 Neu ist auch die in Nr. 3 enthaltene Anforderung, dass die Einrichtungen den Teilnehmenden und den von ihnen zu wählenden Vertretungen angemessene **Mitwirkungsmöglichkeiten** an der Ausführung der Leistung bieten muss. Diese Regelung steht im Zusammenhang mit § 36 Satz 2, der die Wahl von besonderen Vertretern der Teilnehmenden vorsieht. Die Verpflichtung der Einrichtungen zur Ermöglichung einer angemessenen Mitwirkung führt zur Verpflichtung des Rehabilitationsträgers, die entstehenden Aufwendungen (z. B. Aufwendungen für die Durchführung von Wahlen) bei der Vergütung der Leistungen zu berücksichtigen.

18 Nach Nr. 4 müssen die Leistungen gemäß den Grundsätzen der Wirtschaftlichkeit und Sparsamkeit (§ 7 Abs. 1 der Bundeshaushaltsordnung) ausgeführt werden.

19 Für den Bereich der **Berufsförderungswerke** sind mit Wirkung vom 1. 1. 1999 zwischen den Einrichtungen und den Rehabilitationsträgern (BA, Träger der Renten- und der Unfallversicherung) Rahmenverträge über die Zusammenarbeit geschlossen worden, die neben gemeinsamen Grundsätzen zur Qualitätssicherung auch Grundsätze zur Beurteilung der Angemessenheit von Kosten in Einrichtungen der beruflichen Rehabilitation enthalten. Für den Bereich der **Berufsbildungswerke** gibt es entsprechend einen Rahmenvertrag zwischen der Arbeitsgemeinschaft der Berufsbildungswerke und der Bundesagentur für Arbeit (BA). Die Verträge sind abgedruckt in den „Informationen für die Beratungs- und Vermittlungsdienste" (ibv) Nr. 38/2000 vom 20. 9. 2000, die von der Bundesagentur für Arbeit herausgegeben werden.

D. Gemeinsame Empfehlungen (Abs. 1 Satz 3)

Auf die **einheitliche Leistungserbringung** in Einrichtungen wirkt Satz 3 hin. 20
Er verpflichtet die zuständigen Rehabilitationsträger zu gemeinsamen Empfehlungen nach den §§ 13 und 20. Auf die Ausführungen in Rdnr. 19 wird verwiesen.

E. Zusammenarbeit mit Betrieben und Dienststellen (Abs. 2)

Der mit dem Gesetz zur Förderung der Ausbildung und Beschäftigung schwer- 21
behinderter Menschen (BT-Drucks. 15/1783) angefügte Abs. 2 verpflichtet die Einrichtungen der beruflichen Rehabilitation darauf hinzuwirken, dass die Ausbildung behinderter Jugendlicher in Teilen auch in Betrieben und Dienststellen durchgeführt wird (Satz 1). Dieser Verpflichtung liegt die Überlegung zu Grunde, dass eine möglichst betriebsnahe Ausbildung die Integrationschancen nach Abschluss der Ausbildung erhöht. Die Einrichtungen sind auch dazu verpflichtet, die Arbeitgeber bei der Durchführung der Ausbildung und bei der Betreuung der Auszubildenden zu unterstützen. Über die Einzelheiten der Ausbildung werden zwischen den Arbeitgebern, den Einrichtungen und den Jugendlichen Vereinbarungen getroffen (Satz 2).

Die Anfügung des neuen Absatzes 2 wirft systematische Fragen auf. Es ist zwei- 22
felhaft, ob die in diesem Absatz enthaltenen Verpflichtungen der Einrichtungen den Charakter von Anforderungen nach dem Vorbild des Absatzes 1 Satz 2 haben sollen, deren Einhaltung Bedingung für den Status einer Einrichtung der beruflichen Rehabilitation ist. Gegen eine solche Annahme spricht schon, dass es sich bei Abs. 2 um eine „Soll-Vorschrift" handelt.

§ 36 Rechtsstellung der Teilnehmenden

¹**Werden Leistungen in Einrichtungen der beruflichen Rehabilitation ausgeführt, werden die Teilnehmenden nicht in den Betrieb der Einrichtungen eingegliedert.** ²**Sie sind keine Arbeitnehmer im Sinne des Betriebsverfassungsgesetzes und wählen zu ihrer Mitwirkung besondere Vertreter.** ³**Bei der Ausführung werden die arbeitsrechtlichen Grundsätze über den Persönlichkeitsschutz, die Haftungsbeschränkung sowie die gesetzlichen Vorschriften über den Arbeitsschutz, den Erholungsurlaub und die Gleichberechtigung von Männern und Frauen entsprechend angewendet.**

Schrifttum: *Haines/Macharski,* „Sind in Berufsbildungswerken ausgebildete Rehabilitanden ‚Arbeitnehmer' "?, Berufliche Rehabilitation 3/1988, 32; *Unger,* Zur Anwendbarkeit arbeitsrechtlicher Vorschriften in außerbetrieblichen beruflichen Rehabilitationseinrichtungen, ZfSH/SGB 1985, 309.

Inhaltsübersicht

	Rdnr.
A. Allgemeines	1
B. Rechtlicher Status von Rehabilitanden (Satz 1 und 2)	2, 3
C. Mitwirkung (Satz 2)	4, 5
D. Anwendbarkeit von Schutzvorschriften (Satz 3)	6

Vogt

A. Allgemeines

1 Mit § 36 wird erstmals die **Rechtsstellung von behinderten Menschen,** die Leistungen zur Teilhabe am Arbeitsleben in Einrichtungen erhalten, gesetzlich geregelt. Ausgenommen ist die Ermöglichung der Teilhabe in Werkstätten für behinderte Menschen, für die besondere Regelungen gelten (siehe § 138 Abs. 1).

B. Rechtlicher Status von Rehabilitanden (Satz 1 und 2)

2 § 36 stellt klar, dass die Teilnehmer an Maßnahmen, die in Einrichtungen der beruflichen Rehabilitation ausgeführt werden, nicht in einem Arbeitnehmerverhältnis zu den Einrichtungen stehen.

3 Der **rechtliche Status** der Teilnehmer war in der Vergangenheit kontrovers diskutiert worden. Hinsichtlich der Ausbildung in einem Berufsbildungswerk war die Auffassung vertreten worden, dass die Rehabilitanden zur Berufsbildung Beschäftigte seien und die soziale und medizinische Betreuung lediglich den Charakter einer Hilfsmaßnahme habe. Das Bundesarbeitsgericht (*BAG* v. 26. 1. 1994, BAGE 75, 312; DB 1994, 1371; NZA 1995, 120) hat allerdings in einem Fall einer Ausbildung im Berufsbildungswerk entschieden, dass berufliche Rehabilitanden keine Arbeitnehmer des Berufsbildungswerkes seien. Sie seien nicht in den Betrieb eingegliedert. Dem ist der Gesetzgeber jetzt gefolgt.

C. Mitwirkung (Satz 2)

4 Da Rehabilitanden keine Arbeitnehmer sind, sind auf sie die Regelungen über die betriebliche Mitbestimmung nicht anzuwenden. Satz 2 bestimmt deshalb, dass die Teilnehmenden eigene Vertreter wählen. Diese Bestimmung ist im Zusammenhang mit § 35 Satz 2 Nr. 3 zu sehen, wonach die Einrichtungen den Teilnehmenden und von ihnen zu wählenden Vertretungen (gemeint sind die gewählten Vertretungen) angemessene Mitwirkungsmöglichkeiten an der Ausführung der Leistungen bieten müssen. Aus den genannten Vorschriften folgt zugleich auch, dass die Einrichtungen die sachlichen und personellen Hilfen für die Durchführung der Wahl sowie für die Realisierung einer angemessenen Mitwirkung zu Verfügung stellen müssen.

5 Trotz der Wahl einer eigenen Vertretung kann die in der Einrichtung bestehende Schwerbehindertenvertretung die Interessen schwerbehinderter Rehabilitanden wahrnehmen (BAG v. 16. 4. 2003, Behindertenrecht 2003, 188). Für das BAG ist es ausschlaggebend, dass das Wahlrecht zu der besonderen Vertretung nach § 36 nicht von der Schwerbehinderteneigenschaft, sondern von dem Status als behinderter Mensch im Sinne des Neunten Buches abhängt. Dementsprechend sieht es Spielräume für die – ergänzende – Interessenwahrnehmung durch die Schwerbehindertenvertretung.

D. Anwendbarkeit von Schutzvorschriften (Satz 3)

6 Nach Satz 3 sind die arbeitsrechtlichen Grundsätze über den Persönlichkeitsschutz, die Haftungsbeschränkung sowie die gesetzlichen Vorschriften über den Arbeitsschutz, den Erholungsurlaub und die Gleichberechtigung von Männern und Frauen entsprechend anzuwenden.

§ 37 Dauer von Leistungen

(1) Leistungen werden für die Zeit erbracht, die vorgeschrieben oder allgemein üblich ist, um das angestrebte Teilhabeziel zu erreichen; eine Förderung kann darüber hinaus erfolgen, wenn besondere Umstände dies rechtfertigen.

(2) Leistungen zur beruflichen Weiterbildung sollen in der Regel bei ganztägigem Unterricht nicht länger als zwei Jahre dauern, es sei denn, dass das Teilhabeziel nur über eine länger dauernde Leistung erreicht werden kann oder die Eingliederungsaussichten nur durch eine länger dauernde Leistung wesentlich verbessert werden.

Inhaltsübersicht

	Rdnr.
A. Allgemeines	1
B. Dauer der Leistungen (Abs. 1)	2, 3
C. Sonderregelung für die berufliche Weiterbildung (Abs. 2)	4, 5

A. Allgemeines

Die Vorschrift führt im Wesentlichen den aufgehobenen § 11 Abs. 3 Reha- 1 AnglG fort. Für den Bereich der beruflichen Weiterbildung wird § 101 Abs. 5 Nr. 3 SGB III verallgemeinert. Aufgehoben worden sind § 19 SGB VI und § 38 SGB VII. § 13 der VO zur Kriegsopferfürsorge ist beibehalten worden.

B. Dauer der Leistungen (Abs. 1)

§ 37 regelt die **Dauer der Leistungen** zur Teilhabe am Arbeitsleben. Nach 2 Abs. 1 ist grundsätzlich die Zeitdauer maßgeblich, die vorgeschrieben oder allgemein üblich ist, um die Teilhabe zu erreichen. Bei anerkannten Ausbildungsberufen ergibt sich die Ausbildungsdauer aus der maßgeblichen Ausbildungsordnung, ansonsten kommt es auf die für die Berufstätigkeit notwendige Ausbildungsdauer an (*Heilmann/Lauterbach,* in: Weiss/Gagel [Hrsg.], Handbuch des Arbeits- und Sozialrechts, § 12 D, Rdnr. 126). Zu beachten ist allerdings z.B. § 42b HandwO, der bei der Ausbildung behinderter Menschen in staatlich anerkannten Ausbildungsgängen ein Abweichen von der Ausbildungsordnung zulässt; § 65 BBiG sieht seit dem 1. 4. 2005 vor, dass in den auf der Grundlage des BBiG erlassenen Ausbildungsordnungen die Belange behinderter Menschen berücksichtigt werden müssen. Der zweite Halbsatz des ersten Absatzes, der bei Vorliegen besonderer Umstände auch eine längere Leistungsdauer zulässt, verdeutlicht das Bestreben, Leistungen zur Teilhabe am konkreten individuellen Hilfebedarf auszurichten.

Vorbereitungslehrgänge und Vorförderungen sind nicht auf die zulässige Höchst- 3 dauer der Leistungen anzurechnen. Bei vorzeitiger Abschlussprüfung enden die Leistungen mit dem Bestehen der Abschlussprüfung.

C. Sonderregelung für die berufliche Weiterbildung (Abs. 2)

Absatz 2 verallgemeinert die in § 101 Abs. 5 Nr. 3 SGB III enthaltene Sonder- 4 regelung für den Bereich der beruflichen Weiterbildung, wonach eine berufliche

§ 38 1, 2   Teil 1. Behinderte u. von Behinderung bedrohte Menschen

Weiterbildungsmaßnahme auch dann gefördert werden kann, wenn der für nicht behinderte Menschen maßgebliche Förderzeitraum von in der Regel zwei Jahren überschritten wird. Dies kann im Hinblick auf Art oder Schwere der Behinderung, die Lage und Entwicklung des Arbeitsmarktes oder dadurch erforderlich sein, dass der Ausbildungsberuf im konkreten Fall nicht in einer zweijährigen Ausbildungszeit erlernt werden kann. Voraussetzung für ein Überschreiten der üblichen Förderungsdauer ist, dass es keine in kürzerer Zeit zu erreichende Maßnahme dauerhafter beruflicher Eingliederung gibt (*Niesel*, SGB III § 101 Rdnr. 8 f; *LSG Baden-Württemberg*, Beschl. vom 1. 4. 2003 – L 3 AL 2135/02)

5   Die Regelförderzeit von zwei Jahren gilt nur für Maßnahmen mit ganztägigem Unterricht. Die Begrenzung bezieht sich nicht auf Leistungen zur Teilhabe am Arbeitsleben, die in **Teilzeit** durchgeführt werden. Die Unterscheidung ist z.B. bei der Förderung von behinderten Müttern oder Vätern von Bedeutung, die wegen der Betreuung von Kindern nicht an Maßnahmen mit ganztägigem Unterricht teilnehmen können.

§ 38 Beteiligung der Bundesagentur für Arbeit

¹**Die Bundesagentur für Arbeit nimmt auf Anforderung eines anderen Rehabilitationsträgers zu Notwendigkeit, Art und Umfang von Leistungen unter Berücksichtigung arbeitsmarktlicher Zweckmäßigkeit gutachterlich Stellung.** ²**Dies gilt auch, wenn sich die Leistungsberechtigten in einem Krankenhaus oder einer Einrichtung der medizinischen oder der medizinisch-beruflichen Rehabilitation aufhalten.**

Schrifttum: *Bahemann*, Begutachtung der Leistungsfähigkeit für die berufliche Rehabilitation – Begutachtung für die Bundesanstalt für Arbeit, MEDSACH 2002, 102.

Inhaltsübersicht

	Rdnr.
A. Allgemeines	1–3
B. Fachdienste der Bundesagentur für Arbeit	4–7
C. Prüfung der arbeitsmarktlichen Zweckmäßigkeit (Satz 1)	8
D. Gutachten im Vorfeld der Leistungen zur Teilhabe am Arbeitsleben (Satz 2)	9

A. Allgemeines

1   Die frühere Regelung des § 5 Abs. 4 Satz 1 RehaAnglG, die eine Beteiligung der Bundesagentur für Arbeit **obligatorisch** vorsah, ist aufgehoben worden. § 38 führt nur den bisherigen § 5 Abs. 4 Satz 2 RehaAnglG fort, nach dem das Tätigwerden der Bundesagentur von der Anforderung durch einen anderen Rehabilitationsträger abhängt. Die in Satz 2 vorgesehene Möglichkeit der Begutachtung schon während des Aufenthalts in einer Einrichtung der medizinischen Rehabilitation gab es nach dem RehaAnglG nicht.

2   Nach § 38 hat die Bundesagentur für Arbeit auf Anforderung eines anderen Rehabilitationsträgers Notwendigkeit, Art und Umfang der Leistungen zur Teilhabe am Arbeitsleben zu begutachten. Die Anforderung einer **gutachtlichen Stellungnahme** der Bundesagentur für Arbeit steht allerdings im Ermessen der Rehabilitationsträger. Dies macht die Formulierung „auf Anforderung" deutlich.

Die Bundesagentur für Arbeit hat mit den Trägern der Unfallversicherung, den 3
Ländern als Trägern der Kriegsopferfürsorge und dem Verband Deutscher Rentenversicherungsträger am 1. 4. 1977 eine **Gesamtvereinbarung** über die Beteiligung der Bundesagentur für Arbeit durch die anderen Träger der Rehabilitation geschlossen. Danach soll die Beteiligung der Bundesagentur für Arbeit bereits bei der ersten Beratung der behinderten Menschen erfolgen. Neben anderen Hinweisen zum Verfahren enthält die Gesamtvereinbarung auch Regelungen für den Fall, dass das fachliche Gutachten der Bundesagentur für Arbeit und die fachliche Bewertung des zuständigen Rehabilitationsträgers voneinander abweichen. Mit der Aufhebung des RehaAnglG ist zwar die Rechtsgrundlage für die Gesamtvereinbarung entfallen. Der Vorstand der Bundesarbeitsgemeinschaft für Rehabilitation hat allerdings empfohlen, sie auch nach dem 1. 7. 2001 bis auf weiteres dem Verfahren zugrunde zu legen.

B. Fachdienste der Bundesagentur für Arbeit

Die Dienststellen der Arbeitsverwaltung verfügen über amtsärztliche, psychologische und technische Fachdienste, die zusammen mit den Fachkräften für Rehabilitation einen Eingliederungsvorschlag erarbeiten. 4

Der **Ärztliche Dienst** wird eingeschaltet, wenn das Vorliegen einer Behinderung und deren Art nicht genau genug festgestellt sind; er hat darüber hinaus Feststellungen zum Leistungsvermögen zu treffen. 5

Der **Psychologische Dienst** wird insbesondere zur Feststellung der Eignung 6
für Maßnahmen der Teilhabe am Arbeitsleben eingeschaltet. Dabei geht es um die Abklärung der intellektuellen Leistungsfähigkeit, der berufsfachlichen Kenntnisse, der Motivation, der Internatsfähigkeit, insbesondere auch um die Feststellung der psychischen Belastbarkeit.

Der **Technische Beratungsdienst der Bundesagentur für Arbeit** kann 7
wichtige Hinweise zur Erforderlichkeit technischer Hilfen im Betrieb und über die einzelfallbezogene Ausgestaltung von betriebsorganisatorischen Abläufen geben; er wird auch zur Beurteilung der Frage eingeschaltet, ob die technische und räumliche Ausstattung von Einrichtungen den Anforderungen des § 35 entspricht.

C. Prüfung der arbeitsmarktlichen Zweckmäßigkeit (Satz 1)

Die Einschaltung der Arbeitsverwaltung hat auch deshalb besonderen Stellenwert für die Ermöglichung der Teilhabe am Arbeitsleben, weil die Dienststellen der Bundesagentur für Arbeit im Rahmen ihres Aufgabenspektrums zur Beurteilung der arbeitsmarktlichen Zweckmäßigkeit von Maßnahmen berufen sind. Die Beurteilung bezieht sich darauf, ob unter Berücksichtigung des zukünftigen Leistungsprofils der behinderten Menschen und der Arbeitsmarktlage überhaupt Maßnahmen zur Teilhabe am Arbeitsleben sinnvoll sind. Dabei geht es insbesondere um die Frage, ob die Teilhabe mit dem vorhandenen Instrumentarium wieder ermöglicht bzw. gesichert werden kann. Bei einer grundsätzlich positiven Prognoseentscheidung, die auch die konkrete (zukünftige) **Arbeitsmarktlage** berücksichtigen muss, sind geeignete Maßnahmen nach Art und Dauer auszuwählen und dem Rehabilitationsträger, auf dessen Anforderung die Bundesagentur für Arbeit tätig geworden ist, ein entsprechender Vorschlag zu machen. 8

D. Gutachten im Vorfeld der Leistungen zur Teilhabe am Arbeitsleben (Satz 2)

9 Nach Satz 2 hat die Bundesagentur für Arbeit auch dann (schon) gutachtlich tätig zu werden, wenn die Leistungsberechtigten sich noch in einem Krankenhaus oder in einer Einrichtung der medizinischen oder der medizinisch-beruflichen Rehabilitation aufhalten. Die Regelung hat das Ziel, die Voraussetzungen für die Erbringung von Leistungen möglichst **frühzeitig abzuklären** und damit unnötige Verzögerungen zu vermeiden.

§ 39 Leistungen in Werkstätten für behinderte Menschen

Leistungen in anerkannten Werkstätten für behinderte Menschen (§ 136) werden erbracht, um die Leistungs- oder Erwerbsfähigkeit der behinderten Menschen zu erhalten, zu entwickeln, zu verbessern oder wiederherzustellen, die Persönlichkeit dieser Menschen weiterzuentwickeln und ihre Beschäftigung zu ermöglichen oder zu sichern.

Schrifttum: Baur, Die Werkstatt für Behinderte im Spannungsfeld von Förderung und Arbeitsleistung, ZfSH/SGB 1999, 262.

Inhaltsübersicht

	Rdnr.
A. Allgemeines	1, 2
B. Besondere Zielsetzung der Leistungen in Werkstätten	3, 4
C. Anerkannte Werkstätten/Beschäftigungsstätten	5, 6

A. Allgemeines

1 §§ 39 bis 43 bündeln die Vorschriften über die Erbringung von Leistungen zur Teilhabe am Arbeitsleben in Werkstätten für behinderte Menschen. Der Begriff der Werkstätten und die Anforderungen an diese Einrichtungen ergeben sich aus dem 12. Kapitel.

2 § 39 beschreibt – wie § 33 Abs. 1 – die **Ziele,** die mit den Leistungen zur Teilhabe am Arbeitsleben verbunden sind, allerdings unter Berücksichtigung der besonderen Bedürfnisse von behinderten Menschen, die zur Teilhabe auf die Beschäftigung in einer Werkstatt für behinderte Menschen angewiesen sind. Auch in Bezug auf die Erbringung von Leistungen zur Teilhabe in einer Werkstatt für behinderte Menschen gilt, dass die Leistungspflicht des Rehabilitationsträgers sich auf Geld- oder Sachleistungen bezieht, nicht aber auf die Schaffung von Werkstattplätzen.

B. Besondere Zielsetzung der Leistungen in Werkstätten

3 Die Zielsetzung nach § 39 ist weiter gefasst als die des § 33: Es geht um die Förderung der **Leistungs-** oder **Erwerbsfähigkeit.** Damit wird verdeutlicht, dass die Teilhabe am Arbeitsleben für behinderte Menschen in Werkstätten unabhängig vom Erreichen oder Bestehen der Erwerbsfähigkeit erfolgen soll (zum Förderziel s. auch § 41 Rdnr. 3). Die Förderung der Leistungsfähigkeit reicht aus.

Als Ziel hervorgehoben ist die Erreichung und Sicherung der **Beschäftigung**. 4
Außerdem ist Handlungsmaxime auch die Weiterentwicklung der Persönlichkeit der behinderten Menschen. Insbesondere hieraus wird die besondere Aufgabenstellung der Werkstätten für behinderte Menschen deutlich, die auch Bezüge zur Teilhabe am Leben in der Gemeinschaft hat.

C. Anerkannte Werkstätten/Beschäftigungsstätten

Leistungen nach den §§ 39 ff. können nur in Werkstätten für behinderte Menschen erbracht werden, die gem. § 142 **anerkannt** sind. Die Definition der Werkstatt für behinderte Menschen einschließlich ihrer Aufgaben enthalten die §§ 136, 138 und 139. Die Aufnahmevoraussetzungen sind in § 137 geregelt (s. dort). 5

Nicht umfasst sind die Hilfen an behinderte Menschen zur Beschäftigung in einer sonstigen Beschäftigungsstätte i. S. v. § 56 des Zwölften Buches. Es handelt sich dabei u. a. um die Ermöglichung der Teilhabe in Einrichtungen, die z. B. aus weltanschaulichen Gründen eine staatliche Anerkennung als Werkstatt nicht beantragt haben. Nach § 17 Abs. 2 der Eingliederungshilfe-VO kommt die Erbringung von Leistungen aber nur in Betracht, wenn die behinderten Menschen die Aufnahmevoraussetzungen der anerkannten Werkstätten für behinderte Menschen erfüllen. 6

§ 40 Leistungen im Eingangsverfahren und im Berufsbildungsbereich

(1) **Leistungen im Eingangsverfahren und im Berufsbildungsbereich einer anerkannten Werkstatt für behinderte Menschen erhalten behinderte Menschen**
1. **im Eingangsverfahren zur Feststellung, ob die Werkstatt die geeignete Einrichtung für die Teilhabe des behinderten Menschen am Arbeitsleben ist sowie welche Bereiche der Werkstatt und welche Leistungen zur Teilhabe am Arbeitsleben für den behinderten Menschen in Betracht kommen, und um einen Eingliederungsplan zu erstellen,**
2. im Berufsbildungsbereich, wenn die Leistungen erforderlich sind, um die Leistungs- oder Erwerbsfähigkeit des behinderten Menschen so weit wie möglich zu entwickeln, zu verbessern oder wiederherstellen und erwartet werden kann, dass der behinderte Mensch nach Teilnahme an diesen Leistungen in der Lage ist, wenigstens ein Mindestmaß wirtschaftlich verwertbarer Arbeitsleistung im Sinne des § 136 zu erbringen.

(2) ¹Die Leistungen im Eingangsverfahren werden für drei Monate erbracht. ²Die Leistungsdauer kann auf bis zu vier Wochen verkürzt werden, wenn während des Eingangsverfahrens im Einzelfall festgestellt wird, dass eine kürzere Leistungsdauer ausreichend ist.

(3) ¹Die Leistungen im Berufsbildungsbereich werden für zwei Jahre erbracht. ²Sie werden in der Regel für ein Jahr bewilligt. ³Sie werden für ein weiteres Jahr bewilligt, wenn auf Grund einer rechtzeitig vor Ablauf des Förderzeitraums nach Satz 2 abzugebenden fachlichen Stellungnahme die Leistungsfähigkeit des behinderten Menschen weiterentwickelt oder wiedergewonnen werden kann.

Inhaltsübersicht

	Rdnr.
A. Allgemeines	1
B. Leistungen im Eingangsverfahren (Abs. 1 Nr. 1, Abs. 2)	2, 3
C. Leistungen im Berufsbildungsbereich (Abs. 1 Nr. 2, Abs. 3)	4–7

A. Allgemeines

1 § 40 knüpft an die Vorschriften an, nach denen die Rehabilitationsträger vor dem 1. Juli 2001 Leistungen im Eingangsbereich und im bisherigen Arbeitstrainingsbereich erbracht haben. Aufgehoben worden sind § 102 Abs. 2 SGB III a. F., § 18 SGB VI, § 37 SGB VII und § 26 Abs. 2 Satz 2 BVG.

B. Leistungen im Eingangsverfahren (Abs. 1 Nr. 1, Abs. 2)

2 Das **Eingangsverfahren** ist nicht wie nach früherem Recht nur in Zweifelsfällen, sondern generell durchzuführen. Ohne ein solches Eingangsverfahren kommen Leistungen im Berufsbildungsbereich nicht in Betracht (*LSG Baden-Württemberg*, Beschl. vom 14. 8. 2002 – L 13 AL 2380/02 ER-B). Das Eingangsverfahren dient der Feststellung, ob die Werkstatt für den behinderten Menschen geeignete Einrichtung ist, welche Bereiche der Werkstatt für die Teilhabe geeignet sind und mit welcher Art von Leistungen die Teilhabe zu unterstützen ist. Dazu gibt der Fachausschuss der Werkstatt für behinderte Menschen gegenüber dem Rehabilitationsträger eine Stellungnahme ab (§ 2 Abs. 2 WVO). Das Feststellungsverfahren muss auch die Aufstellung eines Eingliederungsplans beinhalten, der die zur Teilhabe erforderlichen Maßnahmen strukturiert. Eckpunkte zum Eingliederungsplan enthält das zwischen der Bundesagentur für Arbeit und der BAGWfbM vereinbarte „Rahmenprogramm für das Eingangsverfahren und den Berufsbildungsbereich in Werkstätten für behinderte Menschen" (siehe BA-INFO 10/2002 vom 11. 9. 2002).

3 Absatz 2 regelt die Dauer des Eingangsverfahrens. Es dauert im Regelfallfall drei Monate. Wenn sich während des Eingangsverfahrens herausstellt, dass die erforderlichen Feststellungen in einem kürzeren Zeitraum getroffen werden können, kann die Leistungsdauer auf bis zu vier Wochen verkürzt werden. Nach der gesetzgeberischen Begründung handelt es sich bei der Neufassung des Absatzes 2, die im Rahmen des Gesetzes zu Förderung der Ausbildung und Beschäftigung schwerbehinderter Menschen erfolgt ist, um eine Klarstellung der ursprünglich bei der Verabschiedung des SGB IX gewollten Förderdauer (BT-Drucks. 15/2357, S. 23). Mit dieser Begründung wird die Reichweite der Änderung allerdings nicht erfasst. Denn abweichend von der bisherigen Regelung, nach der ab der fünften Woche die Bewilligung von Leistungen im Ermessen des Rehabilitationsträgers stand, wird jetzt ein Rechtsanspruch auf einen Förderzeitraum von drei Monaten festgeschrieben. Eine Verkürzung der Leistungsdauer muss im Einzelfall begründet werden (siehe dazu BT-Drucks. 15/2357, S. 26 zur Änderung des § 3 WVO).

C. Leistungen im Berufsbildungsbereich (Abs. 1 Nr. 2, Abs. 3)

4 Nummer 2 sieht eine Förderung im **Berufsbildungsbereich** vor, wenn die Leistungen erforderlich sind, um die Leistungs- und Erwerbsfähigkeit des behinderten Menschen zu entwickeln, zu verbessern oder wiederherzustellen. Weitere

Voraussetzung ist die Prognose, dass nach Abschluss der Förderung im Berufsbildungsbereich ein Mindestmaß an wirtschaftlich verwertbarer Arbeitsleistung i. S. des § 136 erbracht werden kann. Dieses Mindestmaß ist erreicht, wenn das Ergebnis der Arbeitsleistung des behinderten Menschen das Gesamtergebnis der Werkstatt bereichert (*Cramer,* § 54 Rdnr. 8). Ausreichend ist ein Minimum an Arbeitsleistung (*Cramer,* § 54 Rdnr. 8 m. w. N.). Die Prognose über die voraussichtliche Leistungsfähigkeit ist bei Abschluss des Eingangsverfahrens zu stellen.

Eine Förderung scheidet aus, wenn ein behinderter Mensch voraussichtlich für 5 die gesamte Zeit der Teilnahme an einer Maßnahme im Berufsbildungsbereich eine ständige Einzelbetreuung benötigt, die sich mit dem für diesen Bereich vorgesehenen Personalschlüssel von einer Fachkraft auf sechs behinderte Menschen nicht verwirklichen lässt (*LSG Baden-Württemberg* a. a. O.).

Absatz 3 legt fest, dass die Leistungen im Berufsbildungsbereich grundsätzlich 6 zwei Jahre andauern. Damit geht die Vorschrift nach dem Wortlaut über die Regelung des früheren § 11 Abs. 3 a RehaAnglG ("bis zur Dauer von zwei Jahren") hinaus. Insoweit ist die rechtliche Stellung der behinderten Menschen, die auf Leistungen im Berufsbildungsbereich angewiesen sind, verstärkt worden. Nach dem Inkrafttreten des Dritten Buches aufgetretene Zweifel hinsichtlich der **Förderungsdauer** durch die Bundesagentur für Arbeit sind damit endgültig ausgeräumt.

Es bleibt allerdings – wie bis zum 30. 6. 2001 im RehaAnglG – dabei, dass zu- 7 nächst Leistungen für ein Jahr erbracht werden und die Bewilligung für das zweite Jahr davon abhängt, ob die Leistungsfähigkeit des behinderten Menschen weiterentwickelt oder wiedergewonnen werden kann. Dazu gibt der Fachausschuss nach § 2 WVO rechtzeitig vor der Entscheidung des Rehabilitationsträgers ein fachliches Votum ab.

§ 41 Leistungen im Arbeitsbereich

(1) Leistungen im Arbeitsbereich einer anerkannten Werkstatt für behinderte Menschen erhalten behinderte Menschen, bei denen
1. **eine Beschäftigung auf dem allgemeinen Arbeitsmarkt oder**
2. **Berufsvorbereitung, berufliche Anpassung und Weiterbildung oder berufliche Ausbildung (§ 33 Abs. 3 Nr. 2 bis 4)**

wegen Art oder Schwere der Behinderung nicht, noch nicht oder noch nicht wieder in Betracht kommen und die in der Lage sind, wenigstens ein Mindestmaß an wirtschaftlich verwertbarer Arbeitsleistung zu erbringen.

(2) Die Leistungen sind gerichtet auf
1. **Aufnahme, Ausübung und Sicherung einer der Eignung und Neigung des behinderten Menschen entsprechenden Beschäftigung,**
2. **Teilnahme an arbeitsbegleitenden Maßnahmen zur Erhaltung und Verbesserung der im Berufsbildungsbereich erworbenen Leistungsfähigkeit und zur Weiterentwicklung der Persönlichkeit sowie**
3. **Förderung des Übergangs geeigneter behinderter Menschen auf den allgemeinen Arbeitsmarkt durch geeignete Maßnahmen.**

(3) ¹Die Werkstätten erhalten für die Leistungen nach Absatz 2 vom zuständigen Rehabilitationsträger angemessene Vergütungen, die den Grundsätzen von Wirtschaftlichkeit, Sparsamkeit und Leistungsfähigkeit entsprechen. ²Ist der Träger der Sozialhilfe zuständig, sind die Vorschriften nach dem Zehnten Kapitel des Zwölften Buches anzuwenden. ³Die Vergütungen, in den Fällen des Satzes 2 die Pauschalen und Beträge nach § 76 Abs. 2 des Zwölften Buches, berücksichtigen

§ 41 1–3   Teil 1. Behinderte u. von Behinderung bedrohte Menschen

1. alle für die Erfüllung der Aufgaben und der fachlichen Anforderungen der Werkstatt notwendigen Kosten sowie
2. die mit der wirtschaftlichen Betätigung der Werkstatt in Zusammenhang stehenden Kosten, soweit diese unter Berücksichtigung der besonderen Verhältnisse in der Werkstatt und der dort beschäftigten behinderten Menschen nach Art und Umfang über die in einem Wirtschaftsunternehmen üblicherweise entstehenden Kosten hinausgehen.

⁴Können die Kosten der Werkstatt nach Satz 3 Nr. 2 im Einzelfall nicht ermittelt werden, kann eine Vergütungspauschale für diese werkstattspezifischen Kosten der wirtschaftlichen Betätigung der Werkstatt vereinbart werden.

(4) ¹Bei der Ermittlung des Arbeitsergebnisses der Werkstatt nach § 12 Abs. 4 der Werkstättenverordnung werden die Auswirkungen der Vergütungen auf die Höhe des Arbeitsergebnisses dargestellt. ²Dabei wird getrennt ausgewiesen, ob sich durch die Vergütung Verluste oder Gewinne ergeben. ³Das Arbeitsergebnis der Werkstatt darf nicht zur Minderung der Vergütungen nach Absatz 3 verwendet werden.

Schrifttum: *Wendt,* Von der Werkstatt für Behinderte auf den allgemeinen Arbeitsmarkt – Gesetzliche Veränderung von Fachdiensten für die berufliche Integration im SGB IX und SchwbBAG, NDV-RD 2000, 105.

Inhaltsübersicht

	Rdnr.
A. Allgemeines (Abs. 1)	1, 2
B. Ziel der Leistungen (Abs. 2)	3–6
C. Vergütungen für die Leistungen der Werkstatt (Abs. 3)	7–9
D. Ermittlung des Arbeitsergebnisses (Abs. 4)	10, 11

A. Allgemeines (Abs. 1)

1   Gegenstand des § 41 sind die Leistungen, die an behinderte Menschen im **Arbeitsbereich** einer anerkannten Werkstatt für behinderte Menschen erbracht werden.

2   Da mit Hilfe der Maßnahmen im Berufsbildungsbereich die Leistungsfähigkeit der behinderten Menschen nach Möglichkeit so weit gesteigert werden soll, dass sie einer Beschäftigung auf dem allgemeinen Arbeitsmarkt nachgehen oder an weitergehenden beruflichen Qualifizierungsmaßnahmen teilnehmen können, kommen Leistungen zur Beschäftigung im Arbeitsbereich nur in Betracht, wenn dieses Ziel nicht oder noch nicht erreichbar ist. Dies stellt Abs. 1 klar. Weitere Voraussetzung ist, dass die behinderten Menschen ein Mindestmaß an wirtschaftlich verwertbarer Arbeitsleistung erbringen können. Es sind nur sehr geringe Mindestanforderungen zu stellen (§ 40 Rdnr. 3). Leistungen im Arbeitsbereich werden in der ganz überwiegenden Zahl der Fälle **von dem Träger der Sozialhilfe** erbracht. Das für diesen Träger maßgebliche Zwölfte Buch enthält Besonderheiten (z.B. hinsichtlich der Zahlung von Vergütungen).

B. Ziel der Leistungen (Abs. 2)

3   Absatz 2 beschreibt die unterschiedlichen Zielsetzungen der **Leistungen zur Teilhabe im Arbeitsbereich:** Die Teilhabe am Arbeitsleben soll durch die Aufnahme, Ausübung und Sicherung einer der Eignung und den Neigungen entsprechenden Beschäftigung bewirkt werden. Der Erreichung dieses Ziels dient die Verpflichtung der Werkstätten, ein möglichst breites Spektrum an Arbeitsplätzen anzubieten (§ 136 und WerkstättenVO); den besonderen Belangen der behinderten Menschen muss außerdem dadurch Rechnung getragen werden, dass Arbeitsabläufe auf ihre Bedürfnisse abzustimmen sind; dies kann z. B. durch die Aufteilung der Arbeitsabläufe in bestimmte Arbeitsschritte erreicht werden.

Die Beschäftigung wird flankiert durch **arbeitsbegleitende Maßnahmen** zur 4 Erhaltung der Leistungsfähigkeit und zur Weiterentwicklung der Persönlichkeit. Die Maßnahmen richten sich nicht nur darauf, die im Berufsbildungsbereich erworbene Leistungsfähigkeit zu erhalten, sondern ganz unabhängig von Art und Zeitpunkt des Erwerbs zu sichern. Die erforderlichen Hilfen sind durch den sog. begleitenden Dienst der Werkstätten zu erbringen. Dabei handelt es sich um einen Dienst mit besonderen Fachkräften für die pädagogische, soziale, psychologische und medizinische Betreuung der behinderten Menschen in Werkstätten (*Cramer*, § 54 Rdnr. 17). Maßnahmen können z. B. Bewegungstherapie, Übungen zur Verbesserung der Motorik und vergleichbare Hilfen sein. Die umfassende Ausgestaltung der arbeitsbegleitenden Hilfen macht deutlich, dass in der Werkstatt für Behinderte Teilhabe am Arbeitsleben und Teilhabe am Leben in der Gemeinschaft teilweise in einander übergehen.

Ziel der Leistungen zur Teilhabe im Arbeitsbereich ist auch die **Förderung des** 5 **Übergangs** auf den allgemeinen Arbeitsmarkt. Als Maßnahmen kommen das gezielte Training von Arbeitstugenden des allgemeinen Arbeitsmarktes, gezieltes Belastungstraining und andere Maßnahmen in Betracht. Der Übergang kann auch durch die Probebeschäftigung in einem Betrieb oder einer Übergangs- oder Selbsthilfefirma vorbereitet werden. Übergangs- und Selbsthilfefirmen, die auf die besonderen Bedürfnisse psychisch oder geistig behinderter Menschen eingerichtet sind, können an Werkstätten angegliedert und nach dem Übergang der behinderten Menschen dauerhafter Beschäftigungsort sein. Im Idealfall gelingt der Übergang aus diesen besonderen Beschäftigungsorten des allgemeinen Arbeitsmarktes in einen „regulären Betrieb". Die Voraussetzungen sind mit dem flächendeckenden Aufbau von Integrationsfachdiensten und der gesetzlichen Verankerung der Arbeitsassistenz im Gesetz zur Bekämpfung der Arbeitslosigkeit Schwerbehinderter und im Neunten Buch verbessert worden.

Außerdem ist durch das Gesetz zur Reform der Renten wegen verminderter 6 Erwerbsfähigkeit sichergestellt worden, dass behinderten Menschen, die eine Eingliederung auf dem allgemeinen Arbeitsmarkt versuchen, **keine rentenrechtlichen Nachteile** drohen. Nach § 43 Abs. 2 Satz 3 Nr. 2 SGB VI sind Zeiten eines erfolglosen Eingliederungsversuchs auf die 20-jährige Wartezeit nach § 43 Abs. 6 SGB VI anzurechnen; damit bleibt die während der Beschäftigung in der Werkstatt für Behinderte erworbene Anwartschaft auf den Bezug von Rente wegen Erwerbsminderung gewahrt. Nach früherem Recht hätte bei Fehlschlagen des Eingliederungsversuchs ein Verlust der Anwartschaft auf Rente wegen Erwerbsminderung gedroht.

C. Vergütungen für die Leistungen der Werkstatt (Abs. 3)

Absatz 3 ist gegenüber dem bisherigen Recht klarer gefasst worden. Es wird 7 deutlich, dass es nicht um die Beschreibung der Leistungen geht, die zur Teilhabe am Arbeitsleben erforderlich sind, sondern um die **Vergütung** der von der Werkstatt erbrachten Leistungen durch den Rehabilitationsträger.

Wie bisher sind nur die **Leistungen erstattungsfähig**, die den Grundsätzen 8 von Wirtschaftlichkeit, Sparsamkeit und Leistungsfähigkeit entsprechen. Soweit

§ 42   Teil 1. Behinderte u. von Behinderung bedrohte Menschen

der Träger der Sozialhilfe zuständiger Rehabilitationsträger ist, sind die Vorschriften des Zwölften Buches anzuwenden. Ausführliche Detailregelungen enthalten die Werkstattempfehlungen der Bundesarbeitsgemeinschaft der überörtlichen Träger der Sozialhilfe, Stand 1. 1. 2005 – Werkstattempfehlungen – zu beziehen über den Landschaftsverband Westfalen-Lippe).

9   Satz 3 berührt das Problem, dass es in den Werkstätten unterschiedliche **Kostenarten** gibt. Zu unterscheiden sind Kosten, die unmittelbar durch die Förderung der Teilhabe der behinderten Menschen entstehen (Nr. 1), von den normalerweise mit wirtschaftlicher Betätigung verbundenen Kosten (z. B. Kosten für Buchführung, Materialbeschaffung u. a.). Darüber hinaus entstehen in Werkstätten dem betriebswirtschaftlichen Bereich zuzuordnende Mehrkosten (z. B. durch die kostensteigernde Aufteilung von Arbeitsabläufen in einzelne Arbeitsschritte), die mit den besonderen Verhältnissen in der Werkstatt, insbesondere mit der in der Regel eingeschränkten Leistungsfähigkeit behinderter Menschen in Zusammenhang stehen, und in anderen Wirtschaftsunternehmen üblicherweise nicht entstehen (Nr. 2). Diese Kosten sind gesondert auszuweisen; ist dies nicht möglich, können sie pauschaliert abgegolten werden.

D. Ermittlung des Arbeitsergebnisses (Abs. 4)

10   Absatz 4 verpflichtet die Werkstattträger, bei der **Ermittlung des Arbeitsergebnisses** die Auswirkungen der Vergütungen auf das Arbeitsergebnis darzustellen. Dabei sind defizitäre Bereiche und Bereiche mit Überschüssen getrennt auszuweisen. Damit soll sichergestellt werden, dass die Ursachen für Minderungen des Arbeitsergebnisses, aus dem die Entgelte der behinderten Menschen gezahlt werden müssen, offensichtlich werden. Es soll verhindert werden, dass zu geringe Vergütungen sich negativ auf die Höhe des Arbeitsergebnisses und damit auch der Entgelte auswirken.

11   Dasselbe Ziel verfolgt Satz 3, der die – nachträgliche – Minderung der Vergütungen durch Heranziehung von Teilen des Arbeitsergebnisses verbietet. Diese sog. Nettoerlösrückführung war in der Vergangenheit von einem Teil der überörtlichen Träger der Sozialhilfe praktiziert worden.

§ 42 Zuständigkeit für Leistungen in Werkstätten für behinderte Menschen

(1) **Die Leistungen im Eingangsverfahren und im Berufsbildungsbereich erbringen**

1. **die Bundesagentur für Arbeit, soweit nicht einer der in den Nummern 2 bis 4 genannten Träger zuständig ist,**
2. **die Träger der Unfallversicherung im Rahmen ihrer Zuständigkeit für durch Arbeitsunfälle Verletzte und von Berufskrankheiten Betroffene,**
3. **die Träger der Rentenversicherung unter den Voraussetzungen der §§ 11 bis 13 des Sechsten Buches,**
4. **die Träger der Kriegsopferfürsorge unter den Voraussetzungen der §§ 26 und 26a des Bundesversorgungsgesetzes.**

(2) **Die Leistungen im Arbeitsbereich erbringen**

1. **die Träger der Unfallversicherung im Rahmen ihrer Zuständigkeit für durch Arbeitsunfälle Verletzte und von Berufskrankheiten Betroffene,**
2. **die Träger der Kriegsopferfürsorge unter den Voraussetzungen des § 27d Abs. 1 Nr. 3 des Bundesversorgungsgesetzes,**

3. die Träger der öffentlichen Jugendhilfe unter den Voraussetzungen des § 35 a des Achten Buches,
4. im Übrigen die Träger der Sozialhilfe unter den Voraussetzungen des Zwölften Buches.

Inhaltsübersicht

	Rdnr.
A. Zuständigkeit im Eingangsverfahren und im Berufsbildungsbereich (Abs. 1)	1
B. Zuständigkeit im Arbeitsbereich (Abs. 2)	2

A. Zuständigkeit im Eingangsverfahren und im Berufsbildungsbereich (Abs. 1)

§ 42 regelt die **Zuständigkeiten** der in § 6 genannten Rehabilitationsträger getrennt nach Eingangsverfahren und Berufsbildungsbereich einerseits und Arbeitsbereich andererseits. Absatz 1 weist der Bundesagentur für Arbeit für das Eingangsverfahren und den Berufsbildungsbereich die **Auffangzuständigkeit** zu. Sie erbringt Leistungen zur Teilhabe am Arbeitsleben im Eingangsverfahren und im Berufsbildungsbereich, es sei denn, einer der in den Nummern 2 bis 4 genannten Träger ist vorrangig zuständig.

1

B. Zuständigkeit im Arbeitsbereich (Abs. 2)

Absatz 2 weist dem Träger der Sozialhilfe die Zuständigkeit für die Erbringung der Leistungen im Arbeitsbereich zu, sofern nicht ein anderer Träger vorrangig zuständig ist. In der ganz überwiegenden Zahl der Fälle bleibt es in der Praxis bei dieser Auffangzuständigkeit der Sozialhilfe. Leistungen im Arbeitsbereich werden abweichend vom bisherigen Recht auch von den Trägern der gesetzlichen Unfallversicherung erbracht.

2

§ 43 Arbeitsförderungsgeld

¹Die Werkstätten für behinderte Menschen erhalten von dem zuständigen Rehabilitationsträger zur Auszahlung an die im Arbeitsbereich beschäftigten behinderten Menschen zusätzlich zu den Vergütungen nach § 41 Abs. 3 ein Arbeitsförderungsgeld. ²Das Arbeitsförderungsgeld beträgt monatlich 26 Euro für jeden im Arbeitsbereich beschäftigten behinderten Menschen, dessen Arbeitsentgelt zusammen mit dem Arbeitsförderungsgeld den Betrag von 325 Euro nicht übersteigt. ³Ist das Arbeitsentgelt höher als 299 Euro, beträgt das Arbeitsförderungsgeld monatlich den Unterschiedsbetrag zwischen dem Arbeitsentgelt und 325 Euro. ⁴Erhöhungen der Arbeitsentgelte auf Grund der Zuordnung der Kosten im Arbeitsbereich der Werkstatt gemäß § 41 Abs. 3 des Bundessozialhilfegesetzes in der ab 1. August 1996 geltenden Fassung oder gemäß § 41 Abs. 3 können auf die Zahlung des Arbeitsförderungsgeldes angerechnet werden.

Inhaltsübersicht

	Rdnr.
A. Allgemeines	1, 2
B. Anspruch der Werkstatt	3
C. Auszahlung an den schwerbehinderten Menschen	4–6
D. Sozialpolitischer Hintergrund	7, 8

A. Allgemeines

1 § 43 war in der parlamentarischen Behandlung gegenüber der Fassung des Regierungsentwurfs wesentlich verändert worden (BT-Drucks. 14/5800, S. 28). Anstelle einer Ermächtigung zum Erlass einer KostenzuordnungsVO sieht die Vorschrift nun die **Zahlung eines Arbeitsförderungsgeldes** in Höhe von 26 Euro an die Werkstatt zur Auszahlung an die im Arbeitsbereich beschäftigten behinderten Menschen vor.

2 Voraussetzung hierfür ist, dass das Arbeitsentgelt des Empfängers 299 Euro nicht übersteigt. Liegt das **Entgelt höher** als 299 Euro, wird das Arbeitsförderungsgeld soweit vermindert, dass der Gesamtbetrag von Entgelt und Arbeitsförderungsgeld 325 Euro nicht übersteigt. Ab einem Entgelt von 325 Euro wird also kein Arbeitsförderungsgeld mehr gezahlt. Die maßgeblichen Beträge sind durch das Behindertengleichstellungsgesetz vom 27. 4. 2002 (BGBl. I S. 1467) modifiziert worden (Anpassung an den in § 8 des Vierten Buches genannten Betrag bzw. rechnerische Anpassung des in Satz 3 erster Halbsatz genannten Betrages). Einmaliges Arbeitsentgelt (Urlaubsgeld/Weihnachtsgeld) wird in dem Monat berücksichtigt, in dem es dem Beschäftigten zufließt (siehe Werkstattempfehlungen der BAG der überörtlichen Träger der Sozialhilfe, Abschnitt 8.2.3). Der 26 Euro-Betrag ist eine Bruttoleistung.

B. Anspruch der Werkstatt

3 Die Werkstatt hat einen unmittelbaren Anspruch gegen den zuständigen Rehabilitationsträger auf **Auszahlung des Arbeitsförderungsgeldes.** Voraussetzung für die Zahlung ist, dass die Werkstatt den behinderten Menschen, an den das Arbeitsförderungsgeld auszuzahlen ist, in ihrem Arbeitsbereich beschäftigt. Soweit die Kostenträger vorher die Vergütungen mit dem Ziel der Erhöhung des Arbeitsergebnisses der Werkstatt und damit auch der Entgelte erhöhen, werden die zusätzlich gezahlten Vergütungen auf die Zahlung des Arbeitsförderungsgeldes angerechnet. Damit werden ungerechtfertigte Mehrkosten der Rehabilitationsträger vermieden. Im Streitfall ist die Zahlung vor dem Sozialgericht einzuklagen.

C. Auszahlung an den schwerbehinderten Menschen

4 Die Werkstatt zahlt das Arbeitsförderungsgeld an den in ihrem Arbeitsbereich beschäftigten behinderten Menschen als Arbeitsentgelt aus. Die WfB hat bei der Verwendung des Arbeitsförderungsgeldes nicht den Handlungsspielraum, den sie bei Vergütungen nach § 41 Abs. 3 SGB IX i.V.m. § 12 Abs. 5 SchwbWVO hat, sondern muss dieses ungeschmälert an die behinderten Beschäftigten auszahlen. Das ausgezahlte Arbeitsförderungsgeld ist sozialversicherungspflichtiges Entgelt nach § 14 SGB IV. Das Arbeitsförderungsgeld ist zwar mangels ausdrücklicher Erwähnung nicht Arbeitsentgelt i.S.v. § 138 Abs. 2 Es ist aber den gleichen arbeitsrechtlichen Regelungen unterworfen wie das Arbeitsentgelt. Bei krankheits- oder urlaubsbedingter Abwesenheit ist es z.b. im Rahmen der Lohnfortzahlung ungekürzt weiter zu zahlen.

Das Arbeitsförderungsgeld ist zweckbestimmte Einnahme nach § 11 Abs. 3 Nr. 1 Buchstabe a SGB II und deshalb nach dem SGB II nicht als Einkommen zu berücksichtigen; im Rahmen des Zwölften Buches kann es vom anzurechnenden Einkommen abgesetzt werden (§ 82 Abs. 2 Nr. 5 SGB XII). 5

Eine **Kürzung** des Arbeitsförderungsgeldes wegen Teilzeitbeschäftigung ist möglich. Die Art und Weise der Kürzung richtet sich nach § 4 Abs. 1 Satz 2 des zum 1. 1. 2001 in Kraft getretenen Gesetzes über Teilzeit und befristete Arbeitsverhältnisse (TzBfG). Es gilt der Grundsatz: Wird das zugrunde liegende Arbeitsentgelt zulässigerweise nach arbeitsrechtlichen Grundsätzen gekürzt, so kann dies auch für das Arbeitsförderungsgeld geschehen. Für behinderte Beschäftigte, die wegen der Art und Schwere ihrer Behinderung gem. § 6 Abs. 2 SchwWVO teilzeitbeschäftigt sind, hat das frühere BMA empfohlen, keine Kürzung vorzunehmen. 6

D. Sozialpolitischer Hintergrund

Die Einführung des Arbeitsförderungsgeldes ist vor dem Hintergrund der seit annähernd 15 Jahren geführten Debatte über die angemessene Entlohnung der behinderten Menschen in Werkstätten für Behinderte zu sehen. Die Entlohnung wird von vielen als ungerecht empfunden, insbesondere weil das bestehende Entlohnungssystem mit einem Grund- und einem Steigerungsbetrag leistungsstärkere Behinderte benachteiligt. In Gestalt des sog. Grundbetrags (§ 138 Abs. 2) erhält jeder behinderte Mensch in der Werkstatt unabhängig von der erbrachten Leistung faktisch ein **Mindestentgelt**, und zwar in Höhe des von der Bundesagentur für Arbeit im Berufsbildungsbereich zuletzt gezahlten Ausbildungsgeldes. Der **Steigerungsbetrag** richtet sich nach der erbrachten Leistung. Da das Arbeitsergebnis zunächst für die Zahlung des Grundbetrags zu verwenden ist, können nur die danach verbleibenden Mittel für die Steigerungsbeträge eingesetzt werden. Sie reichen für die Zahlung leistungsangemessener Steigerungsbeträge oft nicht aus. 7

Die Einführung des Arbeitsförderungsgeldes führt dazu, dass die Benachteiligung leistungsstärkerer behinderter Menschen mit einem Entgelt von unter 325 Euro abgemildert wird. Für leistungsschwächere behinderte Menschen erhöht sich faktisch das garantierte Mindestentgelt. 8

Kapitel 6. Unterhaltssichernde und andere ergänzende Leistungen

§ 44 Ergänzende Leistungen

(1) **Die Leistungen zur medizinischen Rehabilitation und zur Teilhabe am Arbeitsleben der in § 6 Abs. 1 Nr. 1 bis 5 genannten Rehabilitationsträger werden ergänzt durch**
1. **Krankengeld, Versorgungskrankengeld, Verletztengeld, Übergangsgeld, Ausbildungsgeld oder Unterhaltsbeihilfe,**
2. **Beiträge und Beitragszuschüsse**
   a) **zur Krankenversicherung nach Maßgabe des Fünften Buches, des Zweiten Gesetzes über die Krankenversicherung der Landwirte sowie des Künstlersozialversicherungsgesetzes,**
   b) **zur Unfallversicherung nach Maßgabe des Siebten Buches,**

von der Heide

c) zur Rentenversicherung nach Maßgabe des Sechsten Buches sowie des Künstlersozialversicherungsgesetzes,
d) zur Bundesagentur für Arbeit nach Maßgabe des Dritten Buches,
e) zur Pflegeversicherung nach Maßgabe des Elften Buches,
3. ärztlich verordneten Rehabilitationssport in Gruppen unter ärztlicher Betreuung und Überwachung, einschließlich Übungen für behinderte oder von Behinderung bedrohte Frauen und Mädchen, die der Stärkung des Selbstbewusstseins dienen,
4. ärztlich verordnetes Funktionstraining in Gruppen unter fachkundiger Anleitung und Überwachung,
5. Reisekosten,
6. Betriebs- oder Haushaltshilfe und Kinderbetreuungskosten.

(2) [1]Ist der Schutz behinderter Menschen bei Krankheit oder Pflege während der Teilnahme an Leistungen zur Teilhabe am Arbeitsleben nicht anderweitig sichergestellt, können die Beiträge für eine freiwillige Krankenversicherung ohne Anspruch auf Krankengeld und zur Pflegeversicherung bei einem Träger der gesetzlichen Kranken- oder Pflegeversicherung oder, wenn dort im Einzelfall ein Schutz nicht gewährleistet ist, die Beiträge zu einem privaten Krankenversicherungsunternehmen erbracht werden. [2]Arbeitslose Teilnehmer an Leistungen zur medizinischen Rehabilitation können für die Dauer des Bezuges von Verletztengeld, Versorgungskrankengeld oder Übergangsgeld einen Zuschuss zu ihrem Beitrag für eine private Versicherung gegen Krankheit oder für die Pflegeversicherung erhalten. [3]Der Zuschuss wird nach § 207a Abs. 2 des Dritten Buches berechnet.

Schrifttum: *Baumjohann,* Rehabilitationsmaßnahmen der Bundesknappschaft – im Blickfeld des Rentenreformgesetzes 1992 und der deutschen Einigung, Teil 3 –, Kompaß 1991, 23; *Bayerlein/Engelbrecht/Meyer* u. a., Die Übergangsgeldvorschriften, MittLVA Oberfr. 1992, 541; *Bundesverbände der Krankenkassen,* Gemeinsames Rundschreiben zu Auswirkungen des SGB IX in der gesetzlichen Krankenversicherung; *Louven,* Arbeitslosenhilfe und weitere Entgeltersatzleistungen, SGB III im Überblick, SozSich 1999, 208; *Reddig,* Entgeltersatzleistungen bei medizinischen und sonstigen Leistungen zur Rehabilitation, Übergangsgeld der gesetzlichen Rentenversicherung für versicherungspflichtige Arbeitnehmer, SVFAng 1997, 71; *Roth/Ritz,* Auswirkungen des RRG 99 auf die Rehabilitationsleistungen im Bereich der gesetzlichen Rentenversicherung, DRV 1998, 79; *Verband Deutscher Rentenversicherungsträger,* Gemeinsames Rundschreiben der Rentenversicherungsträger zum Übergangsgeld, Januar 2005.

Inhaltsübersicht

	Rdnr.
A. Allgemeines	1
B. Katalog der ergänzenden Leistungen (Abs. 1)	2–5
C. Erbringung von Beiträgen für eine freiwillige Krankenversicherung und Pflegeversicherung (Abs. 2)	6–8

A. Allgemeines

1 Die Vorschrift gibt einen Überblick über **ergänzend** zu den Leistungen zur medizinischen Rehabilitation und denen zur Teilhabe am Arbeitsleben in Betracht kommende Leistungen. Ergänzende Leistungen werden von allen Rehabilitationsträgern mit Ausnahme der Träger der Sozial- und Jugendhilfe erbracht. Die Vorschrift hat **überwiegend deklaratorische Bedeutung.** Für den Rehabilitationssport und das Funktionstraining hingegen bildet sie die leistungsrechtliche Grundlage, d. h. aus ihnen können die Berechtigten unmittelbar Leistungsansprüche ableiten (ebenso *Schütze*, in: Hauck/Noftz, § 44 Rdnr. 16). Der Regelungsinhalt war bisher in § 12 RehaAnglG enthalten.

B. Katalog der ergänzenden Leistungen (Abs. 1)

Absatz 1 enthält in den Nr. 1 bis 6 den **Katalog** der neben den Leistungen zur medizinischen Rehabilitation und zur Teilhabe am Arbeitsleben zu gewährenden **ergänzenden Leistungen**. Erbracht werden diese ergänzenden Leistungen nach Abs. 1 von den in § 6 Abs. 1 Satz 1 Nr. 1 bis 5 genannten Rehabilitationsträgern, d. h. von den gesetzlichen Krankenkassen, der Bundesagentur für Arbeit, den Unfallversicherungsträgern, den Rentenversicherungsträgern, den Trägern der Alterssicherung der Landwirte sowie den Trägern der Kriegsopferversorgung und den Trägern der Kriegsopferfürsorge. Die Leistungen nach Abs. 1 Nr. 1 bis 6 können nur im Zusammenhang mit Leistungen zur medizinischen Rehabilitation und zur Teilhabe am Arbeitsleben und nicht selbstständig erbracht werden. Der Anspruch auf diese Leistungen besteht immer nur gegen den Versicherungsträger, der eine Leistung zur medizinischen Rehabilitation oder zur Teilhabe am Arbeitsleben durchführt.

Absatz 1 enthält in den Nr. 1 und 2 sowie in den Nr. 5 und 6 lediglich **Hinweisvorschriften** zu den ergänzenden Leistungen in diesem Gesetz bzw. den für die Leistungsträger maßgebenden Leistungsgesetzen. Nr. 1 führt die in § 45 näher beschriebenen Leistungen zur Sicherung des Lebensunterhalts auf. Nr. 2 sieht die Erbringung von Beiträgen und Beitragszuschüssen zur Sozialversicherung vor. Die Zahlung von Beiträgen und Beitragszuschüssen bestimmt sich nach den jeweiligen Leistungsgesetzen, Nr. 2 ist damit keine eigenständige Rechtsgrundlage für die Übernahme von Beiträgen (so auch *Schellhorn/Stähler,* in: Lachwitz/Schellhorn/Welti, § 44 Rdnr. 8). Die Regelung in Nr. 2 geht Abs. 2 vor. Die Nr. 3 und 4 sind dagegen **eigenständige Leistungsvorschriften**. Sie behandeln den **Rehabilitationssport** sowie das ärztlich verordnete Funktionstraining. Die Rehabilitationsträger haben hierzu die „**Rahmenvereinbarung**" über den Rehabilitationssport und das Funktionstraining" vom 1. 10. 2003 abgeschlossen.

In Abs. 1 Nr. 3 ist festgelegt, dass für die **Rehabilitationssport** eine ärztliche Verordnung erforderlich ist und dass es sich nicht um eine individuelle, sondern um eine in Sportgruppen durchzuführende Leistung handelt. Auch muss die Leistung unter ärztlicher Betreuung und Überwachung erfolgen. Ausdrücklich aufgeführt sind auch Übungen für behinderte oder von Behinderung bedrohte Frauen und Mädchen, die der Stärkung des Selbstbewusstseins dienen. Hier sind z. B. einzelne Übungselemente der Selbstverteidigung wie Koordinations- und Fallübungen in Betracht zu ziehen, die in bestehende Angebote des Rehabilitationssports integriert werden. Eine ausdrückliche Erwähnung von Übungen für Jungen und Männer zur Stärkung des Selbstbewusstseins sieht das SGB IX nicht vor. Es kann aber notwendig sein, derartige Übungen für Jungen und Männer zu erbringen, wenn sie zur Erreichung der Ziele der Leistungen zur medizinischen Rehabilitation erforderlich sind (s. hierzu auch Bundesministerium für Gesundheit und Soziale Sicherung, SGB IX – Rehabilitation und Teilhabe behinderter Menschen, Antwort 54). Soweit es sich um sportliche Übungen handelt, kommen sie als ergänzende Leistung im Rahmen des Rehabilitationssports in Betracht. Darüber hinaus können während der Ausführung der Leistungen zur medizinischen Rehabilitation oder zur Teilhabe am Arbeitsleben Hilfen geleistet werden
– zur Aktivierung von Selbsthilfepotenzialen,

– zur seelischen Stabilisierung und zur Förderung der sozialen Kompetenz, unter anderem durch Training sozialer und kommunikativer Fähigkeiten und im Umgang mit Krisensituationen und
– zum Training lebenspraktischer Fähigkeiten.

5 Nach Abs. 1 Satz 1 Nr. 4 wird das **ärztlich verordnete Funktionstraining** in Gruppen unter fachkundiger Anleitung und Überwachung durchgeführt. Im Gegensatz zum Rehabilitationssport ist eine ärztliche Betreuung und Überwachung nicht erforderlich. Die Übernahme von Reisekosten in Nr. 5 ist im § 53 näher geregelt, die Gewährung einer Betriebs- oder Haushaltshilfe und die Übernahme von Kinderbetreuungskosten nach Nr. 6 ergibt sich aus § 54.

C. Erbringung von Beiträgen für eine freiwillige Krankenversicherung und Pflegeversicherung (Abs. 2)

6 Absatz 2 Satz 1 sieht vor, dass während der Teilnahme an Leistungen zur Teilhabe am Arbeitsleben, falls ein Sicherungsbedarf besteht, die **Beiträge für eine freiwillige Krankenversicherung** ohne Anspruch auf Krankengeld und zur Pflegeversicherung bei einem Träger der gesetzlichen Kranken- oder Pflegeversicherung vom Rehabilitationsträger erbracht werden können. Ersatzweise können auch die Beiträge zu einem privaten Krankenversicherungsunternehmen erbracht werden, wenn bei einer gesetzlichen Versicherung im Einzelfall ein Schutz nicht gewährleistet ist. Auf diese Leistungen besteht allerdings kein Rechtsanspruch; im Rahmen des Abs. 2 ist anders als bei Abs. 1 von einer Ermessensentscheidung des Rehabilitationsträgers auszugehen. Maßgebender Gesichtspunkt ist dabei die Frage nach der Sicherstellung des Schutzes des behinderten Menschen bei Krankheit und Pflege (s. auch *Schellhorn/Stähler*, in: Lachwitz/Schellhorn/Welti, § 44 Rdnr. 17). Nach dem Ausschussbericht (BT-Drucks. 14/5800, S. 33) *soll* der Rehabilitationsträger auch die Beiträge bei privaten Krankenversicherungsunternehmen übernehmen.

7 In Satz 2 des Abs. 2 geht es um **arbeitslose Rehabilitanden,** die Leistungen zur medizinischen Rehabilitation erhalten. Dieser Personenkreis kann vom Rehabilitationsträger einen Zuschuss zur privaten Krankenversicherung und Pflegeversicherung während des Bezugs von Verletztengeld, Versorgungskrankengeld oder Übergangsgeld erhalten. Der für die Leistung zur medizinischen Rehabilitation zuständige Rehabilitationsträger soll im gleichen Umfang wie vorher die Bundesagentur für Arbeit die Beiträge für eine private Krankenversicherung übernehmen.

8 Nach Abs. 2 Satz 3 wird der **Zuschuss** nach § 207a Abs. 2 SGB III berechnet. Danach übernimmt die Bundesagentur für Arbeit die vom Leistungsbezieher an das private Krankenversicherungsunternehmen zu zahlenden Beiträge, höchstens jedoch die Beiträge, die sie ohne Befreiung von der Versicherungspflicht in der gesetzlichen Krankenversicherung oder in der sozialen Pflegeversicherung zu tragen hätte.

§ 45 Leistungen zum Lebensunterhalt

(1) **Im Zusammenhang mit Leistungen zur medizinischen Rehabilitation leisten**
1. **die gesetzlichen Krankenkassen Krankengeld nach Maßgabe der §§ 44 und 46 bis 51 des Fünften Buches und des § 8 Abs. 2 in Verbindung mit den §§ 12 und 13 des Zweiten Gesetzes über die Krankenversicherung der Landwirte,**

2. die Träger der Unfallversicherung Verletztengeld nach Maßgabe der §§ 45 bis 48, 52 und 55 des Siebten Buches,
3. die Träger der Rentenversicherung Übergangsgeld nach Maßgabe dieses Buches und der §§ 20 und 21 des Sechsten Buches,
4. die Träger der Kriegsopferversorgung Versorgungskrankengeld nach Maßgabe der §§ 16 bis 16 h und 18 a des Bundesversorgungsgesetzes.

(2) Im Zusammenhang mit Leistungen zur Teilhabe am Arbeitsleben leisten Übergangsgeld
1. die Träger der Unfallversicherung nach Maßgabe dieses Buches und der §§ 49 bis 52 des Siebten Buches,
2. die Träger der Rentenversicherung nach Maßgabe dieses Buches und der §§ 20 und 21 des Sechsten Buches,
3. die Bundesagentur für Arbeit nach Maßgabe dieses Buches und der §§ 160 bis 162 des Dritten Buches,
4. die Träger der Kriegsopferfürsorge nach Maßgabe dieses Buches und des § 26 a des Bundesversorgungsgesetzes.

(3) Behinderte oder von Behinderung bedrohte Menschen haben Anspruch auf Übergangsgeld wie bei Leistungen zur Teilhabe am Arbeitsleben für den Zeitraum, in dem die berufliche Eignung abgeklärt oder eine Arbeitserprobung durchgeführt wird (§ 33 Abs. 4 Satz 2) und sie wegen der Teilnahme kein oder ein geringeres Arbeitsentgelt oder Arbeitseinkommen erzielen.

(4) Der Anspruch auf Übergangsgeld ruht, solange die Leistungsempfängerin einen Anspruch auf Mutterschaftsgeld hat; § 52 Nr. 2 des Siebten Buches bleibt unberührt.

(5) Während der Ausführung von Leistungen zur erstmaligen beruflichen Ausbildung behinderter Menschen und berufsvorbereitenden Bildungsmaßnahmen sowie im Eingangsverfahren und im Berufsbildungsbereich von Werkstätten für behinderte Menschen leisten
1. die Bundesagentur für Arbeit Ausbildungsgeld nach Maßgabe der §§ 104 bis 108 des Dritten Buches,
2. die Träger der Kriegsopferfürsorge Unterhaltsbeihilfe unter den Voraussetzungen der §§ 26 und 26 a des Bundesversorgungsgesetzes.

(6) Die Träger der Kriegsopferfürsorge leisten in den Fällen des § 27 d Abs. 1 Nr. 3 des Bundesversorgungsgesetzes ergänzende Hilfe zum Lebensunterhalt nach § 27 a des Bundesversorgungsgesetzes.

(7) Wird bei ambulanter Ausführung von Leistungen zur medizinischen Rehabilitation Verletztengeld, Versorgungskrankengeld oder Übergangsgeld geleistet, kann der Rehabilitationsträger im Rahmen der nach § 13 Abs. 2 Nr. 7 vereinbarten Empfehlung eine Erstattung seiner Aufwendungen für diese Leistungen verlangen.

(8) Das Krankengeld, das Versorgungskrankengeld, das Verletztengeld und das Übergangsgeld werden für Kalendertage gezahlt; wird die Leistung für einen ganzen Kalendermonat gezahlt, so wird dieser mit 30 Tagen angesetzt.

Inhaltsübersicht

	Rdnr.
A. Allgemeines	1, 2
B. Auflistung der Entgeltersatzleistungen (Abs. 1, 2)	3
C. Übergangsgeld bei Berufsfindung und Arbeitserprobung (Abs. 3)	4–7

von der Heide

	Rdnr.
D. Ruhen des Übergangsgeldes bei Anspruch auf Mutterschaftsgeld (Abs. 4)	8
E. Leistungen während der Ausführung von Leistungen zur erstmaligen beruflichen Ausbildung behinderter Menschen (Abs. 5)	9
F. Ergänzende Hilfe zum Lebensunterhalt durch die Träger der Kriegsopferfürsorge (Abs. 6)	10
G. Abgrenzung der Leistungsansprüche (Abs. 7)	11
H. Übergangsgeld bei ambulanten Rehabilitationsleistungen (Abs. 7 i. V. m. § 13 Abs. 2 Nr. 7)	12, 13
I. Zahlungsweise der Entgeltersatzleistungen (Abs. 8)	14

A. Allgemeines

1 Die Vorschrift gibt einen **Überblick** über die Leistungen, die den Lebensunterhalt der behinderten und von Behinderung bedrohten Menschen und ihrer Familienangehörigen während der Ausführung von Leistungen zur medizinischen Rehabilitation und von Leistungen zur Teilhabe am Arbeitsleben sicherstellen sollen und nennt die auf die jeweiligen Leistungen anwendbaren Vorschriften. Mit dieser Vorschrift werden die Regelungen zum **Übergangsgeld**, die bisher im dritten, vierten, sechsten und siebten Buch sowie im Bundesversorgungsgesetz normiert waren, weitestgehend zusammengefasst und vereinheitlicht. Diese Vorschriften sind nach § 7 – anders als die bisherigen in § 13 Abs. 2 bis 9 und §§ 14 bis 18 Reha-AnglG – unmittelbar anzuwenden, es sei denn, dass besondere Regelungen für die jeweiligen Rehabilitationsträger Abweichendes bestimmen (BR-Drucks. 49/01, Begründung, S. 324).

2 Seit Inkrafttreten des Neunten Buchs Sozialgesetzbuches (SGB IX) ist regelmäßig ein Anspruch auf Übergangsgeld dem Grunde nach gegeben, und zwar unabhängig davon, ob die Leistung zur Teilhabe stationär oder ambulant erbracht wird oder Arbeitsunfähigkeit besteht oder der Betroffene wegen dieser Leistung an der Ausübung einer ganztägigen Erwerbstätigkeit gehindert ist. Vor Inkrafttreten des SGB IX waren die Versicherten, die ambulante Leistungen in Anspruch genommen haben und deswegen einen Einkommensverlust hatten, aber nicht an einer ganztägigen Erwerbstätigkeit gehindert waren, wirtschaftlich nicht ausreichend abgesichert.

B. Auflistung der Entgeltersatzleistungen (Abs. 1, 2)

3 Absatz 1 zählt die in den jeweiligen Rehabilitationsbereichen zu erbringenden **Entgeltersatzleistungen** im Zusammenhang mit Leistungen zur **medizinischen Rehabilitation** auf und nennt die jeweils anwendbaren Vorschriften und die zuständigen Träger der Rehabilitation. Absatz 1 ist **keine Rechtsgrundlage** für die Erbringung von Leistungen. Anzuwenden sind die in Absatz 1 genannten Vorschriften. Absatz 2 enthält eine **Auflistung der Rehabilitationsträger**, die Übergangsgeld bei Leistungen zur **Teilhabe am Arbeitsleben** leisten, und führt die jeweils anwendbaren Vorschriften auf.

C. Übergangsgeld bei Berufsfindung und Arbeitserprobung (Abs. 3)

4 Absatz 3 bestimmt, dass die Teilnahme an einer **Abklärung der beruflichen Eignung** (früher Berufsfindung) oder einer **Arbeitserprobung** nun auch einen

Übergangsgeldanspruch auslöst, wenn der Betroffene wegen der Teilnahme kein oder ein geringeres Arbeitsentgelt oder Arbeitseinkommen erzielt. Bisher begründete nur der Wegfall von Arbeitsentgelt, nicht aber der Wegfall von Arbeitseinkommen, einen Übergangsgeldanspruch nach den Vorgängervorschriften (s. aber § 65 a SGB I). Mit der Neuregelung wird sichergestellt, dass z. B. auch selbstständig Tätige ein Übergangsgeld nach dieser Vorschrift erhalten können (BR-Drucks. 49/01, Begründung, S. 324).

Die Regelung in Abs. 3 ist notwendig, weil Maßnahmen der **Abklärung der** 5 **beruflichen Eignung** und die **Arbeitserprobung** zum Verwaltungsverfahren gehören und nicht den Leistungen zur Teilhabe am Arbeitsleben zuzuordnen sind und somit eigentlich keinen Übergangsgeldanspruch auslösen.

Die **Leistungsvoraussetzungen** liegen nach Abs. 3 nicht vor, wenn der Be- 6 troffene während der Maßnahme schon aufgrund einer Arbeitsunfähigkeit oder Arbeitslosigkeit kein Arbeitsentgelt oder Arbeitseinkommen erzielen kann. Der Betroffene hat damit keinen Anspruch auf Übergangsgeld, wenn ihm in dieser Zeit andere Entgeltersatzleistungen zustehen. Werden also bis zum Beginn der Abklärung der beruflichen Eignung oder der Arbeitserprobung Entgeltersatzleistungen (Krankengeld, Arbeitslosengeld, Arbeitslosenhilfe und dergleichen) bezogen, so sind sie, das Übergangsgeld nach dieser Vorschrift ausschließend, weiterzuzahlen (siehe Begründung zu § 20 SGB VI a. F., BT-Drucks. 11/4124, S. 157).

Absatz 3 ersetzt die entsprechenden bisherigen Regelungen in § 20 Abs. 1 7 Satz 2 SGB VI für die Rentenversicherung, § 160 Abs. 1 Satz 1 Nr. 2b SGB III für die Bundesagentur für Arbeit und für die Unfallversicherung § 51 i. V. m. § 45 Abs. 2 Satz 3 SGB VII. Eine entsprechende Regelung war in § 13 Abs. 1 Satz 3 RehaAnglG enthalten.

D. Ruhen des Übergangsgeldes bei Anspruch auf Mutterschaftsgeld (Abs. 4)

Nach Abs. 4 ruht der Anspruch auf Übergangsgeld, solange die Leistungs- 8 empfängerin einen Anspruch auf **Mutterschaftsgeld** hat. Anspruch auf Mutterschaftsgeld haben Frauen, die bei Beginn der Schutzfrist in einem Arbeitsverhältnis stehen oder in Heimarbeit beschäftigt sind oder deren Arbeitsverhältnis während der Schwangerschaft vom Arbeitgeber zulässig aufgelöst worden ist, für die Zeit der Schutzfristen des § 3 Abs. 2 und § 6 Abs. 1 MuSchG sowie für den Entbindungstag. Das Übergangsgeld ruht in voller Höhe, auch wenn es den das Ruhen bewirkenden Betrag des Mutterschaftsgeldes übersteigt. Nach Abs. 4 Satz 2 bleibt § 52 Nr. 2 SGB VII unberührt. Ein Ruhen des Anspruchs auf Übergangsgeld ist damit für die gesetzliche Unfallversicherung nicht vorgesehen. Es bleibt bei der unveränderten Regelung in § 52 SGB VII, wonach Arbeitseinkommen oder Arbeitsentgelt sowie die in § 52 Nr. 2 SGB VII aufgeführten Entgeltersatzleistungen angerechnet werden.

E. Leistungen während der Ausführung von Leistungen zur erstmaligen beruflichen Ausbildung behinderter Menschen (Abs. 5)

Während der Ausführung von Leistungen zur erstmaligen **beruflichen Ausbil-** 9 **dung** behinderter Menschen und berufsvorbereitenden Bildungsmaßnahmen sowie im Eingangsverfahren und im Berufsbildungsbereich von Werkstätten für behinderte Menschen leisten die Bundesagentur für Arbeit Ausbildungsgeld und die Träger der Kriegsopferfürsorge Unterhaltsbeihilfe.

F. Ergänzende Hilfe zum Lebensunterhalt durch die Träger der Kriegsopferfürsorge (Abs. 6)

10 Nach Abs. 6 leisten die Träger der Kriegsopferfürsorge in den Fällen des § 27 d Abs. 1 Nr. 3 BVG ergänzende Hilfe zum Lebensunterhalt nach § 27 a BVG. Die Regelung hat lediglich deklaratorische Bedeutung.

G. Abgrenzung der Leistungsansprüche (Abs. 7)

11 Wird bei Ausführung von ambulanten Leistungen zur medizinischen Rehabilitation Verletztengeld, Versorgungskrankengeld oder Übergangsgeld geleistet, kann der Rehabilitationsträger eine **Erstattung seiner Aufwendungen** für diese Leistungen verlangen. Es wird damit die Möglichkeit der Kostenerstattung geregelt, wenn ein Rehabilitationsträger bei ambulanten Leistungen zur medizinischen Rehabilitation Entgeltersatzleistungen erbracht hat. Mehraufwendungen werden vermieden, weil ein zeitgleich bezogenes Einkommen auf die Leistung angerechnet wird. Die Geltendmachung eines Erstattungsanspruchs ist in das Ermessen des Rehabilitationsträgers gestellt. In der Praxis hat dieser Absatz jedoch kaum eine Bedeutung, da die Zuständigkeiten im Rehabilitationsverfahren gesetzlich klar geregelt sind. Daher wurde nach einvernehmlicher Auffassung aller Spitzenverbände der Rehabilitationsträger bislang auf den Abschluss einer entsprechenden Empfehlung nach § 13 Abs. 2 Nr. 7 SGB IX verzichtet.

H. Übergangsgeld bei ambulanten Rehabilitationsleistungen (Abs. 7 i. V. m. § 13 Abs. 2 Nr. 7)

12 Absatz 7 steht im Zusammenhang mit der Neuordnung der leistungsbegründenden Vorschriften. Nach § 19 Abs. 2 steht die ambulante Rehabilitationsleistung jetzt zumindest gleichberechtigt neben der stationären Rehabilitationsleistung (hierzu § 19 Rdnr. 6ff.). Folgerichtig erhalten Rehabilitanden nun auch immer das zum Lebensunterhalt notwendige Übergangsgeld, wenn eine **Rehabilitationsleistung ambulant** durchgeführt wird. Künftig ist also regelmäßig ein Anspruch auf Übergangsgeld dem Grunde nach gegeben, und zwar unabhängig davon, ob die Leistung stationär oder ambulant erbracht wird oder Arbeitsunfähigkeit besteht oder der Betroffene wegen der Leistung zur Teilhabe an der Ausübung einer ganztägigen Erwerbstätigkeit gehindert ist. Bisher waren die Betroffenen, die ambulante Leistungen in Anspruch genommen haben und deswegen einen Einkommensverlust hatten, aber nicht an einer ganztägigen Erwerbstätigkeit gehindert waren, wirtschaftlich nicht ausreichend gesichert.

13 Des weiteren war bei ambulanten medizinischen Leistungen zur Rehabilitation – bei Arbeitsfähigkeit – ein Anspruch auf **Entgeltfortzahlung** ausgeschlossen. Durch die Änderung von § 9 EFZG wird jetzt klargestellt, dass künftig ein Anspruch auf Entgeltfortzahlung gegenüber dem Arbeitgeber auch bei einer Arbeitsverhinderung infolge der Teilnahme an einer ambulanten Leistung zur medizinischen Rehabilitation besteht.

I. Zahlungsweise der Entgeltersatzleistungen (Abs. 8)

Nach Abs. 8 werden das Krankengeld, das Versorgungskrankengeld, das Verletztengeld und das Übergangsgeld für Kalendertage gezahlt. Wird die Leistung für einen ganzen Kalendermonat gezahlt, so wird dieser mit 30 Tagen angesetzt. Diese Vorschrift dient der **Harmonisierung der Berechnungsvorschriften** für Entgeltersatzleistungen und erleichtert das Verfahren beim Zusammentreffen sowie beim Wechsel des Leistungsträgers innerhalb eines Kalendermonats. Die Vorschrift entspricht den Regelungen im aufgehobenen § 13 Abs. 5 RehaAnglG.

§ 46 Höhe und Berechnung des Übergangsgelds

(1) ¹Der Berechnung des Übergangsgelds werden 80 vom Hundert des erzielten regelmäßigen Arbeitsentgelts und Arbeitseinkommens, soweit es der Beitragsberechnung unterliegt (Regelentgelt) zugrunde gelegt, höchstens jedoch das in entsprechender Anwendung des § 47 berechnete Nettoarbeitsentgelt; hierbei gilt die für den Rehabilitationsträger jeweils geltende Beitragsbemessungsgrenze. ²Bei der Berechnung des Regelentgelts und des Nettoarbeitsentgelts werden die für die jeweilige Beitragsbemessung und Beitragstragung geltenden Besonderheiten der Gleitzone nach § 20 Abs. 2 des Vierten Buches nicht berücksichtigt. ³Das Übergangsgeld beträgt
1. für Leistungsempfänger, die mindestens ein Kind im Sinne des § 32 Abs. 1, 3 bis 5 des Einkommensteuergesetzes haben, oder deren Ehegatten oder Lebenspartner, mit denen sie in häuslicher Gemeinschaft leben, eine Erwerbstätigkeit nicht ausüben können, weil sie die Leistungsempfänger pflegen oder selbst der Pflege bedürfen und keinen Anspruch auf Leistungen aus der Pflegeversicherung haben, 75 vom Hundert,
2. für die übrigen Leistungsempfänger 68 vom Hundert des nach Satz 1 oder § 48 maßgebenden Betrages. Bei Übergangsgeld der Träger der Kriegsopferfürsorge wird unter den Voraussetzungen von Satz 2 Nr. 1 ein Vomhundertsatz von 80, im Übrigen ein Vomhundertsatz von 70 zugrunde gelegt.

(2) ¹Für die Berechnung des Nettoarbeitsentgelts nach Absatz 1 Satz 1 wird der sich aus dem kalendertäglichen Hinzurechnungsbetrag nach § 47 Abs. 1 Satz 6 ergebende Anteil am Nettoarbeitsentgelt mit dem Vomhundertsatz angesetzt, der sich aus dem Verhältnis des kalendertäglichen Regelentgeltbetrages nach § 47 Abs. 1 Satz 1 bis 5 zu dem sich aus diesem Regelentgeltbetrag ergebenden Nettoarbeitsentgelt ergibt. ²Das kalendertägliche Übergangsgeld darf das sich aus dem Arbeitsentgelt nach § 47 Abs. 1 Satz 1 bis 5 ergebende kalendertägliche Nettoarbeitsentgelt nicht übersteigen.

Inhaltsübersicht

	Rdnr.
A. Allgemeines	1–3
B. Berechnung des Übergangsgeldes (Abs. 1 Satz 1)	4
C. Höhe des Übergangsgeldes (Abs. 1 Satz 2)	5–9
I. Erhöhtes Übergangsgeld bei Leistungsempfängern mit Kind ..	6
II. Erhöhtes Übergangsgeld bei Pflegebedürftigkeit	7–9
III. Übergangsgeld für die übrigen Leistungsempfänger	10
D. Berechnung des Nettoarbeitsentgelts (Abs. 2)	11, 12

von der Heide

A. Allgemeines

1 Die Vorschrift enthält die **gemeinsame Berechnungsgrundlage für das Übergangsgeld** und bestimmt dessen Höhe.

2 Für die **Rentenversicherung** verweist § 21 SGB VI n. F. hinsichtlich Höhe und Berechnung auf Kapitel 6 des SGB IX, soweit die Abs. 2 bis 4 nichts Abweichendes bestimmen. Nach § 21 Abs. 2 SGB VI n. F. wird die **Berechnungsgrundlage** für das Übergangsgeld für Versicherte, die Arbeitseinkommen erzielt haben, und für freiwillig Versicherte, die Arbeitsentgelt erzielt haben, aus 80% des Einkommens ermittelt, das den vor Beginn der Leistungen für das letzte Kalenderjahr (Bemessungszeitraum) gezahlten Beiträgen zugrunde liegt.

3 Für den Bereich der **Unfallversicherung** wird die bisher geltende Vorschrift des § 51 SGB VII a. F. aufgehoben und durch § 46 SGB IX ersetzt. Anders als im bisherigen Recht der Unfallversicherung verliert das Übergangsgeld damit seine enge Bindung an das Verletztengeld. Hinsichtlich der Berechnungsgrundlage des Übergangsgeldes verweist § 50 SGB VII n. F. auf die §§ 46 bis 51 SGB IX. Es wird damit eine vom Verletztengeld losgelöste Berechnungsvorschrift geschaffen. Die entsprechende Vorschrift für die **Bundesagentur für Arbeit** in § 163 SGB III ist aufgehoben und durch § 46 ersetzt worden. Für den Bereich der **Kriegsopferfürsorge** bestimmen sich Höhe und Berechnung des Übergangsgeldes nach § 26a BVG n. F. nach Kapitel 6 des SGB IX. Für die Berechnung des Übergangsgeldes gelten die §§ 16a, 16b und 16f BVG entsprechend. Für den Bereich der **Krankenversicherung** kommt die Vorschrift nicht zur Anwendung. Die Vorgängerregelung im RehaAnglG ist in § 13 Abs. 2 und 3 enthalten. Haben Versicherte vor der Leistung zur medizinischen Rehabilitation zuletzt **Arbeitslosengeld** bezogen (SGB III), besteht für sie nach § 21 Abs. 4 SGB VI ein Anspruch auf Übergangsgeld. Das Übergangsgeld wird in Höhe des bei Krankheit zu erbringenden Krankengeldes gewährt. Gemäß § 47b SGB V wird dieses in der gleichen Höhe wie das Arbeitslosengeld der Agentur für Arbeit gezahlt, das der Versicherte zuletzt bezogen hat. Die Zahlung des Übergangsgeldes für Bezieher von **Arbeitslosengeld II** wird in § 21 Abs. 4 SGB VI eigenständig geregelt. Hierbei ist § 25 SGB II zu beachten. Das Übergangsgeld in Höhe des Arbeitslosengeldes II wird nicht vom Rentenversicherungsträger an den Versicherten erbracht. Vielmehr zahlen die Träger der Grundsicherung das Arbeitslosengeld II für die Dauer der Leistungen zur medizinischen Rehabilitation vorschussweise weiter und erhalten hierfür, falls die Versicherte einen Anspruch auf Übergangsgeld hat, entsprechend den Regelungen des § 102 SGB X von dem Rentenversicherungsträger Ersatz (weitere Ausführungen im „Gemeinsamen Rundschreiben der Rentenversicherungsrträger zum Übergangsgeld").

B. Berechnung des Übergangsgeldes (Abs. 1 Satz 1)

4 Grundlage für die **Berechnung des Übergangsgeldes** nach Abs. 1 Satz 1 sind 80% des erzielten regelmäßigen Arbeitsentgelts und Arbeitseinkommens, soweit es der Beitragsberechnung unterliegt. Bei der Berechnung darf aber das in entsprechender Anwendung des § 47 berechnete Nettoarbeitsentgelt nicht überschritten werden. Die Berechnung des Nettoarbeitsentgelts ergibt sich aus Abs. 2. Bei der Berechnung kommt nach Abs. 1 Satz 1, 2. Halbs. die für den Rehabilitationsträger jeweils geltende Beitragsbemessungsgrenze zur Anwendung.

C. Höhe des Übergangsgeldes (Abs. 1 Satz 2)

Die Höhe des Übergangsgeldes ist in Abs. 1 Satz 2 geregelt. Bei der Bemessung der Höhe des Übergangsgeldes berücksichtigt das Gesetz die wirtschaftlichen Verhältnisse des Versicherten.

I. Erhöhtes Übergangsgeld bei Leistungsempfängern mit Kind

Als Voraussetzung für ein **erhöhtes Übergangsgeld** wird in Abs. 1 Satz 2 Nr. 1 ein für alle Rehabilitationsträger geltender einheitlicher **Begriff des Kindes im steuerrechtlichen Sinne** definiert. Das Übergangsgeld beträgt für Leistungsempfänger, die mindestens ein Kind i. S. v. § 32 Abs. 1, 3 bis 5 EStG haben, 75% der maßgeblichen Berechnungsgrundlage. Heranzuziehen ist der nach Satz 1 (Rdnr. 4) oder § 48 maßgebende Betrag (Berechnungsgrundlage in Sonderfällen). Kinder gemäß § 32 Abs. 1 EStG sind:
- leibliche Kinder (eheliche, nichteheliche Kinder),
- Adoptivkinder,
- Pflegekinder

bis zur Vollendung des 18. Lebensjahres. Diese Kinder sind über das 18. Lebensjahr hinaus zu berücksichtigen, wenn sie die Voraussetzungen des § 32 Abs. 4 und 5 EStG erfüllen. Dies ist regelmäßig anzunehmen, wenn für die Kinder ein Anspruch auf Kindergeld besteht. Das erhöhte Übergangsgeld ist für jeden Kalendermonat zu gewähren, in dem für mindestens einen Tag ein zu berücksichtigendes Kindschaftsverhältnis vorliegt. Stiefkinder führen im Gegensatz zum alten Recht jedoch nicht zu einem erhöhten Übergangsgeldanspruch, da der Versicherte für diese Kinder keinen Anspruch auf Kindergeld hat, bzw. es sich nicht um Kinder i. S. d. § 32 Abs. 1, 3 bis 5 EStG handelt.

II. Erhöhtes Übergangsgeld bei Pflegebedürftigkeit

Alternativ ist nach Abs. 1 Satz 2 Nr. 1 der **erhöhte Vomhundertsatz** für Leistungsempfänger anzusetzen, deren Ehegatten oder Lebenspartner, mit denen sie in **häuslicher Gemeinschaft** leben, eine **Erwerbstätigkeit nicht ausüben** können, weil sie den Leistungsempfänger pflegen. Voraussetzung ist also, dass wegen der Pflege keine Erwerbstätigkeit ausgeübt wird. Anzusetzen ist der erhöhte **Vomhundertsatz** auch, wenn **der Ehegatte** oder Lebenspartner **selbst der Pflege bedarf** und keinen Anspruch auf Leistungen aus der Pflegeversicherung hat. Voraussetzung ist auch hier das Bestehen einer häuslichen Gemeinschaft.

Der **Begriff der Pflegebedürftigkeit** ist in § 14 Abs. 1 SGB XI definiert. Danach sind pflegebedürftige Personen solche Personen, die wegen einer körperlichen, geistigen oder seelischen Krankheit oder Behinderung für die gewöhnlichen und wiederkehrenden Verrichtungen im Ablauf des täglichen Lebens auf Dauer, voraussichtlich für mindestens sechs Monate, in erheblichem oder höherem Maße der Hilfe bedürfen. Im Hinblick auf die Pflegebedürftigkeit kann auf die Feststellungen des jeweiligen Leistungsträgers zurückgegriffen werden.

Bei „**häuslicher Gemeinschaft**" kommt es im Wesentlichen auf ein räumliches Zusammenleben im gemeinsamen Haushalt an. Die häusliche Gemeinschaft muss eine über das bloße gemeinsame Zusammenwohnen hinaus bestehende wirtschaftliche Lebensgemeinschaft auf unbestimmte Dauer sein (*BSG* v. 3. 7. 1981 – 3 RK 64/79 –).

III. Übergangsgeld für die übrigen Leistungsempfänger

10 Das Übergangsgeld beträgt für die Leistungsempfänger, die nicht die Voraussetzungen von Abs. 1 Satz 2 Nr. 1 erfüllen, 68% des nach Abs. 1 Satz 1 oder § 48 maßgebenden Betrags. Bei Übergangsgeld der Träger der Kriegsopferfürsorge werden unter den Voraussetzungen von Abs. 1 Satz 2 Nr. 1 80%, im Übrigen 70% zugrunde gelegt.

D. Berechnung des Nettoarbeitsentgelts (Abs. 2)

11 In Abs. 2 wird beschrieben, in welcher Weise das **Nettoarbeitsentgelt** nach Abs. 1 Satz 1 zu berechnen ist. Nach Abs. 2 Satz 2 bildet die Obergrenze für das kalendertägliche Übergangsgeld das kalendertägliche regelmäßige Nettoarbeitsentgelt, welches nicht überschritten werden darf.

12 Somit ergibt sich folgende **Berechnung** für einen Leistungsempfänger, der den Versicherungsfall als Arbeitnehmer erlitten hat und vor dem Versicherungsfall ausschließlich Arbeitsentgelt bezogen hat (Unfallversicherungsträger, Erstkommentierung des SGB IX, § 46 Rdnr. 3).

Arbeitsentgelt im Bemessungszeitraum brutto (festes Monatsgehalt)	2100,00 Euro
Nettoarbeitsentgelt	1500,00 Euro
Einmalzahlungen im Jahr (12 Mon.) vor der Leistung	4860,00 Euro
Regelentgelt (2100 : 30 =)	70,00 Euro
Brutto-Hinzurechnungsbetrag (4860 : 360 =)	12,50 Euro
Kumuliertes Regelentgelt	82,50 Euro
80% des kumulierten Regelentgelts	66,00 Euro
Netto-Arbeitsentgelt (1500 : 30 =)	50,00 Euro
Netto-Hinzurechnungsbetrag ([50,00: 70,00] × 12,50 =)	8,93 Euro
Kumuliertes Netto-Arbeitsentgelt	58,93 Euro
Übergangsgeld z. B. (68% von 58,93 =)	40,07 Euro

Das errechnete Übergangsgeld übersteigt nicht das regelmäßige Netto-Arbeitsentgelt (= 50,00 Euro) und bildet somit die Anspruchshöhe des Leistungsempfängers. Weitere Beispielsrechnungen finden sich in dem Gemeinsamen Rundschreiben der Rentenversicherungsträger zum Übergangsgeld vom Januar 2005.

§ 47 Berechnung des Regelentgelts

(1) ¹**Für die Berechnung des Regelentgelts wird das von den Leistungsempfängern im letzten vor Beginn der Leistung oder einer vorangegangenen Arbeitsunfähigkeit abgerechneten Entgeltabrechnungszeitraum, mindestens das während der letzten abgerechneten vier Wochen (Bemessungszeitraum) erzielte und um einmalig gezahltes Arbeitsentgelt verminderte Arbeitsentgelt durch die Zahl der Stunden geteilt, für die es gezahlt wurde.** ²**Das Ergebnis wird mit der Zahl der sich aus dem Inhalt des Arbeitsverhältnisses ergebenden regelmäßigen wöchentlichen Arbeitsstunden vervielfacht und durch sieben geteilt.** ³**Ist das Arbeitsentgelt nach Monaten bemessen oder ist eine Berechnung des Regelentgelts nach den Sätzen 1 und 2 nicht möglich, gilt der 30. Teil des in dem letzten vor Beginn der Leistung abgerechneten Kalendermonat erzielten und um einmalig gezahltes Arbeitsentgelt verminderten Arbeitentgelts als Regelentgelt.** ⁴**Wird mit einer Arbeitsleistung Arbeitsentgelt erzielt,**

das für Zeiten einer Freistellung vor oder nach dieser Arbeitsleistung fällig wird (Wertguthaben nach § 7 Abs. 1a des Vierten Buches), ist für die Berechnung des Regelentgelts das im Bemessungszeitraum der Beitragsberechnung zugrunde liegende und um einmalig gezahltes Arbeitsentgelt verminderte Arbeitsentgelt maßgebend; Wertguthaben, die nicht gemäß einer Vereinbarung über flexible Arbeitszeitregelungen verwendet werden (§ 23 b Abs. 2 des Vierten Buches), bleiben außer Betracht. [5]Bei der Anwendung des Satzes 1 gilt als regelmäßige wöchentliche Arbeitszeit die Arbeitszeit, die dem gezahlten Arbeitsentgelt entspricht. [6]Für die Berechnung des Regelentgelts wird der 360. Teil des einmalig gezahlten Arbeitsentgelts, das in den letzten zwölf Kalendermonaten vor Beginn der Leistung nach § 23a des Vierten Buches der Beitragsberechnung zugrunde gelegen hat, dem nach den Sätzen 1 bis 5 berechneten Arbeitsentgelt hinzugerechnet.

(2) Bei Teilarbeitslosigkeit ist für die Berechnung das Arbeitsentgelt maßgebend, das in der infolge der Teilarbeitslosigkeit nicht mehr ausgeübten Beschäftigung erzielt wurde.

(3) Für Leistungsempfänger, die Kurzarbeiter- oder Winterausfallgeld bezogen haben, wird das regelmäßige Arbeitsentgelt zugrunde gelegt, das zuletzt vor dem Arbeitsausfall erzielt wurde.

(4) Das Regelentgelt wird bis zur Höhe der für den Rehabilitationsträger jeweils geltenden Leistungs- oder Beitragsbemessungsgrenze berücksichtigt, in der Rentenversicherung bis zur Höhe des der Beitragsbemessung zugrunde liegenden Entgelts.

(5) Für Leistungsempfänger, die im Inland nicht einkommensteuerpflichtig sind, werden für die Feststellung des entgangenen Nettoarbeitsentgelts die Steuern berücksichtigt, die bei einer Steuerpflicht im Inland durch Abzug vom Arbeitsentgelt erhoben würden.

Schrifttum: *Ebsen*, Sozialversicherungsrechtliche Behandlung einmaligen Arbeitsentgelts – zugleich eine Fallstudie zum Verhältnis von Bundesverfassungsgericht und Gesetzgebung, NZS 1997, 441; *Grimme*, Einmalig gezahltes Arbeitsentgelt für die Berechnung von Entgeltersatzleistungen?, Kompaß 1996, 394; *Reddig*, Entgeltersatzleistungen bei medizinischen und sonstigen Leistungen zur Rehabilitation, Übergangsgeld der gesetzlichen Rentenversicherung für versicherungspflichtige Arbeitnehmer, SVFAng 1997, 71; *Ritz*, Auswirkungen des Gesetzes zur Neuregelung der sozialversicherungsrechtlichen Behandlung von einmalig gezahltem Arbeitsentgelt (Einmalzahlungs-Neuregelungsgesetz) auf die Berechnung der Übergangsgelder der gesetzlichen Rentenversicherung, DRV 2001, 232, Verband Deutscher Rentenversicherungsträger, Gemeinsames Rundschreiben der Rentenversicherungsträger zum Übergangsgeld, Januar 2005.

Inhaltsübersicht

	Rdnr.
A. Allgemeines	1
B. Berechnung des Regelentgelts für Arbeitnehmer (Abs. 1)	2–6
C. Berechnung des Regelentgelts bei Teilarbeitslosigkeit (Abs. 2)	7, 8
D. Berechnung des Regelentgelts bei Bezug von Kurzarbeiter- oder Winterausfallgeld (Abs. 3)	9
E. Bemessungsgrenzen bei der Ermittlung des Regelentgelts (Abs. 4)	10
F. Berechnungsgrundlage bei im Inland nicht einkommensteuerpflichtigen Versicherten (Abs. 5)	11

A. Allgemeines

1 Die Vorschrift beinhaltet Regelungen zur **Berechnung des Regelentgelts** als Grundlage für die Festlegung der Höhe des Übergangsgeldes. Die Vorschrift übernimmt weitgehend die bisher geltenden Vorschriften für die einzelnen Versicherungszweige (§ 21 SGB VI, § 51 SGB VII i.V.m. § 47 SGB VII) über die Ermittlung der Berechnungsgrundlage für das Übergangsgeld. Im Bereich der Krankenversicherung findet die Vorschrift keine Anwendung. Im RehaAnglG war die entsprechende Vorschrift in § 13 Abs. 6 und 7 enthalten.

B. Berechnung des Regelentgelts für Arbeitnehmer (Abs. 1)

2 Die Vorschrift regelt in Abs. 1 die Berechnung des Regelentgelts für Leistungsempfänger, die den Versicherungsfall als Arbeitnehmer erlitten haben und vor dem Versicherungsfall Arbeitsentgelt erzielt haben. In Abs. 1 werden die Regelungen des § 47 Abs. 2 SGB V übernommen, auf den nach bisherigem Recht in den verschiedenen Versicherungszweigen zur Berechnung des Regelentgeltes verwiesen wurde. Klarstellend wird für die Berechnungsgrundlage des Übergangsgeldes in Satz 1 hinzugefügt, dass bei einer der Leistung zur Teilhabe vorangehenden Arbeitsunfähigkeit auf den letzten abgerechneten Entgeltabrechnungszeitraum (Bemessungszeitraum) vor Beginn der Arbeitsunfähigkeit abzustellen ist.

3 Nach der Gesetzesbegründung (BR-Drucks. 49/01, S. 326) dient die Fassung der Verdeutlichung, dass durch das Gesetz zur Neuregelung der sozialversicherungsrechtlichen Behandlung von einmalig gezahltem Arbeitsentgelt (**Einmalzahlungs-Neuregelungsgesetz**) der Entscheidung des **Bundesverfassungsgerichts** vom 24. 5. 2000 – 1 BvL 1/98, 1 BvL 4/98, 1 BvL 15/99 – mit Wirkung vom 1. 1. 2001 für den Bereich des Übergangsgeldes der Bundesagentur für Arbeit sowie der Träger der Renten- und der Unfallversicherung Rechnung getragen wird.

4 Bei der Ermittlung des Regelentgelts ist zu unterscheiden, ob das Arbeitsentgelt nach **Stunden** oder nach **Monaten** bemessen ist. Bei der Berechnung des Regelentgelts für einen Stundenlöhner wird das von den Leistungsempfängern im letzten vor Beginn der Leistung oder einer vorangegangenen Arbeitsunfähigkeit abgerechneten Entgeltabrechnungszeitraum erzielte Arbeitsentgelt zugrunde gelegt.

5 Dabei wird der **Arbeitsentgeltbegriff** des § 14 SGB IV zugrunde gelegt. Mindestens herangezogen wird das während der letzten abgerechneten vier Wochen (Bemessungszeitraum) erzielte Arbeitsentgelt. Das Arbeitsentgelt wird nur vermindert um einmalig gezahltes Arbeitsentgelt. Das sind z.B. Weihnachtsgratifikationen, Gewinnanteile und Urlaubsgeld, das zusätzlich zum Urlaubsentgelt im Bemessungszeitraum gewährt wird. Weitere Faktoren für die Berechnung des Übergangsgeldes für einen Stundenlöhner sind die Anzahl der im Bemessungszeitraum bezahlten Arbeitsstunden sowie die regelmäßige wöchentliche Arbeitszeit. Der so ermittelte Stundenlohn wird mit der Zahl der sich aus dem Inhalt des Arbeitsverhältnisses ergebenden regelmäßigen wöchentlichen Arbeitsstunden vervielfältigt und durch sieben geteilt. Dabei gilt als regelmäßige wöchentliche Arbeitszeit die Arbeitszeit, die dem gezahlten Arbeitsentgelt entspricht.

6 Ist das Arbeitsentgelt nach **Monaten** bemessen oder ist eine Berechnung des Regelentgelts nach der vorgenannten Berechnungsformel nicht möglich, gilt der dreißigste Teil des in dem letzten vor Beginn der Leistung abgerechneten Kalendermonat erzielten und um einmalig gezahltes Arbeitsentgelt verminderten Arbeitsentgelts als Regelentgelt. Wird mit einer Arbeitsleistung Arbeitsentgelt erzielt, das für Zeiten einer Freistellung vor oder nach dieser Arbeitsleistung fällig wird (Wertguthaben nach § 7 Abs. 1a SGB IV), ist für die Berechnung des Regelentgelts das im Bemessungszeitraum der Beitragsberechnung zugrunde liegende und um einmalig gezahltes Arbeitsentgelt verminderte Arbeitsentgelt maßgebend. Dabei bleiben Wertguthaben, die nicht gemäß einer Vereinbarung über flexible Arbeitszeitregelungen verwendet werden (§ 23b Abs. 2 SGB IV), außer Betracht.

C. Berechnung des Regelentgelts bei Teilarbeitslosigkeit (Abs. 2)

Nach Abs. 2 ist bei **Teilarbeitslosigkeit** für die Berechnung das Arbeitsentgelt 7 maßgebend, das in der infolge der Teilarbeitslosigkeit nicht mehr ausgeübten Beschäftigung erzielt wurde. Teilarbeitslos ist, wer eine versicherungspflichtige Beschäftigung verloren hat, die er neben einer weiteren versicherungspflichtigen Beschäftigung ausgeübt hat, und eine versicherungspflichtige Beschäftigung sucht. Teilarbeitslosigkeit begründet unter den in § 150 Abs. 1 SGB III genannten Voraussetzungen einen Anspruch auf Teilarbeitslosengeld. Das Teilarbeitslosengeld wird bis zur Dauer von sechs Monaten gezahlt.

Nach der Vorschrift sind zwei Übergangsgelder festzustellen: Ein Übergangsgeld 8 aus dem Entgelt der noch bestehenden Erstbeschäftigung und ein weiteres aus dem Entgelt der nicht mehr ausgeübten Teilbeschäftigung **(Teilarbeitslosigkeit).** Die Entgeltfortzahlung aus der weiterbestehenden Erstbeschäftigung berührt nicht die Höhe des Übergangsgeldes aus der nicht mehr ausgeübten Teilbeschäftigung.

D. Berechnung des Regelentgelts bei Bezug von Kurzarbeiter- oder Winterausfallgeld (Abs. 3)

Absatz 3 regelt, dass bei Leistungsempfängern, die im Bemessungszeitraum 9 **Kurzarbeiter- oder Winterausfallgeld** bezogen haben, das regelmäßige Arbeitsentgelt zugrunde zu legen ist, das zuletzt vor dem Arbeitsausfall erzielt wurde. Der Bemessungszeitraum ist dann der letzte abgerechnete Vier-Wochen- oder Monatszeitraum vor dem Arbeitsausfall.

E. Bemessungsgrenzen bei der Ermittlung des Regelentgelts (Abs. 4)

Das Regelentgelt wird nach Abs. 4 bis zur Höhe der für den Rehabilitationsträ- 10 ger jeweils geltenden **Leistungs- oder Beitragsbemessungsgrenze** berücksichtigt, in der Rentenversicherung bis zur Höhe des der Beitragsbemessungsgrenze zugrunde liegenden Entgelts. Maßgebend ist die Beitragsbemessungsgrenze für das Kalenderjahr, in dem der Bemessungszeitraum für das laufende Regelentgelt liegt.

F. Berechnungsgrundlage bei im Inland nicht einkommensteuerpflichtigen Versicherten (Abs. 5)

Absatz 5 übernimmt die Regelung des § 21 Abs. 2 SGB VI a.F. zur Ermittlung 11 der Berechnungsgrundlage **bei im Inland nicht einkommensteuerpflichtigen Versicherten.** Nach dem zwischen der Bundesrepublik und verschiedenen Staaten abgeschlossenen Doppelbesteuerungsabkommen wird bei Grenzgängern das Besteuerungsrecht aus nichtselbstständiger Arbeit vom Wohnortstaat ausgeübt. In diesen Staaten wohnhafte und im Geltungsbereich des Sozialgesetzbuches beschäftige Leistungsempfänger (Grenzgänger) sind danach nicht nach deutschem Recht steuerpflichtig. In diesen Fällen ist nach Abs. 5 das Nettoarbeitsentgelt fiktiv zu ermitteln. Danach werden für Leistungsempfänger, deren für das die Regelentgeltberechnung zu berücksichtigendes Arbeitsentgelt oder Arbeitseinkommen im Inland nicht der Steuerpflicht unterliegt, für die Feststellung des entgangenen Nettoarbeitsentgelts die fiktiven im Inland anfallenden Steuern (Lohn- bzw. Einkommensteuer, Kirchensteuer, Solidaritätszuschlag unter Berücksichtigung der Steuerklasse und etwaige Kinderfreibeträge) vom erzielten Bruttoentgelt abgesetzt. Bei Beschäftigten, deren Arbeitsentgelt im Inland der Sozialversicherungspflicht unterliegen würde, ist gleichfalls – im Wege der Gleichbehandlung mit inländisch Beschäftigten – der auf den Leistungsempfänger entfallende Teil am Sozialversicherungsbeitrag in Abzug zu bringen.

§ 48 Berechnungsgrundlage in Sonderfällen

¹Die Berechnungsgrundlage für das Übergangsgeld während Leistungen zur Teilhabe am Arbeitsleben wird aus 65 vom Hundert des auf ein Jahr bezogenen tariflichen oder, wenn es an einer tariflichen Regelung fehlt, des ortsüblichen Arbeitsentgelts ermittelt, das für den Wohnsitz oder gewöhnlichen Aufenthaltsort der Leistungsempfänger gilt, wenn

1. die Berechnung nach den §§ 46 und 47 zu einem geringeren Betrag führt,
2. Arbeitsentgelt oder Arbeitseinkommen nicht erzielt worden ist oder
3. der letzte Tag des Bemessungszeitraums bei Beginn der Leistungen länger als drei Jahre zurückliegt.

²Maßgebend ist das Arbeitsentgelt in dem letzten Kalendermonat vor dem Beginn der Leistungen bis zur jeweiligen Beitragsbemessungsgrenze für diejenige Beschäftigung, für die Leistungsempfänger ohne die Behinderung nach ihren beruflichen Fähigkeiten, ihrer bisherigen beruflichen Tätigkeit und nach ihrem Lebensalter in Betracht kämen. ³Für den Kalendertag wird der 360. Teil dieses Betrages angesetzt.

Inhaltsübersicht

	Rdnr.
A. Allgemeines	1, 2
B. Berechnung des Übergangsgeldes auf der Grundlage des tariflichen oder ortsüblichen Arbeitsentgelts (Satz 1)	3–9
C. Maßgebliches Arbeitsentgelt (Satz 2)	10

A. Allgemeines

1 Die Vorschrift enthält die Regelungen über die **Ermittlung der Berechnungsgrundlage** für das Übergangsgeld während Leistungen zur Teilhabe am Arbeitsleben für die Fälle, in denen eine Orientierung an den tatsächlichen Einkommensverhältnissen des Betroffenen vor Beginn der Leistung zu einer nicht angemessenen Höhe des Übergangsgeldes führt, und zwar einheitlich für alle Rehabilitationsträger.

2 Die entsprechenden Vorschriften in § 165 SGB III für die **Bundesagentur für Arbeit**, § 51 Abs. 3 SGB VII für die **Unfallversicherung** und § 22 SGB VI für die **Rentenversicherung** wurden aufgehoben und sind durch § 48 ersetzt wor-

den. Für den Bereich der Krankenversicherung findet die Vorschrift keine Anwendung. Der Regelungsinhalt des § 26a Abs. 4 BVG ist in der aktuellen Fassung dieses Gesetzes nicht mehr enthalten. Die Vorgängervorschrift im RehaAnglG findet sich in § 14.

B. Berechnung des Übergangsgeldes auf der Grundlage des tariflichen oder ortsüblichen Arbeitsentgelts (Satz 1)

Satz 1 der Vorschrift regelt die Berechnung des Übergangsgeldes, das während **Leistungen zur Teilhabe am Arbeitsleben** bezogen wird. Anders als bei Leistungen zur medizinischen Rehabilitation ist bei Leistungen zur Teilhabe am Arbeitsleben auch dann ein Übergangsgeld zu berechnen, wenn der Leistungsempfänger aktuell weder Arbeitsentgelt oder Arbeitseinkommen erzielt, noch Entgeltersatzleistungen (z.B. Krankengeld oder Arbeitslosengeld) bezogen hat. 3

Bemessungsgrundlage ist das im Tarifvertrag festgelegte **Arbeitsentgelt**. Nicht zu berücksichtigen sind dabei im Tarifvertrag vereinbarte Sonderzahlungen. Fehlt es an einer tariflichen Regelung, wird das ortsübliche Arbeitsentgelt herangezogen, das für den Wohnsitz oder gewöhnlichen Aufenthaltsort des Leistungsempfängers gilt. 4

Berechnet wird das **Übergangsgeld** aus 65% des tariflichen oder ortsüblichen Arbeitsentgelts. Zur **Ermittlung** des kalendertäglichen Betrages ist der ermittelte Jahresbetrag durch 360 zu teilen (Satz 3 der Vorschrift). Der sich hiernach ergebende Betrag ist die kalendertägliche Berechnungsgrundlage. 5

Eine Berechnung nach § 48 erfolgt, wenn die Voraussetzungen des Satzes 1 Nr. 1, 2 oder 3 vorliegen. Führt die Berechnung nach den §§ 46 und 47 zu einem **geringeren Betrag**, ist der nach § 48 ermittelte Betrag maßgebend **(Satz 1 Nr. 1).** Damit ist für jede Leistung zur Teilhabe am Arbeitsleben, bei der ein Anspruch auf Übergangsgeld besteht, eine Sonderberechnung nach dem tariflichen oder ortsüblichen Arbeitsentgelt vorzunehmen, denn nur so kann ermittelt werden, ob diese Berechnung zu einem für den Leistungsempfänger günstigeren Ergebnis führt. 6

Ist **Arbeitsentgelt oder Arbeitseinkommen nicht erzielt worden,** ist auch in diesen Fällen eine **Sonderberechnung** vorzunehmen **(Satz 1 Nr. 2).** Hierunter können diejenigen Leistungsempfänger subsumiert werden, die vor Beginn der Leistungen zur Teilhabe lange Zeit nicht oder niemals erwerbstätig waren. Ziel ist es, während einer Leistung zur Teilhabe immer den Lebensunterhalt sicherzustellen. Leistungen nach Nr. 2 kommen für den Bereich der Rentenversicherung nicht in Betracht, da für diesen Personenkreis die versicherungsrechtlichen Voraussetzungen nach § 11 SGB VI nicht erfüllt sind, wenn vorher kein Arbeitsentgelt oder Arbeitseinkommen erzielt worden ist. 7

Voraussetzung nach **Satz 1 Nr. 3** ist, dass der letzte Tag des Bemessungszeitraums bei Beginn der Leistungen **länger als drei Jahre zurückliegt.** Grund hierfür ist, dass länger zurückliegendes Einkommen in der Regel nicht mehr der Lebensgrundlage zu Beginn der Rehabilitationsleistungen entspricht. In diesem Zusammenhang ist allein auf den zeitlichen Ablauf des Dreijahreszeitraums zwischen dem Ende des Bemessungszeitraums und dem Beginn der Leistung zur Teilhabe abzustellen. Gründe für die Nichtbeschäftigung innerhalb des Zeitraumes sind unbeachtlich. Das Übergangsgeld ist aus dem – vollen – Tariflohn auch dann zu berechnen und ungekürzt auszuzahlen, wenn Leistungsempfänger Leistungen zur Teilhabe am Arbeitsleben in Teilzeitform erhalten und im Dreijahreszeitraum nach Satz 1 Nr. 3 kein oder nur geringes Entgelt aus einer Teilzeitbeschäftigung oder Teilarbeitslosengeld bezogen haben. 8

von der Heide

9 Eine **Sonderberechnung** nach § 48 ist in diesen Fällen auch dann vorzunehmen, wenn die Berechnung zu einem für den Leistungsempfänger ungünstigeren Ergebnis führt, z. B. weil der Versicherte übertariflich bezahlt wurde.

C. Maßgebliches Arbeitsentgelt (Satz 2)

10 Bei der Berechnung des Übergangsgeldes werden nach Satz 2 die **Einkommensverhältnisse** einer mit dem Leistungsempfänger **altersmäßig und beruflich vergleichbaren nicht behinderten Person** zugrunde gelegt. Auszugehen ist von dem tariflichen oder ortsüblichen Arbeitsentgelt im letzten Kalendermonat vor Beginn der Leistung für diejenige Beschäftigung, für die Leistungsempfänger ohne die Behinderung nach ihren beruflichen Fähigkeiten, ihrer bisherigen beruflichen Tätigkeit und nach ihrem Lebensalter in Betracht kämen. Dabei ist das tarifliche Arbeitsentgelt bis zur Beitragsbemessungsgrenze zu berücksichtigen. In diesem Zusammenhang berücksichtigt werden kann nur ein vor der Behinderung innegehabter beruflicher Status, aber nicht der Status, der ohne die Behinderung bei einem unterstellten beruflichen Aufstieg hätte erreicht werden können. Tariflich zustehende Einmalzahlungen (z. B. Weihnachtsgratifikationen) werden ab 1. 1. 2001 (Inkrafttreten des Einmalzahlungs-Neuregelungsgesetzes) in das auf ein Jahr bezogene tarifliche Arbeitsentgelt eingerechnet.

§ 49 Kontinuität der Bemessungsgrundlage

Haben Leistungsempfänger Krankengeld, Verletztengeld, Versorgungskrankengeld oder Übergangsgeld bezogen und wird im Anschluss daran eine Leistung zur medizinischen Rehabilitation oder zur Teilhabe am Arbeitsleben ausgeführt, so wird bei der Berechnung der diese Leistungen ergänzenden Leistung zum Lebensunterhalt von dem bisher zugrunde gelegten Arbeitsentgelt ausgegangen; es gilt die für den Rehabilitationsträger jeweils geltende Beitragsbemessungsgrenze.

Inhaltsübersicht

	Rdnr.
A. Allgemeines	1, 2
B. Voraussetzung für die Anwendung der Vorschrift	3–5

A. Allgemeines

1 Die Vorschrift regelt die Übernahme der bisherigen Bemessungsgrundlage für die Leistungsempfänger, die im Anschluss an den Bezug von Krankengeld, Verletztengeld, Versorgungskrankengeld oder Übergangsgeld an einer Leistung zur medizinischen Rehabilitation oder zur Teilhabe am Arbeitsleben teilnehmen. Zur **Wahrung der Kontinuität** bei einem nahtlosen Wechsel zu einer anderen Entgeltersatzleistung (andere Kostenträger) findet bei deren Berechnung das bisher zugrunde gelegte Arbeitsentgelt Berücksichtigung. Bei Anwendung von § 49 gilt die für den jeweiligen Rehabilitationsträger maßgebliche Beitragsbemessungsgrenze.

2 Für die **Rentenversicherung** ersetzt § 49 die bisherige Regelung in § 23 SGB VI. Durch die Vorschrift des § 49 findet im Bereich der Rentenversicherung keine Änderung hinsichtlich der Weitergeltung der Bemessungsgrundlage statt. Durch die Klarstellung in § 21 Abs. 3 SGB VI n. F. verbleibt es bei der bisherigen

Verfahrensweise. § 21 Abs. 3 n. f. regelt, dass § 49 mit der Maßgabe angewendet wird, dass Versicherte unmittelbar vor dem Bezug der dort genannten Leistungen Pflichtbeiträge geleistet haben. In der **Unfallversicherung** gilt für den Bereich der medizinischen Rehabilitation weiterhin die inhaltsgleiche Vorschrift des § 47 Abs. 4 SGB VII. Für die Leistungen zur Teilhabe am Arbeitsleben entspricht die Vorschrift dem bisherigen Recht (§ 51 Abs. 5 a. F. i. V. m. § 47 Abs. 4 SGB VII n. F.). Die entsprechende Vorschrift des § 166 SGB III für die **Arbeitslosenversicherung** ist weggefallen. Die bisherige Regelung im RehaAnglG war in § 16 enthalten.

B. Voraussetzung für die Anwendung der Vorschrift

Die Kontinuitätsregelung kommt ausschließlich für Arbeitnehmer in einer **versicherten Beschäftigung** in Betracht. Die Vorschrift ist anzuwenden, wenn sich das Übergangsgeld an eine Entgeltersatzleistung anschließt, unmittelbar vor der vorangegangenen Entgeltersatzleistung aufgrund einer rentenversicherten Beschäftigung Pflichtbeiträge gezahlt werden, das versicherte Arbeitsentgelt auch Grundlage für die Berechnung der vorangegangenen Entgeltersatzleistung war und eine andere Berechnungsvorschrift nicht entgegensteht. 3

Voraussetzung für die Anwendung dieser Vorschrift ist also, dass eine Leistung zur medizinischen Rehabilitation oder zur Teilhabe am Arbeitsleben **im Anschluss** an die in § 49 genannten Leistungen gezahlt wird. Dies ist der Fall, wenn sich die vorangegangene Leistung **zeitnah** anschließt. Dieser Zeitraum darf jedoch einen Zeitraum von 4 Wochen nicht überschreiten (*BSG* v. 20. 6. 1985, SozR 2200 § 59 Nr. 3). 4

Mit der Anwendung der **Kontinuitätsregelung** nach § 49 SGB IX, mit der durch Rückgriff auf die Feststellungen des vorherigen Leistungsträgers Verwaltungsarbeit eingespart werden soll, ist eine Übernahme des Zahlbetrages der vorangegangenen Entgeltersatzleistung nicht verbunden. Hier gelten für das Übergangsgeld die in § 46 Abs. 1 enthaltenden Vomhundertsätze (so auch *Schellhorn/ Stähler*, in: Lachwiz/Schellhorn/Welti, § 49 Rdnr. 7). Da der aus der vorherigen Entgeltersatzleistung zu übernehmende Bemessungszeitraum unter Umständen längere Zeit zurückliegen kann, sind des Weiteren ggf. die nach § 50 SGB IX vorgeschriebenen Anpassungen durchzuführen, bevor die endgültige Höhe des Übergangsgeldes gem. § 46 Abs. 1 SGB IX festgesetzt oder ggf. eine Einkommensrechnung gem. § 52 Abs. 1 SGB IX vorgenommen wird. 5

§ 50 Anpassung der Entgeltersatzleistungen

(1) **Die dem Krankengeld, Versorgungskrankengeld, Verletztengeld und Übergangsgeld zugrunde liegende Berechnungsgrundlage wird jeweils nach Ablauf eines Jahres seit dem Ende des Bemessungszeitraums entsprechend der Veränderung der Bruttolohn- und -gehaltsumme je durchschnittlich beschäftigten Arbeitnehmer vom vorvergangenen zum vergangenen Kalenderjahr an die Entwicklung der Bruttoarbeitsentgelte angepasst.**

(2) **Der Anpassungsfaktor errechnet sich, indem die Bruttolohn- und -gehaltsumme je durchschnittlich beschäftigten Arbeitnehmer für das vergangene Kalenderjahr durch die Bruttolohn- und -gehaltsumme für das vorvergangene Kalenderjahr geteilt wird; § 68 Abs. 6 und § 121 Abs. 1 des Sechsten Buches gelten entsprechend.**

(3) **Das Bundesministerium für Gesundheit und Soziale Sicherung gibt jeweils zum 30. Juni eines Kalenderjahres den Anpassungsfaktor, der für die folgenden zwölf Monate maßgebend ist, im Bundesanzeiger bekannt.**

Inhaltsübersicht

	Rdnr.
A. Allgemeines	1, 2
B. Anpassung der Leistungen an die Lohnentwicklung (Abs. 1)	3, 4
C. Berechnung des Anpassungsfaktors (Abs. 2)	5
D. Bekanntgabe des Anpassungsfaktors durch das Bundesministerium für Arbeit und Sozialordnung (Abs. 3)	6
E. Inkrafttreten	7

A. Allgemeines

1 Die Vorschrift sieht anstelle der bisherigen, für die einzelnen Trägergruppen unterschiedlichen Anpassungssätze eine für alle Entgeltersatzleistungen **einheitliche Anpassungsregelung** entsprechend der Regelung der Anpassung des Arbeitslosengeldes vor (BR-Drucks. 49/01, Begründung, S. 327). Mit der Anpassung des Übergangsgeldes nach § 50 SGB IX soll der allgemeinen wirtschaftlichen Entwicklung, insbesondere der Entgeltentwicklung, Rechnung getragen werden. Das zuständige Ministerium bestimmt jährlich zum 30. Juni den maßgebenden Anpassungsfaktor einheitlich für das gesamte Bundesgebiet.

2 Die Vorschrift ersetzt in der gesetzlichen **Krankenversicherung** die Regelung des § 47 Abs. 5 SGB V a. F., für die **Unfallversicherung** § 51 Abs. 5 SGB VII a. F. i. V. m. § 47 Abs. 7 SGB VII i. V. m. § 47 Abs. 5 SGB V und für die **Rentenversicherung** §§ 26, 235a und 235b SGB VI. Die entsprechende Vorschrift in § 167 SGB III für die **Arbeitslosenversicherung** wurde aufgehoben. § 50 ersetzt auch die Vorschrift des § 26a Abs. 6 BVG für den Bereich der **Kriegsopferversorgung**. Die bisherige Regelung im RehaAnglG war in § 15 enthalten.

B. Anpassung der Leistungen an die Lohnentwicklung (Abs. 1)

3 Nach Abs. 1 sind Krankengeld, Versorgungskrankengeld, Verletztengeld und Übergangsgeld an die **allgemeine Lohnentwicklung** anzupassen. Die Anpassungsvorschrift ist also nicht nur im Zusammenhang mit Leistungen der Rehabilitation anzuwenden, sondern generell für die genannten Entgeltersatzleistungen. Hinsichtlich des Anpassungszeitpunktes ergeben sich hier Änderungen zum bisherigen Recht. Anders als die Renten sind die Leistungen nach Abs. 1 nicht zu einem einheitlichen Zeitpunkt, sondern individuell nach Ablauf eines Jahres seit dem Ende des Bemessungszeitraums anzupassen.

4 Nach Abs. 1 richtet sich die Anpassung nach der dem Krankengeld, dem Versorgungskrankengeld, dem Verletztengeld oder dem Übergangsgeld jeweils zugrunde liegenden Berechnungsgrundlage. Die Anpassung erfolgt entsprechend der **Veränderung der Bruttolohn- und -gehaltssumme** je durchschnittlich beschäftigtem Arbeitnehmer vom vorvergangenen Jahr zum vergangenen Kalenderjahr an die Entwicklung der Bruttoarbeitsentgelte. Die Erhöhung setzt voraus, dass seit dem Ende des Zeitraums, der der Berechnung des Übergangsgeldes zu Grunde liegt, zwölf Monate vergangen sind.

Kap. 6. Unterhaltssichernde und andere ergänzende Leistungen § 51

C. Berechnung des Anpassungsfaktors (Abs. 2)

Nach Abs. 2 errechnet sich der **Anpassungsfaktor**, indem die Bruttolohn- und 5
-gehaltssumme je durchschnittlich beschäftigtem Arbeitnehmer für das vergangene
Kalenderjahr durch die Bruttolohn- und -gehaltssumme für das vorvergangene
Kalenderjahr geteilt wird. Der Verweis in Abs. 2 Satz 1, 2. Halbs. auf § 68 Abs. 6
SGB VI hat zur Folge, dass die Berechnung nicht durchzuführen ist, sofern die
Berechnungen zu Abs. 1 und Abs. 2 zu einem „Degressionsfaktor" führen. Eine
„Negativdynamisierung" findet also nicht statt. Die Berechnungen werden auf vier
Dezimalstellen durchgeführt (Abs. 2 i. V. m. § 121 Abs. 1 SGB VI).

D. Bekanntgabe des Anpassungsfaktors durch das Bundesministerium für Arbeit und Sozialordnung (Abs. 3)

Das Bundesministerium für Gesundheit und Soziale Sicherung gibt nach Abs. 3 6
jeweils zum 30. Juni eines Kalenderjahres den **Anpassungsfaktor** für die folgenden zwölf Monate im Bundesanzeiger bekannt. In § 50 SGB IX wird nicht mehr
auf den zuletzt vor dem 1. Juli eines Jahres maßgebenden Dynamisierungssatz abgestellt. Aufgrund der insoweit eindeutigen gesetzlichen Formulierung gilt künftig
der zum 1. Juli eines Jahres festgestellte Anpassungssatz bereits auch dann, wenn
dieser 1. Juli der maßgebende Anpassungszeitpunkt ist.

E. Inkrafttreten

§ 50 Abs. 3 SGB IX trat bereits am Tage nach der Verkündung des Gesetzes im 7
Bundesgesetzblatt in Kraft. Damit wurde erreicht, dass bei der Anpassung zum
1. 7. 2001 bereits der zum 1. 7. 2001 festgestellte Anpassungssatz anzuwenden war.

§ 51 Weiterzahlung der Leistungen

(1) **Sind nach Abschluss von Leistungen zur medizinischen Rehabilitation oder von Leistungen zur Teilhabe am Arbeitsleben weitere Leistungen zur Teilhabe am Arbeitsleben erforderlich, während derer dem Grunde nach Anspruch auf Übergangsgeld besteht, und können diese aus Gründen, die die Leistungsempfänger nicht zu vertreten haben, nicht unmittelbar anschließend durchgeführt werden, werden das Verletztengeld, das Versorgungskrankengeld oder das Übergangsgeld für diese Zeit weitergezahlt, wenn**

1. **die Leistungsempfänger arbeitsunfähig sind und keinen Anspruch auf Krankengeld mehr haben oder**
2. **ihnen eine zumutbare Beschäftigung aus Gründen, die sie nicht zu vertreten haben, nicht vermittelt werden kann.**

(2) ¹Leistungsempfänger haben die Verzögerung insbesondere zu vertreten, wenn sie zumutbare Angebote von Leistungen zur Teilhabe am Arbeitsleben in größerer Entfernung zu ihren Wohnorten ablehnen. ²Für die Beurteilung der Zumutbarkeit ist § 121 Abs. 4 des Dritten Buches entsprechend anzuwenden.

(3) Können Leistungsempfänger Leistungen zur Teilhabe am Arbeitsleben allein aus gesundheitlichen Gründen nicht mehr, aber voraussicht-

von der Heide 193

lich wieder in Anspruch nehmen, werden Übergangsgeld und Unterhaltsbeihilfe bis zum Ende dieser Leistungen, längstens bis zu sechs Wochen weitergezahlt.

(4) ¹Sind die Leistungsempfänger im Anschluss an eine abgeschlossene Leistung zur Teilhabe am Arbeitsleben arbeitslos, werden Übergangsgeld und Unterhaltsbeihilfe während der Arbeitslosigkeit bis zu drei Monate weitergezahlt, wenn sie sich bei der Agentur für Arbeit arbeitslos gemeldet haben und einen Anspruch auf Arbeitslosengeld von mindestens drei Monaten nicht geltend machen können; die Dauer von drei Monaten vermindert sich um die Anzahl von Tagen, für die Leistungsempfänger im Anschluss an eine abgeschlossene Leistung zur Teilhabe am Arbeitsleben einen Anspruch aus Arbeitslosengeld geltend machen können. ²In diesem Fall beträgt das Übergangsgeld

1. bei Leistungsempfängern, bei denen die Voraussetzungen des erhöhten Bemessungssatzes nach § 46 Abs. 1 Satz 2 Nr. 1 vorliegen, 67 vom Hundert,
2. bei den übrigen Leistungsempfängern 60 vom Hundert

des sich aus § 46 Abs. 1 Satz 1 oder § 48 ergebenden Betrages.

(5) Ist im unmittelbaren Anschluss an Leistungen zur medizinischen Rehabilitation eine stufenweise Wiedereingliederung (§ 28) erforderlich, wird das Übergangsgeld bis zu deren Ende weitergezahlt.

Inhaltsübersicht

	Rdnr.
A. Allgemeines	1, 2
B. Leistungen zwischen Rehabilitationsmaßnahmen (Abs. 1)	3–7
C. Vertretenmüssen der Verzögerung (Abs. 2)	8
D. Unterbrechung der Leistung zur Teilhabe am Arbeitsleben aus gesundheitlichen Gründen (Abs. 3)	9, 10
E. Übergangsgeld und Unterhaltsbeihilfe im Anschluss an eine abgeschlossene Leistung zur Teilhabe am Arbeitsleben bei Arbeitslosigkeit (Abs. 4)	11–18
F. Übergangsgeld bei einer stufenweise Eingliederung (Abs. 5)	19–22

A. Allgemeines

1 Die Vorschrift regelt die Weiterzahlung von Verletztengeld, Versorgungskrankengeld und Übergangsgeld zwischen Leistungen zur Teilhabe, bei Arbeitslosigkeit im Anschluss an eine Leistung zur Teilhabe am Arbeitsleben oder bei Unterbrechung der Leistungen zur Teilhabe am Arbeitsleben aus gesundheitlichen Gründen. Das Übergangsgeld wird weiter erbracht, wenn nach Abschluss einer Leistung zur medizinischen Rehabilitation oder Leistung zur Teilhabe am Arbeitsleben weitere Leistungen zur Teilhabe am Arbeitsleben erforderlich sind, während derer dem Grunde nach ein Anspruch auf Übergangsgeld besteht und diese aus Gründen, die die Versicherten nicht zu vertreten haben, nicht unmittelbar anschließend durchgeführt werden können. Abs. 5 der Vorschrift wurde angefügt durch das Gesetz zur Förderung der Ausbildung und Beschäftigung schwerbehinderter Menschen am 23. 4. 2003 und ist am 1. 5. 2004 in Kraft getreten.

2 Für den Bereich der **Rentenversicherung** entspricht die Vorschrift im Wesentlichen der bisherigen Regelung in § 25 Abs. 3 SGB VI. Durch das SGB IX wurde die Vorschrift des § 25 SGB VI aufgehoben. § 50 SGB VII wurde für den

Bereich der **Unfallversicherung** neu gefasst, und hinsichtlich der Höhe und der Berechnung des Übergangsgeldes wird auf die Vorschriften der §§ 46 bis 51 verwiesen, soweit das SGB VII nichts Abweichendes bestimmt; im Übrigen gelten die Vorschriften für das Verletztengeld entsprechend (s. hierzu Unfallversicherung, Erstkommentierung zum SGB IX, § 51 Anm. 2). § 160 Abs. 2 SGB III enthielt für die **Arbeitsverwaltung** eine vergleichbare Regelung; sie wurde neu gefasst und verweist in diesem Zusammenhang auf die Vorschriften des 6. Kapitels des SGB IX, soweit im SGB III nichts Abweichendes bestimmt ist. Für die **Kriegsopferversorgung** war eine entsprechende Regelung in § 26a Abs. 7 und 8 enthalten. § 26a Abs. 1 BVG verweist insoweit auf das 6. Kapitel des SGB IX. Die bisherige Regelung im RehaAnglG war in § 17 enthalten.

B. Leistungen zwischen Rehabilitationsmaßnahmen (Abs. 1)

Unter den in Abs. 1 genannten Voraussetzungen besteht Anspruch auf eine Leistung **im Zwischenraum** zwischen zwei Rehabilitationsleistungen. Bei der ersten Leistung zur Teilhabe muss es sich entweder um eine Leistung zur Teilhabe am Arbeitsleben oder um eine Leistung zur medizinischen Rehabilitation handeln. Anschließen müssen sich Leistungen zur Teilhabe am Arbeitsleben. Kein Anspruch besteht zwischen zwei medizinischen Rehabilitationsleistungen. Zuständig für die Weiterzahlung der Leistung zum Lebensunterhalt ist stets der Rehabilitationsträger, der auch die vorangegangene Leistung zur Rehabilitation bzw. Teilhabe erbracht hat (*Schellhorn/Stähler*, in: Lachwitz/Schellhorn/Welti, § 51 Rdnr. 3).

Die weiteren Leistungen zur Teilnahme am Arbeitsleben müssen **„erforderlich"** sein (siehe hierzu BSGE 47, 176). Die Erforderlichkeit dieser Maßnahmen muss objektiv bei Abschluss der ersten Rehabilitationsleistung feststehen. Durch den Halbsatz „während derer dem Grunde nach Anspruch auf Übergangsgeld besteht," soll klargestellt werden, dass ein Anspruch auf Übergangsgeld nicht gegeben ist, wenn nach Abschluss der Leistung zur Teilhabe lediglich Leistungen, die der Arbeitsaufnahme förderlich sind, wie z.B. eine Kraftfahrzeughilfe oder Arbeitsplatzbekleidung erbracht oder Fortbildungsveranstaltungen finanziert werden, für die kein Anspruch auf Übergangsgeld besteht.

In dem Zwischenzeitraum werden an den Leistungsempfänger Verletztengeld, Versorgungskrankengeld oder Übergangsgeld gezahlt. Voraussetzung nach Abs. 1 Satz 1 Nr. 1 ist allerdings, dass der Leistungsempfänger **arbeitsunfähig** ist und **keinen Anspruch auf Krankengeld** mehr hat oder ihm nach Abs. 1 Satz 1 Nr. 2 eine **zumutbare Beschäftigung** aus Gründen, die er nicht zu vertreten hat, nicht vermittelt werden kann.

Arbeitsunfähigkeit i.S.v. Abs. 1 Satz 1 Nr. 1 liegt vor, wenn der Versicherte infolge Krankheit an seiner Arbeitsleistung verhindert ist (*BSG* v. 27. 6. 1978 – SozR 2200, § 1241e RVO (a.F.), Nr. 4). Gleichzeitig darf er nach Nr. 1 keinen Anspruch auf Krankengeld mehr haben. Dies setzt voraus, dass zunächst ein Anspruch auf Krankengeld einer gesetzlichen Krankenkasse bestanden haben muss. Er muss daher zu dem an sich krankengeldberechtigten Personenkreis gehören, jedoch infolge Wegfalls des Krankengeldes oder Aussteuerung nicht mehr anspruchsberechtigt sein. Die Arbeitsunfähigkeit bedarf der ärztlichen Feststellung.

Die Voraussetzungen des Abs. 1 Satz 1 Nr. 2 sind gegeben, wenn der Versicherte sich bei der **Agentur für Arbeit arbeitslos** gemeldet hat, alle Möglichkeiten nutzt und nutzen will, seine Arbeitslosigkeit zu beenden und den Vermittlungsbemühungen des Arbeitsamtes zur Verfügung steht (a.A. *Schütze*, in: Hauck/Noftz, § 51 Rdnr. 15, wonach eine förmliche Arbeitslosmeldung bei der Agentur für Arbeit nicht Anspruchsvoraussetzung ist). Darüber hinaus darf die Agentur für

C. Vertretenmüssen der Verzögerung (Abs. 2)

8 Der unmittelbare Anschluss der Leistung zur Teilhabe am Arbeitsleben an die vorangegangene Leistung muss nach Abs. 1 aus Gründen nicht möglich sein, die der Leistungsempfänger nicht zu vertreten hat. Nach Abs. 2 haben Leistungsempfänger die **Verzögerung insbesondere** dann zu **vertreten,** wenn sie zumutbare Angebote von Leistungen zur Teilhabe am Arbeitsleben in größerer Entfernung zu ihrem Wohnort ablehnen. Verzögert sich der Beginn der Leistungen zur Teilhabe am Arbeitsleben, weil der Versicherte die Teilhabe unter Hinweis auf die Entfernung zwischen seinem Wohnort und der Bildungseinrichtung ablehnt und betragen die Pendelzeiten insgesamt (Hin- und Rückfahrt) nicht mehr als zweieinhalb bzw. zwei Stunden, so ist ein Anspruch auf Übergangsgeld nach § 51 Abs. 1 SGB IX nicht (mehr) gegeben. Sind nach Aussage der Arbeitsverwaltung für den Wohnort des Versicherten längere als die vorgenannten Pendelzeiten üblich, sind diese maßgebend. Für die Beurteilung der Zumutbarkeit ist § 121 Abs. 4 SGB III entsprechend anzuwenden. Darüber hinaus hat er etwa die Gründe zu vertreten, wenn er in nicht gerechtfertigter Weise den Beginn der Leistung verzögert oder die Teilnahme an der Leistung überhaupt verweigert. Nicht zu vertreten hat der Leistungsberechtigte die Verzögerung, wenn er diese nicht beeinflussen kann, z.B. weil dem Leistungsträger wegen fehlender Ausbildungskapazitäten eine weitere Leistungserbringung unmittelbar im Anschluss an die vorangegangene nicht möglich ist (*Schellhorn/Stähler,* in: Lachwitz/Schellhorn/Welti, § 51 Rdnr. 7).

D. Unterbrechung der Leistung zur Teilhabe am Arbeitsleben aus gesundheitlichen Gründen (Abs. 3)

9 Muss der Leistungsempfänger allein aus **gesundheitlichen Gründen** die für ihn durchgeführte Maßnahme zur Teilhabe am Arbeitsleben unterbrechen, so ist nach Abs. 3 das Übergangsgeld und die Unterhaltsbeihilfe bis zum Ende dieser Leistungen, längstens aber bis zu sechs Wochen, weiter zu zahlen. Weitere Voraussetzung ist nach Abs. 3, dass der Leistungsempfänger die Leistung voraussichtlich wieder in Anspruch nehmen kann. Andere als gesundheitliche Gründe, z.B. Unterbrechung aus disziplinarischen Gründen, rechtfertigen nicht die Weiterzahlung der Leistungen. Bei wiederholten Unterbrechungen ist das Übergangsgeld jeweils erneut bis zu sechs Wochen weiterzuzahlen, soweit die Rehabilitationsleistung nicht inzwischen planmäßig oder durch Abbruch geendet hat. In jedem dieser Einzelfälle ist die Weitererbringung der Leistung längstens bis zu sechs Wochen möglich. Fällt in eine solche Sechs-Wochen-Frist das vom Leistungsträger gebilligte Ende der Leistung, also das vorgesehene planmäßige Ende, so entfällt mit der Beendigung der Leistung zur Teilhabe am Arbeitsleben auch der Anspruch auf die Weitererbringung der Leistungen nach § 51 Abs. 3. Gegebenenfalls besteht für den Leistungsempfänger unter den Voraussetzungen der §§ 44 ff. SGB V für die Zeit weiterer Arbeitsunfähigkeit Anspruch auf Krankengeld in voller Höhe. Unentschuldigte Fehltage führen zu einer Sperrung der Übergangsgeldzahlung für die unentschuldigten Fehltage (zum Übergangsgeld, s. BSG, SGb 2001, 374). „Voraussichtlich wieder in Anspruch nehmen können" bedeutet, dass bei Beginn der Unterbrechung bereits absehbar sein muss, dass der Versicherte die Leistung fortsetzen kann.

Das Übergangsgeld nach § 51 Abs. 3 beginnt mit dem ersten Tag der Unterbrechung. Der Anspruch auf Übergangsgeld endet 10
– mit dem Ende der Unterbrechung aus allein gesundheitlichen Gründen oder
– nach Ablauf von sechs Wochen (= 42 Kalendertage), gerechnet vom Tage des Beginns der Unterbrechung, oder
– mit Ablauf des Tages des Abbruchs der Leistung zur Teilhabe am Arbeitsleben, oder
– mit dem planmäßigen Ende der Leistung zur Teilhabe am Arbeitsleben.

E. Übergangsgeld und Unterhaltsbeihilfe im Anschluss an eine abgeschlossene Leistung zur Teilhabe am Arbeitsleben bei Arbeitslosigkeit (Abs. 4)

Durch Abs. 4 soll die wirtschaftliche Versorgung des Leistungsempfängers, der 11 nach der Leistung zur Teilhabe am Arbeitsleben noch keinen Arbeitsplatz gefunden hat, wenigstens für die **ersten drei Anschlussmonate** sichergestellt werden. Übergangsgeld und Unterhaltsbeihilfe werden während der sich an eine Leistung zur Teilhabe am Arbeitsleben anschließenden Arbeitslosigkeit bis zu drei Monate weitergezahlt, wenn sich der Leistungsempfänger rechtzeitig bei der Agentur für Arbeit arbeitslos gemeldet hat und einen Anspruch auf Arbeitslosengeld von mindestens drei Monaten nicht geltend machen kann.

Voraussetzung für den Anspruch auf Anschluss-Übergangsgeld ist damit das 12 Vorliegen von Arbeitslosigkeit i. S. d. § 119 SGB III. Danach ist ein Arbeitnehmer arbeitslos, der nicht in einem Beschäftigungsverhältnis steht (Beschäftigungslosigkeit), sich bemüht, seine Beschäftigungslosigkeit zu beenden (Eigenbemühungen) und den Vermittlungsbemühungen der Agentur für Arbeit zur Verfügung steht (Verfügbarkeit). Zur Verfügbarkeit gehört u. a., dass eine versicherungspflichtige, mindestens 15 Stunden wöchentlich umfassende Beschäftigung unter den üblichen Bedingungen des für den Versicherten in Betracht kommenden Arbeitsmarktes ausgeübt werden kann und darf.

Die Zahlung von Übergangsgeld und Unterhaltsbeihilfe nach Abs. 4 ist nur 13 möglich, wenn der Leistungsempfänger die Leistung zur Teilhabe am Arbeitsleben **mit Erfolg abgeschlossen** hat (s. auch *Schütze,* in: Hauck/Noftz, § 51 Rdnr. 23). Die Maßnahme ist mit Erfolg abgeschlossen, wenn der Leistungsempfänger das Ausbildungsziel erreicht hat. Das ist in der Regel dann der Fall, wenn das Zeugnis über die bestandene Abschlussprüfung vorliegt. Die Suche nach einem der Ausbildung entsprechenden Arbeitsplatz soll bereits vor Beendigung der Rehabilitation beginnen, damit wertvolle Zeit bis zur Arbeitsaufnahme möglichst nicht verloren geht. War diese Suche erfolglos, soll sich der Leistungsempfänger bei einem Arbeitsamt sofort, möglichst vor Abschluss der Leistung, zur Arbeitsvermittlung melden. Andernfalls besteht der Anspruch erst ab dem Tag der Arbeitslosmeldung. Die Arbeitslosmeldung wirkt nur zurück, wenn sie wegen fehlender Öffnungszeiten der Agentur für Arbeit (z. B. an Sonn- und Feiertagen) nicht früher möglich war (zur Zahlung bei einer Wiederholungsprüfung, *BSG* v. 12. 9. 1978 – SozR 2200, § 1241 e RVO, Nr. 5). Der Dreimonatszeitraum verschiebt sich durch eine verspätete Arbeitslosmeldung nicht.

Hat der Leistungsempfänger in dem sich an die Leistungen zur Teilhabe am Arbeitsleben anschließenden **Dreimonatszeitraum** Anspruch auf Arbeitslosengeld, entfällt insoweit die Zahlung nach Abs. 4. Den Anspruch stellt das für den Versicherten zuständige Arbeitsamt fest. Der Verzicht des Versicherten auf die Zahlung von Arbeitslosengeld oder das Ruhen dieser Leistungen führen nicht zum Anspruchswegfall mit der Folge, dass die Zahlung des Übergangsgeldes oder der Unterhaltsbeihilfe entfällt.

15 Trotz fehlendem Anspruch auf Arbeitslosengeld entfällt die Zahlung nach Abs. 4, wenn der Leistungsempfänger eine Beschäftigung nicht sucht. Dann fehlt es an einer in § 119 SGB III genannten Voraussetzung für das Bestehen von Arbeitslosigkeit i. S. d. §§ 118 SGB III. Ebenso entfällt die Zahlung bei Arbeitsunfähigkeit des Leistungsempfängers, da für diese Zeit die Krankenkasse vorrangig mit Krankengeld einzutreten hat.

16 Die in Abs. 4 genannte Dauer **von drei Monaten** vermindert sich um die Zahl von Tagen, für die Leistungsempfänger im Anschluss an eine abgeschlossene Leistung zur Teilhabe am Arbeitsleben einen Anspruch auf Arbeitslosengeld geltend machen können. Hierbei ist zuerst der (Rest-)Anspruch des Versicherten auf Arbeitslosengeld bei der Agentur für Arbeit zu befriedigen. Erst wenn dieser (Rest-) Anspruch auf Arbeitslosengeld erschöpft ist, wird das Anschlussübergangsgeld nach Abs. 4 vom Rehabilitationsträger bis zum Ende des Dreimonatszeitraums gezahlt.

17 Die 3-Monatsfrist stellt einen festen Zeitraum dar, der weder durch andere Ereignisse verändert werden kann. Die Berechnung der Frist richtet sich nach § 26 SGB X i. V. m. §§ 187, 188 BGB. Sie beginnt mit dem ersten Tag nach dem erfolgreichen Abschluss der Leistungen zur Teilhabe am Arbeitsleben und endet mit Ablauf des Tages drei Monate später, der nach seiner Zahl dem Tag des Endes der Leistungen zur Teilhabe am Arbeitsleben entspricht.

18 Das Anschluss-Übergangsgeld ist kalendertäglich zu zahlen. Ist es für einen ganzen Kalendermonat zu zahlen, so ist dieser mit 30 Tagen anzusetzen; dies gilt auch, wenn in einem Kalendermonat Arbeitslosengeld und Übergangsgeld zusammentreffen (analog § 134 SGB III).

F. Übergangsgeld bei einer stufenweisen Wiedereingliederung (Abs. 5)

19 Nach § 51 Abs. 5 SGB IX wird das Übergangsgeld im Anschluss an eine Leistung zur medizinischen Rehabilitation weiter gezahlt, wenn
– der Versicherte arbeitsunfähig ist,
– er an einer stufenweisen Wiedereingliederung teilnehmen soll,
– der Arbeitgeber und der Versicherer der stufenweisen Wiedereingliederung zustimmen,
– sich diese unmittelbar an die Leistungen zur medizinischen Rehabilitation anschließt und
– der Antrag auf Gewährung von Leistungen zur medizinischen Rehabilitation nach dem 30. 4. 2004 gestellt wurde.
Eine stufenweise Wiedereingliederung kann auch für selbstständig Tätige in Betracht kommen, wenn die sonstigen Voraussetzungen erfüllt sind.

20 Da das Übergangsgeld über das Ende der dieser stufenweisen Wiedereingliederung vorangegangenen Leistungen zur medizinischen Rehabilitation hinaus weiter gezahlt werden soll, müssen diese Leistungen erbracht worden sein und es muss während dieser Leistungen ein Anspruch auf Übergangsgeld nach § 20 Abs. 1 SGB VI bestanden haben.

21 Eine stufenweise Wiedereingliederung nach § 28 SGB IX setzt voraus, dass der Versicherte die bisherige berufliche Tätigkeit nicht in dem arbeitsvertraglich festgelegten, sondern nur in einem geringeren zeitlichen Umfang verrichten kann, wobei die einzelnen Intervalle der stufenweisen Wiedereingliederung bei einer täglichen Arbeitszeit von zwei Stunden beginnen können und bei Erreichen einer vollschichtigen Arbeitsbelastung enden. Da ein nur teilweise arbeitsfähiger Arbeitnehmer arbeitsrechtlich als arbeitsunfähig gilt, ist das Vorliegen der ärztlich bescheinigten Arbeitsunfähigkeit Voraussetzung für die Weiterzahlung des Übergangsgeldes.

Eine stufenweise Wiedereingliederung zu Lasten der Rentenversicherung mit einem Anspruch auf Weiterzahlung des Übergangsgeldes nach § 51 Abs. 5 SGB IX ist nur dann möglich, wenn diese im unmittelbaren Anschluss an die Leistungen zur medizinischen Rehabilitation erforderlich ist. Analog den Regelungen bei der Anschlussrehabilitation (§ 32 Abs. 1 SGB VI) muss die stufenweise Wiedereingliederung grundsätzlich spätestens am 14. Tag nach dem Abschluss der medizinischen Rehabilitation begonnen werden. Im begründeten Einzelfall können Leistungen auch dann erbracht werden, wenn die stufenweise Wiedereingliederung ausnahmsweise nach dem 14. Tag beginnt. Der Anspruch auf Übergangsgeld nach Abs. 5 besteht vom Ende der medizinischen Leistung bis zur Beendigung der stufenweisen Wiedereingliederung. 22

§ 52 Einkommensanrechnung

(1) **Auf das Übergangsgeld der Rehabilitationsträger nach § 6 Abs. 1 Nr. 2, 4 und 5 werden angerechnet**

1. **Erwerbseinkommen aus einer Beschäftigung oder einer während des Anspruchs auf Übergangsgeld ausgeübten Tätigkeit, das bei Beschäftigten um die gesetzlichen Abzüge und um einmalig gezahltes Arbeitsentgelt und bei sonstigen Leistungsempfängern um 20 vom Hundert zu vermindern ist,**
2. **Leistungen des Arbeitgebers zum Übergangsgeld, soweit sie zusammen mit dem Übergangsgeld das vor Beginn der Leistung erzielte, um die gesetzlichen Abzüge verminderte Arbeitsentgelt übersteigen,**
3. **Geldleistungen, die eine öffentlich-rechtliche Stelle im Zusammenhang mit einer Leistung zur medizinischen Rehabilitation oder einer Leistung zur Teilhabe am Arbeitsleben erbringt,**
4. **Renten wegen verminderter Erwerbsfähigkeit oder Verletztenrenten in Höhe des sich aus § 18 a Abs. 3 Satz 1 Nr. 4 des Vierten Buches ergebenden Betrages, wenn sich die Minderung der Erwerbsfähigkeit auf die Höhe der Berechnungsgrundlage für das Übergangsgeld nicht ausgewirkt hat,**
5. **Renten wegen verminderter Erwerbsfähigkeit, die aus demselben Anlass wie die Leistungen zur Teilhabe erbracht werden, wenn durch die Anrechnung eine unbillige Doppelleistung vermieden wird,**
6. **Renten wegen Alters, die bei Berechnung des Übergangsgelds aus einem Teilarbeitsentgelt nicht berücksichtigt wurden,**
7. **Verletztengeld nach den Vorschriften des Siebten Buches,**
8. **den Nummern 1 bis 7 vergleichbare Leistungen, die von einer Stelle außerhalb des Geltungsbereichs dieses Gesetzbuchs erbracht werden.**

(2) **Bei der Anrechnung von Verletztenrenten mit Kinderzulage und von Renten wegen verminderter Erwerbsfähigkeit mit Kinderzuschuss auf das Übergangsgeld bleibt ein Betrag in Höhe des Kindergeldes nach § 66 des Einkommensteuergesetzes oder § 6 des Bundeskindergeldgesetzes außer Ansatz.**

(3) **Wird ein Anspruch auf Leistungen, um die das Übergangsgeld nach Absatz 1 Nr. 3 zu kürzen wäre, nicht erfüllt, geht der Anspruch insoweit mit Zahlung des Übergangsgelds auf den Rehabilitationsträger über; die §§ 104 und 115 des Zehnten Buches bleiben unberührt.**

Inhaltsübersicht

	Rdnr.
A. Allgemeines	1, 2
B. Einkommensanrechnung (Abs. 1)	3–16
I. Anrechnung von Erwerbseinkommen (Abs. 1 Nr. 1)	5–10
II. Anrechnung von Leistungen des Arbeitgebers (Abs. 1 Nr. 2)	11
III. Anrechnung von Geldleistungen (Abs. 1 Nr. 3)	12
IV. Anrechnung von Renten wegen verminderter Erwerbsfähigkeit oder Verletztenrente (Abs. 1 Nr. 4)	13
V. Anrechnung der Erwerbsminderungsrente bei unbilliger Doppelleistung (Abs. 1 Nr. 5)	14
VI. Anrechnung von Renten wegen Alters im Zusammenhang mit der Berechnung des Übergangsgelds aus einem Teilarbeitslosengeld (Abs. 1 Nr. 6)	15
VII. Anrechnung von Verletztengeld und ausländischen Leistungen (Abs. 1 Nr. 7 und 8)	16
C. Nichtberücksichtigung eines Betrages in Höhe des Kindergeldes (Abs. 2)	17
D. Gesetzlicher Forderungsübergang (Abs. 3)	18

A. Allgemeines

1 § 52 enthält eine Regelung über das **Zusammentreffen von Übergangsgeld und sonstigem Einkommen,** die der besonderen Funktion des Übergangsgeldes Rechnung trägt. Die Vorschrift fasst die für diesen Bereich für die Rehabilitationsträger gemeinsam geltenden Regelungen zusammen.

2 Die entsprechenden Regelungen in § 27 SGB VI für die **Rentenversicherung** und § 168 SGB III für die **Arbeitslosenversicherung** wurden durch das SGB IX aufgehoben. Für die **Unfallversicherung** gilt weiterhin § 52 SGB VII (BR-Drucks. 49/01, Begründung, S. 327). Für die **Krankenversicherung** findet die Vorschrift keine Anwendung. Hier gelten §§ 49 und 50 SGB V. Im RehaAnglG war die Einkommensanrechnung in § 18 geregelt.

B. Einkommensanrechnung (Abs. 1)

3 Eine Anrechnung nach dieser Vorschrift erfolgt auf das Übergangsgeld der Bundesagentur für Arbeit, der Träger der gesetzlichen Rentenversicherung, der Träger der Alterssicherung der Landwirte und der Träger der Kriegsopferversorgung bzw. der Kriegsopferfürsorge. **Anrechenbares Erwerbseinkommen** ist eine negative Anspruchsvoraussetzung, bei deren Vorliegen der Leistungsanspruch ganz oder teilweise gar nicht entsteht oder wegfällt und bei deren nicht mehr Vorliegen der Leistungsanspruch ganz oder teilweise wiederauflebt. Übergangsgeld ist Lohnersatzleistung und insoweit nicht zu zahlen, als dem Versicherten während des Bezugs des Übergangsgeldes Einkommen tatsächlich zur Verfügung steht.

4 Absatz 1 bestimmt, welches gleichzeitig erzielte Einkommen auf das Übergangsgeld angerechnet wird. Die Vorschrift enthält eine abschließende Aufzählung des auf das Übergangsgeld anrechenbaren Einkommens. Die darin aufgezählten **Einkünfte** sind allerdings nur insoweit anrechenbar, als sie gleichzeitig mit dem Übergangsgeld erzielt werden, weil der Versicherte nur dann während der Rehabilitation wirtschaftlich anderweitig abgesichert ist. Nur wenn der Anspruchszeitraum auf Übergangsgeld und die Zeit, für die der Leistungsempfänger Erwerbseinkommen erhält, sich zeitlich decken, ist eine Anrechnung dieser Einkünfte auf das Übergangsgeld möglich.

I. Anrechnung von Erwerbseinkommen (Abs. 1 Nr. 1)

Nach Abs. 1 Nr. 1 wird auf das Übergangsgeld das **gleichzeitig erzielte Er-** 5
werbseinkommen aus einer Beschäftigung oder einer während des Anspruchs auf
Übergangsgeld ausgeübten Tätigkeit angerechnet. Dieses ist bei Beschäftigten um
die gesetzlichen Abzüge und um einmalig gezahltes Arbeitsentgelt und bei sonstigen Leistungsempfängern um 20% zu vermindern.

Erwerbseinkommen umfasst Arbeitsentgelt, Arbeitseinkünfte und vergleich- 6
bares Einkommen (§ 18a Abs. 2 SGB IV). Arbeitsentgelte sind nach § 14 Abs. 1
SGB IV alle laufenden oder einmaligen Einnahmen aus einer Beschäftigung,
gleichgültig, ob ein Rechtsanspruch auf die Einnahmen besteht, unter welcher Bezeichnung und in welcher Form sie geleistet werden und ob sie unmittelbar aus
der Beschäftigung oder im Zusammenhang mit ihr erzielt werden. Es braucht sich
nicht um ein rentenversicherungspflichtiges Arbeitsentgelt zu handeln.

Eine Ausbildungsvergütung und auch eine Ausbildungsbeihilfe des Arbeitgebers 7
während einer Umschulung sind auch Arbeitsentgelt (*BSG* v. 27. 4. 1978 – SozR
2200, § 1241 RVO, Nr. 6). Entgeltfortzahlungsansprüche sind gem. § 1 EFZG
ebenfalls Arbeitsentgelt und damit bei der Anrechnung nach Abs. 1 Nr. 1 zu berücksichtigen. Auch während der Leistungen zur Teilhabe weiter gewährte Sachbezüge sind entsprechend ihrem Wert als Arbeitsentgelt anzurechnen. Bei einem
mehrfach Beschäftigten wird das Übergangsgeld aus jedem Beschäftigungsverhältnis gesondert berechnet.

Anrechenbar auf das Übergangsgeld ist auch Arbeitseinkommen aus **selbststän-** 8
diger Tätigkeit. Arbeitseinkommen ist der nach den allgemeinen Gewinnermittlungsvorschriften des Einkommensteuerrechts ermittelte Gewinn aus einer
selbstständigen Tätigkeit (§ 15 Abs. 1 SGB IV). Anrechenbar ist nach Abs. 1 Nr. 1
neben dem Arbeitseinkommen auch das übrige Erwerbseinkommen.

Ruhegehalt und Pensionen sind nicht Arbeitsentgelt, weil sie nicht im un- 9
mittelbaren Austausch mit einer vorher geleisteten Arbeit erbracht werden (*BSG*
v. 24. 1. 1963, BSGE 18, 204). Nicht anrechenbar sind auch Arbeitnehmersparzulagen und Einnahmen aus Kapitalertrag und Grundbesitz. Ebenso nicht anzurechnen sind steuerfreie Zuschläge für Sonn-, Feiertags- und Nachtarbeit, der
Krankengeldzuschuss des Arbeitgebers, Abfindungen, soweit sie als Entschädigung für
den Wegfall künftiger Arbeitseinkünfte wegen Auflösung des Arbeitsverhältnisses
sind, der Arbeitgeberzuschuss zur freiwilligen Krankenversicherung und der Wintergeldzuschuss nach § 213 SGB III. Darauf, ob das Einkommen im Inland oder
Ausland erzielt wird, kommt es nicht an. Nicht zum Arbeitsentgelt i. S. v. § 52
Abs. 1 Nr. 1 SGB IX gehören darüber hinaus:
- Abfindungen bei vorzeitigem Ende des Beschäftigungsverhältnisses, soweit sie
  als Entschädigung für den Wegfall künftiger Verdienstmöglichkeiten durch
  Verlust des Arbeitsplatzes gezahlt werden,
- Urlaubsabgeltungen, die wegen Beendigung des Beschäftigungsverhältnisses als
  Barabgeltungen des nicht genommenen Urlaubs gewährt werden,
- Zuwendungen des Arbeitgebers (z. B. Gratifikationen, Prämien u. Ä.).

Absatz 1 Satz 1 Nr. 1 schreibt vor, dass das Erwerbseinkommen bei Beschäftig- 10
ten um die gesetzlichen Abzüge und um einmalig gezahltes Arbeitsentgelt zu vermindern ist. Zu den Abzügen gehören die auf das Arbeitsentgelt entfallenden
Steuern und Sozialabgaben. Darüber hinaus ist das Arbeitsentgelt um einmalig zu
zahlende Zuwendungen (z. B. Weihnachts-, und Urlaubsgeld) zu mindern. Einmalig gezahltes Arbeitsentgelt sind nach § 23a SGB IV Zuwendungen, die dem
Arbeitsentgelt zuzurechnen sind und nicht für die Arbeit in einem einzelnen Entgeltabrechnungszeitraum gezahlt werden. Bei sonstigen Leistungsempfängern ist
das Arbeitseinkommen pauschal um 20% zu vermindern. Bei sonstigen Leistungs-

von der Heide

empfängern handelt es sich insbesondere um Selbstständige mit Arbeitseinkommen.

II. Anrechnung von Leistungen des Arbeitgebers (Abs. 1 Nr. 2)

11   Nach Abs. 1 Satz 1 Nr. 2 werden angerechnet Leistungen des Arbeitgebers zum Übergangsgeld, soweit sie zusammen mit dem Übergangsgeld das vor Beginn der Leistung erzielte und um die gesetzlichen Abzüge verminderte Arbeitsentgelt übersteigen. Anzurechnen sind somit solche Leistungen, die auf einzel- oder tarifvertraglicher Grundlage beruhen und der Aufstockung des Übergangsgeldes dienen, insofern sie zusammen mit dem Übergangsgeld das frühere Nettoarbeitsentgelt übersteigen. Dem Leistungsempfänger soll sein zuletzt tatsächlich erzieltes Nettoarbeitsentgelt erhalten bleiben, d. h. er soll so gestellt bleiben, als ob er weiter gearbeitet hätte.

III. Anrechnung von Geldleistungen (Abs. 1 Nr. 3)

12   Angerechnet werden nach Abs. 1 Nr. 3 auch **Geldleistungen,** die eine öffentlich-rechtliche Stelle im Zusammenhang mit einer Leistung zur medizinischen Rehabilitation oder einer Leistung zur Teilhabe am Arbeitsleben erbringt. Diese Anrechnungsvorschrift soll verhindern, dass durch zusätzliche Geldleistungen öffentlich-rechtlicher Stellen (z.B. durch Sonderzahlungen, Taschengelder usw.) eine unterschiedliche Behandlung der Leistungsempfänger eintritt. Da derartige Leistungen von öffentlichen Stellen jedoch im Allgemeinen nicht mehr erbracht werden, hat die Vorschrift kaum praktische Bedeutung.

IV. Anrechnung von Renten wegen verminderter Erwerbsfähigkeit oder Verletztenrente (Abs. 1 Nr. 4)

13   Nach Abs. 1 Satz 1 Nr. 4 werden auf das Übergangsgeld auch angerechnet Renten wegen **verminderter Erwerbsfähigkeit oder Verletztenrenten** in Höhe des sich aus § 18a Abs. 3 Satz 1 Nr. 4 SGB IV ergebenden Betrags, soweit sich die Minderung der Erwerbsfähigkeit auf die Höhe der Berechnungsgrundlage für das Übergangsgeld nicht ausgewirkt hat. Das ist z.B. der Fall, wenn das Übergangsgeld aus einem neben der Erwerbsminderungsrente erzielten Arbeitsentgelt berechnet wurde.

V. Anrechnung der Erwerbsminderungsrente bei unbilliger Doppelleistung (Abs. 1 Nr. 5)

14   Nach Abs. 1 Satz 1 Nr. 5 werden angerechnet Renten wegen verminderter Erwerbsfähigkeit, die aus **demselben Anlass wie** die **Leistungen zur Teilhabe** erbracht werden, wenn durch die Anrechnung eine unbillige Doppelleistung vermieden wird. Dies ist etwa dann der Fall, wenn es ungeachtet der beantragten Leistung zur Teilhabe zu einer Rentenbewilligung gekommen ist und dadurch der Versicherte anderenfalls unbillig beide Leistungen erhalten würde.

VI. Anrechnung von Renten wegen Alters im Zusammenhang mit der Berechnung des Übergangsgelds aus einem Teilarbeitslosengeld (Abs. 1 Nr. 6)

15   Nach Abs. 1 Nr. 6 werden angerechnet Renten wegen Alters, die bei Berechnung des Übergangsgeldes aus einem **Teilarbeitslosengeld** nicht berücksichtigt wurden. Anwendung findet die Vorschrift vornehmlich in den Fällen, in denen der Leistungsempfänger, der Leistungen zur Teilhabe erhält, rückwirkend Alters-

vollrente beansprucht, wie dies nach § 99 Abs. 1 Satz 1 SGB VI für bis zu drei zurückliegende Monate möglich ist. Die Anrechnungsregelung der Nr. 6 verhindert in derartigen Fällen, dass sich Zeiten des Bezugs einer solchen Rente mit Übergangsgeld überschneiden.

VII. Anrechnung von Verletztengeld und ausländischen Leistungen (Abs. 1 Nr. 7 und 8)

Nach Abs. 1 Nr. 7 und 8 werden angerechnet das **Verletztengeld** nach den Vorschriften des SGB VII sowie den Nr. 1 bis 7 vergleichbare Leistungen, die von einer Stelle außerhalb des Geltungsbereichs des SGB IX erbracht werden. Abweichende Regelungen, insbesondere zur Anrechnung von Einkommen, sind in den für die Rehabilitationsträger jeweils geltenden Leistungsgesetzen bestimmt. **16**

C. Nichtberücksichtigung eines Betrages in Höhe des Kindergeldes (Abs. 2)

Nach Abs. 2 bleibt bei der Anrechnung von **Verletztenrenten** mit **Kinderzulage** und von **Renten wegen verminderter Erwerbsfähigkeit** mit Kinderzuschuss auf das Übergangsgeld ein Betrag in Höhe des Kindergeldes nach § 66 EStG oder § 6 Bundeskindergeldgesetz außer Ansatz. **17**

D. Gesetzlicher Forderungsübergang (Abs. 3)

Wird ein Anspruch auf Leistungen, um die das Übergangsgeld nach Abs. 1 Nr. 3 zu kürzen wäre, nicht erfüllt, geht der Anspruch insoweit mit Zahlung des Übergangsgeldes auf den Rehabilitationsträger über. Die Vorschrift nimmt Bezug auf die hier einschlägigen Regelungen der §§ 104 und 115 SGB X. **18**

§ 53 Reisekosten

(1) **Als Reisekosten werden die im Zusammenhang mit der Ausführung einer Leistung zur medizinischen Rehabilitation oder zur Teilhabe am Arbeitsleben erforderlichen Fahr-, Verpflegungs- und Übernachtungskosten übernommen; hierzu gehören auch die Kosten für besondere Beförderungsmittel, deren Inanspruchnahme wegen Art oder Schwere der Behinderung erforderlich ist, für eine wegen der Behinderung erforderliche Begleitperson einschließlich des für die Zeit der Begleitung entstehenden Verdienstausfalls, für Kinder, deren Mitnahme an den Rehabilitationsort erforderlich ist, weil ihre anderweitige Betreuung nicht sichergestellt ist, sowie für den erforderlichen Gepäcktransport.**

(2) ¹Während der Ausführung von Leistungen zur Teilhabe am Arbeitsleben werden Reisekosten auch für im Regelfall zwei Familienheimfahrten je Monat übernommen. ²Anstelle der Kosten für die Familienheimfahrten können für Fahrten von Angehörigen vom Wohnort zum Aufenthaltsort der Leistungsempfänger und zurück Reisekosten übernommen werden.

(3) **Reisekosten nach Absatz 2 werden auch im Zusammenhang mit Leistungen zur medizinischen Rehabilitation übernommen, wenn die Leistungen länger als acht Wochen erbracht werden.**

(4) ¹Als Fahrkosten ist für jeden Tag, an dem der behinderte oder von Behinderung bedrohte Mensch den Ort der Ausführung der Leistung

aufsucht, eine **Entfernungspauschale** für jeden vollen Kilometer der Entfernung zwischen Wohnung und Ausführungsort von 0,36 Euro für die ersten zehn Kilometer und 0,40 Euro für jeden weiteren Kilometer anzusetzen. ²Bei einer erforderlichen auswärtigen Unterbringung ist für die An- und Abreise sowie für Familienheimfahrten nach Absatz 2 eine Entfernungspauschale von 0,40 Euro für jeden vollen Kilometer der Entfernung zwischen dem Ort des eigenen Hausstands und dem Ort der Ausführung der Leistung anzusetzen. ³Für die Bestimmung der Entfernung ist die kürzeste Straßenverbindung maßgebend. ⁴Kosten für Pendelfahrten können nur bis zur Höhe des Betrages übernommen werden, der bei unter Berücksichtigung von Art oder Schwere der Behinderung zumutbarer auswärtiger Unterbringung für Unterbringung und Verpflegung zu leisten wäre.

Schrifttum: *Hotz*, Reisekosten bei Leistungen zur Rehabilitation, Nbl. LVA Ba 1993, 252; *Reddig*, Rehabilitationsrecht, SVFAng 1999, 61; *Schumacher*, Änderungen in der gesetzlichen Krankenversicherung durch das SGB IX – ein Überblick, RdLH 2001, 170.

Inhaltsübersicht

	Rdnr.
A. Allgemeines	1, 2
B. Bestandteile und Umfang der Reisekosten (Abs. 1)	3–6
C. Familienheimfahrten (Abs. 2)	7
D. Familienheimfahrten bei Leistungen zur medizinischen Rehabilitation (Abs. 3)	8
E. Fahrtkosten (Abs. 4)	9

A. Allgemeines

1 § 53 dient der **Harmonisierung der Regelungen** über die von den Rehabilitationsträgern zu erbringenden **Reisekosten** im Zusammenhang mit einer Leistung zur medizinischen Rehabilitation oder einer Leistung zur Teilhabe am Arbeitsleben. Damit soll eine Transparenz des Leistungsgeschehens und eine Gleichbehandlung der Versicherten gewährleistet werden.

2 § 53 ersetzt für die **gesetzliche Rentenversicherung** die bisherige Regelung in § 30 SGB VI, die mit der Regelung in § 53 weitgehend identisch ist. Für die **Krankenversicherung** wurde die Regelung über die zu erstattenden Fahrtkosten in § 60 SGB V durch einen Abs. 5 ergänzt, wonach im Zusammenhang mit Leistungen zur medizinischen Rehabilitation Fahr- und andere Reisekosten nach § 53 übernommen werden. Die Regelungen über die Reisekosten für die **Unfallversicherung** in § 43 SGB VII sind durch das SGB IX nicht ersetzt worden. Sie sind aber weitgehend identisch mit § 53. Die Vorschrift des § 110 SGB III über die Reisekosten im Bereich der **Arbeitsverwaltung** wurde aufgehoben. Die entsprechenden Regelungen im RehaAnglG waren in § 19 enthalten. Durch das Gesetz zur Förderung der Ausbildung und Beschäftigung schwerbehinderter Menschen vom 23. 3. 2004 ist § 53 um Abs. 4 erweitert worden.

B. Bestandteile und Umfang der Reisekosten (Abs. 1)

3 Absatz 1 zählt die verschiedenen Bestandteile der Reisekosten auf. Hierzu zählen die erforderlichen **Fahr-, Verpflegungs- und Übernachtungskosten**. Zu den Fahr- und Transportkosten gehören die Aufwendungen, die bei Benutzung öffent-

licher Verkehrsmittel (2. Klasse) unter Berücksichtigung von Fahrpreisvergünstigungen entstehen. Verpflegungs- und Übernachtungskosten werden nach den Gesetzen des Bundesreisekostenrechts gezahlt. Das Verpflegungsgeld kann pauschaliert bei täglich 8-stündiger Abwesenheit vom Wohnort gewährt werden. Übernachtungsgeld wird gezahlt, wenn der Behandlungs- oder Ausbildungsort nicht an einem Tag erreicht werden kann.

Nach der Gesetzesbegründung (BR-Drucks. 49/01, S. 327) sind als Fahrkosten 4 auch die **Wegstrecken- und Mitnahmeentschädigungen** anzusehen. Auch die Wegstreckenentschädigung wird nach den Vorschriften des Bundesreisekostenrechts gewährt. Zu den Reisekosten gehören auch die Kosten für besondere Beförderungsmittel (z. B. Taxi), deren Inanspruchnahme wegen Art und Schwere der Behinderung erforderlich ist. Gewährt werden auch die Kosten für eine wegen der Behinderung erforderliche Begleitperson einschließlich des für die Zeit der Begleitung entstehenden Verdienstausfalls (BR-Drucks. 49/01, Begründung, S. 327). Die Erforderlichkeit einer Begleitperson kann sich aus dem Grad der Behinderung nach dem Schwerbehindertenausweis ergeben. Entgangener Verdienstausfall wird ersetzt, wenn der Ersatz in einem angemessenen Verhältnis zu den Kosten für die Pflegekraft steht. Der Verdienstausfall wird nach den Grundsätzen des § 65a SGB I analog gewährt. Vor allem medizinische Erwägungen geben den Ausschlag bei der Entscheidung, ob die Benutzung eines öffentlichen Verkehrsmittels den Betroffenen zumutbar ist. Benutzt der Betroffene keine öffentlichen Verkehrsmittel, obwohl ihm dies zumutbar wäre, sondern etwa seinen eigenen PKW, so werden die Reisekosten nur bis zur Höhe der Kosten für die Berechnung des öffentlichen Verkehrsmittels erstattet (vgl. BSGE 31, 258).

Übernommen werden auch die **Reisekosten für Kinder,** deren Mitnahme an 5 den Rehabilitationsort erforderlich ist, weil ihre anderweitige Betreuung nicht sichergestellt ist (§ 54 Abs. 2). Nach der Gesetzesbegründung (BR-Drucks. 49/01, S. 327) wird damit insbesondere der Lebenssituation alleinerziehender Mütter und Väter Rechnung getragen (s. hierzu auch Bundesministerium für Gesundheit und Soziale Sicherung, SGB IX – Rehabilitation und Teilhabe behinderter Menschen, Antwort 52). Nach Abs. 1 gewährt werden auch die Kosten für den erforderlichen Gepäcktransport. Dies muss unabhängig von der Schwere der Behinderung und einschließlich einer Gepäckversicherung erfolgen.

Übernommen werden auch die **Reisekosten für Kinder,** deren Mitnahme an 6 den Rehabilitationsort erforderlich ist, weil ihre anderweitige Betreuung nicht sichergestellt ist (§ 54 Abs. 2). Nach der Gesetzesbegründung (BR-Drucks. 49/01, S. 327) wird damit insbesondere der Lebenssituation alleinerziehender Mütter und Väter Rechnung getragen. Nach Abs. 1 gewährt werden auch die Kosten für den erforderlichen Gepäcktransport. Dies muss unabhängig von der Schwere der Behinderung und einschließlich einer Gepäckversicherung erfolgen.

C. Familienheimfahrten (Abs. 2)

Absatz 2 regelt, dass während der Ausführung von Leistungen zur Teilhabe am 7 Arbeitsleben Reisekosten auch für im Regelfall zwei Familienheimfahrten je Monat übernommen werden. Anstelle der Kosten für Familienheimfahrten können die Kosten für Fahrten von Angehörigen zum Aufenthaltsort der Leistungsempfänger und zurück übernommen werden. Der Kontakt zur Familie soll die Motivation für die Rehabilitation fördern. In Ausnahmefällen können auch mehr als zwei Familienheimfahrten erstattet werden, wenn dies aus dringenden Gründen erforderlich ist (etwa bei dringenden Familienangelegenheiten).

von der Heide

D. Familienheimfahrten bei Leistungen zur medizinischen Rehabilitation (Abs. 3)

8 Nach Abs. 3 werden Familienheimfahrten nach Abs. 2 im Zusammenhang mit Leistungen zur medizinischen Rehabilitation nur dann übernommen, wenn die Leistungen länger als acht Wochen erbracht werden. Da sich die Regelungen zu den Reisekosten in den verschiedenen Sozialversicherungszweigen unterschiedlich entwickelt haben, haben die Spitzenverbände von Krankenversicherung, Unfallversicherung und Rentenversicherung sowie die Bundesanstalt für Arbeit **Richtlinien** über die Erstattung der Reisekosten erlassen.

E. Fahrtkosten (Abs. 4)

9 Die Regelung, die sich an das Steuerrecht anlehnt, führt zu einer trägerübergreifenden Vereinheitlichung bei der Übernahme von Fahrkosten im Zusammenhang mit der Ausführung von Leistungen zur medizinischen Rehabilitation oder zur Teilhabe am Arbeitsleben und trägt damit unter anderem einem besonderen Anliegen des Petitionsausschusses des Deutschen Bundestages Rechnung. Die Übernahme von Kosten nach Abs. 1, die im Zusammenhang mit der wegen der Art oder der Schwere der Behinderung bestehenden Notwendigkeit zur Benutzung besonderer Beförderungsmittel entstehen, bleibt nach der Gesetzesbegründung (BR-Drucks. 557/03, Begründung, S. 338) unberührt.

§ 54 Haushalts- oder Betriebshilfe und Kinderbetreuungskosten

(1) ¹Haushaltshilfe wird geleistet, wenn

1. den Leistungsempfängern wegen der Ausführung einer Leistung zur medizinischen Rehabilitation oder einer Leistung zur Teilhabe am Arbeitsleben die Weiterführung des Haushalts nicht möglich ist,
2. eine andere im Haushalt lebende Person den Haushalt nicht weiterführen kann und
3. im Haushalt ein Kind lebt, das bei Beginn der Haushaltshilfe das zwölfte Lebensjahr noch nicht vollendet hat oder das behindert und auf Hilfe angewiesen ist.

²§ 38 Abs. 4 des Fünften Buches ist sinngemäß anzuwenden.

(2) Anstelle der Haushaltshilfe werden auf Antrag die Kosten für die Mitnahme oder anderweitige Unterbringung des Kindes bis zur Höhe der Kosten der sonst zu erbringenden Haushaltshilfe übernommen, wenn die Unterbringung und Betreuung des Kindes in dieser Weise sichergestellt ist.

(3) ¹Kosten für die Betreuung der Kinder der Leistungsempfänger können bis zu einem Betrag von 130 Euro je Kind und Monat übernommen werden, wenn sie durch die Ausführung einer Leistung zur medizinischen Rehabilitation oder zur Teilhabe am Arbeitsleben unvermeidbar entstehen. ²Leistungen zur Kinderbetreuung werden nicht neben Leistungen nach den Absätzen 1 und 2 erbracht. ³Der in Satz 1 genannte Betrag erhöht sich entsprechend der Veränderung der Bezugsgröße nach § 18 Abs. 1 des Vierten Buches; § 77 Abs. 3 Satz 2 bis 5 gilt entsprechend.

(4) **Abweichend von den Absätzen 1 bis 3 erbringen die landwirtschaftlichen Alterskassen und die landwirtschaftlichen Krankenkassen Betriebs- und Haushaltshilfe nach den §§ 10 und 36 des Gesetzes über die Alterssicherung der Landwirte und nach den §§ 9 und 10 des Zweiten Gesetzes über die Krankenversicherung der Landwirte, die landwirtschaftlichen Berufsgenossenschaften für die bei ihnen versicherten landwirtschaftlichen Unternehmer und im Unternehmen mitarbeitenden Ehegatten nach § 54 des Siebten Buches.**

Schrifttum: *Dahm,* Haushaltshilfe in der gesetzlichen Unfallversicherung und im sozialen Entschädigungsrecht, Die Sozialversicherung 2000, 261; *Hammer/Schmid,* Die Haushaltshilfe als ergänzende Leistung zur Rehabilitation, Nbl. LVA Ba 1994, 228; *Wagner,* Haushaltshilfe hilft Reha-Leistungen durchzuführen, NachrLVA HE 1998, 45.

Inhaltsübersicht

	Rdnr.
A. Allgemeines	1, 2
B. Haushaltshilfe (Abs. 1)	3–6
C. Kosten für die Mitnahme des Kindes (Abs. 2)	7
D. Kosten für die Betreuung des Kindes (Abs. 3)	8
E. Sonderregelungen für die landwirtschaftlichen Alterskassen, die landwirtschaftlichen Krankenkassen und die landwirtschaftlichen Berufsgenossenschaften (Abs. 4)	9

A. Allgemeines

Nach der Gesetzesbegründung (BR-Drucks. 49/01, S. 327) dient die Vorschrift 1 der **Harmonisierung** der zu erbringenden ergänzenden Leistungen in den Fällen, in denen den Betroffenen aufgrund der Ausführung einer Leistung zur medizinischen Rehabilitation oder einer Leistung zur Teilhabe am Arbeitsleben die Weiterführung des Unternehmens oder des Haushalts oder die Betreuung der Kinder nicht möglich ist.

In der **Rentenversicherung** wird § 29 SGB VI aufgehoben und durch § 54 2 ersetzt. Für die **Unfallversicherung** wird die Vorschrift des § 42 SGB VII in seiner bisherigen Form aufgehoben. In der **Krankenversicherung** bleibt die Vorschrift über die Haushaltshilfe in § 38 SGB V unberührt. Die Vorschrift des § 112 SGB III zu Haushaltshilfe oder Kinderbetreuungskosten für den Bereich der **Arbeitsverwaltung** wird aufgehoben. Die entsprechende Regelung im RehaAnglG war in § 12 Nr. 6 enthalten.

B. Haushaltshilfe (Abs. 1)

Voraussetzung für die Gewährung einer **Haushaltshilfe** ist nach Abs. 1 Nr. 1, 3 dass dem Leistungsempfänger wegen der Ausführung einer Leistung zur medizinischen Rehabilitation oder einer Leistung zur Teilhabe am Arbeitsleben die Weiterführung des Haushaltes nicht möglich ist. Danach ist die Führung eines eigenen Haushaltes durch den Leistungsempfänger (auch wenn er sich die Haushaltsführung mit seinem Ehegatten teilt) erforderlich, um die Tatbestandsvoraussetzungen zu erfüllen. Im Gegensatz zu der bisherigen Regelung in § 29 Abs. 1 SGB VI und § 42 Abs. 1 SGB VII ist die Unterbringung außerhalb des eigenen Haushaltes nicht mehr Tatbestandsvoraussetzung. Daraus ist zu schließen, dass für die Leistungsempfänger, die an der Leistung zur Teilhabe von ihrem Wohnort aus

von der Heide

teilnehmen (ambulante Rehabilitation), die Gewährung einer Haushaltshilfe möglich ist.

4 Zusätzlich ist nach Abs. 1 Nr. 2 für die Gewährung der Haushaltshilfe erforderlich, dass eine andere im Haushalt lebende Person den Haushalt nicht weiterführen kann. Abgestellt wird dabei nur auf Personen, die im Haushalt leben. Hierzu können also etwa auch unverheiratete Partner gehören (s. auch *Großmann*, in: Hauck/ Noftz, SGB III, § 112 Rdnr. 11). Auf verwandtschaftliche Beziehungen kommt es dabei nicht an. Vielmehr entscheidend ist eine – nach den tatsächlichen Verhältnissen zu beurteilende – gewisse Dauerhaftigkeit und Beständigkeit der häuslichen Gemeinschaft (vgl. BSG SozR 2200, § 185 b. Nr. 11).

5 Darüber hinaus ist nach Abs. 1 Nr. 3 Voraussetzung, dass im Haushalt **ein Kind** lebt, das bei Beginn der Haushaltshilfe das 12. Lebensjahr noch nicht vollendet hat oder das behindert und auf Hilfe angewiesen ist. Erforderlich ist, dass das Kind seinen Lebensschwerpunkt in dem Haushalt hat. Auf ein Verwandtschaftsverhältnis zum Leistungsempfänger kommt es hierbei nicht an.

6 Aus dem Verweis auf § 38 Abs. 4 SGB V in Abs. 1 Satz 2 ergibt sich, dass dem Leistungsempfänger die Kosten für eine **selbstbeschaffte Haushaltshilfe** in angemessener Höhe zu erstatten sind, wenn der Rehabilitationsträger keine Haushaltshilfe stellen kann oder Grund besteht, davon abzusehen (s. hierzu auch *LSG Schleswig*, NZS 2001, 155). Die bei Selbstbeschaffung der Haushaltshilfe dem Leistungsempfänger entstehenden Kosten und Aufwendungen sind in angemessener Höhe zu erstatten. Typischer Weise sind dies die Vergütungen für die Ersatzhilfe und deren Fahrtkosten (*Stähler*, in: Lachwitz/Schellhorn/Welti, § 54 Rdnr. 8).

C. Kosten für die Mitnahme des Kindes (Abs. 2)

7 Nach Abs. 2 werden anstelle der Haushaltshilfe auf Antrag die Kosten für die **Mitnahme oder anderweitige Unterbringung des Kindes** bis zur Höhe der Kosten der sonst zu erbringenden Haushaltshilfe übernommen, wenn die Unterbringung und Betreuung des Kindes in dieser Weise sichergestellt ist. Die Anwendung von Abs. 2 ist nur dann möglich, wenn die in Abs. 1 Nr. 1 bis 3 genannten Voraussetzungen erfüllt sind. Hinsichtlich der Frage, ob die Unterbringung und Betreuung des Kindes sichergestellt ist, hat der Rehabilitationsträger ein Auswahlermessen. Die Höhe der Geldleistung ist begrenzt. Übernommen werden nur die Kosten bis zur Höhe der sonst zu erbringenden Kosten für die Haushaltshilfe. Leistungsobergrenze ist nicht der auf die Kinderbetreuung entfallende Teil der Kosten der Haushaltshilfe nach Abs. 1, sondern der Gesamtbetrag der Haushaltshilfe nach Abs. 1. Das rechtfertigt sich daraus, dass Abs. 1 nicht die Kosten der Unterbringung des Kindes enthält (Unfallversicherungsträger, Erstkommentierung des SGB IX, § 54 Anm. 3).

D. Kosten für die Betreuung des Kindes (Abs. 3)

8 Um insbesondere alleinerziehenden Müttern und Vätern Leistungen zur Teilhabe zu ermöglichen, bestimmt Abs. 3, dass die **Kosten für die Betreuung der Kinder des Betroffenen** übernommen werden können, wenn die Teilnahme an der Leistung zur medizinischen Rehabilitation oder zur Teilhabe am Arbeitsleben ohne die Betreuung der Kinder nicht möglich ist. Absatz 3 sieht ebenso wie Abs. 2 als Ermessensleistung eine Kostenerstattung für die Kinderbetreuung vor. Leistungen zur Kinderbetreuung werden nicht neben Leistungen nach Abs. 1 und 2 erbracht (Abs. 3 Satz 2). Absatz 3 ist also gegenüber den Ansprüchen nach Abs. 1 und 2 subsidiär. Diese Regelung entspricht auch der Systematik des Gesetzes. Für das Verhältnis von Abs. 3 zu Abs. 1 ergibt sich die Subsidiarität aus dem Vorrang der Sachleistung vor der Kostenerstattung. Da Abs. 2 einen Rechtsanspruch auf Kostenerstattung einräumt, ist diese Vorschrift vor Abs. 3 (Ermessensentscheidung) zu prüfen.

E. Sonderregelungen für die landwirtschaftlichen Alterskassen, die landwirtschaftlichen Krankenkassen und die landwirtschaftlichen Berufsgenossenschaften (Abs. 4)

Sonderregelungen für die Betriebs- und Haushaltshilfe nach §§ 10 und 36 des Gesetzes über die Alterssicherung der Landwirte, nach §§ 9 und 10 des Zweiten Gesetzes über die Krankenversicherung der Landwirte und nach § 54 SGB VII gehen vor. **9**

Kapitel 7. Leistungen zur Teilhabe am Leben in der Gemeinschaft

Vor §§ 55 ff.

Kapitel 7 gibt einen Überblick über die „Leistungen zur Teilhabe am Leben in der Gemeinschaft", die für eine möglichst vollständige Teilhabe an der Gesellschaft **neben den** Leistungen zur medizinischen Rehabilitation und den Leistungen zur Teilhabe am Arbeitsleben erforderlich sein können. Als Folge der dem SGB IX zugrunde liegenden Regelungssystematik, die die teilweise unterschiedlichen Voraussetzungen vergleichbarer Leistungen der verschiedenen Sozialleistungsträger unberührt lässt und lediglich auf die Harmonisierung der Leistungsinhalte abzielt, werden auch durch die Vorschriften im Kapitel 7 nur Inhalte und einige Anspruchsvoraussetzungen der Leistungen fixiert, ohne die Voraussetzungen vollständig vorzugeben. **1**

Es werden die Leistungen bestimmt, die **einheitlich** von den Trägern der gesetzlichen Unfallversicherung, den Trägern der Kriegsopferversorgung und den Trägern der Kriegsopferfürsorge im Rahmen des Rechts der sozialen Entschädigung bei Gesundheitsschäden sowie von den Trägern der öffentlichen Jugendhilfe und den Trägern der Sozialhilfe als Leistungen zur Teilhabe am Leben in der Gemeinschaft **erbracht werden** (§ 5 Nr 4 i V m § 6 Abs. 1 Nr. 3, 5, 6 und 7). Entsprechend wurden die für die Rehabilitationsträger maßgebenden Leistungsgesetze geändert, so dass diese nur noch Regelungen enthalten, die allein für den Rehabilitationsträger gelten. Art, Gegenstand, Umfang, Qualität und Ausführung der Leistungen richten sich damit nach dem SGB IX, soweit die Leistungsgesetze der Rehabilitationsträger nicht darüber hinausgehend Besonderheiten regeln bzw. Abweichendes bestimmen. **2**

Nach § 7 gilt der generelle Vorrang der für die einzelnen Rehabilitationsträger geltenden besonderen Rechtsvorschriften weiterhin hinsichtlich der **Zuständigkeit** und der **Leistungsvoraussetzungen.** Leistungen zur Teilhabe am Leben in der Gemeinschaft können damit nur Personen beanspruchen, die nach dem Leistungsrecht des jeweiligen Rehabilitationsträgers zu dem dazu berechtigten Personenkreis zählen. **3**

Als „**soziale Leistungen**" wurden in das SGB IX Leistungen zur Teilhabe am Leben in der Gemeinschaft aufgenommen, für die die Träger der Sozialhilfe zuständig bleiben, soweit keine Zuständigkeit der Träger der Unfallversicherung, Kriegsopferfürsorge oder Jugendhilfe gegeben ist. **4**

§ 55 Leistungen zur Teilhabe am Leben in der Gemeinschaft

(1) Als Leistungen zur Teilhabe am Leben in der Gemeinschaft werden die Leistungen erbracht, die den behinderten Menschen die Teilhabe am Leben in der Gesellschaft ermöglichen oder sichern oder sie so weit wie möglich unabhängig von Pflege machen und nach den Kapiteln 4 bis 6 nicht erbracht werden.

(2) Leistungen nach Absatz 1 sind insbesondere
1. Versorgung mit anderen als den in § 31 genannten Hilfsmitteln oder den in § 33 genannten Hilfen,
2. heilpädagogische Leistungen für Kinder, die noch nicht eingeschult sind,
3. Hilfen zum Erwerb praktischer Kenntnisse und Fähigkeiten, die erforderlich und geeignet sind, behinderten Menschen die für sie erreichbare Teilnahme am Leben in der Gemeinschaft zu ermöglichen,
4. Hilfen zur Förderung der Verständigung mit der Umwelt,
5. Hilfen bei der Beschaffung, dem Umbau, der Ausstattung und Erhaltung einer Wohnung, die den besonderen Bedürfnissen der behinderten Menschen entspricht,
6. Hilfen zu selbstbestimmtem Leben in betreuten Wohnmöglichkeiten,
7. Hilfen zur Teilhabe am gemeinschaftlichen und kulturellen Leben.

Inhaltsübersicht

	R.dnr.
A. Allgemeines	1
B. Leistungen zur Teilhabe am Leben in der Gemeinschaft (Abs. 1)	2
1. Andere Hilfsmittel und Hilfen (Abs. 2 Nr. 1)	3
2. Heilpädagogische Leistungen für Kinder, die noch nicht eingeschult sind (Abs. 2 Nr. 2)	4–5
3. Hilfen zum Erwerb praktischer Kenntnisse und Fähigkeiten (Abs. 2 Nr. 3)	6
4. Hilfen zur Förderung der Verständigung mit der Umwelt (Abs. 2 Nr. 4)	7
5. Hilfen zur Beschaffung, dem Umbau, der Ausstattung und Erhaltung einer Wohnung (Abs. 2 Nr. 5)	8
6. Hilfen zu selbstbestimmtem Leben in betreuten Wohnmöglichkeiten (Abs. 2 Nr. 6)	9
7. Hilfen zur Teilhabe am gemeinschaftlichen und kulturellen Leben (Abs. 2 Nr. 7)	10

A. Allgemeines

1 § 55 Abs. 1 umschreibt zusammenfassend die **Leistungen zur Teilhabe am Leben in der Gemeinschaft** und die Teilhabeziele. In Abs. 2 werden beispielhaft („insbesondere") Leistungen genannt, durch die die Teilhabeziele ermöglicht oder gesichert werden. Der Leistungskatalog ist damit nicht abschließend. Zuständige Rehabilitationsträger sind die Träger der gesetzlichen Unfallversicherung, die Träger der Kriegsopferversorgung und die Träger der Kriegsopferfürsorge im Rahmen des Rechts der sozialen Entschädigung bei Gesundheitsschäden sowie die Träger der öffentlichen Jugendhilfe und die Träger der Sozialhilfe (§ 5 Nr. 4 i. V. m. § 6 Abs. 1 Nr. 3, 5, 6 und 7). Primär für die Leistungserbringung zuständig sind die Träger der Sozialhilfe in ihrer neuen Aufgabenstellung als Rehabilitations-

träger, soweit nicht die Träger der Unfallversicherung, der Kriegsopferfürsorge oder der Jugendhilfe leistungsverpflichtet sind.

B. Leistungen zur Teilhabe am Leben in der Gemeinschaft (Abs. 1)

Leistungen zur Teilhabe am Leben in der Gemeinschaft werden als Leistungen erbracht, die den behinderten Menschen die Teilhabe am Leben in der Gesellschaft ermöglichen oder sichern oder sie so weit wie möglich unabhängig von Pflege machen und nach den Kapiteln 4 bis 6 nicht erbracht werden. Die Aufgabenbeschreibung der „Teilhabe am Leben in der Gemeinschaft" umfasst den Ausgleich der gesamten im Einzelfall beeinträchtigten Fähigkeiten, die notwendige Voraussetzung dafür sind, um wie nicht behinderte Menschen an **Kontakten und Betätigungen in der Gesellschaft** teilhaben zu können. Zur Förderung des Teilhabeziels geeignet sind alle Leistungen, die dem behinderten Menschen den Kontakt mit seiner Umwelt und die Teilnahme am öffentlichen und kulturellen Leben ermöglicht und sichert. Umfasst werden aber auch Leistungen, durch die lediglich die Milderung einer Beeinträchtigung zu erzielen ist. Teilhabeleistungen werden auch erbracht, wenn sie geeignet sind, behinderte Menschen so weit wie möglich **unabhängig von Pflege** zu machen. Diese Aufgabe steht selbstständig neben dem Ziel der Teilhabe am Leben in der Gemeinschaft.

1. Andere Hilfsmittel und Hilfen (Abs. 2 Nr. 1)

Nach § 55 Abs. 2 Nr. 1 gehört zu den Leistungen zur Teilhabe am Leben in der Gemeinschaft die Versorgung mit anderen als den in § 31 genannten **Hilfsmitteln** oder den in § 33 genannten **Hilfen** (Leistungen zur Teilhabe am Arbeitsleben). Andere Hilfsmittel oder Hilfen sind danach solche, die über eine medizinische oder berufliche Zweckbestimmung hinausreichen und dazu bestimmt sind, zum Ausgleich der durch die Behinderung bedingten Mängel beizutragen. Dazu gehören spezifische Hilfsmittel für Blinde, Hörbehinderte, Ohnhänder und solche behinderten Menschen, die wegen Art und Schwere ihrer Behinderung im Alltag auf besondere technische Hilfen angewiesen sind, sowie Gebrauchsgegenstände des täglichen Lebens.

2. Heilpädagogische Leistungen für Kinder, die noch nicht eingeschult sind (Abs. 2 Nr. 2)

Nach § 55 Abs. 2 Nr. 2 werden als Leistungen zur Teilhabe am Leben in der Gemeinschaft **heilpädagogische Leistungen** für Kinder erbracht, die noch nicht eingeschult sind. Die Regelung entspricht weitgehend dem früheren § 40 Abs. 1 Nr. 2a BSHG. **Heilpädagogik** ist die spezialisierte Erziehung, Unterrichtung und Fürsorge in Bezug auf behinderte Kinder und Jugendliche mit dem Ziel der Ermöglichung einer eigenständigen Teilnahme am Leben in der Gemeinschaft. Heilpädagogische Maßnahmen müssen nicht einer vom Leistungsträger gutheißenden wissenschaftlichen Auffassung entsprechen. Welche konkrete Maßnahme im Einzelfall zu ergreifen ist, richtet sich unter Berücksichtigung der allgemeinen ärztlichen und sonstigen Erkenntnisse nach pflichtgemäßer Ausübung des Ermessens. Dabei ist der Begriff der heilpädagogischen Maßnahmen weit auszulegen.

§ 55 Abs. 2 Nr. 2 umfasst heilpädagogische Leistungen vor der Einschulung, jedoch ohne unmittelbare Ausrichtung auf die Schule. Hintergrund ist das Bestreben, bei von Geburt oder früher Kindheit an behinderten Kindern die Leistungen so frühzeitig wie möglich einsetzen zu lassen, damit ein **nachhaltiger Maßnahmeerfolg** erreicht werden kann. Anders als der frühere § 40 Abs. 1 Nr. 2a BSHG stellt § 55 Abs. 2 Nr. 2 bei der Leistungsgewährung nicht auf das schulpflichtige Alter des Kindes ab, sondern auf die noch nicht erfolgte Einschulung. Die **Einschulung** ist als zeitliche Begrenzung besser geeignet für die Gewährung heilpädagogischer Leistungen als das schulpflichtige Alter, weil der Zeitpunkt der Einschulung sowohl bei behinderten als auch bei nichtbehinderten Kindern unterschiedlich sein kann. Damit kann bei der Hilfegewährung besser der individuelle Bedarf des Kindes berücksichtigt werden (BT-Drucks. 14/5786, S. 48, BT-Drucks. 14/5800, S. 29). Die Erbringung der heilpädagogischen Leistungen wird durch die Vorschrift des § 56 konkretisiert.

3. Hilfen zum Erwerb praktischer Kenntnisse und Fähigkeiten (Abs. 2 Nr. 3)

6 § 55 Abs. 2 Nr. 3 ist dem früheren § 15 EinglHVO nachgebildet und umfasst Hilfen, wenn wegen der Art oder Schwere der Behinderung pädagogische, schulische oder berufliche Maßnahmen nicht in Betracht kommen, dem behinderten Menschen aber durch den Erwerb praktischer Kenntnisse und Fähigkeiten die für ihn erreichbare Teilnahme am Leben in der Gemeinschaft ermöglicht werden kann. Das ist z.B. dadurch möglich, dass der behinderte Mensch ohne fremde Hilfe essen, sich alleine anziehen, oder einfache manuelle Tätigkeiten ausüben kann. **Vorrangiger Zweck** ist die Stärkung der allgemeinen Lebenstüchtigkeit des behinderten Menschen. Als Empfänger von Hilfen nach § 55 Abs. 2 Nr. 3 kommen insofern vor allem Menschen mit schweren und mehrfachen Behinderungen in Betracht, die nicht als werkstattfähig gelten und deshalb nicht in einer Werkstatt für Behinderte gefördert und betreut werden können.

4. Hilfen zur Förderung der Verständigung mit der Umwelt (Abs. 2 Nr. 4)

7 § 55 Abs. 2 Nr. 4 umfasst Hilfen zur Förderung der Verständigung mit der Umwelt. Dazu zählen technische Hilfen, z.B. Hörgeräte oder Sprachübungsgeräte für Sprachbehinderte. Die Erbringung der Hilfen zur Förderung der Verständigung mit der Umwelt wird durch die Vorschrift des § 57 (Förderung der Verständigung) konkretisiert.

5. Hilfen bei der Beschaffung, dem Umbau, der Ausstattung und Erhaltung einer Wohnung (Abs. 2 Nr. 5)

8 § 55 Abs. 2 Nr. 5 umfasst Hilfen bei der Beschaffung, dem Umbau, der Ausstattung und Erhaltung einer Wohnung, die den besonderen Bedürfnissen des behinderten Menschen entspricht. Die Regelung lehnt sich weitgehend an die früheren § 40 Abs. 1 Nr. 6a BSHG und § 18 EinglHVO an. Darunter fallen sowohl persönliche Beratung und Unterstützung bei der Suche nach einer geeigneten Wohnung oder eines Wohnheimplatzes als auch notwendige Umbauten zur **behindertengerechten Gestaltung** einer bereits vorhandenen oder einer neuen Wohnung. Zu den Umbauten können z.B. die fahrstuhlgerechte Veränderung der Wohnung, die behindertengerechte Ausstattung einer Küche, der Umbau der sanitären Anlagen oder die Verbesserung der Zugangsmöglichkeiten zur Wohnung gehören. Da die Wohnung als soziales Grundbedürfnis menschlicher Existenz die familiären und gesellschaftlichen Bindungen erhält und dauerhaft alle Rehabilitationsbemühungen sichert, ist die Vorschrift weit auszulegen.

6. Hilfen zu selbstbestimmtem Leben in betreuten Wohnmöglichkeiten (Abs. 2 Nr. 6)

9 Die in § 55 Abs. 2 Nr. 6 geschaffene Rechtsgrundlage für Hilfen zu selbstbestimmtem Leben in **betreuten Wohnmöglichkeiten** konkretisiert und verallgemeinert die bisher im Bereich der Sozialhilfe für solche Hilfen herangezogene Rechtsgrundlagen des früheren § 40 Abs. 1 Nr. 8 BSHG in Verbindung mit § 19

EinglHVO. Vor allem für psychisch Kranke und pflegebedürftige Menschen haben sich verschiedene Formen des betreuten Wohnens in Wohngemeinschaften, Heimen oder gleichartigen Einrichtungen, aber auch in Form der Versorgung durch ambulante Hilfsdienste in einer gemieteten Wohnung bereits entwickelt.

7. Hilfen zur Teilhabe am gemeinschaftlichen und kulturellen Leben (Abs. 2 Nr. 7)

§ 55 Abs. 2 Nr. 7 umfasst Hilfen zur Teilhabe am gemeinschaftlichen und kulturellen Leben. Da bereits nach Abs. 1 generell die Teilhabe am Leben in der Gemeinschaft ermöglicht oder gesichert werden soll, hat Abs. 2 Nr. 7 bekräftigenden Charakter, um den besonderen Stellenwert der Teilnahme am gesellschaftlichen Leben zu betonen. Zu den Leistungen zur Teilnahme am gemeinschaftlichen und kulturellen Leben zählen bei entsprechendem Bedarf alle Hilfen und damit z. B. auch **Mobilitätshilfen** für schwerbehinderte Kinder oder **Behindertenbegleithunde** (BT-Drucks. 14/5800, S. 29). Der **Anspruch auf Hilfen** zur Teilhabe am gemeinschaftlichen und kulturellen Leben wird durch die – nicht abschließende Aufzählung – der Hilfen in § 58 konkretisiert. 10

§ 56 Heilpädagogische Leistungen

(1) ¹Heilpädagogische Leistungen nach § 55 Abs. 2 Nr. 2 werden erbracht, wenn nach fachlicher Erkenntnis zu erwarten ist, dass hierdurch
1. eine drohende Behinderung abgewendet oder der fortschreitende Verlauf einer Behinderung verlangsamt oder
2. die Folgen einer Behinderung beseitigt oder gemildert

werden können. ²Sie werden immer an schwerstbehinderte und schwerstmehrfachbehinderte Kinder, die noch nicht eingeschult sind, erbracht.

(2) In Verbindung mit Leistungen zur Früherkennung und Frühförderung (§ 30) und schulvorbereitenden Maßnahmen der Schulträger werden heilpädagogische Leistungen als Komplexleistung erbracht.

Inhaltsübersicht

	Rdnr.
A. Allgemeines	1
B. Erbringung der heilpädagogischen Leistungen (Abs. 1)	2, 3
C. Komplexleistung (Abs. 2)	4–6

A. Allgemeines

§ 56 konkretisiert die Leistungserbringung der in § 55 Abs. 2 Nr. 2 genannten **heilpädagogischen Leistungen für Kinder,** die noch nicht eingeschult sind. Die Vorschrift enthält eine mit § 30 (Früherkennung und Frühförderung) abgestimmte Fortentwicklung des früheren § 40 Abs. 1 Nr. 2a BSHG in Verbindung mit § 11 EinglHVO und verdeutlicht, dass die Leistungen zusammen mit der Frühförderung als sog. Komplexleistungen zu erbringen sind. 1

B. Erbringung der heilpädagogischen Leistungen (Abs. 1)

§ 56 Abs. 1 bestimmt, unter welchen Voraussetzungen für Kinder, die noch nicht eingeschult sind, **heilpädagogische Leistungen** nach § 55 Abs. 2 Nr. 2 er- 2 bracht werden (zum Begriff der „heilpädagogischen Leistungen" vgl. § 55 Rdnr. 4). Danach werden Leistungen erbracht, wenn nach fachlicher Erkenntnis zu erwarten ist, dass durch die heilpädagogischen Leistungen eine drohende Behinderung abgewendet oder der fortschreitende Verlauf einer Behinderung verlangsamt oder die Folgen einer Behinderung beseitigt oder gemildert werden. Die Voraussetzungen für die Gewährung heilpädagogischer Leistungen sind damit relativ niedrig. Ziel ist es, den behinderten Kindern einen künftigen Schulbesuch zu ermöglichen.

3   Unabhängig davon erhalten **schwerstbehinderte** und **schwerstmehrfachbehinderte Kinder,** die noch nicht eingeschult sind, immer heilpädagogische Leistungen (§ 56 Abs. 1 Satz 2). Diese Formulierung unterscheidet sich von der im früheren § 11 EinglHVO, wonach Leistungen auch gewährt wurden, „wenn die Behinderung eine spätere Schulbildung oder eine Ausbildung für einen angemessenen Beruf oder für eine sonstige angemessene Tätigkeit voraussichtlich nicht zulassen wird". Die Neufassung greift die gefestigte Rechtsprechung auf, die einen Anspruch auf Eingliederungshilfe für behinderte Menschen nach dem Sozialhilferecht bereits dann bejaht, wenn Aussicht auf spürbare Verbesserung – sei es auch nur im Bereich einfachster lebenspraktischer Fähigkeiten – besteht. Insbesondere bei Kindern ist immer von der Förderbarkeit auszugehen. Dies gilt auch in den Fällen, in denen Schwerbehinderung oder Schwerstmehrfachbehinderung eines Kindes eine erhebliche Pflegebedürftigkeit zur Folge hat (z. B. apallisches Syndrom). Im Übrigen wird heute grundsätzlich von einem uneingeschränkten schulischen Bildungsrecht für alle Kinder ausgegangen (BT-Drucks. 14/5800, S. 29).

C. Komplexleistung (Abs. 2)

4   § 56 Abs. 2 verpflichtet die zuständigen Rehabilitationsträger, die heilpädagogischen Leistungen als **Komplexleistung** in Verbindung mit Leistungen zur **Früherkennung** und **Frühförderung** nach § 30 und schulvorbereitenden Maßnahmen zu erbringen, wenn solche Leistungen zu bewilligen sind. Entsprechend stellt § 30 Abs. 1 Satz 2 klar, dass die in § 30 Abs. 1 Satz 1 der medizinischen Rehabilitation zugeordneten Leistungen der Früherkennung und Frühförderung behinderter und von Behinderung bedrohter Kinder in einem engen Funktionszusammenhang mit den heilpädagogischen Leistungen nach § 56 stehen und gegenüber den Leistungsberechtigten systemorientiert als Komplexleistungen zu erbringen sind.

5   Das Gesetz hat mit dem Begriff der „Komplexleistung" Erfahrungen aus der Praxis aufgegriffen, wonach die Arbeit in Frühförderstellen und sozialpädiatrischen Zentren bereits seit langem durch die fachübergreifende Zusammenarbeit von Ärzten, Heilpädagogen, Sozialpädagogen, und Psychologen geprägt ist. Die Komplexleistung Frühförderung besteht insofern **aus einem interdisziplinär abgestimmten System** ärztlicher, medizinisch-therapeutischer, psychologischer, heilpädagogischer und sozialpädagogischer Leistungen und schließt ambulante und mobile Beratung ein. Alle Leistungen werden auf der Grundlage eines individuellen Förderkonzeptes gemeinsam mit den Eltern erbracht, interdisziplinär entwickelt und laufend entsprechend den Erfordernissen fortgeschrieben. Mit Hilfe des Begriffs der „Komplexleistung" werden insbesondere Krankenkassen und Sozialhilfeträger, die bisher auf der Grundlage der für sie maßgebenden Leistungsgesetze nur Anteile der Frühförderungsleistungen übernommen haben, dazu verpflichtet, sich um ein umfassendes Finanzierungskonzept zu bemühen. Ziel ist die **Erbringung der Leistungen „aus einer Hand".**

6   Nach § 30 Abs. 3 sind die beteiligten Rehabilitationsträger verpflichtet, in gemeinsamen Empfehlungen Näheres zur Abgrenzung der Leistungen, zur Übernahme oder Teilung der Kosten, zur Vereinbarung und Abrechung der Entgelte

sowie zur Finanzierung zu vereinbaren. Allerdings scheiterte Ende 2002 der Entwurf einer gemeinsamen Empfehlung „Früherkennung/Frühförderung" am Widerstand vor allem der Kostenträger. Das Bundesministerium für Gesundheit und Soziale Sicherung hat deshalb Mitte 2003 von seiner Verordnungsermächtigung nach § 32 Nr. 1 Gebrauch gemacht (vgl. *Breitkopf/Sommer*, NDV 2004, S. 24 ff.)

§ 57 Förderung der Verständigung

Bedürfen hörbehinderte Menschen oder behinderte Menschen mit besonders starker Beeinträchtigung der Sprachfähigkeit auf Grund ihrer Behinderung zur Verständigung mit der Umwelt aus besonderem Anlass der Hilfe Anderer, werden ihnen die erforderlichen Hilfen zur Verfügung gestellt oder angemessene Aufwendungen hierfür erstattet.

Inhaltsübersicht

	Rdnr.
A. Allgemeines	1
B. Sprachmittlungshilfe zur Verständigung mit der Umwelt	2
C. Anspruch auf Verwendung der Gebärdensprache bei der Ausführung von Sozialleistungen und im Verwaltungsverfahren	3–5

A. Allgemeines

§ 57 konkretisiert die in § 55 Abs. 2 Nr. 4 genannten Hilfen zur Förderung der Verständigung mit der Umwelt. Danach können hörbehinderte Menschen oder Menschen mit besonders starker Beeinträchtigung der Sprachfähigkeit auch die Hilfe anderer erhalten, soweit diese zur Verständigung mit der Umwelt aus besonderem Anlass erforderlich ist. Die Vorschrift entspricht weitgehend dem früheren § 21 EinglHVO, wurde aber über die Gehörlosen hinaus auf alle hörbehinderten Menschen ausgedehnt. § 57 ist insbesondere im Zusammenhang zu sehen mit der Einführung der Sicherstellung der **Gebärdensprache** bei der Ausführung von Sozialleistungen und im Verwaltungsverfahren nach § 17 Abs. 2 SGB I und § 19 Abs. 1 Satz 2 SGB X. 1

B. Sprachmittlungshilfe zur Verständigung mit der Umwelt

Die Hilfen zur Förderung der Verständigung nach § 57 dienen dazu, den Kontakt mit der Umwelt für hör- und sprachbehinderte Menschen zu erleichtern. Voraussetzung ist eine **Hörbehinderung** oder eine besonders starke **Beeinträchtigung der Sprachfähigkeit**. § 57 ist auf „**besonderem Anlass**" beschränkt, d.h. nicht jeder Kommunikationsbedarf im alltäglichen Leben löst einen Leistungsanspruch nach dieser Vorschrift aus. Dabei wird anders als im früheren § 21 EinglHVO nicht mehr der Verkehr mit Behörden erwähnt, weil im Hinblick auf die Sicherstellung der Gebärdensprache bei der Ausführung von Sozialleistungen und im Verwaltungsverfahren nach § 17 Abs. 2 SGB I und § 19 Abs. 1 Satz 2 SGB X die Hilfen nach § 57 weitergehender sind. Nach § 57 sind entweder die erforderlichen Hilfen zur Verfügung zu stellen oder **angemessene Aufwendungen** zu erstatten (z.B. Aufwendungen für Dolmetscher). 2

C. Anspruch auf Verwendung der Gebärdensprache bei der Ausführung von Sozialleistungen und im Verwaltungsverfahren

3   Nach § 17 Abs. 1 Nr. 4 SGB I sind die Sozialleistungsträger verpflichtet, darauf hinzuwirken, dass Sozialleistungen in **barrierefreien Räumen und Anlagen** ausgeführt werden und ihre Verwaltungs- und Dienstgebäude frei von Zugangs- und Kommunikationsbarrieren sind. Daneben müssen sie nach § 17 Abs. 2 SGB I für hörbehinderte Menschen die Kosten tragen, die bei der Ausführung von Sozialleistungen, insbesondere auch bei ärztlichen Untersuchungen und Behandlungen und z. B. in Rehabilitationseinrichtungen, durch Verwendung der **Gebärdensprache** und **anderer Kommunikationshilfen** entstehen.

4   Nach § 19 Abs. 1 Satz 2 SGB X haben hörbehinderte Menschen weiter das Recht, zur Verständigung in der **Amtssprache** Gebärdensprache zu verwenden. Die Behörde oder der zuständige Sozialleistungsträger hat die Aufwendungen für einen **Dolmetscher** zu tragen (*Mrozynski*, ZfSH/SGB 2003, S. 470 ff.). In Verfahren vor den **Arbeitsgerichten** werden Kosten für vom Gericht herangezogene **Gebärdendolmetscher** für hörbehinderte Menschen nicht erhoben (§ 12 Abs. 5 b ArbGG).

5   Durch die „Verordnung zur Verwendung von Gebärdensprache und anderen Kommunikationshilfen im Verwaltungsverfahren nach § 9 Abs. 2 BGG **(Kommunikationshilfeverordnung – KHV)**" vom 17. 7. 2002 (BGBl. I S. 2650, s. Anhang Nr. 8) werden Anlass und Umfang des Anspruchs auf Bereitstellung eines Gebärdensprachdolmetschers oder anderer geeigneter Kommunikationshilfen, Art und Weise der Bereitstellung sowie die Grundsätze für eine angemessene Vergütung oder Erstattung der Aufwendungen für die Dolmetscherdienste oder den Einsatz anderer geeigneter Kommunikationshilfen festgelegt. Dabei ist dem grundsätzlichen Anspruch behinderter Menschen auf Verwendung der Gebärdensprache oder anderer Kommunikationshilfen, aber auch den Erfordernissen eines geordneten Verwaltungsablaufs Rechnung zu tragen.

§ 58 Hilfen zur Teilhabe am gemeinschaftlichen und kulturellen Leben

Die Hilfen zur Teilhabe am gemeinschaftlichen und kulturellen Leben (§ 55 Abs. 2 Nr. 7) umfassen vor allem
1. **Hilfen zur Förderung der Begegnung und des Umgangs mit nichtbehinderten Menschen,**
2. **Hilfen zum Besuch von Veranstaltungen oder Einrichtungen, die der Geselligkeit, der Unterhaltung oder kulturellen Zwecken dienen,**
3. **die Bereitstellung von Hilfsmitteln, die der Unterrichtung über das Zeitgeschehen oder über kulturelle Ereignisse dienen, wenn wegen Art oder Schwere der Behinderung anders eine Teilhabe am Leben in der Gemeinschaft nicht oder nur unzureichend möglich ist.**

Inhaltsübersicht

	Rdnr.
A. Allgemeines	1
B. Hilfen zur Förderung der Begegnung und des Umgangs mit nichtbehinderten Menschen (Nr. 1)	2
C. Hilfen zum Besuch von Veranstaltungen und Einrichtungen (Nr. 2)	3
D. Hilfen zur Unterrichtung über das Zeitgeschehen (Nr. 3)	4

Kap. 7. Leistungen zur Teilhabe am Leben in der Gemeinschaft §59

A. Allgemeines

§ 58 nennt die wichtigsten Leistungen zur Teilhabe am gemeinschaftlichen und 1
kulturellen Leben nach § 55 Abs. 2 Nr. 7 und entspricht weitgehend dem früheren § 19 EinglHVO. An der Formulierung „vor allem" wird deutlich, dass die in § 58 aufgeführten Leistungen nicht abschließend sind. Neben den genannten Leistungen sind daher bei entsprechendem Bedarf noch weitere Leistungen denkbar. So zählen zu den Leistungen zur Teilnahme am gemeinschaftlichen und kulturellen Leben z. B. auch Mobilitätshilfen für schwerbehinderte Kinder oder Behindertenbegleithunde (BT-Drucks. 14/5800, S. 29).

B. Hilfen zur Förderung der Begegnung und des Umgangs mit nichtbehinderten Menschen (Nr. 1)

§ 58 Nr. 1 umfasst Hilfen, die geeignet sind, dem behinderten Menschen die 2
Begegnung und den Umgang mit nichtbehinderten Menschen zu ermöglichen bzw. zu erleichtern. Damit wird dem Gedanken Rechnung getragen, dass eine Teilnahme am Leben in der Gemeinschaft für behinderte Menschen insbesondere im täglichen Umgang mit nichtbehinderten Mitmenschen besteht. Wo ein solcher Umgang nicht besteht, sind die Hilfen darauf auszurichten, entsprechende **Kontakte** herzustellen. Unter die Hilfen fällt z. B. die Übernahme von **Mitgliedsbeiträgen** von Vereinen oder von **Gebühren** für Volkshochschulkurse. In Fällen besonders schwerer Behinderung, in denen ein Verlassen der Wohnung nicht möglich ist, kann auch die Kostenübernahme für das **Telefon** Gegenstand der Hilfen sein.

C. Hilfen zum Besuch von Veranstaltungen und Einrichtungen (Nr. 2)

§ 58 Nr. 2 umfasst Hilfen zum Besuch von **Veranstaltungen** oder **Einrichtungen,** die der Geselligkeit, der Unterhaltung oder kulturellen Zwecken dienen. 3
Die Hilfen sind ausschließlich aus den in der Vorschrift genannten Anlässen, nicht dagegen für andere Zwecke zu gewähren. Darunter fallen u. a. die Kostenübernahme für den Besuch von Theatern, Konzerten und Sportveranstaltungen sowie sonstigen Veranstaltungen. Dabei erstrecken sich die Hilfen auch auf die Erreichbarkeit der jeweiligen Veranstaltung.

D. Hilfen zur Unterrichtung über das Zeitgeschehen (Nr. 3)

Wenn wegen Art und Schwere der Behinderung eine Teilnahme am Leben in 4
der Gemeinschaft nicht oder nur unzureichend möglich ist, ist nach § 58 Nr. 3 die Bereitstellung von **Hilfsmitteln** vorgesehen, die der Unterrichtung über das Zeitgeschehen oder über kulturelle Ereignisse dienen. Darunter fallen Zeitungen, Zeitschriften, Bücher, Fernsehgeräte, Radiogeräte sowie die Kosten für eine Vorlesekraft.

§ 59 Verordnungsermächtigung

Die Bundesregierung kann durch Rechtsverordnung mit Zustimmung des Bundesrates Näheres über Voraussetzungen, Gegenstand und Um-

fang der Leistungen zur Teilhabe am Leben in der Gemeinschaft sowie über das Zusammenwirken dieser Leistungen mit anderen Leistungen zur Rehabilitation und Teilhabe behinderter Menschen regeln.

Inhaltsübersicht

	Rdnr.
A. Allgemeines	1
B. Inhalt der Verordnung	2

A. Allgemeines

1 Da Kapitel 7 vielfach nur allgemeine Bestimmungen über die einzelnen Leistungen zur Teilhabe am Leben in der Gemeinschaft enthält, wurde in Anlehnung an den früheren § 47 BSHG die Möglichkeit eröffnet, Näheres in einer **Rechtsverordnung** der **Bundesregierung** zu bestimmen, für die die Zustimmung des Bundesrates erforderlich ist.

B. Inhalt der Verordnung

2 Der **Inhalt der Rechtsverordnung** ist auf die Voraussetzungen, Gegenstand und Umfang der Leistungen zur Teilhabe am Leben in der Gemeinschaft sowie auf das Zusammenwirken dieser Leistungen mit anderen Leistungen zur Rehabilitation und Teilhabe behinderter Menschen beschränkt. Bislang ist eine auf § 59 beruhende Rechtsverordnung noch nicht erlassen worden.

Kapitel 8. Sicherung und Koordinierung der Teilhabe

Titel 1. Sicherung von Beratung und Auskunft

§ 60 Pflichten Personensorgeberechtigter

Eltern, Vormünder, Pfleger und Betreuer, die bei ihrer Personensorge anvertrauten Menschen Behinderungen (§ 2 Abs. 1) wahrnehmen oder durch die in § 61 genannten Personen hierauf hingewiesen werden, sollen im Rahmen ihres Erziehungs- oder Betreuungsauftrags die behinderten Menschen einer gemeinsamen Servicestelle oder einer sonstigen Beratungsstelle für Rehabilitation oder einem Arzt zur Beratung über die geeigneten Leistungen zur Teilhabe vorstellen.

Inhaltsübersicht

	Rdnr.
A. Allgemeines	1
B. Aufgaben der Personensorgeberechtigten	2, 3

A. Allgemeines

1 § 60 enthält eine Konkretisierung der allgemeinen Bestimmungen über das Recht der **Personensorge** und hat – wie auch § 61 – den Zweck, eine möglichst frühzeitige Beratung behinderter und von Behinderung bedrohter Menschen zu sichern. Die Vorschrift entspricht weitgehend dem früheren § 124 Abs. 1 BSHG. Dabei wurde § 60 – entgegen der Wortwahl in der Überschrift – bewusst nicht verpflichtend formuliert. Die **nicht verpflichtende Ausgestaltung** der Vorschrift ergibt sich auch aus der im Gesetzgebungsverfahren getroffenen Formulierung in § 61 Abs. 2, wonach die Personensorgeberechtigten auf die „Beratungsangebote nach § 60" und nicht – wie ursprünglich vorgesehen – „auf ihre Verpflichtung nach § 60" hingewiesen werden sollen (BT-Drucks. 14/5786, S. 50, BT-Drucks. 14/5800, S. 29).

B. Aufgaben der Personensorgeberechtigten

Von der Vorschrift erfasst werden Eltern, Vormünder, Pfleger und Betreuer, die bei ihrer Personensorge **anvertrauten Menschen** Behinderungen wahrnehmen. Sie sollen die behinderten Menschen einer gemeinsamen Servicestelle (§§ 22, 23), einer sonstigen Beratungsstelle für Rehabilitation oder einem Arzt zur Beratung über die geeigneten Leistungen zur Teilhabe vorstellen. Wegen der Bezugnahme auf § 2 Abs. 1 bezieht § 60 auch die drohende Behinderung mit ein. Dies gilt auch dann, wenn sie durch Ärzte, Hebammen, Entbindungshelfer, Medizinalpersonen, Lehrer, Sozialarbeiter, Jugendleiter und Erzieher auf die Behinderung oder die drohende Behinderung der ihnen anvertrauten Personen hingewiesen werden. 2

Die anvertrauten Menschen sollen „vorgestellt", also in **persönlichen Kontakt** 3 mit dem Arzt oder den Fachkräften der Service- oder Beratungsstellen gebracht werden.

§ 61 Sicherung der Beratung behinderter Menschen

(1) ¹Die Beratung der Ärzte, denen eine Person nach § 60 vorgestellt wird, erstreckt sich auf die geeigneten Leistungen zur Teilhabe. ²Dabei weisen sie auf die Möglichkeit der Beratung durch eine gemeinsame Servicestelle oder eine sonstige Beratungsstelle für Rehabilitation hin. ³Bei Menschen, bei denen der Eintritt der Behinderung nach allgemeiner ärztlicher Erkenntnis zu erwarten ist, wird entsprechend verfahren. ⁴Werdende Eltern werden auf den Beratungsanspruch bei den Schwangerschaftsberatungsstellen hingewiesen.

(2) **Hebammen, Entbindungspfleger, Medizinalpersonen außer Ärzten, Lehrer, Sozialarbeiter, Jugendleiter und Erzieher, die bei Ausübung ihres Berufs Behinderungen (§ 2 Abs. 1) wahrnehmen, weisen die Personensorgeberechtigten auf die Behinderung und auf die Beratungsangebote nach § 60 hin.**

(3) **Nehmen Medizinalpersonen außer Ärzten und Sozialarbeiter bei Ausübung ihres Berufs Behinderungen (§ 2 Abs. 1) bei volljährigen Menschen wahr, empfehlen sie diesen Menschen oder den für sie bestellten Betreuern, eine Beratungsstelle für Rehabilitation oder einen Arzt zur Beratung über die geeigneten Leistungen zur Teilhabe aufzusuchen.**

Inhaltsübersicht

	Rdnr.
A. Allgemeines	1, 2
B. Beratung durch Ärzte (Abs. 1)	3
C. Hinweise an Personensorgeberechtigte (Abs. 2)	4
D. Empfehlung an Volljährige (Abs. 3)	5

A. Allgemeines

1 Die Vorschrift regelt – wie auch § 60 – die Sicherung der möglichst **frühzeitigen Beratung** behinderter und von Behinderung bedrohter Menschen. Dabei ist § 61 an die auf dem Gebiet des Gesundheits- und Erziehungswesens sowie der Sozialarbeit tätigen Personen gerichtet.

2 § 61 Abs. 1 enthält eine Fortentwicklung des früheren § 125 Abs. 1 BSHG. § 61 Abs. 2 und 3 entsprechen weitgehend den früheren § 124 Abs. 2 und 3 BSHG. Im Gegensatz zu den früheren Vorschriften des BSHG wurde § 61 **nicht verpflichtend** formuliert.

B. Beratung durch Ärzte (Abs. 1)

3 § 61 Abs. 1 regelt die **Beratung durch Ärzte,** denen eine behinderte oder von Behinderung bedrohte Person vorgestellt wird. Gegenstand der Beratung ist die Aufklärung, welche Leistungen zur Teilhabe mit Blick auf die wahrnehmbare Behinderung in Betracht kommt und geeignet sein könnten. Die Konkretisierung des individuellen Bedarfs bleibt dem Rehabilitationsträger nach § 10 überlassen. Dabei bezieht sich der Begriff „Vorstellung" nicht nur auf eine ausdrückliche Vorstellung. Denn Ärzte sollen nicht nur dann beraten, wenn ihnen ein behinderter Mensch „vorgestellt" wird, sondern auch dann, wenn dem Personensorgeberechtigten selbst gar nicht bewusst ist, dass der ihm anvertraute Mensch möglicherweise behindert ist. Dies gilt insbesondere im Hinblick auf Satz 3, weil die Feststellung, ob bei einem Menschen der Eintritt einer Behinderung zu erwarten ist, ausdrücklich in ärztliche Erkenntnis gelegt wird. Im Fall der Behandlung werdender Eltern bezieht sich die Beratung auf den Beratungsanspruch nach § 2 Schwangerschaftskonfliktgesetz. Auf diese Weise soll sichergestellt werden, dass zum frühestmöglichen Zeitpunkt mit einer zielgerichteten Beratung begonnen wird.

C. Hinweise an Personensorgeberechtigte (Abs. 2)

4 § 61 Abs. 2 regelt, dass Hebammen, Entbindungspfleger, Medizinalpersonen außer Ärzten, Lehrer, Sozialarbeiter, Jugendleiter und Erzieher, die bei der Ausübung ihres Berufes – also ausdrücklich nicht im privaten Zusammenhang – Behinderungen oder drohende Behinderungen wahrnehmen, die Personensorgeberechtigten auf die Behinderung der ihnen anvertrauten Person und **auf die Beratungsangebote** von Ärzten, gemeinsamen Servicestellen (§§ 22, 23) oder einer sonstigen Beratungsstelle für Rehabilitation **hinweisen. Medizinalpersonen** sind insbesondere Krankenpfleger, Krankenschwestern, medizinisch-technische Assistenten und Physiotherapeuten.

D. Empfehlung an Volljährige (Abs. 3)

5 § 61 Abs. 3 regelt, dass Medizinalpersonen außer Ärzten und Sozialarbeitern, die bei Ausübung ihres Berufs – also ausdrücklich nicht im privaten Zusammenhang – Behinderungen oder drohende Behinderungen bei volljährigen Menschen wahrnehmen, diesen Menschen oder den für sie bestellten Betreuern **empfehlen,** eine Beratungsstelle für Rehabilitation oder einen Arzt zur Beratung über die geeigneten Leistungen zur Teilhabe aufzusuchen. Zum Begriff der „Medizinalpersonen" vgl. oben unter Rdnr. 4.

§ 62 Landesärzte

(1) In den Ländern können Landesärzte bestellt werden, die über besondere Erfahrungen in der Hilfe für behinderte und von Behinderung bedrohte Menschen verfügen.

(2) Die Landesärzte haben vor allem die Aufgabe,

1. Gutachten für die Landesbehörden, die für das Gesundheitswesen und die Sozialhilfe zuständig sind, sowie für die zuständigen Träger der Sozialhilfe in besonders schwierig gelagerten Einzelfällen oder in Fällen von grundsätzlicher Bedeutung zu erstatten,
2. die für das Gesundheitswesen zuständigen obersten Landesbehörden beim Erstellen von Konzeptionen, Situations- und Bedarfsanalysen und bei der Landesplanung zur Teilhabe behinderter und von Behinderung bedrohter Menschen zu beraten und zu unterstützen sowie selbst entsprechende Initiativen zu ergreifen,
3. die für das Gesundheitswesen zuständigen Landesbehörden über Art und Ursachen von Behinderungen und notwendige Hilfen sowie über den Erfolg von Leistungen zur Teilhabe behinderter und von Behinderung bedrohter Menschen regelmäßig zu unterrichten.

Inhaltsübersicht

	Rdnr.
A. Allgemeines	1
B. Bestellung von Landesärzten	2–3
C. Aufgaben der Landesärzte	4–7

A. Allgemeines

§ 62 regelt die **Bestellung von Landesärzten** und deren wesentliche **Aufgaben** und entwickelt den früheren § 126a BSHG fort. § 62 hat den Zweck, die Hilfe für behinderte Menschen durch den notwendigen ärztlichen Sachverstand zu unterstützen. Der Anwendungsbereich bezieht sich insbesondere auf den Bereich der öffentlichen Gesundheit (z. B. Sozialhilfe). 1

B. Bestellung von Landesärzten

Nach § 62 Abs. 1 können die **Länder** Landesärzte bestellen, die über besondere Erfahrungen in der Hilfe für behinderte und von Behinderung bedrohte Menschen verfügen. Anders als im früheren § 126a BSHG werden die Länder nicht zur Bestellung verpflichtet. Da die Einrichtung des Landesarztes in das pflichtgemäße Ermessen der Länder gestellt ist, ist die Möglichkeit eröffnet, die in Abs. 2 genannte Aufgabenstellung auch in anderer Weise zu erfüllen. Allerdings besteht lediglich ein Auswahlermessen. Die Länder können **einen oder mehrere Landesärzte** bestellen, die sich der übertragenen Aufgaben regional oder fachlich differenziert annehmen. 2

Die Landesärzte sollen über **besondere Erfahrungen** in der Hilfe für behinderte und von Behinderung bedrohte Menschen verfügen. Besondere Erfahrungen sind anzunehmen bei Ärzten, die bereits seit einem längeren Zeitraum in der Betreuung von behinderten Menschen tätig sind. Dabei können sie ihre Erfahrungen im ambulanten oder stationären Dienst erworben haben. 3

C. Aufgaben der Landesärzte

4 In Abs. 2 sind beispielhaft die **Aufgaben der Landesärzte** genannt. Danach kommen den Landesärzten vor allem unterrichtende, beratende, unterstützende und gutachtliche Funktion zu. Da die Benennung der Aufgaben nicht abschließend ist, können die Länder den Landesärzten weitere Aufgaben durch Gesetz, Verordnung oder innerdienstliche Anordnung übertragen oder die aufgelisteten Aufgaben konkretisieren.

5 Nach Nr. 1 haben die Landesärzte die Aufgabe, in besonders schwierig gelagerten Einzelfällen oder in Fällen von grundsätzlicher Bedeutung für die Landesbehörden, die für das Gesundheitswesen und die Sozialhilfe zuständig sind, sowie für die zuständigen Sozialhilfeträger (also nicht z. B. für einen Rehabilitationsträger) **Gutachten** zu erstatten.

6 Nach Nr. 2 sollen die Landesärzte die für das Gesundheitswesen zuständigen obersten Landesbehörden beim Erstellen von Konzeptionen, Situations- und Bedarfsanalysen und bei der Landesplanung zur Teilhabe behinderter und von Behinderung bedrohter Menschen **beraten** und **unterstützen**. Darüber hinaus sollen auch selbst entsprechende Initiativen ergriffen werden.

7 Nach Nr. 3 haben die Landesärzte die Aufgabe, die für das Gesundheitswesen zuständigen Landesbehörden über Art und Ursachen von Behinderungen und notwendige Hilfen sowie über den Erfolg von Leistungen zur Teilhabe behinderter und von Behinderung bedrohter Menschen regelmäßig **zu unterrichten**. Die regelmäßige Unterrichtung liegt im Interesse einer vorausschauenden Koordinierung und Intensivierung der einzelnen Leistungen.

Titel 2. Klagerecht der Verbände

§ 63 Klagerecht der Verbände

¹**Werden behinderte Menschen in ihren Rechten nach diesem Buch verletzt, können an ihrer Stelle und mit ihrem Einverständnis Verbände klagen, die nach ihrer Satzung behinderte Menschen auf Bundes- oder Landesebene vertreten und nicht selbst am Prozess beteiligt sind.** ²**In diesem Fall müssen alle Verfahrensvoraussetzungen wie bei einem Rechtsschutzersuchen durch den behinderten Menschen selbst vorliegen.**

Inhaltsübersicht

	Rdnr.
A. Allgemeines	1
B. Inhalt der Vorschrift	2–6

A. Allgemeines

1 § 63 normiert ein besonderes Klagerecht für **Behindertenverbände**, um die gerichtliche Geltendmachung von Rechten behinderter Menschen zu erleichtern. Das Klagerecht stärkt die prozessuale Durchsetzung der Rechte von behinderten Menschen und konkretisiert insoweit das grundgesetzliche Benachteiligungsverbot nach Art. 3 Abs. 3 Satz 2 GG. Da die Verbände nur mit Einverständnis des Betroffenen klagen können und alle Verfahrensvoraussetzungen wie bei einem Rechtsschutzersuchen durch den Betroffenen selbst vorliegen müssen, handelt es sich bei

dem Klagerecht nach § 63 nicht um ein Verbandsklagerecht im engeren Sinn (wie etwa im Umwelt- und Verbraucherschutzbereich), sondern um einen Fall der **gesetzlichen Prozessstandschaft**. Die Behindertenverbände machen im eigenen Namen fremde Rechte geltend (zur Abgrenzung zwischen Prozessstandschaft/Verbandsklage, vgl. *Quaas,* in: Bihr/Fuchs/Krauskopf/Lewering, § 63 Rdnr. 7). Das Klagerecht der Verbände nach § 63 ist zu unterscheiden vom Verbandsklagerecht nach § 13 BGG. Danach kann ein vom Bundesministerium für Gesundheit und Soziale Sicherung anerkannter Verband Klage auf Feststellung eines Verstoßes gegen das BGG erheben, ohne in seinen eigenen Rechten verletzt zu sein und ohne dass ein Einverständnis des betroffenen behinderten Menschen vorliegt.

B. Inhalt der Vorschrift

Das Klagerecht nach § 63 setzt das **Einverständnis** des behinderten Menschen voraus, dessen Rechte der Verband vertreten soll („kann"). Dieses Einverständnis muss während des gesamten Prozesses bestehen. Eine **Entziehung** des Einverständnisses lässt damit die Klagebefugnis entfallen (*Quaas,* in: Bihr/Fuchs/Krauskopf/Lewering, § 63 Rdnr. 8). Das Einverständnis ist an keine Form gebunden. Da es sich um eine vom Verband nachzuweisende Prozessvoraussetzung handelt, empfiehlt es sich, das Einverständnis schriftlich zu erklären. 2

Der **Verbandsbegriff** nach § 63 ist weit gefasst. Ausreichend ist, dass die Verbände „nach ihrer Satzung behinderte Menschen auf Bundes- und Landesebene vertreten". 3

Die Verbände dürfen „nicht selbst am Prozess beteiligt" sein. Damit wird klargestellt, dass die Klagebefugnis nach § 63 neben einer Prozessvertretung oder einer anderer Beteiligtenstellung im identischen Prozess ausgeschlossen ist. Auf diese Weise soll verhindert werden, dass Verbänden eine Doppelrolle zufällt und eine **Interessenkollision** entsteht (BT-Drucks. 14/5074, S. 111). Dabei ist jeweils getrennt auf die Interessen des Verbandes und die des behinderten Menschen abzustellen. Eine Kollision liegt nicht schon dann vor, wenn der Verband durch das Klageverfahren selbst einen Vorteil erlangen könnte (BayVGH München, Beschl. v. 17. 11. 2004, Az: 12 CE 04 1580 mit Anm. *Kocher,* JZ 2005, 517 ff.). 4

§ 63 setzt nicht die **Rechtsfähigkeit** des Verbandes voraus. Damit steht – anders als § 50 Abs. 2 ZPO – auch nichtrechtsfähigen Verbänden das Klagerecht nach § 63 zu. 5

§ 63 Satz 2 stellt klar, dass die Behindertenverbände keine weitergehenden Klagerechte als die betroffenen behinderten Menschen haben. Das bedeutet andererseits auch, dass bei bestehender Klagebefugnis der behinderten Menschen der Verband selbst nicht zusätzlich beschwert zu sein braucht. 6

Titel 3. Koordinierung der Teilhabe behinderter Menschen

§ 64 Beirat für die Teilhabe behinderter Menschen

(1) ¹Beim Bundesministerium für Gesundheit und Soziale Sicherung wird ein Beirat für die Teilhabe behinderter Menschen gebildet, der es in Fragen der Teilhabe behinderter Menschen berät und bei Aufgaben der Koordinierung unterstützt. ²Zu den Aufgaben des Beirats gehören insbesondere auch
1. die Unterstützung bei der Förderung von Rehabilitationseinrichtungen und die Mitwirkung bei der Vergabe der Mittel des Ausgleichsfonds,
2. die Anregung und Koordinierung von Maßnahmen zur Evaluierung der in diesem Buch getroffenen Regelungen im Rahmen der Rehabilita-

tionsforschung und als forschungsbegleitender Ausschuss die Unterstützung des Ministeriums bei der Festlegung von Fragestellungen und Kriterien.

³ Das Bundesministerium für Gesundheit und Soziale Sicherung trifft Entscheidungen über die Vergabe der Mittel des Ausgleichsfonds nur auf Grund von Vorschlägen des Beirats.

(2) ¹ Der Beirat besteht aus 48 Mitgliedern. ² Von diesen beruft das Bundesministerium für Gesundheit und Soziale Sicherung
zwei Mitglieder auf Vorschlag der Gruppenvertreter der Arbeitnehmer im Verwaltungsrat der Bundesagentur für Arbeit,
zwei Mitglieder auf Vorschlag der Gruppenvertreter der Arbeitgeber im Verwaltungsrat der Bundesagentur für Arbeit,
sechs Mitglieder auf Vorschlag der Behindertenverbände, die nach der Zusammensetzung ihrer Mitglieder dazu berufen sind, behinderte Menschen auf Bundesebene zu vertreten,
16 Mitglieder auf Vorschlag der Länder,
drei Mitglieder auf Vorschlag der Bundesvereinigung der kommunalen Spitzenverbände,
ein Mitglied auf Vorschlag der Bundesarbeitsgemeinschaft der Integrationsämter und Hauptfürsorgestellen,
ein Mitglied auf Vorschlag des Vorstandes der Bundesagentur für Arbeit,
zwei Mitglieder auf Vorschlag der Spitzenverbände der Krankenkassen,
ein Mitglied auf Vorschlag der Spitzenvereinigungen der Träger der gesetzlichen Unfallversicherung,
drei Mitglieder auf Vorschlag der Deutschen Rentenversicherung Bund,
ein Mitglied auf Vorschlag der Bundesarbeitsgemeinschaft der überörtlichen Träger der Sozialhilfe,
ein Mitglied auf Vorschlag der Bundesarbeitsgemeinschaft der Freien Wohlfahrtspflege,
ein Mitglied auf Vorschlag der Bundesarbeitsgemeinschaft für Unterstützte Beschäftigung,
fünf Mitglieder auf Vorschlag der Arbeitsgemeinschaften der Einrichtungen der medizinischen Rehabilitation, der Berufsförderungswerke, der Berufsbildungswerke, der Werkstätten für behinderte Menschen und der Integrationsfirmen,
ein Mitglied auf Vorschlag der für die Wahrnehmung der Interessen der ambulanten und stationären Rehabilitationseinrichtungen auf Bundesebene maßgeblichen Spitzenverbände,
zwei Mitglieder auf Vorschlag der Kassenärztlichen Bundesvereinigung und der Bundesärztekammer.

³ Für jedes Mitglied ist ein stellvertretendes Mitglied zu berufen.

Inhaltsübersicht

	Rdnr.
A. Allgemeines	1
B. Aufgaben des Beirats (Abs. 1)	2–4
C. Besetzung des Beirats (Abs. 2)	5

A. Allgemeines

1   Die Vorschrift regelt die Bildung eines Beirats für die Teilhabe behinderter Menschen beim Bundesministerium für Gesundheit und Soziale Sicherung und

führt die Institution des Beirats für die Rehabilitation der Behinderten (§ 35 SchwbG) fort. Dabei wurden in § 64 sowohl die **Aufgaben** als auch der **Mitgliederkreis** des Beirats erweitert. Der Beirat ist ein dem Bundesministerium für Gesundheit und Soziale Sicherung angegliederter Verwaltungsausschuss, ohne selbst Behörde zu sein.

B. Aufgaben des Beirats (Abs. 1)

Nach Abs. 1 Satz 1 bestehen die Aufgaben des Beirats in der **Beratung** des Bundesministeriums für Gesundheit und Soziale Sicherung in Fragen der Teilhabe behinderter Menschen und in der **Unterstützung** bei Aufgaben der Koordinierung. 2

Als wesentliche Aufgaben des Beirats werden in Abs. 1 Satz 2 die **Unterstützung** bei der **Förderung von Rehabilitationseinrichtungen** und die **Mitwirkung** bei der Vergabe der Mittel des Ausgleichsfonds nach § 78 (Abs. 1 Satz 2 Nr. 1) genannt. Da Entscheidungen über die Vergabe der Mittel des Ausgleichsfonds nur aufgrund von Vorschlägen des Beirats getroffen werden (Abs. 1 Satz 3), hat der Beirat eine starke Stellung. 3

Als neue wesentliche Aufgabe des Beirats wurde die Anregung und Koordinierung von **Maßnahmen zur Evaluierung** der im SGB IX eingeführten Instrumente im Rahmen der Rehabilitationsforschung aufgenommen. Ferner kommt dem Beirat als forschungsbegleitender Ausschuss die Unterstützung des Ministeriums bei der Festlegung von Fragestellungen und Kriterien (Abs. 1 Satz 2 Nr. 2) zu. 4

C. Besetzung des Beirats (Abs. 2)

Der bestehende Beirat wurde um zehn auf **insgesamt 48 Mitglieder** erweitert. Diese Erweiterung korrespondiert mit der Ausweitung der Aufgabenstellung auf alle Fragen der Teilhabe einschließlich der medizinischen Rehabilitation und stellt sicher, dass alle wesentlichen mit der Rehabilitation und Teilhabe behinderter Menschen befassten Bereiche und Institutionen im Beirat vertreten sind. Für jedes Mitglied ist ein stellvertretendes Mitglied zu berufen. Die vorschlagenden Stellen haben darauf hinzuwirken, dass eine **gleichberechtigte Vertretung von Männern und Frauen** im Beirat geschaffen und erhalten wird (BT-Drucks. 14/5074, S. 111). 5

§ 65 Verfahren des Beirats

¹Der Beirat für die Teilhabe behinderter Menschen wählt aus den ihm angehörenden Mitgliedern von Seiten der Arbeitnehmer, Arbeitgeber und Organisationen behinderter Menschen jeweils für die Dauer eines Jahres einen Vorsitzenden oder eine Vorsitzende und einen Stellvertreter oder eine Stellvertreterin. ²Im Übrigen gilt § 106 entsprechend.

Inhaltsübersicht

	Rdnr.
A. Allgemeines	1
B. Wahl des Vorsitzenden (§ 65 i. V. m. § 106 Abs. 1)	2, 3
C. Beschlussfähigkeit (§ 65 i. V. m. § 106 Abs. 2)	4
D. Amtszeit, Ehrenamt (§ 65 i. V. m. § 106 Abs. 3)	5

§ 66   Teil 1. Behinderte u. von Behinderung bedrohte Menschen

A. Allgemeines

1   § 65 regelt das **Verfahren** zur Wahl von Vorsitz und Stellvertretung im Beirat für die Teilhabe behinderter Menschen nach § 64 und entspricht – i. V. m. § 106 – inhaltsgleich dem früheren § 36 SchwbG. Eine **Geheimhaltungspflicht** wird für Mitglieder des Beirats in § 130 festgelegt.

B. Wahl des Vorsitzenden (§ 65 i. V. m. § 106 Abs. 1)

2   Nach § 64 Abs. 2 besteht der Beirat für die Teilhabe behinderter Menschen aus 48 Mitgliedern – davon je zwei Arbeitnehmer- und Arbeitgebervertreter und sechs Vertreter der behinderten Menschen. Nach § 65 hat der Beirat – also alle seine 48 Mitglieder – den bzw. die Vorsitzende und seinen bzw. ihren Stellvertreter/in aus dem Kreis dieser insgesamt zehn Mitglieder zu wählen. Alle anderen im Beirat vertretenen Gruppen können damit den bzw. die Vorsitzende/n und seinen bzw. ihren Stellvertreter/in nicht stellen.

3   Der Vorsitzende und der Stellvertreter dürfen nicht derselben Gruppe angehören und werden jeweils für die Dauer eines Jahres gewählt. Die Gruppen stellen in regelmäßig jährlich **wechselnder Reihenfolge** den Vorsitzenden oder den Stellvertreter. Sofern ein Vorsitzender oder sein Stellvertreter während der Amtszeit ausscheidet, muss für den Rest der Amtszeit ein Nachfolger aus der betreffenden Gruppe gewählt werden (§ 65 Satz 2 i. V. m. § 106 Abs. 1).

C. Beschlussfähigkeit (§ 65 i. V. m. § 106 Abs. 2)

4   Nach § 65 Satz 2 i. V. m. § 106 Abs. 2 ist der Beirat **beschlussfähig,** wenn wenigstens die Hälfte, also 24 Mitglieder anwesend ist. Die Beschlüsse und Entscheidungen werden mit einfacher Stimmenmehrheit – also der Mehrheit der anwesenden Stimmen – getroffen. Erforderlich sind damit mindestens 13 Stimmen. Im Falle von Stimmengleichheit gilt ein Antrag als abgelehnt.

D. Amtszeit, Ehrenamt (§ 65 i. V. m. § 106 Abs. 3)

5   § 65 Satz 2 i. V. m. § 106 Abs. 3 bestimmt, dass die Mitglieder ihre Tätigkeit im Beirat ehrenamtlich ausüben. Sie können damit Ersatz von Auslagen (z. B. Fahrtkosten) erlangen. Die Amtszeit der Beiratsmitglieder beträgt vier Jahre. Sie beginnt mit der Berufung und endet vier Jahre später mit dem Tag, der dem der Berufung entspricht (§ 26 Abs. 1 SGB X i. V. m. §§ 187 Abs. 1, 188 Abs. 2 BGB). Zur Sicherstellung der Kontinuität erfolgt die Neuwahl damit immer an dem Tage, an dem die bisherige Amtszeit endet.

§ 66 Berichte über die Lage behinderter Menschen und die Entwicklung ihrer Teilhabe

(1) ¹**Die Bundesregierung unterrichtet die gesetzgebenden Körperschaften des Bundes bis zum 31. Dezember 2004 über die Lage behinderter Frauen und Männer sowie die Entwicklung ihrer Teilhabe, gibt damit eine zusammenfassende Darstellung und Bewertung der Aufwendungen zu Prävention, Rehabilitation und Teilhabe behinderter Menschen im Hinblick auf Wirtschaftlichkeit und Wirksamkeit ab und schlägt unter Be-**

rücksichtigung und Bewertung der mit diesem Buch getroffenen Regelungen die zu treffenden Maßnahmen vor. ²In dem Bericht wird die Entwicklung der Teilhabe am Leben in der Gesellschaft gesondert dargestellt. ³Schlägt die Bundesregierung weitere Regelungen vor, erstattet sie auch über deren Wirkungen einen weiteren Bericht. ⁴Die Träger von Leistungen und Einrichtungen erteilen die erforderlichen Auskünfte. ⁵Die obersten Landesbehörden werden beteiligt. ⁶Ein gesonderter Bericht über die Lage behinderter Menschen ist vor diesem Zeitpunkt nicht zu erstellen.

(2) ¹Bei der Erfüllung der Berichtspflicht nach Absatz 1 unterrichtet die Bundesregierung die gesetzgebenden Körperschaften des Bundes auch über die nach dem Behindertengleichstellungsgesetz getroffenen Maßnahmen, über Zielvereinbarungen im Sinne von § 5 des Behindertengleichstellungsgesetzes sowie über die Gleichstellung behinderter Menschen und gibt eine zusammenfassende, nach Geschlecht und Alter differenzierte Darstellung und Bewertung ab. ²Der Bericht nimmt zu möglichen weiteren Maßnahmen zur Gleichstellung behinderter Menschen Stellung. ³Die zuständigen obersten Landesbehörden werden beteiligt.

(3) ¹Die Bundesregierung unterrichtet die gesetzgebenden Körperschaften des Bundes bis zum 31. Dezember 2006 über die Ausführung der Leistungen des Persönlichen Budgets nach § 17. ²Auf der Grundlage des Berichts ist zu prüfen, ob weiterer Handlungsbedarf besteht; die obersten Landesbehörden werden beteiligt.

Inhaltsübersicht

	Rdnr.
A. Allgemeines	1
B. Berichte über die Lage behinderter Menschen und die Entwicklung ihrer Teilhabe	2–6
C. Berichte über die Ausführung der Leistungen des Persönlichen Budgets	7

A. Allgemeines

Anstelle der in der Vergangenheit aufgrund von Beschlüssen des Deutschen 1
Bundestages erstellten „Berichte über die Lage der Behinderten und die Entwicklung der Rehabilitation" schafft die Vorschrift eine **gesetzliche** Berichtspflicht über die mit dem SGB IX und dem Behindertengleichstellungsgesetz getroffenen Maßnahmen. Daneben wurde eine gesonderte Berichtspflicht über die am 1. 7. 2004 in Kraft getretenen trägerübergreifenden Persönlichen Budgets nach § 17 eingeführt.

B. Berichte über die Lage behinderter Menschen und die Entwicklung ihrer Teilhabe

Die Berichtspflicht nach Abs. 1 umfasst eine zusammenfassende **Darstellung** 2
und **Bewertung** der Aufwendungen zu Prävention, Rehabilitation und Teilhabe behinderter Menschen im Hinblick auf Wirtschaftlichkeit und Wirksamkeit. In dem Bericht ist auch darzulegen, ob und inwieweit es zwischen Rehabilitationsträgern, insbesondere im Verhältnis zur Sozialhilfe, zu Leistungsverschiebungen gekommen ist (BT-Drucks. 14/5072, S. 112).

3 Unter Berücksichtigung und Bewertung der mit dem SGB IX getroffenen Regelungen hat die Bundesregierung ferner die **notwendigen Maßnahmen** vorzuschlagen. Sofern weitere Regelungen vorgeschlagen werden, ist auch über deren Wirkungen ein Bericht zu erstatten. Dadurch wird die Verpflichtung deutlich, jeden gesetzlichen Schritt auch zukünftig auf seine praktische Wirksamkeit hin zu untersuchen. Die Entwicklung der gesellschaftlichen Integration behinderter Menschen soll in dem Bericht eine gesonderte Darstellung erhalten.

4 Zur Vorbereitung haben die Träger von Leistungen und Einrichtungen die erforderlichen Auskünfte zu erteilen, womit dem Grundgedanken des Zusammenwirkens Rechnung getragen wird. An der Berichterstellung werden die obersten Landesbehörden beteiligt. Durch die gesonderte Nennung behinderter Frauen und Männer wird auf eine **geschlechtsspezifische Erfassung** der erforderlichen Erhebungen hingewirkt. Personenbezogene Daten werden anonymisiert.

5 Der Bericht soll über die Lage der behinderten Menschen vollständig und umfassend informieren. Aus diesem Grund erweitert Abs. 2 den Berichtsumfang um die Auswirkungen des BGG.

6 Die Bundesregierung hat den „Bericht über die Lage behinderter Menschen und die Entwicklung ihrer Teilhabe" am 15. 12. 2004 vorgelegt (BT-Drucks. 15/4575). Der Bundesrat hat zum Bericht am 18. 2. 2005 Stellung genommen (BR-Drucks. 993/04 (Beschluss)).

C. Berichte über die Ausführung der Leistungen des Persönlichen Budgets

7 § 66 Abs. 3 wurde durch die Beschlussempfehlung des Vermittlungsausschusses im Rahmen der Verabschiedung des „Gesetzes zur Einordnung des Sozialhilferechts in das Sozialgesetzbuch vom 27. 12. 2003" eingefügt (BT-Drucks. 15/2260, S. 7). Die trägerübergreifenden Persönlichen Budgets sind am 1. 7. 2004 in Kraft getreten und werden bis zum 31. 12. 2007 erprobt (§ 17 Abs. 4 und 6). In den Verhandlungen im Vermittlungsausschuss ging es darum, ob der ab 1. 1. 2008 bestehende Rechtsanspruch bereits festgeschrieben oder vor einer solchen Festschreibung erst eine Bilanz über die Erprobungsphase gezogen werden sollte. Die Berichtspflicht nach § 66 Abs. 3 über die Ausführung der Leistungen des Persönlichen Budgets bis 31. 12. 2006 ist der politische Kompromiss zwischen beiden Forderungen.

§ 67 Verordnungsermächtigung

Das Bundesministerium für Gesundheit und Soziale Sicherung kann durch Rechtsverordnung mit Zustimmung des Bundesrates weitere Vorschriften über die Geschäftsführung und das Verfahren des Beirats nach § 65 erlassen.

Inhaltsübersicht

	Rdnr.
A. Allgemeines	1
B. Inhalt der Verordnung	2

A. Allgemeines

Die Vorschrift entspricht der **Verordnungsermächtigung** im früheren § 35 Abs. 4 SchwbG zur Regelung über die Geschäftsführung und das Verfahren des Beirats nach § 65.

1

B. Inhalt der Verordnung

In Anbetracht der Größe des Beirats (48 Mitglieder) ist es notwendig, dass er eine eigene **Geschäftsordnung** und eine **eigene Verfahrensordnung** erhält, um ordnungsgemäß arbeiten zu können. Im Gesetz finden sich Regelungen über das Verfahren des Beirats lediglich in den §§ 65 und 106. Daher wird das Bundesministerium für Gesundheit und Soziale Sicherung ermächtigt, durch Rechtsverordnung mit Zustimmung des Bundesrates weitere Vorschriften über die Geschäftsführung und das Verfahren des Beirates zu erlassen. Eine entsprechende Verordnung ist bislang allerdings noch nicht erlassen worden.

2

Teil 2. Besondere Regelungen zur Teilnahme schwerbehinderter Menschen (Schwerbehindertenrecht)

Kapitel 1. Geschützter Personenkreis

§ 68 Geltungsbereich

(1) **Die Regelungen dieses Teils gelten für schwerbehinderte und diesen gleichgestellte behinderte Menschen.**

(2) **¹Die Gleichstellung behinderter Menschen mit schwerbehinderten Menschen (§ 2 Abs. 3) erfolgt auf Grund einer Feststellung nach § 69 auf Antrag des behinderten Menschen durch die Bundesagentur für Arbeit. ²Die Gleichstellung wird mit dem Tag des Eingangs des Antrags wirksam. ³Sie kann befristet werden.**

(3) **Auf gleichgestellte behinderte Menschen werden die besonderen Regelungen für schwerbehinderte Menschen mit Ausnahme des § 125 und des Kapitels 13 angewendet.**

(4) **¹Schwerbehinderten Menschen gleichgestellt sind auch behinderte Jugendliche und junge Erwachsene (§ 2 Abs. 1) während der Zeit einer Berufsausbildung in Betrieben und Dienststellen, auch wenn der Grad der Behinderung weniger als 30 beträgt oder ein Grad der Behinderung nicht festgestellt ist. ²Der Nachweis der Behinderung wird durch eine Stellungnahme der Agentur für Arbeit oder durch Bescheid über Leistungen zur Teilhabe am Arbeitsleben erbracht. ³Die besonderen Regelungen für schwerbehinderte Menschen, mit Ausnahme des § 102 Abs. 3 Nr. 2 Buchstabe c, werden nicht angewendet.**

Schrifttum: *Kothe*, Gleichstellungsanspruch von Behinderten zum Erlangen oder Behalten eines geeigneten Arbeitsplatzes, ArbuR 2001, 351; *Rieß*, Die Gleichstellung nach § 2 Schwerbehindertengesetz, BehindertenR 1991, 49; *Schmidt*, Zur Gleichstellung mit schwerbehinderten Menschen, BehindertenR 2002, 141.

Inhaltsübersicht

	Rdnr.
A. Allgemeines	1
B. Geltungsbereich des Teils 2 SGB IX	2, 3
C. Verfahren der Gleichstellung (Abs. 2)	4–12
I. Antragserfordernis	4–6
II. Form des Antrags/Zuständigkeit	7
III. Wirkung auf den Zeitpunkt der Antragstellung	8, 9
IV. Befristung der Gleichstellung	10
V. Rechtsbehelfe	11, 12
D. Geltungsbereich für Gleichgestellte (Abs. 3)	13
E. Jugendliche und junge Erwachsene (Abs. 4)	14, 15

A. Allgemeines

1 Die Vorschrift bestimmt als Grundvorschrift des 2. Teils des SGB IX in Abs. 1 die Geltung der nachfolgenden Vorschriften für schwerbehinderte Menschen und diesen gleichgestellte behinderte Menschen. Die Absätze 2 und 3 betreffen das Verfahren der **Gleichstellung** (Abs. 2) und die Nichtanwendbarkeit bestimmter Vorschriften für die gleichgestellten Menschen (Abs. 3). Absatz 4 ist durch das Gesetz zur Förderung der Ausbildung und Beschäftigung schwerbehinderten Menschen vom 23. 4. 2004 (BGBl. I S. 606) in das SGB IX eingefügt worden.

B. Geltungsbereich des Teils 2 SGB IX

2 Nach Abs. 1 gelten die Vorschriften des Teils 2 des SGB IX, also die §§ 68–160 für schwerbehinderte und diesen gleichstellten Menschen. Schwerbehinderte Menschen sind nach der **Legaldefinition** des § 2 Abs. 2 Menschen, die einen Grad der Behinderung von wenigstens 50% aufweisen und ihren gewöhnlichen Aufenthalt oder ihre Beschäftigung an einem Arbeitsplatz regelmäßig im Sinne dieses Gesetzbuchs haben (§ 2 Rdnr. 17, 18). Nach § 2 Abs. 3 kann eine Gleichstellung bei Menschen mit einem Grad der Behinderung von weniger als 50%, aber wenigstens 30%, erfolgen, wenn sie infolge ihrer Behinderung ohne die Gleichstellung keinen geeigneten Arbeitsplatz erlangen oder nicht behalten können (§ 2 Rdnr. 19–24). Von der generellen Anwendung des Teils 2 des SGB IX macht Abs. 3 eine Ausnahme für die den schwerbehinderten Menschen gleichgestellten Personen.

3 Unerheblich für die Gleichstellung ist, ob im Zeitpunkt der Antragstellung bereits die Feststellung über den GdB von 30% vorlag oder ob erst mit dem Antrag auf Gleichstellung die Feststellung der Schwerbehinderung beantragt und rückwirkend ein GdB von 30% festgestellt wurde (*Schmidt*, BehindertenR 2002, 141; *Neumann/Pahlen/Majerski-Pahlen*, SGB IX, § 2 Rdnr. 9).

C. Verfahren der Gleichstellung (Abs. 2)

I. Antragserfordernis

4 Absatz 2 regelt das Verfahren bei Gleichstellung. Die Gleichstellung ist ein mitwirkungsbedürftiger **Verwaltungsakt.** Erforderlich ist ein Antrag an die zuständige Agentur für Arbeit. Eine Gleichstellung von Amts wegen ohne einen entsprechenden Antrag ist nicht zulässig (*Müller-Wenner/Schorn*, SGB IX, § 68 Rdnr. 32). Eine Gleichstellung von Amts wegen ist nicht möglich (*Neumann/*

Pahlen/Majerski-Pahlen, SGB IX, § 68 Rdnr. 13). Es besteht keine Pflicht zur Antragstellung (*Masuch*, in: Hauck/Noftz, SGB IX, § 68 Rdnr. 10). Selbstständig **antragsberechtigt** ist der betroffene Beschäftigte, nicht aber der Arbeitgeber (allg. Meinung s. *Schmidt*, BehindertenR 2002, 141; *Neumann/Pahlen/Majerski-Pahlen*, SGB IX, § 68 Rdnr. 13 m. w. N.; *Müller-Wenner/Schorn*, SGB IX, § 68 Rdnr. 32). Ebenso wenig sind der Betriebs- bzw. Personalrat oder die Gewerkschaft bzw. der Arbeitgeberverband antragsberechtigt.

Zulässig ist aber, dass der Arbeitgeber den Antrag mit **Vollmacht** des Beschäftigten stellt. Unterlässt der Arbeitgeber trotz Beauftragung durch den Beschäftigten die Stellung des Antrags, so kann hieraus allein ein besonderer Kündigungsschutz nach den §§ 85 ff. zugunsten des behinderten Menschen nicht hergeleitet werden (*LAG Stuttgart* v. 25. 5. 1959, BB 1959, 1103).

Die Rehabilitationsträger haben im Rahmen ihrer Informationspflicht auf die Möglichkeit der Gleichstellung und deren Rechtsfolgen hinzuweisen. Unterlassen sie diese Informationen, kann dem betroffenen Arbeitnehmer ein verschuldensunabhängiger Schadensersatzanspruch zustehen (*Masuch*, in: Hauck/Noftz, SGB IX, § 68 Rdnr. 12; *Neumann/Pahlen/Majerski-Pahlen*, SGB IX, § 68 Rdnr. 12; *Müller-Wenner/Schorn*, SGB IX, § 68 Rdnr. 34).

II. Form des Antrags/Zuständigkeit

Eine bestimmte **Form des Antrags** ist nicht vorgeschrieben. Der Antrag kann mündlich oder schriftlich bei einer Agentur für Arbeit gestellt werden. Zuständig ist die Agentur für Arbeit am Wohnsitz oder gewöhnlichen Aufenthaltsort des Beschäftigten. Dem Antrag ist von der Agentur für Arbeit zu entsprechen, wenn die Voraussetzungen des § 2 Abs. 3 vorliegen. Der Antragsteller hat die Darlegungs- und Beweislast für das Vorliegen der Voraussetzungen nach § 2 Abs. 3. Er hat konkrete Anhaltspunkte vorzutragen, dass ein geeigneter Arbeitsplatz in Aussicht steht, denn nur dann kann geprüft werden, ob eine Gleichstellung erforderlich ist (*LSG NRW* v. 24. 8. 1988, BehindertenR 1989, 57).

III. Wirkung auf den Zeitpunkt der Antragstellung

Mit der Gleichstellung durch die Agentur für Arbeit sind für den gleichgestellten behinderten Menschen mit Ausnahme der in Abs. 3 (Rdnr. 11) genannten Vorschriften des Teils 2 des SGB IX anwendbar. Die Gleichgestellten unterliegen damit dem gleichen Schutz wie die schwerbehinderten Menschen (zum Widerruf der Gleichstellung s. § 116 Abs. 2 Satz 2). Die Gleichstellung ist nicht auf einzelne Betriebe oder Unternehmen beschränkt, sondern gilt generell (*Schmidt*, BehindertenR 2002, 141).

Die Gleichstellung durch die Agentur für Arbeit hat nicht nur deklaratorische Wirkung, sondern ist ein **konstitutiver Akt** (*BVerwG* v. 15. 12. 1988, NZA 1989, 554; *BAG* v. 26. 10. 1995, BB 1996, 1012). Nach Abs. 2 Satz 2 wird die Gleichstellung mit dem Tag des Eingangs des Antrags bei der Agentur für Arbeit wirksam. Ob und wann der Arbeitgeber Kenntnis der Gleichstellung erlangt, ist für den Zeitpunkt der Wirksamkeit der Gleichstellung unerheblich.

IV. Befristung der Gleichstellung

Grundsätzlich wirkt die Gleichstellung unbefristet. Nach Abs. 2 Satz 3 kann die Gleichstellung befristet werden. Ob und für welchen Zeitraum eine Befristung der Gleichstellung erfolgt, ist eine **Ermessensentscheidung** des Agentur für Arbeit. Eine Befristung kommt u. a. dann in Betracht, wenn zu erwarten ist, dass Schwierigkeiten am Arbeitsplatz nach einer Einarbeitungsphase in absehbarer Zeit überwunden werden können (*Schmidt,* BehindertenR 2002, 141). Der behinderte Mensch kann vor Ablauf der Frist einen Antrag auf Verlängerung bzw. einen neuen Antrag stellen.

V. Rechtsbehelfe

11 Gegen einen die Gleichstellung ablehnenden Bescheid der Agentur für Arbeit kann **Widerspruch** beim Widerspruchsausschuss bei der Bundesagentur für Arbeit (§ 120) eingelegt werden. Die Entscheidung des Widerspruchsausschusses kann durch Klage beim Sozialgericht angefochten werden. Widerspruchs und Klagebefugt sind sowohl der behinderte Mensch als auch der Arbeitgeber (*Schmidt,* BehindertenR 2002, 141).

12 Der Arbeitgeber kann die Entscheidung der Agentur für Arbeit, die seinen Arbeitnehmer Schwerbehinderten nach § 68 SGB IX gleichstellt, nicht anfechten (*BSG* v. 19. 12. 2001, AP Nr. 1 zu § 2 SchwbG 1986; *LSG Rheinland-Pfalz* v. 19. 9. 2000, BehindertenR 2001, 29; *Müller-Wenner/Schorn,* SGB IX, § 68 Rdnr. 36 f.; *Neumann/Pahlen/Majerski-Pahlen,* SGB IX, § 68 Rdnr. 26; a. A. *BVerwG* v. 14. 8. 1961, BVerwGE 42, 189; *BSG* v. 22. 10. 1986, BSGE 60, 284, 3. Leitsatz; *LSG NRW* v. 20. 6. 2001, BehindertenR 2002, 25; *Schmidt,* BehindertenR 2002, 141; *Dau,* in: LPK-SGB IX, § 68 Rdnr. 12 f.). Eine Anfechtungsbefugnis ist nur dann gegeben, wenn die betreffenden Normen zumindest auch den Individualinteressen des Anfechtenden dienen. Nicht ausreichend ist dagegen eine Reflexwirkung in dem Sinne, dass sich aus einer im Interesse eines bestimmten Personenkreises erlassenen Norm zugleich auch eine Begünstigung einzelner Dritter ergibt. Denn der Arbeitgeber kann nicht darlegen, dass er durch die Gleichstellung in eigenen Rechten verletzt ist. Entgegen der in der Literatur zum Teil vertretenen Auffassung ist daher eine Berechtigung des Arbeitgebers, die Gleichstellung anzufechten, zu verneinen. Denn bei den sich aus § 68 SGB IX für die Arbeitgeber ergebenden Konsequenzen handelt es sich nur um Reflexwirkungen, die nach Sinn und Zweck der Norm nicht einer Anfechtung durch den Arbeitgeber unterliegen.

D. Geltungsbereich für Gleichgestellte (Abs. 3)

13 Vom Grundsatz, dass die gleichgestellten Personen den gleichen Schutz genießen wie schwerbehinderte Menschen, enthält Abs. 3 Ausnahmen. Danach ist die Vorschrift des § 125 über den **Zusatzurlaub** sowie das Kapitel 13 (Unentgeltliche Beförderung schwerbehinderter Menschen im öffentlichen Personenverkehr) auf gleichgestellte behinderte Menschen nicht anwendbar.

E. Jugendliche und junge Erwachsene (Abs. 4)

14 Absatz 4 ist durch Gesetz vom 23. 4. 2004 (BGBl. I S. 606) eingefügt worden. Danach können weitere behinderte Menschen gleichgestellt werden, damit Arbeitgebern auch für diesen neuen Personenkreis Leistungen gewährt werden können (BT-Drucks. 15/2318, Begründung, S. 28). Auch behinderte Jugendliche und junge Erwachsene können während der Zeit einer Berufsausbildung in Betrieben oder Dienststellen gleichgestellt werden, wenn der Grad der Behinderung weniger als 30% beträgt oder ein Grad der Behinderung noch nicht festgestellt ist. Der Nachweis der Behinderung wird durch eine Stellungnahme der Bundesagentur für Arbeit oder durch einen Bescheid über Leistungen zur Teilhabe am Arbeitsleben erbracht, Abs. 4 Satz 2.

Absatz 4 Satz 3 stellt klar, dass die besonderen Regelungen für schwerbehinderte 15
Menschen, also die §§ 68–160 SGB IX mit Ausnahme von § 102 Abs. 3 Nr. 2 c
nicht angewandt werden. Nach § 102 Abs. 3 Nr. 2 c können Leistungen an Arbeitgeber in Form von Prämien und Zuschüssen zu den Kosten der Berufsausbildung gewährt werden für behinderte Jugendliche und junge Erwachsene, die für die Zeit der Berufsausbildung schwerbehinderten Menschen nach § 68 Abs. 4 gleichgestellt sind.

§ 69 Feststellung der Behinderung, Ausweise

(1) ¹ **Auf Antrag des behinderten Menschen stellen die für die Durchführung des Bundesversorgungsgesetzes zuständigen Behörden das Vorliegen einer Behinderung und den Grad der Behinderung fest.** ² Beantragt eine erwerbsfähige Person die Feststellung der Eigenschaft als schwerbehinderter Mensch (§ 2 Abs. 2), gelten die in § 14 Abs. 2 Satz 2 und 4 sowie Abs. 5 Satz 2 und 5 genannten Fristen sowie § 60 Abs. 1 des Ersten Buches entsprechend. ³ Das Gesetz über das Verwaltungsverfahren der Kriegsopferversorgung ist entsprechend anzuwenden, soweit nicht das Zehnte Buch Anwendung findet. ⁴ Die Auswirkungen auf die Teilhabe am Leben in der Gesellschaft werden als Grad der Behinderung nach Zehnergraden abgestuft festgestellt. ⁵ Die im Rahmen des § 30 Abs. 1 des Bundesversorgungsgesetzes festgelegten Maßstäbe gelten entsprechend. ⁶ Eine Feststellung ist nur zu treffen, wenn ein Grad der Behinderung von wenigstens 20 vorliegt. ⁷ Durch Landesrecht kann die Zuständigkeit abweichend von Satz 1 geregelt werden.

(2) ¹ Feststellungen nach Absatz 1 sind nicht zu treffen, wenn eine Feststellung über das Vorliegen einer Behinderung und den Grad einer auf ihr beruhenden Erwerbsminderung schon in einem Rentenbescheid, einer entsprechenden Verwaltungs- oder Gerichtsentscheidung oder einer vorläufigen Bescheinigung der für diese Entscheidungen zuständigen Dienststellen getroffen worden ist, es sei denn, dass der behinderte Mensch ein Interesse an anderweitiger Feststellung nach Absatz 1 glaubhaft macht. ² Eine Feststellung nach Satz 1 gilt zugleich als Feststellung des Grades der Behinderung.

(3) ¹ Liegen mehrere Beeinträchtigungen der Teilhabe am Leben in der Gesellschaft vor, so wird der Grad der Behinderung nach den Auswirkungen der Beeinträchtigung in ihrer Gesamtheit unter Berücksichtigung ihrer wechselseitigen Beziehung festgestellt. ² Für diese Entscheidung gilt Absatz 1, es sei denn, dass in einer Entscheidung nach Absatz 2 eine Gesamtbeurteilung bereits getroffen worden ist.

(4) **Sind neben dem Vorliegen der Behinderung weitere gesundheitliche Merkmale Voraussetzung für die Inanspruchnahme von Nachteilsausgleichen, so treffen die zuständigen Behörden die erforderlichen Feststellungen im Verfahren nach Absatz 1.**

(5) ¹ **Auf Antrag des behinderten Menschen stellen die zuständigen Behörden auf Grund einer Feststellung der Behinderung einen Ausweis über die Eigenschaft als schwerbehinderter Mensch, den Grad der Behinderung sowie im Falle des Absatzes 4 über weitere gesundheitliche Merkmale aus.** ² Der Ausweis dient dem Nachweis für die Inanspruchnahme von Leistungen und sonstigen Hilfen, die schwerbehinderten Menschen nach Teil 2 oder nach anderen Vorschriften zustehen. ³ Die Gültigkeitsdauer des Ausweises soll befristet werden. ⁴ Er wird eingezogen, sobald der ge-

§ 69 Teil 2. Schwerbehindertenrecht

setzliche Schutz schwerbehinderter Menschen erloschen ist. [5] Der Ausweis wird berichtigt, sobald eine Neufeststellung unanfechtbar geworden ist.

Schrifttum: *Beraus,* Bieten die Feststellungen der Versorgungsverwaltung nach dem Schwerbehindertenrecht (Teil 2 SGB IX) noch eine sichere Grundlage für die Gewährung von Nachteilsausgleichen, BehindertenR 2002, 148; *Brand,* Reformstau im Feststellungsverfahren nach dem Schwerbehindertengesetz, BehindertenR 1999, 77; *Braun,* Qualitätssicherung in der Begutachtung mit Außengutachtern im Schwerbehindertenrecht, VersVerw 1995, 23; *Dolata,* Die Grundlagen für die Feststellung eines Grades der Behinderung im Schwerbehindertenrecht und die Frage, ist die Feststellung eines Grades der Behinderung ein Anachronismus oder ein unabdingbar notwendiges Kriterium zur Schaffung von Einzelfallgerechtigkeit, BehindertenR 2004, 1; *Gaa-Unterpaul,* Die Nachteilsausgleiche nach dem Sozialgesetzbuch Neuntes Buch (SGB IX) unter Berücksichtigung der jüngsten Rechtsprechung, NZS 2002, 406; *Goedelt,* Die Festsetzung des Grades der Minderung der Erwerbsfähigkeit/des Grades der Behinderung nach dem Schwerbehindertengesetz, ZfS 1994, 97; *Hennies,* Zumutbarkeit diagnostischer Maßnahmen bei Begutachtungen, MedSach 1991, 189; *Herter,* Veränderungen der neuen Anhaltspunkte, BehindertenR 1997, 89; *Hey,* Zum Reformstau im Feststellungsverfahren, BehindertenR 1999, 140; *Isenberg,* Verzicht auf einen Schwerbehindertenausweis aus Gründen der Eingliederung in das Berufsleben, BehindertenR 1996, 45; *Kleinschmidt/Kleinschmidt,* Die Begutachtung der Osteopenie/Osteoporose im SchwerbehindertenR, MedSach 2002, 19; *Lorenz,* Begutachtungen bei Herzinfarkt im Rahmen des Schwerbehindertengesetzes und des sozialen Entschädigungsrechts, MedSach 1997, 100; *Losch,* Anmerkungen zur gutachterlichen Beurteilung von malignen Tumoren im HNO-Gebiet nach dem Schwerbehindertenrecht, MedSach 2002, 17; *Ockenga,* Feststellung des Grades der Behinderung nach dem Schwerbehindertengesetz, SozVers 1991, 281; *Rösner,* „Anhaltspunkte 1996", Versorgungsverwaltung 1997, 4; *Sailer,* Das Feststellungsverfahren nach dem Schwerbehindertengesetz, BehindertenR 1992, 25; *Schillings,* Die ärztliche Gutachtertätigkeit muss Gesetz werden, SuP 2003, 117; *Schorn,* Der Grad der Behinderung im SGB IX, SozSich 2002, 127; *Schümann,* Nachteilsausgleiche für schwerbehinderte Menschen aufgrund von Merkzeichen im Schwerbehindertenausweis, NWB, Fach 27, 5621; *Siller,* Ärztliche Befundberichte und ihre Bedeutung für die Begutachtung – aus der Sicht des Fachanwalts, MedSach 1996, 45; *Spallek,* „Anhaltspunkte" ergänzungsbedürftig – Nachteilsausgleich „G" bei IC-Erkrankungen, VersorgVerw 2002, 48; *Straßfeld,* Aufhebung und Rücknahme von Bescheiden nach § 69 SGB IX, SGb 2003, 88; *ders.,* Der Nachteilsausgleich „aG", VersorgVerw 2003, 35; *Türk,* Zur Anwendung des § 4 Abs. 2 Schwerbehindertengesetz (SchwbG), VersVerw 1994, 40; *Wachholz,* Die „Anhaltspunkte" als Bewertungsmaßstab für den Grad der Behinderung, BehindertenR 1992, 35; *Wolber,* Kritische Betrachtung der Festsetzung des Gesamtgrades der Behinderung, ZBVR 2004, 20.

Inhaltsübersicht

	Rdnr.
A. Allgemeines	1
B. Feststellung des Grades der Behinderung (Abs. 1)	2–16
I. Antragserfordernis	4, 5
II. Zuständigkeit	6
III. Verfahren	7
IV. Beschleunigungsgrundsatz	8
V. Feststellung nach Zehnergraden	9–16
C. Anderweitige Feststellung des Grades der Behinderung (Abs. 2)	17–22
D. Gesamtbeurteilung mehrerer Beeinträchtigungen (Abs. 3)	23–28
E. Weitere gesundheitliche Merkmale (Abs. 4)	29–49
I. Merkzeichen Gehbehinderung („G")	33, 34
II. Merkzeichen außergewöhnliche Gehbehinderung („aG")	35–39
III. Merkzeichen Begleitung („B")	40, 41
IV. Merkzeichen Befreiung von Rundfunkgebühren („RF")	42, 43
V. Merkzeichen Blind („Bl")	44
VI. Merkzeichen Hilflos („H")	45–49

	Rdnr.
F. Schwerbehindertenausweis (Abs. 5)	50–58
I. Zuständigkeit der Versorgungsämter	54
II. Gültigkeitsdauer des Ausweises	55
III. Einziehung des Ausweises	56, 57
IV. Berichtigung des Ausweises	58
G. Verfahrensfragen	59–61

A. Allgemeines

§ 69 regelt Einzelheiten zur Feststellung des Grades der Behinderung und zum Schwerbehindertenausweis. Die näheren Einzelheiten über den Schwerbehindertenausweis sind in der **Schwerbehindertenausweisverordnung** geregelt (s. Anhang Nr. 4). Die Vorschrift ist durch das Gesetz zur Förderung der Ausbildung und Beschäftigung schwerbehinderter Menschen vom 23. 4. 2004 (BGBl. I S. 606) an mehreren Stellen verändert worden. Unter anderem ist in Abs. 1 durch einen neuen Satz 2 ergänzt worden, der der Beschleunigung des Feststellungsverfahrens dient. Absatz 5 Satz 3 ist neu formuliert worden, mit der Konsequenz, dass der Schwerbehindertenausweis nicht mehr ausnahmslos befristet ausgestellt werden muss (s. *Cramer*, NZA 2004, 698, *Kossens/Wollschläger*, ZfSH/SGB 2004, 346). Darüber hinaus wurde an der Zuständigkeit der Versorgungsverwaltung für die Durchführung des Feststellungs- und Ausweisverfahrens festgehalten. Allerdings wurde den Ländern die Möglichkeit eröffnet, die Zuständigkeit durch Landesrecht abweichend zu regeln, Abs. 1 Satz 7.

B. Feststellung des Grades der Behinderung (Abs. 1)

Das Verfahren zur **Feststellung der Behinderung** und des Grades der Behinderung (GdB) ist in Abs. 1 geregelt. Die Beantragung der Feststellung der Behinderung ist unabhängig davon, ob der Antragsteller erwerbstätig ist oder nicht. Auch Nichterwerbstätige, Jugendliche, Rentner, Beamte oder Richter haben ein Feststellungsinteresse. Bei erwerbstätigen Menschen ist allerdings das Gesetz vom 23. 4. 2004 (BGBl. I S. 606) in Satz 2 eingeführte Beschleunigungsgrundsatz zu beachten. Das Feststellungsinteresse fehlt allerdings bei schwerbehinderten Menschen, bei denen bereits ein Grad der Behinderung von 100% festgestellt wurde (*BSG* v. 3. 12. 1998, BehindertenR 1998, 63, es sei denn es geht um die Feststellung weiterer Merkmale nach Abs. 4).

Die rückwirkende Feststellung der Schwerbehinderung für Zeiträume vor Stellung eines erstmaligen Antrags setzt die Glaubhaftmachung eines besonderen Interesses und darüber hinaus die Offenkundigkeit der Schwerbehinderung in der Vergangenheit voraus. Ein besonderes Interesse ergibt sich nicht daraus, dass bei rückwirkend festgestellter Schwerbehinderung vor Vollendung des 27. Lebensjahres rückwirkend auch ein Kindergeldanspruch leichter festzustellen ist (*SG Dresden* v. 9. 12. 2004, S 7 SB 340/02).

I. Antragserfordernis

Voraussetzung für die Feststellung der Behinderung und des GdB ist ein entsprechender **Antrag** des behinderten Menschen. Die Erben sind nicht antragsberechtigt, (*BSG* v. 6. 12. 1989, BSGE 66, 120; *Neumann/Pahlen/Majerski-Pahlen*, SGB IX, § 69 Rdnr. 20). Zulässig ist die Beschränkung des Antrags auf die Feststellung bestimmter einzelner Behinderungen (*BVerwG* v. 21. 10. 1987, NZA

1988, 431). Der Arbeitgeber, die Rehabilitationsträger, der Betriebs- bzw. Personalrat, aber auch das Integrationsamt oder die Bundesagentur für Arbeit haben ebenfalls kein Antragsrecht (*Neumann/Pahlen/Majerski-Pahlen*, SGB IX, § 69 Rdnr. 20).

5 Der Antrag ist schriftlich oder zur Niederschrift beim zuständigen **Versorgungsamt** zu stellen (§ 6 VwVfG). Minderjährige können den Antrag durch die gesetzlichen Vertreter stellen (*Cramer*, SchwbG, § 4 Rdnr. 4). Jugendliche können ab Vollendung des 15. Lebensjahrs den Antrag auf Feststellung der Schwerbehinderteneigenschaft selbst stellen, soweit die gesetzlichen Vertreter deren Handlungsfähigkeit nicht eingeschränkt haben, § 36 SGB I. Bei Geschäftsunfähigen ist der Antrag durch den Betreuer zu stellen. Der Antragsteller kann seinen Antrag auf die Feststellung bestimmter Behinderung beschränken. Andere, nicht vom Antragsteller beantragte Erkrankungen bleiben dann bei der Festsetzung des Grades der Behinderung außer Betracht.

II. Zuständigkeit

6 Zuständig für die Feststellung der Behinderung und des Grades der Behinderung sind die nach Landesrecht bestimmten Stellen oder die nach dem Bundesversorgungsgesetz zuständigen Behörden. Dies sind die Versorgungsämter. **Örtlich zuständig** ist das Versorgungsamt, in dessen Bezirk der Antragsteller seinen Wohnsitz oder gewöhnlichen Aufenthaltsort hat.

III. Verfahren

7 Nach Antragstellung haben die Versorgungsämter die Behinderung von Amts wegen festzustellen. Dabei können Gutachten herangezogen, Sachverständige gehört und der Antragsteller zur persönlichen Augenscheinnahme geladen werden (*BSG* v. 26. 1. 1994, SozR 3–1750 § 372 Nr. 1). Die Beiziehung von Krankenakten, Röntgenbildern und sonstigen medizinischen Befunden bedarf des Einverständnisses des behinderten Menschen. Der **Bescheid des Versorgungsamts** ist schriftlich abzufassen, zu begründen und mit einer Rechtsbehelfsbelehrung zu versehen. Die Feststellungen der Versorgungsämter nach Abs. 1 sind für andere Behörden bindend (*Cramer*, SchwbG, § 4 Rdnr. 8 m. w. N.).

IV. Beschleunigungsgrundsatz

8 Mit dem Gesetz zur Förderung der Ausbildung und Beschäftigung schwerbehinderter Menschen vom 23. 4. 2004 (BGBl. I S. 606) ist Satz 2 neu in Abs. 1 eingefügt worden. Danach soll das Verfahren zur Feststellung der Schwerbehinderteneigenschaft bei „erwerbstätigen Menschen" beschleunigt werden. Es gelten die in § 14 Abs. 2 Satz 2 und 4 genannten Fristen. Muss ein Gutachten nicht eingeholt werden, so entscheidet die zuständige Behörde nach Satz 2 i.V.m. § 14 Abs. 2 Satz 2 innerhalb von drei Wochen nach Antragseingang. Ist dagegen ein Gutachten zur Feststellung der Schwerbehinderteneigenschaft erforderlich, so entscheidet die zuständige Behörde innerhalb von zwei Wochen nach Vorliegen des Gutachtens über den Antrag auf Feststellung der Schwerbehinderung. Das Gutachten ist innerhalb von zwei Wochen nach Auftragserteilung zu erstellen.

V. Feststellung nach Zehnergraden

9 Nach Abs. 1 Satz 3 werden die Auswirkungen auf die Teilhabe am Leben in der Gesellschaft als GdB nach **Zehnergraden** festgelegt. Entscheidend sind die Auswirkungen auf die Teilhabe am Leben in der Gesellschaft. Insofern kommt eine Beurteilung des Grades der Behinderung allein nach dem Verlust der beruflichen Funktionsfähigkeit nicht in Betracht (ebenso: *Müller-Wenner/Schorn*, SGB IX, § 69

Rdnr. 28; *Cramer,* SchwbG, § 3 Rdnr. 5; a. A. *Masuch,* in: Hauck/Noftz, SGB IX, § 69 Rdnr. 24).

Die unter Geltung des Schwerbehindertengesetzes bis zum 30. 6. 2001 geltende **10** Feststellungspraxis gilt auch nach Inkrafttreten des SGB IX im Prinzip weiter. Die Dauer der Beeinträchtigungen muss mit hoher Wahrscheinlichkeit die Dauer von sechs Monaten überschreiten, um bei der Festsetzung des GdB berücksichtigt zu werden. Unerheblich ist, ob die Funktionsbeeinträchtigung bereits seit sechs Monaten vorliegt. Es kommt darauf an, ob zu erwarten ist, dass die Gesundheitsbeeinträchtigung mehr als sechs Monate andauert (*BSG* v. 12. 4. 2000, SozR 3–3870 § 3 Nr. 9; *Neumann/Pahlen/Majerski-Pahlen,* SGB IX, § 69 Rdnr. 11).

Eine Feststellung des GdB kommt nur dann in Betracht, wenn ein GdB von **11** mindestens 20% erreicht wird. Gesundheitsbeeinträchtigung, die nur einen GdB von 10% bedeuten, bleiben für sich allein unberücksichtigt. Ein Feststellungsbescheid wird insofern nicht erlassen (*Neumann/Pahlen/Majerski-Pahlen,* SGB IX, § 69 Rdnr. 5).

Es ist tatsächlich unmöglich und rechtlich verboten, den GdB genauer (Fünfer- **12** graden) festzulegen (*BSG* v. 14. 2. 2001, rv 2001, 97 unter Aufgabe der alten Rspr.: *BSG* v. 28. 10. 1975, SozR 3100 § 30 Nr. 9). Die Festlegung hat sich an den „Anhaltspunkten für die ärztliche Gutachtertätigkeit im sozialen Entschädigungsrecht und nach dem Schwerbehindertengesetz" zu orientieren.

Diese Anhaltspunkte gelten auch nach Inkrafttreten des SGB IX weiter und **13** haben als Erfahrenssätze wegen des Gleichheitsgebots für den Regelfall rechtliche Bedeutung (*BSG* v. 14. 11. 1984, SozR 2200 § 581 Nr. 22). Für die **„Anhaltspunkte für die ärztliche Gutachtertätigkeit"** fehlt zwar eine Rechtsgrundlage; verfassungsrechtlich wird aber nicht beanstandet, dass die Anhaltspunkte die §§ 2 Abs. 2 und 3 und 69 Abs. 1 konkretisieren (*BVerfG* v. 6. 3. 1995, NJW 1995, 3049; *Cramer,* SchwbG, § 3 Rdnr. 15). Nach ständiger Rechtsprechung des BSG haben die AHP 1996 normähnlichen Charakter und sind vom Sozialgericht in der Regel wie untergesetzliche Normen anzuwenden (*LSG Nordrhein-Westfalen* v. 27. 11. 2001, L 6 SB 51/01; *LSG Nordrhein-Westfalen* v. 6. 8. 2002, NZS 2002, 671; *BFH* v. 16. 4. 2002, BehindertenR 2002, 157; a. A. *SG Düsseldorf* v. 11. 7. 2002, S 36 SB 132/01). Dies gilt auch nach Inkrafttreten des SGB IX, obwohl weiterhin eine gesetzliche Grundlage für die AHP fehlt (*Bayerisches LSG* v. 5. 6. 2002, SGb 2003, 403).

Ein Abweichen von den Vorgaben der AHP ist bei Verstoß gegen höherran- **14** giges Recht, bei Abweichen von dem gegenwärtig herrschenden Kenntnisstand der medizinischen Wissenschaft, bei Vorliegen eines Sachverhalts, der auf Grund individueller Verhältnisse einer gesonderten Beurteilung bedarf, sowie bei einer Ergänzung der AHP im Sinne einer Lückenfüllung zulässig (*LSG Nordrhein-Westfalen* v. 6. 6. 2002, SGb 2002, 562; a. A. *SG Düsseldorf* v. 13. 2. 2002, SGb 2002, 333).

Die in den AHP genannten Erkrankungen sind nicht abschließend. Bei nicht **15** aufgeführten Erkrankungen ist eine Bewertung des GdB im Wege des Vergleichs zu ausdrücklich aufgeführten Gesundheitsstörungen vorzunehmen (*BSG* v. 27. 2. 2002, B 9 SB 5/01 R; *Müller-Wenner/Schorn,* SGB IX, § 69 Rdnr. 50).

Für die Bemessung der Höhe des GdB nach § 69 Abs. 1 Satz 3 und 4 kommt es **16** nicht darauf an, ob eine Erkrankung durch eine Therapie geheilt werden kann, sondern welche Auswirkungen die Funktionsbeeinträchtigung der Teilhabe am gesellschaftlichen Leben bei Anwendung der Therapie verbleiben (*BSG* v. 15. 7. 2004, B 9 SB 46/03). Für das jeweilige Lebensjahr typische Zustände stellen keine Behinderung dar (*SG Dortmund* v. 30. 10. 2002, S 7 SB 197/00; *Müller-Wenner/ Schorn,* SGB IX, § 69 Rdnr. 30).

C. Anderweitige Feststellung des Grades der Behinderung (Abs. 2)

17 Absatz 2 soll einen doppelten Verwaltungsaufwand für den Fall einer bereits **anderweitig** erfolgten **Feststellung** des GdB entbehrlich machen. Muss das Versorgungsamt aber wegen des glaubhaft gemachten Interesses des schwerbehinderten Menschen ohnehin tätig werden und eine verbindliche Entscheidung treffen, besteht kein Grund für eine Bindung des Versorgungsamtes an die anderweitige Feststellung (*LSG Niedersachsen* v. 26. 5. 2000, L 9 SB 247/98).

18 Daher bestimmt Abs. 2, dass eine Feststellung nach Abs. 1 dann nicht vorzunehmen ist, wenn die Behinderung und der GdB bereits in einem Rentenbescheid, einer entsprechenden Verwaltungs- oder Gerichtsentscheidung oder einer vorläufigen Bescheinigung der zuständigen Dienststellen bereits getroffen wurde. **Rentenbescheide** sind u. a. solche der Rentenversicherung, der Unfallversicherung, einer öffentlichen Dienststelle nach Dienstunfällen und einer Sozialbehörde. Der Bescheid braucht nicht rechtskräftig zu sein.

19 So schließt eine Entscheidung eines **Unfallversicherungsträgers** über den Grad der Minderung der Erwerbsfähigkeit (MdE) nach Abs. 2 eine vor ihr abweichende Feststellung des GdB durch das Versorgungsamt auch dann aus, wenn dem Versorgungsamt der Bescheid des Unfallversicherungsträgers nicht bekannt war und der schwerbehinderte Mensch sich erst im Gerichtsverfahren auf den Bescheid beruft (*LAG Berlin* v. 16. 11. 2000, SGb 2001, 184).

20 Nicht unter Abs. 2 fallen Bescheide der Rentenversicherungsträger über die Gewährung von Berufs- oder Erwerbsunfähigkeitsrente (Erwerbsminderungsrente) sowie vertrauens- bzw. amtsärztliche Gutachten über den GdB/MdE (*Müller-Wenner/Schorn*, SGB IX, § 69 Rdnr. 52; *Neumann/Pahlen/Majerski-Pahlen*, SGB IX, § 69 Rdnr. 27). Eine **ärztliche Bescheinigung** fällt ebenfalls nicht unter Abs. 2 (*VG Saarland* v. 28. 10. 1991, ZfS 1992, 35).

21 Eine **anderweitige Feststellung** ist aber dann zulässig, wenn der behinderte Mensch ein Interesse an der anderweitigen Feststellung nach Abs. 1 glaubhaft macht. Das Interesse liegt z.B. dann vor, wenn nicht Feststellungen zu allen vorliegenden Behinderungen getroffen wurden oder kein Gesamtgrad der Behinderung festgestellt wurde, sondern nur die einzelnen gesundheitlichen Einschränkungen separat festgestellt worden sind.

22 Das Interesse an einer anderweitigen Feststellung **muss glaubhaft** gemacht werden, also eine überwiegende Wahrscheinlichkeit dargelegt werden (§ 294 ZPO). Der behinderte Mensch hat die geänderten gesundheitlichen Einschränkungen mit dem Angebot der ärztlichen Untersuchung oder der Vorlage privatärztlicher Zeugnisse darzulegen. Die Entscheidung, ob ein bereits festgestellter MdE in den Schwerbehindertenausweis übernommen wird, obliegt dem Versorgungsamt bzw. den nach Landesrecht zuständigen Behörden. Die Entscheidung erfolgt durch Verwaltungsakt.

D. Gesamtbeurteilung mehrerer Beeinträchtigungen (Abs. 3)

23 Absatz 3 regelt die Feststellung des Gesamtgrades der Behinderung beim Vorliegen mehrerer Beeinträchtigungen. Danach werden nicht die einzelnen Funktionsbeeinträchtigungen und der entsprechende Einzelgrad der Behinderung addiert, sondern es wird eine **Gesamtbeurteilung** vorgenommen.

Entscheidend sind die **Wechselwirkungen** der einzelnen Beeinträchtigungen. 24
In der Praxis wird dabei von der Beeinträchtigung mit dem höchsten GdB ausgegangen. Die anderen Beeinträchtigungen werden dann dahingehend überprüft, inwieweit sich durch sie das Maß der Behinderung vergrößert (*LAG Saarland* v. 28. 9. 2000, L 5 b SB 70/99). Beeinträchtigungen mit einem GdB von 10% führen in der Regel nicht zu einer Erhöhung des Gesamtgrads der Behinderung (*BSG* v. 13. 12. 2000, SozR 3–3870 § 4 Nr. 28).

Nach den AHP ist es auch bei leichten Funktionsbeeinträchtigungen mit einem 25
GdB von 20% vielfach nicht gerechtfertigt, auf eine wesentliche Zunahme des Ausmaßes der Behinderung zu schließen. Eine schematische Beurteilung verbietet sich aber insoweit, als auf die besonderen Umstände des Einzelfalls abzustellen ist (*LSG NRW* v. 2. 9. 1993, SGb 1994, 239). Ist die Auswirkung einer Gesundheitsbeeinträchtigung mit einem GdB von 20% von deren anderer Beeinträchtigungen unabhängig, führt dies zu einer Erhöhung des GdB und ist insofern angemessen zu berücksichtigen (*LSG Berlin* v. 25. 5. 1993, L 13 Vs 61/91).

Die Festsetzung des Gesamtgrads der Behinderung kann nicht niedriger ausfallen 26
als der höchste GdB einer einzelnen Beeinträchtigung (*Neumann/Pahlen/Majerski-Pahlen*, SGB IX, § 69 Rdnr. 31; *Gröninger/Thomas*, SchwbG, § 4 Rdnr. 13). Während eine kleine Teil-Behinderung mit einem GdB von 20 nicht in jedem Fall zu einem höheren Gesamt-GdB führt, ist eine Teil-Behinderung mit einem GdB von 30 nach den Anhaltspunkten zwingend um wenigstens 10 bei der Bildung des Gesamt-GdB zu berücksichtigen (*LSG Rheinland- Pfalz* v. 25. 10. 2001, Az: L 4 SB 56/01). Ist ein Gesamtgrad der Behinderung festgestellt, so fehlt das Rechtsschutzinteresse an der Feststellung des Einzelgrads einer einzelnen Behinderung (*BSG* v. 5. 5. 1993, SozR 3870 § 4 Nr. 5). Für die Bemessung der Höhe des GdB nach § 69 Abs. 1 Satz 3 und 4 kommt es nicht darauf an, ob eine Erkrankung durch eine Therapie geheilt werden kann, sondern welche Auswirkungen die Funktionsbeeinträchtigung der Teilhabe am gesellschaftlichen Leben bei Anwendung der Therapie verbleiben (*BSG* v. 15. 7. 2004, B 9 SB 46/03).

Zur Feststellung der Höhe des GdB sowie einer erheblichen Beeinträchtigung 27
der Bewegungsfähigkeit im Straßenverkehr reicht es nicht aus, auf ein mehrere Jahre altes Sachverständigengutachten zurückzugreifen. Dies gilt auch dann, wenn sich der Betroffene nicht in fachärztlicher Behandlung befindet (*BSG* v. 25. 3. 2004, L 11 SB 15/02).

Die Gerichte sind grundsätzlich an die Feststellungen der Sachverständigen ge- 28
bunden. Will das Tatsachengericht bei der Bildung des Gesamt-GdB von den medizinischen Feststellungen und Einschätzungen eines Sachverständigen abweichen, bedarf es einer eingehenden Aussage darüber, aus welchem Grund die Abweichung erfolgt, welche Kompetenz dem Gericht für seine auf medizinischem Gebiet liegende Beurteilung zukommt und worauf diese medizinische Sachkunde beruht (*BSG* v. 11. 11. 2004, B 9 SB 1/03 R). Der Grad der Behinderung nach dem SGB IX ist für die rentenversicherungsrechtliche Beurteilung der im konkreten Einzelfall noch vorhandenen Leistungsfähigkeit nicht geeignet (*LSG Baden-Württemberg* v. 11. 3. 2003, Az: L 11 Rj 4989/02).

E. Weitere gesundheitliche Merkmale (Abs. 4)

Nach Abs. 4 treffen die Versorgungsämter auch die Feststellung über das Vorlie- 29
gen weiterer gesundheitlicher Merkmale, soweit diese Feststellungen für die Inanspruchnahme von Nachteilsausgleichen erforderlich sind. Unter gesundheitlichen Merkmalen sind nicht nur medizinische Befunde, sondern auch die Auswirkungen

auf die Lebensumstände des behinderten Menschen zu verstehen. Nachteilsausgleiche sind u. a. die unentgeltliche Beförderung im öffentlichen Personenverkehr oder steuerliche Vergünstigungen (zum Nachteilsausgleich s. Schrifttum bei § 126).

30 Weder jugendliches Alter noch das Tragen einer Insulinpumpe rechtfertigen eine höhere Bewertung des GdB für einen Diabetes mellitus Typ I (*LSG NRW* v. 17. 6. 2004, VersorgVerw 2005, 11).

31 Zur Feststellung der Höhe des GdB sowie einer erheblichen Beeinträchtigung der Bewegungsfähigkeit im Straßenverkehr reicht es nicht aus, auf ein mehrere Jahre altes Sachverständigengutachten zurückzugreifen. Dies gilt auch dann, wenn sich der Betroffene nicht in fachärztlicher Behandlung befindet (*BSG* v. 25. 3. 2004, L 11 SB 15/02).

32 Die entsprechenden Merkzeichen für den Nachteilsausgleich werden in den Schwerbehindertenausweis eingetragen, Abs. 5 i. V. m. § 1 Abs. 4 und 3 SchwAwV. Die in der Schwerbehinderten-Ausweisverordnung enthaltenen Merkzeichen („G", „aG", „B", „RF" und „H") sind durch umfangreiche Rechtsprechung näher konkretisiert worden.

I. Merkzeichen Gehbehinderung „G"

33 Voraussetzung für die Eintragung des Merkzeichens „G" in den Schwerbehindertenausweis ist, dass der schwerbehinderte Mensch in seiner Bewegungsfähigkeit im Straßenverkehr erheblich beeinträchtigt ist, § 3 Abs. 2 SchwAwV. Dies ist nach § 146 Abs. 1 SGB IX dann gegeben, wenn der schwerbehinderte Mensch infolge einer Einschränkung des Gehvermögens nicht ohne erhebliche Schwierigkeiten oder nicht ohne Gefahren für sich oder andere Wegstrecken im Ortsverkehr zurückzulegen vermag, die üblicherweise noch zurückgelegt werden können. Andere, nicht in der AHP genannte Funktionsstörungen, sind darauf zu prüfen, ob sie die Bewegungsfähigkeit im Straßenverkehr allgemein in gleicher Weise beeinträchtigen, wie die dort beispielhaft genannten Behinderungen (*BSG* v. 27. 8. 1998, Az: B 9 SB 13/97 R). Das Merkzeichen „G" (erhebliche Beeinträchtigung im Straßenverkehr) setzt die Feststellung der Schwerbehinderteneigenschaft voraus (*SG Bremen* v. 15. 2. 2002, Breith 2002, 749).

34 Ist das Merkzeichen „G" im Schwerbehindertenausweis eingetragen, können folgende Nachteilsausgleiche von schwerbehinderten Menschen in Anspruch genommen werden:
– unentgeltliche Beförderung im Straßenverkehr, § 147,
– unentgeltliche Beförderung des Handgepäcks u. a., § 145 Abs. 2,
– KfZ-Steuerermäßigung, § 3 a Abs. 2 und 3 KraftStG,
– Geltendmachung eines Mehrbedarfs (20%) bei der Berechnung der Grundsicherung, § 3 Abs. 1 Nr. 4 GSiG.

II. Merkzeichen außergewöhnliche Gehbehinderung („aG")

35 Nach § 3 Abs. 1 Nr. 1 SchwbAwV kann das Merkzeichen „aG" in den Schwerbehindertenausweis eingetragen werden, wenn der schwerbehinderte Mensch außergewöhnlich gehbehindert ist. Das Schwerbehindertenrecht legt nicht fest, wer als außergewöhnlich gehbehindert anzusehen ist. § 3 Abs. 1 Nr. 1 SchwbAwV verweist auf § 6 Abs. 1 Nr. 1 StVG. Danach können schwerbehinderte Menschen mit außergewöhnlicher Gehbehinderung und Blinden Parkerleichterungen gewährt werden, Nach § 46 StVO i. V. m. der allgemeinen Verwaltungsvorschrift des Bundes (BAnz. 2001, S. 1419) sind Schwerbehinderte mit außergewöhnlicher Gehbehinderung solche Personen anzusehen, die sich wegen der Schwere ihres Leidens, dauernd nur mit fremder Hilfe oder nur mit großer Anstrengung außerhalb ihres

Kraftfahrzeuges bewegen können. Hierzu zählen Querschnittsgelähmte, Doppeloberschenkelamputierte, Doppelunterschenkelamputierte, Hüftexartikulierte und einseitig Oberschenkelamputierte, die außerstande sind, ein Kunstbein zu tragen oder nur eine Beckenkorbprothese tragen können oder zugleich unterschenkel- oder armamputiert sind, sowie andere Schwerbehinderte, die nach versorgungsärztlicher Feststellung dem vorstehend angeführten Personenkreis gleichzustellen sind (s. hierzu *LSG Thüringen* v. 12. 12. 2002, Az: L 5 SB 171/01). Ein Betroffener ist gleichzustellen, wenn seine Gehfähigkeit in ungewöhnlich hohem Maße eingeschränkt ist.

Das gesundheitliche Merkmal außergewöhnliche Gehbehinderung („aG") setzt **36** nicht voraus, dass schwerbehinderte Menschen nahezu unfähig sind, sich fortzubewegen. Es reicht aus, wenn der schwerbehinderte Mensch selbst unter Einsatz orthopädischer Hilfsmittel von den ersten Schritten außerhalb seines KfZ an nur mit fremder Hilfe oder nur mit großer Anstrengung gehen kann (*BSG* v. 10. 12. 2002 – B 9 SB 7/01).

Das gesundheitliche Merkmal außergewöhnliche Gehbehinderung („aG") setzt **37** aber nicht voraus, dass ein schwerbehinderter Mensch nahezu unfähig ist, sich fortzubewegen. Es reicht aus, wenn er selbst unter Einsatz orthopädischer Hilfsmittel praktisch von den ersten Schritten außerhalb seines KfZ an nur mit fremder Hilfe oder nur mit großer Anstrengung gehen kann (*BSG* v. 10. 12. 2002, VersorgVerw 2003, 27; *Straßfeld*, VersorgVerw 2003, 21).

Das Merkzeichen „aG" soll es demjenigen, dessen Geh- und Fortbewegungs- **38** möglichkeit in ungewöhnlich hohem Maße eingeschränkt ist, ermöglichen, möglichst nahe mit seinem PKW an sein Ziel heranzufahren und damit unausweichlich anfallende tatsächliche Wegstrecken zu verkürzen. Diese Wegstrecken liegen regelmäßig unter 100 Meter. Behinderte Menschen, die eine freie Gehstrecke bis zu 50 Meter zurücklegen können, aber nach einer Pause wieder weitergehen können, steht das Merkmal „aG" nicht zu. Denn insoweit ist auf die insgesamt noch zurücklegbare Strecke gegebenenfalls auch mit Pausen abzustellen (*LSG Baden-Württemberg* v. 19. 3. 2002, L 11 SB 942/01). Der Gewährung des Merkzeichens „aG" steht jedenfalls die Möglichkeit einer Fußwegstrecke von bis zu 100 Meter nicht entgegen (*LSG Thüringen* v. 14. 3. 2001, Az: L 5 SB 672/00, *LSG Saarland* v. 6. 2. 2001, Az: 5 b SB 67/99).

Für die Eintragung des Merkzeichens „aG" in den Schwerbehindertenausweis **39** zur Nutzung von Behindertenparkplätzen muss der behinderte Mensch nicht nahezu gehunfähig sein. Es genügt, wenn er kurze Wege nur mit fremder Hilfe oder großer Anstrengung zurücklegen kann (*SG Dortmund* v. 21. 2. 2003, Az: S 7 SB 48/02). Die Feststellung der außergewöhnlichen Gehbehinderung scheitert nicht daran, dass keine verlässlichen Angaben über die dem Kläger mögliche Wegstrecke vorliegen (*LSG Sachsen-Anhalt* v. 7. 2. 2002, SGb 2002, 501).

III. Merkzeichen Begleitung („B")

Voraussetzung für den Eintrag des Merkzeichens „B" in den Schwerbehinder- **40** tenausweis ist zum einen, dass die Voraussetzungen für das Merkzeichen „G" vorliegen. Zum anderen muss der schwerbehinderte Mensch infolge seiner Behinderung zur Vermeidung von Gefahren für sich oder andere regelmäßig auf fremde Hilfe angewiesen sein. Ein- bis zweimal wöchentlich auftretende Gehstörungen rechtfertigen nicht die Zuerkennung des Merkzeichens „Begleitperson". Der Schweregrad der Behinderung muss in seinen funktionellen Auswirkungen auf die Sicherheit des Behinderten und Dritter in Richtung der in den AHP 1996 genannten Personenkreise der Querschnittsgelähmten, Ohnehänder und Blinden weisen (*Bayerisches LSG* v. 5. 6. 2002, SGb 2002, 618).

41 Ist das Merkzeichen „B" im Schwerbehindertenausweis eingetragen können folgende Nachteilsausgleiche von schwerbehinderten Menschen in Anspruch genommen werden:
– unentgeltliche Beförderung der Begleitperson ohne Eigenteilung im öffentlichen Personennah- und Fernverkehr, § 145 Abs. 2,
– Benutzung von Behindertentoiletten.

IV. Merkzeichen Befreiung von Rundfunkgebühren („RF")

42 Erfüllt der schwerbehinderte Mensch die gesundheitlichen Voraussetzung für die Befreiung von Rundfunkgebühren, ist das Merkzeichen „RF" in den Schwerbehindertenausweis einzutragen, § 3 Abs. 1 Nr. 5 SchwbAwV. Zu diesem Personenkreis gehören u. a.
– Blinde oder nicht nur vorübergehend wesentlich Sehbehinderte mit einem GdB von mindestens 60 allein wegen der Sehbehinderung,
– Hörgeschädigte, die gehörlos sind oder denen eine ausreichende Verständigung über das Gehör auch mit Hörhilfen nicht möglich ist,
– Behinderte, deren GdB nicht nur vorübergehend wenigstens 80 beträgt und die wegen ihres Leidens an öffentlichen Veranstaltungen ständig nicht teilnehmen können.

43 Der Nachteilsausgleich „RF" ist auch demjenigen zuzuerkennen, der wegen einer psychischen Störung ständig an öffentlichen Veranstaltung nicht teilnehmen kann (*BSG* v. 28. 6. 2000, Az: B 9 SB 2/00 R). Kann ein Behinderter nur unter Beachtung bestimmter Verhaltensvorgaben (hier: Verzicht auf fette Speisen) öffentliche Veranstaltungen besuchen ohne andere zu stören, so hat er keinen Anspruch auf Befreiung von Rundfunk- und Fernsehgebühren (*LSG NRW* v. 10. 7. 2003, Az: L 7 SB 136/00)

V. Merkzeichen Blind („Bl")

44 Das Merkzeichen „Bl" ist im Schwerbehindertenausweis einzutragen, wenn der schwerbehinderte Mensch blind ist. Blind ist derjenige, dem das Sehvermögen völlig fehlt oder dessen Sehfähigkeit so gering ist, dass er sich in einer ihm nicht vertrauten Umgebung ohne fremde Hilfe nicht zu recht finden kann. Zweifel an dem Erfüllen der Tatbestandsvoraussetzungen, gehen zu Lasten des Antragstellers (*BSG* v. 31. 1. 1995, SozR 3–5920 § 1 Nr. 1, ebenso *LSG Schleswig-Holstein* v. 20. 11. 2002, Az: L 2 SB 2/01).

VI. Merkzeichen Hilflos („H")

45 Das Merkzeichen „H" wird in den Schwerbehindertenausweis bei schwerbehinderten Menschen eingetragen, die hilflos i. S. v. § 33 b EStG sind, § 3 Abs. 1 Nr. 2 SchwbAvW). Nach § 33 b Abs. 6 Satz 2 EStG hilflos ist eine Person, wenn sie eine Reihe von häufig und regelmäßig wiederkehrenden Verrichtungen zur Sicherung ihrer persönlichen Existenz im Ablauf eines jeden Tages fremder Hilfe dauernd bedarf.

46 Hilflos i. S. v. § 33 b Abs. 6 EStG ist stets, wer bei den von dieser Vorschrift erfassten Verrichtungen für mindestens zwei Stunden am Tag fremder Hilfe bedarf (*BSG* v. 12. 2. 2003, BehindertenR 2003, 148). Bei einem täglichen Zeitaufwand für fremde Pflege zwischen einer und zwei Stunden ist Hilflosigkeit anzunehmen, wenn der wirtschaftliche Wert der erforderlichen Pflege besonders groß ist (*BSG* v. 12. 2. 2003, BehindertenR 2003, 148).

47 Zwar fehlt in der seit dem 1. 1. 1995 geltenden Neufassung des § 33 b Abs. 6 EStG das Tatbestandsmerkmal der „Erheblichkeit" der Hilfeleistung, das in der

Vorgängerregelung noch enthalten war. Doch ergibt sich die Notwendigkeit der Häufigkeit und Regelmäßigkeit der existenzsichernden Hilfeleistung, dass auf dieses Merkmal weder verzichtet worden ist noch an die Hilfeleistung geringere Anforderungen gestellt werden. Für die Erforderlichkeit einer ständigen Bereitschaft zur Hilfeleistung i. S. v. § 33b Abs. 6 EStG ist nur dann die notwendige Erheblichkeit anzunehmen, wenn die art des Leidens jeden Augenblick fremde Hilfe nötig machen kann (*LSG Baden-Württemberg* v. 1. 8. 2002, Az: L 6 SB 1187/01).

Das dem Krankheitsbild des Diabetis mellitus vergleichbare Krankheitsbild der **48** primären Nebenniereninsuffizienz rechtfertigt aus Gründen der Gleichbehandlung die Zuerkennung des Merkzeichens „H" bis Vollendung des 18. Lebensjahres (*Bayerisches LSG* v. 23. 10. 2002, SGb 2003, 220).

Ein schwerbehinderter Mensch, dem ein GdB von 100 und die Merkzeichen **49** „G", „aG" und „B" zuerkannt sind, sich nur im Rollstuhl fortbewegen kann und bei bzw. nach körperlicher Anstrengung vorübergehend schwer und vernehmbar atmet, kann das Merkzeichen „RF" nicht beanspruchen, weil er nicht ständig gehindert ist, an öffentlichen Veranstaltungen teilzunehmen (*LSG Brandenburg* v. 20. 7. 2001, Az: L 6 SB 6/99).

F. Schwerbehindertenausweis (Abs. 5)

Nach Abs. 5 Satz 1 wird dem behinderten Menschen auf Antrag ein **Schwer-** **50** **behindertenausweis** ausgestellt. Der Ausweis wird nur schwerbehinderten Menschen, nicht aber diesen gleichgestellten behinderten Menschen ausgestellt. Die Einzelheiten über den Ausweis sind in der Schwerbehindertenausweisverordnung (Anhang Nr. 4) geregelt.

Der Ausweis hat lediglich deklaratorische Wirkung und **Beweisfunktion.** Er **51** dient dem Nachweis der Eigenschaft als schwerbehinderter Mensch gegenüber Behörden (Finanzamt, Integrationsamt, Bundesagentur für Arbeit) und dem Arbeitgeber. Gegenüber einem gültigen Ausweis gibt es keinen Gegenbeweis. Dies gilt insbesondere im Rahmen eines Kündigungsschutzstreits (*Masuch*, in: Hauck/Noftz, SGB IX, § 69 Rdnr. 38; *Müller-Wenner/Schorn*, SGB IX, § 69 Rdnr. 113).

Der Status des Schwerbehinderten und die Berechtigung zur Inanspruchnahme **52** von Nachteilsausgleichen beginnt bereits mit dem Vorliegen der gesetzlichen Voraussetzungen (*BSG* v. 7. 11. 2001, BSGE 89,79). Nach § 6 Abs. 1 Satz 1 SchwbAwV gilt der Schwerbehindertenausweis ab dem Tag des Antrages auf Feststellung i. S. v. § 69 SGB IX. Ein „besonderes Interesse" an der rückwirkenden Feststellung eines GdB i. S. d. § 6 Abs. 1 Satz 2 SchwbAwV ist im Regelfall zu verneinen, wenn die rückwirkende Feststellung der Schwerbehinderteneigenschaft allein mit der Begründung begehrt wird, dass für die nachträglichen Anerkennungszeiten noch Steuervorteile geltend gemacht werden können (*LSG Saarland* v. 5. 11. 2002, Az: L 5 B 12/01 SB; *SG Dortmund* v. 29. 3. 2004, S 43 SB 20/03).

Nach der alten Fassung von Abs. 5 Satz 3 war der Schwerbehindertenausweis **53** befristet auszustellen. Durch Gesetz vom 23. 4. 2004 (BGBl. I S. 606) ist diese zwingende Regelung zugunsten einer „Soll-Regelung" ersetzt worden. Nach dem neuen Satz 3 soll der Schwerbehindertenausweis nun befristet ausgestellt werden. Er kann unbefristet ausgestellt werden, wenn eine Neufeststellung wegen einer wesentlichen Änderung in den gesundheitlichen Verhältnissen, nicht zu warten ist (§ 6 Abs. 2 Satz 2 SchwbAwV). Die bisher in § 6 Abs. 2 Satz 2 SchwbAwV enthaltene Voraussetzung, dass auch gewährleistet sein muss, dass die zuständige Behörde regelmäßig über die persönlichen Verhältnisse unterrichtet ist, ist aufgehoben worden.

I. Zuständigkeit der Versorgungsämter

54 Der Ausweis ist vom behinderten Menschen schriftlich oder mündlich zur Niederschrift zu beantragen. **Zuständig** für die Ausstellung des Ausweises ist das Versorgungsamt bzw. die nach Landesrecht zuständigen Behörden. Für die Ausstellung, Verlängerung, Berichtigung und Einziehung des Ausweises sind die Vorschriften über das Verwaltungsverfahren der Kriegsopferversorgung anwendbar (§ 5 Abs. 1 SchwbAwV). Die Ausstellung des Schwerbehindertenausweises ist kostenfrei (§ 64 SGB X; wegen Erstattung der Kosten und Auslagen im Vorverfahren s. § 63 X).

II. Gültigkeitsdauer des Ausweises

55 Nach Satz 3 soll die **Gültigkeitsdauer** des Ausweises befristet werden. Sie beträgt nach § 6 Abs. 2 Satz 1 SchwbAwV längstens fünf Jahre vom Monat der Ausstellung. Ist eine Besserung der gesundheitlichen Verhältnisse nicht zu erwarten, kommt auch eine unbefristete Gültigkeitsdauer in Betracht (§ 6 Abs. 2 Satz 2 SchwbAwV).

III. Einziehung des Ausweises

56 Satz 4 bestimmt, dass der Ausweis eingezogen wird, sobald der gesetzliche Schutz schwerbehinderter Menschen erloschen ist. Dies ist insbesondere dann der Fall, wenn sich der GdB auf unter 50% reduziert hat. Nach § 116 Abs. 1 erlischt der besondere Schutz schwerbehinderter Menschen jedoch erst am Ende des dritten Monats nach Eintritt der **Unanfechtbarkeit** des die Verringerung feststellenden Bescheids (§ 116 Rdnr. 7–11).

57 Kommt der behinderte Mensch der Aufforderung nach Rückgabe des Ausweises nicht nach, kann die Herausgabe im **Vollstreckungsverfahren** nach dem Verwaltungsvollstreckungsgesetz erwirkt werden.

IV. Berichtigung des Ausweises

58 Der Ausweis wird nach Satz 5 **berichtigt,** sobald eine Neufeststellung unanfechtbar geworden ist.

G. Verfahrensfragen

59 Gegen den die Feststellung der Schwerbehinderteneigenschaft ablehnenden Bescheid des Versorgungsamts kann **Widerspruch** binnen eines Monats nach Bekanntgabe (Zustellung) des Bescheides eingelegt werden. Der Widerspruch kann schriftlich oder mündlich zur Niederschrift eingelegt werden. Gegen Widerspruchsbescheide kann innerhalb eines Monats nach Zustellung des Widerspruchsbescheides **Klage** vor dem örtlich zuständigen Sozialgericht eingelegt werden.

60 Auch gegen den nach Ansicht des behinderten Menschen vom Versorgungsamt zu gering festgestellten Gesamtgrad der Behinderung kann Klage erhoben werden. Das Klagebegehren muss auf die Erhöhung des Gesamtgrades der Behinderung gerichtet sein. **Unzulässig** ist eine auf die Erhöhung des GdB einer einzelnen Behinderung gerichteten Klage (*BSG* v. 5. 5. 1993, SozR 3-3870 § 4 Nr. 5).

61 Die Einschätzung des Grades der Behinderung nach § 69 Abs. 1 Satz 1 SGB IX stellt eine Rechtsfrage dar, die vom Gericht aufgrund eigener richterlicher Urteilsbildung zu entscheiden ist und zu der ein Sachverständiger die relevanten Befunde mitzuteilen hat. Die Gerichte sind grundsätzlich an die Feststellungen der Sachverständigen gebunden. Will das Tatsachengericht bei der Bildung des Gesamt-

Kap. 2. Beschäftigungspflicht der Arbeitgeber   §§ 70, 71

GdB von den medizinischen Feststellungen und Einschätzungen eines Sachverständigen abweichen, bedarf es einer eindeutigen Aussage darüber, aus welchem Grund die Abweichung erfolgt, welche Kompetenz dem Gericht für seine auf medizinischem Gebiet liegende Beurteilung zukommt und worauf diese medizinische Sachkunde beruht (*BSG* v. 11. 11. 2004, B 9 SB 1/03 R; a.A. *LSG Rheinland-Pfalz* v. 16. 9. 2002 – L 4 SB 46/02, wonach die GdB-Angaben der Sachverständigen für das Gericht unverbindlich sind). Die Ladung eines gerichtlichen Sachverständigen, damit diese sein schriftliches Gutachten erläutert (§ 118 Abs. 1 SGG i. V. m. § 411 Abs. 3 ZPO), steht im Ermessen des Gerichts.

§ 70 Verordnungsermächtigung

Die Bundesregierung wird ermächtigt, durch Rechtsverordnung mit Zustimmung des Bundesrates nähere Vorschriften über die Gestaltung der Ausweise, ihre Gültigkeit und das Verwaltungsverfahren zu erlassen.

Die Vorschrift überträgt inhaltsgleich den bisherigen § 4 Abs. 5 Satz 5 SchwbG. Die Bundesregierung hat durch die **Ausweisverordnung** Schwerbehindertengesetz vom 15. 5. 1981 i. d. F. vom 25. 7. 1991 (BGBl. I S. 1739) von der in § 4 Abs. 5 Satz 5 SchwbG normierten Verordnungsermächtigung Gebrauch gemacht. Durch Art. 56 des Sozialgesetzbuch Neuntes Buch ist die Ausweisverordnung Schwerbehindertengesetz in „Schwerbehindertenausweisverordnung" umbenannt worden. 1

Die **Schwerbehindertenausweisverordnung** enthält Vorschriften über die Gestaltung der Ausweise (§§ 1 und 5), die Arten der einzutragenden Merkzeichen (§§ 3 und 4), die Gültigkeitsdauer der Ausweise (§ 6) und das Verwaltungsverfahren (§ 7). Durch das SGB IX wurde als neues Merkzeichen 2

für gehörlose schwerbehinderte Menschen i. S. v. § 145 in die Schwerbehindertenausweisverordnung eingefügt, vgl. Anhang 4.

Kapitel 2. Beschäftigungspflicht der Arbeitgeber

§ 71 Pflicht der Arbeitgeber zur Beschäftigung schwerbehinderter Menschen

(1) ¹**Private und öffentliche Arbeitgeber (Arbeitgeber) mit jahresdurchschnittlich monatlich mindestens 20 Arbeitsplätzen im Sinne des § 73 haben auf wenigstens 5 Prozent der Arbeitsplätze schwerbehinderte Menschen zu beschäftigen.** ²**Dabei sind schwerbehinderte Frauen besonders zu berücksichtigen.** ³**Abweichend von Satz 1 haben Arbeitgeber mit jahresdurchschnittlich monatlich weniger als 40 Arbeitsplätzen jahresdurchschnittlich je Monat einen schwerbehinderten Menschen, Arbeitgeber mit jahresdurchschnittlich monatlich weniger als 60 Arbeitsplätzen jahresdurchschnittlich je Monat zwei schwerbehinderte Menschen zu beschäftigen.**

(2) *(aufgehoben)*

Kossens   245

§ 71 1–3 Teil 2. Schwerbehindertenrecht

(3) **Als öffentliche Arbeitgeber im Sinne des Teils 2 gelten**
1. jede oberste Bundesbehörde mit ihren nachgeordneten Dienststellen, das Bundespräsidialamt, die Verwaltungen des Deutschen Bundestages und Bundesrates, das Bundesverfassungsgericht, die obersten Gerichtshöfe des Bundes, der Bundesgerichtshof jedoch zusammengefasst mit dem Generalbundesanwalt, sowie das Bundeseisenbahnvermögen,
2. jede oberste Landesbehörde und die Staats- und Präsidialkanzleien mit ihren nachgeordneten Dienststellen, die Verwaltungen der Landtage, die Rechnungshöfe (Rechnungskammern), die Organe der Verfassungsgerichtsbarkeit der Länder und jede sonstige Landesbehörde, zusammengefasst jedoch diejenigen Behörden, die eine gemeinsame Personalverwaltung haben,
3. jede sonstige Gebietskörperschaft und jeder Verband von Gebietskörperschaften,
4. jede sonstige Körperschaft, Anstalt oder Stiftung des öffentlichen Rechts.

Schrifttum: *Cramer*, Schwerbehindertengesetz, Zur Arbeitsmarktsituation, AuA 1995, 225; *Lüpke*, Beschäftigungssituation schwerbehinderter Arbeitnehmer, BehindertenR 1987, 102.

Inhaltsübersicht

	Rdnr.
A. Allgemeines	1, 2
B. Beschäftigungspflicht (Abs. 1)	3–11
I. Erfüllung der Beschäftigungspflicht	8–10
II. Nichterfüllung der Beschäftigungspflicht	11
C. Beschäftigungspflichtige Arbeitgeber	12–18
I. Öffentliche Arbeitgeber (Abs. 3)	16, 17
II. Mindestens 20 Arbeitsplätze	18
D. Pflichtquote für öffentliche Arbeitgeber des Bundes	19
E. Verfahrensfragen	20

A. Allgemeines

1   Die Vorschrift bestimmt, wer und in welchem Umfang zur **Beschäftigung** schwerbehinderter Menschen verpflichtet ist. Mit dem „Gesetz zur Bekämpfung der Arbeitslosigkeit Schwerbehinderter", das zum 1. 10. 2000 in Kraft getreten ist, ist die Beschäftigungspflicht neu geregelt worden. Danach sind erst **Arbeitgeber** mit mindestens **20 Arbeitsplätzen** (bis zum 1. 10. 2000 – 16 Arbeitsplätze) zur Beschäftigung schwerbehinderter Menschen verpflichtet. Der **Umfang der Beschäftigungspflicht** ist zum 1. 10. 2000 von 6% auf 5% abgesenkt worden.

2   Durch das Gesetz zur Förderung der Ausbildung und Beschäftigung schwerbehinderter Menschen vom 23. 4. 2004 (BGBl. I S. 606) ist Abs. 2 gestrichen worden. Dieser sah vor, dass die Pflichtquote zum 1. 1. 2004 wieder auf 6% ansteigen sollte, falls sich die Arbeitslosigkeit schwerbehinderter Menschen nicht um mindestens 25% reduziert hatte. Durch die Streichung ist nun die 5%ige Pflichtquote auf Dauer festgeschrieben.

B. Beschäftigungspflicht (Abs. 1)

3   Nach Abs. 1 sind private und öffentliche Arbeitgeber mit mindestens **20 Arbeitsplätzen** i. S. v. § 73 verpflichtet, auf wenigstens 5% der Arbeitsplätze schwer-

behinderte Menschen zu beschäftigen. Schwerbehinderte Frauen sind dabei nach Satz 2 besonders zu berücksichtigen. Satz 2 hat keinen verpflichtenden, sondern lediglich appellativen Charakter (ErfKo-*Rolfs*, § 71 SGB IX Rdnr. 8). Abweichend von der generellen Pflichtquote von 5% privilegiert Abs. 1 Satz 3 Kleinbetriebe mit bis zu 40 bzw. 60 Beschäftigten. An der Verfassungsgemäßheit von Abs. 1 bestehen keine ernsthaften Zweifel unter den Gesichtspunkten des Verhältnismäßigkeitsprinzips, des Übermaßverbots sowie des allgemeinen Gleichheitssatzes (*BVerwG* v. 17. 4. 2003, NZA-RR 2004, 406).

Die Beschäftigungspflicht ist eine öffentlich-rechtliche Verpflichtung. Verstöße 4 gegen die Beschäftigungspflicht können als Ordnungswidrigkeit geahndet werden (§ 155 Abs. 1 Nr. 1). Die **Pflichtquote** bestimmt, wie viele schwerbehinderte Menschen der Arbeitgeber beschäftigen muss. Die Pflichtquote ist zu erfüllen, unabhängig davon, ob freie Arbeitsplätze zur Verfügung stehen. Der Arbeitgeber kann also nicht entgegenhalten, er verfüge nicht über genügend Arbeitsplätze für schwerbehinderte Menschen (*Cramer*, SchwbG, § 5 Rdnr. 9; ErfKo-*Rolfs*, § 71 SGB IX Rdnr. 5). Der Gesetzgeber hat vielmehr unterstellt, dass Arbeitgeber mit mehr als 20 Arbeitsplätzen in der Lage sind, schwerbehinderte Menschen zu beschäftigen. Eine individuelle Dispensmöglichkeit von der Beschäftigungspflicht für einzelne Arbeitgeber besteht auch in Ausnahmefällen nicht (ErfKo-*Rolfs*, § 71 SGB IX Rdnr. 5).

Die Beschäftigungspflicht des Arbeitgebers gibt dem einzelnen schwerbehinder- 5 ten Menschen aber kein Recht auf **Einstellung.** Denn die Beschäftigungspflicht besteht lediglich im Verhältnis zum Staat als öffentlich-rechtliche Verpflichtung (*BAG* v. 5. 10. 1995, DB 1996, 580).

Die Beschäftigungspflicht des Arbeitgebers besteht unabhängig davon, ob er die 6 Möglichkeit hat, den schwerbehinderten Menschen überhaupt zu beschäftigen (*Neumann/Pahlen/Majerski-Pahlen*, SGB IX, § 71 Rdnr. 7; *Cramer*, SchwbG, § 5 Rdnr. 7 a). Der Arbeitgeber kann sich auch nicht mit Hinweis auf mangelnde finanzielle Leistungsfähigkeit von der Beschäftigungspflicht befreien. Die Beschäftigungspflicht besteht auch unabhängig davon, ob auf dem (regionalen) **Arbeitsmarkt** vermittelbare schwerbehinderte Bewerber zur Verfügung stehen. Gleiches gilt auch, wenn keine den Qualifikationsanforderungen entsprechenden schwerbehinderten Menschen zur Verfügung stehen. Der Arbeitgeber hat vielmehr geeignete Arbeitsplätze zu schaffen oder entsprechende Qualifizierungsmaßnahmen anzubieten (*Cramer*, SchwbG, § 5 Rdnr. 7 a; *Neumann/Pahlen/Majerski-Pahlen*, SGB IX, § 71 Rdnr. 7).

Die Beschäftigungspflicht des Arbeitgebers entfällt auch nicht dadurch, dass die- 7 ser nach anderen Vorschriften zur Beschäftigung **bestimmter Personenkreise** verpflichtet ist (§ 122 Rdnr. 5–7).

I. Erfüllung der Beschäftigungspflicht

Der Arbeitgeber erfüllt seine **Beschäftigungspflicht** dadurch, dass er einen 8 schwerbehinderten Menschen, einen diesem Gleichgestellten oder sonstige anrechenbare Personen einstellt und beschäftigt. Nur schwerbehinderte Menschen, deren Schwerbehinderteneigenschaft durch das Versorgungsamt festgestellt wurde oder deren Schwerbehinderung offenkundig ist, können auf die Beschäftigungsquote angerechnet werden (*Müller-Wenner/Schorn*, SGB IX, § 71 Rdnr. 11; *Schneider*, in: Hauck/Noftz, SGB IX, § 71 Rdnr. 6). Zu den sonstigen anrechenbaren Personen gehören u. a. die Inhaber eines Bergmannversorgungsscheins oder die in Heimarbeit Beschäftigten. Der Arbeitgeber ist grundsätzlich frei, welche schwerbehinderten Menschen er einstellt. Er hat aber dabei die besonders schutzwürdigen Personen nach § 72 angemessen zu berücksichtigen. Die Pflicht zur Beschäftigung wird auch dadurch erfüllt, wenn ein Beschäftigter im Verlauf des Arbeits-/bzw. Dienstverhältnisses schwerbehindert und dennoch weiterbeschäftigt wird.

9 Die Beschäftigungspflicht des Arbeitgebers umfasst nicht nur den Abschluss des **Arbeitsvertrags,** sondern auch die tatsächliche Beschäftigung (*Cramer*, SchwbG, § 5 Rdnr. 18; *Neumann/Pahlen/Majerski-Pahlen*, SGB IX, § 71 Rdnr. 6; a. A. Erf-Ko-*Rolfs*, § 71 SGB IX Rdnr. 7; *Müller-Wenner/Schorn*, SGB IX, § 71 Rdnr. 13). § 156 Abs. 1 Nr. 1 ist nicht erfüllt, wenn der Arbeitgeber bei Fortzahlung des Entgelts die tatsächliche Beschäftigung des schwerbehinderten Menschen verweigert (*Cramer*, SchwbG, § 5 Rdnr. 18; a. A. *Neumann/Pahlen/Majerski-Pahlen*, SGB IX, § 71 Rdnr. 8).

10 Die Pflicht zur Beschäftigung von schwerbehinderten Menschen kann auch durch eine **Teilzeitbeschäftigung** erfüllt werden. Die **Mindestbeschäftigungsdauer,** bei der noch ein schwerbehinderter Mensch auf die Pflichtquote angerechnet werden kann, ist 18 Stunden wöchentlich (§ 73 Abs. 3; *Cramer*, SchwbG, § 5 Rdnr. 15). Der Arbeitgeber erfüllt seine Beschäftigungspflicht auch dadurch, wenn er schwerbehinderte Menschen beschäftigt, die bereits das 65. Lebensjahr vollendet haben (*BVerfG* v. 13. 12. 1990, BehindertenR 1991, 96).

II. Nichterfüllung der Beschäftigungspflicht

11 Erfüllt der Arbeitgeber seine Beschäftigungspflicht nicht, hat er die **Ausgleichsabgabe** nach § 77 zu zahlen. Die Zahlung der Ausgleichsabgabe befreit aber nicht von der Pflicht zur Beschäftigung schwerbehinderter Menschen (§ 77 Abs. 1 Satz 2). Erfüllt der Arbeitgeber seine Beschäftigungspflicht schuldhaft nicht, kann ein **Bußgeld** nach § 155 Abs. 1 Nr. 1 verhängt werden.

C. Beschäftigungspflichtige Arbeitgeber

12 Zur Beschäftigung schwerbehinderter Menschen sind alle privaten und öffentlichen Arbeitgeber mit mindestens 20 Arbeitsplätzen verpflichtet. **Arbeitgeber** ist, wer über Arbeitsplätze i. S. v. § 73 verfügt, also Arbeitnehmer einschließlich der zur Berufsbildung Beschäftigten oder Beamte, Richter, Staatsanwälte usw. beschäftigt. Arbeitgeber ist auch der öffentliche Dienstherr (*BSG* v. 29. 9. 1992, ZBR 1993, 206). Arbeitgeber können natürliche Personen oder juristische Personen des privaten oder öffentlichen Rechts sein. Hierzu zählen insbesondere Aktiengesellschaften (AG), Offene Handelsgesellschaften (OHG), Gesellschaften mit beschränkter Haftung (GmbH), Kommanditgesellschaften (KG), Gesellschaften bürgerlichen Rechts (BGB-Gesellschaft), Genossenschaften, Stiftungen oder Vereine.

13 Anknüpfungspunkt der Beschäftigungspflicht ist der „Arbeitgeber". Ob der Arbeitgeber einen Betrieb unterhält ist grundsätzlich unerheblich (ErfKo-*Rolfs*, § 71 SGB IX Rdnr. 3). Entscheidend für die Beschäftigungspflicht ist nicht die Größe des Betriebes, sondern des Unternehmens (*BVerwG* v. 17. 4. 2003, NZA-RR 2004, 406). Bei der Berechnung der Pflichtquote sind nach Abs. 1 alle Arbeitsplätze im Direktionsbereich eines Arbeitgebers zusammenzufassen, unabhängig davon, ob die Arbeitsplätze über mehrere Betriebe bzw. Filialen verteilt sind (*BVerwG* v. 17. 4. 2003, NZA-RR 2004, 406; *BVerwG* v. 6. 7. 1989, BehindertenR 1990, 18).

14 Die Pflichtquote kann also auch dadurch erfüllt werden, dass in dem einen Betrieb die Beschäftigungspflicht überschritten und in einem anderen Betrieb unterschritten wird (sog. Zusammenrechnungsprinzip; *Müller-Wenner/Schorn*, SGB IX, § 71 Rdnr. 6; *Düwell*, in: LPK-SGB IX, § 71 Rdnr. 3). Bei Leiharbeit ist der Verleiher der Arbeitgeber. Ihn trifft die Beschäftigungspflicht (*BVerwG* v. 13. 12. 2001, BVerwGE 115, 312).

Ausländische Arbeitgeber sind beschäftigungspflichtig, soweit sie ihren Sitz 15
im Inland haben. Keine Arbeitgeber sind die Auftraggeber von **Heimarbeit** (§ 127
Rdnr. 5–7).

I. Öffentliche Arbeitgeber (Abs. 3)

Absatz 3 bestimmt, welche öffentlich-rechtliche Organisationseinheit als Arbeit- 16
geber mit der Folge anzusehen ist, dass eine Beschäftigungspflicht besteht. Als Arbeitgeber beschäftigungspflichtig sind nach Nr. 1 die obersten Bundesbehörden mit ihren nachgeordneten Dienststellen. Die einzelnen Arbeitgeber ergeben sich aus dem jährlich von der Bundesregierung vorzulegenden Bericht über die Beschäftigung Schwerbehinderter bei den Bundesdienststellen. Unter **Dienststelle** ist jede Behörde, sonstige Verwaltungsstelle und jedes Gericht zu verstehen (*Cramer*, SchwbG, § 5 Rdnr. 4).

Unter Nr. 2 fallen alle Arten von **Gebietskörperschaften**, wie z. B. Gemein- 17
den, Gemeindeverbände oder Landschaftsverbände. Körperschaften, Anstalten oder Stiftungen des öffentlichen Rechts gelten nach Nr. 4 als Arbeitgeber, unerheblich davon, ob sie unter Landes- oder Bundesaufsicht stehen.

II. Mindestens 20 Arbeitsplätze

Voraussetzung für die Beschäftigungspflicht ist das Vorhandensein von **min-** 18
destens 20 Arbeitsplätzen i. S. v. § 73. Dabei werden sämtliche Arbeitsplätze desselben Arbeitgebers zusammengezählt, ganz gleich, auf wie viele Betriebe oder sonstige Arbeitsstätten sie verteilt sind (*BVerwG* v. 6. 7. 1989, NZA 1990, 192). Unerheblich ist auch der **Ort der Arbeitsplätze**. Auch Außendienstmitarbeiter, Fernreisende oder Telearbeitsplätze gehören zu den Arbeitsplätzen i. S. v. Abs. 1. Arbeitsplätze im Privathaushalt des Arbeitgebers werden mit den betrieblichen Arbeitsplätzen addiert (*Cramer*, SchwbG, § 5 Rdnr. 7b; *Neumann/Pahlen/Majerski-Pahlen*, SGB IX, § 71 Rdnr. 13).

D. Pflichtquote für öffentliche Arbeitgeber des Bundes

Hinzuweisen ist auf die **Übergangsregelung** des § 159. Danach beträgt die 19
Pflichtquote für die öffentlichen Arbeitgeber des Bundes 6%, wenn sie am 31. 10. 1999 auf mehr als 6% der Arbeitplätze schwerbehinderte Menschen beschäftigt haben.

E. Verfahrensfragen

Erfüllt der Arbeitgeber seine Beschäftigungspflicht nicht, weil er zwar mit dem 20
schwerbehinderten Menschen einen Arbeitsvertrag abgeschlossen hat, aber ihn tatsächlich nicht beschäftigt, so kann der schwerbehinderte Mensch auf Erfüllung, d. h. auf Beschäftigung klagen. Zuständig sind die **Arbeitsgerichte**. Für den Zeitraum der Nichtbeschäftigung hat der schwerbehinderte Mensch Anspruch auf Entgeltfortzahlung (*BAG* v. 10. 7. 1991, AP Nr. 1 zu § 14 SchwbG).

§ 72 Beschäftigung besonderer Gruppen schwerbehinderter Menschen

(1) **Im Rahmen der Erfüllung der Beschäftigungspflicht sind in angemessenem Umfang zu beschäftigen**
1. **schwerbehinderte Menschen, die nach Art oder Schwere ihrer Behinderung im Arbeitsleben besonders betroffen sind, insbesondere solche,**

§ 72 1, 2 Teil 2. Schwerbehindertenrecht

   a) die zur Ausübung der Beschäftigung wegen ihrer Behinderung nicht nur vorübergehend einer besonderen Hilfskraft bedürfen oder
   b) deren Beschäftigung infolge ihrer Behinderung nicht nur vorübergehend mit außergewöhnlichen Aufwendungen für den Arbeitgeber verbunden ist oder
   c) die infolge ihrer Behinderung nicht nur vorübergehend offensichtlich nur eine wesentlich verminderte Arbeitsleistung erbringen können oder
   d) bei denen der Grad der Behinderung von wenigstens 50 allein infolge geistiger oder seelischer Behinderung oder eines Anfallsleidens vorliegt oder
   e) die wegen Art oder Schwere der Behinderung keine abgeschlossene Berufsbildung im Sinne des Berufsbildungsgesetzes haben,
2. schwerbehinderte Menschen, die das 50. Lebensjahr vollendet haben.

(2) ¹Arbeitgeber mit Stellen zur beruflichen Bildung, insbesondere für Auszubildende, haben im Rahmen der Erfüllung der Beschäftigungspflicht einen angemessenen Anteil dieser Stellen mit schwerbehinderten Menschen zu besetzen. ²Hierüber ist mit der zuständigen Interessenvertretung im Sinne des § 93 und der Schwerbehindertenvertretung zu beraten.

Schrifttum: *Heuser*, Leistungen für behindertengerechte Ausgestaltung von Arbeitsplätzen, BehindertenR 1991, 124; *Mrozynski*, Berufliche Rehabilitation und behinderungsgerechte Arbeit, SGb 1993, 103.

Inhaltsübersicht

	Rdnr.
A. Allgemeines	1
B. Besondere Gruppen schwerbehinderter Menschen (Abs. 1)	2–10
I. Hilfskraft (Nr. 1 Buchst. a)	5
II. Außergewöhnliche Aufwendungen (Nr. 1 Buchst. b)	6
III. Verminderte Arbeitsleistung (Nr. 1 Buchst. c)	7
IV. Geistige oder seelische Behinderung (Nr. 1 Buchst. d)	8
V. Keine abgeschlossene Berufsbildung (Nr. 1 Buchst. e)	9
VI. Schwerbehinderte, die das 50. Lebensjahr vollendet haben (Nr. 2)	10
C. Beschäftigungspflicht	11, 12
D. Auszubildende (Abs. 2)	13

A. Allgemeines

1 **Zweck der Vorschrift** ist die Förderung von schwerbehinderten Menschen, die durch besondere Einschränkung in ihrer Leistungsfähigkeit beeinträchtigt sind. Der Arbeitgeber hat die in Abs. 1 Buchst. a–e aufgeführten schwerbehinderten Menschen im Rahmen der Beschäftigungspflicht angemessen zu berücksichtigen. Ein Verstoß des Arbeitgebers gegen Abs. 1 kann nicht als **Ordnungswidrigkeit** verfolgt werden. Absatz 2 Satz 2 ist durch das Gesetz zur Förderung der Ausbildung und Beschäftigung schwerbehinderter Menschen vom 23. 4. 2004 (BGBl. I S. 606) eingefügt worden.

B. Besondere Gruppen schwerbehinderter Menschen (Abs. 1)

2 Unter Abs. 1 fallen nur diejenigen schwerbehinderten Menschen, für die eine Beschäftigungspflicht nach § 71 besteht. Die Vorschrift ist also auch auf **Gleich-**

gestellte anwendbar (*Cramer, SchwbG*, § 6 Rdnr. 4). Keine Anwendung findet § 71 auf Soldaten, § 128 Abs. 4. In Abs. 1 Buchst. a bis e werden diejenigen Gruppen von schwerbehinderten Menschen aufgezählt, die in angemessenem Umfang bei der Erfüllung der Beschäftigungspflicht zu berücksichtigen sind.

Die in Abs. 1 Nr. 1 a–e aufgeführten Personengruppen sind nicht abschließend 3 aufgeführt („insbesondere"). Andere als die dort genannten Personengruppen sind aber nur dann in angemessenem Umfang zu beschäftigen, soweit ähnliche Einschränkung bei ihnen vorliegen. Unter dem Begriff „nicht nur vorübergehend" in Abs. 1 Buchst. a, b und c sind solche besonderen Erschwernisse zu verstehen, die jedes Mal für die Dauer von **mehr als sechs Monaten** vorliegen (*Neumann/Pahlen/Majerski-Pahlen*, SGB IX, § 72 Rdnr. 3). Diese Dauer muss entweder vorliegen oder wenigstens zu erwarten sein (*BSG v. 12. 4. 2000, SozR 3–3870 § 3 Nr. 9*).

Nicht im Gesetz geregelt ist die Frage, wer die besondere Benachteiligung nach 4 Abs. 1 feststellt. Die Feststellung erfolgt zumeist durch den Arbeitgeber, da dieser wegen der Möglichkeit der Mehrfachanrechnung (§ 76 Abs. 1 Satz 1) ein Interesse an der Feststellung hat. Eine **Feststellung der besonderen Benachteiligung** durch die Versorgungsämter kommt nicht in Betracht (*Großmann*, GK-SchwbG, § 6 Rdnr. 58).

I. Hilfskraft (Nr. 1 Buchst. a)

„**Hilfskraft**" i. S. v. Buchst. a sind insbesondere die besonderen Hilfen, für Blin- 5 de z. B. Vorleser oder für Schwerhörige/Ertaubte z. B. Gebärdendolmetscher (*Müller-Wenner/Schorn*, SGB IX, § 72 Rdnr. 4). Dazu gehört auch die arbeitsbegleitende Betreuung (*Neumann/Pahlen/Majerski-Pahlen*, SGB IX, § 71 Rdnr. 4), aber auch sonstige Begleitpersonen, Diätassistenten oder Psychotherapeuten.

II. Außergewöhnliche Aufwendungen (Nr. 1 Buchst. b)

Buchstabe b ist erfüllt, wenn die außergewöhnlichen Aufwendungen des Ar- 6 beitgebers behinderungsbedingt sind. Unter dem Begriff **„außergewöhnliche Aufwendung"** sind vor allen die notwendigen Ausstattungen des Arbeitsplatzes zu verstehen, die erforderlich sind, damit der schwerbehinderte Mensch seine Tätigkeit ausführen kann, z. B. Schreibgeräte für Blinde, Transportfahrzeuge. Aufwendungen können die konkrete Gestaltung der Arbeitsumgebung und der Arbeitsräume sowie die Kosten für das Beschaffen zusätzlicher Geräte sein.

III. Verminderte Arbeitsleistung (Nr. 1 Buchst. c)

Eine „**verminderte Arbeitsleistung**" i. S. v. Buchst. c liegt vor, wenn der 7 schwerbehinderte Mensch nur eine Arbeitsleistung erbringen kann, die mindestens ca. ein Drittel unter der Arbeitsleistung Nichtbehinderter liegt (*Cramer, SchwbG*, § 6 Rdnr. 5; *Neumann/Pahlen/Majerski-Pahlen*, SGB IX, § 72 Rdnr. 6; *Schneider*, in: Hauck/Noftz, SGB IX, § 72 Rdnr. 6).

IV. Geistige oder seelische Behinderung (Nr. 1 Buchst. d)

Der Tatbestand ist auch dann erfüllt, wenn die genannten Behinderungen zu- 8 sammen den GdB von 50% überschreiten. Nicht ausreichend ist, wenn erst auch noch vorliegende **körperliche Behinderungen** ein GdB von mindestens 50% zur Folge haben (*Neumann/Pahlen/Majerski-Pahlen*, SGB IX, § 72 Rdnr. 7).

V. Keine abgeschlossene Berufsbildung (Nr. 1 Buchst. e)

9 Buchstabe e ist über seinen Wortlaut hinaus auf **Berufsausbildungen** nach anderen Gesetzen (z. B. §§ 21 ff. HandwO oder beamtenrechtlichen Ausbildungsvorschriften, *Neumann/Pahlen/Majerski-Pahlen*, SGB IX, § 72 Rdnr. 8) auszudehnen. Denn schwerbehinderte Menschen, die nach diesen Vorschriften eine Berufsausbildung abgeschlossen haben, dürften nicht als besonders benachteiligte Personen i. S. v. Abs. 1 anzusehen sein.

VI. Schwerbehinderte, die das 50. Lebensjahr vollendet haben (Nr. 2)

10 Die ausdrückliche Berücksichtigung der schwerbehinderten Menschen nach Vollendung des 50. Lebensjahres erfolgt wegen der schwierigen Beschäftigungslage **älterer Arbeitnehmer**.

C. Beschäftigungspflicht

11 Der Arbeitgeber ist zur Beschäftigung der **besonderen Gruppen** schwerbehinderter Menschen im angemessenem Umfang verpflichtet. Die Angemessenheit bemisst sich nach dem Anteil der besonders benachteiligten schwerbehinderten Menschen an der Gesamtzahl der schwerbehinderten Menschen auf dem allgemeinen Arbeitsmarkt und im Betrieb (*Cramer*, SchwbG, § 6 Rdnr. 7; *Müller-Wenner/Schorn*, SGB IX, § 72 Rdnr. 10). Daneben ist für die Angemessenheit auch auf die betrieblichen Verhältnisse abzustellen (*Schneider*, in: Hauck/Noftz, SGB IX, § 72 Rdnr. 6; *Neumann/Pahlen/Majerski-Pahlen*, SGB IX, § 72 Rdnr. 11; a. A. *Müller-Wenner/Schorn*, SGB IX, § 72 Rdnr. 10).

12 Eine feste Quote zur Beschäftigung der besonders benachteiligten schwerbehinderten Menschen ist nicht vorgeschrieben. Es besteht die Möglichkeit, die Beschäftigung eines schwerbehinderten Menschen nach Abs. 1 auf mehrere, höchstens drei, Pflichtplätze anzurechnen, § 76 Abs. 1 Satz 1. Ein Verstoß gegen § 72 Abs. 1 ist sanktionslos.

D. Auszubildende (Abs. 2)

13 Mit Abs. 2 hat der Gesetzgeber das Ziel verfolgt, die Ausbildung schwerbehinderter Menschen zu fördern. Absatz 2 gilt sowohl für private als auch für öffentliche Arbeitgeber. Die Verpflichtung bezieht sich auf die schwerbehinderten Menschen, die für eine berufliche Bildung i. S. v. BBiG geeignet sind; nicht dagegen auf Personen, die wegen der Art und Schwere der Behinderung auf eine Ausbildung in einer außerbetrieblichen Einrichtung angewiesen sind (*Schneider*, in: Hauck/Noftz, SGB IX, § 72 Rdnr. 5; *Müller-Wenner/Schorn*, SGB IX, § 72 Rdnr. 12). Hinzuweisen ist auf die besondere Förderung der **Berufsausbildung** schwerbehinderter Menschen durch die Besonderheiten bei der Berechnung der Mindestzahl der Arbeitsplätze (§ 74 Abs. 1 Satz 1) und der Mehrfachanrechnung (§ 76 Abs. 2 Satz 1).

§ 73 Begriff des Arbeitsplatzes

(1) **Arbeitsplätze im Sinne des Teils 2 sind alle Stellen, auf denen Arbeitnehmer und Arbeitnehmerinnen, Beamte und Beamtinnen, Richter und Richterinnen sowie Auszubildende und andere zu ihrer beruflichen Bildung Eingestellte beschäftigt werden.**

(2) **Als Arbeitsplätze gelten nicht Stellen, auf denen beschäftigt werden**
1. **behinderte Menschen, die an Leistungen zur Teilhabe am Arbeitsleben nach § 33 Abs. 3 Nr. 3 in Betrieben oder Dienststellen teilnehmen,**
2. **Personen, deren Beschäftigung nicht in erster Linie ihrem Erwerb dient, sondern vorwiegend durch Beweggründe karitativer oder religiöser Art bestimmt ist, und Geistliche öffentlich-rechtlicher Religionsgemeinschaften,**
3. **Personen, deren Beschäftigung nicht in erster Linie ihrem Erwerb dient und die vorwiegend zu ihrer Heilung, Wiedereingewöhnung oder Erziehung erfolgt,**
4. **Personen, die an Arbeitsbeschaffungsmaßnahmen nach dem Dritten Buch teilnehmen,**
5. **Personen, die nach ständiger Übung in ihre Stelle gewählt werden,**
6. *(aufgehoben)*
7. **Personen, deren Arbeits-, Dienst- oder sonstiges Beschäftigungsverhältnis wegen Wehr- oder Zivildienst, Elternzeit, unbezahltem Urlaub, wegen Bezuges einer Rente auf Zeit oder bei Altersteilzeit in der Freistellungsphase (Verblockungsmodell) ruht, solange für sie eine Vertretung eingestellt ist.**

(3) **Als Arbeitsplätze gelten ferner nicht Stellen, die nach der Natur der Arbeit oder nach den zwischen den Parteien getroffenen Vereinbarungen nur auf die Dauer von höchstens acht Wochen besetzt sind, sowie Stellen, auf denen Beschäftigte weniger als 18 Stunden wöchentlich beschäftigt werden.**

Schrifttum: *Cramer,* Schwerbehindertengesetz, Zur Arbeitsmarktsituation Schwerbehinderter, AuA 1995, 225; *Hohn,* Schwerbehindertenabgabe trotz Kurzarbeit?, AuA 1996, 153; *Neumann,* Begriff des Arbeitsplatzes nach § 73 SGB IX und Bewertung eines schwerbehinderten GmbH-Geschäftsführers als Arbeitnehmer, BehindertenR 2002, 168; *Weiland,* Die Förderung von Arbeitsbeschaffungs- und Strukturanpassungsmaßnahmen nach dem Arbeitsförderungs-Reformgesetz, BB 1997, 938.

Inhaltsübersicht

	Rdnr.
A. Allgemeines	1, 2
B. Arbeitsplätze nach Absatz 1	3–9
I. Arbeitnehmer	5, 6
II. Beamte	7
III. Richter	8
IV. Auszubildende	9
C. Nichtberücksichtigungsfähige Stellen (Abs. 2)	10–18
I. Teilnehmer an Leistungen zur Teilhabe am Arbeitsleben (Nr. 1)	11
II. Karitative oder religiöse Beschäftigung (Nr. 2)	12, 13
III. Heilung, Wiedereingewöhnung, Erziehung (Nr. 3)	14
IV. Teilnehmer an ABM (Nr. 4)	15
V. Gewählte Personen (Nr. 5)	16
VI. Ruhen des Beschäftigungsverhältnisses (Nr. 7)	17, 18
D. 18-Stunden-Grenze (Abs. 3)	19–22

A. Allgemeines

Die Vorschrift definiert den **Begriff des Arbeitsplatzes** i. S. v. §§ 68–160. Dabei enthält Abs. 1 eine allgemeine Definition des Arbeitsplatzes und in Abs. 2 sind die Stellen genannt, die nicht als Arbeitsplätze gelten.   **1**

§ 73 2–6   Teil 2. Schwerbehindertenrecht

2   Die Bestimmung der Zahl der Arbeitsplätze hat Bedeutung für die Beschäftigungspflicht des Arbeitgebers (§ 71 Abs. 1) und die Höhe der **Ausgleichsabgabe** (§ 77 Abs. 2 Satz 2). Der Arbeitsplatzbegriff nach § 73 ist jedoch für die begleitende Hilfe im Arbeitsleben nach § 102 nicht abschließend und steht einer finanziellen Förderung solcher persönlicher Hilfen nicht entgegen (*BVerwG* v. 14. 11. 2003, BehindertenR 2004, 79).

B. Arbeitsplätze nach Absatz 1

3   Nach Abs. 1 sind alle Stellen, auf denen Arbeitnehmer, Beamte, Richter sowie Auszubildende und andere zu ihrer Berufsbildung Eingestellte beschäftigt werden, **Arbeitsplätze** i. S. v. Teil 2 des SGB IX, also den §§ 68–160. Wird als Ersatz für ein während eines Monats beendetes Beschäftigungsverhältnis ein neues begründet, liegt nur insgesamt ein Arbeitsplatz vor (*BSG* v. 6. 5. 1994, SozR–3870 § 13 SchwbG Nr. 2 – keine Doppelberücksichtigung des Ersatzbeschäftigungsverhältnisses). Keine Doppelberücksichtigung gilt auch für den Fall der Vertretung während der Elternzeit. Nach § 21 Abs. 1 BErzGG werden Vertreter für die sich in **Elternzeit** befindenden Arbeitnehmer nicht mitgezählt (s. auch Abs. 2 Nr. 7).

4   Auch Stellen, die mit schwerbehinderten Menschen besetzt sind, sind Arbeitsplätze i. S. v. Abs. 1 und daher mitzuzählen. Nicht entscheidend ist, ob der Arbeitnehmer, Beamte oder Richter tatsächlich tätig ist, oder wegen **Urlaub** oder **Krankheit** nicht an seinem Arbeitsplatz ist. Unerheblich ist auch, ob die Personen nach Abs. 1 im Betrieb selbst oder außerhalb des Betriebs, z. B. im Außendienst oder auf Montage tätig sind. Dies gilt aber dann nicht, wenn sich die Arbeitsplätze im Ausland befinden (vgl. BT-Drucks. 7/656, Begründung, S. 27). Auch **Hausangestellte** (z. B. Köchin, Wirtschafterin) sind auf Arbeitsplätzen i. S. v. § 73 Abs. 1 beschäftigt.

I. Arbeitnehmer

5   **Arbeitnehmer** sind Arbeiter und Angestellte, auch leitende Angestellte (*Müller-Wenner/Schorn,* SGB IX, § 73 Rdnr. 9). Wer Arbeitnehmer ist, bestimmt sich nach den allgemeinen Abgrenzungsmerkmalen. Heimarbeiter werden von Abs. 1 nicht erfasst (*Schneider,* in: Hauck/Noftz, SGB IX, § 73 Rdnr. 4, zur Anrechenbarkeit der Heimarbeiter s. § 127 Rdnr. 5–8). Keine Arbeitnehmer sind:
– Organmitglieder einer juristischen Person: Gesellschafter-Geschäftsführer einer GmbH (*BVerwG* v. 24. 2. 1994, BehindertenR 1994, 164 und v. 25. 7. 1997, BehindertenR 1998, 18, jedenfalls dann, wenn der Geschäftsführer zugleich Gesellschafter mit einem Gesellschaftsanteil von 50% ist);
– gesetzliche Vertreter des Arbeitgebers, z. B. Insolvenzverwalter, Testamentsvollstrecker;
– **arbeitnehmerähnliche Personen** (*Neumann/Pahlen/Majerski-Pahlen,* SGB IX, § 73 Rdnr. 25).

6   Nicht nur unbefristete, sondern auch befristete Arbeitsverhältnisse sind Arbeitsplätze i. S. v. Abs. 1. Stellen, auf denen **Leiharbeitnehmer** im Sinne des Arbeitnehmerüberlassungsgesetzes beschäftigt sind, zählen als Arbeitsplätze des Verleihers (*BVerwG* v. 13. 12. 2001, NZA 2002, 385; *Neumann/Pahlen/Majerski-Pahlen,* SGB IX, § 73 Rdnr. 23; *Müller-Wenner/Schorn,* SGB IX, § 71 Rdnr. 6). Umstritten ist dies aber, soweit der Leiharbeitnehmer über einen längeren Zeitraum an denselben Entleiher verliehen wird (*Neumann/Pahlen/Majerski-Pahlen,* SGB IX, § 73 Rdnr. 23, bei Verleih über zwölf Monate; *Müller-Wenner/Schorn,* SGB IX, § 73 Rdnr. 7, drei Monate unter Hinweis auf die Wahlberechtigung von Leih-

arbeitnehmern nach § 7 BetrVG). Fehlt dem Verleiher die Erlaubnis zur Arbeitnehmerüberlassung wird nach § 10 Abs. 1 AÜG ein Arbeitsverhältnis zum Entleiher fingiert und insofern der Arbeitsplatz dem Entleiher zugerechnet (ebenso *Düwell,* in: LPK-SGB IX, § 73 Rdnr. 9).

II. Beamte

Beamte i. S. v. Abs. 1 sind nicht nur die Lebenszeitbeamten, sondern auch Beamte auf Widerruf, Beamte auf Probe und Beamte auf Zeit, soweit sie für länger als acht Wochen bestellt werden (Abs. 3). Für Kirchenbeamte gilt Abs. 1 entsprechend. Keine Beamten i. S. v. Abs. 1 sind die Ehrenbeamten nach §§ 4 und 5 BBG. Keine Beamten sind auch Soldaten. Sie sind nicht auf Arbeitsplätzen nach Abs. 1 beschäftigt (*Cramer,* SchwbG, § 11 Rdnr. 8).

III. Richter

Richter i. S. v. Abs. 1 sind sowohl die Richter auf Lebenszeit, auf Probe und auf Zeit, soweit sie für länger als acht Wochen bestellt werden. Stellen, die mit ehrenamtlichen Richtern besetzt sind, zählen nicht mit.

IV. Auszubildende

Stellen, auf denen Auszubildende oder andere zur Berufsausbildung Tätige beschäftigt sind, unterfallen Abs. 1. Gleiches gilt für Volontäre (*Düwell,* in: LPK-SGB IX, § 73 Rdnr. 11; *Müller-Wenner/Schorn,* SGB IX, § 73 Rdnr. 11). **Auszubildende** sind alle Personen, die nach dem Berufsbildungsgesetz (BBiG) oder den beamtenrechtlichen Vorschriften eine Ausbildung absolvieren. „Andere" zu ihrer beruflichen Bildung Eingestellte sind z. B. Volontäre und Umschüler. Umstritten ist die Frage, ob hierunter aus Praktikanten zu subsumieren sind (dafür: *Neumann/Pahlen/Majerski-Pahlen,* SGB IX, § 73 Rdnr. 44; dagegen: *Düwell,* in: LPK-SGB IX, § 73 Rdnr. 11; *Müller-Wenner/Schorn,* SGB IX, § 73 Rdnr. 12. Nach § 76 Abs. 2 wird ein schwerbehinderter Mensch, der beruflich ausgebildet wird, auf zwei Pflichtplätze angerechnet.

C. Nichtberücksichtigungsfähige Stellen (Abs. 2)

Absatz 2 Nr. 1–7 enthält einen Katalog von Stellen, die **nicht** als **Arbeitsplätze** i. S. d. Teils 2 des SGB IX gelten. Für die Nr. 2–5 gelten die Vorschriften des Teils 2 Kap. 4 (§§ 85–92) nicht (§ 90 Abs. 1 Nr. 2).

I. Teilnehmer an Leistungen zur Teilhabe am Arbeitsleben (Nr. 1)

Nach Nr. 1 gelten Stellen, auf denen behinderte Menschen beschäftigt werden, die an Leistungen zur **Teilhabe am Arbeitsleben** nach § 33 Abs. 3 Nr. 3 teilnehmen, nicht als Arbeitsplätze. Leistungen zur Teilnahme am Arbeitsleben sind Maßnahmen der beruflichen Anpassung und Weiterbildung (§ 33 Rdnr. 21, 22).

II. Karitative oder religiöse Beschäftigung (Nr. 2)

Nummer 2 ist § 5 Abs. 2 Nr. 3 BetrVG nachgebildet. Stellen, auf denen Personen beschäftigt werden, die vorwiegend durch Beweggründe karitativer oder religiöser Art bestimmt sind, gelten nach Nr. 2 nicht als Arbeitsplätze. Hierzu gehören u. a. die Beschäftigung von Diakonissen oder Missionaren und Rot-Kreuz-Schwestern. Nicht unter Nr. 2 fallen alle anderen **Krankenschwestern,** auch wenn sie in

Wohlfahrtsverbänden (Caritas, Arbeiterwohlfahrt) beschäftigt sind, denn die Tätigkeit dient im Wesentlichen dazu, den Lebensunterhalt zu bestreiten (*Fitting/Kaiser/Heither/Engels*, BetrVG, § 5 Rdnr. 108).

13 Ebenfalls unberücksichtigt bleiben Geistliche öffentlich-rechtlicher **Religionsgemeinschaften**. Dies gilt unabhängig von der Art ihres Anstellungsverhältnisses (*Neumann/Pahlen/Majerski-Pahlen*, SGB IX, § 73 Rdnr. 51; *Müller-Wenner/Schorn*, SGB IX, § 73 Rdnr. 16).

III. Heilung, Wiedereingewöhnung, Erziehung (Nr. 3)

14 Personen, deren Beschäftigung nicht in erster Linie dem Erwerb, sondern vorwiegend ihrer **Heilung, Wiedereingewöhnung** oder **Erziehung** dient, werden nicht auf Arbeitsplätzen i. S. v. §§ 68–160 beschäftigt. Nummer 3 entspricht im Wesentlichen § 5 Abs. 2 Nr. 4 BetrVG. Zu dem Personenkreis nach Nr. 3 zählen u. a. Kranke, körperbehinderte Menschen, Alkoholiker, Rauschgiftsüchtige oder Geisteskranke, die in Anstalten (Kranken-, Fürsorge- oder Erziehungsanstalten) beschäftigt werden.

IV. Teilnehmer an ABM (Nr. 4)

15 Nicht als Arbeitsplätze gelten nach Nr. 4 Stellen, auf denen Personen beschäftigt sind, die an **Arbeitsbeschaffungsmaßnahmen** (§§ 260 ff. SGB III) teilnehmen. Der Zweck der Vorschrift besteht darin, durch die Nichtberücksichtigung von ABM-Stellen die Eingliederungsbemühungen der Arbeitgeber zu stärken. Obwohl die Stellen, auf denen Personen in ABM beschäftigt sind, nicht als Arbeitsplätze gelten, wird eine entsprechende Beschäftigung eines schwerbehinderten Menschen nach § 75 Abs. 1 auf einen Pflichtplatz angerechnet.

V. Gewählte Personen (Nr. 5)

16 Stellen, die mit Personen besetzt sind, die nach ständiger Übung in ihre Stellen gewählt werden, gelten nach Nr. 5 nicht als Arbeitsplätze. Hierzu gehören u. a. Gemeindebeamte, Abgeordnete, gewählte Mitglieder von Vorständen, Ausschüssen, Vereinen, Verbänden, Gewerkschaften oder politischen Parteien. Unter Nr. 5 fallen auch die an die obersten Gerichtshöfe gewählten **Richter**. Von der Arbeit völlig freigestellte Betriebsrats- oder Personalratsmitglieder fallen dagegen nicht unter Nr. 5 (*Cramer*, SchwbG, § 7 Rdnr. 16; *Schneider*, in: Hauck/Noftz, SGB IX, § 74 Rdnr. 7; *Müller-Wenner/Schorn*, SGB IX, § 73 Rdnr. 19; a. A. *Neumann/Pahlen/Majerski-Pahlen*, SGB IX, § 73 Rdnr. 55).

VI. Ruhen des Beschäftigungsverhältnisses (Nr. 7)

17 Nummer 7 ist erst im Rahmen des „Gesetzes zur Bekämpfung der Arbeitslosigkeit Schwerbehinderter", das zum 1. 10. 2000 in Kraft getreten ist, in das Schwerbehindertengesetz aufgenommen worden. Die Vorschrift soll ebenso wie § 21 Abs. 1 BErzGG verhindern, dass es aufgrund der Vertretung für die genannten Fälle des Ruhens des Arbeits- oder Dienstverhältnisse zu einer nicht gerechtfertigten **Doppelzählung** von Arbeitsplätzen kommt.

18 Nummer 7 ist durch das Gesetz zur Förderung der Ausbildung und Beschäftigung schwerbehinderter Menschen vom 23. 4. 2004 (BGBl. I S. 606) ergänzt worden. Personen, die sich im Rahmen eines Altersteilzeitverhältnisses in Form des Blockmodells in der Freistellungsphase befinden, werden ebenfalls nicht als Arbeitsplätze gezählt (zur alten Rechtslage und Reformbedarf s. *Kuhlmann*, BehindertenR 2002, 1).

D. 18-Stunden-Grenze (Abs. 3)

Nach Abs. 3 gelten Stellen, auf denen Beschäftigte in geringem Umfang tätig 19
sind, nicht als Arbeitsplätze. Gesetzgeberisches Ziel war es, dadurch die Beschäftigungspflicht der Arbeitgeber etwas zu begrenzen und **Teilzeitbeschäftigung** zu fördern.

Nicht als Arbeitsplätze gelten Stellen, die nach der Natur der Arbeit oder den 20
Parteivereinbarungen nur auf die Dauer von **acht Wochen** besetzt sind. Beispiele hierfür sind Urlaubs- und Krankheitsvertretungen oder eine befristete Einstellung für unter acht Wochen. Eine unter acht Wochen vereinbarte Probezeit fällt allerdings nicht unter Abs. 3, da die Vertragsparteien regelmäßig das Beschäftigungsverhältnis nach Ablauf der Probezeit fortsetzen wollen (*Neumann/Pahlen/Majerski-Pahlen*, SGB IX, § 73 Rdnr. 57; *Müller-Wenner/Schorn*, SGB IX, § 73 Rdnr. 22).

Stellen, auf denen Beschäftigte mit **weniger als 18 Stunden** wöchentlich beschäftigt werden, gelten nicht als Arbeitsplätze. Dies gilt auch im Rahmen der 21
stufenweisen Wiedereingliederung (§ 28) und bei der Altersteilzeit. Unter den Voraussetzungen des § 75 Abs. 2 Satz 2 kann auch ein in Teilzeit mit unter 18 Stunden wöchentlich beschäftigter schwerbehinderter Mensch von der Agentur für Arbeit auf die Pflichtquote angerechnet werden. Voraussetzung ist aber, dass die Teilzeitbeschäftigung wegen der Art und Schwere der Behinderung notwendig ist.

Im Gegensatz zum Schwerbehindertengesetz i. d. F. vom 29. 9. 2000 ist durch 22
das SGB IX der letzte Halbsatz „die einen Anspruch auf Einstellung haben" gestrichen worden. Durch diese Streichung soll gewährleistet sein, dass die Integrationsämter **auch Rechts- und Studienreferendaren** Leistungen der begleitenden Hilfe im Arbeitsleben erbringen können (BT-Drucks. 14/5074, Begründung, S. 58).

§ 74 Berechnung der Mindestzahl von Arbeitsplätzen und der Pflichtarbeitsplatzzahl

(1) ¹Bei der Berechnung der Mindestzahl von Arbeitsplätzen und der Zahl der Arbeitsplätze, auf denen schwerbehinderte Menschen zu beschäftigen sind (§ 71), zählen Stellen, auf denen Auszubildende beschäftigt werden, nicht mit. ²Das Gleiche gilt für Stellen, auf denen Rechts- oder Studienreferendare und -referendarinnen beschäftigt werden, die einen Rechtsanspruch auf Einstellung haben.

(2) Bei der Berechnung sich ergebende Bruchteile von 0,5 und mehr sind aufzurunden, bei Arbeitgebern mit jahresdurchschnittlich weniger als 60 Arbeitsplätzen abzurunden.

Schrifttum: *Cramer*, Schwerbehindertengesetz, Zur Beschäftigungssituation Schwerbehinderter, AuA 1995, 225; *Schmidt*, Arbeitsplätze Schwerbehinderter, AiB 1996, 222.

Inhaltsübersicht

	Rdnr.
A. Allgemeines	1
B. Nichtberücksichtigung der Ausbildungsplätze (Abs. 1 Satz 1)	2
C. Nichtberücksichtigung der Referendarstellen (Abs. 1 Satz 2)	3
D. Auf- und Abrundung (Abs. 2)	4–6
I. Aufrundung und Abrundung	5
II. Arbeitgeber mit bis zu 59 Arbeitsplätzen	6

A. Allgemeines

1 Die Vorschrift bestimmt, dass Stellen, auf denen **Auszubildende** beschäftigt werden, nicht bei der Berechnung der Mindestzahl der Arbeitsplätze und der Zahl der Pflichtplätze mitzählen.

B. Nichtberücksichtigung der Ausbildungsplätze (Abs. 1 Satz 1)

2 Durch das „Gesetz zur Bekämpfung der Arbeitslosigkeit Schwerbehinderter" vom 29. 9. 2000 wurde die (vorher bis zum 31. 12. 2000) befristete Nichtberücksichtigung der Stellen, auf denen Auszubildende beschäftigt werden, auf Dauer festgeschrieben. Mit der dauerhaften Nichtberücksichtigung der Ausbildungsstellen sollte die Ausbildungsbereitschaft der Arbeitgeber gegenüber Schwerbehinderten und Nichtbehinderten gefördert werden (BT-Drucks. 14/3372, Begründung, S. 6). **Ausbildungsstellen** sind nur solche Stellen, auf denen Auszubildende i. S. d. § 3 BBiG beschäftigt werden (*Neumann/Pahlen/Majerski-Pahlen*, SGB IX, § 74 Rdnr. 9). Praktikanten und Volontäre fallen nicht unter Abs. 1 Satz 1 (ErfKo-*Rolfs*, SGB IX, § 74 Rdnr. 1). Auch Umschüler oder zur beruflichen Fortbildung Beschäftigte gehören nicht zu den Auszubildenden im Sinne der Vorschrift (*Müller-Wenner/Schorn*, SGB IX, § 74 Rdnr. 3; *Schneider*, in: Hauck/Noftz, SGB IX, § 74 Rdnr. 3).

C. Nichtberücksichtigung der Referendarstellen (Abs. 1 Satz 2)

3 Durch Satz 2 ist sichergestellt, dass trotz der Nichtübernahme des letzten Halbsatzes von § 7 Abs. 3 SchwbG („die einen Rechtsanspruch auf Einstellung haben") in § 73 Abs. 3 die Beschäftigung von **Rechtsreferendaren** ohne Auswirkung auf die Beschäftigungspflicht des Arbeitgebers bleibt (BT-Drucks. 14/5074, Begründung, S. 58).

D. Auf- und Abrundung (Abs. 2)

4 Absatz 2 entspricht § 8 Satz 2 SchwbG. Durch die Schaffung eines eigenen Absatzes ist klargestellt, dass sich die **Auf- und Abrundungsregelungen** auf beide Sätze des Abs. 1 beziehen (BT-Drucks. 14/5074, Begründung, S. 58).

I. Aufrundung und Abrundung

5 Absatz 2 enthält den Grundsatz, dass bei der Berechnung der Arbeitsplätze **Bruchteile** von 0,50 und mehr aufzurunden sind. Unterhalb dieser Grenze erfolgt eine Abrundung und keine Aufrundung auf 0,5 (*Großmann*, GK-SchwbG, § 8 Rdnr. 40 m. w. N.). Die anrechnungspflichtigen Arbeitsplätze werden nach § 73 Abs. 1 bestimmt. Nicht zu den anrechnungspflichtigen Arbeitsplätzen gehören die in § 73 Abs. 2 Nr. 1–7 und Abs. 3 aufgezählten Arbeitsplätze. Die von Arbeitgebern mit schwerbehinderten Menschen zu besetzenden Arbeitsplätze errechnen sich nach folgender Formel:

$$\frac{\text{Anrechnungsfähige Arbeitsplätze (§ 73 Abs. 1)} \times \text{Pflichtquote}}{100}$$

II. Arbeitgeber mit bis zu 59 Arbeitsplätzen

Absatz 2 letzter Halbsatz stellt sicher, dass es für kleine Betriebe durch Rundungsregelungen nicht zu einer stärkeren Beschäftigungsverpflichtung kommt (BT-Drucks. 14/3372, Begründung, S. 7). Begünstigt sind Arbeitgeber mit **30 bis 59 Arbeitsplätzen.** Denn erst bei 30 Arbeitsplätzen bestünde wegen der Aufrundungsregelung nach Abs. 1 eine Pflicht zur Beschäftigung zweier schwerbehinderter Menschen (30 × 5: 100 = 1,5). Danach ergibt sich folgende Tabelle:

Arbeitsplätze	Pflichtquote	Bruchteil	Pflichtzahl
20	5%	1	1
21	5%	1,05	1
22	5%	1,1	1
23	5%	1,15	1
24	5%	1,2	1
25	5%	1,25	1
26	5%	1,3	1
27	5%	1,35	1
28	5%	1,4	1
29	5%	1,45	1
30	5%	1,5	1
31	5%	1,55	1
32	5%	1,6	1
33	5%	1,65	1
34	5%	1,7	1
35	5%	1,75	1
36	5%	1,8	1
37	5%	1,85	1
38	5%	1,9	1
39	5%	1,95	1
40	5%	2	2
41	5%	2,05	2
42	5%	2,1	2
43	5%	2,15	2
44	5%	2,2	2
45	5%	2,25	2
46	5%	2,3	2
47	5%	2,35	2
48	5%	2,4	2
49	5%	2,45	2
50	5%	2,5	2
51	5%	2,55	2
52	5%	2,6	2
53	5%	2,65	2
54	5%	2,7	2
55	5%	2,75	2
56	5%	2,8	2
57	5%	2,85	2
58	5%	2,9	2
59	5%	2,95	2

§ 75 Anrechnung Beschäftigter auf die Zahl der Pflichtarbeitsplätze für schwerbehinderte Menschen

(1) Ein schwerbehinderter Mensch, der auf einem Arbeitsplatz im Sinne des § 73 Abs. 1 oder Abs. 2 Nr. 1, oder 4 beschäftigt wird, wird auf einen Pflichtarbeitsplatz für schwerbehinderte Menschen angerechnet.

(2) ¹Ein schwerbehinderter Mensch, der in Teilzeitbeschäftigung kürzer als betriebsüblich, aber nicht weniger als 18 Stunden wöchentlich beschäftigt wird, wird auf einen Pflichtarbeitsplatz für schwerbehinderte Menschen angerechnet. ²Bei Herabsetzung der wöchentlichen Arbeitszeit auf weniger als 18 Stunden infolge von Altersteilzeit gilt Satz 1 entsprechend. ³Wird ein schwerbehinderter Mensch weniger als 18 Stunden wöchentlich beschäftigt, lässt die Bundesagentur für Arbeit die Anrechnung auf einen dieser Pflichtarbeitsplätze zu, wenn die Teilzeitbeschäftigung wegen der Art oder Schwere der Behinderung notwendig ist.

(2a) Ein schwerbehinderter Mensch, der im Rahmen einer Maßnahme zur Förderung des Übergangs aus der Werkstatt für behinderte Menschen auf den allgemeinen Arbeitsmarkt (§ 5 Abs. 4 Satz 1 der Werkstättenverordnung) beschäftigt wird, wird auch für diese Zeit auf die Zahl der Pflichtarbeitsplätze angerechnet.

(3) Ein schwerbehinderter Arbeitgeber wird auf einen Pflichtarbeitsplatz für schwerbehinderte Menschen angerechnet.

(4) Der Inhaber eines Bergmannsversorgungsscheins wird, auch wenn er kein schwerbehinderter oder gleichgestellter behinderter Mensch im Sinne des § 2 Abs. 2 oder 3 ist, auf einen Pflichtarbeitsplatz angerechnet.

Inhaltsübersicht

	Rdnr.
A. Allgemeines	1
B. Anrechnung auf Pflichtplätze (Abs. 1)	2, 3
C. Teilzeitbeschäftigung (Abs. 2)	4–7
I. 18 Stunden-Grenze	4
II. Ausnahmen wegen Art und Schwere der Behinderung	5–7
D. Übergang aus WfbM (Abs. 2a)	8, 9
E. Schwerbehinderte Arbeitgeber (Abs. 3)	10
F. Bergmannsversorgungsscheininhaber (Abs. 4)	11

A. Allgemeines

1   Die Vorschrift regelt die **Anrechenbarkeit** auf die Pflichtplätze für schwerbehinderte Menschen. Absatz 1 gilt für alle schwerbehinderten Menschen, Abs. 2 enthält eine Sonderregelung bei **Teilzeitarbeit**, Abs. 2a eine Sonderregelung beim Übergang aus einer WfbM und schließlich regelt Abs. 3 die Anrechenbarkeit schwerbehinderter Arbeitgeber.

B. Anrechnung auf Pflichtplätze (Abs. 1)

2   Der **persönliche Geltungsbereich** von Abs. 1 umfasst sowohl schwerbehinderte Menschen als auch deren Gleichgestellte. Voraussetzung ist, dass die Schwerbehinderung förmlich festgestellt ist oder offensichtlich ist (*Cramer*, SchwbG, § 9

Rdnr. 2 m. w. N.). Auch schwerbehinderte Menschen, die das 65. Lebensjahr überschritten haben, sind auf einen Pflichtplatz anzurechnen (*BVerwG* v. 13. 12. 1990, BB 1991, 1494; ErfKo-*Rolfs*, SGB IX, § 75 Rdnr. 1; *Müller-Wenner/Schorn*, SGB IX, § 75 Rdnr. 5).

Diese Personen können nur dann auf **Pflichtplätze** angerechnet werden, wenn 3 sie auf Arbeitsplätzen i. S. v. § 73 Abs. 1 oder Abs. 2 Nr. 1, oder 4 beschäftigt werden. Das heißt, auch behinderte Menschen, die an Leistungen zur Teilhabe am Arbeitsleben im Betrieb (§ 73 Abs. 2 Nr. 1) oder Arbeitsbeschaffungsmaßnahmen nach dem SGB III teilnehmen (§ 73 Abs. 2 Nr. 4 i. V. m. §§ 260 ff. SGB III), können angerechnet werden. In allen anderen Nummern von § 73 Abs. 2 kann keine Anrechnung erfolgen, auch wenn in diesen Fällen schwerbehinderte Menschen in einem Arbeitsverhältnis beschäftigt werden.

C. Teilzeitbeschäftigung (Abs. 2)

I. 18 Stunden-Grenze

Nach Abs. 2 ist die Anrechnung eines schwerbehinderten Menschen nicht davon 4 abhängig, dass dieser in Vollzeit tätig ist. Voraussetzung ist aber eine Beschäftigung von nicht weniger als 18 Stunden wöchentlich. Absatz 2 ist die Komplementärvorschrift zu § 73 Abs. 3, nach dem Stellen, auf denen Beschäftigte weniger als 18 Stunden wöchentlich beschäftigt werden, nicht als Arbeitsplätze gelten. Schwerbehinderte Menschen, die über 18 Stunden wöchentlich in **Teilzeit** tätig sind, werden voll und nicht etwa nach Bruchteilen angerechnet. Auf vorübergehende Kurzarbeit findet Abs. 2 keine Anwendung (ErfKo-*Rolfs*, SGB IX, § 75 Rdnr. 3).

II. Ausnahmen wegen Art und Schwere der Behinderung

Nach Abs. 2 Satz 2 lässt die Agentur für Arbeit eine Anrechung auch bei einer 5 wöchentlichen Beschäftigung von weniger als 18 Stunden zu, wenn die **Teilzeitbeschäftigung** wegen der Art oder Schwere der Behinderung notwendig ist. Die Möglichkeit der Anrechnungszulassung besteht sowohl bei Begründung des Beschäftigungsverhältnisses als auch währenddessen (*Cramer*, SchwbG, § 9 Rdnr. 6).

Der **Antrag auf Zulassung der Anrechnung** ist bei der örtlich zuständigen 6 Agentur für Arbeit formlos zu stellen. Zuständig ist die Agentur der Betriebsstätte oder bei arbeitslosen schwerbehinderten Menschen die Agentur für Arbeit am Wohnsitz. Antragsberechtigt sind sowohl der Arbeitgeber, der schwerbehinderte Mensch selbst oder das Integrationsamt. Die Agentur für Arbeit kann auch selbst die Anrechnung initiieren (*Neumann/Pahlen/Majerski-Pahlen*, SGB IX, § 75 Rdnr. 10).

Die Zulassung der Anrechnung ist von der Agentur für Arbeit zu erteilen, wenn 7 die Teilzeitbeschäftigung wegen Art oder Schwere der Behinderung notwendig ist. Ein **Ermessensspielraum** der Agentur für Arbeit besteht nicht. Es besteht also ein Anspruch auf Zulassung der Anrechnung, wenn die Voraussetzungen vorliegen. Die Einführung von Kurzarbeit allein rechtfertigt keine Anrechnungszulassung (*Neumann/Pahlen/Majerski-Pahlen*, SGB IX, § 75 Rdnr. 13; *Cramer*, SchwbG, § 9 Rdnr. 7).

D. Übergang aus WfbM (Abs. 2 a)

Absatz 2 a ist durch das Gesetz zur Förderung der Ausbildung und Beschäftigung 8 schwerbehinderter Menschen vom 23. 4. 2004 (BGBl. I S. 606) eingefügt worden.

§ 76 Teil 2. Schwerbehindertenrecht

Absatz 2a statuiert eine Anrechnung auf Pflichtarbeitsplätze von schwerbehinderten Menschen, die im Rahmen einer Maßnahme zur Förderung des Übergangs aus der Werkstatt für behinderte Menschen auf dem allgemeinen Arbeitsmarkt beschäftigt werden. Die Anrechnung erfolgt nur, wenn die Maßnahme erfolgreich ist und der schwerbehinderte Mensch in ein Arbeitsverhältnis übernommen wird (so *Cramer*, NZA 2004, 698).

9 Nach dem ursprünglichen Gesetzentwurf war durch eine Bezugnahme klargestellt, dass die Anrechnung auf das Kalenderjahr der Eingliederung beschränkt ist. Durch die jetzt gewählte Formulierung „auch für diese Zeit" beschränkt sich die Anrechnung zeitlich auf die Dauer der Eingliederungsmaßnahme (*Kossens/Wollschläger*, ZfSH/SGB 2004, 346).

E. Schwerbehinderte Arbeitgeber (Abs. 3)

10 **Arbeitgeber** i. S. v. Abs. 3 sind nur natürliche Personen, nicht aber juristische Personen oder eine Personengesamtheit (BT-Drucks. 10/3138, Begründung, S. 19). Auch die gesetzlichen Vertreter oder die Gesellschafter (z. B. einer OHG) sind nicht Arbeitgeber nach Abs. 3 und daher nicht auf einen Pflichtplatz anzurechnen (*BSG* v. 30. 9. 1992, NZA 1993, 432; *BVerwG* v. 25. 7. 1997, NZA 1997, 1166). Geschäftsführer einer GmbH sind nicht auf einen Pflichtplatz anzurechnen, wenn sie gleichzeitig Gesellschafter mit einem nicht unerheblichen Anteil sind (*BVerwG* v. 24. 2. 1994, NZA 1995, 428).

F. Bergmannsversorgungsscheininhaber (Abs. 4)

11 **Inhaber** von **Bergmannsversorgungsscheinen** werden auf einen Pflichtplatz angerechnet, auch wenn sie nicht schwerbehindert oder schwerbehinderten Menschen gleichgestellt sind. Bergmannsversorgungsscheine werden nur in den Ländern
- Niedersachsen, Gesetz über einen Bergmannsversorgungsschein v. 6. 1. 1949 (GVBl. S. 15),
- Nordrhein-Westfalen, Gesetz über einen Bergmannsversorgungsschein v. 10. 7. 1948 (GVBl. S. 139) und
- Saarland, Gesetz Nr. 768 über einen Bergmannsversorgungsschein v. 11. 7. 1962 (ABl. S. 605) ausgestellt.

§ 76 Mehrfachanrechnung

(1) ¹**Die Bundesagentur für Arbeit kann die Anrechnung eines schwerbehinderten Menschen, besonders eines schwerbehinderten Menschen im Sinne des § 72 Abs. 1 auf mehr als einen Pflichtarbeitsplatz, höchstens drei Pflichtarbeitsplätze für schwerbehinderte Menschen zulassen, wenn dessen Teilhabe am Arbeitsleben auf besondere Schwierigkeiten stößt.**
²**Satz 1 gilt auch für schwerbehinderte Menschen im Anschluss an eine Beschäftigung in einer Werkstatt für behinderte Menschen und für teilzeitbeschäftigte schwerbehinderte Menschen im Sinne des § 75 Abs. 2.**

(2) ¹**Ein schwerbehinderter Mensch, der beruflich ausgebildet wird, wird auf zwei Pflichtarbeitsplätze für schwerbehinderte Menschen angerechnet.** ²**Satz 1 gilt auch während der Zeit einer Ausbildung im Sinne des § 35 Abs. 2, die in einem Betrieb oder einer Dienststelle durchgeführt**

wird. ³Die Bundesagentur für Arbeit kann die Anrechnung auf drei Pflichtarbeitsplätze für schwerbehinderte Menschen zulassen, wenn die Vermittlung in eine berufliche Ausbildungsstelle wegen Art und Schwere der Behinderung auf besondere Schwierigkeiten stößt. ⁴Bei Übernahme in ein Arbeits- oder Beschäftigungsverhältnis durch den auszubildenden oder einen anderen Arbeitgeber im Anschluss an eine abgeschlossene Ausbildung wird der schwerbehinderte Mensch im ersten Jahr der Beschäftigung auf zwei Pflichtarbeitsplätze für schwerbehinderte Menschen angerechnet; Absatz 1 bleibt unberührt.

(3) **Bescheide über die Anrechnung eines schwerbehinderten Menschen auf mehr als drei Pflichtarbeitsplätze für schwerbehinderte Menschen, die vor dem 1. August 1986 erlassen worden sind, gelten fort.**

Inhaltsübersicht

	Rdnr.
A. Allgemeines	1
B. Mehrfachanrechnung wegen besonderer Eingliederungsschwierigkeiten (Abs. 1)	2–6
C. Mehrfachanrechnung bei Auszubildenden (Abs. 2)	7–10
D. Verfahrensfragen	11–13
E. Übergangsregelung (Abs. 3)	14

A. Allgemeines

Die Vorschrift bestimmt, in welchen Fällen eine Mehrfachanrechnung bei der 1 Beschäftigung schwerbehinderter Menschen auf die Pflichtquote möglich ist. Absatz 1 ermöglicht eine **Mehrfachanrechnung** bei der Beschäftigung von schwerbehinderten Menschen mit besonderen Schwierigkeiten bei der Eingliederung in das Arbeits- und Berufsleben. Durch das „Gesetz zur Bekämpfung der Arbeitslosigkeit Schwerbehinderter" vom 29. 9. 2000 wurde die eigentlich nur bis zum 31. 12. 2000 befristete Möglichkeit der Mehrfachanrechnung von schwerbehinderten Menschen, die zur Ausbildung beschäftigt sind, auf Dauer festgeschrieben (Abs. 2).

B. Mehrfachanrechnung wegen besonderer Eingliederungsschwierigkeiten (Abs. 1)

Nach Abs. 1 ist eine Mehrfachanrechnung bei der Beschäftigung von **schwerst-** 2 **behinderten Menschen** i. S. v. § 72 Abs. 1 möglich (§ 72 Rdnr. 2–10). Der persönliche Geltungsbereich umfasst sowohl schwerbehinderte Menschen als auch deren Gleichgestellte (*Neumann/Pahlen/Majerski-Pahlen,* SGB IX, § 76 Rdnr. 2; *Düwell,* in: LPK-SGB IX, § 76 Rdnr. 3; *Schneider,* in: Hauck/Noftz, SGB IX, § 76 Rdnr. 3). Die Mehrfachanrechnung ist möglich bei schwerbehinderten Menschen, die eingestellt werden, aber auch bei bereits im Betrieb tätigen schwerbehinderten Menschen, wenn es um den Erhalt des Arbeitsplatzes geht (*Schneider,* in: Hauck/Noftz, SGB IX, § 76 Rdnr. 4; *Müller-Wenner/Schorn,* SGB IX, § 76 Rdnr. 4).

Voraussetzung für die **Mehrfachanrechnung** ist, dass die Eingliederung des 3 schwerbehinderten Menschen in das Arbeits- und Berufsleben auf besondere

Schwierigkeiten stößt. Die besonderen Schwierigkeiten können wegen der Art und Schwere der Behinderung, aber auch in dem Erfordernis der besonderen Ausstattung des Arbeitsplatzes liegen. Die Gründe, die ein besonderes Eingliederungshindernis zur Folge haben, brauchen nicht auf der Schwerbehinderung zu beruhen; auch andere Gründe wie z. B. Alter oder die Art der Tätigkeit können eine Mehrfachanrechnung rechtfertigen (*Neumann/Pahlen/Majerski-Pahlen*, SGB IX, § 76 Rdnr. 6).

4   Der zum 1. 5. 2004 neu eingefügte Absatz 1 Satz 2 ermöglicht die Anrechnung auf drei Pflichtarbeitsplätze bei schwerbehinderten Menschen im Anschluss an eine Beschäftigung in einer WfbM. Der Gesetzgeber geht davon aus, dass bei diesem Personenkreis die Teilnahme am Arbeitsleben auf besondere Schwierigkeiten stößt und insofern eine Mehrfachanrechnung geboten ist (BT-Drucks. 15/2318, Begründung S. 31). Die Mehrfachanrechnung nach Abs. 1 Satz 2 erfolgt nicht durch Gesetz, sondern es Bedarf eines entsprechenden Verwaltungsaktes (*Cramer*, NZA 2004, 698).

5   Auch **Teilzeitbeschäftigte** können unter den Voraussetzungen des § 75 Abs. 2 mehrfach angerechnet werden. Erforderlich hierzu ist eine wöchentliche Arbeitszeit von nicht weniger als 18 Stunden oder die Zulassung der Anrechnung einer kürzeren Arbeitszeit von der Bundesagentur für Arbeit, § 75 Abs. 2 Satz 2.

6   Die Mehrfachanrechnung ist begrenzt auf **höchstens drei Pflichtplätze**. In den meisten Fällen ist eine doppelte Anrechnung angemessen (*Neumann/Pahlen/Majerski-Pahlen*, SGB IX, § 76 Rdnr. 11). Das Ausschöpfen der Anrechnung auf drei Pflichtplätze ist nur unter besonderen Umständen zulässig.

C. Mehrfachanrechnung bei Auszubildenden (Abs. 2)

7   Absatz 2 soll die Bereitschaft der Arbeitgeber, **schwerbehinderte Auszubildende** einzustellen, fördern. Nach Satz 1 wird ein schwerbehinderter Mensch, der beruflich ausgebildet wird, auf zwei Pflichtplätze angerechnet. Der persönliche Geltungsbereich von Abs. 2 umfasst sowohl schwerbehinderte Menschen als auch deren Gleichgestellte. Die Anrechnung erfolgt im Gegensatz zur Mehrfachanrechnung nach Abs. 1 kraft Gesetzes (*Cramer*, SchwbG, § 10 Rdnr. 14). Unerheblich für die Mehrfachanrechnung nach Abs. 2 Satz 1 ist, ob die Vermittlung in eine Ausbildung wegen der Art und Schwere der Behinderung auf besondere Schwierigkeiten stößt.

8   Über die Anrechnung nach Satz 1 hinaus kann die Agentur für Arbeit die Anrechnung auf drei Pflichtarbeitsplätze für schwerbehinderte Menschen zulassen, wenn die Vermittlung in eine berufliche Ausbildungsstelle wegen Art und Schwere der Behinderung auf besondere Schwierigkeiten stößt (Satz 2). Nicht behinderungsbedingte Gründe rechtfertigen im Gegensatz zu der Regelung in Abs. 1 keine **Mehrfachanrechnung** auf drei Pflichtplätze.

9   Um die Übernahme von Auszubildenden zu verbessern, ist mit dem Gesetz zur Förderung der Ausbildung und Beschäftigung schwerbehinderter Menschen vom 23. 4. 2004 (BGBl. I S. 606) in Abs. 2 der Satz 4 eingefügt worden. Danach ist per Gesetz eine Mehrfachanrechnung auf zwei Pflichtarbeitsplätze vorgesehen, wenn ein Ausgebildeter nach Abschluss der Ausbildung in ein Arbeits- oder Beschäftigungsverhältnis übernommen wird.

10   Unerheblich nach Abs. 2 Satz 4 ist, ob der Auszubildende von dem Betrieb übernommen wird, bei dem er auch ausgebildet wurde. Tatbestandsvoraussetzung ist aber eine abgeschlossene Ausbildung. Die Anrechnung auf zwei Pflichtarbeitsplätze ist auf das erste Jahr der Beschäftigung beschränkt. Gemeint ist das Beschäftigungsjahr und nicht das Kalenderjahr.

D. Verfahrensfragen

Über die Mehrfachanrechnung nach Abs. 1 entscheidet die **zuständige Agentur für Arbeit**. Zuständig ist die Agentur für Arbeit der Betriebsstätte bzw. bei Arbeitslosen die Agentur für Arbeit am Wohnsitz. Der **Antrag** auf Mehrfachanrechnung kann formlos gestellt werden. Antragsberechtigt ist neben dem Arbeitgeber auch der schwerbehinderte Mensch selbst. Absatz 1 ist eine „Kann-Vorschrift", d.h. die Agentur für Arbeit entscheidet nach freiem Ermessen. Ein Rechtsanspruch auf Zulassung der Mehrfachanrechnung besteht nicht (*Cramer*, SchwbG, § 10 Rdnr. 7). Die Agentur für Arbeit kann die Mehrfachanrechnung auch lediglich befristet zulassen (*Müller-Wenner/Schorn*, SGB IX, § 76 Rdnr. 7). 11

Nicht höchstrichterlich geklärt ist die Frage, ob die Anrechnungsentscheidung ex tunc oder ex nunc wirkt (Wirkung nur für die Zukunft ab Tag der Entscheidung, *VG Arnsberg* v. 6.12.1989, BehindertenR 1991, 21, *Neumann/Pahlen/Majerski-Pahlen*, SGB IX, § 76 Rdnr. 6; Wirkung für das laufende Kalenderjahr: *SG Gotha* v. 23.7.1997 mit Anm. von *Horn*, AuA 1998, 193, *Schneider*, in: Hauck/Noftz, SGB IX, § 76 Rdnr. 8) 12

Lehnt die Bundesagentur für Arbeit die Mehrfachanrechnung ab, kann gegen den Bescheid **Widerspruch** beim Widerspruchsausschuss eingelegt werden. Gegen dessen Bescheid kann Klage vor den Sozialgerichten eingelegt werden (*Düwell*, in: LPK-SGB IX, § 76 Rdnr. 5) 13

E. Übergangsregelung (Abs. 3)

Bis zur Novellierung des Schwerbehindertengesetzes im Jahre 1986 war eine Anrechnung auf mehr als drei Pflichtplätze zulässig. Absatz 3 stellt sicher, dass **Bescheide**, die **vor dem 1.8.1986** erlassen worden, fortbestehen, auch wenn dort – entgegen dem geltenden Recht – eine Anrechnung von mehr als drei Pflichtplätzen zugelassen wurde. 14

§ 77 Ausgleichsabgabe

(1) ¹**Solange Arbeitgeber die vorgeschriebene Zahl schwerbehinderter Menschen nicht beschäftigen, entrichten sie für jeden unbesetzten Pflichtarbeitsplatz für schwerbehinderte Menschen eine Ausgleichsabgabe.** ²**Die Zahlung der Ausgleichsabgabe hebt die Pflicht zur Beschäftigung schwerbehinderter Menschen nicht auf.** ³**Die Ausgleichsabgabe wird auf der Grundlage einer jahresdurchschnittlichen Beschäftigungsquote ermittelt.**

(2) ¹**Die Ausgleichsabgabe beträgt je unbesetzten Pflichtplatz**

1. **105 Euro bei einer jahresdurchschnittlichen Beschäftigungsquote von 3 Prozent bis weniger als dem geltenden Pflichtsatz,**
2. **180 Euro bei einer jahresdurchschnittlichen Beschäftigungsquote von 2 Prozent bis weniger als 3 Prozent,**
3. **260 Euro bei einer jahresdurchschnittlichen Beschäftigungsquote von weniger als 2 Prozent.**

²**Abweichend von Satz 1 beträgt die Ausgleichsabgabe je unbesetzten Pflichtarbeitsplatz für schwerbehinderte Menschen**

1. **für Arbeitgeber mit jahresdurchschnittlich weniger als 40 zu berücksichtigenden Arbeitsplätzen bei einer jahresdurchschnittlichen Beschäf-**

§ 77 Teil 2. Schwerbehindertenrecht

tigung von weniger als einem schwerbehinderten Menschen 105 Euro und
2. für Arbeitgeber mit jahresdurchschnittlich weniger als 60 zu berücksichtigenden Arbeitsplätzen bei einer jahresdurchschnittlichen Beschäftigung von weniger als zwei schwerbehinderten Menschen 105 Euro und bei einer jahresdurchschnittlichen Beschäftigung von weniger als einem schwerbehinderten Menschen 180 Euro.

(3) [1] Die Ausgleichsabgabe erhöht sich entsprechend der Veränderung der Bezugsgröße nach § 18 Abs. 1 des Vierten Buches. [2] Sie erhöht sich zum 1. Januar eines Kalenderjahres, wenn sich die Bezugsgröße seit der letzten Neubestimmung der Beträge der Ausgleichsabgabe um wenigstens 10 Prozent erhöht hat. [3] Die Erhöhung der Ausgleichsabgabe erfolgt, indem der Faktor für die Veränderung der Bezugsgröße mit dem jeweiligen Betrag der Ausgleichsabgabe vervielfältigt wird. [4] Die sich ergebenden Beträge sind auf den nächsten durch fünf teilbaren Betrag abzurunden. [5] Das Bundesministerium für Gesundheit und Soziale Sicherung gibt den Erhöhungsbetrag und die sich nach Satz 3 ergebenden Beträge der Ausgleichsabgabe im Bundesanzeiger bekannt.

(4) [1] Die Ausgleichsabgabe zahlt der Arbeitgeber jährlich zugleich mit der Erstattung der Anzeige nach § 80 Abs. 2 an das für seinen Sitz zuständige Integrationsamt. [2] Ist ein Arbeitgeber mehr als drei Monate im Rückstand, erlässt das Integrationsamt einen Feststellungsbescheid über die rückständigen Beträge und zieht diese ein. [3] Für rückständige Beträge der Ausgleichsabgabe erhebt das Integrationsamt nach dem 31. März Säumniszuschläge nach Maßgabe des § 24 Abs. 1 des Vierten Buches; für ihre Verwendung gilt Absatz 5 entsprechend. [4] Das Integrationsamt kann in begründeten Ausnahmefällen von der Erhebung von Säumniszuschlägen absehen. [5] Widerspruch und Anfechtungsklage gegen den Feststellungsbescheid haben keine aufschiebende Wirkung. [6] Gegenüber privaten Arbeitgebern wird die Zwangsvollstreckung nach den Vorschriften über das Verwaltungszwangsverfahren durchgeführt. [7] Bei öffentlichen Arbeitgebern wendet sich das Integrationsamt an die Aufsichtsbehörde, gegen deren Entscheidung es die Entscheidung der obersten Bundes- oder Landesbehörde anrufen kann. [8] Die Ausgleichsabgabe wird nach Ablauf des Kalenderjahres, das auf den Eingang der Anzeige bei der Bundesagentur für Arbeit folgt, weder nachgefordert noch erstattet.

(5) [1] Die Ausgleichsabgabe darf nur für besondere Leistungen zur Förderung der Teilhabe schwerbehinderter Menschen am Arbeitsleben einschließlich begleitender Hilfe im Arbeitsleben (§ 102 Abs. 1 Nr. 3) verwendet werden, soweit Mittel für denselben Zweck nicht von anderer Seite zu leisten oder geleistet werden. [2] Aus dem Aufkommen an Ausgleichsabgabe dürfen persönliche und sächliche Kosten der Verwaltung und Kosten des Verfahrens nicht bestritten werden. [3] Das Integrationsamt gibt dem Beratenden Ausschuss für behinderte Menschen bei dem Integrationsamt (§ 103) auf dessen Verlangen eine Übersicht über die Verwendung der Ausgleichsabgabe.

(6) [1] Die Integrationsämter leiten den in der Rechtsverordnung nach § 79 bestimmten Prozentsatz des Aufkommens an den Ausgleichfonds (§ 78) weiter. [2] Zwischen den Integrationsämtern wird ein Ausgleich herbeigeführt. [3] Der auf das einzelne Integrationsamt entfallende Anteil am Aufkommen an Ausgleichsabgabe bemisst sich nach dem Mittelwert aus dem Verhältnis der Wohnbevölkerung im Zuständigkeitsbereich des In-

tegrationsamtes zur Wohnbevölkerung im Geltungsbereich dieses Gesetzbuches und dem Verhältnis der Zahl der im Zuständigkeitsbereich des Integrationsamtes in den Betrieben und Dienststellen beschäftigungspflichtiger Arbeitgeber auf Arbeitsplätzen im Sinne des § 73 beschäftigten und der bei den Agenturen für Arbeit arbeitslos gemeldeten schwerbehinderten und diesen gleichgestellten behinderten Menschen zur entsprechenden Zahl der schwerbehinderten und diesen gleichgestellten behinderten Menschen im Geltungsbereich dieses Gesetzbuchs.

(7) [1] Die bei den Integrationsämtern verbleibenden Mittel der Ausgleichsabgabe werden von diesen gesondert verwaltet. [2] Die Rechnungslegung und die formelle Einrichtung der Rechnungen und Belege regeln sich nach den Bestimmungen, die für diese Stellen allgemein maßgebend sind.

(8) Für die Verpflichtung zur Entrichtung einer Ausgleichsabgabe (Absatz 1) gelten hinsichtlich der in § 71 Abs. 3 Nr. 1 genannten Stellen der Bund und hinsichtlich der in § 71 Abs. 3 Nr. 2 genannten Stellen das Land als ein Arbeitgeber.

Schrifttum: *Adlhoch*, Die Finanzierungsfunktion der Ausgleichsabgabe für Leistungen an Arbeitgeber nach dem Schwerbehindertengesetz, BehindertenR 1993, 161; *Ritz*, Ausgleichsabgabe als Mittel der Schwerbehindertenpolitik, SozArb 1989, 403; *ders.*, Beschäftigungspflicht und Ausgleichsfonds als internationaler Sozialstandard in der Behindertenpolitik, MittAB 1997, 455; *Wendt*, Der verfassungsrechtliche Rahmen der Schwerbehindertenabgabe, ZSR 1992, 547.

Inhaltsübersicht

	Rdnr.
A. Allgemeines	1
B. Pflicht zur Zahlung der Ausgleichsabgabe (Abs. 1)	2–7
C. Höhe der Ausgleichsabgabe (Abs. 2)	8, 9
I. Allgemeine Höhe der Ausgleichsabgabe (Satz 1)	8
II. Ausnahmen für Kleinbetriebe (Satz 2)	9
D. Dynamisierung der Ausgleichsabgabe (Abs. 3)	10
E. Verwaltungsverfahren (Abs. 4)	11–19
I. Zahlungspflicht	11–14
II. Säumniszuschläge	15–18
III. Verjährung	19
F. Verwendung der Ausgleichsabgabe (Abs. 5)	20
G. Verteilung und Verwaltung der Ausgleichsabgabe (Abs. 6 und 7)	21–23
I. Verteilung der Ausgleichsabgabe	21, 22
II. Verwaltung der Ausgleichsabgabe	23

A. Allgemeines

Die Vorschrift regelt die Berechnung, die Höhe und die Zahlung der **Ausgleichsabgabe.** Darüber hinaus bestimmen die Abs. 5–7 die Verwendung und Verwaltung der Ausgleichsabgabe. 1

B. Pflicht zur Zahlung der Ausgleichsabgabe (Abs. 1)

Absatz 1 verpflichtet sowohl private als auch öffentliche Arbeitgeber zur Zahlung der **Ausgleichsabgabe,** wenn sie ihrer Pflicht zur Beschäftigung schwerbehinderter Menschen nicht nachkommen. Die Ausgleichsabgabe hat eine doppelte 2

§ 77 3–8   Teil 2. Schwerbehindertenrecht

Funktion. Sie beinhaltet eine **Ausgleichsfunktion** und eine **Antriebsfunktion**. Die Ausgleichsfunktion besteht in der Kompensation der Kosten (Zusatzurlaub u. Ä.), die aufgrund der Nichtbeschäftigung schwerbehinderter Menschen nicht entstehen. Ziel ist also ein Ausgleich zwischen Arbeitgebern, die ihrer Beschäftigungspflicht nachkommen und solchen, die ihr nicht nachkommen. Durch die Ausgleichszahlung sollen Arbeitgeber zudem angehalten werden, schwerbehinderte Menschen zu beschäftigen (Antriebsfunktion).

3   Die Zahlung der Ausgleichsabgabe ist eine **öffentlich-rechtliche Verpflichtung**. Die Ausgleichsabgabe ist keine Steuer (*Cramer*, SchwbG, § 11 Rdnr. 4 m. w. N.). Das Bundesverfassungsgericht hat die Ausgleichsabgabe als verfassungsgemäß erachtet (*BVerfG* v. 26. 5. 1981, BVerfGE 57, 139). Verfassungsmäßige Zweifel an der durch das „Gesetz zur Bekämpfung der Arbeitslosigkeit Schwerbehinderter" vom 29. 9. 2000 eingefügten Staffelung der Höhe der Ausgleichsabgabe in Abhängigkeit von der Erfüllung der Pflichtquote bestehen nicht. Bei der Ausgleichsabgabe handelt es sich um eine verfassungsrechtlich gerechtfertigte Berufsausübungsregelung (*BVerfG* v. 1. 10. 2004, BehindertenR 2004, 202).

4   Die Ausgleichsabgabe ist unabhängig davon zu entrichten, ob dem Arbeitgeber ein Verschulden an der Nichterfüllung der Beschäftigungspflicht tritt. Unerheblich ist auch, ob auf dem Arbeitsmarkt überhaupt schwerbehinderte Bewerber zur Verfügung stehen bzw. die Agentur für Arbeit schwerbehinderte Bewerber nachweisen kann (allg. Meinung s. *Schneider*, in: Hauck/Noftz, SGB IX, § 77 Rdnr. 10).

5   Absatz 1 Satz 2 bestimmt, dass die Zahlung der Ausgleichsabgabe nicht die Pflicht zur Beschäftigung schwerbehinderter Menschen aufhebt. Insofern besteht **kein Wahlrecht** des Arbeitgebers, entweder schwerbehinderte Menschen zu beschäftigen oder die Ausgleichsabgabe zu entrichten. Erfüllt der Arbeitgeber die Pflichtquote nicht, so kann ein Bußgeld nach § 156 Abs. 1 Nr. 1 verhängt werden.

6   Mit dem „Gesetz zur Bekämpfung der Arbeitslosigkeit Schwerbehinderter" vom 29. 9. 2000 wurde die auf den Kalendermonat abstellende Berechnung der Ausgleichsquote aufgehoben und statt dessen auf die Grundlage einer **jahresdurchschnittlichen Beschäftigungsquote** gestellt. Damit soll ein Anreiz gegeben werden, durch Übererfüllung der Beschäftigungspflicht im Verlauf eines Jahres die Zahlung der Ausgleichsabgabe zu verringern oder zu vermeiden (BT-Drucks. 14/3372, Begründung, S. 7).

7   Die Verpflichtung zur Zahlung der Ausgleichsabgabe nach § 77 SGB IX trifft bei der Arbeitnehmerüberlassung den Verleiher als Vertragsarbeitgeber der Leiharbeitnehmer (*BVerwG* v. 13. 12. 2001, NZA 2002, 385).

C. Höhe der Ausgleichsabgabe (Abs. 2)

I. Allgemeine Höhe der Ausgleichsabgabe (Satz 1)

8   Mit dem „Gesetz zur Bekämpfung der Arbeitslosigkeit Schwerbehinderter", das zum 1. 10. 2000 in Kraft getreten ist, wurde das System von Beschäftigungspflicht und Ausgleichsabgabe neu geordnet. Nach dem bis zum 30. 9. 2000 geltenden Recht betrug die Ausgleichsabgabe je unbesetztem Pflichtplatz monatlich DM 200. Ab dem 1. 10. 2000 gilt ein **gestaffeltes System der Ausgleichsabgabe**. Die Höhe der Ausgleichsabgabe ist davon abhängig, in welchem Umfang der Arbeitgeber seine Beschäftigungspflicht erfüllt. Die Ausgleichsabgabe beträgt bei Betrieben mit mehr als 59 Beschäftigten je unbesetztem Pflichtplatz:

– **monatlich 105 Euro** bei einer jahresdurchschnittlichen Beschäftigungsquote von 3% bis weniger als dem geltenden Pflichtsatz,

- **monatlich 180 Euro** bei einer jahresdurchschnittlichen Beschäftigungsquote von 2% bis 3% und
- **monatlich 260 Euro** bei einer jahresdurchschnittlichen Beschäftigungsquote von weniger als 2%.

II. Ausnahmen für Kleinbetriebe (Satz 2)

Für **Kleinbetriebe** sind in Satz 2 zu der allgemeinen Staffelung der Ausgleichsabgabe nach Satz 1 Erleichterungen vorgesehen. Danach beträgt die Ausgleichsabgabe bei Arbeitgebern mit bis zu 39 Arbeitsplätzen monatlich 105 Euro, wenn weniger als zwei schwerbehinderte Menschen beschäftigt werden und bei Arbeitgebern mit weniger als 60 Arbeitsplätzen monatlich 180 Euro je unbesetzten Pflichtplatz, wenn sie überhaupt keinen schwerbehinderten Menschen beschäftigen.

D. Dynamisierung der Ausgleichsabgabe (Abs. 3)

Nach Abs. 3 wird die Ausgleichsabgabe dynamisiert. Entgegen der bis zum 30. 9. 2000 statischen Höhe der Ausgleichsabgabe wurde mit dem zum 1. 10. 2000 in Kraft getretenen „Gesetz zur Bekämpfung der Arbeitslosigkeit Schwerbehinderter" die **Dynamisierung der Ausgleichsabgabe** festgeschrieben. Danach erhöht sich die Ausgleichsabgabe entsprechend der Veränderung der Bezugsgröße nach § 18 SGB IV. Eine etwaige Erhöhung wird vom BMGS im Bundesanzeiger bekannt gegeben.

E. Verwaltungsverfahren (Abs. 4)

I. Zahlungspflicht

Die Pflicht zur **Zahlung der Ausgleichsabgabe** entsteht unmittelbar durch das Gesetz. Einer besonderen Festsetzung bedarf es nicht. Die Höhe der Zahlungsverpflichtung ist vom Arbeitgeber selbst zu ermitteln und die Ausgleichsabgabe an das Integrationsamt abzuführen. Zuständig ist das Integrationsamt am Sitz des Arbeitgebers. Von der Gesamthöhe der Ausgleichsabgabe können unter den Voraussetzungen des § 136 Rechnungsbeträge von Aufträgen an Werkstätten für behinderte Menschen abgezogen werden.

Der Arbeitgeber hat die Ausgleichsabgabe jährlich mit der Abgabe der **Anzeige** nach § 80 Abs. 2 zu zahlen. Eine besondere Aufforderung an den Arbeitgeber durch das Integrationsamt erfolgt nicht. Vielmehr hat der Arbeitgeber selbstständig bis zum 31. März (§ 80 Abs. 2 Satz 1) für das vorangegangene Jahr die von ihm berechnete Ausgleichsabgabe zu zahlen. Eine durch Banküberweisung vorgenommene Zahlung ist bei einem Guthabenkonto dann rechtzeitig erfolgt, wenn bis zum 31. März die Überweisung veranlasst wurde. Nicht erforderlich ist, dass der Überweisungsauftrag oder der überwiesene Betrag innerhalb der Frist bei der Zahlstelle des Integrationsamtes eingeht (*VG Meiningen* v. 20. 8. 2000, 8 K 1290/98).

Fraglich ist, ob ein Feststellungsbescheid der Bundesagentur für Arbeit nach § 80 Abs. 3 Bindungswirkung hat. Nach Auffassung des BSG hat die Entscheidung der BA nur die Funktion einer öffentliche Urkunde i. S. v. § 418 ZPO (*BSG* v. 19. 1. 1999, SozR 3–3780 § 13 Nr. 3). Danach wäre das Integrationsamt berechtigt, eine vom Feststellungsbescheid der BA abweichende Würdigung vorzunehmen und den Umfang der Beschäftigungspflicht selbstständig festzusetzen (ErfKo-*Rolfs*, SGB IX, § 77 Rdnr. 6) Dies birgt jedoch die Gefahr abweichender

Entscheidung von BA und Integrationsamt. Überzeugender erscheint daher eine Bindung des Integrationsamtes an die Feststellung der BA nach § 80 Abs. 3 (wohl h. M. s. *Düwell*, in: LPK-SGB IX, § 77 Rdnr. 9; *Schneider*, in: Hauck/Noftz, SGB IX, § 77 Rdnr. 10; *Müller-Wenner/Schorn*, SGB IX, § 77 Rdnr. 20).

14 Nach Abs. 4 Satz 8 wird die Ausgleichsabgabe nach Ablauf des Kalenderjahres, das auf den Eingang der Anzeige bei der Bundesagentur für Arbeit folgt, weder nachgefordert noch erstattet. Hierdurch sollen aufwendige **Nachberechnungen** zu Sachverhalten, die länger als 21 Monate nach Erstattung der Anzeige nach § 80 Abs. 2 zurückliegen, vermieden werden.

II. Säumniszuschläge

15 Das Integrationsamt überprüft anhand der vom Arbeitgeber übermittelten Anzeige, ob die Ausgleichsabgabe in richtiger Höhe vom Arbeitgeber gezahlt wurde (*BSG* v. 6. 5. 1994, BSGE 74, 176). Ist der Arbeitgeber drei Monate mit der Zahlung in Rückstand, erlässt das Integrationsamt einen Feststellungsbescheid und zieht die ausstehende Ausgleichsabgabe ein. Gegen den Feststellungsbescheid kann Widerspruch eingelegt werden. **Widerspruch** und **Anfechtungsklage** gegen den Feststellungsbescheid haben keine aufschiebende Wirkung (Abs. 4 Satz 5).

16 Das Integrationsamt ist bei seiner Festsetzung der Ausgleichsabgabe nicht an die Feststellungsbescheide der Bundesagentur für Arbeit nach § 80 Abs. 3 gebunden (*BSG* SozR 3–3870 § 13 SchwbG). Das Integrationsamt ist nicht berechtigt, den Gesamtbetrag der Ausgleichsabgabe zu reduzieren oder zu erlassen (*Gröninger/Thomas*, SchwbG, § 11 Rdnr. 9; *Cramer*, SchwbG, § 11 Rdnr. 9). Zulässig ist die **Stundung** der Ausgleichsabgabe wegen wirtschaftlicher Schwierigkeiten.

17 Für rückständige Beträge erhebt das Integrationsamt **Säumniszuschläge** nach Maßgabe von § 24 Abs. 1 SGB IV. Danach sind für Beträge und Beitragsvorschüsse, die der Zahlungspflichtige nicht bis zum Ablauf des Fälligkeitstages gezahlt hat, für jeden angefangenen Monat der Säumnis ein Säumniszuschlag von 1% des rückständigen, auf 50 Euro nach unten abgerundeten Betrages zu zahlen. Bei einem rückständigen Betrag unter 100 Euro ist der Säumniszuschlag nicht zu erheben, wenn dieser gesondert schriftlich anzufordern wäre. Eine besondere Mahnung vor Festsetzung der Säumniszuschläge ist nicht erforderlich.

18 Absatz 4 Satz 4 ist durch den Änderungsantrag auf Vorschlag des Bundesrates von der Regierungskoalition vom 27. 3. 2001 (Ausschuss-Drucks. 14/1406) eingefügt worden. Es soll ermöglicht werden, bei der Erhebung von **Säumniszuschlägen** die Gegebenheiten des konkreten Einzelfalls flexibler zu handhaben.

III. Verjährung

19 Die **Verjährungsfrist** beträgt vier Jahre (*VG Würzburg*, BehindertenR 1994, 187; ErfKo-*Rolfs*, SGB IX, § 77 Rdnr. 5; *Neumann/Pahlen/Majerski-Pahlen*, SGB IX, § 77 Rdnr. 34; *Müller-Wenner/Schorn*, SGB IX, § 77 Rdnr. 26). Die Frist beginnt mit dem Zeitpunkt, in dem der Arbeitgeber die Anzeige nach § 80 Abs. 2 abgegeben hat.

F. Verwendung der Ausgleichsabgabe (Abs. 5)

20 Absatz 5 bestimmt den **Verwendungszweck** der Ausgleichsabgabe. Sie darf nur für besondere Leistungen zur Förderung der Teilhabe schwerbehinderter Menschen am Arbeitsleben einschließlich begleitender Hilfen verwendet werden. Weitere Voraussetzung ist, dass nicht Mittel für denselben Zweck von anderer Seite zu leisten sind oder geleistet werden (Satz 1). Die Einzelheiten über die

Kap. 2. Beschäftigungspflicht der Arbeitgeber   1 § 78

Verwendung der Ausgleichabgabe sind in den §§ 14–34 der Schwerbehinderten-Ausgleichsabgabeverordnung (SchwbAV; Anhang Nr. 2) geregelt. Ausgeschlossen ist die Verwendung der Ausgleichsabgabe für Personal- und Verwaltungskosten (Satz 2).

G. Verteilung und Verwaltung der Ausgleichsabgabe (Abs. 6 und 7)

I. Verteilung der Ausgleichsabgabe

Absatz 6 regelt die **Verteilung des Aufkommens** der Ausgleichsabgabe zwischen den Integrationsämtern und dem Ausgleichfonds des Bundes. Am 16. 1. 2004 wurde die Dritte Verordnung zur Änderung der Schwerbehinderten-Ausgleichabgabeverordnung erlassen (BGBl. I S. 77). Damit wurde zum 1. 1. 2004 die Förderung von Integrationsprojekten, Werkstätten und Wohnstätten für behinderte Menschen bei den Ländern gebündelt worden. Ab dem Jahr 2005 werden dem Ausgleichsfonds 30 v. H. des Aufkommens aus der Ausgleichsabgabe zugeführt. 21

Die Bundesagentur für Arbeit erhält zur besonderen Förderung der Teilnahme schwerbehinderter Menschen am Arbeitsleben aus dem Anteil des Ausgleichsfonds 26 v. H. des Aufkommens. 70 v. H. des Aufkommens an der Ausgleichsabgabe verbleiben bei den Integrationsämtern der Länder für Leistungen der begleitenden Hilfe im Arbeitsleben und zur Projektförderung. 22

II. Verwaltung der Ausgleichsabgabe

Für die Verwaltung der dem Integrationsamt verbleibenden Mittel ist das Integrationsamt selbst zuständig. An der **Vergabe der Mittel** der Ausgleichsabgabe hat auch der „Beratende Ausschuss für behinderte Menschen bei dem Integrationsamt" mitzuwirken (§ 103 Abs. 1 Satz 1). 23

§ 78 Ausgleichsfonds

¹**Zur besonderen Förderung der Einstellung und Beschäftigung schwerbehinderter Menschen auf Arbeitsplätzen und zur Förderung von Einrichtungen und Maßnahmen, die den Interessen mehrerer Länder auf dem Gebiet der Förderung der Teilhabe schwerbehinderter Menschen am Arbeitsleben dienen, ist beim Bundesministerium für Gesundheit und Soziale Sicherung als zweckgebundene Vermögensmasse ein Ausgleichsfonds für überregionale Vorhaben zur Teilhabe schwerbehinderter Menschen am Arbeitsleben gebildet.** ²**Das Bundesministerium für Gesundheit und Soziale Sicherung verwaltet den Ausgleichsfonds.**

Inhaltsübersicht

	Rdnr.
A. Allgemeines	1
B. Rechtsform und Finanzierung	2, 3
C. Verwendung der Mittel des Ausgleichsfonds	4–6

A. Allgemeines

§ 78 regelt die **Bildung des Ausgleichsfonds,** mit dem Maßnahmen zur Teilhabe schwerbehinderter Menschen am Arbeitsleben gefördert werden können. 1

§ 79 Teil 2. Schwerbehindertenrecht

B. Rechtsform und Finanzierung

2   Der mit dem Schwerbehindertengesetz 1974 gebildete Ausgleichsfonds ist beim Bundesministerium für Gesundheit und Soziale Sicherung (BMGS) angesiedelt, Satz 1. Das BMGS verwaltet auch den Ausgleichsfonds. Bei dem Ausgleichsfonds handelt es sich um ein **Sondervermögen des Bundes** (*Cramer,* SchwbG, § 12 Rdnr. 6; *Neumann/Pahlen/Majerski-Pahlen,* SGB IX, § 12 Rdnr. 1). Für dessen Verwaltung gelten die Vorschriften der Bundeshaushaltsordnung, § 37 SchwbAV. Der Ausgleichsfonds als solcher ist nicht rechtsfähig.

3   Die **Finanzierung des Ausgleichsfonds** erfolgt über die Einnahmen aus der Ausgleichsabgabe. Zur Verteilung des Aufkommens s. § 78 Rdnr. 21 ff.

C. Verwendung der Mittel des Ausgleichsfonds

4   Die **Verwendung der Mittel** des Ausgleichsfonds bestimmt sich nach § 77 Abs. 5. Danach darf die Ausgleichsabgabe nur für besondere Leistungen zur Förderung der Teilhabe schwerbehinderter Menschen am Arbeitsleben einschließlich begleitender Hilfe im Arbeitsleben (§ 102 Abs. 1 Nr. 3) verwendet werden, soweit Mittel für denselben Zweck nicht von anderer Seite zu leisten sind oder geleistet werden. Aus dem Aufkommen der Ausgleichsabgabe dürfen persönliche und sächliche Kosten der Verwaltung und Kosten des Verfahrens nicht bestritten werden (§ 77 Rdnr. 17).

5   Darüber hinaus können Einrichtungen und Maßnahmen gefördert werden, die den Interessen mehrerer Länder auf dem Gebiet der Förderung der Teilhabe schwerbehinderter Menschen am Arbeitsleben dienen. Zu den **überregionalen Einrichtungen** gehören u. a. die Werkstätten für behinderte Menschen, überregionale Ausbildungs- oder Fortbildungsstätten oder bestimmte Modellprojekte zur Weiterentwicklung der Rehabilitation.

6   Die Einzelheiten der Verwendung der Ausgleichsabgabe sind in der **Schwerbehinderten-Ausgleichsabgabeverordnung** geregelt, §§ 35 ff. SchwbAV (s. Anhang Nr. 2).

§ 79 Verordnungsermächtigungen

Die Bundesregierung wird ermächtigt, durch Rechtsverordnung mit Zustimmung des Bundesrates

1. die Pflichtquote nach § 71 Abs. 1 nach dem jeweiligen Bedarf an Arbeitsplätzen für schwerbehinderte Menschen zu ändern, jedoch auf höchstens 10 Prozent zu erhöhen oder bis auf 4 Prozent herabzusetzen; dabei kann die Pflichtquote für öffentliche Arbeitgeber höher festgesetzt werden als für private Arbeitgeber,
2. nähere Vorschriften über die Verwendung der Ausgleichsabgabe nach § 77 Abs. 5 und die Gestaltung des Ausgleichsfonds nach § 78, die Verwendung der Mittel durch ihn für die Förderung der Teilhabe schwerbehinderter Menschen am Arbeitsleben und das Vergabe- und Verwaltungsverfahren des Ausgleichsfonds zu erlassen,
3. in der Rechtsverordnung nach Nummer 2
   a) den Anteil des an den Ausgleichsfonds weiterzuleitenden Aufkommens an Ausgleichsabgabe entsprechend den erforderlichen Aufwendungen zur Erfüllung der Aufgaben des Ausgleichsfonds und der Integrationsämter,

b) den **Ausgleich zwischen den Integrationsämtern** auf Vorschlag der Länder oder einer Mehrheit der Länder abweichend von § 77 Abs. 6 Satz 3 sowie

c) die **Zuständigkeit für die Förderung** von Einrichtungen nach § 30 der Schwerbehinderten-Ausgleichsabgabeverordnung abweichend von § 41 Abs. 2 Nr. 1 dieser Verordnung und von Integrationsbetrieben und -abteilungen abweichend von § 41 Abs. 1 Nr. 3 dieser Verordnung

zu regeln,

4. die Ausgleichsabgabe bei Arbeitgebern, die über weniger als 30 Arbeitsplätze verfügen, für einen bestimmten Zeitraum allgemein oder für einzelne Bundesländer herabzusetzen oder zu erlassen, wenn die Zahl der unbesetzten Pflichtarbeitsplätze für schwerbehinderte Menschen die Zahl der zu beschäftigten schwerbehinderten Menschen so erheblich übersteigt, dass die Pflichtarbeitsplätze für schwerbehinderte Menschen dieser Arbeitgeber nicht in Anspruch genommen zu werden brauchen.

Die Vorschrift überträgt in den Nummern 1, 2 und 4 im Wesentlichen die **Verordnungsermächtigungen** innerhalb des aufgehobenen Schwerbehindertengesetzes auf das SGB IX, vgl. §§ 5 Abs. 2, 11 Abs. 3 und 12 Abs. 2 SchwbG. Auf diesen Verordnungsermächtigungen beruht die Zweite Verordnung zur Durchführung des Schwerbehindertengesetzes (Schwerbehinderten-Ausgleichsabgabeverordnung – SchwbAV) vom 28. 3. 1988 (BGBl. I S. 484), die auch nach Inkrafttreten des SGB IX in leicht geänderter Fassung fortbesteht. 1

Nummer 2 ermächtigt die Bundesregierung mit Zustimmung des Bundesrates, in der **Schwerbehinderten-Ausgleichsabgabeverordnung** die Förderung der Teilhabe schwerbehinderter Menschen am Arbeitsleben mit den Mitteln der Ausgleichsabgabe näher zu regeln. 2

Nummer 3 ermächtigt die Bundesregierung, in der Schwerbehinderten-Ausgleichsabgabeverordnung für den an den **Ausgleichsfonds** weiterzuleitenden Anteil des Aufkommens an dem Ausgleichsfonds und damit für die Aufteilung der Ausgleichsabgabe zwischen dem Bund (Ausgleichsfonds) und den Ländern (Integrationsämter) einen anderen Prozentsatz festzulegen, wenn ein solcher für die Erfüllung der Aufgaben des Ausgleichsfonds und der Integrationsämter erforderlich ist (so die Gesetzesbegründung, vgl. BT-Drucks. 14/5074, Begründung, S. 60). 3

Nach Nr. 4 kann durch Rechtsverordnung für Arbeitgeber, die über weniger **als 30 Arbeitsplätze** verfügen, die Ausgleichsabgabe herabgesetzt werden. Eine Verordnung nach Nr. 4 kann nur für einen bestimmten Zeitraum, nicht aber auf unbestimmte Dauer erlassen werden (*Cramer,* SchwbG, § 11 Rdnr. 4; *Neumann/ Pahlen/Majerski-Pahlen,* SGB IX, § 79 Rdnr. 43). 4

Kapitel 3. Sonstige Pflichten der Arbeitgeber; Rechte der schwerbehinderten Menschen

§ 80 Zusammenwirken der Arbeitgeber mit der Bundesagentur für Arbeit und den Integrationsämtern

(1) **Die Arbeitgeber haben, gesondert für jeden Betrieb und jede Dienststelle, ein Verzeichnis der bei ihnen beschäftigten schwerbehinderten, ihnen gleichgestellten behinderten Menschen und sonstigen anrechnungsfähigen Personen laufend zu führen und dieses den Vertretern oder Vertreterinnen der Bundesagentur für Arbeit und des Integrationsamtes, die

§ 80

für den Sitz des Betriebes oder der Dienststelle zuständig sind, auf Verlangen vorzulegen.

(2) ¹Die Arbeitgeber haben der für ihren Sitz zuständigen Agentur für Arbeit einmal jährlich bis spätestens zum 31. März für das vorangegangene Kalenderjahr, aufgegliedert nach Monaten, die Daten anzuzeigen, die zur Berechnung des Umfangs der Beschäftigungspflicht, zur Überwachung ihrer Erfüllung und der Ausgleichsabgabe notwendig sind. ²Der Anzeige sind das nach Absatz 1 geführte Verzeichnis sowie eine Kopie der Anzeige und des Verzeichnisses zur Weiterleitung an das für ihren Sitz zuständige Integrationsamt beizufügen. ³Dem Betriebs-, Personal-, Richter-, Staatsanwalts- und Präsidialrat, der Schwerbehindertenvertretung und dem Beauftragten des Arbeitgebers ist je eine Kopie der Anzeige und des Verzeichnisses zu übermitteln.

(3) Zeigt der Arbeitgeber die Daten bis zum 30. Juni nicht, nicht richtig oder nicht vollständig an, erlässt die Bundesagentur für Arbeit nach Prüfung in tatsächlicher sowie in rechtlicher Hinsicht einen Feststellungsbescheid über die zur Berechnung der Zahl der Pflichtarbeitsplätze für schwerbehinderte Menschen und der besetzten Arbeitsplätze notwendigen Daten.

(4) Die Arbeitgeber, die Arbeitsplätze für schwerbehinderte Menschen nicht zur Verfügung zu stellen haben, haben die Anzeige nur nach Aufforderung durch die Bundesagentur für Arbeit im Rahmen einer repräsentativen Teilerhebung zu erstatten, die mit dem Ziel der Erfassung der in Absatz 1 genannten Personengruppen, aufgegliedert nach Bundesländern, alle fünf Jahre durchgeführt wird.

(5) Die Arbeitgeber haben der Bundesagentur für Arbeit und dem Integrationsamt auf Verlangen die Auskünfte zu erteilen, die zur Durchführung der besonderen Regelungen zur Teilhabe schwerbehinderter und ihnen gleichgestellter behinderter Menschen am Arbeitsleben notwendig sind.

(6) ¹Für das Verzeichnis und die Anzeige des Arbeitgebers sind die mit der Bundesarbeitsgemeinschaft der Integrationsämter und Hauptfürsorgestellen abgestimmten Vordrucke der Bundesagentur für Arbeit zu verwenden. ²Die Bundesagentur für Arbeit soll zur Durchführung des Anzeigeverfahrens in Abstimmung mit der Bundesarbeitsgemeinschaft ein elektronisches Übermittlungsverfahren zulassen.

(7) Die Arbeitgeber haben den Beauftragten der Bundesagentur für Arbeit und des Integrationsamtes auf Verlangen Einblick in ihren Betrieb oder ihre Dienststelle zu geben, soweit es im Interesse der schwerbehinderten Menschen erforderlich ist und Betriebs- oder Dienstgeheimnisse nicht gefährdet werden.

(8) Die Arbeitgeber haben die Vertrauenspersonen der schwerbehinderten Menschen (§ 94 Abs. 1 Satz 1 bis 3 und § 97 Abs. 1 bis 5) unverzüglich nach der Wahl und ihren Beauftragten für die Angelegenheiten der schwerbehinderten Menschen (§ 98 Satz 1) unverzüglich nach der Bestellung der für den Sitz des Betriebes oder der Dienststelle zuständigen Agentur für Arbeit und dem Integrationsamt zu benennen.

(9) Die Bundesagentur für Arbeit erstellt und veröffentlicht alljährlich eine Übersicht über die Beschäftigungsquote schwerbehinderter Menschen bei den einzelnen öffentlichen Arbeitgebern.

Schrifttum: *Düwell,* Die Zusammenarbeit von Betriebsrat und Schwerbehindertenvertretung, AuR 1993, 345; *Wollschläger,* Förderung bei Einstellung von Schwerbehinderten, AuA 1993, 73.

Inhaltsübersicht

	Rdnr.
A. Allgemeines	1
B. Führen eines Verzeichnisses (Abs. 1)	2–5
C. Anzeigepflicht (Abs. 2)	6–12
D. Rechtsfolgen bei Verletzung der Anzeigepflicht (Abs. 3)	13–16
E. Verfahren bei nicht bestehender Anzeigepflicht (Abs. 4)	17
F. Auskunftspflicht (Abs. 5)	18–22
G. Verwenden von Vordrucken (Abs. 6)	23–25
H. Einblick in den Betrieb (Abs. 7)	26–28
I. Benennung der Vertrauenspersonen und Beauftragten (Abs. 8)	29, 30
J. Bericht der Bundesagentur für Arbeit (Abs. 9)	31

A. Allgemeines

Nach der Vorschrift werden die Voraussetzungen der **Anzeigepflicht** in Abs. 2 allgemeiner gefasst, in Abs. 6 eine Pflicht zur Verwendung eines Vordrucks aufgenommen mit dem Ziel der Vereinfachung für den Arbeitgeber und in Abs. 9 eine Berichterstattung der Bundesagentur für Arbeit neu eingeführt. 1

B. Führen eines Verzeichnisses (Abs. 1)

Sowohl öffentliche als auch private Arbeitgeber sind verpflichtet ein **Verzeichnis** zu führen. Diese Pflicht besteht unabhängig von der Beschäftigungspflicht des § 71. Voraussetzung ist allerdings, dass ein „Betrieb" oder eine „Dienststelle" vorliegt; hierzu gelten die Definitionen im Betriebsverfassungs- und Personalvertretungsrecht. Wer also nur in seinem Haushalt oder als Freiberufler Arbeitnehmer, auch schwerbehinderte Arbeitnehmer, beschäftigt, unterliegt nicht der Verpflichtung zur Führung eines Verzeichnisses (*Neumann/Pahlen/Majerski-Pahlen,* SGB IX, § 80 Rdnr. 3; *Müller-Wenner/Schorn,* SGB IX, § 80 Rdnr. 3). 2

Von § 80 nicht erfasst werden außerdem Arbeitgeber, die ausschließlich **Heimarbeit** ausgeben: Für diese gelten Abs. 1 und 5 nur aufgrund der besonderen Vorschrift des § 127 Abs. 6. Für Arbeitgeber mit mehreren Betrieben oder Dienststellen gilt: Ein Verzeichnis ist für jeden Betrieb oder jede Dienststelle gesondert zu führen, Teile oder Nebenbetriebe sind zusammenzurechnen, insofern muss ein einheitliches Verzeichnis geführt werden. Das **Verzeichnis** ist der Agentur für Arbeit und dem Integrationsamt am Sitz des Betriebs oder der Dienststelle auf Verlangen **vorzulegen.** 3

In dem **Verzeichnis sind aufzuführen:** beschäftigte schwerbehinderte Menschen (§ 2 Abs. 2) und ihnen gleichgestellte behinderte Menschen (§ 68 i.V.m. § 2 Abs. 3) sowie sonstige anrechnungsfähige Personen (§ 75). Hierzu zählen insbesondere der Arbeitgeber selbst, wenn er schwerbehindert ist (§ 75 Abs. 3), teilzeitbeschäftigte schwerbehinderte Menschen, wenn sie mehr als 18 Stunden wöchentlich beschäftigt sind (§ 75 Abs. 2), Inhaber eines Bergmannsversorgungsscheines (§ 75 Abs. 4) oder die in Heimarbeit Beschäftigten (§ 127 Abs. 6). 4

Die **Form des Verzeichnisses** wird nunmehr in Abs. 6 geregelt insofern, als die Verwendung von Vordrucken der Bundesagentur für Arbeit zwingend vorgeschrieben wird („sind ... zu verwenden"). Das Verzeichnis muss laufend geführt 5 werden, also Veränderungen zeitnah erfassen und immer auf dem neuesten Stand sein (*Düwell*, in: LPK-SGB IX, § 80 Rdnr. 3; *Müller-Wenner/Schorn*, SGB IX, § 80 Rdnr. 5). Das Verzeichnis ist vom Arbeitgeber bereitzuhalten, damit es den Vertretern/innen der Bundesagentur für Arbeit und des Integrationsamtes auf Verlangen vorgelegt werden kann. Ein Verstoß gegen Abs. 1 stellt eine **Ordnungswidrigkeit** dar und ist gemäß § 156 Abs. 1 Nr. 2 mit Bußgeld bewehrt (§ 156 Rdnr. 9).

C. Anzeigepflicht (Abs. 2)

6 Zweck der Anzeigepflicht ist es, den Dienststellen der Bundesagentur für Arbeit und den Integrationsämtern die Kenntnisse zu verschaffen, die zur Durchführung der gesetzlichen Bestimmungen notwendig sind. Hierfür nannte der frühere § 13 Abs. 2 SchwbG explizit die Angaben, die die Anzeige im Einzelnen enthalten musste. Diese Aufzählung ist entfallen und durch eine generelle Formulierung ersetzt worden. Hieraus ergeben sich dennoch keine Rechtsunsicherheiten für den Arbeitgeber, da gleichzeitig in Abs. 6 die zwingende Verwendung von **Vordrucken der Bundesagentur für Arbeit** eingeführt wurde, die allen Arbeitgebern zugesandt wird. Da davon auszugehen ist, dass in diesen Vordrucken nach allen relevanten Daten gefragt wird, bestand keine Notwendigkeit für den Gesetzgeber, diese nochmals im Gesetz ausdrücklich zu nennen.

7 Die Zweckbindung der Formulierung in Abs. 2 stellt aber andererseits sicher, dass die Bundesagentur nur nach solchen Angaben fragen kann, die „zur Berechnung des Umfangs der Beschäftigungspflicht, zur Überwachung ihrer Erfüllung und der Ausgleichsabgabe notwendig sind". Die Einhaltung dieser Zweckbindung unterliegt gegebenenfalls der **gerichtlichen Nachprüfung**.

8 Die Anzeige ist **einmal jährlich bis spätestens zum 31. März** für das vorangegangene Kalenderjahr zu erstatten und nach Monaten zu untergliedern. Es bedarf keiner gesonderten Aufforderung zur Abgabe der Anzeige durch die Agentur für Arbeit. Eine Möglichkeit zur Terminverlängerung sieht Abs. 2 nicht vor. Allerdings greifen die in Abs. 3 genannten Sanktionen erst dann, wenn der Arbeitgeber die Anzeige bis zum 30. Juni nicht erstattet hat. Hieraus kann geschlossen werden, dass die Bundesagentur für Arbeit dem Arbeitgeber bis zum 30. Juni eine Verlängerung gewähren kann. Insbesondere kann und muss die Agentur für Arbeit innerhalb dieser Frist bei unvollständigen Anzeigen oder wenn die Anzeige aus anderen Gründen Anlass zur Beanstandung gibt, den Arbeitgeber auffordern, seine Anzeige zu berichtigen.

9 Die **Verletzung der Anzeigepflicht** stellt eine Ordnungswidrigkeit nach § 156 Abs. 1 Nr. 3 dar und kann mit Bußgeld geahndet werden (§ 156 Rdnr. 10). Durch die Einführung des Zwangs zur Verwendung bestimmter Vordrucke der Bundesagentur in Abs. 6 ist nunmehr auch die Verletzung der Einhaltung der Form der Anzeige als Ordnungswidrigkeit verfolgbar.

10 Die **Anzeigepflicht** gilt nicht – anders als die Verpflichtung zur Führung eines Verzeichnisses nach Abs. 1 – für alle Arbeitgeber, sondern nur für die beschäftigungspflichtigen Arbeitgeber i. S. v. § 71, d. h. solche mit mehr als 20 Arbeitnehmern. Dies ergibt sich im Umkehrschluss aus Abs. 4, der ein gesondertes Anzeigeverfahren für nicht beschäftigungspflichtige Arbeitgeber vorschreibt.

11 Arbeitgeber mit mehreren Betrieben müssen die erforderlichen Daten für jeden Betrieb gesondert erfassen und in gebündelter Form der Agentur für Arbeit übermitteln, da maßgeblich für die Beschäftigungspflicht die Summe der Beschäftigungsverhältnisse aller Betriebe ist (*Schröder*, in: Hauck/Noftz, SGB IX, § 80 Rdnr. 8; *Düwell*, in: LPK-SGB IX, § 80 Rdnr. 7).

Der Arbeitgeber hat der Anzeige eine **Kopie des Verzeichnisses** nach Abs. 1 beizufügen und beide Dokumente in zweifacher Ausfertigung dem für seinen Sitz zuständigen Agentur für Arbeit (eine Ausfertigung zur Weiterleitung an das Integrationsamt) sowie in einfacher Ausfertigung dem Betriebs-, Personal-, Richter-, Staatsanwalts- oder Präsidialrat, der Schwerbehindertenvertretung und dem Beauftragten des Arbeitgebers zu übermitteln.

D. Rechtsfolgen bei Verletzung der Anzeigepflicht (Abs. 3)

Absatz 3 bestimmt die Rechtsfolgen, wenn ein Arbeitgeber bis zum 30. Juni die Daten „nicht, nicht richtig oder nicht vollständig" angezeigt hat. Ob eine Anzeige zum Stichtag eingegangen ist oder nicht und ob sie vollständig ist oder nicht, ist vergleichsweise einfach festzustellen. Schwieriger ist die Prüfung der Richtigkeit der Anzeige. Die Agentur für Arbeit prüft bei Eingang einer Anzeige (s. o. bei Abs. 2 Rdnr. 8) zunächst, ob die Angaben in sich stimmig und schlüssig sind. Ergeben sich hieraus keine Anhaltspunkte, so wird die Anzeige als richtig anzusehen sein.

Ergeben sich allerdings Unstimmigkeiten oder sind sonst Tatsachen bekannt, die Zweifel an der Richtigkeit begründen, so hat die Agentur für Arbeit zunächst den Arbeitgeber aufzufordern, seine Angaben zu berichtigen. Liegt dennoch am 30. Juni eines Jahres eine unrichtige Anzeige für das vorausgegangene Jahr vor, so verpflichtet Abs. 3 die Agentur für Arbeit, den Sachverhalt in tatsächlicher und rechtlicher Hinsicht zu prüfen und sodann einen **Feststellungsbescheid** (Verwaltungsakt) über die zur Berechnung der Zahl der Pflichtarbeitsplätze für schwerbehinderte Menschen und der besetzten Arbeitsplätze notwendigen Daten zu erlassen.

Zur Feststellung der Tatsachen ermittelt die Agentur für Arbeit von Amts wegen (Untersuchungsgrundsatz, § 20 SGB X) die Verhältnisse im Betrieb bzw. in der Dienststelle (*Schröder*, in: Hauck/Noftz, SGB IX, § 80 Rdnr. 15; *Müller-Wenner/Schorn*, SGB IX, § 80 Rdnr. 16). Hierbei bedient es sich „der Beweismittel, die" es „nach pflichtgemäßem Ermessen zur Ermittlung des Sachverhalts für erforderlich hält" (§ 21 SGB X). Nur ausnahmsweise kann das Amt die notwendigen Daten schätzen (*Cramer*, SchwbG, § 13 Rdnr. 16). Der **Feststellungsbescheid** tritt an die Stelle der Anzeige des Arbeitgebers oder korrigiert diese. Das zuständige Integrationsamt legt auf der Grundlage des Feststellungsbescheides die zu zahlende Ausgleichsabgabe fest.

Gegen den Feststellungsbescheid ist **Widerspruch** und **Anfechtungsklage** zulässig (§ 118 Abs. 2). Der Widerspruch hat keine aufschiebende Wirkung (§ 86a Abs. 2 Nr. 1 des geänderten SGG; vgl. auch § 77 Abs. 4 Satz 5).

E. Verfahren bei nicht bestehender Anzeigepflicht (Abs. 4)

Die Vorschrift übernimmt den bisherigen § 13 Abs. 2 Satz 5 SchwbG. Danach sind nur diejenigen, nicht beschäftigungspflichtigen Arbeitgeber (§ 71 Abs. 1) zur Anzeige verpflichtet, die von der Bundesagentur für Arbeit zum Zwecke einer repräsentativen Teilerhebung ausgewählt und aufgefordert werden. Für die Anzeige ist ebenfalls der **Vordruck** zu verwenden, der nach Abs. 6 von der Bundesagentur erstellt wird.

F. Auskunftspflicht (Abs. 5)

18 Die **Auskunftspflicht des Arbeitgebers** erschöpft sich nicht in der Erstellung des Verzeichnisses nach Abs. 1 und der Anzeige nach Abs. 2 oder 4, sondern geht darüber hinaus. Auf Verlangen der Agentur für Arbeit oder des Integrationsamtes haben Arbeitgeber, unabhängig von ihrer Beschäftigungspflicht, auch weitergehende Auskünfte zu erteilen, soweit diese Informationen zur Durchführung der „Regelungen zur Teilhabe schwerbehinderter und ihnen gleichgestellter behinderter Menschen am Arbeitsleben notwendig" sind (§§ 33–43).

19 Die **Auskünfte** können mündlich oder schriftlich angefordert und erteilt werden. Das jeweilige Amt hat die Notwendigkeit seines Auskunftsersuchens glaubhaft zu machen (*Cramer,* SchwbG, § 13 Rdnr. 19; *Neumann/Pahlen/Majerski-Pahlen,* SGB IX, § 80 Rdnr. 18).

20 Aus dem Grundsatz der **Verhältnismäßigkeit** und aus einer Analogie zu § 65 SGB I muss darüber hinaus geschlossen werden, dass die Agentur für Arbeit und das Integrationsamt z.B. dann keinen Anspruch auf Auskunftserteilung haben, wenn sie sich die gewünschten Informationen selber besorgen können. Der Arbeitgeber kann zudem gegen nicht erforderliche Auskünfte **Widerspruch** einlegen (§ 118).

21 Nach § 156 Abs. 1 Nr. 4 handelt ordnungswidrig, wer eine Auskunft nicht, nicht richtig, nicht vollständig oder nicht rechtzeitig erteilt (§ 156 Rdnr. 11). Das jeweilige Amt kann die Auskunftspflicht auch im Wege eines **Verwaltungsaktes** geltend machen und bei Verweigerung der Auskunft diese im Wege der Verwaltungsvollstreckung durchsetzen.

22 Welche Auskünfte eingeholt werden können, wird stark von dem nach Abs. 6 zu erstellenden **Vordruck der Bundesagentur für Arbeit** abhängen. Je mehr Fragen hier bereits gestellt werden, desto weniger Punkte bleiben offen. Auskünfte können z.B. erforderlich sein, um festzustellen, ob ein Arbeitgeber beschäftigungspflichtig ist oder nicht, ob weitere schwerbehinderte Menschen beschäftigt werden können, wie der schwerbehinderte Mensch eingesetzt ist, wie sein Arbeitsplatz ausgestaltet ist usw.

G. Verwenden von Vordrucken (Abs. 6)

23 Die Regelung ist mit der Absicht in den § 80 eingefügt, Probleme, die sich im alten SchwbG (§ 13) gestellt hatten, zu beheben. Aus dem Fehlen einer bestimmten, gesetzlich vorgeschriebenen Form ergaben sich Lücken im Rahmen der Bußgeldvorschriften (früher § 68 SchwbG, jetzt § 156), da mangels vorgeschriebener Form eine Verletzung von **Formvorschriften** nicht vorliegen und deshalb auch nicht geahndet werden konnte.

24 Nach neuem Recht handelt der **ordnungswidrig,** der das Verzeichnis nach Abs. 1 nicht in der vorgeschriebenen Weise führt, das bedeutet, wer den Vordruck nicht vollständig und ordnungsgemäß ausfüllt (§ 156 Abs. 1 Nr. 2, § 156 Rdnr. 9). Die Vordrucke „sind" zu verwenden, stellen also zwingend die vom Arbeitgeber zu verwendende Form des Verzeichnisses dar. Dasselbe gilt für die Anzeige nach Abs. 2 (§ 156 Abs. 1 Nr. 3, § 156 Rdnr. 10).

25 Die **Vordrucke** erstellt die Bundesagentur für Arbeit und stimmt sie mit der Bundesarbeitsgemeinschaft der Integrationsämter ab. Die Bundesagentur für Arbeit „soll" ferner die Möglichkeit für den elektronischen Datenaustausch eröffnen.

H. Einblick in den Betrieb (Abs. 7)

Die Vorschrift übernimmt den früheren § 13 Abs. 4 SchwbG und regelt die 26
Voraussetzungen, unter denen der Beauftragte der Bundesagentur für Arbeit und
das Integrationsamt Einblick in den Betrieb oder die Dienststelle eines privaten
bzw. öffentlichen Arbeitgebers nehmen kann. Klarstellend hinzu gekommen ist,
dass dieser Einblick nur „auf Verlangen" zu gewähren ist.

Die **Einblicknahme** ist zulässig, wenn und soweit dies im Interesse der schwer- 27
behinderten Menschen erforderlich ist. Insofern stellt Abs. 7 strengere Anforderungen als Abs. 5 (Auskunftspflicht). Es bedarf eines konkreten Bedarfs für Sachaufklärung beispielsweise im Zusammenhang mit einer beabsichtigten Kündigung oder bei der Frage, ob auf unbesetzten Arbeitsplätzen schwerbehinderte Menschen beschäftigt werden können (*Neumann/Pahlen/Majerski-Pahlen*, SGB IX, § 80 Rdnr. 22 m.w.N.).

Der Arbeitgeber kann die **Einblicknahme verweigern**, wenn hierdurch Be- 28
triebs- oder Dienstgeheimnisse gefährdet werden. Dies muss er glaubhaft machen
und ggf. beweisen (*Müller-Wenner/Schorn*, SGB IX, § 80 Rdnr. 19). Bei schuldhafter Weigerung des Arbeitgebers liegt eine Ordnungswidrigkeit nach § 156
Abs. 1 Nr. 5 vor (§ 156 Abs. 1 Nr. 5, § 156 Rdnr. 12).

I. Benennung der Vertrauenspersonen und Beauftragten (Abs. 8)

Die Vorschrift dient der Zusammenarbeit zwischen den Agenturen für Arbeit, 29
den Integrationsämtern und den gewählten Mitgliedern der **Schwerbehindertenvertretung** (§ 94 Abs. 1 Satz 1–3 und § 97 Abs. 1–5) sowie dem **Beauftragten des Arbeitgebers** (§ 98 Satz 1).

Der Arbeitgeber hat daher „unverzüglich" nach der Wahl bzw. Benennung 30
diese Personen (auch die Stellvertreter) mit Namen, Anschrift und Stellung im
Betrieb an das jeweils für den Sitz des Betriebes, in dem gewählt/benannt wurde,
zuständigen Agentur für Arbeit und Integrationsamt zu melden. Eine bestimmte
Form ist nicht vorgeschrieben (*Neumann/Pahlen/Majerski-Pahlen*, SGB IX, § 80
Rdnr. 28). Bei dem Beauftragten des Arbeitgebers ist für die Auswahl des zuständigen Amtes entscheidend, für welchen Betrieb oder welche Betriebe bzw.
Dienststellen er benannt wurde. Ein schuldhafter Verstoß gegen die Vorschrift
wird als Ordnungswidrigkeit nach § 156 Abs. 1 Nr. 6 behandelt (§ 156 Rdnr. 13).

J. Bericht der Bundesagentur für Arbeit (Abs. 9)

Die Bundesagentur für Arbeit, die auch bisher in regelmäßigen Zeitabständen ei- 31
ne **Statistik** über die Ergebnisse der Anzeigen der Arbeitgeber veröffentlichte, wird
verpflichtet, die Beschäftigungsquote der einzelnen öffentlichen Arbeitgeber jährlich bekannt zu geben. Die Beschränkung auf die öffentlichen Arbeitgeber dürfte
ihre Begründung in der besonderen Vorbildfunktion dieser Arbeitgeber haben.

§ 81 Pflichten des Arbeitgebers und Rechte schwerbehinderter Menschen

(1) ¹**Die Arbeitgeber sind verpflichtet zu prüfen, ob freie Arbeitsplätze mit schwerbehinderten Menschen, insbesondere mit bei der Agentur für Arbeit arbeitslos oder arbeitsuchend gemeldeten schwerbehinderten Menschen, besetzt werden können.** ²**Sie nehmen frühzeitig Verbindung**

mit der Agentur für Arbeit auf. ³Die Bundesagentur für Arbeit oder ein Integrationsfachdienst schlägt den Arbeitgebern geeignete schwerbehinderte Menschen vor. ⁴Über die Vermittlungsvorschläge und vorliegende Bewerbungen von schwerbehinderten Menschen haben die Arbeitgeber die Schwerbehindertenvertretung und die in § 93 genannten Vertretungen unmittelbar nach Eingang zu unterrichten. ⁵Bei Bewerbungen schwerbehinderter Richter und Richterinnen wird der Präsidialrat unterrichtet und gehört, soweit dieser an der Ernennung zu beteiligen ist. ⁶Bei der Prüfung nach Satz 1 beteiligen die Arbeitgeber die Schwerbehindertenvertretung nach § 95 Abs. 2 und hören die in § 93 genannten Vertretungen an. ⁷Erfüllt der Arbeitgeber seine Beschäftigungspflicht nicht und ist die Schwerbehindertenvertretung oder eine in § 93 genannte Vertretung mit der beabsichtigten Entscheidung des Arbeitgebers nicht einverstanden, ist diese unter Darlegung der Gründe mit ihnen zu erörtern. ⁸Dabei wird der betroffene schwerbehinderte Mensch angehört. ⁹Alle Beteiligten sind vom Arbeitgeber über die getroffene Entscheidung unter Darlegung der Gründe unverzüglich zu unterrichten. ¹⁰Bei Bewerbungen schwerbehinderter Menschen ist die Schwerbehindertenvertretung nicht zu beteiligen, wenn der schwerbehinderte Mensch die Beteiligung der Schwerbehindertenvertretung ausdrücklich ablehnt.

(2) ¹Arbeitgeber dürfen schwerbehinderte Beschäftigte nicht wegen ihrer Behinderung benachteiligen. ²Im Einzelnen gilt hierzu Folgendes:

1. Ein schwerbehinderter Beschäftigter darf bei einer Vereinbarung oder einer Maßnahme, insbesondere bei der Begründung des Arbeits- oder sonstigen Beschäftigungsverhältnisses, beim beruflichen Aufstieg, bei einer Weisung oder einer Kündigung, nicht wegen seiner Behinderung benachteiligt werden. Eine unterschiedliche Behandlung wegen der Behinderung ist jedoch zulässig, soweit eine Vereinbarung oder eine Maßnahme die Art der von dem schwerbehinderten Beschäftigten auszuübenden Tätigkeit zum Gegenstand hat und eine bestimmte körperliche Funktion, geistige Fähigkeit oder seelische Gesundheit wesentliche und entscheidende berufliche Anforderung für diese Tätigkeit ist. Macht im Streitfall der schwerbehinderte Beschäftigte Tatsachen glaubhaft, die eine Benachteiligung wegen der Behinderung vermuten lassen, trägt der Arbeitgeber die Beweislast dafür, dass nicht auf die Behinderung bezogene, sachliche Gründe eine unterschiedliche Behandlung rechtfertigen oder eine bestimmte körperliche Funktion, geistige Fähigkeit oder seelische Gesundheit wesentliche und entscheidende berufliche Anforderung für diese Tätigkeit ist.
2. Wird gegen das in Nummer 1 geregelte Benachteiligungsverbot bei der Begründung eines Arbeits- oder sonstigen Beschäftigungsverhältnisses verstoßen, kann der hierdurch benachteiligte schwerbehinderte Bewerber eine angemessene Entschädigung in Geld verlangen; ein Anspruch auf Begründung eines Arbeits- oder sonstigen Beschäftigungsverhältnisses besteht nicht.
3. Wäre der schwerbehinderte Bewerber auch bei benachteiligungsfreier Auswahl nicht eingestellt worden, leistet der Arbeitgeber eine angemessene Entschädigung in Höhe von höchstens drei Monatsverdiensten. Als Monatsverdienst gilt, was dem schwerbehinderten Bewerber bei regelmäßiger Arbeitszeit in dem Monat, in dem das Arbeits- oder sonstige Beschäftigungsverhältnis hätte begründet werden sollen, an Geld- und Sachbezügen zugestanden hätte.

4. Ein Anspruch auf Entschädigung nach den Nummern 2 und 3 muss innerhalb von zwei Monaten nach Zugang der Ablehnung der Bewerbung schriftlich geltend gemacht werden.
5. Die Regelungen über die angemessene Entschädigung gelten beim beruflichen Aufstieg entsprechend, wenn auf den Aufstieg kein Anspruch besteht.

(3) ¹Die Arbeitgeber stellen durch geeignete Maßnahmen sicher, dass in ihren Betrieben und Dienststellen wenigstens die vorgeschriebene Zahl schwerbehinderter Menschen eine möglichst dauerhafte behinderungsgerechte Beschäftigung finden kann. ²Absatz 4 Satz 2 und 3 gilt entsprechend.

(4) ¹Die schwerbehinderten Menschen haben gegenüber ihren Arbeitgebern Anspruch auf
1. Beschäftigung, bei der sie ihre Fähigkeiten und Kenntnisse möglichst voll verwerten und weiterentwickeln können,
2. bevorzugte Berücksichtigung bei innerbetrieblichen Maßnahmen der beruflichen Bildung zur Förderung ihres beruflichen Fortkommens,
3. Erleichterungen im zumutbaren Umfang zur Teilnahme an außerbetrieblichen Maßnahmen der beruflichen Bildung,
4. behinderungsgerechte Einrichtung und Unterhaltung der Arbeitsstätten einschließlich der Betriebsanlagen, Maschinen und Geräte sowie der Gestaltung der Arbeitsplätze, des Arbeitsumfeldes, der Arbeitsorganisation und der Arbeitszeit, unter besonderer Berücksichtigung der Unfallgefahr,
5. Ausstattung ihres Arbeitsplatzes mit den erforderlichen technischen Arbeitshilfen

unter Berücksichtigung der Behinderung und ihrer Auswirkungen auf die Beschäftigung. ²Bei der Durchführung der Maßnahmen nach den Nummern 1, 4 und 5 unterstützt die Bundesagentur für Arbeit und die Integrationsämter die Arbeitgeber unter Berücksichtigung der für die Beschäftigung wesentlichen Eigenschaften der schwerbehinderten Menschen. ³Ein Anspruch nach Satz 1 besteht nicht, soweit seine Erfüllung für den Arbeitgeber nicht zumutbar oder mit unverhältnismäßigen Aufwendungen verbunden wäre oder soweit die staatlichen oder berufsgenossenschaftlichen Arbeitsschutzvorschriften oder beamtenrechtliche Vorschriften entgegenstehen.

(5) ¹Die Arbeitgeber fördern die Einrichtung von Teilzeitarbeitsplätzen. ²Sie werden dabei von den Integrationsämtern unterstützt. ³Schwerbehinderte Menschen haben einen Anspruch auf Teilzeitbeschäftigung, wenn die kürzere Arbeitszeit wegen Art oder Schwere der Behinderung notwendig ist; Absatz 4 Satz 3 gilt entsprechend.

Schrifttum: *Blens,* Berechtigtes Informationsinteresse und Diskriminierungsverbot – Welche Fragen darf der Arbeitgeber bei Einstellung eines behinderten Bewerbers stellen?, DB 2003, 1734; *Braun,* Die Pflicht des öffentlichen Arbeitgebers zur Einladung schwerbehinderter Bewerber, RiA 2004, 261; *ders.,* Der Entschädigungsanspruch schwerbehinderter Beschäftigter gemäß § 81 SGB IX, FA 2005, 36; *Großmann,* Prüfungspflicht, Benachteiligungsverbot und Entschädigungsanspruch im Zusammenhang mit der Einstellung von schwerbehinderten Menschen nach § 81 SGB IX, BehindertenR 2003, 165; *Joussen,* Si tacuisses – Der aktuelle Stand zum Fragerecht des Arbeitgebers nach der Schwerbehinderung, NJW 2003, 2857; *Lambrich/Thüsing,* Das Fragerecht des Arbeitgebers – aktuelle Probleme zu einem klassischen Thema, BB 2002, 1146; *Messingschlager,* „Sind sie schwerbehindert?" – Das Ende der (un)beliebten Frage, NZA 2003, 301; *Neumann,* Die unterlassene Beteiligung der Agentur für Arbeit bei der Stellenbesetzung schwerbehinderter Menschen, BehindertenR 2004, 103; *Rolfs/ Paschke*, Die Pflichten und die Rechte schwerbehinderter Arbeitnehmer nach § 81 SGB IX, BB 2002, 1260; *Seidel*, Der Anspruch Schwerbehinderter innerhalb bestehender Arbeitsverhältnisse auf Durchführung von Integrationsmaßnahmen gegenüber Arbeitgebern nach § 14 Abs. 3 Satz 1 und 3 und § 14 Abs. 4 SchwbG, BehindertenR 2001, 45; *ders.*, Der Anspruch schwerbehinderter Menschen innerhalb bestehender Arbeitsverhältnisse auf Teilzeitbeschäftigung, BehindertenR 2001, 153; *ders.*, Der Beitrag des Personalrats bei der Eingliederung Schwerbehinderter, PersR 2004, 303; *Thüsing*, Handlungsbedarf im Diskriminierungsrecht, NZA 2001, 1061; *Trümmer*, Das Fragerecht des Arbeitgebers, FA 2003, 34.

Inhaltsübersicht

	Rdnr.
A. Allgemeines	1
B. Pflicht des Arbeitgebers zur Prüfung von Einstellungsmöglichkeiten für schwerbehinderte Menschen/Beteiligungspflichten (Abs. 1)	2–14
C. Benachteiligungsverbot und Entschädigungsanspruch (Abs. 2)	15–34
I. Begründung des Arbeitsverhältnisses (Nr. 1)	16–23
II. Entschädigungspflicht (Nr. 2)	24–28
III. Begrenzung der Entschädigung (Nr. 3)	29–31
IV. Frist für die Geltendmachung (Nr. 4)	32
V. Beruflicher Aufstieg (Nr. 5)	33, 34
D. Behinderungsgerechte Beschäftigung (Abs. 3)	35–38
E. Ansprüche schwerbehinderter Menschen gegen ihre Arbeitgeber (Abs. 4)	39–57
I. Anspruch auf Beschäftigung (Nr. 1)	41–46
II. Betriebliche Bildung (Nr. 2 und 3)	47, 48
III. Behinderungsgerechte Gestaltung des Arbeitsplatzes (Nr. 4)	49–53
IV. Ausstattung des Arbeitsplatzes (Nr. 5)	54–57
F. Förderung von Teilzeitarbeitsplätzen (Abs. 5)	58–66

A. Allgemeines

1 Absatz 1 enthält die Pflicht der Arbeitgeber zur Prüfung von Einstellungsmöglichkeiten für schwerbehinderte Menschen. Ergänzend hierzu enthält Abs. 2 die notwendigen Regelungen, um die Benachteiligung schwerbehinderter Menschen im Arbeitsverhältnis zu verhindern, sowie – entsprechend § 611a BGB – ggf. eine Entschädigung bei einem Verstoß gegen das **Benachteiligungsverbot** zu erhalten. Insoweit dienen die Regelungen des Abs. 2 auch der Umsetzung der Richtlinie des Rates der Europäischen Union zur Festlegung eines allgemeinen Rahmens für die Verwirklichung der Gleichbehandlung in Beschäftigung und Beruf (Richtlinie 2000/78/EG des Rates v. 27. 11. 2000).

B. Pflicht des Arbeitgebers zur Prüfung von Einstellungsmöglichkeiten für schwerbehinderte Menschen/ Beteiligungspflichten (Abs. 1)

2 Die Vorschrift gilt sowohl für den privaten wie auch den öffentlichen Arbeitgeber und zwar unabhängig davon, ob er beschäftigungspflichtig ist oder nicht, die Pflichtplätze bereits besetzt oder noch freie Pflichtplätze vorhanden sind. Die Pflichten aus § 81 sind Pflichten gegenüber dem schwerbehinderten Menschen, die Pflichten aus § 71 bestehen gegenüber dem Staat. Sie bestehen daher nebeneinander und können unabhängig voneinander verletzt werden. Die Vorschrift des

Abs. 1 gibt dem schwerbehinderten Menschen allerdings **keinen** individuellen, gerichtlich durchsetzbaren **Einstellungsanspruch**. Der Arbeitgeber ist zwar ggf. nach § 71 zur Einstellung einer bestimmten Zahl schwerbehinderter Menschen verpflichtet, aber bei der Auswahl der konkreten Personen hat er ein Letztentscheidungsrecht ebenso wie bei der Frage, ob er einen Arbeitsplatz neu schaffen oder neu besetzen will. Ein Druckmittel zur Einstellung schwerbehinderter Menschen liegt aber bei den Mitwirkungsrechten des Betriebsrates (vgl. unten Rdnr. 14).

Absatz 1 verpflichtet den Arbeitgeber, die **Einstellungsmöglichkeiten** für 3 schwerbehinderte Menschen **zu prüfen** und hierzu frühzeitig mit der Agentur für Arbeit Kontakt aufzunehmen. Dies gilt vor allem bei beabsichtigten Neueinstellungen auf neu geschaffenen Arbeitsplätzen (auch bei befristeten Arbeitsplätzen), aber auch dann, wenn infolge einer Umsetzung ein Arbeitsplatz frei wird oder ein freier Arbeitsplatz aus den vorhandenen Arbeitnehmern besetzt werden soll. Kein Arbeitsplatz im Sinne der Vorschrift ist die Stelle des Arbeitgebers selber, die der Gesellschafter einer Personengesellschaft oder die der Mitglieder von Organen einer juristischen Person. Im öffentlichen Dienst sind die Stellen der Minister und Staatssekretäre sowie grundsätzlich alle Stellen, deren Inhaber gewählt werden, vom Geltungsbereich ausgenommen. Eine Prüfpflicht für den Arbeitgeber entfällt, wenn er zur Einstellung bestimmter Personen verpflichtet ist, z.B. bei Wiedereinstellung nach lösender Aussperrung oder bei der Einstellung von Lehramtsanwärtern oder Referendaren in den Vorbereitungsdienst.

Die Prüfpflicht des Arbeitgebers besteht unabhängig davon, ob Bewerbungen 4 schwerbehinderter Menschen vorliegen oder nicht (ErfKo-*Rolfs*, SGB IX, § 81 Rdnr. 1). Unerheblich ist auch, ob der Arbeitgeber nach § 71 Abs. 1 zur Beschäftigung schwerbehinderter Menschen verpflichtet ist (ErfKo-*Rolfs*, SGB IX, § 81 Rdnr. 1). Die Prüfpflicht des Arbeitgebers entfällt nicht allein deshalb, weil er bereits die Pflichtquote nach den §§ 71 ff. erfüllt hat (*Braun*, RiA 2004, 261). Die Prüfpflicht gilt für alle Arten von Stellenbesetzungen, auch für innerbetriebliche Versetzungen (*Schröder*, in: Hauck/Noftz, SGB IX, § 81 Rdnr. 4; *Müller-Wenner/Schorn*, SGB IX, § 81 Rdnr. 6).

Arbeitgeber haben nach Abs. 1 Satz 2 bei Stellenbesetzungen frühzeitig mit der 5 Bundesagentur für Arbeit Kontakt aufzunehmen. Ein Verstoß hiergegen ist in anbetracht der Wortlauts von § 156 nicht bußgeldbewehrt (a.A. *Neumann*, BehindertenR 2004, 103, der § 156 Abs. 1 Nr. 7 für erfüllt sieht, weil der Verstoß gegen Verpflichtung zur Einschaltung der Bundesagentur für Arbeit zu einer unrichtigen Unterrichtung bzw. zum Unterlassen der Unterrichtung der Schwerbehindertenvertretung führt).

Da es Ziel bleibt, die Arbeitslosigkeit schwerbehinderter Menschen abzubauen, 6 muss der Arbeitgeber bei der Prüfung bevorzugt solche Menschen berücksichtigen, die bei der Bundesagentur für Arbeit arbeitslos oder arbeitsuchend gemeldet sind. Die **Bundesagentur für Arbeit** oder ein von ihr beauftragter **Integrationsfachdienst** (§ 109) schlägt geeignete Bewerber vor, d.h. solche Bewerber, die grundsätzlich den gestellten Qualifikationsanforderungen entsprechen. Es genügt nach überwiegender Meinung nicht, etwaige von schwerbehinderten Menschen eingehende Bewerbungen bei der Auswahl zu berücksichtigen. Die Verpflichtung zur Prüfung von Beschäftigungsmöglichkeiten greift vielmehr bereits im Planungsstadium, d.h. beim Verfassen einer Anzeige oder Ausschreibung sowie der „frühzeitigen" Kontaktaufnahme mit der Agentur für Arbeit. Hierbei besteht keine Verpflichtung des Arbeitgebers, sich durch die Ankündigung, dass eine Einstellung von schwerbehinderten Menschen bei gleicher Eignung bevorzugt erfolge, selber zu binden (im öffentlichen Dienst allerdings eine verbreitete Verwaltungspraxis).

§ 81 7–14 Teil 2. Schwerbehindertenrecht

7 Die Vorschrift verpflichtet den Arbeitgeber weiterhin dazu, die Schwerbehindertenvertretung (§ 94) und die anderen in § 93 genannten Vertretungen zu informieren und zu konsultieren. Ein Verstoß gegen die Pflichten aus Satz 4, 9 bzw. 7 stellt eine **Ordnungswidrigkeit** nach § 156 Abs. 1 Nr. 7 bzw. 8 dar. Der Arbeitgeber hat die genannten Vertretungen zunächst über die eingegangenen Bewerbungen und die Vermittlungsvorschläge der Bundesagentur für Arbeit und des Integrationsfachdienstes unmittelbar nach Eingang zu informieren.

8 Nach Abs. 1 Satz 4 hat der Arbeitgeber die Schwerbehindertenvertretung und die betriebliche Interessenvertretung zu unterrichten. Die Unterrichtung der Schwerbehindertenvertretung über die betriebliche Interessenvertretung ist nicht ausreichend. Die Schwerbehindertenvertretung ist unmittelbar zu unterrichten (*BAG* v. 15. 2. 2005, 9 AZR 635/03).

9 Bei der Besetzung von Drittmittel finanzierten Arbeitsplätzen im Forschungsbereich von Universitäten besteht kein Anspruch der Schwerbehindertenvertretung auf Unterrichtung und Mitwirkung bei der Stellenbesetzung (*ArbG Marburg* v. 10. 12. 2004, 2 BV 4/04).

10 Nach Abschluss der Bewerbungsphase bezieht der Arbeitgeber die genannten Vertretungen bei der Prüfung mit ein und hört sie zu der Frage, ob ein konkreter freier Arbeitsplatz mit einem schwerbehinderten Menschen besetzt werden kann (Satz 6). Es ist jetzt eine Prüfung in jedem Einzelfall vorzunehmen. Hierbei ist die jeweilige Behinderung und ihre Relevanz für den konkreten Arbeitsplatz zu berücksichtigen. Bestimmte Behinderungen werden den Einsatz auf bestimmten Arbeitsplätzen daher ausschließen. Auszugehen ist dabei von dem Arbeitsplatz, wie er zum Zeitpunkt des Auswahlverfahrens ist, und nicht, wie er ggf. vom Arbeitgeber behindertengerecht ausgestaltet werden könnte. Im öffentlichen Dienst wird von Beamten dagegen nur ein „Mindestmaß körperlicher Eignung" verlangt (§ 13 Bundeslaufbahnverordnung).

11 Damit der Arbeitgeber seiner Prüfpflicht genügen kann, muss der Bewerber die aus seiner Behinderung resultierenden Leistungseinschränkungen mitteilen. Ihn trifft insoweit eine **Offenbarungspflicht.**

12 Eine über die **Anhörungspflicht** des Satzes 6 hinausgehende Pflicht zur Erörterung der beabsichtigten Entscheidung (Satz 7) ergibt sich, wenn:
a) der Arbeitgeber seine Beschäftigungspflicht aus § 71 nicht erfüllt, also Pflichtplätze unbesetzt sind, *und*
b) die Schwerbehindertenvertretung oder eine der in § 93 genannten Vertretungen mit der geplanten Entscheidung nicht einverstanden sind.
Der Arbeitgeber hat daraufhin seine Absicht unter Darlegung der Gründe mit den genannten Vertretungen zu erörtern. Hierbei ist der betroffene schwerbehinderte Mensch anzuhören (Satz 8). Der Arbeitgeber bleibt aber in seiner Entscheidung frei. Unterlässt er allerdings die Erörterung mit den genannten Gremien nach Satz 7, begeht er eine **Ordnungswidrigkeit** (vgl. oben Rdnr. 7; § 156 Abs. 1). Dasselbe gilt, falls der Arbeitgeber im Anschluss an seine getroffene Entscheidung (§ 156 Rdnr. 15) diese den Beteiligten nicht unverzüglich unter Darlegung der Gründe mitteilt (Satz 9 i. V. m. § 156 Abs. 1 Nr. 7).

13 Der Verstoß des Arbeitgebers gegen seine Verpflichtung nach Abs. 1 Satz 9 lässt eine Benachteiligung wegen der Behinderung vermuten (*ArbG Frankfurt/M* v. 19. 2. 2003, BehindertenR 2004, 199). Eine Beteiligung der **Schwerbehindertenvertretung** findet nicht statt, wenn der schwerbehinderte Mensch dies ausdrücklich ablehnt (Satz 10).

14 Der **Betriebsrat** hat die Aufgabe, die Eingliederung schwerbehinderter Menschen zu fördern (§ 80 Abs. 1 Ziff. 4 BetrVG) und kann nach § 99 BetrVG seine Zustimmung zur Einstellung eines (nicht behinderten) Bewerbers verweigern, wenn die Vorschrift des § 81 Abs. 1, insbesondere die Prüfpflicht, nicht eingehalten wurde (*Düwell*, in: LPK-SGB IX, § 81 Rdnr. 22; *Müller-Wenner/Schorn*, SGB IX, § 81 Rdnr. 21). Entsprechendes gilt für die Personalvertretung im öffentlichen Dienst (§ 77 Abs. 2 Nr. 1 BPersVG). Das Mitbestimmungsrecht des Betriebsrats entfällt aber, wenn der schwerbehinderte Bewerber seinen Status verschweigt.

C. Benachteiligungsverbot und Entschädigungsanspruch (Abs. 2)

Absatz 2 ist setzt europäisches Recht um (vgl. oben Rdnr. 1). Entsprechend **15** § 611a BGB wird außerdem in Nr. 2 eine **Entschädigungspflicht** bei Verstoß gegen das Benachteiligungsverbot eingeführt. Den Grundsatz stellt Satz 1 auf: „Arbeitgeber dürfen schwerbeschädigte Beschäftigte nicht wegen ihrer Behinderung benachteiligen." Wann eine solche Benachteiligung vorliegt und wer dies im Streitfall zu beweisen hat, regelt die Nr. 1. Das Verbot der Benachteiligung schwerbehinderter Menschen bindet auch die Tarif- und Betriebsparteien (*BAG* v. 18. 11. 2003, NZA 2004, 545).

I. Begründung des Arbeitsverhältnisses (Nr. 1)

Als Benachteiligung gilt jede Differenzierung rechtlicher oder tatsächlicher Art, **16** die entweder unmittelbar an die Behinderung anknüpft oder die auf bestimmte Merkmale abstellt, die nur der Behinderte bzw. nur der Nicht-Behinderte aufweist und so den behinderten Menschen aus sachfremden Gründen ungünstiger behandelt als andere Beschäftigte in vergleichbarer Lage. Das **Benachteiligungsverbot** findet Anwendung bei einer „Vereinbarung oder einer Maßnahme". Diese Termini bilden den Oberbegriff, der dann beispielhaft konkretisiert wird: Von der Begründung eines Beschäftigungsverhältnisses über eine Weisung bis zur Kündigung.

Das Benachteiligungsverbot gilt auch bei der Beendigung des Arbeitsverhältnis- **17** ses. Tarifvertragliche Regelungen, die das Ausscheiden eines schwerbehinderten Beschäftigten vor Vollendung des 65. Lebensjahres bei Altersrente wegen Schwerbehinderung vorsehen, stellen keine unzulässige Benachteiligung nach Abs. 2 Satz 2 Nr. 1 Satz 1 dar (*BAG* v. 27. 4. 2004, 9 AZR 18/03).

Eine Benachteiligung wegen der Behinderung ist dann zu bejahen, wenn die **18** Behinderung des Bewerbers zumindest eins von mehreren Motiven für die ablehnende Entscheidung des Arbeitgebers ist. Es muss ein kausaler Zusammenhang zwischen der Behinderung des Bewerbers und der Maßnahme bestehen (ErfKo-*Rolfs*, SGB IX, § 81 Rdnr. 6). Das Benachteiligungsverbot verbietet nicht nur die unmittelbare, sondern auch die mittelbar auf die Behinderung bezogene Ungleichbehandlung (*BAG* v. 27. 4. 2004, 9 AZR 18/03; *BAG* v. 18. 11. 2003, AP Nr. 4 zu § 81 SGB IX).

Nicht die Benachteiligungsmaßnahme als solche ist entscheidend, sondern **19** der Benachteiligungsgrund (*LAG Nürnberg* v. 1. 4. 2004, 7 SHa 4/04; *Neumann/Pahlen/Majerski-Pahlen*, SGB IX, § 81 Rdnr. 14). Ein Entschädigungsanspruch wegen Verstoßes gegen das Benachteiligungsverbot ist nicht gegeben, wenn der Bewerber nicht von vornherein wegen seiner Schwerbehinderung, sondern wegen fehlender Übereinstimmung mit dem Anforderungsprofil abgelehnt wird (*LAG Hamm* v. 4. 6. 2004, 15 Sa 2047/03).

Laut Urteil des Bundesarbeitsgerichts v. 5. 10. 1995 (NJW 1996, 2323) ist der **20** Bewerber verpflichtet, auf Befragen seine Schwerbehinderteneigenschaft bekannt zu machen. Beantwortet der Bewerber die Frage des Arbeitgebers vorsätzlich falsch, so steht diesem ein Recht zur Anfechtung des Arbeitsvertrags wegen arglistiger Täuschung zu (§ 123 BGB). Auch wenn der Arbeitgeber die Frage nach der Schwerbehinderteneigenschaft nicht stellt, es aber für den Bewerber erkennbar war, dass er die angebotene Arbeit wegen seiner Behinderung nicht würde ausfüllen können und er seine Behinderung verschweigt, so hat der Arbeitgeber ebenfalls das Recht aus § 123 BGB wegen arglistigen Verschweigens. Fraglich ist, ob § 81 Abs. 2 Nr. 1 dieser Rechtsprechung bzgl. der Frage nach der Schwerbehinderung im Vorstellungsgespräch entgegensteht. Die überwiegende Meinung hält eine diesbezügliche Frage für unzulässig (ErfKo-*Rolfs*, SGB IX, § 81 Rdnr. 6; *Bachmann*, ZfA 2003, 43; *Joussen*, NJW 2003, 2857; *Kopperfels-Spies*, AuR 2004, 43; *Messingschlager*, NZA 2003, 301; *Düwell*, BB 2001, 1527; a.A. *Schaub*, NZA 2003, 299).

21 Eine unterschiedliche Behandlung des behinderten Menschen gegenüber anderen Beschäftigten ist grundsätzlich zulässig, wenn die Differenzierung nicht auf der Behinderung beruht. Eine **unterschiedliche Behandlung** ist aber auch *wegen* der Behinderung ausdrücklich zulässig, wenn die von dem Beschäftigten geforderte Tätigkeit ihm aufgrund seiner Behinderung nicht möglich ist. Eine bestimmte körperliche Funktion, geistige Fähigkeit oder seelische Gesundheit muss allerdings für die geforderte Tätigkeit eine „wesentliche und entscheidende" Anforderung darstellen. Es genügt daher nicht, wenn die Tätigkeit von einem Nicht-Behinderten lediglich schneller ausgeführt werden könnte, außer dies wäre, z.B. wegen eines fixen Liefertermins, unabdingbarer Bestandteil der auszuführenden Tätigkeit.

22 Im Streitfall muss der schwerbehinderte Beschäftigte die Ungleichbehandlung darlegen und **Tatsachen glaubhaft machen** (d.h. als wahrscheinlich erscheinen lassen), die eine Benachteiligung wegen seiner Behinderung vermuten lassen (ErfKo-*Rolfs*, SGB IX, § 81 Rdnr. 8). Der Arbeitgeber trägt sodann die **Beweislast** dafür, dass es nicht die Behinderung war, die den Grund für die Ungleichbehandlung darstellte, sondern dass es hierfür sachliche Gründe gab bzw. dass eine bestimmte körperliche Funktion, geistige Fähigkeit oder seelische Gesundheit unabdingbare Voraussetzung für die in Frage stehende Tätigkeit war. Diese Beweislastverteilung entspricht der bereits in § 611a BGB bestehenden Regelung. Dementsprechend ist auch in Nummer 1 ein nachgeschobener Grund in der Regel nicht als „sachlicher" Grund anzuerkennen.

23 Die Verletzung der Verpflichtung nach § 82 Satz 2, einen schwerbehinderten Bewerber zu einem Vorstellungsgespräch einzuladen, lässt eine Benachteiligung nach Abs. 2 Nr. 1 Satz 3 vermuten (*ArbG Berlin* v. 10. 10. 2003, BehindertenR 2004, 110). Ebenso wird eine Benachteiligung vermutet, wenn die Schwerbehindertenvertretung bei der Stellenbewerbung entgegen § 81 Abs. 1 Satz 4 nicht ausreichend beteiligt wurde („unmittelbare Unterrichtung"). Die Vermutung kann aber widerlegt werden, wenn der Arbeitgeber darlegt, dass vom Bewerber nicht erfüllte Arbeitsplatzanforderungen zur Ablehnung der Bewerbung geführt haben (*BAG* v. 15. 2. 2005, EzA-SD 2005, Nr. 14, 14–15).

II. Entschädigungspflicht (Nr. 2)

24 Die Vorschrift regelt die **Entschädigungspflicht** im Falle einer nachgewiesenen Benachteiligung. Die Entschädigungspflicht setzt kein Verschulden voraus, sondern knüpft ihre Rechtsfolgen allein an den objektiven Verstoß gegen das Benachteiligungsverbot der Nr. 1. Auch wenn die Entschädigungspflicht kein Verschulden des Arbeitgebers voraussetzt, so ist ohne Kenntnis des Arbeitgebers von der Schwerbehinderteneigenschaft des Bewerbers ein Entschädigungsanspruch des Bewerbers nicht gegeben (*LAG Nürnberg* v. 1. 4. 2004, 7 SHa 4/04).

25 Der Entschädigungsanspruch wird nicht dadurch ausgeschlossen oder gemindert, dass es der schwerbehinderte Bewerber unterlassen hat, im Wege der arbeitsrecht-

lichen Konkurrentenklage gegen den anderen Bewerber vorzugehen (*BAG* v. 28. 5. 2002, AP Nr. 56 zu Art. 33 GG; ErfKo-*Rolfs,* SGB IX, § 81 Rdnr. 10).

Nummer 2 betrifft nur die Benachteiligung bei der **Begründung** eines **Arbeits-** oder sonstigen **Beschäftigungsverhältnisses,** nicht aber eine Benachteiligung bei den übrigen in Nr. 1 genannten Maßnahmen und Vereinbarungen (Ausnahme siehe Nr. 5). Die Entschädigung kann nur in Geld bestehen, ein Einstellungsanspruch besteht nicht. Die Entschädigung muss „angemessen" sein. Im Rückschluss aus Nr. 3 ergibt sich, dass Nr. 2 in erster Linie die Fälle meint, in denen der schwerbehinderte Bewerber bei benachteiligungsfreiem Verfahren eingestellt worden wäre. Eine angemessene Entschädigung kann in diesen Fällen daher auch höher sein als drei Monatsgehälter (wie in Nr. 3 genannt). Nach dem Wortlaut kann ein Entschädigungsanspruch auch dann bestehen, wenn ein Arbeits- oder Beschäftigungsverhältnis zwar zustande gekommen ist, hierbei aber dennoch gegen das Benachteiligungsverbot der Nr. 1 verstoßen wurde, etwa indem dem behinderten Bewerber bestimmte günstige Vertragsbedingungen wegen seiner Behinderung nicht eingeräumt wurden. **26**

Die Höhe der Entschädigung ist abhängig von der Schwere des Verstoßes und den Besonderheiten des konkreten Einzelfalles. Zu berücksichtigen sind sowohl die Interessen der benachteiligten Person als auch die wirtschaftlichen Auswirkungen auf den Arbeitgeber. Pauschalbeiträge, ohne Rücksicht auf die konkrete bei Bewerber eingetretenen Nachteile werden als problematisch eingestuft (*Müller-Wenner/Schorn,* SGB IX, § 81 Rdnr. 45). **27**

Der Entschädigungsanspruch eines nicht eingestellten schwerbehinderten Bewerbers setzt eine Benachteiligung wegen der Behinderung voraus. Eine solche Benachteiligung liegt vor, wenn die Behinderung zumindest eines von mehreren Motiven ist. Eine Benachteiligung scheidet aus, wenn die Person, die die gesetzlichen Pflichten nach § 82 zu erfüllen haben, von der Behinderung des Bewerbers keine Kenntnis erlangt haben (*LAG Nürnberg* v. 1. 4. 2004, LAGE § 81 SGB IX Nr. 1 = AP Nr. 6 zu § 81 SGB IX). **28**

III. Begrenzung der Entschädigung (Nr. 3)

Nach Abs. 2 Satz 2 Nr. 3 Satz 1 erhält der wegen seiner Schwerbehinderung diskriminierte Bewerber eine angemessene Entschädigung von höchstens drei Monatsgehältern. Gegen diese Vorschrift bestehen keine verfassungsrechtlichen Bedenken (*BAG* v. 15. 2. 2005, EzA-SD 2005, Nr. 14, 14–15). **29**

Der schwerbehinderte Bewerber erhält auch dann einen Entschädigungsanspruch, wenn er trotz benachteiligungsfreiem Auswahlverfahren *nicht* eingestellt worden wäre. In diesem Fall, der schutzwürdig ist als der Fall unter Nr. 2, begrenzt das Gesetz den Anspruch auf **höchstens drei Monatsverdienste**. Maßgebend ist der Bruttomonatsverdienst (*Müller-Wenner/Schorn,* SGB IX, § 81 Rdnr. 48). Zugrunde gelegt wird der fiktive Monatsverdienst, den der Betroffene unter normalen Umständen in dem Monat erzielt hätte, in dem er hätte eingestellt werden können. Hierbei sind auch eventuelle Sachbezüge zu berücksichtigen (z.B. Dienstwagen o. Ä.). Der Geldanspruch wird gelöst von dem zugrunde liegenden Sachverhalt und von der Beziehung zu dem Arbeitgeber und stellt quasi einen Schadensersatz für die Verletzung des allgemeinen Persönlichkeitsrechts und des Gleichbehandlungsgrundsatzes dar. **30**

Bei variablen Entgeltbestandteilen (Provision, Tantieme, Akkordlohn, Prämien) ist auf die mutmaßlichen Verdienst abzustellen (*Schröder,* in: Hauck/Noftz, SGB IX, § 81 Rdnr. 27). **31**

IV. Frist für die Geltendmachung (Nr. 4)

32 Aus Gründen der Rechtssicherheit muss der Anspruch aus Nr. 2 und 3 innerhalb einer bestimmten Frist geltend gemacht werden. Die **Frist beträgt zwei Monate** und beginnt mit dem Zugang der Ablehnung der Bewerbung. Für die Berechnung gelten gemäß § 26 Abs. 1 SGB X die §§ 187 bis 193 BGB. Der Anspruch muss an den Arbeitgeber gerichtet werden und bedarf der **Schriftform.** Eine besondere Klagefrist (vgl. § 61 b Abs. 1 ArbGG) besteht für die Geltendmachung des Entschädigungsanspruches wegen behinderungsbezogener Benachteiligung nicht (*Hansen,* NZA 2001, 987). Die Einhaltung der Frist zur Geltendmachung einer Entschädigung setzt nicht die Angabe einer bestimmten Forderungshöhe voraus (*BAG* v. 15. 2. 2005, EzA-SD 2005, Nr. 14, 14–15).

V. Beruflicher Aufstieg (Nr. 5)

33 Die Nr. 2 bis 4 gelten analog, wenn das Benachteiligungsverbot der Nr. 1 im Falle des **beruflichen Aufstiegs** verletzt wird. Voraussetzung ist, dass auf den Aufstieg kein Anspruch besteht, sondern dieser von einer Auswahlentscheidung des Arbeitgebers abhängt. Dieser hat hierbei das Benachteiligungsverbot der Nr. 1 zu beachten. Wird dieses verletzt, so kann der Betroffene Entschädigung nach Nr. 2 oder 3 beanspruchen und muss hierbei die Form- und Fristvorschriften der Nr. 4 einhalten. Hieraus ergibt sich, dass der benachteiligte schwerbehinderte Beschäftigte zwar Entschädigung in Geld verlangen, nicht aber Anspruch auf die Beförderung selber erheben kann. Die Entschädigung muss angemessen sein.

34 In Fällen, in denen der benachteiligte schwerbehinderte Beschäftigte auch bei benachteiligungsfreiem Handeln des Arbeitgebers *nicht* befördert worden wäre (analog Nr. 3), stellt sich die Frage nach der Höhe der Entschädigung. Nr. 3 schreibt **maximal drei Monatsverdienste** im Falle der Nichteinstellung vor und geht ersichtlich von dem Gedanken aus, dem benachteiligten Bewerber den entgangenen „Gewinn" zu ersetzen. Übertragen auf den Fall der beruflichen Beförderung, für den Nr. 3 „entsprechend" anzuwenden ist, kann es sich dabei nur um den Unterschiedsbetrag zwischen dem aktuellen Monatsverdienst und dem Monatsverdienst handeln, der im Falle der Beförderung erzielt worden wäre (einschließlich Sachleistungen). Der Anspruch nach Nr. 5 i.V.m. Nr. 3 richtet sich demnach auf höchstens den dreifachen Unterschiedsbetrag, nicht aber auf drei volle Monatsverdienste. Diese einschränkende Auslegung rechtfertigt sich durch den Sinn und Zweck der Vorschriften sowie den Verhältnismäßigkeitsgrundsatz.

D. Behinderungsgerechte Beschäftigung (Abs. 3)

35 Absatz 3 ist in dieser Form als Programmsatz und sozialpolitische Zielformulierung an den Arbeitgeber zu verstehen. Ein einklagbarer **individueller Anspruch** des behinderten Beschäftigten ergibt sich hieraus nicht. Solche Ansprüche sind in Abs. 4 und 5 niedergelegt, die insoweit Abs. 3 konkretisieren.

36 **Alle** (privaten und öffentlichen) **Arbeitgeber** sind aufgefordert, in den Betrieben und Dienststellen die Voraussetzungen für die „möglichst" dauerhafte Beschäftigung von „wenigstens" der vorgeschriebenen Anzahl schwerbehinderter Menschen zu schaffen (§ 71). Hierzu gehört beispielsweise die notwendige technische Ausstattung der Betriebe, die Regelung des Arbeitsablaufs oder die Bereitstellung von technischen Arbeitshilfen.

37 Die Aufforderung an den Arbeitgeber bezieht sich nur auf die Zahl von schwerbehinderten Menschen, die er nach § 71 im Rahmen des Pflichtsatzes beschäftigen

müsste – auch wenn er eine weitergehende Beschäftigung nach Abs. 1 immer zu „prüfen" hat. Absatz 3 ist insofern eine Konkretisierung des § 71 und der dort festgelegten **Pflichtquote** und möchte den im Rahmen der Pflichtquote beschäftigten schwerbehinderten Menschen eine möglichst dauerhafte und ihrer Behinderung angemessene Beschäftigung sichern. Der Arbeitgeber kann die Hilfe der Arbeitsämter und der Integrationsämter in Anspruch nehmen (Verweis auf Abs. 4 Satz 2).

Die Aufforderung des Abs. 3 findet ihre Grenzen in Abs. 4 Satz 3, der entsprechend gilt. Das bedeutet, die Verpflichtung des Arbeitgebers besteht nur insoweit, wie ihm dies zumutbar ist, **keine unverhältnismäßigen Aufwendungen** hiermit verbunden sind (insbesondere finanzieller Art) und keine arbeitsschutzrechtlichen oder beamtenrechtlichen Vorschriften entgegen stehen. Gegen unangemessene Forderungen der Integrationsämter oder der Arbeitsämter kann Widerspruch eingelegt werden (§ 118). 38

E. Ansprüche schwerbehinderter Menschen gegen ihre Arbeitgeber (Abs. 4)

In der Formulierung „haben gegenüber ihren Arbeitgebern Anspruch auf" manifestiert sich die weitgehend gefestigte Rechtsprechung der Vergangenheit, die einen solchen unmittelbaren, **einklagbaren privatrechtlichen Anspruch** in den aufgehobenen § 14 Abs. 2 SchwbG hineingelesen hat. Die nun gewählte Formulierung lässt keinen Zweifel oder Auslegungsspielraum mehr zu. Die Vorschrift gilt grundsätzlich nicht nur für Angestellte im öffentlichen Dienst, sondern auch für Beamte, Richter und Soldaten, § 128 Abs. 1. 39

Absatz 4 ist Schutzgesetz i. S. v. § 823 Abs. 2 BGB (*BAG* v. 12. 11. 1980, AP Nr. 3 zu § 11 SchwbG, *BAG* v. 3. 12. 2002, AP Nr. 1 zu § 124 SGB IX, *Müller-Wenner/Schorn,* SGB IX, § 81 Rdnr. 59; *Neumann/Pahlen/Majerski-Pahlen,* SGB IX, § 81 Rdnr. 30). Insofern besteht nicht nur ein einklagbarer Anspruch, sondern darüber hinaus können auch Schadensersatzansprüche gegen den Arbeitgeber aus positiver Forderungsverletzung oder aus § 823 Abs. 2 BGB entstehen, der gegen die Verpflichtungen aus Abs. 4 verstößt (*Neumann/Pahlen/Majerski-Pahlen,* SGB IX, § 81 Rdnr. 30; MünchArbR-*Cramer,* § 236 Rdnr. 45). 40

I. Anspruch auf Beschäftigung (Nr. 1)

Hiernach besteht **Anspruch auf** eine **Beschäftigung,** die die Fähigkeiten und Kenntnisse des schwerbehinderten Menschen möglichst voll verwertet und weiterentwickelt. Dies ist in der Regel dann der Fall, wenn eine der Ausbildung und dem etwaigen früheren Beruf des Betroffenen entsprechende Beschäftigung angeboten wird. Auf bloße Neigungen und Wünsche des schwerbehinderten Menschen muss dagegen keine Rücksicht genommen werden (*BAG* v. 21. 3. 2001, AP Nr. 1 zu § 81 SGB IX). Es besteht auch kein Anspruch auf einen bestimmten Arbeitsplatz. Allerdings wird eine grundsätzliche Pflicht zur tatsächlichen Beschäftigung aus der Gesetzesformulierung herausgelesen. Es genügt also nicht, wenn der Arbeitgeber einen schwerbehinderten Menschen einstellt und bezahlt, er muss ihn auch tatsächlich beschäftigen. 41

Der Arbeitgeber hat eine Förderpflicht („weiterentwickeln") gegenüber dem Beschäftigten, die zur Folge haben kann, dass er dem schwerbehinderten Menschen, der durch die Förderung weitere Kenntnisse und Fähigkeiten erworben hat, sodann auf einer höherwertigen Stelle einsetzen muss. Voraussetzung hierfür ist, dass dies dem Arbeitgeber möglich und zumutbar ist (*LAG Schleswig-Holstein* v. 7. 6. 2005, 42

Kossens

§ 81 43–48 Teil 2. Schwerbehindertenrecht

5 Sa 68/05). Dazu gehört das Vorhandensein freier Stellen oder auch die Möglichkeit eine Stelle frei zu machen, falls dies für den zu kündigenden Arbeitnehmer keine soziale Härte darstellt (aber umstritten, vgl. *Neumann/Pahlen/Majerski-Pahlen,* SGB IX, § 14 Rdnr. 18).

43 Sofern der Arbeitgeber über einen konkreten, leidengerechten Arbeitsplatz verfügt, ist er verpflichtet, dem Schwerbehinderten diesen Arbeitsplatz entweder durch Direktionsrecht oder durch Änderungsangebot zuzuweisen. Der Arbeitgeber kann auch verpflichtet sein, hierfür einen anderen Arbeitnehmer zu versetzen und muss bei Stellenbesetzungen auch ohne Antrag des Schwerbehinderten geeignete Beschäftigungsmöglichkeiten anbieten *(LAG Schleswig-Holstein* v. 7. 6. 2005, 5 Sa 68/05).

44 Die Förderpflicht besteht nur im Rahmen der Kenntnisse und Fähigkeiten des schwerbehinderten Beschäftigten. Dieser ist nicht gegenüber anderen Beschäftigten zu bevorzugen, wenn deren Leistungen, Kenntnisse oder Erfahrungen besser bzw. größer sind. Das **Leistungsprinzip** bleibt im Grunde bestehen. Einen allgemeinen Anspruch auf Beförderung oder einen Anspruch auf absoluten Vorrang für schwerbehinderte Beschäftigte gibt es nicht.

45 Der Beschäftigungsanspruch nach § 81 Abs. 4 Satz 1 Nr. 1 lässt Mitbestimmungsrechte des Betriebsrats nach § 99 Abs. 1 BetrVG unberührt. Verweigert der Betriebsrat die Zustimmung, so ist der Arbeitgeber regelmäßig gehalten, nach § 99 Abs. 4 BetrVG beim Arbeitsgericht die Ersetzung der Zustimmung des Betriebsrats zu beantragen. Eine Ausnahme gilt für den Fall, dass der Betriebsrat ordnungsgemäß und objektiv zutreffend die Zustimmung aus den in § 99 Abs. 2 BetrVG genannten Gründen verweigert hat. Im Falle der schuldhaft unzureichenden Prozessführung macht sich der Arbeitgeber regresspflichtig *(BAG* v. 3. 12. 2002, AR-Blattei ES 1440 Nr. 128).

46 Daraus folgt für den Tatbestand der Versetzung: Der Arbeitgeber hat nach § 99 Abs. 1 BetrVG die Zustimmung des Betriebsrats des aufnehmenden Betriebes einzuholen. Verweigert der Betriebsrat die Zustimmung, so ist der Arbeitgeber regelmäßig gehalten, nach § 99 Abs. 4 BetrVG beim Arbeitsgericht die Ersetzung der Zustimmung zu beantragen. Eine Ausnahme gilt für den Fall, dass der Betriebsrat ordnungsgemäß und objektiv zutreffend die Zustimmung aus den in § 99 Abs. 2 BetrVG genannten Gründen verweigert hat.

II. Betriebliche Bildung (Nr. 2 und 3)

47 Der schwerbehinderte Beschäftigte ist bei **innerbetrieblichen Fortbildungsmaßnahmen** bevorzugt zu berücksichtigen, wenn seine Leistungen, Kenntnisse und Fähigkeiten denen der anderen Arbeitnehmer vergleichbar sind. Nur bei neu gleichen Voraussetzungen ist der schwerbehinderte Mensch bevorzugt zu fördern (vgl. oben Rdnr. 44). Der schwerbehinderte Mensch kann auch verlangen, etwa dadurch gefördert zu werden, dass er auf verschiedenen Arbeitsplätzen eingesetzt wird, um hierdurch höhere Fertigkeiten zu erwerben.

48 Hinzu kommt eine Begünstigung des schwerbehinderten Menschen bei der Teilnahme an **außerbetrieblichen Maßnahmen.** Hier beschränkt sich sein Anspruch auf zumutbare Erleichterungen durch den Arbeitgeber, wobei sich nur im Einzelfall entscheiden lässt, was zumutbar ist. Zu denken ist hier an Fahrtkostenzuschüsse oder eine Freistellung von der Arbeitspflicht oder sogar Fortzahlung der Vergütung. Letzteres ist dem Arbeitgeber zumindest dann nicht zumutbar, wenn dem schwerbehinderten Beschäftigten vom Rehabilitationsträger Leistungen für die Dauer der Fortbildung erbracht werden. Die Ausschöpfung dieser vorrangigen Möglichkeiten kann der Arbeitgeber von dem Beschäftigten verlangen (vgl. *Neumann/Pahlen/Majerski-Pahlen,* SGB IX, § 14 Rdnr. 26).

III. Behinderungsgerechte Gestaltung des Arbeitsplatzes (Nr. 4)

Der konkrete Arbeitsplatz, z. B. das Büro oder der Platz an der Werkbank müssen behindertengerecht ausgestaltet sein. Außerdem ist das Arbeitsumfeld, also die Betriebsstätte, die organisatorische Gestaltung der Arbeit und die Arbeitszeit behindertengerecht auszugestalten. Aus Nr. 4 ergibt sich auch die grundsätzliche Verpflichtung des Arbeitgebers, PKW-Stellplätze für schwerbehinderte Beschäftigte in der Nähe des Arbeitsplatzes zur Verfügung zu stellen (*Ernst/Adlhoch/Seel*, SGB IX, § 81 Rdnr. 89). 49

Nummer 4 regelt also die **praktischen Folgen,** die die Beschäftigung eines schwerbehinderten Menschen für einen Betrieb mit sich bringt. Abs. 4 Nr. 4 ist Schutzgesetz i. S. v. § 823 Abs. 2 BGB (*BAG* v. 3. 12. 2002, AP Nr. 1 zu § 124 SGB IX, ErfKo-*Rolfs,* SGB IX, § 81 Rdnr. 15). 50

Es kann beispielsweise die Verpflichtung entstehen, einen Behindertenparkplatz oder behindertengerechte Aufzüge und Toiletten einzurichten, den Zugang zu Betriebsgebäuden barrierefrei zu gestalten, die Arbeitszeit an die besonderen Bedürfnisse anzupassen usw. Was notwendig ist, ergibt sich nur aus dem jeweiligen Einzelfall und kann in Zusammenarbeit mit dem zuständigen Integrationsamt geklärt werden. Im Einzelfall kann der Arbeitgeber verpflichtet sein, den schwerbehinderten Arbeitnehmer von Nachtarbeit freizustellen und dessen Arbeitszeit auf eine Fünf-Tage-Woche zu beschränken (*BAG* v. 3. 12. 2002, AP Nr. 1 zu § 124 SGB IX). 51

Es besteht kein Anspruch auf einen bestimmten Arbeitsplatz und auch kein Recht, nach seinen Neigungen und Wünschen beschäftigt zu werden. Schwerbehinderte Menschen sind im Rahmen der betrieblichen Möglichkeiten zu beschäftigen. Der Arbeitgeber ist nicht verpflichtet, einen zusätzlichen Arbeitsplatz einzurichten (*LAG Rheinland-Pfalz* v. 9. 2. 2004, LAGE § 81 SGB IX Nr. 2). 52

Ein schwerbehinderter Mensch, der eine leidensgerechte Beschäftigung einklagt, muss – trotz der Verpflichtung des Arbeitgebers aus § 81 Abs. 4 SGB IX – detailliert darlegen, welche leidensgerechte Tätigkeit er noch ausüben und welchen konkreten Arbeitsplatz er ausfüllen kann (*LAG Rheinland-Pfalz* v. 22. 1. 2004, LAGReport 2004, 360). 53

IV. Ausstattung des Arbeitsplatzes (Nr. 5)

Technische Arbeitshilfen sind Vorrichtungen, die in der Berufsarbeit dazu dienen, dem schwerbehinderten Menschen Arbeitsleistungen und -verrichtungen auf einem bestimmten Arbeitsplatz zu ermöglichen, die er wegen seiner Behinderung ohne sie nicht leisten könnte. Die technischen Hilfen können sowohl an der Betriebseinrichtung als auch am Körper des schwerbehinderten Menschen angebracht sein. Der Arbeitgeber ist dagegen nicht verpflichtet, den schwerbehinderten Beschäftigten mit Hilfsmitteln auszustatten, die ganz allgemein einer Minderung seiner behinderungsbedingten Beeinträchtigung dienen (z. B. Prothesen). Körperersatzstücke sind keine technischen Hilfsmittel (vgl. *BSG* v. 22. 9. 1981, SozR 2200 § 1237a Nr. 18; *Neumann/Pahlen/Majerski-Pahlen,* SGB IX, § 81 Rdnr. 40). Der Arbeitgeber muss die Ausgaben für die technischen Hilfsmittel nicht allein tragen, sondern kann Hilfe vom Integrationsamt nach § 102 Abs. 1 Nr. 3 i. V. m. § 77 Abs. 5 in Anspruch nehmen (aus den Mitteln der Ausgleichsabgabe). Unterlässt der Arbeitgeber die Ausstattung mit den erforderlichen technischen Hilfsmitteln, macht er sich schadensersatzpflichtig, wenn der schwerbehinderte Arbeitnehmer mit der entsprechenden technischen Arbeitshilfe hätte eingesetzt werden können (*BAG* v. 23. 1. 2001, NZA 2001, 1020). 54

§ 81 55–63

55 Nach Satz 2 unterstützen die **Integrationsämter** und die **Arbeitsämter** den Arbeitgeber bei seinen Pflichten nach Nr. 1, 4 und 5 und berücksichtigen hierbei die für die Beschäftigung wesentlichen Eigenschaften des schwerbehinderten Menschen. Die Hilfestellung kann in fachlichem Rat oder auch in finanziellen Hilfen bestehen.

56 Nach Abs. 4 Satz 3 scheidet ein Anspruch des schwerbehinderten Menschen gegen den Arbeitgeber nach Satz 1 aus, wenn die Forderung für diesen unzumutbar und nur mit unverhältnismäßigen Mitteln zu verwirklichen ist oder wenn Arbeitsschutz- bzw. beamtenrechtliche Vorschriften entgegenstehen. Die **Zumutbarkeit** ist auch von der finanziellen Leistungsfähigkeit des Arbeitgebers abhängig (ErfKo-*Rolfs*, SGB IX, § 81 Rdnr. 16). Die Grenze der Zumutbarkeit kann auch dann überschritten sein, wenn der Arbeitgeber Änderungen in der Arbeitsorganisation vornehmen müsste, die einen Eingriff in andere Arbeitsverhältnisse erforderten (*ArbG Frankfurt/M* v. 27. 3. 2002, NZA-RR 2002, 573). Der Arbeitgeber kann allerdings nach § 102 Abs. 1 Nr. 3, finanzielle Hilfe durch die Integrationsämter in Anspruch nehmen.

57 Nach § 93 haben Betriebs-, Personal-, Richter-, Staatsanwalts- und Präsidialrat die Eingliederung der schwerbehinderten Beschäftigten zu fördern und hierbei auch auf die Beachtung des § 81 durch den Arbeitgeber zu achten.

F. Förderung von Teilzeitarbeitsplätzen (Abs. 5)

58 Die Vorschrift geht über die bisherige Verpflichtung zur Förderung der **Teilzeitbeschäftigung** hinaus und gibt dem schwerbehinderten Beschäftigten zusätzlich einen Rechtsanspruch auf eine Teilzeitbeschäftigung, wenn die Arbeitszeitverkürzung wegen der Behinderung notwendig ist (*LAG Hamm* v. 18. 2. 2002, LAGReport 2002, 301). Im Gegensatz zu dem Anspruch nach § 8 TzBfG setzt Abs. 5 weder eine bestimmte Zahl von Arbeitnehmern noch eine Wartezeit voraus. Ein Anspruch auf Einstellung in Teilzeit ergibt sich aus Abs. 5 nicht (*Neumann/Pahlen/Majerski-Pahlen*, SGB IX, § 81 Rdnr. 48; MünchArbR-*Schüren*, § 161 Rdnr. 47).

59 Der Anspruch gilt also nicht uneingeschränkt, sondern muss in der Behinderung begründet sein. Der Arbeitgeber hat einen Anreiz zur Bereitstellung von Teilzeitarbeitsplätzen, insofern als ihm diese nach § 75 Abs. 2 auf die Pflichtplätze angerechnet werden. Aus Abs. 5 ergibt sich aber kein Anspruch auf Wechsel in Altersteilzeit (*BAG* v. 26. 6. 2001, AP Nr. 2 zu § 3 ATG, ErfKo-*Rolfs*, SGB IX, § 81 Rdnr. 19).

60 Nicht ausdrücklich geregelt, aber zu bejahen ist die Frage, ob der Schwerbehinderte die Verlängerung seiner Arbeitszeit beanspruchen kann, wenn sich sein Gesundheitszustand wieder bessert (ebenso ErfKo-*Rolfs*, SGB IX, § 81 Rdnr. 20; *Rolfs*, RdA 2001, 129).

61 Der Anspruch nach Abs. 5 kann jederzeit geltend gemacht werden. Die Drei-Monats-Frist des § 8 Abs. 2 TzBfG ist nicht anwendbar, auch nicht entsprechend.

62 Durch die Bezugnahme auf Abs. 4 Satz 3 ist klargestellt, dass der Arbeitgeber das Teilzeitbegehren ablehnen kann, wenn seine Erfüllung für ihn nicht zumutbar oder mit unverhältnismäßigen Aufwendungen verbunden wäre oder soweit die staatlichen Arbeitsschutzbestimmungen, berufsgenossenschaftliche oder beamtenrechtliche Vorschriften entgegenstehen. Für die Unzumutbarkeit kann die zu § 8 Abs. 4 TzBfG ergangene Rechtsprechung herangezogen werden (s. *Holwe/Kossens/Pielenz/Räder*, TzBfG, § 8 Rdnr. 32 ff.)

63 Lehnt der Arbeitgeber das Begehren auf Reduzierung der Arbeitszeit ab, kann der schwerbehinderte Mensch seinen Anspruch vor den Arbeitsgerichten im Rah-

men einer Leistungsklage gerichtet auf die Abgabe einer Willenserklärung geltend machen. Der Teilzeitanspruch kann auch im Wege einer einstweiligen Verfügung geltend gemacht werden (*LAG Berlin* v. 20. 2. 2002, NZA 2002, 859; *LAG Rheinland-Pfalz* v. 12. 4. 2002, NZA 2002, 857; *Holwe/Kossens/Pielenz/Räder,* TzBfG, § 8 Rdnr. 77; *Grobys/Bram,* NZA 2001, 1181; *Klimt,* NZA 2001, 67).

Zur Darlegung der Notwendigkeit einer Verkürzung der Arbeitszeit i. S. v. § 81 **64** Abs. 5 Satz 3 SGB IX genügt es, wenn der schwerbehinderte Arbeitnehmer eine ärztliche Bescheinigung vorlegt, gemäß der eine Verkürzung der Arbeitszeit aus gesundheitlichen Gründen indiziert ist. Es obliegt dann dem Arbeitgeber, deren Beweiskraft zu erschüttern (*ArbG Frankfurt/M* v. 27. 3. 2002, ArbuR 2004, 69).

Das Verlangen des schwerbehinderten Menschen nach Abs. 5 Satz 3 bewirkt **65** unmittelbar eine Verringerung der geschuldeten Arbeitszeit, ohne dass es einer Zustimmung des Arbeitgebers zur Änderung der vertraglichen Pflichten bedarf (*BAG* v. 14. 10. 2003, AP Nr. 3 zu § 81 SGB IX). Der Arbeitgeber ist berechtigt, seine Zustimmung zur Verringerung der Arbeitszeit zu verweigern, wenn rationale nachvollziehbare Gründe hierfür vorliegen. Verlangt ein schwerbehinderter Arbeitnehmer im Hinblick auf seine Behinderung, seine Arbeitszeit zu verringern, so kann der Arbeitgeber dies ablehnen, wenn er deshalb Änderungen in der Arbeitsorganisation hin nehmen müsste, die einen Eingriff in andere Arbeitsverhältnisse erforderten (*LAG Schleswig-Holstein* v. 22. 10. 2001, LAGReport 2002, 29).

Der Arbeitgeber kann den Einwand, ihm sei die Arbeitszeitreduzierung nach **66** § 81 Abs. 4 Satz 3 SGB IX nicht zumutbar, nicht auf die Befürchtung stützen, dass es bei einer unvernehmlichen Verringerung der Arbeitszeit zu Streitigkeiten über deren Verteilung kommen werden (*ArbG Frankfurt/M* v. 27. 3. 2002, ZTR 2002, 496). Die Beeinträchtigung durch die Teilzeitarbeit muss für den Arbeitgeber mehr als unerheblich sein (*ArbG Bonn* v. 20. 6. 2001, NZA 2001, 973; *ArbG Freiburg* v. 4. 9. 2001, NZA 2002, 216).

§ 82 Besondere Pflichten der öffentlichen Arbeitgeber

¹**Die Dienststellen der öffentlichen Arbeitgeber melden den Agenturen für Arbeit frühzeitig frei werdende und neu zu besetzende sowie neue Arbeitsplätze (§ 73).** ²**Haben schwerbehinderte Menschen sich um einen solchen Arbeitsplatz beworben oder sind sie von der Bundesagentur für Arbeit oder einem von dieser beauftragten Integrationsfachdienst vorgeschlagen worden, werden sie zu einem Vorstellungsgespräch eingeladen.** ³**Eine Einladung ist entbehrlich, wenn die fachliche Eignung offensichtlich fehlt.** ⁴**Einer Integrationsvereinbarung nach § 83 bedarf es nicht, wenn für die Dienststellen dem § 83 entsprechende Regelungen bereits bestehen und durchgeführt werden.**

Schrifttum: *Braun,* Die Pflicht des öffentlichen Arbeitgebers zur Einladung schwerbehinderter Bewerber, RiA 2004, 262; *Seel,* Integrationsvereinbarung – Ein neues Instrument zur Planung und Steuerung der beruflichen Integration von Menschen mit Behinderungen, BehindertenR 2001, 61.

Inhaltsübersicht

	Rdnr.
A. Allgemeines	1
B. Besondere Pflichten des öffentlichen Arbeitgebers	2–6
I. Meldpflicht	3
II. Einladung zum Vorstellungsgespräch	4, 5
III. Integrationsvereinbarung	6

A. Allgemeines

1 Die Regelung erstreckt sich auf alle öffentlichen Arbeitgeber. Demgemäß sind auch die öffentlichen Arbeitgeber nach § 71 Abs. 3 Nr. 2 bis 4 (oberste Landesbehörden mit ihren nachgeordneten Dienststellen, sonstige Gebietskörperschaften und jede sonstige Körperschaft, Anstalt oder Stiftung des öffentlichen Rechts) in die Verpflichtung einbezogen, frei werdende und neu zu besetzende sowie neue Arbeitsplätze den Agenturen für Arbeit frühzeitig zu melden.

B. Besondere Pflichten des öffentlichen Arbeitgebers

2 Die öffentlichen Arbeitgeber haben besondere, über die §§ 80 und 81 hinausgehende Pflichten. Damit soll die Vorbildfunktion des öffentlichen Dienstes herausgestellt werden. Öffentliche Arbeitgeber müssen frei werdende und neu zu besetzende sowie neue Stellen frühzeitig bei den Agenturen für Arbeit melden. Die Tatbestandsmerkmale „frei werdende" und „neu zu besetzende Stellen" müssen kumulativ vorliegen. Ein solcher Arbeitsplatz liegt vor, wenn ein Ausscheiden des bisherigen Steleninhabers feststeht und die Stelle im Stellenplan fortgeschrieben wird. Ein Kw-Vermerk („künftig wegfallend") löst keine Meldepflicht gegenüber der BA aus (*Braun*, RiA 2004, 262). Unerheblich ist dagegen, ob die Neubesetzung intern oder extern erfolgen soll.

I. Meldepflicht

3 Die öffentlichen Arbeitgeber haben die frei werdenden und neu zu besetzenden Stellen frühzeitig den Agenturen für Arbeit zu melden. Der früheste Zeitpunkt ist der Tag, an dem sicher davon ausgegangen werden kann, dass eine neue Stelle eingerichtet wird. Nicht erforderlich ist, dass die Haushaltsaufstellung bereits erfolgt ist (*Braun*, RiA 2004, 262 m. w. N.). Besteht eine Meldepflicht des öffentlichen Arbeitgebers, hat dieser der Agentur für Arbeit eine Aufgaben- und Tätigkeitsbeschreibung, die notwendige Qualifikation eines Bewerbers, persönliche Anforderung, Vergütungshöhe bzw. Eingruppierung anzugeben sowie mitzuteilen, ob es sich um eine befristete oder unbefristete Stelle handelt. Ein Verstoß gegen die Meldepflicht ist ein Grund für eine Verweigerung der Zustimmung nach § 77 Abs. 2 Nr. 1 BPersVG (*Müller-Wenner/Schorn*, SGB IX, § 82 Rdnr. 4).

II. Einladung zum Vorstellungsgespräch

4 Öffentliche Arbeitgeber müssen schwerbehinderte Bewerber oder solche, die von der Agentur für Arbeit bzw. einem Integrationsfachdienst gemeldet werden, zwingend zu einem **Vorstellungsgespräch** einladen, außer die mangelnde Eignung ist offensichtlich. Die Einladung zur Vorstellungsgespräche ist zwingend. Die Pflicht zur Einladung zu einem Vorstellungsgespräch besteht selbst dann, wenn sich bereits herauskristallisiert hat, dass der Bewerber nicht in die engere Auswahl kommt (*Neumann/Pahlen/Majerski-Pahlen*, SGB IX, § 82 Rdnr. 5). Auch bei Aufnahme in das Beamtenverhältnis auf Widerruf gilt der Grundsatz, dass schwerbehinderte Menschen, die sich um einen Arbeitsplatz beworben haben, zu einem Vorstellungsgespräch eingeladen werden. Die Einladung ist nur entbehrlich, wenn die fachliche Eignung offensichtlich fehlt (*BayVGH* v. 7. 10. 2004, 3 CE 04 2770). Ein Verstoß gegen § 82 ist jedoch nicht nach § 156 bußgeldbewehrt, kann aber Grund für eine Zustimmungsverweigerung nach § 77 Abs. 2 Nr. 1 BPersVG sein (*Müller-Wenner/Schorn*, SGB IX, § 82 Rdnr. 4).

Die mangelnde Eignung des schwerbehinderten Bewerbers ist offensichtlich, 5
wenn zweifelsfrei erkennbar ist, dass der Bewerber den Tätigkeitsanforderungen
der zu besetzenden Stelle nicht gewachsen ist. Offensichtlich ungeeignet ist der
Bewerber auch, wenn er den beamtenrechtlich zwingenden Einstellungsvoraussetzungen
(z. B. Schul-/Hochschulausbildung) nicht genügt. Eine vermutete oder
mögliche Nichteignung genügt nicht. Zu weitgehend dürfte aber die Entscheidung
des ArbG Berlin sein, nach der eine Einladung zu einem Vorstellungsgespräch
nur entbehrlich ist, wenn der Bewerber unter keinem Gesichtspunkt für die
ausgeschriebene Stelle geeignet erscheint (*ArbG Berlin* v. 10. 10. 2003, BehindertenR
2004, 110 = PersR 2004, 280, kritisch auch *Braun*, RiA 2004, 265).

III. Integrationsvereinbarung

Eine **Integrationsvereinbarung** nach § 83 ist entbehrlich, wenn entsprechende 6
Regeln bereits bestehen und auch tatsächlich durchgeführt werden. Solche Regeln
sind beispielsweise die Schwerbehinderten-Richtlinien (*Neumann/Pahlen/Majerski-Pahlen*,
SGB IX, § 82 Rdnr. 10; a. A. *Müller-Wenner/Schorn*, SGB IX, § 82 Rdnr. 5,
wonach nur dienststellenbezogene Zielvereinbarungskonzepte entsprechende Regelungen
i. S. v. § 82 sind; *Seel*, BehindertenR 2001, 61).

§ 83 Integrationsvereinbarung

(1) ¹**Die Arbeitgeber treffen mit der Schwerbehindertenvertretung und den in § 93 genannten Vertretungen in Zusammenarbeit mit dem Beauftragten des Arbeitgebers (§ 98) eine verbindliche Integrationsvereinbarung.** ²**Auf Antrag der Schwerbehindertenvertretung wird unter Beteiligung der in § 93 genannten Vertretungen hierüber verhandelt.** ³**Ist eine Schwerbehindertenvertretung nicht vorhanden, steht das Antragsrecht den in § 93 genannten Vertretungen zu.** ⁴**Der Arbeitgeber oder die Schwerbehindertenvertretung können das Integrationsamt einladen, sich an den Verhandlungen über die Integrationsvereinbarung zu beteiligen.** ⁵**Der Agentur für Arbeit und dem Integrationsamt, die für den Sitz des Arbeitgebers zuständig sind, wird die Vereinbarung übermittelt.**

(2) ¹**Die Vereinbarung enthält Regelungen im Zusammenhang mit der Eingliederung schwerbehinderter Menschen, insbesondere zur Personalplanung, Arbeitsplatzgestaltung, Gestaltung des Arbeitsumfelds, Arbeitsorganisation, Arbeitszeit sowie Regelungen über die Durchführung in den Betrieben und Dienststellen.** ²**Bei der Personalplanung werden besondere Regelungen zur Beschäftigung eines angemessenen Anteils von schwerbehinderten Frauen vorgesehen.**

(2a) **In der Vereinbarung können insbesondere auch Regelungen getroffen werden**

1. **zur angemessenen Berücksichtigung schwerbehinderter Menschen bei der Besetzung freier, frei werdender oder neuer Stellen,**
2. **zu einer anzustrebenden Beschäftigungsquote einschließlich eines angemessenen Anteils schwerbehinderter Frauen,**
3. **zu Teilzeitarbeit,**
4. **zur Ausbildung behinderter Jugendlicher,**
5. **zur Durchführung der betrieblichen Prävention (betriebliches Eingliederungsmanagement) und zur Gesundheitsförderung,**
6. **über die Hinzuziehung des Werks- und Betriebsarztes auch für Beratungen über Leistungen zur Teilhabe sowie über besondere Hilfen im Arbeitsleben.**

(3) **In den Versammlungen schwerbehinderter Menschen berichtet der Arbeitgeber über alle Angelegenheiten im Zusammenhang mit der Eingliederung schwerbehinderter Menschen.**

Schrifttum: *Balders/Lepping*, Das betriebliche Eingliederungsmanagement nach dem SGB IX, NZA 2005, 854; *Berger-Delhey*, Gesetz ist mächtig, mächtiger ist die Not, Anmerkungen zum reformierten Schwerbehindertenrecht, ZTR 2004, 347; *Brose*, Das betriebliche Eingliederungsmanagement nach § 84 Abs. 2 SGB IX als neue Wirksamkeitsvoraussetzung für krankheitsbedingte Kündigung?, DB 2005, 390; *Droste*, Integration Schwerbehinderter in Betrieben setzt Offenheit voraus, SuP 2002, 585; *Fankhaenel/Ihme*, Zwei Jahre Integrationsvereinbarung gem. § 83 SGB IX – Erfahrungen, Umsetzungsstand, Arbeitshilfen, BehindertenR 2003, 177; *Feldes*, Integrationsvereinbarung nach § 14 b SchwbG, AiB 2001, 193; *ders.*, Die Integration behinderter Menschen durch Betriebsvereinbarung, AiB 2001, 327; *Gagel*, Betriebliches Eingliederungsmanagement, NZA 2004, 1359; *Gaul/Süßbrich/Kulejewski*, Keine krankheitsbedingte Kündigung ohne „betriebliches Eingliederungsmanagement", ArbRB 2004, 308; *Laschet*, Integrationsvereinbarungen stärken Interessen von Behinderten, SuP 2002, 683; *Laskowski/Welti*, Die Integrationsvereinbarung nach § 83 SGB IX – Modell für die Umsetzung „positiver Maßnahmen" nach Maßgabe der Europäischen Gleichbehandlungsrichtlinien?, ZESAR 2003, 215; *Reiffenhäuser*, Teilhabe am Arbeitsleben, AuA 1/2003, 20; *Seel*, Integrationsvereinbarungen – ein neues Instrument zur Planung und Steuerung der beruflichen Integration von Menschen mit Behinderungen, BehindertenR 2001, 61.

Inhaltsübersicht

	Rdnr.
A. Allgemeines	1
B. Abschluss einer Integrationsvereinbarung/Beteiligte (Abs. 1)	2–7
C. Inhalt der Vereinbarung (Abs. 2 und Abs. 2a)	8
D. Berichtspflicht des Arbeitgebers (Abs. 3)	9, 10

A. Allgemeines

1 Die Regelung regelt den Abschluss einer Integrationsvereinbarung und die Übermittlung der **Integrationsvereinbarung** an die Integrationsämter (zur Umsetzung in der Praxis s. *Fankhaenel/Ihme*, BehindertenR 2003, 177). Der mit dem Gesetz zur Förderung der Ausbildung und Beschäftigung schwerbehinderter Menschen vom 23. 4. 2004 (BGBl. I S. 606) neu eingefügte Abs. 2a beschreibt den möglichen Inhalt einer Integrationsvereinbarung (s. dazu *Balders/Lepping*, NZA 2005, 854).

B. Abschluss einer Integrationsvereinbarung/Beteiligte (Abs. 1)

2 Die Vorschrift betrifft private und öffentliche Arbeitgeber gleichermaßen, wobei für öffentliche Arbeitgeber der Abschluss einer **Integrationsvereinbarung** dann entbehrlich ist, wenn bereits eine andere entsprechende Regelung besteht (vgl. § 82 Satz 4). § 83 gilt für alle Arbeitgeber unabhängig von der Zahl der Beschäftigten oder der schwerbehinderten Beschäftigten (*Neumann/Pahlen/Majerski-Pahlen*, SGB IX, § 83 Rdnr. 2).

3 Partner der Integrationsvereinbarung sind der **Arbeitgeber** auf der einen und die **Schwerbehindertenvertretung** sowie die jeweilige in § 93 genannte Vertretung auf der anderen Seite (Betriebs- oder Personalrat). Der Beauftragte des Arbeitgebers (§ 98) wird in die Erstellung der Vereinbarung einbezogen. Der Arbeitgeber ist zu Verhandlungen über eine Integrationsvereinbarung verpflichtet, wenn dies entweder die Schwerbehindertenvertretung oder eine der in § 93 genannten

Vertretungen fordert. Die Einbeziehung des Integrationsamtes ist nicht zwingend vorgeschrieben, sie kann von beiden Seiten, dem Arbeitgeber oder der Schwerbehindertenvertretung, nicht aber von einer der in § 93 genannten Vertretungen, beantragt werden. Das Integrationsamt wird hierdurch aber nicht Partner der Vereinbarung, sondern tritt als Ratgeber in den Verhandlungen auf. Nach Abschluss einer Vereinbarung wird diese von einer der beteiligten Parteien dem zuständigen Arbeits- sowie Integrationsamt übermittelt.

Die Integrationsvereinbarung wird als „verbindlich" bezeichnet, sie regelt betriebliche Normen und wird unter Beteiligung des Betriebsrates abgeschlossen. Hieraus wird zu Recht geschlossen, dass sie als **Betriebsvereinbarung** anzusehen ist (vgl. *Neumann/Pahlen/Majerski-Pahlen,* SGB IX, § 83 Rdnr. 8; *Gröninger/Thomas,* SchwbG, § 14b Rdnr. 4; *Fitting/Kaiser/Heither/Engels,* BetrVG, § 77 Rdnr. 44; a. A. *Düwell,* in: LPK-SGB IX, § 83 Rdnr. 3, *Müller-Wenner/Schorn,* § 83 Rdnr. 7, die einen mehrseitigen kollektivrechtlichen Vertrag eigener Art annehmen).

Die Vorschrift lässt offen, wie zu verfahren ist, wenn bei den Verhandlungen keine Einigung erzielt werden kann und eine Vereinbarung daher nicht zustande kommt. Eine zwingende Verpflichtung zum Abschluss einer Integrationsvereinbarung enthält die Vorschrift ihrem Wortlaut nach nicht, sie verpflichtet nur zu Verhandlungen, wenn dies von einem der Antragsberechtigten gefordert wird (vgl. *Neumann/Pahlen/Majerski-Pahlen,* SGB IX, § 83 Rdnr. 4; *Gröninger/Thomas,* SchwbG, § 14b Rdnr. 2). Bestünde eine Verpflichtung zum Abschluss einer Integrationsvereinbarung, wäre die Verpflichtung zur Aufnahme von Verhandlungen überflüssig, da mitumfasst. Da also eine ausdrückliche Verpflichtung zu **Verhandlungen** vorgesehen ist, kann daraus nur geschlossen werden, dass hinsichtlich des **Abschlusses** keine Verpflichtung für den Arbeitgeber besteht (ebenso: *Neumann/Pahlen/Majerski-Pahlen,* SGB IX, § 83 Rdnr. 4; *Schröder,* in: Hauck/Noftz, SGB IX, § 83 Rdnr. 6, *Seel,* BehindertenR 2001, 61). Aber auch wenn man eine Verpflichtung annimmt, so ist diese unvollkommen, da ein Verstoß gegen die Vorschrift nicht nach § 156 bußgeldbewehrt ist und daher nicht gegen den Willen eines Beteiligten durchgesetzt werden kann.

Der Arbeitgeber ist aber verpflichtet, sich an den Verhandlungen über eine Integrationsvereinbarung zu beteiligen. Unterlässt er dies, kann er im Rahmen des Beschlussverfahrens zur Aufnahme von Verhandlungen gezwungen werden (*Seel,* BehindertenR 2001, 61; *von Seggern,* AiB 2000, 717; *Müller-Wenner/Schorn,* SGB IX, § 83 Rdnr. 4).

Der einzelne schwerbehinderte Beschäftigte steht ohne Integrationsvereinbarung nicht schutzlos da, denn hinsichtlich des in Abs. 2 beschriebenen Inhalts der Vereinbarung gibt § 81 dem Arbeitgeber die notwendigen Verpflichtungen gegenüber dem Einzelnen auf. Der Integrationsvereinbarung kommt daher vor allem die Aufgabe zu, die Verpflichtungen des Arbeitgebers an die Bedingungen des konkreten Betriebes anzupassen und hierfür ein generell handhabbares Verfahren zu formulieren. Da die Vereinbarung als **Betriebsvereinbarung** anzusehen ist, steht den Beteiligten im Falle des Scheiterns der Verhandlungen die Möglichkeit offen, das freiwillige Einigungsstellenverfahren nach § 76 Abs. 6 BetrVG einzuleiten.

C. Inhalt der Vereinbarung (Abs. 2 und Abs. 2 a)

Die Vereinbarung **soll** insbesondere Regelungen **enthalten** zu Personalplanung, Arbeitsplatzgestaltung, Gestaltung des Arbeitsumfeldes, Arbeitsorganisation, Arbeitszeit sowie Regelungen zur Durchführung der Vereinbarung in den Betrieben und Dienststellen. Die Situation behinderter Frauen ist hierbei besonders zu berücksichtigen. Die Aufzählung in Abs. 2 a ist nicht abschließend („insbesondere").

Eine Integrationsvereinbarung könnte sich in etwa an folgendem Schema orientieren:

Inhalt einer Integrationsvereinbarung

I. Beschäftigung Schwerbehinderter erhöhen
- Erfüllung der gesetzlichen Quote,
- Berücksichtigung besonderer Gruppen (Prozentsatz für auszubildende schwerbehinderte Menschen, quantifizierte Angaben über neu einzustellende ältere, besonders betroffene und weibliche schwerbehinderte Menschen),
- Zeitplan für die Erreichung der Beschäftigungsziele,
- Festlegung auf eine möglichst frühzeitige Suche nach schwerbehinderten Bewerbern bei künftigen Neubesetzungen,
- Regeln über die Zusammenarbeit mit Arbeitsämtern, mit von diesen beauftragten Integrationsfachdiensten, Integrationsämtern und Einrichtungen der beruflichen Bildung schwerbehinderter Menschen bei der Suche nach geeigneten schwerbehinderten Bewerbern,
- Regeln über die Anpassung von Arbeitsplätzen und Arbeitsanforderungen an die Bedürfnisse schwerbehinderter Beschäftigter.

II. Arbeitsgestaltung
- Überprüfung vorhandener Arbeitsplätze anhand der Vorschrift des § 81, Maßnahme- und Zeitplan für Mängelbeseitigung und Verbesserungen,
- Neueinrichtung von behindertengerechten Arbeitsplätzen.

III. Berufliche Förderung schwerbehinderter Beschäftigter
- quantitative Aufstiegsziele,
- Verpflichtungen und Anreize für Vorgesetze, schwerbehinderte Beschäftigte besonders zu fördern,
- Festlegung von Entscheidungsverfahren, wenn sich schwerbehinderte Beschäftigte innerbetrieblich bewerben.

IV. Berufliche Weiterbildung schwerbehinderter Beschäftigter
- Mindestbeteiligung an betrieblichen Maßnahmen,
- Förderung der Teilnahme an außerbetrieblichen Maßnahmen,
- besondere Inhalte für innerbetriebliche Maßnahmen, die auf die Belange der schwerbehinderten Beschäftigten zugeschnitten sind.

V. Kündigungsprävention
- Frühzeitige Information an die Schwerbehindertenvertretung sowie Betriebsrat über Probleme eines schwerbehinderten Beschäftigten am Arbeitsplatz,
- Maßnahmeplan zur individuellen Beschäftigungssicherung in solchen Fällen,
- Beteiligung der Integrationsämter an Überlegungen und Umsetzung.

VI. Organisation, Kooperation, Entscheidungsverfahren, Öffentlichkeitsarbeit
- Bildung eines Integrationsausschusses (Schwerbehindertenvertretung, Betriebsrat, Arbeitgeber, Arbeitsschutzbeauftragter),
- Zusammenarbeit des Ausschusses mit den Integrationsämtern und den Trägern der beruflichen Bildung,

- Entscheidungsverfahren bei Meinungsverschiedenheiten, die bei der Anwendung der Integrationsvereinbarung auftreten,
- Überprüfung der Umsetzung von Entscheidungen und ihrer Auswirkungen,
- Betriebsversammlungen, Schulung von Vorgesetzten, Integration des Themas in die innerbetriebliche Weiterbildung.

D. Berichtspflicht des Arbeitgebers (Abs. 3)

Die Vorschrift verpflichtet den Arbeitgeber dazu, in den Versammlungen schwerbehinderter Menschen (§ 95 Abs. 6) über alle Angelegenheiten zu berichten, die im Zusammenhang mit der Eingliederung in den Betrieb stehen. Zum **Bericht** gehören auch Angaben über den Stand der Umsetzung der Integrationsvereinbarung. 9

Der Bericht ist in jeder Versammlung der schwerbehinderten Menschen zu erstatten. Eine besondere Form der Berichtserstattung ist nicht vorgeschrieben. Zulässig ist auch ein schriftlicher Bericht, wenn die Möglichkeit der Nachfrage besteht (*Neumann/Pahlen/Majerski-Pahlen*, SGB X, § 83 Rdnr. 14). Der Arbeitgeber braucht den Bericht nicht persönlich zu erstatten. Auch sein Vertreter bzw. der Beauftragte nach § 98 kann den Bericht erstatten. 10

§ 84 Prävention

(1) **Der Arbeitgeber schaltet bei Eintreten von personen-, verhaltens- oder betriebsbedingten Schwierigkeiten im Arbeits- oder sonstigen Beschäftigungsverhältnis, die zur Gefährdung dieses Verhältnisses führen können, möglichst frühzeitig die Schwerbehindertenvertretung und die in § 93 genannten Vertretungen sowie das Integrationsamt ein, um mit ihnen alle Möglichkeiten und alle zur Verfügung stehenden Hilfen zur Beratung und mögliche finanzielle Leistungen zu erörtern, mit denen die Schwierigkeiten beseitigt werden können und das Arbeits- oder sonstige Beschäftigungsverhältnis möglichst dauerhaft fortgesetzt werden kann.**

(2) ¹Sind Beschäftigte innerhalb eines Jahres länger als sechs Wochen ununterbrochen oder wiederholt arbeitsunfähig, klärt der Arbeitgeber mit der zuständigen Interessenvertretung im Sinne von § 93, bei schwerbehinderten Menschen außerdem mit der Schwerbehindertenvertretung mit Zustimmung und Beteiligung der betroffenen Person die Möglichkeiten, wie die Arbeitsunfähigkeit möglichst überwunden werden und mit welchen Leistungen oder Hilfen erneuter Arbeitsunfähigkeit vorgebeugt und der Arbeitsplatz erhalten werden kann (betriebliches Eingliederungsmanagement). ²Soweit erforderlich wird der Werks- oder Betriebsarzt hinzugezogen. ³Die betroffene Person oder ihr gesetzlicher Vertreter ist zuvor auf die Ziele des betrieblichen Eingliederungsmanagements sowie auf Art und Umfang der hierfür erhobenen und verwendeten Daten hinzuweisen. ⁴Kommen Leistungen zur Teilhabe oder begleitende Hilfen im Arbeitsleben in Betracht, werden vom Arbeitgeber die örtlichen gemeinsamen Servicestellen oder bei schwerbehinderten Beschäftigten das Integrationsamt hinzugezogen. ⁵Diese wirken darauf hin, dass die erforderlichen Leistungen oder Hilfen unverzüglich beantragt und innerhalb der Frist des § 14 Abs. 2 Satz 2 erbracht werden. ⁶Die zuständige Interessenvertretung im Sinne des § 93, bei schwerbe-

hinderten Menschen außerdem die Schwerbehindertenvertretung, können die Klärung verlangen. [7] Sie wachen darüber, dass der Arbeitgeber die ihm nach dieser Vorschrift obliegenden Aufgaben erfüllt.

(3) **Die Rehabilitationsträger und die Integrationsämter können Arbeitgeber, die ein betriebliches Eingliederungsmanagement einführen, durch Prämien oder einen Bonus fördern.**

Schrifttum: *Balders/Lepping,* Das betriebliche Eingliederungsmanagement nach dem SGB IX, NZA 2005, 854; *Berger-Delhey,* Gesetz ist mächtig, mächtiger ist die Not, Anmerkungen zum reformierten Schwerbehindertenrecht, ZTR 2004, 347; *Bornemann,* Betriebliches Eingliederungsmanagement – sinnvoller Versicherungsschutz bei Arbeitsunfähigkeit, ifo-Schnelldienst 3/2005, S. 19; *Brose,* Das betriebliche Eingliederungsmanagement nach § 84 Abs. 2 SGB IX als neue Wirksamkeitsvoraussetzung für krankheitsbedingte Kündigung?, DB 2005, 390; *Feldes,* Kündigungsprävention und betriebliches Eingliederungsmanagement im novellierten SGB IX, BehindertenR 2004, 187; *ders.,* Das betriebliche Rehabilitationsmanagement, BehindertenR 2005, 48; *ders.,* Geänderte Kündigungsprävention und neues betriebliches Eingliederungsmanagement in SGB IX – nicht nur für behinderte Beschäftigte, auch für längerfristig Kranke, AiB 2004, 270; *Feldes/Kossak,* Novellierung des Sozialgesetzbuch IX (SGB IX), AiB 2004, 453; *Gagel,* Rehabilitation im Betrieb unter Berücksichtigung des neuen SGB IX – ihre Bedeutung und das Verhältnis von Arbeitgebern und Sozialleistungsträger, NZA 2001, 988; *Gaul/Süßbrich/Kulejewski,* Keine krankheitsbedingte Kündigung ohne „betriebliches Eingliederungsmanagement", ArbRB 2004, 308; *Magin/Schnetter,* Die Einführung des betrieblichen Eingliederungsmanagements – Erste Erfahrungen in der Praxis, BehindertenR 2005, 52; *Namendorf/Natzel,* Betriebliches Eingliederungsmanagement nach § 84 Abs. 2 SGB IX und seine arbeitsrechtlichen Implikationen, DB 2005, 1794; *Schimanski,* Prävention bei Gefährdung eines Arbeitsplatzes, BehindertenR 2002, 121; *von Seggern,* Gesetz zur Bekämpfung der Arbeitslosigkeit Schwerbehinderter, AiB 2000, 717.

Inhaltsübersicht

	Rdnr.
A. Allgemeines	1, 2
B. Gefährdung des Arbeitsverhältnisses (Abs. 1)	3–8
I. Gründe für eine Gefährdung des Arbeitsverhältnisses	3
II. Zeitpunkt der Gefährdung des Arbeitsverhältnisses	4–6
III. Beseitigung von Schwierigkeiten	7, 8
C. Gesundheitliche Gründe (Abs. 2)	9–17
D. Betriebliches Eingliederungsmanagement (Abs. 3)	18

A. Allgemeines

1 Nach § 84 sollen **präventive Maßnahmen** im Zusammenspiel von Arbeitgeber, Schwerbehindertenvertretung und Integrationsamt unternommen werden, um eine Beendigung des Arbeitsverhältnisses des schwerbehinderten Menschen zu verhindern. Die Vorschriften über Prävention sind zum ersten Mal im Rahmen des „Gesetzes zur Bekämpfung der Arbeitslosigkeit Schwerbehinderter" vom 29. 9. 2000 (BGBl. I S. 1394) durch § 14 c in das Schwerbehindertengesetz eingeführt. § 84 Abs. 1 ist inhaltsgleich mit dem aufgehobenen § 14 c SchwbG. Absatz 2 ist erst durch das SGB IX geschaffen worden, jedoch mit Gesetz vom 23. 4. 2004 grundlegend überarbeitet worden. Absatz 3 ist durch das Gesetz zur Förderung der Ausbildung und Beschäftigung schwerbehinderter Menschen vom 23. 4. 2004 (BGBl. I S. 606) eingeführt worden.

2 Fraglich ist, ob § 84 lediglich einen appellativen Charakter hat oder ob die unterbliebene Ausschöpfung aller Präventionsmaßnahmen eine Kündigung sozial ungerechtfertigt erscheinen lässt. Die eine Meinung sieht in § 84 eine sanktionslose

Verpflichtung des Arbeitgebers (ErfKo-*Rolfs*, SGB IX, § 84 Rdnr. 1; KR-*Etzel*, Vor §§ 85–92 SGB IX Rdnr. 36). Nach anderer Auffassung ist der Arbeitgeber wegen des kündigungsschutzrechtlichen Ultima-Ratio-Prinzips gehalten, arbeitsplatzerhaltende Präventionsmaßnahmen nach § 84 durchzuführen (*Neumann/ Pahlen/Majerski-Pahlen*, SGB IX, § 84 Rdnr, 15; *Müller-Wenner/Schorn*, SGB IX, § 84 Rdnr. 16, *von Seggern*, AiB 2000, 717; *Schimanski*, BehindertenR 202, 121; *Düwell*, in: LKP-SGB IX, § 84 Rdnr. 5).

B. Gefährdung des Arbeitsverhältnisses (Abs. 1)

I. Gründe für eine Gefährdung des Arbeitsverhältnisses

Nach Abs. 1 hat der Arbeitgeber bei Eintritt von personen-, verhaltens- oder betriebsbedingten Schwierigkeiten, die zur Beendigung des Arbeitsverhältnisses führen können, die Schwerbehindertenvertretung und die in § 93 genannten Stellen einzuschalten. Die genannten Gründe entsprechen den Begrifflichkeiten der Gründe einer **sozial gerechtfertigten ordentlichen Kündigung** nach § 1 Abs. 2 KSchG. Liegen Gründe für eine außerordentliche Kündigung aus wichtigem Grund gem. § 626 BGB vor, ist Abs. 1 nicht anwendbar. Das Arbeitsverhältnis ist sowohl bei einer ordentlichen Beendigungskündigung als auch bei einer Änderungskündigung nach § 2 KSchG gefährdet. 3

II. Zeitpunkt der Gefährdung des Arbeitsverhältnisses

Der Arbeitgeber hat die genannten Stellen bei einer Gefährdung des Arbeitsverhältnisses **möglichst frühzeitig** einzuschalten. Ziel der Präventionsmaßnahmen ist das Aufzeigen von Möglichkeiten, um das Arbeitsverhältnis des schwerbehinderten Menschen fortzuführen. Deshalb sind die genannten Stellen vor Einleitung des formalen Anhörungsverfahrens nach § 102 BetrVG einzubeziehen. 4

Die **Einschaltung der Schwerbehindertenvertretung** hat so rechtzeitig zu erfolgen, dass deren Vorschläge zur Sicherung des Arbeitsverhältnisses des schwerbehinderten Menschen noch in die Überlegungen des Arbeitgebers einfließen können, bevor dieser den endgültigen Entschluss zur Beendigung des Arbeitsverhältnisses gefasst hat. 5

Verstößt der Arbeitgeber gegen die Grundsätze von Abs. 1, so hat dies keine Auswirkung auf die vom Arbeitgeber vorgenommene personelle Entscheidung. Insbesondere ist eine ausgesprochene ordentliche Kündigung nicht wegen Verstoßes gegen § 84 Abs. 1 unwirksam. Die Verletzung von Abs. 1 ist **keine Ordnungswidrigkeit** nach § 156. 6

III. Beseitigung von Schwierigkeiten

Der Arbeitgeber hat mit der **Schwerbehindertenvertretung,** den in § 93 genannten Stellen und den Integrationsämtern alle Hilfen zur Beratung und finanzielle Leistungen mit dem Ziel zu erörtern, das Arbeitsverhältnis zu sichern. Es empfiehlt sich eine möglichst frühzeitige Erörterung mit dem Integrationsamt, um die in Betracht kommenden Möglichkeiten und deren finanzielle Ausstattung zu klären. 7

Als Hilfe kommen insbesondere die in § 102 Abs. 3 genannten Hilfen im Berufs- und Arbeitsleben und das Instrumentarium der **Arbeitsassistenz** in Betracht, § 102 Abs. 4. Nach Abs. 1 ist der Arbeitgeber gehalten, die in Betracht kommenden Möglichkeiten zu erörtern. Ob und welche Hilfe zur Beratung oder finanzielle Hilfe der Arbeitgeber letztlich realisiert, obliegt seiner Entscheidung. Lässt 8 der Arbeitgeber aber ihm aufgezeigte Möglichkeiten außer Betracht, so kann dies u. U. ein Widerspruchsrecht des Betriebsrats/Personalrats nach § 102 Abs. 3 Nr. 4 BetrVG bzw. § 79 Abs. 1 Nr. 3–5 BPersVG begründen. Eine ausgesprochene Kündigung kann aus Gründen der Unverhältnismäßigkeit unzulässig sein, wenn eine Weiterbeschäftigung des schwerbehinderten Menschen zu geänderten Arbeitsbedingungen möglich war (KR-*Etzel*, § 1 KSchG Rdnr. 248 ff.).

C. Gesundheitliche Gründe (Abs. 2)

9 Absatz 2 ist erst durch das SGB IX geschaffen worden. Dadurch wurden die Aufgaben der Schwerbehindertenvertretung gegenüber dem SchwBG i. d. F. vom 1. 10. 2000 erweitert. Zweck der Vorschrift ist es, einer Gefährdung des Arbeitsverhältnisses aus **gesundheitlichen Gründen** möglich frühzeitig begegnen zu können (BT-Drucks. 14/5074, Begründung, S. 61). Absatz 2 ist sowohl für schwerbehinderte Menschen als auch deren Gleichgestellte anwendbar. An Stelle der Schwerbehindertenvertretung tritt für die Gleichgestellten die nach § 93 zuständige Stelle (Satz 3 letzter Halbsatz).

10 Sind Beschäftigte innerhalb eines Jahres länger als sechs Wochen ununterbrochen oder wiederholt arbeitsunfähig, klärt der Arbeitgeber nach Abs. 2 Satz 1 mit der zuständigen Interessenvertretung i. S. v. § 93, bei schwerbehinderten Menschen außerdem mit der Schwerbehindertenvertretung mit Zustimmung und Beteiligung der betroffenen Person die Möglichkeit, wie die Arbeitsunfähigkeit möglichst überwunden werden und mit welchen Leistungen oder Hilfen erneuter Arbeitsunfähigkeit vorgebeugt und der Arbeitsplatz erhalten werden kann (betriebliches Eingliederungsmanagement, s. dazu *Bornemann*, ifo-Schnelldienst 3/2005, S. 19). Die Umsetzung eines Eingliederungsmanagements obliegt allein dem Arbeitgeber (*Balders/Lepping*, NZA 2005, 854).

11 Das BEM ist allein bei schwerbehinderten Arbeitnehmern und ihnen Gleichgestellten durchzuführen (ebenso: *Balders/Lepping*, NZA 2005, 854; *Gagel*, NZA 2004, 1359; *Brose*, DB 2005, 390). Demgegenüber gilt die zum 1. 5. 2004 erfolgte Neufassung von Abs. 2 Satz 1 wegen dessen Wortlaut („Beschäftigte") nach Auffassung des LAG Niedersachsen für alle Arbeitnehmer des Betriebes (*LAG Niedersachsen* v. 29. 3. 2005, AuA 7/2005, S. 433)

12 Voraussetzung für die Einschaltung der Schwerbehindertenvertretung ist eine länger als **sechs Wochen** ununterbrochen andauernde oder wiederholte Arbeitsunfähigkeit des schwerbehinderten Menschen binnen eines Jahres. Die Gründe für die ununterbrochene Arbeitsunfähigkeit sind unerheblich. Ausreichend ist, dass der Arbeitnehmer in der Summe mehrerer Arbeitsunfähigkeitszeiträume insgesamt sechs Wochen arbeitsunfähig erkrankt ist. Nach dem Wortlaut offen ist, was unter „binnen eines Jahres" zu verstehen ist. Nach dem Sinn und Zweck der Vorschrift dürfte nicht auf das Kalenderjahr, sondern auf das jeweils zurückliegende Jahr abzustellen sein (*Balders/Lepping*, NZA 2005, 854).

13 Nach dem Gesetzeswortlaut spielt die Art der Erkrankung keinerlei Rolle, so dass auch unterschiedliche Erkrankung Maßnahmen des Arbeitgebers erfordern, sofern nur der Sechs-Wochenzeitraum überschritten ist. Eine Beschränkung von Abs. 2 Satz auf nur solche Arbeitsunfähigkeitszeiträume, die in einem arbeitsmedizinischen Zusammenhang stehen, ist mit dem Wortlaut der Norm kaum in Einklang zu bringen (a. A. *Balders/Lepping*, NZA 2005, 854).

14 Der Arbeitgeber schaltet mit Zustimmung der betroffenen Person die **Schwerbehindertenvertretung** ein. Aus Gründen des Persönlichkeitsschutzes des schwerbehinderten Menschen hat die Zustimmung vor Einschaltung der Personalvertretung zu erfolgen. Schaltet der Arbeitgeber die Schwerbehindertenvertretung ohne vorherige Zustimmung des schwerbehinderten Menschen ein, kann er sich schadensersatzpflichtig machen. Absatz 2 ist Schutzgesetz i. S. d. § 823 Abs. 2 BGB.

Die Schwerbehindertenvertretung schaltet danach mit Zustimmung der betroffenen Person die **gemeinsame Servicestelle** und bei schwerbehinderten Menschen auch das Integrationsamt ein. Die Zustimmung gilt Rdnr. 14 entsprechend. 15

Mitbestimmungsrechte des Betriebsrats sind zu beachten. Nach überwiegender Auffassung besteht nach § 87 Abs. 1 Nr. 7 BetrVG ein Mitbestimmungsrecht des Betriebsrats, wenn der Arbeitgeber ein formalisiertes betriebliches Eingliederungsmanagement einführen will (*von Steinau-Steinbrück/Hagemeister*, NJW-Spezial 2005, 129; *Feldes*, BehindertenR 2004, 187; *Gaul/Süßbrich/Kulejewski*, ArbRB 2004, 308; a. A. *Balders/Lepping*, NZA 2005, 856). 16

Offen und bisher noch nicht gerichtlich geklärt, ist die Frage, welche Auswirkungen Abs. 2 Satz 1 auf den Kündigungsschutz schwerbehinderter Menschen hat. Zum überwiegenden Teil wird hierzu die Auffassung vertreten, dass eine krankheitsbedingte Kündigung, die ohne Durchführung eines betrieblichen Eingliederungsmanagements ausgesprochen wird, sozialwidrig sei. Begründet wird dies zumeist mit dem im Kündigungsschutzrecht geltenden Ultima-Ratio-Prinzip, wonach der Arbeitgeber gehalten ist, alle Möglichkeiten auszuschöpfen, um eine Kündigung zu vermeiden (*Brose*, DB 2005, 390; *von Steinau-Steinbrück/Hagemeister*, NJW-Spezial 2005, 129; *Gaul/Süßbrich/Kulejewski*, ArbRB 2004, 308; *Gagel*, NZA 2001, 988; *Schimanski*, BehindertenR 2002, 121; *Hunold*, in: AuA 7/2005, 422; *Feldes*, BehindertenR 2004, 187; *Düwell*, in: LPK-SGB IX, § 84 Rdnr. 5; *Müller-Wenner/Schorn*, SGB IX, § 84 Rdnr. 16). Nach anderer Auffassung ist Abs. 2 Satz 1 kündigungsschutzrechtlich irrelevant, da die Vorschrift selbst und auch die Gesetzesbegründung keine kündigungsschutzrechtlichen Folgen benennt (*Balders/Lepping*, NZA 2005, 854). 17

D. Betriebliches Eingliederungsmanagement (Abs. 3)

Absatz 3 bestimmt, dass die Rehabilitationsträger und Integrationsämter Arbeitgeber, die ein betriebliches Eingliederungsmanagement (BEM) einführen, durch Prämien oder einen Bonus fördern können. Einzelheiten, zur Höhe der Prämie und wie die Höhe der Prämie zu bemessen sind, sind im Gesetz nicht geregelt. Lediglich in § 26 c SchwbAV ist klargestellt, dass Arbeitgeber zur Einführung eines betrieblichen Eingliederungsmanagements aus den Mitteln der Ausgleichsabgabe gefördert werden können. 18

Kapitel 4. Kündigungsschutz

§ 85 Erfordernis der Zustimmung

Die Kündigung des Arbeitsverhältnisses eines schwerbehinderten Menschen durch den Arbeitgeber bedarf der vorherigen Zustimmung des Integrationsamtes.

Schrifttum: *Bachmann*, Schwerbehindertenschutz durch Kündigungsschutz, ZfA 2003, 43; *Bader*, Das Kündigungsschutzgesetz neuer (alter) Fassung, NZA 1999, 64; *Bernhardt/Barthel*, Verwirkter Sonderkündigungsschutz – Ehrlich währt am längsten, AuA 8/2004, 20; *Brill*, Die Zustimmung zur Kündigung von Schwerbehinderten aus der Sicht des Arbeitgebers und des Arbeitnehmers, BehindertenR 1993, 97; *Düwell*, Der Kündigungsschutz schwerbehinderter Beschäftigter nach der Novelle vom 23. 4. 2004, BB 2004, 2811; *ders.*, Schwerbehinderte nach

§ 85 1–3 Teil 2. Schwerbehindertenrecht

reformiertem Kündigungsrecht, DB 2003, 1574; *Großmann*, Kein einstweiliger Rechtsschutz im Verfahren betreffend die Zustimmung der Hauptfürsorgestelle nach den §§ 15 ff. Schwerbehindertengesetz?, ZSR 1988, 590; *ders.*, Geltendmachung und Nachweis der Schwerbehinderteneigenschaft bei Kündigungen, NZA 1992, 241; *ders.*, Die Beteiligung der Schwerbehindertenvertretung als Wirksamkeitsvoraussetzung einer Kündigung, BehindertenR 1991, 145; *Grünberger*, Kündigungsschutz Schwerbehinderter und Gleichgestellter nach dem SchwbG, BuW 1997, 709; *Hohmann*, Vereinheitlichung des Rechtsschutzes bei der Kündigung schwerbehinderter Menschen, ZRP 2005, 159; *Kappelhoff*, Außerordentliche Kündigung gegenüber einem Schwerbehinderten, ArbRB 2002, 350; *Kuhlmann*, Der Kündigungsschutz Schwerbehinderter im Insolvenzverfahren, BehindertenR 2000, 159; *Marschner*, Schwerbehindertenrecht – Neu zu beachtende Bestimmungen, AuA 7/2004, S. 14; *Mianowicz*, Zur Problematik des Sonderkündigungsschutzes nach den §§ 15 ff. SchwbG 86, RdA 1998, 281; *Rehwald/Kossak*, Neue Kündigungsbestimmungen im SGB IX zum 1. 5. 2004, AiB 2004, 604; *Seidel*, Die Aussetzung des Kündigungsschutzverfahrens durch das Arbeitsgericht bei Kündigung eines Schwerbehinderten oder Gleichgestellten, DB 1994, 1286; *ders.*, Der Kündigungsschutz nach dem Schwerbehindertengesetz, BehindertenR 1996, 101; *ders.*, Der Kündigungsschutz nach dem SGB IX, PersR 2002, 113; *Striegel*, Schweigen ist Gold? – Der Kündigungsschutz des Schwerbehinderten gem. § 85, § 90 Abs. 2 a SGB IX, FA 2005, 12; *Westers*, Neuregelungen im Recht des besonderen Kündigungsschutzes nach dem Neunten Buch Sozialgesetzbuch (SGB IX), BehindertenR 2004, 93.

Inhaltsübersicht

	Rdnr.
A. Allgemeines	1–5
B. Persönlicher Anwendungsbereich	6–15
I. Einbezogene Personen	6–11
II. Ausgenommene Personen	12–15
C. Sachlicher Anwendungsbereich	16–20
I. Kündigung des Arbeitsverhältnisses	16–19
II. Anderweitige Beendigung des Arbeitsverhältnisses	20
D. Beginn und Ende des besonderes Kündigungsschutzes	21–28
I. Schwerbehinderte Menschen	22, 23
II. Gleichgestellte Personen	24
III. Kenntnis des Arbeitgebers	25–28
E. Vorherige Zustimmung des Integrationsamts	29, 30
F. Verfahrensfragen	31, 32

A. Allgemeines

1   Nach § 85 ist die **Kündigung** eines schwerbehinderten Menschen von der vorherigen Zustimmung des Integrationsamtes abhängig. Die Zustimmung des Integrationsamtes ist eine öffentlich-rechtliche Wirksamkeitsvoraussetzung (*BVerwG* v. 2. 7. 1992, AP Nr. 1 zu § 21 SchwbG 1986). Zweck der Vorschrift ist es, vor Ausspruch der Kündigung die besonderen Schutzinteressen Schwerbehinderter zu berücksichtigen und eine mit dem Schutzzweck des Gesetzes unvereinbare Kündigung zu vermeiden (*BVerwG* v. 10. 9. 1992, BVerwGE 91, 7).

2   § 85 ist zwingendes Recht. Ein **Verzicht des schwerbehinderten Menschen** auf die vorherige Zustimmung des Integrationsamts ist unzulässig. Auch durch Tarifvertrag kann der Schwerbehindertenschutz nach den §§ 85 ff. nicht abbedungen werden. Von dem besonderen Kündigungsschutz der §§ 85 ff. ausgeschlossen sind die in § 90 Abs. 1 und 2 genannten Personengruppen. § 85 gilt auch bei einer Kündigung im Insolvenzverfahren. Eine Insolvenzanfechtung des Antrages auf Feststellung des Grades der Behinderung nach § 130, 133 InsO kommt nicht in Betracht (*LAG Niedersachsen* v. 4. 4. 2003, BehindertenR 2004, 180).

3   Der besondere Kündigungsschutz nach den §§ 85 ff. besteht neben anderen kündigungsschutzrechtlichen Vorschriften (allg. Meinung s. *Neumann/Pahlen/Majerski-*

Pahlen, SGB IX § 85 Rdnr. 2 m. w. N.). Schwerbehinderte Menschen haben insofern den gleichen Kündigungsschutz wie nichtbehinderte Menschen. Insbesondere hat der schwerbehinderte Mensch den allgemeinen Kündigungsschutz nach den §§ 1, 23 KSchG. Auch die **Kündigungsschutzvorschriften** des § 102 BetrVG (Anhörung des Betriebsrats), § 70 Abs. 4 BPersVG (Anhörung des Personalrats) oder § 9 MuSchG (Zustimmung der obersten Landesbehörde bei Kündigungen von werdenden Müttern) finden ebenfalls Anwendung.

Ausweislich des **Jahresberichts 2003/2004** der Arbeitsgemeinschaft der Integrationsämter und Hauptfürsorgestellen ergibt sich für das Jahr 2003 folgendes Bild der nach dem SGB IX abgeschlossenen Kündigungsverfahren im gesamten Bundesgebiet:

	ordentliche Kündigungen		außerordentliche Kündigungen		Änderungskündigungen		Alle Verfahren	
	Anzahl	in %	Anzahl	in %	Anzahl	in %	Anzahl	in %
Anträge auf Zustimmung zur Kündigung	31364	100,00	4083	100,00	957	100,00	37070	100,00
Erhalt des Arbeitsplatzes	5280	16,83	1478	36,20	957	90,28	7837	21,14
Verlust des Arbeitsplatzes	26084	83,17	2605	63,80	103	9,72	29233	78,78

Hinsichtlich der **Kündigungsgründe** ergibt sich für das Jahr 2003 nach dem Jahresbericht 2003/2004 der Arbeitsgemeinschaft der Integrationsämter und Hauptfürsorgestellen folgendes Bild:

Kündigungsgrund	Betriebsauflösung	Wegfall des Arbeitsplatzes	Leistungsmängel	Fehlzeit wegen Areitsunfähigkeit	Verhaltsbedingte Gründe
ordentliche Kündigung	19,22%	37,73%	25,50%	13,60%	5,49%
außerordentliche Kündigung	6,32%	8,40%	8,84%	7,79%	68,65%

B. Persönlicher Anwendungsbereich

I. Einbezogene Personen

In den Schutzbereich von § 85 sind sowohl schwerbehinderte Menschen als auch Gleichgestellte mit einbezogen, die in einem Arbeitsverhältnis stehen (allg. M., ErfKo-*Rolfs*, SGB IX, § 85 Rdnr. 7; *Neumann/Pahlen/Majerski-Pahlen*, SGB IX, § 85 Rdnr. 23; *Müller-Wenner/Schorn*, SGB IX, § 85 Rdnr. 5). Der Sonderkündigungsschutz greift nicht, wenn die Schwerbehinderung weder offenkundig noch im Zeitpunkt des Kündigungszugangs beantragt worden ist.

7 Der **Schutzbereich** umfasst alle Arbeitnehmer, also sowohl Angestellte (auch leitende Angestellte) als auch Arbeiter. Auch **Teilzeitbeschäftigte** unterfallen § 85, selbst dann, wenn sie unterhalb der 18-Stunden-Grenze des § 73 Abs. 3 tätig sind. Arbeitnehmer sind auch die zur Berufsausbildung Beschäftigten (*BAG* v. 10. 12. 1987, DB 1988, 1069; v. 4. 2. 1993, NZA 1994, 214; *Neumann/Pahlen/ Majerski-Pahlen,* SGB IX, § 85 Rdnr. 27 m. w. N.).

8 Bei **Gleichgestellten** wird die Gleichstellung nach § 68 Abs. 2 Satz 2 mit dem Tag des Eingangs des Antrags wirksam. Eine während des noch schwebenden Gleichstellungsverfahrens erfolgte Kündigung wird bei Gleichstellung nachträglich unwirksam.

9 Der besondere Kündigungsschutz schwerbehinderter Menschen gilt nach § 127 Abs. 2 Satz 2 auch für in **Heimarbeit** Beschäftigten und diesen gleichgestellte schwerbehinderte Menschen. Bei der Kündigung von Arbeitern und Angestellten des öffentlichen Dienstes ist auch die Zustimmung des Integrationsamtes erforderlich.

10 Schwerbehinderte Menschen und denen Gleichgestellte, die bei den **alliierten Streitkräften** beschäftigt sind, haben den Kündigungsschutz der §§ 15 ff. gem. Art. 56 des Zusatzabkommens zum NATO-Truppenstatut vom 3. 8. 1959 (BGBl. II 1961 S. 1218).

11 Der besondere Kündigungsschutz besteht unabhängig von der Betriebsgröße. Auch in Betrieben, die nicht dem Kündigungsschutzgesetz unterfallen, finden die §§ 85 ff. Anwendung (*VG Mannheim* v. 4. 3. 2002, NZA-RR 2002, 417). Gleiches gilt für die Arbeitgeber, die nicht zur Beschäftigung schwerbehinderter Arbeitnehmer verpflichtet sind, oder für die Arbeitgeber, die über die Pflichtquote hinaus schwerbehinderte Arbeitnehmer beschäftigen (*Neumann/Pahlen/Majerski-Pahlen,* SGB IX, § 85 Rdnr. 32).

II. Ausgenommene Personen

12 Vom **Schutzbereich** des § 85 **ausgenommen** sind schwerbehinderte Menschen, deren Arbeitsverhältnis zum Zeitpunkt der Kündigung ohne Unterbrechung noch nicht länger als sechs Monate bestanden hat, § 90 Abs. 1 Nr. 1, sowie die auf Stellen i. S. v. § 73 Abs. 2 Nr. 2–6 beschäftigten Schwerbehinderten. Ausgenommen sind auch Entlassungen i. S. v. § 90 Abs. 2.

13 **Arbeitnehmerähnliche Personen** sind nicht in den Schutzbereich des § 85 einbezogen, da sie nicht aufgrund eines Arbeitsvertrags, sondern in selbstständiger Art und Weise tätig sind (allg. M., vgl. *Neumann/Pahlen/Majerski-Pahlen,* SGB IX, § 85 Rdnr. 26; *Müller-Wenner/Schorn,* SGB IX, § 85 Rdnr. 7).

14 Auf Arbeitsverhältnisse im **Ausland** findet die Zustimmungsbedürftigkeit der Kündigung selbst dann keine Anwendung, wenn deutsches Recht Arbeitsstatut ist (*BAG* v. 30. 4. 1987, AP Nr. 15 zu § 12 SchwbG; *Neumann/Pahlen/Majerski-Pahlen,* SGB IX, § 15 Rdnr. 31; ErfKo-*Rolfs,* SGB IX, § 85 Rdnr. 2).

15 Bei **Beamten und Richtern** finden die § 85 ff. keine Anwendung. Die ehemals in § 128 Abs. 2 geregelte Anhörungspflicht ist vor Entlassung von Beamten oder Richtern durch Gesetz vom 23. 4. 2004 (BGBl. I S. 606) entfallen.

C. Sachlicher Anwendungsbereich

I. Kündigung des Arbeitsverhältnisses

16 Die **Zustimmung des Integrationsamtes** ist nur bei einer Kündigung durch den Arbeitgeber erforderlich. Die Eigenkündigung des Schwerbehinderten oder Gleichgestellten bedarf nicht der Zustimmung des Integrationsamtes.

Die vorherige Zustimmung des Integrationsamtes ist für **alle Arten von Kün-** 17
digungen erforderlich. § 85 gilt bei Beendigungskündigungen, bei Änderungskündigungen und bei Massenentlassungen gem. §§ 17 ff. KSchG. Umfasst ist sowohl die ordentliche als auch die außerordentliche Kündigung, für die aber die Besonderheiten des § 91 zu beachten sind. Auch die Kündigung eines schwerbehinderten Menschen, der aufgrund eines Werkstattvertrages im Rahmen eines Arbeitsverhältnisses beschäftigt wird, ist unwirksam, wenn die Zustimmung des Integrationsamtes nach § 85 SGB IX nicht eingeholt worden ist (*ArbG Koblenz* v. 9. 8. 2002, NZA-RR 2003, 188).

Der besondere Kündigungsschutz Schwerbehinderter ist unabhängig von der 18
Zahl der Arbeitnehmer des Betriebs. Auch in Betrieben, die unterhalb des **Schwellenwerts** von fünf Arbeitnehmern gem. § 23 Abs. 1 Satz 2 KSchG liegen, sind die §§ 85 ff. anwendbar.

§ 85 SGB IX gilt auch bei einer Kündigung im Insolvenzverfahren. Eine Insol- 19
venzanfechtung des Antrages auf Feststellung des Grades der Behinderung nach den §§ 130, 133 InsO kommt nicht in Betracht (*LAG Niedersachsen* v. 4. 4. 2003, Az: 16 Sa 1646/02).

II. Anderweitige Beendigung des Arbeitsverhältnisses

Die Vorschrift ist nur auf die **Beendigung des Arbeitsverhältnisses** durch 20
eine arbeitgeberseitige **Kündigung** anwendbar. § 85 gilt nicht für folgende Beendigungsarten:
- Aufhebungsvertrag (*BAG* v. 27. 3. 1958, AP Nr. 12 zu § 14 SchwbeschG; *Müller-Wenner/Schorn,* SGB IX, § 85 Rdnr. 45);
- ein vom Arbeitgeber gem. § 9 Abs. 1 KSchG gestellter Auflösungsantrag bedarf zu seiner Wirksamkeit nicht der Zustimmung des Integrationsamtes, wenn die Schwerbehinderteneigenschaft erst nach Ausspruch der Kündigung festgestellt wird (*LAG Baden-Württemberg* v. 12. 3. 2003, BehindertenR 2003, 154; *ArbG Stuttgart* v. 27. 6. 2002, DB 2002, 2278);
- Beendigung durch Fristablauf bei einem befristeten Arbeitsverhältnis (*Griebeling,* in: Hauck/Noftz, SGB IX, § 85 Rdnr. 31; *Neumann/Pahlen/Majerski-Pahlen,* SGB IX, § 85 Rdnr. 48);
- Beendigung einer vorläufigen Einstellung nach § 100 Abs. 3 BetrVG;
- bei Anfechtung des Arbeitsvertrags;
- lösende Aussperrung;
- Abberufung aus einer Arbeitsbeschaffungsmaßnahme;
- Einführung von Kurzarbeit, soweit diese nicht auf einer Änderungskündigung beruht (*Neumann/Pahlen/Majerski-Pahlen,* SGB IX, § 85 Rdnr. 61).

D. Beginn und Ende des besonderen Kündigungsschutzes

Voraussetzung für den besonderen Kündigungsschutz nach den §§ 85 ff. ist, dass 21
die **Schwerbehinderteneigenschaft** des zu Kündigenden vorliegt oder eine Gleichstellung erfolgt ist. Voraussetzung ist, dass spätestens zum Zeitpunkt des Zugangs der Kündigung die Schwerbehinderteneigenschaft oder die Gleichstellung nach §§ 2 Abs. 3, 68 Abs. 2 vorliegt. Entscheidend ist das Vorliegen der Schwerbehinderteneigenschaft, nicht aber der Zeitpunkt der Feststellung der Behinderung durch das Versorgungsamt nach § 69 Abs. 1.

I. Schwerbehinderte Menschen

Der besondere Kündigungsschutz beginnt mit dem Entstehen der Schwerbehin- 22
derteneigenschaft. Das BAG hält an seiner Rechtsprechung fest, wonach Voraus-

setzung des Sonderkündigungsschutzes nach § 85 ist, dass vor Zugang der Kündigung entweder ein Bescheid über die Schwerbehinderteneigenschaft ergangen ist oder der Schwerbehinderte jedenfalls einen entsprechenden Anerkennungsantrag beim Versorgungsamt gestellt hat (*BAG* v. 7. 3. 2002, AP Nr. 11 zu § 15 SchwbG 1986, NZA 2002, 1145; Bestätigung von *BAG* v. 16. 8. 1991, EzA § 15 SchwbG 1986 Nr. 5). Etwas anderes kann ausnahmsweise gelten, wenn die Schwerbehinderung offensichtlich ist oder der Schwerbehinderte bereits vor Ausspruch der Kündigung dem Arbeitgeber über seine körperliche Beeinträchtigung und über seine beabsichtigte Antragsstellung beim Versorgungsamt informiert hat.

23　Die **Feststellung der Schwerbehinderteneigenschaft** ist entbehrlich, wenn sie offenkundig ist. Offenkundigkeit liegt jedenfalls dann nicht vor, wenn die Schwerbehinderung nur durch Einholung eines oder mehrerer fachärztlicher Gutachten festgestellt werden kann (*SG Dresden* v. 9. 12. 2004, S 7 SB 340/02). Der Kündigungsschutz endet gemäß § 116 Abs. 1, wenn sich der GdB auf unter 50% verringert hat, mit Ablauf des dritten Monats nach Eintritt der Unanfechtbarkeit des die Verringerung feststellenden Bescheids.

II. Gleichgestellte Personen

24　Nach § 68 Abs. 2 erfolgt die **Gleichstellung** behinderter Menschen mit schwerbehinderten Menschen durch die Agentur für Arbeit nach Antrag. Die Gleichstellung wird mit dem Tag des Eingangs des Antrags bei der Bundesagentur für Arbeit wirksam. Zu diesem Zeitpunkt beginnt auch der Schutz nach den §§ 85 ff. Der besondere Kündigungsschutz der schwerbehinderten Menschen Gleichgestellten endet nach § 116 Abs. 2 nach Widerruf oder Rücknahme der Gleichstellung.

III. Kenntnis des Arbeitgebers

25　Der besondere Kündigungsschutz der §§ 85 ff. findet auch dann Anwendung, wenn der **Arbeitgeber** von der Schwerbehinderteneigenschaft keine **Kenntnis** hat (st. Rspr., s. *BAG* v. 16. 8. 1991, AP Nr. 2 zu § 15 SchwbG 1986). So ist die Änderungskündigung einer schwerbehinderten Krankengymnastin auch dann wegen Verstoßes gegen die §§ 85 ff. mangels fehlender Zustimmung des Integrationsamtes zur Kündigung unwirksam, wenn der Arbeitgeber im Zeitpunkt der Änderungskündigung nichts von der Schwerbehinderung der Arbeitnehmerin wusste, sondern ihm die Arbeitnehmerin erst nach Ausspruch der Änderungskündigung ihre Schwerbehinderung mitteilt (*LAG Berlin* v. 1. 11. 2002, Az: 19 Sa 1498/02).

26　Bei offensichtlicher Schwerbehinderteneigenschaft hat der Arbeitgeber die Zustimmung des Integrationsamtes einzuholen, ohne dass der schwerbehinderte Mensch den besonderen Kündigungsschutz geltend machen muss.

27　Bei **nicht offensichtlicher Schwerbehinderung** muss der schwerbehinderte Mensch binnen angemessener Frist nach Erhalt der Kündigung die Schwerbehinderteneigenschaft gegenüber dem Arbeitgeber geltend machen. Bei einer ordentlichen Kündigung muss der schwerbehinderte Mensch nach der Rechtsprechung des Bundesarbeitsgerichts binnen eines Monats nach Erhalt der Kündigung die Schwerbehinderteneigenschaft geltend machen (*BAG* v. 28. 6. 1995, AP Nr. 6 zu § 59 BAT). Unterlässt der schwerbehinderte Mensch die Geltendmachung gegenüber dem Arbeitgeber, so ist die Kündigung nicht deshalb unwirksam, weil die Zustimmung des Integrationsamtes fehlt.

28　Bei **nicht offenkundiger Schwerbehinderteneigenschaft** wird von der Rechtsprechung für die Anwendung der §§ 85 ff. gefordert, dass im Zeitpunkt des Zugangs der Kündigung wenigstens ein Antrag nach § 69 beim Versorgungsamt gestellt wurde (*BAG* v. 5. 7. 1990, EzA § 15 SchwbG Nr. 3).

E. Vorherige Zustimmung des Integrationsamtes

Die Kündigung eines schwerbehinderten Menschen bedarf der **vorherigen** **29** **Zustimmung** des **Integrationsamtes**. Der Arbeitgeber hat die Zustimmung beim Integrationsamt zu beantragen (§ 87 Abs. 1 Satz 1). Erteilt das Integrationsamt die Zustimmung zur Kündigung, so kann der Arbeitgeber nur binnen eines Monats nach Zustellung der Zustimmung die Kündigung erklären (§ 88 Abs. 3).

Wird die Kündigung ausgesprochen, ohne dass vorher die Zustimmung des In- **30** tegrationsamts eingeholt wurde, ist die Kündigung wegen Verstoßes gegen § 85 nach § 134 BGB nichtig (*BVerwG* v. 19. 10. 1995, BVerwGE 99, 336; ErfKo-*Rolfs*, SGB IX, § 85 Rdnr. 14). Die **nachträgliche Einholung der Zustimmung** des Integrationsamtes behebt den Mangel nicht. Der Arbeitgeber muss erneut die Kündigung aussprechen.

F. Verfahrensfragen

Gegen eine arbeitgeberseitige Kündigung kann der schwerbehinderte Mensch **31** Klage vor dem Arbeitsgericht erheben. Will er geltend machen, dass die Kündigung sozial ungerechtfertigt im Sinne des **Kündigungsschutzgesetzes** ist, muss er binnen drei Wochen nach Zugang der Kündigung Klage auf Feststellung der Unwirksamkeit der Kündigung (Kündigungsschutzklage) erheben (§ 4 KSchG).

Hat der schwerbehinderte Mensch gegen die Zustimmung des Integrationsamtes **32** **Widerspruch** eingelegt, wird durch das Widerspruchsverfahren die Drei-Wochen-Frist des § 4 KSchG nicht verlängert und hinausgeschoben.

§ 86 Kündigungsfrist

Die Kündigungsfrist beträgt mindestens vier Wochen.

Schrifttum: *Adomeit/Thau,* Das Gesetz zur Vereinheitlichung der Kündigungsfristen von Arbeitern und Angestellten, NJW 1994, 11; *Grünberger,* Kündigungsschutz Schwerbehinderter und Gleichgestellter nach dem SchwbG, BuW 1997, 709; *Homeister/Baron,* Sonderkündigungsrecht im Arbeitsverhältnis, BuW 1996, 368; *Kramer/Preis,* Das neue Kündigungsfristengesetz, BB 1993, 2125; *Seidel,* Der Kündigungsschutz nach dem SchwbG, MDR 1997, 805.

Inhaltsübersicht

	Rdnr.
A. Allgemeines	1–4
B. Persönlicher Anwendungsbereich	5–7
C. Sachlicher Anwendungsbereich	8–11
D. Berechnung der Kündigungsfrist	12–14

A. Allgemeines

§ 86 bestimmt eine gesetzliche Mindestkündigungsfrist von vier Wochen bei **1** einer **arbeitgeberseitigen Kündigung** des Arbeitsverhältnisses. Für den Schwerbehinderten günstigere gesetzliche oder einzelvertragliche Kündigungsfristen gehen vor.

Die Vorschrift ist zwingendes Recht. Sie kann weder einzelvertraglich, durch **2** **Tarifvertrag** oder durch **Betriebsvereinbarung** im Voraus verkürzt werden. Zulässig ist es aber, nach Zugang der Kündigungserklärung die Beendigung des

Arbeitsverhältnisses vor Ablauf der Kündigungsfrist zu vereinbaren (allg. Meinung, vgl. *Steinbrück,* GK-SchwbG, § 16 Rdnr. 31 m. w. N.).

3   Unzulässig ist auch die **Vereinbarung von Gründen,** die an sich keine wichtigen Gründe i. S. v. § 626 BGB sind, die aber den Arbeitgeber zur außerordentlichen Kündigung ohne Einhaltung einer Kündigungsfrist berechtigen (allg. M., vgl. *Cramer,* SchwbG, § 16 Rdnr. 4; *Neumann/Pahlen/Majerski-Pahlen,* SGB IX, § 16 Rdnr. 5 m. w. N.).

4   Der Anwendungsbereich von § 86 ist nicht sehr groß, da durch das Kündigungsfristengesetz vom 7. 10. 1993 (BGBl. I S. 1668) die allgemeine **regelmäßige Kündigungsfrist** für alle Arbeiter und Angestellten **vier Wochen** beträgt. Der Anwendungsbereich beschränkt sich im Wesentlichen auf die Fälle, in denen nach § 622 Abs. 3 bis 5 BGB kürzere Kündigungsfristen gelten.

B. Persönlicher Anwendungsbereich

5   Die vierwöchige Kündigungsfrist gilt sowohl bei schwerbehinderten Arbeitnehmern als auch bei Gleichgestellten (*Cramer,* SchwbG, § 16 Rdnr. 1). Die **Mindestkündigungsfrist** gilt nach § 127 Abs. 2 Satz 1 auch für in Heimarbeit Beschäftigten, soweit sie schwerbehindert oder gleichgestellt sind.

6   Auch für Arbeitnehmer bei den im Inland **stationierten ausländischen Streitkräften** findet § 86 Anwendung (*Neumann/Pahlen/Majerski-Pahlen,* SGB IX, SchwbG, § 16 Rdnr. 2; *Steinbrück,* GK-SchwbG, § 16 Rdnr. 15).

7   **Keine Anwendung** findet die Vorschrift nach § 90 Abs. 1 Nr. 1 i. V. m. § 73 Abs. 2 Nr. 2 bis 6 auf Personen:
– deren Beschäftigung nicht in erster Linie ihrem Erwerb dient, sondern durch Beweggründe karitativer und religiöser Art bestimmt ist, und Geistliche öffentlich-rechtlicher Religionsgemeinschaften;
– deren Beschäftigung vorwiegend zu ihrer Heilung, Wiedereingewöhnung oder Erziehung erfolgt;
– die an Arbeitsbeschaffungsmaßnahmen teilnehmen sowie
– auf die Fälle der witterungsbedingten Entlassungen nach § 90 Abs. 2.

C. Sachlicher Anwendungsbereich

8   § 86 findet grundsätzlich auf alle Arbeitsverhältnisse Anwendung, mit Ausnahme der Fallkonstellationen des § 90 Abs. 1 und 2. Nach § 90 Abs. 1 Nr. 1 ist die vierwöchige Kündigungsfrist nur dann einzuhalten, wenn das Arbeitsverhältnis bei Zugang der Kündigungserklärung sechs Monate ununterbrochen bestanden hat. Maßgeblich ist der **Zugang** der Kündigung. Deshalb findet § 86 keine Anwendung, auch wenn die Kündigungserklärung erst kurz vor Ablauf der Sechs-Monatsfrist zugeht (*BAG* v. 18. 8. 1982, AP Nr. 24 zu § 102 BetrVG 1972).

9   Die Vorschrift gilt nur für die Kündigung des Arbeitsverhältnisses durch den Arbeitgeber (*Müller-Wenner/Schorn,* SGB IX, § 86 Rdnr. 4; *Düwell,* in: LPK-SGB IX, § 86 Rdnr. 7; *Griebeling,* in: Hauck/Noftz, SGB IX, § 86 Rdnr. 5; a. A. *Neumann/Pahlen/Majerski-Pahlen,* SGB IX, § 86 Rdnr. 4). Umfasst sind auch **Teilkündigungen** oder **Änderungskündigungen.**

10 Die **Mindestkündigungsfrist** von vier Wochen ist auch bei einer Kündigung durch den Insolvenzverwalter zu beachten. Eine längere gesetzlich Kündigungsfrist nach § 622 Abs. 2 BGB oder aufgrund eines Tarifvertrages ist auch vom Insol-

venzverwalter einzuhalten (*Griebeling,* in: Hauck/Noftz, SGB IX, § 86 Rdnr. 8; *Neumann/Pahlen/Majerski-Pahlen,* SGB IX, § 86 Rdnr. 6 m. w. N.).

§ 86 findet keine Anwendung bei der **außerordentlichen Kündigung** von Arbeitsverhältnissen, vgl. § 91 Abs. 1. Nicht anwendbar ist § 86 bei dem Abschluss eines **Aufhebungsvertrags**. **11**

D. Berechnung der Kündigungsfrist

Für die **Berechnung der Kündigungsfrist** von vier Wochen gelten die §§ 186 ff. BGB. Nach § 187 BGB wird der Tag, an dem die Kündigungserklärung zugeht, bei der Berechnung der Kündigungsfrist nicht mitgerechnet. Die Frist beginnt also erst mit den auf dem Zugang der Kündigungserklärung folgenden Tag zu laufen. Wird die Frist nicht eingehalten, so endet das Arbeitsverhältnis zum nächst zulässigen Termin. **12**

Fällt der letzte Tag der Frist auf einen **Sams-, Sonn- oder Feiertag,** so tritt gemäß § 193 BGB an seine Stelle der darauf folgende Werktag (*Düwell,* in: LPK-SGB IX, § 86 Rdnr. 8; *Müller-Wenner/Schorn,* SGB IX, § 86 Rdnr. 10; a. A. *Griebeling,* in: Hauck/Noftz, SGB IX, § 86 Rdnr. 7). Ist dagegen die vierwöchige Kündigungsfrist nur dann einzuhalten, wenn an einem Sams-, Sonn- oder Feiertag gekündigt wird, gilt § 193 BGB nicht, da damit eine Fristverkürzung verbunden wäre (*BAG* v. 3. 3. 1970, AP Nr. 1 zu § 193 BGB; *Neumann/Pahlen/Majerski-Pahlen,* SGB IX, § 86 Rdnr. 9). **13**

Gemäß § 622 Abs. 1 BGB endet das Arbeitsverhältnis mit einer Kündigungsfrist von vier Wochen zum 15. oder zum Ende eines Kalendermonats. Die überwiegende Meinung überträgt diese Endtermin auf die §§ 85 ff., soweit keine anderweitigen Endtermine arbeitsvertraglich oder tarifvertraglich festgelegt sind (*Düwell,* in: LPK-SGB IX, § 86 Rdnr. 8; *Müller-Wenner/Schorn,* SGB IX, § 86 Rdnr. 11; *Griebeling,* in: Hauck/Noftz, SGB IX, § 86 Rdnr. 6). **14**

§ 87 Antragsverfahren

(1) ¹**Die Zustimmung zur Kündigung beantragt der Arbeitgeber bei dem für den Sitz des Betriebes oder der Dienststelle zuständigen Integrationsamt schriftlich.** ²**Der Begriff des Betriebes und der Begriff der Dienststelle im Sinne des Teils 2 bestimmen sich nach dem Betriebsverfassungsgesetz und dem Personalvertretungsrecht.**

(2) **Das Integrationsamt holt eine Stellungnahme des Betriebsrates oder Personalrates und der Schwerbehindertenvertretung ein und hört den schwerbehinderten Menschen an.**

(3) **Das Integrationsamt wirkt in jeder Lage des Verfahrens auf eine gütliche Einigung hin.**

Schrifttum: *Bayer,* Zuständigkeit des Betriebsrats zur Stellungnahme nach § 17 Abs. 2 SchwbG auch bei Kündigung leitender Angestellter, DB 1990, 933; *Brill,* Die Zustimmung zur Kündigung von Schwerbehinderten aus der Sicht des Arbeitgebers und des Arbeitnehmers, BehindertenR 1993, 97; *Düwell,* Der Kündigungsschutz schwerbehinderter Beschäftigter nach der Novelle vom 23. 4. 2004, BB 2004, 2811; *Großmann,* Die Beteiligung der Schwerbehindertenvertretung als Wirksamkeitsvoraussetzung einer Kündigung, BehindertenR 1991, 145; *Grünberger,* Kündigungsschutz Schwerbehinderter und Gleichgestellter nach dem SchwbG, BuW 1997, 709; *Kaiser,* Rechtsprobleme im Rahmen des Kündigungsschutzes für Schwerbehinderte, BehindertenR 1998, 5 und 125; *Klare,* Die Zustimmung zur Kündigung von Schwerbehinderten, BehindertenR 1993, 73; *Seidel,* Der Kündigungsschutz nach dem Schwerbehindertengesetz, BehindertenR 1996, 101; *Wahrendorf,* Zur Anhörung bei der Kündigung eines Schwerbehinderten, BB 1986, 523.

Inhaltsübersicht

	Rdnr.
A. Allgemeines	1
B. Beantragung der Zustimmung des Integrationsamtes (Abs. 1 Satz 1)	2–7
I. Antrag des Arbeitgebers	2–6
II. Zuständiges Integrationsamt	7
C. Begriff des Betriebs/der Dienststelle (Abs. 1 Satz 2)	8
D. Einholen von Stellungnahmen (Abs. 2)	9–17
E. Gütliche Einigung (Abs. 3)	18, 19

A. Allgemeines

1 § 87 regelt das **Verfahren** bei einer arbeitgeberseitigen Kündigung vor dem Integrationsamt. Die Vorschrift entspricht im Wesentlichen dem § 17 SchwbG, allerdings mit der Abweichung, dass in Abs. 2 die Pflicht zur Einholung einer Stellungnahme der Bundesagentur für Arbeit mit Gesetz vom 23. 4. 2004 (BGBl. I S. 606) gestrichen wurde.

B. Beantragung der Zustimmung des Integrationsamtes (Abs. 1 Satz 1)

I. Antrag des Arbeitgebers

2 Das Verfahren vor dem Integrationsamt wird durch einen **Antrag des Arbeitgebers** eingeleitet. Der Antrag ist schriftlich zu stellen. Das Schriftformerfordernis ist auch bei Übermittlung per Telefax (*Neumann/Pahlen/Majerski-Pahlen,* SGB IX, § 87 Rdnr. 1; *Düwell,* in: LPK-SGB IX, § 87 Rdnr. 5; *Griebeling,* in: Hauck/Noftz, SGB IX, § 87 Rdnr. 3) oder bei telegrafischer Antragstellung erfüllt (ErfKo-*Rolfs,* SGB IX, § 87 Rdnr. 2). Auch die Übertragung mit Textdatei mit eingescannter Unterschrift ist formwahrend (*BAG* v. 5. 4. 2000, NZA 2000, 959; *Düwell,* in: LPK-SGB IX, § 87 Rdnr. 5).

3 Eine mündliche oder telefonische Antragstellung reicht nicht. Ebenfalls nicht ausreichend ist ein Faksimilestempel (*Neumann/Pahlen/Majerski-Pahlen,* SGB IX, § 87 Rdnr. 1; *Griebeling,* in: Hauck/Noftz, SGB IX, § 87 Rdnr. 3). Wird dem Schriftformerfordernis nicht genügt, ist der Antrag unwirksam. Einer ausdrücklichen Ablehnung des Antrages durch das Integrationsamt bedarf es in diesem Fall nicht (*Müller-Wenner/Schorn,* SGB IX, § 87 Rdnr. 6; *Griebeling,* in: Hauck/Noftz, SGB IX, § 87 Rdnr. 3). Wird dennoch die Zustimmung zur Kündigung von dem Integrationsamt ausgesprochen, ist die Zustimmung anfechtbar. Eine nicht korrekten Antrag des Arbeitgebers erteilte Zustimmung ist für die Arbeitsgerichte bindend, wenn sie nicht vom Arbeitnehmer mit Widerspruch und ggf. Klage im Verwaltungsrechtsweg angefochten wurde (ErfKo-*Rolfs,* SGB IX, § 87 Rdnr. 2; *Müller-Wenner/Schorn,* SGB IX, § 87 Rdnr. 8 m.w.N.). Das Integrationsamt hat den Arbeitgeber auf eine korrekte Antragstellung hinzuweisen, § 13 SGB I.

4 Inhaltlich muss der Arbeitgeber eindeutig zum Ausdruck bringen, dass er dem betroffenen schwerbehinderten Menschen kündigen will. Der Arbeitgeber muss folgende Angaben machen:

- Name und Adresse des schwerbehinderten Menschen,
- Dauer des Beschäftigungsverhältnisses,
- Art der Tätigkeit,
- Name und Sitz des Betriebs,
- beabsichtigter Kündigungstermin und
- Kündigungsfrist.

Ein **Muster** für einen Antrag nach § 87 Abs. 1 ist von der BDA in Zusammenarbeit mit der Arbeitsgemeinschaft der Integrationsämter und Hauptfürsorgestellen erarbeitet worden (Kontakt über: www.bda-online.de). Antragsformulare stellen auch die Integrationsämter zur Verfügung.

Die **Angabe der Gründe,** die die Kündigung rechtfertigen, ist kein Wirksamkeitserfordernis für den Antrag (ErfKo-*Rolfs,* SGB IX, § 87 Rdnr. 3). Angaben über die Gründe der Kündigung sind aber erforderlich, damit das Integrationsamt in eine sachliche Prüfung der Kündigung eintreten kann. Im Rahmen von § 20 SGB X hat das Integrationsamt den Arbeitgeber aber zur Begründung seines Antrages aufzufordern (*Müller-Wenner/Schorn,* SGB IX, § 87 Rdnr. 12; *Griebeling,* in: Hauck/Noftz, SGB IX, § 87 Rdnr. 4).

Der Arbeitgeber hat im Antrag anzugeben, ob er eine ordentliche oder außerordentliche Kündigung aussprechen will. Will er neben der außerordentlichen Kündigung hilfsweise ordentlich kündigen, muss er die Zustimmung des Integrationsamtes zu beiden Kündigungen beantragen. Bei Unklarheiten über die Art der Kündigung ist im Zweifel von einer ordentlichen Kündigung auszugehen (allg. Meinung s. *Griebeling,* in: Hauck/Noftz, SGB IX, § 87 Rdnr. 4; *Düwell,* in: LPK-SGB IX, § 87 Rdnr. 10; *Neumann/Pahlen/Majerski-Pahlen,* SGB IX, § 87 Rdnr. 1).

II. Zuständiges Integrationsamt

Der Antrag ist schriftlich an das **zuständige Integrationsamt** zu richten. Zuständig ist das Integrationsamt, in dessen Bezirk sich der Betrieb des Arbeitgebers befindet, in dem der zu kündigende schwerbehinderte Mensch beschäftigt ist (ErfKo-*Rolfs,* SGB IX, § 87 Rdnr. 2). Wird der Antrag auf Zustimmung zur Kündigung bei einem örtlich unzuständigen Integrationsamt oder einer gänzlich unzuständigen Behörde eingereicht, so ist diese verpflichtet, den Antrag an die zuständige Behörde weiterzuleiten. Der Antrag gilt jedoch erst mit dem Eingang beim zuständigen Integrationsamt als gestellt, da ansonsten ein Irrtum des Arbeitgeber sich zu Lasten des schwerbehinderten Arbeitnehmers auswirken würde (*Neumann/Pahlen/Majerski-Pahlen,* SGB IX, § 87 Rdnr. 2). § 16 Abs. 2 Satz 2 SGB I ist nach einhelliger Auffassung nicht anwendbar (*Griebeling,* in: Hauck/Noftz, SGB IX, § 87 Rdnr. 6; *Müller-Wenner/Schorn,* SGB IX, § 87 Rdnr. 24 m.w.N.).

C. Begriff des Betriebs/der Dienststelle (Abs. 1 Satz 2)

Der Begriff des „**Betriebs**" bzw. der Begriff der „**Dienststelle**" bestimmen sich nach dem Betriebsverfassungsgesetz bzw. dem Personalvertretungsrecht. Betrieb im Sinne des Betriebsverfassungsgesetzes ist die organisatorische Einheit, innerhalb derer ein Arbeitgeber allein oder mit seinen Arbeitnehmern mit Hilfe von technischen und immateriellen Mitteln bestimmte, arbeitstechnische Zwecke fortgesetzt verfolgt, die sich nicht in der Befriedigung von Eigenbedarf erschöpfen (*BAG* v. 24. 1. 1996, AP Nr. 8 zu § 1 BetrVG 1972 Gemeinsamer Betrieb; s. *Fitting/Kaiser/Heither/Engels,* BetrVG, 20. Aufl., § 1 Rdnr. 55 ff. m.w.N.). Dienststellen sind nach § 6 BPersVG die einzelnen Behörden, Verwaltungsstellen und

Betriebe des öffentlichen Dienstes des Bundes und der bundesunmittelbaren Körperschaften, Anstalten und Stiftungen des öffentlichen Rechts.

D. Einholen von Stellungnahmen (Abs. 2)

9 Nach Abs. 2 hat das Integrationsamt eine **Stellungnahme des Betriebs-/Personalrats** sowie der **Schwerbehindertenvertretung** einzuholen und den schwerbehinderten Menschen anzuhören. Auf die Einholung einer Stellungnahme der zuständigen Agentur für Arbeit wurde mit dem Gesetz zur Förderung der Ausbildung und Beschäftigung schwerbehinderter Menschen vom 23. 4. 2004 (BGBl. I S. 606) verzichtet. Die Pflicht zur Einholung einer Stellungnahme des Betriebsrats gilt nicht bei leitenden Angestellten (*Düwell*, in: LPK-SGB IX, § 87 Rdnr. 21; *Griebeling*, in: Hauck/Noftz, SGB IX, § 87 Rdnr. 14).

10 Das Integrationsamt hat die genannten Stellen zur Abgabe einer Stellungnahme aufzufordern. Wird trotz Aufforderung keine Stellungnahme abgegeben, kann das Integrationsamt auch ohne die Stellungnahmen entscheiden. Ist die Stellungnahme unklar oder erkennbar unvollständig, kann das Integrationsamt eine erneute Stellungnahme anfordern (*OVG NRW* v. 9. 2. 1996, ZB 1996, 10). Ist eine Vertrauensperson noch nicht gewählt, wird dadurch die Zustimmung des Integrationsamtes nicht beeinträchtigt (*Neumann/Pahlen/Majerski-Pahlen*, SGB IX, § 87 Rdnr. 19 m. w. N.)

11 Die Stellungnahme des Betriebs- bzw. Personalrats ist keine **Stellungnahme** i. S. v. § 102 BetrVG bzw. § 79 BPersVG und ersetzt diese nicht (allg. Meinung, s. *Neumann/Pahlen/Majerski-Pahlen*, SGB IX, § 87 Rdnr. 19; *Griebeling*, in: Hauck/Noftz, SGB IX, § 87 Rdnr. 14; *Düwell*, in: LPK-SGB IX, § 87 Rdnr. 21; *Müller-Wenner/Schorn*, SGB IX, § 87 Rdnr. 35).

12 Der schwerbehinderte Mensch ist zu hören, d. h. ihm ist die Möglichkeit zu geben, zu der beabsichtigten Kündigung und den ihr zugrunde liegenden Gründen und zum gegenwärtigen Ermittlungsstand Stellung zu nehmen. Möglich ist sowohl die schriftliche als auch die mündliche **Stellungnahme.** Der schwerbehinderte Mensch kann zu seiner Anhörung einen Bevollmächtigten, z. B. einen Rechtsanwalt hinzuziehen.

13 Für den Fall der mündlichen Stellungnahme des schwerbehinderten Menschen besteht keine Verpflichtung des Integrationsamtes, eine **Niederschrift der Stellungnahme** anzufertigen (*BVerwG* v. 1. 7. 1993, ZfS 1994, 50). Der schwerbehinderte Mensch ist auch dann anzuhören, wenn der Arbeitgeber mit seinem Antrag bereits eine Stellungnahme des schwerbehinderten Menschen an das Integrationsamt zur Kenntnis gebracht hat (*Cramer*, SchwbG, § 17 Rdnr. 7).

14 Das Integrationsamt hat den Sachverhalt von Amts wegen aufzuklären. Für das Integrationsamt besteht dabei auch die Möglichkeit, Zeugen und Sachverständige anzuhören. Zu einer Aussage können Zeugen und Sachverständige aber nicht verpflichtet werden (*Düwell*, in: LPK-SGB IX, § 87 Rdnr. 24; *Müller-Wenner/Schorn*, SGB IX, § 87 Rdnr. 27).

15 Werden entgegen Abs. 2 vom Integrationsamt die entsprechenden Stellungnahmen nicht eingeholt, so ist die anschließende **Entscheidung des Integrationsamtes** fehlerhaft und anfechtbar. Dies gilt dann nicht, wenn in der Sache keine andere Entscheidung hätte getroffen werden können (*OVG Rheinland-Pfalz*, v. 15. 5. 1997, BehindertenR 1998, 18). Ein Verstoß gegen die Pflicht des Integrationsamtes, in jeder Lage des Verfahrens auf eine gütliche Einigung hinzuwirken, macht eine Zustimmungsentscheidung nicht unwirksam. Es werden dadurch keine Verfahrensrechte der Beteiligten, sondern nur die allgemeine Amtspflicht des Integrationsamtes verletzt (*VG Karlsruhe* v. 9. 3. 2004, BehindertenR 2004, 114).

Eine Verletzung von Abs. 2 kann bis zum Abschluss des **Vorverfahrens** durch Nachholung geheilt werden (*Neumann/Pahlen/Majerski-Pahlen*, SGB IX, § 87 Rdnr. 19). So heilt die Anhörung des schwerbehinderten Menschen vor dem **Widerspruchsausschuss** die fehlende Anhörung durch das Integrationsamt (*OVG Münster* v. 8. 3. 1996, BehindertenR 1997, 47; *BVerwG* v. 10. 2. 1997, Buchholz 436.61 § 17 SchwbG Nr. 7). **16**

Zudem ist § 95 Abs. 2 Satz 1 zu beachten, wonach die Schwerbehindertenvertretung bereits vor Antragstellung über die beabsichtigte Kündigung zu unterrichten ist. Die Einhaltung der Pflicht des Arbeitgebers zur Unterrichtung der Schwerbehindertenvertretung nach § 95 Abs. 2 Satz 1 ist vom Integrationsamt zu beachten (allg. Meinung s. *Müller-Wenner/Schorn*, SGB IX, § 87 Rdnr. 16; *Griebling*, in: Hauck/Noftz, SGB IX, § 87 Rdnr. 5; *Düwell*, in: LPK-SGB IX, § 87 Rdnr. 10). **17**

E. Gütliche Einigung (Abs. 3)

Das Integrationsamt hat nach Abs. 3 in jeder Lage des Verfahrens auf eine **gütliche Einigung** hinzuwirken. Diese Hinwirkungspflicht gilt auch für das Widerspruchsverfahren. Ziele der gütlichen Einigung können sowohl der weitere Bestand des Arbeitsverhältnis (ggf. mit Änderung der Arbeitsvertragsbedingungen) oder aber auch die Auflösung des Arbeitsverhältnisses gegen Abfindung sein. Die Einigungsbemühungen des Integrationsamtes finden dort ihre Grenzen, wo sie zu einer Verzögerung des Verfahrens führen. Aus Beweisgründen empfiehlt es sich, eine evtl. getroffene Vereinbarung schriftlich festzuhalten. Eine Pflicht hierzu besteht aber nicht (*BVerwG* v. 1. 7. 1993, Buchholz 436.61, § 17 SchwbG Nr. 3). **18**

Absatz 3 begründet keine Verfahrensrechte der Beteiligten, sondern weist nur auf die allgemeine Amtspflicht des Integrationsamtes hin. Ein Verstoß des Integrationsamtes gegen die Verpflichtung nach Abs. 3, in jeder Lage des Verfahrens auf eine gütliche Einigung hinzuwirken, macht die Zustimmungsentscheidung demnach nicht unwirksam (*VG Karlsruhe* v. 9. 3. 2004, BehindertenR 2004, 114; *VGH Baden-Württemberg* v. 5. 9. 1990, 6 S 102/90). **19**

§ 88 Entscheidung des Integrationsamtes

(1) Das Integrationsamt soll die Entscheidung, falls erforderlich auf Grund mündlicher Verhandlung, innerhalb eines Monats vom Tage des Eingangs des Antrages an treffen.

(2) ¹Die Entscheidung wird dem Arbeitgeber und dem schwerbehinderten Menschen zugestellt. ²Der Bundesagentur für Arbeit wird eine Abschrift der Entscheidung übersandt.

(3) Erteilt das Integrationsamt die Zustimmung zur Kündigung, kann der Arbeitgeber die Kündigung nur innerhalb eines Monats nach Zustellung erklären.

(4) Widerspruch und Anfechtungsklage gegen die Zustimmung des Integrationsamtes zur Kündigung haben keine aufschiebende Wirkung.

(5) ¹In den Fällen des § 89 Abs. 1 Satz 1 und Abs. 3 gilt Absatz 1 mit der Maßgabe, dass die Entscheidung innerhalb eines Monats vom Tage des Eingangs des Antrags an zu treffen ist. ²Wird innerhalb dieser Frist eine Entscheidung nicht getroffen, gilt die Zustimmung als erteilt. ³Absätze 3 und 4 gelten entsprechend.

Schrifttum: *Kaiser,* Rechtsprobleme im Rahmen des Kündigungsschutzes für Schwerbehinderte, BehindertenR 1998, 125; *Klare,* Zustimmung zur Kündigung von Schwerbehinderten, BehindertenR 1993, 73; *Mianowicz,* Zur Problematik des Sonderkündigungsschutzes nach den §§ 15 ff. SchwbG, RdA 1998, 281; *Rehwald/Kossak,* Neue Kündigungsbestimmungen im SGB IX zum 1. 5. 2004, AiB 2004, 604; *Seidel,* Der Kündigungsschutz nach dem Schwerbehindertengesetz, DB 1996, 1409; *Westers,* Neuregelung im Recht des besonderen Kündigungsschutzes nach dem Neunten Buch Sozialgesetzbuch (SGB IX), BehindertenR 2004, 93.

Inhaltsübersicht

	Rdnr.
A. Allgemeines	1
B. Entscheidung des Integrationsamtes (Abs. 1)	2–5
C. Zustellung der Entscheidung (Abs. 2)	6–9
I. Zustellung gegenüber dem Arbeitgeber/dem schwerbehinderten Menschen (Satz 1)	6–8
II. Abschrift an die Bundesagentur für Arbeit (Satz 2)	9
D. Frist zur Erklärung der Kündigung (Abs. 3)	10–14
E. Keine aufschiebende Wirkung (Abs. 4)	15–17
F. Fiktion der Zustimmung (Abs. 5)	18–23

A. Allgemeines

1 Die Vorschrift bestimmt weitere Einzelheiten zum **Verfahren vor dem Integrationsamt.** Absatz 5 ist durch das Gesetz zur Förderung der Ausbildung und Beschäftigung schwerbehinderter Menschen vom 23. 4. 2004 (BGBl. I S. 606) in das SGB IX eingefügt worden

B. Entscheidung des Integrationsamtes (Abs. 1)

2 Nach Abs. 1 soll das Integrationsamt seine Entscheidung über die Zustimmung zu der vom Arbeitgeber beabsichtigten Kündigung **innerhalb eines Monats** nach Eingang des Antrags treffen. Absatz 1 ist eine „Soll-Vorschrift", d. h. im Regelfall soll das Integrationsamt innerhalb eines Monats nach Eingang des Antrags entscheiden. In begründeten Ausnahmefällen kann diese Frist überschritten werden, ohne dass Rechtsfolgen daraus entstehen. Eine sachlich nicht gerechtfertigte Überschreitung des Monatszeitraums kann zu Schadensersatzansprüchen nach § 839 BGB i. V. m. Art. 34 GG führen (*Neumann/Pahlen/Majerski-Pahlen,* SGB IX, § 88 Rdnr. 3; ErfKo-*Rolfs,* SGB IX, § 88 Rdnr. 1). Nach Ablauf von drei Monaten kann eine Untätigkeitsklage gem. §§ 42, 75 VwGO eingelegt werden.

3 Das Integrationsamt kann nach zu Recht umstrittener Rechtsprechung des BAG seine Entscheidung bis zur Entscheidung des Versorgungsamtes über die Feststellung der Schwerbehinderteneigenschaft nach § 69 aussetzen (*BAG* v. 16. 8. 1991, NZA 1992, 23; *BAG* v. 7. 3. 2002, NZA 2002, 1145, ablehnend: *Müller-Wenner/Schorn,* SGB IX, § 88 Rdnr. 7; *Düwell,* in: LPK-SGB IX, § 88 Rdnr. 5; *Griebeling,* in: Hauck/Noftz, SGB IX, § 88 Rdnr. 6).

4 Falls erforderlich, ist vor der Entscheidung des Integrationsamtes eine mündliche Verhandlung durchzuführen. Die mündliche Verhandlung dient der Erörterung des Sachstands. Das Integrationsamt lädt den schwerbehinderten Menschen zur Erörterung ein. Dieser ist jedoch weder verpflichtet, der Einladung nachzukommen, noch verpflichtet, eine Aussage zu machen. Kommt der schwerbehinderte Mensch der Einladung nach, kann er einen **Bevollmächtigten** zur Besprechung hinzuziehen.

Das Integrationsamt entscheidet durch Verwaltungsakt. Es handelt sich um einen 5
Verwaltungsakt mit Drittwirkung (*Griebeling*, in: Hauck/Noftz, SGB IX, § 88
Rdnr. 7). Die Entscheidung des Integrationsamtes ist schriftlich abzufassen, mit
einer Rechtsbehelfsbelehrung zu versehen und nach Abs. 2 zuzustellen.

C. Zustellung der Entscheidung (Abs. 2)

I. Zustellung gegenüber dem Arbeitgeber/dem schwerbehinderten Menschen (Satz 1)

Die **Entscheidung** des Integrationsamts ist dem Arbeitgeber und dem schwer- 6
behinderten Menschen **zuzustellen**. Dies gilt auch für die Zustimmung nach § 91
Abs. 3 Satz 2. Das Integrationsamt hat die als erteilt geltende Zustimmung nach
§ 91 Abs. 3 Satz 2 dem Arbeitgeber und dem schwerbehinderten Menschen schriftlich zu bestätigen und eine Rechtsbehelfsbelehrung anzufügen (*BVerwG* v. 10. 9.
1992, BVerwGE 91, 7).

Die **Zustellung** der Entscheidung des Integrationsamtes an Arbeitgeber und 7
Arbeitnehmer ist keine Wirksamkeitsvoraussetzung für die Zustimmung des Integrationsamtes (a. A. *Cramer*, SchwbG, § 18 Rdnr. 4; ErfKo-*Rolfs*, SGB IX, § 88
Rdnr. 2; *Griebeling*, in: Hauck/Noftz, SGB IX, § 88 Rdnr. 9; *Neumann/Pahlen/
Majerski-Pahlen*, SGB IX, § 88 Rdnr. 7). Für die wirksame Bekanntgabe des Bescheides des Integrationsamtes ist es ausreichend, wenn der Bescheid zunächst nur
dem Arbeitgeber zugestellt worden ist.

Der Arbeitgeber kann kündigen, sobald ihm der Bescheid vorliegt, auch wenn 8
er dem schwerbehinderten Arbeitnehmer noch nicht zugestellt worden ist (*BAG*
v. 16. 10. 1991, AP Nr. 1 zu § 18 SchwbG 1986; *LAG Nürnberg* v. 29. 8. 1995,
AP Nr. 6 zu § 15 SchwbG 1986; ErfKo-*Rolfs*, SGB IX, § 88 Rdnr. 2; *Griebeling*,
in: Hauck/Noftz, SGB IX, § 88 Rdnr. 9; *Müller-Wenner/Schorn*, SGB IX, § 88
Rdnr. 13).

II. Abschrift an die Bundesagentur für Arbeit (Satz 2)

Nach Satz 2 hat das Integrationsamt der Bundesagentur für Arbeit eine **Ab-** 9
schrift seiner Entscheidung zu übersenden. Ein Verstoß gegen diese Verpflichtung hat aber keinen Einfluss auf die Wirksamkeit der Entscheidung des Integrationsamts (*Neumann/Pahlen/Majerski-Pahlen*, SGB IX, § 88 Rdnr. 8; ErfKo-*Rolfs*,
SGB IX, § 88 Rdnr. 2; *Müller-Wenner/Schorn*, SGB IX, § 88 Rdnr. 14).

D. Frist zur Erklärung der Kündigung (Abs. 3)

Für den Fall, dass das Integrationsamt die Zustimmung zu der vom Arbeitgeber 10
beabsichtigten Kündigung erteilt, kann der Arbeitgeber nach Abs. 3 die Kündigung
nur **innerhalb eines Monats** nach Zustellung erklären. Es handelt sich um eine
Ausschlussfrist (*BAG* v. 17. 2. 1982, AP Nr. 1 zu § 15 SchwbG; *BAG* v. 16. 10.
1991, NZA 1992, 503; *Düwell*, in: LPK-SGB IX, § 88 Rdnr. 26). Bei schriftlicher
Kündigung muss die Kündigung innerhalb der Monatsfrist nicht nur erklärt werden, sondern auch dem schwerbehinderten Menschen zugehen (*LAG Köln*
v. 27. 2. 1997, NZA-RR 1997, 337; *Griebeling*, in: Hauck/Noftz, SGB IX, § 88
Rdnr. 13; ErfKo-*Rolfs*, SGB IX, § 88 Rdnr. 3; *Müller-Wenner/Schorn*, SGB IX,
§ 88 Rdnr. 25; *Düwell*, in: LPK-SGB IX, § 88 Rdnr. 27).

Die Monatsfrist läuft unabhängig davon, ob der Arbeitgeber bereits vor der Zu- 11
stellung der Entscheidung des Integrationsamtes Kenntnis von dessen Zustimmung

erlangt hat (*BAG* v. 17. 2. 1982, DB 1982, 1329). Die Monatsfrist gilt auch im Anschluss an eine Entscheidung im Widerspruchsverfahren oder im Gerichtsverfahren (*Neumann/Pahlen/Majerski-Pahlen,* SGB IX, § 88 Rdnr. 11). Die Frist wird durch eine Beteiligung der betrieblichen Interessenvertretungen nicht gehemmt (*Griebeling,* in: Hauck/Noftz, SGB IX, § 88 Rdnr. 13; *Müller-Wenner/Schorn,* SGB IX, § 88 Rdnr. 24; *Neumann/Pahlen/Majerski-Pahlen,* SGB IX, § 88 Rdnr. 14).

12 Die **Frist** berechnet sich nach den §§ 186 ff. BGB. Insbesondere findet auch § 193 BGB Anwendung. Fällt das Fristende auf einen Sonnabend, einen Sonn- oder Feiertag, endet die Frist also erst am nachfolgenden Werktag. Für den Beginn der Frist ist allein der Zeitpunkt der Zustellung der Zustimmung des Integrationsamtes an den Arbeitgeber entscheidend (*Neumann/Pahlen/Majerski-Pahlen,* SGB IX, § 88 Rdnr. 10). Erfolgt die Zustellung des Bescheides des Integrationsamtes mittels Einschreiben, so wird der Bescheid nach § 4 VwZG erst mit dem dritten Tag nach Aufgabe zur Post wirksam. Eine vorher ausgesprochene Kündigung ist unwirksam (*LAG Hamm* v. 9. 11. 2000, EzA-SD 2000, Nr. 5).

13 Der Arbeitgeber darf die Kündigung aber nicht erklären, bevor nicht auch dem schwerbehinderten Menschen die **Zustimmung des Integrationsamtes** zugestellt wurde (*BAG* v. 15. 11. 1990, AP Nr. 6 zu § 21 SchwbG; *Neumann/Pahlen/ Majerski-Pahlen,* SGB IX, § 88 Rdnr. 10. m.w.N.). Nicht ausreichend ist die telefonisch erteilte Auskunft des Integrationsamtes, der Bescheid sei zwar noch nicht unterschrieben, die Zustimmung werde aber aller Voraussicht erteilt werden. In diesem Fall ist eine vor Zugang des Zustimmungsbescheids erklärte Kündigung unwirksam (*LAG Baden-Württemberg* v. 6. 9. 2004, LAGE § 91 SGB IX Nr. 2).

14 Lässt der Arbeitgeber die Monatsfrist des Abs. 3 verstreichen, ist die Erklärung der Kündigung danach nicht mehr zulässig. Will der Arbeitgeber weiterhin die Kündigung erklären, muss er **erneut** einen **Antrag** auf Erteilung der Zustimmung beim zuständigen Integrationsamt stellen. Versäumt der Arbeitgeber die Monatsfrist, kommt auch eine Wiedereinsetzung in den vorherigen Stand nicht in Betracht (*Neumann/Pahlen/Majerski-Pahlen,* SGB IX, § 88 Rdnr. 12; *Griebeling,* in: Hauck/ Noftz, SGB IX, § 88 Rdnr. 13; *Müller-Wenner/Schorn,* SGB IX, § 88 Rdnr. 22).

E. Keine aufschiebende Wirkung (Abs. 4)

15 **Widerspruch** und **Klage** gegen die Zustimmung des Integrationsamts zur Kündigung des schwerbehinderten Menschen haben nach Abs. 4 keine aufschiebende Wirkung. Der Arbeitgeber kann also innerhalb der Monatsfrist des Abs. 3 die Kündigung auch dann erklären, wenn der schwerbehinderte Mensch gegen die Zustimmung des Integrationsamtes Widerspruch bzw. Klage eingelegt hat. Es steht im pflichtgemäßen Ermessen des Gerichts, ob es den vom Schwerbehinderten anhängig gemachten Kündigungsschutzprozess gem. § 148 ZPO aussetzt, solange über dessen Anfechtung der Zustimmung des Integrationsamtes noch nicht rechtskräftig entschieden ist oder dem arbeitsrechtlichen Beschleunigungsgrundsatz Vorrang gibt und die Klage abweist (*LAG Schleswig-Holstein* v. 6. 4. 2004, NZA-RR 2004, 614).

16 Auch nach Ausspruch der Kündigung durch den beigeladenen Arbeitgeber fehlt nicht das erforderliche Rechtsschutzinteresse für einen Antrag auf Anordnung der aufschiebenden Wirkung gegen die Zustimmungserklärung des Integrationsamtes zur beabsichtigten Kündigung eines schwerbehinderten Menschen. Die Zustimmung zur Kündigung nach § 85 SGB IX darf nur nach Aufklärung aller hierfür relevanten Umstände erteilt werden. Zur Vorbereitung seiner Entscheidung hat das Integrationsamt von Amts wegen all das zu ermitteln, was erforderlich ist, um die gegensätzlichen Interessen des schwerbehinderten Arbeitnehmers und des Arbeitgebers gegeneinander abwägen zu können. Hierbei darf sich die Verwaltungsbehörde nicht auf eine Schlüssigkeitsprüfung des Vortrags des Arbeitgebers beschränken, sondern muss sich im Gegenteil eine eigene Überzeugung von der Richtigkeit der behaupteten Tatsachen bilden (*VG Mannheim* v. 12. 3. 2002 – 6 G 3020/01, NZA-RR 2002, 467).

Im Fall des übereinstimmenden Auflösungsantrags nach § 9 KSchG entfällt das 17 Rechtschutzbedürfnis für einen Antrag auf Anordnung der aufschiebenden Wirkung gegen die Zustimmung des Integrationsamtes (*Sächsisches OVG* v. 31. 1. 2002, SächsVBl. 2002, 145).

F. Fiktion der Zustimmung (Abs. 5)

Absatz 5 ist durch das Gesetz zur Förderung der Ausbildung und Beschäftigung 18 schwerbehinderter Menschen vom 23. 4. 2004 in das SGB IX eingefügt worden. Satz 1 verpflichtet die Integrationsämter, die Entscheidung in den Fällen des § 89 Abs. 1 Satz 1 und Abs. 3 innerhalb eines Monats zu treffen. Satz 2 enthält eine Fiktion einer positiven Entscheidung zugunsten des antragstellenden Arbeitgebers.

Handelt es sich um eine betriebsbedingte Kündigung in Betrieben oder Dienst- 19 stellen, die nicht nur vorübergehend eingestellt oder aufgelöst werden und liegen zwischen dem Tag der Kündigung und dem Tag, bis zu dem Entgelt gezahlt wird, mindestens drei Monate (§ 89 Abs. 1 Satz 1), dann gilt die Zustimmung des Integrationsamtes nach Abs. 5 Satz 1 als erteilt, wenn innerhalb eines Monats vom Tage des Eingangs des Antrags vom Integrationsamt keine Entscheidung getroffen wurde. Gleiches gilt, wenn das Insolvenzverfahren über das Vermögen des Arbeitgebers eröffnet ist (§ 89 Abs. 3).

Durch den Hinweis auf die Abs. 3 und 4 ist klargestellt, dass auch im Falle der 20 Fiktion die Kündigung nur innerhalb eines Monats nach dem Zeitpunkt der Zustimmungsfiktion erklärt werden kann und Widerspruch und Klage keine aufschiebende Wirkung haben (kritisch hierzu *Rehwald/Kossak*, AiB 2004, 604, wonach bei Massenentlassungen aus Anlass von Betriebsschließungen es in aller Regel nicht möglich sein wird, die Zustimmung des Integrationsamtes innerhalb eines Monats einzuholen).

Absatz 5 verweist nur auf § 89 Abs. 1 Satz 1 nicht aber auf § 89 Abs. 1 Satz 3. 21 Unklar ist insoweit, ob zur Feststellung der Fiktion auch geprüft werden muss, ob eine Weiterbeschäftigung gem. § 89 Abs. 1 Satz 3 ausgeschlossen ist. Dies ist zu verneinen, da Abs. 5 nur als Bezugnahme auf die in § 89 Abs. 1 Satz 1 unmittelbar genannten Tatbestandsvoraussetzungen zu verstehen ist (so *Westers*, BehindertenR 2004, 93).

Die in Abs. 5 normierte Monatsfrist beginnt mit dem Tag des Zugangs des An- 22 trags beim Integrationsamt. Die Entscheidung des Integrationsamtes braucht nicht schriftlich mitgeteilt oder gar zugestellt werden. Es ist ausreichend, wenn die Entscheidung dem Arbeitgeber innerhalb der Monatsfrist bekannt gegeben wird. Dies kann auch mündlich, telefonisch oder per Telefax geschehen (*Westers*, BehindertenR 2004, 93).

Um für den betroffenen schwerbehinderten Arbeitnehmer erkennbar zu ma- 23 chen, dass – wenn auch durch Fiktion – der Kündigung zugestimmt wurde, muss das Integrationsamt den Arbeitnehmer vom Eingang des Antrags unterrichten (*Rehwald/Kossak*, AiB 2004, 604). Solange dies nicht geschieht, ist der Arbeitnehmer durch § 4 Satz 4 KSchG geschützt (*Preis*, NZA 2004, 196). Die Frist für die Erhebung der Kündigungsschutzklage beginnt erst ab Zugang des fingierten Zustimmungsbescheids (*BAG* v. 3. 7. 2003, NZA 2003, 1335; *Rehwald/Kossak*, AiB 2004, 604).

§ 89 Einschränkungen der Ermessensentscheidung

(1) ¹Das Integrationsamt erteilt die Zustimmung bei Kündigungen in Betrieben und Dienststellen, die nicht nur vorübergehend eingestellt oder aufgelöst werden, wenn zwischen dem Tage der Kündigung und dem Tage, bis zu dem Gehalt oder Lohn gezahlt wird, mindestens drei Monate liegen. ²Unter der gleichen Voraussetzung soll es die Zustimmung auch bei Kündigungen in Betrieben und Dienststellen erteilen, die nicht nur vorübergehend wesentlich eingeschränkt werden, wenn die Gesamtzahl der weiterhin beschäftigten schwerbehinderten Menschen zur Erfüllung der Beschäftigungspflicht nach § 71 ausreicht. ³Die Sätze 1 und 2 gelten nicht, wenn eine Weiterbeschäftigung auf einem anderen Arbeitsplatz desselben Betriebes oder derselben Dienststelle oder auf einem freien Arbeitsplatz in einem anderen Betrieb oder einer anderen Dienststelle desselben Arbeitgebers mit Einverständnis des schwerbehinderten Menschen möglich und für den Arbeitgeber zumutbar ist.

(2) Das Integrationsamt soll die Zustimmung erteilen, wenn dem schwerbehinderten Menschen ein anderer angemessener und zumutbarer Arbeitsplatz gesichert ist.

(3) Ist das Insolvenzverfahren über das Vermögen des Arbeitgebers eröffnet, soll das Integrationsamt die Zustimmung erteilen, wenn

1. der schwerbehinderte Mensch in einem Interessenausgleich namentlich als einer der zu entlassenden Arbeitnehmer bezeichnet wird (§ 125 der Insolvenzordnung),
2. die Schwerbehindertenvertretung beim Zustandekommen des Interessenausgleichs gemäß § 95 Abs. 2 beteiligt worden ist,
3. der Anteil der nach dem Interessenausgleich zu entlassenden schwerbehinderten Menschen an der Zahl der beschäftigten schwerbehinderten Menschen nicht größer ist als der Anteil der zu entlassenden übrigen Arbeitnehmer an der Zahl der beschäftigten übrigen Arbeitnehmer und
4. die Gesamtzahl der schwerbehinderten Menschen, die nach dem Interessenausgleich bei dem Arbeitgeber verbleiben sollen, zur Erfüllung der Beschäftigungspflicht nach § 71 ausreicht.

Schrifttum: *Düwell,* Der Kündigungsschutz schwerbehinderter Beschäftigter nach der Novelle vom 23. 4. 2004, BB 2004, 2811; *Grünberger,* Kündigungsschutz Schwerbehinderter und Gleichgestellter nach dem SchwbG, BuW 1997, 709; *Kaiser,* Rechtsprobleme im Rahmen des Kündigungsschutzes für Schwerbehinderte, BehindertenR 1998, 3; *Klare,* Zustimmung zur Kündigung von Schwerbehinderten, BehindertenR 1993, 73; *Kuhlmann,* Der Kündigungsschutz Schwerbehinderter im Insolvenzverfahren, BehindertenR 2000, 159; *Seidel,* Die Praxis der Hauptfürsorgestellen bei verhaltensbedingten Kündigungen, BehindertenR 1992, 97.

Inhaltsübersicht

	Rdnr.
A. Allgemeines	1–5
B. Einstellung und Einschränkung von Betrieben (Abs. 1)	6–20
I. Betriebseinstellung/-auflösung	7–10
II. Betriebseinschränkung	11–13
III. Fortzahlung des Lohns/Gehalts	14–18
IV. Möglichkeit der Weiterbeschäftigung	19, 20

	Rdnr.
C. Anderer Arbeitsplatz (Abs. 2)	21–24
D. Insolvenz des Arbeitgebers (Abs. 3)	25–29
E. Verfahrensfragen	30, 31

A. Allgemeines

Das Integrationsamt entscheidet grundsätzlich **nach freiem Ermessen** über die Zustimmung zu der vom Arbeitgeber nach § 87 beantragten Kündigung. Bei der Ermessensentscheidung hat das Integrationsamt das Interesse des Arbeitgebers an der Erhaltung der unternehmerischen Gestaltungsmöglichkeit gegenüber dem Interesse des schwerbehinderten Arbeitnehmers am Erhalt seines Arbeitsplatzes gegeneinander abzuwägen (*BVerwG* v. 19. 10. 1995, NZA-RR 1996, 288). § 89 schränkt die Ermessensausübung des Integrationsamts in bestimmten Fällen ein, mit der Folge, dass das Integrationsamt der Kündigung grundsätzlich zuzustimmen hat. 1

Das Integrationsamt hat alle Umstände des Einzelfalles zu ermitteln und dann seine Entscheidung zu treffen. Dabei ist die besondere, durch die Behinderung des Arbeitnehmers bedingte Situation zu berücksichtigen. Ob die Kündigung dagegen im arbeitsrechtlichen Sinne sozial gerechtfertigt ist, unterfällt nicht dem Prüfauftrag des Integrationsamtes (h. M. *BVerwG* v. 19. 10. 1995, NZA-RR 1996, 288; *Düwell*, in: LPK-SGB IX, § 89 Rdnr. 4; *Griebeling*, in: Hauck/Noftz, SGB IX, § 89 Rdnr. 4; *Müller-Wenner/Schorn*, SGB IX, § 89 Rdnr. 6). Vielmehr sind hierzu die Arbeitsgerichte berufen. Ausnahmen gelten, wenn die arbeitsrechtliche Unwirksamkeit der Kündigung offensichtlich ist (so *BayVGH* v. 9. 3. 1995, BehindertenR 1995, 199). 2

Bei der Ermessensentscheidung des Integrationsamtes ist auf den Zeitpunkt der Erklärung der Kündigung abzustellen. Insofern können später eingetretene Tatsachen nicht mehr berücksichtigt werden (*BVerwG* v. 7. 3. 1991, NZA 1991, 511; a. A. *VGH Baden-Württemberg* v. 14. 5. 1980, BB 1981, 615). 3

Absatz 1 beinhaltet eine **Erschränkung des Ermessens** des Integrationsamtes für den Fall der Einschränkung oder Stilllegung von Betrieben. Nach Abs. 1 Satz 1 „hat" das Integrationsamt die Zustimmung zu erteilen. Weitere Einschränkungen der Ermessensentscheidung des Integrationsamtes beinhalten Abs. 2, wenn ein angemessener und zumutbarer Arbeitsplatz für den schwerbehinderten Menschen gesichert ist und Abs. 3 für den Fall der Insolvenz des Arbeitgebers. In diesen Fällen „soll" das Integrationsamt die Zustimmung erteilen. Das heißt, in der Regel ist die Zustimmung zu erteilen, es sei denn, es liegen sachliche Gründe für eine Verweigerung der Zustimmung vor (*BVerwG* v. 6. 3. 1995, Buchholz 436.61 § 19 SchwbG Nr. 1; *Neumann/Pahlen/Majerski-Pahlen*, SGB IX, § 89 Rdnr. 2). 4

Die Entscheidung des Integrationsamtes kann vom Gericht nur auf Ermessensfehler überprüft werden. Der Schwerbehindertenschutz gewinnt an Gewicht, wenn die Kündigung auf Grunde gestützt wird, die in der Schwerbehinderung selbst ihre Ursache haben. Er tritt zurück, wenn die Kündigung auf einem Wegfall des Arbeitsplatzes wegen Ausgliederung eines Unternehmensbereichs beruht (*VG Minden* v. 27. 5. 2002, NZA-RR 2003, 248). 5

B. Einstellung und Einschränkung von Betrieben (Abs. 1)

Nach Abs. 1 Satz 1 hat das Integrationsamt die Zustimmung bei Kündigungen in Betrieben und Dienststellen, die nicht nur vorübergehend eingestellt oder auf- 6 gelöst werden, zu erteilen, wenn zwischen dem Tage der Kündigung und dem Tag, bis zu dem Gehalt oder Lohn gezahlt wird, **mindestens drei Monate** liegen. Ein Ermessensspielraum steht dem Integrationsamt in diesem Fall nicht zu, vielmehr muss es die Zustimmung erteilen. Der Arbeitgeber „hat" bei Vorliegen der Voraussetzungen von Satz 1 einen Anspruch auf Zustimmung durch das Integrationsamt.

I. Betriebseinstellung/-auflösung

7 Der Begriff „**Betriebseinstellung**" ist inhaltsgleich mit dem Begriff der Betriebsstilllegung in § 15 Abs. 4 KSchG bzw. § 111 Satz 2 Ziff. 1 BetrVG (*Griebeling,* in: Hauck/Noftz, SGB IX, § 89 Rdnr. 12; *Düwell,* in: LPK-SGB IX, § 89 Rdnr. 20). Hierunter ist die Aufgabe des Betriebszwecks unter gleichzeitiger Auflösung der Betriebsorganisation aufgrund eines ernstlichen und endgültigen Willensentschlusses des Unternehmers für unbestimmte, nicht nur vorübergehende Zeit, zu verstehen (*Fitting/Kaiser/Heither/Engels,* BetrVG, § 111 Rdnr. 61). Entscheidend ist die Produktionseinstellung und die Beendigung der Arbeitsverhältnisse. Die Betriebseinstellung darf nicht nur vorübergehend erfolgen. Eine nur kurzfristige Unterbrechung des Betriebs, z. B. durch Werksurlaub oder durch Betriebsunterbrechung reicht nicht.

8 Nicht unter Satz 1 fällt die nur teilweise **Stilllegung eines Betriebs,** es sei denn, es handelt sich um einen selbstständigen Betriebsteil oder einen Nebenbetrieb. Die Veräußerung des Betriebs oder von Betriebsteilen ist keine „Betriebseinstellung" i. S. v. Satz 1, wenn der Betrieb oder Betriebsteil alsbald vom Erwerber fortgeführt wird (*BAG* v. 23. 4. 1980, BAGE 33, 94). Gleiches gilt für die Veräußerung im Rahmen des Insolvenzverfahrens bzw. die Übernahme durch eine Auffanggesellschaft (*VGH Baden-Württemberg* v. 14. 5. 1980, BB 1981, 615).

9 Der Begriff „**Auflösung**" betrifft den öffentlichen Dienst und entspricht dem Begriff der Betriebseinstellung. Eine „Auflösung" liegt vor, wenn die vorgesetzte Dienststelle kraft ihrer Organisationsgewalt eine Behörde, selbstständige Verwaltungsstelle oder einen öffentlichen Betrieb aufhebt (so *Neumann/Pahlen/Majerski-Pahlen,* SGB IX, § 89 Rdnr. 15; *Griebeling,* in: Hauck/Noftz, SGB IX, § 89 Rdnr. 12).

10 Entscheidender Zeitpunkt für die Beurteilung, ob eine Betriebsstilllegung oder -auflösung vorliegt, ist der Zeitpunkt der Erklärung der Kündigung. Insofern können später eintretende Umstände, wie z. B. die Übernahme des Betriebs nicht mehr berücksichtigt werden (*BAG* v. 11. 3. 1998, NZA 1998, 897; *OVG NRW* v. 3. 10. 1989, BehindertenR 1990, 89).

II. Betriebseinschränkung

11 Eine „**Betriebseinschränkung**" nach Abs. 1 Satz 2 liegt vor, wenn sich die Arbeitsleistung des Betriebs und die Zahl der beschäftigten Arbeitnehmer verringert. Die Aufgabe eines Produktionszweigs ist regelmäßig eine wesentliche Betriebseinschränkung nach Satz 2 (*OVG Münster* v. 3. 10. 1989, BehindertenR 1990, 89). Eine lediglich unerhebliche Absenkung der Beschäftigtenzahl ist nicht als Betriebseinschränkung zu betrachten (*BayVGH* v. 29. 3. 1982, BehindertenR 1983, 18 – Auflösung einer Filiale mit zwei Mitarbeiten bei einer Gesamtbeschäftigtenzahl von 202). Entscheidend ist vielmehr die Staffelung nach § 17 KSchG (*Müller-Wenner/Schorn,* SGB IX, § 89 Rdnr. 42; *Fitting/Kaiser/Heither/Engels,* BetrVG, § 111 Rdnr. 69 ff. Danach liegt eine Betriebseinschränkung vor, wenn in:

Betrieben mit 20–59 Arbeitnehmern	mehr als 5 Arbeitnehmer
Betrieben mit 60–499 Arbeitnehmern	10 % oder mehr als 25 Arbeitnehmer
Betrieben mit mehr als 500 Arbeitnehmern	mindestens 30 Arbeitnehmer

entlassen werden. Bei größeren Betrieben ist nach Auffassung des *BAG* Voraussetzung, dass mindestens 5% der Belegschaft von der Maßnahme betroffen sind (*BAG* v. 23. 8. 1988, AP Nr. 26 zu § 111 BetrVG 1972).

Die „Betriebseinschränkung" darf nicht nur vorübergehend oder gewöhnlich, wie z.B. bei Saisonbetrieben oder bei der Durchführung von **Kurzarbeit,** sein. Erforderlich ist vielmehr, dass die Betriebseinschränkung für einen unbestimmten und wirtschaftlich erheblichen Zeitraum erfolgt (allg. Meinung s. *BAG* v. 22. 5. 1979, AP Nr. 4 zu § 111 BetrVG 1972; *Düwell,* in: LPK-SGB IX, § 89 Rdnr. 28; *Müller-Wenner/Schorn,* SGB IX, § 89 Rdnr. 43). **12**

Nach Satz 2 „soll" die Zustimmung vom Integrationsamt erteilt werden bei Kündigungen in Betrieben oder Dienststellen, die nicht nur vorübergehend wesentlich eingeschränkt werden. Weitere Voraussetzung – im Gegensatz zur „Betriebseinstellung/-auflösung" nach Satz 1 – ist, dass die **Gesamtzahl** der verbleibenden **schwerbehinderten Menschen** zur Erfüllung der Verpflichtung nach § 71 ausreicht. **13**

III. Fortzahlung des Lohns/Gehalts

Weitere Voraussetzung für die Einschränkung des Ermessens des Integrationsamtes ist, dass zwischen dem Tag der Kündigung und dem Tag, bis zu dem Lohn oder Gehalt gezahlt wird, mindestens drei Monate liegen. Der Rechtsgrund der Lohnzahlung ist unerheblich. Erforderlich ist die tatsächliche **Zahlung des Lohns/Gehalts** durch den Arbeitgeber (ebenso: *Müller-Wenner/Schorn,* SGB IX, § 89 Rdnr. 47; offen: *BAG* v. 12. 7. 1990, NZA 1991, 348). Abfindungen nach §§ 9, 10 KSchG oder aus einem Sozialplan können nicht auf den vom Arbeitgeber zu zahlenden Lohn angerechnet werden. Gleiches gilt für Lohnersatzleistungen, wie Insolvenzgeld oder Arbeitslosengeld (*Müller-Wenner/Schorn,* SGB IX, § 89 Rdnr. 49). **14**

Die **Höhe des Lohns/Gehalts** bestimmt sich nach den vertraglichen Vereinbarungen bzw. den tarifvertraglichen Vereinbarungen. Wird der schwerbehinderte Mensch von der Arbeit freigestellt, so ist der vor der Freistellung bezogene Lohn maßgebend. Wird innerhalb des Drei-Monats-Zeitraums im Betrieb Kurzarbeit durchgeführt, so hat der schwerbehinderte Mensch Anspruch nur in Höhe des gekürzten Lohns (*Neumann/Pahlen/Majerski-Pahlen,* SGB IX, § 89 Rdnr. 17). Im Fall des Krankgeldbezugs hat der Arbeitnehmer nur Anspruch in dessen Höhe, da § 89 keine Besserstellung des schwerbehinderten Menschen beabsichtigt (*BAG* v. 12. 7. 1990, NZA 1991, 348). **15**

Durch die dreimonatige Lohnzahlung wird die Kündigungsfrist nicht verlängert. Ebenso wenig ist der schwerbehinderte Mensch trotz Lohnzahlung verpflichtet, über das Ende der **Kündigungsfrist** hinaus zu arbeiten. **16**

Das Integrationsamt kann die Zustimmung zur Kündigung nach Satz 1 unter der **aufschiebenden Bedingung** der Lohnzahlung von drei Monaten machen. Möglich ist aber auch, dass das Integrationsamt die Zustimmung unter der Auflage erteilt, dass für die drei Monate der Lohn bzw. das Gehalt auch tatsächlich vom Arbeitgeber gezahlt wird (§ 32 Abs. 2 Nr. 4 SGB X). Trotz solcher Auflage kann der Arbeitgeber innerhalb der Monatsfrist des § 88 Abs. Satz 1 kündigen. Zahlt der Arbeitgeber nicht entsprechend, kann die Zustimmung widerrufen werden (§ 47 **17**

Abs. 1 Nr. 2 SGB X). Die zwischenzeitlich vom Arbeitgeber ausgesprochene Kündigung wird dadurch unwirksam (*BAG* v. 12. 7. 1990, AP Nr. 2 zu § 19 SchwbG 1986; *Neumann/Pahlen/Majerski-Pahlen*, SGB IX, § 89 Rdnr. 16; *Griebeling*, in: Hauck/Noftz, SGB IX, § 89 Rdnr. 10; *Düwell*, in: LPK-SGB IX, § 89 Rdnr. 37).

18 Das Integrationsamt kann eine **Verlängerung des Drei-Monats-Zeitraums** des Satzes 2 vom Arbeitgeber nicht verlangen (*Neumann/Pahlen/Majerski-Pahlen*, SGB IX, § 89 Rdnr. 18). Wird der Lohn oder das Gehalt während der Drei-Monats-Frist vom Arbeitgeber nicht gezahlt, kann das Integrationsamt die Zustimmung nach freiem Ermessen erteilen oder versagen, ohne an die Einschränkung der Ermessensausübung nach Abs. 1 gebunden zu sein (allg. Meinung, s. *Neumann/Pahlen/Majerski-Pahlen*, SGB IX, § 89 Rdnr. 18 m. w. N.).

IV. Möglichkeit der Weiterbeschäftigung

19 Satz 3 bestimmt, dass eine Zustimmung nur dann zu erteilen ist, wenn nicht mit Einverständnis des Arbeitgebers die **Weiterbeschäftigung im Betrieb** möglich und für den Arbeitgeber auch zumutbar ist. Die Zumutbarkeit für den Arbeitgeber richtet sich nach den bisherigen arbeitsvertraglichen Abreden. Ist das Integrationsamt der Auffassung, dass eine Umsetzung des schwerbehinderten Menschen für den Arbeitgeber zumutbar ist, dann besteht keine Einschränkung der Ermessensentscheidung des Integrationsamtes. Das Integrationsamt entscheidet vielmehr nach freiem Ermessen und hat in der Regel die vom Arbeitgeber beantragte Zustimmung zur Kündigung zu versagen (*Düwell*, in: LPK-SGB IX, § 89 Rdnr. 39; *Müller-Wenner/Schorn*, SGB IX, § 89 Rdnr. 54).

20 Nach Satz 3 ist das Vorhandensein eines „anderen" Arbeitsplatzes entscheidend. Insofern ist die Beschäftigungspflicht des Arbeitgebers nicht auf freie Arbeitsplätze beschränkt. Der Arbeitgeber hat demnach auch zu prüfen, ob eine Weiterbeschäftigung des betroffenen schwerbehinderten Arbeitnehmers auf einem von anderen Arbeitnehmern besetzten Arbeitsplatz möglich und zumutbar ist (*Griebeling*, in: Hauck/Noftz, SGB IX, § 89 Rdnr. 57; *Müller-Wenner/Schorn*, SGB IX, § 89 Rdnr. 18).

C. Anderer Arbeitsplatz (Abs. 2)

21 Nach Abs. 2 soll das Integrationsamt seine Zustimmung erteilen, wenn für den Schwerbehinderten ein anderer angemessener und zumutbarer Arbeitsplatz gesichert ist. Absatz 2 ist auch auf **Arbeitgeber** anwendbar, die nicht zur Beschäftigung schwerbehinderter Menschen nach § 71 verpflichtet sind. Das Integrationsamt „soll" nach Abs. 2 die Zustimmung erteilen. Im Regelfall kann das Integrationsamt daher keine andere Entscheidung treffen, wenn nicht besondere Umstände eine Ausnahme rechtfertigen.

22 „**Gesichert**" i. S. v. Abs. 2 ist der Arbeitsplatz dann, wenn dem schwerbehinderten Menschen ein vertraglicher Anspruch auf den Arbeitsplatz zusteht (*OVG Koblenz* v. 28. 11. 1996, BehindertenR 1997, 210; *Griebling* in: Hauck/Noftz, SGB IX, § 89 Rdnr. 19; *Neumann/Pahlen/Majerski-Pahlen*, SGB IX, § 89 Rdnr. 26). Der gesicherte Arbeitsplatz kann sowohl bei dem bisherigen Arbeitgeber als auch bei einem anderen Arbeitgeber vorliegen. Möglich ist auch ein neuer Arbeitsplatz mit geringerer Entlohnung (*BVerwG* v. 12. 1. 1966, AP Nr. 6 zu § 18 SchwBeschG) oder derselbe Arbeitsplatz zu geänderten Bedingungen (*Neumann/Pahlen/Majerski-Pahlen*, SGB IX, § 89 Rdnr. 28).

23 Die **Angemessenheit** und die **Zumutbarkeit** des neuen Arbeitsplatzes richtet sich nach der Art, dem Entgelt (Vergütung, Leistungsvergütung, Gratifikationen, betriebliche Altersversorgung u.a.) und den Arbeitsbedingungen des bisherigen Arbeitgebers. Wegen des Ausschlusses des Kündigungsschutzes nach § 90 Abs. 1 Nr. 1 (Arbeitsverhältnis unter sechs Monaten) ist der neue Arbeitsplatz nur bei einem unbefristeten Arbeitsvertrag mit einer mehr als sechsmonatigen Probezeit i. S. v. Abs. 2 gesichert.

Bei der Zumutbarkeit des neuen Arbeitsplatzes sind die weiteren Rahmenbedingungen des neuen Arbeitsplatzes zu würdigen. Hierzu gehören insbesondere die verkehrmäßige Anbindung, die Entfernung vom Wohnort und sonstige finanzielle Folgekosten des Arbeitsplatzwechsels sowie die Folgen für das soziale und familiäre Umfeld (*OVG Koblenz* v. 28. 11. 1996, BehindertenR 1997, 210; *Neumann/Pahlen/Majerski-Pahlen*, SGB IX, § 89 Rdnr. 30). Die Frage, ob der neue Arbeitsplatz zumutbar und angemessen ist, ist eine Rechtsfrage, die unbeschränkt gerichtlich nachprüfbar ist. **24**

D. Insolvenz des Arbeitgebers (Abs. 3)

Absatz 3 Nr. 1–4 zählt die Fälle auf, in denen im **Insolvenzfall** das Integrationsamt die Zustimmung zur Kündigung erteilen soll (*Kuhlmann*, BehindertenR 2000, 159). Die Voraussetzungen der Nr. 1 bis 4 müssen kumulativ vorliegen. Liegen die Voraussetzung vor, soll das Integrationsamt die Zustimmung zur Kündigung erteilen. Dies bedeutet, dass in der Regel die Zustimmung zu erteilen ist, wenn nicht besondere Umstände vorliegen (*BVerwG* v. 6. 3. 1995, AP Nr. 3 zu § 21 SchwbG 1986). **25**

Nach Nr. 1 ist Voraussetzung, das der schwerbehinderte Menschen in einem Interessenausgleich namentlich als einer der zu entlassenden Arbeitnehmer bezeichnet ist (§ 125 InsO). Unerheblich ist, ob der betreffende Arbeitnehmer ausdrücklich als schwerbehindert bezeichnet wurde (*Neumann/Pahlen/Majerski-Pahlen*, SGB IX, § 89 Rdnr. 33) **26**

Das Integrationsamt soll nach Nr. 2 die Zustimmung erteilen, wenn die Schwerbehindertenvertretung beim Zustandekommen des Interessenausgleichs nach § 95 Abs. 2 beteiligt ist. Erforderlich ist, dass die Schwerbehindertenvertretung umfassend und rechtzeitig vom Arbeitgeber informiert worden ist. Der Schwerbehindertenvertretung muss Gelegenheit zur Stellungnahme gegeben worden sein (*Müller-Wenner/Schorn*, SGB IX, § 89 Rdnr. 74). Besteht keine Schwerbehindertenvertretung bzw. Gesamt- oder Konzernschwerbehindertenvertretung kann das Integrationsamt nach freiem Ermessen entscheiden (allg. Meinung s. *Düwell*, in: LPK-SGB IX, § 89 Rdnr. 60; *Griebeling*, in: Hauck/Noftz, SGB IX, § 89 Rdnr. 20; *Neumann/Pahlen/Majerski-Pahlen*, SGB IX, § 89 Rdnr. 34). **27**

Nummer 3 schreibt vor, dass der Anteil der nach dem Interessenausgleich zu entlassenden schwerbehinderten Menschen an der Zahl der beschäftigten schwerbehinderten Menschen nicht größer ist als der Anteil der zu entlassenden übrigen Arbeitnehmer an der Zahl der beschäftigten übrigen Arbeitnehmer. Damit soll verhindert werden, dass bei einer Insolvenz nicht überproportional viele schwerbehinderte Arbeitnehmer entlassen werden. Ist der Interessenausgleich vom Betriebsrat abgeschlossen worden, sind die Beschäftigten des Betriebes maßgebend; bei einem vom Gesamtbetriebsrat abgeschlossenen Interessenausgleich ist auf das Unternehmen abzustellen (*Müller-Wenner/Schorn*, SGB IX, § 89 Rdnr. 77). **28**

Weitere Voraussetzung ist nach Nr. 4, dass die Gesamtzahl der schwerbehinderten Menschen, die nach dem Interessenausgleich bei dem Arbeitgeber verbleiben sollen, zur Erfüllung der Beschäftigungspflicht ausreicht. Unerheblich ist, ob vor dem Interessenausgleich die Pflichtquote eingehalten wurde (*Müller-Wenner/Schorn*, SGB IX, § 89 Rdnr. 78). **29**

E. Verfahrensfragen

30 Zur Vorbereitung seiner Entscheidung hat das Integrationsamt von Amts wegen all das zu ermitteln, was erforderlich ist, um die gegensätzlichen Interessen des schwerbehinderten Arbeitnehmers und des Arbeitgebers gegeneinander abwägen zu können. Das Integrationsamt darf sich nicht auf eine Schlüssigkeitsprüfung des Vortrags des Arbeitgebers beschränken (*VG Darmstadt* v. 12. 3. 2002, NZA-RR 2002, 467).

31 Die Entscheidung des Integrationsamtes ist nach Durchführung des **Widerspruchverfahrens** im Klageweg vor den Verwaltungsgerichten anfechtbar. Die Gerichte sind nicht befugt, die Ermessensentscheidung des Integrationsamtes durch eigene Ermessensüberlegungen zu ersetzen. Die Gerichte haben aber zu prüfen, ob das Integrationsamt bzw. der **Widerspruchsausschuss** im Rahmen der vorgenommenen Ermessensentscheidung eine ausreichende Interessenabwägung vorgenommen haben (*BVerwG* v. 19. 10. 1995, BVerwGE 99, 336).

§ 90 Ausnahmen

(1) **Die Vorschriften dieses Kapitels gelten nicht für schwerbehinderte Menschen,**
1. **deren Arbeitsverhältnis im Zeitpunkt des Zugangs der Kündigungserklärung ohne Unterbrechung noch nicht länger als sechs Monate besteht oder**
2. **die auf Stellen im Sinne des § 73 Abs. 2 Nr. 2 bis 5 beschäftigt werden oder**
3. **deren Arbeitsverhältnis durch Kündigung beendet wird, sofern sie**
   a) **das 58. Lebensjahr vollendet haben und Anspruch auf eine Abfindung, Entschädigung oder ähnliche Leistung auf Grund eines Sozialplanes haben oder**
   b) **Anspruch auf Knappschaftsausgleichsleistung nach dem Sechsten Buch oder auf Anpassungsgeld für entlassene Arbeitnehmer des Bergbaus haben,**
   wenn der Arbeitgeber ihnen die Kündigungsabsicht rechtzeitig mitgeteilt hat und sie der beabsichtigten Kündigung bis zu deren Ausspruch nicht widersprechen.

(2) **Die Vorschriften dieses Kapitels finden ferner bei Entlassungen, die aus Witterungsgründen vorgenommen werden, keine Anwendung, sofern die Wiedereinstellung der schwerbehinderten Menschen bei Wiederaufnahme der Arbeit gewährleistet ist.**

(2a) **Die Vorschriften dieses Kapitels finden ferner keine Anwendung, wenn zum Zeitpunkt der Kündigung die Eigenschaft als schwerbehinderter Mensch nicht nachgewiesen ist oder das Versorgungsamt nach Ablauf der Frist des § 69 Abs. 1 Satz 2 eine Feststellung wegen fehlender Mitwirkung nicht treffen konnte.**

(3) **Der Arbeitgeber zeigt Einstellungen auf Probe und die Beendigung von Arbeitsverhältnissen schwerbehinderter Menschen in den Fällen des Absatzes 1 Nr. 1 unabhängig von der Anzeigepflicht nach anderen Gesetzen dem Integrationsamt innerhalb von vier Tagen an.**

Schrifttum: *Bernhardt/Barthel*, Verwirkter Sonderkündigungsschutz – Ehrlich währt am längsten, AuA 8/2004, 20; *Düwell*, Der Kündigungsschutz schwerbehinderter Beschäftigter nach der Novelle vom 23. 4. 2004, DB 2004, 2811; *Grimm/Brock/Windeln*, Einschränkung des besonderen Kündigungsschutzes für Schwerbehinderte im SGB IX, DB 2005, 282; *Kuhlmann*, Auswirkungen des § 90 Abs. 2a SGB IX auf das Widerspruchsverfahren im Rahmen des besonderen Kündigungsschutzes schwerbehinderter Menschen beim Integrationsamt, BehindertenR 2004, 181; *Rehwald/Kossak*, Neue Kündigungsbestimmungen im SGB IX zum 1. 5. 2004, AiB 2004, 604; *Schlewing*, Der Sonderkündigungsschutz schwerbehinderter Menschen nach der Novelle des SGB IX, NZA 2005, 1218; *Striegel*, Schweigen ist Gold? – Der Kündigungsschutz des Schwerbehinderten gem. § 85, § 90 Abs. 2a SGB IX, FA 2005, 12; *Westers*, Neuregelungen im Recht des besonderen Kündigungsschutzes nach dem Neunten Buch Sozialgesetzbuch (SGB IX), BehindertenR 2004, 93.

Inhaltsübersicht

	Rdnr.
A. Allgemeines	1
B. Einschränkung des Geltungsbereichs (Abs. 1)	2–11
I. Arbeitsverhältnis kürzer als sechs Monate (Nr. 1)	2–5
II. Stellen nach § 73 Abs. 2 Nr. 2 bis 5 (Nr. 2)	6
III. Personen ab dem 58. Lebensjahr (Nr. 3)	7–11
C. Entlassungen aus witterungsbedingten Gründen (Abs. 2)	12–16
D Nachweis der Schwerbehinderteneigenschaft (Abs. 2a)	17–23
E. Anzeigepflicht des Arbeitgebers (Abs. 3)	24–28

A. Allgemeines

Die Vorschrift beinhaltet die Ausnahmen, in denen die Anwendung der **1** §§ 85 ff. ausgeschlossen ist. In den in Abs. 1 und 2 genannten Konstellationen bedarf die **Kündigung** des Arbeitsverhältnisses **nicht der Zustimmung des Integrationsamtes** noch gilt die in § 86 normierte Mindestkündigungsfrist. Die in den Abs. 1 und 2 aufgeführten Ausnahmefälle sind abschließend. Eine analoge Anwendung auf andere Fallkonstellationen kommt nicht in Betracht (*Griebeling*, in: Hauck/Noftz, SGB IX, § 90 Rdnr. 3; *Düwell*, in: LPK-SGB IX, § 90 Rdnr. 3; *Müller-Wenner/Schorn*, SGB IX, § 90 Rdnr. 1). § 90 entspricht im Wesentlichen dem aufgehobenen § 20 SchwbG. Absatz 2a ist durch das Gesetz zur Förderung der Beschäftigung und Ausbildung schwerbehinderter Menschen vom 23. 4. 2004 (BGBl. I S. 606) eingefügt worden.

B. Einschränkung des Geltungsbereichs (Abs. 1)

I. Arbeitsverhältnis kürzer als sechs Monate (Nr. 1)

Nach Abs. 1 Nr. 1 gelten die Vorschriften des Teils 2 Kap. 4 des SGB IX **2** (§§ 85 ff.) nicht für schwerbehinderte Menschen, deren Arbeitsverhältnis im Zeitpunkt der Kündigungserklärung ohne Unterbrechung noch nicht länger als sechs Monate bestanden hat. Der Ausschluss des Kündigungsschutzes in **den ersten sechs Monaten** soll die Einstellungsbereitschaft der Arbeitgeber fördern und ihnen die Möglichkeit geben, ohne Beschäftigungsrisiko den schwerbehinderten Menschen zu erproben. Abs. 1 Nr. 1 entspricht der Wartezeit gem. § 1 Abs. 1 KSchG. Die dort geltenden Grundsätze gelten auch hier. Die Frist von sechs Monaten ist einseitig zwingend. Sie kann zugunsten des schwerbehinderten Arbeitnehmers durch Vereinbarung verkürzt werden (*Müller-Wenner/Schorn*, SGB IX, § 90 Rdnr. 4).

Nummer 1 ist nur dann erfüllt, wenn binnen der ersten sechs Monate des Ar- **3** beitsverhältnisses die Kündigung vom Arbeitgeber erklärt und dem schwerbehinderten Menschen zugegangen ist. Der Ablauf der Kündigungsfrist ist nicht ent-

§ 90 4–9   Teil 2. Schwerbehindertenrecht

scheidend (*BAG* v. 25. 2. 1981, AP Nr. 2 zu § 17 SchwbG). Unerheblich ist, wenn die **Kündigungserklärung** erst wenige Tage vor Ablauf des Sechs-Monats-Zeitraums dem schwerbehinderten Menschen zugeht, es sei denn, mit der Kündigung wird nur der Zweck verfolgt, den Kündigungsschutz nicht eintreten zu lassen, § 162 BGB (*Griebeling*, in: Hauck/Noftz, SGB IX, § 90 Rdnr. 7; *Müller-Wenner/Schorn*, SGB IX, § 90 Rdnr. 7; *Neumann/Pahlen/Majerski-Pahlen*, SGB IX, § 90 Rdnr. 7). Ohne Bedeutung ist es, ob der Ablauf der Kündigungsfrist erst nach dem Sechs-Monats-Zeitraum liegt.

4   Das Arbeitsverhältnis darf noch nicht länger als sechs Monate ununterbrochen fortbestehen. Allein von Relevanz ist das Bestehen eines Arbeitsverhältnisses. Eine vorangegangene Tätigkeit als freier Mitarbeiter bleibt unberücksichtigt (*BAG* v. 11. 12. 1996, NZA 1997, 818). Entscheidend ist der **rechtliche Bestand** des Arbeitsverhältnisses (*BAG* v. 23. 9. 1976, AP Nr. 1 zu § 1 KSchG Wartezeit). Unterbrechungen durch Urlaub, Krankheit, Kurzarbeit oder Streik sind unerheblich. Auch eine Arbeitsunfähigkeit bei Beginn des Arbeitsverhältnisses verschiebt nicht den Beginn der Frist (*Griebeling*, in: Hauck/Noftz, SGB IX, § 90 Rdnr. 7; KR-*Etzel*, § 1 KSchG Rdnr. 99).

5   Vorangegangene Beschäftigungsverhältnisse beim gleichen Arbeitgeber sind zu berücksichtigen. Auch beim Betriebsvorgänger zurück gelegte Beschäftigungszeiten werden nach einem Betriebsübergang beim Erwerber berücksichtigt (allg. Meinung s. *Düwell*, in: LPK-SGB IX, § 90 Rdnr. 5). Dies gilt auch dann, wenn sie im Rahmen von Arbeitsbeschaffungsmaßnahmen erfolgt sind (*BAG* v. 12. 2. 1981, AP Nr. 1 zu § 5 BAT). Anderes gilt bei Fortbildungsmaßnahmen nach § 77 SGB III.

II. Stellen nach § 73 Abs. 2 Nr. 2 bis 5 (Nr. 2)

6   Nummer 2 schließt Personen, die auf den in § 73 Abs. 2 Nr. 2–5 genannten Stellen beschäftigt sind, vom besonderen Kündigungsschutz der §§ 85 ff. aus. **Ausgenommen** sind also:
– Personen, deren Beschäftigung nicht in erster Linie ihrem Erwerb dient, sondern vorwiegend durch Beweggründe karitativer oder religiöser Art bestimmt sind (§ 73 Abs. 2 Nr. 2);
– Personen, deren Beschäftigung nicht in erster Linie ihrem Erwerb dient und die vorwiegend zu ihrer Heilung, Wiedereingewöhnung oder Erziehung beschäftigt werden (§ 73 Abs. 2 Nr. 3);
– Personen, die an Arbeitsbeschaffungsmaßnahmen teilnehmen (§ 73 Abs. 2 Nr. 4);
– Personen, die nach ständiger Übung in ihre Stelle gewählt werden (§ 73 Abs. 2 Nr. 5).

III. Personen ab dem 58. Lebensjahr (Nr. 3)

7   Die Zustimmung des Integrationsamts zur Kündigung der in Nr. 3 genannten schwerbehinderten Menschen ist nicht erforderlich. Der Gesetzgeber hat eine Zustimmung des Integrationsamtes für entbehrlich gehalten, da der genannte Personenkreis durch **Abfindung, Entschädigung** oder **Knappschaftsausgleichsleistung** ausreichend sozial abgesichert ist.

8   Für Abs. 1 Nr. 3a ist zudem erforderlich, dass die Zahlung auf grund einer kollektivrechtlichen Vereinbarung erfolgt. Individualrechtliche Ansprüche und gerichtliche Titel sind nicht ausreichend (*Düwell*, in: LPK-SGB IX, § 90 Rdnr. 12; *Griebeling*, in: Hauck/Noftz, SGB IX, § 90 Rdnr. 11). Gleiches gilt für Ansprüche wegen Nachteilsausgleich nach § 113 Abs. 3 BetrVG.

9   Weitere Voraussetzung für die Nichtanwendbarkeit der §§ 85 ff. ist, dass der Arbeitgeber seine **Kündigungsabsicht rechtzeitig mitteilt** und der zu kündigende

schwerbehinderte Mensch bis zum Ausspruch der Kündigung nicht widerspricht. Die Mitteilung der Kündigungsabsicht ist an keine Form gebunden. Dem schwerbehinderten Menschen muss Zeit gegeben werden für seine Entscheidung, ob er widersprechen will. Angemessen ist ein Zeitraum von drei Wochen bis zum Ausspruch der Kündigung (*Neumann/Pahlen/Majerski-Pahlen*, SGB IX, § 90 Rdnr. 17 in Anlehnung an die Frist des § 4 KSchG; ebenso: *Griebeling*, in: Hauck/Noftz, SGB IX, § 90 Rdnr. 14; *Müller-Wenner/Schorn*, SGB IX, § 90 Rdnr. 24; a. A. *Düwell*, in: LPK-SGB IX, § 90 Rdnr. 14).

Der Arbeitgeber muss in seiner Mitteilung den schwerbehinderten Arbeitnehmer nicht auf seine Widerspruchsmöglichkeit hinweisen (*Müller-Wenner/Schorn*, SGB IX, § 90 Rdnr. 24; *Griebeling*, in: Hauck/Noftz, SGB IX, § 90 Rdnr. 14; *Neumann/Pahlen/Majerski-Pahlen*, SGB IX, § 90 Rdnr. 17). Äußert sich der schwerbehinderte Mensch innerhalb dieser Frist nicht, entfällt nach Abs. 1 Nr. 3 der besondere Kündigungsschutz. 10

Will der schwerbehinderte Mensch widersprechen, so muss der Widerspruch klar und eindeutig formuliert sein. Der **Widerspruch** ist formlos möglich, sollte aus Beweisgründen aber schriftlich erfolgen. Adressat des Widerspruchs ist der Arbeitgeber bzw. dessen Vertreter. Der Widerspruch ist nur innerhalb einer Überlegungsfrist von drei Wochen (Rdnr. 9) bis zum Ausspruch der Kündigung möglich (*Neumann/Pahlen/Majerski-Pahlen*, SGB IX, § 90 Rdnr. 18). Der Widerspruch kann jederzeit zurückgenommen werden. 11

C. Entlassungen aus witterungsbedingten Gründen (Abs. 2)

Absatz 2 schließt den Anwendungsbereich der §§ 85 ff. für die Fälle der **witterungsbedingten Entlassungen** aus. Der Ausschluss erfolgt unter der weiteren Voraussetzung, dass die Wiedereinsetzung des schwerbehinderten Menschen bei Wiederaufnahme der Arbeit gewährleistet ist. 12

Witterungsbedingte Gründe liegen vor, wenn aufgrund äußerer Einflüsse, wie z. B. Regen, Schnee, Frost oder Eis die Arbeiten nicht mehr durchgeführt werden können. Ist die Beschäftigung im Innendienst nicht möglich, weil wegen der Einstellung der Arbeit im Außendienst keine Arbeiten mehr anfallen, so ist § 90 Abs. 2 nicht anwendbar (*Neumann/Pahlen/Majerski-Pahlen*, SGB IX, § 20 Rdnr. 20; *Müller-Wenner/Schorn*, SGB IX, § 90 Rdnr. 32; *Düwell*, in: LPK-SGB IX, § 90 Rdnr. 17; a. A. *Griebeling*, in: Hauck/Noftz, SGB IX, § 90 Rdnr. 16). Der Anwendungsbereich von Abs. 2 ist nicht beschränkt auf den Baubereich, sondern umfasst auch andere Branchen und Bereiche, z. B. Landwirtschaft, Forsten, Gärtnerei usw. 13

Absatz 2 ist auf Fälle anwendbar, bei denen wegen der Witterung Entlassungen vorgenommen werden müssen, weil Aufträge wegen der Wetterbedingungen nicht ausgeführt werden können. Absatz 2 ist aber ebenso auf die Fälle anwendbar, in denen aus Witterungsgründen Aufträge fehlen (*LAG München* v. 24. 10. 1986; NZA 1987, 522; *Griebeling*, in: Hauck/Noftz, SGB IX, § 90 Rdnr. 16; a. A. *Müller-Wenner/Schorn*, SGB IX, § 90 Rdnr. 31; *Neumann/Pahlen/Majerski-Pahlen*, SGB IX, § 90 Rdnr. 20). 14

Die **Wiederaufnahme der Arbeit** ist gewährleistet, wenn eine verbindliche Zusage des Arbeitgebers gegenüber dem schwerbehinderten Menschen auf Wiedereinstellung vorliegt. Gleiches gilt, wenn aufgrund von Tarifvertrag oder Betriebsvereinbarung ein Anspruch auf die Wiedereinstellung eingeräumt wurde. Die Wiedereinstellungszusage des Arbeitgeber muss im Zeitpunkt des Kündigungszugangs vorliegen. 15

Lehnt der Arbeitgeber trotz Vereinbarung die Wiedereinstellung ab, berührt dies nicht die Wirksamkeit der zuvor ausgesprochenen Kündigung (h. M. ErfKo- 16

Rolfs, SGB IX, § 90 Rdnr. 4; *Griebeling*, in: Hauck/Noftz, SGB IX, § 90 Rdnr. 17; *Müller-Wenner/Schorn*, SGB IX, § 90 Rdnr. 33; a. A. *Neumann/Pahlen/Majerski-Pahlen*, SGB IX, § 90 Rdnr. 22). Es kommen aber Schadensansprüche des schwerbehinderten Menschen nach § 823 Abs. 2 BGB i. V. m. § 90 Abs. 2 in Betracht. Abs. 2 ist Schutzgesetz i. S. v. § 823 Abs. 2 BGB. Die ausgesprochene Kündigung wird mangels Zustimmung also nicht unwirksam, sondern der schwerbehinderte Mensch hat lediglich einen Anspruch auf Wiedereinstellung (so *Cramer*, SchwbG, § 20 Rdnr. 3; a. A. *Neumann/Pahlen/Majerski-Pahlen*, SGB IX, § 90 Rdnr. 22). Dieser Anspruch muss gerichtlich durchgesetzt werden (*Düwell*, in: LPK-SGB IX, § 90 Rdnr. 18; *Griebeling*, in: Hauck/Noftz, SGB IX, § 90 Rdnr. 18; *Müller-Wenner/Schorn*, SGB IX, § 90 Rdnr. 34).

D. Nachweis der Schwerbehinderteneigenschaft (Abs. 2 a)

17 Nach Abs. 2 a finden die §§ 85–92 SGB IX keine Anwendung, wenn zum Zeitpunkt der Kündigung die Eigenschaft als schwerbehinderter Mensch nicht nachgewiesen ist oder das Versorgungsamt nach Ablauf der Frist des § 69 Abs. 1 Satz 2 eine Feststellung wegen fehlender Mitwirkung nicht treffen kann. Absatz 2 ist durch Gesetz vom 23. 4. 2004 (BGBl. I S. 606) eingefügt worden. Er soll ausschließen, dass der besondere Kündigungsschutz auch für den Zeitraum gilt, in dem ein aussichtsloses Anerkennungsverfahren betrieben wird (BT-Drucks. 15/2357, Begründung, S. 24).

18 Absatz 2 a ist auch auf das Gleichstellungsverfahren bei der Agentur für Arbeit anzuwenden (*ArbG Stuttgart* v. 11. 2. 2005, 36 Ca 2336/04; *Grimm/Brock/Windeln*, DB 2005, 282; *Westers*, BehindertenR 2004, 93; a. A. *Düwell*, DB 2004, 2811, der auf den Wortlaut von Abs. 2 a verweist, in dem nur das Verfahren nach § 69, nicht das Verfahren nach § 68 Berücksichtigung gefunden hat; *Kuhlmann*, BehindertenR 2004, 181, die Abs. 2 a als Ausnahmeregelung zum Kündigungsschutz eng auslegt). Das bedeutet, dass der besondere Kündigungsschutz keine Anwendung findet, wenn die Gleichstellung zum Zeitpunkt der Kündigung nicht nachgewiesen ist.

19 Nach der Gesetzesbegründung kann der Nachweis über die Eigenschaft als schwerbehinderter Mensch durch einen Feststellungsbescheid nach § 68 Abs. 1 erbracht werden. Diesem Bescheid stehen Feststellungen nach § 69 Abs. 2 gleich. (BT-Drucks. 15/2357, Begründung, S. 24). Unerheblich ist, dass in den nach § 69 Abs. 2 gleichgestellten Rentenbescheiden kein GdB, sondern nur die Minderung der Erwerbsfähigkeit festgesetzt wird (*Cramer*, NZA 2004, 698; *Düwell*, BB 2004, 2811).

20 Die Schwerbehinderung ist bereits dann nachgewiesen, wenn ein entsprechender Feststellungsbescheid vorliegt, unabhängig davon, ob der Arbeitgeber zum Zeitpunkt der Kündigung Kenntnis hiervon hat oder nicht (*ArbG Kassel* v. 19. 11. 2004, ArbRB 2005, 9 mit Anm. v. *Striegel/Westers*, BehindertenR 2004, 93 mit Hinweis auf die nicht aufgegriffene Forderung des Bundesrates, wonach die entsprechenden Bescheide dem Arbeitgeber vorgelegt worden sein mussten, BR-Drucks. 746/2/03; ebenso *Kuhlmann*, BehindertenR 2004, 181, wonach die Vorlage des entsprechenden Bescheides an den Arbeitgeber nicht erforderlich ist). Ein anhängiges, aber noch nicht abgeschlossenes Verfahren beim Versorgungsamt auf Anerkennung der Schwerbehinderteneigenschaft ist nicht ausreichend, um in den Anwendungsbereich des besonderen Kündigungsschutzes zu fallen (*Westers*, BehindertenR 2004, 93).

21 Die Schwerbehinderteneigenschaft ist auch dann nachgewiesen, wenn sie offenkundig ist (*Düwell*, BB 2004, 2811; *Cramer*, NZA 2004, 698). Dies ergibt sich aus der Gesetzesbegründung, in der die Offenkundigkeit der Schwerbehinderung ausdrücklich als nachgewiesen bezeichnet wird (BT-Drucks. 15/2357, Begründung S. 24). Offenkundig ist die Schwerbehinderteneigenschaft z. B. bei Blindheit, Kleinwuchs oder dem Verlust von Gliedmaßen (*BAG* v. 28. 6. 1995, BB 1995, 2484).

Der Nachweis muss dem Arbeitgeber gegenüber geführt werden. Er bezieht sich auf den Zeitpunkt der Kündigung. Maßgeblich ist nicht der Ausspruch der Kündigung, sondern dessen Zugang (*Cramer,* NZA 2004, 698). **22**

Der Arbeitgeber muss die Zustimmung des Integrationsamtes zur Kündigung nach Auffassung der ArbG Düsseldorf auch dann einholen, wenn die Schwerbehinderteneigenschaft des Arbeitnehmers zum Zeitpunkt der Kündigung vom Versorgungsamt noch nicht festgestellt ist, der Arbeitnehmer aber bereits einen Antrag auf Anerkennung der Schwerbehinderung gestellt hat. Der entgegenstehende Wortlaut des Abs. 2a sei „korrigiert" auszulegen (*ArbG Düsseldorf* v. 29. 10. 2004, 13 Ca 5326/04). **23**

E. Anzeigepflicht des Arbeitgebers (Abs. 3)

Nach Abs. 3 hat der Arbeitgeber die Einstellung auf Probe und die Entlassung von schwerbehinderten Menschen in den ersten sechs Monaten des Arbeitsverhältnisses dem Integrationsamt innerhalb von vier Tagen anzuzeigen. Durch die Kenntnisnahme des Integrationsamts soll dieses in die Lage versetzt werden, präventiv tätig zu werden und dem schwerbehinderten Menschen geeignete Hilfe anzubieten. Die **Anzeigepflicht** gilt unabhängig davon, ob der Arbeitgeber zur Beschäftigung schwerbehinderter Menschen nach § 71 verpflichtet ist. **24**

Die **Einstellung auf Probe** umfasst sowohl das befristete als auch das unbefristete Probearbeitsverhältnis (*Griebeling,* in: Hauck/Noftz, SGB IX, § 90 Rdnr. 8). Ein befristetes Probearbeitsverhältnis liegt vor, wenn mit Ablauf der vereinbarten Probezeit das Arbeitsverhältnis automatisch endet, ohne dass es einer Kündigung bedarf. Bei einem befristeten Probearbeitsverhältnis ist eine Anzeige des Arbeitgebers an das Integrationsamt nur bei der Einstellung erforderlich, nicht aber bei der Beendigung. Ein unbefristetes Probearbeitsverhältnis liegt vor, wenn das Arbeitsverhältnis bereits bei Beginn auf unbestimmte Zeit abgeschlossen wird. Will der Arbeitgeber das Arbeitsverhältnis während oder nach Ablauf der Probezeit beenden, muss er die Kündigung aussprechen. **25**

Der Arbeitgeber ist nach Abs. 3 bei Beendigung des Arbeitsverhältnisses in den Fällen des Abs. 1 Nr. 1 zur Anzeige verpflichtet. Davon nicht erfasst ist die Beendigung eines **befristeten Arbeitsverhältnisses** wegen Fristablaufs (*Cramer,* SchwbG, § 20 Rdnr. 7). **26**

Die Anzeige hat vom Arbeitgeber innerhalb **von vier Tagen** zu erfolgen. Bei nicht der Zustimmung des Integrationsamtes bedürfenden Kündigungen beginnt die Frist nicht erst am Tag der Beendigung des Arbeitsverhältnisses, sondern mit dem Tag der Erklärung der Kündigung (*Cramer,* SchwbG, § 20 Rdnr. 8; *Griebeling,* in: Hauck/Noftz, SGB IX, § 90 Rdnr. 8; *Müller-Wenner/Schorn,* SGB IX, § 90 Rdnr. 38; *Düwell,* in: LPK-SGB IX, § 90 Rdnr. 19). **27**

Unterlässt der Arbeitgeber die in Abs. 3 vorgeschriebene Anzeige, hat dies keine Rechtsfolgen. Wegen der Zweckbestimmung der Anzeigepflicht (s. Rdnr. 24) hat eine Verletzung durch den Arbeitgeber keine privatrechtlichern Auswirkungen auf die Arbeitsvertragsparteien. Die Kündigung wird durch einen Verstoß daher nicht unwirksam (*Neumann/Pahlen/Majerski-Pahlen,* SGB IX, § 90 Rdnr. 23). Die Verletzung der Anzeigepflicht ist **keine Ordnungswidrigkeit** nach § 156. **28**

§ 91 Außerordentliche Kündigung

(1) **Die Vorschriften dieses Kapitels gelten mit Ausnahme von § 86 auch bei außerordentlicher Kündigung, soweit sich aus den folgenden Bestimmungen nichts Abweichendes ergibt.**

(2) ¹**Die Zustimmung zur Kündigung kann nur innerhalb von zwei Wochen beantragt werden; maßgebend ist der Eingang des Antrages bei dem Integrationsamt.** ²**Die Frist beginnt mit dem Zeitpunkt, in dem der Arbeitgeber von den für die Kündigung maßgebenden Tatsachen Kenntnis erlangt.**

(3) ¹**Das Integrationsamt trifft die Entscheidung innerhalb von zwei Wochen vom Tage des Eingangs des Antrages an.** ²**Wird innerhalb dieser Frist eine Entscheidung nicht getroffen, gilt die Zustimmung als erteilt.**

(4) **Das Integrationsamt soll die Zustimmung erteilen, wenn die Kündigung aus einem Grunde erfolgt, der nicht im Zusammenhang mit der Behinderung steht.**

(5) **Die Kündigung kann auch nach Ablauf der Frist des § 626 Abs. 2 Satz 1 des Bürgerlichen Gesetzbuchs erfolgen, wenn sie unverzüglich nach Erteilung der Zustimmung erklärt wird.**

(6) **Schwerbehinderte Menschen, denen lediglich aus Anlass eines Streiks oder einer Aussperrung fristlos gekündigt worden ist, werden nach Beendigung des Streiks oder der Aussperrung wieder eingestellt.**

Schrifttum: *Fenski,* Außerordentliche Kündigung von Schwerbehinderten, BB 2001, 570; *Joussen,* Die Kündigungsfrist bei der außerordentlichen Kündigung von Schwerbehinderten, DB 2002, 2162; *Kappelhoff,* Außerordentliche Kündigung gegenüber einem Schwerbehinderten, ArbRB 2002, 350; *Moll,* Zur Entscheidung der Hauptfürsorgestelle bei der außerordentlichen Kündigung gegenüber Schwerbehinderten, NZA 1987, 550.

Inhaltsübersicht

	Rdnr.
A. Allgemeines	1, 2
B. Außerordentliche Kündigung (Abs. 1)	3–5
C. Beantragung der Zustimmung zur Kündigung (Abs. 2)	6–11
D. Entscheidung des Integrationsamtes (Abs. 3)	12–18
E. Zustimmung des Integrationsamtes (Abs. 4)	19–24
F. Unverzügliche Kündigung (Abs. 5)	25–29
G. Streik und Aussperrung (Abs. 6)	30, 31
H. Verfahrensfragen	32, 33

A. Allgemeines

1 § 91 erklärt die Vorschriften des Teils 2, Kap. 4 des SGB IX (§§ 85 ff.) auch für die **außerordentliche Kündigung** eines schwerbehinderten Menschen für anwendbar. Lediglich die Mindestkündigungsfrist ist wegen der Natur der außerordentlichen Kündigung als fristlose Kündigung nicht anzuwenden. Durch den Verweis auf die §§ 85 ff. ist klargestellt, dass auch die außerordentliche Kündigung eines schwerbehinderten Menschen der Zustimmung des Integrationsamtes bedarf. Durch die Einschaltung des Integrationsamtes soll versucht werden, die außerordentliche Kündigung zu vermeiden. § 91 findet sowohl auf schwerbehinderte

Kap. 4. Kündigungsschutz 2–8 § 91

Menschen als auch ihnen **Gleichgestellte** Anwendung (ErfKo-*Rolfs*, SGB IX, § 91 Rdnr. 1; *Müller-Wenner/Schorn*, SGB IX, § 91 Rdnr. 4).

§ 91 ist lex specialis zu § 626 Abs. 2 BGB. Dies ist insbesondere in den Fall- 2 konstellationen von Bedeutung, bei denen die Zwei-Wochenfrist bereits abgelaufen ist (*BAG* v. 15. 11. 2001, NZA 2002, 971).

B. Außerordentliche Kündigung (Abs. 1)

Der Begriff der „**außerordentlichen Kündigung**" ist im SGB IX nicht de- 3 finiert, sondern nimmt Bezug auf die Begriffsbestimmung in § 626 Abs. 1 BGB. Danach kann das Arbeits-/Dienstverhältnis aus wichtigem Grund ohne Einhaltung der Kündigungsfrist gekündigt werden, wenn Tatsachen vorliegen, auf Grund deren dem Kündigenden unter Berücksichtigung aller Umstände des Einzelfalls und unter Abwägung der Interessen beider Vertragteile die Fortsetzung des Dienstverhältnisses bis zum Ablauf der Kündigungsfrist nicht zumutbar ist (Einzelheiten s. KR-*Fischmeier*, § 626 BGB Rdnr. 110–127).

Unter den Begriff der „außerordentlichen Kündigung" fällt nach Auffassung des 4 BAG nicht nur die fristlose Kündigung, sondern auch die außerordentliche Kündigung mit Auslauffrist (*BAG* v. 12. 8. 1999, AP Nr. 21 zu § 21 SchwbG 1986; *LAG Baden-Württemberg* v. 6. 9. 2004, 15 Sa 39/04; ErfKo-*Rolfs*, SGB IX, § 91 Rdnr. 2; *Neumann/Pahlen/Majerski-Pahlen*, SGB IX, § 91 Rdnr. 4, a. A. *Griebeling*, in: Hauck/Noftz, SGB IX, § 91 Rdnr. 4; *Düwell*, in: LPK-SGB IX, § 91 Rdnr. 8; *Müller-Wenner/Schorn*, SGB IX, § 91 Rdnr. 47).

Bei der Feststellung des „**wichtigen Grundes**" ist die Behinderung des zu 5 Kündigenden zu berücksichtigen. Will der Arbeitgeber neben der außerordentlichen Kündigung hilfsweise die ordentliche Kündigung aussprechen, so bedarf er auch der ordentlichen Kündigung der Zustimmung des Integrationsamtes. Das Integrationsamt selbst ist nicht befugt, eine außerordentliche Kündigung in eine ordentliche Kündigung umzudeuten, wenn ein entsprechender Antrag des Arbeitgebers fehlt.

C. Beantragung der Zustimmung zur Kündigung (Abs. 2)

Nach Abs. 2 muss der Arbeitgeber die Zustimmung zur außerordentlichen 6 Kündigung innerhalb von **zwei Wochen** beim Integrationsamt beantragen. Der Arbeitgeber kann sich bei der Antragstellung vertreten lassen, § 13 SGB X. Eine Antragstellung durch einen Vertreter ist nicht alleine deshalb unwirksam, weil dieser dem Antrag keine Vollmacht beigefügt hat. Dies ergibt sich aus § 13 Abs. 1 Satz 3 SGB X, wonach der Bevollmächtigte nur auf Verlangen seine Vollmacht schriftlich nachzuweisen hat (*VG Karlsruhe* v. 9. 3. 2004, BehindertenR 2004, 114).

Die Zwei-Wochen-Frist beginnt mit dem Zeitpunkt, in dem der Arbeitgeber 7 von den für die Kündigung maßgebenden Tatsachen Kenntnis erlangt. Die grob fahrlässige Unkenntnis der Kündigungsgründe ist nicht ausreichend (*BAG* v. 29. 7. 1993, NZA 1994, 171). Entscheidend ist, dass der Kündigungsberechtigte Kenntnis der Kündigungsgründe erhält.

Die Zwei-Wochen-Frist ist nicht verlängerbar. Eine Wiedereinsetzung in den 8 vorherigen Stand kommt selbst dann nicht in Betracht, wenn die ordentliche Kündigung ausgeschlossen ist (*VGH Baden-Württemberg* v. 5. 8. 1996, NZA-RR 1997; *Griebeling*, in: Hauck/Noftz, SGB IX, § 91 Rdnr. 8; ErfKo-*Rolfs*, SGB IX, § 91 Rdnr. 3).

§ 91 9–14   Teil 2. Schwerbehindertenrecht

9   Die Zwei-Wochen-Frist kann auch noch dann gewahrt sein, wenn der Arbeitgeber erst nach Zugang der Kündigung von der Schwerbehinderung des gekündigten Arbeitnehmers Kenntnis erlangt. Nach Auffassung der Rechtsprechung beginnt hier die Zwei-Wochen-Frist erst mit der Kenntnis des Arbeitgebers über die Schwerbehinderteneigenschaft (*BAG* v. 14. 5. 1982, AP Nr. 4 zu § 18 SchwbG; *BVerwG* v. 5. 10. 1995, Buchholz 436.61 § 21 SchwbG Nr. 6). Voraussetzung ist aber, dass die Kündigung unter Beachtung der Frist des § 626 Abs. 2 BGB ausgesprochen wurde (*Düwell*, in: LPK-SGB IX, § 91 Rdnr. 11; *Griebeling*, in: Hauck/Noftz, SGB IX, § 91 Rdnr. 7).

10 Das Integrationsamt hat bei seiner Entscheidung zu prüfen, ob die Frist des Abs. 2 eingehalten wurde. Im Falle der Fristversäumung hat das Integrationsamt den Antrag des Arbeitgebers ohne Sachprüfung zurückzuweisen. Der zwar innerhalb der Zwei-Wochen-Frist, aber bei einer unzuständigen Behörde eingereichte Antrag auf Zustimmung ist nicht fristwahrend.

11 Die **Anhörung** des Betriebsrats bzw. des Personalrats nach § 102 BetrVG bzw. § 79 BPersVG kann nach der Zustimmung des Integrationsamtes erfolgen (*BAG* v. 3. 7. 1980, AP Nr. 2 zu § 18 SchwbG). Verzögert sich der Zugang einer außerordentlichen verhaltensbedingten Kündigung trotz der Kenntnis des Arbeitgebers von den kündigungsrelevanten Umständen wegen der Durchführung des Mitbestimmungsverfahrens nach den PersVG bis zur Entscheidung der Einigungsstelle, so ist die Zwei-Wochen-Frist des § 626 Abs. 2 BGB dennoch gewahrt. Dies ergibt sich aus der analogen Anwendung des § 91 Abs. 5 (*BAG* v. 8. 6. 2000, NZA 2001, 212; *LAG Berlin* v. 26. 6. 2002, 15 Sa 467/02).

D. Entscheidung des Integrationsamtes (Abs. 3)

12 Das Integrationsamt trifft die **Entscheidung** innerhalb **von zwei Wochen** vom Tage des Eingangs des Antrags an. Die Frist beginnt mit dem Zeitpunkt des Eingangs des Antrags beim zuständigen Integrationsamt. Erforderlich ist, dass binnen der Zwei-Wochen-Frist das Integrationsamt die Entscheidung trifft und dem Arbeitgeber gegenüber bekannt gibt. Dabei kommt es nicht auf den Zugang beim Arbeitgeber an, sondern die Entscheidung des Integrationsamtes ist bereits dann getroffen, wenn die Entscheidung (zur Post) abgegeben ist (*BAG* v. 9. 2. 1994, AP Nr. 3 zu § 21 SchwbG; *BAG* v. 15. 5. 1997, AP Nr. 45 zu § 123 BGB; *Neumann/Pahlen/Majerski-Pahlen*, SGB IX, § 91 Rdnr. 19). Die **Bekanntmachung** kann auch telefonisch erfolgen.

13 Das Integrationsamt holt nach § 87 Abs. 2 die **Stellungnahme des Betriebs-/Personalrats** und der **Schwerbehindertenvertretung** ein. Die Anhörung ist nur einmal erforderlich. Eine Wiederholung der Anhörung ist auch dann nicht erforderlich, wenn die Zustimmung des Integrationsamtes erst nach einem jahrelangen verwaltungsgerichtlichen Verfahren erteilt wird (*BAG* v. 18. 5. 1994, AP Nr. 3 zu § 108 BPersVG).

14 Das Integrationsamt muss endgültig entscheiden. Eine **vorläufige Entscheidung**, etwa weil der Sachverhalt noch ermittelt werden muss, ist unzulässig. Ist der Sachverhalt noch nicht abschließend ermittelt, kann das Integrationsamt die Zustimmung nicht mit dieser Begründung einfach ablehnen (*Neumann/Pahlen/Majerski-Pahlen*, SGB IX, § 91 Rdnr. 19; *Müller-Wenner/Schorn*, SGB IX, § 91 Rdnr. 16). Entscheidet das Integrationsamt nicht binnen der in Abs. 3 festgelegten Frist, kommen Schadensersatzansprüche des Arbeitgebers gegen das Integrationsamt in Betracht, wenn der Arbeitgeber trotz Unzumutbarkeit der Beschäftigung das Arbeitsentgelt weiter zahlen muss (*Neumann*, AR-Blattei 1440.2 „Schwerbehinderte" II, Rdnr. 126).

15 Absatz 3 Satz 2 **fingiert die Zustimmung** des Integrationsamtes, wenn nicht innerhalb der Zwei-Wochen-Frist eine Entscheidung seitens des Integrationsamtes getroffen wurde. Es obliegt dem Integrationsamt zur Herbeiführung der Bestandskraft von § 36 SGB X, eine schriftliche Bestätigung des fingierten Verwaltungsaktes mit Rechtsbehelfsbelehrung zuzustellen. Die Fiktion des Abs. 3 Satz 2 setzt einen schriftlichen Antrag auf Zustimmung voraus (*LAG Rostock* v. 22. 7. 2004, 1 Sa 62/04).

16 Strittig ist, wann die Entscheidung des Integrationsamtes i. S. v. Abs. 3 Satz 2 „getroffen" wurde. Stimmt das Integrationsamt der außerordentlichen Kündigung innerhalb der Zwei-Wochen-Frist zu, so wird diese Zustimmung wirksam, auch wenn die Entscheidung dem Arbeitgeber noch nicht zugegangen ist (*BAG* v. 9. 2. 1994, NZA 1994, 1030; *BAG* v. 12. 8. 1999, AP Nr. 7 zu § 21 SchwbG 1986; *Düwell,* in: LPK-SGB IX, § 91 Rdnr. 15; a. A. *Griebeling,* in: Hauck/ Noftz, SGB IX, § 91 Rdnr. 15; *Neumann/Pahlen/Majerski-Pahlen,* SGB IX, § 91 Rdnr. 19). Ausreichend ist insofern, dass das Integrationsamt seine Entscheidung binnen der Zwei-Wochenfrist getroffen hat und auf den Postweg gegeben hat (Erf-Ko-*Rolfs,* SGB IX, § 91 Rdnr. 5; *Müller-Wenner/Schorn,* SGB IX, § 91 Rdnr. 17 f.; *Neumann/Pahlen/Majerski-Pahlen,* SGB IX, § 91 Rdnr. 19).

17 Der Arbeitgeber kann eine außerordentliche Kündigung deshalb unter Gewährung einer Auslauffrist bereits dann gegenüber einen schwerbehinderten Menschen erklären, wenn ihm das Integrationsamt mündlich oder fernmündlich seine Zustimmungserklärung mitgeteilt hat (*Müller-Wenner/Schorn,* SGB IX, § 91 Rdnr. 19; *Griebeling,* in: Hauck/Noftz, SGB IX, § 91 Rdnr. 16). Dies setzt allerdings voraus, dass das Integrationsamt die förmliche schriftliche Entscheidung getroffen hat, die nur noch zugestellt werden muss; die mündliche Weitergabe einer noch nicht schriftlich vorliegenden Entscheidung reicht nicht aus (*LAG Düsseldorf* v. 29. 1. 2004, NZA-RR 2004, 406).

18 Obwohl nach Abs. 3 Satz 2 die Zustimmung des Integrationsamtes bei Fristüberschreitung fingiert wird, ist das Integratationsamt verpflichtet, den Beteiligten die fingierte Zustimmung schriftlich zu bestätigen und mit einer Rechtsbehelfsbelehrung zu versehen (*BVerwG* v. 10. 9. 1992, NZA 1993, 76).

E. Zustimmung des Integrationsamtes (Abs. 4)

19 Absatz 4 schränkt die Ermessensausübung des Integrationsamtes ein und gilt nur für die außerordentliche, nicht aber für eine beantragte ordentliche Kündigung. Das Integrationsamt „soll" die Zustimmung erteilen, wenn die Kündigung aus einem Grunde erfolgt, der nicht im **Zusammenhang mit der Behinderung** steht. „Im Zusammenhang mit der Behinderung" stehen die Gründe der Kündigung dann, wenn sich das Verhalten des schwerbehinderten Menschen aus der Behinderung ergibt und der Zusammenhang nicht nur ein entfernter ist. Ein mittelbarer Zusammengang genügt (*BayVGH* v. 6. 10. 1997, BehindertenR 1998, 174; *Müller-Wenner/Schorn,* SGB IX, § 91 Rdnr. 33; a. A. *OVG Münster* v. 23. 5. 2000, BehindertenR 2000, 176).

20 Hat das Integrationsamt einer außerordentlichen Kündigung aus Gründen, die nicht im Zusammenhang mit der Behinderung stehen, zugestimmt, liegt hierin nicht zugleich die Zustimmung zu einer ordentlichen Kündigung (*LAG Rostock* v. 22. 7. 2004, 1 Sa 581/03; *LAG Köln* v. 11. 8. 1998, NZA-RR 1999, 415; *Düwell,* in: LPK-SGB IX, § 91 Rdnr. 20; *Neumann/Pahlen/Majerski-Pahlen,* SGB IX, § 91 Rdnr. 7; *Griebeling,* in: Hauck/Noftz, SGB IX, § 91 Rdnr. 20).

21 Steht die Kündigung mit der Behinderung nicht im Zusammenhang, können nur besondere Gründe eine Verweigerung der Zustimmung durch das Integrationsamt rechtfertigen. Solche Gründe können u. a. die besonders schwierige Vermittlungssituation des schwerbehinderten Menschen sein. Liegen keine **Ausnahmegründe** vor, ist das Ermessen des Integrationsamtes eingeschränkt und die Zustimmung zu der außerordentlichen Kündigung zu erteilen. Die Frage, ob Ausnahmegründe vorliegen, die es dem Integrationsamt erlauben, die Zustimmung zu verweigern, ist gerichtlich voll nachprüfbar (*BVerwG* v. 2. 7. 1992, AP Nr. 1 zu § 21 SchwbG 1986).

22 Das Integrationsamt hat nach der Rechtsprechung nicht zu prüfen, ob ein „wichtiger Grund" i. S. v. § 626 Abs. 1 BGB vorliegt. Diese Prüfung ist den Gerichten vorbehalten (*BVerwG* v. 2. 7. 1992, NZA 1993, 123; *Griebeling,* in: Hauck/Noftz, SGB IX, § 91 Rdnr. 11; *Müller-Wenner/Schorn,* SGB IX, § 91 Rdnr. 36; a. A. *Neumann/Pahlen/Majerski-Pahlen,* SGB IX, § 91 Rdnr. 21). Bei einem offensichtlichen Fehlen eines wichtigen Grundes, darf sich das Integrationsamt nicht darauf beschränken abzuklären, ob die vom Arbeitgeber dargelegten Kündigungsgründe mit der Behinderung im Zusammenhang stehen. Gleiches gilt, wenn der vom Arbeitgeber vorgetragene Sachverhalt objektiv nicht als wichtiger Grund i. S. v. § 626 BGB ausreicht. Bei der außerordentlichen Kündigung ist nach § 91 Abs. 4 der Sonderkündigungsschutz erheblich reduziert. Deshalb ist bei der Interessenabwägung die besondere psychische, physische und soziale Lage des schwerbehinderten Arbeitnehmers angemessen zu berücksichtigen (*LAG Brandenburg* v. 19. 2. 2003, 7 Sa 385/02).

23 Beantragt der Arbeitgeber die Zustimmung des Integrationsamtes zur außerordentlichen Kündigung einer Vertrauensperson und besteht zwischen dem behaupteten Kündigungsgrund und der Funktion der Schwerbehindertenvertretung ein Zusammenhang, so steht die Zustimmung zur Kündigung im freien Ermessen des Integrationsamtes (*LAG Düsseldorf* v. 4. 12. 2002, AiB 2004, 444).

24 Die **Darlegungs-** und **Beweislast** dafür, dass die Kündigung nicht aus Gründen erfolgt, die mit der Behinderung des zu kündigenden in Zusammenhang stehen, trägt der Arbeitgeber (*Neumann/Pahlen/Majerski-Pahlen,* SGB IX, § 91 Rdnr. 25). Ist ein Zusammenhang der Kündigung mit der Behinderung des betroffenen Arbeitnehmers nicht ausgeschlossen, hat das Integrationsamt nach pflichtgemäßem Ermessen zu entscheiden.

F. Unverzügliche Kündigung (Abs. 5)

25 Die **außerordentliche Kündigung** kann nach § 626 Abs. 2 BGB nur innerhalb von zwei Wochen erfolgen. Die **Frist** beginnt mit dem Zeitpunkt, in dem der Kündigungsberechtigte von den für die Kündigung maßgebenden Tatsachen Kenntnis erlangt. Diese Frist würde aber wegen der erforderlichen Zustimmung des Integrationsamtes in vielen Fällen verstreichen und die außerordentliche Kündigung unwirksam sein. Deshalb bestimmt Abs. 5, dass die Kündigung auch nach Ablauf der Frist des § 626 Abs. 2 Satz 1 BGB erfolgen kann, wenn sie unverzüglich nach Erteilung der Zustimmung erklärt wird.

26 Da durch Abs. 5 die Zwei-Wochen-Frist des § 626 Abs. 2 Satz 1 BGB lediglich ausgedehnt wird, greift die Vorschrift erst dann ein, wenn die Frist des § 626 Abs. 2 Satz 1 BGB abgelaufen ist (*BAG* v. 13. 5. 2004, NZA 2004, 1271 = DB 2004, 2273). Eine außerordentliche Kündigung, die entgegen Abs. 5 nicht unverzüglich nach Eintritt der Zustimmungsfiktion des Abs. 3 Satz 2 erklärt worden ist, ist unwirksam. Eine Kündigung i. S. v. Abs. 5 ist erklärt, wenn sie dem Arbeitnehmer gem. § 130 BGB zugegangen ist. Die bloße Absendung der Kündigungserklärung genügt nicht (*LAG Rheinland-Pfalz* v. 31. 3. 2004, NZA-RR 2005, 71).

"Unverzüglich erklärt" ist die Kündigung, wenn sie ohne schuldhaftes Zögern (§ 121 BGB) nach Erteilung der Zustimmung ausgesprochen wird und dem schwerbehinderten Menschen zugegangen ist (*Neumann/Pahlen/Majerski-Pahlen*, SGB IX, § 91 Rdnr. 29). In der Regel sind zwei bis drei Tage ausreichend. Dies gilt auch dann, wenn der schwerbehinderte Mensch gegen die Zustimmung des Integrationsamtes **Widerspruch** bzw. **Klage** eingelegt hat. Voraussetzung für die Anwendbarkeit von Abs. 5 ist allerdings, dass der Arbeitgeber binnen zwei Wochen nach Kenntnis der Kündigungsgründe den Antrag auf Zustimmung zur Kündigung beim Integrationsamt gestellt hat. 27

Dem Arbeitgeber ist es unbenommen, den Betriebsrat erst nach Beendigung des Zustimmungsverfahrens nach § 85 zu beteiligen. Ein solches Vorgehen steht einem unverzüglichen Kündigungsausspruch nach § 91 Abs. 5 nicht grundsätzlich entgegen, wenn der Arbeitgeber nach Zustimmungserteilung das Anhörungsverfahren in kürzester Zeit einleitet und nach dessen Beendigung unmittelbar und ohne schuldhaftes Zögern die Kündigung einleitet (*Sächsisches LAG* v. 28. 6. 2002, Az: 3 Sa 832/01). 28

Liegt die Zustimmung des Integrationsamtes zu einer außerordentlichen Kündigung eines Schwerbehinderten vor Ablauf der Zwei-Wochen-Frist des § 626 Abs. 2 BGB vor, kann der Arbeitgeber diese Kündigungserklärungsfrist voll ausschöpfen und muss nicht unverzüglich kündigen (*BAG* v. 15. 11. 2001, BehindertenR 2002, 180; *Griebeling*, in: Hauck/Noftz, SGB IX, § 91 Rdnr. 17; *Müller-Wenner/Schorn*, SGB IX, § 91 Rdnr. 23). 29

G. Streik und Aussperrung (Abs. 6)

Nach Abs. 6 haben schwerbehinderte Menschen, denen lediglich aus Anlass eines Streiks oder einer Aussperrung fristlos gekündigt worden ist, nach Beendigung des **Streiks** oder der **Aussperrung** einen Anspruch auf Wiedereinstellung. Unter den Schutz des Abs. 6 fallen auch den schwerbehinderten Menschen Gleichgestellte. 30

Absatz 6 hat wenig Bedeutung, denn sein Anwendungsbereich ist auf die Fälle beschränkt, in denen der Arbeitgeber aus Anlass eines Streiks zur Kündigung berechtigt war. Dies ist aber nur bei einem **rechtswidrigen Streik** der Fall. Bei rechtmäßigem Streik besteht dagegen kein Recht des Arbeitgebers zur Kündigung der Streikenden. 31

H. Verfahrensfragen

Lehnt das Integrationsamt die Zustimmung zur außerordentlichen Kündigung ab, kann der Arbeitgeber gegen den Bescheid Widerspruch und Klage erheben. Der Arbeitgeber ist nicht berechtigt, den schwerbehinderten Menschen bis zur **Bekanntgabe der** beantragten **Zustimmung** unbezahlt von der Arbeit freizustellen (*BAG* v. 20. 12. 1976, AP Nr. 1 zu § 18 SchwBG). 32

Wird die Zustimmung erteilt, ist der schwerbehinderte Mensch zum **Widerspruch** und zur **Klage** berechtigt. Dies gilt auch dann, wenn die Zustimmung auf Grund der Fiktion des Abs. 3 Satz 2 erfolgte (*BVerwG* v. 10. 9. 1992, BVerwGE 91, 7; *Neumann/Pahlen/Majerski-Pahlen*, SGB IX, § 91 Rdnr. 30). Widerspruch und Klage haben keine aufschiebende Wirkung (§ 88 Abs. 4). Der Arbeitgeber kann deshalb auch bei Widerspruch durch den schwerbehinderten Menschen die Kündigung aussprechen. 33

§ 92 Erweiterter Beendigungsschutz

¹Die Beendigung des Arbeitsverhältnisses eines schwerbehinderten Menschen bedarf auch dann der vorherigen Zustimmung des Integrationsamtes, wenn sie im Falle des Eintritts einer teilweisen Erwerbsminderung, der Erwerbsminderung auf Zeit, der Berufsunfähigkeit oder der Erwerbsunfähigkeit auf Zeit ohne Kündigung erfolgt. ²Die Vorschriften dieses Kapitels über die Zustimmung zur ordentlichen Kündigung gelten entsprechend.

Schrifttum: *Stichnoth/Wiechmann,* Reform der Renten wegen verminderter Erwerbsfähigkeit, AngVers 2001, 53; *Zanker,* Zum Verwaltungsverfahren bei Anträgen nach den §§ 15, 21, 22 SchwbG, BehindertenR 1987, 25, 54.

Inhaltsübersicht

	Rdnr.
A. Allgemeines	1, 2
B. Persönlicher Anwendungsbereich	3, 4
C. Sachlicher Anwendungsbereich	5–9
I. Teilweise Erwerbsminderung	6
II. Erwerbsminderung auf Zeit	7
III. Berufsunfähigkeit	8
IV. Erwerbsunfähigkeit auf Zeit	9
D. Zustimmung des Integrationsamtes	10
E. Ordentliche Kündigung (Satz 2)	11

A. Allgemeines

1 Nach § 92 ist auch für die Fälle die **Zustimmung** des **Integrationsamts** erforderlich, in denen das Arbeitsverhältnis wegen des Eintritts der teilweisen Erwerbsminderung, der Erwerbsminderung auf Zeit, der Berufsunfähigkeit oder der Erwerbsunfähigkeit auf Zeit ohne Kündigung beendet wird. Zweck der Regelung ist es, das Integrationsamt auch in den Fällen zu beteiligen, in denen das Arbeitsverhältnis wegen tarifvertraglicher bzw. sonstiger kollektiv- oder individualrechtlicher Regelung ohne Kündigung endet (*BAG* v. 28. 6. 1995, NZA 1996, 374). Die Vorschrift entspricht im wesentlichen dem aufgehobenen § 22 SchwbG. § 92 ist eine Erweiterung zu dem Grundsatz, dass nur die Beendigung des Arbeitsverhältnisses durch eine arbeitgeberseitige Kündigung der Zustimmung des Integrationsamtes bedarf.

2 Die Vorschrift gilt auch, wenn das Arbeitsverhältnis bei den in Satz 1 genannten Tatbeständen nicht beendet, sondern lediglich zum Ruhen gebracht wird (*VGH Mannheim* v. 15. 7. 1997, BehindertenR 1998, 75; *Neumann/Pahlen/Majerski-Pahlen,* SGB IX, § 92 Rdnr. 4; a. A. ErfKo-*Rolfs,* SGB IX, § 92 Rdnr. 1; *Griebeling,* in: Hauck/Noftz, SGB IX, § 92 Rdnr. 3).

B. Persönlicher Anwendungsbereich

3 Die Vorschrift ist sowohl für schwerbehinderte Menschen als auch für ihnen Gleichgestellte i. S. v. §§ 2 Abs. 3 und 68 Abs. 2 anwendbar (*Müller-Wenner/Schorn,* SGB IX, § 92 Rdnr. 6). Die Feststellung der Berufs- oder Erwerbsunfähigkeit hat jedoch nicht automatisch die Schwerbehinderteneigenschaft oder die Gleichstellung zur Folge (*BAG* v. 16. 11. 1982, AP Nr. 4 zu § 62 BAT). Einbezogen in den Anwendungsbereich sind auch die sog. **Dienstordnungsangestellten** (*BAG* v. 20. 10. 1977, AP Nr. 1 zu § 19 SchwbG; *Neumann/Pahlen/Majerski-Pahlen*, SGB IX, § 92 Rdnr. 7; *Müller-Wenner/Schorn*, SGB IX, § 92 Rdnr. 5; *Griebeling*, in: Hauck/Noftz, SGB IX, § 92 Rdnr. 3). Für diesen Personenkreis gilt § 92 entsprechend. Dies gilt u. a. bei der Versetzung von Dienstordnungsangestellten in den vorzeitigen Ruhestand.

Personen nach § **90** unterfallen nicht dem Geltungsbereich des § 92. Denn nach § 90 finden alle Vorschriften des zweiten Teils, Kap. 4 des SGB IX auf den dort genannten Personenkreis keine Anwendung.

C. Sachlicher Anwendungsbereich

Die Vorschrift umfasst die Fälle der Beendigung des Arbeitsverhältnisses bei Eintritt einer teilweisen Erwerbsminderung, der Erwerbsminderung auf Zeit, der Berufsunfähigkeit oder der Erwerbsunfähigkeit auf Zeit. Mit dem Gesetz zur Reform der Renten wegen verminderter Erwerbsfähigkeit vom 20. 12. 2000 (BGBl. I S. 2998) ist die Systematik der **Berufs-** und **Erwerbsunfähigkeitsrenten** neu geregelt worden. Andere als die genannten Gründe rechtfertigen keine Zustimmung des Integrationsamtes, insbesondere nicht ein Ausscheiden wegen dauernder Erwerbsminderung, da eine Beschäftigung des schwerbehinderten Menschen in diesem Fall nicht in Betracht kommt (allg. Meinung, s. *Neumann/Pahlen/Majerski-Pahlen*, SGB IX, § 92 Rdnr. 2).

I. Teilweise Erwerbsminderung

Nach § 43 Abs. 1 Satz 2 SGB VI ist **teilweise erwerbsgemindert,** wer wegen Krankheit oder Behinderung auf nicht absehbare Zeit außer Stande ist, unter den üblichen Bedingungen des allgemeinen Arbeitsmarktes mindestens sechs Stunden täglich erwerbstätig zu sein. Bei der teilweisen Erwerbsminderung hat das Integrationsamt bei seiner Ermessensentscheidung zu prüfen, ob anderweitige Beschäftigungsmöglichkeiten beim Arbeitgeber vorhanden sind und ob insbesondere die Möglichkeit der Teilzeitbeschäftigung besteht.

II. Erwerbsminderung auf Zeit

§ 102 Abs. 2 SGB VI sieht vor, dass **Erwerbsminderungsrenten** grundsätzlich **auf Zeit** zu leisten sind. Die Befristung erfolgt für längstens drei Jahre nach Rentenbeginn und kann wiederholt werden. Befristete Erwerbsminderungsrenten können frühestens vom siebten Kalendermonat nach dem Eintritt der verminderten Erwerbsfähigkeit an geleistet werden. Das Integrationsamt hat im Rahmen seiner Ermessensentscheidung zu klären, ob dem Arbeitgeber Überbrückungsmaßnahmen zuzumuten sind (allg. Meinung s. *Neumann/Pahlen/Majerski-Pahlen*, SGB IX, § 92 Rdnr. 5; *Müller-Wenner/Schorn*, SGB IX, § 92 Rdnr. 11; *Düwell*, in: LPK-SGB IX, § 92 Rdnr. 7).

III. Berufsunfähigkeit

Mit dem Gesetz zur Reform der Renten wegen verminderter Erwerbsfähigkeit vom 20. 12. 2000 (BGBl. I S. 2998) ist die Unterscheidung zwischen Berufsunfähigkeit **und** Erwerbsunfähigkeit bei einem Rentenbeginn ab 1. 1. 2001 entfallen. Die **Berufsunfähigkeitsrente** für Personen, die nach dem 1. 1. 1961 geboren sind, ist abgeschafft worden. Bestand am 31. 12. 2000 Anspruch auf eine Rente

§ 93   Teil 2. Schwerbehindertenrecht

wegen Berufsunfähigkeit auf Zeit, besteht dieser Anspruch bis zur Vollendung des 65. Lebensjahres weiter, solange die Voraussetzungen vorliegen, die für die Bewilligung der Leistung maßgebend waren (§ 302 b SGB VI).

IV. Erwerbsunfähigkeit auf Zeit

9   Die **Erwerbsunfähigkeitsrente** ist durch das Gesetz zur Reform der Renten wegen verminderter Erwerbsfähigkeit vom 20. 12. 2000 (BGBl. I S. 2998) weggefallen und durch die Erwerbsminderungsrente ersetzt worden. Bestand am 31. 12. 2000 Anspruch auf eine befristete Rente wegen Erwerbsunfähigkeit, so ist die Befristung unter den Voraussetzungen des § 314b SGB VI zu wiederholen. Auch hier das Integrationsamt zu prüfen, inwieweit dem Arbeitgeber zuzumuten ist, den Arbeitsplatz des betroffenen schwerbehinderten Arbeitnehmers freizuhalten (*Müller-Wenner/Schorn*, SGB IX, § 92 Rdnr. 12).

D. Zustimmung des Integrationsamtes

10   Liegt ein Fall der Beendigung des Arbeitsverhältnisses nach § 92 vor, ist die vorherige Zustimmung, des Integrationsamtes erforderlich. Fehlt die Zustimmung, gilt das Arbeitsverhältnis auf unbestimmte Zeit fort, bis die Zustimmung des Integrationsamtes nachgeholt wurde (all. Meinung s. *Düwell*, in: LPK-SGB IX, § 92 Rdnr. 6).

E. Ordentliche Kündigung (Satz 2)

11   Nach Satz 2 gelten die **Vorschriften des 4. Kapitels** über die ordentliche Kündigung entsprechend. Entsprechend anwendbar sind die Vorschriften über das Zustimmungsverfahren (§§ 85 und 87) und über die Entscheidung des Integrationsamtes. Nicht anwendbar hingegen sind die Vorschriften über die Kündigungsfrist, § 86, und die außerordentliche Kündigung, § 91 (*Neumann/Pahlen/Majerski-Pahlen*, SGB IX, § 92 Rdnr. 5; *Griebeling*, in: Hauck/Noftz, SGB IX, § 92 Rdnr. 5). Die Anwendbarkeit der §§ 85 und 87 hat zur Konsequenz, dass die Zustimmung des Integrationsamtes vor der Beendigung des Arbeitsverhältnisses beantragt werden muss.

Kapitel 5. Betriebs-, Personal-, Richter-, Staatsanwalts- und Präsidialrat, Schwerbehindertenvertretung, Beauftragter des Arbeitgebers

§ 93 Aufgaben des Betriebs-, Personal-, Richter-, Staatsanwalts- und Präsidialrates

[1] Betriebs-, Personal-, Richter-, Staatsanwalts- und Präsidialrat fördern die Eingliederung schwerbehinderter Menschen. [2] Sie achten insbesondere darauf, dass die dem Arbeitgeber nach den §§ 71, 72 und 81 bis 84 obliegenden Verpflichtungen erfüllt werden; sie wirken auf die Wahl der Schwerbehindertenvertretung hin.

Schrifttum: *Düwell*, Die Zusammenarbeit von Betriebsrat und Schwerbehindertenvertretung, AuR 1993, 345; *Seidel*, Der Beitrag des Betriebs- und Personalrats bei der Eingliederung Schwerbehinderter, BehindertenR 1997, 37.

Inhaltsübersicht

	Rdnr.
A. Allgemeines	1
B. Anwendungsbereich	2–7
I. Betriebsrat	3
II. Personalrat	4
III. Richterrat	5
IV. Präsidialrat	6
V. Staatsanwaltsrat	7
C. Aufgaben der Vertretungsorgane	8–17
I. Förderung der Eingliederung schwerbehinderter Menschen	9–11
II. Überwachungspflicht	12–15
III. Hinwirken auf die Wahl der Schwerbehindertenvertretung	16, 17

A. Allgemeines

In die Vorschriften der §§ 93 bis 100 sind die aufgehobenen Vorschriften der 1 §§ 23 bis 29 des Schwerbehindertengesetzes übertragen worden. Die Vorschrift des § 93 ist inhaltsgleich mit der aufgehobenen Vorschrift des § 23 SchwbG. Nach § 23 haben die **Betriebs-, Personal-, Richter-, Staatsanwalts- und Präsidialräte** die Eingliederung schwerbehinderter Menschen zu fördern und auf die Wahl der Schwerbehindertenvertretung hinzuwirken.

B. Anwendungsbereich

Voraussetzung der in Satz 1 genannten Förderung der Eingliederung schwerbe- 2 hinderter Menschen durch die genannten Vertretungsorgane ist, dass das jeweilige **Vertretungsorgan** auch tatsächlich gewählt wurde.

I. Betriebsrat

Betriebsräte werden nach § 1 BetrVG in Betrieben mit i. d. R. mehr als fünf 3 ständigen wahlberechtigten Arbeitnehmern gewählt. Zu den Wahlberechtigten zählen alle Arbeitnehmer, also Angestellte, Arbeiter und zur Berufbildung Beschäftigte. Nach dem „Gesetz zur Reform des Betriebsverfassungsgesetzes" vom 23. 7. 2001 (BGBl. I S. 1852) ist klargestellt, dass dies unabhängig davon gilt, ob die Arbeitnehmer im Betrieb, im Außendienst oder mit Telearbeit beschäftigt sind. Erweitert wurde der Kreis der Wahlberechtigten um die Personen, die von einem anderen Arbeitgeber zur Arbeitsleistung überlassen wurden, wenn sie länger als drei Monate im Betrieb eingesetzt werden (**Arbeitnehmerüberlassung**) (§ 7 BetrVG).

II. Personalrat

Personalräte werden nach § 1 BPersVG in allen Dienststellen gebildet, die in 4 der Regel mindestens fünf Wahlberechtigte beschäftigen, von denen drei wählbar sind. Entsprechende Regelungen sind in allen 16 Landespersonalvertretungsgesetzen enthalten.

III. Richterrat

Richterräte werden nach den §§ 49, 50 DRiG gewählt, da Richter eine 5 eigenständige Gruppe im Sinne des Personalvertretungsrechts sind (§ 4 Abs. 1

und 2 BPersVG). Der Richterrat nimmt die Rechte wahr, die dem Personalrat für die Vertretung der Beamten zustehen. Bei gemeinsamen Aufgaben entsendet der Richterrat Mitglieder in die Personalvertretung (§ 53 Abs. 1 DRiG).

IV. Präsidialrat

6   **Präsidialräte** werden nach den §§ 49, 54 DRiG gebildet. Der Präsidialrat ist bei jeder Ernennung eines Richters zu beteiligen (§§ 55 und 57 Abs. 3 DRiG).

V. Staatsanwaltsrat

7   Die Bildung von **Staatsanwaltsräten** ist nicht bundesgesetzlich geregelt, sondern bestimmt sich nach Landesrecht (vgl. Art. 86 a BayLPVG; §§ 88, 89 BwlRichterG; § 78 a HessLRichterG, §§ 96, 97 NRWLPVG).

C. Aufgaben der Vertretungsorgane

8   Die **Aufgaben der Vertretungsorgane** lassen sich unterteilen in:
– Förderung der Eingliederung schwerbehinderter Menschen,
– Überwachung, ob der Arbeitgeber seine nach den §§ 71, 72 und 81 bis 84 obliegenden Verpflichtungen erfüllt,
– Hinwirkung auf die Wahl der Schwerbehindertenvertretung.

I. Förderung der Eingliederung schwerbehinderter Menschen

9   Die Förderung der **Eingliederung schwerbehinderter Menschen** ist neben § 93 für die Betriebsräte in § 80 Abs. 1 Nr. 4 BetrVG und für die Personalräte in § 68 Abs. 1 Nr. 4 BPersVG als Aufgabe normiert. Nach § 68 Abs. 1 Nr. 5 BPersVG hat der Personalrat auch Maßnahmen zur beruflichen Förderung Schwerbehinderter zu beantragen.

10 Die Förderung der Eingliederung schwerbehinderter Menschen umfasst alle **Maßnahmen,** die der Integration schwerbehinderter Menschen im Betrieb dienen und beschränkt sich nicht nur auf den Schutz der im Betrieb oder der Dienststelle bereits Beschäftigten (*BAG* v. 14. 11. 1989, AP Nr. 77 zu § 99 BetrVG 1972).

11 Die Vertretungsgremien haben zur Förderung der Eingliederung schwerbehinderter Menschen u. a.:
– **Maßnahmen,** die dem Betrieb oder der Dienststelle dienen, beim Arbeitgeber zu beantragen (§ 80 Abs. 1 Nr. 2 BetrVG, § 68 Abs. 1 Nr. 1 BPersVG),
– **Anregungen** und **Beschwerden** entgegenzunehmen und durch Verhandlungen mit dem Arbeitgeber auf eine Einigung hinzuwirken (§ 80 Abs. 1 Nr. 3 BetrVG, § 68 Abs. 1 Nr. 3 BPersVG),
– **darüber** zu **wachen,** dass schwerbehinderte Arbeitnehmer nach den Grundsätzen von Recht und Billigkeit behandelt werden (§ 75 BetrVG, § 67 BPersVG).

II. Überwachungspflicht

12 Zur Erfüllung seiner **Überwachungspflicht** kann der Betriebs-/Personalrat alle erforderlichen Unterlagen beim Arbeitgeber einsehen (§ 80 Abs. 2 BetrVG, § 68 Abs. 2 BPersVG). Hierzu gehören auch das Verzeichnis der schwerbehinderten Menschen (§ 80 Abs. 1) und die Anzeigen des Arbeitgebers an die Agenturen für Arbeit (§ 80 Abs. 2). Nach § 81 Abs. 1 Satz 4 sind die in § 93 genannten Vertretungen über die Bewerbung von schwerbehinderten Menschen unmittelbar nach Eingang zu unterrichten.

Die in Satz 1 genannten Vertretungen haben insbesondere auf die Einhaltung 13
der **Pflichten des Arbeitgebers** nach:
- § 71 – Pflicht des Arbeitgebers zur Beschäftigung schwerbehinderter Menschen,
- § 72 Abs. 1 – Pflicht des Arbeitgebers zur Beschäftigung besonderer Gruppen schwerbehinderter Menschen,
- § 72 Abs. 2 – Pflicht des Arbeitgebers zur Beschäftigung eines angemessenen Anteils an schwerbehinderten Auszubildenden,
- § 81 Abs. 1 – Pflicht des Arbeitgebers zu prüfen, ob freie Arbeitsplätze mit schwerbehinderten Menschen besetzt werden können,
- § 81 Abs. 2 – Pflicht des Arbeitgebers, schwerbehinderte Menschen bei der Begründung oder Beendigung des Arbeitsverhältnisses, beim beruflichen Aufstieg oder bei Weisungen nicht zu benachteiligen,

hinzuwirken.

Darüber hinaus haben die in der Vorschrift genannten Interessenvertretung auch 14
insbesondere auch ihre spezifischen Aufgaben und Befugnisse nach dem BPersVG
bzw. dem BetrVG wahrzunehmen. Hierzu gehört auch die Verweigerung der
Zustimmung zur Einstellung nach § 99 Abs. 2 Nr. 1 BetrVG bzw. § 77 Abs. 2
Nr. 1 BPersVG, wenn der Arbeitgeber seine Beschäftigungspflicht nach § 71 nicht
erfüllt und die Stelle mit einem schwerbehinderten Bewerber hätte besetzt werden
können (Bihr u.a./*Hoff*, SGB IX, § 93 Rdnr. 7; *Masuch*, in: Hauck/Noftz,
SGB IX, § 93 Rdnr. 11; DKK-*Kittner*, BetrVG, § 99 Rdnr. 175; *Neumann/Pahlen/
Majerski-Pahlen*, SGB IX, § 93 Rdnr. 9).

Daneben sind der Betriebsrat bzw. der Personalrat nach § 90 BetrVG bzw. § 78 15
Abs. 4 BPersVG verpflichtet, die Interessen der schwerbehinderten Beschäftigten bei der Veränderung von Arbeitsplätzen, des Arbeitsablaufs oder der Arbeitsumgebung entsprechend einzubringen (*Müller-Wenner/Schorn*, SGB IX, § 93 Rdnr. 13).

III. Hinwirken auf die Wahl der Schwerbehindertenvertretung

Das Hinwirken auf die **Wahl der Schwerbehindertenvertretung** kann auf 16
unterschiedliche Weise erfolgen. So kann der Betriebs- bzw. der Personalrat selbst
eine Versammlung der schwerbehinderten Beschäftigten einberufen. Zulässig ist
auch, dass Betriebs-, Personal-, Richter-, Präsidial- und Staatsanwaltsräte selbst
die Versammlung zur Wahl eines Wahlvorstandes oder die Wahlversammlung einberufen (allg. Meinung, vgl. *Neumann/Pahlen/Majerski-Pahlen*, SGB IX, § 93
Rdnr. 16 m.w.N.). Die Vertretungsgremien können auch die Zusammenfassung
von Betrieben und Dienststellen nach § 94 Abs. 1 Satz 4 anregen.

§ 93 Satz 2 erstreckt sich nach seinem ausdrücklichen Wortlaut nicht auf Ge- 17
samt- oder Konzernbetriebsräte bzw. auf Bezirks-, Haupt- oder Gesamtpersonalrat.
Die **Hinwirkungspflicht** des § 93 Satz 2 gilt aber auch für diese Vertretungsorgane (*Neumann/Pahlen/Majerski-Pahlen*, SGB IX, § 93 Rdnr. 17).

§ 94 Wahl und Amtszeit der Schwerbehindertenvertretung

(1) ¹**In Betrieben und Dienststellen, in denen wenigstens fünf schwerbehinderte Menschen nicht nur vorübergehend beschäftigt sind, werden eine Vertrauensperson und wenigstens ein stellvertretendes Mitglied gewählt, das die Vertrauensperson im Falle der Verhinderung durch Abwesenheit oder Wahrnehmung anderer Aufgaben vertritt.** ²**Ferner wählen bei Gerichten, denen mindestens fünf schwerbehinderte Richter oder Richterinnen angehören, diese einen Richter oder eine Richterin zu ihrer**

§ 94

Schwerbehindertenvertretung. ³Satz 2 gilt entsprechend für Staatsanwälte oder Staatsanwältinnen, soweit für sie eine besondere Personalvertretung gebildet wird. ⁴Betriebe oder Dienststellen, die die Voraussetzungen des Satzes 1 nicht erfüllen, können für die Wahl mit räumlich nahe liegenden Betrieben des Arbeitgebers oder gleichstufigen Dienststellen derselben Verwaltung zusammengefasst werden; soweit erforderlich, können Gerichte unterschiedlicher Gerichtszweige und Stufen zusammengefasst werden. ⁵Über die Zusammenfassung entscheidet der Arbeitgeber im Benehmen mit dem für den Sitz der Betriebe oder Dienststellen einschließlich Gerichten zuständigen Integrationsamt.

(2) Wahlberechtigt sind alle in dem Betrieb oder der Dienststelle beschäftigten schwerbehinderten Menschen.

(3) ¹Wählbar sind alle in dem Betrieb oder der Dienststelle nicht nur vorübergehend Beschäftigten, die am Wahltage das 18. Lebensjahr vollendet haben und dem Betrieb oder der Dienststelle seit sechs Monaten angehören; besteht der Betrieb oder die Dienststelle weniger als ein Jahr, so bedarf es für die Wählbarkeit nicht der sechsmonatigen Zugehörigkeit. ²Nicht wählbar ist, wer kraft Gesetzes dem Betriebs-, Personal-, Richter-Staatsanwalts- oder Präsidialrat nicht angehören kann.

(4) Bei Dienststellen der Bundeswehr, bei denen eine Vertretung der Soldaten nach dem Bundespersonalvertretungsgesetz zu wählen ist, sind auch schwerbehinderte Soldaten und Soldatinnen wahlberechtigt und auch Soldaten und Soldatinnen wählbar.

(5) ¹Die regelmäßigen Wahlen finden alle vier Jahre in der Zeit vom 1. Oktober bis 30. November statt. ²Außerhalb dieser Zeit finden Wahlen statt, wenn

1. das Amt der Schwerbehindertenvertretung vorzeitig erlischt und ein stellvertretendes Mitglied nicht nachrückt,
2. die Wahl mit Erfolg angefochten worden ist oder
3. eine Schwerbehindertenvertretung noch nicht gewählt ist.

³Hat außerhalb des für die regelmäßigen Wahlen festgelegten Zeitraumes eine Wahl der Schwerbehindertenvertretung stattgefunden, wird die Schwerbehindertenvertretung in dem auf die Wahl folgenden nächsten Zeitraum der regelmäßigen Wahlen neu gewählt. ⁴Hat die Amtszeit der Schwerbehindertenvertretung zum Beginn des für die regelmäßigen Wahlen festgelegten Zeitraums noch nicht ein Jahr betragen, wird die Schwerbehindertenvertretung im übernächsten Zeitraum der regelmäßigen Wahlen neu gewählt.

(6) ¹Die Vertrauensperson und das stellvertretende Mitglied werden in geheimer und unmittelbarer Wahl nach den Grundsätzen der Mehrheitswahl gewählt. ²Im Übrigen sind die Vorschriften über die Wahlanfechtung, den Wahlschutz und die Wahlkosten bei der Wahl des Betriebs-, Personal-, Richter-, Staatsanwalts- oder Präsidialrates sinngemäß anzuwenden. ³In Betrieben und Dienststellen mit weniger als 50 wahlberechtigten schwerbehinderten Menschen wird die Vertrauensperson und das stellvertretende Mitglied im vereinfachten Wahlverfahren gewählt, sofern der Betrieb oder die Dienststelle nicht aus räumlich weit auseinander liegenden Teilen besteht. ⁴Ist in einem Betrieb oder einer Dienststelle eine Schwerbehindertenvertretung nicht gewählt, so kann das für den Betrieb oder die Dienststelle zuständige Integrationsamt zu einer Versammlung

schwerbehinderter Menschen zum Zwecke der Wahl eines Wahlvorstandes einladen.

(7) ¹Die Amtszeit der Schwerbehindertenvertretung beträgt vier Jahre. ²Sie beginnt mit der Bekanntgabe des Wahlergebnisses oder, wenn die Amtszeit der bisherigen Schwerbehindertenvertretung noch nicht beendet ist, mit deren Ablauf. ³Das Amt erlischt vorzeitig, wenn die Vertrauensperson es niederlegt, aus dem Arbeits-, Dienst- oder Richterverhältnis ausscheidet oder die Wählbarkeit verliert. ⁴Scheidet die Vertrauensperson vorzeitig aus dem Amt aus, rückt das mit der höchsten Stimmenzahl gewählte stellvertretende Mitglied für den Rest der Amtszeit nach; dies gilt für das stellvertretende Mitglied entsprechend. ⁵Auf Antrag eines Viertels der wahlberechtigten schwerbehinderten Menschen kann der Widerspruchsausschuss bei dem Integrationsamt (§ 119) das Erlöschen des Amtes einer Vertrauensperson wegen grober Verletzung ihrer Pflichten beschließen.

Schrifttum: *Adlhoch,* Auswirkungen der BetrVG-Reform auf die Wahl der Schwerbehindertenvertretung, BehindertenR 2002, 161; *ders.,* Anfechtung der Wahl zur Schwerbehindertenvertretung im öffentlichen Dienst, NZA 2004, 1373; *Buchner,* Das Übergangsmandat des Betriebsrats bei Unternehmensumstrukturierungen, DB 1995, 2068; *Düwell,* Die Auswirkungen des Betriebsverfassungsgesetzes auf das Recht der betrieblichen Schwerbehindertenvertretung, BB 2001, 2581; *Feldes,* Neugewählte Schwerbehindertenvertretung am Start, AiB 2003, 94; *ders.,* Nach der Wahl – Bühne frei für die neuen Schwerbehindertenvertretungen, BehindertenR 2003, 76; *Gottwald,* Zur Problematik des Rechtsweges bei Streitigkeiten zwischen Schwerbehindertenvertretung und dem Arbeitgeber im öffentlichen Dienst, PersV 2004, 95; *Heuser,* Die Wahl der Schwerbehindertenvertretung, BehindertenR 1990, 25; *Kamm,* Neuwahlen der Schwerbehindertenvertretung, PersR 1993, 393; *Kossens,* Die Arbeitsweise der Schwerbehindertenvertretung, ZfPR 2003, 16; *Kuhlmann,* Auswirkungen der Altersteilzeit auf das Schwerbehindertenrecht, BehindertenR 2002, 1; *Peiseler,* Neuwahlen der Vertrauensleute der Schwerbehinderten, AiB 1990, 308; *Ramm,* Handlungsanleitung für die Wahl der Schwerbehindertenvertretung, 3. Aufl., Frankfurt/M 2002, *Riebe,* Die Nichtwählbarkeit leitender Beschäftigter des öffentlichen Dienstes bei der Wahl der Schwerbehindertenvertretung, BehindertenR 1995, 183; *Schimanski,* Die besonderen Schwerbehindertenvertretungen, BehindertenR 2004, 74; *Sieg,* Wahl der Schwerbehindertenvertretung, NZA 2002, 1064; *Süllwold,* Zeitpunkt der Wahlen der Schwerbehindertenvertretung, ZBVR 2003, 23; *dies.,* Doppelmandat als Schwerbehindertenvertreter und Personalratsmitglied, ZfPR 2003, 254; *Treml,* Die Wahl der Schwerbehindertenvertretung nach dem neuen Schwerbehindertengesetz 1986, BehindertenR 1986, 57; *Wolber,* Die Nicht-Schwerbehinderten als besondere Zielgruppe des Personalrats, PersV 2003, 214.

Inhaltsübersicht

	Rdnr.
A. Allgemeines	1
B. Voraussetzung der Wahl der Schwerbehindertenvertretung (Abs. 1)	2–14
I. Betrieb und Dienststelle	3
II. Anzahl der schwerbehinderten Menschen	4–6
III. Keine vorübergehende Beschäftigung	7
IV. Berücksichtigung von Richtern und Staatsanwälten	8
V. Zusammenfassung von Betrieben und Dienststellen	9–14
C. Wahl von Vertrauensperson und Stellvertreter	15–18
D. Wahlberechtigung (Abs. 2)	19–21
E. Wählbarkeit (Abs. 3)	22–26
F. Dienststellen der Bundeswehr (Abs. 4)	27
G. Grundsätze der Wahl der Schwerbehindertenvertretung	28–37
I. Zeitpunkt der Wahl der Schwerbehindertenvertretung (Abs. 5)	28, 29

	Rdnr.
II. Wahlgrundsätze und Wahlverfahren (Abs. 6)	30, 31
III. Wahlschutz und -anfechtung	32–37
H. Amtszeit der Schwerbehindertenvertretung (Abs. 7)	38–42
I. Erlöschen des Amts wegen grober Pflichtverletzung	43–45
J. Verfahrensfragen	46, 47

A. Allgemeines

1 Die Vorschrift regelt die **Wahl** und die **Amtszeit** der Schwerbehindertenvertretung.

B. Voraussetzung der Wahl der Schwerbehindertenvertretung (Abs. 1)

2 Die Schwerbehindertenvertretung ist in Betrieben und Dienststellen zu bilden, in denen wenigstens **fünf schwerbehinderte Menschen** nicht nur vorübergehend beschäftigt sind.

I. Betrieb und Dienststelle

3 Die Begriffe des „**Betriebs**" und der „**Dienststelle**" bestimmen sich nach dem Betriebsverfassungsgesetz und dem Personalvertretungsrecht, § 87 Abs. 1 Satz 2. Durch die Novelle des Betriebsverfassungsgesetzes v. 23. 7. 2001 (BGBl. I S. 1852) können nach § 4 BetrVG die Arbeitnehmer eines als selbstständig geltenden Betriebs sich dafür entscheiden, an der Wahl des Betriebsrates des Hauptbetriebes teilzunehmen. Haben sich die Arbeitnehmer hierfür entschieden, wirkt dies auch bei der Schwerbehindertenvertretung (*Düwell*, in: LPK-SGB IX, § 94 Rdnr. 8; *Müller-Wenner/Schorn*, SGB IX, § 94 Rdnr. 8 f.).

II. Anzahl der schwerbehinderten Menschen

4 Voraussetzung für die Wahl der Schwerbehindertenvertretung ist die nicht nur vorübergehende Beschäftigung von mindestens **fünf schwerbehinderten Menschen**. Hierzu zählen auch die Gleichgestellten, § 68 Abs. 3 (*Neumann/Pahlen/Majerski-Pahlen*, SGB IX, § 94 Rdnr. 3). Die Mindestanzahl von fünf schwerbehinderten Menschen muss am Wahltag vorliegen (*Masuch*, in: Hauck/Noftz, SGB IX, § 94 Rdnr. 4).

5 Bei der Berechnung der Zahl der schwerbehinderten Menschen werden nur die Arbeitnehmer oder Beschäftigten des Betriebs bzw. der Dienststelle berücksichtigt. Unerheblich ist dabei, ob die Arbeitnehmer in der Betriebsstätte selbst oder extern als Außendienstmitarbeiter (z. B. Monteure, Bauarbeiter usw.) eingesetzt werden. Auch **leitende Angestellte** werden mitberücksichtigt. Der schwerbehinderte Arbeitgeber bleibt (anders als bei § 75 Abs. 3) unberücksichtigt.

6 Entscheidend ist die dauernde Beschäftigung im Betrieb oder in der Dienststelle. Auf den rechtlichen Charakter des Beschäftigungsverhältnisses kommt es nicht an. Auch Beschäftigte mit Tätigkeiten im Rahmen des § 73 Abs. 2 Nr. 2 und 3 werden mitgezählt (*Neumann/Pahlen/Majerski-Pahlen*, SGB IX, § 94 Rdnr. 6). Der **Arbeitgeber** oder in **Heimarbeit** Beschäftigte bleiben außer Betracht (*Neumann/Pahlen/Majerski-Pahlen*, SGB IX, § 94 Rdnr. 4). Für die Berechnung der Zahl der dauernd beschäftigten schwerbehinderten Menschen ist es unerheblich, ob diese auf Arbeitsplätzen i. S. v. § 73 tätig sind.

III. Keine vorübergehende Beschäftigung

Umstritten ist die Frage, wann eine „**nur vorübergehende Beschäftigung**" 7
i. S. v. § 94 Abs. 1 Satz 1 vorliegt. Zum Teil wird auf § 73 Abs. 3 Bezug genommen und eine vorübergehende Beschäftigung in den Fällen angenommen, die nach der Natur der Sache oder nach den Vereinbarungen der Parteien nur auf die Dauer von höchstens acht Wochen begrenzt sind (*Cramer*, SchwbG, § 24 Rdnr. 5, *Müller-Wenner/Schorn*, SGB IX, § 94 Rdnr. 14). Zutreffend scheint es jedoch zu sein, auf den Sechs-Monats-Zeitraum des § 2 Abs. 1 abzustellen (vgl. *Neumann/Pahlen/Majerski-Pahlen*, SGB IX, § 94 Rdnr. 7).

IV. Berücksichtigung von Richtern und Staatsanwälten

Nach Abs. 1 Satz 2 wählen schwerbehinderte Richter bei Gerichten, denen 8
mindestens fünf schwerbehinderte Richter oder Richterinnen angehören, eine/n Richter/Richterin zu ihrer Schwerbehindertenvertretung. Die Beschränkung des § 4 Abs. 1 BPersVG gilt nicht (*Neumann/Pahlen/Majerski-Pahlen*, SGB IX, § 94 Rdnr. 8). Nicht wählbar sind Richter, die dem **Richterrat kraft Gesetzes** nicht angehören können, Abs. 3 Satz 2. Die Richter erhalten über Satz 3 eine/n eigenständige Vertrauensmann/-frau. Das heißt, es sind zwei Schwerbehindertenvertretungen zu bilden, sofern auch die Mindestzahl von fünf schwerbehinderten Richtern erreicht ist (*Cramer*, SchwbG, § 24 Rdnr. 3; a. A. *Neumann/Pahlen/Majerski-Pahlen*, SGB IX, § 94 Rdnr. 8).

V. Zusammenfassung von Betrieben und Dienststellen

Nach Abs. 1 Satz 4 können Betriebe oder Dienststellen, in denen weniger als 9
fünf schwerbehinderte Menschen beschäftigt sind, für die Wahl mit räumlich nahe liegenden Betrieben des Arbeitgebers zusammengefasst werden. Um für möglichst viele Betriebe eine Vertretung der schwerbehinderten Menschen zu ermöglichen, kommt eine **Zusammenfassung** von Betrieben auch dann in Betracht, wenn nicht alle Betriebe oder Dienststellen die Voraussetzungen des Abs. 1 erfüllen. Zulässig ist auch die Zusammenfassung einer kleineren Dienststelle mit weniger als fünf schwerbehinderten Beschäftigten mit einer Dienstelle, die die Vorraussetzungen nach Satz 1 erfüllt (*Neumann/Pahlen/Majerski-Pahlen*, SGB IX, § 94 Rdnr. 12).

Die Dienststellen müssen derselben Verwaltung und der gleichen Stufe angehören. Gerichte unterschiedlicher **Gerichtszweige** können nur dann zusammengefasst werden, soweit sie räumlich nah zusammenliegen. Dies wird i. d. R. nur bei Gerichten am gleichen Ort der Fall sein. 10

Die **Entscheidung** über die Zusammenfassung der Betriebe oder Dienststellen 11
trifft der **Arbeitgeber**. Die Befugnis betrifft auch die Wiederauflösung der Zusammenfassung, etwa dann, wenn die einzelnen Betriebe oder Dienststellen jeweils mehr als fünf schwerbehinderte Menschen beschäftigen. Die Entscheidung des Arbeitgebers ist an keine Form gebunden. Aus Gründen der Rechtssicherheit empfiehlt sich aber die schriftliche Bekanntmachung (Rundschreiben/Schwarzes Brett, Intranet).

Der Arbeitgeber hat seine Entscheidung mit dem Integrationsamt zu erörtern, 12
ist aber an die Stellungnahme des Integrationsamtes nicht gebunden. Zuständig sind die Integrationsämter, in deren Bereich die zusammengefassten Betriebe oder Dienststellen liegen. Sind **mehrere Integrationsämter** betroffen, muss das jeweilige Benehmen mit allen diesen Ämtern hergestellt werden (*Neumann/Pahlen/Majerski-Pahlen*, SGB IX, § 94 Rdnr. 16; a. A. *Dörner*, SchwbG, § 24 Rdnr. I 5). Die in § 93 Satz 1 genannten Vertretungen können die Zusammenfassung von Betrieben und Dienststellen anregen. Der Arbeitgeber ist aber nicht an einen solchen

Vorschlag in seiner Entscheidung gebunden. Ebenso wenig ist der Arbeitgeber an die Stellungnahme des Integrationsamtes gebunden (*Masuch,* in: Hauck/Noftz, SGB IX, § 94 Rdnr. 8).

13 Keine Auswirkung auf die Rechtstellung der gewählten Schwerbehindertenvertretung hat es, wenn die Voraussetzungen, unter denen eine Zusammenfassung von Betrieben oder Dienststellen möglich war, nach der Wahl wegfallen. Die **Vertrauensperson** bleibt bis zum Ende der Amtszeit im Amt.

14 Entscheidet sich der Arbeitgeber für eine Zusammenfassung von Betrieben oder Dienststellen, so gilt diese Entscheidung für die Dauer der Amtszeit der Schwerbehindertenvertretung. Der Arbeitgeber hat seine Entscheidung also vor der Wahl der Schwerbehindertenvertretung zu treffen (*Masuch,* in: Hauck/Noftz, SGB IX, § 94 Rdnr. 9). Die Entscheidung des Arbeitgebers kann seitens der Personalvertretung gerichtlich überprüft werden (*Düwell,* in: LKP-SGB IX, § 94 Rdnr. 12).

C. Wahl von Vertrauensperson und Stellvertreter

15 Die **Schwerbehindertenvertretung** besteht aus einer Vertrauensperson und mindestes einem Stellvertreter (Abs. 1 Satz 1). Je Betrieb oder Dienststelle vertritt nur eine Vertrauensperson die Interessen der schwerbehinderten Beschäftigten. In Betrieben oder Dienststellen mit i. d. R. mehr als **100 schwerbehinderten Menschen** kann die Vertrauensperson nach Unterrichtung des Arbeitgebers das mit der höchsten Stimmzahl gewählte stellvertretende Mitglied zu bestimmten Aufgaben heranziehen (§ 95 Abs. 1 Satz 4).

16 Es können auch mehrere Stellvertreter gewählt werden. Das Vorhandensein eines Stellvertreters ist keine Voraussetzung für die wirksame Wahl der Vertrauensperson, § 7 Abs. 3 SchwbVWO (allg. Meinung, vgl. *Neumann/Pahlen/Majerski-Pahlen,* SGB IX, § 94 Rdnr. 19 m. w. N.). Die **Anzahl der Stellvertreter** wird in der Versammlung der schwerbehinderten Beschäftigten festgelegt. Bei der Wahl der Vertrauensperson für schwerbehinderte Richter bedarf es nicht der Wahl eines Stellvertreters. Die Wahl eines Stellvertreters ist aber möglich, § 25 SchwbVWO.

17 **Scheidet die Vertrauensperson** aus ihrem Amt aus und existiert kein Stellvertreter oder rückt kein Stellvertreter nach, so ist eine Nachwahl eines Stellvertreters möglich. Zwar ist dies im Gesetz nicht ausdrücklich geregelt, ergibt sich aber aus § 17 SchwbVWO.

18 Der Stellvertreter rückt erst dann in den Aufgabenbereich der Vertrauensperson nach, wenn diese verhindert ist, aus dem Betrieb oder der Dienststelle ausscheidet oder in sonstiger Weise ihr Amt verliert. Denn der Vertreter ist sowohl bei vorübergehender als auch bei endgültiger Verhinderung der Vertrauensperson zuständig (*LAG Hamm* v. 13. 8. 1983, BehindertenR 1983, 76). Rückt der **Stellvertreter** nach, so hat er die volle rechtliche Stellung der Vertrauensperson.

D. Wahlberechtigung (Abs. 2)

19 **Wahlberechtigt** sind alle in dem Betrieb oder der Dienststelle beschäftigten schwerbehinderten Menschen. Auf die Dauer der Beschäftigung kommt es nicht an, maßgeblich ist die Beschäftigung zum Zeitpunkt der Wahl der Schwerbehindertenvertretung. Das Vorliegen eines Arbeitsvertrages mit dem Betriebsinhaber ist nicht entscheidend (*Hessisches LAG* v. 10. 12. 1992, BB 1993, 1284). Auch ABM-Kräfte, Personen nach § 73 Abs. 2 Nr. 2 und 3 oder Teilzeitbeschäftigte mit einer Arbeitszeit von weniger als 18 Stunden wöchentlich (§ 73 Abs. 3) sind wahlbe-

rechtigt (*BayVGH* v. 9. 3. 1989, PersV 1990, 444). Unerheblich ist der Ort, an dem die Arbeitsleistung zu erbringen ist. Auch Außendienstmitarbeiter sind daher wahlberechtigt.

Auch **Gleichgestellte** sind wahlberechtigt. Die bloße Antragstellung auf Gleichstellung begründet aber keine Wahlberechtigung (*BayVGH* v. 1. 7. 1987, 18 C 87 00 852). Wahlberechtigt sind auch leitende Angestellte und selbst der Behördenleiter (§ 7 BPersVG). In Heimarbeit Beschäftigte, auch wenn sie in der Hauptsache für den Betrieb arbeiten, sind nicht wahlberechtigt, da sie nicht im Betrieb oder der Dienststelle beschäftigt sind (umstritten; ebenso: *Neumann/Pahlen/Majerski-Pahlen*, SGB IX, § 94 Rdnr. 23). 20

Zwar nicht wählbar, aber wahlberechtigt zur Wahl der Schwerbehindertenvertretung sind auch die in **Berufsbildungswerken** beschäftigten **Rehabilitanden** (*BAG* v. 27. 6. 2001, AP Nr. 2 zu § 24 SchwbG 1986). Nicht wahlberechtigt sind Arbeitnehmer, die sich in der Freistellungsphase im Blockmodell nach dem Altersteilzeitgesetz befinden (*Müller-Wenner/Schorn*, SGB IX, § 94 Rdnr. 22). 21

E. Wählbarkeit (Abs. 3)

Wählbar sind alle in dem Betrieb oder der Dienststelle nicht nur vorübergehend Beschäftigten, die am Wahltag das 18. Lebensjahr vollendet haben und dem Betrieb oder der Dienststelle seit sechs Monaten angehören. Nicht nur vorübergehend beschäftigt sind Personen, die am Wahltag **mindestens sechs Monate** dem Betrieb oder der Dienststelle angehören (*Neumann/Pahlen/Majerski-Pahlen*, SGB IX, § 94 Rdnr. 25). Besteht der Betrieb oder die Dienststelle noch kein Jahr, so bedarf es für die Wählbarkeit nicht der sechsmonatigen Zugehörigkeit. 22

Bei der Feststellung der sechsmonatigen Mindestbeschäftigungsdauer werden bei einem Betriebsübergang nach § 613 a BGB auch die bei vorherigen Arbeitgeber zurückgelegten Zeiten berücksichtigt. Gleiches gilt, wenn zwischen zwei Arbeitsverhältnissen beim demselben Arbeitgeber nur kurze Zeiten liegen und ein enger sachlicher Zusammenhang zwischen beiden Arbeitsverhältnissen besteht (*Masuch*, in: Hauck/Noftz, SGB IX, § 94 Rdnr. 23). 23

Wählbar sind nicht nur schwerbehinderte Beschäftigte. Die **Vertrauensperson** und ihr **Stellvertreter** brauchen selbst nicht schwerbehindert zu sein. Auf die Nationalität kommt es nicht an. Wählbar sind Angestellte, Arbeiter und zur Berufsbildung Beschäftigte, soweit sie das 18. Lebensjahr vollendet haben. Auch Beschäftigte, die bereits Mitglied des Betriebsrats oder des Personalrats sind, sind wählbar. Das Gleiche gilt für den Beauftragten des Arbeitgebers nach § 98 und die Mitglieder des Wahlvorstands (*BAG* v. 4. 10. 1977, DB 1978, 449). 24

Nicht wählbar ist, wer kraft Gesetzes dem Betriebs-, Personal-, Richter-, Staatsanwalt- und Präsidialrat nicht angehören kann (Abs. 3 Satz 2). Im öffentlichen Dienst gehören hierzu insbesondere Personen, die wöchentlich weniger als 18 Stunden beschäftigt sind (§ 14 Abs. 2 BPersVG). Ebenfalls nicht wählbar sind die sog. **arbeitnehmerähnlichen** Personen, weil es sich nicht um Beschäftigte des Betriebs handelt (*Neumann/Pahlen/Majerski-Pahlen*, SGB IX, § 94 Rdnr. 28). 25

Beschäftigte in der Freistellungsphase bei Altersteilzeit im Blockmodell haben ihre Tätigkeit im Betrieb oder in der Dienststelle endgültig beendet. Sie sind in der Freistellungsphase nicht wählbar (*Kuhlmann*, BehindertenR 2002, 1). Gleiches gilt für leitende Angestellte i. S. v. § 5 Abs. 3 BetrVG und Leiharbeitnehmer nach § 14 Abs. 2 AüG. 26

F. Dienststellen der Bundeswehr (Abs. 4)

27 Nach Abs. 4 sind auch schwerbehinderte **Soldaten** zur Schwerbehindertenvertretung in den Dienststellen der Bundeswehr wahlberechtigt und wählbar. Aber auch „Nichtsoldaten" könnten als Vertrauensperson gewählt werden.

G. Grundsätze der Wahl der Schwerbehindertenvertretung

I. Zeitpunkt der Wahl der Schwerbehindertenvertretung (Abs. 5)

28 Nach Abs. 5 Satz 1 finden die **regelmäßigen Wahlen** alle vier Jahre in der Zeit vom 1. Oktober bis zum 30. November statt. Die letzen Wahlen fand in den Jahren 1990, 1994, 1998, 2002, die nächste regelmäßige Wahl im Jahr 2006 statt.

29 Außerhalb dieser festen Termine findet die Wahl nur unter den Voraussetzungen von Abs. 5 Satz 1 Nr. 1 bis 3 statt. Eine entsprechend durchgeführte **Zwischenwahl** gilt nur bis zum Zeitpunkt der nächsten regelmäßigen Wahl (Abs. 5 Satz 2). Hat die Amtszeit der Schwerbehindertenvertretung zu Beginn des für die regelmäßigen Wahlen festgelegten Zeitraums aber noch nicht ein Jahr betragen, wird die Schwerbehindertenvertretung im übernächsten Zeitraum der regelmäßigen Wahlen neu gewählt. Dadurch kann sich die Amtszeit der Vertrauensperson auf bis zu fünf Jahre verlängern.

II. Wahlgrundsätze und Wahlverfahren (Abs. 6)

30 Die Vertrauenspersonen und ihre Stellvertreter werden in geheimer und unmittelbarer Wahl nach den **Grundsätzen der Mehrheitswahl** gewählt (Abs. 6 Satz 1). Gewählt ist, wer die Mehrheit der abgegebenen Stimmen auf sich vereinigt. Eine Wahl durch öffentliche Abstimmung in einer Versammlung der schwerbehinderten Beschäftigten ist unzulässig. Das konkrete Wahlverfahren ist in der **Wahlordnung Schwerbehindertenvertretung** (SchwbVWO) normiert (siehe Anhang Nr. 1).

31 In Betrieben oder Dienststellen mit weniger als 50 wahlberechtigten schwerbehinderten Menschen wird die Wahl im vereinfachten Wahlverfahren durchgeführt (vgl. §§ 18–21 SchwbVWO). § 94 Abs. 6 Satz 3 und § 18 SchwbWO stellt nicht auf die räumlich entfernte Beschäftigung der Wahlberechtigten ab, sondern auf die Lage der Betriebsteile eines aus zwei oder mehreren Teil bestehenden Betriebs. Das Merkmal der räumlich weiten oder weiten Entfernung ist nicht in erster Linie nach der bloßen Km-Entfernung, sondern danach zu bemessen, ob trotz der Entfernung noch eine sinnvolle, interessengerechte Arbeit der Vertretungsorgane möglich ist (*OVG Münster* v. 27. 9. 2000, BehindertenR 2001, 147; *LAG Baden-Württemberg* v. 10. 4. 2003, 21 TaBV 4/02). Liegt die Entfernung von Verkaufsstellen von bis zu 60 Kilometer untereinander, so sind die Voraussetzungen für das vereinfachte Verfahren nicht gegeben (*BAG* v. 7. 4. 2004, NZA 2004, 745 = AP Nr. 3 zu § 94 SGB IX).

III. Wahlschutz und -anfechtung

32 Hinsichtlich des **Wahlschutzes** und der **Wahlanfechtung** gelten die Regelungen des Betriebsverfassungsgesetzes und des Personalvertretungsrechts entsprechend (Abs. 6 Satz 2). Nach § 20 BetrVG und § 24 BPersVG darf niemand die Wahl behindern. Insbesondere darf kein Arbeitnehmer in der Ausübung des aktiven und passiven Wahlrechts behindert werden.

Die **Kosten der Wahl** der Schwerbehindertenvertretung trägt der Arbeitgeber, 33
§ 20 Abs. 3 Satz 1 BetrVG, § 24 Abs. 2 BPersVG. Hierzu gehören u. a. Lohnfortzahlung wegen Betätigung als Wahlvorstand, Kosten für die Schulung des Wahlvorstands (*BAG* v. 5. 3. 1974, EzA § 20 BetrVG 1972 Nr. 6) sowie Sachkosten (Gesetzes- bzw. Verordnungstexte, Stimmzettel, Schreibkraft, Telefon usw.). Bei Streitigkeiten über die Notwendigkeit der Kosten und ihrer Übernahme durch den Arbeitgeber entscheiden die Arbeits- bzw. Verwaltungsgerichte (öffentlicher Dienst) im Urteilsverfahren (*BAG* v. 21. 9. 1989, PersR 1990, 49).

Der **Wahlschutz** beinhaltet auch die Anwendbarkeit des besonderen Kündi- 34
gungsschutzes nach dem Kündigungsschutzgesetz. Mitglieder des Wahlvorstands und Wahlbewerber unterliegen dem besonderen Kündigungsschutz nach § 15 Abs. 3 KSchG. Der besondere Kündigungsschutz für die Mitglieder des Wahlvorstands und der Wahlbewerber gilt weiter bis zum Ablauf von sechs Monaten nach Bekanntgabe des Wahlergebnisses.

Durch das „Gesetz zur Reform des Betriebsverfassungsgesetzes", das zum 26. 7. 35
2001 in Kraft getreten ist, ist der **besondere Kündigungsschutz** auf Personen ausgedehnt worden, die zu einer Betriebsversammlung zur ihrer Einrichtung eines Betriebsrats einladen oder die Bestellung des Wahlvorstands einleiten. Der Kündigungsschutz nach § 15 Abs. 3a KSchG gilt für die ersten drei in der Einladung oder Antragstellung auf Bestellung des Wahlvorstands aufgeführten Arbeitnehmer. Wird ein Betriebsrat nicht gebildet, besteht der Kündigungsschutz vom Zeitpunkt der Einladung oder Antragstellung drei Monate lang (§ 15 Abs. 3a Satz 2 KSchG).

Die **Wahlanfechtung** richtet sich nach § 19 BetrVG bzw. § 25 BPersVG. Da- 36
nach können mindestens drei zur Schwerbehindertenvertretung wahlberechtigte schwerbehinderte Beschäftigte beim Arbeitsgericht binnen zwei Wochen (bzw. im öffentlichen Dienst binnen zwölf Tagen beim Verwaltungsgericht) die Wahl der Schwerbehindertenvertretung anfechten. Anfechtungsberechtigt ist auch der Arbeitgeber, nicht aber die an dem Wahlverfahren nach dem 5. Kapitel nicht beteiligten Gewerkschaften (*VG Ansbach* v. 4. 9. 1995, PersV 1996, 371). Einer in der Dienststelle vertretenen Gewerkschaft fehlt die Antragsbefugnis für ein auf die Feststellung der Nichtigkeit der Wahl einer Schwerbehindertenvertretung gerichtetes personalrechtliches Beschlussverfahren (*OVG NRW* v. 7. 4. 2004, 1 A 4778/ 03. PVL

Die Anfechtung hat Erfolg, wenn gegen **wesentliche Vorschriften** über das 37
Wahlrecht, die Wählbarkeit oder das Wahlverfahren verstoßen wurde. Dies ist u. a. der Fall, wenn der Wahlvorstand aus weniger als drei Mitgliedern besteht (*VG Köln* v. 17. 12. 1984, GW 1986, 14), statt des förmlichen Verfahrens (§§ 1–17 SchwbVWO) das vereinfachte Wahlverfahren (§§ 18–21 SchwbVWO) durchgeführt wurde, bei der Wahl der Stufenvertretung die Stimmabgabe nicht schriftlich erfolgt ist (*OVG NRW* v. 19. 4. 1993, BehindertenR 1993, 172) oder bereits die theoretische Möglichkeit der Auszählungsmanipulation nicht ausgeschlossen werden konnte (*LAG Berlin* v. 16. 11. 1987, EzA § 19 BetrVG 1972 Nr. 27).

H. Amtszeit der Schwerbehindertenvertretung (Abs. 7)

Die **Amtszeit der Schwerbehindertenvertretung** beträgt vier Jahre. Die 38
Amtszeit beginnt mit dem Tag der Bekanntgabe des Wahlergebnisses (vgl. § 15 SchwbVWO). Bestand bereits eine Schwerbehindertenvertretung, so beginnt die Amtszeit mit dem Ablauf der Amtszeit der alten Schwerbehindertenvertretung und nicht mit der Bekanntgabe des Wahlergebnisses (*Masuch,* in: Hauck/Noftz, SGB IX, § 94 Rdnr. 35; *Neumann/Pahlen/Majerski-Pahlen,* SGB IX, § 94 Rdnr. 43).

39 Die Amtszeit der Schwerbehindertenvertretung endet nicht, wenn die Voraussetzungen des Abs. 1 Satz nicht mehr vorliegen, also weniger als fünf schwerbehinderte Menschen beschäftigt sind. Vielmehr besteht die Schwerbehindertenvertretung bis zum Ende der Amtszeit fort (*Neumann/Pahlen/Majerski-Pahlen*, SGB IX, § 94 Rdnr. 43). Die Amtszeit endet auch nicht automatisch mit der erfolgreichen **Anfechtung der Wahl** der Schwerbehindertenvertretung (*OVG Rheinland-Pfalz* v. 14. 12. 1988, ZBR 1989, 181; *OVG Münster* v. 19. 4. 1993, BehindertenR 1993, 172).

40 Die **Amtszeit der Vertrauensperson** endet vorzeitig, wenn die Vertrauensperson ihr Amt niederlegt, aus dem Arbeits-, Dienst- oder Richterverhältnis ausscheidet oder die Wählbarkeit verliert (Abs. 7 Satz 3). Im ersten Fall endet das Amt durch den Zugang einer entsprechenden Erklärung gegenüber dem Arbeitgeber und der betrieblichen Interessenvertretung (*Masuch*, in: Hauck/Noftz, SGB IX, § 94 Rdnr. 40). Für diesen Fall rückt der Stellvertreter der Vertrauensperson für den Rest der Amtszeit nach.

41 Das Amts der Vertrauensperson endet mit dem Eintritt in die Freistellungsphase beim sog. Blockmodell nach dem Altersteilzeitgesetz (*BayVGH* v. 14. 11. 2001, DVBl. 2002, 87; *Kuhlmann*, BehindertenR 2002, 1).

42 Es besteht nicht die Möglichkeit, die Auflösung der Schwerbehindertenvertretung beim Arbeitsgericht zu beantragen (*Düwell*, AuR 1993, 347; *Neumann/Pahlen/Majerski-Pahlen*, SGB IX, § 94 Rdnr. 44).

I. Erlöschen des Amts wegen grober Pflichtverletzung

43 Auf Antrag eines Viertels der wahlberechtigten schwerbehinderten Menschen kann der Widerspruchsausschuss des Integrationsamtes das Erlöschen des Amts der Vertrauensperson wegen **grober Verletzung** seiner Pflichten beschließen. Keine Voraussetzung ist, dass die antragstellenden Beschäftigten von der angemahnten Pflichtverletzung persönlich betroffen sind. Dem Arbeitgeber steht ein entsprechendes Antragsrecht nicht zu. Ebenfalls kein Antragsrecht haben der Betriebsrat bzw. der Personalrat.

44 Die **Pflichtverletzung ist grob,** wenn sie offensichtlich schwerwiegend ist. Ein Verschulden der Vertrauensperson ist nicht erforderlich. Von der Rechtsprechung wurde in folgenden Fällen eine grobe Pflichtverletzung bejaht:
– Verletzung der Schweigepflicht nach § 96 Abs. 7 (*LAG München* v. 15. 11. 1977, DB 1978, 894),
– unbegründete und gehässige Diffamierung von Betriebsratsmitgliedern (*LAG Düsseldorf* v. 23. 6. 1977, DB 1978, 2191),
– grundsätzliche Ablehnung der Zusammenarbeit mit Betriebs- oder Personalrat.

45 Nicht der Antrag, sondern erst die Entscheidung des **Widerspruchausschusses** beendet das Amt der Vertrauensperson. Die Entscheidung des Widerspruchsausschusses kann in vollem Umfang von den Verwaltungsgerichten überprüft werden. Widerspruch und Klage haben aufschiebende Wirkung, mit der Folge, dass bis zum rechtskräftigen Abschluss des Verfahrens die Vertrauensperson ihr Amt weiter fortführen kann. Die Möglichkeit der sofortigen Vollziehung bestimmt sich nach § 80 Abs. 2 Nr. 4 VwGO.

J. Verfahrensfragen

46 Über Streitigkeiten bzgl. Wahl und Amtszeit der Schwerbehindertenvertretung in der Privatwirtschaft entscheiden die **Arbeitsgerichte** (§ 2a Abs. 1 Nr. 3a

ArbGG). Die Arbeitsgerichte entscheiden im **Beschlussverfahren.** Für Anfechtungsstreitigkeiten bei der Wahl der Schwerbehindertenvertretung in Dienststellen öffentlicher Arbeitgeber sind nicht die Verwaltungsgerichte, sondern gem. § 2a Abs. 1 Nr. 3a ArbGG allein die Arbeitsgerichte zuständig (*BAG* v. 11. 11. 2003, BehindertenR 2004, 12; *Düwell,* in: LPK-SGB IX, § 95 Rdnr. 31; *Düwell,* BB 2000, 2570; *Adlhoch,* NZA 2004, 1372; *Neumann/Pahlen/Majerski-Pahlen,* SGB IX, § 95 Rdnr. 16; ErfKo-*Koch,* ArbGG, § 2a Rdnr. 4; a.A. *BAG* v. 21. 9. 1989, NZA 1990, 362; *BVerwG* v. 4. 10. 1993, AP Nr. 6 zu § 25 SchwbG 1986; *Müller-Wenner/Schorn,* SGB IX, § 95 Rdnr. 70).

Die Arbeitsgerichte sind auch zuständig bei Rechtsstreitigkeiten zwischen Schwerbehindertenvertretung und öffentlichem Arbeitgeber, wenn es um den Ersatz von Schulungskosten (*BAG* v. 16. 9. 1977, BAGE 52, 335, arbeitsgerichtliches Urteilsverfahren), die Teilnahme der Vertrauensperson an Sitzungen des Wirtschaftsausschuss (*BAG* v. 4. 6. 1987, BAGE 55, 332, arbeitsgerichtliches Beschlussverfahren), die Amtsausübung der Schwerbehindertenvertretung (*VG Berlin* v. 8. 7. 2003, PersV 2004, 110) oder den Aufwendungsersatz der Vertrauensperson (*VG Stuttgart* v. 5. 10. 1990, 14 BV 65/99, arbeitsgerichtliches Beschlussverfahren) geht (s. die Rechtsprechungsübersicht bei *Gottwald,* PersV 2004, 95). 47

§ 95 Aufgaben der Schwerbehindertenvertretung

(1) ¹**Die Schwerbehindertenvertretung fördert die Eingliederung schwerbehinderter Menschen in den Betrieb oder die Dienststelle, vertritt ihre Interessen in dem Betrieb oder der Dienststelle und steht ihnen beratend und helfend zur Seite.** ²**Sie erfüllt ihre Aufgaben insbesondere dadurch, dass sie**

1. **darüber wacht, dass die zugunsten schwerbehinderter Menschen geltenden Gesetze, Verordnungen, Tarifverträge, Betriebs- oder Dienstvereinbarungen und Verwaltungsanordnungen durchgeführt, insbesondere auch die dem Arbeitgeber nach den §§ 71, 72 und 81 bis 84 obliegenden Verpflichtungen erfüllt werden,**
2. **Maßnahmen, die den schwerbehinderten Menschen dienen, insbesondere auch präventive Maßnahmen, bei den zuständigen Stellen beantragt,**
3. **Anregungen und Beschwerden von schwerbehinderten Menschen entgegennimmt und, falls sie berechtigt erscheinen, durch Verhandlung mit dem Arbeitgeber auf eine Erledigung hinwirkt; sie unterrichtet die schwerbehinderten Menschen über den Stand und das Ergebnis der Verhandlungen.**

³**Die Schwerbehindertenvertretung unterstützt Beschäftigte auch bei Anträgen an die nach § 69 Abs. 1 zuständigen Behörden auf Feststellung einer Behinderung, ihres Grades und einer Schwerbehinderung sowie bei Anträgen auf Gleichstellung an die Agentur für Arbeit.** ⁴**In Betrieben und Dienststellen mit in der Regel mehr als 100 schwerbehinderten Menschen kann sie nach Unterrichtung des Arbeitgebers das mit der höchsten Stimmenzahl gewählte stellvertretende Mitglied zu bestimmten Aufgaben heranziehen; in Betrieben und Dienststellen mit mehr als 200 schwerbehinderten Menschen, das mit der nächsthöchsten Stimmzahl gewählte weitere stellvertretende Mitglied.** ⁵**Die Heranziehung zu bestimmten Aufgaben schließt die Abstimmung untereinander ein.**

(2) ¹**Der Arbeitgeber hat die Schwerbehindertenvertretung in allen Angelegenheiten, die einen einzelnen oder die schwerbehinderten Menschen**

§ 95   Teil 2. Schwerbehindertenrecht

als Gruppe berühren, unverzüglich und umfassend zu unterrichten und vor einer Entscheidung anzuhören; er hat ihr die getroffene Entscheidung unverzüglich mitzuteilen. [2]Die Durchführung oder Vollziehung einer ohne Beteiligung nach Satz 1 getroffenen Entscheidung ist auszusetzen, die Beteiligung ist innerhalb von sieben Tagen nachzuholen; sodann ist endgültig zu entscheiden. [3]Die Schwerbehindertenvertretung hat das Recht auf Beteiligung am Verfahren nach § 81 Abs. 1 und beim Vorliegen von Vermittlungsvorschlägen der Bundesagentur für Arbeit nach § 81 Abs. 1 oder von Bewerbungen schwerbehinderter Menschen das Recht auf Einsicht in die entscheidungsrelevanten Teile der Bewerbungsunterlagen und Teilnahme an Vorstellungsgesprächen.

(3) [1]Der schwerbehinderte Mensch hat das Recht, bei Einsicht in die über ihn geführten Personalakte oder ihn betreffende Daten des Arbeitgebers die Schwerbehindertenvertretung hinzuziehen. [2]Die Schwerbehindertenvertretung bewahrt über den Inhalt der Daten Stillschweigen, soweit sie der schwerbehinderte Mensch nicht von dieser Verpflichtung entbunden hat.

(4) [1]Die Schwerbehindertenvertretung hat das Recht, an allen Sitzungen des Betriebs-, Personal-, Richter-, Staatsanwalts- oder Präsidialrates und deren Ausschüssen sowie des Arbeitsschutzausschusses beratend teilzunehmen; sie kann beantragen, Angelegenheiten, die einzelne oder die schwerbehinderten Menschen als Gruppe besonders betreffen, auf die Tagesordnung der nächsten Sitzung zu setzen. [2]Erachtet sie einen Beschluss des Betriebs-, Personal-, Richter-, Staatsanwalts- oder Präsidialrates als eine erhebliche Beeinträchtigung wichtiger Interessen schwerbehinderter Menschen oder ist sie entgegen Absatz 2 Satz 1 nicht beteiligt worden, wird auf ihren Antrag der Beschluss auf die Dauer von einer Woche vom Zeitpunkt der Beschlussfassung an ausgesetzt; die Vorschriften des Betriebsverfassungsgesetzes und des Personalvertretungsrechtes über die Aussetzung von Beschlüssen gelten entsprechend. [3]Durch die Aussetzung wird eine Frist nicht verlängert. [4]In den Fällen des § 21e Abs. 1 und 3 des Gerichtsverfassungsgesetzes ist die Schwerbehindertenvertretung, außer in Eilfällen, auf Antrag eines betroffenen schwerbehinderten Richters oder einer schwerbehinderten Richterin vor dem Präsidium des Gerichtes zu hören.

(5) Die Schwerbehindertenvertretung wird zu Besprechungen nach § 74 Abs. 1 des Betriebsverfassungsgesetzes, § 66 Abs. 1 des Bundespersonalvertretungsgesetzes sowie den entsprechenden Vorschriften des sonstigen Personalvertretungsrechtes zwischen dem Arbeitgeber und den in Absatz 4 genannten Vertretungen hinzugezogen.

(6) [1]Die Schwerbehindertenvertretung hat das Recht, mindestens einmal im Kalenderjahr eine Versammlung schwerbehinderter Menschen im Betrieb oder in der Dienststelle durchzuführen. [2]Die für Betriebs- und Personalversammlungen geltenden Vorschriften finden entsprechende Anwendung.

(7) Sind in einer Angelegenheit sowohl die Schwerbehindertenvertretung der Richter und Richterinnen als auch die Schwerbehindertenvertretung der übrigen Bediensteten beteiligt, so handeln sie gemeinsam.

(8) Die Schwerbehindertenvertretung kann an Betriebs- und Personalversammlungen in Betrieben oder Dienststellen teilnehmen, für die sie als Schwerbehindertenvertretung zuständig ist, und hat dort ein Rederecht,

auch wenn die Mitglieder der Schwerbehindertenvertretung nicht Angehörige des Betriebes oder der Dienststelle sind.

Schrifttum: *Düwell,* Die Zusammenarbeit von Betriebsrat und Schwerbehindertenvertretung, AuR 1993, 345; *ders.,* Mehr Rechte für Schwerbehinderte und ihre Vertretungen durch das SchwbAG, BB 2000, 2570; *Eichenhofer,* Zusammenarbeit zwischen Arbeitgeber, Betriebsrat und Schwerbehindertenvertretung, ZTR 1994, 103; *Feldes,* Neues Behindertenrecht und der Wandel betrieblicher Integrationsarbeit, BehindertenR 2002, 128; *Fisch,* Beteiligung der Schwerbehindertenvertretung bei dienstlicher Beurteilung in der Rechtsprechung der Verwaltungsgerichte, BehindertenR 1993, 60; *Kaiser,* Das Informations- und Anhörungsrecht der Schwerbehindertenvertretung und deren Beteiligung bei der Besetzung freier Arbeitsplätze nach Schwerbehindertenrecht, BehindertenR 1990, 31; *Kossens,* Die Arbeitsweise der Schwerbehindertenvertretung, ZfPR 2003, 16; *Kunstein,* Einzelprobleme bei der Arbeit der Schwerbehindertenvertretung, BehindertenR 1990, 35; *Peiseler,* Beteiligung der Schwerbehinderten, AiB 1991, 68; *Rolfs,* Aufgaben der Schwerbehindertenvertretung, ZfPR 2003, 10; *Scharek,* Rechte und Pflichten der Schwerbehindertenvertretung, AuA 1991, 172; *Seidel,* Die Aufgaben der Schwerbehindertenvertretung, BehindertenR 2003, 80; *ders.,* Persönliche Rechte und Pflichten der Schwerbehindertenvertretung, PersR 202, 458; *Steinbrück,* Schwerbehindertenvertretung und Betriebsrat, BR-Info 6/1996, 89; *Süllwold,* Suspensives Veto der Schwerbehindertenvertretung, ZVBR 2003, 21; *Terdenge,* Rechte der Schwerbehinderten, AuR 1992, 361; *Wolber,* Die Schwerbehindertenvertretung als Verbindungsstelle zu den Versorgungsämtern und Rehabilitationsträgern, ZBVR 2003, 186; *Zanker,* Pflichten des Arbeitgebers gegenüber der Schwerbehindertenvertretung nach § 25 Abs. 2 SchwbG, BehindertenR 1987, 97, 125; *Zellner,* Die Schwerbehindertenvertretung – Aufgaben und Rechte, AiB 1991, 68.

Inhaltsübersicht

	Rdnr.
A. Allgemeines	1, 2
B. Aufgaben der Schwerbehindertenvertretung (Abs. 1)	3–12
I. Überwachung (Nr. 1)	5, 6
II. Beantragung von Maßnahmen (Nr. 2)	7
III. Anregungen und Beschwerden (Nr. 3)	8
IV. Heranziehung des Stellvertreters	9–12
C. Recht auf Unterrichtung und Anhörung (Abs. 2)	13–24
I. Unterrichtungspflicht des Arbeitgebers	13–16
II. Anhörungspflicht des Arbeitgebers	17, 18
III. Aussetzung der Entscheidung	19–22
IV. Bewerbungsunterlagen/Vorstellungsgespräche	23, 24
D. Einsicht in die Personalakte (Abs. 3)	25–27
E. Teilnahmerecht an Sitzungen (Abs. 4)	28–31
F. Aussetzung von Beschlüssen (Abs. 4)	32–34
G. Teilnahme an Besprechungen (Abs. 5)	35
H. Versammlung der schwerbehinderten Menschen (Abs. 6)	36, 37
I. Teilnahme an Betriebs- und Personalversammlungen (Abs. 8)	38, 39
J. Verfahrensfragen	40, 41

A. Allgemeines

Die Vorschrift regelt die **Aufgaben** und **Rechte** der **Schwerbehindertenvertretung** als Ganzes. Dagegen sind die Rechte und Pflichten der Vertrauensperson der Schwerbehindertenvertretung in § 96 normiert. § 95 ist im Wesentlichen inhaltsgleich mit dem aufgehobenen § 25 SchwbG. Neu durch das SGB IX eingefügt wurde Abs. 2 Satz 3 durch Änderungsantrag der Regierungskoalition vom 27. 3. 2001 (Ausschuss-Drucks. 14/1406). Neben § 95 sind an anderen Stellen des Gesetzes weitere Aufgaben oder Rechte der Schwerbehindertenvertretung normiert (z. B. §§ 80 Abs. 2 Satz 3, 81 Abs. 1, 83 Abs. 1, 84, 87 Abs. 2, 128 Abs. 2 Satz 2, s. jeweils dort).

2 Durch das „Gesetz zur Förderung der Ausbildung und Beschäftigung schwerbehinderter Menschen" vom 23. 4. 2004 (BGBl. I S. 606) ist § 95 Abs. 2 verändert worden und die Grenze, ab der das mit der höchsten Stimmzahl gewählte stellvertretende Mitglied zu bestimmten Aufgaben herangezogen werden kann, von 200 auf 100 abgesenkt worden (§ 95 Abs. 1 Satz 4). Zudem ist Abs. 8 neu eingefügt worden.

B. Aufgaben der Schwerbehindertenvertretung (Abs. 1)

3 Nach Abs. 1 hat die Schwerbehindertenvertretung die Eingliederung schwerbehinderter Menschen in den Betrieb oder die Dienststelle zu fördern. Die Schwerbehindertenvertretung vertritt die Interessen der schwerbehinderten Beschäftigten und steht ihnen beratend und helfend zur Seite. Diese Aufgaben bestehen nicht nur gegenüber den schwerbehinderten Beschäftigten, sondern auch gegenüber ihnen Gleichgestellten. In Satz 2 Nr. 1–3 ist ein nicht abschließender **Katalog einzelner Aufgaben** der Schwerbehindertenvertretung festgeschrieben.

4 Die Schwerbehindertenvertretung ist nach § 95 auch zur Vertretung der Interessen schwerbehinderter Rehabilitanden zuständig (*BAG* v. 27. 6. 2001, BAGE 98, 151). An dieser Rechtslage hat sich durch die Neuregelung des Schwerbehindertenrechts im SGB IX nichts geändert. Die Vertretungen nach § 36 Abs. 2 werden von allen Rehabilitanden gewählt und sind deshalb keine Schwerbehindertenvertretungen (*BAG* v. 16. 4. 2003, EzA-SD 2003, Nr. 16).

I. Überwachung (Nr. 1)

5 Nach Satz 2 Nr. 1, der § 80 Abs. 1 BetrVG bzw. § 68 Abs. 2 BPersVG nachgebildet ist, hat die Schwerbehindertenvertretung darüber zu wachen, dass die zugunsten schwerbehinderter Menschen geltenden Gesetze, Verordnungen, Tarifverträge, Betriebs- oder Dienstvereinbarungen und Verwaltungsanordnungen durchgeführt werden. Die **Überwachungspflicht** bezieht sich insbesondere auf die Erfüllung der Beschäftigungspflicht (§§ 71, 72) und die sonstigen Pflichten des Arbeitgebers (§§ 81–84).

6 Der Begriff der „zugunsten schwerbehinderter Menschen" geltenden Vorschriften ist weit auszulegen. Erfasst werden u. a. alle Vorschriften des Arbeits-, Dienst- und Sozialrechts, insbesondere die allgemeinen Arbeitsschutzvorschriften. Unter den Begriff der **„Verwaltungsanordnung"** fallen u. a. berufsgenossenschaftliche Vorschriften und die Durchführungsbestimmungen und Verwaltungsvorschriften der Rehabilitationsträger (§ 6).

II. Beantragung von Maßnahmen (Nr. 2)

7 Die Schwerbehindertenvertretung ist nach Nr. 2 nicht darauf beschränkt, lediglich Stellungnahmen gegenüber dem Arbeitgeber abzugeben, sondern sie kann selbst **Maßnahmen beantragen. Die den schwerbehinderten Menschen dienen.** Der Begriff „den schwerbehinderten Menschen dienen" ist weit auszulegen (*Masuch*, in: Hauck/Noftz, SGB IX, § 95 Rdnr. 17). Als Maßnahmen kommen u. a. soziale und personelle Angelegenheiten in Betracht, z. B. über die Gestaltung des Arbeitsplatzes oder den Arbeitsablauf. In Betracht kommt aber auch die aktive Einschaltung der in § 93 genannten Stellen.

III. Anregungen und Beschwerden (Nr. 3)

Nach Nr. 3 hat die Schwerbehindertenvertretung **Anregungen und Beschwerden** von schwerbehinderten Menschen entgegenzunehmen und falls sie berechtigt erscheinen, durch Verhandlung mit dem Arbeitgeber auf eine Erledigung hinzuwirken. Der Schwerbehindertenvertretung obliegt die Prüfung, ob die Beschwerde berechtigt ist. Hält die Schwerbehindertenvertretung die Beschwerde für sachlich gerechtfertigt, muss sie tätig werden. Abs. 1 Nr. 3 gilt nur für die Anregungen und Beschwerden der schwerbehinderten Beschäftigten des Betriebes oder der Dienststelle. Nicht schwerbehinderte Beschäftigte hat die Schwerbehindertenvertretung an die kollektive Interessenvertretung zu verweisen. 8

IV. Heranziehung des Stellvertreters

In Betrieben oder Dienststellen mit in der Regel mehr als **100** (200 bis zum 23. 4. 2004) **schwerbehinderten Menschen** kann die Vertrauensperson nach Unterrichtung des Arbeitgebers das mit der höchsten Stimmenzahl gewählte stellvertretende Mitglied zu bestimmten Aufgaben heranziehen. Die Entscheidung trifft die Vertrauensperson nach eigenem Ermessen (*Müller-Wenner/Schorn*, SGB IX, § 95 Rdnr. 25). Dies gilt auch für die Frage, zu welchen Aufgaben der Stellvertreter herangezogen werden soll. Die Regelung des § 95 Abs. 1 Satz 4 schließt es nicht aus, dass die Schwerbehindertenvertretung im Falle der Verhinderung des stellvertretenden Mitglieds das verfügbare weitere stellvertretende Mitglied mit der nächst höheren Stimmzahl zur Erledigung bestimmter Aufgaben heranziehen kann (*LAG Berlin* v. 18. 3. 2003, Az: 3 TaBV 2346/02). 9

Bei der Feststellung der Grenzzahl der schwerbehinderten Beschäftigten ist nicht auf den aktuellen Beschäftigungsstand, sondern auf einen längeren Zeitraum abzustellen, der sowohl den Beschäftigungsstand in der Vergangenheit als auch die prognostizierte Entwicklung einbezieht. 10

Der Arbeitgeber ist nur zu unterrichten; eine Genehmigung durch den Arbeitgeber ist nicht erforderlich. Zu welchen Aufgaben der Stellvertreter von der Vertrauensperson herangezogen wird, ist freigestellt. Wird ein Stellvertreter zu bestimmten Aufgaben herangezogen, so ist er in diesem Fall allein zuständig für die ihm übertragenen Aufgaben. Die Schwerbehindertenvertretung kann dem **Stellvertreter** die übertragenen Aufgaben jederzeit und ohne Begründung wieder entziehen oder einschränken (*Müller-Wenner/Schorn*, SGB IX, § 95 Rdnr. 26). 11

Mit dem Gesetz zur Förderung der Ausbildung und Beschäftigung schwerbehinderter Menschen vom 23. 4. 2004 ist die Möglichkeit der Heranziehung des Stellvertreters der Schwerbehindertenvertretung erweitert worden. In Betrieben mit mehr als 200 schwerbehinderten Menschen kann das mit der nächsthöheren Stimmzahl gewählte weitere stellvertretende Mitglied zu bestimmten Aufgaben herangezogen werden. 12

C. Recht auf Unterrichtung und Anhörung (Abs. 2)

I. Unterrichtungspflicht des Arbeitgebers

Absatz 2 verpflichtet den Arbeitgeber, die Schwerbehindertenvertretung in allen Angelegenheiten, die einen Einzelnen oder die schwerbehinderten Menschen als Gruppe berühren, **unverzüglich** und **umfassend zu unterrichten.** Die Schwerbehindertenvertretung hat also einen gegen den Arbeitgeber gerichteten Informationsanspruch (*Masuch*, in: Hauck/Noftz, SGB IX, § 95 Rdnr. 15). Ein konkreter Zusammenhang mit einem schwerbehinderten Beschäftigten braucht nicht zu 13 bestehen. Ausreichend für das Entstehen der Unterrichtungspflicht des Arbeitgebers ist eine mittelbare Auswirkung oder eine Ausstrahlung der geplanten Maßnahme auf einzelne oder mehrere schwerbehinderte Beschäftigte (ebenso: *Cramer,* SchwbG, § 25 Rdnr. 6; *Neumann/Pahlen/Majerski-Pahlen,* SGB IX, § 95 Rdnr. 10; *Müller-Wenner/Schorn,* SGB IX, § 95 Rdnr. 29; a. A. *LAG München* v. 30. 8. 1989, NZA 1990, 28; *Masuch,* in: Hauck/Noftz, SGB IX, § 95 Rdnr. 28; *Düwell,* in: LPK-SGB IX, § 95 Rdnr. 13, wonach die unmittelbare Betroffenheit erforderlich ist). Absatz 2 ist neben § 51 Abs. 1 MVG. EKD nicht anwendbar (*KGH.EKD Hannover* v. 5. 8. 2004, ZMV 2004, 306).

14 Die „Angelegenheiten, die einen einzelnen oder die schwerbehinderten Menschen als Gruppe berühren" i. S. v. Abs. 2 Satz 1 sind weit zu fassen. Neben Bewerbungen, Einstellungen, Versetzungen, und Entlassungen (*Neumann/Pahlen/Majerski-Pahlen,* SGB IX, § 95 Rdnr. 10) kommen alle Maßnahmen in Betracht, die die Ordnung des Betriebs betreffen (Torkontrollen, Benutzungsordnung für Wasch- und Umkleideräume; hierzu *Müller-Wenner/Schorn,* SGB IX, § 95 Rdnr. 29).

15 Der Arbeitgeber kommt seiner **Unterrichtungspflicht** nach, wenn er der Schwerbehindertenvertretung von einer geplanten Maßnahme Kenntnis verschafft und so der Schwerbehindertenvertretung Gelegenheit zur Stellungnahme gibt. Die Unterrichtung ist unverzüglich, wenn sie ohne schuldhaftes Zögern erfolgt. Ist die Vertrauensperson gleichzeitig Mitglied des Betriebsrats, so muss es sich die Kenntnis dessen zurechnen lassen, die es bei der Anhörung der Betriebsrats durch den Arbeitgeber erfahren hat (*LAG München* v. 30. 8. 1989, NZA 1990, 28). Der Arbeitgeber braucht die Stellungnahme nur entgegenzunehmen, nicht aber ihr zu folgen.

16 Das Recht, **Einblick in die Gehaltslisten** zu nehmen, steht der Schwerbehindertenvertretung im Gegensatz zum Betriebsrat (§ 80 Abs. 2 Satz 2 BetrVG) nicht zu. Die Schwerbehindertenvertretung hat aber ein unbeschränktes Zutrittsrecht zu den Arbeitsplätzen der schwerbehinderten Beschäftigten (*Müller-Wenner/Schorn,* SGB IX, § 95 Rdnr. 11).

II. Anhörungspflicht des Arbeitgebers

17 Der Arbeitgeber hat die Schwerbehindertenvertretung nach Abs. 2 Satz 1 vor einer Entscheidung anzuhören. Der Arbeitgeber hat der Schwerbehindertenvertretung also ausreichend Zeit für eine Stellungnahme zu geben. Eine ausdrückliche Frist ist in Abs. 2 Satz 1 nicht genannt. Vielfach wird die Wochenfrist des § 102 Abs. 2 Satz 1 BetrVG als Frist genannt (*Masuch,* in: Hauck/Noftz, SGB IX, § 95 Rdnr. 35; *Düwell,* in: LPK-SGB IX, § 95 Rdnr. 16; a. A. *Neumann/Pahlen/Majerski-Pahlen,* SGB IX, § 95 Rdnr. 11; *OVG Lüneburg* v. 14. 4. 2003, BehindertenR 2003, 224).

18 Das Anhörungsrecht der Schwerbehindertenvertretung ist kein Mitentscheidungsrecht. Der Arbeitgeber kann trotz Bedenken oder trotz Nichtzustimmung der Schwerbehindertenvertretung die von ihm geplante Maßnahme umsetzen (*Neumann/Pahlen/Majerski-Pahlen,* SGB IX, § 95 Rdnr. 11, a. A. wohl *OVG Lüneburg* v. 14. 4. 2003, BehindertenR 2003, 224). Die Verletzung der Anhörungspflicht kann gem. § 156 Abs. 1 Nr. 9 als Ordnungswidrigkeit verfolgt werden.

III. Aussetzung der Entscheidung

19 Die **Durchführung** oder **Vollziehung** einer ohne Beteiligung nach Abs. 2 Satz 1 getroffenen Entscheidung ist **auszusetzen,** die Beteiligung ist innerhalb von sieben Tagen nachzuholen; sodann ist endgültig zu entscheiden. Dadurch ist klargestellt, dass auch bei mangelnder Unterrichtung der Schwerbehindertenvertretung die Maßnahme des Arbeitgebers nicht unwirksam ist (*Neumann/Pahlen/ Majerski-Pahlen*, SGB IX, § 95 Rdnr. 9 m. w. N.). Vielmehr hat der Arbeitgeber die Unterrichtung der Schwerbehindertenvertretung nachzuholen. Holt der Arbeitgeber die Unterrichtung nicht nach, so bleibt die Arbeitgebermaßnahme dennoch wirksam (*Neumann/Pahlen/Majerski-Pahlen*, SGB IX, § 95 Rdnr. 9).

Kommt der Arbeitgeber seiner Pflicht zur Beteiligung der Schwerbehindertenvertretung nicht nach, kann der Anspruch auf Aussetzung der Entscheidung im arbeitsgerichtlichen Beschlussverfahren ggf. im einstweiligen Rechtsschutzverfahren durchgesetzt werden (*Düwell*, in: LPK-SGB IX, § 95 Rdnr. 21; *Masuch*, in: Hauck/Noftz, SGB IX, § 95 Rdnr. 35; *Müller-Wenner/Schorn*, SGB IX, § 95 Rdnr. 43; *Neumann/Pahlen/Majerski-Pahlen*, SGB IX, § 95 Rdnr. 11 a). 20

Im Fall der Aussetzung ist die Entscheidung des Arbeitgebers schwebend unwirksam. Sie darf nicht durchgeführt werden und der schwerbehinderte Mensch braucht sie nicht zu beachten (*Müller-Wenner/Schorn*, SGB IX, § 95 Rdnr. 45 m. w. N.). 21

Wird die Maßnahme trotz fehlender Beteiligung der Schwerbehindertenvertretung vom Arbeitgeber durchgeführt, ist nach h. M. die Maßnahme wirksam. Denn das Beteiligungsrecht der Schwerbehindertenvertretung wird – anders als bei § 102 Abs. 1 BetrVG – nicht als Wirksamkeitsvoraussetzung betrachtet (*BAG* v. 3. 4. 1986, AP Nr. 9 zu § 18 SchwbG; *Düwell*, in: LPK-SGB IX, § 95 Rdnr. 19; *Neumann/Pahlen/Majerski-Pahlen*, SGB IX, § 95 Rdnr. 11 a). Ein Anspruch der Schwerbehindertenvertretung, eine ohne ihre Beteiligung durchgeführte Entscheidung wieder rückgängig zu machen, besteht nicht (*Neumann/Pahlen/Majerski-Pahlen*, SGB IX, § 95 Rdnr. 11 a). 22

IV. Bewerbungsunterlagen/Vorstellungsgespräche

Die Schwerbehindertenvertretung hat das Recht auf Beteiligung am Verfahren nach § 81 Abs. 1 und beim Vorliegen von Vermittlungsvorschlägen der Agenturen für Arbeit oder von Bewerbungen schwerbehinderter Menschen nach § 81 Abs. 1 Satz 4 das Recht auf **Einsicht** in die entscheidungsrelevanten Teile der **Bewerbungsunterlagen** und Teilnahme an **Vorstellungsgesprächen** (Abs. 2 Satz 3). Absatz 2 Satz 3 ist durch den Änderungsantrag der Regierungskoalition vom 27. 3. 2001 eingefügt worden (Ausschuss-Drucks. 14/1406). Damit die Schwerbehindertenvertretung im Rahmen ihrer Beteiligung eine begründete Stellungnahme abgeben kann, steht ihr auch die Möglichkeit zu, die Eignung der schwerbehinderten Bewerber mit weiteren nicht behinderten Bewerbern zu vergleichen. 23

Aus Gründen des **Persönlichkeitsschutzes** ist das Einsichtsrecht der Schwerbehindertenvertretung auf die entscheidungsrelevanten Teile der Bewerbungsunterlagen beschränkt. Entscheidungsrelevant sind insbesondere die Nachweise über die Qualifikation, also Schul- bzw. Hochschulausbildung, Ausbildung und bisherige Tätigkeit sowie über die Angaben über Art und Schwere der Behinderung. 24

D. Einsicht in die Personalakte (Abs. 3)

Nach Abs. 3 Satz 1 hat der schwerbehinderte Mensch das Recht, bei **Einsicht** in seine Personalakte oder ihn betreffende Daten des Arbeitgebers die Schwerbehindertenvertretung hinzuzuziehen. **Personalakte** ist jede Sammlung von Urkunden und dienstlichen Vorgängen, die sich auf persönliche und dienstliche Verhältnisse des Arbeitnehmers beziehen und im Zusammenhang mit dem Arbeitsverhältnis stehen. Nicht zu den Personalakten gehören Prozessakten sowie werkärztliche Unterlagen (*Kossens*, AR-Blattei 1520 „Personalakten"). 25

26 Der schwerbehinderte Beschäftigte kann während der Arbeitszeit ohne Entgeltminderung Einblick in seine Personalakten nehmen. Die Schwerbehindertenvertretung kann nur zur Einsicht in die Personalakte von dem betreffenden schwerbehinderten Beschäftigten hinzugezogen werden. Ein eigenständiges Recht der **Schwerbehindertenvertretung,** Einblick in die Personalakten zu nehmen, gewährt Abs. 3 nicht (*Neumann/Pahlen/Majerski-Pahlen,* SGB IX, § 95 Rdnr. 13).

27 Die Schwerbehindertenvertretung hat über den Inhalt der zur Kenntnis genommenen Daten Stillschweigen zu bewahren, es sei denn, der schwerbehinderte Beschäftigte entbindet sie von dieser Verpflichtung (Abs. 3 Satz 2). Offenbart die Schwerbehindertenvertretung die zu ihrer Kenntnis gelangten Daten, ohne von der Schweigepflicht entbunden zu sein, kommt die Verwirklichung des Straftatbestandes des § 155 Abs. 1 in Betracht. Die Verletzung der **Schweigepflicht** kann auch ein Erlöschen des Amtes der Schwerbehindertenvertretung nach § 94 Abs. 7 Satz 5 zur Folge haben.

E. Teilnahmerecht an Sitzungen (Abs. 4)

28 Die Schwerbehindertenvertretung kann an allen Sitzungen des Betriebs-, Personal-, Richter-, Staatsanwalts- oder Präsidialrats und deren Ausschüsse sowie des Arbeitsschutzausschusses **teilnehmen** (Abs. 4 Satz 1). Die Schwerbehindertenvertretung hat **kein Stimmrecht,** kann aber während der Abstimmung an der Sitzung teilnehmen (*OVG Lüneburg* v. 29. 1. 1982, BehindertenR 1982, 92). Die Schwerbehindertenvertretung nimmt lediglich beratend teil. Ihr ist bei Bedarf das Wort zu erteilen. Die Schwerbehindertenvertretung kann an allen Betriebsratssitzungen beratend teilnehmen, unabhängig davon, ob Fragen schwerbehinderter Arbeitnehmer anstehen und welche Themen auf der Tagesordnung stehen. Dementsprechend ist grundsätzlich jede Teilnahme der Schwerbehindertenvertretung an einer Betriebsratssitzung erforderlich (*LAG Hessen* v. 4. 12. 2001, NZA-RR 20002, 588).

29 Das Recht zur Teilnahme der Schwerbehindertenvertretung umfasst auch die Ausschuss-Sitzungen des Betriebs- und Personalrats (§§ 27, 28 BetrVG, 38 BPersVG). Ebenfalls umfasst sind die Sitzungen des **Wirtschaftausschusses** nach § 106 BetrVG (*BAG* v. 4. 6. 1987, AP Nr. 2 zu § 22 SchwbG; *Müller-Wenner/Schorn,* SGB IX, § 95 Rdnr. 52; a. A. *Neumann/Pahlen/Majerski-Pahlen,* SGB IX, § 95 Rdnr. 15) und die Sitzungen der gemeinsamen Ausschüsse von Betriebsrat und Arbeitgeber nach § 28 Abs. 3 BetrVG (*BAG* v. 21. 4. 1993, AP Nr. 4 zu § 25 SchwbG 1986; *Neumann/Pahlen/Majerski-Pahlen,* SGB IX, § 95 Rdnr. 15). Etwas anderes gilt für die Sitzungen des Sprecherausschusses nach § 12 des Gesetzes über Sprecherausschüsse der leitenden Angestellten (SprAuG) vom 23. 12. 1988 (BGBl. I S. 2312).

30 Nicht ausdrücklich geregelt ist, ob der Schwerbehindertenvertretung auch das Recht zusteht, an Sitzungen der **Arbeitsgruppen** gem. § 28a BetrVG teilzunehmen. § 28a BetrVG ist durch das „Gesetz zur Reform des Betriebsverfassungsgesetzes" vom 26. 7. 2001 in das Betriebsverfassungsgesetz eingefügt worden. Danach kann der Betriebsrat bestimmte Aufgaben auf Arbeitsgruppen übertragen. Einzelheiten können in einer mit dem Arbeitgeber abzuschließenden Rahmenvereinbarung geregelt werden. Da die so eingesetzten Arbeitsgruppen Aufgaben des Betriebsrats selbstständig übernehmen, hat die Schwerbehindertenvertretung in analoger Anwendung von Abs. 4 Satz 1 auch das Recht, an den Sitzungen der nach § 28a BetrVG gebildeten Arbeitsgruppen teilzunehmen (ebenso *Neumann/Pahlen/Majerski-Pahlen,* SGB IX, § 95 Rdnr. 14).

Darüber hinaus kann die Schwerbehindertenvertretung Angelegenheiten, die 31
Einzelne oder die schwerbehinderten Menschen als Gruppe betreffen, auf die **Tagesordnung** der nächsten Sitzung der o. g. Stellen setzen. Die Schwerbehindertenvertretung ist zu allen Sitzungen einzuladen und die Tagesordnung ist ihr mitzuteilen. Sie hat Anspruch auf Aushändigung des **Protokolls der Sitzung** (*Masuch,* in: Hauck/Noftz, SGB IX, § 95 Rdnr. 44, *Müller-Wenner/Schorn,* SGB IX, § 95 Rdnr. 56).

F. Aussetzung von Beschlüssen (Abs. 4)

Absatz 4 Sätze 2–4 gibt der Schwerbehindertenvertretung die Möglichkeit, Be- 32
schlüsse der in § 93 genannten Stellen auf Antrag **für die Dauer von einer Woche** auszusetzen. Voraussetzung hierfür ist, dass die Schwerbehindertenvertretung einen entsprechenden Beschluss als eine erhebliche Beeinträchtigung wichtiger Interessen schwerbehinderter Menschen erachtet oder eine erforderliche Unterrichtung der Schwerbehindertenvertretung nach Abs. 2 Satz 1 nicht erfolgt ist.

Der **Antrag** ist an das Gremium zu stellen, das den Beschluss gefasst hat. Der 33
Antrag ist möglichst unmittelbar nach der Beschlussfassung zu stellen, da die Wochenfrist nach Satz 2 vom Zeitpunkt der Beschlussfassung an beginnt. Ausreichend für die Aussetzung ist, dass die Schwerbehindertenvertretung die erhebliche Beeinträchtigung wichtiger Interessen der schwerbehinderten Menschen für gegeben erachtet. Ob diese Beeinträchtigungen tatsächlich vorliegen, ist nicht entscheidend (*Neumann/Pahlen/Majerski-Pahlen,* SGB IX, § 95 Rdnr. 17).

Während der Wochenfrist ist zwischen der Schwerbehindertenvertretung und 34
dem entsprechenden Gremium nach § 93 über die Meinungsverschiedenheit zu verhandeln. Die im Betrieb vertretene **Gewerkschaft** oder das **Integrationsamt** können zur Vermittlung hinzugezogen werden.

G. Teilnahme an Besprechungen (Abs. 5)

Die Vertrauensperson ist zu den **Besprechungen** nach § 74 Abs. 1 BetrVG, 35
§ 66 Abs. 1 BPersVG sowie den sonstigen Vorschriften des Personalvertretungsrechts hinzuzuziehen (Abs. 5). Das Recht zur Teilnahme der Schwerbehindertenvertretung an den Besprechungen besteht unabhängig davon, ob besondere Belange der schwerbehinderten Menschen betroffen sind (BT Drucks. 10/5701, Begründung, S. 11). Die Schwerbehindertenvertretung ist nicht nur bei den regelmäßigen monatlichen Besprechungen hinzuzuziehen, sondern auch zu darüber hinausgehenden Besprechungen, z.B. solchen aus einem bestimmten aktuellen Anlass (*Neumann/Pahlen/Majerski-Pahlen,* SGB IX, § 25 Rdnr. 20a).

H. Versammlung der schwerbehinderten Menschen (Abs. 6)

Nach Abs. 4 hat die Schwerbehindertenvertretung das Recht, einmal im Kalen- 36
derjahr eine Versammlung der schwerbehinderten Menschen durchzuführen. Eine Pflicht zur Durchführung der **Versammlung** besteht nicht. Die Versammlung ist nicht öffentlich. An der Versammlung können sowohl die schwerbehinderten Menschen als auch ihnen Gleichgestellte teilnehmen. In entsprechender Anwendung des § 46 BetrVG bzw. § 52 BPersVG können auch der Arbeitgeber oder dessen Beauftragter (§ 98), Vertreter der im Betrieb vertretenen **Gewerkschaften** oder **Arbeitgeberverbände** an der Versammlung teilnehmen. All diese haben nur

§ 96 Teil 2. Schwerbehindertenrecht

ein Teilnahmerecht, aber ebenso wie der Betriebs- bzw. Personalrat kein Stimmrecht.

37 Die Versammlung findet grundsätzlich **während der Arbeitszeit** statt. Eine Entgeltminderung wegen der Versäumung der Arbeit aufgrund der Teilnahme an der Versammlung kommt nicht in Betracht. Eventuell zusätzlich entstehende Fahrtkosten hat der Arbeitgeber zu tragen (*Neumann/Pahlen/Majerski-Pahlen*, SGB IX, § 25 Rdnr. 21).

I. Teilnahme an Betriebs- und Personalversammlungen (Abs. 8)

38 Absatz 8 ist durch das Gesetz zur Förderung der Ausbildung und Beschäftigung schwerbehinderter Menschen vom 23. 4. 2004 (BGBl. I S. 606) eingefügt worden. Die Vorschrift ist § 20 Abs. 2 Satz 6 des Bundesgleichstellungsgesetzes nachgebildet. Absatz 8 bestimmt, dass die Schwerbehindertenvertretung an Betriebs- und Personalversammlungen teilnehmen kann, für die sie als Schwerbehindertenvertretung zuständig ist. Die Schwerbehindertenvertretung hat auf der Betriebs- und Personalversammlung ein Rederecht. Dieses Recht steht nicht allen Mitgliedern der Schwerbehindertenvertretung, sondern nur der Vertrauensperson bzw. bei dessen Verhinderung dem Stellvertreter zu (*Cramer*, NZA 2004, 698).

39 Das Rederecht besteht auch dann, wenn die Mitglieder der Schwerbehindertenvertretung nicht Angehörige des Betriebes oder der Dienststelle sind (*Cramer*, NZA 2004, 698). Der Anwendungsbereich von Abs. 8 ist im Wesentlichen beschränkt auf die Zusammenfassung von Betrieben oder Dienststellen nach § 94 Abs. 1 Satz 4 (*Kossens/Wollschläger*, ZfSH/SGB 2004, 346).

J. Verfahrensfragen

40 Über Streitigkeiten bzgl. der Aufgaben und Rechte der Schwerbehindertenvertretung in Betrieben entscheiden die **Arbeitsgerichte**, § 2a Abs. 1 Nr. 3a ArbGG. Die Arbeitsgerichte entscheiden im **Beschlussverfahren** (*BAG* v. 21. 9. 1989, BAGE 62, 382). Die Aussetzung der Arbeitgebermaßnahme wegen einer unterbliebenen Anhörung der Schwerbehindertenvertretung nach Abs. 2 Satz 2 kann eingeklagt werden und im Wege einer einstweiligen Verfügung durchgesetzt werden (*Neumann/Pahlen/Majerski-Pahlen*, SGB IX, § 95 Rdnr. 8). Bei Streitigkeiten in Dienststellen entscheiden die Verwaltungsgerichte ebenfalls im Beschlussverfahren (ebenso *Müller-Wenner/Schorn*, SGB IX, § 95 Rdnr. 70; a. A. *Düwell*, LKP-SGB IX, § 95 Rdnr. 31, *Neumann/Pahlen/Majerski-Pahlen*, SGB IX, § 95 Rdnr. 71.

41 Verstößt der Arbeitgeber gegen seine Verpflichtung aus Abs. 2, d. h. unterrichtet er die Schwerbehindertenvertretung nicht, nicht richtig, nicht rechtzeitig oder nicht vollständig oder hört er die Schwerbehindertenvertretung nicht oder nicht rechtzeitig an, liegt eine **Ordnungswidrigkeit** nach § 156 Abs. 1 Nr. 9 vor. Die Ordnungswidrigkeit kann mit einer Geldbuße bis zu 10 000 Euro geahndet werden.

§ 96 Persönliche Rechte und Pflichten der Vertrauenspersonen der schwerbehinderten Menschen

(1) Die Vertrauenspersonen führen ihr Amt unentgeltlich als Ehrenamt.

(2) Die Vertrauenspersonen dürfen in der Ausübung ihres Amtes nicht behindert oder wegen ihres Amtes nicht benachteiligt oder begünstigt werden; dies gilt auch für ihre berufliche Entwicklung.

(3) ¹Die Vertrauenspersonen besitzen gegenüber dem Arbeitgeber die gleiche persönliche Rechtsstellung, insbesondere den gleichen Kündigungs-, Versetzungs- und Abordnungsschutz wie ein Mitglied des Betriebs-, Personal-, Staatsanwalts- oder Richterrates. ²Das stellvertretende Mitglied besitzt während der Dauer der Vertretung und der Heranziehung nach § 95 Abs. 1 Satz 4 die gleiche persönliche Rechtsstellung wie die Vertrauensperson, im Übrigen die gleiche Rechtsstellung wie Ersatzmitglieder der in Satz 1 genannten Vertretungen.

(4) ¹Die Vertrauenspersonen werden von ihrer beruflichen Tätigkeit ohne Minderung des Arbeitsentgelts oder der Dienstbezüge befreit, wenn und soweit es zur Durchführung ihrer Aufgaben erforderlich ist. ²Sind in den Betrieben und Dienststellen in der Regel wenigstens 200 schwerbehinderte Menschen beschäftigt, wird die Vertrauensperson auf ihren Wunsch freigestellt; weiter gehende Vereinbarungen sind zulässig. ³Satz 1 gilt entsprechend für die Teilnahme an Schulungs- und Bildungsveranstaltungen, soweit diese Kenntnisse vermitteln, die für die Arbeit der Schwerbehindertenvertretung erforderlich sind. ⁴Satz 3 gilt auch für das mit der höchsten Stimmenzahl gewählte stellvertretende Mitglied, wenn wegen
1. ständiger Heranziehung nach § 95,
2. häufiger Vertretung der Vertrauensperson für längere Zeit,
3. absehbaren Nachrückens in das Amt der Schwerbehindertenvertretung in kurzer Frist
die Teilnahme an Bildungs- und Schulungsveranstaltungen erforderlich ist.

(5) ¹Freigestellte Vertrauenspersonen dürfen von inner- oder außerbetrieblichen Maßnahmen der Berufsförderung nicht ausgeschlossen werden. ²Innerhalb eines Jahres nach Beendigung ihrer Freistellung ist ihnen im Rahmen der Möglichkeiten des Betriebes oder der Dienststelle Gelegenheit zu geben, eine wegen der Freistellung unterbliebene berufliche Entwicklung in dem Betrieb oder der Dienststelle nachzuholen. ³Für Vertrauenspersonen, die drei volle aufeinander folgende Amtszeiten freigestellt waren, erhöht sich der genannte Zeitraum auf zwei Jahre.

(6) Zum Ausgleich für ihre Tätigkeit, die aus betriebsbedingten oder dienstlichen Gründen außerhalb der Arbeitszeit durchzuführen ist, haben die Vertrauenspersonen Anspruch auf entsprechende Arbeits- oder Dienstbefreiung unter Fortzahlung des Arbeitsentgelts oder der Dienstbezüge.

(7) ¹Die Vertrauenspersonen sind verpflichtet,
1. über ihnen wegen ihres Amtes bekannt gewordene persönliche Verhältnisse und Angelegenheiten von Beschäftigten im Sinne des § 73, die ihrer Bedeutung oder ihrem Inhalt nach einer vertraulichen Behandlung bedürfen, Stillschweigen zu bewahren und
2. ihnen wegen ihres Amtes bekannt gewordene und vom Arbeitgeber ausdrücklich als geheimhaltungsbedürftig bezeichnete Betriebs- oder Geschäftsgeheimnisse nicht zu offenbaren und nicht zu verwerten.

²Diese Pflichten gelten auch nach dem Ausscheiden aus dem Amt. ³Sie gelten nicht gegenüber der Bundesagentur für Arbeit, den Integrationsämtern und den Rehabilitationsträgern, soweit deren Aufgaben den schwerbehinderten Menschen gegenüber es erfordern, gegenüber den Vertrauenspersonen in den Stufenvertretungen (§ 97) sowie gegenüber den in § 79 Abs. 1 des Betriebsverfassungsgesetzes und den in den entsprechenden Vorschriften des Personalvertretungsrechtes genannten Vertretungen, Personen und Stellen.

(8) ¹Die durch die Tätigkeit der Schwerbehindertenvertretung entstehenden Kosten trägt der Arbeitgeber. ²Das Gleiche gilt für die durch die Teilnahme des mit der höchsten Stimmenzahl gewählten stellvertretenden Mitglieds an Schulungs- und Bildungsveranstaltungen nach Absatz 4 Satz 3 entstehenden Kosten.

(9) Die Räume und der Geschäftsbedarf, die der Arbeitgeber dem Betriebs-, Personal-, Richter-, Staatsanwalts- oder Präsidialrat für dessen Sitzungen, Sprechstunden und laufende Geschäftsführung zur Verfügung stellt, stehen für die gleichen Zwecke auch der Schwerbehindertenvertretung zur Verfügung, soweit ihr hierfür nicht eigene Räume und sächliche Mittel zur Verfügung gestellt werden.

Schrifttum: *Arlitt,* Schwerbehindertenvertretung – Anspruch auf Freistellung und Aufwandsentschädigung, SuP 1995, 610; *Düwell,* Die Zusammenarbeit von Betriebsrat und Schwerbehindertenvertretung, AuR 1993, 345; *ders.,* Die Auswirkungen des Betriebsverfassungsreformgesetzes auf das Recht der betrieblichen Schwerbehindertenvertretung, BB 2001, 2581; *Heuser/Seidel,* Die Freistellung des Vertrauensmanns der Schwerbehinderten, BehindertenR 1982, 73; *Schiefer,* Schulung und Weiterbildung im Arbeits- und Dienstverhältnis, NZA 1993, 822; *Zeller,* Der Kündigungsschutz für Vertrauensleute der Schwerbehinderten, BehindertenR 1996, 153.

Inhaltsübersicht

	Rdnr.
A. Allgemeines	1
B. Ehrenamt (Abs. 1)	2–4
I. Unentgeltliche Amtsführung	2, 3
II. Weisungsfreiheit	4
C. Benachteiligungsverbot (Abs. 2)	5–8
D. Kündigungsschutz (Abs. 3)	9–18
I. Beginn des Kündigungsschutzes	10
II. Gegenstand des Kündigungsschutzes	11–14
III. Ende des Kündigungsschutzes	15
IV. Kündigungsschutz des Stellvertreters	16–18
E. Anspruch auf Freistellung (Abs. 4 und 5)	19–30
I. Freistellung wegen Amtsaufgaben	19–24
II. Freistellung wegen Schulungs- und Bildungsveranstaltungen	25–28
III. Berufliche Weiterbildung (Abs. 5)	29, 30
F. Ausgleich durch Arbeits- und Dienstbefreiung (Abs. 6)	31–33
G. Verschwiegenheits- und Geheimhaltungspflicht (Abs. 7)	34, 35
H. Kosten der Schwerbehindertenvertretung (Abs. 8 und 9)	36–38
I. Verfahrensfragen	39, 40

A. Allgemeines

1   Die Vorschrift enthält Regelungen über die persönliche **Rechtsstellung der Vertrauensperson.** Die Rechtsstellung der Vertrauensperson entspricht im Wesentlichen der des Betriebs- bzw. Personalrates, § 37 BetrVG bzw. § 46 BPersVG. § 96 ist inhaltsgleich zu der aufgehobenen Vorschrift des § 26 SchwbG.

B. Ehrenamt (Abs. 1)

I. Unentgeltliche Amtsführung

2   Das Amts der Vertrauensperson ist ein **unentgeltliches Ehrenamt** (Abs. 1). Als Ehrenamt darf das Amt der Vertrauensperson weder finanzielle Vor- noch Nach-

teile zur Folge haben. Die Vertrauensperson hat keinen Anspruch auf zusätzliche Vergütung für die Wahrnehmung ihres Amtes. Die Vertrauensperson hat aber Anspruch auf Aufwendungsersatz für die durch ihre Tätigkeit entstandenen Kosten. Hierzu gehören auch die Reisekosten, jedoch nur in Höhe der im Betrieb allgemein üblichen Sätze (*BAG* v. 17. 9. 1974, AP Nr. 6 zu § 40 BetrVG 1972). Zulässig ist es, die mit der Amtsführung verbundenen Kosten durch eine angemessene Pauschale auszugleichen (*Masuch*, in: Hauck/Noftz, SGB IX, § 96 Rdnr. 4; *Müller-Wenner/Schorn*, SGB IX, § 96 Rdnr. 3).

Verstoßen die Vertrauensperson oder der Arbeitgeber gegen das Prinzip der unentgeltlichen Amtsführung unterfällt dies nicht dem Katalog der bußgeldbewehrten Ordnungswidrigkeiten nach § 156. Die Annahme finanzieller Zuwendungen, die die Höhe der durch die Amtsführung entstandenen Aufwendungen überschreiten, kann eine grobe Amtspflichtverletzung nach § 94 Abs. 7 Satz 5 sein (*Müller-Wenner/Schorn*, SGB IX, § 96 Rdnr. 3). 3

II. Weisungsfreiheit

Die Vertrauensperson übt ihr Amt unabhängig von **Weisungen** der schwerbehinderten Beschäftigten, des Arbeitgebers, aber auch des Agentur für Arbeit und des Integrationsamtes aus. 4

C. Benachteiligungsverbot (Abs. 2)

Nach Abs. 2 darf die Vertrauensperson in der Ausübung ihres Amtes nicht behindert und wegen ihres Amtes benachteiligt oder begünstigt werden. Dieses **Benachteiligungsverbot** soll verhindern, dass die Vertrauensperson wegen der Amtstätigkeit im Verhältnis zu den anderen, vergleichbaren Beschäftigten, benachteiligt wird. Der Begriff der „Benachteiligung" ist weit zu fassen. Er umfasst jede Erschwerung, Störung oder Verhinderung der Arbeit der Schwerbehindertenvertretung, unabhängig davon, ob ein Verschulden vorliegt oder nicht (*BAG* v. 12. 11. 1997, NZA 1998, 559). 5

Auch eine Begünstigung der Vertrauensperson ist unzulässig. Begünstigungen können z. B. die Zahlung eines höheren Arbeitsentgelts oder sonstige finanzielle Sonderzuwendungen sein. Die Ausübung des Amtes einer Vertrauensperson der Schwerbehinderten rechtfertigt nicht die Gewährung einer Zulage nach § 24 BAT. Vielmehr verstößt die irrtümliche bzw. bewusst tarifwidrige Zahlung einer solchen Zulage gegen das Begünstigungsverbot nach § 96 Abs. 2 SGB IX und kann gemäß § 134 BGB nicht Vertragsinhalt werden (*LAG Köln* v. 27. 2. 2002, NZA-RR 2003, 221). 6

Das Benachteiligungsverbot gilt auch für die **berufliche Entwicklung** (2. Halbsatz). Danach hat die Vertrauensperson Anspruch auf Teilnahme an der beruflichen Weiterentwicklung, in dem Ausmaß, in dem sie auch ohne Ausübung des Amts erfolgt wäre. Dies gilt insbesondere für den Bewährungsaufstieg (z. B. § 23 a BAT). Wird ein freigestellter Vertrauensmann der Schwerbehinderten bei einer Bewerbung aus anderen Gründen als wegen der Ausübung des Amts übergangen, so steht im kein Anspruch nach § 96 Abs. 2 SGB IX auf Zahlung der so genannten Gleichstellungsvergütung zu, sondern allenfalls ein Schadensersatzanspruch aus positiver Forderungsverletzung (*LAG Berlin* v. 15. 2. 2002, NZA-RR 2003, 110). 7

Eine **Weisung des Arbeitgebers**, die gegen das Benachteiligungsverbot des Abs. 2 verstößt, ist nach § 134 BGB unwirksam. Eine trotz Abs. 2 vorgenommene Benachteiligung der Vertrauensperson kann Schadensersatzansprüche nach § 823 Abs. 2 BGB zur Folge haben. § 96 Abs. 2 ist Schutzgesetz i. S. v. § 823 Abs. 2 8

BGB (*Masuch*, in: Hauck/Noftz, SGB IX, § 96 Rdnr. 12; *Müller-Wenner/Schorn*, SGB IX, § 96 Rdnr. 8). Die Benachteiligung oder Begünstigung der Vertrauensperson ist – im Gegensatz zu der Benachteiligung oder Begünstigung des Betriebsrats nach § 119 Abs. 1 Nr. 3 BetrVG – nicht strafbewehrt.

D. Kündigungsschutz (Abs. 3)

9 Absatz 3 überträgt die **Rechtsstellung** und den besonderen Kündigungs-, Versetzungs- und Abordnungsschutz der Betriebs-, Personal-, Staatsanwalts- oder Richtervertretung auf die Vertrauensperson. Anwendbar sind neben den kündigungsschutzrechtlichen Vorschriften der §§ 15, 16 KSchG, § 103 BetrVG und § 47 BPersVG auch das Verbot, das Arbeitsentgelt geringer zu bemessen als das vergleichbarer Beschäftigter mit betriebsüblicher Entwicklung (§ 37 Abs. 4 BetrVG), und der Schutz gegen die Zuweisung unterwertiger Tätigkeiten (§ 37 Abs. 5 BetrVG).

I. Beginn des Kündigungsschutzes

10 Der **besondere Kündigungsschutz** der Vertrauensperson **beginnt** mit deren Amtsbeginn, also mit Bekanntgabe des Wahlergebnisses, § 21 BetrVG bzw. am Tag der Wahl, § 26 BPersVG.

II. Gegenstand des Kündigungsschutzes

11 Der besondere Beendigungsschutz bezieht sich nur auf eine arbeitgeberseitige Kündigung, nicht aber eine Beendigung durch Ablauf einer Befristung oder durch Abschluss eines Aufhebungsvertrags. Allerdings ist § 623 BGB zu beachten. Eingefügt durch das Arbeitsgerichtsbeschleunigungsgesetz vom 30. 3. 2000 (BGBl. I S. 333), bedarf nach § 623 BGB seit dem 1. 5. 2000 die Beendigung von Arbeitsverhältnissen durch Kündigung oder Aufhebungsvertrag zu ihrer Wirksamkeit der **Schriftform.**

12 Der Kündigungsschutz der Vertrauensperson umfasst sowohl die **Beendigungs-** als auch die **Änderungskündigung,** § 2 KSchG. Die Vertrauensperson genießt den besonderen Schutz bei ordentlichen und bei außerordentlichen Kündigungen. Nach § 15 Abs. 1 Satz 1 KSchG ist die ordentliche Kündigung eines Mitglieds des Betriebsrats unzulässig, es sei denn, es liegen Tatsachen vor, die den Arbeitgeber zur Kündigung aus wichtigem Grund berechtigen. Von diesem Grundsatz macht § 15 Abs. 4 KSchG eine Ausnahme für den Fall der Betriebsstilllegung. In diesem Fall ist die ordentliche Kündigung aber frühestens zum Zeitpunkt der Stilllegung zulässig, es sei denn, dass ein früherer Kündigungszeitpunkt durch zwingende betriebliche Erfordernisse bedingt ist.

13 Die **außerordentliche Kündigung** ist gegenüber der Vertrauensperson zulässig. Voraussetzung ist aber die Zustimmung des Betriebs- oder Personalrats (§ 103 BetrVG, 47 Abs. 1 Satz 1 BPersVG). Verweigert der Betriebsrat seine Zustimmung, so kann das **Arbeitsgericht** sie auf Antrag des Arbeitgebers ersetzen, wenn die außerordentliche Kündigung unter Berücksichtigung aller Umstände gerechtfertigt ist. Liegt keine Zustimmung des Betriebs- bzw. des Personalrats vor, ist die Kündigung nach § 134 BGB unwirksam. Die mangelnde Zustimmung ist ein sonstiger Unwirksamkeitsgrund der Kündigung i. S. v. § 13 Abs. 3 KSchG. Durch das Gesetz zur Reformen am Arbeitsmarkt vom 24. 12. 2003 (BGBl. I S. 3002) ist auch diesem Fall die Drei-Wochen-Frist der §§ 4, 7 KSchG einzuhalten.

14 Neben den Vorschriften des besonderen Kündigungsschutzes der Vertrauensperson sind vom Arbeitgeber die allgemeinen kündigungsrechtlichen Voraussetzungen zu beachten. Nach § 102 BetrVG bzw. § 79 BPersVG ist der **Betriebs**- bzw. **Personalrat** vor jeder Kündigung zu hören.

III. Ende des Kündigungsschutzes

Der **Kündigungsschutz** der Vertrauensperson endet nicht mit dem Amtsende, 15 sondern wirkt nach § 15 Abs. 1 Satz 2 KSchG ein Jahr **nach Beendigung** der Amtszeit nach. Dies gilt auch bei einem vorzeitigen Ausscheiden nach § 94 Abs. 7. Eine Ausnahme hiervon soll im Fall einer vorzeitigen Beendigung des Amtes durch Gerichtsbeschluss gemacht werden (so *Neumann/Pahlen/Majerski-Pahlen*, SGB IX, § 96 Rdnr. 6; ebenso *Müller-Wenner/Schorn*, SGB IX, § 96 Rdnr. 14).

IV. Kündigungsschutz des Stellvertreters

Der **Stellvertreter** der **Vertrauensperson** (§ 94 Abs. 1 Satz 1) hat grundsätzlich 16 keinen besonderen Kündigungsschutz (*Neumann/Pahlen/Majerski-Pahlen*, SGB IX, § 96 Rdnr. 8). Denn der Stellvertreter ist nicht Mitglied der Schwerbehindertenvertretung.

Lediglich unter den Voraussetzungen des Abs. 3 Satz 2 hat der Stellvertreter der 17 Vertrauensperson die gleiche persönliche Rechtsstellung wie die Vertrauensperson. Voraussetzung ist, dass das stellvertretende Mitglied der Schwerbehindertenvertretung die Vertrauensperson vertritt oder in Betrieben mit mehr als **200 schwerbehinderten Menschen** von der Vertrauensperson zu bestimmten Aufgaben herangezogen wird (§ 95 Abs. 1 Satz 4). Eine nur kurzfristige Verhinderung der Vertrauensperson ist kein Grund für die Übernahme des Amts der Schwerbehindertenvertretung, wenn trotzdem die Vertretung der Schwerbehinderten ordnungsgemäß durchgeführt werden kann (*BAG* v. 22. 5. 1973, EzA § 38 BetrVG 1972 Nr. 4).

Liegen die Voraussetzungen des Abs. 3 Satz 2 vor, hat der Vertreter den glei- 18 chen besonderen Kündigungsschutz wie die Vertrauensperson und z.B. Anspruch auf Arbeitsbefreiung nach Abs. 4. Nach Beendigung der Vertretung oder der Heranziehung nach § 95 Abs. 1 Satz 4 gilt der **nachwirkende Kündigungsschutz** des § 15 Abs. 1 Satz 1 KSchG weiter.

E. Anspruch auf Freistellung (Abs. 4 und 5)

I. Freistellung wegen Amtsaufgaben

Die Vertrauensperson hat nach Abs. 4 Satz 1 **Anspruch auf Arbeitsbefreiung,** 19 soweit es zur Durchführung ihrer Aufgaben erforderlich ist. Die Vorschrift entspricht im Wesentlichen § 37 Abs. 2 und 6 BetrVG. Ein Recht zur **Selbstbefreiung** von der Arbeit hat die Vertrauensperson nicht. Sie hat vielmehr den Arbeitgeber oder den zuständigen Vorgesetzten zuvor über Ort und voraussichtliche Dauer der Wahrnehmung ihrer Amtsaufgaben zu unterrichten (*BAG* v. 15. 3. 1995, NZA 1995, 961). Nach Erfüllung seiner Aufgaben hat sich die Vertrauensperson bei ihrem Vorgesetzten wieder zurückzumelden. Die Vertrauensperson ist aber nicht verpflichtet, dem Arbeitgeber Angaben über die Art seiner Amtsaufgaben zu machen (ebenso: *Müller-Wenner/Schorn*, SGB IX, § 96 Rdnr. 24). Die Arbeitsbefreiung ist nicht von einer Zustimmung des Arbeitgebers/Dienstherrn abhängig.

Das **Ausmaß der Arbeitsbefreiung** richtet sich nach dem Umfang der anfal- 20 lenden Aufgaben der Vertrauensperson und kann in Ausnahmefällen bis zur völligen Freistellung von der Arbeit führen. In Betrieben mit wenigstens 200 schwerbehinderten Menschen, wird die Vertrauensperson auf ihren Wunsch hin freigestellt. Dieser Schwellenwert entspricht dem durch das „Gesetz zur Reform des Betriebsverfassungsgesetzes" abgesenkten Schwellenwert der Freistellung von Betriebsratsmitgliedern gemäß § 38 BetrVG.

21 In Betrieben mit weniger als 200 schwerbehinderten Menschen hat eine (Teil-) Freistellung zu erfolgen, wenn dies zur Aufgabenerfüllung erforderlich ist. Darlegungs- und beweispflichtig für die Erforderlichkeit der Freistellung ist die Vertrauensperson (*Neumann/Pahlen/Majerski-Pahlen,* SGB IX, § 96 Rdnr. 10). Ansonsten besteht für die Vertrauensperson lediglich ein Anspruch auf Bedarfsfreistellung. (*LAG Sachsen-Anhalt* v. 30. 4. 2002, Az: 782/01).

22 Im Gegensatz zu § 38 Abs. 1 Satz 3 BetrVG ist in § 96 nicht geregelt, ob auch ein Anspruch auf Teilbefreiungen der Vertrauensperson und seines Stellvertreters besteht. Dies wird teilweise mit der Begründung bejaht, dass § 96 Abs. 3 eine Gleichstellung der Vertrauensperson mit dem Mitglied des Betriebsrats vorsieht (*Neumann/Pahlen/Majerski-Pahlen,* SGB IX, § 96 Rdnr. 10; *Düwell,* BB 2001, 2582). Absatz 4 ist jedoch eine Sonderregelung zur Abs. 3. Insofern kann aus § 96 Abs. 3 i.V.m. § 38 Abs. 1 Satz 3 BetrVG ein Anspruch auf Teilfreistellung nicht hergeleitet werden.

23 Für die **Dauer der Arbeits- bzw. Dienstbefreiung** hat die Vertrauensperson Anspruch auf Fortzahlung des Arbeitsentgelts bzw. der Dienstbezüge. Dies gilt auch dann, wenn die Vertrauensperson nach Satz 2 auf eigenen Wunsch völlig von der Arbeit freigestellt wurde. Das fortzuzahlende Arbeitsentgelt umfasst neben dem eigentlichen Arbeitsentgelt auch die besonderen Entgeltbestandteile, wie z.B. Zulagen oder Sonn- und Feiertagszuschläge. Ersatz für bestimmte Aufwendungen, die – bedingt durch die Amtstätigkeit – nicht mehr anfallen, können nicht beansprucht werden (*BAG* v. 18. 9. 1991, NZA 1992, 936). Im Falle der Akkordarbeit ist der ausgefallene Akkordlohn weiter zu gewähren.

24 Ist für freigestellte Personalratsmitglieder eine pauschale monatliche **Aufwandsentschädigung** vorgesehen, hat auch die freigestellte Vertrauensperson Anspruch auf die Aufwandsentschädigung (*BAG* v. 14. 8. 1986, AP Nr. 2 zu § 23 SchwbG). Entgegen § 37 Abs. 3 Satz 2 BetrVG hat die freigestellte Vertrauensperson nur Anspruch auf Arbeitsbefreiung unter Fortzahlung des Arbeitsentgelts, nicht auf einen ersatzweise geltenden Vergütungsanspruch.

II. Freistellung wegen Schulungs- und Bildungsveranstaltungen

25 Die Vertrauensperson ist nach Abs. 4 Satz 3 unter Fortzahlung ihres Arbeitsentgelts für die Teilnahme an **Schulungs- und Bildungsveranstaltungen** freizustellen. Voraussetzung ist, dass dort Kenntnisse vermittelt werden, die für die Arbeit der Schwerbehindertenvertretung erforderlich sind. Die Erforderlichkeit liegt vor, wenn Kenntnisse vermittelt werden, die unter Berücksichtigung der Verhältnisse des Betriebs oder der Dienststelle sofort oder alsbald benötigt werden, um die Aufgaben als Vertrauensperson sachgerecht wahrnehmen zu können. Es gilt der Grundsatz: Das vermittelte Wissen muss unmittelbar direkte Beziehung zu den Aufgaben der Vertrauensperson nach § 95 haben. Der Begriff der Erforderlichkeit entspricht dem des § 37 Abs. 6 BetrVG (*LAG Köln* v. 5.7. 2001, AP Nr. 3 zu § 26 SchwbG 1986).

26 Die **Erforderlichkeit wurde** in folgenden Fällen **bejaht:**
– Schulung über neue Entscheidungen der Arbeits- und Sozialgerichtsbarkeit, die das Schwerbehindertengesetz und das Aufgabengebiet der Schwerbehindertenvertretung berühren (*BAG* v. 20. 12. 1995, EzA ZB 2/1997);
– Schulung über den Beginn des flexiblen Altersruhegeldes (*ArbG Dortmund* v. 13. 11. 1996, BehindertenR 1997, 52).

– Besteht in dem Betrieb ein Wirtschaftsausschuss, an dessen Sitzungen die Vertrauensperson der Schwerbehinderten beratend teilnimmt, so ist der Erwerb von Basiswissen über den Wirtschaftsausschuss als erforderlich anzusehen (*LAG Köln* v. 5. 7. 2001, AP Nr. 3 zu § 26 SchwbG 1986).
– Schulungen über die praktische Abwicklung von Kündigungsprozessen, wenn es zumindest möglich ist, dass auch Kündigungen gegenüber schwerbehinderten Menschen ausgesprochen werden (*ArbG Hamburg* v. 6. 11. 2003, ArbuR 2004, 197).

Die Schulungs- und Bildungsveranstaltungen können sowohl von den Integrationsämtern als auch sonstigen Dritten durchgeführt werden. Eine **besondere Anerkennung** der Schulungs- und Bildungsveranstaltung ist nicht erforderlich. Die von den Integrationsämtern durchgeführten Bildungsveranstaltungen erfüllen in aller Regel das Kriterium der „**Erforderlichkeit**" (*Müller-Wenner/Schorn*, SGB IX, § 96 Rdnr. 37; *Masuch*, in: Hauck/Noftz, SGB IX, § 96 Rdnr. 31). Bei Schulungs- und Bildungsveranstaltungen, die nicht von den Integrationsämtern durchgeführt werden, ist die Erforderlichkeit in jedem Einzelfall gesondert zu prüfen. 27

Unter den Voraussetzungen des Abs. 4 Satz 4 hat auch der **erste Stellvertreter** der Vertrauensperson Anspruch auf Arbeitsbefreiung wegen der Teilnahme an einer Schulungs- und Bildungsveranstaltung. 28

III. Berufliche Weiterbildung (Abs. 5)

Nach Abs. 5 dürfen freigestellte Vertrauenspersonen nicht von Maßnahmen der **Berufsförderung** ausgeschlossen werden. Absatz 5 ist nicht auf die völlig von ihren Arbeitspflichten freigestellte Vertrauensperson anwendbar. 29

Grundsätzlich ist der freigestellten Vertrauensperson während der Freistellung die Möglichkeit der **Qualifizierung** zu geben. War dies nicht möglich, ist ihr nach der Beendigung der Freistellung die Möglichkeit zur Berufsförderung innerhalb der in den Sätzen 2 und 3 genannten Fristen zu geben. Die in den Sätzen 2 und 3 genannten Fristen beginnen mit dem Ende der Freistellung. Die Verpflichtung besteht nur im Rahmen der Möglichkeit des Betriebs bzw. der Dienststelle, d. h. wenn es finanziell und zeitlich machbar ist und den Betriebsablauf nicht erheblich stört. Gegebenenfalls hat der Arbeitgeber Gelegenheit zur **außerbetrieblichen Berufsbildung** zu schaffen. 30

F. Ausgleich durch Arbeits- und Dienstbefreiung (Abs. 6)

Führt die Vertrauensperson ihre Tätigkeit außerhalb der Arbeitszeit durch, besteht nach Abs. 6 Anspruch auf entsprechende Arbeitsbefreiung und Fortzahlung des Arbeitsentgelts. Unter „**Arbeitszeit**" ist die persönliche Arbeitszeit der Vertrauensperson und nicht die betriebsübliche Arbeitszeit zu verstehen. 31

Erforderlich ist zudem, dass die Tätigkeit aus **betriebsbedingten** oder **dienstlichen Gründen** außerhalb der Arbeitszeit durchgeführt wurde. Das heißt, es war für die Vertrauensperson nicht möglich, ihre Amtsaufgaben während der Arbeitszeit durchzuführen, z. B. durch das Ableisten von Schichtarbeit oder längere Ausschuss-Sitzungen. Kein Anspruch auf Freizeitausgleich besteht, wenn die Vertrauensperson freiwillig außerhalb ihrer Arbeitszeit ihre Amtsgeschäfte wahrnimmt. Absatz 6 gilt nicht für die Teilnahme an Schulungs- und Bildungsveranstaltungen nach Abs. 4 (*BAG* v. 14. 3. 1990, AP Nr. 2 zu § 26 SchwbG). 32

Die Vertrauensperson muss den Anspruch auf Arbeitsbefreiung gegenüber dem Arbeitgeber geltend machen. Eine **gesetzliche Frist** für die Geltendmachung besteht nicht, tarifliche Ausschlussfristen sind aber zu beachten. Entgegen § 37 Abs. 3 33

Satz 3 BetrVG ist auch ein bestimmter Ausgleichszeitraum nicht vorgesehen, nach dem eine Mehrarbeitsvergütung geschuldet ist. Eine analoge Anwendung des § 37 Abs. 3 Satz 3 wird einhellig abgelehnt (*Masuch*, in: Hauck/Noftz, SGB IX, § 96 Rdnr. 38; *Neumann/Pahlen/Majerski-Pahlen*, SGB IX, § 96 Rdnr. 18; *Müller-Wenner/Schorn*, SGB IX, § 96 Rdnr. 28).

G. Verschwiegenheits- und Geheimhaltungspflicht (Abs. 7)

34 In Abs. 7 ist die **Geheimhaltungspflicht** der Vertrauensperson geregelt. Verstöße gegen Abs. 7 können mit Freiheitsstrafe bis zu einem Jahr oder mit Geldstrafe geahndet werden (§ 155 Abs. 1). Erfolgt der Verstoß gegen die Geheimhaltungspflicht gegen Entgelt oder in der Absicht, sich oder einen anderen zu bereichern oder zu schädigen, erhöht sich die Freiheitsstrafe auf bis zu zwei Jahre (§ 155 Abs. 2 Satz 1). § 155 ist Antragsdelikt.

35 Die **Verschwiegenheitspflicht** besteht nicht gegenüber der Bundesagentur für Arbeit, den Integrationsämtern und den Rehabilitationsträgern, soweit deren Aufgaben den schwerbehinderten Menschen gegenüber es erfordern. Erforderlichkeit in diesem Sinne ist nur dann gegeben, wenn im Einzelfall die Kenntnis von persönlichen Verhältnissen des schwerbehinderten Menschen für die Entscheidung der genannten Stellen von Relevanz ist. Die Verschwiegenheitspflicht besteht auch nicht gegenüber den Vertrauenspersonen in den Stufenvertretungen und den Betriebsräten und Personalräten.

H. Kosten der Schwerbehindertenvertretung (Abs. 8 und 9)

36 Die durch die Tätigkeit der Schwerbehindertenvertretung entstehenden **Kosten** hat der Arbeitgeber zu tragen. Der Arbeitgeber hat die Kosten der Tätigkeit der Schwerbehindertenvertretung aber nur dann zu tragen, wenn es sich um notwendige Kosten handelt (*Neumann/Pahlen/Majerski-Pahlen*, SGB IX, § 96 Rdnr. 23). Dies sind solche, die zur pflichtgemäßen Aufgabenerfüllung erforderlich waren.

37 Zu den Kosten gehören **Sach-** und **Personalkosten.** Sachkosten sind u. a. die Ausgaben für die Durchführung der Wahl der Schwerbehindertenvertretung, Büroausstattung, Möbel, Telefon, Fahrtkosten oder die Kosten für die Beauftragung eines Rechtsanwalts.

38 Die Schwerbehindertenvertretung hat kein Recht auf **eigene Räume,** z. B. für Besprechung oder Sprechstunden. Der Arbeitgeber kann aber freiwillig der Schwerbehindertenvertretung eigene Räume zuweisen. Stehen der Schwerbehindertenvertretung keine eigenen Räume und keine eigenen sachlichen Mittel zur Verfügung, gibt Abs. 9 der Schwerbehindertenvertretung ein Recht auf die Mitbenutzung der Räume und sachlichen Mittel anderer Gremien.

I. Verfahrensfragen

39 Bei **Streitigkeiten** über die Behinderung oder Begünstigung der Amtstätigkeit der Schwerbehindertenvertretung entscheiden die **Arbeitsgerichte.** Die Ansprüche sind nach § 2a Abs. 1 Nr. 3a ArbGG im Beschlussverfahren geltend zu machen, auch wenn der § 96 dort nicht erwähnt ist (*LAG Köln* v. 5. 7. 2001, ArbuR 2002, 37; *Neumann/Pahlen/Majerski-Pahlen*, SGB IX, § 96 Rdnr. 25; *Müller-Wenner/Schorn*, SGB IX, § 96 Rdnr. 61). Ist die Vertrauensperson bei einer Dienststelle beschäftigt, entscheiden die **Verwaltungsgerichte** im Beschlussver-

fahren (*VG Münster* v. 6. 8. 2002, NVwZ 2003, 499; *BVerwG* v. 4. 10. 1993, AP Nr. 6 zu § 25 SchwbG 1986; *Müller-Wenner/Schorn*, SGB IX, § 96 Rdnr. 65; *Neumann/Pahlen/Majerski-Pahlen*, SGB IX, § 96 Rdnr. 25).

Über Streitigkeiten im Hinblick auf die Fortzahlung des Arbeitsentgelts, der **40** Freistellung, der Gewährung von Freizeitausgleich oder bei Angelegenheiten nach den Absätzen 5 und 6 entscheiden die Gerichte im Urteilsverfahren (*Müller-Wenner/ Schorn*, SGB IX, § 96 Rdnr. 63). Für einen Streit über den Umfang der Freistellung der Vertrauensperson der schwerbehinderten Menschen ist das personalvertretungsrechtliche Beschlussverfahren vor den Verwaltungsgerichten eröffnet (*OVG NRW* v. 6. 8. 2002 – 1 E 141/02.PVL, Behindertenrecht 2003, 35 = ZTR 2003, 103).

§ 97 Konzern-, Gesamt-, Bezirks- und Hauptschwerbehindertenvertretung

(1) ¹Ist für mehrere Betriebe eines Arbeitgebers ein Gesamtbetriebsrat oder für den Geschäftsbereich mehrerer Dienststellen ein Gesamtpersonalrat errichtet, wählen die Schwerbehindertenvertretungen der einzelnen Betriebe oder Dienststellen eine Gesamtschwerbehindertenvertretung. ²Ist eine Schwerbehindertenvertretung nur in einem der Betriebe oder in einer der Dienststellen gewählt, nimmt sie die Rechte und Pflichten der Gesamtschwerbehindertenvertretung wahr.

(2) ¹Ist für mehrere Unternehmen ein Konzernbetriebsrat errichtet, wählen die Gesamtschwerbehindertenvertretungen eine Konzernschwerbehindertenvertretung. ²Besteht ein Konzernunternehmen nur aus einem Betrieb, für den eine Schwerbehindertenvertretung gewählt ist, hat sie das Wahlrecht wie eine Gesamtschwerbehindertenvertretung.

(3) ¹Für den Geschäftsbereich mehrstufiger Verwaltungen, bei denen ein Bezirks- oder Hauptpersonalrat gebildet ist, gilt Absatz 1 sinngemäß mit der Maßgabe, dass bei den Mittelbehörden von deren Schwerbehindertenvertretung und den Schwerbehindertenvertretungen der nachgeordneten Dienststellen eine Bezirksschwerbehindertenvertretung zu wählen ist. ²Bei den obersten Dienstbehörden von deren Schwerbehindertenvertretung und den Bezirksschwerbehindertenvertretungen des Geschäftsbereichs eine Hauptschwerbehindertenvertretung zu wählen; ist die Zahl der Bezirksschwerbehindertenvertretungen niedriger als zehn, sind auch die Schwerbehindertenvertretungen der nachgeordneten Dienststellen wahlberechtigt.

(4) ¹Für Gerichte eines Zweiges der Gerichtsbarkeit, für die ein Bezirks- oder Hauptrichterrat gebildet ist, gilt Absatz 3 entsprechend. ²Sind in einem Zweig der Gerichtsbarkeit bei den Gerichten der Länder mehrere Schwerbehindertenvertretungen nach § 94 zu wählen und ist in diesem Zweig kein Hauptrichterrat gebildet, ist in entsprechender Anwendung von Absatz 3 eine Hauptschwerbehindertenvertretung zu wählen. ³Die Hauptschwerbehindertenvertretung nimmt die Aufgabe der Schwerbehindertenvertretung gegenüber dem Präsidialrat wahr.

(5) Für jede Vertrauensperson, die nach den Absätzen 1 bis 4 neu zu wählen ist, wird wenigstens ein stellvertretendes Mitglied gewählt.

(6) ¹Die Gesamtschwerbehindertenvertretung vertritt die Interessen der schwerbehinderten Menschen in Angelegenheiten, die das Gesamtunternehmen oder mehrere Betriebe oder Dienststellen des Arbeitgebers be-

treffen und von den Schwerbehindertenvertretungen der einzelnen Betriebe oder Dienststellen nicht geregelt werden können, sowie die Interessen der schwerbehinderten Menschen, die in einem Betrieb oder einer Dienststelle tätig sind, für die eine Schwerbehindertenvertretung nicht gewählt ist; dies umfasst auch Verhandlungen und den Abschluss entsprechender Integrationsvereinbarungen. ²Satz 1 gilt entsprechend für die Konzern-, Bezirks- und Hauptschwerbehindertenvertretung sowie für die Schwerbehindertenvertretung der obersten Dienstbehörde, wenn bei einer mehrstufigen Verwaltung Stufenvertretungen nicht gewählt sind. ³Die nach Satz 2 zuständige Schwerbehindertenvertretung ist auch in persönlichen Angelegenheiten schwerbehinderter Menschen, über die eine übergeordnete Dienststelle entscheidet, zuständig; sie gibt der Schwerbehindertenvertretung der Dienststelle, die den schwerbehinderten Menschen beschäftigt, Gelegenheit zur Äußerung. ⁴Satz 3 gilt nicht in den Fällen, in denen der Personalrat der Beschäftigungsbehörde zu beteiligen ist.

(7) § 94 Abs. 3 bis 7, § 95 Abs. 1 Satz 4, Abs. 2, 4, 5 und 7 und § 96 gelten entsprechend, § 94 Abs. 5 mit der Maßgabe, dass die Wahl der Gesamt- und Bezirksschwerbehindertenvertretungen in der Zeit vom 1. Dezember bis 31. Januar, die der Konzern- und Hauptschwerbehindertenvertretungen in der Zeit vom 1. Februar bis 31. März stattfindet.

(8) § 95 Abs. 6 gilt für die Durchführung von Versammlungen der Vertrauens- und der Bezirksvertrauenspersonen durch die Gesamt-, Bezirks- oder Hauptschwerbehindertenvertretung entsprechend.

Inhaltsübersicht

	Rdnr.
A. Allgemeines	1
B. Gesamtschwerbehindertenvertretung (Abs. 1)	2–4
C. Konzernschwerbehindertenvertretung (Abs. 2)	5
D. Bezirks- und Hauptschwerbehindertenvertretung (Abs. 3)	6, 7
E. Besonderheiten für die Gerichte (Abs. 4)	8
F. Zuständigkeit der Stufenvertretungen (Abs. 6)	9, 10
G. Wahl der Stufenvertretungen (Abs. 7)	11
H. Versammlungen (Abs. 8)	12

A. Allgemeines

1   Die Vorschrift enthält Regelungen über die **Wahl**, die **Rechtsstellung** und die **Aufgaben** der **Stufenvertretungen.** Die durch das „Gesetz zur Bekämpfung der Arbeitslosigkeit Schwerbehinderter" vom 29. 9. 2000 (BGBl. I S. 1394) geschaffene Konzernschwerbehindertenvertretung ist in Abs. 2 übernommen worden. § 97 ist inhaltsgleich zu der aufgehobenen Vorschrift des § 27 SchwbG und durch das Gesetz zur Gleichstellung behinderter Menschen und zur Änderung anderer Gesetze vom 27. 4. 2002 (BGBl. I 1467) nur im Hinblick auf unrichtige Verweisungen in den Absätzen 4 und 5 verändert worden.

B. Gesamtschwerbehindertenvertretung (Abs. 1)

2   Absatz 1 regelt die **Bildung** der **Gesamtschwerbehindertenvertretung.** Die Vorschrift entspricht § 47 BetrVG bzw. § 55 BPersVG. Voraussetzung für die Bildung der Gesamtschwerbehindertenvertretung ist das Bestehen eines Gesamtbe-

triebsrats bzw. Gesamtpersonalrats. **Wahlberechtigt** sind die Schwerbehindertenvertretungen der einzelnen Betriebe oder Dienststellen. Die einzelnen schwerbehinderten Beschäftigten der Dienststellen sind nicht wahlberechtigt.

Ist nur in einem Betrieb eine Schwerbehindertenvertretung gewählt, so nimmt 3 diese die Rechte und Pflichten der Gesamtschwerbehindertenvertretung wahr (Satz 2). Eine besondere Wahl einer Gesamtschwerbehindertenvertretung ist in diesem Fall entbehrlich. Die schwerbehinderten Beschäftigten der Betriebe ohne Schwerbehindertenvertretung können nicht an der **Gesamtschwerbehindertenvertretung** teilnehmen. Trotzdem hat die Gesamtschwerbehindertenvertretung auch die Interessen derjenigen schwerbehinderten Beschäftigten wahrzunehmen, in deren Betrieb keine Schwerbehindertenvertretung besteht.

In die Gesamtsschwerbehindertenvertretung **wählbar** sind alle schwerbehin- 4 derten Beschäftigten unter den Voraussetzungen des § 94 Abs. 3 i. V. m. § 97 Abs. 7 (*Neumann/Pahlen/Majerski-Pahlen,* SGB IX, § 97 Rdnr. 4). Die Wählbarkeit ist somit nicht auf die Vertrauenspersonen der Betriebe oder Dienststellen beschränkt. Nicht erforderlich ist, dass die Gesamtschwerbehindertenvertrauensperson selbst schwerbehindert oder gleichgestellt ist. Die Gesamtschwerbehindertenvertrauensperson kann gleichzeitig Mitglied des Betriebs- bzw. Gesamtbetriebs- oder Konzernbetriebsrats sei. Neben der Gesamtschwerbehindertenvertrauensperson ist nach Abs. 5 wenigstens ein **stellvertretendes Mitglied** zu wählen.

C. Konzernschwerbehindertenvertretung (Abs. 2)

Absatz 2 ist durch das „Gesetz zur Bekämpfung der Arbeitslosigkeit Schwerbe- 5 hinderter" zum 1. 10. 2000 in das Schwerbehindertengesetz eingefügt worden. Nach der Gesetzesbegründung erforderte die wirksame Vertretung der Rechte der Schwerbehinderten eine Schwerbehindertenvertretung auf Konzernebene (BT-Drucks. 14/3372, Begründung, S. 14). **Wahlberechtigt** zur Wahl der Konzernschwerbehindertenvertretung sind die Gesamtschwerbehindertenvertretungen. Entgegen der Regelung für die Gesamtschwerbehindertenvertretung nach Abs. 1 ist die Wahl einer Konzernschwerbehindertenvertretung im Fall des Bestehens nur einer Gesamtschwerbehindertenvertretung nicht möglich.

D. Bezirks- und Hauptschwerbehindertenvertretung (Abs. 3)

Absatz 3 ist eine Sonderregelung für den öffentlichen Dienst und entspricht den 6 Regelungen bzgl. der **Bezirks- und Hauptpersonalräte** gem. § 53 BPersVG. Die Bezirksschwerbehindertenvertretung wird in den Mittelbehörden gebildet, soweit ein Bezirkspersonalrat besteht. Er wird von den Schwerbehindertenvertretungen der nachgeordneten Behörden gewählt.

Die Hauptschwerbehindertenvertretung wird bei der **obersten Dienstbehörde** 7 gebildet, wenn ein Hauptpersonalrat besteht. Die Wahlberechtigung richtet sich nach Abs. 3 Satz 2.

E. Besonderheiten für die Gerichte (Abs. 4)

Absatz 4 beinhaltet eine **Sonderregelung für die Gerichte.** Bei diesen ist ne- 8 ben den Bezirks- und Hauptschwerbehindertenvertretungen auch eine Bezirks- und Hauptschwerbehindertenvertretung der Richter zu wählen. Sind in einem Zweig der Gerichtsbarkeit der Länder mehrere Schwerbehindertenvertretungen zu wählen und besteht kein Hauptpersonalrat, ist dennoch eine Hauptschwerbehindertenvertretung zu wählen. Die Bezugnahme auf Abs. 2 war ein redaktionelles Versehen, das mit dem Gesetz zur Gleichstellung behinderter Menschen und zur Änderung anderer Gesetze vom 27. 4. 2002 (BGBl. I S. 1467) korrigiert wurde.

F. Zuständigkeit der Stufenvertretungen (Abs. 6)

9 Nach Abs. 6 vertritt die Gesamtschwerbehindertenvertretung die Interessen der schwerbehinderten Menschen in Angelegenheiten, die das **Gesamtunternehmen** oder mehrere Betriebe betreffen. Weitere Voraussetzung ist, dass diese Angelegenheiten nicht von den Schwerbehindertenvertretungen der einzelnen Betriebe oder Dienststellen geregelt werden können. Notwendig ist nicht unbedingt eine objektive Unmöglichkeit einer Regelung durch die einzelnen Schwerbehindertenvertretungen. Ausreichend ist, wenn ein zwingendes Erfordernis für eine betriebs- oder unternehmensübergreifende einheitliche Regelung besteht (*Müller-Wenner/ Schorn*, SGB IX, § 97 Rdnr. 16).

10 Die Gesamtschwerbehindertenvertretung ist nach Abs. 7 i. V. m. § 95 Abs. 2 in allen Angelegenheiten, die einzelne schwerbehinderte Beschäftigte oder die Schwerbehinderte als Gruppe betreffen, **umfassend zu unterrichten.** Darüber hinaus hat die Gesamtschwerbehindertenvertretung das Recht, an den Sitzungen des Gesamtbetriebsrats bzw. Gesamtpersonalrats teilzunehmen.

G. Wahl der Stufenvertretungen (Abs. 7)

11 Nach Abs. 7 finden die Wahlen der Gesamt- und Bezirksschwerbehindertenvertretung zeitlich nach der Wahl der Schwerbehindertenvertretung, die in der Zeit vom 1. Oktober bis 30. November stattfinden (§ 94 Abs. 5 Satz 1), im Zeitraum vom **1. Dezember bis 31. Januar** statt. Darauf nachfolgend finden die Wahlen zur Konzern- und Hauptschwerbehindertenvertretung in der Zeit vom 1. Februar bis zum 31. März statt.

H. Versammlungen (Abs. 8)

12 Durch die Verweisung in Abs. 8 auf § 95 Abs. 6 ist klargestellt, dass die Stufenvertretungen das Recht haben, Versammlungen der Vertrauenspersonen durchzuführen. Obwohl in Abs. 8 nicht ausdrücklich erwähnt, steht auch der Konzernschwerbehindertenvertretung das Recht zu, Versammlungen der Gesamtschwerbehindertenvertretungen durchzuführen (h. M. *Masuch,* in: Hauck/Noftz, SGB IX, § 97 Rdnr. 18; *Müller-Wenner/Schorn*, SGB IX, § 97 Rdnr. 25).

§ 98 Beauftragter des Arbeitgebers

¹Der Arbeitgeber bestellt einen Beauftragten, der ihn in Angelegenheiten schwerbehinderter Menschen verantwortlich vertritt; falls erforderlich, können mehrere Beauftragte bestellt werden. ²Der Beauftragte soll nach Möglichkeit selbst ein schwerbehinderter Mensch sein. ³Der Beauftragte achtet vor allem darauf, dass dem Arbeitgeber obliegende Verpflichtungen erfüllt werden

Schrifttum: *Braun,* Der Beauftragte des Arbeitgebers i. S. d. § 98 SGB IX, ZTR 2003, 18; *Düwell,* Bestellung eines Beauftragten ist Arbeitgeberpflicht, AuA 2002, 254; *Kaiser,* Die Stellung des Beauftragten des Arbeitgebers nach dem Schwerbehindertengesetz, BehindertenR 1997, 34.

Inhaltsübersicht

	Rdnr.
A. Allgemeines	1
B. Bestellung des Beauftragten	2–12
I. Person des Beauftragten	3–5
II. Verfahren zur Bestellung des Beauftragten	6–8
III. Aufgaben des Beauftragten	9–12

A. Allgemeines

Der Arbeitgeber hat – unabhängig davon, ob eine Schwerbehindertenvertretung 1 besteht – einen **Beauftragten zu bestellen,** der ihn in Angelegenheiten schwerbehinderter Menschen vertritt. Der Beauftragte ist ein innerbetrieblicher Ansprechpartner für den schwerbehinderten Beschäftigten, die Behörden und die Rehabilitationsträger gegenüber dem Arbeitgeber.

B. Bestellung des Beauftragten

Der Arbeitgeber ist zur Bestellung eines Beauftragten verpflichtet. Die Nicht- 2 beachtung dieser Verpflichtung ist aber nicht bußgeldgewehrt, § 156. Die Verpflichtung zur Bestellung eines Beauftragten besteht **unabhängig davon,** ob eine Schwerbehindertenvertretung besteht oder nicht (allg. Meinung, vgl. *Neumann/ Pahlen/Majerski-Pahlen,* SGB IX, § 98 Rdnr. 1 m. w. N.). Die Bestellung eines Beauftragten ist auch unabhängig davon, ob der Arbeitgeber nach § 71 zur Beschäftigung schwerbehinderter Menschen verpflichtet ist (ebenso: *Müller-Wenner/Schorn,* SGB IX, § 98 Rdnr. 3; a. A. *Neumann/Pahlen/Majerski-Pahlen,* SGB IX, § 98 Rdnr. 1, wonach in Kleinbetrieben unter 20 Arbeitsplätzen keine Pflicht zur Bestellung eines Beauftragten besteht). Eine Ausnahme gilt nach dem Sinn und Zweck der Vorschrift bei Arbeitgeber mit weniger als 20 Arbeitsplätzen, die keinen schwerbehinderten Menschen beschäftigen (*Masuch,* in: Hauck/Noftz, SGB IX, § 98 Rdnr. 4; *Düwell,* in: LPK-SGB IX, § 98 Rdnr. 3; *Müller-Wenner/Schorn,* SGB IX, § 98 Rdnr. 3).

I. Person des Beauftragten

Nach Satz 1 hat der Arbeitgeber einen Beauftragten zu bestellen. Die Verpflich- 3 tung besteht für jeden Arbeitgeber unabhängig, ob er nur einen oder mehrere Betriebe betreibt (*Düwell,* AuA 2002, 254; *Neumann/Pahlen/Majerski-Pahlen,* SGB IX, § 98 Rdnr. 2). Möglich ist aber auch die Bestellung **mehrerer Beauftragter,** falls dies erforderlich ist. Erforderlich ist die Bestellung mehrerer Beauftragter u. a. bei weit entfernt auseinander liegenden Betrieben oder Dienststellen des Arbeitgebers.

Als Beauftragter des Arbeitgebers kommen grundsätzlich alle Arbeitnehmer, also 4 Angestellte und Arbeiter in Betracht. Auch die Bestellung von leitenden Angestellten ist möglich. Der **Arbeitgeber** selbst kann **nicht Beauftragter** sein. Denn ein „Arbeitgeber-Beauftragter" kann die Überwachungsfunktion nach Satz 3 nicht ausüben (a. A. *Neumann/Pahlen/Majerski-Pahlen,* SGB IX, § 98 Rdnr. 3). Ein Ausnahme kann hiervon nur für Arbeitgeber mit weniger als 20 Arbeitsplätzen gelten, wenn der Arbeitgeber alle Personalangelegenheiten umfassend ausübt (*Müller-Wenner/Schorn,* SGB IX, § 98 Rdnr. 4). Zulässig ist auch die Bestellung **betriebsfremder Personen.**

Weder die **Vertrauensperson** noch ein Mitglied des **Betriebs-/Personalrats** 5 können zum Beauftragten bestellt werden. Nach Satz 2 soll der Beauftragte nach Möglichkeit selbst ein schwerbehinderter Mensch sein.

II. Verfahren zur Bestellung des Beauftragten

6 Der Beauftragte wird durch eine entsprechende **Erklärung des Arbeitgebers** bestellt. Die Bestellung ist durch den Arbeitgeber jederzeit ohne Angabe von Gründen widerrufbar, § 168 BGB. Arbeitnehmer des Arbeitgebers sind grundsätzlich nicht verpflichtet, das Amt des Beauftragten zu übernehmen (*Düwell*, in: LPK-SGB IX, § 98 Rdnr. 6). Etwas anderes gilt nur dann, wenn er arbeitsvertraglich hierzu verpflichtet ist. Der Beauftragte selbst kann sein Amt jederzeit niederlegen, wenn er privatrechtlich hierzu berechtigt ist.

7 Der Arbeitgeber hat den Namen, Anschrift und die Stellung des Beauftragten im Betrieb unverzüglich nach der Bestellung dem für den Sitz des Betriebs oder der Dienststelle zuständigen Agentur für Arbeit sowie der Schwerbehindertenvertretung gegenüber **zu benennen** (*Neumann/Pahlen/Majerski-Pahlen*, SGB IX, § 98 Rdnr. 5). Sind mehrere Beauftragte bestellt worden, müssen alle der Agentur für Arbeit und dem Integrationsamt benannt werden.

8 Die Abberufung des Beauftragten erfolgt durch den Arbeitgeber. Teilweise wird die Auffassung vertreten, dass die Schwerbehindertenvertretung bzw. die betriebliche Interessenvertretung in entsprechender Anwendung von § 104 BetrVG die Entlassung oder Versetzung des Beauftragten verlangen kann (*Düwell*, in: LPK-SGB IX, § 98 Rdnr. 8). Eine derartige Interpretation ist jedoch in Anbetracht der klaren Regelungen im SGB IX nicht überzeugend.

III. Aufgaben des Beauftragten

9 Der Beauftragte ist Ansprechperson des Arbeitgebers für die an der Integration der schwerbehinderten Menschen beteiligten Behörden, also insbesondere des Integrationsamts, der Agentur für Arbeit und der anderen Rehabilitationsträger nach § 6 Abs. 1 Nr. 1 bis 7. Ebenso ist der Beauftragte **Ansprechpartner** für die Schwerbehindertenvertretung, den Betriebs-/Personalrat und die schwerbehinderten Beschäftigten selbst. Die Bestellung des Beauftragten hindert die genannten Behörden, Vertretungen und den schwerbehinderten Mensch nicht, sich selbst direkt an den Arbeitgeber zu wenden (allg. Meinung, vgl. *Neumann/Pahlen/Majerski-Pahlen*, SGB IX, § 98 Rdnr. 5 m. w. N.).

10 Zu den **Aufgaben des Beauftragten** gehört die Überwachung darüber, dass dem Arbeitgeber obliegende Verpflichtungen erfüllt werden (Satz 3).

11 Die vom Arbeitgeber beauftragte Person ist an die Weisungen des Arbeitgebers gebunden.

12 Verstößt der Beauftragte gegen seine Verpflichtung kann dies als Ordnungswidrigkeit verfolgt werden (*AG Düsseldorf* v. 8. 2. 1990, BehindertenR 1991, 118; *Neumann/Pahlen/Majerski-Pahlen*, SGB IX, § 98 Rdnr. 5).

§ 99 Zusammenarbeit

(1) **Arbeitgeber, Beauftragter des Arbeitgebers, Schwerbehindertenvertretung und Betriebs-, Personal-, Richter-, Staatsanwalts- oder Präsidialrat arbeiten zur Teilhabe schwerbehinderter Menschen am Arbeitsleben in dem Betrieb oder der Dienststelle eng zusammen.**

(2) ¹Die in Absatz 1 genannten Personen und Vertretungen, die mit der Durchführung des Teils 2 beauftragten Stellen und die Rehabilitationsträger unterstützen sich gegenseitig bei der Erfüllung ihrer Aufgaben. ²Vertrauensperson und Beauftragter des Arbeitgebers sind Verbindungspersonen zur Bundesagentur für Arbeit und zum Integrationsamt.

Schrifttum: *Düwell,* Die Zusammenarbeit von Betriebsrat und Schwerbehindertenvertretung, AuR 1993, 345; *Eichenhofer,* Zusammenarbeit zwischen Arbeitgeber, Betriebsrat, und Schwerbehindertenvertretung, ZTR 1994, 103; *Kaiser,* Die Stellung des Beauftragten des Arbeitgebers nach dem Schwerbehindertengesetz, BehindertenR 1997, 34.

Inhaltsübersicht

	Rdnr.
A. Allgemeines	1
B. Zusammenarbeit nach Abs. 1	2, 3
C. Gegenseitige Unterstützung (Abs. 2)	4–6

A. Allgemeines

Nach der Vorschrift sind die in Abs. 1 genannten Stellen zur engen Zusammenarbeit und die zur Durchführung des zweiten Teil des SGB IX zuständigen Stellen zur **gegenseitigen Unterstützung** verpflichtet. Durch die Verpflichtung zur Zusammenarbeit sollen mögliche Konflikte bereits im Vorfeld von Entscheidungen vermieden werden. 1

B. Zusammenarbeit nach Abs. 1

Die in Abs. 1 genannten innerbetrieblichen Stellen sind zu enger Zusammenarbeit verpflichtet. Gefordert ist eine gegenseitige intensive Unterstützung bei der Durchführung des Gesetzes. Die **Art und Weise der Zusammenarbeit** ist freigestellt; sie kann in Form von (regelmäßigen) Unterrichtungen, gegenseitiger Information und der Abstimmung der unterschiedlichen Aufgabenübernahme bestehen. Eine Verpflichtung, die Zusammenarbeit durch eine ständige „Zusammen-(Helfer-)Arbeitsgruppe" zu institutionalisieren, besteht nicht. Die Schaffung einer ständigen „Helfergruppe" ist aber rechtlich zulässig. Die Verpflichtung zur Zusammenarbeit besteht auch für die Stufenvertretungen nach dem SGB IX, § 97 (*Neumann/Pahlen/Majerski-Pahlen,* SGB IX, § 99 Rdnr. 2; *Müller-Wenner/Schorn,* SGB IX, § 99 Rdnr. 5) und nach dem BPersVG bzw. BetrVG (*Neumann/Pahlen/Majerski-Pahlen,* SGB IX, § 99 Rdnr. 2). 2

Der Arbeitgeber ist nach § 99 Abs. 1 verpflichtet, der Schwerbehindertenvertretung in einer Einrichtung der beruflichen Rehabilitation eine Liste mit den in Ausbildung befindlichen Rehabilitanden zu überlassen (*BAG* v. 16. 4. 2003, FA 2003, 187; *ArbG Mannheim* v. 17. 5. 2002, 6 BV 1/02). 3

C. Gegenseitige Unterstützung (Abs. 2)

Nach Abs. 2 Satz 1 haben sich die in Abs. 1 genannten innerbetrieblichen Stellen, die mit der Durchführung des zweiten Teils des SGB IX beauftragten Stellen und die Rehabilitationsträger **gegenseitig zu unterstützen.** In erster Linie sind die Integrationsämter und die Bundesagentur für Arbeit für die Durchführung der §§ 68–160 (2. Teil SGB IX) zuständig. Rehabilitationsträger i. S. v. Abs. 2 Satz 1 sind alle in § 6 Abs. 1 Nr. 1 bis 7 aufgeführten Träger der Leistungen zur Teilhabe. 4

Unterstützung heißt, dass die unterschiedlichen Rehabilitationsträger sich gegenseitig unterrichten, informieren und Vorschläge zur Verbesserung unterbreiten. Eine bestimmte Art der Unterstützung ist nicht vorgeschrieben. Im Einzelfall sollte ein möglichst unbürokratischer Weg der Unterstützung gewählt werden. 5

§§ 100, 101 Teil 2. Schwerbehindertenrecht

6   Die Vertrauensperson (§ 94 Abs. 6) und der Beauftragte des Arbeitgebers (§ 98) sind **Verbindungspersonen** zur Bundesagentur für Arbeit und zum Integrationsamt, Abs. 2 Satz 2. Damit sind die Vertrauensperson und der Beauftragte des Arbeitgebers innerbetriebliche Anlaufstellen für den Kontakt mit den für die Durchführung des zweiten Teils des SGB IX zuständigen Behörden. Dies bedeutet aber nicht, dass die Kontaktaufnahme zu dem schwerbehinderten Menschen durch die Bundesagentur für Arbeit und das Integrationsamt immer zunächst über die Vertrauensperson bzw. den Beauftragten des Arbeitgebers erfolgen muss (*Düwell*, in: LPK-SGB IX, § 99 Rdnr. 5).

§ 100 Verordnungsermächtigung

Die Bundesregierung wird ermächtigt, durch Rechtsverordnung mit Zustimmung des Bundesrates nähere Vorschriften über die Vorbereitung und Durchführung der Wahl der Schwerbehindertenvertretung und ihrer Stufenvertretungen zu erlassen.

1   § 100 ist im Wesentlichen inhaltsgleich mit der aufgehobenen Vorschrift des § 24 Abs. 7 SchwbG. Gegenüber § 24 Abs. 7 SchwbG ist die **Verordnungsermächtigung** in § 100 erweitert worden. Die Bundesregierung ist nicht nur zum Erlass einer Rechtsverordnung über die Vorbereitung und Durchführung der Wahl der Schwerbehindertenvertretung, sondern auch über die Vorbereitung und Wahl der Stufenvertretung (wegen der §§ 22–27 SchwbVWO) ermächtigt.
2   Bereits vor Inkrafttreten des SGB IX hat die Bundesregierung von ihrer Verordnungsermächtigung nach § 24 Abs. 7 SchwbG Gebrauch gemacht und das Verfahren zur Wahl der Schwerbehindertenvertretung in der „Ersten Verordnung zur Durchführung des Schwerbehindertengesetzes" (Wahlordnung Schwerbehindertengesetz – SchwbVWO) i. d. F. v. 23. 4. 1990 (BGBl. I S. 811) geregelt. Mit Inkrafttreten des SGB IX wurde die Verordnung umbenannt in **„Wahlordnung Schwerbehindertenvertretungen"** (SchwbVWO).
3   In der „Wahlordnung Schwerbehindertenvertretungen" sind die näheren **Einzelheiten** zur **Wahl der Schwerbehindertenvertretung** geregelt. Hierzu gehören insbesondere Vorschriften über:
– die Bestellung und die Aufgaben des Wahlvorstands (§§ 1 und 2 SchwbVWO),
– Vorschriften über die Wahlvorschläge und das Wahlausschreiben (§§ 1–8 SchwbVWO),
– Einzelheiten zur Durchführung der Wahl (§§ 9–17 SchwbVWO) und beim vereinfachten Wahlverfahren (§§ 18–21 SchwbVWO) sowie
– Vorschriften über die Wahl der Stufenvertretungen (§§ 22–27 SchwbVWO), vgl. Anhang Nr. 1.

Kapitel 6. Durchführung der besonderen Regelungen zur Teilhabe schwerbehinderter Menschen

§ 101 Zusammenarbeit der Integrationsämter und der Bundesagentur für Arbeit

(1) Soweit die besonderen Regelungen zur Teilhabe schwerbehinderter Menschen am Arbeitsleben nicht durch freie Entschließung der Arbeitgeber erfüllt werden, werden sie

Kap. 6. Durchführung der besonderen Regelungen 1–3 § 101

1. in den Ländern von dem Amt für die Sicherung der Integration schwerbehinderter Menschen im Arbeitsleben (Integrationsamt) und
2. von der Bundesagentur für Arbeit

in enger Zusammenarbeit durchgeführt.

(2) **Die den Rehabilitationsträgern nach den geltenden Vorschriften obliegenden Aufgaben bleiben unberührt.**

Schrifttum: *Düwell,* Neu geregelt: Die Stellung der Schwerbehinderten im Arbeitsrecht, BB 2001, 1527.

Inhaltsübersicht

	Rdnr.
A. Allgemeines	1
B. Durchführung des Gesetzes durch freie Entschließung des Arbeitgebers oder durch Integrationsamt und Bundesagentur für Arbeit (Abs. 1)	2, 3
C. Aufgaben der Rehabilitationsträger (Abs. 2)	4, 5

A. Allgemeines

Die Vorschrift bestimmt, dass die besonderen Regelungen zur Teilhabe am Arbeitsleben – soweit sie nicht von den **Arbeitgebern** erfüllt werden – von den Integrationsämtern und der Bundesagentur für Arbeit durchgeführt werden. Die Regelung überträgt inhaltsgleich den bisherigen § 30 SchwbG. § 101 Abs. 1 Nr. 1 wurde durch das Bundesbehindertengleichstellungsgesetz vom 27. 4. 2002 (BGBl. I S. 1467) neu gefasst, ohne dass sich dadurch inhaltliche Änderungen ergeben hätten (zur Rechtshistorie der Vorschrift s. *Neumann/Pahlen/Majerski-Pahlen,* SGB IX, § 101 Rdnr. 1–6).

1

B. Durchführung des Gesetzes durch freie Entschließung des Arbeitgebers oder durch Integrationsamt und Bundesagentur für Arbeit (Abs. 1)

Die Bestimmung, dass die Regelungen zur Teilhabe schwerbehinderter Menschen am Arbeitsleben vom Arbeitgeber freiwillig durchzuführen seien, hat **deklaratorischen** und programmatischen **Charakter** (*Bieritz-Harder,* in: HK-SGB IX, § 101 Rdnr. 2; *Seidel/Götze,* in: Hauck/Noftz, SGB IX, § 101 Rdnr. 1; *Neumann/Pahlen/Majerski-Pahlen,* SGB IX, § 101 Rdnr. 7). Sie bringt die Hoffnung des Gesetzgebers zum Ausdruck, dass die Arbeitgeber die ihnen obliegenden Verpflichtungen (z. B. Beschäftigungspflicht, § 71, Pflicht zur Abgabe von Meldungen, § 80 usw.) von sich aus erfüllen (und Bußgelder o. Ä. entbehrlich sind).

2

Abgesehen hiervon sollen die Bestimmungen zur Teilhabe am Arbeitsleben (§§ 33 ff.) auf Landesebene von den Integrationsämtern in Zusammenarbeit mit der Bundesagentur für Arbeit wahrgenommen werden. Grundlage für die Zusammenarbeit ist eine **gemeinsame Verfahrensregelung** zwischen der Bundesagentur für Arbeit und der Arbeitsgemeinschaft der Deutschen Hauptfürsorgestellen (Runderlass v. 5. 10. 1978, 290/78). Die genaue Aufgabenverteilung und -zuweisung ergibt sich aus § 102 (Aufgaben der Integrationsämter) und § 104 (Aufgaben der Bundesagentur für Arbeit), siehe im Einzelnen dort.

3

C. Aufgaben der Rehabilitationsträger (Abs. 2)

4 Absatz 2 bestimmt, dass die Aufgaben der Rehabilitationsträger nicht durch das Schwerbehindertenrecht des 2. Teils des SGB IX, also den §§ 68 ff. eingeschränkt werden. Die in § 5 genannten **Leistungen der Rehabilitationsträger** (§ 6) haben Vorrang gegenüber Leistungen der Integrationsämter, soweit das Gesetz den jeweiligen Rehabilitationsträger zu ihrer Erbringung verpflichtet (*Müller-Wenner/Schorn*, SGB IX, § 101 Rdnr. 11). Die in den §§ 68 ff. genannten Leistungen ergänzen insofern die Leistungen der Rehabiltationsträger (*Bieritz-Harder*, in: HK-SGB IX, § 101 Rdnr. 7; *Dau*, in: LPK-SGB IX, § 101 Rdnr. 7) Nicht von der Bestimmung des Abs. 2 erfasst werden freiwillige Leistungen oder Leistungen von anderen Stellen, wie beispielsweise kirchlichen Stellen, Caritas, Diakonie oder privaten Heimen.

5 **Integrationsämter in Deutschland**

Regierung von Mittelfranken
– Hauptfürsorgestelle –
Bischof-Meiser-Str. 2
91522 Ansbach

Regierung von Schwaben
– Hauptfürsorgestelle –
Fronhof 10
86152 Augsburg

Regierung von Oberfranken
– Hauptfürsorgestelle –
Ludwigstr. 20
95444 Bayreuth

Hauptfürsorgestelle Berlin
Albrecht-Achilles-Str. 62
10709 Berlin

Senator für Arbeit und Frauen
– Hauptfürsorgestelle für Kriegsopfer und Schwerbehinderte –
Doventorscontrescarpe 172
28195 Bremen

Amt für Familie und Soziales
– Zweigstelle der Hauptfürsorgestelle –
Brückenstr. 10
09111 Chemnitz

Sächsisches Landesamt für Familie und Soziales
– Hauptfürsorgestelle –
Altchemnitzer Str. 40
09120 Chemnitz

Amt für Soziales und Versorgung
Zweigstelle
– Hauptfürsorgestelle –
Straße der Jugend 33
03054 Cottbus

Landesamt für Soziales und Versorgung
– Hauptfürsorgestelle –
Weinbergstr. 10
03050 Cottbus

Landeswohlfahrtsverband Hessen
Ref. Hauptfürsorgestelle
Steubenplatz 16
64293 Darmstadt

Amt für Familie und Soziales
– Zweigstelle der Hauptfürsorgestelle –
Zelescher Weg 20
01217 Dresden

Amt für Soziales und Versorgung
– Hauptfürsorgestelle Zwg. –
Robert-Havemann-Str. 4
15236 Frankfurt/Oder

Landeswohlfahrtsverband Baden
Zweigstelle Freiburg
– Hauptfürsorgestelle –
Kaiser-Joseph-Str. 170
79098 Freiburg

Landesamt für Soziales und Familie
Hauptfürsorgestelle Thüringen
– Außenstelle Gera –
Friedrich-Engels-Str. 12
07545 Gera

Amt für Versorgung und Soziales
– Zweigstelle der Hauptfürsorgestelle –
Maxim-Gorki-Str. 4–7
06114 Halle

Kap. 6. Durchführung der besonderen Regelungen § 101

Landesamt für Versorgung und Soziales
Sachsen-Anhalt
– Hauptfürsorgestelle –
Neustädter Passage 9
06122 Halle

Behörde für Arbeit, Gesundheit
und Soziales
– Hauptfürsorgestelle –
Hamburger Str. 47
22083 Hamburg

Landessozialamt Niedersachsen
– Hauptfürsorgestelle –
Domhof 1
31134 Hildesheim

Landeswohlfahrtsverband Baden
– Hauptfürsorgestelle –
Ernst-Frey-Str. 9
76135 Karlsruhe

Landeswohlfahrtsverband Hessen
– Hauptfürsorgestelle –
Kölnische Str. 30
34117 Kassel

D. Ministerium für Arbeit und Soziales
Amt für Wohlfahrt und Sozialhilfe
– Hauptfürsorgestelle –
Auguste-Viktoria-Str. 10
24103 Kiel

Landesamt für Jugend und Soziales
Rheinland-Pfalz
– Außenstelle Hauptfürsorgestelle –
Schloßstr. 37
56068 Koblenz

Regierung von Niederbayern
– Hauptfürsorgestelle –
Regierungsplatz 540
84028 Landshut

Amt für Familie und Soziales
– Zweigstelle der Hauptfürsorgestelle –
Richard-Wagner-Str. 10
04109 Leipzig

Amt für Soziales und Versorgung
Zweigstelle
– Hauptfürsorgestelle –
Humboldtstr. 1
39112 Magdeburg

Landesamt für Jugend und Soziales
Rheinland-Pfalz
– Hauptfürsorgestelle –
Rheinallee 97–101
55118 Mainz

Bayerisches Staatsministerium
für Arbeit, Familie u. Sozialordnung
– Landeshauptfürsorgestelle –
Winzererstr. 9
80797 München

Regierung von Oberbayern
– Hauptfürsorgestelle –
Elsenheimerstr. 41–43
80687 München

Landschaftsverband Westfalen-Lippe
– Hauptfürsorgestelle –
Warendorfer Str. 26
48145 Münster

Landesamt für Jugend und Soziales
– Außenstelle Hauptfürsorgestelle –
Schütt 2
67433 Neustadt

Amt für Versorgung und Soziales
– Hauptfürsorgestelle PO7 –
Zweigstelle
Henn.-von-Treschow-Str. 2–8
14467 Potsdam

Regierung der Oberpfalz
– Hauptfürsorgestelle –
Emmeramsplatz 8
93047 Regensburg

Hauptfürsorgestelle
Mecklenburg-Vorpommern
– Zweigstelle –
Stephanstr. 18
18055 Rostock

Ministerium für Frauen, Arbeit, Gesundheit und Soziales
– Hauptfürsorgestelle –
Franz-Josef-Röder-Str. 23
66119 Saarbrücken

Hauptfürsorgestelle
Mecklenburg-Vorpommern
– Zweigstelle –
Friedrich-Engels-Str. 47
19061 Schwerin

Landeswohlfahrtsverband
Württemberg-Hohenzollern
– Hauptfürsorgestelle –
Lindenspürstr. 39
70176 Stuttgart

§ 102 Teil 2. Schwerbehindertenrecht

Landesamt für Soziales und Familie
– Hauptfürsorgestelle –
Karl-Liebknecht-Str. 4
98527 Suhl

Landeswohlfahrtsverband
Württemberg-Hohenzollern
– Zweigstelle Hauptfürsorgestelle –
Konrad-Adenauer-Str. 42
72072 Tübingen

Landeswohlfahrtsverband Hessen
Ref. Hauptfürsorgestelle
Frankfurter Str. 44
65189 Wiesbaden

Regierung von Unterfranken
– Hauptfürsorgestelle –
Peterplatz 9
97070 Würzburg

§ 102 Aufgaben des Integrationsamtes

(1) [1]Das Integrationsamt hat folgende Aufgaben:
1. die Erhebung und Verwendung der Ausgleichsabgabe,
2. den Kündigungsschutz,
3. die begleitende Hilfe im Arbeitsleben,
4. die zeitweilige Entziehung der besonderen Hilfen für schwerbehinderte Menschen (§ 117).

[2]Die Integrationsämter werden so ausgestattet, dass sie ihre Aufgaben umfassend und qualifiziert erfüllen können. [3]Hierfür wird besonders geschultes Personal mit Fachkenntnissen des Schwerbehindertenrechts eingesetzt.

(2) [1]Die begleitende Hilfe im Arbeitsleben wird in enger Zusammenarbeit mit der Bundesagentur für Arbeit und den übrigen Rehabilitationsträgern durchgeführt. [2]Sie soll dahin wirken, dass die schwerbehinderten Menschen in ihrer sozialen Stellung nicht absinken, auf Arbeitsplätzen beschäftigt werden, auf denen sie ihre Fähigkeiten und Kenntnisse voll verwerten und weiterentwickeln können sowie durch Leistungen der Rehabilitationsträger und Maßnahmen der Arbeitgeber befähigt werden, sich am Arbeitsplatz und im Wettbewerb mit nichtbehinderten Menschen zu behaupten. [3]Dabei gelten als Arbeitsplätze auch Stellen, auf denen Beschäftigte befristet oder als Teilzeitbeschäftigte in einem Umfang von mindestens 15 Stunden wöchentlich beschäftigt werden. [4]Die begleitende Hilfe im Arbeitsleben umfasst auch die nach den Umständen des Einzelfalls notwendige psychosoziale Betreuung schwerbehinderter Menschen. [5]Das Integrationsamt kann bei der Durchführung der begleitenden Hilfen im Arbeitsleben Integrationsfachdienste einschließlich psychosozialer Dienste freier gemeinnütziger Einrichtungen und Organisationen beteiligen. [6]Das Integrationsamt soll außerdem darauf Einfluss nehmen, dass Schwierigkeiten im Arbeitsleben verhindert oder beseitigt werden; es führt hierzu auch Schulungs- und Bildungsmaßnahmen für Vertrauenspersonen, Beauftragte der Arbeitgeber, Betriebs-, Personal-, Richter-, Staatsanwalts- und Präsidialräte durch. [7]Das Integrationsamt benennt in enger Abstimmung mit den Beteiligten des örtlichen Arbeitsmarktes Ansprechpartner, die in Handwerks- sowie in Industrie- und Handelskammern für die Arbeitgeber zur Verfügung stehen, um sie über die Funktion und Aufgaben der Integrationsfachdienste aufzuklären, über Möglichkeiten der begleitenden Hilfe im Arbeitsleben zu informieren und Kontakt zum Integrationsfachdienst herzustellen.

(3) [1]Das Integrationsamt kann im Rahmen seiner Zuständigkeit für die begleitende Hilfe im Arbeitsleben aus den ihm zur Verfügung stehenden Mitteln auch Geldleistungen erbringen, insbesondere

1. an schwerbehinderte Menschen
   a) für technische Arbeitshilfen,
   b) zum Erreichen des Arbeitsplatzes,
   c) zur Gründung und Erhaltung einer selbständigen beruflichen Existenz,
   d) zur Beschaffung, Ausstattung und Erhaltung einer behinderungsgerechten Wohnung,
   e) zur Teilnahme an Maßnahmen zur Erhaltung und Erweiterung beruflicher Kenntnisse und Fertigkeiten und
   f) in besonderen Lebenslagen,
2. an Arbeitgeber
   a) zur behinderungsgerechten Einrichtung von Arbeits- und Ausbildungsplätzen für schwerbehinderte Menschen,
   b) für Zuschüsse zu Gebühren, insbesondere Prüfungsgebühren, bei der Berufsausbildung besonders betroffener schwerbehinderter Jugendlicher und junger Erwachsener,
   c) für Prämien und Zuschüsse zu den Kosten der Berufsausbildung behinderter Jugendlicher und junger Erwachsener, die für die Zeit der Berufsausbildung schwerbehinderten Menschen nach § 68 Abs. 4 gleichgestellt worden sind,
   d) für Prämien zur Einführung eines betrieblichen Eingliederungsmanagements und
   e) für außergewöhnliche Belastungen, die mit der Beschäftigung schwerbehinderter Menschen im Sinne des § 72 Abs. 1 Nr. 1 Buchstabe a bis d, von schwerbehinderten Menschen im Anschluss an eine Beschäftigung in einer anerkannten Werkstatt für behinderte Menschen oder im Sinne des § 75 Abs. 2 verbunden sind, vor allem, wenn ohne diese Leistungen das Beschäftigungsverhältnis gefährdet würde.
3. an Träger von Integrationsfachdiensten einschließlich psychosozialer Dienste freier gemeinnütziger Einrichtungen und Organisationen sowie an Träger von Integrationsprojekten.
²Es kann ferner Leistungen zur Durchführung von Aufklärungs-, Schulungs- und Bildungsmaßnahmen erbringen.

(4) Schwerbehinderte Menschen haben im Rahmen der Zuständigkeit des Integrationsamtes für die begleitende Hilfe im Arbeitsleben aus den ihm aus der Ausgleichsabgabe zur Verfügung stehenden Mitteln Anspruch auf Übernahme der Kosten einer notwendigen Arbeitsassistenz.

(5) ¹Verpflichtungen anderer werden durch Absätze 3 und 4 nicht berührt. ²Leistungen der Rehabilitationsträger nach § 6 Abs. 1 Nr. 1 bis 5 dürfen, auch wenn auf sie ein Rechtsanspruch nicht besteht, nicht deshalb versagt werden, weil nach den besonderen Regelungen für schwerbehinderte Menschen entsprechende Leistungen vorgesehen sind; eine Aufstockung durch Leistungen des Integrationsamtes findet nicht statt.

(6) ¹§ 14 gilt sinngemäß, wenn bei dem Integrationsamt eine Leistung zur Teilhabe am Arbeitsleben beantragt wird. ²Das Gleiche gilt, wenn ein Antrag bei einem Rehabilitationsträger gestellt und der Antrag von diesem nach § 16 Abs. 2 des Ersten Buches an das Integrationsamt weitergeleitet worden ist. ³Ist die unverzügliche Erbringung einer Leistung zur Teilhabe am Arbeitsleben erforderlich, so kann das Integrationsamt die Leistung vorläufig erbringen. ⁴Hat das Integrationsamt eine Leistung

§ 102 1

erbracht, für die ein anderer Träger zuständig ist, so erstattet dieser die auf die Leistung entfallenden Aufwendungen.

(7) [1]Das Integrationsamt kann seine Leistungen zur begleitenden Hilfe im Arbeitsleben als persönliches Budget ausführen. [2]§ 17 gilt entsprechend.

Schrifttum: *Adlhoch*, Die begleitende Hilfe im Arbeits- und Berufsleben für Hörbehinderte nach dem Schwerbehindertengesetz, BehindertenR 1989, 97; *Benz*, Die Arbeitsassistenz – eine neue Leistung in der gesetzlichen Unfallversicherung für schwerbehinderte Versicherte, BG 2002, 528; *Beule*, Psychosoziale Betreuung im Rahmen der begleitenden Hilfe, BehindertenR 1990, 145; *Brand*, Vorschlag einer Konzeption psychosozialer Betreuung von Menschen mit Behinderung im Berufs- und Erwerbsleben, BehindertenR 1998, 34; *Dobbe*, Erfahrungen und Perspektiven der psychosozialen Betreuung Schwerbehinderter im Arbeitsleben nach dem Schwb-Recht, BehindertenR 1995, 85; *Haubenwaller*, Hilfen in besonderen Lebenslagen, BehindertenR 1992, 106; *Maaß/Kossens*, Neuregelung zur Arbeitsassistenz, GL 2001, 30; *Matzeder*, Begleitende Hilfen für schwerbehinderte Menschen als Managementaufgabe, BehindertenR 2002, 40; *Ritz*, Hauptfürsorgestellen – Partner der Betriebe bei der Beschäftigung Schwerbehinderter, BehindertenR 2001, 71; *Schneider*, Zur Problematik der Lernbehinderten im Kontext des Schwb-Rechts und der besonderen Hilfen bei der beruflichen Eingliederung, BehindertenR 1995, *ders.*, Persönliche Assistenz am Arbeitsplatz für Schwerbehinderte, SuP 2000, 389; 180; *ders./Adlhoch*, Arbeitsassistenz für Schwerbehinderte – Fachliche und juristische Aspekte, BehindertenR 2001, 51; *Seidel*, Grundsätze der begleitenden Hilfe im Arbeitsleben nach dem SGB IX, BehindertenR 2002, 34; *ders.*, Begleitende Hilfen im Arbeitsleben nach dem SGB IX, SuP 2001, 577; *ders.*, Begleitende Hilfen für behinderte Menschen nach dem SGB IX, SuP 2002, 243; *ders.*, Finanzielle Hilfen für behindertengerechte Arbeitsplätze, SuP 2003, 95; *Weber*, Arbeitsassistenz nach dem Neunten Buch Sozialgesetzbuch, BehindertenR 2004, 193; *dies.*, Arbeitsassistenz als ein Instrument zur Teilhabe schwerbehinderter Menschen am Arbeitsleben, BehindertenR 2005, 40; *Zanker*, Behinderungsbedingte Zusatzausstattung eines Kraftfahrzeuges, BehindertenR 1994, 104.

Inhaltsübersicht

	Rdnr.
A. Allgemeines	1, 2
B. Grundlegende Aufgaben des Integrationsamtes (Abs. 1)	3–6
C. Begleitende Hilfe (Abs. 2)	7–16
D. Begleitende Hilfe in Form von Geldleistungen (Abs. 3)	17–22
E. Anspruch auf Arbeitsassistenz (Abs. 4)	23–34
F. Verhältnis zu Leistungen der Rehabilitationsträger (Abs. 5)	35–37
G. Zuständigkeitsklärung entsprechend § 14 (Abs. 6)	38–40
H. Persönliches Budget (Abs. 7)	41

A. Allgemeines

1 Die Regelung entspricht in ihrer Grundstruktur im Wesentlichen den bisherigen § 31 SchwbG. § 102 benennt einige Aufgaben, die den Integrationsämtern zugewiesen sind. Die **begleitenden Hilfen** der Integrationsämter bei der Beschaffung, Ausstattung und Erhaltung einer behindertengerechten Wohnung sind nicht mehr neben den entsprechenden vorrangigen Leistungen der Rehabilitationsträger vorgesehen. Deren Leistungen decken den notwendigen Bedarf bereits ab. Zusätzliche Leistungen aus Mitteln der Ausgleichsabgabe, die zweckgebunden für Leistungen zur Teilhabe schwerbehinderter Menschen am Arbeitsleben einzusetzen sind, sind nicht mehr vorgesehen, um eine klare Abgrenzung zu den Leistungen der Rehabilitationsträger zu schaffen. Darüber hinaus wird durch eine ergänzende Regelung des Abs. 6 sichergestellt, dass die Integrationsämter wie die Rehabilitationsträger nach § 14 verfahren.

Die Vorschrift ist durch das Gesetz zur Förderung der Ausbildung und Beschäf- 2
tigung schwerbehinderter Menschen vom 23. 4. 2004 (BGBl. I S. 606) in wesentlichen Teilen neu gefasst und ergänzt worden (*Kossens/Wollschläger*, ZfSH/SGB 2004, 346). Zu erwähnen sind insbesondere die neu eingefügte Satz 2 in Abs. 1, die neu gefasste Abs. 3 Satz 1 Nr. 2 a–d sowie Abs. 6 Satz 3 und 4 und der neu hinzugefügte Abs. 7.

B. Grundlegende Aufgaben des Integrationsamtes (Abs. 1)

Die beschriebenen Aufgaben erzeugen keine Rechtsansprüche der schwerbe- 3
hinderten Menschen gegen das jeweilige Integrationsamt, es handelt sich um eine **reine Zuständigkeitsregelung** (*Neumann/Pahlen/Majerski-Pahlen*, SGB IX, § 102 Rdnr. 9). Entsprechendes gilt auch für die Beziehung zu den Arbeitgebern.

Die Integrationsämter können sowohl auf Antrag des behinderten Menschen 4
oder des Arbeitgebers als auch von Amts wegen tätig werden (*Seidel*, in: Hauck/Noftz, SGB IX, § 102 Rdnr. 32)

Ob und welche Maßnahmen ergriffen werden, entscheidet das Integrationsamt 5
im Rahmen des Gesetzes nach pflichtgemäßem Ermessen (*Müller-Wenner/Schorn*, SGB IX, § 102 Rdnr. 5). Eine Ausnahme hiervon gilt bei der Arbeitsassistenz nach Abs. 4. Als Aufgaben nennt Abs. 1 die Erhebung und Verwendung der Ausgleichsabgabe nach § 77 Abs. 4 bis 7, den Kündigungsschutz nach §§ 86 ff. und die zeitweilige Entziehung der besonderen Hilfen für schwerbehinderte Menschen nach § 117. Die in Nr. 3 genannte begleitende Hilfe wird in den folgenden Absätzen sowie in § 81 Abs. 4 Nr. 5 näher festgelegt.

Die **Integrationsämter** haben aus dem Gesetz noch weitere Aufgaben, wie 6
beispielsweise die Überwachung der Einhaltung der generellen Beschäftigungspflicht nach § 80 oder die Unterstützung des Arbeitgebers bei der individuellen Beschäftigungspflicht nach § 81 Abs. 4, die Aufzählung in § 102 ist daher nicht abschließend.

C. Begleitende Hilfe (Abs. 2)

Die Vorschrift gibt dem Einzelnen keinen **Rechtsanspruch** auf die begleitende 7
Hilfe, es handelt sich um einen Auftrag des Gesetzgebers an die Integrationsämter, dem schwerbehinderten Menschen sowohl bis als auch nach Vermittlung und Unterbringung in einer Beschäftigung zur Seite zu stehen (insbesondere Beratung und Betreuung). Hinsichtlich der Abgrenzung zu den Aufgaben der Bundesagentur für Arbeit (§ 104) lässt sich vereinfacht sagen, dass die Bundesagentur für die Beschaffung eines geeigneten und dauerhaften Arbeitsplatzes zuständig ist und die Integrationsämter für die Hilfe danach (vgl. *Neumann/Pahlen/Majerski-Pahlen*, SGB IX, § 102 Rdnr. 22). Probleme bei der **Zuständigkeitsabgrenzung** werden dadurch minimiert, dass beide Stellen zur Zusammenarbeit verpflichtet sind (Satz 1) und in Abs. 6 auf die Regelungen zur Zuständigkeitsklärung nach § 14 verwiesen wird. Die Arbeitsgemeinschaft der Integrationsämter und Hauptfürsorgestellen hat Richtlinien über die Durchführung der begleitenden Hilfe im Arbeitsleben erlassen.

Welche **Leistungen** im Rahmen der begleitenden Hilfe im Einzelnen gewährt 8
werden können, ergibt sich aus § 14 Abs. 1 Nr. 2 und §§ 17 ff. Schwerbehinderten-Ausgleichsabgabeverordnung (Anhang Nr. 2). In diesem Umfang können die Integrationsämter die Leistungen aus den ihnen zur Verfügung stehenden Mitteln der Ausgleichsabgabe bezahlen (§ 77 Abs. 5), sofern nicht andere Rehabilitationsträger vorrangig zuständig sind. Hinsichtlich der örtlichen Zuständigkeit gilt, dass

9 Ziel der begleitenden Hilfe ist es, dass der schwerbehinderte Mensch in seiner sozialen Stellung nicht absinkt, auf einem Arbeitsplatz verwendet wird, der seinen Fähigkeiten und Kenntnissen voll entspricht und wo er sich weiterentwickeln kann. Ebenso soll er befähigt werden, sich am Arbeitsplatz und im Wettbewerb mit nichtbehinderten Menschen zu bewähren. Die Vorschrift stellt klar, dass auch schwerbehinderte Teilzeit- und befristet Beschäftigte von den Leistungen erfasst werden (Satz 3). Die Integrationsämter können demnach Geldmittel auch zur Teilnahme an **Fördermaßnahmen** zur Erweiterung der beruflichen Kenntnisse einsetzen. Der schwerbehinderte Mensch soll möglichst in seinem erlernten Beruf beschäftigt werden, dies dient der Wahrung seiner sozialen Stellung. Diesem Ziel dient auch die Regelung der §§ 123 und 125, wonach Renten- und Versorgungsbezüge nicht auf das Arbeitsentgelt des schwerbehinderten Menschen angerechnet werden dürfen, sowie über den Zusatzurlaub von fünf Tagen im Jahr zur Regeneration der Arbeitskraft. Der schwerbehinderte Mensch darf sich jedoch nicht nur auf staatliche oder betriebliche Hilfe verlassen, sondern muss seine Leistungsfähigkeit voll einsetzen.

Das Integrationsamt am Wohnort des schwerbehinderten Menschen für Leistungen im häuslichen Bereich und zur Erreichung des Arbeitsplatzes zuständig ist und das Integrationsamt am Sitz des Arbeitgebers für Leistungen an den Arbeitgeber oder den schwerbehinderten Menschen, die sich auf den Arbeitsplatz beziehen.

10 Zur begleitenden Hilfe gehört es auch, Schwierigkeiten bei der Ausübung der Beschäftigung durch Aussprache mit Arbeitgebern und Mitarbeitern aus dem Weg zu räumen. Hierzu gehört im Einzelfall die notwendige **psychosoziale Betreuung.** Zur Bewältigung der verschiedenen Aufgaben können auch Integrationsfachdienste oder psychosoziale Dienste freier gemeinnütziger Einrichtungen und Organisationen eingeschaltet werden. Leistungen für begleitende Hilfe im Arbeitsleben sind nach § 102 auch für Geistliche möglich.

11 Absatz 2 Satz 3 regelt, dass in Abweichung von § 73 Abs. 3 Arbeitsplätze auch solche Stellen sind, auf denen Beschäftigte nur befristet oder als Teilzeitbeschäftigte in einem Umfang von mindestens 15 Stunden wöchentlich beschäftigt sind. Der Arbeitsplatzbegriff nach § 73 ist für die begleitenden Hilfen nicht abschließend und steht daher einer finanziellen Förderung nicht entgegen (*BVerwG* v. 14. 11. 2003, BehindertenR 2004, 79). Begleitende Hilfen im Arbeitsleben können also auch diesen schwerbehinderten Menschen gewährt werden.

12 Nach Abs. 2 Satz 4 umfasst die begleitende Hilfe im Arbeitsleben auch die psychosoziale Betreuung. Dies beruht auf der Erkenntnis, dass insbesondere bei psychisch behinderten Menschen eine umfassende Beratung und Betreuung erforderlich sein kann. Im Einzelfall kann ein Zusammenwirken von Sozialarbeitern, Sozialpädagogen und Psychotherapeuten notwendig sein (*Bieritz-Harder,* in: HK-SGB IX, § 102 Rdnr. 7).

13 Absatz 2 Satz 5 bestimmt, dass die Integrationsämter bei der Durchführung der begleitenden Hilfen im Arbeitsleben die Integrationsfachdienste einschließlich psychosozialer Dienste freier gemeinnütziger Einrichtungen und Organisationen beteiligen kann. Die Einbindung der genannten Einrichtungen steht im Ermessen des Integrationsamtes. Das Integrationsamt kann die Hilfen auch durch eigene Dienste (z. B. Psychosozialer Dienst) ausführen (*Bieritz-Harder,* in: HK-SGB IX, § 102 Rdnr. 8).

14 Eine weitere eigenständige Aufgabe der Integrationsämter ist die Durchführung von **Schulungs- und Bildungsmaßnahmen** für Vertrauenspersonen, Beauftragte der Arbeitgeber, Betriebs-, Personal-, Richter-, Staatsanwalts- und Präsidialräte, Abs. 2 Satz 6. Diese Aufgabe ist verpflichtend für die Integrationsämter (*Bieritz-Harder,* in: HK-SGB IX, § 102 Rdnr. 9). **Schulungsmaßnahmen** sind Veranstaltungen zur Unterrichtung der mit dem Schutz schwerbehinderter Menschen betrauten Personen in Dienststellen und Betrieben (*Neumann/Pahlen/Majerski-Pahlen,* SGB IX, § 102 Rdnr. 31). **Bildungsmaßnahmen** i. S. v. Abs. 2 Satz 6 sind andere Unterrichtformen, u. a. die Verteilung von Broschüren, Filmvorführungen oder Erläuterung auf Betriebsversammlungen (*Neumann/Pahlen/Majerski-Pahlen,* SGB IX, § 102 Rdnr. 32).

Aus Abs. 2 Satz 6 ergibt sich aber nicht, dass die Integrationsämter die vollen Kosten für durchgeführten Schulungs- und Bildungsmaßnahmen tragen müssen (*Bieritz-Harder,* in: HK-SGB IX, § 102 Rdnr. 7; a. A. *Neumann/Pahlen/Majerski-Pahlen,* SGB IX, § 102 Rdnr. 33). Nach § 29 Abs. 1 Satz 1 SchwbAV kann die Durchführung von Schulungs- oder Bildungsveranstaltungen gefördert werden, wenn sie durch die Integrationsämter erfolgt. 15

Durch Abs. 2 Satz 7, der mit dem Gesetz zur Förderung der Ausbildung und Beschäftigung schwerbehinderter Menschen vom 23. 4. 2004 (BGBl. I S. 606) eingefügt wurde, wird die Beratungsfunktion der Integrationsämter gestärkt. Die Beratung der Arbeitgeber in Fragen der Sicherung von Beschäftigungsverhältnissen wird Schwerpunkt der Aufgaben der Integrationsämter (BR-Drucks. 746/03, Begründung, S. 35 f.). Den Integrationsämtern kommt die Aufgabe zu, dafür Sorge zu tragen, dass die Tätigkeit der Integrationsfachdienste bei den Arbeitgebern besser als in der Vergangenheit eingeführt wird. 16

D. Begleitende Hilfe in Form von Geldleistungen (Abs. 3)

Der Katalog von möglichen **Geldleistungen** ist nicht abschließend („insbesondere") und entspricht weitgehend den §§ 17 ff. SchwbAV (vgl. oben Rdnr. 5). Die in der Verordnung näher genannten Leistungen sind durch die Nennung im SGB IX gesetzlich verankert, dies hat aber keine einschränkende Wirkung für den Verordnungsgeber. So sieht die SchwbAV weitere, hier nicht genannte Leistungen vor (vgl. §§ 14 ff. und §§ 30 ff. SchwbAV). Hinsichtlich des Bewilligungsverfahrens gelten die allgemeinen Vorschriften des SGB I (§§ 38 ff.) und SGB X. 17

Als **Leistungen an den schwerbehinderten Menschen** oder den ihm Gleichgestellten (§ 2 Abs. 3) kommen in Betracht: 18
– technische Arbeitshilfen (vgl. § 19 SchwbAV),
– Hilfen zum Erreichen des Arbeitsplatzes (vgl. § 20 SchwbAV),
– Hilfen zur Gründung und Erhaltung einer selbstständigen beruflichen Existenz (vgl. § 21 SchwbAV),
– Hilfen zur Beschaffung, Ausstattung und Erhaltung einer behindertengerechten Wohnung (vgl. § 22 SchwbAV),
– Hilfen zur Teilnahme an Maßnahmen zur Erhaltung und Erweiterung beruflicher Kenntnisse und Fertigkeiten (vgl. § 24 SchwbAV),
– Hilfen in besonderen Lebenslagen (vgl. § 25 SchwbAV).

Als **Leistungen an den Arbeitgeber** kommen nach dem mit Gesetz vom 23. 4. 2004 neu gefassten Abs. 3 Nr. 2 Satz 1 Nr. 2 a–d folgende Maßnahmen in Betracht: 19
– Hilfen zur behindertengerechten Einrichtung von Arbeitsplätzen und Ausbildungsplätzen (vgl. § 26 SchwbAV), Abs. 3 Satz 1 Nr. 3 a;
– Zuschüsse zu Gebühren, insbesondere Prüfungsgebühren, bei der Berufsausbildung besonders betroffener schwerbehinderter Jugendlicher und junger Erwachsener, Abs. 3 Satz 1 Nr. 2 b. Hierzu bestimmt § 26 a der SchwbAV, dass Arbeitgeber, die ohne Beschäftigungspflicht (§ 71 Abs. 1 SGB IX) besonders betroffene schwerbehinderte Menschen zur Berufsausbildung einstellen, Zuschüsse zu den Gebühren, insbesondere Prüfungsgebühren erhalten;

– Prämien und Zuschüsse zu den Kosten der Berufsausbildung behinderter Jugendlicher und junger Erwachsener, die für die Zeit der Berufsausbildung schwerbehinderten Menschen nach § 68 Abs. 4 gleichgestellt worden sind, Abs. 3 Satz 1 Nr. 2 c. Einzelheiten hierzu sind in § 26 b SchwbAV geregelt, wonach Arbeitgeber Prämien und Zuschüsse zu den Kosten der Berufsausbildung behinderter jugendlicher und junger Erwachsener erhalten, die für die Zeit der Berufsausbildung schwerbehinderter Menschen nach § 68 Abs. 4 gleichgestellt sind;
– Prämien zur Einführung eines betrieblichen Eingliederungsmanagements, Abs. 3 Satz 1 Nr. 2 d und
– Hilfen bei außergewöhnlichen Belastungen, die mit der Beschäftigung besonderer Gruppen schwerbehinderter Menschen verbunden sind (vgl. § 27 SchwbAV), beispielsweise für Betreuungsaufwendungen oder für Belastungen aufgrund von Minderleistungen des schwerbehinderten Beschäftigten. Dem Arbeitgeber kann etwa die Vorlesekraft für einen blinden Beschäftigten ersetzt werden oder die Ersatzkraft, die notwendig ist, um Minderleistungen auszugleichen (greift ab etwa 30% weniger Leistungskraft verglichen mit einem nichtbehinderten Beschäftigten). Höhe und Dauer der finanziellen Hilfe ist nicht näher festgelegt, hier entscheidet das Integrationsamt nach pflichtgemäßem Ermessen. Das Integrationsamt hat bei seiner Ermessensausübung insbesondere zu berücksichtigen, ob das Beschäftigungsverhältnis ohne die beantragten Leistungen gefährdet wäre. Die Vorschrift legt den Kreis der schwerbehinderten Menschen fest, für die der Arbeitgeber Hilfen in Form von Geldleistungen entgegennehmen kann. Danach sind nur die in § 72 Abs. 1 Nr. 1 a–d genannten besonderen Personengruppen sowie teilzeitbeschäftigte schwerbehinderte Menschen nach § 75 Abs. 2 indirekt förderfähig.

20 Eine Bestimmung in ministeriellen Richtlinien zur Ausübung des leistungsrechtlichen Ermessens durch das Integrationsamt, wonach eine Leistung der begleitenden Hilfe im Arbeitsleben nur auf Antrag erbracht wird und der Antrag vor Beginn der Maßnahme bzw. vor Abschluss des Vertrages gestellt werden muss, ist rechtswirksam (*VG Köln* v. 23. 1. 2002, BehindertenR 2002, 215). Leistungen der begleitenden Hilfe im Arbeitsleben sind auch für Geistliche möglich. Der Arbeitsplatzbegriff von § 73 ist für die begleitende Hilfe im Arbeitsleben nicht abschließend und steht einer finanziellen Förderung nicht entgegen (*BVerwG* v. 14. 11. 2003, BehindertenR 2004, 79).

21 Als **Leistungen an Dritte** kommen in Betracht:
– Leistungen an freie gemeinnützige Einrichtungen und Organisationen gem. § 28 SchwbAV zur Vergütung ihrer Dienste bei der psychosozialen Betreuung schwerbehinderter Menschen,
– Leistungen an Träger von Integrationsunternehmen und öffentliche Arbeitgeber, soweit sie Integrationsbetriebe und Integrationsabteilungen führen gem. § 28 a SchwbAV.

22 Darüber hinaus können die Integrationsämter auch Leistungen zur Durchführung von **Aufklärungs-, Schulungs-** und **Bildungsmaßnahmen** erbringen (vgl. § 29 SchwbAV).

E. Anspruch auf Arbeitsassistenz (Abs. 4)

23 Durch das Gesetz zur Bekämpfung der Arbeitslosigkeit Schwerbehinderter ist zum 1. 10. 2000 der Rechtsanspruch auf Arbeitsassistenz in das Schwerbehindertenrecht aufgenommen worden. (s. *Kossens/Maaß*, NZA 2000, 1025). Absatz 4 regelt den Anspruch des behinderten Menschen auf Übernahme der Kosten einer notwendigen Arbeitsassistenz. Arbeitsassistenzleistungen kommen sowohl für Arbeitnehmer als auch für Selbstständige in Betracht (*Weber*, BehindertenR 2004, 193).

Der Verordnungsgeber hat von der Verordnungsermächtigung nach § 108 bisher keinen Gebrauch gemacht. Der Leistungsanspruch nach § 102 Abs. 4 ist aber davon unabhängig, ob eine derartige Verordnung geschaffen wurde (*VG Schleswig* v. 27. 8. 2003, BehindertenR 2004, 111; *Seidel*, in: Hauck/Noftz, SGB IX, § 108 Rdnr. 1). 24

Zu beachten sind die Empfehlungen der Bundesarbeitsgemeinschaft der Integrationsämter und Hauptfürsorgestellen (BIH) für die Erbringung finanzieller Leistungen zur Arbeitsassistenz schwerbehinderter Menschen gemäß § 102 Abs. 4 SGB IX (Stand 1. 6. 2003, s. unter www.SGB-ix-umsetzen.de/index.php/nar/tpc/hid/1/aid/81). 25

Arbeitsassistenz i. S. d. § 102 Abs. 4 ist die über gelegentliche Handreichungen hinausgehende, zeitlich wie tätigkeitsbezogen regelmäßig wiederkehrende Unterstützung von schwerbehinderten Menschen bei der Ausübung ihres Berufes in Form einer von ihnen selbst beauftragten persönlichen Arbeitskraft zur Erlangung oder Erhaltung eines Arbeitsplatzes auf dem allgemeinen Arbeitsmarkt (Ziffer 2.1 der Vorläufigen Empfehlungen der Arbeitsgemeinschaft der Deutschen Hauptfürsorgestellen; *Weber*, BehindertenR 2004, 193; *Schneider/Adlhoch*, BehindertenR 2001, 51; *Müller-Wenner/Schorn*, SGB IX, § 102 Rdnr. 34). Hierzu gehören auch Vorlesekräfte für Blinde gehören, wobei es auf Grund des § 21 Abs. 4 SchwbAV keinen Unterschied macht, ob es sich bei dem schwerbehinderten Menschen um einen Arbeitnehmer oder einen Selbstständigen handelt. 26

Voraussetzung des Anspruchs ist die Notwendigkeit der Arbeitsassistenz, um eine Eingliederung in das Erwerbsleben zu erreichen. Die Notwendigkeit der Arbeitsassistenz liegt vor, wenn erst durch die Arbeitsassistenz eine den Anforderungen des allgemeinen Arbeitsmarktes entsprechende Arbeitsleistung erzielt werden kann. Die Notwendigkeit ist unabhängig von den Einkommensverhältnissen des schwerbehinderten Menschen (*VG Halle* v. 29. 6. 2001, BehindertenR 2003, 195; *VG Stade* v. 25. 6. 2003, NVwZ-RR 2003, 761). 27

Auch müssen andere Leistungen zur Hilfe im Arbeitsleben ausgeschöpft werden. Der schwerbehinderte Mensch muss in der Lage sein, den Kernbereich der arbeitsvertraglichen Verpflichtung selbstständig zu erbringen (*Müller-Wenner/Schorn*, SGB IX, § 102 Rdnr. 34). Das Austauschverhältnis Arbeit gegen Entgelt muss im Wesentlichen gewahrt bleiben (*Braasch*, BehindertenR 2001, 177; *Seidel*, in: Hauck/Noftz, SGB IX, § 102 Rdnr. 60). 28

Vor diesem Hintergrund können die zur Bewältigung des Arbeitsweges notwendigen Hilfen nicht im Rahmen der Arbeitsassistenz gefördert werden (*VG Meiningen* v. 18. 9. 2003, BehindertenR 2004, 85). Gleiches gilt für allgemeine pflegerische oder betreuerische Hilfeleistungen (*VG Hamburg* v. 9. 7. 2002, BehindertenR 2002, 218). 29

Soweit die Assistententätigkeit unabhängig von der Behinderung für die jeweilige Berufsausübung erforderlich ist, besteht ein Kostenübernahmeanspruch nicht, weil keine Anhaltspunkte dafür bestehen, dass der Gesetzgeber eine Besserstellung der schwerbehinderten Menschen gegenüber Nichtbehinderten beabsichtigt hat (*VG Stade* v. 25. 6. 2003, NVwZ-RR 2003, 761). 30

Bei dem Anspruch nach § 102 Abs. 4 handelt es sich um einen auf Geldzahlung gerichteten Anspruch (*VG Bremen* v. 9. 5. 2003, BehindertenR 2003, 230). Die Höhe der Geldleistung richtet sich nach der durchschnittlichen Dauer des arbeitstäglichen Unterstützungsbedarfs. Die Festlegung von monatlichen Höchstgrenzen für die Kostenübernahme einer notwendigen Arbeitsassistenz in Form eines persönlichen Budgets ist zulässig (*OVG Bremen* v. 15. 10. 2003, BehindertenR 2004, 84). 31

32 Der Anspruch nach Abs. 4 ist begrenzt durch die Höhe der aus der Ausgleichsabgabe zur Verfügung stehenden Mittel. Sind die Mittel ausgeschöpft, läuft der Anspruch leer (*Bieritz-Harder*, in: HK-SGB IX, § 102 Rdnr. 20; *VG Hamburg* v. 9. 7. 2002, BehindertenR 2002, 218; *VG Bremen* v. 9. 5. 2003, BehindertenR 2003, 230; a. A. *VG Schleswig* v. 27. 8. 2003, BehindertenR 2004, 111; *Weber*, BehindertenR 2004, 193). Die Arbeitsassistenzleistungen müssen nicht in einem bestimmten Verhältnis zum Arbeitsentgelt des behinderten Menschen stehen. Insoweit können auch Arbeitsplätze mit geringen Arbeitsentgelt im Rahmen der Arbeitsassistenz gefördert werden (*Weber*, BehindertenR 2004, 193).

33 Das SGB IX hat in § 33 Abs. 8 Satz 1 Nr. 3 den Anspruch auf **Kostenübernahme** für eine **Arbeitsassistenz** übernommen. Diese Leistung wird für die Dauer von bis zu drei Jahren erbracht und in Abstimmung mit dem Rehabilitationsträger nach § 6 Abs. 1 Nr. 1 bis 5 (in der Regel: Bundesagentur für Arbeit) durch das Integrationsamt ausgeführt. Der Rehabilitationsträger erstattet dem Integrationsamt die Kosten.

34 Die näheren **Einzelheiten** sind in den „vorläufigen Empfehlung der Arbeitsgemeinschaft der Deutschen Hauptfürsorgestellen für die Erbringung finanzieller Leistungen zur Arbeitsassistenz" enthalten. Von der Verordnungsermächtigung nach § 108 hat die Bundesregierung bislang noch keinen Gebrauch gemacht. Nähere Informationen zur Arbeitsassistenz sind im Internet unter „www.arbeitsassistenz.de" der Bundesarbeitsgemeinschaft der unterstützten Beschäftigung zu finden.

F. Verhältnis zu Leistungen der Rehabilitationsträger (Abs. 5)

35 Die Vorschrift legt fest, dass die Rehabilitationsträger i. S. v. § 6 Abs. 1 Nr. 1 bis 5 vorrangig zuständig sind und die Integrationsämter ihre Leistungen nur subsidiär erbringen (vgl. auch § 77 Abs. 5). Durch die Einschränkung in Abs. 5 auf die in § 6 Abs. 1 Nr. 1 bis 5 aufgeführten Rehabilitationsträger wird dem Nachrang der Träger der Sozialhilfe ausdrücklich Rechnung getragen (Ausschuss-Drucksache v. 27. 3. 2001, 14/1406, S. 15). Die **Vorrangregelung** gilt dabei nicht nur, wenn ein Rechtsanspruch auf die Leistung besteht, sondern auch dann, wenn diese vom Rehabilitationsträger ohne einen solchen Anspruch tatsächlich erbracht wird (sog. Kann-Leistungen). Der Vorrang gilt auch gegenüber Leistungen durch den Arbeitgeber oder von anderer Seite und umfasst darüber hinaus ein Aufstockungsverbot. Dieses liegt im Interesse des schwerbehinderten Menschen, der sich nur an einen Rehabilitationsträger halten soll und nicht gezwungen sein soll, sich seine Leistungen stückweise bei den verschiedenen Trägern zusammenzusuchen.

36 Die Vorschrift ergänzt folgerichtig die in § 4 Abs. 2 getroffene Regelung, wonach der Rehabilitationsträger die Leistungen nach Lage des Einzelfalles „so vollständig, umfassend und in gleicher Qualität" zu erbringen hat, dass „Leistungen eines anderen Trägers möglichst nicht erforderlich werden".

37 Die **Integrationsämter** sind danach zur Gewährung von Leistungen der begleitenden Hilfe im Arbeitsleben nur zuständig, wenn sie von den **Rehabilitationsträgern** nicht gewährt werden und auch keine Verpflichtung zur Gewährung besteht. Eine generelle Abgrenzung der Leistungen ist angesichts der unterschiedlichen Leistungsspektren der verschiedenen Rehabilitationsträger nicht möglich und muss von dem Integrationsamt in jedem Einzelfall geprüft werden.

G. Zuständigkeitsklärung entsprechend § 14 (Abs. 6)

Die Vorschrift zur **Zuständigkeitsklärung** in § 14 gilt nun auch im Verhältnis zu den Integrationsämtern. Hinsichtlich der Einzelheiten des hierbei zu beachtenden Verfahrens wird auf die Kommentierung zu § 14 verwiesen. Die Folge der Klarstellung in Abs. 6 Satz 2 ist, dass der Antrag von dem Integrationsamt im Rahmen des in § 14 vorgeschriebenen Verfahrens an den für die Erbringung der Leistung in Betracht kommenden Rehabilitationsträger weitergeleitet werden kann. Wenn das Integrationsamt zu der Auffassung gelangt, es handele sich um eine Leistung, für die der ursprünglich angegangene Rehabilitationsträger zuständig ist, kann der Antrag auch an diesen Träger zurückgeleitet werden. Dieser muss dann über den Antrag entscheiden (vgl. Ausschuss-Drucks. v. 27. 3. 2001, 14/1406, S. 15). 38

Absatz 6 Sätze 3 und 4 sind durch das Förderung der Ausbildung und Beschäftigung schwerbehinderter Menschen vom 23. 4. 2004 (BGBl. I S. 606) eingefügt worden. Ist die unverzügliche Erbringung einer Leistung zur Teilhabe am Arbeitsleben gefährdet, so kann das Integrationsamt die Leistung vorläufig erbringen. Absatz 6 Satz 3 gilt nur für den Fall der zeitlichen Verzögerung der Leistungserbringung. Er findet keine Anwendung auf die Fälle, in denen unklar ist, welcher Träger für die Erbringung der Leistung zuständig ist (BR-Drucks. 746/03 v. 9. 1. 2004, Begründung, S. 37). Für diesen Fall gilt vielmehr § 14. 39

Die Integrationsämter sind nicht verpflichtet, die vorläufige Leistung zu erbringen. Vielmehr steht die Entscheidung im Ermessen des Integrationsamtes („kann ... erbringen) (*Kossens/Wollschläger*, ZfSH/SGB 2004, 346). Hat das Integrationsamt eine Leistung erbracht, für die ein anderer Träger zuständig ist, so erstattet dieser die auf die Leistung entfallenden Aufwendungen. 40

H. Persönliches Budget (Abs. 7)

Absatz 7 ist durch das Gesetz zur Förderung der Beschäftigung schwerbehinderter Menschen vom 23. 4. 2004 (BGBl. I S. 606) eingefügt worden. Danach kann das Integrationsamt seine Leistungen zur begleitenden Hilfe am Arbeitsleben auch als persönliches Budget ausführen. Die Entscheidung hierüber steht im Ermessen des Integrationsamtes. 41

§ 103 Beratender Ausschuss für behinderte Menschen bei dem Integrationsamt

(1) ¹**Bei jedem Integrationsamt wird ein Beratender Ausschuss für behinderte Menschen gebildet, der die Teilhabe der behinderten Menschen am Arbeitsleben fördert, das Integrationsamt bei der Durchführung der besonderen Regelungen für schwerbehinderte Menschen zur Teilhabe am Arbeitsleben unterstützt und bei der Vergabe der Mittel der Ausgleichsabgabe mitwirkt.** ²**Soweit die Mittel der Ausgleichsabgabe zur institutionellen Förderung verwendet werden, macht der Beratende Ausschuss Vorschläge für die Entscheidungen des Integrationsamtes.**

(2) **Der Ausschuss besteht aus zehn Mitgliedern, und zwar aus
zwei Mitgliedern, die die Arbeitnehmer und Arbeitnehmerinnen vertreten,
zwei Mitgliedern, die die privaten und öffentlichen Arbeitgeber vertreten,
vier Mitgliedern, die die Organisationen behinderter Menschen vertreten,**

einem Mitglied, das das jeweilige Land vertritt,
einem Mitglied, das die Bundesagentur für Arbeit vertritt.

(3) ¹Für jedes Mitglied ist ein Stellvertreter oder eine Stellvertreterin zu berufen. ²Mitglieder und Stellvertreter oder Stellvertreterinnen sollen im Bezirk des Integrationsamtes ihren Wohnsitz haben.

(4) ¹Das Integrationsamt beruft auf Vorschlag
der Gewerkschaften des jeweiligen Landes zwei Mitglieder,
der Arbeitgeberverbände des jeweiligen Landes ein Mitglied,
der zuständigen obersten Landesbehörde oder der von ihr bestimmten Behörde ein Mitglied,
der Organisationen behinderter Menschen des jeweiligen Landes, die nach der Zusammensetzung ihrer Mitglieder dazu berufen sind, die behinderten Menschen in ihrer Gesamtheit zu vertreten, vier Mitglieder.
²Die zuständige oberste Landesbehörde oder die von ihr bestimmte Behörde und die Bundesagentur für Arbeit berufen je ein Mitglied.

Inhaltsübersicht

	Rdnr.
A. Allgemeines	1
B. Aufgaben des Beratenden Ausschusses (Abs. 1)	2–4
C. Mitglieder des Ausschusses (Abs. 2)	5
D. Stellvertreter (Abs. 3)	6
E. Zuständigkeit für die Bestellung der Mitglieder (Abs. 4)	7, 8

A. Allgemeines

1   § 103 regelt Näheres über den **Beratenden Ausschuss** für behinderte Menschen bei dem Integrationsamt (zum Beratenden Ausschuss für behinderte Menschen bei der Bundesagentur für Arbeit s. § 105). Der Beratende Ausschuss soll im Wesentlichen die Integrationsämter beraten, Vorschläge unterbreiten und die Integrationsämter bei ihrer Aufgabenerfüllung unterstützen. Die Vorschrift überträgt inhaltsgleich den bisherigen § 32 SchwbG.

B. Aufgaben des Beratenden Ausschusses (Abs. 1)

2   Der Beratende Ausschuss hat nur allgemein formulierte **Aufgaben,** erheblich geringere Mitwirkungsrechte als beispielsweise der Beirat beim Bundesministerium für Gesundheit und Soziale Sicherung (§ 64) und besteht neben dem Widerspruchsausschuss nach § 119 als zweiter Ausschuss bei den Integrationsämtern.

3   Er hat die Aufgabe, die Teilhabe der behinderten (nicht nur schwerbehinderter oder gleichgestellter) Menschen am Arbeitsleben zu fördern, das **Integrationsamt** bei der Durchführung seiner Aufgaben **zu unterstützen** und bei der Vergabe der Mittel aus der Ausgleichsabgabe (§ 77) mitzuwirken. Bei grundlegenden, über den Einzelfall hinausgehenden Entscheidungen soll das Integrationsamt den Beratenden Ausschuss anhören (*Neumann/Pahlen/Majerski-Pahlen,* SGB IX, § 103 Rdnr. 3, *Müller-Wenner/Schorn,* SGB IX, § 103 Rdnr. 4).

4   Nach § 77 Abs. 5 Satz hat das Integrationsamt dem Beratenden Ausschuss auf dessen Verlangen eine Übersicht über die Verwendung der Ausgleichsabgabe zu geben. Der Ausschuss kann Vorschläge für die Verwendung der Gelder machen. Das Integrationsamt ist an diese Vorschläge nicht gebunden (anders als etwa im

Kap. 6. Durchführung der besonderen Regelungen § 104

Falle des Beirats nach § 64), Das Integrationsamt kann Entscheidungen auch ohne einen Vorschlag des Ausschusses oder gegen einen solchen treffen (*Neumann/ Pahlen/Majerski-Pahlen,* SGB IX, § 103 Rdnr. 3f.; *Müller-Wenner/Schorn,* SGB IX, § 103 Rdnr. 6). Der Beratende Ausschuss kann also nur Stellungnahmen abgeben sowie Anregungen oder Vorschläge machen, er hat keine Mitbestimmungsrechte. Er hat aber Anspruch darauf, dass das Integrationsamt begründet, warum es den Vorschlägen des Beratenden Ausschusses nicht gefolgt ist (*Seidel/Bordkorb,* in: Hauck/Noftz, SGB IX, § 103 Rdnr. 6).

C. Mitglieder des Ausschusses (Abs. 2)

Der Ausschuss **besteht aus zehn Mitgliedern** und zwar je zwei Mitgliedern 5 aus dem Lager der Arbeitnehmer und der (öffentlichen sowie privaten) Arbeitgeber, vier Mitgliedern der Organisationen behinderter Menschen und jeweils einem Mitglied des jeweiligen Landes und der Bundesagentur für Arbeit. Die Mitglieder des Ausschusses unterliegen der Geheimhaltungspflicht nach § 130. Das Mitglied soll seinen Wohnsitz im Bezirk des Integrationsamtes haben, Abs. 3 Satz 2. Es handelt sich um eine „Sollvorschrift", von der in begründeten Einzelfällen abgewichen werden kann (*Seidel/Bordkorb,* in: Hauck/Noftz, SGB IX, § 103 Rdnr. 7).

D. Stellvertreter (Abs. 3)

Für jedes Mitglied ist **ein Stellvertreter** zu berufen, wobei sowohl Mitglied als 6 auch Stellvertreter ihren Wohnsitz im Bezirk des Integrationsamts haben sollen (nicht müssen). Ein Mitglied kann im Verhinderungsfall nur durch seinen Stellvertreter vertreten werden.

E. Zuständigkeit für die Bestellung der Mitglieder (Abs. 4)

Die Mitglieder werden bis auf zwei Ausnahmen von dem Integrationsamt auf 7 Vorschlag der entsendenden Organisation berufen. Die **Gewerkschaften** benennen die beiden Arbeitnehmer-Mitglieder, die (privaten) **Arbeitgeberverbände** ein Arbeitgeber-Mitglied, die zuständige **oberste Landesbehörde** ein (öffentliches) Arbeitgeber-Mitglied, die Organisationen behinderter Menschen vier Mitglieder. Das Mitglied des Landes und das Mitglied der Bundesagentur werden nicht vom Integrationsamt berufen, sondern von der zuständigen obersten Landesbehörde bzw. Vorstand der Bundesagentur für Arbeit. Die Berufung als Mitglied kann abgelehnt, das Amt kann niedergelegt werden; im Übrigen vgl. § 106.

Der Vorschlag der Gewerkschaften, Arbeitgeber und der sonstigen in Abs. 4 8 genannten Organisationen ist für das Integrationsamt bindend (*Dau,* in: LKP-SGB IX, § 103 Rdnr. 7).

§ 104 Aufgaben der Bundesagentur für Arbeit

(1) **Die Bundesagentur für Arbeit hat folgende Aufgaben:**
1. **die Berufsberatung, Ausbildungsvermittlung und Arbeitsvermittlung schwerbehinderter Menschen einschließlich der Vermittlung von in Werkstätten für behinderte Menschen Beschäftigten auf den allgemeinen Arbeitsmarkt,**

§ 104 Teil 2. Schwerbehindertenrecht

2. die Beratung der Arbeitgeber bei der Besetzung von Ausbildungs- und Arbeitsplätzen mit schwerbehinderten Menschen,
3. die Förderung der Teilhabe schwerbehinderter Menschen am Arbeitsleben auf dem allgemeinen Arbeitsmarkt, insbesondere von schwerbehinderten Menschen,
   a) die wegen Art oder Schwere ihrer Behinderung oder sonstiger Umstände im Arbeitsleben besonders betroffen sind (§ 72 Abs. 1),
   b) die langzeitarbeitslos im Sinne des § 18 des Dritten Buches sind,
   c) die im Anschluss an eine Beschäftigung in einer anerkannten Werkstatt für behinderte Menschen oder einem Integrationsprojekt eingestellt werden,
   d) die als Teilzeitbeschäftigte eingestellt werden oder
   e) die zur Aus- oder Weiterbildung eingestellt werden,
4. im Rahmen von Arbeitsbeschaffungsmaßnahmen die besondere Förderung schwerbehinderter Menschen,
5. die Gleichstellung, deren Widerruf und Rücknahme,
6. die Durchführung des Anzeigeverfahrens (§ 80 Abs. 2 und 4),
7. die Überwachung der Erfüllung der Beschäftigungspflicht,
8. die Zulassung der Anrechnung und der Mehrfachanrechnung (§ 75 Abs. 2, § 76 Abs. 1 und 2),
9. die Erfassung der Werkstätten für behinderte Menschen, ihre Anerkennung und die Aufhebung der Anerkennung.

(2) [1] Die Bundesagentur für Arbeit übermittelt dem Bundesministerium für Gesundheit und Soziale Sicherung jährlich die Ergebnisse ihrer Förderung der Teilhabe schwerbehinderter Menschen am Arbeitsleben auf dem allgemeinen Arbeitsmarkt nach dessen näherer Bestimmung und fachlicher Weisung. [2] Zu den Ergebnissen gehören Angaben über die Zahl der geförderten Arbeitgeber und schwerbehinderten Menschen, die insgesamt aufgewandten Mittel und die durchschnittlichen Förderungsbeträge. [3] Die Bundesagentur für Arbeit veröffentlicht diese Ergebnisse.

(3) [1] Die Bundesagentur für Arbeit führt befristete überregionale und regionale Arbeitsmarktprogramme zum Abbau der Arbeitslosigkeit schwerbehinderter Menschen, besonderer Gruppen schwerbehinderter Menschen, insbesondere schwerbehinderter Frauen sowie zur Förderung des Ausbildungsplatzangebots für schwerbehinderte Menschen durch, die ihr durch Verwaltungsvereinbarung gemäß § 368 Abs. 2 Satz 2 und Abs. 3 Satz 1 des Dritten Buches unter Zuweisung der entsprechenden Mittel übertragen werden. [2] Über den Abschluss von Verwaltungsvereinbarungen mit den Ländern ist das Bundesministerium für Gesundheit und Soziale Sicherung zu unterrichten.

(4) [1] Die Bundesagentur für Arbeit richtet zur Durchführung der ihr in Teil 2 und der ihr im Dritten Buch zur Teilhabe behinderter und schwerbehinderter Menschen am Arbeitsleben übertragenen Aufgaben in allen Agenturen für Arbeit besondere Stellen ein; bei der personellen Ausstattung dieser Stellen trägt sie dem besonderen Aufwand bei der Beratung und Vermittlung des zu betreuenden Personenkreises sowie bei der Durchführung der sonstigen Aufgaben nach Absatz 1 Rechnung.

(5) Im Rahmen der Beratung der Arbeitgeber nach Absatz 1 Nr. 2 hat die Bundesagentur für Arbeit

1. dem Arbeitgeber zur Besetzung von Arbeitsplätzen geeignete arbeitslose oder arbeitssuchende schwerbehinderte Menschen unter Darle-

Kap. 6. Durchführung der besonderen Regelungen 1–4 § 104

gung der Leistungsfähigkeit und der Auswirkungen der jeweiligen Behinderung auf die angebotene Stelle vorzuschlagen,
2. ihre **Fördermöglichkeiten aufzuzeigen,** soweit wie möglich und erforderlich, auch die entsprechenden Hilfen der Rehabilitationsträger und der begleitenden Hilfe im Arbeitsleben durch die Integrationsämter.

Schrifttum: *Marschner,* Förderleistungen des Arbeitsamtes an Arbeitgeber nach dem SchwbG, BuW 1994, 727; *Mrozynski,* Berufliche Rehabilitation und behindertengerechte Arbeit, SGb 1993, 103; *Riess,* Die besondere Förderung der Einstellung und Beschäftigung Schwerbehinderter, BehindertenR 1994, 169; *Weber/Kammwel,* Hilfen für Menschen mit Behinderung, BehindertenR 1996, 65.

Inhaltsübersicht

	Rdnr.
A. Allgemeines	1, 2
B. Aufgaben der Bundesagentur für Arbeit (Abs. 1)	3, 4
C. Berichterstattung gegenüber dem Bundesministerium für Gesundheit und Soziale Sicherung (Abs. 2)	5
D. Durchführung von Arbeitsmarktprogrammen (Abs. 3)	6, 7
E. Besondere Stellen für behinderte Menschen bei den Agenturen für Arbeit (Abs. 4)	8
F. Beratung der Arbeitgeber (Abs. 5)	9

A. Allgemeines

§ 104 benennt die Aufgaben der Bundesagentur für Arbeit. Die Vorschrift **1** überträgt inhaltsgleich den früheren § 33 SchwbG, übernimmt die Regelungen des früheren Abs. 2 in die Aufzählung der Nr. 3 in Abs. 1 und führt eine **Berichterstattung** an das Bundesministerium für Gesundheit und Soziale Sicherung (Abs. 2) sowie die Möglichkeit zur Durchführung von Arbeitsmarktprogrammen (Abs. 3) neu ein. Der neue Abs. 5 ist das Gegenstück zu den Arbeitgeberpflichten aus § 81 auf Seiten der Bundesagentur für Arbeit.

Der ursprüngliche § 104 Abs. 1 Nr. 10, der die Erfassung der Integrationsfach- **2** dienste regelte, ist mit dem Gesetz zur Förderung der Ausbildung und Beschäftigung schwerbehinderter Menschen vom 23. 4. 2004 (BGBl. I S. 606) gestrichen worden. Hintergrund war die zeitgleiche Änderung von § 109, wonach die Integrationsfachdienste nicht mehr von den Agenturen für Arbeit beauftragt werden.

B. Aufgaben der Bundesagentur für Arbeit (Abs. 1)

Nach § 101 Abs. 2 bleiben die nach anderen Vorschriften geltenden **Aufgaben** **3** der **Rehabilitationsträger** unberührt, d. h. die Aufgaben, die der Bundesagentur als Rehabilitationsträger (§ 6 Abs. 1 Nr. 2) nach § 5 Nr. 2 und 3 dieses Gesetzes sowie nach dem SGB III zugewiesen sind, werden von der Vorschrift des § 104 nicht berührt.

Nach § 104 Abs. 1 hat die Bundesagentur für Arbeit im Einzelnen **folgende** **4** **Aufgaben:**
1. Berufsberatung (§§ 29–32 SGB III), Ausbildungs- und Arbeitsvermittlung schwerbehinderter Menschen (§§ 35 bis 39; 41–44 SGB III) einschließlich der Vermittlung von in Werkstätten für behinderte Menschen (§ 136) Beschäftigten auf den allgemeinen Arbeitsmarkt;

2. Beratung der Arbeitgeber bei der Besetzung von Ausbildungs- und Arbeitsplätzen mit schwerbehinderten Menschen (§§ 34, 39, 40, 41 ff. SGB III);
3. Förderung der Teilhabe schwerbehinderter Menschen am Arbeitsleben auf dem allgemeinen Arbeitsmarkt (§§ 33 ff.), insbesondere von besonderen Gruppen von schwerbehinderten Menschen. Hierzu gehören schwerbehinderte Menschen, die wegen Art oder Schwere ihrer Behinderung oder sonstiger Umstände im Arbeitsleben besonders betroffen sind (Buchst. a, § 72 Abs. 1), die langzeitarbeitslos sind (Buchst. b, § 18 SGB III), die im Anschluss an eine Beschäftigung in einer anerkannten Werkstatt für behinderte Menschen oder einem Integrationsprojekt eingestellt werden (Buchst. c), die als Teilzeitbeschäftigte eingestellt werden (Buchst. d) oder die zur Aus- oder Weiterbildung eingestellt werden (Buchst. e). In welcher Form die Förderung zu erfolgen hat (Zuschüsse an den Arbeitgeber, Leistungen an den schwerbehinderten Menschen), wird nicht vorgeschrieben, hier stehen der Bundesagentur für Arbeit sämtliche Möglichkeiten des SGB III zur Verfügung;
4. Förderung schwerbehinderter Menschen im Rahmen von Arbeitsbeschaffungsmaßnahmen (§§ 260 ff. SGB III);
5. Gleichstellung nach § 2 Abs. 3 i. V. m. § 68 Abs. 2, deren Widerruf und Rücknahme;
6. Durchführung des Anzeigeverfahrens nach § 80 Abs. 2 und 4;
7. Überwachung der Erfüllung der Beschäftigungspflicht (§ 71);
8. Zulassung der Anrechnung und der Mehrfachanrechnung nach §§ 75 Abs. 2, 76 Abs. 1 und 2;
9. Erfassung der Werkstätten für behinderte Menschen (§§ 136 ff.), ihre Anerkennung (§ 142) und die Aufhebung der Anerkennung.

Der Aufgabenkatalog ist trotz des Fehlens des Wortes „insbesondere" nicht abschließend (*Bieritz-Harder,* in: HK-SGB IX, § 104 Rdnr. 3).

C. Berichterstattung gegenüber dem Bundesministerium für Gesundheit und Soziale Sicherung (Abs. 2)

5 Die Vorschrift verpflichtet die Bundesagentur für Arbeit gegenüber dem Bundesministerium für Gesundheit und Soziale Sicherung, über die Erfolge ihrer Arbeit **zu berichten.** Hierzu gehören Angaben über die Zahl der geförderten Arbeitgeber und schwerbehinderten Menschen, über die insgesamt aufgewendeten Mittel und die durchschnittlichen Förderbeträge. Die Bundesagentur für Arbeit hat diese Ergebnisse darüber hinaus zu veröffentlichen.

D. Durchführung von Arbeitsmarktprogrammen (Abs. 3)

6 Die Bundesagentur für Arbeit kann befristete **regionale und überregionale Arbeitsmarktprogramme** durchführen. Diese ersetzen die bisherigen „Sonderprogramme" des früheren § 33 Abs. 3 und sollen dem Abbau der Arbeitslosigkeit schwerbehinderter Menschen sowie der Förderung des Ausbildungsplatzangebots dienen. Die Integrationsämter können der Bundesagentur für Arbeit hierfür Mittel der Ausgleichsabgabe zuweisen, § 16 SchwbAV.

7 Zur **Durchführung** dieser Arbeitsmarktprogramme wird die Bundesagentur im Wege einer **Verwaltungsvereinbarung** durch die Bundesregierung ermächtigt (§ 368 Abs. 2 Satz 2, Abs. 3 Satz 1 SGB III). Aufgrund der Verwaltungsvereinbarung erhält sie auch die notwendigen Mittel durch die Bundesregierung.

E. Besondere Stellen für behinderte Menschen bei den Agenturen für Arbeit (Abs. 4)

Wie bisher schon, richtet die Bundesagentur in allen Agenturen für Arbeit **besondere Stellen** für die Beratung und Vermittlung schwerbehinderter Menschen ein. Ausdrücklich erwähnt wird nun auch die Notwendigkeit, diese Stellen mit ausreichend Personal auszustatten, um den besonderen Anforderungen bei der Betreuung schwerbehinderter Menschen gerecht zu werden. Der **Verwaltungsrat** der Bundesagentur für Arbeit hat Richtlinien für die Bildung der besonderen Stellen für schwerbehinderte Menschen aufgestellt (vgl. Runderlass 129/78).

8

F. Beratung der Arbeitgeber (Abs. 5)

Die **Arbeitgeber** sind nach § 81 Abs. 1 (öffentliche Arbeitgeber aus § 82) verpflichtet, bei neu zu besetzenden Stellen frühzeitig mit der Agentur für Arbeit Kontakt aufzunehmen, um geeignete schwerbehinderte Menschen in das Auswahlverfahren einbeziehen zu können. Damit diese Verpflichtung nicht ins Leere läuft, verpflichtet Abs. 5 die Agenturen für Arbeit, dem Arbeitgeber **geeignete Bewerber vorzuschlagen** (Nr. 1) und darzulegen, wie diese ggf. noch weiter gefördert werden können, um den Anforderungen der zu besetzenden Stelle zu genügen (Nr. 2). Soweit möglich sollen die Agenturen für Arbeit die Arbeitgeber auch auf mögliche Leistungen der Rehabilitationsträger oder begleitende Hilfen des Integrationsamtes aufmerksam machen.

9

§ 105 Beratender Ausschuss für behinderte Menschen bei der Bundesagentur für Arbeit

(1) **Bei der Zentrale der Bundesagentur für Arbeit wird ein Beratender Ausschuss für behinderte Menschen gebildet, der die Teilhabe der behinderten Menschen am Arbeitsleben durch Vorschläge fördert und die Bundesagentur für Arbeit bei der Durchführung der in Teil 2 und im Dritten Buch zur Teilhabe behinderter und schwerbehinderter Menschen am Arbeitsleben übertragenen Aufgaben unterstützt.**

(2) **Der Ausschuss besteht aus elf Mitgliedern, und zwar aus**
zwei Mitgliedern, die die Arbeitnehmer und Arbeitnehmerinnen vertreten,
zwei Mitgliedern, die die privaten und öffentlichen Arbeitgeber vertreten,
fünf Mitgliedern, die die Organisationen behinderter Menschen vertreten,
einem Mitglied, das die Integrationsämter vertritt,
einem Mitglied, das das Bundesministerium für Gesundheit und Soziale Sicherung vertritt.

(3) **Für jedes Mitglied ist ein Stellvertreter oder eine Stellvertreterin zu berufen.**

(4) **¹Der Vorstand der Bundesagentur für Arbeit beruft die Mitglieder, die Arbeitnehmer und Arbeitgeber vertreten, auf Vorschlag ihrer Gruppenvertreter im Verwaltungsrat der Bundesagentur für Arbeit. ²Er beruft auf Vorschlag der Organisationen behinderter Menschen, die nach der Zusammensetzung ihrer Mitglieder dazu berufen sind, die behinderten Menschen in ihrer Gesamtheit auf Bundesebene zu vertreten, die Mit-**

glieder, die Organisationen der behinderten Menschen vertreten. ³Auf Vorschlag der Bundesarbeitsgemeinschaft der Integrationsämter und Hauptfürsorgestellen beruft er das Mitglied, das die Integrationsämter vertritt, und auf Vorschlag des Bundesministeriums für Gesundheit und Soziale Sicherung das Mitglied, das dieses vertritt.

Inhaltsübersicht

	Rdnr.
A. Allgemeines	1
B. Aufgaben des Beratenden Ausschusses (Abs. 1)	2, 3
C. Mitglieder des Ausschusses (Abs. 2)	4–6
D. Stellvertreter (Abs. 3)	7
E. Zuständigkeit für die Bestellung der Mitglieder (Abs. 4)	8–11

A. Allgemeines

1   Die Vorschrift überträgt inhaltsgleich den früheren § 34 SchwbG und richtet parallel zu dem Beratenden Ausschuss beim Integrationsamt (§ 103) einen solchen Ausschuss auch bei der **Bundesagentur für Arbeit** ein. Der Ausschuss hat ausschließlich beratende Funktion und ergänzt das (etwas verwirrende) System von Beirat beim Bundesministerium für Gesundheit und Soziale Sicherung (§ 64), Beratendem Ausschuss bei den Integrationsämtern (§ 103) sowie Widerspruchsausschüssen bei der Bundesagentur für Arbeit (§ 120) und bei den Integrationsämtern (§ 119), das den Sachverstand der Betroffenen in die Arbeit der zuständigen Behörden einbeziehen will. Gemeinsame Verfahrensvorschriften (§ 106) gelten für die beiden Beratenden Ausschüsse nach §§ 103 und 105; der Beirat beim Bundesministerium für Gesundheit und Soziale Sicherung hat mit § 65 eine eigene Verfahrensvorschrift, ebenso wie die Widerspruchsausschüsse mit § 121.

B. Aufgaben des Beratenden Ausschusses (Abs. 1)

2   Aufgabe des Beratenden Ausschusses bei der Bundesagentur für Arbeit ist es, dieser Vorschläge zur Förderung der **Teilhabe der behinderten Menschen am Arbeitsleben** zu unterbreiten sowie die Bundesagentur für Arbeit bei der Durchführung der ihr übertragenen Aufgaben zu unterstützen. Der Beratende Ausschuss hat lediglich beratende Funktion, aber keinerlei Mitwirkungsrechte oder Entscheidungsbefugnisse.

3   Voraussetzung für eine ordnungsgemäße Aufgabenerfüllung des Beratenden Ausschusses ist, dass die Bundesagentur für Arbeit den Ausschuss umfassend über grundlegende Angelegenheiten der behinderten Menschen informiert (*Brodkorb*, in: Hauck/Noftz, SGB IX, § 105 Rdnr. 5).

C. Mitglieder des Ausschusses (Abs. 2)

4   Der Beratende Ausschuss setzt sich aus **elf Mitgliedern** zusammen, und zwar aus zwei Mitgliedern der Arbeitnehmer, zwei Mitgliedern der Arbeitgeber (private und öffentliche), fünf Mitgliedern der Organisationen behinderter Menschen, einem Mitglied für die Integrationsämter und einem Mitglied für das Bundesministerium für Gesundheit und Soziale Sicherung.

Obwohl in § 105 nicht ausdrücklich erwähnt, sollte bei der Bestellung der Mitglieder auf ein ausgewogenes Verhältnis von Frauen und Männern geachtet werden, § 1 Satz 2; § 390 Abs. 2 Satz 2 SGB III. 5

Der beratende Ausschuss ist beschlussfähig, wenn wenigstens die Hälfte seiner Mitglieder anwesend ist. D. h. erst wenn sechs der elf Mitglieder anwesend sind, ist die Beschlussfähigkeit hergestellt. 6

D. Stellvertreter (Abs. 3)

Für jedes Mitglied ist ein **Stellvertreter** zu berufen. Ein Mitglied kann im Verhinderungsfall nur durch seinen Stellvertreter vertreten werden. Das ordentliche Mitglied kann im Vertretungsfall nur durch seinen persönlichen Vertreter, nicht aber durch einen Vertreter einer anderen der in Abs. 2 genannten Gruppen vertreten werden (*Müller-Wenner/Schorn,* SGB IX, § 105 Rdnr. 7). 7

E. Zuständigkeit für die Bestellung der Mitglieder (Abs. 4)

Sämtliche Mitglieder und Stellvertreter werden durch den **Vorstand der Bundesagentur für Arbeit** berufen und zwar auf Vorschlag der entsendenden Organisationen. Die Vertreter der Arbeitnehmer und der Arbeitgeber (auch der öffentlichen Arbeitgeber, insofern anders als beim Ausschuss nach § 103) werden von ihren jeweiligen Gruppen im Verwaltungsrat der Bundesagentur vorgeschlagen. Die fünf Mitglieder der Behindertenverbände werden von deren Bundesorganisationen vorgeschlagen. Die Bundesarbeitsgemeinschaft der Integrationsämter und Hauptfürsorgestellen und das Bundesministerium für Gesundheit und Soziale Sicherung schlagen ihren jeweiligen Vertreter vor. 8

Der Vorstand der Bundesagentur für Arbeit ist an die Reihenfolge der Vorschläge für ordentliche und stellvertretende Mitglieder auf den Vorschlagslisten gebunden (*Müller-Wenner/Schorn,* SGB IX, § 105 Rdnr. 9). Die Vorgeschlagenen können zugleich Mitglied des Verwaltungsrats der BA sein (*Neumann/Pahlen/Majerski-Pahlen,* SGB IX, § 105 Rdnr. 8). 9

Die Mitglieder und Stellvertreter werden für die Dauer von vier Jahren ernannt, § 106 Abs. 3 Satz 2. Ihr Amt ist ein unentgeltliches Ehrenamt, für dessen Ausübung kein Entgelt gewährt werden darf. Die Erstattung von Aufwendungen ist zulässig (*Neuman/Pahlen/Majerski-Pahlen,* SGB IX, § 105 Rdnr. 13). 10

Ähnlich wie bei § 103 regelt § 105 in verschiedenen Absätzen ausdrücklich, dass sowohl Mitglieder als auch **Stellvertreter** zu benennen sind. Die jeweilige Vorschrift zum Vorschlagsrecht spricht dagegen nur noch vom „Mitglied". Es muss aber davon ausgegangen werden, dass die Form des Vorschlagsrechts nicht nur für die Mitglieder, sondern auch für die Stellvertreter gilt. Hier handelt es sich offenbar um eine redaktionelle Ungenauigkeit, da im alten SchwbG allgemein von „Vertreter" die Rede war und dieses Problem daher nicht auftrat. 11

§ 106 Gemeinsame Vorschriften

(1) ¹**Die Beratenden Ausschüsse für behinderte Menschen (§§ 103, 105) wählen aus den ihnen angehörenden Mitgliedern von Seiten der Arbeitnehmer, Arbeitgeber oder Organisationen behinderter Menschen jeweils für die Dauer eines Jahres einen Vorsitzenden oder eine Vorsitzende und einen Stellvertreter oder eine Stellvertreterin.** ²**Die Gewählten dürfen nicht**

derselben Gruppe angehören. ³ Die Gruppen stellen in regelmäßig jährlich wechselnder Reihenfolge den Vorsitzenden oder die Vorsitzende und den Stellvertreter oder die Stellvertreterin. ⁴ Die Reihenfolge wird durch die Beendigung der Amtszeit der Mitglieder nicht unterbrochen. ⁵ Scheidet der Vorsitzende oder die Vorsitzende oder der Stellvertreter oder die Stellvertreterin aus, wird er oder sie neu gewählt.

(2) ¹ Die Beratenden Ausschüsse für behinderte Menschen sind beschlussfähig, wenn wenigstens die Hälfte der Mitglieder anwesend ist. ² Die Beschlüsse und Entscheidungen werden mit einfacher Stimmenmehrheit getroffen.

(3) ¹ Die Mitglieder der Beratenden Ausschüsse für behinderte Menschen üben ihre Tätigkeit ehrenamtlich aus. ² Ihre Amtszeit beträgt vier Jahre.

Inhaltsübersicht

	Rdnr.
A. Allgemeines	1, 2
B. Wahl des Vorsitzenden und des Stellvertreters (Abs. 1)	3
C. Beschlussfähigkeit und Mehrheit (Abs. 2)	4, 5
D. Amtszeit und ehrenamtliche Ausübung (Abs. 3)	6–8

A. Allgemeines

1 Die Vorschrift ist gegenüber § 36 SchwbG unverändert. Sie gilt aber nur noch für die beiden Beratenden Ausschüsse nach §§ 103, 105 und nicht mehr für den Beirat nach § 64 (früher § 35 SchwbG). Die Vorschrift hat auch insofern Bedeutung, als § 121 für die Widerspruchsausschüsse bei den Integrationsämtern und bei der Bundesagentur für Arbeit auf § 106 verweist. Über § 121 Abs. 1 gelten § 106 Abs. 1 und 2 für den Widerspruchsausschuss beim Integrationsamt und die Widerspruchsausschüsse bei der Bundesagentur für Arbeit entsprechend.

2 Die Möglichkeit oder gar die Verpflichtung, sich eine Geschäftsordnung zu geben, ist in der Vorschrift nicht enthalten. Aus dem Grundsatz des Selbstorganisationsrechts muss geschlossen werden, dass die Ausschüsse jedenfalls die Möglichkeit haben, sich eine **Geschäftsordnung** zu geben und weitere Einzelheiten darin festzulegen (so auch *Cramer*, SchwbG, § 36 Rdnr. 1; *Dau*, in: LPK-SGB IX, § 106 Rdnr. 2; *Seidel*, in: Hauck/Noftz, SGB IX, § 106 Rdnr. 1).

B. Wahl des Vorsitzenden und des Stellvertreters (Abs. 1)

3 Die Vorschrift spricht von „**Wahl**", aber die Wahlmöglichkeiten der Ausschussmitglieder sind bei näherem Hinsehen sehr begrenzt. Zunächst kann der Vorsitzende und sein Stellvertreter nur aus einer von drei der insgesamt fünf vertretenen Gruppen gewählt werden (Arbeitnehmer, Arbeitgeber, Behindertenverbände), zweitens dürfen die beiden nicht derselben Gruppe angehören und drittens muss die Reihenfolge jedes Jahr wechseln. Dies hat zur Folge, dass faktisch mit der ersten Wahl die Reihenfolge für die kommenden Jahre bereits festgelegt ist (vgl. auch *Neumann/Pahlen/Majerski-Pahlen*, SGB IX, § 106 Rdnr. 2–4). Die Wahl erfolgt durch alle Ausschussmitglieder bzw. bei Verhinderung durch den Stellvertreter; Beschlussfähigkeit und Mehrheit sind gem. Abs. 2 festzustellen.

Kap. 6. Durchführung der besonderen Regelungen § 107

C. Beschlussfähigkeit und Mehrheit (Abs. 2)

Beschlussfähigkeit liegt vor, wenn die Hälfte der Mitglieder anwesend ist, d. h. 4
beim Beratenden Ausschuss bei den Integrationsämtern müssen fünf Mitglieder
(oder Stellvertreter) anwesend sein, beim Beratenden Ausschuss bei der Bundesagentur für Arbeit sechs Mitglieder (oder Stellvertreter). Hierunter muss auch der Vorsitzende oder sein Stellvertreter sein, da sonst die Sitzung nicht geleitet werden kann (*Bieritz-Harder*, in: HK-SGB IX, § 106 Rdnr. 4; *Seidel*, in: Hauck/Noftz, SGB IX, § 106 Rdnr. 9; *Neumann/Pahlen/Majerski-Pahlen*, SGB IX, § 106 Rdnr. 6; a. A. *Müller-Wenner/Schorn*, SGB IX, § 106 Rdnr. 7). Unerheblich ist es, ob alle Gruppen durch ein Mitglied oder einen Stellvertreter vertreten sind (*Müller-Wenner/Schorn*, SGB IX, § 106 Rdnr. 7).

Für alle Entscheidungen ist die **einfache Stimmenmehrheit** (der Anwesenden) erforderlich. Bei Stimmengleichheit ist die Entscheidung nicht zustande gekommen, da Stimmenthaltung nicht vorgesehen und daher wohl unzulässig ist (so 5 auch *HessVGH* v. 10. 8. 1993, 9 UE 1274/90; vgl. *Neumann/Pahlen/Majerski-Pahlen*, SGB IX, § 106 Rdnr. 6; *Bieritz-Harder*, in: HK-SGB IX, § 106 Rdnr. 5). Alle Stimmen zählen gleich, auch die des Vorsitzenden (*Seidel*, in: Hauck/Noftz, SGB IX, § 106 Rdnr. 10; *Dau*, in: LPK-SGB IX, § 106 Rdnr. 3). Die Abstimmung kann offen oder geheim erfolgen, im Streitfall ist auch hierüber abzustimmen. Ein Ergebnisprotokoll sollte angefertigt werden.

D. Amtszeit und ehrenamtliche Ausübung (Abs. 3)

Die Vorschrift legt fest, dass die **Tätigkeit** in den genannten Ausschüssen 6
ehrenamtlich, also unentgeltlich ist. Es können allerdings Auslagen (Reisekosten o. Ä.) erstattet werden und zwar von den Integrationsämtern oder der Bundesagentur für Arbeit, bei denen der Ausschuss eingerichtet ist. Die Mittel der Ausgleichsabgabe dürfen hierfür nicht verwendet werden, § 77 Abs. 5 Satz 2. Die Mitglieder und Stellvertreter sind nach § 130 zur Geheimhaltung verpflichtet.

Die **Amtszeit** beträgt **vier Jahre,** eine Wiederwahl ist nicht vorgesehen, das 7
Amt kann abgelehnt und auch vorzeitig niedergelegt werden. Besondere Vorschriften über die Abberufung von Mitgliedern oder Stellvertretern sind nicht vorgesehen. Da die Mitglieder aber ihre jeweilige Organisation vertreten und durch diese in das Gremium vorgeschlagen werden, muss es der entsendenden Organisation auch möglich sein, ihr Mitglied oder den Stellvertreter abzuberufen (a. A. *Neumann/Pahlen/Majerski-Pahlen*, SGB IX, § 106 Rdnr. 9; *Müller-Wenner/Schorn*, SGB IX, § 106 Rdnr. 11) bzw. ihn zur Niederlegung seines Amtes zu veranlassen. Eine Abberufung ist dann zulässig, wenn das Mitglied nicht mehr der Gruppe zuzurechnen ist, von der er vorgeschlagen wurde.

Wird wegen der Niederlegung des Amtes ein Mitglied in den Beratenden Ausschuss neu berufen, so reicht dessen Berufung nur für den Rest der Amtszeit, weil 8 ansonsten die Ämter der Mitglieder zu unterschiedlichen Zeitpunkten enden würden (*Seidel*, in: Hauck/Noftz, SGB IX, § 106 Rdnr. 15; a. A. *Müller-Wenner/Schorn*, SGB IX, § 106 Rdnr. 10, wonach für das neu berufene Mitglied eine Amtszeit von vier Jahren gilt).

§ 107 Übertragung von Aufgaben

(1) ¹**Die Landesregierung oder die von ihr bestimmte Stelle kann die Verlängerung der Gültigkeitsdauer der Ausweise nach § 69 Abs. 5, für die eine Feststellung nach § 69 Abs. 1 nicht zu treffen ist, auf andere Behör-**

den übertragen. ²Im Übrigen kann sie andere Behörden zur Aushändigung der Ausweise heranziehen.

(2) Die Landesregierung oder die von ihr bestimmte Stelle kann Aufgaben und Befugnisse des Integrationsamtes nach dem Teil 2 auf örtliche Fürsorgestellen übertragen oder die Heranziehung örtlicher Fürsorgestellen zur Durchführung der den Integrationsämtern obliegenden Aufgaben bestimmen.

Inhaltsübersicht

	Rdnr.
A. Allgemeines	1
B. Verlängerung der Gültigkeit/Aushändigung der Ausweise (Abs. 1)	2–4
C. Übertragung auf die örtlichen Fürsorgestellen (Abs. 2)	5

A. Allgemeines

1   Die Vorschrift ermöglicht es den Landesregierungen bzw. den von ihnen bestimmten Stellen, die Verlängerung der **Gültigkeitsdauer** der **Schwerbehindertenausweise** sowie die Aushändigung der Schwerbehindertenausweise auf andere Behörden zu übertragen. Ziel dieser Befugnis ist es, die Versorgungs- und Integrationsämter zu entlasten und eine ortsnahe Verwaltung sicherzustellen. § 107 entspricht im Wesentlichen dem aufgehobenen § 37 SchwbG. Der ursprüngliche Abs. 3, der die Möglichkeit der Übertragung von Aufgaben der Landesarbeitsämter regelte, ist durch Gesetz vom 24. 12. 2003 (BGBl. I S. 2954) aufgehoben worden.

B. Verlängerung der Gültigkeit/Aushändigung der Ausweise (Abs. 1)

2   Voraussetzung für die Übertragung der Verlängerung der Gültigkeit der Ausweise auf andere Stellen ist, dass der Gesamt-GdB nicht geändert wird. Die Zuständigkeit der **Versorgungsämter** bei der Feststellung des Grad des der Behinderung darf nicht berührt werden. Stellen i. S. v. Abs. 1 können neben den örtlichen Fürsorgestellen auch gemeindliche oder polizeiliche Stellen sein (*Neumann/Pahlen/Majerski-Pahlen*, SGB IX, § 107 Rdnr. 4).

3   Von der Übertragungskompetenz haben folgende Landesregierungen Gebrauch gemacht:
– Baden-Württemberg: VO über die Zuständigkeit für die Ausstellung von Ausweisen vom 29. 6. 1976 (GBl. S. 503),
– Nordrhein-Westfalen: VO zur Übertragung von Aufgaben und Befugnissen nach dem SchwbG vom 31. 1. 1989 (GVBl. S. 78),
– Saarland: VO über den Vollzug des SchwbG vom 26. 2. 1975 (ABl. S. 372),
– Schleswig-Holstein: LandesVO über die Zuständigkeit der örtlichen Fürsorgestellen für die Durchführung von Aufgaben der Hauptfürsorgestellen nach dem SchwbG vom 14. 2. 1977 (GVBl. S. 39).

4   Darüber hinaus haben gem. § 16 Abs. 2 SGB I Gemeinden, Sozialleistungsträger und andere deutsche Behörden Anträge behinderter Menschen auf Ausstellung und Verlängerung von Schwerbehindertenausweisen entgegenzunehmen und unverzüglich an das örtlich zuständige Versorgungsamt weiterzuleiten.

C. Übertragung auf die örtlichen Fürsorgestellen (Abs. 2)

Die Landesregierung oder die von ihr bestimmte Stelle kann Aufgaben und Befugnisse der Integrationsämter nach dem 2. Teil des SGB IX auf **örtliche Fürsorgestellen** übertragen oder die Heranziehung örtlicher Fürsorgestellen zur Durchführung der den Integrationsämtern obliegenden Aufgaben bestimmen. Die Landesregierung kann auch Gebietskörperschaften beauftragen und bestimmen, welche Stellen die Aufgaben der Integrationsämter wahrzunehmen haben (*Neumann/Pahlen/Majerski-Pahlen*, SGB IX, § 107 Rdnr. 3). Aufgaben der Integrationsämter, die in anderen Gesetzen festgeschrieben sind, können nicht auf die örtlichen Fürsorgestellen übertragen werden. Insbesondere Entscheidung über Widersprüche können nicht über § 107 vom Widerspruchausschuss (§ 119) auf die örtlichen Fürsorgestellen übertragen werden (*Seidel/Masuch*, in: Hauck/Noftz, SGB IX, § 107 Rdnr. 8). 5

§ 108 Verordnungsermächtigung

Die Bundesregierung wird ermächtigt, durch Rechtsverordnung mit Zustimmung des Bundesrates das Nähere über die Voraussetzungen des Anspruchs nach § 33 Abs. 8 Nr. 3 und § 102 Abs. 4 sowie über die Höhe, Dauer und Ausführung der Leistungen zu regeln.

Schrifttum: *Schneider/Adlhoch*, Arbeitsassistenz für Schwerbehinderte – fachliche und juristische Aspekte, BehindertenR 2001, 51.

Die Vorschrift überträgt inhaltsgleich den aufgehobenen § 31 Abs. 3a SchwbG und berücksichtigt die Einführung des **Anspruchs** auf **Arbeitsassistenz** mit dem „Gesetz zur Bekämpfung der Arbeitslosigkeit Schwerbehinderter" vom 29. 9. 2000 (BGBl. I S. 1394) in § 102 Abs. 4. Der Verordnungsgeber hat bislang noch keinen Gebrauch von der Verordnungsermächtigung gemacht. Der Erlass einer Verordnung ist nicht Voraussetzung für die Gewährung von Leistungen für die Arbeitsassistenz, sondern bestimmt sich nach § 33 Abs. 8 Nr. 3 und § 102 Abs. 4 (*Bieritz-Harder*, HK-SGB IX, § 108 Rdnr. 4). 1

Die Bundesregierung will zunächst die Erfahrungen mit der Umsetzung der „Vorläufigen Empfehlung der Arbeitsgemeinschaft der Deutschen Hauptfürsorgestellen für die Erbringung finanzieller Leistungen zur Arbeitsassistenz Schwerbehinderter" gemäß § 31 Abs. 3a SchwbG (jetzt § 104 Abs. 4 SGB IX) abwarten. Der den Anspruch auf Arbeitsassistenz einschränkende Charakter der vorläufigen Empfehlungen wird für rechtlich unverbindlich betrachtet (*Müller-Wenner/Schorn*, SGB IX, § 108 Rdnr. 2; a.A. *Bieritz-Harder*, in: HK-SGB IX, § 108 Rdnr. 4, wonach die Rehabilitationsträger eine gemeinsame Empfehlung gem. § 13 Abs. 2 vereinbaren können). 2

Kapitel 7. Integrationsfachdienste

§ 109 Begriff und Personenkreis

(1) Integrationsfachdienste sind Dienste Dritter, die bei der Durchführung der Maßnahmen zur Teilhabe schwerbehinderter Menschen am Arbeitsleben beteiligt werden.

(2) Schwerbehinderte Menschen im Sinne des Absatzes 1 sind insbesondere

1. schwerbehinderte Menschen mit einem besonderen Bedarf an arbeitsbegleitender Betreuung,
2. schwerbehinderte Menschen, die nach zielgerichteter Vorbereitung durch die Werkstatt für behinderte Menschen am Arbeitsleben auf dem allgemeinen Arbeitsmarkt teilhaben sollen und dabei auf aufwendige, personalintensive, individuelle arbeitsbegleitende Hilfen angewiesen sind sowie
3. schwerbehinderte Schulabgänger, die für die Aufnahme einer Beschäftigung auf dem allgemeinen Arbeitsmarkt auf die Unterstützung eines Integrationsfachdienstes angewiesen sind.

(3) Ein besonderer Bedarf an arbeits- und berufsbegleitender Betreuung ist insbesondere gegeben bei schwerbehinderten Menschen mit geistiger oder seelischer Behinderung oder mit einer schweren Körper-, Sinnes- oder Mehrfachbehinderung, die sich im Arbeitsleben besonders nachteilig auswirkt und allein oder zusammen mit weiteren vermittlungshemmenden Umständen (Alter, Langzeitarbeitslosigkeit, unzureichende Qualifikation, Leistungsminderung) die Teilhabe am Arbeitsleben auf dem allgemeinen Arbeitsmarkt erschwert.

(4) [1] Der Integrationsfachdienst kann im Rahmen der Aufgabenstellung nach Absatz 1 auch zur beruflichen Eingliederung von behinderten Menschen, die nicht schwerbehindert sind, tätig werden. [2] Hierbei wird den besonderen Bedürfnissen seelisch behinderter oder von einer seelischen Behinderung bedrohter Menschen Rechnung getragen.

Schrifttum: *Adlhoch,* Der Inhalt der Struktur- und Finanzverantwortung der Integrationsämter für die Integrationsfachdienste aufgrund der Änderung des SGB IX, BehindertenR 2004, 134; *Cramer,* SchwbG, Gesetz zur Bekämpfung der Arbeitslosigkeit Schwerbehinderter – Ein Wegweiser durch die Neuerungen, DB 2000, 2217; *Ernst,* Zur Institutionalisierung und Finanzierung von Integrationsfachdiensten – Rechtslage seit dem 1. 10. 2000, BehindertenR 2001, 66; *ders.,* Integrationsfachdienste für besonders Schwerbehinderte – eine Zwischenbilanz aus Sicht der Hauptfürsorgestellen, BehindertenR 1998, 155; *Holscher,* Integrationsagentur für behinderte Menschen, AuB 2003, 195; *Marquardt,* Wege in die Arbeit – Der Integrationsfachdienst Hamburg, Rehabilitation 2001, 138; *Matzeder,* Integrationsfachdienste – Eine Chance für moderne Konzepte zur verbesserten beruflichen Eingliederung Schwerbehinderter, BehindertenR 1998, 29; *Ritz,* Maßnahmen zum Übergang von der Werkstatt ins Erwerbsleben, BehindertenR 2001, 197; *Scholdei-Klie,* Integrationsfachdienste und Arbeitsassistenz, SozArb 2002, 411; *Wagner,* Die Zusammenarbeit der Bundesanstalt für Arbeit mit den Integrationsfachdiensten (IFD) in Nordrhein-Westfalen, BehindertenR 2002, 209.

Inhaltsübersicht

	Rdnr.
A. Allgemeines	1–3
B. Begriff	4, 5
C. Schwerbehinderte Menschen (Abs. 2 und 3)	6–10
D. Nicht schwerbehinderte Menschen (Abs. 4)	11

A. Allgemeines

Integrationsfachdienste sind zum ersten Mal mit dem „Gesetz zur Bekämpfung der Arbeitslosigkeit Schwerbehinderter" vom 29. 9. 2000 (BGBl. I S. 1394) positivgesetzlich normiert worden. **Integrationsfachdienste** sollen neben der Unterstützung der Vermittlung von arbeitslos gemeldeten schwerbehinderten Menschen auch den Übergang von Schwerbehinderten aus Werkstätten für Behinderte auf den allgemeinen Arbeitsmarkt unterstützen (zu den Aufgaben vgl. § 110).

Die Aufnahme in das Schwerbehindertengesetz zum 1. 10. 2000 erfolgte, nachdem die seit Anfang der 90er Jahre durchgeführten Modellprojekte zu positiven Ergebnissen bei der **Vermittlung besonderer Problemgruppen** unter den arbeitslosen schwerbehinderten Menschen geführt hatten. Die Vorschriften über die Integrationsfachdienste sind aus den „Vorläufigen Grundsätzen über Integrationsfachdienste zur Eingliederung Schwerbehinderter in das Arbeitsleben" des BMA vom 17. 11. 1997 heraus entwickelt worden. Im Jahr 2003 ist es den Integrationsfachdiensten gelungen, 7579 behinderten Frauen und Männer in Betriebe des allgemeinen Arbeitsmarktes zu integrieren (Bericht über die Lage behinderter Menschen und die Entwicklung ihrer Teilhabe, BT-Drucks. 15/4575, S. 100). Mittlerweile sind in allen 181 Bezirken der Agenturen für Arbeit Integrationsfachdienste eingerichtet. 2

Die Vorschriften bezüglich der **Integrationsfachdienste** wurden in den §§ 37 a–g SchwbG festgeschrieben. Diese Vorschriften wurden mit der Ablösung des Schwerbehindertengesetzes durch das SGB IX im Wesentlichen übernommen. Die §§ 109–115 entsprechen dabei fast inhaltsgleich den aufgehobenen §§ 37 a–g SchwbG. § 109 entspricht im Wesentlichen der § 37 a SchwbG. Durch das Gesetz zur Förderung der Ausbildung und Beschäftigung schwerbehinderter Menschen vom 23. 4. 2004 (BGBl. I S. 606) ist die vormals in Abs. 1 enthaltene Beauftragung durch die Bundesagentur für Arbeit entfallen und zudem Abs. 4 Satz 2 neu eingefügt worden. 3

B. Begriff

Absatz 1 definiert den **Begriff des Integrationsfachdienstes**. Integrationsfachdienste sind danach Dienste Dritter, die bei der Durchführung der Maßnahmen zur Teilhabe schwerbehinderter Menschen am Arbeitsleben zu beteiligen sind. Die Organisationsform der Integrationsform ist gesetzlich nicht vorgeschrieben. Die Rehabilitationsträger und Integrationsämter können Integrationsfachdienste nicht als eigene Betriebe vorhalten (*Haines/Deutsch*, in: LPK-SGB IX, § 109 Rdnr. 5). Eine Adressenliste der Integrationsfachdienste ist bei der Bundesarbeitsgemeinschaft Unterstützte Beschäftigung, Schulterblatt 36, 20357 Hamburg oder im Internet unter www.bag-ub.de bzw. www.arbeitsagentur.de/content/de_DE/hauptstelle/a-04/importierter-inhalt/pdf/ifd_verzeichnis.pdf erhältlich. 4

Zweck der Integrationsfachdienste ist die Beteiligung bei der Durchführung von Maßnahmen zur Teilhabe schwerbehinderter Menschen am Arbeitsleben. Gemeint sind damit die in den §§ 33 ff. genannten Leistungen. 5

C. Schwerbehinderte Menschen (Abs. 2 und 3)

In Abs. 2 wird der **Personenkreis** derjenigen schwerbehinderten Menschen umschrieben, bei denen ein Integrationsfachdienst beteiligt werden kann. Es handelt sich um Personen mit einem besonderen Bedarf an arbeits- und berufsbegleitender Betreuung vor Begründung eines Arbeitsverhältnisses und während eines Arbeitsverhältnisses (s. *Ernst*, BehindertenR 2001, 66). 6

Schwerbehinderte Menschen nach Abs. 2 Nr. 1 mit einem besonderen Bedarf an arbeitsbegleitender Betreuung sind in Abs. 3 näher umschrieben. Zu diesem Personenkreis gehören u. a. geistig und psychisch Behinderte oder schwer Körper-, 7

Sinnes- oder Mehrfachbehinderte, bei denen sich die Behinderung im Arbeitsleben besonders nachteilig auswirkt. Diese **besonderen Behinderungen** können allein einen besonderen Bedarf an berufsbegleitender Betreuung rechtfertigen.

8 Schwerbehinderte Menschen gehören zur Zielgruppe des Integrationsfachdienstes, die nach zielgerichteter Vorbereitung durch die WfbM am Arbeitsleben auf dem allgemeinen Arbeitsmarkt teilnehmen sollen und dabei auf aufwändige, personalintensive, individuelle arbeitsbegleitende Hilfe angewiesen sind, Abs. 2 Nr. 2.

9 Nach Abs. 2 Nr. 3 gehören schwerbehinderte Schulabgänger, die für die Aufnahme eine Beschäftigung auf dem allgemeinen Arbeitsmarkt auf die Unterstützung eines Integrationsfachdienstes angewiesen sind, zur Zielgruppe des Integrationsfachdienstes. Durch die Einschaltung des Integrationsamtes für diesen Personenkreis kann die Aufnahme in eine WfbM vermieden werden (BT-Drucks. 14/3372, Begründung, S. 22).

10 Daneben können die vorgenannten Behinderungen nach Abs. 3 auch zusammen mit weiteren vermittlungshemmenden Umständen eine berufsbegleitende Betreuung rechtfertigen. **Vermittlungshemmende Umstände**, die die Teilnahme am Arbeitsleben erschweren können, sind Alter, Langzeitarbeitslosigkeit, unzureichende Qualifikation oder Leistungsminderung. Der Katalog der vermittlungshemmenden Umstände hat keinen abschließenden Charakter, sondern nennt exemplarisch einzelne vermittlungshemmende Umstände (*Neumann/Pahlen/Majerski-Pahlen*, SGB IX, § 109 Rdnr. 9; *Schröder*, in: Hauck/Noftz, SGB IX, § 109 Rdnr. 10; *Müller-Wenner/Schorn*, SGB IX, § 109 Rdnr. 15). Das Vorliegen der vermittlungserschwerenden Hemmnisse ist in jedem Einzelfall gesondert zu prüfen.

D. Nicht schwerbehinderte Menschen (Abs. 4)

11 Nach Abs. 4 kann der Integrationsfachdienst auch zur beruflichen Integration von behinderten Menschen, die nicht schwerbehindert sind, tätig werden. Als Ausnahmevorschrift zu den Abs. 2 und 3 ist Abs. 4 nach allgemeinen Auslegungsgrundsätzen eng auszulegen. Zum Personenkreis nach Abs. 4 gehören aber nicht die nach §§ 2 Abs. 3 und 68 Abs. 2 Gleichgestellten, da für diese ohnehin §§ 109 ff. Anwendung finden (*Bieritz-Harder*, in: HK-SGB IX, § 109 Rdnr. 4). Für diesen Personenkreis können Integrationsfachdienste allerdings nicht mit Mitteln des **Ausgleichsfonds** beteiligt werden. Für die entstehenden Kosten müssen die Haushaltsmittel des jeweiligen Auftraggebers eingesetzt werden (*Cramer*, DB 2000, 2217; *Neumann/Pahlen/Majerski-Pahlen*, SGB IX, § 109 Rdnr. 12).

§ 110 Aufgaben

(1) **Die Integrationsfachdienste können zur Teilhabe schwerbehinderter Menschen am Arbeitsleben (Aufnahme, Ausübung und Sicherung einer möglichst dauerhaften Beschäftigung) beteiligt werden, indem sie**
1. **die schwerbehinderten Menschen beraten, unterstützen und auf geeignete Arbeitsplätze vermitteln,**
2. **die Arbeitgeber informieren, beraten und ihnen Hilfe leisten.**

(2) **Zu den Aufgaben des Integrationsfachdienstes gehört es,**
1. **die Fähigkeiten der zugewiesenen schwerbehinderten Menschen zu bewerten und einzuschätzen und dabei ein individuelles Fähigkeits-, Leistungs- und Interessenprofil zur Vorbereitung auf den allgemeinen Arbeitsmarkt in enger Kooperation mit den schwerbehinderten Men-**

schen, dem Auftraggeber und der abgebenden Einrichtung der schulischen oder beruflichen Bildung oder Rehabilitation zu erarbeiten,
1 a. die Bundesagentur für Arbeit auf deren Anforderung bei der Berufsorientierung und Berufsberatung in den Schulen einschließlich der auf jeden einzelnen Jugendlichen bezogenen Dokumentation der Ergebnisse zu unterstützen,
1 b. die betriebliche Ausbildung schwerbehinderter, insbesondere seelisch lernbehinderter Jugendlicher zu begleiten,
2. geeignete Arbeitsplätze (§ 73) auf dem allgemeinen Arbeitsmarkt zu erschließen,
3. die schwerbehinderten Menschen auf die vorgesehenen Arbeitsplätze vorzubereiten,
4. die schwerbehinderten Menschen, solange erforderlich, am Arbeitsplatz oder beim Training der berufspraktischen Fähigkeiten am konkreten Arbeitsplatz zu begleiten,
5. mit Zustimmung des schwerbehinderten Menschen die Mitarbeiter im Betrieb oder in der Dienststelle über Art und Auswirkungen der Behinderung und über entsprechende Verhaltensregeln zu informieren und zu beraten,
6. eine Nachbetreuung, Krisenintervention oder psychosoziale Betreuung durchzuführen sowie
7. als Ansprechpartner für die Arbeitgeber zur Verfügung zu stehen, über die Leistungen für die Arbeitgeber zu informieren und für die Arbeitgeber diese Leistungen abzuklären,
8. in Zusammenarbeit mit den Rehabilitationsträgern und den Integrationsämtern die für den schwerbehinderten Menschen benötigten Leistungen zu klären und bei der Beantragung zu unterstützen.

Schrifttum: *Adlhoch,* Der Inhalt der Struktur- und Finanzverantwortung der Integrationsämter für die Integrationsfachdienste aufgrund der Änderung des SGB IX, BehindertenR 2004, 134; *Ernst,* Zur Institutionalisierung und Finanzierung von Integrationsfachdiensten – Rechtslage seit dem 1. 10. 2000, BehindertenR 2001, 66; *Scholdei-Klie,* Integrationsfachdienste und Arbeitsassistenz, SozArb 2002, 411; *Seidel,* Begleitende Hilfen im Arbeitsleben nach dem SGB IX, SuP 2001, 577.

Inhaltsübersicht

	Rdnr.
A. Allgemeines	1
B. Hilfeleistungen der Integrationsämter (Abs. 1)	2
C. Konkrete Aufgaben der Integrationsfachdienste (Abs. 2)	3–13

A. Allgemeines

Die Vorschrift legt die **Aufgaben der Integrationsfachdienste** fest. Zu den Aufgaben der Integrationsfachdienste gehört es, die Schwerbehinderten zu beraten, zu unterstützen und auf geeignete Arbeitsplätze zu vermitteln. Die einzelnen Aufgaben der Integrationsfachdienste sind in Abs. 2 genannt. § 110 ist im Wesentlichen inhaltsgleich mit der aufgehobenen Vorschrift des § 37b SchwbG. Zuletzt ist die Vorschrift durch das Gesetz zur Förderung der Ausbildung und Beschäftigung schwerbehinderter Menschen vom 23. 4. 2004 (BGBl. I S. 606) ergänzt worden. Neben der Einfügung von Abs. 2 Nr. 1a, 1b und 8 ist Nr. 7 ergänzt worden.

B. Hilfeleistungen der Integrationsämter (Abs. 1)

2 Absatz 1 schreibt allgemein den Aufgabenbereich der Integrationsfachdienste fest. Neben der **Information** und **Beratung** ist die Vermittlung des in § 109 Abs. 2–4 genannten Personenkreis auf geeignete Arbeitsplätze zentrale Aufgabe der Integrationsämter. Obwohl nicht ausdrücklich genannt, gehört auch die Vermittlung schwerbehinderter Schulabgänger in Ausbildungsplätze zu dem Aufgabenbereich der Integrationsfachdienste.

C. Konkrete Aufgaben der Integrationsfachdienste (Abs. 2)

3 In Abs. 2 sind die **konkreten Aufgaben** der Integrationsämter beschrieben. Der Katalog der konkreten Aufgaben des Abs. 2 ist nicht abschließend (ebenso: *Müller-Wenner/Schorn*, SGB IX, § 110 Rdnr. 6). Vielmehr kommen auch Hilfen, die aufgrund der persönlichen Situation des schwerbehinderten Menschen notwendig sind, in Betracht, soweit sie der Zielrichtung der in Abs. 2 genannten Aufgaben entsprechen.

4 Nach Nr. 1 gehört es zu den Aufgaben der Integrationsfachdienste die Fähigkeiten der zugewiesenen schwerbehinderten Menschen zu bewerten und einzuschätzen und dabei ein individuelles Fähigkeits-, Leistungs- und Interessenprofil zur Vorbereitung auf den allgemeinen Arbeitsmarkt in enger Kooperation mit den schwerbehinderten Menschen, dem Auftraggeber und der abgebenden Einrichtung der schulischen oder beruflichen Bildung oder Rehabilitation zu erarbeiten. Wechseln die betroffenen Personen aus einer Schule oder Berufsschule in den allgemeinen Arbeitsmarkt, so haben die Integrationsfachdienste bei der Erstellung der Profile auch mit diesen Einrichtungen zusammenzuarbeiten (*Bieritz-Harder*, in: HK-SGB IX, § 110 Rdnr. 5).

5 Die Bundesagentur für Arbeit wird von der Integrationsfachdiensten auf deren Anforderung bei der Berufsorientierung und Berufsberatung in den Schulen einschließlich der auf jeden einzelnen Jugendlichen bezogenen Dokumentation der Ergebnisse unterstützt, Abs. 2 Nr. 1a. Mit Nr. 1a soll die Zusammenarbeit der Integrationsfachdienste mit den Schulen verbessert werden. Dies gilt auch für die Zeiten von Praktika während der schulischen Ausbildung (BT-Drucks. 15/2318, Begründung, S. 38).

6 Nach den mit Gesetz vom 23. 4. 2004 (BGBl. I S. 606) neu eingeführten Abs. 2 Nr. 1b haben die Integrationsfachdienste die Aufgabe, die betriebliche Ausbildung schwerbehinderter, insbesondere seelisch lernbehinderter Jugendlicher zu begleiten. Damit wurde analog zu § 35 Abs. 2 eine Begleitung der Integrationsfachdienste während der betrieblichen Ausbildung sichergestellt (BT-Drucks. 15/2318, Begründung, S. 38).

7 Nach Abs. 2 Nr. 2 hat der Integrationsfachdienst geeignete Arbeitsplätze (§ 73) auf dem allgemeinen Arbeitsmarkt zu erschließen. Die Integrationsfachdienste müssen zur Erfüllung dieser Aufgabe Kontakt zu den örtlichen Arbeitgebern aufnehmen und diese beraten (*Bieritz-Harder*, in: HK-SGB IX, § 110 Rdnr. 6).

8 Die Integrationsfachdienste haben nach Abs. 2 Nr. 3 die schwerbehinderten Menschen auf die vorgesehenen Arbeitsplätze vorzubereiten. Die Vorbereitung kann durch die Stabilisierung und Stärkung des eigenen Leistungsvermögens erfolgen. Möglich ist auch eine Vorbereitung in einer berufsbildenden Einrichtung oder im Rahmen eines Praktikums (*Hauck/Noftz*, SGB IX, § 110 Rdnr. 13; *Neumann/Pahlen/Majerski-Pahlen*, SGB IX, § 110 Rdnr. 9).

9 Gemäß Abs. 2 Nr. 4 haben die Integrationsfachdienste die schwerbehinderten Menschen, solange erforderlich, am Arbeitsplatz oder beim Training der berufspraktischen Fähigkeiten am konkreten Arbeitsplatz zu begleiten. Nr. 4 stellt auf die Erforderlichkeit ab. Eine feste zeitliche Grenze für die Begleitung am Arbeitsplatz besteht nicht (*Neumann/Pahlen/Majerski-Pahlen*, SGB IX, § 110 Rdnr. 10). Auch der Ablauf einer Probezeit indiziert nicht die mangelnde Erforderlichkeit der Begleitung (*Neumann/Pahlen/Majerski-Pahlen*, SGB IX, § 110 Rdnr. 10; *Müller-Wenner/Schorn*, SGB IX, § 110 Rdnr. 10; a. A. *Schröder*, in: Hauck/Noftz, SGB IX, § 110 Rdnr. 15)

Nach Nr. 5 hat der Integrationsfachdienst mit Zustimmung des schwerbehinderten Menschen die Mitarbeiter im Betrieb oder in der Dienststelle über Art und Auswirkungen der Behinderung und über entsprechende Verhaltensregeln zu informieren und zu beraten. Voraussetzung hierfür ist, dass die betroffenen Menschen ihre Zustimmung erteilen. Im Übrigen ist der Sozialdatenschutz nach den §§ 67 SGB X zu beachten (s. § 6 der Mustervereinbarung bei § 111 Rdnr. 7). 10

Nach Nr. 6 hat der Integrationsfachdienst eine Nachbetreuung, Krisenintervention oder psychosoziale Betreuung durchzuführen. Eine zeitliche oder inhaltliche Beschränkung enthält Nr. 6 nicht (*Neumann/Pahlen/Majerski-Pahlen*, SGB IX, § 110 Rdnr. 12; *Müller-Wenner/Schorn*, SGB IX, § 110 Rdnr. 11). 11

Des Weiteren steht der Integrationsfachdienst nach Nr. 7 als Ansprechpartner für die Arbeitgeber zur Verfügung, über die Leistungen für die Arbeitgeber zu informieren und für die Arbeitgeber diese Leistungen abzuklären. Die mit Gesetz vom 23. 4. 2004 (BGBl. I S. 606) eingeführte Nr. 7 trägt dem Umstand Rechnung, dass Arbeitgeber über mögliche Förderleistungen häufig nicht ausreichend informiert waren (BT-Drucks. 15/2318, Begründung, S. 38). Die Regelung enthält nach der Gesetzesbegründung keine Ausweitung der Pflichten der Arbeitgeber. 12

Und schließlich haben die Integrationsfachdienste nach Abs. 2 Nr. 8 in Zusammenarbeit mit den Rehabilitationsträgern und den Integrationsämtern die für den schwerbehinderten Menschen benötigten Leistungen zu klären und bei der Beantragung zu unterstützen. 13

§ 111 Beauftragung und Verantwortlichkeit

(1) ¹**Die Integrationsfachdienste werden im Auftrag der Integrationsämter oder der Rehabilitationsträger tätig.** ²**Diese bleiben für die Ausführung der Leistung verantwortlich.**

(2) **Im Auftrag legt der Auftraggeber in Abstimmung mit dem Integrationsfachdienst Art, Umfang und Dauer des im Einzelfall notwendigen Einsatzes des Integrationsfachdienstes sowie das Entgelt fest.**

(3) **Der Integrationsfachdienst arbeitet insbesondere mit**
1. **den zuständigen Stellen der Bundesagentur für Arbeit,**
2. **dem Integrationsamt,**
3. **dem zuständigen Rehabilitationsträger, insbesondere den Berufshelfern der gesetzlichen Unfallversicherung,**
4. **dem Arbeitgeber, der Schwerbehindertenvertretung und den anderen betrieblichen Interessenvertretungen,**
5. **der abgebenden Einrichtung der schulischen oder beruflichen Bildung oder Rehabilitation mit ihren begleitenden Diensten und internen Integrationsfachkräften oder -diensten zur Unterstützung von Teilnehmenden an Leistungen zur Teilhabe am Arbeitsleben,**
5 a. **den Handwerks-, den Industrie- und Handelskammern sowie den berufsständigen Organisationen,**
6. **wenn notwendig auch mit anderen Stellen und Personen,**
eng zusammen.

(4) ¹Näheres zur Beauftragung, Zusammenarbeit, fachlichen Leitung, Aufsicht sowie zur Qualitätssicherung und Ergebnisbeobachtung wird zwischen dem Auftraggeber und dem Träger des Integrationsfachdienstes vertraglich geregelt. ²Die Vereinbarungen sollen im Interesse finanzieller Planungssicherheit auf eine Dauer von mindestens drei Jahren abgeschlossen werden.

(5) ¹Die Integrationsämter wirken darauf hin, dass die berufsbegleitenden und psychosozialen Dienste bei den von ihnen beauftragten Integrationsfachdiensten konzentriert werden.

Schrifttum: *Adlhoch,* Der Inhalt der Struktur- und Finanzverantwortung der Integrationsämter für die Integrationsfachdienste aufgrund der Änderung des SGB IX, BehindertenR 2004, 134.

Inhaltsübersicht

Rdnr.

A. Allgemeines	1
B. Auftragstätigkeit der Integrationsfachdienste (Abs. 1)	2, 3
C. Auftragserteilung (Abs. 2)	4
D. Zusammenarbeit mit anderen Stellen (Abs. 3)	5
E. Vertragliche Regelungen (Abs. 4)	6–8
F. Zahl der Integrationsfachdienste (Abs. 5)	9, 10

A. Allgemeines

1 Die Vorschrift regelt **Einzelheiten der Beauftragung** und der **Zusammenarbeit** der Integrationsfachdienste mit anderen Stellen. Auftraggeber der Integrationsfachdienste sind entweder das Integrationsamt oder die Rehabilitationsträger. § 111 entspricht im Wesentlichen der aufgehobenen Vorschrift des § 37 c SchwbG. Nach altem Recht konnte auch die Bundesagentur für Arbeit die Integrationsfachdienste beauftragen. Die Beauftragung durch die BA ist durch das Gesetz zur Förderung der Ausbildung und Beschäftigung schwerbehinderter Menschen vom 23. 4. 2004 (BGBl. I S. 606) entfallen. Mit diesem Gesetz ist zudem im neuen Abs. 3 Nr. 5a die enge Zusammenarbeit der Integrationsfachdienste mit den Handwerks-, Industrie- und Handelskammern sowie den berufsständigen Organisationen normiert worden.

B. Auftragstätigkeit der Integrationsfachdienste (Abs. 1)

2 Absatz 1 bestimmt, dass die Integrationsfachdienste im Auftrag der Integrationsämter oder der Rehabilitationsträger tätig werden. Integrationsämter und Rehabilitationsträger entscheiden selbst nach pflichtgemäßem Ermessen über die Einschaltung der Integrationsfachdienste. Ein Rechtsanspruch des behinderten Menschen auf Einschaltung der Integrationsfachdienste besteht nicht (*Müller-Wenner/Schorn,* SGB IX, § 111 Rdnr. 5 m. w. N.). Der behinderte Mensch ist auch nicht verpflichtet, das Angebot des Integrationsfachdienstes in Anspruch zu nehmen.

3 Auch wenn die Integrationsfachdienste tätig werden, bleiben die Integrationsämter und die Rehabilitationsträger für die Ausführungen der Leistungen verantwortlich. Für die Weitergabe von Daten an die Integrationsfachdienste gelten die

§§ 67ff. SGB X (*Bieritz-Harder*, in: HK-SGB IX, § 111 Rdnr. 3). Integrationsämter und Rehabilitationsträger sind auch für die Einhaltung der datenschutzrechtlichen Vorschriften verantwortlich. Integrationsämter und Rehabilitationsträger haften für Pflichtverletzungen des beauftragten Integrationsfachdienstes (*Schröder*, in: Hauck/Noftz, SGB IX, § 111 Rdnr. 5). Die Auftraggeber bleiben auch bei Klagen auf Gewährung von Leistungen oder bei Schadensersatzklagen passiv legitimiert (*Neumann/Pahlen/Majerski-Pahlen*, SGB IX, § 111 Rdnr. 2).

C. Auftragserteilung (Abs. 2)

Nach Abs. 2 legt der Auftraggeber in Abstimmung mit dem Integrationsfachdienst im Auftrag Art, Umfang und Dauer des im Einzelfall notwendigen Einsatzes sowie das Entgelt fest. **4**

D. Zusammenarbeit mit anderen Stellen (Abs. 3)

Die Zusammenarbeit mit anderen Stellen ist in Abs. 3 geregelt. Die Art und Weise der Zusammenarbeit ist nicht vorgeschrieben. Soweit möglich ist ein unbürokratisches und schnelles **Verfahren** zu wählen. Die unterschiedlichen Stellen haben sich gegenseitig umfassend und rechtzeitig zu informieren, soweit datenschutzrechtliche Vorgaben beachtet werden. **5**

E. Vertragliche Regelungen (Abs. 4)

Näheres zur Beauftragung und Zusammenarbeit sowie zur fachlichen **Leitung, Aufsicht, Qualitätssicherung** und **Ergebnisbeobachtung** ist zwischen dem Integrationsfachdienst und dem Auftraggeber nach Abs. 4 zu regeln. Die Grundsätze des § 93 SGB III sind zu beachten (*Bieritz-Harder*, in: HK-SGB IX, § 111 Rdnr. 8). **6**

Grundlage für diese Einzelvereinbarungen ist die nachfolgende **Mustervereinbarung,** die von der Bundesagentur für Arbeit in Abstimmung mit der Arbeitsgemeinschaft der Integrationsämter und Hauptfürsorgestellen und unter Beteiligung der maßgeblichen Verbände, darunter der Bundesarbeitsgemeinschaft, in der sich die Integrationsfachdienste zusammengeschlossen haben, erarbeitet wurde. **7**

Mustervereinbarung über die Zusammenarbeit mit Integrationsfachdiensten bei der beruflichen Integration von Schwerbehinderten

Zwischen
.... – nachfolgend Träger genannt
und der Bundesagentur für Arbeit
vertreten durch die Agentur für Arbeit
.... – nachfolgend Agentur für Arbeit genannt
und dem Integrationsamt
.... – nachfolgend Integrationsamt genannt
wird folgender Grundvertrag geschlossen:

Präambel

Mit dem durch das Gesetz zur Bekämpfung der Arbeitslosigkeit Schwerbehinderter vom 29. 9. 2000 (BGBl. I S. 1394) neu in das Schwerbehindertengesetz eingefügten Siebten Abschnitt (§§ 37aff.) ist die Möglichkeit geschaffen worden, dass die Arbeitsämter zur beruflichen Integration Schwerbehinderter, insbesondere zu deren Vermittlung, Integrationsfachdienste beauftragen können. Ziel der Neuregelung, die jetzt in den §§ 109 ff. SGB IX geregelt ist, ist der Aufbau eines bundesweiten Netzes von Integrationsfachdiensten, in dem die schon nach bisherigem Recht für die Hauptfürsorgestellen (jetzt Integrationsämter) tätigen berufsbegleitenden/psychosozialen Dienste zusammengefasst werden und so leistungsträgerübergreifende Dienste für Arbeitsämter und Hauptfürsorgestellen für arbeitssuchende und beschäftigte Schwerbehinderte und für Arbeitgeber geschaffen werden.

§ 1 Beauftragung

(1) Der Träger erhält den Auftrag, einen Integrationsfachdienst i. S. d. § 109 SGB IX einzurichten. Der Integrationsfachdienst übernimmt für das Agentur für Arbeit und das Integrationsamt Aufgaben zur beruflichen Eingliederung Schwerbehinderter, indem er

1. die Schwerbehinderten zu beraten, zu unterstützen und auf geeignete Arbeitsplätze zu vermitteln,
2. die Arbeitgeber zu informieren, zu beraten und Hilfe zu leisten hat.

Zu den vom Integrationsfachdienst zu erfüllenden Aufgabenbereichen gehören dabei insbesondere:

1. Die Fähigkeiten der zugewiesenen Schwerbehinderten zu bewerten und einzuschätzen und dabei ein individuelles Fähigkeits- und Interessenprofil zur Vorbereitung auf den allgemeinen Arbeitsmarkt in enger Kooperation mit den Schwerbehinderten, dem Auftraggeber und der abgebenden Einrichtung der schulischen oder beruflichen Bildung, Rehabilitation oder Eingliederung zu erarbeiten,
2. Geeignete Ausbildungs- und Arbeitsplätze auf dem allgemeinen Arbeitsmarkt zu erschließen. Dies umfasst auch die Vermittlung von Betriebspraktika, Probearbeitsverhältnissen und befristeten Arbeitsverhältnissen, wenn dies zur Verbesserung der Erfolgsaussichten erforderlich ist,
3. Die Schwerbehinderten auf die vorgesehenen Arbeitsplätze vorzubereiten,
4. Die Schwerbehinderten solange erforderlich am Arbeitsplatz oder beim Training der berufspraktischen Fähigkeiten am konkreten Arbeitsplatz zu begleiten,
5. Die Mitarbeiter im Betrieb oder in der Dienststelle über Art und Auswirkungen der Behinderung und über entsprechende Verhaltensregeln zu informieren und zu beraten,
6. Eine Nachbetreuung, Krisenintervention oder psychosoziale Betreuung durchzuführen sowie
7. Als Ansprechpartner für die Arbeitgeber zur Verfügung zu stehen.

(2) Schwerbehinderte im Sinne des Absatzes 1 sind insbesondere

1. Schwerbehinderte mit einem besonderen Bedarf an arbeits- und berufsbegleitender Betreuung,
2. Schwerbehinderte, die nach zielgerechter Vorbereitung durch die Werkstatt für behinderte Menschen auf dem allgemeinen Arbeitsmarkt eingegliedert werden sollen und dabei auf aufwendige personalintensive individuelle arbeitsbegleitende Hilfen angewiesen sind sowie
3. Schwerbehinderte Schulabgänger, die für die Aufnahme einer Beschäftigung auf dem allgemeinen Arbeitsmarkt auf die Unterstützung eines Integrationsfachdienstes angewiesen sind.

Ein besonderer Bedarf an arbeits- und berufsbegleitender Betreuung nach Nr. 1 ist insbesondere gegeben bei Schwerbehinderten mit geistiger oder psychischer Behinderung oder mit einer schweren Körper-, Sinnes- oder Mehrfachbehinderung, die sich im Arbeitsleben besonders nachteilig auswirkt und allein oder zusammen mit weiteren vermittlungshemmenden Umständen (Alter, Langzeitarbeitslosigkeit, unzureichende Qualifikation, Leistungsminderung) die Eingliederung auf dem allgemeinen Arbeitsmarkt erschwert.

(3) Der Integrationsfachdienst wird im Auftrag eines Trägers der beruflichen Rehabilitation auch zur beruflichen Integration von Behinderten tätig, die nicht Schwerbehinderte sind.

(4) Nimmt ein Schwerbehinderter, ein Arbeitgeber oder eine sonstige Stelle (z. B. Klinik, Arzt, Sonderschule, Werkstatt für Behinderte, Reha-Einrichtung) unmittelbar Kontakt mit dem Integrationsfachdienst auf, erfolgt zunächst eine fachdienstliche Beratung zur Anliegens-, Ziel- und Kooperationserklärung sowie zur Klärung der Zuständigkeit. Eine weitergehende Betreuung des Schwerbehinderten im Sinne des Absatzes 1 ist mit der Agentur für Arbeit (für arbeitssuchende Schwerbehinderte), dem Integrationsamt (für beschäftigte Schwerbehinderte) oder dem Träger der beruflichen Rehabilitation (für Rehabilitanden) abzustimmen.

(5) Besteht die Notwendigkeit einer Fortsetzung der Betreuung eines Schwerbehinderten auch nach Begründung des Beschäftigungsverhältnisses, informiert der Integrationsfachdienst rechtzeitig das zuständige Integrationsamt und sorgt für eine Absprache über die Weiterbetreuung des Schwerbehinderten nach erfolgter Arbeitsaufnahme.

§ 2 Vergütung

(1) Die Inanspruchnahme des Integrationsfachdienstes wird von der Agentur für Arbeit und dem Integrationsamt aufgrund eigener Vereinbarungen mit dem Integrationsfachdienst vergütet.

(2) Die Träger der beruflichen Rehabilitation vergüten die Tätigkeit nach § 1 Abs. 2; dabei ist sicherzustellen, dass Agentur für Arbeit und Integrationsamt diese Tätigkeit des Integrationsfachdienstes nicht mitfinanzieren.

§ 3 Fachliche Verantwortung und Anforderungen, Qualität

(1) Die fachliche Verantwortung für den Integrationsfachdienst hat der Träger. Er stellt sicher, dass die notwendigen personellen, räumlichen und sächlichen Voraussetzungen für die Durchführung des Auftrages nach § 112 SGB IX und § 28 Abs. 2 SchwbAV jederzeit gegeben sind. Maßnahmen zur Qualitätssicherung sind nach Maßgabe der Auftraggeber einzuführen und sicherzustellen.

(2) Der Träger des Integrationsfachdienstes hat bei der Auswahl seines Personals Schwerbehinderte, insbesondere schwerbehinderte Frauen, besonders zu berücksichtigen.

§ 4 Dokumentation

Der Integrationsfachdienst hat Verlauf und Ergebnis seiner Tätigkeit nach § 1 für das Agentur für Arbeit und das Integrationsamt zu dokumentieren. Neben der laufenden und möglichst durch EDV standardisierten Falldokumentation ist eine zusammenfassende Darstellung der Ergebnisse jährlich zu erstellen und bis spätestens 31. März des Folgejahres jeweils der Arbeitsamt und dem Integrationsamt vorzulegen. Diese Darstellung soll insbesondere geschlechtsdifferenzierte und zielgruppenspezifische Angaben enthalten zu:
1. Zu- und Abgänge an Betreuungsfällen im Kalenderjahr, differenziert nach Art der Behinderung und Herkunft des Schwerbehinderten (Arbeitslosigkeit, WfbM, Schule, Rehabilitationsmaßnahme),
2. Dem Bestand an Betreuungsfällen,
3. Der Zahl der realisierten Maßnahmen zur beruflichen Integration für: Praktika, Trainingsmaßnahmen, Einzelauslagerung aus der WfbM, Probebeschäftigung und Probearbeitsverhältnis sowie betriebliche Reha-Maßnahmen, Arbeitsbeschaffungsmaßnahmen, Eingliederungsvertrag, Aufnahme einer Beschäftigung in WfbM,
4. Der Zahl der Fälle, die in eine Beschäftigung auf dem allgemeinen Arbeitsmarkt vermittelt werden konnten, differenziert nach Aufnahme einer Ausbildung, einer befristeten oder unbefristeten Beschäftigung,
5. Der Zahl der Fälle, in denen ein bestehendes Beschäftigungsverhältnis dauerhaft stabilisiert werden konnte.

§ 5 Bildung eines Koordinierungsausschusses

Zur fachlichen Abstimmung und Kooperation mit den Auftraggebern wird ein Koordinierungsausschuss gebildet. Die Verantwortung des Integrationsfachdienstes bleibt davon unberührt.

§ 6 Datenschutz

Der Integrationsfachdienst verpflichtet sich, die datenschutzrechtlichen Bestimmungen einzuhalten; auf § 76 SGB X i. V. m. § 67a SGB X wird besonders hingewiesen. Er informiert die zu betreuenden Behinderten darüber, welche persönlichen Daten erhoben und gespeichert werden. Dabei sind nur Daten zu erheben, die für die Eingliederung des Betroffenen in das Arbeitsleben erforderlich sind. Persönliche Daten von Behinderten dürfen ohne deren Einverständnis nicht Personen oder Institutionen, die nicht unmittelbar an dem Eingliederungsprozess beteiligt sind, bekannt gegeben werden.
Betriebs- und Geschäftsdaten von Rehabilitationsträgern und Unternehmen, die im Rahmen der Aufgabenerledigung bekannt werden, sind geheim zu halten.

§ 112 Teil 2. Schwerbehindertenrecht

Insoweit haftet der Träger auch für seine Mitarbeiter und Beauftragten (vgl. § 78 SGB X). Die Belehrung der Mitarbeiter des Integrationsfachdienstes über ihre Pflichten nach §§ 76 und 67 SGB X ist zu dokumentieren.

§ 7 Leistungsanträge und Kostenzusagen

(1) Können zugewiesenen Behinderten infolge der Aktivitäten des Integrationsfachdienstes Kosten (z. B. Fahrtkosten, Bewerbungskosten) entstehen, die von diesem nicht zu zahlen sind, hat er rechtzeitig den Behinderten auf eine Antragstellung beim zuständigen Leistungsträger hinzuweisen.

(2) Kommen für den zugewiesenen Personenkreis berufliche Bildungsmaßnahmen (z. B. Feststellungs- oder Qualifizierungsmaßnahmen) in Betracht, hat der Integrationsfachdienst den Eintritt und die Kostenerstattung mit dem zuständigen Leistungsträger abzuklären. Förderungszusagen an Behinderte und an andere Beteiligte (z. B. Bildungsträger, Arbeitgeber) dürfen vom Integrationsfachdienst nur nach Absprache und mit ausdrücklicher Genehmigung des zuständigen Leistungsträgers gegeben werden.

§ 8 Geltungsdauer und Beendigung

Dieser Grundvertrag tritt am .... in Kraft.
(Datum)

Er kann von jedem Vertragspartner mit einer Frist von sechs Monaten zum Ende eines Kalenderjahres gekündigt werden. Bei Vorliegen eines wichtigen Grundes ist jeder Vertragspartner berechtigt, den Grundvertrag mit einer Frist von drei Monaten zu kündigen.

Ort, Datum: Ort, Datum: Ort, Datum:

....

(Träger)   (Agentur für Arbeit)   (Integrationsamt)

Die Vereinbarungen sollen auf die Dauer von **mindestens drei Jahren** abgeschlossen werden, Abs. 4 Satz 2. Satz 2 ist lediglich eine „Sollvorschrift". Deshalb kann der Dreijahreszeitraum bei berechtigten Gründen auch unterschritten werden.

F. Zahl der Integrationsfachdienste (Abs. 5)

8   Ziel des Gesetzgebers war es, für schwerbehinderte Menschen und die Arbeitgeber in **jedem Bezirk einer Agentur für Arbeit** einen Integrationsfachdienst als Ansprechpartner zu schaffen. Nach der alten Fassung von Abs. 5 sollte in jedem Bezirk der Agenturen für Arbeit ein Integrationsfachdienst beauftragt werden. Inzwischen sind bei allen Integrationsfachdienste flächendeckend geschaffen worden, so dass sich der Gesetzgeber mit dem Gesetz zur Förderung der Ausbildung und Beschäftigung schwerbehinderter Menschen vom 23. 4. 2004 (BGBl. I S. 606) zu einer Neufassung von Abs. 5 entschieden hat (BT-Drucks. 15/2318, Begründung, S. 40).

9   Nach der Neufassung von Abs. 5 sollen die Integrationsämter darauf hinwirken, dass bei den Integrationsfachdiensten die berufsbegleitenden und psychosozialen Fachdienste konzentriert werden.

§ 112 Fachliche Anforderungen

(1) **Die Integrationsfachdienste müssen**

1. **nach der personellen, räumlichen und sächlichen Ausstattung in der Lage sein, ihre gesetzlichen Aufgaben wahrzunehmen,**
2. **über Erfahrungen mit dem zu unterstützenden Personenkreis (§ 109 Abs. 2) verfügen,**

3. mit Fachkräften ausgestattet sein, die über eine geeignete Berufsqualifikation, eine psychosoziale oder arbeitspädagogische Zusatzqualifikation und ausreichende Berufserfahrung verfügen, sowie
4. rechtlich oder organisatorisch und wirtschaftlich eigenständig sein.

(2) ¹Der Personalbedarf eines Integrationsfachdienstes richtet sich nach den konkreten Bedürfnissen unter Berücksichtigung der Zahl der Betreuungs- und Beratungsfälle, des durchschnittlichen Betreuungs- und Beratungsaufwands, der Größe des regionalen Einzugsbereichs und der Zahl der zu beratenden Arbeitgeber. ²Den besonderen Bedürfnissen besonderer Gruppen schwerbehinderter Menschen, insbesondere schwerbehinderter Frauen, und der Notwendigkeit einer psychosozialen Betreuung soll durch eine Differenzierung innerhalb des Integrationsfachdienstes Rechnung getragen werden.

(3) ¹Bei der Stellenbesetzung des Integrationsfachdienstes werden schwerbehinderte Menschen bevorzugt berücksichtigt. ²Dabei wird ein angemessener Anteil der Stellen mit schwerbehinderten Frauen besetzt.

Inhaltsübersicht

	Rdnr.
A. Allgemeines	1
B. Fachliche Voraussetzungen an den Integrationsfachdienst (Abs. 1)	2–5
C. Personalbedarf (Abs. 2)	6
D. Stellenbesetzung mit schwerbehinderten Menschen (Abs. 3)	7

A. Allgemeines

§ 112 regelt die **fachlichen Voraussetzungen,** denen ein Integrationsfachdienst genügen muss. Absatz 2 bestimmt die Gesichtspunkte, unter denen sich der Personalbedarf eines Integrationsfachdienstes bestimmt. Einzelheiten über die fachlichen Voraussetzungen können in einer Verordnung mit Zustimmung des Bundesrates geregelt werden (§ 115). § 112 entspricht der aufgehobenen Vorschrift des § 37d SchwbG. **1**

B. Fachliche Voraussetzungen an den Integrationsfachdienst (Abs. 1)

Nach Abs. 1 müssen die Integrationsfachdienste nach ihrer **personellen, räumlichen** und **sächlichen Ausstattung** in der Lage sein, ihre gesetzlichen Aufgaben zu erfüllen (Nr. 1). **2**

Integrationsfachdienste müssen über Erfahrungen mit dem zu unterstützenden Personenkreis verfügen, wie er in § 109 Abs. 2 umschrieben ist (Nr. 2). Insoweit kommen nur solche Träger als Integrationsfachdienst in Betracht, die bereits in der Vergangenheit Integrationsangebote zur Verfügung gestellt haben, wie z.B. Träger von Berufsbildungswerken oder Berufsförderungswerken (*Neumann/Pahlen/Majerski-Pahlen,* SGB IX, § 112 Rdnr. 6; *Müller-Wenner/Schorn,* SGB IX, § 112 Rdnr. 4; *Schröder,* in: Hauck/Noftz, SGB IX, § 112 Rdnr. 5). **3**

Schließlich muss der Integrationsfachdienst mit Fachkräften ausgestattet sein, die über eine geeignete Berufsqualifikation, eine psychosoziale oder arbeitspädagogische Zusatzqualifikation und ausreichende Berufserfahrung verfügen (Nr. 3). Obwohl nicht ausdrücklich erwähnt, gehört zu den personellen Voraussetzungen **4** auch, dass für eine regelmäßige Weiterbildung der Mitarbeiter Sorge getragen wird (*Bieritz-Harder,* in: HK-SGB IX, § 112 Rdnr. 4; *Schröder,* in: Hauck/Noftz, SGB IX, § 112 Rdnr. 6; *Neumann/Pahlen/Majerski-Pahlen,* SGB IX, § 112 Rdnr. 5).

5   Die Integrationsfachdienste können rechtlich selbstständig sein. Ist das nicht der Fall, müssen Sie zumindest organisatorisch und wirtschaftlich selbstständig sein. Eine bestimmte Rechtsform des Integrationsfachdienstes ist gesetzlich nicht vorgeschrieben (*Schröder,* in: Hauck/Noftz, SGB IX, § 112 Rdnr. 7; *Müller-Wenner/ Schorn,* SGB IX, § 112 Rdnr. 6).

C. Personalbedarf (Abs. 2)

6   Der **Personalbedarf** eines Integrationsfachdienstes richtet sich nach Abs. 2 nach den konkreten Bedürfnissen unter Berücksichtigung der Zahl der Betreuungs- und Beratungsfälle, des durchschnittlichen Betreuungs- und Beratungsaufwands, der Größe des regionalen Einzugsbereichs und der Zahl der zu beratenden Betriebe und Verwaltungen. Der Personalbedarf kann somit von Region zu Region unterschiedlich sein (*Bieritz-Harder,* in: HK-SGB IX, § 112 Rdnr. 3). Ein konkreter Personalschlüssel kann nach derzeitigem Erfahrungsstand nicht festgelegt werden.

D. Stellenbesetzung mit schwerbehinderten Menschen (Abs. 3)

7   Zu einer angemessenen personellen Ausstattung gehört nach Abs. 3 eine überdurchschnittliche Beschäftigung schwerbehinderter Menschen und ein angemessener **Anteil schwerbehinderter Frauen.** Ein verbindlicher Anteil schwerbehinderter Frauen von 50% ist gesetzlich nicht vorgeschrieben (a. A. *Müller-Wenner/ Schorn,* SGB IX, § 112 Rdnr. 9). Umstritten ist, ob Abs. 3 als konkrete fachliche Anforderung an den Integrationsfachdienst zu verstehen ist (so *Schröder,* in: Hauck/ Noftz, SGB IX, § 112 Rdnr. 2; a. A. *Neumann/Pahlen/Majerski-Pahlen,* SGB IX, § 112 Rdnr. 12). In Anbetracht der Formulierung in Abs. 1 („müssen") im Gegensatz zur Formulierung „werden ... berücksichtigt" ist Abs. 3 nicht als verbindliche Anforderung an die Integrationsfachdienste zu verstehen.

§ 113 Finanzielle Leistungen

(1) ¹**Die Inanspruchnahme von Integrationsfachdiensten wird vom Auftraggeber vergütet.** ²**Die Vergütung für die Inanspruchnahme von Integrationsfachdiensten kann bei Beauftragung durch das Integrationsamt aus Mitteln der Ausgleichsabgabe erbracht werden.**

(2) ¹**Die Bundesarbeitsgemeinschaft der Integrationsämter und Hauptfürsorgestellen vereinbart mit den Rehabilitationsträgern nach § 6 Abs. 1 Nr. 2 bis 5 unter Beteiligung der maßgeblichen Verbände, darunter der Bundesarbeitsgemeinschaft, in der sich die Integrationsfachdienste zusammengeschlossen haben, eine gemeinsame Empfehlung zur Inanspruchnahme der Integrationsfachdienste durch die Rehabilitationsträger, zur Zusammenarbeit und zur Finanzierung der Kosten, die dem Integrationsfachdienst bei der Wahrnehmung der Aufgaben der Rehabilitationsträger entstehen.** ²**§ 13 Abs. 7 und 8 gilt entsprechend.**

Inhaltsübersicht

	Rdnr.
A. Allgemeines	1
B. Vergütung (Abs. 1)	2–4
C. Gemeinsame Empfehlung (Abs. 2)	5, 6

A. Allgemeines

§ 113 regelt die **Vergütung** der Arbeit der Integrationsfachdienste. Die Vergütung ist vom Auftraggeber zu erbringen. Bei Beauftragung durch das Integrationsamt kann die Vergütung aus den Mitteln des Ausgleichsfonds erbracht werden. Die Vorschrift ist in Abs. 1 im Wesentlichen inhaltsgleich mit der aufgehobenen Vorschrift des § 37e SchwbG. Absatz 2 ist durch das Gesetz zur Förderung der Ausbildung und Beschäftigung schwerbehinderter Menschen vom 23. 4. 2004 (BGBl. I S. 606) eingefügt worden.   1

B. Vergütung (Abs. 1)

Der jeweilige Auftraggeber des Integrationsfachdienstes hat seine Inanspruchnahme zu vergüten. Die Vergütung für die Inanspruchnahme von Integrationsfachdiensten durch das Integrationsamt kann aus **Mitteln** der **Ausgleichsabgabe** erbracht werden (Satz 2). Für diesen Zweck werden Mittel aus dem Ausgleichsfonds beim Bundesministerium für Gesundheit und Soziale Sicherung (BMGS) zur Verfügung gestellt (vgl. § 41 Abs. 1 Nr. 3 SchwbAV). Leistungen aus dem Ausgleichsfonds sind vom Träger der Maßnahmen schriftlich beim BMGS zu beantragen (§ 42 Satz 2 SchwbAV).   2

Für die **berufliche Eingliederung** nicht schwerbehinderter Menschen durch einen Integrationsfachdienst (§ 109 Abs. 4) erfolgt keine Vergütung aus den Mitteln des Ausgleichsfonds, sondern allein durch die Haushaltsmittel des jeweiligen Auftraggebers (BT-Drucks. 14/3372, Begründung, S. 23; *Cramer*, DB 2000, 2217).   3

Die Träger von Integrationsfachdiensten können nach § 27a SchwbAV Leistungen zu den durch ihre Beanspruchung entstehenden **notwendigen Kosten** erhalten.   4

C. Gemeinsame Empfehlungen

Absatz 2 ist durch das Gesetz zur Förderung der Ausbildung und Beschäftigung schwerbehinderter Menschen vom 23. 4. 2004 (BGBl. I S. 606) eingefügt worden. Danach vereinbart die BAG der Integrationsämter und Hauptfürsorgestellen mit den Rehabilitationsträger eine gemeinsame Empfehlung zur Inanspruchnahme der Integrationsfachdienste durch die Rehabilitationsträger.   5

Die gemeinsame Empfehlung nach § 113 Abs. 2 ist zum 1. 5. 2005 in Kraft getreten.   6

§ 114 Ergebnisbeobachtung

(1) ¹**Der Integrationsfachdienst dokumentiert Verlauf und Ergebnis der jeweiligen Bemühungen um die Förderung der Teilhabe am Arbeitsleben.** ²**Er erstellt jährlich eine zusammenfassende Darstellung der Ergebnisse und legt diese den Auftraggebern nach deren näherer gemeinsamer**

Maßgabe vor. ³Diese Zusammenstellung soll insbesondere geschlechtsdifferenzierte Angaben enthalten zu
1. den Zu- und Abgängen an Betreuungsfällen im Kalenderjahr,
2. dem Bestand an Betreuungsfällen,
3. der Zahl der abgeschlossenen Fälle, differenziert nach Aufnahme einer Ausbildung, einer befristeten oder unbefristeten Beschäftigung, einer Beschäftigung in einem Integrationsprojekt oder in einer Werkstatt für behinderte Menschen.

(2) ¹Der Integrationsfachdienst dokumentiert auch die Ergebnisse seiner Bemühungen zur Unterstützung der Bundesagentur für Arbeit und die Begleitung der betrieblichen Ausbildung nach § 110 Abs. 2 Nr. 1a und 1b unter Einbeziehung geschlechtsdifferenzierter Daten und Besonderheiten sowie der Art der Behinderung. ²Er erstellt zum 30. September 2006 eine zusammenfassende Darstellung der Ergebnisse und legt diese dem zuständigen Integrationsamt vor. ³Die Bundesarbeitsgemeinschaft der Integrationsämter und Hauptfürsorgestellen bereitet die Ergebnisse auf und stellt sie dem Bundesministerium für Gesundheit und Soziale Sicherung zur Vorbereitung des Berichts nach § 160 Abs. 2 bis zum 31. Dezember 2006 zur Verfügung.

Inhaltsübersicht

	Rdnr.
A. Allgemeines	1
B. Jahresbericht (Abs. 1)	2
C. Dokumentationspflicht (Abs. 2)	3

A. Allgemeines

1 § 114 verpflichtet den Integrationsfachdienst zur **Verlaufs- und Ergebnisdokumentation.** Diese ist jährlich zu erstellen und dem Auftraggeber vorzulegen. Die Vorschrift entspricht in Abs. 1 der aufgehobenen Vorschrift des § 37f SchwbG. Abs. 2 ist durch das Gesetz zur Förderung der Ausbildung und Beschäftigung schwerbehinderter Menschen vom 23. 4. 2004 (BGBl. I S. 606) eingefügt worden.

B. Jahresbericht (Abs. 1)

2 Verlauf und Ergebnis der jeweiligen Eingliederungsbemühungen sind vom Integrationsfachdienst zu dokumentieren. Eine zusammenfassende Darstellung erfolgt in einem Jahresbericht nach Maßgabe des Auftraggebers. Dieser **Jahresbericht** soll insbesondere geschlechtsdifferenzierte Angaben über Zu- und **Abgänge** an Betreuungsfällen im Kalenderjahr, den Bestand an Betreuungsfällen und die Zahl der abgeschlossenen Fälle enthalten (Satz 2 Nr. 3). Personenbezogene Daten sind dabei zu anonymisieren (BT-Drucks. 14/5074, Begründung S. 114). Näheres zur Dokumentation ist in § 4 der Mustervereinbarung nach § 114 geregelt (s. § 111 Rdnr. 7).

C. Dokumentationspflicht (Abs. 2)

3 Absatz 2 ist durch das Gesetz zur Förderung der Ausbildung und Beschäftigung schwerbehinderter Menschen vom 23. 4. 2004 (BGBl. I S. 606) eingefügt worden.

Mit der Dokumentation soll die Wirksamkeit der Zusammenarbeit der Integrationsfachdienste mit der Bundesagentur für Arbeit beobachtet werden, um ggf. Vorschläge über weiter zu treffende Maßnahmen machen zu können.

§ 115 Verordnungsermächtigung

(1) Das Bundesministerium für Gesundheit und Soziale Sicherung wird ermächtigt, durch Rechtsverordnung mit Zustimmung des Bundesrates das Nähere über den Begriff und die Aufgaben des Integrationsfachdienstes, die für sie geltenden fachlichen Anforderungen und die finanziellen Leistungen zu regeln.

(2) Vereinbaren die Bundesarbeitsgemeinschaft der Integrationsämter und Hauptfürsorgestellen und die Rehabilitationsträger nicht innerhalb von sechs Monaten, nachdem das Bundesministerium für Gesundheit und Soziale Sicherung sie dazu aufgefordert hat, eine gemeinsame Empfehlung nach § 113 Abs. 2 oder ändern sie die unzureichend gewordene Empfehlung nicht innerhalb dieser Frist, kann das Bundesministerium für Gesundheit und Soziale Sicherung Regelungen durch Rechtsverordnung mit Zustimmung des Bundesrates erlassen.

§ 115 Abs. 1 ist inhaltsgleich zur aufgehobenen Vorschrift des § 37 g SchwbG **1**
und ermächtigt das Bundesministerium für Gesundheit und Soziale Sicherung durch **Rechtsverordnung** mit Zustimmung des Bundesrates, das Nähere über den Begriff und die Aufgaben des Integrationsfachdienstes, die für sie geltenden fachlichen Anforderungen und die finanziellen Leistungen zu regeln. Absatz 2 ist durch das Gesetz zur Förderung der Ausbildung und Beschäftigung schwerbehinderter Menschen vom 23. 4. 2004 (BGBl. I S. 606) eingefügt worden.

Aufgrund der Ermächtigung kann und soll das **Verwaltungsverfahren** nicht **2**
geregelt werden (BT-Drucks. 14/3372, Begründung, S. 23). Eine aufgrund der Ermächtigungsvorschrift beruhende Rechtsverordnung ist bislang noch nicht erlassen worden. Die laufenden Modellprojekte sollen zunächst beobachtet werden. Das BMGS wird die Praxis beobachten und dann entscheiden, ob und mit welchem Inhalt eine Rechtsverordnung erlassen wird.

Absatz 2 enthält eine Ermächtigung zu Gunsten des BMGS zum Erlass einer **3**
Rechtsverordnung für den Fall, dass eine gemeinsame Erklärung nach § 113 Abs. 2 nicht zustande kommt bzw. eine unzureichende Empfehlung nicht innerhalb von sechs Monaten nach Aufforderung durch das BMGS geändert wird. Von der Rechtsverordnungsermächtigung ist bislang noch kein Gebrauch gemacht worden, da die Gemeinsame Empfehlung nach § 113 Abs. 2 zum 1. 5. 2005 in Kraft getreten ist.

Kapitel 8. Beendigung der Anwendung der besonderen Regelungen zur Teilhabe schwerbehinderter und gleichgestellter behinderter Menschen

§ 116 Beendigung der Anwendung der besonderen Regelungen zur Teilhabe schwerbehinderter Menschen

(1) Die besonderen Regelungen für schwerbehinderte Menschen werden nicht angewendet nach dem Wegfall der Voraussetzungen nach § 2 Abs. 2; wenn sich der Grad der Behinderung auf weniger als 50 verrin-

gert, jedoch erst am Ende des dritten Kalendermonats nach Eintritt der Unanfechtbarkeit des die Verringerung feststellenden Bescheides.

(2) ¹Die besonderen Regelungen für gleichgestellte behinderte Menschen werden nach dem Widerruf oder der Rücknahme der Gleichstellung nicht mehr angewendet. ²Der Widerruf der Gleichstellung ist zulässig, wenn die Voraussetzungen nach § 2 Abs. 3 in Verbindung mit § 68 Abs. 2 weggefallen sind. ³Er wird erst am Ende des dritten Kalendermonats nach Eintritt seiner Unanfechtbarkeit wirksam.

(3) Bis zur Beendigung der Anwendung der besonderen Regelungen für schwerbehinderte Menschen und ihnen gleichgestellte behinderte Menschen werden die behinderten Menschen dem Arbeitgeber auf die Zahl der Pflichtarbeitsplätze für schwerbehinderte Menschen angerechnet.

Schrifttum: *Gagel,* Die Aufhebung von Verwaltungsakten mit Dauerwirkung bei Änderung der Verhältnisse, SGb 1990, 252; *Jaeger,* MdE und „Heilungsbewährung" bei der Feststellung von Leistungsansprüchen, MedSach 1993, 41; *Rössner,* MdE und „Heilungsbewährung", insbesondere bei Krebserkrankungen – in der versorgungsärztlichen Begutachtung, MedSach 1994, 39.

Inhaltsübersicht

	Rdnr.
A. Allgemeines	1
B. Erlöschen der Schwerbehinderteneigenschaft (Abs. 1)	2–6
C. Erlöschen der Gleichstellung (Abs. 2)	7–11
D. Anrechenbarkeit auf Pflichtarbeitsplätze (Abs. 3)	12
E. Rechtsmittel	13

A. Allgemeines

1 § 116 regelt die Voraussetzungen und Rechtsfolgen des Wegfalls der Voraussetzungen für die Schwerbehinderteneigenschaft und die **Rücknahme** und den **Widerruf** der Gleichstellung. Die Vorschrift ist inhaltsgleich zu der aufgehobenen Vorschrift des § 38 SchwbG.

B. Erlöschen der Schwerbehinderteneigenschaft (Abs. 1)

2 Nach Abs. 1 werden die besonderen Regelungen für schwerbehinderte Menschen (Teil 2 des SGB IX) nicht angewendet, insbesondere wenn sich der **Grad der Behinderung** auf **weniger als 50%** verringert. Hat der schwerbehinderte Mensch seinen Wohnsitz oder gewöhnlichen Aufenthalt aufgegeben und ist er auch nicht auf einem Arbeitsplatz i.S.v. § 73 rechtmäßig im Geltungsbereich des Gesetzes beschäftigt, entfällt der besondere Schutz der §§ 68–160 ohne die dreimonatige Schonfrist (*Neumann/Pahlen/Majerski-Pahlen,* SGB IX, § 116 Rdnr. 5). Die Eigenschaft als Schwerbehinderter endet automatisch, ohne dass es eines feststellenden Bescheides hierzu bedarf (*Dau,* in: LPK-SGB IX, § 116 Rdnr. 5; *Müller-Wenner/Schorn,* SGB IX, § 116 Rdnr. 6). So endet nach Abs. 1 die Anwendung der besonderen Regelungen für schwerbehinderte Menschen bei einem Beamten, der seinen Wohnsitz außerhalb der Bundesrepublik Deutschland hat, nach Versetzung in den Ruhestand (*LSG Rheinland-Pfalz* v. 22. 6. 2001, BehindertenR 2002, 24).

3 Eine Besonderheit gilt, wenn der GdB unter 50% sinkt. Nach der Übergangsfrist des 2. Halbsatzes bleiben die besonderen Regelungen bis **zum Ende des**

dritten Kalendermonats nach Eintritt der Unanfechtbarkeit des die Verringerung feststellenden Bescheides anwendbar. Dies gilt selbst für den Fall der vollständigen Genesung (*Neumann/Pahlen/Majerski-Pahlen,* SGB IX, § 116 Rdnr. 2). Für Absatz 1 ist es erforderlich, dass das Sinken des Grades der Behinderung durch die Versorgungsämter festgestellt wird. Ein Antrag des schwerbehinderten Menschen ist nicht erforderlich (*Bieritz-Harder,* in: HK-SGB IX, § 116 Rdnr. 4).

Während dieser **Übergangsfrist** haben die betroffenen Menschen die gleichen 4 Rechte wie schwerbehinderte Menschen. Dies umfasst auch die gegenüber dem Arbeitgeber bestehenden Rechte z. B. auf Zusatzurlaub oder das Zustimmungserfordernis des Integrationsamtes bei einer Kündigung. Die Zustimmung des Integrationsamtes ist auch dann erforderlich, wenn die Kündigungsfrist nach der Übergangsfrist abläuft (*BAG* v. 3. 1. 1957, AP Nr. 14 SchwBeschG; *Neumann/Pahlen/Majerski-Pahlen,* SGB IX, § 116 Rdnr. 13 m. w. N.). Während der Übergangsfrist ist jedoch § 33 b EStG nicht anwendbar (*BFH* v. 22. 9. 1989, DB 1990, 2582).

Vorgezogene Altersrente nach § 37 SGB VI kann in Anspruch genommen 5 werden, wenn bei Beginn der Altersrente ein rechtskräftiger Bescheid über die Schwerbehinderteneigenschaft vorliegt. Ist ein Bescheid, der einen GdB von unter 50% festlegt, noch nicht unanfechtbar, so kann die vorgezogene Altersrente in Anspruch genommen werden.

Die Übergangsfrist beginnt mit dem Tag des **Eintritts der Unanfechtbarkeit.** 6 Unanfechtbar ist der Feststellungsbescheid, wenn er mit Rechtsmitteln nicht mehr angefochten werden kann (*Neumann/Pahlen/Majerski-Pahlen,* SGB IX, § 116 Rdnr. 4; *Bieritz-Harder,* in: HK-SGB IX, § 116 Rdnr. 6). Dies beinhaltet das Ausschöpfen aller Rechtsmittel, den Fristablauf für die Einlegung des Rechtsmittels, den Verzicht aller Beteiligten auf die Einlegung von Rechtsmitteln oder den Abschluss eines Vergleichs bzw. die Klagerücknahme.

C. Erlöschen der Gleichstellung (Abs. 2)

Absatz 2 regelt das Erlöschen des Schutzes Gleichgestellter. Der Schutz Gleich- 7 gestellter beginnt erst mit der Gleichstellung, also mit einem begünstigenden Verwaltungsakt, der konstitutive Wirkung hat. Erforderlich ist daher der Widerruf oder die Rücknahme der Gleichstellung. Daneben erlischt der **Schutz Gleichgestellter** mit Ablauf einer nach § 2 Abs. 3 i. V. m. § 68 Abs. 2 Satz 3 befristet vorgenommenen Gleichstellung. Zuständig für Rücknahme und Widerruf der Gleichstellung ist die Arbeitsverwaltung.

Die Voraussetzungen für die **Rücknahme der Gleichstellung** ergeben sich aus 8 § 45 Abs. 2 SGB X. Die Rücknahme der Gleichstellung ist auch für die Vergangenheit nur dann möglich, wenn die Gleichstellung auf Angaben beruhte, die der Begünstigte vorsätzlich oder grob fahrlässig in wesentlicher Beziehung unrichtig oder unvollständig gemacht hat (§ 45 Abs. 2 Satz 3 Nr. 2 SGB i. V. m. § 45 Abs. 4 IX, *Neumann/Pahlen/Majerski-Pahlen,* SGB IX, § 116 Rdnr. 12). Eine Rücknahme für die Vergangenheit kann von der Bundesagentur für Arbeit nur innerhalb eines Jahres seit Kenntnis der Tatsachen erfolgen, welche die Rücknahme rechtfertigen. Ansonsten erfolgt die Rücknahme der Gleichstellung mit Wirkung für die Zukunft ohne eine entsprechende Übergangsfrist, wie beim Widerruf der Gleichstellung (*Neumann/Pahlen/Majerski-Pahlen,* SGB IX, § 116 Rdnr. 11).

Der **Widerruf der Gleichstellung** ist nur zulässig, wenn die Voraussetzungen 9 von § 2 Abs. 3 weggefallen sind, also insbesondere dann, wenn der GdB unter 30% gesunken ist. Die Gleichstellung kann auch widerrufen werden, wenn sich die Situation auf dem Arbeitsmarkt so gebessert hat, dass der Betroffene auch ohne Gleichstellung einen geeigneten Arbeitsplatz i. S. v. § 73 erlangen oder behalten

§ 117 Teil 2. Schwerbehindertenrecht

kann. Der Widerruf wirkt nur für die Zukunft. Die Entscheidung über den Widerruf der Gleichstellung ist eine Ermessensentscheidung der Arbeitsverwaltung (*Müller-Wenner/Schorn*, SGB IX, § 116 Rdnr. 14; *Neumann/Pahlen/Majerski-Pahlen*, SGB IX, § 116 Rdnr. 11).

10 Der Arbeitgeber kann die Bundesagentur für Arbeit nicht verpflichten, die Gleichstellung zu widerrufen. Der **Arbeitgeber** ist im Verfahren über den Widerruf der Gleichstellung zu beteiligen (*Neumann/Pahlen/Majerski-Pahlen*, SGB IX, § 116 Rdnr. 12; a. A. *Müller-Wenner/Schorn*, SGB IX, § 116 Rdnr. 15). Ein Widerruf der Gleichstellung ist dem Arbeitgeber bekannt zu geben.

11 Nach der **Übergangsvorschrift** des Abs. 2 Satz 3 wird der Widerruf erst am Ende des dritten Kalendermonats nach Eintritt der Unanfechtbarkeit wirksam (zur Unanfechtbarkeit s. Rdnr. 6).

D. Anrechenbarkeit auf Pflichtarbeitsplätze (Abs. 3)

12 Absatz 3 stellt klar, dass bis zur Beendigung der Anwendung der besonderen Regelung für schwerbehinderte Menschen und deren Gleichgestellte eine **Anrechnung auf** die Zahl der **Pflichtarbeitsplätze** für schwerbehinderte Menschen erfolgt. Die Schonfristen nach Abs. 1 und 2 sind aber zu beachten.

E. Rechtsmittel

13 Gegen die Rücknahme und den Widerruf der Gleichstellung nach Abs. 3 besteht die Möglichkeit des **Widerspruchs** beim Widerspruchsausschuss der Bundesagentur für Arbeit, § 120. Nach Durchführung des Widerspruchsverfahrens kann **Klage** vor den Sozialgerichten (Anfechtungsklage) erhoben werden. Auch der Arbeitgeber ist berechtigt, Widerspruch bzw. Klage einzulegen, soweit er wegen der Anrechenbarkeit auf die Arbeitplätze und die Pflicht zur Zahlung der Ausgleichsabgabe betroffen ist.

§ 117 Entziehung der besonderen Hilfen für schwerbehinderte Menschen

(1) ¹Einem schwerbehinderten Menschen, der einen zumutbaren Arbeitsplatz ohne berechtigten Grund zurückweist oder aufgibt oder sich ohne berechtigten Grund weigert, an einer Maßnahme zur Teilhabe am Arbeitsleben teilzunehmen, oder sonst durch sein Verhalten seine Teilhabe am Arbeitsleben schuldhaft vereitelt, kann das Integrationsamt im Benehmen mit der Bundesagentur für Arbeit die besonderen Hilfen für schwerbehinderte Menschen zeitweilig entziehen. ²Dies gilt auch für gleichgestellte behinderte Menschen.

(2) ¹Vor der Entscheidung über die Entziehung wird der schwerbehinderte Mensch gehört. ²In der Entscheidung wird die Frist bestimmt, für die sie gilt. ³Die Frist läuft vom Tage der Entscheidung an und beträgt nicht mehr als sechs Monate. ⁴Die Entscheidung wird dem schwerbehinderten Menschen bekannt gegeben.

Inhaltsübersicht

	Rdnr.
A. Allgemeines	1
B. Entziehung der besonderen Hilfen für schwerbehinderte Menschen	2–6
C. Rechtsfolgen der Entziehung	7, 8
D. Verfahrensfragen (Abs. 2)	9–11

A. Allgemeines

§ 117 regelt den zeitweiligen **Entzug der besonderen Hilfen** für schwerbe- 1
hinderte Menschen und deren Gleichgestellte. Der Gesetzgeber geht davon aus,
dass der schwerbehinderte Mensch nicht nur Rechte, sondern auch Pflichten hat
und insbesondere bei seiner Eingliederung mitzuwirken hat, § 60 SGB X. Wirkt
der schwerbehinderte Mensch bei seiner Integration in das Arbeitsleben ohne berechtigten Grund nicht mit, so sanktioniert Abs. 1 diese mangelnde Mitwirkung
mit einem zeitweiligen Entzug der besonderen Hilfen. Die Vorschrift ist inhaltsgleich mit der aufgehobenen Vorschrift des § 39 SchwbG.

B. Entziehung der besonderen Hilfen für schwerbehinderte Menschen

Der **zeitweilige Entzug der besonderen Hilfen** kommt sowohl bei schwer- 2
behinderten Menschen als auch bei Gleichgestellten (*Neumann/Pahlen/Majerski-
Pahlen*, SGB IX, § 117 Rdnr. 2) in Betracht. Nach überwiegender Meinung ist
der teilweise Entzug der besonderen Hilfen für schwerbehinderte Menschen zulässig (*Neumann/Pahlen/Majerski-Pahlen*, SGB IX, § 117 Rdnr. 15; *Müller-Wenner/
Schorn*, SGB IX, § 117 Rdnr. 18). Der Entzug ist möglich bei der Zurückweisung
oder Aufgabe eines zumutbaren Arbeitsplatzes ohne berechtigten Grund (Rdnr. 3,
4), der ohne berechtigten Grund erfolgter Weigerung, an einer Maßnahme zur
Teilhabe am Arbeitsleben teilzunehmen (Rdnr. 5) und wenn der schwerbehinderte Mensch sonst durch sein Verhalten seine Teilnahme am Arbeitsleben schuldhaft vereitelt hat (Rdnr. 6).

Grund für die Entziehung kann die Zurückweisung oder Aufgabe eines zumut- 3
baren Arbeitsplatzes ohne berechtigten Grund sein. Voraussetzung ist, dass das Verhalten des schwerbehinderten Menschen kausal für das Nichtzustandekommen des
Beschäftigungsverhältnisses war (§ 144 SGB III). **Zumutbar** ist der Arbeitsplatz,
wenn er nicht die körperlichen und geistigen Fähigkeiten des schwerbehinderten
Menschen überfordert (a. A. *Bieritz-Harder*, in: HK-SGB IX, § 117 Rdnr. 4, wonach nur der Arbeitsplatz zumutbar ist, an dem der schwerbehinderte Menschen ihre
Tätigkeit voll verwerten und auch weiterentwickeln können; *Müller-Wenner/
Schorn*, SGB IX, § 117, wenn die Voraussetzungen der § 81 Abs. 4 und 5 erfüllt
sind). Entsprechend den Regelungen des SGB III sind auch Arbeitsplatzangebote
zumutbar, die hinsichtlich Entlohnung und Qualifikationsanforderung unterhalb
der bisher ausgeübten Tätigkeit liegen (§ 121 SGB III). Denn die allgemeinen Zu-
mutbarkeitsbedingungen bei der Aufnahme von Arbeit gelten auch für arbeitslose
schwerbehinderte Menschen (*Masuch*, in: Hauck/Noftz, SGB IX, § 117 Rdnr. 5;
Müller-Wenner/Schorn, SGB IX, § 117 Rdnr. 7).

Die Aufgabe des Arbeitsplatzes kann durch Eigenkündigung oder Aufhebungs- 4
vertrag erfolgen. Eine arbeitgeberseitige **Kündigung** erfüllt nur dann die Voraussetzungen nach Abs. 1, wenn ein Sachverhalt vorliegt, der den Arbeitgeber zur
außerordentlichen Kündigung nach § 626 BGB berechtigt (*Neumann/Pahlen/
Majerski-Pahlen*, SGB IX, § 117 Rdnr. 4). Ohne berechtigten Grund erfolgt die
Aufgabe, wenn kein wichtiger Grund i. S. d. § 144 Abs. 1 letzter Halbs. SGB III
vorliegt. Der berechtigte Grund muss objektiv vorliegen, unabhängig davon, ob
der behinderte Mensch Kenntnis des Grundes hatte (*Bieritz-Harder*, in: HK-
SGB IX, § 117 Rdnr. 8).

Die **Entziehung** kann erfolgen, wenn sich der schwerbehinderte Mensch ohne 5
berechtigten Grund weigert, an einer Maßnahme zur Teilnahme am Arbeitsleben

teilzunehmen. Maßnahmen zur Teilhabe am Arbeitsleben sind alle in § 33 Abs. 3 aufgeführten Maßnahmen. **Zumutbar** sind auch Maßnahmen, die nicht der früheren Tätigkeit entsprechen und mit einem geringen Verdienst verbunden sind (*Neumann/Pahlen/Majerski-Pahlen*, SGB IX, § 117 Rdnr. 7). Maßnahmen zur Teilhabe am Arbeitsleben, die für den schwerbehinderten Menschen unzumutbar sind, können abgelehnt werden, ohne dass die besonderen Hilfen nach § 117 entzogen werden (*Müller-Wenner/Schorn*, SGB IX, § 117 Rdnr. 12).

6 Die Entziehung kann schließlich erfolgen, wenn der schwerbehinderte Mensch sonst durch sein Verhalten seine Teilnahme am Arbeitsleben **schuldhaft vereitelt**. Hierzu gehören u. a. die beharrliche Arbeitsverweigerung, bewusste Schlechtleistung, Störung des Betriebsfriedens oder die Forderung eines überhöhten Arbeitsentgelts bei Einstellungsgesprächen.

C. Rechtsfolgen der Entziehung

7 Mit dem Tag der Entscheidung über die **Entziehung der besonderen Hilfen** für schwerbehinderte Menschen entfallen die dem schwerbehinderten Menschen in diesem Gesetz enthaltenen Vorteile. Hierzu gehört insbesondere der Verlust des besonderen Kündigungsschutzes (§§ 85 ff.), das Recht auf Ausstellung eines Schwerbehindertenausweises (§ 69), die vorrangige Berücksichtigung (§ 122), und das Recht, Mehrarbeit abzulehnen (§ 123) sowie das Recht auf Zusatzurlaub (§ 125). Beim Zusatzurlaub dürfte die Entziehung nicht zum Totalverlust im Kalenderjahr, sondern nur anteilig für den Zeitraum der Entziehung eintreten (*Müller-Wenner/Schorn*, SGB IX, § 117 Rdnr. 20; a. A. *Masuch*, in: Hauck/Noftz, SGB IX, § 117 Rdnr. 18). Ein Verlust von Rechten nach anderen Gesetzen als dem SGB IX (z. B. EStG) tritt durch die Entziehung nicht ein (*Müller-Wenner/Schorn*, SGB IX, § 117 Rdnr. 18).

8 Dagegen bleiben die **Schwerbehinderteneigenschaft** und die **Gleichstellung** von der Entziehung unberührt (allg. Meinung). Denn § 117 betrifft insoweit nur die Entziehung der besonderen Hilfen. Trotz der Entziehung wird der schwerbehinderte Mensch bei einer Weiterbeschäftigung auf die Pflichtplätze nach § 71 angerechnet, da eine § 116 Abs. 3 entsprechende Regelung fehlt (*Bieritz-Harder*, in: HK-SGB IX, § 117 Rdnr. 15; *Müller-Wenner/Schorn*, SGB IX, § 117 Rdnr. 21; *Dau*, in: LPK-SGB IX, § 117 Rdnr. 10; *Masuch*, in: Hauck/Noftz, SGB IX, § 117 Rdnr. 19; a. A. *Neumann/Pahlen/Majerski-Pahlen*, SGB IX, § 117 Rdnr. 14).

D. Verfahrensfragen (Abs. 2)

9 Zuständig für den zeitweiligen Entzug der besonderen Hilfen ist das **Integrationsamt** im Benehmen mit der **Bundesagentur für Arbeit**. Das Integrationsamt hat seine Entscheidung nach pflichtgemäßem Ermessen zu treffen. Es ist an die Stellungnahme der Arbeitsverwaltung nicht gebunden (*Bieritz-Harder*, in: HK-SGB IX, § 117 Rdnr. 8).

10 Vor der Entscheidung des Integrationsamtes über die Entziehung muss der schwerbehinderte Mensch angehört werden (Abs. 2 Satz 1). Dabei sind die zu § 24 SGB X entwickelten Grundsätze zu beachten. Eine unterlassene Anhörung kann bis zum Abschluss des Widerspruchsverfahrens nachgeholt werden, § 41 Abs. 1 Nr. 5 SGB X (*Bieritz-Harder*, in: HK-SGB IX, § 117 Rdnr. 12, *Müller-Wenner/Schorn*, SGB IX, § 117 Rdnr. 14; a. A. *Neumann/Pahlen/Majerski-Pahlen*, SGB IX, § 117 Rdnr. 12). Die Entziehung der besonderen Hilfen für schwerbehinderte Menschen kann nur befristet erfolgen. Im Bescheid des Integrationsamtes ist die

Dauer des Entzugs anzugeben. Die Frist läuft vom Tage der Entscheidung an und darf **sechs Monate nicht überschreiten.** Der Tag der Entscheidung muss im Entziehungsbescheid mitgeteilt werden. Relevant für den Fristbeginn ist also nicht der Tag der Bekanntgabe der Entscheidung an den schwerbehinderten Menschen, sondern der Tag der Entscheidung.

Die Entziehung der besonderen Hilfen ist dem schwerbehinderten Menschen **11** bekannt zu geben (Abs. 2 Satz 4). Eine bestimmte Form der Entziehung ist gesetzlich nicht vorgesehen. Die Entziehung kann sowohl schriftlich als auch mündlich erfolgen. Dem Arbeitgeber ist die Entziehung bekannt zu geben, soweit er von der Entziehung betroffen ist (§ 9 SGB X). Gegen den Entziehungsbescheid ist **Widerspruch** und **Klage** möglich. Widerspruch und Klage haben aufschiebende Wirkung. Zuständig sind die Verwaltungsgerichte.

Kapitel 9. Widerspruchsverfahren

§ 118 Widerspruch

(1) ¹**Den Widerspruchsbescheid nach § 73 der Verwaltungsgerichtsordnung erlässt bei Verwaltungsakten der Integrationsämter und bei Verwaltungsakten der örtlichen Fürsorgestellen (§ 107 Abs. 2) der Widerspruchsausschuss bei dem Integrationsamt (§ 119).** ²**Des Vorverfahrens bedarf es auch, wenn den Verwaltungsakt ein Integrationsamt erlassen hat, das bei einer obersten Landesbehörde besteht.**

(2) **Den Widerspruchsbescheid nach § 85 des Sozialgerichtsgesetzes erlässt bei Verwaltungsakten, welche die Bundesagentur für Arbeit auf Grund des Teils 2 erlassen, der Widerspruchsausschuss bei der Bundesagentur für Arbeit.**

Inhaltsübersicht

	Rdnr.
A. Allgemeines	1
B. Widerspruchsbescheide nach § 73 VwGO (Abs. 1)	2, 3
C. Widerspruchsbescheide nach § 85 SGG (Abs. 2)	4

A. Allgemeines

Die Regelung überträgt inhaltsgleich den bisherigen § 40 SchwbG. Der Ver- **1** waltungsrechtsweg im Schwerbehindertenrecht bleibt nach wie vor zweigleisig: Verwaltungsakte der Integrationsämter und der örtlichen Fürsorgestellen (§ 107 Abs. 2) werden durch Widerspruch und anschließende Klage zu den Verwaltungsgerichten angefochten; **Verwaltungsakte** der Arbeitsverwaltung durch **Widerspruch** und anschließende **Klage** zu den Sozialgerichten (vgl. § 62 SGB X i. V. m. den Vorschriften der Verwaltungsgerichtsordnung – VwGO – bzw. des Sozialgerichtsgesetzes – SGG).

B. Widerspruchsbescheide nach § 73 VwGO (Abs. 1)

Den **Widerspruchsbescheid** erlässt im ersten Fall der Widerspruchsausschuss **2** beim Integrationsamt (Abs. 1 i. V. m. § 119) gem. § 73 VwGO; den Widerspruchsbescheid im zweiten Fall erlässt der **Widerspruchsausschuss** bei der Bundesagentur für Arbeit (Abs. 2 i.V.m. § 120) gem. § 85 SGG. Die Widerspruchsausschüsse beim Integrationsamt bzw. bei der Bundesagentur für Arbeit sind die im Verwaltungszuge vorgesehenen Beschwerdeinstanzen, die für das notwendige Vorverfahren zuständig sind und den angefochtenen Verwaltungsakt auf Rechtmäßigkeit und Zweckmäßigkeit überprüfen (§ 68 Abs. 1 VwGO). Der Widerspruch ist form- und fristgebunden und richtet sich gegen Verwaltungsakte der genannten Behörden auf der Grundlage des SGB IX, also gegen hoheitliches Handeln der Integrationsämter.

3 Maßgeblich für das **Widerspruchsverfahren** sind die Vorschriften der VwGO (§§ 68 ff.), wenn der Verwaltungsrechtsweg gegeben ist, sowie des SGG (§§ 77 ff.), wenn der Sozialrechtsweg gegeben ist; im Übrigen gelten die §§ 31 ff. SGB X. Abweichend vom Grundsatz des § 68 Abs. 1 Satz 2 VwGO ist auch dann ein Vorverfahren durchzuführen, wenn der Verwaltungsakt von einem Integrationsamt erlassen wurde, das bei einer obersten Landesbehörde besteht. Widerspruch und Anfechtungsklage gegen die Zustimmung des Integrationsamtes zur Kündigung eines schwerbehinderten Menschen haben gem. § 88 Abs. 4 i.V.m. § 80 Abs. 2 Nr. 3 VwGO keine aufschiebende Wirkung.

C. Widerspruchsbescheid nach § 85 SGG (Abs. 2)

4 Gegen Verwaltungsakte der Bundesagentur für Arbeit ist nach § 51 Abs. 1 Nr. 4 SGG der Rechtsweg zu den Sozialgerichten eröffnet. Widerspruch und Anfechtungsklage gegen Entscheidungen der Bundesagentur für Arbeit haben keine aufschiebende Wirkung, § 86a Abs. 2 Nr. 2 SGG.

§ 119 Widerspruchsausschuss bei dem Integrationsamt

(1) **Bei jedem Integrationsamt besteht ein Widerspruchsausschuss aus sieben Mitgliedern, und zwar aus**
zwei Mitgliedern, die schwerbehinderte Arbeitnehmer oder Arbeitnehmerinnen sind,
zwei Mitgliedern, die Arbeitgeber sind,
einem Mitglied, das das Integrationsamt vertritt,
einem Mitglied, das die Bundesagentur für Arbeit vertritt,
einer Vertrauensperson schwerbehinderter Menschen.

(2) **Für jedes Mitglied wird ein Stellvertreter oder eine Stellvertreterin berufen.**

(3) [1]**Das Integrationsamt beruft**
auf Vorschlag der Organisationen behinderter Menschen des jeweiligen Landes die Mitglieder, die Arbeitnehmer sind,
auf Vorschlag der jeweils für das Land zuständigen Arbeitgeberverbände die Mitglieder, die Arbeitgeber sind, sowie
die Vertrauensperson.
[2] Die zuständige oberste Landesbehörde oder die von ihr bestimmte Behörde beruft das Mitglied, das das Integrationsamt vertritt. [3] Die Bundesagentur für Arbeit beruft das Mitglied, das sie vertritt. [4] Entsprechendes gilt für die Berufung des Stellvertreters oder der Stellvertreterin des jeweiligen Mitglieds.

(4) [1]**In Kündigungsangelegenheiten schwerbehinderter Menschen, die bei einer Dienststelle oder in einem Betrieb beschäftigt sind, der zum**

Geschäftsbereich des Bundesministeriums der Verteidigung gehört, treten an die Stelle der Mitglieder, die Arbeitgeber sind, Angehörige des öffentlichen Dienstes. ²Dem Integrationsamt werden ein Mitglied und sein Stellvertreter oder seine Stellvertreterin von den von der Bundesregierung bestimmten Bundesbehörden benannt. ³Eines der Mitglieder, die schwerbehinderte Arbeitnehmer oder Arbeitnehmerinnen sind, muss dem öffentlichen Dienst angehören.

(5) ¹Die Amtszeit der Mitglieder der Widerspruchsausschüsse beträgt vier Jahre. ²Die Mitglieder der Ausschüsse üben ihre Tätigkeit unentgeltlich aus.

Inhaltsübersicht

	Rdnr.
A. Allgemeines	1
B. Mitglieder und Stellvertreter des Widerspruchsausschusses (Abs. 1 und 2)	2–6
C. Zuständigkeit für die Bestellung der Mitglieder (Abs. 3)	7, 8
D. Besonderheit bei Kündigungsangelegenheiten schwerbehinderter Menschen im öffentlichen Dienst (Abs. 4)	9, 10
E. Amtszeit/ehrenamtliche Tätigkeit (Abs. 5)	11

A. Allgemeines

Die Vorschrift regelt die Zusammensetzung des Widerspruchsausschusses beim Integrationsamt sowie die Amtszeit seiner Mitglieder und überträgt inhaltsgleich den bisherigen § 41 SchwbG. Jedes Integrationsamt wird verpflichtet, einen Widerspruchsausschuss einzurichten. Eine den Widerspruchsausschuss bei der Bundesagentur für Arbeit vergleichbare Regelung enthält § 120. **1**

B. Mitglieder und Stellvertreter des Widerspruchsausschusses (Abs. 1 und 2)

Der Widerspruchsausschuss besteht aus **sieben Mitgliedern sowie sieben Stellvertretern** und zwar aus zwei schwerbehinderten Arbeitnehmern (§ 2 Abs. 2 und 3), zwei Arbeitgebern, einem Vertreter des Integrationsamtes, einem Vertreter der Bundesagentur für Arbeit und einer Vertrauensperson schwerbehinderter Menschen. Möglich ist, dass eine Person sowohl Mitglied des Widerspruchsausschusses bei dem Integrationsamt als auch des Widerspruchsausschusses der Bundesagentur für Arbeit ist (*Neumann/Pahlen/Majerski-Pahlen*, SGB IX, § 119 Rdnr. 23). **2**

Für die Mitglieder des Widerspruchsausschusses gelten keine besonderen persönlichen Voraussetzungen, z.B Alter oder Qualifikation (*Masuch*, in: Hauck/Noftz, SGB IX, § 118 Rdnr. 5; *Müller-Wenner/Schorn*, SGB IX, § 118 Rdnr. 4). Nicht erforderlich ist auch, dass das Mitglied die deutsche Staatsangehörigkeit besitzt (*Masuch*, in: Hauck/Noftz, SGB IX, § 118 Rdnr. 5; a. A. *Neumann/Pahlen/Majerski-Pahlen*, SGB IX, § 118 Rdnr. 22). Unerheblich ist (bis auf die schwerbehinderten Arbeitnehmer), ob die weiteren Mitglieder des Widerspruchausschusses selbst behindert sind. Frauen sollen gleich im Widerspruchsausschuss vertreten sein, vgl. § 64. **3**

Ein ehrenamtlicher Richter der Arbeitsgerichtsbarkeit ist nicht deshalb kraft Gesetzes von der Ausübung des Richteramtes gem. § 41 Nr. 6 ZPO ausgeschlossen, weil er an einer Entscheidung des Widerspruchausschusses an einem Integrations- **4** amt mitgewirkt hat, in dem über einen Widerspruch gegen den Zustimmungsbescheid zur beabsichtigten Kündigung des Klägers zu dessen Lasten entschieden wurde (*LAG München* v. 15. 3. 2005, 8 Sa 914/04).

5 Die in Abs. 1 genannten schwerbehinderten Arbeitnehmer müssen entweder als schwerbehindert anerkannt oder diesen gleichgestellt worden sein. Arbeitgeber i. S. v. Abs. 1 ist, wer mindestens einen Arbeitnehmer beschäftigt sowie die sonstigen in § 16 Abs. 4 SGG genannten Personen (*Müller-Wenner/Schorn,* SGB IX, § 118 Rdnr. 7).

6 Für jedes Mitglied muss ein **Stellvertreter** benannt werden, der das Mitglied im Verhinderungsfalle vertritt (Abs. 2). Die Wahl der Stellvertreter erfolgt nach dem in Abs. 3 festgelegten Verfahren. Es gilt das Prinzip der persönlichen Stellvertretung. D. h. das Mitglied wird im Vertretungsfall durch einen persönlichen Stellvertreter ersetzt. Das stellvertretende Mitglied kann einer anderen Organisation angehören als das zu vertretende ordentliche Mitglied.

C. Zuständigkeit für die Bestellung der Mitglieder (Abs. 3)

7 Fünf der sieben Mitglieder (und Stellvertreter) werden vom Integrationsamt berufen und zwar die beiden schwerbehinderten **Arbeitnehmervertreter,** die beiden **Arbeitgeber** sowie die **Vertrauensperson** schwerbehinderter Menschen. Die Arbeitnehmervertreter werden von den Behindertenverbänden des jeweiligen Landes vorgeschlagen. Lokale Organisationen sind nicht vorschlagsberechtigt (*Masuch,* in: Hauck/Noftz, SGB IX, § 119 Rdnr. 9). Die beiden Arbeitgebervertreter werden von den zuständigen Arbeitgeberverbänden des Landes vorgeschlagen. Die Arbeitnehmervertreter müssen tatsächlich Arbeitnehmer sein, also aktiv im Erwerbsleben stehen und sie müssen schwerbehindert oder diesen gleichgestellt sein (§ 2 Abs. 2 und 3).

8 Der Vertreter des Integrationsamtes wird von der zuständigen obersten Landesbehörde berufen (oder von der von ihr bestimmten Behörde), der Vertreter der Bundesagentur wird von ihr selbst berufen. Die Berufung stellt einen Verwaltungsakt dar.

D. Besonderheit bei Kündigungsangelegenheiten schwerbehinderter Menschen im öffentlichen Dienst (Abs. 4)

9 Eine besondere Zusammensetzung des Widerspruchsausschusses nach Abs. 4 gilt, wenn es um **Kündigungsangelegenheiten** schwerbehinderter Menschen geht, die bei der Dienststelle einer öffentlichen Verwaltung oder bei einem zum Geschäftsbereich des Bundesministeriums der Verteidigung gehörenden Betrieb beschäftigt sind. Als Dienststelle gelten Dienststellen des Bundes, der Länder, der Gemeinden oder von sonstigen Körperschaften, Stiftungen und Anstalten des öffentlichen Rechts. Kündigungen in anderen öffentlichen Betrieben als denen des Geschäftsbereichs des Bundesministeriums der Verteidigung fallen nicht unter Abs. 4.

10 In solchen **Widerspruchsverfahren** treten an die Stelle der privaten Arbeitgeber Angehörige des öffentlichen Dienstes. Außerdem muss einer der beiden Arbeitnehmervertreter Angehöriger des öffentlichen Dienstes sein. Die beiden Vertreter der Arbeitgeber werden von einer von der Bundesregierung bestimmten Bundesbehörde (seit 1962 der Bundesminister des Innern) benannt und dem Integrationsamt berufen. Das im alten § 41 SchwbG festgelegte Vorschlagsrecht der jeweiligen Landesregierung für einen der beiden Arbeitgebervertreter ist weggefallen. In Anbetracht des klaren Wortlauts der Vorschrift ist eine Übertragung der

Zusammensetzung des Widerspruchsausschusses auf die gesamte öffentliche Verwaltung nicht vertretbar (*Masuch*, in: Hauck/Noftz, SGB IX, § 119 Rdnr. 13; a. A. *Neumann/Pahlen/Majerski-Pahlen*, SGB IX, § 119 Rdnr. 12; *Müller-Wenner/Schorn*, SGB IX, § 119 Rdnr. 14).

E. Amtszeit/ehrenamtliche Tätigkeit (Abs. 5)

Die Vorschrift entspricht § 106 Abs. 3 (vgl. dort), wobei die „unentgeltliche" Tätigkeit des Abs. 5 nichts anderes meint als die **„ehrenamtliche"** Tätigkeit des § 106. Die Vorschrift spricht von den „Widerspruchsausschüssen", gilt also sowohl für den Widerspruchsausschuss nach § 119 als auch für den Ausschuss nach § 120. Auslagen und ggf. nachgewiesener Verdienstausfall können erstatten werden (*Neumann/Pahlen/Majerski-Pahlen*, SGB IX, § 119 Rdnr. 26). Die Geheimhaltungspflicht nach § 130 gilt auch für die Mitglieder des Widerspruchsausschusses.

11

§ 120 Widerspruchsausschüsse bei der Bundesagentur für Arbeit

(1) Die Bundesagentur für Arbeit richtet Widerspruchsausschüsse ein, die aus sieben Mitgliedern bestehen, und zwar aus
zwei Mitgliedern, die schwerbehinderte Arbeitnehmer oder Arbeitnehmerinnen sind,
zwei Mitgliedern, die Arbeitgeber sind,
einem Mitglied, das das Integrationsamt vertritt,
einem Mitglied, das die Bundesagentur für Arbeit vertritt,
einer Vertrauensperson schwerbehinderter Menschen.

(2) Für jedes Mitglied wird ein Stellvertreter oder eine Stellvertreterin berufen.

(3) ¹Die Bundesagentur für Arbeit beruft
die Mitglieder, die Arbeitnehmer oder Arbeitnehmerinnen sind, auf Vorschlag der jeweils zuständigen Organisationen behinderter Menschen, der im Benehmen mit den jeweils zuständigen Gewerkschaften, die für die Vertretung der Arbeitnehmerinteressen wesentliche Bedeutung haben, gemacht wird,
die Mitglieder, die Arbeitgeber sind, auf Vorschlag der jeweils zuständigen Arbeitgeberverbände, soweit sie für die Vertretung von Arbeitgeberinteressen wesentliche Bedeutung haben, sowie
das Mitglied, das die Bundesagentur für Arbeit vertritt, und
die Vertrauensperson.
²Die zuständige oberste Landesbehörde oder die von ihr bestimmte Behörde beruft das Mitglied, das das Integrationsamt vertritt. ³Entsprechendes gilt für die Berufung des Stellvertreters oder der Stellvertreterin des jeweiligen Mitglieds.

(4) § 119 Abs. 5 gilt entsprechend.

Inhaltsübersicht

	Rdnr.
A. Allgemeines	1
B. Mitglieder und Stellvertreter des Widerspruchsausschusses (Abs. 1 und 2)	2
C. Zuständigkeit für die Bestellung der Mitglieder (Abs. 3)	3–5
D. Besonderheit bei Kündigungsangelegenheiten schwerbehinderter Menschen im öffentlichen Dienst (Abs. 4)	6

A. Allgemeines

1   Die Vorschrift regelt die Zusammensetzung des Widerspruchausschusses bei der Bundesagentur für Arbeit und überträgt inhaltsgleich den bisherigen § 42 SchwbG.

B. Mitglieder und Stellvertreter des Widerspruchsausschusses (Abs. 1 und 2)

2   Der Widerspruchsausschuss bei der Bundesagentur für Arbeit hat wie der Widerspruchsausschuss bei dem Integrationsamt ebenfalls **sieben Mitglieder und sieben Stellvertreter,** wobei die Zusammensetzung derjenigen in § 119 für den Widerspruchsausschuss beim Integrationsamt entspricht.

C. Zuständigkeit für die Bestellung der Mitglieder (Abs. 3)

3   Die Bundesagentur für Arbeit beruft sechs der sieben Mitglieder und Stellvertreter. Lediglich der Vertreter des Integrationsamtes wird von der zuständigen obersten Landesbehörde oder einer von ihr bestimmten Behörde berufen.

4   Im Gegensatz zu § 119 steht den Behindertenverbänden nicht das alleinige Vorschlagsrecht für die beiden Arbeitnehmervertreter zu, die wie in § 119 schwerbehindert oder gleichgestellt (§ 2 Abs. 2 und 3) sowie erwerbstätig sein müssen. Die Behindertenverbände müssen sich vor Abgabe ihrer Vorschläge mit den Gewerkschaften in Verbindung setzen, die „wesentliche Bedeutung" haben. Die **Behindertenverbände** haben mit diesen hinsichtlich der Vorschläge das Benehmen herzustellen, d. h. diese anzuhören. Sie sind aber nicht an das Votum der Gewerkschaften gebunden, sondern können sich ggf. über dieses hinwegsetzen.

5   Die Arbeitgebervertreter werden von den zuständigen **Arbeitgeberverbänden** vorgeschlagen, wobei diese – anders als in § 119 – ebenfalls wesentliche Bedeutung haben müssen.

D. Besonderheit bei Kündigungsangelegenheiten schwerbehinderter Menschen im öffentlichen Dienst (Abs. 4)

6   Die Vorschrift verweist auf § 119 Abs. 5. Die Mitglieder des Widerspruchsausschusses üben ihre Tätigkeit unentgeltlich aus. Das dort Gesagte gilt auch hier, s. § 119 Rdnr. 11.

§ 121 Verfahrensvorschriften

(1) **Für den Widerspruchsausschuss bei dem Integrationsamt (§ 119) und die Widerspruchsausschüsse bei der Bundesagentur für Arbeit (§ 120) gilt § 106 Abs. 1 und 2 entsprechend.**

(2) **Im Widerspruchsverfahren nach Teil 2 Kapitel 4 werden der Arbeitgeber und der schwerbehinderte Mensch vor der Entscheidung gehört; in den übrigen Fällen verbleibt es bei der Anhörung des Widerspruchsführers.**

(3) ¹**Die Mitglieder der Ausschüsse können wegen Besorgnis der Befangenheit abgelehnt werden.** ²**Über die Ablehnung entscheidet der Ausschuss, dem das Mitglied angehört.**

Inhaltsübersicht

	Rdnr.
A. Allgemeines	1
B. Gemeinsame Vorschriften (Abs. 1)	2
C. Anhörung im Verfahren (Abs. 2)	3–5
D. Ablehnung wegen Besorgnis der Befangenheit (Abs. 3)	6–8

A. Allgemeines

Die Vorschrift entspricht im Wesentlichen dem bisherigen § 43 SchwbG. Allerdings ist abweichend hiervon in Abs. 2 die Anhörung des Arbeitgebers **und** des besonders schwerbehinderten Menschen nur im Widerspruchsverfahren des besonderen Kündigungsschutzverfahrens vorgeschrieben. **1**

B. Gemeinsame Vorschriften (Abs. 1)

Die Vorschrift verweist für beide **Widerspruchsausschüsse** (§ 119 und 120) auf die Vorschrift des § 106 Abs. 1 und 2, der für die beiden Beratenden Ausschüsse gemeinsame Regeln zur inneren Organisation festschreibt (Wahl des Vorsitzenden und des Stellvertreters, Beschlussfähigkeit usw.). Diese Vorschriften gelten sinngemäß auch für die Widerspruchsausschüsse. Der Vorsitzende ist im jährlichen Wechsel zu bestimmen. **2**

C. Anhörung im Verfahren (Abs. 2)

Die Vorschrift legt fest, dass in **Kündigungsangelegenheiten** (§§ 85 ff.) der Ausschuss den Arbeitgeber und den schwerbehinderten Menschen, also beide Seiten, anzuhören hat. Den Betroffenen ist Gelegenheit zur Äußerung zu geben. Vorher ist ihnen jedoch das wesentliche Ergebnis der bisherigen Sachverhaltsaufklärung (z.B. medizinische Sachverständigengutachten) mitzuteilen. Die Anhörung hat vor der Entscheidung zu erfolgen (*Neumann/Pahlen/Majerski-Pahlen,* SGB IX, § 121 Rdnr. 12). **3**

Nach Abs. 2 soll die Anhörung des Arbeitgebers nur dann erfolgen, wenn es sich um das zweiseitige Verwaltungsverfahren in Angelegenheiten des besonderen Kündigungsschutzes handelt. In den anderen Fällen, z.B. Erbringung von Leistungen aus Mitteln der Ausgleichsabgabe, ist nur der jeweilige Widerspruchsführer zu hören (vgl. Ausschuss-Drucks. v. 27. 3. 2001, 14/1406, Begründung, S. 15). Die Verletzung der Anhörungspflicht macht den Widerspruch anfechtbar, § 41 Abs. 1 Nr. 3 SGB X. **4**

Die Sitzungen der Widerspruchsausschüsse können nicht öffentlich sein, weil dort die persönlichen Verhältnisse der schwerbehinderten Menschen erörtert werden (*Neumann/Pahlen/Majerski-Pahlen,* SGB IX, § 121 Rdnr. 11). **5**

D. Ablehnung wegen Besorgnis der Befangenheit (Abs. 3)

Jedes Mitglied (und jeder Stellvertreter) der Ausschüsse kann wegen Besorgnis der Befangenheit abgelehnt werden (vgl. hierzu § 17 SGB X). Befangenheitsgründe liegen vor, wenn Tatsachen ersichtlich sind, die eine unparteiische Amtsausübung nicht mehr gewährleisten. Beispiele hierfür sind u.a. Freundschaft oder Feindschaft der Ausschussmitglieder zum einem der Beteiligten, Verwandtschaft **6** oder Mitwirkung in früheren Verfahren (*Müller-Wenner/Schorn*, SGB IX, § 121 Rdnr. 11).

7 Über den Antrag entscheidet der Ausschuss durch **Abstimmung mit Mehrheit** (hierzu Abs. 1 i.V.m. § 106 Abs. 2). Das abgelehnte Mitglied des Widerspruchsausschusses ist nicht berechtigt, an der Entscheidung über die Ablehnung mitzuwirken, § 16 Abs. 4 SGB X. Tritt dadurch Beschlussunfähigkeit des Widerspruchsausschusses ein, soll nach überwiegender Auffassung die Widerspruchverhandlung zu vertagen sein, um in neuer Besetzung den Ablehnungsantrag zu bescheiden. (*Masuch*, in: Hauck/Noftz, SGB IX, § 121 Rdnr. 12; *Müller-Wenner/Schorn*, SGB IX, § 121 Rdnr. 9).

8 Wird der Antrag auf Ablehnung verworfen und kommt ein Widerspruchsbescheid zustande, so kann der Widerspruchsführer die aus seiner Sicht fehlerhafte Entscheidung über den Ablehnungsantrag nur zusammen mit dem Widerspruchsbescheid durch Klageerhebung angreifen. Ablehnung wegen Befangenheit scheidet ab dem Zeitpunkt aus, ab dem sich ein Beteiligter in Kenntnis des Ablehnungsgrundes in der mündlichen Verhandlung eingelassen hat (*BVerwG* v. 2. 7. 1992, BehindertenR 1993, 15).

Kapitel 10. Sonstige Vorschriften

§ 122 Vorrang der schwerbehinderten Menschen

Verpflichtungen zur bevorzugten Einstellung und Beschäftigung bestimmter Personenkreise nach anderen Gesetzen entbinden den Arbeitgeber nicht von der Verpflichtung zur Beschäftigung schwerbehinderter Menschen nach den besonderen Regelungen für schwerbehinderte Menschen.

Inhaltsübersicht

	Rdnr.
A. Allgemeines	1
B. Anwendungsbereich	2
C. Bevorzugte Einstellung und Beschäftigung anderer Personenkreise	3–9
D. Bevorzugung bei der Arbeitsvermittlung	10

A. Allgemeines

1 Durch die Vorschrift soll sichergestellt werden, dass ein Arbeitgeber seine Pflicht zur Beschäftigung schwerbehinderter Menschen (§ 71) unabhängig davon erfüllt, ob er auch nach anderen Vorschriften zur **Beschäftigung bestimmter Personengruppen** verpflichtet ist (*Masuch*, in: Hauck/Noftz, SGB IX, § 122 Rdnr. 5; *Düwell*, in: LPK-SGB IX, § 122 Rdnr. 3).

B. Anwendungsbereich

2 Der **Anwendungsbereich** umfasst sowohl schwerbehinderte Menschen als auch ihnen Gleichgestellte i.S.v. § 68 Abs. 3 (allg.M., vgl. ErfKo-*Rolfs*, SGB IX, § 122 Rdnr. 1; *Neumann/Pahlen/Majerski*, SGB IX, § 122 Rdnr. 6). Auch bei Gleichgestellten i.S.d. § 68 Abs. 4 ist § 122 dagegen nicht anwendbar (ErfKo-*Rolfs*, SGB IX, § 122 Rdnr. 1).

C. Bevorzugte Einstellung und Beschäftigung anderer Personenkreise

Die **Verpflichtung des Arbeitgebers** zur bevorzugten Einstellung ergibt sich 3
u. a. aus folgenden **Gesetzen:**

Bund

– Gesetz zur Durchsetzung der Gleichberechtigung von Frauen und Männern 4
vom 24. 6. 1994 (BGBl. I S. 1406),
– Gesetz zur Regelung der Wiedergutmachung nationalsozialistischen Unrechts
für Angehörige des öffentlichen Dienstes vom 11. 5. 1951 (BGBl. I S. 291) und
vom 15. 12. 1965 (BGBl. I S. 2073),
– Gesetz über Hilfsmaßnahmen für Heimkehrer vom 19. 6. 1950 (BGBl. I
S. 211),
– Gesetz zur Entschädigung für Opfer der nationalsozialistischen Verfolgung vom
29. 6. 1956 (BGBl. I S. 559).

Länder

– Niedersachsen: Gesetz über einen Bergmannsversorgungsschein vom 6. 1. 1949 5
(GVBl. S. 15),
– Nordrhein-Westfalen: Gesetz über einen Bergmannsversorgungsschein vom
20. 12. 1983 (GVBl. S. 635),
– Saarland: Gesetz über einen Bergmannsversorgungsschein vom 11. 7. 1962
(ABl. S. 605) i. d. F. vom 16. 10. 1981 (ABl. S. 285).

Die nach diesen Gesetzen geregelten Beschäftigungsgebote **bestehen neben** der 6
Beschäftigungspflicht Schwerbehinderter nach § 122. Das bedeutet aber nicht, dass
der Arbeitgeber zunächst seine Beschäftigungspflicht nach § 71 erfüllen muss und
erst dann die anderen Personenkreise bei der Einstellung bevorzugt berücksichtigen
muss (*BAG* v. 1. 8. 1985, BAGE 49, 214). § 122 soll nämlich nur verhindern, dass
der Arbeitgeber mit Hinweis auf die Verpflichtung zur bevorzugten Beschäftigung
anderer Personenkreise seine Verpflichtung zur Beschäftigung schwerbehinderter
Menschen nach § 71 nicht erfüllt.

Eine Ausnahme von diesem Grundsatz gilt für die bevorzugten Personen nach 7
den landesrechtlichen Gesetzen über den Bergmannsversorgungsschein. Mit der
Beschäftigung eines **Bergmannsversorgungsscheininhabers** erfüllt der Arbeitgeber gleichzeitig seine Beschäftigungspflicht nach § 71. Dies gilt unabhängig davon, ob der Bergmannsversorgungsscheininhaber schwerbehindert ist oder nicht.

§ 122 verpflichtet den privaten Arbeitgeber aber nicht, einem schwerbehinder- 8
ten Bewerber immer den **Vorrang vor anderen Bewerbern** zu geben (*Neumann/Pahlen/Majerski-Pahlen*, SGB IX, § 122 Rdnr. 2). Denn einem schwerbehinderten Bewerber steht kein subjektives Recht auf Einstellung zu (*BAG* v. 1. 8.
1985, AP Nr. 30 zu § 123 BGB; *ErfKo-Rolfs*, SGB IX, § 122 Rdnr. 1). Aus § 122
folgt auch keine Pflicht des öffentlichen Arbeitgebers, einen schwerbehinderten
Menschen in das Beamtenverhältnis zu übernehmen (*BAG* v. 6. 9. 1966, AP Nr. 5
zu § 12 SchwBeschG).

Umstritten, aber im Ergebnis zu verneinen, ist die Frage, ob § 122 ein **drin-** 9
gendes betriebliches Erfordernis i. S. v. § 1 Abs. 2 KSchG darstellt, mit der
Folge, dass der Arbeitgeber einen Arbeitsplatz für einen schwerbehinderten Bewerber frei kündigen kann (ebenso: *Neumann/Pahlen/Majerski-Pahlen*, SGB IX,
§ 122 Rdnr. 2).

D. Bevorzugung bei der Arbeitsvermittlung

10 Nach überwiegender Auffassung statuiert § 122 auch eine bevorzugte **Vermittlungspflicht** der Bundesagentur für Arbeit gegenüber schwerbehinderten Menschen (*Neumann/Pahlen/Majerski-Pahlen*, SGB IX, § 122 Rdnr. 8).

§ 123 Arbeitsentgelt und Dienstbezüge

(1) ¹**Bei der Bemessung des Arbeitsentgelts und der Dienstbezüge aus einem bestehenden Beschäftigungsverhältnis werden Renten und vergleichbare Leistungen, die wegen der Behinderung bezogen werden, nicht berücksichtigt.** ²**Die völlige oder teilweise Anrechnung dieser Leistungen auf das Arbeitsentgelt oder die Dienstbezüge ist unzulässig.**

(2) **Absatz 1 gilt nicht für Zeiträume, in denen die Beschäftigung tatsächlich nicht ausgeübt wird und die Vorschriften über die Zahlung der Rente oder der vergleichbaren Leistung eine Anrechnung oder ein Ruhen vorsehen, wenn Arbeitsentgelt oder Dienstbezüge gezahlt werden.**

Schrifttum: *Franke*, Arbeits- und tarifrechtliche Fragen im Rahmen der Berufshilfe unter besonderer Berücksichtigung des öffentlichen Rechts, BG 1996, 630; *Hanig*, Übergangsgeld und Vergütungsschutz für Schwerbehinderte, PersR 1985, 108.

Inhaltsübersicht

	Rdnr.
A. Allgemeines	1
B. Verbot der Anrechnung (Abs. 1)	2–7
I. Persönlicher Anwendungsbereich	2
II. Rente	3
III. Arbeitsentgelt/Dienstbezüge	4, 5
IV. Vergleichbare Leistungen	6
V. Bestehendes Beschäftigungsverhältnis	7
C. Minderleistungsklausel	8–9
D. Nichtausübung der Beschäftigung (Abs. 2)	10

A. Allgemeines

1 § 123 Abs. 1 enthält ein gesetzliches Verbot i. S. v. § 134 BGB. Renten und andere vergleichbare Leistungen, die wegen der Behinderung bezogen werden, dürfen danach nicht bei der Bemessung des Arbeitsentgelts und der Dienstbezüge aus einem bestehenden Beschäftigungsverhältnis mindernd berücksichtigt werden. Damit soll sichergestellt werden, dass schwerbehinderte Menschen, die eine vollwertige Arbeitsleistung erbringen, nicht zu geringeren Entgelten beschäftigt werden als nichtbehinderte Menschen (Schutzfunktion). Das **Anrechnungsverbot** ist verfassungsgemäß (*BVerfG* v. 20. 2. 1984, BB 1984, 786). § 123 Abs. 1 ist unabdingbar (ErfKo-*Rolfs*, SGB IX, § 123 Rdnr. 1).

B. Verbot der Anrechung (Abs. 1)

I. Persönlicher Anwendungsbereich

2 Das Verbot nach Abs. 1 gilt sowohl zugunsten **schwerbehinderter Menschen** als auch zugunsten der **Gleichgestellten**. Dies gilt unabhängig davon, ob es sich um Arbeitnehmer, also Angestellte, zur Berufsausbildung Beschäftigte oder um Beamte, Richter oder Soldaten handelt (*Neumann/Pahlen/Majerski-Pahlen*, SGB IX, § 123 Rdnr. 4). Auch in Heimarbeit Beschäftigte (§ 127) fallen unter die Vorschrift (*Müller-Wenner/Schorn*, SGB IX, § 123 Rdnr. 3).

II. Rente

Der Begriff der **"Rente"** in Abs. 1 ist nach allgemeiner Meinung weit zu fassen 3 (allg. M. s. *Masuch,* in: Hauck/Noftz, SGB IX, § 123 Rdnr. 10). Voraussetzung ist aber, dass die Rente wegen der Behinderung bezogen wird. Unter den Begriff der Rente fallen u. a.:
- Renten nach dem Bundesversorgungsgesetz,
- Unfallrenten,
- Renten wegen Erwerbsminderung; sie unterliegen dem Anrechnungsverbot, wenn die Erwerbsminderung auf dem gleichen Grad beruht, der zur Schwerbehinderteneigenschaft geführt hat.

Alters- bzw. Hinterbliebenenrenten beruhen nicht auf der Behinderung und unterfallen deshalb nicht dem Anrechnungsverbot von Abs. 1 (*BAG* v. 10. 11. 1982, AP Nr. 5 zu § 42 SchwbG). Dagegen gilt bei Altersrenten für Schwerbehinderte nach § 37 SGB VI das Anrechnungsverbot (*Müller-Wenner/Schorn,* SGB IX, § 123 Rdnr. 11).

III. Arbeitsentgelt/Dienstbezüge

Auch die Begriffe **"Arbeitsentgelt"** und **"Dienstbezüge"** sind weit zu fassen. 4 Unter den Begriff "Arbeitsentgelt" fallen alle einmaligen oder laufenden geldwerten Leistungen aus dem Arbeitsverhältnis i. S. v. § 14 SGB IV (*BAG* v. 10. 5. 1978, EzA § 42 SchwbG Nr. 1; *Neumann/Pahlen/Majerski-Pahlen,* SGB IX, § 123 Rdnr. 3). Zum Arbeitsentgelt gehören insbesondere:
- Lohn und Gehalt,
- Lohnzulagen, z. B. Überstundenzuschläge, Leistungszulagen, Erschwerniszulagen o. Ä.,
- Entgeltfortzahlung für die Fälle der Nichtleistung der Arbeit, z. B. Urlaubsentgelt, § 11 BUrlG, Entgeltfortzahlung in Krankheitsfall (§§ 3 ff. EFZG, (vgl. *BAG* v. 28. 3. 1984, EzA § 42 SchwbG Nr. 13),
- Abfindungen nach § 1 a KSchG, §§ 9 f. KSchG oder aus Sozialplänen.

Dienstbezüge i. S. v. § 123 Abs. 1 sind alle den Beamten, Richtern und Sol- 5 daten zustehenden Leistungen. Hierzu gehören neben den eigentlichen Grundbezügen auch die sonstigen Zulagen, Ortszuschläge, Kindergeld, Sachbezüge und die sonstigen Beihilfen. Leistungen der betrieblichen Altersversorgung sind kein Arbeitsentgelt i. S. v. Abs. 1 (*Müller-Wenner/Schorn,* SGB IX, § 123 Rdnr. 5).

IV. Vergleichbare Leistungen

Auch vergleichbare Leistungen, die wegen der Behinderung gewährt werden, 6 dürfen nicht angerechnet werden. **Vergleichbare Leistungen** i. S. v. Abs. 1 Satz 1 sind alle einmalig oder laufenden Zahlungen, die einen Ausgleich behinderungsbedingter Nachteile bezwecken. Zu nennen sind u. a. Zuschüsse nach den §§ 11 Abs. 3, 13, 15, 16 BVG und die Heilbehandlung in der gesetzlichen Unfallversicherung nach §§ 27 ff. SGB VII sowie das Übergangsgeld nach §§ 35 ff. SGB VII und nach § 160 SGB III. Zulässig ist aber die Anrechnung von Arbeitsentgelt und Dienstbezügen auf die vergleichbaren Leistungen (vgl. z. B. §§ 16 ff. BVG, § 168 SGB III).

V. Bestehendes Beschäftigungsverhältnis

Nach § 123 Abs. 1 fallen nur Arbeitsentgelt und Dienstbezüge aus einem beste- 7 henden Beschäftigungsverhältnis unter das Anrechnungsverbot. Arbeitsentgelt und Dienstbezüge, die erst für Zeiträume nach Beendigung des Beschäftigungsverhältnisses gezahlt werden, fallen nicht unter das Anrechnungsverbot. So fallen nach Beendigung des Beschäftigungsverhältnisses gewährte **Übergangsgelder** nicht unter das Anrechnungsverbot (*BAG* v. 21. 8. 1994, AP Nr. 11 zu § 62 BAT; *BAG* v. 30. 3. 2000, AP Nr. 30 zu § 4 TVG Rationalisierungsschutzabkommen). Gleiches gilt für aus Anlass der Beendigung eines Arbeitsverhältnisses gezahlte Abfindungen (*BAG* v. 28. 10. 1999, NZA 2000, 778). Streitig und soweit ersichtlich noch nicht gerichtlich entschieden ist, ob im Rahmen des Nachteilsausgleichs gem. § 113 BetrVG gewährte Ausgleichszahlungen vom Anrechnungsverbot umfasst sind (dafür: *Müller-Wenner/Schorn*, SGB IX, § 123 Rdnr. 17; dagegen: *Düwell*, in: LPK-SGB IX, § 123 Rdnr. 17). Wegen des Sanktionscharakters des betriebsverfassungsrechtlichen Nachteilsausgleichs ist eine Anrechnung kaum zu begründen, da hierdurch der Arbeitgeber wieder entlastet würde.

C. Minderleistungsklausel

8 Teilweise bestehen in der Praxis noch tarifvertragliche **Minderleistungsklauseln,** die eine verringerte Entlohnung von schwerbehinderten Arbeitnehmern vorsehen, die in der Leistungsfähigkeit eingeschränkt sind. Solche Klauseln sind zulässig (*BAG* v. 8. 12. 1982, AP Nr. 7 zu § 42 SchwbG; ErfKo-*Rolfs*, SGB IX, § 123 Rdnr. 1). Besteht eine solche tarifvertragliche Regelung, kann der Arbeitgeber – ohne Kündigung – das Arbeitsentgelt des schwerbehinderten Arbeitnehmers verringern. Eine Zustimmung des Integrationsamtes ist nicht erforderlich (*Neumann/Pahlen/Majerski-Pahlen*, SGB IX, § 123 Rdnr. 7).

9 Eine Verringerung des Arbeitsentgelts für den Fall des Bestehens einer Minderleistungsklausel setzt eine tatsächliche Minderleistung des schwerbehinderten Beschäftigten voraus. Diese Minderleistung muss konkret festgestellt werden (*Neumann/Pahlen/Majerski-Pahlen*, SGB IX, § 123 Rdnr. 8). Der schwerbehinderte Beschäftigte kann in Betrieben, in denen **Akkordentlohnung** üblich ist, nicht der Minderleistungsklausel ausweichen, indem er **Zeitlohn** beansprucht. Ein solcher Anspruch auf Zeitlohn besteht in diesen Fällen nicht.

D. Nichtausübung der Beschäftigung (Abs. 2)

10 Vom Anrechnungsverbot nach Abs. 1 sind gemäß Abs. 2 Zeiträume nicht erfasst, in denen die **Beschäftigung tatsächlich nicht ausgeübt** wird oder die Vorschriften über die Zahlung der Rente oder vergleichbarer Leistungen eine Anrechnung oder ein Ruhen vorsehen, wenn Arbeitsentgelt oder Dienstbezüge gezahlt werden. Absatz 2 ist im Rahmen des Schwerbehindertengesetzes 1986 eingefügt worden und schränkt das Anrechnungsverbot des Abs. 1 ein. Nach Abs. 2 ist die Anrechnung von Krankenbezügen zulässig, soweit durch Tarifvertrag über den gesetzlichen sechs Wochenzeitraum hinaus Entgeltfortzahlung geleistet wird (*BAG* v. 29. 6. 2000, NZA 2001, 670).

§ 124 Mehrarbeit

Schwerbehinderte Menschen werden auf ihr Verlangen von Mehrarbeit freigestellt.

Schrifttum: *Beraus*, Freistellung Schwerbehinderter von Mehrarbeit, BehindertenR 2000, 65.

Inhaltsübersicht

	Rdnr.
A. Allgemeines	1, 2
B. Anwendungsbereich	3–6
C. Begriff der Mehrarbeit	7–10
D. Anordnung von Mehrarbeit	11
E. Verlangen des schwerbehinderten Menschen	12–14

A. Allgemeines

Die Möglichkeit der **Freistellung von Mehrarbeit** soll schwerbehinderte 1
Menschen davor schützen, über ihre persönliche Leistungsfähigkeit hinaus belastet zu werden. § 124 bestimmt kein Verbot von Mehrarbeit (ErfKo-*Rolfs*, SGB IX, § 124 Rdnr. 1). Inhalt ist vielmehr ein Anspruch des schwerbehinderten Menschen auf Befreiung von Mehrarbeit.

§ 124 ist **zwingendes Recht,** d. h. es kann weder einzelvertraglich noch tarif- 2
vertraglich eingeschränkt oder aufgehoben werden. Ein vertraglicher Verzicht des schwerbehinderten Menschen auf die Ausübung des Rechts nach § 124 ist unwirksam (*Großmann,* in: GK-SGB IX, § 124 Rdnr. 42).

B. Anwendungsbereich

§ 124 ist sowohl auf **schwerbehinderte Menschen** als auch auf ihnen **Gleich-** 3
gestellte anwendbar (vgl. § 68 Abs. 3; *Neumann/Pahlen/Majerski-Pahlen,* SGB IX, § 124 Rdnr. 2; *Müller-Wenner/Schorn,* SGB IX, § 124 Rdnr. 2.). Neben Arbeitern und Angestellten unterfallen auch Beamte und Soldaten dem Anwendungsbereich von § 124. Bei Richtern ist § 124 entsprechend anwendbar und im Rahmen der Ermessensausübung bei der Geschäftsverteilung zu berücksichtigen (*BVerwG* v. 27. 3. 1985, NJW 1985, 2779).

Auch **Teilzeitbeschäftigte** sind in den Schutzbereich des § 124 einbezogen. 4
Nach dem „Gesetz über Teilzeit und befristete Arbeitsverhältnisse" vom 21. 12. 2000 (BGBl. I S. 1966) ist ein Arbeitnehmer teilzeitbeschäftigt, dessen regelmäßige Wochenarbeitszeit kürzer ist als die eines vergleichbaren Vollzeitbeschäftigten. § 124 ist auf Teilzeitbeschäftigte jedoch nicht schon dann anwendbar, wenn sie ihre persönliche Arbeitszeit überschreiten, sondern erst dann, wenn die tägliche gesetzliche Arbeitszeit überschritten wird.

Der schwerbehinderte Mensch kann die Mehrarbeit auch **dann ablehnen,** 5
wenn seine körperliche, geistige oder seelische Beeinträchtigung in keinem Zusammenhang mit der konkreten Arbeit steht. Der GdB ist nicht entscheidend.

Der Anwendungsbereich beschränkt sich auf die zu leistende Mehrarbeit. § 124 6
gibt den schwerbehinderten Menschen jedoch kein Recht, **Sonn- oder Feier-**
tagsarbeit bzw. **Nachtarbeit** pauschal abzulehnen (allg. M., z. B. *Großmann,* GK-SGB IX, § 124 Rdnr. 28).

C. Begriff der Mehrarbeit

Unter **Mehrarbeit** ist die Arbeit zu verstehen, die über die normale gesetzliche 7
Arbeitszeit hinausgeht (*BAG* v. 31. 5. 1972, AP Nr. 16 zu § 611 BGB Bergbau). Die gesetzliche Arbeitszeit nach dem Arbeitszeitgesetz beträgt acht Stunden täglich. Eine tägliche Arbeitszeit darüber hinaus ist Mehrarbeit (*BAG* v. 3. 12. 2002,

§ 124 8–12

BB 2003, 1960; *BAG* v. 8. 11. 1989, NZA 1990, 309; *ArbG Hamburg* v. 23. 8. 1990, AiB 1991, 438; *LAG Frankfurt* v. 26. 4. 2001, 5 Sa 1070/00; ErfKo-*Rolfs*, SGB IX, § 124 Rdnr. 1; *Müller-Wenner/Schorn,* SGB IX, § 124 Rdnr. 5; a.A. *Masuch,* in: Hauck/Noftz, SGB IX, § 124 Rdnr. 7 f.; *Düwell,* in: LPK-SGB IX, § 124 Rdnr. 4; *Neumann/Pahlen/Majerski-Pahlen,* SGB IX, § 124 Rdnr. 4, wonach Mehrarbeit, die über die individuelle Arbeitszeit hinausgehende Zeit ist). Anknüpfungspunkt ist immer die tägliche Arbeitszeit und nicht die Wochenarbeitszeit (*Beraus,* BehindertenR 2000, 65). Tariflich abweichende Arbeitszeiten sind unerheblich (*BAG* v. 3. 12. 2002, BB 2003, 1960). Dies gilt auch dann, wenn sie kürzer sind als die gesetzliche Arbeitszeit.

8   Die gesetzliche Arbeitszeit bestimmt sich im Wesentlichen nach dem **Arbeitszeitgesetz** vom 6. 6. 1994 (BGBl. I S. 1170), das am 1. 1. 1995 in Kraft getreten ist. Danach beträgt die tägliche Arbeitszeit acht Stunden; sie kann unter den Vorausetzungen des § 3 ArbZG auf bis zu zehn Stunden täglich erhöht werden. Für Jugendliche gilt nach § 8 Abs. 1 BArbSchG ein Acht-Stunden-Tag und eine wöchentliche Arbeitszeit von 40 Stunden. Bei werdenden und stillenden Müttern ist § 8 Abs. 2 MuSchG zu beachten, der den Begriff der Mehrarbeit definiert.

9   Wird die vertraglich vereinbarte oder die tariflich oder durch Betriebs- oder Dienstvereinbarung festgelegte tägliche Arbeitszeit überschritten, liegt sog. **Überarbeit** oder **Überstunden** vor. Überarbeit oder Überstunden sind nur dann Mehrarbeit i. S. v. § 124, wenn die normale gesetzliche Arbeitszeit überschritten wird (*BAG* v. 8. 11. 1989, NZA 1990, 309; a. A. *Neumann/Pahlen,* SchwbG, § 46 Rdnr. 3).

10   Nach § 124 besteht kein Anspruch auf Einhaltung der Fünf-Tage-Woche noch auf Freistellung von Nachtarbeit (*Müller-Wenner/Schorn,* SGB IX, § 124 Rdnr. 8). Eine Ausnahme kann sich im Einzelfall aus § 81 Abs. 4 Nr. 4 ergeben, wenn dies zur behinderungsgerechten Gestaltung der Arbeitszeit geboten ist (*BAG* v. 3. 12. 2002, AP Nr. 1 zu § 124 SGB IX).

D. Anordnung von Mehrarbeit

11   Der **Arbeitgeber** kann einseitig **Mehrarbeit anordnen,** soweit dies arbeitsvertraglich, durch Betriebsvereinbarung oder durch Tarifvertrag zulässig ist. Die Anordnung von Mehrarbeit durch den Arbeitgeber bedarf der Zustimmung des Betriebsrats (§ 87 Abs. 1 Nr. 3 BetrVG) bzw. des Personalrats (§ 75 Abs. 3 Nr. 1 BPersVG bzw. die entsprechenden Vorschriften der Landespersonalvertretungsgesetze). Ordnet der Arbeitgeber Mehrarbeit innerhalb dieser Grenzen an, so ist der Schwerbehinderte grundsätzlich zur Arbeitsleistung verpflichtet, es sei denn, er verlangt eine Befreiung von der Mehrarbeit.

E. Verlangen des schwerbehinderten Menschen

12   Der schwerbehinderte Mensch muss die Freistellung von Mehrarbeit verlangen. Voraussetzung ist dafür, dass sich der schwerbehinderte Beschäftigte gegenüber seinem Arbeitgeber auf seine Schwerbehinderung beruft (*Masuch,* in: Hauck/Noftz, SGB IX, § 124 Rdnr. 15; *Düwell,* in LKP-SGB IX, § 124 Rdnr. 7). Ohne ein entsprechendes **Verlangen** darf der schwerbehinderte Mensch nicht die Mehrarbeit ablehnen und seinen Arbeitsplatz verlassen. Gründe für sein Verlangen braucht der schwerbehinderte Mensch nicht anzugeben. Das Verlangen ist so rechtzeitig zu stellen, dass sich der Arbeitgeber darauf einstellen kann.

Es ist nach § 124 auch zulässig, die Freistellung von Mehrarbeit für eine unbestimmte Zeit zu verlangen. Das Verlangen muss nicht für jeden Arbeitstag oder jede Arbeitswoche wiederholt werden. Eine solche Beschränkung lässt sich dem Wortlaut der gesetzlichen Regelung nicht entnehmen (*BAG* vom 3. 12. 2002, AP Nr. 1 zu § 124 SGB IX). **13**

Verlangt der schwerbehinderte Mensch die Freistellung von der Mehrarbeit, braucht er keine Mehrarbeit zu leisten. Eine ausdrückliche Genehmigung des Arbeitgebers ist nicht erforderlich (*Neumann/Pahlen/Majerski-Pahlen*, SGB IX, § 124 Rdnr. 5; *Masuch*, in: Hauck/Noftz, SGB IX, § 124 Rdnr. 15). Dem Arbeitnehmer steht aber insoweit kein **Leistungsverweigerungsrecht** nach § 273 BGB zu, weil dieses voraussetzt, dass eine berechtigte Verweigerung einer geschuldeten Leistung vorliegt (a. A. *Müller-Wenner/Schorn*, SGB IX, § 124 Rdnr. 7; *Düwell*, in: LPK-SGB IX, § 124 Rdnr. 7). Mit dem Freistellungsverlangen tritt aber eine gesetzliche Freistellung ein, mit der Folge, dass der Arbeitnehmer die Mehrarbeit nicht mehr schuldet (*BAG* v. 3. 12. 2002, AP Nr. 1 zu § 124 SGB IX). **14**

§ 125 Zusatzurlaub

(1) ¹**Schwerbehinderte Menschen haben Anspruch auf einen bezahlten zusätzlichen Urlaub von fünf Arbeitstagen im Urlaubsjahr; verteilt sich die regelmäßige Arbeitszeit des schwerbehinderten Menschen auf mehr oder weniger als fünf Arbeitstage in der Kalenderwoche, erhöht oder vermindert sich der Zusatzurlaub entsprechend.** ²**Soweit tarifliche, betriebliche oder sonstige Urlaubsregelungen für schwerbehinderte Menschen einen längeren Zusatzurlaub vorsehe, bleiben sie unberührt.**

(2) ¹**Besteht die Schwerbehinderteneigenschaft nicht während des gesamten Kalenderjahres, so hat der schwerbehinderte Mensch für jeden vollen Monat der im Beschäftigungsverhältnis vorliegenden Schwerbehinderteneigenschaft einen Anspruch auf ein Zwölftel des Zusatzurlaubs nach Absatz 1 Satz 1.** ²**Bruchteile von Urlaubstagen, die mindestens einen halben Tag ergeben, sind auf volle Urlaubstage aufzurunden.** ³**Der so ermittelte Zusatzurlaub ist dem Erholungsurlaub hinzuzurechen und kann bei einem nicht im ganzen Kalenderjahr bestehenden Beschäftigungsverhältnis nicht erneut gemindert werden.**

(3) **Wird die Eigenschaft als schwerbehinderter Mensch nach § 69 Abs. 1 und 2 rückwirkend festgestellt, finden auf die Übertragbarkeit des Zusatzurlaubs in das nächste Kalenderjahr die dem Beschäftigungsverhältnis zugrunde liegenden urlaubsrechtlichen Regelungen Anwendung.**

Schrifttum: *Arlitt*, Zusatzurlaub für Schwerbehinderte bereitet immer wieder Probleme, SuP 1996, 689; *Behrens*, Der Zusatzurlaub für Schwerbehinderte, Betriebsrat 1995, 57; *Beraus*, Kriterien für die Gewährung des Zusatzurlaubs nach dem SchwbG, BehindertenR 1998, 61; *Dörner*, Die Rechtsprechung des Bundesarbeitsgerichts zum Zusatzurlaub nach dem SchwbG, DB 1995, 1174; *Düwell*, Änderungsbedarf beim Zusatzurlaub für schwerbehinderte Menschen?, FA 2003, 226; *Kossens*, Zusatzurlaub für Schwerbehinderte, AiB 1995, 766.

Inhaltsübersicht

	Rdnr.
A. Allgemeines	1–4
B. Zusatzurlaub nach Absatz 1 Satz 1	5–27
I. Persönlicher Anwendungsbereich	5–10
II. Entstehung des Urlaubsanspruchs	11–14
III. Dauer des Zusatzurlaubs	15–19

	Rdnr.
IV. Erlöschen des Urlaubsanspruchs	20–23
V. Urlaubsabgeltung	24, 25
VI. Urlaubsgeld	26
C. Sonstige Urlaubsregelungen nach Abs. 1 Satz 2	27–29
D. Anteiliger Zusatzurlaub (Abs. 2)	30
E. Rückwirkende Feststellung der Schwerbehinderteneigenschaft (Abs. 3)	31, 32
F. Rechtsstreitigkeiten	33

A. Allgemeines

1 § 125 SGB Abs. 1 entspricht im Wesentlichen der zum 1. 7. 2001 aufgehobenen Vorschrift des § 47 SchwbG. Durch die Gewährung des Zusatzurlaubs an schwerbehinderte Arbeitnehmer soll ein allgemeiner **Ausgleich für die behinderungsbedingte Mehrbelastung** bei der Arbeit gewährt werden. Das konkrete Erholungsbedürfnis des Schwerbehinderten ist nicht entscheidend für die Gewährung des Zusatzurlaubs. Die Absätze 2 und 3 wurden durch das Gesetz zur Förderung der Ausbildung und Beschäftigung schwerbehinderter Menschen vom 23. 4. 2004 (BGBl. I S. 606) eingefügt.

2 Der Zusatzurlaub für Schwerbehinderte nach § 125 SGB IX ist **ein gesetzlicher Mindesturlaub,** der zusätzlich zu dem arbeitsvertraglichen, tarifvertraglichen oder gesetzlichen Urlaubsanspruch besteht. Er ist daher ebenso wie der gesetzliche Mindesturlaub nach § 13 Abs. 1 BUrlG unabdingbar (*BAG* v. 25. 6. 1996, NZA 1996, 1153 m. w. N.; *Dörner,* SchwbG, § 47 Anm. II. 9). Das heißt, der Zusatzurlaub kann nicht durch Vereinbarungen zwischen den Arbeitsvertragsparteien aufgehoben oder beschränkt werden. Vereinbarungen, die ungünstigere Regelungen beinhalten, sind nach § 134 BGB unwirksam, da § 125 SGB IX insoweit ein gesetzliches Verbot i. S. v. § 134 BGB darstellt. Unerheblich für das Entstehen des Anspruchs auf Zusatzurlaub ist es, ob der Arbeitgeber die Pflichtbeschäftigungsquote nach § 71 erfüllt oder nicht.

3 Auf den Zusatzurlaub sind **Regelungen des Bundesurlaubsgesetzes** entsprechend anwendbar. Hierzu gehören insbesondere die Vorschriften über:
– das Urlaubsjahr (§ 1 BUrlG),
– die Wartezeit (§ 4 BUrlG),
– den Teilurlaub (§ 5 BUrlG),
– den Ausschluss von Doppelansprüchen (§ 6 BUrlG),
– den Zeitpunkt der Urlaubsgewährung (§ 7 BUrlG),
– die Übertragbarkeit des Urlaubs in das nächste Jahr (§ 7 BUrlG) und
– das Urlaubsentgelt (§ 11 BUrlG).

4 Während des Zusatzurlaubs ist das Arbeitsentgelt (Urlaubsentgelt) vom Arbeitgeber fortzuzahlen. Die Höhe des **Urlaubsentgelts** bestimmt sich nach § 11 BUrlG. Die Berechnung des Urlaubsentgelts für in Heimarbeit beschäftigte Schwerbehinderte bestimmt sich nach § 127 Abs. 3.

B. Zusatzurlaub nach Satz 1

I. Persönlicher Anwendungsbereich

5 **Anspruch** auf den Zusatzurlaub **haben** nur Schwerbehinderte i. S. v. § 68 Abs. 1 i. V. m. § 2 Abs. 2, also Personen mit einem Grad der Behinderung von mindestens 50%. Anspruchsberechtigt sind alle Arbeitnehmer, also Angestellte und Arbeiter, die zu ihrer Berufsbildung Beschäftigten, Beschäftigte in Werkstätten für behinderte Menschen, Teilnehmer an Arbeitsbeschaffungsmaßnahmen sowie in Maßnahmen nach § 16 SGB II beschäftigte Bezieher von Arbeitslosengeld II.

Anspruch auf den Zusatzurlaub haben auch **Teilzeitbeschäftigte.** Der Umfang 6 der Teilzeitbeschäftigung ist unerheblich.

Auch schwerbehinderte **Beamte, Richter** und **Soldaten** (§ 128) haben An- 7 spruch auf den Zusatzurlaub (*Neumann/Pahlen/Majerski-Pahlen,* SGB IX, § 125 Rdnr. 5). Schwerbehinderte Lehrer haben den Zusatzurlaub in den Schulferien zu nehmen, und sind von evtl. stattfindenden schulischen Veranstaltungen während der Schulferien freizustellen (*BAG* v. 13. 2. 1996, BB 1996, 1176). Entsprechendes gilt für Hochschullehrer während der Semesterferien.

Gleichgestellte sind nach § 68 Abs. 3 ausdrücklich vom Anwendungsbereich des 8 § 125 ausgenommen. Der **Ausschluss der Gleichgestellten** vom Zusatzurlaub wird allgemein wegen der geringeren Behinderung dieses Personenkreises für verfassungsgemäß erachtet.

Eine Ausnahme hiervon besteht im **Saarland** aufgrund des Gesetzes Nr. 186 9 betreffend die Regelung des Zusatzurlaubs für kriegs- und unfallbeschädigte Arbeitnehmer vom 22. 6. 1950/30. 6. 1951 (ABl. 1950, 759; 1951, 979). Nach diesem Gesetz haben Beschädigte mit einer Minderung der Erwerbsfähigkeit (MdE) von 25% bis 50% Anspruch auf Zusatzurlaub von drei Tagen. Das Gesetz Nr. 186 verstößt nicht gegen Bundesrecht und ist verfassungsgemäß (*BAG* v. 27. 5. 1997, NZA 1998, 649; *BAG* v. 5. 9. 2002, DB 2003, 888).

In **Hessen** kann einem Beamten mit mindestens 25% und höchstens 49% ge- 10 minderter Erwerbsfähigkeit ein Zusatzurlaub von bis zu drei Arbeitstagen im Kalenderjahr gewährt werden (§ 13 der UrlVO i. d. F. v. 6. 10. 1978, GVBl. S. 538).

II. Entstehung des Urlaubsanspruchs

Der Anspruch auf den Zusatzurlaub nach § 125 SGB IX setzt die **Schwerbe-** 11 **hinderteneigenschaft** voraus. Entscheidend ist der Eintritt der Schwerbehinderteneigenschaft. Unerheblich ist, wann die Schwerbehinderteneigenschaft festgestellt wurde oder mit welchem Datum ein Ausweis über die Schwerbehinderteneigenschaft ausgestellt wurde (*BAG* v. 28. 1. 1982, DB 1982, 1329; *BAG* v. 26. 6. 1986, NZA 1986, 558; *BAG* v. 26. 4. 1990, BAGE 65, 122). Der Arbeitgeber kann die Gewährung des Zusatzurlaubs solange verweigern, wie die Voraussetzungen hierfür vom Arbeitnehmer nicht nachgewiesen sind (*Neumann/Pahlen/Majerski-Pahlen,* SGB IX, § 125 Rdnr. 9).

Dabei spielt es keine Rolle, ob der Arbeitgeber die Schwerbehinderteneigen- 12 schaft kannte oder nicht. Voraussetzung für das Entstehen des Anspruchs auf Zusatzurlaub ist allerdings, dass der Schwerbehinderte im laufenden Jahr gegenüber seinem Arbeitgeber den Zusatzurlaub **beantragt** und **verlangt** hat. Verlangt der Arbeitnehmer den Zusatzurlaub zu einem Zeitpunkt, in dem über seinen Antrag auf Feststellung der Schwerbehinderteneigenschaft noch nicht entschieden ist, so reicht allein die Information an den Arbeitgeber, den Antrag auf Feststellung der Schwerbehinderteneigenschaft gestellt zu haben, nicht aus. Erforderlich ist vielmehr, dass der Arbeitnehmer den Arbeitgeber von dem Antrag informiert und den Zusatzurlaub für das laufende Kalenderjahr verlangt. Eine Geltendmachung nach Ablauf des Kalenderjahres bzw. nach Ende des Übertragungszeitraums genügt nicht (*BAG* v. 21. 2. 1995, BB 1995, 1037).

Der Anspruch auf Zusatzurlaub entsteht erst nach **sechsmonatigem Bestehen** 13 des Arbeits- oder Dienstverhältnisses (Wartezeit gemäß § 4 BUrlG). Scheidet der Schwerbehinderte vor Ablauf der Wartezeit oder trotz Erfüllung der Wartezeit in der ersten Kalenderhälfte aus dem Arbeitsverhältnis aus, so ist der Urlaub nach § 5 Abs. 1 Buchst. b und c BUrlG nur anteilig zu gewähren.

> **Beispiel:** Der schwerbehinderte Arbeitnehmer scheidet nach vier Monaten aus dem Arbeitsverhältnis aus. Dann berechnet sich die Dauer des Zusatzurlaubs wie folgt:
> 5 (Dauer des Zusatzurlaubs) × 4 (Monate) : 12 (Monate) = 1,66. Danach beträgt der Zusatzurlaub zwei Tage, da in den Fällen des § 5 BUrlG der Anspruch ab- bzw. aufgerundet wird.

14 Der Anspruch auf den Zusatzurlaub ist unabhängig davon, ob der Schwerbehinderte tatsächlich im Urlaubsjahr eine **Arbeitsleistung** erbracht hat. Deshalb besteht der Anspruch auf den Zusatzurlaub auch dann, wenn er infolge einer **Erkrankung** nur eine geringe Arbeitsleistung im Urlaubsjahr erbracht hat (*BAG* v. 28. 1. 1982, EzA § 3 BUrlG Nr. 13), aber auch, wenn der Schwerbehinderte keine Arbeitsleistung im Urlaubsjahr erbracht hat (*BAG* v. 8. 3. 1984, BB 1984, 1618).

III. Dauer des Zusatzurlaubs

15 Der Zusatzurlaub beträgt grundsätzlich fünf Arbeitstage für das **laufende Kalenderjahr.** Der Zusatzurlaub für Schwerbehinderte tritt neben den nach den allgemeinen Bestimmungen für alle Arbeitnehmer des Betriebes geltenden Urlaubsanspruch (Bundesurlaubsgesetz, Tarifvertrag, Betriebsvereinbarung, Arbeitsvertrag). Das heißt, der Zusatzurlaub verlängert nicht nur den gesetzlichen Mindesturlaub von 24 Tagen, sondern auch einen evtl. längeren tarifvertraglichen oder arbeitsvertraglichen Urlaubsanspruch.

16 Der Zusatzurlaub **erhöht sich,** wenn die regelmäßige Arbeitszeit eines Schwerbehinderten nicht auf fünf Arbeitstage in der Kalenderwoche, sondern auf mehr Tage verteilt ist. Ist der Schwerbehinderte z. B. an sechs Tagen in der Woche beschäftigt, besteht ein Anspruch auf Zusatzurlaub für sechs Arbeitstage. Ist in einem Tarifvertrag die Dauer des jährlichen Erholungsurlaubs auf 30 Arbeitstage festgelegt, so ist davon auszugehen, dass den der Verteilung der Wochenarbeitszeit auf fünf Tage zugrunde liegt (*BAG* v. 20. 6. 2000, NZA 2001, 622).

17 Der Zusatzurlaub **vermindert sich,** wenn die regelmäßige Arbeitszeit eines Schwerbehinderten nicht auf fünf Arbeitstage in der Woche verteilt ist, sondern auf weniger Tage verteilt ist. So beträgt der Zusatzurlaub z.B. nur drei Tage, wenn der Schwerbehinderte regelmäßig nur an drei Tagen in der Woche beschäftigt wird. Wird auch am Sonntag gearbeitet, so beträgt der Urlaubsanspruch sieben Tage. In diesem Fall zählt auch der Sonntag als Urlaubstag.

18 **Teilzeitbeschäftigte** haben Anspruch auf Zusatzurlaub entsprechend der Zahl ihrer regelmäßigen Arbeitstage in der Woche. Bruchteile von Urlaubstagen werden weder ab- noch aufgerundet, so dass ggf. eine stundenweise Gewährung des Zusatzurlaubs erfolgen muss (*BAG* v. 22. 10. 1991, NZA 1992, 797).

19 **Bruchteile** der nach § 125 errechneten Urlaubstage werden nur auf- oder abgerundet, wenn die Voraussetzungen des § 5 Abs. 1 Buchst. a bis c BUrlG vorliegen (*BAG* v. 22. 10. 1991, NZA 1992, 797; *BAG* v. 21. 2. 1995, EzA § 47 SchwbG 1986 Nr. 4). Die entsprechenden Auf- und Abrundungen ergeben sich aus folgender Tabelle:

Fünf-Tage-Woche

Dauer des Arbeitsverhältnisses	Zusatzurlaub in Tagen
1 Monat	0 Tage
2 Monate	1 Tag
3 Monate	1 Tag
4 Monate	2 Tage
5 Monate	2 Tage

Sechs-Tage-Woche

Dauer des Arbeitsverhältnisses	Zusatzurlaub in Tagen
1 Monat	1 Tag
2 Monate	1 Tag
3 Monate	2 Tage
4 Monate	2 Tage
5 Monate	3 Tage

IV. Erlöschen des Urlaubsanspruchs

Der Anspruch auf Zusatzurlaub erlischt mit dem **Erlöschen der Schwerbehinderteneigenschaft**, § 116, d. h. wenn sich der Grad der Behinderung unter 50% verringert, bzw. für die Zeit der Entziehung des Schwerbehindertenschutzes nach § 117 SchwbG.

Der Zusatzurlaub ist ebenso wie der Erholungsurlaub an das Urlaubsjahr gebunden. Er ist also während des Kalenderjahres bzw. innerhalb des **Übertragungszeitraums** zu nehmen. Versäumt es der Schwerbehinderte, den Anspruch auf Zusatzurlaub rechtzeitig geltend zu machen, erlischt der Anspruch auf den Zusatzurlaub.

Der Schwerbehinderte muss gegenüber dem Arbeitgeber den **Zusatzurlaub ausdrücklich verlangen**. Eine Erklärung, den Zusatzurlaub „vorsorglich" geltend zu machen oder ihn nur „anzumelden", genügt für eine wirksame Geltendmachung nicht (*BAG* v. 26. 6. 1986, NZA 1986, 558). Der Arbeitgeber ist nicht verpflichtet, den Zusatzurlaub dem Schwerbehinderten anzubieten (*BAG* v. 28. 1. 1982, EzA § 44 SchwbG Nr. 3).

Wurde der Urlaub trotz Geltendmachung durch den Schwerbehinderten vom Arbeitgeber nicht gewährt, so gerät der Arbeitgeber in Leistungsverzug (§ 284 Abs. 1 BGB.) Der Arbeitgeber hat dann Zusatzurlaub als **Schadensersatz** zu gewähren (§§ 280 Abs. 1, 286, 287 Satz 2, 249 BGB; *BAG* v. 25. 7. 1997, NZA 1998, 649).

V. Urlaubsabgeltung

Eine generelle **Abgeltung des Anspruchs** auf den Zusatzurlaub in Geld ist unzulässig. Der Zusatzurlaub ist aber dann abzugelten, wenn er wegen der Beendigung des Arbeitsverhältnisses nicht mehr gewährt werden kann. Die Entstehung des Abgeltungsanspruchs ist dabei nicht von einem vorherigen Urlaubsverlangen des Arbeitnehmers abhängig, da der Freistellungsanspruch mit der Beendigung des Arbeitsverhältnisses kraft Gesetzes in einen Abgeltungsanspruch umgewandelt wird. Dies gilt auch dann, wenn der Arbeitnehmer erst im laufenden Urlaubsjahr als Schwerbehinderter anerkannt wird und den Arbeitgeber erstmals nach seinem Ausscheiden darauf hinweist (*BAG* v. 25. 6. 1996, NZA 1996, 1153).

25 Ein schwerbehinderter Arbeitnehmer, der nach seinem Ausscheiden aus dem Arbeitsverhältnis und vor Ablauf des Übertragungszeitraums (31. März des Folgejahres) nicht wieder arbeitsfähig und arbeitsbereit ist, hat nach § 125 **keinen Anspruch** auf **Urlaubsabgeltung** (*BAG* v. 8. 3. 1990 – 8 AZR 645/88).

VI. Urlaubsgeld

26 Ein **zusätzliches Urlaubsgeld** wird nur dann gezahlt, wenn dies tarifvertraglich, durch Betriebsvereinbarung oder einzelvertraglich vereinbart wurde. Ist in einem Tarifvertrag ein Urlaubsgeld für alle Urlaubstage vorgesehen, so ist das Urlaubsgeld auch dann für den Zusatzurlaub zu gewähren, wenn im Tarifvertrag kein Bezug zum Schwerbehindertenrecht hergestellt wird (*BAG* v. 23. 11. 1996, AiB 1996, 745). Soweit jedoch der Tarifvertrag eine Beschränkung des Urlaubsgelds auf Zeiten des Erholungsurlaubs vorsieht, besteht kein Anspruch auf Urlaubsgeld für die Zeit des Zusatzurlaubs (*BAG* v. 30. 7. 1986, DB 1986, 2684).

C. Sonstige Urlaubsregelungen nach Abs. 1 Satz 2

27 Nach § 125 Abs. 1 Satz 2 SGB IX bleiben tarifliche, betriebliche oder sonstige Urlaubsregelungen, die für den schwerbehinderten Menschen einen längeren Urlaub vorsehen, unberührt. Tarifvertragliche, betriebliche oder sonstige Urlaubsregelungen haben insoweit Vorrang, als sie einen längeren Zusatzurlaub vorsehen. § 125 Abs. 1 Satz 2 ist aber zugleich auch ein **gesetzliches Verbot** i.S.v. § 134 BGB. Danach ist es unzulässig, ungünstigere Regelungen als die des § 125 Abs. 1 Satz 1 SGB IX für die Schwerbehinderten zu schaffen (*Cramer,* SchwbG, § 47 Rdnr. 12).

28 So sind **Höchstgrenzen** für die Gesamturlaubsdauer unzulässig und können auch in Tarifverträgen nicht wirksam vereinbart werden, wenn dadurch der Anspruch des Schwerbehinderten auf den Zusatzurlaub verkürzt wird (*Neumann/Pahlen/Majerski-Pahlen,* SGB IX, § 125 Rdnr. 14 m.w.N.).

> **Beispiel:** Allen Arbeitnehmern werden vom Arbeitgeber 30 Urlaubstage im Kalenderjahr gewährt bei gleichzeitiger Abgeltung des Zusatzurlaubs für Schwerbehinderte. Eine solche Vereinbarung verstößt gegen § 125, mit der Folge, dass die schwerbehinderten Beschäftigten den Zusatzurlaub zusätzlich zu dem gewährten Erholungsurlaub von 30 Tagen beanspruchen können.

29 Die Gewährung von **zusätzlichem Urlaubsgeld** für die Zeit des Zusatzurlaubs wird hingegen durch § 125 nicht garantiert (*BAG* v. 23. 1. 1996, EzA § 47 SchwbG 1986 Nr. 6).

D. Anteiliger Zusatzurlaub (Abs. 2)

30 Absatz 2 ist durch das Gesetz zur Förderung der Ausbildung und Beschäftigung schwerbehinderter Menschen vom 23. 4. 2004 (BGBl. I S. 606) eingefügt worden. Er regelt die Frage, wie der Zusatzurlaub zu berechnen ist, wenn die Schwerbehinderteneigenschaft erst im Laufe des Kalenderjahres eintritt. Vor der gesetzlichen Neuregelung war diese Frage in Rechtsprechung und Literatur umstritten. Nach

Auffassung des BAG hatte der schwerbehinderte Mensch Anspruch auf den vollen Zusatzurlaub auch dann, wenn die Schwerbehinderteneigenschaft erst **im Laufe des Kalenderjahres entstanden ist** (*BAG* v. 21. 2. 1995, BB 1995, 1037; *LAG Köln* v. 30. 3. 1994, AiB 1994, 765; a. A. *Cramer,* SchwbG, § 47 Rdnr. 4, der nur für jeden vollen Monat seit Bestehen der Schwerbehinderteneigenschaft ein Zwölftel des Zusatzurlaubs gewähren will). Absatz 2 bestimmt entgegen der Rechtsprechung des BAG, dass der Anspruch auf Zusatzurlaub bei Eintritt oder Wegfall der Schwerbehinderteneigenschaft im Laufe des Kalenderjahres nicht im vollen Umfang, sondern nur anteilig besteht.

E. Rückwirkende Feststellung der Schwerbehinderteneigenschaft (Abs. 3)

Absatz 3 ist durch das Gesetz zur Förderung der Ausbildung und Beschäftigung schwerbehinderter Menschen vom 23. 4. 2004 (BGBl. I S. 606) eingefügt worden. Nach Abs. 3 hat der schwerbehinderte Mensch Anspruch auf Zusatzurlaub aus dem laufenden Jahr, auch wenn die Eigenschaft als schwerbehinderter Mensch rückwirkend festgestellt wird. Durch die Beschränkung auf das laufende Jahr wird eine Kumulation von Ansprüchen aus Zusatzurlaub aus vorangegangenen Urlaubsjahren ausgeschlossen. 31

Zudem erklärt Abs. 3 die dem Beschäftigungsverhältnis zugrunde liegenden urlaubsrechtlichen Regelungen für anwendbar. Ist danach das Bundesurlaubsgesetz anwendbar, so ist eine Übertragung des Urlaubs auf das nächste Kalenderjahr nur statthaft, wenn dringende betriebliche oder in der Person des Arbeitnehmers liegende Gründe dies rechtfertigen. In diesem Fall muss der Urlaub in den ersten drei Monaten des folgenden Kalenderjahres gewährt und genommen werden, § 7 Abs. 3 BUrlG. 32

F. Rechtsstreitigkeiten

Über Rechtsstreitigkeiten zwischen schwerbehinderten Arbeitnehmern und dem Arbeitgeber über Fragen des Zusatzurlaubs entscheiden die **Arbeitsgerichte** im Urteilsverfahren. Bei Richtern und Beamten entscheiden die **Verwaltungsgerichte**. Es besteht die Möglichkeit des **einstweiligen Rechtsschutzes**. 33

§ 126 Nachteilsausgleich

(1) **Die Vorschriften über Hilfen für behinderte Menschen zum Ausgleich behinderungsbedingter Nachteile oder Mehraufwendungen (Nachteilsausgleich) werden so gestaltet, dass sie unabhängig von der Ursache der Behinderung der Art oder Schwere der Behinderung Rechnung tragen.**

(2) **Nachteilsausgleiche, die auf Grund bisher geltender Rechtsvorschriften erfolgen, bleiben unberührt.**

Schrifttum: *Peutler,* Übersicht über steuerliche Nachteilsausgleiche für Behinderte, BehindertenR 1994, 148; *Zeller,* Hilfen für Schwerbehinderte, BehindertenR 1996, 33.

§ 126 hat im Wesentlichen programmatische Bedeutung. Der **Anwendungsbereich** der Vorschrift bezieht sich wegen des eindeutigen Wortlauts – im Gegensatz zu den sonstigen Vorschriften des 2. Teils des SGB IX – nicht nur auf schwer- 1 behinderte Menschen und Gleichgestellte, sondern auf behinderte Menschen allgemein (a. A. *Neumann/Pahlen/Majerski-Pahlen*, SGB IX, § 126 Rdnr. 2; *Müller-Wenner/Schorn*, SGB IX, § 122 Rdnr. 5). Die zuständigen Stellen in Bund, Ländern und Gemeinden sind aufgefordert, den in der Vorschrift enthaltenen Grundsatz umzusetzen.

2   Für die Praxis hat § 126 aber kaum Bedeutung. Bedeutung hat die Vorschrift aber insoweit, als bei einer Differenzierung von Leistungen an Behinderte der Art und Schwere der Behinderung Rechnung getragen wird. Die Ursache der Behinderung bleibt unberücksichtigt, entscheidend ist die Art und das Ausmaß der Behinderung (sog. **Finalitätsprinzip**).

§ 127 Beschäftigung schwerbehinderter Menschen in Heimarbeit

(1) Schwerbehinderte Menschen, die in Heimarbeit beschäftigt oder diesen gleichgestellt sind (§ 1 Abs. 1 und 2 des Heimarbeitsgesetzes) und in der Hauptsache für den gleichen Auftraggeber arbeiten, werden auf die Arbeitsplätze für schwerbehinderte Menschen dieses Auftraggebers angerechnet.

(2) ¹Für in Heimarbeit beschäftigte und diesen gleichgestellte schwerbehinderte Menschen wird die in § 29 Abs. 2 des Heimarbeitsgesetzes festgelegte Kündigungsfrist von zwei Wochen auf vier Wochen erhöht; die Vorschrift des § 29 Abs. 7 des Heimarbeitsgesetzes ist sinngemäß anzuwenden. ²Der besondere Kündigungsschutz schwerbehinderter Menschen im Sinne des Kapitels 4 gilt auch für die in Satz 1 genannten Personen.

(3) ¹Die Bezahlung des zusätzlichen Urlaubs der in Heimarbeit beschäftigten oder diesen gleichgestellten schwerbehinderten Menschen erfolgt nach den für die Bezahlung ihres sonstigen Urlaubs geltenden Berechnungsgrundsätzen. ²Sofern eine besondere Regelung nicht besteht, erhalten die schwerbehinderten Menschen als zusätzliches Urlaubsgeld 2 Prozent des in der Zeit vom 1. Mai des vergangenen bis zum 30. April des laufenden Jahres verdienten Arbeitsentgelts ausschließlich der Unkostenzuschläge.

(4) ¹Schwerbehinderte Menschen, die als fremde Hilfskräfte eines Hausgewerbetreibenden oder eines Gleichgestellten beschäftigt werden (§ 2 Abs. 6 des Heimarbeitsgesetzes) können auf Antrag eines Auftraggebers auch auf dessen Pflichtarbeitsplätze für schwerbehinderte Menschen angerechnet werden, wenn der Arbeitgeber in der Hauptsache für diesen Auftraggeber arbeitet. ²Wird einem schwerbehinderten Menschen im Sinne des Satzes 1, dessen Anrechnung die Bundesagentur für Arbeit zugelassen hat, durch seinen Arbeitgeber gekündigt, weil der Auftraggeber die Zuteilung von Arbeit eingestellt oder die regelmäßige Arbeitsmenge erheblich herabgesetzt hat, erstattet der Auftraggeber dem Arbeitgeber die Aufwendungen für die Zahlung des regelmäßigen Arbeitsverdienstes an den schwerbehinderten Menschen bis zur rechtmäßigen Beendigung seines Arbeitsverhältnisses.

(5) Werden fremde Hilfskräfte eines Hausgewerbetreibenden oder eines Gleichgestellten (§ 2 Abs. 6 des Heimarbeitsgesetzes) einem Auftraggeber gemäß Absatz 4 auf seine Arbeitsplätze für schwerbehinderte Menschen angerechnet, erstattet der Auftraggeber die dem Arbeitgeber nach Absatz 3 entstehenden Aufwendungen.

(6) **Die den Arbeitgeber nach § 80 Abs. 1 und 5 treffenden Verpflichtungen gelten auch für Personen, die Heimarbeit ausgeben.**

Schrifttum: *Otten,* Die Bestimmung der Arbeitszeit im Bereich der Heimarbeit, NZA 1987, 478.

Inhaltsübersicht

	Rdnr.
A. Allgemeines	1, 2
B. Begriff des Heimarbeiters/des Gleichgestellten	3–5
C. Anrechnung auf Arbeitsplätze (Abs. 1)	6–9
D. Erhöhung der Kündigungsfrist, Kündigungsschutz (Abs. 2)	10, 11
E. Urlaub/Zusatzurlaub (Abs. 3)	12–14
F. Absätze 4 und 5	15
G. Pflichten des Auftraggebers (Abs. 6)	16

A. Allgemeines

Die Vorschrift regelt Besonderheiten für schwerbehinderte Menschen, die in 1 Heimarbeit beschäftigt oder diesen gleichgestellt sind. § 127 regelt abschließend die besonderen Rechte schwerbehinderter Beschäftigter in Heimarbeit im Vergleich zu anderen schwerbehinderten Menschen. Wer **Heimarbeiter** ist, bestimmt sich nach § 1 Abs. 1 i. V.m. § 2 Abs. 1 und 2 Heimarbeitsgesetz (HAG) vom 14. 3. 1951, zuletzt geändert durch Gesetz vom 16. 12. 1997 (BGBl. I S. 2942).

Die Sonderregelung für die in Heimarbeit beschäftigten schwerbehinderten 2 Menschen ist erforderlich, weil die Auftraggeber der Heimarbeiter keine Arbeitgeber sind, da sie über keine Arbeitsplätze i.S.v. § 73 verfügen. § 127 gilt für schwerbehinderte Menschen und die ihnen nach § 2 Abs. 3 Gleichgestellte (ErfKo-*Rolfs,* SGB IX, § 127 Rdnr. 2).

B. Begriff des Heimarbeiters/des Gleichgestellten

In Heimarbeit beschäftigt sind **Heimarbeiter** und **Hausgewerbetreibende.** 3 Heimarbeiter ist, wer in selbstständiger Arbeitsstätte allein oder mit seinen Familienangehörigen im Auftrag von Gewerbetreibenden oder Zwischenmeistern erwerbsmäßig arbeitet, jedoch die Verwertung der Arbeitsergebnisse dem unmittelbar oder mittelbar auftraggebenden Gewerbetreibenden überlässt (§ 2 Abs. 1 HAG). Die Tätigkeit muss nicht gewerblich sein (*Düwell,* in: LPK-SGB IX, § 127 Rdnr. 4; *Masuch,* in: Hauck/Noftz, SGB IX, § 127 Rdnr. 6).

Hausgewerbetreibender ist, wer in eigener Arbeitsstätte mit nicht mehr als 4 zwei fremden Hilfskräften oder Heimarbeitern im Auftrag von Gewerbetreibenden oder Zwischenmeistern Waren herstellt, bearbeitet oder verpackt, wobei er selbst wesentlich am Stück mitarbeitet, jedoch die Verwertung der Arbeitsergebnisse dem unmittelbar oder mittelbar auftraggebenden Gewerbetreibenden überlässt (§ 2 Abs. 2 HAG).

Aus Gründen der Schutzwürdigkeit können die in § 1 Abs. 3 Nr. a–d HAG ge- 5 nannten Personen den in Heimarbeit Beschäftigten **gleichgestellt werden.** Nach § 1 Abs. 3d können auch die sog. Zwischenmeister gleichgestellt werden. **Zwischenmeister** ist, wer, ohne Arbeitnehmer zu sein, die ihm von Gewerbetreibenden übertragene Arbeit an Heimarbeiter oder Hausgewerbetreibende weitergibt (§ 2 Abs. 3 HAG).

C. Anrechnung auf Arbeitsplätze (Abs. 1)

6 Absatz 1 berücksichtigt, dass Auftraggeber von Heimarbeit keine Arbeitgeber i. S. v. § 73 Abs. 1 sind. Nach Abs. 1 werden schwerbehinderte Menschen, die in Heimarbeit beschäftigt oder diesen gleichgestellt sind und in der Hauptsache für den gleichen Auftraggeber arbeiten, **auf Arbeitsplätze** des Arbeitgebers für schwerbehinderte Menschen **angerechnet**.

7 Voraussetzung für die Anrechnung ist, dass der Auftraggeber auch Arbeitgeber ist, also neben den in Heimarbeit Beschäftigten **noch andere Arbeitgeber beschäftigt**. Denn allein aus der Vergabe von Heimarbeit folgt keine Beschäftigungspflicht nach § 71 (allg. M., s. *Neumann/Pahlen/Majerski-Pahlen*, SGB IX, § 127 Rdnr. 13).

8 **In der Hauptsache für den gleichen Auftraggeber** ist derjenige Heimarbeiter tätig, der ausschließlich oder überwiegend bei einem Auftraggeber tätig ist (*Neumann/Pahlen/Majerski-Pahlen*, SGB IX, § 127 Rdnr. 16). Ist der schwerbehinderte Mensch bei mehreren Auftraggebern in etwa gleicher Inanspruchnahme in Heimarbeit tätig, existiert kein Auftraggeber, für den der schwerbehinderte Mensch in der Hauptsache arbeitet. Folglich kann in diesen Fällen keiner der Auftraggeber eine Anrechnung nach Abs. 1 beanspruchen. Ist der schwerbehinderte Mensch bei mehreren Auftraggebern allerdings mit unterschiedlicher Inanspruchnahme, kommt eine Anrechnung bei dem Auftraggeber in Betracht, für den die überwiegende Tätigkeit erbracht wird (*Müller-Wenner/Schorn*, SGB IX, § 127 Rdnr. 10).

9 Entscheidend hierfür ist die Beurteilung im konkreten Einzelfall. Nicht erforderlich ist allerdings, dass der schwerbehinderte Heimarbeiter seinen Lebensunterhalt überwiegend aus der Heimarbeit bestreitet (*BAG* v. 27. 9. 1974, AP Nr. 1 zu § 6 BetrVG 1972). Ebenfalls nicht erforderlich ist eine bestimmte Mindestarbeitszeit (*Großmann*, GK-SchwbG, § 49 Rdnr. 25).

D. Erhöhung der Kündigungsfrist, Kündigungsschutz (Abs. 2)

10 Nach § 29 Abs. 2 HAG beträgt die **Kündigungsfrist** bei in Heimarbeit Beschäftigten, die länger als vier Wochen beschäftigt sind, zwei Wochen. Absatz 2 Satz 1 verlängert diese **Kündigungsfrist auf vier Wochen** (entsprechend § 86). Die Erhöhung der Kündigungsfrist gilt aber nur für die Heimarbeiter, die mehr als vier Wochen für denselben Auftraggeber oder Zwischenmeister tätig waren. Absatz 2 ist lex specialis zu den §§ 85 ff. Deshalb setzt die Verlängerung nicht voraus, dass das Beschäftigungsverhältnis länger als sechs Monate gedauert hat, vgl. § 90 Abs. 1 Nr. 1. § 90 Abs. 1 Nr. 1 ist insoweit nicht anwendbar (*Neumann/Pahlen/Majerski-Pahlen*, SGB IX, § 127 Rdnr. 19; ErfKo-*Rolfs*, SGB IX, § 127 Rdnr. 4).

11 Absatz 2 Satz 2 bestimmt, dass die §§ 85 ff. auch auf in Heimarbeit Beschäftigte und ihnen gleichgestellte Schwerbehinderte anwendbar sind. Die Bestimmung war notwendig, da die in Heimarbeit Beschäftigten **keine Arbeitnehmer** i. S. d. §§ 85 ff. sind. Anwendbar ist die Vorschrift des § 91 über außerordentliche Kündigungen.

E. Urlaub/Zusatzurlaub (Abs. 3)

12 Unbestritten ist, dass auch in Heimarbeit Beschäftigte **Anspruch auf Erholungsurlaub** haben (*Neumann/Pahlen/Majerski-Pahlen*, SGB IX, § 127). Heimarbeiter und nach § 1 Abs. 2a HAG Gleichgleichgestellte erhalten von ihrem Auftraggeber (oder Zwischenmeister) bei einem Anspruch auf 24 Urlaubstage ein Urlaubsentgelt von 9,1% des in der Zeit vom 1. Mai des Vorjahres bis zum 30. April des laufenden Jahres oder bis zur Beendigung verdienten Arbeitsentgelts vor Abzug von Steuern und Sozialversicherungsbeiträgen ohne Unkostenzuschlag (§ 12 Nr. 1 BUrlG). Das Urlaubsentgelt bei jugendlichen Heimarbeitern beträgt bei einem Urlaub von 30 Werktagen 11,6%, bei einem Urlaub von 27 Werktagen 10,3% und bei einem Urlaub von 25 Werktagen 9,5%, § 19 Abs. 4 JArbSchG.

Absatz 3 stellt klar, dass in Heimarbeit beschäftigte Schwerbehinderte und ihnen **13** Gleichgestellte ebenso wie die anderen schwerbehinderten Beschäftigten Anspruch auf Zusatzurlaub nach § 125 haben. Die Dauer des **Zusatzurlaubs** beträgt fünf Arbeitstage (§ 125 Abs. 1 Satz 1). Den Zusatzurlaub erhalten auch die den in Heimarbeit tätigen gleichgestellten schwerbehinderten Menschen (§ 1 Abs. 3 Nr. a–d HAG). Keinen Anspruch auf Zusatzurlaub haben Heimarbeiter, die nach § 2 Abs. 3 i. V. m. 68 Abs. 2 schwerbehinderten Menschen gleichgestellt sind (allg. M., s. *Neumann/Pahlen/Majerski-Pahlen,* SGB IX, § 127 Rdnr. 25; *Müller-Wenner/Schorn,* SGB IX, § 127 Rdnr. 18).

Absatz 3 Satz 2 enthält eine Sonderregelung für die Berechnung des während **14** des Urlaubs zu **zahlenden Urlaubsgeldes,** sofern nicht eine besondere Regelung besteht (Tarifvertrag oder Einzelvertrag). Danach erhält der schwerbehinderte Mensch ein zusätzliches Urlaubsgeld von 2 % des in der Zeit vom 1. Mai des vergangenen bis zum 30. April des laufenden Jahres verdienten Arbeitsentgelts. Unkostenzuschläge werden nicht mit eingerechnet. Zu den Unkostenzuschlägen gehören u. a. der Ersatz für Fahrtkosten, Heizkosten und Mietkosten.

F. Absätze 4 und 5

Die Absätze 4 und 5 regeln die Anrechnung von schwerbehinderten Menschen, **15** die als fremde Hilfskraft eines Hausgewerbetreibenden beschäftigt werden. Fremde Hilfskräfte sind Arbeitnehmer, die in der Arbeitsstätte eines Hausgewerbetreibenden oder eines Gleichgestellten beschäftigt werden, § 2 Abs. 6 HAG.

G. Pflichten des Auftraggebers (Abs. 6)

Die **besonderen Pflichten der Arbeitgeber** nach § 80 Abs. 1 und 5 gelten **16** auch für Personen, die Heimarbeit ausgeben. Danach haben auch die Personen, die Heimarbeit ausgeben, die Pflicht zur Führung eines Verzeichnisses der bei ihnen beschäftigten schwerbehinderten Menschen in Heimarbeit und der Vorlegung bei der Bundesagentur für Arbeit und dem Integrationsamt. Angabepflichtig ist auch der zeitliche Umfang der Beschäftigung, da nur so der anrechnungsberechtigte Arbeitgeber nach Abs. 1 ermittelt werden kann. Zu den Pflichten gehört auch die Auskunftserteilung nach § 80 Abs. 5.

§ 128 Schwerbehinderte Beamte und Beamtinnen, Richter und Richterinnen und Soldaten und Soldatinnen

(1) Die besonderen Vorschriften und Grundsätze für die Besetzung der Beamtenstellen sind unbeschadet der Geltung des Teils 2 auch für schwerbehinderte Beamte und Beamtinnen so zu gestalten, dass die Einstellung und Beschäftigung schwerbehinderter Menschen gefördert und ein angemessener Anteil schwerbehinderter Menschen unter den Beamten und Beamtinnen erreicht wird.

(2) *(weggefallen)*

(3) **Die Vorschriften des Absatzes 1 finden auf Richter und Richterinnen entsprechende Anwendung.**

(4) [1]**Für die persönliche Rechtsstellung schwerbehinderter Soldaten und Soldatinnen gelten § 2 Abs. 1 und 2, §§ 69, 93 bis 99, 116 Abs. 1 sowie die §§ 123, 125, 126 und 145 bis 147.** [2]**Im Übrigen gelten für Soldaten und Soldatinnen die Vorschriften über die persönliche Rechtsstellung der schwerbehinderten Menschen, soweit sie mit den Besonderheiten des Dienstverhältnisses vereinbar sind.**

Schrifttum: *Böhm,* Aufgaben der Hauptfürsorgestelle bei Entlassungen von Beamten, BehindertenR 1995, 65.

Inhaltsübersicht

	Rdnr.
A. Allgemeines	1
B. Förderung der Einstellung und Beschäftigung (Abs. 1)	2–6
C. Versetzung in den Ruhestand, Entlassungen (Abs. 2)	7
D. Besonderheiten für Richter (Abs. 3)	8
E. Besonderheiten für Soldaten (Abs. 4)	9–11

A. Allgemeines

1 § 128 regelt die Anwendbarkeit des 2. Teils des SGB IX auf die Beamten, Richter und Soldaten. Die Vorschrift bezweckt eine bessere **berufliche Eingliederung** schwerbehinderter Beamter, Richter und Soldaten. § 128 ist in den Absätzen 1, 3 und 4 im Wesentlichen inhaltsgleich zu der aufgehobenen Vorschrift des § 50 SchwbG. Abs. 2, der die Anhörung des Integrationsamtes regelte, ist durch das Gesetz zur Förderung der Ausbildung und Beschäftigung schwerbehinderter Menschen vom 23. 4. 2004 (BGBl. I S. 606) aufgehoben worden.

B. Förderung der Einstellung und Beschäftigung (Abs. 1)

2 Nach Abs. 1 sind die besonderen Vorschriften und Grundsätze für die Besetzung von Beamtenstellen so zu gestalten, dass die Einstellung und Beschäftigung schwerbehinderter Menschen gefördert wird. Ziel ist es, einen **angemessenen Anteil schwerbehinderter Menschen** unter den Beamten zu erreichen. Absatz 1 soll gewährleisten, dass im öffentlichen Dienst die Pflicht zur Beschäftigung schwerbehinderter Menschen nach § 71 Abs. 1 auf alle Beschäftigungsgruppen, also Arbeiter, Angestellte und Beamte gleichmäßig erfüllt wird (*Cramer,* SchwbG, § 50 Rdnr. 3). Die Zahl der Beamten unter den Schwerbehinderten soll dem Anteil der Beamten an der Gesamtzahl aller Beschäftigten entsprechen.

3 Öffentliche Arbeitgeber unterliegen zudem den in §§ 81 und 82 niedergelegten Verpflichtungen. Das Benachteiligungsverbot des § 81 Abs. 2 gilt auch bei der Besetzung einer Beamtenstelle (allg. Meinung s. *Müller-Wenner/Schorn,* SGB IX, § 128 Rdnr. 4).

4 Die Förderung der Einstellung und Beschäftigung schwerbehinderter Menschen ist durch eine Vielzahl von **Richtlinien** und **Erlassen** des Bundes und der Länder näher bestimmt worden.

Kap. 10. Sonstige Vorschriften 5, 6 § 128

Schwerbehinderten-Richtlinien und -Erlasse der Bundesministerien: 5

- SchwbRichtl. **BMA** Richtlinie zur Durchführung des Schwerbehindertengesetzes im Geschäftsbereich des Bundesministers für Arbeit und Sozialordnung vom 8. 9. 1992.
- SchwbRichtl. **BMF** Richtlinie über die Fürsorge für Schwerbehinderte im Geschäftsbereich des Bundesministers für Finanzen vom 28. 4. 1993 (GMBl. 1993, 388).
- SchwbRichtl. **BMI** Richtlinie über die Fürsorge für Schwerbehinderte im Geschäftsbereich des Bundesministers des Inneren vom 2. 12. 1991 (GMBl. 1992, 2); geändert durch Runderlass vom 13. 8. 1996.
- SchwbRichtl. **BMWi** Richtlinie über die Fürsorge für Schwerbehinderte im Geschäftsbereich des Bundesministers für Wirtschaft vom 25. 1. 1989 und 2. 4. 1992.
- SchwbRichtl. **BMFSFJ** Richtlinie über die Fürsorge für Schwerbehinderte im Geschäftsbereich des Bundesministeriums für Familie, Senioren, Frauen und Jugend (noch nicht erlassen, aber Anlehnung an Richtlinie BMI).
- SchwbGRichtl. **BMG** Richtlinie zur Durchführung des Schwerbehindertengesetzes im Geschäftsbereich des Bundesministeriums für Gesundheit vom 5. 1. 1993.
- SchwbGRichtl. **BMZ** Richtlinie über die Fürsorge für Schwerbehinderte im Geschäftsbereich des Bundesministeriums für wirtschaftliche Zusammenarbeit und Entwicklung vom 16. 11. 1993.
- SchwbGRichtl. **BMU** Richtlinie über die Fürsorge für Schwerbehinderte im Geschäftsbereich des Bundesministeriums für Umwelt, Naturschutz und Reaktorsicherheit vom 7. 10. 1992.
- Erlass **BML** über die Fürsorge für Schwerbehinderte im Geschäftsbereich des Bundesministeriums für Ernährung, Landwirtschaft und Forsten vom 19. 7. 1991 (GMBl. 1991, 743).
- Erlass **BMJ** über die Fürsorge für Schwerbehinderte im Geschäftsbereich des Bundesministeriums der Justiz vom 13. 9. 1976 i. d. F. vom 8. 12. 1987.
- Erlass **BMVg** über die Fürsorge für Schwerbehinderte im Geschäftsbereich des Bundesministeriums der Verteidigung vom 1. 2. 1990, VMBl. 1990, 230).
- **BMV** Fürsorge- und Fördermaßnahmen für Schwerbehinderte im Geschäftsbereich des Bundesministeriums für Verkehr vom 4. 12. 1992 (VkBl. 1993, 122).
- Fürsorge- und Fördermaßnahmen für die schwerbehinderten Beschäftigten im Geschäftsbereich des Bundesministeriums für Raumordnung, Bauwesen und Städtebau vom 1. 12. 1992.

Schwerbehinderten-Richtlinien der Länder: 6

- SchwbRichtl. **Baden-Württemberg:** Gemeinsame VV aller Ministerien für die Beschäftigung Schwerbehinderter im Öffentlichen Dienst in Baden Württemberg vom 23. 7. 1993 (GemABl. S. 889).
- SchwbRichtl. **Bayern:** Fürsorge für schwerbehinderte Angestellte des öffentlichen Dienstes in Bayern vom 8. 8. 1990 (StAnz. vom 31. 8. 1990).
- SchwbRichtl. **Berlin:** Rundschreiben über die Fürsorge in der Berliner Verwaltung vom 22. 8. 1988 (DBl. Nr. 15 vom 13. 10. 1988).
- SchwbRichtl. **Brandenburg:** Richtlinien über die Einstellung, Beschäftigung und begleitende Hilfe Schwerbehinderter in der Landesverwaltung des Landes Brandenburg vom 28. 4. 1994 (ABl. S. 406).
- SchwbRichtl. **Bremen:** Richtlinien über die Betreuung und die Interessenwahrnehmung für die bei der Freien Hansestadt Bremen und der Stadtgemeinde

§ 128 7, 8 Teil 2. Schwerbehindertenrecht

Bremen beschäftigten Schwerbehinderten und Gleichgestellten vom 31. 5. 1990 (BremABl. S. 185).
- SchwbRichtl. **Hamburg:** Fürsorge- und Förderungsmaßnahmen für schwerbehinderte Beschäftigte im hamburgischen öffentlichen Dienst und schwerbehinderte Bewerber vom 8. 11. 1990 (MittVerw 1990 S. 131).
- SchwbRichtl. **Hessen:** Fürsorge für schwerbehinderte Angehörige des öffentlichen Dienstes gem. RdErl. d. Ministers des Inneren vom 2. 3. 1988 (StAnz. S. 666).
- SchwbRichtl. **Mecklenburg-Vorpommern:** Richtlinien über die Einstellung, Beschäftigung und begleitende Hilfe Schwerbehinderter in der Landesverwaltung Mecklenburg-Vorpommern vom 1. 7. 1993 (ABl. S. 1286).
- SchwbRichtl. **Niedersachsen:** Richtlinien über die Beschäftigung Schwerbehinderter im öffentlichen Dienst vom 19. 3. 1993 (NdsMinBl. S. 361).
- SchwbRichtl. **Nordrhein-Westfalen:** Richtlinien zur Durchführung des Schwerbehindertengesetzes im öffentlichen Dienst im Lande Nordrhein-Westfalen vom 11. 11. 1994 (NWMinBl. S. 1522).
- SchwbRichtl. **Rheinland-Pfalz:** Richtlinien über die Betreuung der im öffentlichen Dienst beschäftigten Schwerbehinderten in Rheinland-Pfalz vom 1. 9. 1988 (MinBl. vom 18. 8. 1988).
- SchwbRichtl. **Saarland:** Erlass über die Fürsorge für schwerbehinderte Angehörige des öffentlichen Dienstes im Saarland vom 14. 9. 1989.
- SchwbRichtl. **Sachsen:** Verwaltungsvorschrift der Sächsischen Staatsregierung zur Durchführung des Schwerbehindertengesetzes im öffentlichen Dienst im Freistaat Sachsen vom 27. 11. 1997 (ABl. S. 1160).
- SchwbRichtl. **Sachsen-Anhalt:** Richtlinien über die Förderung der Einstellung und Beschäftigung Schwerbehinderter in Sachsen-Anhalt vom 12. 2. 1997 (MinBl. S. 612).
- SchwbRichtl. **Schleswig-Holstein:** Richtlinien über die Einstellung, Beschäftigung und begleitende Hilfe Schwerbehinderter in der Landesverwaltung vom 1. 1. 1991 (ABl. 1990 S. 689).
- SchwbRichtl. **Thüringen:** Richtlinien zur Durchführung des Schwerbehindertengesetzes im öffentlichen Dienst des Landes Thüringen vom 19. 4. 1994 (StAnz. S. 1770).

C. Versetzung in den Ruhestand, Entlassungen (Abs. 2)

7 Die Vorschriften des besonderen Kündigungsschutzes nach den §§ 85 ff. sind nur auf Arbeiter und Angestellte, nicht aber auf Beamte anwendbar. Der ursprüngliche Absatz 2 enthielt eine **besondere Regelung** bei der Beendigung des Beamtenverhältnisses. Sollen schwerbehinderte Beamte vorzeitig in den Ruhestand versetzt (vgl. §§ 42 BBG, 26 BRRG) oder entlassen (vgl. §§ 31, 32 BBG, 23 BRRG) werden, war vorher das Integrationsamt zu hören. Absatz 2 ist durch Gesetz vom 23. 4. 2004 (BGBl. I S. 606) aufgehoben worden. Zur Begründung der Aufhebung hat der Gesetzgeber auf die geringe praktische Relevanz der Vorschrift hingewiesen. Nach der Neuregelung kann die Entlassung eines schwerbehinderten Beamten bzw. seine Versetzung in den vorzeitigen Ruhestand ohne Einschaltung des Integrationsamtes erfolgen.

D. Besonderheiten für Richter (Abs. 3)

8 Nach Abs. 3 gilt Abs. 1 auch für die **Richter** und **Richterinnen.** Vor einer Versetzung in den Ruhestand (§ 21 DRiG) oder einer Entlassung (§§ 22, 23

DRiG) ist das Integrationsamt nicht zu hören. Dies ergibt sich aus der Streichung von Abs. 2 und der diesbezüglichen Bezugnahme in Abs. 3.

E. Besonderheiten für Soldaten (Abs. 4)

Absatz 4 erklärt die **Vorschriften** über die Feststellung der Schwerbehinderteneigenschaft und über die Ausweise (§§ 2 und 69), über die Schwerbehindertenvertretung (§§ 93–99), über den Wegfall des besonderen Schutzes (§ 116 Abs. 1), über das Arbeitsentgelt (§ 123), über den Zusatzurlaub (§ 125), über den Nachteilsausgleich (§ 126) und über die unentgeltliche Beförderung (§§ 145–147) auch für Soldaten für uneingeschränkt **anwendbar**. 9

Die in Satz 1 genannten anwendbaren Vorschriften sind **nicht abschließend**. Denn die übrigen Vorschriften über die Rechtsstellung schwerbehinderter Menschen gelten, soweit sie mit den Besonderheiten des Dienstverhältnisses der Soldaten vereinbar sind (Abs. 4 Satz 2). Zu diesen Vorschriften gehören u. a. § 122 (Bevorzugte Einstellung und Beschäftigung) und § 124 (Mehrarbeit). Unanwendbar sind dagegen die Vorschriften über die Beschäftigungspflicht (§§ 71 ff.), den Kündigungsschutz (§§ 85 ff.) und die Förderung der Einstellung durch Bundesagentur für Arbeit und Integrationsamt (*Müller-Wenner/Schorn*, SGB IX, § 128 Rdnr. 26; *Masuch*, in: Hauck/Noftz, SGB IX, § 128 Rdnr. 32). 10

Nach § 78 Abs. 2 ZDG gelten die für schwerbehinderte Soldaten geltenden Vorschriften auch für **schwerbehinderte Zivildienstleistende** (allg. M., s. *Neumann/Pahlen/Majerski-Pahlen*, SGB IX, § 128 Rdnr. 23 m. w. N.; *Müller-Wenner/Schorn*, SGB IX, § 128 Rdnr. 27). 11

§ 129 Unabhängige Tätigkeit

Soweit zur Ausübung einer unabhängigen Tätigkeit eine Zulassung erforderlich ist, soll schwerbehinderten Menschen, die eine Zulassung beantragen, bei fachlicher Eignung und Erfüllung der sonstigen gesetzlichen Voraussetzungen die Zulassung bevorzugt erteilt werden.

Inhaltsübersicht

	Rdnr.
A. Allgemeines	1, 2
B. Persönlicher Anwendungsbereich	3, 4
C. Sachlicher Anwendungsbereich	5, 6
D. Bevorzugte Erteilung der Zulassung	7–9
E. Verfahrensfragen	10
F. Sonstiges	11, 12

A. Allgemeines

§ 129 gibt schwerbehinderten Menschen und ihnen Gleichgestellten einen Anspruch auf **bevorzugte Zulassung** zu Berufen oder Gewerben, bei denen eine Zulassung Voraussetzung für die tatsächliche Ausübung des Berufs oder des Gewerbes ist. Dadurch sollen den betroffenen Menschen gewisse Vorteile erwachsen, die die körperlichen, geistigen oder seelischen Benachteiligungen ausgleichen. Ziel ist es, schwerbehinderten Menschen die Aufnahme einer selbstständigen Tätigkeit zu erleichtern, sofern diese von einer öffentlich-rechtlichen Zulassung abhängig ist (BSG v. 6. 11. 1957, BSGE 6, 95). 1

§ 129 2–9   Teil 2. Schwerbehindertenrecht

2   Ein Rechtsanspruch auf Zulassung wird durch § 129 nicht begründet (*Neumann/Pahlen/Majerski-Pahlen*, SGB IX § 129 Rdnr. 7). Der **Anspruch** auf die Erteilung der Zulassung richtet sich vielmehr nach den allgemeinen Grundsätzen und den besonderen Anspruchsvoraussetzungen der jeweiligen Berufe oder Gewerbe.

B. Persönlicher Anwendungsbereich

3   § 129 findet sowohl für **schwerbehinderte Menschen** als auch für deren **Gleichgestellte** Anwendung (h. M. vgl. *Neumann/Pahlen/Majerski-Pahlen*, SGB IX, § 129 Rdnr. 1; *Müller-Wenner/Schorn*, SGB IX, § 129 Rdnr. 1; a. A. *Masuch*, in: Hauck/Noftz, SGB IX, § 129 Rdnr. 1).

4   Umstritten ist, ob eine Gleichstellung nach § 2 Abs. 3 von der Bundesagentur für Arbeit zum Zwecke der bevorzugten **Berufszulassung** erfolgen kann. Mangels gesetzlicher Grundlage (§ 2 Abs. 3 bezieht sich nur auf den Arbeitsplatz) kommt eine solche Gleichstellung nicht in Betracht (a. A. *Neumann/Pahlen/Majerski-Pahlen*, SGB IX, § 129 Rdnr. 1)

C. Sachlicher Anwendungsbereich

5   Eine „unabhängige Tätigkeit" ist jede weisungsfrei gestaltete Tätigkeit in Abgrenzung zu einer im Rahmen eines Arbeitsverhältnisses weisungsgebundene Tätigkeit (*Müller-Wenner/Schorn*, SGB IX, § 129 Rdnr. 2). Die bevorzugte Zulassung gilt für alle **Berufszweige**, bei denen eine Zulassung erforderlich ist. Der Begriff „Zulassung" ist weit auszulegen. Er umfasst auch Konzessionen, Erlaubnisse oder Approbationen (*Masuch*, in: Hauck/Noftz, SGB IX, § 129 Rdnr. 4). Er betrifft im Wesentlichen die selbstständigen Berufe und das Gewerbe, insbesondere die Zulassung als Arzt, Apotheker, Schornsteinfeger, Makler, Steuerberater, Rechtsanwalt oder Notar o. Ä.

6   Ein schwerbehinderter Rechtsanwalt ist bei der Ausschreibung einer **Anwaltsnotarstelle** bevorzugt zu berücksichtigen (BGH v. 15. 2. 1971, NJW 1971, 1179). Die bevorzugte Berücksichtigung eines schwerbehinderten Bewerbers kann auch durch die Verkürzung der allgemeinen Wartezeit nach § 6 Abs. 2 Ziff. 1 BNotO erfolgen (BGH v. 16. 3. 1998, ZAP EN-Nr. 457/98).

D. Bevorzugte Erteilung der Zulassung

7   Nach § 129 soll schwerbehinderten Menschen die Zulassung bevorzugt erteilt werden. Ein **Rechtsanspruch** auf Zulassung wird also durch § 129 **nicht begründet** (*Neumann/Pahlen/Majerski-Pahlen*, SGB IX, § 129 Rdnr. 7). Die Vorschrift begründet eine Bindung des Ermessens der zuständigen Zulassungsstelle. Der Anwendungsbereich von § 129 damit faktisch auf die Fälle beschränkt, in denen die Zulassungsstelle einen Ermessensspielraum hinsichtlich der Zulassung hat. Die Zulassungsstelle soll den behinderten Menschen bevorzugt zulassen, wenn kein sachlicher Grund vorliegt, der eine Abweichung von der bevorzugten Zulassung des schwerbehinderten Menschen rechtfertigt.

8   **Sachlicher Grund** für eine Abweichung von der bevorzugten Erteilung der Zulassung an schwerbehinderte Menschen ist z. B. die überlegene Qualifikation des Mitbewerbers (BGH v. 8. 11. 1976, DNotZ 1977, 379).

9   **Kein Grund,** einen schwerbehinderten Bewerber bei der Zulassung nicht bevorzugt zu berücksichtigen ist z. B.

- allein das höhere Berufs- und Lebensalter des Mitbewerbers (*BGH* v. 13. 2. 1967, BGHZ 47, 84),
- die schon gesicherte Existenz des Schwerbehinderten bzw. seine fehlende Bedürftigkeit (*BGH* v. 13. 2. 1967, BGHZ 47, 84),
- die Tatsache, dass für den Fall der Berücksichtigung des schwerbehinderten Menschen auf Jahre hinaus andere Bewerber keine Aussicht auf Zulassung haben (*BGH* v. 15. 2. 1971, BGHZ 55, 324).

E. Verfahrensfragen

Wird der Antrag auf Zulassung von der zuständigen Behörde abgelehnt, besteht die Möglichkeit des **Widerspruchs** nach den §§ 68–73 VwGO. Gegen den Widerspruchsbescheid kann die **Verpflichtungsklage** nach § 42 VwGO im Verwaltungsgerichtsverfahren erhoben werden. 10

F. Sonstiges

Hinzuweisen ist im Zusammenhang mit § 159 auf die Vorschriften der §§ 141 und 143. Danach werden Aufträge der öffentlichen Hand, die von anerkannten Werkstätten für behinderte Menschen (§ 141) oder von Blindenwerkstätten ausgeführt werden können, **bevorzugt an diese Werkstätten** vergeben. 11

Nach § 102 Abs. 3 können die Integrationsämter im Rahmen ihrer Zuständigkeiten und zur Verfügung stehenden Mittel auch Geldleistungen zur Gründung und Erhaltung einer **selbstständigen Tätigkeit** gewähren. 12

§ 130 Geheimhaltungspflicht

(1) **Die Beschäftigten der Integrationsämter, der Bundesagentur für Arbeit, der Rehabilitationsträger einschließlich ihrer Beschäftigten in gemeinsamen Servicestellen sowie der von diesen Stellen beauftragten Integrationsfachdienste und die Mitglieder der Ausschüsse und des Beirates für die Teilhabe behinderter Menschen (§ 64) und ihre Stellvertreter oder Stellvertreterinnen sowie zur Durchführung ihrer Aufgaben hinzugezogene Sachverständige sind verpflichtet,**
1. **über ihnen wegen ihres Amtes oder Auftrages bekannt gewordene persönliche Verhältnisse und Angelegenheiten von Beschäftigten auf Arbeitsplätzen für schwerbehinderte Menschen, die ihrer Bedeutung oder ihrem Inhalt nach einer vertraulichen Behandlung bedürfen, Stillschweigen zu bewahren, und**
2. **ihnen wegen ihres Amtes oder Auftrages bekannt gewordene und vom Arbeitgeber ausdrücklich als geheimhaltungsbedürftig bezeichnete Betriebs- oder Geschäftsgeheimnisse nicht zu offenbaren und nicht zu verwerten.**

(2)[1] **Diese Pflichten gelten auch nach dem Ausscheiden aus dem Amt oder nach Beendigung des Auftrages.** [2]**Sie gelten nicht gegenüber der Bundesagentur für Arbeit, den Integrationsämtern und den Rehabilitationsträgern, soweit deren Aufgaben gegenüber schwerbehinderten Menschen es erfordern, gegenüber der Schwerbehindertenvertretung sowie gegenüber den in § 79 Abs. 1 des Betriebsverfassungsgesetzes und den in den entsprechenden Vorschriften des Personalvertretungsrechts genannten Vertretungen, Personen und Stellen.**

Schrifttum: *André,* Sozialdatenschutz neu geregelt, BArbl. 1994, 9; *Binne,* Das neue Recht des Sozialdatenschutzes; *Mrozynski,* Zum Schutz vom Sozialdaten im Recht der Leistungserbringer, NZS 1996, 45.

Inhaltsübersicht

	Rdnr.
A. Allgemeines	1
B. Personenkreis der Geheimhaltungpflicht	2–5
C. Gegenstand der Geheimhaltung	6–12
D. Ausnahmen von der Geheimhaltungspflicht	13, 14
E. Verstöße gegen die Geheimhaltungspflicht	15–17

A. Allgemeines

1   § 130 soll schwerbehinderte Menschen und deren Gleichgestellte gegen Indiskretionen über ihren Gesundheitszustand oder ihre persönlichen Verhältnisse schützen. Um diesen Schutz zu gewährleisten, statuiert § 130 eine **Pflicht zur Geheimhaltung** für die genannten Personenkreise. § 130 enthält keine von § 37 Satz 1 SGB I abweichende Regelung, sondern konkretisiert den Geheimhaltungsschutz auf die in Abs. 1 genannten Personenkreise (*Masuch,* in: Hauck/Noftz, SGB IX, § 130 Rdnr. 6)

B. Personenkreis der Geheimhaltungspflicht

2   Der zur Geheimhaltung verpflichtete **Personenkreis** ist in § 130 abschließend aufgeführt. Für andere Personenkreise gelten die allgemeinen gesetzlichen Bestimmungen (*Neumann/Pahlen/Majerski-Pahlen,* SGB IX, § 130 Rdnr. 3). Zur Geheimhaltung sind **folgende Personen** verpflichtet:
– die Beschäftigten der Integrationsämter,
– die Beschäftigten der Bundesagentur für Arbeit,
– die Beschäftigten der Rehabilitationsträger, einschließlich ihrer Beschäftigten der gemeinsamen Servicestellen,
– die Beschäftigten der von diesen Stellen beauftragten Integrationsfachdienste,
– die Mitglieder der Ausschüsse,
– die Mitglieder des Beirates für die Teilhabe behinderter Menschen (§ 64).

3   Der Geheimhaltungspflicht unterliegen auch die **Stellvertreter** oder **Stellvertreterinnen** der genannten Mitglieder sowie die zur Durchführung ihrer Aufgaben hinzugezogenen **Sachverständigen** (*Müller-Wenner/Schorn,* SGB IX, § 130 Rdnr. 4).

4   Beschäftigte der Integrationsämter, der Bundesagentur für Arbeit und der Rehabilitationsträger unterliegen der Geheimhaltung **unabhängig davon,** ob sie den Status von Angestellten, Arbeitern oder Beamten haben.

5   **Ausschussmitglieder** i. S. v. § 130 Abs. 1 können sein:
– die Mitglieder des beratenden Ausschusses für behinderte Menschen bei dem Integrationsamt (§ 103),
– die Mitglieder des beratenden Ausschusses für behinderte Menschen bei der Hauptstelle der Bundesagentur für Arbeit (§ 105),
– die Mitglieder des Widerspruchsausschusses bei dem Integrationsamt (§ 119),
– die Mitglieder des Widerspruchsausschusses bei der Bundesagentur für Arbeit (§ 120) und
– die Mitglieder des Beirats für die Teilhabe behinderter Menschen beim Bundesministerium für Gesundheit und Soziale Sicherung (§ 64).

C. Gegenstand der Geheimhaltung

Der Geheimhaltungspflicht unterliegen solche Tatsachen, die den zur Geheimhaltung verpflichteten Personen wegen ihres Amtes oder Auftrages bekannt geworden sind. Die lediglich **private Kenntnis** von den in Abs. 1 Nr. 1 und 2 genannten Tatsachen begründet keine Geheimhaltungspflicht. **6**
Der Geheimhaltungspflicht unterliegen nach Abs. 1 Nr. 1 **bekannt gewordene persönliche Verhältnisse und Angelegenheiten** von Beschäftigten auf Arbeitsplätzen für schwerbehinderte Menschen, die ihrer Bedeutung nach oder ihrem Inhalt nach einer vertraulichen Behandlung bedürfen. **7**
Vom **Schutzbereich** umfasst sind nicht nur Personen auf Arbeitsplätzen i. S. v. § 73 Abs. 1, sondern auch die in § 73 Abs. 2 genannten Personenkreise (*Neumann/Pahlen/Majerski*, SGB IX, § 130 Rdnr. 5; *Masuch*, in: Hauck/Noftz, SGB IX, § 130 Rdnr. 5; *Müller-Wenner/Schorn*, SGB IX, § 130 Rdnr. 5). Vom Schutzbereich umfasst sind auch Arbeitgeber. **8**
Zu den **persönlichen Verhältnissen** i. S. v. Abs. 1 Nr. 1 gehören u. a. die soziale und finanzielle Lage, die Familienverhältnisse oder der berufliche Werdegang. Zu den Angelegenheiten, die einer vertraulichen Behandlung bedürfen, zählen insbesondere der Gesundheitszustand des Betroffenen in körperlicher und seelischer Hinsicht. **9**
Der Geheimhaltungspflicht unterliegen nach Abs. 1 Nr. 2 bekannt gewordene und vom Arbeitgeber ausdrücklich als geheimhaltungsbedürftig bezeichnete **Betriebs-** oder **Geschäftsgeheimnisse**. Diese Geheimnisse dürfen nicht offenbart oder verwertet werden. Nach § 67 Abs. 1 Satz 1 SGB X sind Betriebs- oder Geschäftsgeheimnisse alle betriebs- oder geschäftsbezogenen Daten, die Geheimnischarakter haben. **10**
Der Arbeitgeber muss die Betriebs- oder Geschäftsgeheimnisse ausdrücklich **als geheimhaltungsbedürftig bezeichnet haben** (*Neumann/Pahlen/Majerski-Pahlen*, SGB IX § 130 Rdnr. 7). Eine besondere Form ist hierfür nicht erforderlich. Der Wille des Arbeitgebers muss aber eindeutig zum Ausdruck kommen. **11**
Nach § 130 Abs. 2 besteht die Geheimhaltungspflicht auch **nach dem Ausscheiden** aus dem Amt oder nach Beendigung des Auftrags. Die Geheimhaltungspflicht betrifft alle Tatsachen, die dem früheren Amtsinhaber während seiner Tätigkeit bekannt geworden sind. **12**

D. Ausnahmen von der Geheimhaltungspflicht

Die Geheimhaltungspflicht **gilt** nach Abs. 2 Satz 2 **nicht** gegenüber der Bundesagentur für Arbeit, den Integrationsämtern und den Rehabilitationsträgern, soweit deren Aufgaben gegenüber schwerbehinderten Menschen es erfordern. Sie gelten auch nicht gegenüber der Schwerbehindertenvertretung sowie den in § 79 BetrVG und in den Vorschriften des Personalvertretungsrechts genannten Vertretungen, Personen und Stellen. **13**
Nach **§ 79 BetrVG** sind dies der Betriebsrat, der Gesamt- und Konzernbetriebsrat, die Bordvertretung, der See-Betriebsrat, die Jugend- und Auszubildendenvertretung, die Einigungsstelle, die tarifliche Schlichtungsstelle und die betriebliche Beschwerdestelle (vgl. *Fitting/Kaiser/Heither/Engels*, BetrVG, § 79 Rdnr. 9–14). Zum Personalvertretungsrecht vgl. § 101 Abs. 2 BPersVG. **14**

E. Verstöße gegen die Geheimhaltungspflicht

15 Bei drohenden Verstößen gegen die Geheimhaltungspflicht kann der Betroffene vor dem zuständigen Sozialgericht eine **vorbeugende Unterlassungsklage** erheben (*BSG* v. 25. 10. 1978, BSGE 47, 118).

16 Bei einem Verstoß gegen die Geheimhaltungspflicht nach § 130 kommen sowohl strafrechtliche (§ 203 StGB) als auch zivilrechtliche Konsequenzen in Betracht. Zivilrechtlich können **Schadensersatzansprüche** nach § 823 Abs. 2 BGB entstehen. § 130 ist Schutzgesetz i. S. v. § 823 Abs. 2 BGB (*Neumann/Pahlen/Majerski-Pahlen*, SGB IX, § 130 Rdnr. 9; *Müller-Wenner/Schorn*, SGB IX, § 130 Rdnr. 15). Daneben kann sich auch ein **Unterlassungsanspruch** oder ein **Folgenbeseitigungsanspruch** ergeben.

17 Nicht gesetzlich geklärt ist, ob Mitglieder der Ausschüsse bei oder nach strafrechtlicher Verurteilung ihr Amt noch weiter ausüben dürfen. Nach überwiegender Auffassung sollen die Mitglieder der Ausschüsse bei **groben Pflichtverletzungen** entsprechend § 7 Abs. 4 des „Gesetzes über die Selbstverwaltung und über Änderungen von Vorschriften über die Sozialversicherung" i. d. F. vom 13. 8. 1952 (BGBl. I S. 427) und § 390 Abs. 3 SGB III **abberufen** werden können (*Neumann/Pahlen/Majerski-Pahlen*, SGB IX, § 130 Rdnr. 11).

§ 131 Statistik

(1) ¹**Über schwerbehinderte Menschen wird alle zwei Jahre eine Bundesstatistik durchgeführt.** ²**Sie umfasst folgende Tatbestände:**
1. **die Zahl der schwerbehinderten Menschen mit gültigem Ausweis,**
2. **persönliche Merkmale schwerbehinderter Menschen wie Alter, Geschlecht, Staatsangehörigkeit, Wohnort,**
3. **Art, Ursache und Grad der Behinderung.**

(2) ¹**Für die Erhebung besteht Auskunftspflicht.** ²**Auskunftspflichtig sind die nach § 69 Abs. 1 und 5 zuständigen Behörden.**

Inhaltsübersicht

	Rdnr.
A. Allgemeines	1
B. Inhalt der Statistik	2
C. Auskunftspflichtige Behörden	3, 4

A. Allgemeines

1 Mit Hilfe der Bundesstatistik über schwerbehinderte Menschen sollen grundlegende Daten ermittelt werden, um eine bessere Planung über die notwendigen Maßnahmen zur Rehabilitation schwerbehinderter Menschen zu ermöglichen. Die **Statistik** ist alle **zwei Jahre** zu erstellen. § 131 ist inhaltsgleich zu der aufgehobenen Vorschrift des § 53 SchwbG.

B. Inhalt der Statistik

2 Die Statistik **umfasst die Zahl** der schwerbehinderten Menschen mit gültigem Ausweis. Gleichgestellte werden nicht erfasst. Der Ausweis muss noch gültig sein.

Daneben umfasst die Statistik neben den persönlichen Merkmalen der Schwerbehinderten, wie Alter, Geschlecht, Staatsangehörigkeit und Wohnort, auch Angaben über Art, Ursache und Grad der Behinderung. Die Statistiken sind im Jahrbuch des Statistischen Bundesamtes enthalten.

C. Auskunftspflichtige Behörden

Nach Abs. 2 Satz 2 sind **auskunftspflichtig** die nach § 69 Abs. 1 und 5 zuständigen Behörden, also die Versorgungsämter. **3**

Nach § 15 Abs. 5 BStatG haben **Widerspruch** und **Anfechtungsklage** gegen die Aufforderung zur Auskunftserteilung keine aufschiebende Wirkung. § 23 BStatG bestimmt, dass ordnungswidrig handelt, wer vorsätzlich oder fahrlässig die Auskunft nicht, nicht richtig, nicht vollständig, nicht rechtzeitig oder nicht in der vorgeschriebenen Form erteilt. **4**

Kapitel 11. Integrationsprojekte

§ 132 Begriff und Personenkreis

(1) **Integrationsprojekte** sind rechtlich und wirtschaftlich selbständige Unternehmen (Integrationsunternehmen) oder unternehmensinterne oder von öffentlichen Arbeitgebern im Sinne von § 71 Abs. 3 geführte Betriebe (Integrationsbetriebe) oder Abteilungen (Integrationsabteilungen) zur Beschäftigung schwerbehinderter Menschen auf dem allgemeinen Arbeitsmarkt, deren Teilhabe an einer sonstigen Beschäftigung auf dem allgemeinen Arbeitsmarkt auf Grund von Art oder Schwere der Behinderung oder wegen sonstiger Umstände voraussichtlich trotz Ausschöpfens aller Fördermöglichkeiten und des Einsatzes von Integrationsfachdiensten auf besondere Schwierigkeiten stößt.

(2) Schwerbehinderte Menschen nach Absatz 1 sind insbesondere
1. schwerbehinderte Menschen mit geistiger oder seelischer Behinderung oder mit einer schweren Körper-, Sinnes- oder Mehrfachbehinderung, die sich im Arbeitsleben besonders nachteilig auswirkt und allein oder zusammen mit weiteren vermittlungshemmenden Umständen die Teilhabe am allgemeinen Arbeitsmarkt außerhalb eines Integrationsprojekts erschwert oder verhindert,
2. schwerbehinderte Menschen, die nach zielgerichteter Vorbereitung in einer Werkstatt für behinderte Menschen oder in einer psychiatrischen Einrichtung für den Übergang in einen Betrieb oder eine Dienststelle auf dem allgemeinen Arbeitsmarkt in Betracht kommen und auf diesen Übergang vorbereitet werden sollen sowie
3. schwerbehinderte Menschen nach Beendigung einer schulischen Bildung, die nur dann Aussicht auf eine Beschäftigung auf dem allgemeinen Arbeitsmarkt haben, wenn sie zuvor in einem Integrationsprojekt an berufsvorbereitenden Bildungsmaßnahmen teilnehmen und dort beschäftigt und weiterqualifiziert werden.

(3) ¹Integrationsunternehmen beschäftigen mindestens 25 Prozent schwerbehinderte Menschen im Sinne von Absatz 1. ²Der Anteil der schwerbehinderten Menschen soll in der Regel 50 Prozent nicht übersteigen.

§ 132 1–4 Teil 2. Schwerbehindertenrecht

Schrifttum: *Ehrenheim,* Wege der Bundesländer zur Beschäftigungsförderung und Integration von Behinderten in Deutschland, BehindertenR 2000, 89; *Kreutz,* Was sind Integrationsunternehmen im Sinne des § 132 Abs. 1 SGB IX, ZfSH/SGB 2003, 341; *Maaßen,* Integrationsprojekte: Was und Warum?, BehindertenR 2004, 26; *Stremming,* Praxistauglichkeit von Integrationsunternehmen aus ökonomischer Sicht, BehindertenR 2004, 28.

Inhaltsübersicht

	Rdnr.
A. Allgemeines	1, 2
B. Begriff (Abs. 1 und 2)	3–6
C. Schwerbehinderte Menschen als Zielgruppe (Abs. 2)	7
D Anteil schwerbehinderter Menschen (Abs. 3)	8

A. Allgemeines

1   Die Vorschriften über Integrationsprojekte sind erstmals durch das „Gesetz zur Bekämpfung der Arbeitslosigkeit Schwerbehinderter", das zum 1. 10. 2000 in Kraft getreten ist, positivgesetzlich in den §§ 53 a–d SchwbG normiert worden. Durch die Integrationsprojekte sollte für diejenigen schwerbehinderten Menschen, für die eine Werkstatt für behinderte Menschen nicht die geeignete Einrichtung war, ein **Angebot zur (Wieder-)Eingliederung** in den ersten Arbeitsmarkt geschaffen werden (BT-Drucks. 14/3372, Begründung, S. 23). Gesetzgeberisches Ziel war es auch, durch die Integrationsprojekte einen Übergang von Schwerbehinderten in Werkstätten für behinderte Menschen auf den allgemeinen Arbeitmarkt zu ermöglichen. § 132 ist inhaltsgleich zu der aufgehobenen Vorschrift des § 53a SchwbG.

2   Eine **Liste der Integrationsprojekte** in Deutschland ist erhältlich über die Bundesarbeitsarbeitgemeinschaft Integrationsfirmen, Hedemannstr. 14, 10969 Berlin oder im Internet unter www.bag-integrationsfirmen.de. Nach dem Jahresbericht 2003/2004 der Bundesarbeitsgemeinschaft der Integrationsämter und Hauptfürsorgestellen sind im Jahr 2003 insgesamt 365 Integrationsprojekte durch die Integrationsämter projektbezogen in Höhe von 40,46 Mio. Euro gefördert worden (2001–250; 2002–314). In diesen Integrationsprojekten waren von 8957 Beschäftigten insgesamt 4091 betroffene schwerbehinderte Menschen sozialversicherungspflichtig beschäftigt (BT-Drucks. 15/4575, S. 102).

B. Begriff (Abs. 1 und 2)

3   Absatz 1 definiert den **Begriff der Integrationsprojekte.** Integrationsprojekte sind sowohl als rechtlich und wirtschaftlich selbstständige Unternehmen (sog. **Integrationsunternehmen)** als auch als unternehmensinterne Betriebe (sog. **Integrationsbetriebe**) und Abteilungen (sog. **Integrationsabteilungen**) möglich. Durch die Formulierung in Abs. 1 ist auch gewährleistet, dass auch öffentliche Arbeitgeber Integrationsabteilungen und -betriebe führen können (Ausschuss-Drucks. v. 27. 3. 2001, 14/1406, Begründung, S. 15). Einer förmlichen Anerkennung bedürfen die Integrationsprojekte nicht (anders die Werkstätten für behinderte Menschen gem. § 142 SGB IX).

4   In den „Vorläufigen Empfehlungen der Arbeitsgemeinschaft der Deutschen Hauptfürsorgestellen zur Förderung von Integrationsprojekten" (VEIP) ist der Begriff des Integrationsunternehmens genauer definiert. Nach deren Nr. 2.1.1 sind Integrationsunternehmen auf Dauer angelegte rechtlich und wirtschaftlich selbstständige Organisationen mit erwerbswirtschaftlicher Zielsetzung. Sie müssen in der **Rechtsform** der Einzelkaufleute, Personengesellschaften oder Kapitalgesellschaften

Kap. 11. Integrationsprojekte § 133

betrieben werden. Unternehmen sind nach den Regeln des Handels- und Gesellschaftsrechts buchführungspflichtig und haben ihre Gewinne und Verluste auszuweisen. Ein gemeinnütziger Status schränkt die erwerbswirtschaftliche Unternehmensfunktion nicht ein.

Integrationsprojekte sollen solche schwerbehinderten Menschen auf dem ersten Arbeitsmarkt beschäftigten, deren Teilnahme an einer sonstigen Beschäftigung auf dem allgemeinen Arbeitsmarkt aufgrund von Art oder Schwere der Behinderung oder wegen sonstiger Umstände voraussichtlich trotz Ausschöpfens aller Fördermöglichkeiten und des Einsatzes von Integrationsfachdiensten auf besondere Schwierigkeiten stößt (Abs. 1). 5

Durch das Wort „**voraussichtlich**" ist klargestellt, dass vor einer Beschäftigung in einem Integrationsprojekt im Einzelfall nicht alle Fördermöglichkeiten ausgeschöpft sein müssen und nicht eine vorherige Einschaltung des Integrationsfachdienstes in jedem Einzelfall erforderlich ist. Entscheidend ist vielmehr die Beurteilung der beruflichen Eingliederungsaussichten unter Berücksichtigung der Förderungsmöglichkeiten und der Beteiligung des Integrationsfachdienstes. 6

C. Schwerbehinderter Menschen als Zielgruppe (Abs. 2)

Absatz 2 **definiert den Kreis** der schwerbehinderten Menschen, die für eine Beschäftigung in einem Integrationsprojekt in Betracht kommen. Die Aufzeichnung ist nicht abschließend. Der Personenkreis allerdings begrenzt sich nicht ausschließlich auf solche schwerbehinderte Menschen, die aus der Arbeitslosigkeit oder aus der WfbM, einer psychiatrischen Einrichtung oder Bildungseinrichtung eine Beschäftigung auf dem ersten Arbeitsmarkt suchen. Die Aufzählung in Abs. 2 ist nicht abschließend („insbesondere"). 7

D. Anteil schwerbehinderter Menschen (Abs. 3)

Nach Abs. 3 Satz 1 müssen die Integrationsfirmen **mindestens 25% schwerbehinderte Menschen** i. S. v. Abs. 1 beschäftigen. Absatz 3 Satz 2 legt aus Gründen der Sicherung der Wirtschaftlichkeit und Wettbewerbsfähigkeit der Integrationsfirmen eine Höchstgrenze des Anteils der schwerbehinderten Beschäftigten fest. Danach soll der Anteil der schwerbehinderten Menschen 50% nicht überschreiten. Satz 2 ist nur eine „Sollvorschrift" und ermöglicht in Ausnahmefällen auch einen höheren Anteil an beschäftigten schwerbehinderten Menschen. So z.B. wenn die Integrationsfirma in der Praxis gezeigt hat, dass wirtschaftliche Ergebnisse auch mit einem höheren Anteil Schwerbehinderter erreicht werden können (BT-Drucks. 14/3372, Begründung, S. 24). 8

§ 133 Aufgaben

Die Integrationsprojekte bieten den schwerbehinderten Menschen Beschäftigung und arbeitsbegleitende Betreuung an, soweit erforderlich auch Maßnahmen der beruflichen Weiterbildung oder Gelegenheit zur Teilnahme an entsprechenden außerbetrieblichen Maßnahmen und Unterstützung bei der Vermittlung in eine sonstige Beschäftigung in einem Betrieb oder einer Dienststelle auf dem allgemeinen Arbeitsmarkt sowie geeignete Maßnahmen zur Vorbereitung auf eine Beschäftigung in einem Integrationsprojekt.

§ 134 1, 2 Teil 2. Schwerbehindertenrecht

1   Die Vorschrift beschreibt die **Aufgaben der Integrationsprojekte,** nämlich Beschäftigung und arbeitsbegleitende Betreuung anzubieten. § 133 ist wortgleich mit der aufgehobenen Vorschrift des § 53 b SchwbG.

2   Die arbeitsbegleitende Betreuung umfasst die Stabilisierung und Weiterentwicklung der schwerbehinderten Menschen. Hierunter fällt insbesondere die personelle Unterstützung im Rahmen einer Arbeitsassistenz nach § 102 Abs. 4 SGB IX (*Müller-Wenner/Schorn,* SGB IX, § 133 Rdnr. 3). Die Integrationsprojekte sollen auch Maßnahmen der beruflichen Weiterbildung anbieten. Die schwerbehinderten Arbeitnehmer in den Integrationsprojekten haben einen Anspruch auf die arbeitsbegleitende Betreuung und die berufliche Weiterbildung (*Adlhoch,* in: Ernst/Adlhoch/Seel, SGB IX, § 133 Rdnr. 4).

3   Durch den letzten Halbsatz ist es ermöglicht worden, in Integrationsprojekten auch insbesondere seelisch schwerbehinderte Menschen durch **geeignete Fördermaßnahmen** mit Leistungen des zuständigen Reha-Trägers auf eine Beschäftigung in Integrationsprojekten vorzubereiten.

§ 134 Finanzielle Leistungen

Integrationsprojekte können aus Mitteln der Ausgleichsabgabe Leistungen für Aufbau, Erweiterung, Modernisierung und Ausstattung einschließlich einer betriebswirtschaftlichen Beratung und für besonderen Aufwand erhalten.

Schrifttum: *Adlhoch,* Die Förderung von Integrationsunternehmen im Sinne der §§ 53 a ff. SchwbG, BehindertenR 2001, 8.

Inhaltsübersicht

	Rdnr.
A. Allgemeines	1, 2
B. Förderung von Ausbau, Erweiterung, Modernisierung und Ausstattung	3, 4
C. Betriebswirtschaftliche Beratung	5, 6
D. Besonderer Aufwand	7, 8
E. Verfahrensfragen	9

A. Allgemeines

1   § 134 ist wortgleich mit der aufgehobenen Vorschrift des § 53 c SchwbG. Die Vorschrift stellt sicher, dass Integrationsprojekte aus Mitteln der Ausgleichsabgabe **Leistungen** zu **Aufbau, Erweiterung** und **Ausstattung** einschließlich einer betriebswirtschaftlichen Beratung erhalten können. Eine Verordnung nach § 135, die auch Näheres über die finanziellen Leistungen regelt, ist bislang noch nicht erlassen worden. Einzelheiten über die Art und Umfang der Leistungen an die Integrationsprojekte sind aber in den „Vorläufigen Empfehlungen der Arbeitsgemeinschaft der Deutschen Hauptfürsorgestellen zur Förderung von Integrationsprojekten" (VEIP) geregelt.

2   § 134 ist gegenüber den Leistungen des Integrationsamtes an Arbeitgeber (z.B. § 102 Abs. 3 Satz 1 Nr. 2, § 15 SchwbAV) vorrangig. § 134 ist insoweit lex specialis (hierzu *Schröder,* in: Hauck/Noftz, SGB IX, § 134 Rdnr. 24; *Müller-Wenner/ Schorn,* SGB IX, § 134 Rdnr. 4; *Adlhoch,* in: Ernst/Adlhoch/Seel, SGB IX, § 134 Rdnr. 5).

B. Förderung von Ausbau, Erweiterung, Modernisierung und Ausstattung

Die finanzielle Leistung für den Aufbau, die Erweiterung, Modernisierung und Ausstattung von Integrationsprojekten umfasst die Aufwendungen, die investiv notwendig sind, um Arbeitsplätze für die in § 132 Abs. 1 und 2 genannten Personen zu schaffen. Hierzu gehören die Kosten für den Aufbau, Umbau und die Instandsetzung von Gebäuden, für Einrichtungs- und Ausstattungsgegenstände, insbesondere für Maschinen und Geräte für Arbeitsplatzausstattung. Grundstücks- und Personalkosten sind nicht förderfähig (Nr. 4.1 Satz 2 VEIP). Der **Eigenanteil des Integrationsprojekts** soll in der Regel 20% der gesamten Aufwendungen nicht unterschreiten. 3

Die Aufzählung förderungsfähiger Aufwendungen in der Vorschrift ist abschließend. Bloße Ersatzbeschaffungen im Rahmen der wirtschaftlichen Üblichkeiten sind daher nicht förderungsfähig (*Adlhoch*, BehindertenR 2001, 8; *Neumann/Pahlen/Majerski-Pahlen*, SGB IX, § 134 Rdnr. 7; *Schröder*, in: Hauck/Noftz, SGB IX, § 134 Rdnr. 11). 4

C. Betriebswirtschaftliche Beratung

Die Förderung der betriebswirtschaftlichen Beratung umfasst in der **Gründungsphase** von Integrationsprojekten neben der Existenzgründerberatung auch die betriebswirtschaftliche Projektbearbeitung und die Durchführung von Marktrecherchen durch Dritte mit Übernahme von 80% der entstehenden Kosten bis zur Höchstsumme von 5100 Euro. Fördervoraussetzung ist die Vorlage prüffähiger Unterlagen (*Schröder*, in: Hauck/Noftz, SGB IX, § 134 Rdnr. 17). Die finanzielle Förderung ist an die Vorlage eines vorläufigen und aussagekräftigen Exposés gebunden (Nr. 4.2.1. Satz 3 VEIP). 5

Laufende betriebswirtschaftliche Beratungen durch Dritte können mit höchstens 2500 Euro pro Kalenderjahr bezuschusst werden. Zu den laufenden betriebswirtschaftlichen Beratungen durch Dritte gehören die Unterstützung der weiteren strategischen Unternehmensplanung bei Investitionsentscheidungen, Projektplanungen und Kalkulationen, Erweiterungs- und Verlagerungsvorhaben, Kapazitätsberechnungen und dem Aufbau von Liquiditätsplanungen und -kontrollen (Nr. 4.2.2. VEIP). 6

D. Besonderer Aufwand

Unter den Begriff des „besonderen Aufwands" fallen u. a. der Aufwand, der wegen der überdurchschnittlich aufwändigen arbeitsbegleitenden Unterstützung des schwerbehinderten Menschen einschließlich der Notwendigkeit zeitweiser oder dauerhafter psychosozialer Betreuung am Arbeitplatz anfällt sowie der Notwendigkeit, in einem überdurchschnittlich hohen Maße flexible und an die Fähigkeit der Mitarbeiter angepasste Betriebsstrukturen vorzuhalten (Nr. 4.3 VEIP). Der **besondere Aufwand** kann mit einer monatlichen Pauschale in Höhe von 200 Euro pro beschäftigtem schwerbehindertem Menschen ausgeglichen werden. 7

Umstritten ist, ob auch die Kosten für den Zusatzurlaub (§ 125) als „besonderer Aufwand" i. S. v. § 134 zu verstehen sind (dafür: *Neumann/Pahlen/Majerski-Pahlen*, SGB IX, § 134 Rdnr. 9; dagegen. *Schröder*, in: Hauck/Noftz, SGB IX, § 134 Rdnr. 20; *Müller-Wenner/Schorn*, SGB IX, § 134 Rdnr. 17). Da der Zusatzurlaub 8

§§ 135, 136   Teil 2. Schwerbehindertenrecht

ebenso wie andere gesetzliche Verpflichtungen, wie z. B. der besondere Kündigungsschutz nach den §§ 85 ff. alle Arbeitgeber treffen, sind Gründe für eine Erstattungsfähigkeit als „besonderer Aufwand" nicht ersichtlich.

E. Verfahrensfragen

9 **Zuständig für** die **Förderung** der Integrationsprojekte sind die Integrationsämter. Einzelheiten zum Verfahren sind in Nr. 6 der VEIP geregelt. Gegen den (ablehnenden) Bescheid des Integrationsamtes kann Widerspruch (§ 118) bzw. Klage vor den Verwaltungsgerichten erhoben werden.

§ 135 Verordnungsermächtigung

Das Bundesministerium für Gesundheit und Soziale Sicherung wird ermächtigt, durch Rechtsverordnung mit Zustimmung des Bundesrates das Nähere über den Begriff und die Aufgaben der Integrationsprojekte, die für sie geltenden fachlichen Anforderungen, die Aufnahmevoraussetzungen und die finanziellen Leistungen zu regeln.

Die Vorschrift ist wortgleich mit der aufgehobenen Vorschrift des § 53 d SchwbG und ermächtigt das Bundesministerium für Gesundheit und Soziale Sicherung zum **Erlass einer Rechtsverordnung** über den Begriff und die Aufgaben der Integrationsprojekte. Aufgrund der Ermächtigung kann und soll das Verwaltungsverfahren nicht geregelt werden (BT-Drucks. 14/3372, Begründung, S. 24). Das Bundesministerium für Gesundheit und Soziale Sicherung hat bislang noch keinen Gebrauch von der Verordnungsermächtigung gemacht. Zunächst sollen die **Erfahrungen** mit den „Empfehlungen der Arbeitsgemeinschaft der Deutschen Hauptfürsorgestellen zur Förderung von Integrationsprojekten" vom 2. 11. 2001 und die Erkenntnisse aus der Begleitforschung ausgewertet werden.

Kapitel 12. Werkstätten für behinderte Menschen

§ 136 Begriff und Aufgaben der Werkstatt für behinderte Menschen

(1) [1]**Die Werkstatt für behinderte Menschen ist eine Einrichtung zur Teilhabe behinderter Menschen am Arbeitsleben im Sinne des Kapitels 5 des Teils 1 und zur Eingliederung in das Arbeitsleben.** [2]**Sie hat denjenigen behinderten Menschen, die wegen Art oder Schwere der Behinderung nicht, noch nicht oder noch nicht wieder auf dem allgemeinen Arbeitsmarkt beschäftigt werden können,**
1. **eine angemessene berufliche Bildung und eine Beschäftigung zu einem ihrer Leistung angemessenen Arbeitsentgelt aus dem Arbeitsergebnis anzubieten und**
2. **zu ermöglichen, ihre Leistungs- oder Erwerbsfähigkeit zu erhalten, zu entwickeln, zu erhöhen oder wiederzugewinnen und dabei ihre Persönlichkeit weiterzuentwickeln.**

[3] **Sie fördert den Übergang geeigneter Personen auf den allgemeinen Arbeitsmarkt durch geeignete Maßnahmen.** [4]**Sie verfügt über ein möglichst breites Angebot an Berufsbildungs- und Arbeitsplätzen sowie über qualifiziertes Personal und einen begleitenden Dienst.**

(2) [1]**Die Werkstatt steht allen behinderten Menschen im Sinne des Absatzes 1 unabhängig von Art oder Schwere der Behinderung offen, sofern**

erwartet werden kann, dass sie spätestens nach Teilnahme an Maßnahmen im Berufsbildungsbereich wenigstens ein Mindestmaß wirtschaftlich verwertbarer Arbeitsleistung erbringen werden. ²Dies ist nicht der Fall bei behinderten Menschen, bei denen trotz einer der Behinderung angemessenen Betreuung eine erhebliche Selbst- oder Fremdgefährdung zu erwarten ist oder das Ausmaß der erforderlichen Betreuung und Pflege die Teilnahme an Maßnahmen im Berufsbildungsbereich oder sonstige Umstände ein Mindestmaß wirtschaftlich verwertbarer Arbeitsleistung im Arbeitsbereich dauerhaft nicht zulassen.

(3) Behinderte Menschen, die die Voraussetzungen für eine Beschäftigung in einer Werkstatt nicht erfüllen, sollen in Einrichtungen oder Gruppen betreut und gefördert werden, die der Werkstatt angegliedert sind.

Schrifttum: *Aretz*, Die Rechtsstellung der Behinderten in Werkstätten für Behinderte, Baden-Baden 1985; *Bauer*, Die Werkstatt für behinderte Menschen nach neuem Recht, ZfSH/SGB 2002, 707; *Cramer*, Die Werkstätten für Behinderte, WfB-Kommentar, 2. Aufl., München 1997; *Damböck*, Entlohnungsordnung für Werkstätten für Behinderte, 1998; *Finke*, Die Auswirkungen des Gesetzes zur Reform des Bundessozialhilfegesetzes auf Werkstätten für Behinderte, BehindertenR 1996, 185; *Jacobs*, Rechtsfragen der Werkstatt für Behinderte, Freiburg i. Br. 1998; *Jobs*, Das Werkstattverhältnis gemäß § 136 ff. SGB IX, ZTR 2002, 515; *Mrozynski*, Berufliche Rehabilitation und behindertengerechte Arbeit, SGb 1993, 103; *Pünnel*, Der Beschäftigte in der WfB – Objekt oder Subjekt? AuR 1997, 104; *ders.*, Der Beschäftigte in Werkstätten für Behinderte (WfB) – eine „arbeitnehmerähnliche Person gem. § 54 b Abs. 1 SchwbG" – Rechtsstellung und Auswirkung, AuR 1996, 483; *Schorn*, Rechtsstellung und Arbeitsentgelt der Mitarbeiter, SozSich 2003, 19; *ders.*, Rechtsstellung und Arbeitsentgelt der Mitarbeiter, SozSich 2003, 19; *Wendt*, Einzelbetreuung im Berufsbildungsbereich einer WfbM, RdLH 2003, 30; *dies.*, Folgen der „Hartz-Reform" (Drittes und Viertes Gesetz für moderne Dienstleistungen am Arbeitsmarkt) für Werkstattbeschäftigte, BehindertenR 2003, 215; *Zink/Schubert*, Werkstätten für Behinderte im Wandel, Neuwied 1994.

Inhaltsübersicht

	Rdnr.
A. Allgemeines	1–3
B. Begriff und Aufgabe der Werkstatt für behinderte Menschen (Abs. 1)	4–9
I. Begriff	4
II. Aufgabe der WfbM	5–9
C. Anforderungen an die Werkstatt für behinderte Menschen	10–18
I. Angebot der WfbM (Abs. 1 Satz 4)	10
II. Personal der WfbM (Abs. 1 Satz 4)	11–13
III. Zugang zur WfbM (Abs. 2)	14–18
D. Angegliederte Einrichtungen (Abs. 3)	19–21

A. Allgemeines

Der 12. Abschnitt definiert den **Begriff** der Werkstätten für behinderte Menschen – WfbM – (§ 136), die Voraussetzung für die **Aufnahme** schwerbehinderter Menschen in die WfbM (§ 137), die **Rechtsstellung** und die **Mitwirkungsrechte** der in der WfbM tätigen behinderten Menschen (§§ 138 und 139) sowie Einzelheiten bzgl. der Anrechnung von Aufträgen an die WfbM auf die Ausgleichsabgabe (§ 140) sowie der Vergabe öffentlicher Aufträge an die WfbM (§ 141). Hinzu kommen noch die leistungsrechtlichen Vorschriften der §§ 39 ff.

Die WfbM sind 1974 in das Schwerbehindertengesetz aufgenommen worden. Der in § 136 definierte Begriff der Werkstätten für behinderte Menschen ist nicht nur für das SGB IX, sondern **für das gesamte Sozialrecht maßgeblich** (so *Neumann/Pahlen/Majerski-Pahlen,* SGB IX, SchwbG, § 136 Rdnr. 3). Zur Zeit bestehen ca. 671 anerkannte Werkstätten für behinderte Menschen mit ca. 227 000 Plätzen (Bericht der Bundesregierung über die Lage der Behinderten und die Entwicklung der Teilhabe v. 16. 12. 2004, BT-Drucks. 15/4575).

3 § 136 bestimmt **Zweck und Begriff** der Werkstatt für behinderte Menschen. Aufgabe der Werkstatt für behinderte Menschen ist die Eingliederung schwerbehinderter Menschen in das Arbeitsleben. Daneben normiert § 136, welchen Anforderungen die WfbM genügen muss, um als Werkstatt für behinderte Menschen anerkannt zu sein. Die Vorschrift ist inhaltsgleich zu der aufgehobenen Vorschrift des § 54 SchwbG.

B. Begriff und Aufgabe der Werkstatt für behinderte Menschen (Abs. 1)

I. Begriff

4 Die Werkstatt für behinderte Menschen ist eine Einrichtung der **beruflichen Rehabilitation** für behinderte Menschen, die wegen der Art und Schwere der Behinderung noch nicht oder nicht wieder auf dem allgemeinen Arbeitmarkt beschäftigt werden können. Der Begriff gilt einheitlich für das gesamte Sozialversicherungsrecht (*Vater,* in: HK-SGB IX, § 136 Rdnr. 7). Leistungen im Berufsbildungsbereich der WfbM erhalten behinderte Menschen, wenn die Leistungen erforderlich sind, um die Leistungs- und Erwerbsfähigkeit soweit wie möglich zu verbessern oder wiederherzustellen oder wenn zu erwarten ist, dass der behinderte Mensch in der Lage ist, wenigstens ein Mindestmaß wirtschaftlich vertretbarer Arbeitsleistung zu erbringen. Im Arbeitsbereich werden Leistungen behinderten Menschen gewährt, bei denen eine Beschäftigung auf dem allgemeinen Arbeitsmarkt wegen Art oder Schwere der Behinderung nicht, noch nicht oder noch nicht wieder in Betracht kommt.

II. Aufgabe der WfbM

5 Die WfbM erfüllt eine Doppelaufgabe. Neben der Vorbereitung behinderter Menschen auf das Arbeitsleben soll sie die Eingliederung in das Arbeitsleben selbst bewirken. **Hauptzweck** der Werkstatt für behinderte Menschen ist die Eingliederung behinderter Menschen in das Arbeitsleben. Behinderte Menschen i. S. v. Abs. 1 sind sowohl schwerbehinderte Menschen als auch die nach § 2 Abs. 3 Gleichgestellten (allg. M., s. *Neumann/Pahlen/Majerski-Pahlen,* SGB IX, § 136 Rdnr. 6).

6 Die WfbM hat nach Abs. 1 Satz 2 denjenigen Menschen, die wegen der Art oder Schwere der Behinderung nicht, noch nicht oder nicht wieder auf dem Arbeitsmarkt beschäftigt werden können, zu helfen. Voraussetzung für die Aufnahme in die WfbM ist allerdings, dass auch der schwerbehinderte Mensch grundsätzlich **dem Arbeitsmarkt zur Verfügung steht.** Denn wer dem allgemeinen Arbeitsmarkt nicht zur Verfügung steht, hat keinen Anspruch auf Aufnahme in die WfbM (*Neumann/Pahlen/Majerski-Pahlen,* SGB IX, § 136 Rdnr. 9). Die Ursache der Behinderung, Art und Ausmaß der Behinderung dürfen bei der Aufnahme von behinderten Menschen in die WfbM keine Rolle spielen (§ 137).

7 Aufgabe der WfbM ist es nicht, die behinderten Menschen lediglich zu sammeln, zu bewahren und zu pflegen. Ziel ist die Förderung der Eingliederung behinderter Menschen auf dem allgemeinen Arbeitsmarkt. Deshalb ist die Aktivierung der Entwicklungs- und Lernmöglichkeiten vor dem Hintergrund dieser Zielrichtung Auf-

gabe der WfbM. Sie ist eine Einrichtung der **beruflichen Rehabilitation** behinderter Menschen.

Die WfbM hat nach Abs. 1 Satz 2 den Personen nach Satz 1: **8**
- eine angemessene berufliche Bildung und eine Beschäftigung zu einem ihrer Leistung angemessenen Arbeitsentgelt anzubieten und
- zu ermöglichen, ihre Leistungsfähigkeit zu entwickeln, zu erhöhen oder wieder zu gewinnen und dabei ihre Persönlichkeit weiterzuentwickeln.

Unter **Bildung** und **Beschäftigung** fallen die in §§ 4 und 5 WVO genannten Bereiche. Zur Frage des angemessenen Arbeitsentgelts s. § 138 Rdnr. 4–7 und zur Frage der umsatzsteuerrechtlichen Behandlung der WfbM s. *OFD Koblenz* vom 16. 12. 2003, Az: S 7104 A – St 44 3.

Die weiteren Einzelheiten über den Begriff und die Aufgaben der Werkstatt für **9** behinderte Menschen sind in der auf der Verordnungsermächtigung des § 144 Abs. 1 basierenden **Werkstättenverordnung** (WVO) enthalten (Anhang Nr. 3).

C. Anforderungen an die Werkstatt für behinderte Menschen

I. Angebot der WfbM (Abs. 1 Satz 4)

Nach Abs. 1 Satz 2 muss die WfbM über ein breites Angebot von **Berufsbil-** **10** **dungs-** und **Arbeitsplätzen** sowie über qualifiziertes Personal verfügen. Dieses Angebot muss der Art und Schwere der Behinderung, der unterschiedlichen Leistungsfähigkeit, den Entwicklungsmöglichkeiten sowie der Eignung und Neigung der behinderten Menschen Rechnung tragen, § 5 Abs. 1 WVO. Die Einzelheiten zu den Anforderungen bzgl. Berufsbildungsbereich und Arbeitsplätzen ergeben sich aus den §§ 4 und 5 WVO.

II. Personal der WfbM (Abs. 1 Satz 4)

Die Werkstatt für behinderte Menschen muss über **qualifiziertes Personal** **11** verfügen. Einzelheiten zu den Qualifikationsanforderungen sind in den §§ 9 bis 11 WVO geregelt. Qualifiziertes Personal ist zum einen der Werkstattleiter und zum anderen die Fachkräfte zur Arbeits- und Berufsförderung. Nach § 9 Abs. 2 WVO soll der Werkstattleiter in der Regel über einen Fachhochschulabschluss im kaufmännischen oder technischen Bereich oder einen gleichwertigen Bildungsstand, über ausreichend Berufserfahrung und eine sonderpädagogische Zusatzqualifikation verfügen. Einzelheiten zur **Ausbildung als Fachkraft** zur Arbeits- und Berufsförderung sind in der „Verordnung über die Prüfung zum anerkannten Abschluss Geprüfte Fachkraft zur Arbeits- und Berufsförderung in Werkstätten für behinderte Menschen" vom 25. 6. 2001 (BGBl. I S. 1239) geregelt.

Die Fachkräfte sollen in der Regel **Facharbeiter, Gesellen** oder **Meister** mit **12** einer mindestens zweijährigen Berufserfahrung in Industrie oder Handwerk sein. Sie müssen pädagogisch geeignet sein und über eine sonderpädagogische Zusatzqualifikation verfügen. Die Zahl der Fachkräfte zur Arbeits- und Berufsförderung im Berufsbildungs- und Arbeitsbereich richtet sich nach der Zahl und der Zusammensetzung der behinderten Menschen sowie der Art der Beschäftigung und der technischen Ausstattung des Arbeitsbereichs. § 9 Abs. 3 Satz 2 WVO bestimmt, dass das Zahlenverhältnis von Fachkräften zu behinderten Menschen im Berufsbildungsbereich 1 : 6 und im Arbeitsbereich 1 : 12 betragen soll.

§ 10 WVO bestimmt, dass die Werkstatt für behinderte Menschen zur sozialpä- **13** dagogischen, sozialen und medizinischen Betreuung der behinderten Menschen über begleitende Dienste verfügen muss, die den Bedürfnissen der behinderten Menschen gerecht werden. Nach § 10 Abs. 2 WVO sollen für 120 behinderte

Menschen in der Regel ein **Sozialpädagoge** oder ein **Sozialarbeiter** zur Verfügung stehen. Darüber hinaus muss die besondere ärztliche Betreuung der behinderten Menschen durch einen Arzt vertraglich sichergestellt werden (§ 10 Abs. 3 WVO).

III. Zugang zur WfbM (Abs. 2)

14 Die WfbM steht allen behinderten Menschen offen, soweit erwartet werden kann, dass sie spätestens nach Teilnahme an Maßnahmen im Berufsbildungsbereich wenigstens ein **Mindestmaß wirtschaftlich vertretbarer Arbeitsleistung** erbringen können (Abs. 2 Satz 1). Ein Minimum an Arbeitsleistung reicht aus (*BSG* v. 7. 12. 1983, 7 Rar 73/82; *BSG* v. 9. 3. 1994, 3/1 RK 12/93). Unerheblich ist, ob Arbeits-, Sach- und Personalaufwand und das Arbeitsergebnis des behinderten Menschen in einem wirtschaftlichen Verhältnis zueinander stehen (*Müller-Wenner/Schorn*, SGB IX, § 136 Rdnr. 33).

Ein Mindestmaß wirtschaftlich vertretbarer Arbeitsleistung liegt vor, wenn das Ergebnis der Arbeitsleistung des behinderten Menschen die Arbeitsleistung der WfbM insgesamt bereichert. Ein höherer Grad der Arbeitsleistung und ihrer Wirtschaftlichkeit ist nicht entscheidend; nicht mit einfließen darf eine betriebswirtschaftliche Kalkulation des Verhältnisses Arbeitsergebnis zu Personalaufwand (*BSG* v. 29. 6. 1995, BSGE 76, 178).

15 Nicht Voraussetzung ist, dass ein Mindestmaß wirtschaftlich vertretbarer Arbeitsleistung bereits bei Aufnahme in der WfbM vorliegt. Nach Abs. 2 Satz 1 genügt es, wenn erst im Laufe der Tätigkeit innerhalb der Werkstatt für behinderte Menschen die Arbeitsleistung des behinderten Menschen das erforderliche Maß an **Wirtschaftlichkeit** erreicht.

16 Eine **Unterscheidung** danach, wie leistungsfähig die behinderten Menschen sind, ist mit Abs. 2 Satz 1 **unvereinbar** (*Neumann/Pahlen/Majerski-Pahlen*, SGB IX, § 136 Rdnr. 15). Damit wird vermieden, dass sich in der Praxis eine Aufgliederung in WfB mit leistungsstarken bzw. leistungsschwachen behinderten Menschen herausbildet.

17 Eine Ausnahme hiervon ist in Abs. 2 Satz 2 festgelegt. Danach kann solchen behinderten Menschen die Aufnahme in eine WfB versagt werden, bei denen trotz einer der Behinderung angemessenen Betreuung eine erhebliche **Selbst- oder Fremdgefährdung** zu erwarten ist oder das Ausmaß der erforderlichen Betreuung und Pflege die Teilnahme an Maßnahmen im Berufsbildungsbereich oder sonstige Umstände ein Mindestmaß wirtschaftlich verwertbarer Arbeitsleistung im Arbeitsbereich dauerhaft nicht zulässt. Leistungen für die Ausnahme im Eingangsbereich einer Werkstatt für behinderte Menschen kommen nach § 136 Abs. 2 Satz 2 nicht in Betracht, wenn das Ausmaß der erforderlichen Betreuung und Pflege die Teilnahme an Maßnahmen im Berufsbildungsbereich oder sonstige Umstände ein Mindestmaß wirtschaftlich vertretbarer Arbeitsleistung im Arbeitsbereich dauerhaft nicht zulässt (*LSG NRW* v. 6. 10. 2003, L 12 B 68/03).

18 Eine allgemeine **Altersbegrenzung** für die Aufnahme in die WfbM ist im Gesetz nicht vorgeschrieben. Aus der Aufgabe der WfbM heraus, die Eingliederung behinderter Menschen in das Arbeitsleben zu fördern, wird aber eine Altersbegrenzung (60 oder 65) für die Aufnahme in die WfbM für zulässig erachtet.

D. Angegliederte Einrichtungen (Abs. 3)

19 Absatz 3 enthält eine Sonderregelung für behinderte Menschen, die die Voraussetzungen für eine Beschäftigung in einer WfbM nicht erfüllen. Diese behinderten

Menschen sollen in Einrichtungen oder Gruppen betreut und gefördert werden, die der Werkstatt angegliedert sind. Unter den **Personenkreis** nach Abs. 3 fallen u. a. alle behinderten Menschen, bei denen nach Abs. 2 Satz 2 eine wirtschaftlich vertretbare Arbeitsleistung nicht zu erwarten ist. Gemeint sind Personen, bei denen ausschließlich Arbeits- bzw. Beschäftigungstherapie oder Bewahrung bzw. Pflege in Betracht kommt. Rechtlich sind die WfbM und die angegliederten Einrichtungen eigenständige Einrichtungen (*Haines/Jacobs,* in: LPK-SGB IX, § 136 Rdnr. 16).

Die Entscheidung, ob behinderte Menschen die Voraussetzung für eine Beschäftigung in der WfbM erfüllen, ist im sog. Eingangsverfahren nach § 3 WVO zu treffen. Das Eingangsverfahren soll in der Regel **vier Wochen dauern** und kann in Zweifelsfällen bis zu drei Monate verlängert werden. Nach dieser Zeit gibt der Fachausschuss (vgl. § 2 WVO) auf Vorschlag des Trägers der Werkstatt und nach Anhörung des behinderten Menschen unter Würdigung aller Umstände des Einzelfalles eine Stellungnahme gegenüber dem zuständigen Sozialleistungsträger ab, § 3 Abs. 3 WVO. 20

Für die Einrichtung nach Abs. 3 gelten nicht die Vorschriften für die WfbM (*Vater,* in: HK-SGB IX, § 136 Rdnr. 33). Behinderte Menschen in angegliederten Einrichtungen sind daher nicht versicherungspflichtig und haben keinen Anspruch auf Arbeitsentgelt (§ 138) und Arbeitsförderungsgeld (§ 43). 21

§ 137 Aufnahme in die Werkstätten für behinderte Menschen

(1) [1]**Anerkannte Werkstätten nehmen diejenigen behinderten Menschen aus ihrem Einzugsgebiet auf, die die Aufnahmevoraussetzungen gemäß § 136 Abs. 2 erfüllen, wenn Leistungen durch die Rehabilitationsträger gewährleistet sind; die Möglichkeit zur Aufnahme in eine andere anerkannte Werkstatt nach Maßgabe des § 9 des Zwölften Buches oder entsprechender Regelungen bleibt unberührt.** [2]**Die Aufnahme erfolgt unabhängig von**

1. **der Ursache der Behinderung,**
2. **der Art der Behinderung, wenn in dem Einzugsgebiet keine besondere Werkstatt für behinderte Menschen für diese Behinderungsart vorhanden ist, und**
3. **der Schwere der Behinderung, der Minderung der Leistungsfähigkeit und einem besonderen Bedarf an Förderung, begleitender Betreuung oder Pflege.**

(2) **Behinderte Menschen werden in der Werkstatt beschäftigt, solange die Aufnahmevoraussetzungen nach Absatz 1 vorliegen.**

Schrifttum: *Jacobs,* Das arbeitnehmerähnliche Rechtsverhältnis in § 54b SchwbG, ZfSH/SGB 1998, 203; *Rühle,* Kündigung der Werkstattverhältnisse von Schwerbehinderten, DB 2001, 1364; *Schell/Cleavenger,* Verbesserungen in den Behindertenwerkstätten, BArbBl. 2001, 22.

Inhaltsübersicht

	Rdnr.
A. Allgemeines	1
B. Voraussetzungen für den Aufnahmeanspruch (Abs. 1)	2–6
I. Persönlicher Geltungsbereich	2
II. Regionaler Bezug	3, 4
III. Sicherung der Kostenübernahme	5
IV. Ursache, Art und Schwere der Behinderung	6
C. Dauer des Aufenthalts in der WfbM (Abs. 2)	7, 8
D. Verfahrensfragen	9, 10

A. Allgemeines

1 Die Vorschrift regelt, unter welchen Voraussetzungen die Werkstätten für behinderte Menschen verpflichtet sind, behinderte Menschen aufzunehmen. Danach haben behinderte Menschen bei Vorliegen der in Abs. 1 genannten Voraussetzung einen **Anspruch** auf **Aufnahme** in die WfbM sowie auf **Weiterbeschäftigung**, solange die Aufnahmevoraussetzungen vorliegen (*Neumann/Pahlen/Majerski-Pahlen*, SGB IX, § 137 Rdnr. 3). § 137 ist im Wesentlichen inhaltsgleich zu der aufgehobenen Vorschrift des § 54a SchwbG, die erst 1996 mit dem Gesetz zur Reform des Sozialhilferechts vom 23. 7. 1996 (BGBl. I S. 1088) in das Schwerbehindertengesetz eingefügt wurde.

B. Voraussetzungen für den Aufnahmeanspruch (Abs. 1)

I. Persönlicher Geltungsbereich

2 Die behinderten Menschen haben einen **Rechtsanspruch** auf Aufnahme in die WfbM, soweit die Aufnahmebedingungen erfüllt sind. Erste Voraussetzung für die Aufnahme in die WfbM ist, dass der behinderte Mensch spätestens nach Teilnahme an Maßnahmen im Berufsbildungsbereich wenigstens ein Mindestmaß wirtschaftlich vertretbarer Arbeitsleistung erbringen kann (§ 136 Abs. 2). Bei Vorliegen der Aufnahmevoraussetzungen besteht ein Ermessensspielraum der WfbM bei der Aufnahmeentscheidung (*Müller-Wenner/Schorn*, SGB IX, § 137 Rdnr. 3). Dies gilt auch für den Fall, dass die Kapazitätsgrenze der WfbM bereits überschritten ist. Denn die WfbM ist verpflichtet, eine Versorgung mit einer entsprechenden Zahl von Plätzen in ihrem Einzugsbereich sicherzustellen.

II. Regionaler Bezug

3 Absatz 1 Satz 1 knüpft den Anspruch auf Aufnahme in eine WfbM daran, dass der Behinderte aus dem **Einzugsgebiet** der Werkstatt für behinderte Menschen kommt. Der Begriff des Einzugsgebiets ist in § 8 Abs. 3 WVO näher konkretisiert. Danach ist das Einzugsgebiet der WfbM so zu bemessen, dass die Werkstatt für die behinderten Menschen mit öffentlichen oder sonstigen Verkehrsmitteln zu erreichen ist. Entscheidend für die Bestimmung des Einzugsgebiets ist der Wohnsitz oder der gewöhnliche Aufenthalt des behinderten Menschen (§ 30 Abs. 3 SGB I).

4 Eine Ausnahme dieses regionalen Bezugs ist in Satz 2 Nr. 2 geregelt. Danach besteht ein Anspruch auf Aufnahme in die WfbM unabhängig von der Art der Behinderung, wenn in dem Einzugsgebiet keine besondere Werkstatt für behinderte Menschen für die konkrete Behinderungsart vorliegt. Aufgrund der möglicherweise sehr weiten Entfernung zum Wohnort des behinderten Menschen zur WfbM kommt in diesen Fällen auch eine **stationäre Aufnahme** in die WfbM in Betracht (*Neumann/Pahlen/Majerski-Pahlen*, SGB IX, § 137 Rdnr. 6).

III. Sicherung der Kostenübernahme

5 Der Anspruch auf Aufnahme in die WfbM besteht nur dann, wenn Leistungen durch die Rehabilitationsträger gewährleistet sind. Die Möglichkeit der Übernahme der Kosten durch den behinderten Menschen ist gegenüber der alten Fassung des § 54a SchwbG entfallen. Unter dem Begriff **„Kosten"** sind in erster Linie die Vergütungen für die Leistung der WfbM zu verstehen.

IV. Ursache, Art und Schwere der Behinderung

Nach Satz 2 Nr. 1–3 hat die **Aufnahme** des behinderten Menschen in die WfbM unabhängig von Ursache (Nr. 1), Art (Nr. 2) oder Schwere (Nr. 3) der Behinderung zu erfolgen. Voraussetzung für die Aufnahme in die WfbM ist jedoch, dass der behinderte Mensch ein Mindestmaß an wirtschaftlich verwertbarer Arbeitsleistung erbringen kann, § 136 Abs. 2.

C. Dauer des Aufenthalts in der WfbM (Abs. 2)

Absatz 2 sichert den behinderten Menschen ein Verbleiberecht in der WfbM. Er bestimmt, dass behinderte Menschen so lange Anspruch auf Verbleib in der WfbM haben, soweit die Aufnahmevoraussetzungen des Abs. 1 **(Werkstattfähigkeit)** vorliegen. Von dieser zwingenden Regelung kann nicht durch andere Vereinbarungen im Werkstattvertrag abgewichen werden (*Müller-Wenner/Schorn*, SGB IX, § 137 Rdnr. 12). Eine dennoch abgeschlossene Vereinbarung ist gem. § 134 BGB nichtig. Sind in einem Werkstattvertrag jedoch zusätzliche Kündigungsbeschränkungen vereinbart worden, so ist die WfbM hieran gebunden (*ArbG Mönchengladbach* v. 11. 11. 1999, RdLH 2000, 31).

Eine Kündigung des behinderten Menschen nach arbeitsrechtlichen Grundsätzen (§ 1 KSchG) kommt nicht in Betracht (allg. Meinung: *Rühle*, DB 2001, 1364; *Haines/Jacobs*, in: LPK-SGB IX, § 137 Rdnr. 36). Die Kündigung eines schwerbehinderten Menschen, der auf Grund eines Werkstattvertrages beschäftigt wird, ist unwirksam, wenn die Zustimmung des Integrationsamtes nach § 85 nicht eingeholt wurde (*ArbG Koblenz* v. 9. 8. 2002, NZA-RR 2003, 188).

D. Verfahrensfragen

Lehnt die Werkstatt für behinderte Menschen die Aufnahme eines behinderten Menschen ab, so kann gegen diese Ablehnung **Klage** erhoben werden. Die Klage ist auf die Feststellung gerichtet, dass die WfbM zur Aufnahme des behinderten Menschen verpflichtet ist. Zuständig sind die **Arbeitsgerichte,** § 2 Nr. 10 ArbGG (*Neumann/Pahlen/Majerski-Pahlen*, SGB IX, § 137 Rdnr. 3; a.A: *Müller-Wenner/ Schorn*, SGB IX, § 137 Rdnr. 15). Auch über Streitigkeiten über die Beendigung des Werkstattverhältnisses entscheiden die Arbeitsgerichte (*Müller-Wenner/Schorn*, SGB IX, § 137 Rdnr. 15).

Die Aufnahme in das Eingangsverfahren einer WfbM kann auch im Wege des einstweiligen Rechtsschutzes erreicht werden (*SG Stuttgart* v. 10. 5. 2002, RdLH 2003, 30). Ein Anordnungsgrund ist nicht gegeben, wenn von vornherein feststeht, dass eine Eingliederung in eine WfbM deshalb nicht in Betracht kommt, weil ein Mindestmaß wirtschaftlich vertretbarer Arbeitsleistung nicht zu erwarten ist (*SG Düsseldorf* v. 30. 7. 2003, RdLH 2003, 132).

§ 138 Rechtsstellung und Arbeitsentgelt behinderter Menschen

(1) **Behinderte Menschen im Arbeitsbereich anerkannter Werkstätten stehen, wenn sie nicht Arbeitnehmer sind, zu den Werkstätten in einem arbeitnehmerähnlichen Rechtsverhältnis, soweit sich aus dem zugrunde liegenden Sozialleistungsverhältnis nichts anderes ergibt.**

(2) ¹**Die Werkstätten zahlen aus ihrem Arbeitsergebnis an die im Arbeitsbereich beschäftigten behinderten Menschen ein Arbeitsentgelt, das sich**

§ 138

aus einem Grundbetrag in Höhe des Ausbildungsgeldes, das die Bundesagentur für Arbeit nach den für sie geltenden Vorschriften behinderten Menschen im Berufsbildungsbereich zuletzt leistet, und einem leistungsangemessenen Steigerungsbetrag zusammensetzt. ²Der Steigerungsbetrag bemisst sich nach der individuellen Arbeitsleistung der behinderten Menschen, insbesondere unter Berücksichtigung von Arbeitsmenge und Arbeitsgüte.

(3) Der Inhalt des arbeitnehmerähnlichen Rechtsverhältnisses wird unter Berücksichtigung des zwischen den behinderten Menschen und dem Rehabilitationsträger bestehenden Sozialleistungsverhältnisses durch Werkstattverträge zwischen den behinderten Menschen und dem Träger der Werkstatt näher geregelt.

(4) Hinsichtlich der Rechtsstellung der Teilnehmer an Maßnahmen im Eingangsverfahren und im Berufsbildungsbereich gilt § 36 entsprechend.

(5) Ist ein volljähriger behinderter Mensch gemäß Absatz 1 in den Arbeitsbereich einer anerkannten Werkstatt für behinderte Menschen im Sinne des § 136 aufgenommen worden und war er zu diesem Zeitpunkt geschäftsunfähig, so gilt der von ihm abgeschlossene Werkstattvertrag in Ansehung einer bereits bewirkten Leistung und deren Gegenleistung, soweit diese in einem angemessenen Verhältnis stehen, als wirksam.

(6) War der volljährige behinderte Mensch bei Abschluss eines Werkstattvertrages geschäftsunfähig, so kann der Träger einer Werkstatt das Werkstattverhältnis nur unter den Voraussetzungen für gelöst erklären, unter denen ein wirksamer Vertrag seitens des Trägers einer Werkstatt gekündigt werden kann.

(7) Die Lösungserklärung durch den Träger einer Werkstatt bedarf der schriftlichen Form und ist zu begründen.

Schrifttum: *Finke*, Leistungsverbesserungen für Besucher von Werkstätten für behinderte Menschen durch das SGB IX, BehindertenR 2002, 6; *Krock*, Zur Verwendung des Arbeitsergebnisses durch Werkstätten für behinderte Menschen, WPg 2003, 858; *Lachwitz*, Lohn und Sozialhilfe in der Werkstatt für Behinderte (WfbM) – ein Spannungsverhältnis?, SGb 1996, 547; *Lipp*, Die neue Geschäftsfähigkeit Erwachsener, FamRZ 2003, 721; *Rühle*, Kündigung der Werkstattverhältnisse von Schwerbehinderten, DB 2001, 1364; *Schröder*, Arbeitsgerichtliche Fragen des Werkstattverhältnisses, AuR 2001, 172; *Thiel*, Werkstätten-Mitwirkungsverordnung für Werkstätten für behinderte Menschen, ZMV 2001, 219; *Wendt*, Zur Entlohnung der Beschäftigten in der WfbM, AuR 1989, 128; *dies.*, Vorläufige Werkstattempfehlungen der Bundesarbeitsgemeinschaft der überörtlichen Träger der Sozialhilfe, RdLH 2002, 24; *Wolber*, Wegeunfälle von behinderten Menschen in anerkannten Werkstätten, SozVers 2001, 294.

Inhaltsübersicht

	Rdnr.
A. Allgemeines	1
B. Rechtsstellung der behinderten Beschäftigten in der WfbM (Abs. 1)	2–4
C. Arbeitsentgelt der behinderten Menschen (Abs. 2)	5–11
D. Werkstattverträge (Abs. 3)	12–15
E. Geschäftsfähigkeit des behinderten Menschen (Abs. 5 und 6)	16–18
F. Lösungserklärung (Abs. 7)	19
G. Verfahrensfragen	20

A. Allgemeines

Die Vorschrift regelt das **Rechtsverhältnis** der behinderten Menschen zur 1
Werkstatt für behinderte Menschen (Abs. 1) und enthält eine Grundlage für die
Berechnung des den in der Werkstatt für behinderte Menschen Beschäftigten zu
zahlenden **Arbeitsentgelts** (Abs. 2). § 138 entspricht im Wesentlichen der aufgehobenen Vorschrift des § 54 b SchwbG. Die Absätze 5 bis 7 sind durch Art. 30 des
Gesetzes zur Änderungen des Rechts der Vertretung durch Rechtsanwälte vor den
Oberlandgerichten vom 23. 7. 2002 (BGBl. I S. 2860) eingefügt.

B. Rechtsstellung der behinderten Beschäftigten in der WfbM (Abs. 1)

Absatz 1 bestimmt, dass behinderte Menschen im Arbeitsbereich anerkannter 2
Werkstätten für behinderte Menschen in einem **arbeitnehmerähnlichen Verhältnis** zu der WfbM stehen. Dies gilt nur, soweit sie nicht Arbeitnehmer sind
oder soweit sich aus dem zugrunde liegenden Sozialleistungsverhältnis nichts anderes ergibt. Die Arbeitnehmereigenschaft bestimmt sich nach den allgemeinen
Grundsätzen (vgl. *BAG* v. 26. 7. 1995, AP Nr. 79 zu § 611 BGB Abhängigkeit).
Die Abgrenzung erfolgt danach, ob die durch Fördermaßnahmen und Betreuung
begleitete Arbeitsleistung oder die Rehabilitation des behinderten Menschen im
Vordergrund steht (Münch/ArbR-*Cramer,* § 237 Rdnr. 32; *Müller-Wenner/Schorn,*
SGB IX, § 138 Rdnr. 5).

Aufgrund des **Status als arbeitnehmerähnliche Person** (§ 12a TVG) sind 3
die Vorschriften und Grundsätze über Arbeitszeit, Urlaub, Entgeltfortzahlung im
Krankheitsfall und an Feiertagen, Mutterschutz, Arbeitsschutz und Haftung im Arbeitsrecht anwendbar (*Neumann/Pahlen/Majerski-Pahlen,* SGB IX, § 138 Rdnr. 12).
Das Gleiche gilt für den Zusatzurlaub nach § 125 (*Neumann/Pahlen/Majerski-Pahlen,* SGB IX, § 138 Rdnr. 12; *Müller-Wenner/Schorn,* SGB IX, § 138 Rdnr. 1).

Eine Verpflichtung des behinderten Menschen zur Arbeitsleistung besteht nicht 4
(*Müller-Wenner/Schorn,* SGB IX, § 138 Rdnr. 9). Dies hat zur Konsequenz, dass
auch eine Abmahnung oder Kündigung wegen Schlecht- oder Nichtleistung bei
andauernder Werkstattfähigkeit nicht in Betracht kommt (*ArbG Hamm* v. 17. 8.
1999, RdLH 2000, 36).

C. Arbeitsentgelt der behinderten Menschen (Abs. 2)

Nach Abs. 2 ist die WfbM zur Zahlung eines Arbeitsentgelts an die im Arbeits- 5
bereich beschäftigten behinderten Menschen verpflichtet. Für die im Berufsbildungsbereich teilnehmenden behinderten Menschen besteht **kein Anspruch
auf Arbeitsentgelt** (allg. M., s. *Neumann/Pahlen/Majerski-Pahlen,* SGB IX, § 138
Rdnr. 24 m. w. N.). Diese Personen erhalten in der Regel vom zuständigen Sozialleistungsträger Leistungen (*BSG* v. 26. 9. 1990, SozR 3–4100 § 58 Rdnr. 1).

Das Arbeitsentgelt muss der Leistung des behinderten Menschen **angemessen** 6
sein (§ 136 Abs. 1 Satz 2 Nr. 1). Das Arbeitsentgelt setzt sich zusammen aus:
- einem **Grundbetrag** in Höhe des Ausbildungsgeldes, das die Bundesagentur für
 Arbeit für behinderte Menschen im Berufsbildungsbereich zuletzt leistet und
- einem leistungsangemessenen **Steigerungsbetrag.** Der Steigerungsbetrag bemisst sich nach der individuellen Leistungsfähigkeit des behinderten Menschen.

7 Der **Grundbetrag** orientiert sich an den Leistungen der Bundesagentur für Arbeit. Nach den §§ 97 ff., 104 ff. SGB III war ein **Ausbildungsgeld** in Höhe von DM 125 in den alten Bundesländern (§ 107 SGB III) bzw. DM 110 in den neuen Bundesländern (§ 414 Abs. 1 Nr. 4 SGB III) zu zahlen. Nach Art. 9 des „Gesetzes zur Reform und Verbesserung der Ausbildungsförderung – Ausbildungsförderungsreformgesetz" vom 19. 3. 2001 (BGBl. I S. 390) beträgt ab dem 1. 8. 2001 der Bedarf bei Maßnahmen in einer WfbM im ersten Jahr 57 Euro, danach 67 Euro (§ 107 SGB III). Diese Beträge gelten bundeseinheitlich, da die Sonderregelung des § 414 SGB III für die neuen Bundesländer aufgehoben wurde.

8 Eine Differenzierung des Grundbetrages nach der individuellen Leistungsfähigkeit des behinderten Menschen ist nicht zulässig (*BAG* v. 3. 3. 1999, AP Nr. 1 zu § 54 b SchwbG 1986). Auch eine Kürzung des Grundbetrages bei Schlechtleistung des behinderten Menschen ist nicht möglich (*Müller-Wenner/Schorn*, SGB IX, § 138 Rdnr. 13; a. A. *Haines/Jabobs*, in: LPK-SGB IX, § 138 Rdnr. 21). Dagegen ist bei einer Teilzeitbeschäftigung eine anteilige Kürzung des Grundbetrages grundsätzlich zulässig, soweit die verkürze Arbeitszeit nicht auf Grund von § 6 Abs. 2 WVO erfolgt (*Haines/Jabobs*, in: LPK-SGB IX, § 138 Rdnr. 19; *Müller-Wenner/Schorn*, SGB IX, § 138 Rdnr. 14).

9 Der **Steigerungsbetrag** bestimmt sich nach der persönlichen Leistungsfähigkeit des behinderten Menschen. Entscheidend ist die Arbeitsmenge und die Arbeitsgüte (Abs. 2 Satz 2). Bei der Berechnung des Steigerungsbetrages sind die Besonderheiten der einzelnen WfbM zu beachten (§ 12 Abs. 4 und 5 WVO). In welcher Höhe der Steigerungsbetrag gezahlt wird, bestimmt die WfbM nach billigem Ermessen und Berücksichtigung der Ertragslage. Die Ermessensentscheidung der WfbM ist gerichtlich überprüfbar (§ 315 Abs. 3 BGB) (*Neumann/Pahlen/Majerski-Pahlen*, SGB IX, § 138 Rdnr. 29).

10 Behinderte Menschen, die in WfbM arbeiten und einen Teil ihres Arbeitslohns vermögenswirksam anlegen wollen, können die Arbeitnehmer-Sparzulage erhalten (*Oberfinanzdirektion Frankfurt a/M*, Az: S 2432 A – 5 – St II 31). Entgelt, das ein Behinderter im Arbeitsbereich einer Behindertenwerkstatt erzielt, ist unterhaltsrechtlich anrechenbares Arbeitseinkommen (*OLG Brandenburg* v. 11. 3. 2004, FamRB 2004, 287).

11 Ergänzend zum Arbeitsentgelt nach Abs. 2 kann der behinderte Mensch das sog. Arbeitsförderungsgeld nach § 43 erhalten. Anspruchsinhaber des Arbeitsförderungsgeldes ist der behinderte Mensch, nicht aber die WfbM (*Müller-Wenner/Schorn*, SGB IX, § 138 Rdnr. 21; a. A. *Haines/Jacobs*, in: LKP-SGB IX, § 138 Rdnr. 26).

D. Werkstattverträge (Abs. 3)

12 Absatz 3 bestimmt, dass der Inhalt des arbeitnehmerähnlichen Rechtsverhältnisses durch **Werkstattverträge** zwischen den behinderten Menschen und der Werkstatt näher geregelt wird. Die h. M. vertrat zum aufgehobenen § 54 b Abs. 3 SchwbG die Auffassung, der behinderte Mensch habe Anspruch auf Abschluss eines Werkstattvertrages (*Neumann/Pahlen/Majerski-Pahlen*, SGB IX, § 138 Rdnr. 20). Trotz der gegenüber dem aufgehobenen § 54 b Abs. 3 SchwbG abweichenden Formulierung („wird ... näher geregelt" statt früher „ist ... näher zu regeln") gilt für § 138 Abs. 3 Gleiches.

13 Der Abschluss des Werkstattvertrages hat lediglich **deklaratorische Bedeutung** (*Vater*, in: HK-SGB IX, § 138 Rdnr. 17), denn das arbeitnehmerähnliche Rechtsverhältnis entsteht bereits mit die Aufnahme der Beschäftigung im Arbeitsbereich der WfbM. Absatz 3 regelt nicht die inhaltlichen Anforderungen des Werk-

stattvertrags. Der Vertrag muss zumindest individuell gestaltet sein. Eine **Blankettverweisung** auf Musterverträge genügt nicht.

Der Werkstattvertrag bedarf nicht der Zustimmung des zuständigen Sozialleistungsträgers. Über die Vereinbarung ist der **zuständige Sozialleistungsträger** aber zu unterrichten (§ 13 Abs. 1 Satz 2 WVO). Ein schriftlicher Werkstattvertrag ist nicht vorgeschrieben (*Götze*, in: Hauck/Noftz, SGB IX, § 138 Rdnr. 11; a. A. *Müller-Wenner/Schorn*, SGB IX, § 138 Rdnr. 26, wonach § 13 Abs. 1 WVO nicht lediglich eine Sollvorschrift ist. Nach § 13 Abs. 1 Satz 1 hat die WfbM aber den Abschluss eines schriftlichen Vertrages anzubieten.

Zum Inhalt des Werkstattvertrages bestehen im Gesetz und WVO **keine Vorgaben**. Aufgenommen werden sollten in den Werkstattvertrag die üblicherweise in Arbeitsverträgen enthaltenen Vereinbarungen. Vereinbart können auch besondere Modalitäten bei der Beendigung des Werkstattvertrages, z. B. Bindung an die Entscheidung des Fachausschusses (*ArbG Mönchengladbach* v. 11. 11. 1999, RdLH 2000, 31).

E. Geschäftsfähigkeit des behinderten Menschen (Abs. 5 und 6)

Die Rechtswirksamkeit des Werkstattvertrages setzt die Geschäftsfähigkeit des behinderten Menschen voraus. Der mit dem OLG-Vertretungsänderungsgesetz vom 23. 7. 2002 (BGBl. I S. 2860) eingefügte Abs. 5 bestimmt jedoch die Wirksamkeit eines mit einem volljährig geschäftsunfähigen behinderten Menschen abgeschlossenen Werkstattvertrages. Voraussetzung für die Wirksamkeit ist, dass Leistung und Gegenleistung in einem angemessenen Verhältnis zueinander stehen. Absatz 5 fingiert insofern die Wirksamkeit des Werkstattvertrages (*Neumann/Pahlen/Majerski-Pahlen*, SGB IX, § 138 Rdnr. 34a).

Mit der Fiktion sollen gegenseitig Rückforderungen ausgeschlossen werden (BT-Drucks. 14/9266, Begründung, S. 53). Insofern ist der Vertrag nicht von Anfang an wirksam, soweit bereits gegenseitige Leistungen bewirkt worden sind. Die Frage der „Angemessenheit" von Leistung und Gegenleistung bestimmt sich nach § 138 Abs. 2.

Der ebenfalls mit Gesetz vom 23. 7. 2002 eingefügte Abs. 6 soll sicherstellen, dass der Träger einer Werkstatt beim Abschluss eines Werkstattvertrages mit einem Geschäftsunfähigen nicht besser gestellt ist, als wenn sein Geschäftspartner geschäftsfähig gewesen wäre (so *Vater*, in: HK-SGB IX, § 138 Rdnr. 20). Der Werkstattvertrag ist nur unter den Voraussetzungen zulässig, unter denen auch ein wirksamer Vertrag seitens des Trägers der Werkstatt hätte gekündigt werden können.

F. Lösungserklärung (Abs. 7)

Der mit dem OLG-Vertretungsänderungsgesetz eingefügte Abs. 7 bestimmt, dass die Lösungserklärung durch den Träger der Werkstatt der schriftlichen Form bedarf und zu begründen ist. Das Schriftformerfordernis soll zur Rechtssicherheit beitragen. Abs. 7 gilt nur für den Träger der Werkstatt und nicht für den behinderten Menschen. Die Schriftform ist ebenso wie bei § 623 BGB Wirksamkeitsvoraussetzung für die Kündigung. Keine Wirksamkeitsvoraussetzung ist dagegen die nach Abs. 7 vorgeschriebene Begründung (so *Neumann/Pahlen/Majerski-Pahlen*, SGB IX, § 138 Rdnr. 34b).

G. Verfahrensfragen

20 Bei Streitigkeiten zwischen der WfbM und dem behinderten Menschen ist der Rechtsweg zu den Zivilgerichten eröffnet, denn es handelt sich um ein privatrechtliches Verhältnis. Die **Arbeitsgerichte** sind zuständig, § 2 Abs. 1 Nr. 10 ArbGG (*Neumann/Pahlen/Majerski-Pahlen*, SGB IX, § 138 Rdnr. 35; *Vater*, in: HK-SGGB IX, § 138 Rdnr. 8; *Müller-Wenner/Schorn*, SGB IX, § 138 Rdnr. 23). Für Streitigkeiten zwischen dem behinderten Menschen und dem Sozialleistungsträger ist der Rechtsweg zu den Sozial- bzw. den Verwaltungsgerichten eröffnet, denn es handelt sich um ein öffentlich-rechtliches Rechtsverhältnis (MünchArbR-*Cramer*, § 237 Rdnr. 41; *Neumann/Pahlen/Majerski-Pahlen*, SGB IX, § 138 Rdnr. 16; *Vater*, in: HK-SGB IX, § 138 Rdnr. 5, s. auch die vorläufigen Auslegungshinweise des Deutschen Vereins zur Anwendung von Vorschriften des SGB IX in der Sozial- und Jugendhilfe, NDV 2002, 114).

§ 139 Mitwirkung

(1) ¹**Die in § 138 Abs. 1 genannten behinderten Menschen wirken unabhängig von ihrer Geschäftsfähigkeit durch Werkstatträte in den ihre Interessen berührenden Angelegenheiten der Werkstatt mit.** ²**Die Werkstatträte berücksichtigen die Interessen der im Eingangsverfahren und im Berufsbildungsbereich der Werkstätten tätigen behinderten Menschen in angemessener und geeigneter Weise, solange für diese eine Vertretung nach § 36 nicht besteht.**

(2) **Ein Werkstattrat wird in Werkstätten gewählt; er setzt sich aus mindestens drei Mitgliedern zusammen.**

(3) **Wahlberechtigt zum Werkstattrat sind alle in § 138 Abs. 1 genannten behinderten Menschen; von ihnen sind die behinderten Menschen wählbar, die am Wahltag seit mindestens sechs Monaten in der Werkstatt beschäftigt sind.**

(4) ¹**Die Werkstätten für behinderte Menschen unterrichten die Personen, die behinderte Menschen gesetzlich vertreten oder mit ihrer Betreuung beauftragt sind, einmal im Kalenderjahr in einer Eltern- und Betreuerversammlung in angemessener Weise über die Angelegenheiten der Werkstatt, auf die sich die Mitwirkung erstreckt, und hören sie dazu an.** ²**In den Werkstätten kann im Einvernehmen mit dem Träger der Werkstatt ein Eltern- und Betreuerbeirat errichtet werden, der die Werkstatt und den Werkstattrat bei ihrer Arbeit berät und durch Vorschläge und Stellungnahmen unterstützt.**

Schrifttum: *Finke*, Leistungsverbesserungen für Besucher von Werkstätten für behinderte Menschen durch das SGB IX, BehindertenR 2002, 5; *Schell/Cleavenger*, Verbesserungen in den Behindertenwerkstätten, BArbl. 2001, 22; *Thiel*, Werkstätten-Mitwirkungsverordnung für Werkstätten für behinderte Menschen, ZVM 2001, 219; *Wendt*, Werkstatt für behinderte Menschen – Mitwirkungsverordnung verabschiedet, RdLH 2001, 63.

Inhaltsübersicht

	Rdnr.
A. Allgemeines	1
B. Persönlicher Geltungsbereich (Abs. 1)	2, 3
C. Größe des Werkstattrates (Abs. 2)	4

	Rdnr.
D. Wahl des Werkstattrates	5, 6
I. Wahlberechtigung/Wählbarkeit (Abs. 3)	5
II. Durchführung der Wahl/Amtszeit	6
E. Unterrichtungspflicht gegenüber dem gesetzlichen Vertreter (Abs. 4)	7, 8
F. Aufgaben und Mitwirkungsrechte des Werkstattrates	9–11
I. Aufgaben des Werkstattrates	10
II. Mitwirkungsrechte des Werkstattrates	11, 12
G. Verfahrensfragen	13

A. Allgemeines

§ 139 regelt die Mitwirkung der im Arbeitsbereich der WfbM tätigen behinderten Menschen, die in einem arbeitnehmerähnlichen Rechtsverhältnis stehen. Diese behinderten Menschen können durch einen **Werkstattrat** vertreten werden. Eine Verpflichtung zur Errichtung eines Werkstattrates besteht nicht (*Neumann/Pahlen/Majerski-Pahlen*, SGB IX, § 139 Rdnr. 6). Konkretisiert wird die Vorschrift durch die auf der Grundlage von § 144 Abs. 2 zum 1. 7. 2001 erlassene Werkstätten-Mitwirkungsverordnung (WMVO), die die in der Vergangenheit vielfach noch offenen Fragen umfassend regelt (s. Anhang Nr. 5). § 139 entspricht im Wesentlichen der aufgehobenen Vorschrift des § 54c SchwbG. Die in § 54c Abs. 4 SchwbG erhaltene Verordnungsermächtigung ist nun in § 144 Abs. 2 normiert. 1

B. Persönlicher Geltungsbereich (Abs. 1)

Nach Abs. 1 wirken die in § 138 Abs. 1 genannten Personen in den ihre Interessen berührenden Angelegenheiten mit. Personen nach § 138 Abs. 1 sind diejenigen behinderten Menschen im Arbeitsbereich der WfG, die in einem arbeitnehmerähnlichen Verhältnis stehen. Für die in einem Arbeitsverhältnis zur WfbM stehenden behinderten Menschen findet das Betriebsverfassungsgesetz Anwendung. Von Abs. 1 nicht umfasst sind die im **Eingangs- oder Berufsbildungsbereich** der WfbM tätigen behinderten Menschen (*Neumann/Pahlen/Majerski-Pahlen*, SGB IX, § 139 Rdnr. 3). Dies ergibt sich eindeutig aus der Bezugnahme auf § 138 Abs. 1. 2

Die Mitwirkungsbefugnis besteht **unabhängig** von der **Geschäftsfähigkeit** der behinderten Menschen (*Neumann/Pahlen/Majerski-Pahlen*, SGB IX, § 139 Rdnr. 4). Nach Abs. 4 sind allerdings die gesetzlichen Vertreter über die Angelegenheiten der Werkstatt, auf sich die Mitwirkung erstreckt, zu unterrichten und anzuhören. 3

C. Größe des Werkstattrates (Abs. 2)

Absatz 2 bestimmt die Größe des Werkstattrates. Der Werkstattrat setzt sich aus mindestens drei Mitgliedern zusammen. In **Werkstätten** mit in der Regel **200–400 Wahlberechtigten** besteht der Werkstattrat aus fünf Mitgliedern, in Werkstätten mit in der Regel **mehr als 400 Wahlberechtigten** aus sieben Mitgliedern (§ 3 Abs. 1 WMVO). Dabei sollen die Geschlechter entsprechend ihrem zahlenmäßigen Verhältnis in der WfbM im Werkstattrat vertreten sein (§ 3 Abs. 2 WMVO). 4

D. Wahl des Werkstattrates

I. Wahlberechtigung/Wählbarkeit (Abs. 3)

5 **Wahlberechtigt** sind nach Abs. 3 alle in § 138 Abs. 1 genannten behinderten Menschen. Behinderte Menschen, die als Arbeitnehmer in der Werkstatt beschäftigt sind, sind nicht wahlberechtigt (§ 10 WMVO). Die behinderten Menschen, die Arbeitnehmer sind, können jedoch gem. den Voraussetzungen des BetrVG, des BPersVG bzw. der Mitarbeitervertretungsregelungen Interessenvertretungen wählen. Voraussetzung für die Wählbarkeit in den Werkstattrat ist, dass die Wahlberechtigten am Wahltag mindestens sechs Monate in der Werkstatt beschäftigt sind. Zeiten des Eingangsverfahrens und der Teilnahme im Berufsbildungsbereich werden angerechnet (§ 11 Satz 2 WMVO).

II. Durchführung der Wahl/Amtszeit

6 Die näheren Einzelheiten zur Durchführung der Wahl und zum Zeitpunkt der Wahlen sind in den §§ 10–30 der **Werkstätten-Mitwirkungsverordnung** (WMVO) geregelt (Anhang Nr. 5). Die regelmäßigen Wahlen zum Werkstattrat finden alle vier Jahre in der Zeit vom 1. Oktober bis 30. November statt, erstmals im Jahr 2001 (§ 12 Abs. 1 WMVO). Der Wahlvorstand bereitet die Wahl vor und führt sie durch. Der Werkstattrat wird in geheimer und unmittelbarer Wahl nach den Grundsätzen der Mehrheitswahl gewählt (§ 21 WMVO). Die regelmäßige Amtszeit des Werkstattrates beträgt vier Jahre. Die Kosten der Wahl trägt die Werkstatt.

E. Unterrichtungspflicht gegenüber dem gesetzlichen Vertreter (Abs. 4)

7 Absatz 4 verpflichtet die Werkstatt, die gesetzlichen Vertreter/Betreuer der im Arbeitsbereich tätigen behinderten Menschen **einmal im Kalenderjahr** in einer Eltern- und Betreuerversammlung in angemessener Weise über Angelegenheiten der Werkstatt, auf die sich die Mitwirkung bezieht, zu unterrichten. Eine Verpflichtung der Werkstatt, Anregungen der Versammlung aufzunehmen oder umzusetzen, besteht nicht.

8 Durch Abs. 4 Satz 2 sind die in einer Vielzahl von Werkstätten bereits vorhandenen **Eltern- und Betreuervertretungen** auf eine gesetzliche Grundlage gestellt worden. Es kann im Einvernehmen mit dem Träger der Werkstatt ein Eltern- und Betreuerbeirat errichtet werden. Die Errichtung ist freiwillig und an die Billigung des Trägers der WfbM gebunden. Die Kompetenzen des Eltern- und Betreuerbeirats (Vorschläge und Stellungnahme) sind in Abs. 4 Satz 2 abschließend beschrieben (*Müller-Wenner/Schorn*, SGB IX, § 139 Rdnr. 30). Die Bundesvereinigung Lebenshilfe für Menschen mit geistiger Behinderung e.V. hat eine Mustersatzung für Elternbeiräte mit folgendem Wortlaut entwickelt:

Mustersatzung für Elternbeiräte
I. Allgemeines

1. Der Elternbeirat berät und unterstützt die Mitarbeitervertretungen und die Geschäftsführung bei ihrer Arbeit im Interesse und zum Wohle der Mitarbeiter in der WfbM.
2. Der Elternbeirat setzt sich zusammen aus Eltern, Angehörigen bzw. Sorgeberechtigten der Mitarbeiter in der WfbM.

II. Wahlordnung

1. Der Elternbeirat wird von der Versammlung der Eltern, Angehörigen bzw. Sorgeberechtigten der Mitarbeiter der WfbM in geheimer und direkter Wahl gewählt, und zwar für die Dauer von zwei Jahren. Wiederwahl ist zulässig.
2. Wahlberechtigt ist für jeden Mitarbeiter jeweils eine der in Abs. I. 2. genannten Personen.
3. Die Zahl der Elternbeiratsmitglieder richtet sich nach der Zahl der Mitarbeiter in der Werkstatt für behinderte Menschen. Für je 50 Mitarbeiter ist ein Mitglied und nach Möglichkeit je ein Stellvertreter zu wählen. Der Elternbeirat sollte mindestens aus vier Mitgliedern bestehen. Auf eine ausreichende Vertretung der verschiedenen Behindertengruppen in der WfbM ist zu achten.

III. Organisation und Verfahren

1. Der Elternbeirat wählt aus seiner Mitte den/die Vorsitzende/n und mindestens eine/n Stellvertreter/in.
2. Der Elternbeirat tagt in der Regel einmal im Monat. Auf Einladung nehmen Vertreter des Trägers, die Werkstattleitung und weitere Gäste teil.
3. Eine außerordentliche Sitzung aus wichtigem Grund ist darüber hinaus einzuberufen, wenn Mitglieder des Elternbeirats oder der Träger dies wünschen. An diesen Sitzungen sollte der Elternbeirat Vertreter des Trägers, der Werkstattleitung sowie der Mitarbeitervertretung beteiligen.
4. Der Elternbeirat ist beschlussfähig, wenn die Hälfte seiner Mitglieder anwesend ist. Beschlüsse werden mit Stimmenmehrheit der anwesenden Stimmberechtigten gefasst.
5. Über die Sitzung ist eine Niederschrift anzufertigen und von zwei Mitgliedern zu unterschreiben. Jedes Mitglied des Elternbeirats erhält eine Niederschrift.
6. Die Sitzungen des Elternbeirats sind nicht öffentlich.
7. Der Elternbeirat verpflichtet sich zur Verschwiegenheit über alle persönlichen Angelegenheiten der Mitarbeiter und deren Familien sowie über interne betriebliche Angelegenheiten der Werkstatt und des Personals. Die Schweigepflicht gilt auch nach dem Ausscheiden aus dem Elternbeirat.
8. Mitglieder des Elternbeirats haben jederzeit nach vorheriger Information der Werkstattleitung zur Wahrnehmung ihrer Aufgaben Zutrittsrecht zur Werkstatt. Sprechstunden des Elternbeirates können während der Arbeitszeit abgehalten werden.
9. Elternversammlungen der WfbM sollen mindestens einmal jährlich vom Elternbeirat einberufen werden. Die Mitarbeiter und das hauptamtliche Personal der WfbM bzw. deren Vertretungen können hierzu eingeladen werden. Der Elternbeirat gibt bei dieser Angelegenheit einen Tätigkeitsbericht.
10. Der Elternbeirat übt seine Tätigkeit ehrenamtlich aus. Entstehende Sachkosten (Kilometergeld, Telefonkosten, Porto etc.) werden gegen Beleg von der WfbM erstattet.
11. Die Mitgliedschaft im Elternbeirat erlischt durch Ablauf der Amtszeit, Rücktritt vom Amt, Ausscheiden des entsprechenden Mitarbeiters aus der WfbM oder Beschluss einer außerordentlichen Elternversammlung.

IV. Aufgaben des Elternbeirates

1. Unabhängig von bestimmten Aufgabenfeldern kann der Elternbeirat zu allen Fragen des Werkstattgeschehens Stellung nehmen und Anregungen geben. Zu seinen Hauptaufgaben gehören:
   - Vorschläge für Maßnahmen, die den Mitarbeitern und dem Betrieb dienen;
   - Entgegennahme von Anregungen und Wünschen seitens der Eltern bzw. Sorgeberechtigten;
   - Hinwirken auf Förder- und Weiterbildungsmaßnahmen für Mitarbeiter;
   - Beratung und Information der Eltern bzw. Sorgeberechtigten;
   - Förderung von Kontakten zwischen behinderten und nichtbehinderten Personen;
   - Anregung von Nachbarschaftshilfen, Hilfe in Notfällen, z. B. bei Krankheit der Muter, Abwesendheit der Eltern an einem Abend oder Wochenende;
   - Erschließung von Freizeitangeboten außerhalb der Arbeitszeit;
   - Beachtung der Einhaltung bestehender Gesetze, Verordnungen und Vereinbarungen;
   - Unterstützung des Mitarbeiters bei der Wahrung seiner Rechte;
   - Öffentlichkeitsarbeit im Einvernehmen mit der Werkstattleitung;
   - Zusammenarbeit mit entsprechenden Gremien auf Landes- und Bundesebene.

Insbesondere wirkt der Elternbeirat bei folgenden Angelegenheiten mit:
- Erstellung von Werkstattordnung und Werkstattverträgen sowie bei Fragen ihrer Einhaltung;
- Gestaltung der Arbeits- und Betreuungszeiten;
- Grundsätze der Urlaubsplanung und Aufstellung von Urlaubsplänen;
- Aufstellung von Förderungs- und Bildungsrahmenplänen;
- Aufstellung von Entlohnungsgrundsätzen sowie strukturellen Fragen und Veränderungen der Lohngestaltung;
- Maßnahmen des Unfall- und Gesundheitsschutzes;
- Einstellung, Versetzung und Entlassung von Mitarbeitern, sofern es sich um besondere Problemsituationen handelt und der betreffende Mitarbeiter bzw. dessen Sorgeberechtigte dies wünschen.

V. Informationsrecht

Zur Sicherstellung der Mitwirkungsaufgaben ist der Elternbeirat bei Maßnahmen der grundlegenden Gestaltung von Arbeitsplatz, Arbeitsablauf und Arbeitsumgebung sowie über die finanzielle Lage und Planung der WfbM von dem Träger oder der Leitung der Werkstatt rechtzeitig und umfassend zu informieren.

VI. Fortbildung und Schulung

Die Mitglieder des Elternbeirats sollen durch Seminare und andere Angebote der Schulung Hilfe für ihre Arbeit erhalten. Für entstehende Kosten sollte der Träger der WfbM Mittel bereithalten.

VII. Geschäftsordnung

Weitere Verfahrenspunkte der Mitwirkung des Elternbeirates sollen in den einzelnen Werkstätten durch eine Geschäftsordnung geregelt werden.

VIII. Inkrafttreten

Die Satzung für den Elternbeirat tritt durch Vereinbarung zwischen dem Träger der WfbM und dem Elternbeirat in Kraft.

....

(Für den Elternbeirat)

....

(Für den Träger)

....

(Für die Werkstattleitung)

Ort, Datum

F. Aufgaben und Mitwirkungsrechte des Werkstattrates

9 § 139 enthält keine Angaben über die Aufgaben und Mitwirkungsrechte des Werkstattrates, sondern bestimmt in Abs. 1 lediglich, dass der Werkstattrat die Interessen der in § 138 Abs. 1 genannten Personen vertritt. Einzelheiten zu den Aufgaben des Werkstattrates sind in der **Werkstätten-Mitwirkungsverordnung** geregelt. § 4 WMVO umschreibt dabei die allgemeinen Aufgaben des Werkstattrates, § 5 Abs. 1 WMVO enthält einen Katalog der Mitwirkungsrechte des Werkstattrates.

I. Aufgaben des Werkstattrates

10 § 4 Abs. 1 WMVO enthält eine Beschreibung der dem Werkstattrat **übertragenen Aufgaben.** Die Nummern 1 bis 3 sind dabei im Wesentlichen an den allgemeinen Aufgabenkatalog des § 80 Abs. 1 BetrVG angelehnt. Nach Nr. 1 hat der Werkstattrat darüber zu wachen, dass die verschiedenen zugunsten der Werkstattbeschäftigten geltenden Gesetze, Verordnungen, Unfallverhütungsvorschriften und mit der Werkstatt getroffenen Vereinbarungen auch eingehalten werden. Die in § 4 Abs. 1 Nr. 1a WMVO beispielhaft genannten Vorschriften haben keinen abschließenden Charakter (BR-Drucks. 378/01, Begründung, S. 24). Werden Angelegenheiten nach § 4 Abs. 1 WMVO zwischen der Werkstatt und einem Werkstattangehörigen erörtert, kann auf dessen Wunsch ein Mitglied des Werkstattrates an der Erörterung teilnehmen (zu den Einzelheiten der Aufgaben des Werkstattrates s. Anhang Nr. 5).

II. Mitwirkungsrechte des Werkstattrates

§ 5 Abs. 1 WMVO enthält einen **abschließenden Katalog der Mitwirkungsrechte** des Werkstattrates. Der Katalog orientiert sich im Wesentlichen an den Mitbestimmungsrechten des Betriebsrats nach § 87 Abs. 1 BetrVG. § 5 Abs. 2 WMVO stellt klar, dass in Angelegenheiten, soweit sie nur einheitlich für Arbeitnehmer und im Arbeitsbereich der Werkstatt beschäftigte behinderte Menschen geregelt werden können, wie z. B. die Ordnung des Betriebs, die Beteiligten auf eine einvernehmliche Regelung hinzuwirken haben (zu den Einzelheiten der Mitwirkungsrechte des Werkstattrates s. Anhang Nr. 5). 11

Die Verletzung der Mitwirkungsrechte des Werkstattrates durch die Werkstatt ist im Katalog des § 156 nicht aufgeführt und kann daher nicht als Ordnungswidrigkeit geahndet werden. Die Kosten des Werkstattrates trägt die WfbM. Unzulässig ist es, die Kosten des Werkstattrates aus dem Arbeitsergebnis der Werkstatt aufzubringen, weil dadurch negative Auswirken auf das Arbeitsentgelt der behinderten Menschen folgen (*Müller-Wenner/Schorn*, SGB IX, § 139 Rdnr. 25). 12

G. Verfahrensfragen

Für Rechtsstreitigkeiten über Fragen der Mitwirkung ist der Rechtsweg zu den Arbeitsgerichten eröffnet (§§ 2a Abs. 1 Nr. 3a, 83 Abs. 3 ArbGG). Die **Arbeitsgerichte** entscheiden im Beschlussverfahren (*Neumann/Pahlen/Majerski-Pahlen*, SGB IX, § 139 Rdnr. 16; *Müller-Wenner/Schorn*, SGB IX, § 139 Rdnr. 3). Im Verfahren sind der Arbeitgeber, die Arbeitnehmer und der Werkstattrat als beteiligte Stellen anzuhören. 13

§ 140 Anrechnung von Aufträgen auf die Ausgleichsabgabe

(1) [1]**Arbeitgeber, die durch Aufträge an anerkannte Werkstätten für behinderte Menschen zur Beschäftigung behinderter Menschen beitragen, können 50 vom Hundert des auf die Arbeitsleistung der Werkstatt entfallenden Rechnungsbetrages solcher Aufträge (Gesamtrechnungsbetrag abzüglich Materialkosten) auf die Ausgleichsabgabe anrechnen.** [2]**Dabei wird die Arbeitsleistung des Fachpersonals zur Arbeits- und Berufsförderung berücksichtigt, nicht hingegen die Arbeitsleistung sonstiger nichtbehinderter Arbeitnehmerinnen und Arbeitnehmer.** [3]**Bei Weiterveräußerung von Erzeugnissen anderer anerkannter Werkstätten für behinderte Menschen wird die von diesen erbrachte Arbeitsleistung berücksichtigt.** [4]**Die Werkstätten bestätigen das Vorliegen der Anrechnungsvoraussetzungen in der Rechnung.**

(2) **Voraussetzung für die Anrechnung ist, dass**
1. **die Aufträge innerhalb des Jahres, in dem die Verpflichtung zur Zahlung der Ausgleichsabgabe entsteht, von der Werkstatt für behinderte Menschen ausgeführt und vom Auftraggeber bis spätestens 31. März des Folgejahres vergütet werden und**

2. es sich nicht um Aufträge handelt, die Träger einer Gesamteinrichtung an Werkstätten für behinderte Menschen vergeben, die rechtlich unselbständige Teile dieser Einrichtung sind.

(3) **Bei der Vergabe von Aufträgen an Zusammenschlüsse anerkannter Werkstätten für behinderte Menschen gilt Absatz 2 entsprechend.**

Schrifttum: *Adlhoch,* Rechtsfragen bei der Anrechnung von Aufträgen an Werkstätten für Behinderte auf die Ausgleichsabgabe nach § 55 SchwbG n. F., BehindertenR 1997, 1; *Cramer/Schell,* Verrechnung von Aufträgen an Werkstätten für Behinderte auf die Ausgleichsabgabe durch beschäftigungspflichtige Arbeitgeber, NZA 1997, 638.

Inhaltsübersicht

	Rdnr.
A. Allgemeines	1–3
B. Anrechenbarkeit von Aufträgen	4–10
C. Bestätigung durch die WfbM	11
D. Verfahrensfragen	12

A. Allgemeines

1 Die Vorschrift soll einen Anreiz für Arbeitgeber bieten, Aufträge an Werkstätten für behinderte Menschen zu vergeben. Durch die **Vergabe von Aufträgen** an Werkstätten für behinderte Menschen mindert sich die nach § 77 zu zahlende Ausgleichsabgabe. Auf andere Einrichtungen als Werkstätten für behinderte Menschen bzw. auf Werkstätten für Blinde gemäß § 143 ist die Vorschrift auch nicht entsprechend anzuwenden (*Neumann/Pahlen/Majerski-Pahlen,* SGB IX, § 140 Rdnr. 9).

2 Seit 1996 war in § 55 SchwbG durch das Gesetz zur Reform des Sozialhilferechts vom 23. 7. 1996 (BGBl. I S. 1088) die Anrechenbarkeit von Aufträgen an Werkstätten für Behinderte auf **50% des** auf die Arbeitsleistung der WfbM entfallenden **Rechnungsbetrags** festgelegt worden. § 140 ist im Wesentlichen inhaltsgleich mit der aufgehobenen Vorschrift des § 55 SchwbG. Absatz 1 Satz 2 stellt jedoch klar, dass eine Anrechnung auf die Ausgleichsabgabe nur insoweit erfolgen kann, als die Arbeitsleistung von schwerbehinderten Menschen oder dem sie betreuenden Fachpersonal erbracht worden ist.

3 **Anrechnungsfähig** sind nur Aufträge an anerkannte Werkstätten für behinderte Menschen bzw. Aufträge, die an Zusammenschlüsse anerkannter Werkstätten für behinderte Menschen erteilt werden (Abs. 3).

B. Anrechenbarkeit von Aufträgen

4 Voraussetzung für die Anrechenbarkeit von Aufträgen ist, dass der Arbeitgeber selbst den Auftrag an die WfbM vergeben hat. Es muss ein unmittelbares Vertragsverhältnis zwischen dem Arbeitgeber und der WfbM bestehen (*VG Karlsruhe* v. 12. 6. 1997, BehindertenR 1997, 212; *Kuhlmann,* in: Ernst/Adlhoch/Seel, SGB IX, § 140 Rdnr. 4).

5 Der Arbeitgeber kann frei entscheiden, ob und welche Aufträge er auf die Ausgleichsabgabe anrechnen möchte. Er kann bis zum vollen Betrag der Ausgleichsabgabe eine Anrechnung vornehmen. Anrechenbar auf die Ausgleichsabgabe sind 50% des auf die Arbeitsleistung der in der Werkstatt beschäftigten schwerbehinderten Menschen i. S. v. § 136 Satz 2 entfallenden Rechnungsbetrags. **Maßgeblich**

ist der **Gesamtrechnungsbetrag** abzüglich der Materialkosten. Zu den Materialkosten gehören die Kosten des Fertigungsmaterials einschließlich der dafür benötigten Betriebsstoffe (a. A. *Vater*, in: HK-SGB IX, § 140 Rdnr. 5; *Cramer*, SchwbG, § 55 Rdnr. 5 d, die nur die Kosten des Fertigungsmaterials zu den Materialkosten zählt).

Andere Dienstleistungen wie das Verpacken, das Ausliefern und andere Serviceleistungen können nicht in den Gesamtrechnungsbetrag einbezogen werden (*Neumann/Pahlen/Majerski-Pahlen*, SGB IX, § 140 Rdnr. 4). 6

Bei der Anrechnung von Aufträgen an Werkstätten wird nur die Arbeitsleistung 7 der Werkstattbeschäftigten und des Fachpersonals zur Arbeits- und Berufsförderung berücksichtigt. Damit sollen ungerechtfertigte Wettbewerbsvorteile durch die Beschäftigung nichtbehinderter Menschen ausgeschlossen werden (Ausschuss-Drucks. 14/1406, S. 16). Die bloße Weiterveräußerung von Waren ist nicht anrechnungsfähig (*Haines/Jacobs*, in: LPK-SGB IX, § 140 Rdnr. 6, *Götze*, in: Hauck/Noftz, SGB IX, § 140 Rdnr. 5). Einer bestimmten Mindestarbeitsquote am Rechnungsbetrag, wie sie bis zum Jahr 1996 festgelegt war, bedarf es nicht mehr.

Zum Rechnungsbetrag **gehören nicht** evtl. Verzugszinsen, Mahnkosten oder 8 Inkassogebühren. Wird dem Auftraggeber von der WfbM ein Skonto eingeräumt, ist nur der um diesen Betrag geringere tatsächlich bezahlte Betrag anrechenbar (*Kuhlmann*, in: Ernst/Adlhoch/Seel, SGB IX, § 140 Rdnr. 17; *Müller-Wenner/Schorn*, SGB IX, § 140 Rdnr. 4; a. A. *Neumann/Pahlen/Majerski-Pahlen*, SGB IX, § 140 Rdnr. 4). Für den Fall der Vorsteuerabzugsberechtigung des Auftragsgebers bleibt der Mehrwertsteueranteil bei der Anrechnung außer Betracht.

Absatz 2 Nr. 1 bestimmt, dass die Anrechnung auf die Ausgleichsabgabe nur für 9 Aufträge möglich ist, die innerhalb des Jahres, in dem die Verpflichtung zur Zahlung der Ausgleichsabgabe entsteht, von der WfbM ausgeführt und vom **Auftraggeber bis spätestens 31. März des Folgejahres** vergütet worden ist. Liegen Vergabe des Auftrages und Ausführung des Auftrages in verschiedenen Jahren, ist das Jahr der Ausführung entscheidend (allg. M., vgl. *Neumann/Pahlen/Majerski-Pahlen*, SGB IX, § 140 Rdnr. 3; *Müller-Wenner/Schorn*, SGB IX, § 140 Rdnr. 9).

Eine Anrechnung ist nach Abs. 2 Nr. 2 **nicht möglich,** wenn es sich um 10 Aufträge handelt, die der Träger einer Gesamteinrichtung an Werkstätten für behinderte Menschen vergibt, die rechtlich unselbstständige Teile dieser Einrichtung sind.

C. Bestätigung durch die WfbM

Nach § 140 Abs. 1 Satz 3 **bestätigen** die Werkstätten das Vorliegen der Anrechnungsvoraussetzungen **in der Rechnung.** Danach hat die WfbM neben: 11
- dem Gesamtrechnungsbetrag,
- den abzüglich der Materialkosten auf die Arbeitsleistung der in der Werkstatt beschäftigten schwerbehinderten Menschen entfallenden Rechungsbetrag,
- den davon anrechenbaren Betrag in Höhe von 50% und
- den Mehrwertsteueranteil gesondert auszuweisen und
- Angaben über den Zeitpunkt der Ausführung des Auftrags und der Vergütung durch den Auftraggeber zu machen (vgl. § 140 Abs. 2 Nr. 1).

D. Verfahrensfragen

Das Integrationsamt erhebt die Ausgleichsabgabe und prüft die Anrechenbarkeit 12 von Aufträgen von Amts wegen. Darlegungs- und beweispflichtig für das Bestehen und die Höhe der Anrechnungsvoraussetzungen ist der Arbeitgeber. Besteht zwischen Arbeitgeber und Integrationsamt Streit über das Ob oder die Höhe der Anrechenbarkeit auf die Ausgleichsabgabe, entscheiden nach Durchführung des Verwaltungsverfahrens (Widerspruchausschuss des Integrationsamtes gem. §§ 118 f.) die **Verwaltungsgerichte**.

§ 141 Vergabe von Aufträgen durch die öffentliche Hand

¹ **Aufträge der öffentlichen Hand, die von anerkannten Werkstätten für behinderte Menschen ausgeführt werden können, werden bevorzugt diesen Werkstätten angeboten.** ² **Die Bundesregierung erlässt mit Zustimmung des Bundesrates hierzu allgemeine Verwaltungsvorschriften.**

Inhaltsübersicht

	Rdnr.
A. Allgemeines	1, 2
B. Öffentliche Hand	3, 4
C. Bevorzugtes Angebot an die WfbM	5–7
I. Aufträge des Bundes	5, 6
II. Aufträge der Länder und Gemeinden	7
D. Verfahrensfragen	8

A. Allgemeines

1 Die Vorschrift soll dem Ziel dienen, den **laufenden Betrieb** der Werkstätten für Behinderte durch Aufträge der öffentlichen Hand **zu sichern** und die Wettbewerbsfähigkeit der WfbM zu verbessern. Über § 143 ist § 141 auch bei Aufträgen an die Blindenwerkstätten anwendbar.

2 § 141 entspricht im Wesentlichen der aufgehobenen Vorschrift des § 56 Abs. 1 SchwbG. § 56 Abs. 2 SchwbG ist nicht in das SGB IX übernommen worden. Denn nach der Rechtsprechung des Bundesverfassungsgerichts (*BVerfG* v. 2. 3. 1999, BVerfGE 100, 249) können Richtlinien über Aufträge der öffentlichen Hand, die bevorzugt den Werkstätten für behinderte Menschen angeboten werden, ohne ausdrückliche Ermächtigung von der Bundesregierung erlassen werden (BT-Drucks. 14/5074, Begründung, S. 72). Allerdings ist die **Zustimmung des Bundesrates** erforderlich, da auch Aufträge von Landesverwaltungen erfasst werden können (*Vater,* in: HK-SGB IX, § 141 Rdnr. 2).

B. Öffentliche Hand

3 Unter den **Begriff** der „öffentlichen Hand" fallen die juristischen Personen des öffentlichen Rechts. Hierzu gehören, die obersten Bundesbehörden mit ihren nachgeordneten Dienststellen, die Verwaltungen des Bundestages und des Bundesrates, das Bundesverfassungsgericht, die obersten Gerichtshöfe des Bundes, die obersten Landesbehörden mit ihren nachgeordneten Dienststellen, die Verwaltungen der Landtage, die Rechnungshöfe und die sonstigen Landesbehörden, die sonstigen Gebietskörperschaften, die Verbände von Gebietskörperschaften sowie die sonstigen Körperschaften, Anstalten und Stiftungen des öffentlichen Rechts.

4 Ehemals staatliche, jetzt aber privatisierte Unternehmen zählen nicht dazu. Ebenfalls nicht unter den Anwendungsbereich fallen private Betriebe und Unternehmen, deren Anteile sich ganz oder überwiegend in staatlichem Besitz befinden

(*Neumann/Pahlen/Majerski-Pahlen*, SGB IX, § 141 Rdnr. 3; *Götze*, in: Hauck/Noftz, SGB IX, § 141 Rdnr. 5; *Vater*, in: HK-SGB IX, § 141 Rdnr. 3).

C. Bevorzugtes Angebot an die WfbM

I. Aufträge des Bundes

Die Einzelheiten der Vergabe von Aufträgen des Bundes an Werkstätten für behinderte Menschen sind in den „Richtlinien für die Berücksichtigung von Werkstätten für Behinderte und Blindenwerkstätten bei der Vergabe öffentlicher Aufträge" vom 10. 5. 2001 (BAnz. 2001, Nr. 109, S. 11773) enthalten. Durch die neuen **Richtlinien** sind die Richtlinien für die Berücksichtigung bevorzugter Bewerber bei der Vergabe öffentlicher Aufträge (Vertriebene, Sowjetzonenflüchtlinge, Verfolgte, Evakuierte, Werkstätten für Behinderte und Blindenwerkstätten) vom 11. 8. 1975 (BAnz. Nr. 152 v. 20. 8. 1975) zuletzt geändert am 26. 3. 1990 (BAnz. Nr. 46 S. 1857) außer Kraft getreten. Nach den Richtlinien bestehen im Wesentlichen zwei Grundsätze:
– Die öffentliche Hand hat nach § 3 Nr. 1 der Richtlinien die WfbM in angemessenem Umfang zur Angebotsabgabe aufzufordern. Ein Verzeichnis der anerkannten Werkstätten für behinderte Menschen wird von der Bundesagentur für Arbeit geführt und wird jährlich in den Amtlichen Nachrichten (ANBA) der Bundesagentur für Arbeit veröffentlicht.
– Nach § 4 Nr. 4 der Richtlinien soll dem Angebot der WfbM der Zuschlag für den Auftrag erteilt werden, wenn ihr Angebotspreis den des wirtschaftlichen Bieters um nicht mehr als 15% übersteigt.

Durch Satz 2 ist die Bundesregierung zum Erlass von **allgemeinen Verwaltungsvorschriften** ermächtigt. Dadurch soll sichergestellt werden, dass bei der bevorzugten Vergabe öffentlicher Aufträge an anerkannte Werkstätten für behinderte Menschen durch die Behörden des Bundes und der Länder einheitlich verfahren wird (Ausschuss-Drucks. v. 27. 3. 2001, 14/1406).

II. Aufträge der Länder und Gemeinden

Die Richtlinien des Bundes (Rdnr. 4) sind auf die Länder und Gemeinden nicht anwendbar. Die **Länder** haben jedoch **eigene Richtlinien** erlassen, die teilweise identisch mit den Richtlinien des Bundes sind (vgl. Baden-Württemberg, StAnz. Nr. 10 v. 7. 2. 1976; Bayern, Bay StAnz. Nr. 49 v. 5. 12. 1975; Bremen, ABl. Nr. 66 v. 29. 10. 1976; Hessen, StAnz. Nr. 45/94, S. 3281; Niedersachsen, MinBl. Nds. Nr. 1/76; Nordrhein-Westfalen, MinBl. NRW Nr. 76 v. 27. 7. 1976; Rheinland-Pfalz, MinBl. RP Nr. 1 v. 13. 1. 1976; Saarland, MinBl. Nr. 18 v. 28. 6. 1976; Schleswig-Holstein, ABl.SH Nr. 45 v. 10. 11. 1975).

D. Verfahrensfragen

Die Werkstätten für behinderte Menschen können nur das bevorzugte Angebot von Aufträgen beanspruchen. Ein einklagbarer Anspruch auf Erteilung von Aufträgen durch die öffentliche Hand besteht nicht (allg.M., vgl. *Neumann/Pahlen/Majerski-Pahlen*, SGB IX, § 141 Rdnr. 6; (*Vater*, in: HK-SGB IX, § 141 Rdnr. 5; *Müller-Wenner/Schorn*, SGB IX, § 141 Rdnr. 5). Es besteht allerdings ein Anspruch auf eine fehlerfreie Ermessensentscheidung, die ggf. im Klageverfahren durchgesetzt werden kann (BVerwG v. 26. 11. 1969, BVerwGE 34, 213).

§ 142 Anerkennungsverfahren

¹Werkstätten für behinderte Menschen, die eine Vergünstigung im Sinne dieses Kapitels in Anspruch nehmen wollen, bedürfen der Anerkennung. ²Die Entscheidung über die Anerkennung trifft auf Antrag die Bundesagentur für Arbeit im Einvernehmen mit dem überörtlichen Träger der Sozialhilfe. ³Die Bundesagentur für Arbeit führt ein Verzeichnis der anerkannten Werkstätten für behinderte Menschen. ⁴In dieses Verzeichnis werden auch Zusammenschlüsse anerkannter Werkstätten für behinderte Menschen aufgenommen.

Inhaltsübersicht

	Rdnr.
A. Allgemeines	1
B. Anerkennung von WfbM	2, 3
C. Anerkennungsverfahren	4–8
D. Wirkung der Anerkennung	9
E. Verzeichnis der WfbM	10
F. Verfahrensfragen	11

A. Allgemeines

1 Die Vorschrift bestimmt, dass Werkstätten für behinderte Menschen der Anerkennung bedürfen. Die **Anerkennung** ist Voraussetzung für die Vergünstigungen des 12. Kapitels des SGB IX. § 142 ist wortgleich mit der aufgehobenen Vorschrift des § 57 Abs. 1 SchwbG. Die in § 57 Abs. 2 SchwbG enthaltene Ermächtigung zum Erlass einer Rechtsverordnung über den Begriff und die Aufgaben der Werkstätten für behinderte Menschen ist nun in § 144 vorgesehen.

B. Anerkennung von WfbM

2 Die Einzelheiten der Anerkennung der Werkstatt für behinderte Menschen waren in der Dritten Verordnung zur Durchführung des Schwerbehindertengesetzes – **Werkstättenverordnung Schwerbehindertengesetz** (SchwbWV) vom 13. 8. 1980 (BGBl. I S. 1365) geregelt. Nach § 17 dieser Verordnung, die nun die Überschrift „Werkstättenverordnung" (WVO) trägt, können als Werkstätten nur solche Einrichtungen anerkannt werden, die die im § 136 und im ersten Abschnitt der Verordnung gestellten Anforderungen erfüllen (s. Anhang Nr. 3).

3 Zu den Voraussetzungen einer Anerkennung einer WfbM gehört auch die Zahlung eines Mindestarbeitsentgelts an die behinderten Menschen (*LSG Baden-Württemberg* v. 27. 5. 2002, L 5 AR 1992/90). Nach § 17 Abs. 1 Satz 2 WVO können Ausnahmen von den Voraussetzungen nach den §§ 1–16 WVO zugelassen werden, wenn ein besonderer sachlicher Grund im Einzelfall dies rechtfertigt. Ein solcher Grund liegt weder bei der Einbringung der WfbM in eine Komplexeinrichtung noch bei einer kirchlichen Trägerschaft der WfbM vor.

C. Anerkennungsverfahren

4 Nach § 18 Abs. 1 Satz 1 WVO ist die Anerkennung vom Träger der Werkstatt **schriftlich zu beantragen.** Der Antragsteller hat nachzuweisen, dass die Voraussetzungen für die Anerkennung vorliegen.

Kap. 12. Werkstätten für behinderte Menschen 5–11 § 142

Die **Bundesagentur für Arbeit** ist zuständig für die Entscheidung über die 5
Anerkennung. Die WfbM hat einen Anspruch auf Anerkennung, soweit die Anerkennungsvoraussetzungen vorliegen (*SG Nordhausen* v. 14. 4. 1994, Breithaupt 1995, 133; *Müller-Wenner/Schorn*, SGB IX, § 142 Rdnr. 4). Die Bundesagentur für Arbeit entscheidet über den Antrag in Schriftform. Die Entscheidung soll nach § 18 Abs. 3 Satz 2 WVO innerhalb von drei Monaten nach Antragstellung getroffen werden. Die Frist beginnt mit der Stellung des Antrags. Für den Beginn kommt es nicht darauf an, ob der Antragsteller alle notwendigen Unterlagen eingereicht hat.

Im Falle einer Anerkennung erfolgt diese unter der Auflage, im Geschäftsbetrieb 6
auf die Anerkennung als Werkstatt für behinderte Menschen hinzuweisen (§ 18 Abs. 4 WVO). Die Entscheidung der Bundesagentur für Arbeit erfolgt nach § 142 Satz 2 im Einvernehmen mit dem überörtlichen Träger der Sozialhilfe. Die überörtlichen Träger der Sozialhilfe werden von den Ländern bestimmt. Kann **kein Einvernehmen** mit dem überörtlichen Träger der Sozialhilfe hergestellt werden, so ist eine Anerkennung der WfbM nicht möglich (*Neumann/Pahlen/Majerski-Pahlen*, SGB IX, § 142 Rdnr. 3).

Grundsätzlich kann von der Werkstatt nach der Anerkennung als WfbM auch 7
das jeweilige Betätigungsfeld bzw. Leistungsangebot verringert oder erweitert werden, ohne dass eine erneute Anerkennung betragt werden muss. Etwas anderes gilt, wenn das bisherige Leistungsangebot fast völlig verändert wird (*Bayerisches LSG* v. 30. 6. 1994, Breithaupt 1994, 986).

Die Anerkennung ist von der Bundesagentur für Arbeit aufzuheben, soweit die 8
Anerkennungsvoraussetzungen nicht mehr vorliegen, § 48 SGB X. Auch für die Aufhebung der Anerkennung durch die BA ist die Herstellung des Einvernehmens mit dem überörtlichen Träger der Sozialhilfe erforderlich (*Müller-Wenner/Schorn*, SGB X, § 142 Rdnr. 11).

D. Wirkung der Anerkennung

Mit der Anerkennung als Werkstatt für behinderte Menschen sind die in § 140 9
(Anrechnung von Aufträgen an WfbM auf die Ausgleichabgabe) und § 141 (Bevorzugte Vergabe von Aufträgen durch die öffentlicher Hand) genannten **Vergünstigungen anwendbar**, die eine gewisse Privilegierung der WfbM vorsehen. Auch die steuerlichen Vergünstigungen nach § 65 und § 68 Abs. 1 Nr. 3 AO greifen erst nach förmlicher Anerkennung der WfbM.

E. Verzeichnis der WfbM

Die Bundesagentur für Arbeit führt ein **Verzeichnis der anerkannten Werk-** 10
stätten für behinderte Menschen. Die letzte Bekanntmachung durch die Bundesagentur für Arbeit erfolgte in den amtlichen Bekanntmachungen (ANBA) 10/2001. In diesem Verzeichnis ist auch ein Überblick über das jeweilige Leistungsangebot der WfbM enthalten. Im Anhang zu diesem Verzeichnis werden auch die Blindenwerkstätten i. S. v. § 143 aufgeführt.

F. Verfahrensfragen

Lehnt die Bundesagentur für Arbeit die Anerkennung als Werkstatt für behin- 11
derte Menschen ab, so kann der **Sozialgerichtsweg** beschritten werden, sofern

§ 143 1–4   Teil 2. Schwerbehindertenrecht

die Bundesagentur für Arbeit als Hauptstelle tätig geworden ist. Ist dagegen die Anerkennung als WfbM durch das Regionaldirektion versagt worden, kann der Klageweg erst nach Durchführung des Widerspruchverfahrens bei der Bundesagentur für Arbeit beschritten werden. Die Klage ist auch gegen die BA als Klagegegner zu führen, wenn die Anerkennung wegen des fehlenden Einvernehmens mit dem überörtlichen Träger der Sozialhilfe nicht erteilt wurde (*Müller-Wenner/ Schorn*, SGB IX, § 142 Rdnr. 12; a. A. *Neumann/Pahlen/Majerski-Pahlen*, SGB IX, § 142 Rdnr. 4, Klage auch gegen den überörtlichen Träger der Sozialhilfe und Aussetzung des Klageverfahrens gegen die BA).

§ 143 Blindenwerkstätten

Die §§ 140 und 141 sind auch zugunsten von Blindenwerkstätten im Sinne des Blindenwarenvertriebsgesetzes vom 9. April 1965 (BGBl. I S. 311), zuletzt geändert durch Gesetz vom 23. November 1994 (BGBl. I S. 3475), anzuwenden.

Inhaltsübersicht

	Rdnr.
A. Allgemeines	1
B. Begriff der Blindenwerkstatt	2–6

A. Allgemeines

1   Nach der Vorschrift nehmen auch die Blindenwerkstätten an den **Vergünstigungen** der §§ 140 und 141 teil, auch wenn sie nicht als WfbM anerkannt sind. § 143 entspricht inhaltlich der aufgehobenen Vorschrift des § 58 SchwbG.

B. Begriff der Blindenwerkstatt

2   Der **Begriff der Blindenwerkstatt** ist im Blindenwarenvertriebsgesetz vom 9. 4. 1965 (BGBl. I S. 311), zuletzt geändert durch Gesetz vom 24. 11. 1994 (BGBl. I S. 3475) definiert. Nach § 5 des Blindenwarenvertriebsgesetzes sind Blindenwerkstätten Betriebe, in denen fast ausschließlich Blindenwaren hergestellt werden und in denen bei der Herstellung andere Personen als Blinde nur mit Hilfs- oder Nebenarbeiten beschäftigt werden. Die Blindenwerkstätten müssen von der zuständigen Landesbehörde anerkannt werden.

3   Blindenwerkstätten können gem. § 30 Abs. 1 Nr. 5 und § 31 Abs. 2 Nr. 5 SchwbAV aus Mitteln der Ausgleichsabgabe für ihre Schaffung, Erweiterung, Ausstattung oder Modernisierung gefördert werden.

4   **Blindenwaren** sind Waren, die in ihren wesentlichen, das Erzeugnis bestimmenden Arbeiten von Blinden hergestellt werden. Die verschiedenen Arten der Blindenwaren sind in der Durchführungsverordnung vom 11. 8. 1965 (BGBl. I S. 807) i. d. F. vom 28. 11. 1979 (BGBl. I S. 1986) aufgezählt. Zu den Blindenwaren gehören überwiegend handgefertigte Bürsten und Besen aller Art, Korbflechtwaren, sowie Rahmen- und Stuhlflechtarbeiten, Doppel-, Rippen-, Gitter- und Gliedermatten, mit Rahmen oder Rahmen und mit mechanischen Webstühlen hergestellte Webwaren, Strick-, Knüpf- und Häkelwaren und durch Strickmaschinen hergestellte Waren, kunstgewerbliche Waren aus Keramik, Leder, Holz, Metall und Kunststoff, Federwäscheklammern, Arbeitsschürzen aus Segeltuch, Drillich, Gummi oder Kunststoff.

Als Zusatzwaren dürfen nach § 2 der DVO Korb- und Seilerwaren, Pinsel und 5
Matten sowie einfaches Reinigungs- und Putzzeug vertrieben werden. Für das
Feilhalten von Blindenwaren ist ein besonderer Blindenwaren-Vertriebsausweis erforderlich.

Die Bundesagentur für Arbeit führt ein **Verzeichnis** der anerkannten Werk- 6
stätten für behinderte Menschen, das auch eine Zusammenstellung der Blindenwerkstätten umfasst. Eine Liste der anerkannten Blindenwerkstätten ist abgedruckt
in ANBA 1/2001.

§ 144 Verordnungsermächtigungen

(1) **Die Bundesregierung bestimmt durch Rechtsverordnung mit Zustimmung des Bundesrates das Nähere über den Begriff und die Aufgaben der Werkstatt für behinderte Menschen, die Aufnahmevoraussetzungen, die fachlichen Anforderungen, insbesondere hinsichtlich der Wirtschaftsführung sowie des Begriffs und der Verwendung des Arbeitsergebnisses sowie das Verfahren zur Anerkennung als Werkstatt für behinderte Menschen.**

(2) **¹Das Bundesministerium für Gesundheit und Soziale Sicherung bestimmt durch Rechtsverordnung mit Zustimmung des Bundesrates im Einzelnen die Errichtung, Zusammensetzung und Aufgaben des Werkstattrats, die Fragen, auf die sich die Mitwirkung erstreckt, einschließlich Art und Umfang der Mitwirkung, die Vorbereitung und Durchführung der Wahl, einschließlich der Wahlberechtigung und der Wählbarkeit, die Amtszeit sowie die Geschäftsführung des Werkstattrats einschließlich des Erlasses einer Geschäftsordnung und der persönlichen Rechte und Pflichten der Mitglieder des Werkstattrats und der Kostentragung. ²Die Rechtsverordnung kann darüber hinaus bestimmen, dass die in ihr getroffenen Regelungen keine Anwendung auf Religionsgemeinschaften und ihre Einrichtung finden, soweit sie eigene gleichwertige Regelungen getroffen haben.**

Inhaltsübersicht

	Rdnr.
A. Verordnungsermächtigung nach Absatz 1	1
B. Verordnungsermächtigung nach Absatz 2	2, 3

A. Verordnungsermächtigung nach Absatz 1

Die Verordnungsermächtigung in Abs. 1 entspricht im Wesentlichen der aufge- 1
hobenen Ermächtigung in § 57 Abs. 2 SchwbG. Der Verordnungsgeber hat von
der Ermächtigung durch den Erlass der **Werkstättenverordnung (WVO)**
Gebrauch gemacht (s. Anhang Nr. 3). Ergänzt wurde die Verordnungsermächtigung gegenüber § 57 Abs. 2 SchwbG um die Passage „hinsichtlich der Wirtschaftsführung". Durch diese Ergänzung ist die Voraussetzung für den neuen § 12
Abs. 6 WVO geschaffen worden. Nach § 12 Abs. 6 kann die WfbM verpflichtet
werden, den Anerkennungsbehörden (also der Bundesagentur für Arbeit im Einvernehmen mit dem jeweils zuständigen überörtlichen Träger der Sozialhilfe) auf
deren Verlangen die Ermittlung und Verwendung des Arbeitsergebnisses offenzulegen.

§ 145

B. Verordnungsermächtigung nach Absatz 2

2 Durch Abs. 2 ist der aufgehobene § 54c Abs. 4 SchwbG in das SGB IX übertragen worden. Die **Ermächtigungsnorm** ist gegenüber der aufgehobenen Vorschrift des Schwerbehindertengesetzes erweitert worden, um alle nach den Vorstellungen der Beteiligten notwendigen und in der Verordnung vorgesehenen Regelungen treffen zu können (Ausschuss-Drucks. v. 27. 3. 2001, 14/1406, Begründung, S. 17).

3 Der Verordnungsgeber hat von der Ermächtigung durch den Erlass der Werkstätten-Mitwirkungsverordnung (WMVO), die zum 1. 7. 2001 in Kraft getreten ist, Gebrauch gemacht. In der WMVO sind **Einzelheiten** über die **Errichtung**, die **Zusammensetzung**, die **Aufgaben** und **Mitwirkungsrechte** des Werkstattrates (§§ 1–9 WMVO), über die Wahl des Werkstattrates (§§ 10–30 WMVO) und über die Geschäftsführung des Werkstattrates (§§ 31–39) geregelt (zu den Einzelheiten s. Anhang Nr. 5).

Kapitel 13. Unentgeltliche Beförderung schwerbehinderter Menschen im öffentlichen Personenverkehr

§ 145 Unentgeltliche Beförderung, Anspruch auf Erstattung der Fahrgeldausfälle

(1) ¹**Schwerbehinderte Menschen, die infolge ihrer Behinderung in ihrer Bewegungsfähigkeit im Straßenverkehr erheblich beeinträchtigt oder hilflos oder gehörlos sind, werden von Unternehmern, die öffentlichen Personenverkehr betreiben, gegen Vorzeigen eines entsprechend gekennzeichneten Ausweises nach § 69 Abs. 5 im Nahverkehr im Sinne des § 147 Abs. 1 unentgeltlich befördert; die unentgeltliche Beförderung verpflichtet zur Zahlung eines tarifmäßigen Zuschlages bei der Benutzung zuschlagpflichtiger Züge des Nahverkehrs.** ²**Voraussetzung ist, dass der Ausweis mit einer gültigen Wertmarke versehen ist.** ³**Sie wird gegen Entrichtung eines Betrages von 60 Euro für ein Jahr oder 30 Euro für ein halbes Jahr ausgegeben.** ⁴**Wird sie vor Ablauf der Gültigkeitsdauer zurückgegeben, wird auf Antrag für jeden vollen Kalendermonat ihrer Gültigkeit nach Rückgabe ein Betrag von 5 Euro erstattet, sofern der zu erstattende Betrag 15 Euro nicht unterschreitet; Entsprechendes gilt für jeden vollen Kalendermonat nach dem Tod des schwerbehinderten Menschen.** ⁵**Auf Antrag wird eine für ein Jahr gültige Wertmarke, ohne dass der Betrag nach Satz 3 zu entrichten ist, an schwerbehinderte Menschen ausgegeben,**
1. **die blind im Sinne des § 72 Abs. 5 des Zwölften Buches oder entsprechender Vorschriften oder hilflos im Sinne des § 33b des Einkommensteuergesetzes oder entsprechender Vorschriften sind oder**
2. **die Leistungen nach dem Grundsicherungsgesetz oder die Leistungen zur Sicherung des Lebensunterhalts nach dem Zweiten Buch oder für den Lebensunterhalt laufende Leistungen nach dem Zwölften Buch, dem Achten Buch oder den §§ 27 a und 27 d des Bundesversorgungsgesetzes erhalten oder**
3. **die am 1. Oktober 1979 die Voraussetzungen nach § 2 Abs. 1 Nr. 1 bis 4 und Abs. 3 des Gesetzes über die unentgeltliche Beförderung von Kriegs- und Wehrdienstbeschädigten sowie von anderen Behinderten im Nahverkehr vom 27. August 1965 (BGBl. I S. 978), das zuletzt durch Artikel 41 des Zuständigkeitsanpassungs-Gesetzes vom 18. März 1975**

(BGBl. I S. 705) geändert worden ist, erfüllten, solange der Grad der Minderung der Erwerbsfähigkeit infolge der anerkannten Schädigung auf wenigstens 70 Prozent festgestellt ist oder auf wenigstens 50 Prozent festgestellt ist und sie infolge der Schädigung erheblich gehbehindert sind; das Gleiche gilt für schwerbehinderte Menschen, die diese Voraussetzungen am 1. Oktober 1979 nur deshalb nicht erfüllt haben, weil sie ihren Wohnsitz oder ihren gewöhnlichen Aufenthalt zu diesem Zeitpunkt in dem in Artikel 3 des Einigungsvertrages genannten Gebiet hatten.

[6] Die Wertmarke wird nicht ausgegeben, solange der Ausweis einen gültigen Vermerk über die Inanspruchnahme von Kraftfahrzeugsteuerermäßigung trägt. [7] Die Ausgabe der Wertmarken erfolgt auf Antrag durch die nach § 69 Abs. 5 zuständigen Behörden. [8] Die Landesregierung oder die von ihr bestimmte Stelle kann die Aufgaben nach Absatz 1 Satz 3 bis 5 ganz oder teilweise auf andere Behörden übertragen. [9] Für Streitigkeiten in Zusammenhang mit der Ausgabe der Wertmarke gilt § 51 Abs. 7 des Sozialgerichtsgesetzes entsprechend.

(2) Das Gleiche gilt im Nah- und Fernverkehr im Sinne des § 147, ohne dass die Voraussetzung des Absatzes 1 Satz 2 erfüllt sein muss, für die Beförderung

1. einer Begleitperson eines schwerbehinderten Menschen im Sinne des Absatzes 1, sofern eine ständige Begleitung notwendig und dies im Ausweis des schwerbehinderten Menschen eingetragen ist, und

2. des Handgepäcks, eines mitgeführten Krankenfahrstuhles, soweit die Beschaffenheit des Verkehrsmittels dies zulässt, sonstiger orthopädischer Hilfsmittel und eines Führhundes; das Gleiche gilt jetzt für einen Hund, den ein schwerbehinderter Mensch mitführt, in dessen Ausweis die Notwendigkeit einer ständigen Begleitung eingetragen ist und der ohne Begleitperson fährt.

(3) Die durch die unentgeltliche Beförderung nach den Absätzen 1 und 2 entstehenden Fahrgeldausfälle werden nach Maßgabe der §§ 148 bis 150 erstattet.

Schrifttum: *Anonymus,* Keine kostenlose Wertmarke bei Bezug von Pflegegeld nach § 69 BSGH, RdLH 1996, 35; *Beyer,* Mobilität für Alle, BehindertenR 1991, 74; *Förster,* Der Begriff der Blindheit, BehindertenR 1994, 65; *Heinz,* Geld zurück bei nachträglicher kostenloser Wertmarke wegen Hilflosigkeit, BehindertenR 1992, 78; *Opitz,* Wertmarke ohne Eigenbeteiligung für Schwerbehinderte, die für den Lebensunterhalt laufende Hilfe nach dem Kinder- und Jugendhilfegesetz (SGB VIII) erhalten, VersorgVerw 1994, 57.

Inhaltsübersicht

	Rdnr.
A. Allgemeines	1–5
B. Persönlicher Geltungsbereich	6–22
I. Berechtigter Personenkreis nach Abs. 1	8–13
a) Behinderung der Bewegungsfähigkeit	9
b) Gehörlose schwerbehinderte Menschen	10
c) Hilflose schwerbehinderte Menschen	11–13
II. Berechtigte ohne Eigenanteil (Abs. 1 Satz 5)	14–19
a) Blinde schwerbehinderte Menschen	15
b) Bezieher von Leistungen nach dem Grundsicherungsgesetz, dem SGB XII, dem SGB II	16–18
c) Versorgungsberechtigte	19
III. Berechtigter Personenkreis nach Abs. 2/Handgepäck	20–22

	Rdnr.
C. Sachlicher Anwendungsbereich	23, 24
I. Art und Umfang der Beförderung	23
II. Keine Kraftfahrzeugsteuerermäßigung	24
D. Wertmarke/Eigenbeteiligung	25–27
E. Eintrag im Ausweis	28
F. Erstattung von Fahrgeldausfällen	29
G. Verfahrensfragen	30, 31

A. Allgemeines

1 Ziel der Vorschrift ist die **Förderung der Mobilität** schwerbehinderter Menschen. Diese Förderung soll durch die unentgeltliche Beförderung von schwerbehinderten Menschen, die infolge ihrer Behinderung in der Bewegungsfähigkeit im Straßenverkehr erheblich beeinträchtigt oder gehörlos oder blind sind, erreicht werden. § 145 verpflichtet die Unternehmen im Nahverkehr zur unentgeltlichen Beförderung dieser Personen, unabhängig von den jeweiligen Vermögens- und Einkommensverhältnissen der schwerbehinderten Menschen.

2 Voraussetzung für die unentgeltliche Beförderung dieses Personenkreises ist das Vorzeigen eines entsprechend gekennzeichneten und mit einer Wertmarke versehenen Ausweises. Für die Wertmarke ist grundsätzlich ein **Eigenanteil** von 60 Euro je Kalenderjahr bzw. 30 Euro je Halbjahr zu entrichten. § 145 ist im Wesentlichen inhaltsgleich zu der aufgehobenen Vorschrift des § 59 SchwbG (zur Rechtsgeschichte vgl. *Neumann/Pahlen/Majerski-Pahlen*, SGB IX, § 145 Rdnr. 1–3 sowie *Müller-Wenner/Schorn*, SGB IX, § 145 Rdnr. 7–13).

3 Verpflichtet zur unentgeltlichen Beförderung der in der Vorschrift genannten Personengruppen sind die Unternehmen, die **öffentlichen Personenverkehr** betreiben. Diese Verpflichtung ist unabhängig von der Größe des Unternehmens.

4 **Verfassungsrechtliche Bedenken** gegen die Verpflichtung der Unternehmen, die öffentlichen Personenverkehr betreiben, zur unentgeltlichen Beförderung bestehen nicht. Denn die Verpflichtung hält sich als Beschränkung der Berufsausübung in den Grenzen der Grundsätze der Drei-Schrankentheorie des Bundesverfassungsgerichts (*BVerfG* v. 25. 7. 1990, DVBl. 1991, 65).

5 Der Betrieb eines Beförderungsunternehmens, das entsprechend seiner gesetzlichen Verpflichtung nach § 145 Abs. 1 schwerbehinderte Menschen unentgeltlich befördert, enthält im Rahmen der Fahrgeldausfallerstattung keine Leistungen zur Förderung von Einrichtungen oder ähnliche Leistungen (*VG Stuttgart* v. 19. 11. 2001, NZS 2002, 222).

B. Persönlicher Geltungsbereich

6 Anspruch auf unentgeltliche Beförderung haben die in Abs. 1 genannten Personen sowie deren **Begleitpersonen** (Abs. 2 Nr. 1), das **Handgepäck** und die sonstigen **orthopädischen Hilfsmittel** (Abs. 2 Nr. 2). Können diese Personen diesen Anspruch, z.B. wegen Krankheit, nicht ausüben, steht ihnen kein Anspruch auf Zahlung eines Ausgleichsbetrages in Geld zu.

7 **Gleichgestellte** haben keinen Anspruch auf unentgeltliche Beförderung, da § 68 Abs. 3 die Vorschriften des 13. Kapitels (also die §§ 145–154) für Gleichgestellte nicht anwendbar erklärt. Dies gilt unabhängig davon, ob der Gleichgestellte tatsächlich in seiner Bewegungsfähigkeit eingeschränkt ist.

I. Berechtigter Personenkreis nach Abs. 1

Anspruchsberechtigt auf unentgeltliche Beförderung nach Abs. 1 sind: 8
- schwerbehinderte Menschen, die infolge ihrer Behinderung in ihrer Bewegungsfähigkeit im Straßenverkehr erheblich beeinträchtigt sind oder hilflos oder gehörlos sind (Abs. 1 Satz 1),
- Blinde (Abs. 1 Satz 5 Nr. 1),
- schwerbehinderte Menschen, die Leistungen nach dem Grundsicherungsgesetz, Leistungen zur Sicherung des Lebensunterhalts nach dem SGB XII oder laufende Leistungen zum Lebensunterhalt nach dem SGB II erhalten (Abs. 1 Satz 5 Nr. 2),
- schwerbehinderte Menschen, die Jugendhilfe beziehen (Abs. 1 Satz 5 Nr. 2),
- schwerbehinderte Menschen, die Leistungen der Kriegsopferfürsorge beziehen (Abs. 1 Satz 5 Nr. 3) und
- versorgungsberechtigte schwerbehinderte Menschen (Abs. 1 Satz 5 Nr. 3).

a) Behinderung der Bewegungsfähigkeit. In ihrer Bewegungsfähigkeit im 9 Straßenverkehr sind solche schwerbehinderten Menschen **erheblich beeinträchtigt**, die infolge einer Einschränkung des Gehvermögens nicht ohne erhebliche Schwierigkeiten oder nicht ohne Gefahren für sich oder andere Wegstrecken im Ortsverkehr zurückzulegen vermögen, die üblicherweise noch zu Fuß zurückgelegt werden können, § 146 Abs. 1 (vgl. § 146 Rdnr. 9). Die Feststellung einer „erheblichen Beeinträchtigung im Straßenverkehr" setzt die Feststellung der Schwerbehinderteneigenschaft voraus (*SG Bremen* v. 15. 2. 2002, Breithaupt 2002, 749; *Masuch*, in: Hauck/Noftz, SGB IX, § 145 Rdnr. 3).

b) Gehörlose schwerbehinderte Menschen. Unter den **Begriff „gehörlos"** 10 sind sowohl Personen zu verstehen, die an vollständiger Taubheit leiden, als auch Hörbehinderte mit einer an Taubheit grenzenden beiderseitigen Schwerhörigkeit. Eine an Taubheit grenzende Schwerhörigkeit liegt vor bei einem Hörverlust auf beiden Ohren von 80%–95% (vgl. 26.5 der Anhaltspunkte für die ärztliche Gutachtertätigkeit).

c) Hilflose schwerbehinderte Menschen. Eine Legaldefinition ist im 11 SGB IX für den Begriff „hilflos" nicht enthalten. Nach § 33b Abs. 6 Satz 2 EStG ist **hilflos**, wer infolge von Behinderung für eine Reihe von häufig und regelmäßig wiederkehrenden Verrichtungen zur Sicherung der persönlichen Existenz im Ablauf eines jeden Tages dauernd fremder Hilfe bedarf. Nach § 33b Abs. 6 Satz 3 EStG liegt Hilflosigkeit auch dann vor, wenn die Hilfe in Form der Überwachung oder einer Anleitung zu den täglichen Verrichtungen erforderlich ist oder wenn die Hilfe zwar nicht dauernd geleistet werden muss, jedoch eine ständige Bereitschaft zur Hilfe erforderlich ist (ähnlich auch § 35 Abs. 1 Satz 2 BVG).

Häufig und regelmäßig wiederkehrende Verrichtungen zur Sicherung der per- 12 sönlichen Existenz sind insbesondere das An- und Auskleiden, die Nahrungsaufnahme, das Verrichten der Notdurft und die Körperpflege. Die Hilfebedürftigkeit bezüglich einzelner Verrichtungen, selbst wenn sie lebensnotwendig sind, genügen nicht. Nicht ausreichend für die Bejahung der **Hilflosigkeit** ist u. a. die Hilfe beim Anziehen einzelner Bekleidungsstücke, notwendige Begleitung bei Reisen oder Spaziergängen und einfache Wund- und Heilbehandlung (vgl. 21 der Anhaltspunkte für die ärztliche Gutachtertätigkeit).

In der zu § 35 BVG erlassenen Verwaltungsvorschrift vom 27. 8. 1986 sind die- 13 jenigen Behinderungsarten aufgeführt, die im Allgemeinen, d. h. auch ohne nähere Prüfung, auf das Bestehen von Hilflosigkeit hindeuten. Hierzu gehören u. a. Blindheit oder hochgradige Sehbehinderung, Querschnittslähmung oder der Verlust mehrer Gliedmaßen, Hirnschäden und Anfallsleiden, wenn diese Behinderungen allein einen GdB von 100 bedingen (vgl. 21 der **Anhaltspunkte für die ärztliche Gutachtertätigkeit**).

II. Berechtigte ohne Eigenanteil (Abs. 1 Satz 5)

14 In Abs. 1 Satz 5 Nr. 1–3 sind die Personengruppen genannt, die eine Wertmarke ohne den in Abs. 1 Satz 3 fixierten Eigenanteil erwerben können. Die Befreiung von der Entrichtung eines Eigenanteil erfolgt nur auf Antrag.

15 a) **Blinde schwerbehinderte Menschen.** Blinde schwerbehinderte Menschen i. S. v. § 72 Abs. 5 SGB XII haben Anspruch auf unentgeltliche Beförderung (Abs. 1 Satz 5 Nr. 1). § 72 Abs. SGB XII stellt Blinde jenen Personen gleich, deren Sehschärfe auf dem besseren Auge nicht mehr als $^{1}/_{50}$ beträgt sowie jene Personen, bei denen dem Schweregrad dieser Sehschärfe gleichzuachtende und nicht nur vorübergehende Störungen des Sehvermögens vorliegen. Der **Grund für die Blindheit** ist nicht entscheidend. Sowohl die „**Augenblindheit**" als auch die „**Seelenblindheit**" unterfallen Abs. 1 Satz 5 Nr. 1.

16 b) **Bezieher von Leistungen nach dem Grundsicherungsgesetz, dem SGB XII, dem SGB II.** Auch schwerbehinderte **Bezieher von Arbeitslosengeld II** haben Anspruch auf unentgeltliche Beförderung. Dies gilt jedoch nur insoweit, als sie keine Kfz-Steuerermäßigung in Anspruch nehmen. Abs. 1 Satz 5 Nr. 2 findet nur auf Bezieher von Arbeitslosengeld II, nicht aber von Arbeitslosengeld Anwendung.

17 Anspruch auf unentgeltliche Beförderung haben auch schwerbehinderte Sozialhilfeempfänger, soweit sie **keine Kfz-Steuerermäßigung** beanspruchen. Nach dem Wortlaut des Abs. 1 Satz 5 Nr. 2 ist die Freifahrtberechtigung beschränkt auf diejenigen Sozialhilfeempfänger, die laufende Leistungen nach dem SGB XII erhalten. Diese Einschränkung wird in der Literatur für nicht sachgerecht erachtet. Die h. M. gewährt den schwerbehinderten Sozialhilfeempfängern auch dann die unentgeltliche Beförderung, wenn sie Leistungen im Rahmen der Eingliederungshilfe für Behinderte oder Hilfe zur Pflege erhalten (so *Müller-Wenner/Schorn*, SGB IX, § 145 Rdnr. 28).

18 Auch **schwerbehinderte Jugendliche**, die laufende Leistungen nach dem SGB VIII beziehen, haben Anspruch auf unentgeltliche Beförderung, Abs. 1 Satz 5 Nr. 2. Die in Abs. 1 Satz 2 Nr. 2 genannten Personengruppen haben den Bezug von entsprechenden Sozialleistungen durch Bescheid oder eine Bescheinigung der auszahlenden Behörde **nachzuweisen.**

19 c) **Versorgungsberechtigte.** Nach Abs. 1 Satz 5 Nr. 3 haben Anspruch auf unentgeltliche Beförderung die schwerbehinderten Menschen, die am 1. 10. 1979 die Voraussetzungen des § 2 Abs. 1 Nr. 1 bis 4 und Abs. 3 des Gesetzes über die unentgeltliche Beförderung von Kriegs-/Wehrdienstbeschädigten vom 27. 8. 1965 (UnBefG) erfüllten. Voraussetzung ist aber, dass die MdE infolge der anerkannten Schädigung auf **mindestens 70%** festgestellt ist. Diese Voraussetzungen gelten auch dann, wenn am 1. 10. 1979 die Versorgung nach dem BVG nur wegen eines Wohnsitzes in der ehemaligen DDR ausgeschlossen war (*BSG* v. 15. 9. 1988, SozR 3870 § 59 Nr. 2).

III. Berechtiger Personenkreis nach Abs. 2/Handgepäck

20 Nach Abs. 2 Nr. 1 haben auch Begleitpersonen eines schwerbehinderten Menschen i. S. v. Abs. 1 Anspruch auf unentgeltliche Beförderung, sofern eine ständige Begleitung notwendig ist. **Notwendig** ist die **Begleitung** nach § 146 Abs. 2 bei schwerbehinderten Menschen, die bei Benutzung von öffentlichen Verkehrsmitteln infolge ihrer Behinderung zur Vermeidung von Gefahren für sich oder andere regelmäßig auf fremde Hilfe angewiesen sind (vgl. § 146 Rdnr. 10–13). Die unentgeltliche Beförderung von Begleitpersonen gilt sowohl für den Nah- als auch für den Fernverkehr. Die Begleitperson wird ohne Eigenbeteiligung befördert.

Berechtigter des Anspruchs nach Abs. 2 Nr. 1 ist der behinderte Mensch, der auf 21 eine Begleitperson angewiesen ist; nicht aber die Begleitperson. Insofern besteht für die Begleitperson keine Berechtigung zur kostenlosen Rückreise, wenn der schwerbehinderte Mensch am Zielort verbleibt (*Müller-Wenner/Schorn*, SGB IX, § 145 Rdnr. 38). Zivilrechtlich kommt jedoch ein eigenständiger Beförderungsvertrag zwischen dem Vertragsunternehmen und der mitreisenden Begleitperson zustande (*Müller-Wenner/Schorn*, SGB IX, § 145 Rdnr. 37).

Nach Abs. 2 Nr. 2 sind auch das **Handgepäck** und die sonstigen aufgeführten 22 **Hilfsmittel** unentgeltlich zu befördern. Die unentgeltliche Beförderung gilt sowohl im Nah- als auch im Fernverkehr. Handgepäck ist nur das bei der Person unterzubringende Gepäck (Koffer, Rucksäcke, Taschen). Das Handgepäck ist auch dann unentgeltlich zu befördern, wenn eine Begleitperson mitreist (*Neumann/ Pahlen/Majerski-Pahlen*, SGB IX, § 145 Rdnr. 12). Die Beförderung des Fahrzeugs eines freifahrtberechtigten schwerbehinderten Menschen auf Fähren oder Autozügen ist nicht unentgeltlich (*BVerwG* v. 27. 11. 1981, DÖV 1982, 751).

C. Sachlicher Anwendungsbereich

I. Art und Umfang der Beförderung

Die **unentgeltliche Beförderung** umfasst die Beförderung per Straßenbahn, 23 S-Bahn, U-Bahn, Hochbahn, Schwebebahn oder Zügen des Nahverkehrs.

II. Keine Kraftfahrzeugsteuerermäßigung

Die **Freifahrtberechtigung** gilt nur, solange der Schwerbehindertenausweis 24 und die Wertmarke gültig sind. Eine unentgeltliche Beförderung kommt nicht in Betracht, wenn eine Inanspruchnahme von Kraftfahrzeugsteuerermäßigung vorliegt. In diesem Fall wird keine Wertmarke ausgegeben (Abs. 1 Satz 6). Die **Begleitperson** darf aber unentgeltlich mitfahren, wenn der schwerbehinderte Mensch den regulären Fahrpreis entrichtet.

D. Wertmarke/Eigenbeteiligung

Die **Ausgabe der Wertmarken** erfolgt über die nach § 69 Abs. 5 zuständigen 25 Behörden, also die Versorgungsämter. Da die Zuerkennung der Wertmarke nur für die Zukunft wirkt, besteht kein Anspruch auf Überlassung einer Wertmarke für die Vergangenheit bei nachträglicher Zuerkennung des Merkmals „G" (*LSG Berlin* v. 9. 10. 1997, L 11 Vs 27/97). Nach § 7 Abs. 2 SchwbAvW ist bei der Vergabe der Wertmarke ein Streckenverzeichnis zwecks Abgrenzung des 50-Kilometerumkreises hinzuzufügen (vgl. Muster 5 Anlage SchwbAvW).

Für die Begleitperson nach Abs. 2 ist **keine Wertmarke erforderlich.** Die Be- 26 gleitperson wird im Nah- und Fernverkehr unentgeltlich befördert. Unerheblich ist, ob die Begleitperson eine Kfz-Steuerermäßigung in Anspruch nimmt.

Die Wertmarke wird nur gegen Entrichtung von 60 Euro für ein Jahr und 27 30 Euro für ein **halbes Jahr** ausgegeben (Abs. 1 Satz 2). Wird die Wertmarke vor Ablauf ihrer Gültigkeit zurückgegeben, wird auf Antrag für jeden Monat ihrer Gültigkeit nach Rückgabe ein Betrag von 5 Euro zurückerstattet. Die in Abs. 1 Satz 5 Nr. 1–3 genannten Personengruppen sind von Entrichtung der 60 Euro bzw. 30 Euro befreit.

E. Eintrag im Ausweis

28 Die Notwendigkeit ständiger Begleitung wird im **Schwerbehindertenausweis** durch orangefarbenen Flächenaufdruck sichtbar gemacht. Die Eintragung erfolgt durch ein

auf der Vorderseite und den Satz „Die Notwendigkeit ständiger Begleitung ist nachgewiesen" (§ 3 SchwbAvW).

F. Erstattung von Fahrgeldausfällen

29 Die den Unternehmen entstehenden **Ausfälle** bei den Fahrgeldeinnahmen werden diesen nach den Grundsätzen der §§ 148–150 **erstattet** (Abs. 3).

G. Verfahrensfragen

30 Nach § 69 Abs. 4 treffen die Versorgungsämter die Feststellung, ob die Voraussetzungen für eine unentgeltliche Beförderung vorliegen. Gegen eine Ablehnung des Antrags auf Eintragung des Merkzeichens „G" kann nach erfolglosem Widerspruchsverfahren Klage vor den Sozialgerichten eingelegt werden.

31 Bei Streitigkeiten zwischen den schwerbehinderten Menschen und den Beförderungsunternehmen über die Frage der Unentgeltlichkeit der Beförderung entscheiden die **Verwaltungsgerichte,** da es sich um eine öffentlich-rechtliche Streitigkeit handelt (*VG Köln* v. 19. 4. 1989, BehindertenR 1989, 141).

§ 146 Persönliche Voraussetzungen

(1) ¹In seiner Bewegungsfähigkeit im Straßenverkehr erheblich beeinträchtigt ist, wer infolge einer Einschränkung des Gehvermögens (auch durch innere Leiden oder infolge von Anfällen oder von Störungen der Orientierungsfähigkeit) nicht ohne erhebliche Schwierigkeiten oder nicht ohne Gefahren für sich oder andere Wegstrecken im Ortsverkehr zurückzulegen vermag, die üblicherweise noch zu Fuß zurückgelegt werden. ²Der Nachweis der erheblichen Beeinträchtigung in der Bewegungsfähigkeit im Straßenverkehr kann bei schwerbehinderten Menschen mit einem Grad der Behinderung von wenigstens 80 nur mit einem Ausweis mit halbseitigem orangefarbenem Flächenaufdruck und eingetragenem Merkzeichen G geführt werden, dessen Gültigkeit frühestens mit dem 1. April 1984 beginnt, oder auf dem ein entsprechender Änderungsvermerk eingetragen ist.

(2) Ständige Begleitung ist bei schwerbehinderten Menschen notwendig, die bei Benutzung von öffentlichen Verkehrsmitteln infolge ihrer Behinderung zur Vermeidung von Gefahren für sich oder andere regelmäßig auf fremde Hilfe angewiesen sind.

Schrifttum: *Gebauer,* Feststellung der Wegefähigkeit im Schwerbehinderten- und Rentenrecht aus medizinischer Sicht, MedSach 1995, 53; *Gottl,* Die Notwendigkeit ständiger Begleitung nach den Tatbestandsmerkmalen des § 58 Abs. 2 SchwbG, VersB 1982, 74; *Koch/ Koch,* Die erhebliche Gehbehinderung im Schwerbehindertenrecht, ZfS 1984, 321; *Majerski-Pahlen,* Feststellung der Wegefähigkeit im Schwerbehinderten- und Rentenrecht, MedSach 1995, 50.

Inhaltsübersicht

	Rdnr.
A. Allgemeines	1
B. Erhebliche Einschränkung der Bewegungsfähigkeit (Abs. 1)	2–9
I. Einschränkung des Gehvermögens	5, 6
II. Innere Leiden	7
III. Anfallsleiden	8, 9
IV. Störung der Orientierungsfähigkeit	10
V. Ortsverkehr	11
C. Ständige Begleitung (Abs. 2)	12–15

A. Allgemeines

Die Vorschrift definiert den **Begriff** der „erheblichen Beeinträchtigung der Bewegungsfähigkeit im Straßenverkehr", der entscheidend für die unentgeltliche Beförderung nach § 145 ist. Liegt eine erhebliche Beeinträchtigung der Bewegungsfähigkeit im Straßenverkehr vor, besteht grundsätzlich Anspruch auf unentgeltliche Beförderung oder auf Steuerermäßigung. § 146 ist inhaltsgleich zu der aufgehobenen Vorschrift des § 60 SchwbG. Die Vorschrift ist nur auf schwerbehinderte Menschen, nicht aber auf Gleichgestellte anwendbar, § 68 Abs. 3.

B. Erhebliche Einschränkung der Bewegungsfähigkeit (Abs. 1)

Eine **erhebliche Einschränkung** der Bewegungsfähigkeit im Straßenverkehr besteht bei Personen, die infolge einer Einschränkung des Gehvermögens
– auch durch innere Leiden oder
– infolge von Anfällen oder
von Störungen der Orientierungsfähigkeit
nicht ohne erhebliche Schwierigkeiten oder nicht ohne Gefahren für sich oder andere Wegestrecken im Ortsverkehr zurückzulegen vermögen, die üblicherweise noch zu Fuß zurückgelegt werden können.

Der **Nachweis der erheblichen Beeinträchtigung** der Bewegungsfähigkeit im Straßenverkehr kann bei schwerbehinderten Menschen mit einem Grad der Behinderung von wenigstens 80 mit einem „G" im Ausweis erbracht werden. Bei rückwirkender Zuerkennung des Nachteilausgleichs „G" besteht weder ein Anspruch auf Erstattung von Fahrtkosten für die Benutzung öffentlicher Verkehrsmittel noch auf nachträgliche Aushändigung von Wertmarken und Ausstellung eines Beiblattes zum Schwerbehindertenausweis (*LAG Schleswig-Holstein* v. 5. 12. 2000, L 2 SB 84/99). Die Legaldefinition des § 146 Abs. 1 Satz 1 kann nur so verstanden werden, dass von einem Durchschnittswert auszugehen ist, der üblicherweise noch zu Fuß zurückgelegt werden kann (*LSG Rheinland-Pfalz* v. 19. 6. 2002, L 4 SB 112/01).

Auch bei älteren Schwerbehinderten Menschen sind die in den AHP genannten Voraussetzung für eine erhebliche Beeinträchtigung der Bewegungsfreiheit („G") anzuwenden. Nicht maßgeblich ist, ob andere Menschen in dem betroffenen Lebensalter üblicherweise ohnehin nur kurze Wegstrecken zu Fuß gehen können, wenn beim behinderten Menschen die nach den Anhaltspunkten erforderlichen Voraussetzungen vorliegen (*LSG Rheinland-Pfalz* v. 19. 6. 2002, L 4 SB 112/01). Die Legaldefinition des § 146 Abs. 1 Satz 1 ist so zu verstehen, dass von einem Durchschnittswert auszugehen ist, der üblicherweise noch zu Fuß zurückgelegt werden kann. Die üblicherweise im Ortsverkehr zurückgelegte Strecke beträgt zwei Kilometer bzw. 30 Minuten (*LSG Rheinland-Pfalz* v. 19. 6. 2002, L 4 SB 112/01, *BSG* v. 10. 12. 1987, SozR 3870 § 60 Nr. 2; *SG Berlin* v. 31. 8. 2000, Breithaupt 2002, 25; *Müller-Wenner/Schorn,* SGB IX, § 146 Rdnr. 10).

I. Einschränkung des Gehvermögens

5   Eine **Einschränkung des Gehvermögens** liegt vor, wenn die Gebrauchsfähigkeit der Beine, der Hüfte oder der Knie- und Sprunggelenke eingeschränkt ist. Entscheidend ist die Einschränkung der Fortbewegungsmöglichkeit. Dies ist insbesondere der Fall, wenn sich diese Behinderungen auf die Gehfähigkeit besonders auswirken, z.B. durch eine Versteifung des Hüftgelenks oder der Versteifung des Knie- oder Fußgelenks in ungünstiger Stellung (vgl. Nr. 30 der Anhaltspunkte für die Gutachtertätigkeit).

6   Eine Hauterkrankung mit ständigem Befall der Füße und daraus folgender Gehbehinderung kann den Tatbestand erfüllen (*SG Dortmund* v. 6. 7. 2001, S 43 2/00). Gleiches gilt für einen behinderungsbedingten Trainingsmangel und mit dem Lebensalter abnehmende Kompensationsmöglichkeit (*LSG Hamburg* v. 7. 2. 1995, IV VSBf 17/93) sowie für eine massive Adipositas (*LSG Rheinland-Pfalz* v. 10. 9. 1996, L 4 Vs 6/96).

II. Innere Leiden

7   Auch **innere Leiden** können das Gehvermögen einschränken. Dies ist z.B. der Fall bei einer Erkrankung am Herzen mit Beeinträchtigung der Herzleistung und bei Atembehinderungen mit dauernder Einschränkung der Lungenfunktion wenigstens mittleren Grades.

III. Anfallsleiden

8   Das Gehvermögen kann durch **Anfallsleiden** eingeschränkt werden. Anfallsleiden i. S. v. Abs. 1 Satz 1 bedingen erst dann eine erhebliche Einschränkung der Bewegungsfähigkeit im Straßenverkehr, wenn ein Fall der mittleren Anfallshäufigkeit vorliegt und die Anfälle überwiegend am Tage auftreten (vgl. 30.4 Anhaltspunkte für die Gutachtertätigkeit). Mittlere Anfallshäufigkeit besteht bei generalisierten (großen) und komplex-lokalen Anfällen mit Pausen von Wochen sowie bei kleineren und einfach-lokalen Anfällen mit Pausen von Tagen (vgl. 26.3 der Anhaltspunkte für die Gutachtertätigkeit).

9   Zu den Anfallsleiden i. S. v. Abs. 1 Satz 1 gehören auch psychische bzw. neurologische Behinderungen, die einen vergleichbaren Schweregrad erreichen (*LSG Rheinland-Pfalz* v. 21. 3. 1996, L 4 Vs 69/95). **Ausreichend** ist, wenn der schwerbehinderte Mensch durch das Anfallsleiden an ca. 40% der Tage in seiner Geh- und Orientierungsfähigkeit eingeschränkt ist (*Hess LSG* v. 17. 2. 1998, MedSach 1998, 166). Voraussetzung für ein Anfallsleiden nach Abs. 1 Satz 1 ist, dass die konkrete Anfallsgefahr aufgrund objektiver Kriterien, wie z.B. der Anfallshäufigkeit oder wegen früheren Auftretens zahlreicher Anfälle jederzeit möglich ist (*LSG NRW* v. 28. 5. 1998, RdLH 1998, 186).

IV. Störung der Orientierungsfähigkeit

Störungen der **Orientierungsfähigkeit,** die zu einer erheblichen Beeinträchtigung der Bewegungsfähigkeit führen, sind bei allen Sehbehinderungen mit einem Grad von wenigstens 70% gegeben; bei Sehbehinderungen, die einen GdB von 50 oder 60% bedingen, jedoch nur in Kombination mit erheblichen Störungen der Ausgleichsfunktionen (vgl. Nr. 30.5 Anhaltspunkte für die Gutachtertätigkeit).

V. Ortsverkehr

Unter **Strecken im Ortsverkehr,** die üblicherweise noch zu Fuß zurückgelegt werden können, sind Strecken von wenigen Kilometern gemeint (z. B. 30 Minuten für eine Wegstrecke von zwei Kilometern, *BSG* v. 10. 12. 1987, SozR 3870 § 60 Nr. 2). Dabei sind nur die behinderungsbedingten Einschränkungen des Gehvermögens zu berücksichtigen. Altersbedingte Einschränkungen bleiben außer Betracht.

C. Ständige Begleitung (Abs. 2)

In § 145 Abs. 2 ist die kostenlose Beförderung der Begleitperson des schwerbehinderten Menschen geregelt. Absatz 2 definiert, wann eine ständige Begleitung notwendig ist. Notwendig ist die **ständige Begleitung,** wenn der schwerbehinderte Mensch bei der Benutzung öffentlicher Verkehrsmittel infolge seiner Behinderung zur Vermeidung von Gefahren für sich oder andere auf fremde Hilfe angewiesen ist. Begleitperson kann jedermann sein, nur nicht ein ebenfalls schwerbehinderter Mensch mit dem Merkzeichen „B" im Ausweis. Ein bis zweimal wöchentlich auftretende Gehstörungen rechtfertigen nicht die Zuerkennung des Merkzeichens „Begleitperson". Der Schweregrad der Behinderung muss in seinen funktionellen Auswirkungen auf die Sicherheit des Behinderten und Dritter in Richtung der in den AHP 1996 genannten Personenkreise der Querschnittsgelähmten, Ohnehänder und Blinden weisen (*Bayerisches LSG* v. 5. 6. 2002, SGb 2002, 618).

Ausreichend ist, dass ohne eine Begleitung Gefahren für den schwerbehinderten Menschen selbst oder für andere möglich sind. **Nicht erforderlich** ist, dass die Gefahr mit an Sicherheit grenzender Wahrscheinlichkeit eintreten wird (so *LSG Berlin* v. 19. 11. 1991, Meso B 90/96). Einem seelisch behinderten Menschen kann zur Vermeidung einer Selbst- oder Fremdgefährdung das Merkzeichen „B" zustehen (*SG Dortmund* v. 29. 8. 2002, S 32 SB 198/01).

Die Hilfe durch eine Begleitperson muss zwar nicht immer, aber **zumindest regelmäßig** erforderlich sein. Beispiele:
- Nicht ausreichend ist eine dreimal wöchentlich durchzuführende Dialyse mit der Gefahr von anschließenden Schwindelanfällen (*LSG Rheinland-Pfalz* v. 17. 10. 1986, BehindertenR 1997, 80).
- Ein erwachsener Taubstummer oder Gehörloser hat nicht allein wegen dieser Behinderung Anspruch auf Feststellung der Notwendigkeit ständiger Begleitung (*BSG* v. 12. 11. 1996, SozR 3–1300 § 48 Nr. 57; *LSG Schleswig-Holstein* v. 17. 7. 1995, BehindertenR 1996, 137).

Liegen die Voraussetzungen der Notwendigkeit der ständigen Begleitung vor, können die in ihrem Gehvermögen eingeschränkten Personen dennoch alleine den öffentlichen Straßenverkehr nutzen. Der Umkehrschluss, diese Personen können nur in Begleitung anderer den öffentlichen Verkehr nutzen, ist nicht zulässig. Eine Weigerung eines Beförderungsunternehmens zur unentgeltlichen Beförderung eines Schwerbehinderten, dessen Ausweis ein „B" enthält, kommt nur dann in Betracht, wenn eine **konkrete Gefahrenlage** besteht (*OVG Schleswig-Holstein* v. 11. 9. 1984, Der Kriegsblinde 2/1985, 3).

§ 147 Nah- und Fernverkehr

(1) **Nahverkehr im Sinne dieses Gesetzes ist der öffentliche Personenverkehr mit**
1. Straßenbahnen und Obussen im Sinne des Personenbeförderungsgesetzes,
2. Kraftfahrzeugen im Linienverkehr nach den §§ 42 und 43 des Personenbeförderungsgesetzes auf Linien, bei denen die Mehrzahl der Beförderungen eine Strecke von 50 Kilometer nicht übersteigt, es sei denn, dass bei den Verkehrsformen nach § 43 des Personenbeförderungsgesetzes die Genehmigungsbehörde auf die Einhaltung der Vorschriften über die Beförderungsentgelte gemäß § 45 Abs. 3 des Personenbeförderungsgesetzes ganz oder teilweise verzichtet hat,
3. S-Bahnen in der 2. Wagenklasse,
4. Eisenbahnen in der 2. Wagenklasse in Zügen und auf Strecken und Streckenabschnitten, die in ein von mehreren Unternehmern gebildetes, mit den unter den Nummern 1, 2 oder 7 genannten Verkehrsmitteln zusammenhängendes Liniennetz mit einheitlichen oder verbundenen Beförderungsentgelten einbezogen sind,
5. Eisenbahnen des Bundes in der 2. Wagenklasse in Zügen, die überwiegend dazu bestimmt sind, die Verkehrsnachfrage im Nahverkehr zu befriedigen (Züge des Nahverkehrs), im Umkreis von 50 Kilometer um den Wohnsitz oder gewöhnlichen Aufenthalt des schwerbehinderten Menschen,
6. sonstigen Eisenbahnen des öffentlichen Verkehrs im Sinne des § 2 Abs. 1 und § 3 des Allgemeinen Eisenbahngesetzes in der 2. Wagenklasse auf Strecken, bei denen die Mehrzahl der Beförderungen eine Strecke von 50 Kilometer nicht überschreiten,
7. Wasserfahrzeugen im Linien-, Fähr- und Übersetzverkehr, wenn dieser der Beförderung von Personen im Orts- und Nachbarschaftsbereich dient und Ausgangs- und Endpunkt innerhalb dieses Bereiches liegen; Nachbarschaftsbereich ist der Raum zwischen benachbarten Gemeinden, die, ohne unmittelbar aneinander grenzen zu müssen, durch einen stetigen, mehr als einmal am Tag durchgeführten Verkehr wirtschaftlich und verkehrsmäßig verbunden sind.

(2) **Fernverkehr im Sinne dieses Gesetzes ist der öffentliche Personenverkehr mit**
1. Kraftfahrzeugen im Linienverkehr nach § 42 des Personenbeförderungsgesetzes,
2. Eisenbahnen, ausgenommen den Sonderzugverkehr,
3. Wasserfahrzeugen im Fähr- und Übersetzverkehr, sofern keine Häfen außerhalb des Geltungsbereiches dieses Gesetzbuchs angelaufen werden, soweit der Verkehr nicht Nahverkehr im Sinne des Absatzes 1 ist.

(3) Die Unternehmer, die öffentlichen Personenverkehr betreiben, weisen im öffentlichen Personenverkehr nach Absatz 1 Nr. 2, 5, 6 und 7 im Fahrplan besonders darauf hin, inwieweit eine Pflicht zur unentgeltlichen Beförderung nach § 145 Abs. 1 nicht besteht.

Schrifttum: *Fromm,* Einschränkung der Freifahrt für Schwerbehinderte, NJW 1984, 649.

Kap. 13. Unentgeltliche Beförderung 1–5 § 147

Inhaltsübersicht

	Rdnr.
A. Allgemeines	1
B. Nahverkehr (Abs. 1)	2–13
I. Straßenbahnen/Omnibusse (Nr. 1)	2
II. Kraftfahrzeuge (Nr. 2)	3, 4
III. S-Bahnen der 2. Wagenklasse (Nr. 3)	5
IV. Eisenbahnen der 2. Wagenklasse (Nr. 4)	6
V. Züge des Nahverkehrs (Nr. 5)	7–10
VI. Sonstige Eisenbahnen (Nr. 6)	11
VII. Wasserfahrzeuge (Nr. 7)	12
VIII. Fahrplanhinweise	13
C. Fernverkehr (Abs. 2)	14

A. Allgemeines

Die Vorschrift definiert die Begriffe „**Nahverkehr**" (Abs. 1) und „**Fernverkehr**" (Abs. 2). § 147 ist inhaltsgleich mit der aufgehobenen Vorschrift des § 61 SchwbG. Die Unterscheidung zwischen dem Nah- und Fernverkehr hat Bedeutung für die Freifahrtsberechtigung nach § 145 Abs. 1, die nur für den Nahverkehr in Betracht kommt, währenddessen die Freifahrtsberechtigung für die Begleitperson nach § 145 Abs. 2 Nr. 1 sowohl im Nah- als auch im Fernverkehr gilt. 1

B. Nahverkehr (Abs. 1)

I. Straßenbahnen/Omnibusse (Nr. 1)

Straßenbahnen und **Omnibusse** gehören zum Nahverkehr, unabhängig von der Länge der Beförderungsstrecke. Zu den Straßenbahnen zählen auch Hoch- und Untergrundbahnen. Bei der Beförderung mit Omnibussen ist nicht entscheidend, ob es sich um Orts- oder Nachbarortslinienverkehr handelt. 2

II. Kraftfahrzeuge (Nr. 2)

Zum Nahverkehr gehört auch die Beförderung mit **Kraftfahrzeugen im Linienverkehr** nach §§ 42 und 43 des Personenbeförderungsgesetzes (PBefG) auf Linien, bei denen die Mehrzahl der Beförderungen eine Strecke von 50 Kilometer nicht überstcigt. Hierzu gehört auch der Omnibusverkehr der Deutsche Bundesbahn AG im Rahmen von regionalen Verkehrsgesellschaften. 3

§ 43 PBefG umfasst die Sonderformen des Linienverkehrs. Hierzu gehören der Berufs- und Schülerverkehr, Marktverkehr und Theaterbusse, soweit sie gegen Entrichtung des tariflichen Beförderungsentgelts zugänglich sind. **Anruf-Sammeltaxen,** also Taxen, die von den Benutzern öffentlicher Verkehrsmittel an bestimmten Haltestellen auf Anforderung gerufen werden können, unterfallen grundsätzlich nicht dem Nahverkehrsbegriff nach § 146 (*OVG Lüneburg* v. 8. 10. 2003, 4 LB 365/03; *VG Köln* v. 19. 4. 1989, BehindertenR 1989, 141; *Neumann/Pahlen/Majerski-Pahlen,* SGB, § 147 Rdnr. 5; a. A. *Müller-Wenner/Schorn,* SGB IX, § 147 Rdnr. 6). Etwas anderes gilt, wenn für den Betrieb des Sammeltaxis eine Genehmigung nach § 42 PBefG vorliegt (*Neumann/Pahlen/Majerski-Pahlen,* SGB IX, § 147 Rdnr. 5). 4

III. S-Bahnen der 2. Wagenklasse (Nr. 3)

Hierunter fallen der S-Bahn-Verkehr der DB AG und sonstiger Beförderungsunternehmen in der 2. Wagenklasse. Die **Streckenlänge** ist (wie auch bei Nr. 1) 5

Kossens 501

§ 147 6–12 Teil 2. Schwerbehindertenrecht

unerheblich. Unerheblich ist ebenfalls, ob die S-Bahn am Wohnsitz des schwerbehinderten Menschen genutzt wird, da die S-Bahnen im gesamten Bundesgebiet unentgeltlich genutzt werden können (*Neumann/Pahlen/Majerski-Pahlen,* SGB IX, § 147 Rdnr. 6; *Müller-Wenner/Schorn,* SGB IX, § 147 Rdnr. 7).

IV. Eisenbahnen der 2. Wagenklasse (Nr. 4)

6 Unter Nahverkehr ist auch die Beförderung mit **Eisenbahnen der 2. Wagenklasse** in Zügen und auf Strecken und Streckenabschnitten zu verstehen, die in ein von mehreren Unternehmen gebildetes, mit den unter den Nummern 1 und 2 oder 7 genannten Verkehrsmitteln zusammenhängendes Liniennetz mit einheitlichen oder verbundenen Beförderungsentgelten einbezogen sind. Gemeint sind damit die Strecken in Eisenbahnverbünden sowie in Tarifgemeinschaften. Ist die Benutzung von Verbundfahrscheinen nicht gestattet, erfolgt auch keine unentgeltliche Beförderung des schwerbehinderten Menschen.

V. Züge des Nahverkehrs (Nr. 5)

7 Nach Abs. 1 Nr. 5 ist der Nahverkehr auch die Beförderung in Eisenbahnen des Bundes in der 2. Wagenklasse, die überwiegend dazu bestimmt sind, die Verkehrsnachfrage im Nahverkehr zu befriedigen, im **Umkreis von 50 Kilometern** um den Wohnsitz oder gewöhnlichen Aufenthalt des schwerbehinderten Menschen. Entscheidend ist die Entfernung per Luftlinie und nicht per Zugkilometer.

8 Welche Züge überwiegend dazu bestimmt sind, die Verkehrsnachfrage im Nahverkehr zu befriedigen, regelt die **Nahverkehrszügeverordnung** (Anhang Nr. 12). In § 1 der Nahverkehrszügeverordnung sind die einzelnen Zugarten aufgeführt, die unter Abs. 1 Nr. 5 fallen. Dies sind die Regionalbahn (RB), der Stadtexpress (SE), der Regionalexpress (RE), der Schnellzug (D) und der Interregio (IR). Nicht einbezogen sind IC, ICE, EC-Züge oder Magnetschwebezüge. Für D- und IR-Züge ist der entsprechende Zuschlag trotz an sich unentgeltlicher Beförderung zu zahlen (*Neumann/Pahlen/Majerski-Pahlen,* SGB IX, § 147 Rdnr. 8).

9 Der Wohnsitz oder der gewöhnliche Aufenthalt des schwerbehinderten Menschen wird nach § 30 Abs. 3 SGB I bestimmt. Einen **Wohnsitz** hat jemand dort, wo er seine Wohnung unter Umständen hat, die darauf schließen lassen, dass er die Wohnung beibehalten und nutzen will. Den **gewöhnlichen Aufenthalt** hat jemand dort, wo er sich unter Umständen aufhält, die erkennen lassen, dass er an diesem Ort oder diesem Gebiet nicht nur vorübergehend verweilt.

10 Bei Fahrten über die **50-Kilometer-Grenze** hinaus ist nicht der gesamte Fahrpreis, sondern nur der für die darüber hinausgehende Strecke zu entrichten (*Neumann/Pahlen/Majerski-Pahlen,* SGB IX, § 147 Rdnr. 10; *Müller-Wenner/Schorn,* SGB IX, § 147 Rdnr. 10).

VI. Sonstige Eisenbahnen (Nr. 6)

11 Unter Nahverkehr ist auch die Beförderung in **sonstigen Eisenbahnen** des öffentlichen Verkehrs nach § 2 Abs. 1 und § 3 Abs. 1 des Allgemeinen Eisenbahngesetzes in der 2. Wagenklasse zu verstehen, bei denen die Mehrzahl der Beförderungen eine Strecke von 50 Kilometer nicht überschreitet. Unter Nr. 6 fallen im Wesentlichen die nichtbundeseigenen Regionalbahnen.

VII. Wasserfahrzeuge (Nr. 7)

12 Der Nahverkehr gemäß Nr. 7 umfasst die Beförderung in **Wasserfahrzeugen** im Linien-, Fähr- und Übersetzverkehr, wenn dieser der Beförderung von Personen im Orts- und Nahbarschaftsbereich dient und Ausgangs- und Endbereich in

Kap. 13. Unentgeltliche Beförderung § 148

diesem Bereich liegen. Da nur die Beförderung von Wasserfahrzeugen umfasst ist, findet Nr. 7 keine Anwendung (auch nicht entsprechend) auf die Beförderung mit **Liften** oder **Seilbahnen** (ebenso *Neumann/Pahlen/Majerski-Pahlen*, SGB IX, § 147 Rdnr. 13 sowie *Müller-Wenner/Schorn*, SGB IX, § 147 Rdnr. 12).

VIII. Fahrplanhinweise

Werden die Voraussetzungen des Abs. 1 Nr. 2, 5, 6 und 7 nicht erfüllt, muss im Fahrplan von dem Beförderungsunternehmen darauf hingewiesen werden (Abs. 3). Der Hinweis im Fahrplan muss die Angabe umfassen, dass eine Pflicht zur unentgeltlichen Beförderung nicht besteht. Unter **Fahrplan** ist neben dem Kursbuch auch jeder Aushang, Haltestellenplan und jede Abfahrtstafel zu verstehen (*Neumann/Pahlen/Majerski-Pahlen*, SGB IX, § 147 Rdnr. 14 m.w.N.). Ein Verstoß gegen die Hinweispflicht ist kein Bußgeldtatbestand nach § 156. 13

C. Fernverkehr (Abs. 2)

In Abs. 2 wird der Begriff „**Fernverkehr**" definiert. Nur die in den Nr. 1 bis 3 genannten Beförderungsmittel sind Fernverkehr i.S.v. SGB IX. Die Aufzählung ist abschließend. Andere Verkehrsmittel, wie z.B. Magnetschwebebahn oder der Flugverkehr fallen nicht unter Abs. 2 (ebenso *Müller-Wenner/Schorn*, SGB IX, § 147 Rdnr. 14). 14

§ 148 Erstattung der Fahrgeldausfälle im Nahverkehr

(1) Die Fahrgeldausfälle im Nahverkehr werden nach einem Prozentsatz der von den Unternehmern nachgewiesenen Fahrgeldeinnahmen im Nahverkehr erstattet.

(2) Fahrgeldeinnahmen im Sinne dieses Kapitels sind alle Erträge aus dem Fahrkartenverkauf zum genehmigten Beförderungsentgelt; sie umfassen auch Erträge aus der Beförderung von Handgepäck, Krankenfahrstühlen, sonstigen orthopädischen Hilfsmitteln, Tieren sowie aus erhöhten Beförderungsentgelten.

(3) Werden in einem von mehreren Unternehmern gebildeten zusammenhängenden Liniennetz mit einheitlichen oder verbundenen Beförderungsentgelten die Erträge aus dem Fahrkartenverkauf zusammengefasst und dem einzelnen Unternehmer anteilmäßig nach einem vereinbarten Verteilungsschlüssel zugewiesen, so ist der zugewiesene Anteil Ertrag im Sinne des Absatzes 2.

(4) ¹Der Prozentsatz im Sinne des Absatzes 1 wird für jedes Land von der Landesregierung oder der von ihr bestimmten Behörde für jeweils ein Jahr bekannt gemacht. ²Bei der Berechnung des Prozentsatzes ist von folgenden Zahlen auszugehen:
1. der Zahl der in dem Land in dem betreffenden Kalenderjahr ausgegebenen Wertmarken und der Hälfte der in dem Land am Jahresende in Umlauf befindlichen gültigen Ausweise im Sinne des § 145 Abs. 1 Satz 1 von schwerbehinderten Menschen, die das sechste Lebensjahr vollendet haben und bei denen die Notwendigkeit einer ständigen Begleitung im Ausweis eingetragen ist; Wertmarken mit einer Gültigkeitsdauer von einem halben Jahr werden zur Hälfte, zurückgegebene Wertmarken für jeden vollen Kalendermonat vor Rückgabe zu einem Zwölftel gezählt,

2. der in den jährlichen Veröffentlichungen des Statistischen Bundesamtes zum Ende des Vorjahres nachgewiesenen Zahl der Wohnbevölkerung in dem Land abzüglich der Zahl der Kinder, die das sechste Lebensjahr noch nicht vollendet haben, und der Zahlen nach Nummer 1.

³Der Prozentsatz ist nach folgender Formel zu berechnen:

$$\frac{\text{Nach Nummer 1 errechnete Zahl}}{\text{Nach Nummer 2 errechnete Zahl}} \times 100$$

⁴Bei der Festsetzung des Prozentsatzes sich ergebende Bruchteile von 0,005 und mehr werden auf ganze Hundertstel aufgerundet, im Übrigen abgerundet.

(5) ¹Weist ein Unternehmer durch Verkehrszählung nach, dass das Verhältnis zwischen den nach diesem Kapitel unentgeltlich beförderten Fahrgästen und den sonstigen Fahrgästen den nach Absatz 4 festgesetzten Prozentsatz um mindestens ein Drittel übersteigt, wird neben dem sich aus der Berechnung nach Absatz 4 ergebenden Erstattungsbetrag auf Antrag der nachgewiesene, über dem Drittel liegende Anteil erstattet. ²Die Länder können durch Rechtsverordnung bestimmen, dass die Verkehrszählung durch Dritte auf Kosten des Unternehmens zu erfolgen hat.

Inhaltsübersicht

	Rdnr.
A. Allgemeines	1
B. Fahrgeldeinnahmen	2–4
C. Pauschaliertes Verfahren (Abs. 4)	5
D. Individuelles Verfahren (Abs. 5)	6, 7
E. Verfahrensfragen	8

A. Allgemeines

1 Die Vorschrift enthält eine **Erstattungsregelung** für Fahrgeldausfälle, die den Unternehmen wegen der unentgeltlichen Beförderung schwerbehinderter Menschen, deren Begleitpersonen und sonstigen orthopädischen Hilfsmitteln entstehen. Bei der Erstattung der Fahrgeldausfälle wird unterschieden in Nahverkehr (§ 148) und Fernverkehr (§ 149). Die Erstattung von Fahrgeldausfällen wegen der unentgeltlichen Beförderung von schwerbehinderten Menschen begegnet keinen verfassungsrechtlichen Bedenken (*BVerwG* v. 17. 1. 2003, NVwZ 2003, 866).

B. Fahrgeldeinnahmen

2 Absatz 2 definiert den **Begriff der Fahrgeldeinnahmen.** Fahrgeldeinnahmen sind alle Erträge aus dem Fahrkartenverkauf zum genehmigten Beförderungsentgelt. Mit umfasst sind auch die Erträge aus der Beförderung von Handgepäck, Krankenfahrstühlen, sonstigen orthopädischen Hilfsmitteln, Tieren sowie aus erhöhten Beförderungsentgelten. Die Aufzählung in Abs. 2 ist nicht abschließend.

3 Zuschüsse zur Deckung eines Defizits oder die für die Beförderung von Schülern und Auszubildenden gewährten Ausgleichszahlungen bleiben außer Betracht (*Neumann/Pahlen/Majerski-Pahlen*, SGB IX, § 148 Rdnr. 3). Hingegen werden Einnahmen aus **verbilligten Fahrkarten** (Senioren/Sozialhilfeempfänger) berück-

Kap. 13. Unentgeltliche Beförderung 4–8 **§ 148**

sichtigt (*Neumann/Pahlen/Majerski-Pahlen*, SGB IX, § 148 Rdnr. 3; *Müller-Wenner/ Schorn*, SGB IX, § 148 Rdnr. 4). Unerheblich ist, ob das Entgelt für die Fahrkarte ganz oder zum Teil vom Benutzer selbst, von der öffentlichen Hand oder von dritter Seite gezahlt wird (*BVerwG* v. 19. 1. 1979, DÖV 1979, 724).

Nicht unter den Begriff der Fahrgeldeinnahmen fallen Einnahmen aus der Beförderung in der **1. Wagenklasse** der Deutschen Bundesbahn AG einschließlich des darin enthaltenen Sockelbetrags für die 2. Wagenklasse (*OVG NRW* v. 18. 12. 1986, BehindertenR 1997, 141; zust. *Neumann/Pahlen/Majerski-Pahlen*, SGB IX, § 148 Rdnr. 3). 4

C. Pauschaliertes Verfahren (Abs. 4)

Der maßgebende Prozentsatz wird nach Abs. 4 jeweils für ein Jahr für jedes Land von der Landesregierung bzw. der von ihr bestimmten obersten Landesbehörde bekannt gemacht. Der **maßgebende Prozentsatz** berechnet sich nach dem pauschalierten Verfahren nach Abs. 4 wie folgt: den ausgegebenen Wertmarken werden pauschal 20% hinzugerechnet. Diesem Betrag wird die Zahl der an Personen über sechs Jahre ausgestellten Ausweise, bei denen die Notwendigkeit einer ständigen Begleitung eingetragen ist, hinzugerechnet. Diese Summe ist durch die nach Abs. 4 Nr. 2 zu ermittelnde Zahl zu dividieren und mit 100 zu multiplizieren. 5

D. Individuelles Verfahren (Abs. 5)

Absatz 5 ermöglicht in bestimmten Fällen eine höhere Erstattung der Fahrgeldausfälle. Dies ist dann der Fall, wenn das Verhältnis der unentgeltlich beförderten schwerbehinderten Menschen bzw. deren Begleitpersonen und den sonstigen Fahrgästen den nach Abs. 4 festgesetzten Prozentsatz um mindestens ein Drittel übersteigt. Absatz 5 war notwendig, nachdem das Bundesverfassungsgericht eine **Härtefallregelung** für das Erstattungsverfahren für notwendig erachtet hat (*BVerfG* v. 17. 10. 1984, BVerfGE 68, 155). Die Regelungen des § 148 Abs. 5 über die Erstattung von Fahrgeldausfällen wegen der unentgeltlichen Beförderung von Schwerbehinderten begegnen keinen verfassungsrechtlichen Zweifeln (*BVerwG* v. 17. 1. 2003, NJW 2003, 2698). 6

Der Unternehmer muss die überdurchschnittliche unentgeltliche Beförderung durch Verkehrszählung nachweisen. Bei diesem **Nachweis** ist er nicht an die in den Verwaltungsrichtlinien für die Verkehrszählung bestimmte formelle Verfahren gebunden. Im Rahmen seiner Mitwirkungspflicht kann vom Unternehmer aber die Vorlage eines Sachverständigengutachtens auf seine Kosten verlangt werden (*VG Köln* v. 12. 7. 1995, 21 K 3741/91). 7

E. Verfahrensfragen

Der Erstattungsanspruch ist ein **öffentlich-rechtlicher Anspruch**. Der Anspruch ist im Verwaltungsgerichtsverfahren geltend zu machen (§ 150 Abs. 7). Bescheide über Erstattungsleistungen nach § 148 SGB IX können ausschließlich nach den Vorschriften der §§ 44 ff. SGB X widerrufen bzw. zurückgenommen werden. Die Vorschriften der §§ 48 ff. VwVfG bzw. der entsprechenden Landesgesetze sind nicht anzuwenden (*VG Stuttgart* v. 29. 11. 2001 – 9 K 1205/01, NZS 2002, 222). 8

§ 149 Erstattung der Fahrgeldausfälle im Fernverkehr

(1) Die Fahrgeldausfälle im Fernverkehr werden nach einem Prozentsatz der von den Unternehmern nachgewiesenen Fahrgeldeinnahmen im Fernverkehr erstattet.

(2) [1] Der maßgebende Prozentsatz wird vom Bundesministerium für Gesundheit und Soziale Sicherung im Einvernehmen mit dem Bundesministerium der Finanzen und dem Bundesministerium für Verkehr, Bau- und Wohnungswesen für jeweils zwei Jahre bekannt gemacht. [2] Bei der Berechnung des Prozentsatzes ist von folgenden, für das letzte Jahr vor Beginn des Zweijahreszeitraumes vorliegenden Zahlen auszugehen

1. der Zahl der im Geltungsbereich dieses Gesetzes am Jahresende in Umlauf befindlichen gültigen Ausweise nach § 145 Abs. 1 Satz 1, auf denen die Notwendigkeit ständiger Begleitung eingetragen ist, abzüglich 25 Prozent,
2. der in den jährlichen Veröffentlichungen des Statistischen Bundesamtes zum Jahresende nachgewiesenen Zahl der Wohnbevölkerung im Geltungsbereich dieses Gesetzes abzüglich der Zahl der Kinder, die das vierte Lebensjahr noch nicht vollendet haben, und der nach Nummer 1 ermittelten Zahl.

[3] Der Prozentsatz ist nach folgender Formel zu errechnen:

$$\frac{\text{Nach Nummer 1 errechnete Zahl}}{\text{Nach Nummer 2 errechnete Zahl}} \times 100$$

[4] § 148 Abs. 4 letzter Satz gilt entsprechend.

Inhaltsübersicht

	Rdnr.
A. Allgemeines	1
B. Fahrgeldeinnahmen	2
C. Absatz 2	3, 4

A. Allgemeines

1 Resultierend aus der unentgeltlichen Beförderung von Begleitpersonen regelt die Vorschrift die **Erstattung** der Fahrgeldausfälle **im Fernverkehr.** Dabei erfolgt die Erstattung der Fahrgeldausfälle im Fernverkehr im Grundsatz wie die Erstattung nach § 148 (Erstattung im Nahverkehr), jedoch fehlt eine § 148 Abs. 5 vergleichbare Härteklausel. § 149 ist inhaltsgleich zu der aufgehobenen Vorschrift des § 63 SchwbG.

B. Fahrgeldeinnahmen

2 Hinsichtlich des **Begriffs „Fahrgeldeinnahmen"** in Abs. 1 gilt die Definition des § 148 Abs. 2. Die Fahrgeldeinnahmen umfassen auch Einnahmen aus Messefahrten und zu verbilligten Preisen durchgeführte Fahrten (BahnCard, Jugend- oder Seniorentarife). Nicht zu den Fahrgeldeinnahmen nach Abs. 1 Satz 2 zählen Einnahmen aus Sonderfahrten (allg. Meinung: *Müller-Wenner/Schorn*, SGB IX, § 149 Rdnr. 2).

C. Absatz 2

Der maßgebliche Prozentsatz für die Erstattung wird vom Bundesministerium 3
für Gesundheit und Soziale Sicherung im Bundesanzeiger **alle zwei Jahre bekannt gegeben.** Nach Abs. 2 Nr. 1 sind dabei alle mit dem Merkmal „B" am Jahresende im Umlauf befindlichen Ausweise Grundlage der Festsetzung des Prozentsatzes. Hiervon werden pauschal 25% abgezogen. Entscheidend ist das Jahr, das dem Zweijahreszeitraum vorausgeht, für den die Festsetzung erfolgt.

Die Prozentsätze der letzten Jahre für die Erstattung der Fahrgeldausfälle im 4
Fernverkehr betrugen für 1995 und 1996 – je 1,39% (BAnz. Nr. 98 v. 29. 5. 1996, S. 5963); 1997 und 1998 je 1,48% (BAnz. Nr. 61 v. 28. 3. 1998, S. 4846), 1999 und 2000 je 1,50% (BArbl. 7–8/2000, S. 35), 2001 und 2002 je 1,53% (BArbl. 9/2002, S. 100).

§ 150 Erstattungsverfahren

(1) ¹**Die Fahrgeldausfälle werden auf Antrag des Unternehmers erstattet.** ²Bei einem von mehreren Unternehmern gebildeten zusammenhängenden Liniennetz mit einheitlichen oder verbundenen Beförderungsentgelten können die Anträge auch von einer Gemeinschaftseinrichtung dieser Unternehmer für ihre Mitglieder gestellt werden. ³**Der Antrag ist bis zum 31. Dezember für das vorangegangene Kalenderjahr zu stellen, und zwar für den Nahverkehr nach § 151 Abs. 1 Satz 1 Nr. 1 und für den Fernverkehr an das Bundesverwaltungsamt, für den übrigen Nahverkehr bei den in Absatz 3 bestimmten Behörden.**

(2) ¹**Die Unternehmer erhalten auf Antrag Vorauszahlungen für das laufende Kalenderjahr in Höhe von insgesamt 80 Prozent des zuletzt für ein Jahr festgesetzten Erstattungsbetrages.** ²Die Vorauszahlungen werden je zur Hälfte am 15. Juli und am 15. November gezahlt. ³Der Antrag auf Vorauszahlungen gilt zugleich als Antrag im Sinne des Absatzes 1. ⁴Die Vorauszahlungen sind zurückzuzahlen, wenn Unterlagen, die für die Berechnung der Erstattung erforderlich sind, nicht bis zum 31. Dezember des auf die Vorauszahlung folgenden Kalenderjahres vorgelegt sind.

(3) ¹Die Landesregierung oder die von ihr bestimmte Stelle legt die Behörden fest, die über die Anträge auf Erstattung und Vorauszahlung entscheiden und die auf den Bund und das Land entfallenden Beträge auszahlen. ²§ 11 Abs. 2 bis 4 des Personenbeförderungsgesetzes gilt entsprechend.

(4) Erstreckt sich der Nahverkehr auf das Gebiet mehrerer Länder, entscheiden die nach Landesrecht zuständigen Landesbehörden dieser Länder darüber, welcher Teil der Fahrgeldeinnahmen jeweils auf den Bereich ihres Landes entfällt.

(5) Die Unternehmen im Sinne des § 151 Abs. 1 Satz 1 Nr. 1 legen ihren Anträgen an das Bundesverwaltungsamt den Anteil der nachgewiesenen Fahrgeldeinnahmen im Nahverkehr zugrunde, der auf den Bereich des jeweiligen Landes entfällt; für den Nahverkehr von Eisenbahnen des Bundes im Sinne des § 147 Abs. 1 Satz 1 Nr. 5 bestimmt sich dieser Teil nach dem Anteil der Zugkilometer, die von einer Eisenbahn des Bundes mit Zügen des Nahverkehrs im jeweiligen Land erbracht werden.

(6) ¹Hinsichtlich der Erstattungen gemäß § 148 für den Nahverkehr nach § 151 Abs. 1 Satz 1 Nr. 1 und gemäß § 149 sowie der entsprechenden

Vorauszahlungen nach Absatz 2 wird dieses Kapitel in bundeseigener Verwaltung ausgeführt. ²Die Verwaltungsaufgaben des Bundes erledigt das Bundesverwaltungsamt nach fachlichen Weisungen des Bundesministeriums für Gesundheit und Soziale Sicherung in eigener Zuständigkeit.

(7) ¹Für das Erstattungsverfahren gelten das Verwaltungsverfahrensgesetz und die entsprechenden Gesetze der Länder. ²Bei Streitigkeiten über die Erstattungen und die Vorauszahlungen ist der Verwaltungsrechtsweg gegeben.

Inhaltsübersicht

	Rdnr.
A. Allgemeines	1
B. Antrag	2, 3
C. Vorauszahlungen	4–6
D. Zuständigkeiten	7, 8
E. Verfahrensfragen	9

A. Allgemeines

1 § 150 regelt das Verfahren bei der **Erstattung der Fahrgeldausfälle** im Nah- und Fernverkehr. Die Vorschrift ist im Wesentlichen inhaltsgleich mit der aufgehobenen Vorschrift des § 64 SchwbG. Lediglich die in § 64 Abs. 3 SchwbG enthaltene Übergangsfrist für das Jahr 1986 ist nicht in § 150 übernommen worden.

B. Antrag

2 Für die Erstattung der Fahrgeldausfälle ist ein **Antrag des Unternehmens** erforderlich. Der Antrag ist fristgebunden und kann nur innerhalb einer Ausschlussfrist bis zum 31. Dezember für das vorangegangene Kalenderjahr gestellt werden. Bei Verbundunternehmen kann nach Abs. 1 Satz 2 der Antrag auch von einer Gemeinschaftseinrichtung gestellt werden. Der Antrag wirkt dann für die Mitglieder des Verbundunternehmens.

3 Der Antrag ist nach Abs. 1 Satz 3 für den Fernverkehr beim **Bundesverwaltungsamt** (Barbarastr. 1, 50735 Köln, Tel: 01 88–83 58–0, Fax: 01 88–83 58–28 21) zu stellen. Der Antrag auf Erstattung im Nahverkehr ist in den Fällen des § 151 Abs. 1 Nr. 1 ebenfalls an das Bundesverwaltungsamt zu richten. Dies sind Unternehmen, die sich überwiegend in der Hand des Bundes oder eines mehrheitlich dem Bund zugehörigen Unternehmens befinden. Diese Unternehmen haben nach Abs. 5 ihren Anträgen an das Bundesverwaltungsamt den Anteil der nachgewiesenen Fahrgeldeinnahmen im Nahverkehr zugrunde zu legen, der auf den Bereich des Landes fällt. Bei allen übrigen Erstattungen im Nahverkehr ist der Antrag an die zuständige Landesbehörde nach Abs. 3 zu richten.

C. Vorauszahlungen

4 Nach Abs. 2 können die Unternehmen auf Antrag **Vorauszahlungen** für das laufende Kalenderjahr erhalten. Die Höhe der Vorauszahlungen ist durch Gesetz vom 23. 4. 2004 (BGBl. I S. 606) begrenzt auf höchstens 80% des zuletzt festgesetzten Erstattungsbetrags. Sind bisher noch keine Erstattungsbeträge fest-

Kap. 13. Unentgeltliche Beförderung § 151

gesetzt worden, so kann der Erstattungsbetrag geschätzt werden, um überhaupt eine Vorauszahlung zu ermöglichen (*Müller-Wenner/Schorn,* SGB IX, § 150 Rdnr. 9).

Die Vorauszahlungen werden je zur Hälfte **am 15. Juli und am 15. November** gezahlt. Die Vorauszahlung ist nach Abs. 2 Satz 3 zurückzuzahlen, wenn die Unterlagen, die für die Berechnung der Erstattung erforderlich sind, nicht bis zum 31. Dezember des auf die Vorauszahlung folgenden Kalenderjahres vorgelegt sind. 5

§ 150 Abs. 1 Satz 2 regelt eine Ausschlussfrist, nach deren Ablauf Anträge nicht mehr erhöhend geändert bzw. erforderliche Unterlagen nicht mehr nachgereicht werden können. Die zuständige Erstattungsbehörde kann jedoch rechtswirksam auf deren Einhaltung verzichten (*VG Stuttgart* v. 19. 11. 2001, NZS 2002, 222). 6

D. Zuständigkeiten

Absatz 3 regelt die Zuständigkeit von Landesbehörden zur Erstattung der Fahrgeldausfälle im Nahverkehr. Hinsichtlich der **Bezirkszuständigkeit** gelten die Regelungen des § 11 Abs. 2 bis 4 des PBefG. 7

Erstreckt sich der Nahverkehr auf **mehrere Länder,** entscheiden die nach Landesrecht zuständigen Behörden dieser Länder darüber, welcher Teil der Fahrgeldeinnahmen jeweils auf den Bereich ihres Landes entfällt. 8

E. Verfahrensfragen

Wegen Streitigkeiten über die Erstattung und die Vorauszahlungen nach Abs. 2 ist der Verwaltungsrechtsweg gegeben (Abs. 7). Das Verfahren bzgl. der Erstattung der Fahrgeldausfälle ist nicht nach § 188 Satz 2 VwGO **gerichtskostenfrei** (*BVerfG* v. 25. 7. 1990, DVBl. 1991, 65; *Müller-Wenner/Schorn,* SGB IX, § 150 Rdnr. 13; a. A. *BVerwG* v. 8. 5. 1990, BehindertenR 1990, 65; *Neumann/Pahlen/Majerski-Pahlen,* SGB IX, § 150 Rdnr. 8). 9

§ 151 Kostentragung

(1) ¹**Der Bund trägt die Aufwendungen für die unentgeltliche Beförderung**
1. im Nahverkehr, soweit Unternehmen, die sich überwiegend in der Hand des Bundes oder eines mehrheitlich dem Bund gehörenden Unternehmens befinden (auch in Verkehrsverbünden), erstattungsberechtigte Unternehmer sind,
2. im übrigen Nahverkehr für
   a) schwerbehinderte Menschen im Sinne des § 145 Abs. 1, die wegen einer Minderung der Erwerbsfähigkeit um wenigstens 50 Prozent Anspruch auf Versorgung nach dem Bundesversorgungsgesetz oder nach anderen Bundesgesetzen in entsprechender Anwendung der Vorschriften des Bundesversorgungsgesetzes haben oder Entschädigung nach § 28 des Bundesentschädigungsgesetzes erhalten,
   b) ihre Begleitperson im Sinne des § 145 Abs. 2 Nr. 1,
   c) die mitgeführten Gegenstände im Sinne des § 145 Abs. 2 Nr. 2 sowie
3. im Fernverkehr für die Begleitperson und die mitgeführten Gegenstände im Sinne des § 145 Abs. 2.

§ 151 1, 2   Teil 2. Schwerbehindertenrecht

²Die Länder tragen die Aufwendungen für die unentgeltliche Beförderung der übrigen Personengruppen und der mitgeführten Gegenstände im Nahverkehr.

(2) ¹Die nach Absatz 1 Satz 1 Nr. 2 auf den Bund und nach Absatz 1 Satz 2 auf die einzelnen Länder entfallenden Aufwendungen für die unentgeltliche Beförderung im Nahverkehr errechnen sich aus dem Anteil der in dem betreffenden Kalenderjahr ausgegebenen Wertmarken und der am Jahresende in Umlauf befindlichen gültigen Ausweise im Sinne des § 145 Abs. 1 Satz 1 von schwerbehinderten Menschen, die das sechste Lebensjahr vollendet haben und bei denen die Notwendigkeit einer ständigen Begleitung im Ausweis eingetragen ist, der jeweils auf die in Absatz 1 genannten Personengruppen entfällt. ²Wertmarken mit einer Gültigkeitsdauer von einem halben Jahr werden zur Hälfte, zurückgegebene Wertmarken für jeden vollen Kalendermonat vor Rückgabe zu einem Zwölftel gezählt.

(3) ¹Die auf den Bund entfallenden Ausgaben für die unentgeltliche Beförderung im Nahverkehr werden für Rechnung des Bundes geleistet. ²Die damit zusammenhängenden Einnahmen werden an den Bund abgeführt. Persönliche und sächliche Verwaltungskosten werden nicht erstattet.

(4) Auf die für Rechnung des Bundes geleisteten Ausgaben und die mit ihnen zusammenhängenden Einnahmen wird § 4 Abs. 2 des Ersten Überleitungsgesetzes in der im Bundesgesetzblatt Teil III, Gliederungsnummer 603-3, veröffentlichten bereinigten Fassung, das zuletzt durch Artikel 2 des Gesetzes vom 20. Dezember 1991 (BGBl. I S. 2317) geändert worden ist, nicht angewendet.

Inhaltsübersicht

	Rdnr.
A. Allgemeines	1
B. Aufteilung zwischen Bund und Ländern	2, 3
C. Verfahrensfragen	4

A. Allgemeines

1 § 151 regelt die **Aufteilung der Kosten** für die unentgeltliche Beförderung schwerbehinderter Menschen und deren Begleitpersonen zwischen dem Bund und den Ländern. Die Vorschrift ist inhaltsgleich zur aufgehobenen Vorschrift des § 65 SchwbG.

B. Aufteilung zwischen Bund und Ländern

2 Nach Abs. 1 **hat der Bund** die Aufwendungen für die unentgeltliche Beförderung in folgenden Fällen zu tragen:
– im Nahverkehr, soweit Unternehmen, die sich überwiegend in der Hand des Bundes oder eines mehrheitlich dem Bund gehörenden Unternehmens befinden, erstattungsberechtigte Unternehmen sind (Abs. 1 Nr. 1);
– im sonstigen Nahverkehr für die Beförderung schwerbehinderter Menschen i. S. v. § 145 Abs. 1, die mit einem GdE von mindestens 50% Anspruch auf Versorgung nach dem BVG oder nach anderen Bundesgesetzen in entsprechender

Kap. 13. Unentgeltliche Beförderung § 152

Anwendung der Vorschriften des BVG haben oder Entschädigung nach § 28 des Bundesentschädigungsgesetzes verlangen können (Abs. 1 Nr. 2a), und für ihre Begleitpersonen i. S. v. § 145 Abs. 2 Nr. 1 (Abs. 1 Nr. 2b) sowie für die mitgeführten Gegenstände i. S. v. § 145 Abs. 2 Nr. 2 (Abs. 2 Nr. 2c);
– im Fernverkehr für die Begleitperson und die mitgeführten Gegenstände i. S. v. § 145 Abs. 2 Nr. 2.

Die **Länder** tragen die **Aufwendungen** für die unentgeltliche Beförderung der 3 übrigen Personengruppen und der mitgeführten Gegenstände im Nahverkehr. Dies sind die Aufwendungen für die unentgeltliche Beförderung der Personen nach § 145 Abs. 1 und 2. Umfasst werden die in ihrer Bewegungsfähigkeit erheblich eingeschränkten Schwerbehinderten, Blinde oder Hilflose i. S. v. § 33b EStG, deren Begleitpersonen und schwerbehinderte Menschen.

C. Verfahrensfragen

Bei **Streitigkeiten** über die Kostenverteilung zwischen dem Bund und den 4 Ländern oder zwischen den Ländern untereinander entscheidet das Bundesverwaltungsgericht in erster und letzter Instanz (§ 50 Abs. 1 Nr. 1 VwGO).

§ 152 Einnahmen aus Wertmarken

¹Von den durch die Ausgabe der Wertmarke erzielten jährlichen Einnahmen sind an den Bund abzuführen:
1. die Einnahmen aus der Ausgabe von Wertmarken an schwerbehinderte Menschen im Sinne des § 151 Abs. 1 Satz 1 Nr. 2,
2. ein bundeseinheitlicher Anteil der übrigen Einnahmen, der vom Bundesministerium für Gesundheit und Soziale Sicherung im Einvernehmen mit dem Bundesministerium der Finanzen und dem Bundesministerium für Verkehr, Bau- und Wohnungswesen für jeweils ein Jahr bekannt gemacht wird. Er errechnet sich aus dem Anteil der nach § 151 Abs. 1 Satz 1 Nr. 1 vom Bund zu tragenden Aufwendungen an den Gesamtaufwendungen von Bund und Ländern für die unentgeltliche Beförderung im Nahverkehr, abzüglich der Aufwendungen für die unentgeltliche Beförderung der in § 151 Abs. 1 Satz 1 Nr. 2 genannten Personengruppen.

²Die durch Ausgabe von Wertmarken an schwerbehinderte Menschen im Sinne des § 151 Abs. 1 Satz 1 Nr. 2 erzielten Einnahmen sind zum 15. Juli und zum 15. November an den Bund abzuführen. ³Von den eingegangenen übrigen Einnahmen sind zum 15. Juli und zum 15. November Abschlagszahlungen in Höhe des Prozentsatzes, der für das jeweilige Vorjahr nach Satz 1 Nr. 2 bekannt gemacht wird, an den Bund abzuführen. ⁴Die auf den Bund entfallenden Einnahmen sind für jedes Haushaltsjahr abzurechnen.

Inhaltsübersicht

	Rdnr.
A. Allgemeines	1
B. Aufteilung der Einnahmen zwischen Bund und Ländern	2, 3
C. Abführung der Einnahmen	4

§ 153 Teil 2. Schwerbehindertenrecht

A. Allgemeines

1 § 152 regelt die **Aufteilung der Einnahmen** aus der Ausgabe von Wertmarken zwischen dem Bund und den Ländern. Die Vorschrift ist inhaltsgleich zu der aufgehobenen Vorschrift des § 66 SchwbG.

B. Aufteilung der Einnahmen zwischen Bund und Ländern

2 Die Aufteilung der Einnahmen aus der Ausgabe der Wertmarken entspricht der Kostentragungspflicht des § 151. Danach stehen dem Bund die Einnahmen aus der Ausgabe von Wertmarken an schwerbehinderte Menschen i.S.v. § 152 Satz 1 Nr. 1 zu. Die übrigen Einnahmen werden zwischen Bund und Ländern nach dem Verteilungsschlüssel der Nr. 2 aufgeteilt. Die **Aufteilung bestimmt sich** nach dem Verhältnis der vom Bund nach § 151 Abs. 1 Satz 1 Nr. 1 zu tragenden Aufwendungen zu den Gesamtaufwendungen von Bund und Ländern für die unentgeltliche Beförderung schwerbehinderter Menschen im Nahverkehr.

3 Der **bundeseinheitliche Anteil** nach Nr. 2 wird seit 1986 nicht mehr durch Rechtsverordnung vorgenommen, sondern nur noch im Bundesanzeiger veröffentlicht. Der einheitliche Prozentsatz lag 1997 bei 35%, 1998 bei 36,16%.

C. Abführung der Einnahmen

4 Von den Einnahmen aus der Ausgabe von Wertmarken nach Nr. 1 sind zum 15. Juli und zum 15. November Abschlagszahlungen in Höhe des Prozentsatzes, der für das jeweilige Vorjahr bekannt gemacht wurde, an den Bund abzuführen. Der nach Satz 1 Nr. 2 **abzuführende Anteil** an den durch die Abgabe von Wertmarken im Jahr 1999 erzielten Einnahmen betrug 31,92% (BArbBl. 7–8/2000, S. 35), im Jahr 2000 31,75% (BArbl. 8/2001, S. 52) und 33,64% im Jahr 2001 (BArbl. 9/2002, S. 100).

§ 153 Erfassung der Ausweise

¹Die für die Ausstellung der Ausweise nach § 69 Abs. 5 zuständigen Behörden erfassen
1. die am Jahresende in Umlauf befindlichen gültigen Ausweise, getrennt nach
   a) Art,
   b) besonderen Eintragungen und
   c) Zugehörigkeit zu einer der in § 151 Abs. 1 Satz 1 genannten Gruppen,
2. die im Kalenderjahr ausgegebenen Wertmarken, unterteilt nach der jeweiligen Gültigkeitsdauer, und die daraus erzielten Einnahmen, getrennt nach Zugehörigkeit zu einer der in § 151 Abs. 1 Satz 1 genannten Gruppen als Grundlage für die nach § 148 Abs. 4 Nr. 1 und § 149 Abs. 2 Nr. 1 zu ermittelnde Zahl der Ausweise und Wertmarken, für die nach § 151 Abs. 2 zu ermittelnde Höhe der Aufwendungen sowie für die nach § 152 vorzunehmende Aufteilung der Einnahmen aus der Ausgabe von Wertmarken. ²Die zuständigen obersten Landesbehörden teilen dem Bundesministerium für Gesundheit und Soziale Sicherung das Ergebnis der Erfassung nach Satz 1 spätestens

Kap. 13. Unentgeltliche Beförderung § 154

bis zum 31. März des Jahres mit, in dem die Prozentsätze festzusetzen sind.

Inhaltsübersicht

	Rdnr.
A. Allgemeines	1
B. Zuständige Behörden	2
C. Erfassungsgegenstand	3–5

A. Allgemeines

Die Vorschrift regelt die Art und Weise der **Erfassung von Schwerbehindertenausweisen** und Wertmarken. § 153 ist inhaltsgleich mit der aufgehobenen Vorschrift des § 67 SchwbG. 1

B. Zuständige Behörden

Die nach Satz 1 zuständigen Behörden sind die **Versorgungsämter.** Sie stellen die Ausweise nach § 69 Abs. 5 aus und sind auch zuständig für die statistische Erfassung der Ausweise. 2

C. Erfassungsgegenstand

Nach Nr. 1 sind die im Kalenderjahr im Umlauf befindlichen Ausweise zu erfassen. Nach Nr. 2 umfasst die Erfassung auch die im Kalenderjahr ausgegebenen Wertmarken. Die Erfassung der ausgegebenen Wertmarken ist **Grundlage** für die **Kostenerstattung,** die Kostentragung und die Abführung von Einnahmen an den Bund. 3
Datenschutzrechtliche Bedenken bestehen gegen die Erfassung nicht, weil keine personenbezogenen Daten i. S. v. § 2 Abs. 1 BDSG erhoben werden. 4
Das **Ergebnis der Erfassung** ist von den zuständigen obersten Landesbehörden dem Bundesministerium für Gesundheit und Soziale Sicherung spätestens bis zum 31. März des Jahres mitzuteilen, in dem die Prozentsätze festzusetzen sind. 5

§ 154 Verordnungsermächtigungen

(1) Die Bundesregierung wird ermächtigt, in der Rechtsverordnung auf Grund des § 70 nähere Vorschriften über die Gestaltung der Wertmarken, ihre Verbindung mit dem Ausweis und Vermerke über ihre Gültigkeitsdauer zu erlassen.

(2) Das Bundesministerium für Gesundheit und Soziale Sicherung und das Bundesministerium für Verkehr, Bau- und Wohnungswesen werden ermächtigt, durch Rechtsverordnung festzulegen, welche Zuggattungen von Eisenbahnen des Bundes zu den Zügen des Nahverkehrs im Sinne des § 147 Abs. 1 Nr. 5 und zu den zuschlagpflichtigen Zügen des Nahverkehrs im Sinne des § 145 Abs. 1 Satz 1 zweiter Halbsatz zählen.

Inhaltsübersicht

	Rdnr.
A. Rechtsverordnung nach Abs. 1	1
B. Rechtsverordnung nach Abs. 2	2

Kossens

§ 155 1

A. Rechtsverordnung nach Absatz 1

1   Absatz 1 ermächtigt die Bundesregierung zum Erlass einer **Rechtsverordnung**, in der nähere Vorschriften über die Gestaltung der Wertmarken, ihre Verbindung mit dem Ausweis und Vermerke über ihre Gültigkeitsdauer enthalten sein können. Absatz 1 entspricht der aufgehobenen Vorschrift des § 59 Abs. 1 Satz 9 SchwbG.

B. Rechtsverordnung nach Absatz 2

2   Absatz 2 entspricht der aufgehobenen Vorschrift des § 61 Abs. 4 SchwbG. In der Rechtsverordnung nach Abs. 2 können die Zuggattungen von Eisenbahnen des Bundes zu den Zügen des Nahverkehrs i. S. v. § 147 Abs. 1 Nr. 5 und den zuschlagspflichtigen Zügen im Nahverkehr i. S. v. § 145 Abs. 1 zweiter Halbsatz festgelegt werden. Von dieser Verordnungsermächtigung wurde Gebrauch gemacht durch die **Nahverkehrszügeverordnung** (Anhang Nr. 12). Nach § 1 der Nahverkehrszügeverordnung sind folgende Verkehrsmittel Züge des Nahverkehrs: Regionalbahn (RB), Stadtexpress (SE), Regionalexpress (RE), Schnellzug (D) und Interregio (IR).

Kapitel 14. Straf-, Bußgeld- und Schlussvorschriften

§ 155 Strafvorschriften

(1) **Wer unbefugt ein fremdes Geheimnis, namentlich ein zum persönlichen Lebensbereich gehörendes Geheimnis oder ein Betriebs- oder Geschäftsgeheimnis, offenbart, das ihm als Vertrauensperson schwerbehinderter Menschen anvertraut worden oder sonst bekannt geworden ist, wird mit Freiheitsstrafe bis zu einem Jahr oder mit Geldstrafe bestraft.**

(2) ¹**Handelt der Täter gegen Entgelt oder in der Absicht, sich oder einen anderen zu bereichern oder einen anderen zu schädigen, so ist die Strafe Freiheitsstrafe bis zu zwei Jahren oder Geldstrafe.** ²**Ebenso wird bestraft, wer unbefugt ein fremdes Geheimnis, namentlich ein Betriebs- oder Geschäftsgeheimnis, zu dessen Geheimhaltung er nach Absatz 1 verpflichtet ist, verwertet.**

(3) **Die Tat wird nur auf Antrag verfolgt.**

Schrifttum: *Blei,* Die Verletzung des persönlichen Lebens- und Geheimnisbereichs, JA 1994, 601.

Inhaltsübersicht

	Rdnr.
A. Allgemeines	1
B. Strafbestimmung (Abs. 1)	2–4
C. Strafverschärfung (Abs. 2)	5
D. Antragsdelikt (Abs. 3)	6, 7
E. Rechtsfolgen	8
F. Verjährung	9

A. Allgemeines

1   § 155 ist ein echtes Sonderdelikt. Als Täter kommt nur die Vertrauensperson oder die in § 97 Abs. 7 genannten Vertrauenspersonen der Stufenvertretungen in

Betracht. Die Verletzung der Verschwiegenheitspflicht ist nach der Vorschrift eine Straftat. Es handelt sich um ein **Vergehen** i. S. v. § 12 StGB. Die Verfolgung als Straftat setzt einen **Antrag des Betroffenen** voraus (Abs. 3). Die Vorschrift ist inhaltsgleich mit der aufgehobenen Vorschrift des § 69 SchwbG.

Schutzgut der Vorschrift ist der persönliche Lebens- und Geheimnisbereich schwerbehinderter Menschen. Daneben sind auch die Geschäfts- und Betriebsgeheimnisse des Arbeitgebers geschützt (*Oppermann*, in: Hauck/Noftz, SGB IX, § 155 Rdnr. 3; *Müller-Wenner/Schorn*, SGB IX, § 155 Rdnr. 4).

B. Strafbestimmung (Abs. 1)

Täter nach Abs. 1 kann jede Vertrauensperson sein, also auch die Vertrauensperson der Richter (§ 96 Abs. 7). Auch die Gesamt-, Haupt- und Bezirksvertrauensperson kommt als Täter in Betracht; s. § 97 Abs. 7 i. V. m. § 96 Abs. 7 (allg. M., *Neumann/Pahlen/Majerski-Pahlen*, SGB IX, § 155 Rdnr. 6; *Müller-Wenner/Schorn*, SGB IX, § 155 Rdnr. 5). Für die Mitglieder des Betriebsrats gilt § 120 BetrVG, für die Mitglieder des Personalrats gelten die §§ 110, 111 BPersVG.

Nicht unter Abs. 1 fallen diejenigen Personen, deren Geheimhaltungspflicht in § 130 geregelt ist. Für diesen Personenkreis gelten die allgemeinen Bestimmungen des Strafgesetzbuches, §§ 203–205 StGB. Auch der Arbeitgeber und dessen Beauftragter (§ 98) unterfallen nicht § 155 (*Neumann/Pahlen/Majerski-Pahlen*, SGB IX, § 155 Rdnr. 3; *Oppermann*, in: Hauck/Noftz, SGB IX, § 155 Rdnr. 5). Gleiches gilt für die Beschäftigten des Integrationsamtes, der Rehabilitationsträger (§ 6), der Integrationsfachdienste, der Integrationsprojekte oder der gemeinsamen Servicestellen.

Der Straftatbestand ist erfüllt, wenn die Voraussetzungen des § 96 Abs. 7 vorliegen, also die Vertrauensperson ihr wegen ihres Amts bekannt gewordene **persönliche Verhältnisse** und **Angelegenheiten von Beschäftigten** i. S. v. § 73 offenbart, die ihrer Bedeutung oder ihrem Inhalt nach einer vertraulichen Behandlung bedürfen. Unerheblich ist, in welcher Form der Vertrauensperson die Informationen zur Kenntnis gebracht worden sind. Auch die mündliche Unterrichtung ist ausreichend. Voraussetzung ist aber, dass die Information nicht nur bei Gelegenheit, sondern wegen des Amtes der Vertrauensperson mitgeteilt worden sind.

„Unbefugt" ist die Offenbarung dann, wenn der schwerbehinderte Mensch weder in die Weitergabe des Geheimnisses eingewilligt hat noch eine gesetzliche Offenbarungsberechtigung besteht (*Müller-Wenner/Schorn*, SGB IX, § 155 Rdnr. 8).

C. Strafverschärfung (Abs. 2)

Die **Strafverschärfungstatbestände** in Abs. 2 entsprechen § 203 Abs. 5 und § 204 Abs. 1 StGB.

D. Antragsdelikt (Abs. 3)

§ 69 ist ein Antragsdelikt. **Antragsberechtigt** ist der Betroffene, dessen persönliche Verhältnisse von der Vertrauensperson unbefugt offenbart worden sind. Die Frist zur Stellung des Antrags beträgt drei Monate (§ 77 b StGB). Der Antrag kann schriftlich bei Gericht oder der Staatsanwaltschaft eingereicht oder dort zu Protokoll gegeben werden. Im Falle des Todes des Betroffenen erlischt das Antragsrecht und geht nicht auf die Angehörigen über (*Neumann/Pahlen/Majerski-Pahlen*, SGB IX, § 155 Rdnr. 9).

§ 156   Teil 2. Schwerbehindertenrecht

9   Die Frist für den Antrag beträgt nach § 77b StGB drei Monate beginnend mit der Kenntnis von Tat und Täter. Die **Rücknahme des Antrags** ist möglich, und zwar grundsätzlich bis zum rechtskräftigen Abschluss des Strafverfahrens (§ 77d StGB). Die Angehörigen können beim Tod des Betroffenen den Antrag zurücknehmen.

E. Rechtsfolgen

10   Die Strafe beträgt in den Fällen des Abs. 1 **Freiheitsstrafe** bis zu einem Jahr oder **Geldstrafe.** Wird die Vertrauensperson zu einer Freiheitsstrafe von einem Jahr oder länger verurteilt, verliert sie für die Dauer von fünf Jahren die Fähigkeit, aus öffentlichen Wahlen Rechte zu erlangen sowie das passive Wahlrecht (Wählbarkeit) als Vertrauensperson (*Neumann/Pahlen/Majerski-Pahlen*, SGB IX, § 155 Rdnr. 8; *Hoffmann*, in: LPK-SGB IX, § 155 Rdnr. 9; a. A. *Oppermann*, in: Hauck/Noftz, SGB IX, § 155 Rdnr. 15).

F. Verjährung

11   Die **Verfolgungsverjährung** für Delikte nach Abs. 1 beträgt drei Jahre (§ 78 Abs. 3 Nr. 5 StGB). Für die strafverschärften Delikte nach Abs. 2 beträgt die Verfolgungsverjährung fünf Jahre gem. § 78 Abs. 3 Nr. 5 StGB (*Neumann/Pahlen/Majerski-Pahlen*, SGB IX, § 155 Rdnr. 8; *Hoffmann*, in: LPK-SGB IX, § 155 Rdnr. 9). Die Verjährung beginnt, sobald die Tat beendet ist (§ 78a Satz 1 StGB).

§ 156 Bußgeldvorschriften

(1) Ordnungswidrig handelt, wer vorsätzlich oder fahrlässig
1. entgegen § 71 Abs. 1 Satz 1, auch in Verbindung mit einer Rechtsverordnung nach § 79 Nr. 1, oder § 71 Abs. 1 Satz 3 schwerbehinderte Menschen nicht beschäftigt,
2. entgegen § 80 Abs. 1 ein Verzeichnis nicht, nicht richtig, nicht vollständig oder nicht in der vorgeschriebenen Weise führt oder nicht oder nicht rechtzeitig vorlegt,
3. entgegen § 80 Abs. 2 Satz 1 oder Abs. 4 eine Anzeige nicht, nicht richtig, nicht vollständig, nicht in der vorgeschriebenen Weise oder nicht rechtzeitig erstattet,
4. entgegen § 80 Abs. 5 eine Auskunft nicht, nicht richtig, nicht vollständig oder nicht rechtzeitig erteilt,
5. entgegen § 80 Abs. 7 Einblick in den Betrieb oder die Dienststelle nicht oder nicht rechtzeitig gibt,
6. entgegen § 80 Nr. 8 eine dort bezeichnete Person nicht oder nicht rechtzeitig benennt,
7. entgegen § 81 Abs. 1 Satz 4 oder 9 eine dort bezeichnete Vertretung oder einen Beteiligten nicht, nicht richtig, nicht vollständig oder nicht rechtzeitig unterrichtet,
8. entgegen § 81 Abs. 1 Satz 7 eine Entscheidung nicht erörtert, oder
9. entgegen § 95 Abs. 2 Satz 1 die Schwerbehindertenvertretung nicht, nicht richtig, nicht vollständig oder nicht rechtzeitig unterrichtet oder nicht oder nicht rechtzeitig hört.

(2) **Die Ordnungswidrigkeit kann mit einer Geldbuße bis zu 10 000 Euro geahndet werden.**

(3) **Verwaltungsbehörde im Sinne des § 36 Abs. 1 Nr. 1 des Gesetzes über Ordnungswidrigkeiten ist die Bundesagentur für Arbeit.**
(4) **§ 66 des Zehnten Buches gilt entsprechend.**
(5) [1] **Die Geldbuße ist an das Integrationsamt abzuführen.** [2] **Für ihre Verwendung gilt § 77 Abs. 5.**

Schrifttum: *Neumann,* Die unterlassene Beteiligung der Agentur für Arbeit bei der Stellenbesetzung schwerbehinderter Menschen, BehindertenR 2004, 103.

Inhaltsübersicht

	Rdnr.
A. Allgemeines	1
B. Betroffener Personenkreis	2–5
C. Einzelne Bußgeldtatbestände (Abs. 1)	6–16
I. Verletzung der Beschäftigungspflicht (Nr. 1)	7, 8
II. Verstoß gegen die Pflicht, ein Verzeichnis zu führen (Nr. 2)	9
III. Verstoß gegen die Anzeigepflicht (Nr. 3)	10
IV. Unrichtige Auskunft (Nr. 4)	11
V. Einblick in Betrieb oder Dienststelle (Nr. 5)	12
VI. Benennung der Vertrauensperson (Nr. 6)	13
VII. Unterrichtung über Bewerbungen (Nr. 7)	14
VIII. Verstoß gegen Erörterungspflicht (Nr. 8)	15
IX. Verstoß gegen Unterrichtungspflicht (Nr. 9)	16
D. Geldbuße (Abs. 2 und 5)	17, 18
E. Verfolgung, Vollstreckung und Verjährung	19–21
F. Verfahrensfragen	22

A. Allgemeines

§ 156 normiert die bußgeldbedrohten Verletzungen des Arbeitgebers gegen seine Pflichten nach diesem Gesetz. Bei den als **Ordnungswidrigkeit** mit Geldbuße bedrohten Handlungen handelt es sich um Verstöße gegen Gebots- oder Verbotsvorschriften, die im Wesentlichen ordnungsgestaltende Bedeutung haben (*Göhler,* OWiG, Einl. Rdnr. 6). 1

B. Betroffener Personenkreis

Adressat der Bußgeldandrohung nach § 156 ist ausschließlich der Arbeitgeber. Der Arbeitgeber kann entweder eine juristische oder eine natürliche Person sein. Arbeitgeber kann auch der Insolvenzverwalter sein. 2

In Verbindung mit § 9 OWiG ist der Anwendungsbereich des § 156 auf die **gesetzlichen Vertreter einer juristischen Person** erweitert. Dies sind: 3
– der Vorstand bei einer Aktiengesellschaft (§ 78 AktG),
– der Geschäftsführer bei einer Gesellschaft mit beschränkter Haftung (§ 35 Abs. 1 GmbHG),
– die Gesellschafter einer offenen Handelsgesellschaft,
– die Komplementäre einer Kommanditgesellschaft,
– die Vorstandsmitglieder einer Genossenschaft (§ 24 GenG),
– die Mitglieder des Vorstands bei rechtsfähigen Vereinen (§ 26 BGB).

Nach § 9 Abs. 2 OWiG sind dem Arbeitgeber gleichgestellt solche Personen, die beauftragt sind, den Betrieb oder das Unternehmen ganz oder zum Teil zu leiten oder ausdrücklich beauftragt sind, in eigener Verantwortung Pflichten zu 4 erfüllen, die dem Inhaber des Betriebes obliegen. Hat der Arbeitgeber einen Mitarbeiter mit der Erfüllung bestimmter Einzelpflichten beauftragt (§ 98), so ist der **Beauftragte** Adressat der Bußgeldandrohung.

5 Nach § 14 OWiG handelt jeder ordnungswidrig, der sich an einer Ordnungswidrigkeit beteiligt. Beauftragt der Arbeitgeber andere Personen, bestimmte Pflichten in eigener Verantwortung zu erfüllen, so trifft diese Personen die Verantwortung für Ordnungswidrigkeiten. In diesem Fall kann aber auch der Arbeitgeber belangt werden, wenn er **Aufsichtsmaßnahmen** unterlassen hat, die erforderlich sind, um Zuwiderhandlungen zu verhindern, die den Inhaber als solchen treffen, § 130 OWiG. Zu den erforderlichen Aufsichtsmaßnahmen gehören auch die Bestellung, sorgfältige Auswahl und Überwachung von Aufsichtspersonen.

C. Einzelne Bußgeldtatbestände (Abs. 1)

6 Voraussetzung für die Erfüllung der in Abs. 1 Nr. 1–9 aufgezählten Tatbestände ist, dass ein **vorsätzliches** oder **fahrlässiges** Handeln vorliegt. Der Versuch einer gegen Abs. 1 Nr. 1–9 begangenen Handlung oder Unterlassung ist nicht bußgeldbewehrt. Es fehlt eine ausdrückliche Anordnung nach § 13 Abs. 2 OwiG.

I. Verletzung der Beschäftigungspflicht (Nr. 1)

7 Nach Nr. 1 handelt ordnungswidrig, wer entgegen § 71 Abs. 1 Satz 1 oder § 71 Abs. 1 Satz 3 schwerbehinderte Menschen nicht beschäftigt. Der Tatbestand ist erfüllt, wenn der Arbeitgeber keine oder weniger schwerbehinderte Menschen beschäftigt, als § 71 Abs. 1 Satz 1 vorschreibt. Voraussetzung ist der formale Abschluss eines Arbeitsvertrages und die Entgeltzahlung. Entscheidend ist aber, dass der schwerbehinderte Mensch auch tatsächlich im Betrieb beschäftigt wird (*Neumann/Pahlen/Majerski-Pahlen,* SGB IX, § 156 Rdnr. 22; *Müller-Wenner/Schorn,* SGB IX, § 156 Rdnr. 12). Der Tatbestand ist auch dann erfüllt, wenn der Arbeitgeber die **Ausgleichsabgabe** nach § 77 **entrichtet**. Denn die Zahlung der Ausgleichsabgabe entbindet den Arbeitgeber nicht von der Beschäftigungspflicht (§ 77 Abs. 1 Satz 2). Nicht bußgeldbedroht ist dagegen ein Verstoß gegen § 72, also gegen die Verpflichtung der angemessenen Beschäftigung bestimmter Gruppen schwerbehinderter Menschen.

8 Für die Erfüllung von Nr. 1 ist es unerheblich, ob der Arbeitgeber geltend macht, **keine geeigneten schwerbehinderten Bewerber** auf dem Arbeitsmarkt gefunden zu haben. Unerheblich ist auch der Vortrag, die Bundesagentur für Arbeit habe keine geeigneten schwerbehinderten Bewerber vorgeschlagen (*Neumann/Pahlen/Majerski-Pahlen,* SGB IX, § 156 Rdnr. 25). Nur für den Fall, dass die Agentur für Arbeit trotz Aufforderung durch den Arbeitgeber keine geeigneten schwerbehinderten Bewerber vorschlagen kann, ist Nr. 1 nicht erfüllt.

II. Verstoß gegen die Pflicht, ein Verzeichnis zu führen (Nr. 2)

9 Nach Nr. 2 handelt ordnungswidrig, wer das nach § 80 Abs. 1 erforderliche Verzeichnis nicht, nicht richtig, nicht vollständig oder nicht in der vorgeschriebenen Weise führt. Die nach altem Recht aufgetretene Streitfrage, was „in der vorgeschriebenen Weise" bedeutet (*Neumann/Pahlen/Majerski-Pahlen,* SGB IX, § 156 Rdnr. 27), ist durch § 80 Abs. 6 Satz 1 geklärt. Danach hat der Arbeitgeber für das **Verzeichnis** die mit der Arbeitsgemeinschaft der Integrationsämter und Hauptfürsorgestellen abgestimmten Vordrucke der Bundesagentur für Arbeit zu verwenden. Verstößt er hiergegen, ist Abs. 1 Nr. 2 erfüllt (*Müller-Wenner/Schorn,* SGB IX, § 156 Rdnr. 13).

III. Verstoß gegen die Anzeigepflicht (Nr. 3)

Die Ordnungswidrigkeit nach Nr. 3 ist erfüllt, wenn die nach § 80 Abs. 2 Satz 1 **10** oder Abs. 4 zu erstattende Anzeige nicht, nicht richtig, nicht vollständig, nicht in der vorgeschriebenen Weise oder nicht rechtzeitig erstattet wird. „In der vorgeschriebenen Weise" ist die Anzeige nur dann erstattet, wenn die **Vordrucke der Bundesagentur für Arbeit** verwendet werden. Nicht rechtzeitig ist die Anzeige erstattet, wenn der Arbeitgeber es versäumt, bis zum 31. 3. des Folgejahres der BA die nach § 80 Abs. 2 Satz 1 erforderlichen Daten zu übermitteln. Nicht unter Nr. 3 fällt, wenn der Arbeitgeber es versäumt, den sonstigen in § 80 Abs. 2 Satz 2 und 3 genannten Stellen eine Kopie zu übermitteln.

IV. Unrichtige Auskunft (Nr. 4)

Nach § 80 Abs. 5 hat der Arbeitgeber der Bundesagentur für Arbeit und dem **11** Integrationsamt auf Verlangen die **Auskünfte** zu erteilen, die zur Durchführung der besonderen Regelungen zur Teilhabe schwerbehinderter Menschen am Arbeitsleben erforderlich sind. Erteilt der Arbeitgeber diese Auskünfte nicht, nicht richtig, nicht vollständig oder nicht rechtzeitig, ist Nr. 4 erfüllt.

V. Einblick in Betrieb oder Dienststelle (Nr. 5)

Der Arbeitgeber handelt ordnungswidrig, wenn er entgegen § 80 Abs. 7 **Ein-** **12** **blick** in den **Betrieb** oder die **Dienststelle** nicht oder nicht rechtzeitig gewährt. Lehnt der Arbeitgeber aus Gründen des Schutzes von Betriebs- oder Geschäftsgeheimnissen einen Einblick ab, kann es an der Erfüllung des subjektiven Tatbestands mangeln (*Neumann/Pahlen/Majerski-Pahlen*, SGB IX, § 156 Rdnr. 31).

VI. Benennung der Vertrauensperson (Nr. 6)

Gegen Nr. 6 verstößt, wer entgegen § 80 Abs. 8 die **Vertrauensperson nicht** **13** oder nicht unmittelbar nach der Wahl der zuständigen Agentur für Arbeit und dem Integrationsamt **benennt**. Erforderlich ist die Benennung sowohl gegenüber der Agentur für Arbeit als auch gegenüber dem Integrationsamt (*Neumann/Pahlen/Majerski-Pahlen*, SGB IX, § 155 Rdnr. 32). Eine Einschränkung auf Fälle der hartnäckigen Verweigerung der Benennung kann der Vorschrift nicht entnommen werden (a. A. *Müller-Wenner/Schorn*, SGB IX, § 156 Rdnr. 17).

VII. Unterrichtung über Bewerbungen (Nr. 7)

Ausreichend zur Erfüllung von Nr. 7 ist, dass der Arbeitgeber es entweder versäumt, die Schwerbehindertenvertretung über **Bewerbungen** von schwerbehinderten Menschen (§ 81 Abs. 1 Satz 4) oder seine Entscheidung (§ 81 Abs. 1 Satz 9) zu unterrichten. Ein Verstoß i. S. v. Nr. 7 gegen die Unterrichtungspflicht des Arbeitgebers von Bewerbungen von schwerbehinderten Bewerbern entfällt, wenn der schwerbehinderte Mensch die Beteiligung der Schwerbehindertenvertretung ausdrücklich ablehnt (§ 81 Abs. 1 Satz 10). **14**

Verstößt der Arbeitgeber gegen die Verpflichtung nach § 81 Abs. 1 Satz 2, die **15** Agentur für Arbeit einzuschalten, ist Nr. 7 in Anbetracht des klaren Wortlauts nicht erfüllt (a. A. *Neumann*, BehindertenR 2004, 103, weil der Verstoß gegen Verpflichtung zur Einschaltung der Agentur für Arbeit zu einer unrichtigen Unterrichtung bzw. zum Unterlassen der Unterrichtung der Schwerbehindertenvertretung führt).

VIII. Verstoß gegen Erörterungspflicht (Nr. 8)

16 Nach § 81 Abs. 1 Satz 7 ist der Arbeitgeber, wenn er seine Beschäftigungspflicht nicht erfüllt, verpflichtet, seine **Personalentscheidung** mit der Schwerbehindertenvertretung zu erörtern. Verstößt der Arbeitgeber hiergegen, ist Nr. 8 erfüllt. Der Tatbestand ist aber nicht erfüllt, wenn das Scheitern der Erörterung durch ein Versäumnis begründet ist, das nicht im Verantwortungsbereich des Arbeitgebers liegt, z. B. wenn sich die Schwerbehindertenvertretung Gesprächen verweigert.

IX. Verstoß gegen Unterrichtungspflicht (Nr. 9)

17 Nach Nr. 9 handelt ordnungswidrig, wer die nach § 95 Abs. 2 erforderliche **Unterrichtung** oder **Anhörung** nicht, nicht richtig oder nicht vollständig durchführt. Ist der Arbeitgeber nachvollziehbar, aber fälschlicherweise der Auffassung, eine Maßnahme berühre nicht die Interessen einzelner oder mehrerer schwerbehinderter Menschen, kommt eine Ordnungswidrigkeit nach Nr. 9 nicht in Betracht (*Neumann/Pahlen/Majerski-Pahlen*, SGB IX, § 156 Rdnr. 35). Ohne Bedeutung für die Verwirklichung von Abs. 1 Nr. 9 ist es, ob die unterlassene Unterrichtung oder Anhörung Auswirkungen auf die Entscheidung des Arbeitgebers hatte (*AG Düsseldorf* v. 8. 2. 1990, BehindertenR 1991, 118).

D. Geldbuße (Abs. 2 und 5)

18 Die Ordnungswidrigkeit nach Abs. 1 Nr. 1–9 kann mit einer Geldbuße **bis zu 10 000 Euro** geahndet werden. Dieser Höchstbetrag darf auch im Wiederholungsfall nicht überschritten werden (Abs. 2). Nach § 17 Abs. 2 OWiG darf bei fahrlässiger Begehung die Geldbuße nur die Hälfte der Höchstbuße, also höchstens 5000 Euro betragen.

19 Die Geldbuße wird von der Bundesagentur für Arbeit an das Integrationsamt abgeführt und ist für Leistungen nach § 77 Abs. 5 zu verwenden (Abs. 5).

E. Verfolgung, Vollstreckung und Verjährung

20 Für die Ahndung der in § 156 genannten Verstöße gilt das Gesetz über Ordnungswidrigkeiten (OWiG). Zuständige Behörde i. S. v. § 36 Abs. 1 OWiG ist die Bundesagentur für Arbeit. Eine Übertragung dieser Aufgabe auf die Arbeitsämter ist nicht möglich (§ 37 Abs. 3 OWiG).

21 Eine **Vollstreckung des Bußgeldbescheids** ist erst bei Bestandskraft möglich, denn ein evtl. Einspruch des Arbeitgebers hat aufschiebende Wirkung. Absatz 4 erklärt § 66 des SGB X für entsprechend anwendbar, wonach sich die Vollstreckung nach dem Verwaltungsvollstreckungsgesetz richtet.

22 Ebenso wie Straftaten unterliegen auch Ordnungswidrigkeiten der Verjährung. Die **Verfolgungsverjährung** richtet sich nach § 31 Absatz 2 Nr. 2 OWiG, in dem eine zweijährige Verjährungsfrist festgelegt ist. Die Vollstreckungsverjährung bestimmt sich nach § 34 OWiG. Danach beträgt die Vollstreckungsverjährung bei Geldbußen bis zu 1000 Euro drei Jahre und bei Geldbußen von mehr als 1000 Euro fünf Jahre.

F. Verfahrensfragen

23 Der Arbeitgeber hat die Möglichkeit, gegen den Bußgeldbescheid binnen zwei Wochen nach Zustellung **Einspruch** einzulegen. Der Einspruch hat **aufschie-**

bende Wirkung. Über den Einspruch entscheidet das Amtsgericht am Sitz der Agentur für Arbeit. Gegen die Entscheidung des Amtsgerichts besteht unter den Voraussetzungen der §§ 79, 80 OWiG die Möglichkeit der Einlegung der Rechtsbeschwerde beim Oberlandesgericht.

§ 157 Stadtstaatenklausel

(1) ¹**Der Senat der Freien und Hansestadt Hamburg wird ermächtigt, die Schwerbehindertenvertretung für Angelegenheiten, die mehrere oder alle Dienststellen betreffen, in der Weise zu regeln, dass die Schwerbehindertenvertretungen aller Dienststellen eine Gesamtschwerbehindertenvertretung wählen.** ²**Für die Wahl gilt § 94 Abs. 2, 3, 6 und 7 entsprechend.**

(2) **§ 97 Abs. 6 Satz 1 gilt entsprechend.**

Inhaltsübersicht

	Rdnr.
A. Ermächtigungsnorm	1, 2
B. Hamburger Verordnung	3–5

A. Ermächtigungsnorm

§ 157 enthält eine Verfahrenserleichterung für die Freie und Hansestadt Hamburg. Denn in Hamburg besteht keine – wie es § 97 Abs. 3 voraussetzt – Stufenvertretung. Nach der Gesetzesbegründung (vgl. BT-Drucks. 7/656, 47, 52) soll erreicht werden, dass gegenüber dem Senat der **Freien und Hansestadt Hamburg** nur eine gewählte Schwerbehindertenvertretung auftritt, um die Angelegenheiten der schwerbehinderten Menschen zu regeln, die mehrere oder alle Dienststellen betreffen. 1

Durch § 157 Abs. 1 wird die Freie und Hansestadt Hamburg ermächtigt, die Schwerbehindertenvertretung für Angelegenheiten, die mehrere oder alle Dienststellen betreffen, abweichend von § 97 zu regeln. Insoweit ist § 157 Abs. 1 lex specialis zu § 97. Die Ermächtigung umfasst durch die Bezugnahme von § 157 Abs. 2 auf § 97 Abs. 6 Satz 1 auch die Zuständigkeit der **Gesamtschwerbehindertenvertretung**. 2

B. Hamburger Verordnung

Die Freie und Hansestadt Hamburg hat von der Ermächtigung des § 157 durch die **Verordnung über die Einführung eines Gesamtvertrauensmannes** vom 10. 4. 1979 (Hamb. GVBl. S. 111). Gebrauch gemacht. Nach dieser Verordnung wählen für Angelegenheiten, die mehrere oder alle Dienststellen und Behörden der Freien und Hansestadt Hamburg betreffen, die Schwerbehinderten einen Gesamtvertrauensmann. 3

Entgegen der Regelung des § 97 Abs. 1, nach der die Gesamtschwerbehindertenvertretung von den Schwerbehindertenvertretungen der einzelnen Betriebe gewählt wird, ist in Hamburg die Gesamtschwerbehindertenvertretung von **allen beschäftigten Schwerbehinderten** zu wählen. Die Gesamtschwerbehindertenvertretung wird in geheimer und unmittelbarer Wahl gewählt. Dabei ist die Wahlordnung zu beachten (Anhang Nr. 1). 4

Nach Abs. 2 gilt § 97 Abs. 6 Satz 1 entsprechend. Danach ist die Gesamtschwerbehindertenvertretung zuständig für die Vertretung der Interessen der schwerbe- 5 hinderten Menschen in Angelegenheiten, die den gesamten öffentlichen Dienst oder mehrere Dienststellen betreffen und die von der Schwerbehindertenvertretung der einzelnen Dienststellen nicht geregelt werden können. Der **Gesamtbetriebsrat** vertritt auch die Interessen der schwerbehinderten Menschen, die in einer Dienststelle tätig sind, für die eine Schwerbehindertenvertretung nicht gewählt wurde.

§ 158 Sonderregelung für den Bundesnachrichtendienst

Für den Bundesnachrichtendienst gilt dieses Gesetz mit folgenden Abweichungen:

1. Der Bundesnachrichtendienst gilt vorbehaltlich der Nummer 3 als einheitliche Dienststelle.
2. Für den Bundesnachrichtendienst gelten die Pflichten zur Vorlage des nach § 80 Abs. 1 zu führenden Verzeichnisses, zur Anzeige nach § 80 n Abs. 2 und zur Gewährung von Einblick nach § 80 Abs. 7 nicht. Die Anzeigepflicht nach § 90 Abs. 3 gilt nur für die Beendigung von Probearbeitsverhältnissen.
3. Als Dienststelle im Sinne des Kapitels 5 gelten auch die Teile und Stellen des Bundesnachrichtendienstes, die nicht zu seiner Zentrale gehören. § 94 Abs. 1 Satz 4 und 5 sowie § 97 sind nicht anzuwenden. In den Fällen des § 97 Abs. 6 ist die Schwerbehindertenvertretung der Zentrale des Bundesnachrichtendienstes zuständig. Im Falle des § 94 Abs. 6 Satz 4 lädt der Leiter oder die Leiterin der Dienststelle ein. Die Schwerbehindertenvertretung ist in den Fällen nicht zu beteiligen, in denen die Beteiligung der Personalvertretung nach dem Bundespersonalvertretungsgesetz ausgeschlossen ist. Der Leiter oder die Leiterin des Bundesnachrichtendienstes kann anordnen, dass die Schwerbehindertenvertretung nicht zu beteiligen ist, Unterlagen nicht vorgelegt oder Auskünfte nicht erteilt werden dürfen, wenn und soweit dies aus besonderen nachrichtendienstlichen Gründen geboten ist. Die Rechte und Pflichten der Schwerbehindertenvertretung ruhen, wenn die Rechte und Pflichten der Personalvertretung ruhen. § 96 Abs. 7 Satz 3 ist nach Maßgabe der Sicherheitsbestimmungen des Bundesnachrichtendienstes anzuwenden. § 99 Abs. 2 gilt nur für die in § 99 Abs. 1 genannten Personen und Vertretungen der Zentrale des Bundesnachrichtendienstes.
4. Im Widerspruchsverfahren bei dem Integrationsamt (§ 119) und *die Widerspruchsausschüsse*[1] bei der Bundesagentur für Arbeit (§ 120) treten in Angelegenheiten schwerbehinderter Menschen, die beim Bundesnachrichtendienst beschäftigt sind, an die Stelle der Mitglieder, die Arbeitnehmer oder Arbeitnehmerinnen und Arbeitgeber sind (§ 119 Abs. 1 und § 120 Abs. 1), Angehörige des Bundesnachrichtendienstes, an die Stelle der Schwerbehindertenvertretung die Schwerbehindertenvertretung der Zentrale des Bundesnachrichtendienstes. Sie werden dem Integrationsamt und der Bundesagentur für Arbeit vom Leiter oder der Leiterin des Bundesnachrichtendienstes benannt. Die Mitglieder der Ausschüsse müssen nach den dafür geltenden Bestimmungen ermächtigt sein, Kenntnis von Verschlusssachen des in Betracht kommenden Geheimhaltungsgrades erhalten.

---

[1] Richtig wohl: „in den Widerspruchsausschüssen".

5. Über Rechtsstreitigkeiten, die auf Grund dieses Gesetzes im Geschäftsbereich des Bundesnachrichtendienstes entstehen, entscheidet im ersten und letzten Rechtszug der oberste Gerichtshof des zuständigen Gerichtszweiges.

Inhaltsübersicht

	Rdnr.
A. Allgemeines	1
B. Besonderheiten für den Bundesnachrichtendienst	2–10
I. Einheitliche Dienststelle	2
II. Vorlage und Anzeigepflichten (Nr. 2)	3
III. Nummer 3	4–7
IV. Widerspruchsausschuss (Nr. 4)	8, 9
V. Rechtsstreitigkeiten (Nr. 5)	10

A. Allgemeines

§ 158 soll den **besonderen Sicherheitsbedürfnissen** im Bereich des Bundesnachrichtendienstes Rechnung tragen. Von § 158 unberührt bleiben die grundsätzlichen Verpflichtungen hinsichtlich der Beschäftigung von Schwerbehinderten und die Aufgaben der Schwerbehindertenvertretung (*Oppermann,* in: Hauck/Noftz, SGB IX, § 158 Rdnr. 1; *Neumann/Pahlen/Majerski-Pahlen,* SGB IX, § 158 Rdnr. 1). 1

B. Besonderheiten für den Bundesnachrichtendienst

I. Einheitliche Dienststelle

Nach Nr. 1 gilt der Bundesnachrichtendienst vorbehaltlich Nr. 3 als **einheitliche Dienststelle.** Entsprechend bestimmt § 86 Abs. 1 Nr. 6 BPersVG, dass die Beschäftigten des Bundesnachrichtendienstes keine Stufenvertretung bilden können. Unberührt davon bleibt die Pflicht, in den Dienststellen des Bundesnachrichtendienstes zu wählen, wenn die Voraussetzungen des § 94 vorliegen. 2

II. Vorlage und Anzeigepflichten (Nr. 2)

Aus Sicherheitsgründen ist der Bundesnachrichtendienst nach Nr. 2 nicht verpflichtet, die in § 80 Abs. 1 und 2 genannten Verpflichtungen zu erfüllen. So besteht **keine Pflicht** des Bundesnachrichtendienstes: 3
– zur Führung eines Verzeichnisses der bei ihm beschäftigten schwerbehinderten, ihnen gleichgestellten behinderten Menschen und sonstiger anrechnungsfähiger Personen (§ 80 Abs. 1),
– zur Angabe von Daten, die zur Berechnung des Umfangs der Beschäftigungspflicht, zur Überwachung ihrer Erfüllung oder der Ausgleichsabgabe notwendig sind (§ 80 Abs. 2),
– zur Einblicksgewährung der Beauftragten der Bundesagentur für Arbeit und der Integrationsämter (§ 80 Abs. 7),
– dem Integrationsamt innerhalb von vier Tagen bei Einstellung auf Probe Anzeige zu machen (§ 90 Abs. 3).

III. Nummer 3

Als **Dienststellen gelten** nach Nr. 3 auch Teile oder Stellen des Bundesnachrichtendienstes. Durch die Bezugnahme auf § 94 Abs. 1 Satz 4 und 5 ist klar- 4

§ 159

gestellt, dass Dienststellen, in denen die Voraussetzungen für eine Wahl der Schwerbehindertenvertretung nicht vorliegen, nicht mit räumlich nahe liegenden Dienststellen zusammengefasst werden können.

5 Die Schwerbehindertenvertretung ist in den Fällen nicht zu beteiligen, in denen die Beteiligung nach dem **Bundespersonalvertretungsgesetz** ausgeschlossen ist (Nr. 3 Satz 5). Die Fälle des Ausschusses nach dem Bundespersonalvertretungsgesetz sind in § 86 Nr. 9 BPersVG genannt.

6 Nach Nr. 3 Satz 6 kann der Leiter des Bundesnachrichtendienstes anordnen, dass die Schwerbehindertenvertretung nicht zu beteiligen ist, soweit dies aus **besonderen nachrichtendienstlichen Gründen** geboten ist (vgl. § 86 Nr. 10c BPersVG).

7 Die **Rechte und Pflichten** der Schwerbehindertenvertretung ruhen, wenn die Rechte und Pflichten der Personalvertretung **ruhen**. Nach § 86 Nr. 11 BPersVG ist dies bei Vorliegen besonderer Sicherheitsvorfälle oder einer besonderen Einsatzsituation, von der der Bundesnachrichtendienst ganz oder teilweise betroffen ist, der Fall. Der Beginn und das Ende des Ruhens der Befugnisse der Personalvertretung werden jeweils vom Leiter des Bundesnachrichtendienstes im Einvernehmen mit dem Chef des Bundeskanzleramtes festgelegt.

IV. Widerspruchsausschuss (Nr. 4)

8 Im **Widerspruchsausschuss** bei dem Integrationsamt (§ 119) und im Widerspruchsausschuss bei der Bundesagentur für Arbeit (§ 120) treten an die Stelle der Mitglieder, die Arbeitnehmer und Arbeitgeber sind, Angehörige des Bundesnachrichtendienstes. Sie werden dem Integrationsamt und der Bundesagentur für Arbeit vom Leiter des Bundesnachrichtendienstes benannt.

9 Die Mitglieder der Ausschüsse müssen nach den dafür geltenden Bestimmungen ermächtigt werden, Kenntnis von **Verschlusssachen** des in Betracht kommenden Geheimhaltungsgrads zu erhalten (Nr. 4 Satz 3). Nach § 86 Nr. 10a und b i. V. m. § 93 Abs. 1 BPersVG darf in Angelegenheiten der Beschäftigten des Bundesnachrichtendienstes, die als Verschlusssache bezeichnet werden, ein Ausschuss von der Schwerbehindertenvertretung nicht gebildet werden.

V. Rechtsstreitigkeiten (Nr. 5)

10 Nach Nr. 5 entscheidet über **Rechtsstreitigkeiten,** die aufgrund des SGB IX im Geschäftsbereich des Bundesnachrichtendienstes entstehen, der oberste Gerichtshof des zuständigen Gerichtszweigs im ersten und letzten Rechtszug (vgl. § 86 Nr. 14 BPersVG).

§ 159 Übergangsregelung

(1) **Abweichend von § 71 Abs. 1 beträgt die Pflichtquote für die in § 71 Abs. 3 Nr. 1 und 4 genannten öffentlichen Arbeitgeber des Bundes weiterhin 6 Prozent, wenn sie am 31. Oktober 1999 auf mindestens 6 Prozent der Arbeitsplätze schwerbehinderte Menschen beschäftigt hatten.**

(2) **Auf Leistungen nach § 33 Abs. 2 des Schwerbehindertengesetzes in Verbindung mit dem Ersten Abschnitt der Schwerbehinderten-Ausgleichabgabeverordnung jeweils in der bis zum 30. September 2000 geltenden Fassung sind die zu diesem Zeitpunkt geltenden Rechtsvorschriften weiter anzuwenden, wenn die Entscheidung über die beantragten Leistungen vor dem 1. Oktober 2000 getroffen worden ist.**

(3) **Eine auf Grund des Schwerbehindertengesetzes getroffene bindende Feststellung über das Vorliegen einer Behinderung, eines Grades der Be-**

hinderung und das Vorliegen weiterer gesundheitlicher Merkmale gelten als Feststellungen nach diesem Buch.

(4) Die nach § 56 Abs. 2 des Schwerbehindertengesetzes erlassenen allgemeinen Richtlinien sind bis zum Erlass von allgemeinen Verwaltungsvorschriften nach § 141 weiter anzuwenden.

(5) § 17 Abs. 2 Satz 1 ist vom 1. Januar 2008 an mit der Maßgabe anzuwenden, dass auf Antrag Leistungen für ein Persönliches Budget ausgeführt werden.

(6) Auf Erstattungen nach Teil 2 Kapitel 13 ist § 148 für bis zum 31. Dezember 2004 entstandene Fahrgeldausfälle in der bis zu diesem Zeitpunkt geltenden Fassung anzuwenden.

Inhaltsübersicht

	Rdnr.
A. Allgemeines	1
B. Beschäftigungsquote öffentlicher Arbeitgeber (Abs. 1)	2–5
C. Übergangsregelung nach Absatz 2	6
D. Fortgeltung bisheriger Feststellungen (Abs. 3)	7
E. Allgemeine Verwaltungsvorschriften (Abs. 4)	8

A. Allgemeines

Absatz 1 ist keine Übergangsregelung, sondern eine **Sonderregelung** für die 1 Arbeitgeber des öffentlichen Dienstes des Bundes. Die Absätze 3 und 4 sind im Laufe des Gesetzgebungsverfahrens eingefügt worden und beinhalten Übergangsregelungen.

B. Beschäftigungsquote öffentlicher Arbeitgeber (Abs. 1)

Für öffentliche Arbeitgeber des Bundes wurde mit dem „Gesetz zur Bekämp- 2 fung der Arbeitslosigkeit Schwerbehinderter" in § 72 Abs. 1 SchwbG eine Sonderregelung getroffen, die in Abs. 1 übertragen wurde. Abweichend von § 71 Abs. 1 beträgt die Pflichtbesetzungsquote für öffentliche Arbeitgeber des Bundes **weiterhin 6%** (statt 5% für die privaten Arbeitgeber und die anderen öffentlichen Arbeitgeber), wenn sie am 31. 10. 1999 auf mehr als 6% der Arbeitsplätze schwerbehinderte Menschen beschäftigt hatten.

Der **Stichtag 31. 10. 1999** resultiert wegen des Datums des letzten Berichts 3 der Bundesregierung über die Beschäftigung Schwerbehinderter im öffentlichen Dienst des Bundes. Ausweislich des Berichts über die „Beschäftigung Schwerbehinderter im öffentlichen Dienst des Bundes" (BT-Drucks. 14/2215 und 14/4969) lag die Beschäftigungsquote des Bundes als Arbeitgeber bei 6,6% (Stand: Oktober 1998) bzw. bei 6,4% (Stand: Oktober 1999). Demgegenüber kamen private Arbeitgeber nur auf eine Beschäftigungsquote von 3,4% (Stand: Oktober 1997). Vor diesem Hintergrund dient die Sonderregelung des Abs. 1 der Aufrechterhaltung der gegenüber der privaten Wirtschaft höheren Beschäftigungsquote.

Absatz 1 betrifft nur die **öffentlichen Arbeitgeber des Bundes.** Die im Ge- 4 setzentwurf des SGB IX beabsichtigte Erweiterung auf alle öffentlichen Arbeitgeber wurde im Laufe des Gesetzgebungsverfahrens wieder fallen gelassen (s. Ausschuss-Drucks. 14/1406, Begründung, S. 18).

§ 159a 1, 2   Teil 2. Schwerbehindertenrecht

5   Die öffentlichen Arbeitgeber des Bundes, die zum 31. 10. 1999 auf mindestens 6% schwerbehinderte Menschen beschäftigt hatten, sind aufgeführt im Bericht der Bundesregierung über die Beschäftigung Schwerbehinderter im öffentlichen Dienst des Bundes vom 6. 12. 2000 (BT-Drucks. 14/4969). **Sinkt die Beschäftigungsquote** der dort genannten öffentlichen Arbeitgeber des Bundes unter 6% bis minimal 5%, gilt für jeden unbesetzten Pflichtplatz eine monatliche Ausgleichsabgabe von 105 Euro. Für eine Pflichtquote von unter 5% findet die für alle Arbeitgeber anwendbare Staffelung der Ausgleichsabgabe Anwendung (§ 77 Abs. 2).

C. Übergangsregelung nach Absatz 2

6   Die **Übergangsregelung** stellt sicher, dass in den Fällen, in denen die Förderleistungen nach dem bis zum Inkrafttreten des „Gesetzes zur Bekämpfung der Arbeitslosigkeit Schwerbehinderter", also dem 1. 10. 2000 geltendem Recht, bewilligt worden sind, die entsprechenden Rechtsvorschriften weiterhin für die Durchführung anzuwenden sind.

D. Fortgeltung bisheriger Feststellungen (Abs. 3)

7   Absatz 3 wurde erst im Rahmen des Gesetzgebungsverfahrens durch Änderungsantrag vom 27. 3. 2001 eingefügt. Absatz 3 beinhaltet eine ausdrückliche Regelung der Fortgeltung **bisheriger Feststellungen** nach dem Schwerbehindertengesetz, so dass die nach bisherigem Recht ergangenen Bescheide nicht etwa wegen der Einordnung des Schwerbehindertengesetzes in das SGB IX geändert oder aufgehoben werden müssen (Ausschuss-Drucks. 14/1406, Begründung, S. 18).

E. Allgemeine Verwaltungsvorschriften (Abs. 4)

8   Absatz 4 stellt sicher, dass Aufträge der öffentlichen Hand bis zum Erlass von Verwaltungsvorschriften – für die wie nach bisherigem Recht das Bundesministerium für Wirtschaft und Technologie zuständig ist – in dem **bisherigen Umfang** den anerkannten Werkstätten für behinderte Menschen bevorzugt angeboten werden (Ausschuss-Drucks. v. 27. 3. 2001, 14/1406, Begründung, S. 18).

§ 159a Übergangsvorschrift zum Dritten Gesetz für moderne Dienstleistungen am Arbeitsmarkt

§ 73 Abs. 2 Nr. 4 ist in der bis zum 31. Dezember 2003 geltenden Fassung weiter anzuwenden, solange Personen an Strukturanpassungsmaßnahmen nach dem Dritten Buch teilnehmen

1   Die Vorschrift ist mit dem Dritten Gesetz für moderne Dienstleistungen am Arbeitsmarkt (BGBl. I S. 2848) mit Wirkung zum 1. 1. 2004 in das SGB IX eingefügt worden. Die Übergangsvorschrift trägt dem Umstand Rechnung, dass die Regelung über Strukturmaßnahmen in den §§ 272 ff. SGB III zum 1. 1. 2004 gestrichen worden und nun im einheitlichen Instrument der Arbeitsbeschaffungsmaßnahmen aufgegangen sind.

2   Nach der Vorschrift gelten demnach Stellen nicht als Arbeitsplätze, auf denen Personen an Strukturanpassungsmaßnahmen auch nach dem 1. 1. 2004 teilneh-

men. Gemeint sind solche Fälle, in denen der Beginn der Teilnahmen an Strukturanpassungsmaßnahmen vor dem 31. 12. 2003 liegt, die Maßnahme aber über diesen Zeitpunkt hinaus dauert.

§ 160 Überprüfungsregelung

(1) **Die Bundesregierung berichtet den gesetzgebenden Körperschaften des Bundes bis zum 30. Juni 2005 über die Situation behinderter und schwerbehinderter Frauen und Männer auf dem Ausbildungsstellenmarkt und schlägt die danach zu treffenden Maßnahmen vor.**

(2) **¹Sie berichtet den gesetzgebenden Körperschaften des Bundes bis zum 30. Juni 2007 über die Wirkungen der Instrumente zur Sicherung von Beschäftigung und zur betrieblichen Prävention. ²Dabei wird auch die Höhe der Beschäftigungspflichtquote überprüft.**

Schrifttum: *Wendt,* Bericht der Bundesregierung über die Beschäftigungssituation schwerbehinderter Menschen – folgt daraus eine SGB IX-Novelle, RdLH 2003, 107.

Inhaltsübersicht

	Rdnr.
A. Bericht nach Abs. 1	1, 2
B. Bericht nach Abs. 2	3

A. Bericht nach Abs. 1

§ 160 entspricht inhaltlich im Wesentlichen dem aufgehobenen § 73 SchwbG, 1 der erst durch das „Gesetz zur Bekämpfung der Arbeitslosigkeit Schwerbehinderter" vom 29. 9. 2000 in das Schwerbehindertengesetz aufgenommen wurde. Sie ist zuletzt durch das Gesetz zur Förderung der Ausbildung und Beschäftigung schwerbehinderter Menschen von 23. 4. 2004 (BGBl. I S. 606) modifiziert worden. Die Vorschrift verpflichtet die **Bundesregierung,** spätestens bis zum 30. 6. 2005 Bundestag und Bundesrat über die Situation behinderter und schwerbehinderter Frauen und Männer zu **berichten.** Die ausdrückliche Nennung von Frauen und Männern erfordert eine geschlechtspezifische Berichterstattung.

Der zu erstattende **Bericht** soll Aussagen über die Verwirklichung der Beschäf- 2 tigungsquote einschließlich der Wirksamkeit der einzelnen zum 1. 10. 2000 und danach in Kraft getretenen gesetzlichen Neuerungen machen. In dem Bericht der Bundesregierung wird auch auf die Neuverteilung der Ausgleichsabgabe zwischen dem Bund und den Ländern (§ 79 Nr. 3) einzugehen und Vorschläge zur Änderung zu machen sein (BT-Drucks. 14/5074, Begründung, S. 75).

B. Bericht nach Abs. 2

Absatz 2 verpflichtet die Bundesregierung zu einem weiteren Bericht. In diesem 3 soll die Bundesregierung ausführlich auch auf die Höhe der Beschäftigungsquote eingehen. Ferner soll der Bericht auch auf die Ergebnisse der Bemühungen der Integrationsfachdienste und der Integrationsprojekte eingehen und die Ergebnisse bewerten.

II. Gesetz zur Gleichstellung behinderter Menschen (Behindertengleichstellungsgesetz – BGG)

vom 27. April 2002

(BGBl. I 2002, 1467, 1468), zuletzt geändert durch Art. 14 b des Gesetzes zur Vereinfachung der Verwaltungsverfahren im Sozialrecht (Verwaltungsvereinfachungsgesetz) vom 21. 3. 2005 (BGBl. I S. 818)

Kommentierung Behindertengleichstellungsgesetz (BGG) unter Einbeziehung der für den Bereich der Justiz geltenden Gleichstellungsvorschriften, sonstiger Vorschriften zur Herstellung von Barrierefreiheit, insbesondere im Bereich Bau und Verkehr sowie der Landesgleichstellungsgesetze der Länder Baden-Württemberg, Bayern, Berlin, Brandenburg, Bremen, Hamburg, Hessen, Nordrhein-Westfalen, Saarland, Sachsen, Sachsen-Anhalt und Schleswig-Holstein. Das am 16. 12. 2005 für Thüringen verabschiedete Gesetz konnte wegen des Redaktionsschlusses nicht mehr in den Erläuterungen berücksichtigt werden.

Inhaltsübersicht

    I. Literatur und Rechtsprechung
   II. Fundstellen Bundesverordnungen, Landesgleichstellungsgesetze und Verordnungen
  III. Vorbemerkung zur Kommentierung
  IV. Gliederung des Gesetzes
   V. Kommentierung der einzelnen Vorschriften des BGG

I. Literatur und Rechtsprechung

Literatur: *Armbrüster, Christian,* Antidiskriminierungsgesetz – ein neuer Anlauf, in: Zeitschrift für Rechtspolitik, H2 v. 13. 3. 2005, 41; *Baden-Württemberg,* Landesgesetz zur Gleichstellung von Menschen mit Behinderungen (Landes-Behindertengleichstellungsgesetz – L-BGG), Darstellung – von Verbandsdirektor Roland Klinger, Kommunal- und Schul-Verlag GmbH & Co. KG; *Brüggen, Georg,* Kurzkommentierung zum Sächsischen Integrationsgesetz (SächsIntegrG), Dresdner Sachbuchverlag Medien & Recht GmbH & Co KG (im Erscheinen); *Bundesarbeitsgemeinschaft der überörtlichen Träger der Sozialhilfe (BAGüS),* Reformvorschläge 2005 zur Weiterentwicklung des Sozialhilferechts (SGB XII), des Gesetzes zur Teilhabe behinderter Menschen (SGB IX) sowie der Pflegeversicherung (SGB XI) vom 12. 9. 2005 (www.bagues.de); *Bundesministerium für Arbeit* (2002), Das Gesetz zur Gleichstellung behinderter Menschen als Beitrag zur Umsetzung des Benachteiligungsverbotes im Grundgesetz; *BMFSFJ* (2003), Das neue Gesetz zur Gleichstellung von Frauen und Männern in der Bundesverwaltung und in den Gerichten des Bundes, 2. unveränderte Aufl. 2/2003; *Bundesverwaltungsamt,* Info 1725, 12/2002, Neues Themenheft zum Behindertengleichstellungsgesetz (auch als download: www.bva.bund.de); *dass.,* Info 1738, Sondernewsletter, 3/2003, Einsatz von Gebärdensprachdolmetscherinnen und -dolmetschern (auch als download: www.bva.bund.de); *dass.,* INFO 1751, 4/2003, (auch als download: www.bva.bund.de); *dass.,* INFO 1752, 4/2003. Es geht auch in Blindenschrift, im Internetangebot www.wissen-im-inter.net; *dass.,* INFO 1847, 2/2005, Behindertengleichstellungsgesetze der Bundesländer – ein Überblick (auch als download: www.bva.bund.de); *Bericht der Bundesregierung* über die Lage behinderter Menschen und die Entwicklung ihrer Teilhabe nach § 66 des Neunten Buches Sozialgesetzbuch, BT-Drucks. 15/4575 und BR-Drucks. 993/04 v. 16. 12. 2004; *Braun, Stefan,* Überblick über die Regelungen des Bundesgleichstellungsgesetzes für behinderte Menschen, ZTR 2003, 117; *ders.*, Der Entwurf eines Antidiskriminierungsgesetzes, Recht im Amt 2/2005, 72; *Castendiek, Jan/Hoffmann, Günther,* Das Recht der behinderten Menschen, 2. Aufl. Baden-Baden, 2004; *Deutsche Bahn AG,* Programm der Deutschen Bahn AG, 6/2005 (als download: www.bahn.de Menüpunkt handicap); *Drewes, Alexander,* Zum Begriff der Barrierefreiheit im Internet für behinderte Menschen – juristische Aspekte, JurPC Web-Dok. 252/2004, Abs. 1–31 (www.jurpc.de); *Forum behinderter Juristinnen und Juristen,* Entwurf für ein Landesgesetz zur Gleichstellung behinderter Menschen und zur Änderung anderer Gesetze (LBGG), Ein Vorschlag des Forums behinderter Juristinnen und Juristen unterstützt durch das Büro des Beauftragten der Bundesregierung für die Belange behinderter Menschen; *Frehe, Horst,* Die Zielvereinbarungen aus juristischer Sicht, Referat, gehalten anlässlich der Mitgliederversammlung des DVBS am 11. 5. 2002 in Marburg, in Horus online 5/2002 (download: http://www.dvbs-online.de/horus/2002-5-3077.htm); *Internationale Klassifikation der Funktionsfähigkeit, Behinderung und Gesundheit, ICF* der Weltgesundheitsorganisation (WHO) Entwurf der deutschsprachigen Fassung 4/2002 (Konsensusentwurf) – Korrektur-Version v. 24. 9. 2002 (www.dimdi.de); *Jürgens, A.,* Zielvereinbarungen nach dem Behindertengleichstellungsgesetz, ZfSH/SGB 42/2003, 589 ff.; *Dahesch, Keyvan,* Barrierefreien Zugang für alle zum Internet schaffen – Zahlreiche Verbände fordern einheitliche Länderstandards, Sozialpolitik und Praxis 2004, 371; *Quambusch,* Gleichstellung ausgewählter Behinderter nach dem BGG, ZfSH/SGB 2003, S. 16 ff.; *Kommission der Europäischen Gemeinschaft,* Grünbuch der Kommission der Europäischen Gemeinschaften: Gleichstellung sowie Bekämpfung von Diskriminierung in einer erweiterten Europäischen Union, KOM (2004) 379 endg., Ratsdok. 10212/04 (auch als BR-Drucks. 501/04 v. 11. 6. 2004); *Kossens, Michael,* Gesetz zur Gleichstellung behinderter Menschen, Gemeinsam leben, 2002, 23 ff.; *ders./Maaß, Michael/Steck, Brigitte/Wollenschläger, Frank,* Grundzüge des neuen Behindertenrechts, SGB IX und Gleichstellungsgesetz, 2003; *Krebber/Calliess/Ruffert,* Kommentar EU-Vertrag und EG-Vertrag, 1999; *Ministerium für Arbeit, Soziales, Gesundheit und Familie des Landes Brandenburg,* Das Brandenburgische Behindertengleichstellungsgesetz – BbgBGG, 2004; *Neumann/Pahlen/Majerski-Pahlen,* SGB IX – Rehabilitation und Teilhabe behinderter Menschen, (berücksichtigt und kommentiert ist auch das Gesetz zur Gleichstellung behinderter Menschen), 11. Aufl., 2005; *Pöltl, René,* Gaststättenrecht. Kommentar zum Gaststättengesetz mit den einschlägigen Vorschriften des Bundes und der Länder, 5., völlig neu bearbeitete Aufl., 2003; *ders.,* Die Auswirkungen des Behindertengleichstellungsgesetzes auf das Gaststättenrecht, GewArch 2003, 231; *Sauerwein,* Hessisches Behinderten-Gleichstellungsgesetz (HessBGG), Kommentar – von Ltd. Regierungsdirektor a. D. Gerhard Sauerwein; *Sieger, Volker,* Kleine und große Schritte in eine barrierefreie Umwelt, SuP 2003, 216; *ders.,* Instrumente des BGG für öffentlichen Personenverkehr, SuP 2003, 351; *Schulte, Bernd,* Behindertenpolitik und Behindertenrecht in der Europäischen Union als Gemeinschaftsprojekt, in: von Maydell/Pitschas/Schulte (Hrsg.): Behinderung in Asien und Europa im Politik- und Rechtsvergleich: mit einem Beitrag zu den USA, 2002, S. 479; *Theben, Bettina/Becker, Klaus W.* (Hrsg.), Rechtshandbuch für Behindertenbeauftragte und Schwerbehindertenvertretungen, 2005; *Wagner, Rainer/Kaiser, Daniel,* Einführung in das Behindertenrecht, Berlin-Heidelberg-New York, 2004; *Winkler, Sandra,* Gibt es ein barrierefreies Web (Diplomarbeit mit ausführlichen Literaturverweisen) http://www.sandra-winkler.de/barrierefrei/literat.htm, *Zielvereinbarung: Standardisierte Erfassung, Bewertung und Darstellung barrierefreier Angebote in Hotellerie und Gastronomie* vom 12. 3. 2005 (Abschluss Deutscher Hotel- und Gaststättenverband e. V. und Hotelverband (IHA) e. V. mit Sozialverband VdK Deutschland e. V. u. a. Behindertenverbänden) downloads bei: http://www.vdk.de. Dort finden sich vier Dateien: Mindeststandards der Zielvereinbarung zur Darstellung barrierefreier Angebote in Hotellerie und Gastronomie, Checkliste – Barrierefreie Beherbergungs- und Gastronomiebetriebe für gehbehinderte Gäste und Rollstuhlnutzer (Kategorien A und B), Checkliste – Barrierefreie Beherbergungs- und Gastronomiebetriebe für blinde und sehbehinderte Gäste (Kategorie C), Checkliste – Barrierefreie Beherbergungs- und Gastronomiebetriebe für gehörlose und schwerhörige Gäste (Kategorie D), siehe auch im Zielvereinbarungsregister des Bundes: www.bmgs. bund.de/datenbanken/zielvereinbarung/dokumente/36.doc.

BGG

Rechtsprechung
VGH Baden-Württemberg, Beschl. v. 6. 12. 2004, Az: 5 S 1704/04 Vorhabenbezogene Verbandsfeststellungsklage und vorläufiger Rechtsschutz (zu §§ 12, 13 Abs. 1 Satz 1, 13 Abs. 2, 13 Abs. 3 BGG)
OVG des Saarlandes, Beschl. v. 9. 2. 2004, Az: 3 Q 16/03 Einschulung behinderter Schüler, Regelschule – Sonderschule (zu Art. 3 Abs. 3 Satz 2 GG);
Bundesverwaltungsgericht, Urt. v. 28. 4. 2005 – BVerwG 5 C 20.04 Anspruch auf Eingliederungshilfe durch Übernahme der Kosten eines Integrationshelfers für den Besuch einer integrativ unterrichtenden Grundschule (zu § 40 Abs. 1 Nr. 4 BSHG, § 12 Nr. 1 EinglHVO).

Internet:
Internet- Zielvereinbarungsregister und Verzeichnis zugelassener Verbände gemäß §§ 5 und 13 Abs. 3 BGG: www.bmas.bund.de Menüpunkt: Teilhabe behinderter Menschen → Zielvereinbarungen → Zielvereinbarungsregister
Beauftragte oder Beauftragter der Bundesregierung für die Belange behinderter Menschen gemäß § 14 BGG: www.bmas.bund.de
Informationen zu den Aufgaben des Bundesverwaltungsamtes zur Unterstützung der Umsetzung des BGG: www.bva.bund.de
Gehörlose Menschen: www.deutsche-gesellschaft.de
PDF-/RTF-Dokumente aller Landesbehindertengesetze als downloads: www.dgsd.de
Bundesverband der Gebärdensprachdolmetscher: http://www.bgsd.de/
Gebärdensprachdolmetschen mit diversen links und downloads (auch Kostenrecht): www.dgsd.de
Allgemeine behindertenpolitische Informationen – auch zum BGG: www.rehadat.de
BIK – barrierefrei informieren und kommunizieren: http://www.bik-online.info/kontakt.php
W3C (2002) World Wide Web Consortium (Hrsg.): Zugänglichkeitsrichtlinien für Web-Inhalte 1.0: http://www.w3.org/Consortium/Offices/Germany/Trans/WAI/webinhalt.html

II. Fundstellen Bundesverordnungen, Landesgleichstellungsgesetze und Verordnungen

1. Rechtsverordnungen des Bundes zum BGG

Kommunikationshilfeverordnung (KHV) Verordnung zur Verwendung von Gebärdensprache und anderen Kommunikationshilfen im Verwaltungsverfahren nach dem Behindertengleichstellungsgesetz (Kommunikationshilfeverordnung – KHV) vom 17. 7. 2002 (BGBl. I S. 2650–2651)
Verordnung über barrierefreie Dokumente in der Bundesverwaltung (VBD) Verordnung zur Zugänglichmachung von Dokumenten für blinde und sehbehinderte Menschen im Verwaltungsverfahren nach dem Behindertengleichstellungsgesetz (Verordnung über barrierefreie Dokumentation in der Bundesverwaltung – VBD) vom 17. 7. 2002 (BGBl. I S. 2652–2653)
Verordnung zur Schaffung barrierefreier Informationstechnik nach dem Behindertengleichstellungsgesetz (Barrierefreie Informationstechnik-Verordnung – BITV) vom 17. 7. 2002 (BGBl. I S. 2654–2662).

BGG

2. Landesbehindertengleichstellungsgesetze und zugehörige Rechtsverordnungen der Länder

Baden-Württemberg: Landesgesetz zur Gleichstellung von Menschen mit Behinderungen und zur Änderung anderer Gesetze vom 20. 4. 2005, Gesetzblatt für Baden-Württemberg, Nr. 7/2005, S. 327

Bayern: Bayerisches Gesetz zur Gleichstellung, Integration und Teilhabe von Menschen mit Behinderung und zur Änderung anderer Gesetze (Bayerisches Behindertengleichstellungsgesetz und Änderungsgesetze – BayBGG und ÄndG) v. 9. 7. 2003, Bayerisches Gesetz- und Verordnungsblatt Nr. 15/2003, S. 419–426

Berlin: Gesetz über die Gleichberechtigung von Menschen mit und ohne Behinderung (Landesgleichberechtigungsgesetz – LGBG) vom 17. 5. 1999, Gesetz- und Verordnungsblatt für Berlin, Nr. 21/1999, S. 178–182, aktualisiert mit dem Ersten Gesetz zur Änderung vom 20. 11. 2002, zuletzt geändert am 29. 9. 2004 verkündet im GVBl. für Berlin, Nr. 42 S. 433

Brandenburg: Gesetz zur Gleichstellung behinderter Menschen des Landes Brandenburg (Brandenburgisches Behindertengleichstellungsgesetz – BbgBGG) vom 20. 3. 2003, Gesetz- und Verordnungsblatt für das Land Brandenburg, Teil I, Nr. 4/2003, S. 42–46

Brandenburg: Verordnung zur Verwendung von Gebärdensprache und anderen Kommunikationshilfen im Verwaltungsverfahren nach dem Brandenburgischen Behindertengleichstellungsgesetz – Brandenburgische Kommunikationshilfeverordnung – BbgKHV vom 24. 5. 2004

Brandenburg: Verordnung zur Zugänglichmachung von Dokumenten für blinde und sehbehinderte Menschen im Verwaltungsverfahren nach dem Brandenburgischen Behindertengleichstellungsgesetz – Brandenburgische Verordnung über barrierefreie Dokumente in der Landesverwaltung – BbgVBD vom 24. 5. 2004

Brandenburg: Verordnung zur Schaffung barrierefreier Informationstechnik nach dem Brandenburgischen Behindertengleichstellungsgesetz – Brandenburgische Kommunikationshilfeverordnung – BbgBITV vom 24. 5. 2004

Bremen: Bremisches Gesetz zur Gleichstellung von Menschen mit Behinderung (Bremisches Behindertengleichstellungsgesetz – BremBGG) vom 9. 12. 2003, Gesetzblatt der Freien Hansestadt Bremen, Nr. 50/2003, S. 414

Bremen: Verordnung für die Gestaltung barrierefreier Informationstechnik nach dem Bremischen Behindertengleichstellungsgesetz (Bremische Barrierefreie Informationstechnik-Verordnung – BremBITV) Gesetzblatt der Freien Hansestadt Bremen, Nr. 46/2005, S. 531

Bremen: Verordnung zur Gestaltung von Dokumenten für blinde und sehbehinderte Menschen im Verwaltungsverfahren nach dem Bremischen Behindertengleichstellungsgesetz (Bremische Verordnung über barrierefreie Dokumente – BremVBD) Gesetzblatt der Freien Hansestadt Bremen, Nr. 46/2005, S. 541

Bremen: Verordnung zur Verwendung von Gebärdensprache und anderen Kommunikationshilfen im Verwaltungsverfahren nach dem Bremischen Behindertengleichstellungsgesetz (Bremische Kommunikationshilfenverordnung – BremKHV) Gesetzblatt der Freien Hansestadt Bremen, Nr. 46/2005, S. 542

Hamburg: Hamburgisches Gesetz zur Gleichstellung behinderter Menschen (HmbGGbM) vom 30. 3. 2005, HmbGVBl Nr. 10/2005, S. 75–79

Hessen: Hessisches Gesetz zur Gleichstellung von Menschen mit Behinderungen und zur Änderung anderer Gesetze (Hessisches Behinderten-Gleichstellungsgesetz – HessBGG) vom 20. 12. 2004, Gesetz- und Verordnungsblatt für das Land Hessen, Teil I, Nr. 23/2004 vom 23. 12. 2004, 482–487

Nordrhein-Westfalen: Gesetz des Landes Nordrhein-Westfalen zur Gleichstellung von Menschen mit Behinderung (Behindertengleichstellungsgesetz Nordrhein-Westfalen – BGG NRW) vom 11. 12. 2003, Gesetz- und Verordnungsblatt für das Land Nordrhein-Westfalen, 2003, S. 766

Nordrhein-Westfalen: Verordnung zur Schaffung barrierefreier Informationstechnik nach dem Behindertengleichstellungsgesetz Nordrhein-Westfalen (Barrierefreie Informationstechnik – Verordnung Nordrhein-Westfalen NRW-BITV vom 24. 6. 2004, Gesetz- und Verordnungsblatt für das Land Nordrhein-Westfalen, Nr. 21 vom 30. 6. 2004, S. 201

Nordrhein-Westfalen: Verordnung zur Verwendung von Gebärdensprache und anderen Kommunikationshilfen im Verwaltungsverfahren nach dem Behindertengleichstellungsgesetz Nordrhein-Westfalen (Kommunikationshilfenverordnung Nordrhein-Westfalen – KHV NRW) vom 15. 6. 2004, Gesetz- und Verordnungsblatt für das Land Nordrhein-Westfalen, Nr. 21/2004, S. 201

Nordrhein-Westfalen: Verordnung zur Zugänglichmachung von Dokumenten für blinde und sehbehinderte Menschen im Verwaltungsverfahren nach dem Behindertengleichstellungsgesetz Nordrhein-Westfalen (Verordnung über barrierefreie Dokumente – VBD NRW) vom 15. 6. 2004, Gesetz- und Verordnungsblatt für das Land Nordrhein-Westfalen, 2004, S. 388

Nordrhein-Westfalen: Verordnung zum Landesbeirat für die Belange der Menschen mit Behinderungen in Nordrhein-Westfalen (VO Behindertenbeirat NRW) vom 24. 6. 2004, Gesetz- und Verordnungsblatt für das Land Nordrhein-Westfalen, 2004

Rheinland-Pfalz: Landesgesetz zur Gleichstellung behinderter Menschen (LGG-BehM) vom 4. 12. 2002

Saarland: Gesetz Nr. 1541 – zur Gleichstellung von Menschen mit Behinderungen im Saarland (Saarländisches Behindertengleichstellungsgesetz – SBGG) vom 26. 11. 2003, Amtsblatt des Saarlandes, 2003, S. 2987

Sachsen: Gesetz zur Verbesserung des selbstständigen Handelns von Menschen mit Behinderungen im Freistaat Sachsen vom 28. 5. 2004 (Sächsisches Gesetz- und Verordnungsblatt Nr. 8/2004 vom 25. 6. 2004, S. 196–200)

Sachsen-Anhalt: Behindertengleichstellungsgesetz vom 20. 11. 2001, Artikel 1 Gesetz für Chancengleichheit und gegen Diskriminierung behinderter Menschen im Land Sachsen-Anhalt (Behindertengleichstellungsgesetz – BGStG LSA), Gesetz- und Verordnungsblatt des Landes Sachsen-Anhalt, Nr. 20/2001, S. 457–462

Schleswig-Holstein: Gesetz zur Gleichstellung behinderter Menschen des Landes Schleswig-Holstein (Landesbehindertengleichstellungsgesetz – LBGG) vom 16. 12. 2002, Gesetz- und Verordnungsblatt Schleswig-Holstein, 2002, S. 264.

Thüringen: Thüringer Gesetz zur Gleichstellung und Verbesserung der Integration von Menschen mit Behinderungen (ThürGlG), Gesetz- und Verordnungsblatt für den Freistaat Thüringen, Nr. 17, vom 23. 12. 2005.

Downloads: www.dgsd.de oder auch www.behindertengleichstellungsgesetz.de.

III. Vorbemerkung

1 Hinsichtlich der Entstehungsgeschichte und des rechtspolitischen Kontext des BGG wird auf die entsprechende Passage der Einleitung verwiesen. Als Vorbemerkung zur Kommentierung des BGG soll sich auf folgende Thesen beschränkt werden:

2 **Schlüsselbegriffe** des BGG sind **Barrierefreiheit** und **Benachteiligungsverbot.** Wesentliche **Instrumente,** die das Gesetz festlegt, sind **Zielvereinbarungen,**

Vorbemerkung 3–5 **Vorb BGG**

Verbandsklagerecht und die gesetzliche Begründung des **Amtes des Beauftragten oder der Beauftragten** der Bundesregierung für die Belange behinderter Menschen.

Das BGG zeichnet sich aus durch eine **sehr verständliche Legaldefinition** 3 **des Begriffs der Barrierefreiheit,** der als der wesentliche neue Schlüsselbegriff des Gesetzes anzusehen ist. Der Begriff wird in weiteren Gesetzen bedeutungsgleich aufgriffen. Zu verweisen ist auf verschiedene Wahlordnungen des Bundes, das Hochschulrecht, Gerichtsgesetze und Gerichtsordnungen, das Sozialgesetzbuch (SGB), das Gemeindefinanzierungsgesetz, das Bundesfernstraßengesetz, das Personenbeförderungsgesetz und das Luftverkehrsgesetz. Auch im Bereich der im BGG gesetzlich geregelten Instrumente wie Zielvereinbarung (§ 5) und Verbandsklagerecht (§ 13) beziehen sich wesentlich auf das Ziel der Barrierefreiheit. Von den 15 Einzelvorschriften des BGG regeln allein sechs Einzelvorschriften (§§ 4, 6, 8–11) den Bereich der Barrierefreiheit, insbesondere bauliche und sonstige Anlagen, Verkehrsmittel, technische Gebrauchsgegenstände, Systeme der Informationsverarbeitung, akustische und visuelle Informationsquellen und Kommunikationseinrichtungen. Barrierefreiheit wird im Gesetz weit gefasst, so kennt die Norm des § 4 BGG keine Einschränkung auf bestimmte Teilgruppen behinderter Menschen. In den konkretisierenden Vorschriften zur Barrierefreiheit (§§ 6, 8–11) konzentriert sich das Gesetz aber letztlich auf Schwerpunkte bzw. Zielgruppen: Die größte Gruppe stellen dort die mobilitätsbehinderten Menschen, zu denen vor allem auch die schwerbehinderten Menschen mit dem Merkmal „G" (gehbehindert) oder „aG" (außerordentlich Gehbehindert) zählen. Zahlenmäßig folgen die sehbehinderten und blinden Menschen. Als dritte besonders erwähnte Gruppe werden an verschiedenen Stelle die hörbehinderten Menschen – teilweise einschließlich der der sprachbehinderten Menschen – genannt. Für die letztgenannte Gruppe werden besondere Kommunikationshilfen und die Gebärdensprache anerkannt und im Verkehr mit Verwaltungen gleichberechtigt zur deutschen Amtssprache zugelassen. Nur in der Begründung zum Regierungsentwurf finden Menschen mit kognitiven Einschränkungen Erwähnung (§ 10 Rdnr. 2). Die KHV – die Rechtsverordnung gem. § 9 Abs. 2 – regelt die Verwendung der Gebärdensprache und anderer Kommunikationshilfen in Verwaltungsverfahren für hör- und sprachbehinderte Menschen. Hier wird hinsichtlich der Abgrenzung der Gruppe der sprachbehinderten Menschen über die Festlegung der „anderen Kommunikationshilfen" in § 3 Abs. 2 KHV eine Aufnahme der „Kommunikationshelferinnen und -helfer" jedenfalls grundsätzlich der allgemeinen Zielsetzung des § 1 – Benachteiligung von **behinderten** Menschen zu beseitigen und zu verhindern – Rechnung getragen. Barrierefreiheit ist also stets allgemein auf behinderungsbedingte Benachteiligung zu beziehen. Das BGG ist jedenfalls mehr als ein Gesetz, dass Barrierefreiheit nur auf einige bestimmte Behinderungen bezieht.

Das BGG **verzichtet erfreulicherweise auf einen eigenen Begriff des be-** 4 **hinderten Menschen** und lehnt sich sehr eng an den diesbezüglichen Begriff des SGB IX und den des ICF an, **ohne dass die förmliche Anerkennung der Behinderung vorausgesetzt** würde.

Die Schwierigkeiten dieses Gesetzes liegen dagegen in der **für den Bürger** 5 **eher schwer zu durchschauenden Festlegung seines Anwendungs- und Geltungsbereiches,** was letztlich auch zurück geht auf die Verteilung der Gesetzgebungszuständigkeit im föderalen System des Bundesrepublik Deutschland. Anzuwenden ist das BGG von den Dienststellen und sonstigen Einrichtungen der Bundesverwaltung, einschließlich der bundesunmittelbaren Körperschaften, Anstalten und Stiftungen des öffentlichen Rechts. Es gilt auch für Landesverwaltungen, einschließlich der landesunmittelbaren Körperschaften, Anstalten und Stiftungen des öffentlichen Rechts, soweit sie Bundesrecht ausführen. Sofern die genannten Stel-

Ritz

len allerdings auf Grundlage eines Sozialgesetzbuches handeln, sind zugleich die Vorschriften des § 17 Abs. 1 und 2 (Ausführung von Sozialleistungen) und des § 19 Abs. 1 (Amtssprache) hinsichtlich von Teilaspekten der im BGG umfassender geregelten Barrierefreiheit einschlägig.

6 Im **Bereich der Justiz** gilt das BGG ebenso wenig wie die entsprechenden Behindertengleichstellungsgesetze der Länder. Hier ist barrierefreie Kommunikation seit 1. 8. 2002 bundesrechtlich geregelt. (Gesetz zur Änderung des Rechts der Vertretung durch Rechtsanwälte vor den Oberlandesgerichten (OLG-Vertretungsänderungsgesetz – OLGVertrÄndG) vom 23. 7. 2002 (BGBl. I S. 2850). Es sind u. a. für den Bereich der Justiz entsprechende Regelungen in § 483 Zivilprozessordnung (Eidesleistung sprach- und hörbehinderter Personen), in §§ 66 e und 259 Strafprozessordnung (Eidesleistung sprach- und hörbehinderter Personen, Regelung der Gerichtssprache für hör- und sprachbehinderte Menschen) und in §§ 186, 191 a Gerichtsverfassungsgesetz (Gerichtssprache, Verständigung mit dem Gericht) getroffen worden (§ 4 Rdnr. 10–12). OLGVertrÄndG hat auch weitere Rechtsänderung in Gerichtskostengesetz (Anlage 1 zu § 11 Abs. 1 GKG, §§ 137, 152) und im Beurkundungsgesetz (§§ 22–24) eingeführt, die der Gleichstellung behinderter Menschen dienen.

7 Für bestimmte Bereiche hat der Bundesgesetzgeber vollständig oder zumindest weitgehend auf materielle, öffentlich-rechtliche Regelungen verzichtet und deren Schaffung und weitergehende Ausgestaltung dem neu geschaffenen Instrument der **Zielvereinbarung** überlassen. Hier sollen Unternehmen und/oder deren Verbände mit den nach diesem Gesetz zugelassenen Verbänden behinderter Menschen über Gegenstände und Standards der Barrierefreiheit i. S. d. § 4 BGG verbindliche Vereinbarungen – auch i. S. v. Mindeststandards – treffen. Neben dem Institut der Zielvereinbarung, das im BGG selbst seine rechtliche Grundlage hat, ändert das BGG auch die **Eisenbahn-Bau- und Betriebsordnung (EBO)** und schreibt **Programme** vor, in denen die Eisenbahnunternehmen Planungen zur Umsetzung der gesetzlichen Vorschriften zur Herstellung von Barrierefreiheit bei den Bahnanlagen und den Fahrzeugen erstellen müssen (§ 4 Rdnr. 25–30, mit Darstellung des diesbezüglichen Programms der Deutschen Bahn AG vom Juni 2005).

8 Es verbleibt somit für **Behindertengleichstellungsgesetze der Länder** Regelungsbedarf in den öffentlich-rechtlichen Bereichen, die ausschließlich der Gesetzgebungskompetenz der Länder unterliegen und die durch die geltenden Bundesgesetze noch nicht oder noch nicht vollständig den Anforderungen des Art. 3 Abs. 3 Satz 2 GG angepasst sind. Dies ist (s. Übersicht) in 14 Bundesländern inzwischen geschehen.

9 Alles in allem kann festgestellt werden, dass eine recht komplexe **Aufsplitterung der landes- und bundesgesetzlichen öffentlich-rechtlichen Regelungen** zur Verhinderung und Beseitigung von Benachteiligung, Förderung der gesellschaftlichen Teilhabe und Selbstbestimmung behinderter Menschen in Deutschland seit Anfang des 21. Jahrhunderts entstanden ist. Daneben steht zusätzlich gesondert die zivilrechtliche Problematik, wie sie in einem zivilrechtlichen Antidiskriminierungsgesetz zu regeln ist.

10 Trotz der Vielzahl neuer Vorschriften kann aber festgestellt werden, dass die öffentlich-rechtliche Gleichstellungsgesetzgebung – z. T. sicherlich im Zusammenwirken mit den entsprechenden sozialrechtlichen Reformen im Rahmen des SGB IX – inzwischen zumindest einen Teil der vom Gesetzgeber intendierten Wirkungen erzielt hat. In zahlreichen Lebensbereichen sind mit dem BGG und anderen Gesetzen **klare Rechtsansprüche behinderter Menschen geschaffen** worden. Es ist auch damit ein Wandel der gesellschaftlichen Wirklichkeit für viele behinderte Menschen erreicht oder zumindest eingeleitet worden. Die Umsetzung

Vorbemerkung **11 Vorb BGG**

des Gesetzes hat seit seinem Inkrafttreten im Jahr 2002 zwar langsame, aber durchaus spürbare Wirkung für die betroffenen behinderten Menschen. So sind bei der Barrierefreiheit der modernen Informationsmedien – insbesondere bei den Angeboten der öffentlichen Hand – deutliche Fortschritte erzielt worden, behinderte Menschen werden also an einer wichtigen Entwicklung der modernen Gesellschaft teilhaben können. Zu verweisen ist im Bereich des öffentlichen Personennahverkehrs auf das Programm der Deutschen Bahn AG vom Juni 2005, aber auch auf einschlägige Nahverkehrspläne auf regionaler Ebene. Obwohl die Zahl der Zielvereinbarungen hinter allen Erwartungen zurück geblieben ist, wurde die erste Zielvereinbarung in einem für behinderte Menschen sehr wichtigen Bereich – der Hotellerie und Gastronomie – abgeschlossen (s. Zielvereinbarung zur Standardisierte Erfassung, Bewertung und Darstellung barrierefreier Angebote in Hotellerie und Gastronomie vom 12. 3. 2005 (Abschluss Deutscher Hotel- und Gaststättenverband e. V. und Hotelverband (IHA) e. V. mit Sozialverband VdK Deutschland e. V. und anderen Behindertenverbänden).

Erhebliche Defizite sind allerdings für den Bereiche **der öffentlichen Erziehung von Kindern** in Kindertagesstätten, Schulen und Hochschulen festzustellen. Nach dem Bericht der Bundesregierung über die Lage behinderter Menschen und die Entwicklung ihrer Teilhabe nach § 66 des Neunten Buches Sozialgesetzbuch, BT-Drucks. 15/4575 und BR-Drucks. 993/04 vom 16. 12. 2004 (S. 90–96) wird der geringe Grad der Teilhabe behinderter junger Menschen in allgemeinen Schulen berichtet. Demnach besuchen noch immer nur ca. 13% der 495 244 Schülerinnen und Schüler mit sonderpädagogischem Förderbedarf eine allgemeinbildende Schule. Die Lage begründet sich vor allem auf den Stand der Gesetzgebung und Rechtsprechung zur integrativen Erziehung von Kindern mit sonderpädagogischem Förderbedarf – wie das Schulrecht und die pädagogische Fachsprache auch behinderte Kinder in der Regel bezeichnen. Die Bundesarbeitsgemeinschaft der überörtlichen Sozialhilfeträger (9/2005) formuliert, dass im Sinne der modernen behindertenpolitischen Zielsetzung der Teilhabe im schulischen und vorschulischen Bereich die Integration in Regeleinrichtungen verbessert und ausgebaut werden muss. Diese Forderung geht an die Adresse der Länder (s. a. einige Exkurse zum einschlägigen Schulrecht § 11 Rdnr. 6). Die Förderung nach Ausbau der schulischen Integration ist wohl auch vor dem Hintergrund des Urteils des BVG v. 28. 4. 2005 zu sehen, wonach eine Klage des Sozialhilfeträgers gegen die Übernahme der Kosten eines Integrationshelfers für ein behindertes Kind in der Regelschule zurück gewiesen wurde. Der Leitsatz legt fest: Einem Anspruch auf Eingliederungshilfe wird durch Übernahme der Kosten eines Integrationshelfers für den Besuch einer integrativ unterrichtenden Grundschule, der ein schulpflichtiges behindertes Kind zugewiesen ist, kann nicht entgegengehalten werden, dass solche Kosten bei einer Beschulung des Kindes in einer Sonderschule nicht angefallen wären. Nach diesem Urteil ist der Begriff der „Hilfe zu einer angemessenen Schulausbildung" (§ 40 Abs. 1 Nr. 4 BSGH, jetzt: § 54 Abs. 1 Nr. 1 SGB XII) jedenfalls nicht vorrangig an Wirtschaftlichkeitsüberlegungen des Sozialhilfeträgers auszulegen.

Schülerinnen und Schüler mit sonderpädagogischem Förderbedarf nach Förderschwerpunkten und Lernorten in 2002

Förderschwerpunkt	in allen Schulen	in allgemeinen Schulen	in Sonderschulen
Lernen	262 389	31 251	231 138
Sehen	6 613	1 852	4 761
Hören	14 518	3 419	11 099
Sprache	44 891	9 646	35 245
körperliche und motorische Entwicklung	26 483	4 297	22 186
geistige Entwicklung	70 451	1 981	68 470
emotionale und soziale Entwicklung	41 012	11 762	29 250
übergreifend/ohne Zuordnung	19 295	1 430	17 865
Kranke	9 592	166	9 426
Gesamt	495 244	65 804	429 440

Quelle: Kultusministerkonferenz „Sonderpädagogische Förderung in Schulen 1993 bis 2002" zitiert nach BT-Drucks. 15/4575, S. 93.

Theben (2005) verweist zu Recht darauf, dass behinderte Kinder und Jugendliche noch immer mehrheitlich eine institutionell verfestigte Aussonderung erfahren, die für andere Gruppen mit schulbezogenen relevanten Merkmalen – wie z. B. fehlenden Kenntnissen der deutschen Sprache – eben traditionell nicht vorgesehen ist und tatsächlich auch nicht stattfindet. Aus Gründen der grundgesetzlich festgelegten Gesetzgebungszuständigkeit fehlen im BGG jegliche Regelungen für die Bereiche Kindergarten und Schule.

12 Die Regelung des BGG als öffentlich-rechtliche Umsetzung der drei behindertenpolitischen Ziele, nämlich Benachteiligung von behinderten Menschen zu beseitigen und zu verhindern, gleichberechtigte Teilhabe von behinderten Menschen am Leben in der Gesellschaft zu gewährleisten und ihnen eine selbstbestimmte Lebensführung zu ermöglichen, werden auch durch Normen in anderen Gesetze gestützt, deren entsprechende Anpassung großteils in den Art. 2–53 des Gesetz zur Gleichstellung behinderter Menschen (Behindertengleichstellungsgesetz – BGG) vom 27. 4. 2002 (BGBl. I S. 1467) erfolgte.

13 Hinsichtlich des Standes der Gesetzgebung der Länder in Sachen **Landesgleichstellungsgesetze** für behinderte Menschen wird auf die Einleitung des Kommentars verwiesen. Inzwischen liegen in 14 Bundesländern derartige Regelungen vor, die sich unter einander ähneln, überwiegend auch dem Aufbau des BGG ähnlich sind. Als erste Bundesländer erließen Berlin (1999) und Sachsen-Anhalt (2001) eigene Landesgleichstellungsgesetze, alle anderen folgten erst nach Inkrafttreten des BGG. Kein Landesgleichstellungsgesetz besteht in den Ländern Mecklenburg-Vorpommern und Niedersachsen. Im Übrigen wird auf die vorstehenden Übersichten unter II. Fundstellen Bundesverordnungen, Landesgleichstellungsgesetze und Verordnungen sowie auf Bundesverwaltungsamt, Info 1847, 2/2005, verwiesen.

Übersicht über LBGG und zugehörige landesrechtliche Verordnungen

Bundesland	Inkrafttreten des Landesgesetzes zur Behindertengleichstellung	KommunikationshilfenVO für Gehörlose (ja/nein)	VO über barrierefreie Bescheide für Blinde (ja/nein)	VO über barrierefreie Informationstechnik
Baden-Württemberg	1. 6. 2005	nein, im Gesetz geregelt	nein, im Gesetz geregelt	nein, in § 10 des LBGG geregelt
Bayern	1. 8. 2003	ja, wird erarbeitet	ja, wird erarbeitet	ja, wird erarbeitet
Berlin	28. 5. 1999	nein, Verweis auf KHV gem. § 5 BGG	eigene VO-Ermächtigung noch nicht genutzt	nein, aber in Vorbereitung
Brandenburg	25. 3. 2003	in Kraft seit 15. 7. 2004	in Kraft seit 15. 7. 2004	in Kraft seit Juli 2004
Bremen	24. 12. 2003	in Kraft seit 14. 10. 2005	in Kraft seit 14. 10. 2005	in Kraft seit 14. 10. 2005
Hamburg	29. 3. 2005	ja, vorgesehen	ja, vorgesehen	ja, wird erarbeitet
Hessen	21. 12. 2004	geplant für 2. HJ 2005	Geplant für Ende 2005	Vorgesehen
Mecklenburg-Vorpommern	kein LBGG			
Niedersachsen	kein LBGG			
Nordrhein-Westfalen	16. 12. 2003	in Kraft seit 1. 7. 2004	in Kraft seit 1. 7. 2004	in Kraft seit 1. 7. 2004
Rheinland-Pfalz	1. 1. 2003	nein	nein	nein, im Gesetz geregelt
Saarland	26. 11. 2003	ja, vorgesehen	ja, vorgesehen	ja, wird erarbeitet
Sachsen	26. 6. 2004	Geplant für 2. HJ 2005	nein, im Gesetz geregelt	nein, im Gesetz geregelt (§ 7)
Sachsen-Anhalt	27. 11. 2001	nein, im Gesetz geregelt	nein	nein, barrierefreie Informationstechnik auch im Gesetz nicht erwähnt

Bundesland	Inkrafttreten des Landesgesetzes zur Behindertengleichstellung	KommunikationshilfenVO für Gehörlose (ja/nein)	VO über barrierefreie Bescheide für Blinde (ja/nein)	VO über barrierefreie Informationstechnik
Schleswig-Holstein	21. 12. 2002	nein, im Gesetz geregelt	nein, im Gesetz geregelt	nein, im Gesetz geregelt (§ 12)
Thüringen	24. 12. 2005	ja, vorgesehen	ja, vorgesehen	ja, vorgesehen

Hinsichtlich der RV der Länder zur barrierefreien Informationstechnik wird auf die o. g. (Internet-)Publikation des Bundesverwaltungsamtes Info 1847, 2/2005 verwiesen, es finden sich dort auch Internetfundstellen der LBGG: http://www.behindertengleichstellungsgesetz.de).

IV. Gliederung des Gesetzes

Inhaltsübersicht

Abschnitt 1. Allgemeine Bestimmungen §§

Gesetzesziel	1
Behinderte Frauen	2
Behinderung	3
Barrierefreiheit	4
Zielvereinbarungen	5
Gebärdensprache und andere Kommunikationshilfen	6

Abschnitt 2. Verpflichtung zur Gleichstellung und Barrierefreiheit

Benachteiligungsverbot für Träger öffentlicher Gewalt	7
Herstellung von Barrierefreiheit in den Bereichen Bau und Verkehr	8
Recht auf Verwendung von Gebärdensprache und anderen Kommunikationshilfen	9
Gestaltung von Bescheiden und Vordrucken	10
Barrierefreie Informationstechnik	11

Abschnitt 3. Rechtsbehelfe

Vertretungsbefugnisse in verwaltungs- oder sozialrechtlichen Verfahren	12
Verbandsklagerecht	13

Abschnitt 4. Beauftragte oder Beauftragter der Bundesregierung für die Belange behinderter Menschen

Amt der oder des Beauftragten für die Belange behinderter Menschen	14
Aufgabe und Befugnisse	15

V. Kommentierung der einzelnen Vorschriften des BGG

Abschnitt 1. Allgemeine Bestimmungen

§ 1 Gesetzesziel

[1] Ziel dieses Gesetzes ist es, die Benachteiligung von behinderten Menschen zu beseitigen und zu verhindern sowie die gleichberechtigte Teilhabe von behinderten Menschen am Leben in der Gesellschaft zu ge-

währleisten und ihnen eine selbstbestimmte Lebensführung zu ermöglichen. ²Dabei wird besonderen Bedürfnissen Rechnung getragen.

1. Begriff der behinderten Menschen

Satz 1 der Norm legt den durch das Gesetz zuschützenden Personenkreis als den 1
der behinderten Menschen fest. Eine Legaldefinition dieses Begriffes erfolgt dann in § 3 (s. dort). In Satz 2 wird auf „besondere Bedürfnisse" hingewiesen, die direkt im Gesetz an dieser Stelle nicht erläutert werden. Darunter sind einerseits die behinderungsbedingten besonderen Bedürfnisse zur Ermöglichung bzw. individuellen Wahrnehmung der Gesetzesziele zu verstehen, anderseits wohl auch die gesetzlich genannten diesbezüglichen besonderen Bedürfnisse hervorgehobener Gruppen. Im BGG selbst sind in § 3 behinderte Frauen ausdrücklich genannt, ebenso in § 7 Abs. 1. Zudem werden hörbehinderte Menschen (Gehörlose, Ertaubte und Schwerhörige, § 6 Abs. 1, § 9) und sprachbehinderte Menschen (§ 6 Abs. 3, § 9), über das Gebot der barrierefreien Gestaltung in den Bereichen Bau und Verkehr (§ 8) auch motorisch behinderte Menschen und blinde und sehbehinderte Menschen (§§ 10, 11) direkt genannt. Hinsichtlich der Menschen mit kognitiven Grenzen wird auf Erl. zu § 10 Rdnr. 2 verwiesen.

Es handelt sich bei der Norm um einen Programmsatz, aus dem unmittelbar 2
keine individuellen Rechte hergeleitet werden können (s. a. *Majerski-Pahlen* § 1 BGG Rdnr. 1, in: Neumann u. a. 2005). Hierfür bedarf es zusätzlich spezieller gesetzlicher Anspruchsgrundlagen, wie in §§ 7–11 BGG bzw. in weiteren Gesetzen (§ 4 Rdnr. 7 ff.). In § 7 Abs. 3 wird ergänzend zu § 1 auf besondere Benachteiligungsverbote in anderen Rechtsvorschriften, insbesondere im SGB IX, verwiesen.

2. Ziele des BGG im Kontext anderer behindertenrechtlicher Vorschriften

Das Gesetzesziel wird in § 1 BGG breit normiert und ist der Zielsetzung des § 1 3
SGB IX sehr ähnlich (s. Erl. dort). Dabei wird in § 1 SGB IX den besonderen Bedürfnissen behinderter und von Behinderung bedrohter Frauen und Kinder Rechnung getragen. Der im BGG benutzte Begriff der besonderen Bedürfnisse ist umfassend zu verstehen.

3. Benachteiligung von behinderten Menschen zu beseitigen und zu verhindern

Der Begriff der Benachteiligung ist bereits in Art. 3 Abs. 3 GG seit 1994 aufge- 4
nommen. Dort heißt es: „Niemand darf wegen seiner Behinderung benachteiligt werden". Das BGG ist einfachgesetzlicher Ausfluss dieses Verfassungsanspruchs und setzt diesen Grundsatz öffentlich-rechtlich für die Träger der öffentlichen Gewalt des Bundes und derjenigen Landesverwaltungen, die Bundesrecht ausführen, um (s. § 7 Abs. 1). Der Begriff der Benachteiligung ist näher definiert in § 7 Abs. 2, es wird dort in Abs. 3 auch auf andere ähnlich gerichtete Vorschriften verwiesen. Das Ziel des Abbaus und der Vermeidung von Benachteiligungen soll – so die Begründung des Regierungsentwurfs (BR-Drucks. 928/01 S. 89) – vorbildhaft umgesetzt werden, wo der Bund dieses unmittelbar in eigener Zuständigkeit vornehmen kann. Andere Vorschriften des BGG, insbesondere §§ 4, 6–11, setzen durch konkrete Vorschriften zur Barrierefreiheit und Benachteiligungsverbote diesen hier formulierten Anspruch konkret um. Zu nennen sind die Anerkennung und das Recht auf Verwendung der Deutschen Gebärdensprache, lautsprachbegleitender Gebärden und anderer Kommunikationshilfen für hörbehinderte Menschen, und die Vorgabe, Blinden und sehbehinderten Menschen Bescheide, Vordrucke und öffentlich-rechtliche Verträge in einer für sie wahrnehmbaren Form zur Verfügung zu stellen, soweit die barrierefreie Kommunika-

tion zur Wahrnehmung eigener Rechte im Verwaltungsverfahren erforderlich ist (vgl. zur Umsetzung auch Bundesverwaltungsamt, 12/2002, 3/2003, 4/2003). Hervorzuheben sind auch die umfassenden anderen Barrierefreiheitsgebote, die sich auf Verkehr, bauliche Anlagen und Informationsmedien beziehen.

5   Die Ermöglichung einer **gleichberechtigten Teilhabe am Leben in der Gesellschaft** soll – so die Begründung des Regierungsentwurfs (BR-Drucks. 928/01 S. 90) – vor allem durch diesen Abbau von Barrieren erreicht werden. Ermöglicht werden soll die barrierefreie Nutzung von Verkehrsmitteln und akustischen und visuellen Informationen. Es geht um die Gestaltung von Verkehrsflächen mit kontrastreichen und wahrnehmbaren Orientierungshilfen, um zugängliche und behindertengerecht ausgestattete Gebäude, und um die Verständigung in der eigenen Sprache mittels Gebärden oder durch Übertragung mit geeigneten Kommunikationshilfen sowie um die Nutzbarkeit moderner Medien – wie das Internet (s. Näheres bei §§ 4, 8, 9, 10, 11).

6   Ältere Hilfestrukturen für behinderte Menschen waren regelmäßig geprägt vom Geist des Besonderen und der karitativen Bevormundung. In expliziter Abgrenzung hiervon ist es ein zentrales Ziel des Gesetzes, die Selbstbestimmung behinderter Menschen zu unterstützen und ihnen eine eigene selbstbestimmte Lebensgestaltung zu ermöglichen. Zu dem Recht auf Entfaltung der Persönlichkeit gehören auch gerade die Freiheitsräume, die behinderten Menschen häufig strukturell verwehrt werden. Eine tatsächliche Gleichstellung wird aber erst durch die individuellen Gestaltungsmöglichkeiten erreicht, die selbstbestimmtes Leben ermöglichen. Es sollen die **Bürgerrechte für behinderte Menschen** sichergestellt und verwirklicht werden (BR-Drucks. 928/01 S. 89).

7   Die Gesetzesziele haben einen ausgeprägten **inter- und supranationalen Bezug** (s. zusammenfassend *Schulte* 2002 sowie Begründung zum Gesetzentwurf der Bundesregierung, BR-Drucks. 928/01 v. 9. 11. 2001 bzw. BT-Drucks. 14/8043 v. 23. 1. 2002). Die Norm nimmt Anliegen auf, die im europäischen wie im internationalen Bereich Gegenstand verschiedener Abkommen und Entschließungen geworden sind. Bereits 1992 hat der **Europarat** eine Entschließung über eine „kohärente Politik für behinderte Menschen" verabschiedet, die bereits eine konzeptionelle Vorstellung für eine umfassende Gleichstellungspolitik für behinderte Menschen in Europa entwickelte. Darüber hinaus haben die **Vereinten Nationen** mit den im Dezember 1993 in der Generalversammlung der Vereinten Nationen beschlossenen „Rahmenbestimmungen für die Herstellung der Chancengleichheit für Behinderte" die Bezugspunkte einer Behindertenpolitik beschrieben, die die Bürgerrechte behinderter Menschen weltweit zum Ausgangspunkt macht. Diese Rahmenbestimmungen beschreiben für alle Lebensbereiche die erforderlichen Bedingungen und Verhaltensweisen, die eine gleichberechtigte Teilhabe behinderter Menschen ermöglichen. Auf Grundlage dieser Vorgaben haben das Europäische Parlament für die **Europäische Union** mit seiner „Entschließung zu den Rechten behinderter Menschen" vom Dezember 1996 und der Europäische Rat mit seiner „Entschließung zur Chancengleichheit für Behinderte" vom Dezember 1996 Forderungen aufgestellt, die in den Mitgliedsstaaten der Europäischen Union zu zahlreichen Aktivitäten geführt haben. In mehreren Ländern der Europäischen Union sind daraufhin Bestimmungen zur Gleichstellung und zum Schutz vor Diskriminierungen in die Verfassungen aufgenommen und Gesetze zur Gleichstellung behinderter Menschen verabschiedet worden. Die Europäische Kommission hat mit ihrem Weißbuch vom Juli 1994 Vorschläge zur Bekämpfung von Diskriminierungen behinderter Menschen auf Unionsebene vorgelegt. Die Behindertenverbände in Europa haben daraufhin mit der europaweiten Tagung „Unsichtbare Bürger" 1996 einen Vorschlag zur Änderung des EG-Vertrages gemacht, in dem Bürgerrechte für behinderte Menschen verankert werden sollten. In dem Vertrag von

Amsterdam hat der Europäische Rat im Juni 1997 diesem Anliegen insoweit Rechnung getragen, als nun im **Art. 13 des EG-Vertrages** die Möglichkeit des Erlasses von Vorschriften zur Gleichstellung von benachteiligten Menschen eröffnet wurde: „Unbeschadet der sonstigen Bestimmungen dieses Vertrages kann der Rat im Rahmen der durch den Vertrag auf die Gemeinschaft übertragenden Zuständigkeiten auf Vorschlag der Kommission und nach Anhörung des europäischen Parlaments einstimmig geeignete Vorkehrungen treffen, um Diskriminierungen aus Gründen des Geschlechts, der Rasse, der ethnischen Herkunft, der Religion oder der Weltanschauung, einer Behinderung, des Alters und der sexuellen Ausrichtung zu bekämpfen".

Der **Geltungsbereich der Norm** – sofern bei einem derartigen Programmsatz 8 überhaupt von einem Geltungsbereich gesprochen werden kann – wird insbesondere in § 7 Abs. 1 festgelegt. Bei den anderen Vorschriften dieses Gesetzes, die individuelle Rechtsansprüche begründen, finden sich z. T. eingeschränkte diesbezügliche Festlegungen (s. dort sowie zu §§ 8–11 und Rdnr. 5–10 der Vorbemerkung). Die Behindertengleichstellungsgesetze der Länder (s. Rdnr. 11, 12 der Vorbemerkung sowie Tabellarische Übersicht Rdnr. 13 sowie Erl. zu den Einzelvorschrift wie z. B. § 11 Rdnr. 1 und 5) regeln für die dem BGG nicht unterworfenen Bereiche der Länder Entsprechendes. Die Bereiche der Gerichtsbarkeit sind ausgenommen, es wird hierzu auf Rdnr. 5 der Vorbemerkung und die Erl. zu § 4 Rdnr. 10–12 verwiesen.

§ 2 Behinderte Frauen

[1] Zur Durchsetzung der Gleichberechtigung von Frauen und Männern sind die besonderen Belange behinderter Frauen zu berücksichtigen und bestehende Benachteiligungen zu beseitigen. [2] Dabei sind besondere Maßnahmen zur Förderung der tatsächlichen Durchsetzung der Gleichberechtigung von behinderten Frauen und zur Beseitigung bestehender Benachteiligungen zulässig.

Die Zielsetzung, die besondere Benachteiligung behinderter Frauen abzubauen 1 wurde auf Anregung des Bundesrates ergänzt, so dass nicht nur die besonderen Belange behinderter Frauen zu berücksichtigen sind, sondern auch bestehende Benachteiligungen beseitigt werden sollen. Dieses gilt auch bei Maßnahmen zur Förderung der tatsächlichen Durchsetzung der Gleichberechtigung behinderter Frauen. Diese Vorschrift kann als Abwägungskriterium z. B. im Beamtenrecht zum Tragen kommen, wenn verschiedene Bewerber oder Bewerberinnen Träger von Benachteiligungsmerkmalen sind.

Mit dem Behindertengleichstellungsgesetz setzt die Bundesregierung nach eige- 2 ner Darstellung (Bundesministerium für Arbeit und Sozialordnung 2002) ihre Bemühungen fort, geschlechtsspezifische Belastungssituationen für behinderte und von Behinderung bedrohte Frauen abzufangen. Ihre besonderen Bedürfnisse und Belastungen sollen stärker berücksichtigt werden. Mit der Vorschrift wird sowohl dem Art. 3 Abs. 2 Satz 2 GG – Förderung der Durchsetzung der Gleichberechtigung von Frauen und Männern – als auch Art. 3 Abs. 3 Satz 2 GG – Verbot der Benachteiligung behinderter Menschen bei gleichzeitiger Zulässigkeit von Maßnahmen zugunsten behinderter Menschen zum Abbau von Benachteiligungen – gleichermaßen Rechnung getragen. Zu verweisen ist auch auf die konkretisierende Norm des § 7 Abs. 1 Satz 4. Danach ist bei der Anwendung von Gesetzen zur tatsächlichen Durchsetzung der Gleichberechtigung von Frauen und Männern den besonderen Belangen behinderter Frauen Rechnung zu tragen. Danach können

Maßnahmen für behinderte Frauen zum Ausgleich von Benachteiligungen ergriffen werden. Eine Konkurrenzsituation zwischen einer behinderten und einer nicht behinderten Frau kann nun zugunsten der behinderten Frau entschieden werden. Die vor Inkrafttreten des BGG bestehenden Vorschriften zur Frauenförderung können einer behinderten Frau zwar in der Konkurrenzsituation mit einem Mann helfen, jedoch nicht eine Entscheidung zugunsten einer anderen, nicht behinderten Frau verhindern.

3   *Wagner/Kaiser* (2004, 101 f.) verweisen mit Bezug auf Kossens 2002 darauf, dass bei gleicher Qualifikation eine nur leicht behinderte Frau nicht automatisch einem schwerstbehinderten Mann vorzuziehen ist. *Majerski-Pahlen* zitiert diesen Satz ebenfalls mit Hinweis auf die Rechtsprechung des EuGH, wonach es insbesondere auf die Umstände des Einzelfalles ankommt (*Majerski-Pahlen,* Erl. § 2 BGG Rdnr. 5, in: Neumann u. a. 2005 mit Hinweis auf *Steck,* in: Der Arbeitgeber 2002, S. 10, und auf EuGH-Entscheidung vom 17. 10. 1995 – C-450/93 „Kalanke" und EuGH-Entscheidung v. 11. 11. 1997 C-409/95 „Marschall"). Dieser Hinweis bezieht sich konkret auf das arbeitsrechtliche Schwerbehindertenrecht, der Grundsatz ist wohl aber auch für öffentlich-rechtliche Fallkonstellationen anzunehmen. Im Übrigen wird dies auch in der Begründung des Gesetzentwurfes (BT-Drucks. 928/01, S. 90 f.) so ausgeführt.

4   Rechtliche und politische Grundlage für § 2 ist neben den genannten Verfassungsaufträgen des Art. 3 GG (s. Rdnr. 2) auch das Recht der Europäischen Union (s. Rdnr. 5, 6). § 2 BGG formuliert strikter als Art. 3 GG, als er nicht von „Hinwirken" wie in Art. 3 GG spricht, sondern davon, dass bestehende Benachteiligungen zu beseitigen sind. Die insoweit erforderlichen Maßnahmen zur Förderung der Gleichstellung behinderter Frauen qualifiziert das BGG als zulässig und eröffnet damit dem Staat die Möglichkeit, auch positive Diskriminierungen ins Behindertenrecht aufzunehmen. Dies stellt klar, dass besondere Maßnahmen zur Förderung behinderter Frauen über die Beachtung der besonderen Bedürfnisse bereits im SGB IX hinaus, z. B. durch die Entwicklung von passgenauen wohnortnahen und in Teilzeit nutzbaren Angeboten zur beruflichen Rehabilitation, zulässig sind.

5   § 2 BGG setzt auch gemeinschaftsrechtliche Regelungen um, deren Ziel der Abbau bestehender Benachteiligungen ist. So heißt es in Art. 141 Abs. 4 EG, dass im Hinblick auf die effektive Gewährleistung der vollen Gleichstellung von Männern und Frauen im Arbeitsleben Mitgliedstaaten nicht gehindert sind, zur Erleichterung der Berufstätigkeit des unterrepräsentierten Geschlechts und zur Verhinderung bzw. zum Ausgleich von Benachteiligungen in der beruflichen Laufbahn spezifische Vergünstigungen festzusetzen. An Einzelfällen sind hier etwa unterschiedliche Altersgrenzen in der betrieblichen Altersversorgung oder Quotenregelungen zu benennen (vgl. *Krebber,* in: Calliess/Ruffert, Kommentar u. EU-Vertrag und EG-Vertrag, 1999, Art. 141 Rdnr. 94). Eine vergleichbare Regelung enthält auch Art. 2 Abs. 4 der Richtlinie 76/207/EWG des Rates vom 9. 2. 1976 zur Verwirklichung der Gleichbehandlung von Männern und Frauen.

6   Das Gemeinschaftsrecht räumt also den Mitgliedsstaaten die Möglichkeit ein, sowohl zugunsten der Gruppe der Frauen als auch zugunsten der Gruppe der behinderten Menschen Regelungen zu treffen. § 2 BGG greift den Gedanken des „Gender Mainstreaming" auf. Darunter wird verstanden der Prozess und die Vorgehensweise, die Geschlechterperspektive durch Berücksichtigung der unterschiedlichen Interessen und Lebenssituationen von Frauen und Männern von vornherein in die Gesamtpolitik aufzunehmen um das Ziel der Gleichstellung von Frauen und Männern verwirklichen zu können. § 2 BGG beinhaltet dabei den Gesichtspunkt der Durchsetzung der Gleichberechtigung von Männern und Frauen als auch den Aspekt der Teilhabe behinderter Menschen (*Braun,* 2003). Behinderte Frauen ste-

hen unter dem erhöhten Risiko einer Benachteiligung, da sie gleichzeitig sowohl der benachteiligten Gruppe der Frauen als auch der benachteiligten Gruppe behinderter Menschen angehören. Vor diesem Hintergrund wird die Selbstverpflichtung des Bundes, gender-mainstreaming als Querschnittsaufgabe bei allen politischen, normgebenden und verwaltenden Maßnahmen zu beachten, für die Anwendung des gesamten BGG als durchgängiges Leitprinzip festgeschrieben.

§ 3 Behinderung

Menschen sind behindert, wenn ihre körperliche Funktion, geistige Fähigkeit oder seelische Gesundheit mit hoher Wahrscheinlichkeit länger als sechs Monate von dem für das Lebensalter typischen Zustand abweichen und daher ihre Teilhabe am Leben in der Gesellschaft beeinträchtigt ist.

Der Begriff der Behinderung hat im deutschen Recht seit Anfang des 21. Jahrhunderts insbesondere mit dem SGB IX eine Annähung an die internationale Diskussion erfahren, wonach eine Behinderung als Auswirkung der behinderungsbedingten Teilhabeeinschränkungen verstanden wird (s. Internationale Klassifikation der Funktionsfähigkeit, Behinderung und Gesundheit, ICF). Das BBG übernimmt die in § 2 SGB IX festgelegte Definition der Behinderung wort- und bedeutungsgleich. Nunmehr wird auf die Beeinträchtigung der Teilhabe am Leben in der Gesellschaft und nicht mehr auf vermeintliche oder tatsächliche gesundheitliche Defizite abgestellt. 1

Im BGG wird nicht festgelegt, ob eine Behinderung nur dann im Vollzug des BGG zu berücksichtigen ist, wenn sie im Rahmen eines förmlichen amtliche Feststellungsverfahrens anerkannt ist. Da dies im BGG nicht ausdrücklich verlangt wird und auch kein rechtlicher Verweis auf § 69 SGB IX vorgenommen wird, kann der Behinderungsbegriff des BGG nicht an ein förmliches Anerkennungsverfahren geknüpft werden. Allerdings dürfte dies praktisch nur in wenigen Fällen tatsächlich Bedeutung haben. In der überwiegenden Mehrzahl der für die Anwendung des Gesetzes relevanten Konstellationen dürfte sowieso wegen der Schwere und Art der Behinderung vom behinderten Menschen eine förmliche Anerkennung betrieben worden sein, um in anderen Rechtszusammenhängen eine vorliegende Behinderung nachweisen zu können. Bei einem Teil der behinderten Menschen, die auf den Schutz des BGG zugreifen wollen, dürfte zudem die Behinderung offensichtlich sein. Im Übrigen wird auf die Erl. zu §§ 2, 69 SGB IX verwiesen. 2

§ 4 Barrierefreiheit

Barrierefrei sind bauliche und sonstige Anlagen, Verkehrsmittel, technische Gebrauchsgegenstände, Systeme der Informationsverarbeitung, akustische und visuelle Informationsquellen und Kommunikationseinrichtungen sowie andere gestaltete Lebensbereiche, wenn sie für behinderte Menschen in der allgemein üblichen Weise, ohne besondere Erschwernis und grundsätzlich ohne fremde Hilfe zugänglich und nutzbar sind.

Inhaltsübersicht

	Rdnr.
1. Begriff der Barrierefreiheit	1–6
2. Geltungsbereich der Norm	7
3. Kontext der Norm im BGG (Zielvereinbarung, Vertretungsbefugnisse in verwaltungs- und sozialrechtlichen Verfahren, Verbandsklage)	8
4. Barrierefreiheit im Kontext anderer Vorschriften	9–44
a) Wahlordnungen (Art. 2, 3, 45)	10
b) Hochschulrecht (Art. 28)	11
c) Gerichte (Art. 29–34)	12
d) Gaststättenrecht (Art. 41)	15–18
e) Gemeindeverkehrsfinanzierungsgesetz – GVFG (Art. 49)	19–21
f) Bundesfernstraßengesetz (Art. 50)	22
g) Personenbeförderungsgesetz (Art. 51)	23–26
h) Eisenbahn-Bau- und Betriebsordnung – EBO (Art. 52)	27–32
i) Straßenbahn-Bau- und Betriebsordnung (Art. 52 a)	33
j) Luftverkehrsgesetz (Art. 53)	34–38
k) Schulrecht und Jugendhilferecht	39
l) Sozialgesetzbuch Art. 47, 47 a, 47 b, 47 c, 48, 48 a	40
m) Baurecht, Mietrecht	41–43
5. Landesgleichstellungsgesetze	44, 45
6. Supranationaler Bezug	46

1. Begriff der Barrierefreiheit

1 Die Vorschrift stellt nach allgemeiner Auffassung eine zentrale Bestimmung des Gesetzes dar (s. Rdnr. 3 der Vorbemerkung). Mit der allgemeinen gesetzlichen Definition der Barrierefreiheit wird deutlich, dass nicht nur die physischen Barrieren wie Treppen, zu schmale Gänge, Stolperstufen usw. gemeint sind, sondern auch die kommunikativen Schranken erfasst werden, denen beispielsweise hörbehinderte Menschen ausgesetzt sind, wenn Gehörlosen zur Verständigung mit Hörenden Gebärdensprachdolmetscher fehlen bzw. Hörgeräteträger keine entsprechenden Höranlagen vorfinden oder mit denen Blinde konfrontiert werden, wenn sie in Sitzungen Schwarzschriftdokumente nicht lesen können und keine Vorlesekräfte zur Verfügung haben. Die Regierungsbegründung (BR-Drucks. 928/01, S. 93) führt auch ausdrücklich aus, dass auch den besonderen Belangen seelisch- und geistig- sowie lernbehinderter Menschen Rechnung zu tragen sei. Praktisch dürfte dies jedoch deswegen nicht oder nur in sehr geringem Maße durch diese Norm erreicht werden, weil aus § 4 selbst keinerlei unmittelbare Rechtsansprüche hergeleitet werden können (s. auch *Drewes* 2004, S. 3). Für den genannten Personenkreis der seelisch- und geistig- sowie lernbehinderter Menschen finden sich an anderer Stelle des BGG selbst oder der Art. 2 ff. des Gesetzes zur Gleichstellung behinderter Menschen vom 27. 4. 2002 (BGBl. I 2002, S. 1467) keine unmittelbare Rechtsansprüche begründende Normen. Auch die Erstellung von amtlichen Dokumenten ist nicht mit Auflagen der Barrierefreiheit für diesen Personenkreis der kognitiv behinderten Menschen rechtlich versehen, § 10 BGG einschließlich zu gehöriger Verordnung über Barrierefreiheit in der Bundesverwaltung (VBD) bezieht sich ausdrücklich nur auf die Barrierefreiheit für blinde und sehbehinderte Menschen. Die wichtige Vorschrift des § 11 regelt die dieses Gesetzes beschränkt.

2 Die emanzipatorischen Absichten des Gesetzgebers erschließen sich aus der Regierungsbegründung. Die Definition „barrierefrei" löst die Begriffe „behindertengerecht" und „behindertenfreundlich" ab, die in der Kombination von „behindert" und „gerecht" oder „freundlich" falsche Assoziationen der besonderen Zuwendung zu behinderten Menschen auslösen können. Vielmehr geht es im Sinne eines „universal design" um eine allgemeine Gestaltung des Lebensumfeldes für alle Menschen, die möglichst niemanden ausschließt und von allen gleichermaßen genutzt werden kann. Dieser Gedanke, einer wenn immer möglichen Vermeidung von Sonderlösungen zugunsten einer die Bedarfe behinderter Menschen selbstverständlich einbeziehenden gesellschaftlichen Gestaltung, entspricht einer modernen Auffassung von Architektur und Design. Während Sonderlösungen häufig mindere Standards bieten, kostenintensiv zu verwirklichen sind und nur begrenzte Spielräume eröffnen, ermöglichen allgemeine Lösungen eher eine gleiche und uneingeschränkte Teilhabe ohne oder mit geringen zusätzlichen Kosten. Dieser Ansatz berücksichtigt auch die internationale behindertenpolitische Diskussion, die auf „Einbeziehung" in die allgemeine soziale Umgebung („inclusion") statt auf spezielle Rehabilitations- und Integrationsbemühungen setzt, die bereits begrifflich die vorherige Ausgliederung und Besonderung voraussetzen.

Die in der Vorschrift beispielhaft aufgezählten gestalteten Lebensbereiche sollen **3** deutlich machen, dass vollständige Barrierefreiheit grundsätzlich einen umfassenden Zugang und eine uneingeschränkte Nutzung aller Lebensbereiche voraus setzen. Welche Anforderungen an den Bereichen Verkehr, Bauen – einschließlich Arbeitsstätten –, Produktgestaltung – einschließlich Dienstleistungsautomaten –, Signalgebung und Informationsverarbeitung an die Barrierefreiheit im Einzelnen gestellt werden, wird in den speziellen Rechtsvorschriften geregelt und ausgeführt. Dabei ist zwar auf eine grundsätzlich selbstständige Nutzungsmöglichkeit behinderter Menschen ohne fremde Hilfe abzustellen. Das schließt aber nicht aus, dass behinderte Menschen dennoch wegen ihrer Beeinträchtigung auch bei optimaler Gestaltung der Lebensbereiche auf Hilfen angewiesen sein können.

Auch soll die Gestaltung nicht auf eine spezielle Ausprägung einer Behinderung, **4** sondern auf eine möglichst allgemeine Nutzbarkeit abgestimmt werden. Spezielle Lösungen, die eine Zugänglichkeit nur über Hinter- oder Nebeneingänge, Rampen oder Treppenlifte zulassen oder längere Umwege erfordern, ermöglichen die Nutzung nicht in der allgemein üblichen Weise, stellen besondere Erschwernisse dar und lösen häufig weiteren Hilfebedarf aus. Solche Gestaltungen sind grundsätzlich zu vermeiden.

Die Anforderungen der Barrierefreiheit beziehen sich nur auf die gestalteten **5** Lebensbereiche, die von den natürlichen abzugrenzen sind. Dabei ist aber die durch Wege erschlossene Landschaft ein gestalteter Lebensbereich. Barrierefreiheit ist daher eine Zielvorgabe für die Gestaltung der Lebensbereiche, die häufig nur in einem begrenzten Umfange erreicht und verlangt werden kann. Die einzufordernden Standards der Barrierefreiheit sind zudem einem ständigen Wandel unterworfen und werden spezifisch für die einzelnen Regelungsbereiche teils durch DIN-Normen, teils durch allgemeine technische Standards und teils über Programme, Pläne oder Zielvereinbarungen festgelegt.

Durchaus abweichend oder zumindest pointierend gegenüber der oben dargelegten Auffassung aus der Regierungsbegründung formuliert *Drewes* (2004) sein **6** Verständnis der im Gesetz gebrauchten Begriffe „allgemein üblichen Weise, ohne besondere Erschwernis und grundsätzlich ohne fremde Hilfe zugänglich und nutzbar": Die Allgemeinüblichkeit erklärt sich demnach am besten damit, dass Zugänglichkeit wie Nutzbarkeit für den behinderten Menschen regelmäßig in der gleichen Weise erfolgen müssen wie für einen nicht behinderten Menschen. Das Fehlen einer besonderen Erschwernis definiert sich demnach am besten damit, dass der Zugang und die Nutzbarkeit so einfach wie möglich gestaltet sein müssen (also z. B. fahrzeuggebundene Einstiegshilfen an Bussen und Bahnen anstatt durch den behinderten Menschen selbst gar nicht nutzbaren Rampen; Piktogramme und einfache Sprache für lernbehinderte Menschen anstatt formale Erläuterungen, denen selbst intellektuell geschulte Menschen häufig nicht folgen können). *Drewes* hebt die im Gesetz geforderte Selbstständigkeit behinderter Menschen in der Definition der Barrierefreiheit besonders hervor. Er definiert sie als die eigenständige, regelmäßig auf fremde Hilfe verzichten könnende Zugänglichkeit und Nutzbarkeit gestalteter Lebensbereiche (Behinderte Menschen wollen regelmäßig keine Treppen hoch- und hinuntergetragen werden, weil sie dies abhängig von der Hilfe anderer macht, sondern den Eingang selbst über Rampen bzw. Aufzüge nutzen können).

2. Geltungsbereich der Norm

7 Individuelle Rechtsansprüche auf Barrierefreiheit ergeben sich erst aus den in § 13 Abs. 1 genannten und dem Verbandsklagerecht unterworfenen Einzelnormen. Damit werden die Ansprüche der behinderten Menschen an die in § 7 Abs. 1 festgelegten Dienststellen und sonstigen Einrichtungen z.T. nennenswert spezifiziert. Für die wesentlichen Bereiche sind zudem gem. §§ 9 Abs. 2, 10 Abs. 2 und 11 Abs. 2 Rechtsverordnungen des Bundes erlassen worden, die Einzelheiten der Ansprüche regeln (s. Erl. dort). Die Behindertengleichstellungsgesetze der Länder regeln überwiegend sehr ähnlich die Ansprüche gegenüber den dem BGG nicht unterworfenen Teilen der Landesverwaltungen. Die Gerichtsbarkeit bleibt unbetroffen, zu den dort anzuwendenden Regelungen s. Rdnr. 5 der Vorbemerkung).

3. Kontext der Norm im BGG (Zielvereinbarung, Vertretungsbefugnisse in verwaltungs- und sozialrechtlichen Verfahren, Verbandsklage)

8 Die Norm steht in engem rechtlichem Kontext zu speziellen Vorschriften des BGG – §§ 5, 12 und 13 – die der ganz oder teilweise für die strittige Durchsetzung der Norm bzw. ihrer gesetzlichen Konkretisierungen geschaffen wurden (s. Erl. dort). Es handelt sich um die Rechtsinstitute der Zielvereinbarung, der Vertretungsbefugnisse in verwaltungs- und sozialrechtlichen Verfahren und der Verbandsklage. Daneben hat die/der Beauftragte der Bundesregierung gem. §§ 14f. bei der Durchsetzung und Sicherung der Barrierefreiheit besondere Aufgaben (s. Erl. dort insb. die Beispiele Rdnr. 4).

4. Barrierefreiheit im Kontext anderer Vorschriften

9 Die Barrierefreiheit ist nicht nur in den vorgenannten Vorschriften des BGG, sondern auch in diversen weiteren Gesetzen konkretisiert und bzw. oder gefordert. Die einschlägigen rechtlichen Regelungen finden sich überwiegend in den Art. 2ff. des Gesetzes zur Gleichstellung behinderter Menschen und zur Änderung anderer Gesetze vom 27. 4. 2002 (BGBl. I 2002, S. 1467).

10 **a) Wahlordnungen (Art. 2, 3, 4, 5).** Die Art. 2, 3 und 45 ändern die Bundeswahlordnung, die Europawahlordnung und die Wahlordnung für die Sozialversicherung. Die Bundeswahlordnung und die Europawahlordnung werden um Vorschriften zum Einsatz von Stimmschablonen für blinde und sehbehinderte Menschen sowie zur anzustrebenden barrierefreien Zugänglichkeit der Wahllokale ergänzt. Für die Sozialversicherungswahlen gilt demnach: „Blinden oder sehbehinderten Wählern wird für das Kennzeichnen des Stimmzettels auf Antrag vom Versicherungsträger kostenfrei eine Wahlschablone zur Verfügung gestellt. Das Nähere regelt der Bundeswahlbeauftragte." Regelungen zur Änderung von Wahlordnungen enthalten z.T. auch die LBGG (s. z.B. Art. 1 § 13 und Art. 2, 3, 4 des HessBGG, die die Landeswahlordnung und die Kommunalwahlordnung so ändern, dass derartige Wahlen barrierefrei durchgeführt werden). Das BGG sieht im Bundestags- und Europawahlrecht Änderungen zugunsten behinderter Menschen

vor. Damit Menschen mit Behinderung ihr Wahlrecht ausüben können, sollen die Gemeindebehörden rechtzeitig über barrierefreie Wahllokale informieren und die Wahlräume so auswählen und einrichten, dass Menschen mit Mobilitätsbeeinträchtigungen die Teilnahme an der Wahl erleichtert wird. Zum anderen wird klargestellt, dass ein blinder oder sehbehinderter Wähler sich zur Kennzeichnung des Stimmzettels einer Stimmzettelschablone bedienen kann, die die Blindenvereine vor einer Wahl anbieten. Die Neuregelungen sollen es möglichst vielen Betroffenen ermöglichen, in einem barrierefreien Wahlraum zu wählen (Bericht der Bundesregierung, BT-Drucks. 15/4575 bzw. BR-Drucks. 993/04 v. 16. 12. 2004). Daher sind bevorzugt barrierefreie Wahlräume auszusuchen, deren Einrichtung ebenfalls barrierefrei sein sollte. Wahlräume in öffentlichen Gebäuden erfüllen diese Vorgabe im Allgemeinen auf Grund der einzuhaltenden Bauvorschriften.

b) Hochschulrecht (Art. 28). Das Hochschulrahmengesetz in der Fassung der Bekanntmachung vom 19. 1. 1999 (BGBl. I S. 18) wird in § 2 Abs. 4 wird wie folgt gefasst: „Die Hochschulen wirken an der sozialen Förderung der Studierenden mit; sie berücksichtigen die besonderen Bedürfnisse von Studierenden mit Kindern. Sie tragen dafür Sorge, dass behinderte Studierende in ihrem Studium nicht benachteiligt werden und die Angebote der Hochschule möglichst ohne fremde Hilfe in Anspruch nehmen können. Sie fördern in ihrem Bereich den Sport." In § 16 wird eingefügt: „Prüfungsordnungen müssen die besonderen Belange behinderter Studierender zur Wahrung ihrer Chancengleichheit berücksichtigen." Die LBGG greifen nur teilweise in das Landeshochschulrecht ein, was z. T. darin liegt, dass behindertenpolitische Regelungen dort im Landesrecht bereits vor Verabschiedung des LBGG und unabhängig hiervon eingefügt wurden.

c) Gerichte (Art. 29–34). In den Art. 29–34 werden ausschließlich diskriminierende Formulierungen hinsichtlich des Zugangs zu bestimmten Ämtern korrigiert. Regelungen zur Barrierefreiheit in der Justiz finden sich im seit 1. 8. 2002 im Gesetz zur Änderung des Rechts der Vertretung durch Rechtsanwälte vor den Oberlandesgerichten (OLG-Vertretungsänderungsgesetz – OLGVertrÄndG) vom 23. 7. 2002, BGBl. I S. 2850. Es wurden entsprechende Regelungen in § 483 Zivilprozessordnung (Eidesleistung sprach- und hörbehinderter Personen), in §§ 66 e und 259 Strafprozessordnung (Eidesleistung sprach- und hörbehinderter Personen, Regelung der Gerichtssprache für hör- und sprachbehinderte Menschen) und in §§ 186, 191 a Gerichtsverfassungsgesetz (Gerichtssprache, Verständigung mit dem Gericht) getroffen. Das BGG und die Ländergleichstellungsgesetze finden grundsätzlich keine Anwendung auf die Justiz, wohl aber die Regelungen über barrierefreie Neubauten und große Um- und Erweiterungsbauten des Bundes gem. § 8 BGG. Grundlegende Regelungen finden sich im Gerichtsverfassungsgesetz (GVG v. 12. 9. 1950, BGBl. I S. 455, neu gefasst durch Bek. v. 9. 5. 1975, BGBl. I S. 1077), zuletzt geändert durch Art. 3 G v. 16. 8. 2005, BGBl. I S. 247, dort in den Vorschriften des § 186 festgelegt: Die Verständigung mit einer hör- oder sprachbehinderten Person in der Verhandlung erfolgt nach ihrer Wahl mündlich, schriftlich oder mit Hilfe einer die Verständigung ermöglichenden Person, die vom Gericht hinzuzuziehen ist. Für die mündliche und schriftliche Verständigung hat das Gericht die geeigneten technischen Hilfsmittel bereitzustellen. Die hör- oder sprachbehinderte Person ist auf ihr Wahlrecht hinzuweisen. Das Gericht kann eine schriftliche Verständigung verlangen oder die Hinzuziehung einer Person als Dolmetscher anordnen, wenn die hör- oder sprachbehinderte Person von ihrem Wahlrecht nach Abs. 1 keinen Gebrauch gemacht hat oder eine ausreichende Verständigung in der nach Abs. 1 gewählten Form nicht oder nur mit unverhältnismäßigem Aufwand möglich ist. In § 191 a GVG werden Fragen der Zugänglichkeit von für blinde oder sehbehinderte Personen bestimmte gerichtliche Dokumente in auch für sie wahrnehmbaren Form geregelt. Eine in § 191 a Abs. 2

GVG vorgesehene Rechtsverordnung hierzu ist im August 2005 noch nicht erlassen. Soweit im Verfahrensrecht der besonderen Gerichtsbarkeit gleichartige Regelungen fehlen, ist gemäß den dort jeweils enthaltenen generellen Bezugnahmeklauseln auf das GVG ebenfalls auf die dortigen Regelungen abzustellen (s. z.B. § 202 SGG).

13 Mit dem Gesetz zur Änderung des Rechts der Vertretung durch Rechtsanwälte vor den Oberlandesgerichten (OLG-Vertretungsänderungsgesetz vom 23. 7. 2002) wurde die Teilhabe von Menschen mit sensorischen Behinderungen an gerichtlichen Verfahren fortentwickelt. Danach haben hör- und sprachbehinderte Menschen im gerichtlichen Verfahren ein Wahlrecht zwischen schriftlicher und mündlicher Verständigung oder der Hinzuziehung eines Sprachmittlers. Die Verständigung kann dabei auch durch den Einsatz einer Vertrauensperson des behinderten Menschen erfolgen. Das Gericht hat hierbei die erforderlichen technischen Hilfsmittel für eine Verständigung zur Verfügung zu stellen sowie den behinderten Beteiligten über sein Wahlrecht bei den Verständigungsmitteln aufzuklären.

14 In einem weiteren Schritt zur Verbesserung der Teilhabe behinderter Menschen an gerichtlichen Verfahren verpflichtet der neu in das Gerichtsverfassungsgesetz eingefügte § 191a Abs. 1 die Gerichte, blinden und sehbehinderten Menschen auf Antrag Schriftstücke in einer für sie wahrnehmbaren Form zugänglich zu machen, soweit diese Schriftstücke nach Maßgabe der einschlägigen Prozessordnungen zu ihrer Kenntnisnahme bestimmt sind und die zusätzliche Übermittlung zur Wahrnehmung ihrer Rechte im Verfahren erforderlich ist. Näheres soll durch eine Rechtsverordnung des Bundesministerium der Justiz bestimmt werden, die sich in Vorbereitung befindet (s. im Übrigen zum Bereich der Justiz auch Vorbemerkung Rdnr. 5 und Erl. zu § 6 Rdnr. 3 und zu § 10 Rdnr. 8).

15 **d) Gaststättenrecht (Art. 41).** Durch die Verpflichtung der Betreiber, ihre Gasträume künftig barrierefrei zu gestalten, wird eine selbstverständliche Teilnahme am öffentlichen Leben für behinderte Menschen deutlich erleichtert. Außerdem eröffnet sich für die Betreiber der Gaststätten die Chance, neue Kunden zu gewinnen. Denn nicht nur für behinderte Menschen, sondern z.B. auch für Eltern mit Kinderwagen und ältere Menschen werden Gaststätten durch eine barrierefreie Ausgestaltung kundenfreundlicher und attraktiver. Bis zum Inkrafttreten des BGG wurde das Ziel der Barrierefreiheit im Bereich der Hotels und Gaststätten im Wesentlichen über die Landesbauordnungen verfolgt. Mit Art. 41 wurde eine Flankierung durch entsprechende Änderungen des Gaststättenrechts vorgenommen, die im Gesetzgebungsverfahren wesentlicher Streitpunkt war. Mit Art. 41 wurde das Gaststättengesetz i.d.F. der Bek. v. 20. 11. 1998 (BGBl. I S. 3584) in § 4 Abs. 1 u. 3 geändert. Mit der in Abs. 1 eingefügten neuen Nr. 2a wird die baulich barrierefreie Ausgestaltung der Räume einer Gaststätte zur Voraussetzung für die Erteilung einer Gaststättenerlaubnis gemacht (s. auch *Pöttl*, 2003).

16 Die Regelung kommt nicht bereits bei jedem Fall einer erneuten Konzessionserteilung (wie z.B. beim bloßen Pächterwechsel) zur Anwendung, sondern nur dann, wenn die Gaststätte in einem Gebäude liegt, für das die Baugenehmigung zur erstmaligen Errichtung oder für einen wesentlich Um- oder Erweiterungsbau nach dem Stichtag, das heißt sechs Monate nach Inkrafttreten des BGG erteilt worden ist.

17 Mit Rücksicht auf den Grundsatz der Verhältnismäßigkeit kann bei nicht barrierefreien Gebäuden die Gaststättenerlaubnis nach dem neu eingefügten Abs. 1 Satz 2 erteilt werden, wenn die Herstellung der Barrierefreiheit technisch (z.B. bei einem Kellerlokal) oder rechtlich (z.B. aus baurechtlichen Gründen) unmöglich oder unzumutbar ist. In der Prüfung der Zumutbarkeit werden insbesondere die Größe und Art des Betriebs („Stehkneipe"), besondere, aus seiner räumlichen Lage resultierende Umstände (nur über einen schmalen, steilen Fußweg erreichbare

Berggaststätte) und wirtschaftliche Aspekte wie z. B. das Verhältnis des zu erwartenden Umsatzes zu den für eine barrierefreie Ausgestaltung erforderlichen Kosten einzubeziehen sein. Im Falle einer Anwendung des Satzes 2 ist dem Antragsteller durch eine Auflage zur Gaststättenerlaubnis die Durchführung derjenigen konkreten Maßnamen zur Herstellung von Barrierefreiheit aufzugeben, die in seinem Fall zur Erreichung des Ziels möglich und zumutbar sind.

Die in § 4 Abs. 3 Gaststättengesetz bereits enthaltene Ermächtigung an die Landesregierungen, zur Durchführung des Absatzes 1 Nr. 2 durch Rechtsverordnung Mindestanforderungen hinsichtlich Lage, Beschaffenheit, Ausstattung und Einteilung der Räume festzulegen, wird erweitert um eine entsprechende Ermächtigung zur Durchführung der neuen Nummer 2a (Barrierefreiheit von Gasträumen). Wesentliche Regelungen im Bereich Gaststätten dürften ab 2005 auch von der bundesweit ersten Zielvereinbarung gem. § 5 BGG ausgehen (Zielvereinbarung: Standardisierte Erfassung, Bewertung und Darstellung barrierefreier Angebote in Hotellerie und Gastronomie vom 12. 3. 2005 (Abschluss Deutscher Hotel- und Gaststättenverband e. V. und Hotelverband (IHA) e. V. mit Sozialverband VdK Deutschland e. V. u. a. Behindertenverbänden) als download bei: http://www.vdk.de bzw. www.bmgs.bund.de/datenbanken/zielvereinbarung/dokumente/36.doc) Diese erste Zielvereinbarung ist aufgegliedert in vier Einzelregelungen: Mindeststandards der Zielvereinbarung zur Darstellung barrierefreier Angebote in Hotellerie und Gastronomie, Checkliste – Barrierefreie Beherbergungs- und Gastronomiebetriebe für gehbehinderte Gäste und Rollstuhlnutzer (Kategorien A und B), Checkliste – Barrierefreie Beherbergungs- und Gastronomiebetriebe für blinde und sehbehinderte Gäste (Kategorie C), Checkliste – Barrierefreie Beherbergungs- und Gastronomiebetriebe für gehörlose und schwerhörige Gäste (Kategorie D). **18**

e) Gemeindeverkehrsfinanzierungsgesetz – GVFG (Art. 49). Mit dem GVFG gewährt der Bund den Ländern Finanzhilfen für Investitionen zur Verbesserung der Verkehrsverhältnisse in den Gemeinden. Um dabei die Belange behinderter und mobilitätseingeschränkter Menschen im Sinne der Herstellung der Barrierefreiheit wirksamer als bisher zu berücksichtigen, wird die Förderung an die Bedingung der Beteiligung von kommunalen Behindertenbeauftragten oder Behindertenbeiräten – soweit vorhanden – oder entsprechender Behindertenverbände bei der Vorhabenplanung geknüpft (§ 3 Nr. 1 d GVFG). Zum anderen werden die zuständigen Länder verpflichtet, im Wege der Berichterstattung darzulegen, inwieweit die geförderten Maßnahmen auch tatsächlich dem Ziel der Barrierefreiheit entsprechen (§ 8 GVFG). **19**

Bei den im Rahmen des GVFG geförderten ÖPNV-Vorhaben hat sich gezeigt, dass die Belange gehbehinderter Menschen und Rollstuhlnutzer sowie blinder und sehbehinderter Menschen regelmäßig berücksichtigt werden. Nachholbedarf gibt es hinsichtlich der Belange hörbehinderter und gehörloser Menschen. In diesem Bereich besteht noch Forschungsbedarf. Das Bundesministerium für Verkehr, Bau- und Wohnungswesen plant deshalb im Rahmen des Forschungsprogramms Stadtverkehr 2005 ein Projekt „Verbesserung der Barrierefreiheit für Blinde und Sehbehinderte sowie Gehörlose und Hörgeschädigte im öffentlichen Raum" (s. Bericht der Bundesregierung, BT-Drucks. 15/4575 bzw. BR-Drucks. 993/04 v. 16. 12. 2004, S. 199). **20**

Für den ÖPNV kann festgestellt werden, dass bei entsprechenden Bauvorhaben, Ausstattungen und Anschaffungen grundsätzlich die Belange behinderter Menschen berücksichtigt werden. Das GVFG hat sich damit nach Auffassung der Bundesregierung als wirksames Instrument für die Herstellung von Barrierefreiheit erwiesen (s. Bericht der Bundesregierung, BT-Drucks. 15/4575 bzw. BR-Drucks. 993/04 v. 16. 12. 2004, S. 197 ff.). **21**

22 f) Bundesfernstraßengesetz (Art. 50). Mit der Ergänzung von § 3 FStrG durch Art. 50 soll den besonderen Belangen behinderter und mobilitätseingeschränkter Straßenverkehrsteilnehmer in der Weise Rechnung getragen werden, dass möglichst weitreichende Barrierefreiheit erreicht wird. Diese vorsichtige Formulierung im Gesetz ist der notwendigen Zielabwägung geschuldet, wonach beim Bau und der Unterhaltung von Bundesfernstraßen auch andere Belange abzuwägen sind, insbesondere die der Verkehrssicherheit. In § 8 Abs. 1 FStrG wird die Erlaubnis für Sondernutzungen der Bundesfernstraßen dann eingeschränkt, wenn die Ausübung des Gemeingebrauchs für behinderte Menschen erheblich beeinträchtigt. Es wird damit klargestellt, dass bei der Erteilung einer Sondernutzungserlaubnis die Konflikte, die aus unterschiedlichen Straßennutzungen herrühren, durch eine Abwägung der widerstreitenden Interessen im Einzelfall unter besonderer Berücksichtigung der Belange der behinderten und in der Mobilität beeinträchtigten Menschen zu entscheiden sind.

23 g) Personenbeförderungsgesetz (PBefG) (Art. 51). Die Bedeutung des öffentlichen Personennahverkehrs (ÖPNV) für die Erhaltung lebenswerter Städte und Kommunen ist insgesamt unbestritten. Mit dem BGG ist das Personenbeförderungsgesetz (PBefG) durch Art. 51 geändert worden. Die Länder haben demnach in ihren Nahverkehrsplänen nunmehr zwingend die Belange mobilitätseingeschränkter Personen zu berücksichtigen und Aussagen über vorgesehene Maßnahmen und den Zeitrahmen für die Umsetzung möglichst weitreichender Barrierefreiheit zu treffen. Dabei sind die jeweils zuständigen Behindertenbeauftragten oder -beiräte der Aufgabenträger (Städte und Landkreise) – soweit vorhanden – anzuhören.

24 Das Instrument Nahverkehrsplan wurde 1996 im Rahmen der Regionalisierung und der Strukturreform der Eisenbahnen neu eingeführt und bildet heute den Rahmen für die Entwicklung des ÖPNV in der jeweiligen Region. Die Aufstellung von Nahverkehrsplänen ist in den ÖPNV-Gesetzen der Länder zu berücksichtigen. Die überwiegende Zahl der Aufgabenträger verfügt inzwischen über einen Nahverkehrsplan. Einige Aufgabenträger haben nach Inkrafttreten des BGG Neuaufstellungen oder Fortschreibungen ihrer Nahverkehrspläne beschlossen. Es ist aber damit zu rechnen, dass die flächendeckende Aufstellung bzw. Fortschreibung von Nahverkehrsplänen noch einige Jahre in Anspruch nehmen wird. Die Bundesregierung appelliert daher an die Aufgabenträger, die Fortschreibung ihrer Nahverkehrspläne voranzutreiben (s. Bericht der Bundesregierung, BT-Drucks. 15/4575 bzw. BR-Drucks. 993/04 v. 16. 12. 2004, S. 197 f.).

25 Nach § 8 Abs. 3 Satz 3 PBefG geltender Fassung bildet der Nahverkehrsplan den Rahmen für die Entwicklung des öffentlichen Personennahverkehrs (ÖPNV). Die Länder sind nach § 8 Abs. 3 Satz 4 PBefG befugt, die Aufstellung des Nahverkehrsplanes zu regeln und den Aufgabenträger zu bestimmen, bei dem – als Aufgabe der Daseinsvorsorge – auch die Finanzverantwortung für die ausreichende Bedienung der Bevölkerung mit Verkehrsdienstleistungen liegt. Die Bundesländer haben dies durch Landesnahverkehrsgesetze getan, die ganz überwiegend den Aufgabenträger – in der Regel Kreise oder Kommunen und andere Verbünde von Kommunen (Samtgemeinden, Zweckverbände) – zur Aufstellung eines Nahverkehrsplanes verpflichten, zumindest aber dessen Aufstellung in das pflichtgemäße Ermessen des Aufgabenträgers stellen. Der Nahverkehrsplan, der zudem von der Vertretungskörperschaft des Aufgabenträgers als umfassender Rahmenplan für die ÖPNV-Entwicklung beschlossen wird, ist damit der richtige Rahmen für Aussagen, die die schrittweise Herbeiführung weitreichender Barrierefreiheit bei der Nutzung des ÖPNV zum Gegenstand haben.

26 Die mit dem BGG in das PbefG neu eingefügten Sätze 3 und 4 des § 8 Absatzes 3 enthalten deshalb bundesrechtliche Vorgaben für die inhaltliche Ausgestaltung des Nahverkehrsplanes. Die auf diese Weise für den Gesamtabwägungsprozess bei der Aufstellung des Nahverkehrsplanes besonders hervorgehobenen Belange behinderter und anderer Menschen mit Mobilitätseinschränkungen sind danach unter der Zielsetzung zu berücksichtigen, schrittweise eine möglichst weitreichende Barrierefreiheit für die ÖPNV-Nutzung durch diese Personengruppe zu erreichen. Solche Schritte sollen durch Aussagen zu den vorgesehenen Maßnahmen und zu dem Zeitrahmen für deren Umsetzung im Nahverkehrsplan konkretisiert werden. Diese Vorgaben strahlen auch auf die von pflichtgemäßer Ermessensausübung getragenen Entscheidungen der von der jeweiligen Landesregierung bestimmten Genehmigungsbehörde (§ 11 PBefG) aus. Sie hat nicht nur im Interesse einer ausreichenden Bedienung der Bevölkerung mit ÖPNV-Dienstleistungen und einer wirtschaftlichen Verkehrsgestaltung u. a. für die in § 8 Abs. 3 Satz 1 PBefG genannten Maßnahmen der Verkehrsintegration zu sorgen. Sie hat dabei nach Maßgabe des § 8 Abs. 3 Satz 2 PBefG auch einen vom Aufgabenträger beschlossenen Nahverkehrsplan, also etwa auch dessen Aussagen entsprechend dem neuen Satz 3, zu berücksichtigen.

h) Eisenbahn-Bau- und Betriebsordnung – EBO (Art. 52). Mit Art. 52 **27** des BGG wurde § 2 Abs. 3 der Eisenbahn-Bau- und Betriebsordnung vom 8. 5. 1967 (BGBl. II S. 1563) geändert: Es soll nun behinderten Menschen ermöglicht werden „ohne besondere Erschwernis" die Eisenbahnen zu benutzen. Diese Formulierung geht weiter als im Regierungsentwurf vorgesehen. Sie wurde erst in den Ausschussberatungen eingefügt. In der Beschlussempfehlung (BT-Drucks. 14/ 8331 v. 22. 2. 2002, S. 52) wird dazu ausgeführt: „Im Sinne der behindertenpolitischen Grundaussage des Behindertengleichstellungsgesetzes, in der die Herstellung von Barrierefreiheit als „Kernstück" angesehen wird, muss es zwingend sein, dass die Benutzung der Eisenbahnanlagen und Eisenbahnfahrzeuge nicht nur erleichtert, sondern in der allgemein üblichen Weise ohne besondere Erschwernis ermöglicht wird." Die Umsetzung dieses behindertenpolitischen Zieles wird in § 2 Abs. 3 Eisenbahn-Bau- und Betriebsordnung wie folgt geregelt: „Die Eisenbahnen sind verpflichtet, zu diesem Zweck Programme zur Gestaltung von Bahnanlagen und Fahrzeugen zu erstellen, mit dem Ziel, eine möglichst weitreichende Barrierefreiheit für deren Nutzung zu erreichen. Dies schließt die Aufstellung eines Betriebsprogramms mit den entsprechenden Fahrzeugen ein, deren Einstellung in dem jeweiligen Zug bekannt zu machen ist. Die Aufstellung der Programme erfolgt nach Anhörung der Spitzenorganisationen von Verbänden, die nach § 13 Abs. 3 Behindertengleichstellungsgesetz anerkannt sind. Die Eisenbahnen übersenden die Programme über ihre Aufsichtsbehörden an das für das Zielvereinbarungsregister zuständige Bundesministerium. Die zuständigen Aufsichtsbehörden können von den Sätzen 2 und 3 Ausnahmen zulassen."

Nach den im Rahmen des BGG erfolgten Änderungen der EBO sind die Eisen- **28** bahnen verpflichtet, zu diesem Zweck Programme zur Gestaltung von Bahnanlagen und Fahrzeugen aufzustellen mit dem Ziel, eine möglichst weitreichende Barrierefreiheit für deren Nutzung zu erreichen. Bei der Aufstellung der Programme sind die Spitzenorganisationen der nach dem BGG anerkannten Verbände anzuhören. Die vorzunehmenden Maßnahmen obliegen den Eisenbahnen in eigener unternehmerischer Verantwortung. Die Aufsichtsbehörden haben zu überwachen, dass Programme aufgestellt werden. Die EBO berücksichtigt auch einschlägiges europäisches Recht, dass bei den Regelungen zur Barrierefreiheit einzubeziehen ist. Die EG-Richtlinie über die Interoperabilität des konventionellen transeuropäischen Eisenbahnsystems vom 19. 3. 2001 (ABl. EG Nr. L 110 S. 1 vom 20. 4. 2001) ist am 20. 4. 2001 in Kraft getreten. Ziel ist, dass langfristig jeder Zug des Personenverkehrs ein entsprechend gestaltetes Fahrzeug mitführt. Die Vorschriften der EBO (mit den darin enthaltenen TSI) sind bei Neubauten und umfassenden

Umbauten von Fahrzeugen sowie bei Neubau und umfassendem Umbau von Bahnanlagen zu beachten (§ 1 Abs. 4 EBO).

29 § 2 Abs. 3 S. 2 EBO bestimmt, dass die Programme die Planung des jeweiligen Eisenbahnunternehmens zur Umsetzung der gesetzlichen Vorschriften enthalten müssen und damit den darin enthaltenen Spielraum konkret ausfüllen. Von einer Genehmigung der Programme durch die zuständige Aufsichtsbehörde wird abgesehen. Zum einen soll der Spielraum der Eisenbahnunternehmen nicht eingeschränkt werden, zum anderen kann bei Nichterfüllung der gesetzlichen Auflagen im Rahmen einer Eisenbahnaufsicht eingegriffen werden. Dazu dient die durch das Zweite Gesetz zur Änderung eisenbahnrechtlicher Vorschriften eingefügte Möglichkeit, ein Zwangsgeld von bis zu 0,5 Mio. € zu erheben. In besonders gravierenden Fällen kann die Genehmigung als Eisenbahnunternehmen entzogen werden. Das bundesweit erste Programm i. S. d. Vorschrift wurde im Juni 2005 von der Deutschen Bahn AG vorgelegt (s. Deutsche Bahn Juni 2005). Das Programm basiert auf § 2 Abs. 3 EBO i. V. m. § 8 Abs. 2 BGG. Als bundesweit tätiges Unternehmen wird die Deutsche Bahn AG den gesetzlichen Anforderungen durch Aufstellung einer Zusammenstellung aller Maßnahmen im Verkehrs- und Infrastrukturbereich der Deutschen Bahn AG in Form des Programms mit diversen Anlagen zu den Einzelunternehmen gerecht. Das Programm hat den Anspruch, die Basis für zukünftige gleichberechtigte Teilhabe behinderter Menschen am Leistungsangebot der Deutschen Bahn AG, und die Maßnahmenplanungen zu schaffen. Es zeigt allerdings aktuell nur erst wichtige Meilensteine auf dem Weg zur Zukunftsvision des „Barrierefreien Reisens". Bereits Ende 2003 wurde ein 1. Programmentwurf der Deutschen Bahn AG in den Deutschen Behindertenrat eingebracht und alle Verbände hatten die Möglichkeit Stellung zu beziehen. Auf der Basis dieser Stellungnahmen fanden in 2004 zwei Arbeitsgespräche mit einer vom Deutschen Behindertenrat benannten Verhandlungskommission (Vertreter unterschiedlicher Behindertenverbände) statt und der Programmentwurf wurde fortgeschrieben. Das Anhörungsverfahren mit den anerkannten Behindertenverbänden fand am 20. 12. 2004 statt. Der gesamte Prozess sowie die stattgefundenen Abstimmungsgespräche wurden durch den Beauftragten der Bundesregierung für die Belange behinderter Menschen intensiv begleitet.

30 § 2 Abs. 3 Satz 6 EBO enthält eine Ausnahmevorschrift, die erforderlich ist, da es Eisenbahnen gibt, die materiell von den Vorschriften für Barrierefreiheit im Bereich der Eisenbahnfahrzeuge und der Eisenbahninfrastruktur nicht betroffen sind. Dies sind die sogenannten „Museumseisenbahnen", die Verkehr mit historischen Fahrzeugen betreiben. Für diese Eisenbahnen soll die zuständige Aufsichtsbehörde eine Ausnahmegenehmigung für das Aufstellen von Programmen erteilen können.

31 Über die Umsetzung der gesetzlichen Anforderungen finden sich Ausführungen im Bericht der Bundesregierung zur Lage behinderter Menschen (s. BT-Drucks. 15/4575 bzw. BR-Drucks. 993/04 v. 16. 12. 2004, S. 200 ff.): „Unabhängig von den Arbeiten an einem Programm sind bei der DB AG nach ihren Angaben im Personenfernverkehr aktuell nahezu alle Züge im Tagesverkehr mit ein bis zwei Rollstuhlstellplätzen sowie einer für Rollstuhlfahrer weitgehend nutzbaren Toilettenanlage ausgestattet. Derzeit noch eingesetzte IC/EC-Züge, die nicht über Rollstuhlbeförderungskapazitäten verfügen, sollen bis Ende 2005 schrittweise durch Züge mit solchen Einrichtungen ersetzt werden. Insgesamt bietet die DB AG monatlich rund 23 000 Rollstuhlstellplätze im Fernverkehr an. Für alle nach dem 1. 7. 2004 von der DB Fernverkehr AG auf Basis einer Neuentwicklung zu beschaffenden neuen Fahrzeugtypen ist die fahrzeuggebundene Einstiegshilfe im Anforderungsprofil enthalten. Im Personennahverkehr der DB AG verfügt ein Teil der heute verkehrenden Züge bereits über fahrzeuggebundene Einstiegshilfen, roll-

stuhlgerechte Toiletten und digitale Informationssysteme. Ein wachsender Anteil von Fahrzeugen bedient zum Teil höhengleiche Bahnsteige. Die DB Regio AG setzt ca. 500 Doppelstockwagen mit rollstuhlgängigen Einstiegshilfen und Toiletten ein. Die Situation in den Personenbahnhöfen stellt sich nach Angaben der DB AG derzeit wie folgt dar: Insgesamt werden ca. 5500 Haltestationen für den Personenverkehr betrieben. In mehr als 300 größeren Bahnhöfen wird für behinderte Menschen ein Ein-, Um- und Aussteigeservice durch eigenes Personal angeboten. Eine zunehmende Zahl der Hilfen wird aber auch durch Kooperationspartner (z. B. Bahnhofsmissionen) geleistet. Mehr als 480 Bahnhöfe verfügen aktuell über Rollstuhl-Hubgeräte, 40 Bahnhöfe über mobile Rampen und neun Bahnhöfe über Elektromobile. Darüber hinaus sind zahlreiche Bahnhöfe mit Aufzügen und barrierefreien Rampen ergänzend zu Treppenanlagen, Bodenleitsystemen für blinde und sehbehinderte Menschen, Automatiktüren in Gebäuden, Gepäckförderbändern an Treppen usw. ausgestattet."

Im Programm der DB AG (6/2005, download www.bahn.de Menupunkt: handicap) wird zur Abwägung von Barrierefreiheit und allgemeiner Wirtschaftlichkeit folgendes ausgeführt (S. 25): „Bei Neubauten und umfassenden Umbauten von Bahnhöfen ab 1000 Reisenden/Tag erfolgen Maßnahmen des barrierefreien Ausbaus, auch dann, wenn der Bau von Aufzügen oder längeren Rampen zusätzlich zu Treppenanlagen notwendig sind. Bei Stationen mit geringerer Reisendenfrequenz erfolgt bei Neubauten und umfassenden Umbauten der barrierefreie Ausbau grundsätzlich ebenfalls, lediglich werden dabei besonders kostenaufwendige Ausbaumaßnahmen, wie der Bau von Aufzügen oder langen Rampenbauwerken zusätzlich zu Treppenanlagen nur bei besonderem Bedarf (z. B. Behinderteneinrichtungen vor Ort etc.) umgesetzt. Eine spätere Nachrüstbarkeit für den Zeitpunkt, wenn eine deutlich höhere Reisendenzahl erreicht wird, wird immer sichergestellt. Mittelfristig soll ein Netz von Stationen geschaffen werden, das einen barrierefreien Zugang zur Bahn in zumutbarer Distanz ermöglicht. Die DB Station & Service AG praktiziert dieses Verfahren im Einvernehmen mit dem Eisenbahnbundesamt seit mehreren Jahren, um öffentliche Gelder wirtschaftlich vertretbar und mit bestmöglicher Wirkung und für möglichst viele Kunden einzusetzen. Bei konsequenter Anwendung der „1000er-Regelung" sind zwei Drittel aller Stationen barrierefrei erschlossen; es werden allerdings rund 95% aller Reisenden erreicht." Eine gemeinsame erste Verbandsklage gem. § 13 BGG des Bundesverbandes Selbsthilfe Körperbehinderter (BSK) und des Bundesverbandes für Körper- und Mehrfachbehinderte richtete sich gegen eine beabsichtigte Baumaßnahmen am Bahnhof im baden-württembergischen Oberkochen, der unter die zitierte Regelung für gering frequentierte Bahnhöfe fällt. Auslöser war die Neugestaltung des Bahnhofsbereiches, die den Zugang zu den Bahnsteigen für Menschen mit Körperbehinderungen künftig unmöglich macht. Nach dem geplanten Umbau können die Gleise nur noch über zwei Treppen und Schächte erreicht werden, was für Rollstuhlfahrer und gehbehinderte Menschen die Zugangsmöglichkeit erschwert. Derzeit ist der Bahnhof in Oberkochen für Rollstuhlfahrer noch nutzbar. Die beiden Verbände sehen darin einen Widerspruch zum Behindertengleichstellungsgesetz, wonach Lebensbereiche barrierefrei gestaltet werden müssen. Das Eisenbahn-Bundesamt hatte den Umbau trotz der von den Verbänden vorgetragenen Einwände am 7. 5. 2004 genehmigt. Zwar hat die Deutsche Bahn Netz AG in der Unterführung den Bau von Schächten eingeplant, damit ein behindertengerechter Zugang nachgerüstet werden kann. Allerdings sieht sie derzeit keinen aktuellen Bedarf, da der Bahnhof nach eigenen Angaben zurzeit von weniger als 1000 Personen pro Tag genutzt würde. Das VGH Baden-Württemberg, Beschluss vom 6. 12. 2004, Az: 5 S 1704/04, gab dem Antrag der Behindertenverbände nicht statt.

BGG § 4 33–38   Abschn. 1. Allgemeine Bestimmungen

33   **i) Straßenbahn-Bau- und Betriebsordnung (Art. 52 a).** Erst in den Ausschussberatungen wurde – abweichend vom Regierungsentwurf und im Kontext der entsprechenden Änderung in Art. 52 (s. Rdnr. 27) – § 3 Abs. 5 Satz 1 der Straßenbahn-Bau- und Betriebsordnung vom 11. 12. 1987 (BGBl. I S. 2648) geändert. Es wurde das Wort „erleichtern" durch die Wörter „ohne besondere Erschwernis ermöglichen" ersetzt. In der Beschlussempfehlung (BT-Drucks. 14/ 8331 v. 22. 2. 2002, S. 52) wird dazu ausgeführt: „Im Sinne der behindertenpolitischen Grundaussage des Behindertengleichstellungsgesetzes, in der die Herstellung von Barrierefreiheit als „Kernstück" angesehen wird, muss es zwingend sein, dass die Benutzung der unter diese Verordnung fallenden Bahnanlagen und Fahrzeuge nicht nur erleichtert, sondern in der allgemein üblichen Weise ohne besondere Erschwernis ermöglicht wird. Die Regelung hat zwingend Eingang in die Nahverkehrspläne zu finden, sofern Straßenbahnen darin geregelt werden.

34   **j) Luftverkehrsgesetz (Art. 53).** Mit den Ergänzungen zu § 19 d und § 20 b des Luftverkehrsgesetzes wird die Luftverkehrswirtschaft verpflichtet, die Belange behinderter Menschen besonders zu achten. Diesem Anliegen wird insbesondere durch Zielvereinbarungen i. S. v. § 5 des Gesetzes zur Gleichstellung behinderter Menschen Rechnung getragen. Die Änderung berücksichtigt zur Herstellung von Barrierefreiheit freiwillige Zielvereinbarungen zwischen Luftfahrtunternehmen, Flugplatzunternehmen und den Verbänden behinderter Menschen. Die Regelungen entsprechen weitestgehend Vereinbarungen auf europäischer Ebene.

35   Zugleich gewährleisten die Formulierungen die erforderliche Flexibilität zur Umsetzung internationaler Bestimmungen bzw. legislativer Maßnahmen der EU einerseits und im Hinblick auf die Zuständigkeiten von Ländern und Gemeinden andererseits. Insbesondere bieten die Ergänzungen im Luftverkehrsgesetz Raum, eine Reihe europäischer Initiativen in die nationale Gesetzgebung umzusetzen (z. B. Entschließung des Rates vom 2. 10. 2000).

36   In einer Konferenz der Luftfahrtunternehmen und Flughäfen im Rahmen der „Europäischen Zivilluftfahrtkonferenz – ECAC" am 10. 5. 2001 haben die Verbände der Luftfahrtgesellschaften eine Vereinbarung über die Anforderungen an Dienste für Fluggäste formuliert, die einen ausführlichen Anhang zu dem Umgang mit Personen mit reduzierter Mobilität enthält. Eine ähnliche Vereinbarung über die Passagierdienste der Flughäfen wurde dort ebenfalls verhandelt und vom internationalen Flughafenverband unterzeichnet. Beide Vereinbarungen sollen bis Anfang 2002 von der Luftverkehrswirtschaft in verbindliche Zielvereinbarungen umgesetzt werden.

37   In der Anhörung der Verbände im zuständigen Ausschuss des Deutschen Bundestages (s. BT-Drucks. 14/8331 v. 22. 2. 2002, S. 46) erklärte die Arbeitsgemeinschaft Deutscher Verkehrsflughäfen e. V., dass die deutschen Verkehrsflughäfen schon seit längerer Zeit mit Erfolg darum bemüht seien, die Zugänglichkeit und Benutzbarkeit der allgemein zugänglichen Flughafeneinrichtungen für behinderte Menschen zu erleichtern. Vor diesem Hintergrund bestünden keine grundsätzlichen Einwände gegen den Gesetzentwurf. Die Arbeitsgemeinschaft Deutscher Luftfahrtunternehmen wies auf die im Jahre 2001 unterschriebene Selbstverpflichtung hin. Diese sei vom Europäischen Verband der Linienverkehrsgesellschaften ausgegangen. Da es ein Weltverkehrssystem gebe, seien nationale Selbstverpflichtungen nicht zweckmäßig, weil diese von ausländischen Fluggesellschaften nicht eingehalten werden müssten.

38   In der Verordnung (EG) Nr. 261/2004 des Europäischen Parlaments und des Rates vom 11. 2. 2004 über eine gemeinsame Regelung für Ausgleichs- und Unterstützungsleistungen für Fluggäste im Fall der Nichtbeförderung und bei Annullierung oder großer Verspätung von Flügen und zur Aufhebung der Verordnung (EWG) Nr. 295/91 sind besondere Regelungen zu Gunsten von Personen mit

eingeschränkter Mobilität enthalten. So haben Personen mit eingeschränkter Mobilität und deren Begleitpersonen sowie unbegleitete Kinder Vorrang bei der Beförderung. Die Verordnung trat am 17. 2. 2005 in Kraft.

k) Schulrecht und Jugendhilferecht. Sowohl das Schulrecht – wo sowieso 39 die Gesetzgebungskompetenz bei den Ländern liegt – wie auch das Jugendhilferecht (SGB VIII) werden vom BGG nicht geändert. Die Länder haben hier in unterschiedlichem Umfang Barrierefreiheit gesetzlich geregelt, teils im Rahmen ihrer Landesgleichstellungsgesetze, teils in davon getreten Gesetzgebungsverfahren. Verwiesen wird nur beispielhaft auf das Schulgesetz von Rheinland-Pfalz, wo in § 1b Abs. 5 geregelt ist: „Behinderte Schüler sollen das schulische Bildungsangebot grundsätzlich selbstständig, barrierefrei i. S. v. § 2 Abs. 3 des Landesgesetzes zur Gleichstellung behinderter Menschen und gemeinsam mit nicht behinderten Schülern nutzen könne, wenn hierfür die sächlichen, räumlichen, personellen und organisatorischen Bedingungen geschaffen werden können" (s. zu den diesbezüglichen Leistungspflichten der Eingliederungshilfe nach BSHG (heute: SGB XII): Vorbemerkung Rdnr. 10 mit Hinweisen auf BVG-Urteil v. 28. 4. 2005 das sich auf Rheinland-Pfalz bezieht). Auch das Kindertagestättengesetz von NRW nimmt ausdrücklich Bezug auf das Barrierefreiheitsgebot des LGGBehM. Auf die noch immer bestehenden besonderen Defizite der Integration in den Schulen verweisen Theben (2005), aber auch die Bundesarbeitsgemeinschaft der überörtlichen Sozialhilfeträger – BagüS (2005). Auf die Rechtsprechung sei verwiesen (z. B. *OVG Saarland* Beschl. v. 9. 2. 2004 – Az: 3 Q 16/03).

l) Sozialgesetzbuch (Art. 47, 47a, 47b, 47c, 48, 48a). Die mit dem BGG 40 geregelten Änderungen des SGB in den Art. 47, 47a, 47b, 47c, 48, 48a sind praktisch ausschließlich rechtstechnisch-redaktioneller Art, dienen jedenfalls so nicht der Herstellung der Barrierefreiheit. Im Geltungsbereich des SGB wird Barrierefreiheit für das Sozialleistungsverfahren in § 17 Abs. 1 SGB I und für das Verwaltungsverfahren in § 19 SGB X geregelt. Die Normen waren bereits vor dem BGG in Kraft, sie überlappen teilweise den Geltungsbereich der Regelungen des BGG und der entsprechenden Ländergesetze. Konkrete Vorschriften für Barrierefreiheit finden sich im SGB IX und X für Gutachter (§ 14 Abs. 5 Satz 1 SGB IX), für die Servicestellen (§ 23 Abs. 3 Satz 1 SGB IX), für die Ausführung von Sozialleistungen (§ 17 Abs. 1 u. 2 SGB I) und im Sozialverwaltungsverfahren (§ 19 Abs. 1 und 2 SGB X).

m) Baurecht, Mietrecht. Wesentlich für die Gewährleistung von Barriere- 41 freiheit im Baubereich sind allgemein die Landesbauordnungen, für öffentliche Bereiche z. T. auch Ausführungsgesetze für SGB. Die Regelungen des Bundes beschränken sich auf die in § 8 Abs. 1 BGG formulierte Selbstbindung des Bundes bei zivilen Neubauten und großen zivilen Um- und Erweiterungsbauten barrierefreie Gestaltung vorzunehmen (s. Erl. dort). In vielen Landesbauordnungen und in der Musterbauordnung § 52 wird der Begriff der Barrierefreiheit verwendet, er ist aber durchaus vom weiteren Begriff des BGG zu unterscheiden. Typische Regelungen der Landesbauordnungen zur Barrierefreiheit werden nachfolgend beispielsweise genannt.

Teilweise wird die Berücksichtigung der Belange behinderter Menschen in den 42 Bauordnungen global verlangt (z. B. § 19 Abs. 1 Landesbauordnung für das Land Schleswig-Holstein). Teilweise wird ausdrücklich auf das Landesgleichstellungsgesetz und seinen Barrierefreiheitsbegriff Bezug genommen (z. B. § 4 Landesbauordnung Rheinland-Pfalz). Auch die Landesbauordnung in Nordrhein-Westfalen (BauO NRW) schreibt ausdrücklich Barrierefreiheit öffentlich zugänglicher baulicher Anlagen vor (§ 55 Abs. 1 u. 2 BauO NRW), ebenso in Bayern Art. 51 Abs. 1 BayBO. Auch Stellplätze für schwerbehinderte Menschen werden hier geregelt. Die Bayerische Bauordnung schreibt in Gebäuden mit mehr als zwei

Wohnungen die barrierefreie Erreichbarkeit mindestens einer Wohnung vor (Art. 46 Abs. 2 BayBO). Diese Wohnung muss rollstuhlgerecht sein. Bei unverhältnismäßigem Aufwand ist diese Verpflichtung aufgehoben.

43 Im bundesrechtlich geregelten Mietrecht wird in § 554 a BGB ein Anspruch eines Mieters auf Zustimmung des Vermieters zum notwendigen barrierefreien Umgestaltung seiner Wohnung. Die Vermieterinteressen sind mit den Mieterinteressen abzuwägen, Rückbaupflicht und Sicherheitsgestellung sind bei Verlangen des Vermieters vorgesehen.

5. Landesgleichstellungsgesetze

44 In den meisten Landes-Behindertengleichstellungsgesetzen findet sich eine Legaldefinition des Begriffs der Barrierefreiheit, die mit der des BGG wörtlich übereinstimmt (Bayern (Art. 4 BayBGG), Brandenburg (§ 4 Satz 1 BbgBGG), Bremen (§ 4 BremBGG), Hamburg (§ 4 HmbGGbM), Hessen (§ 3 Abs. 1 HessBGG), Rheinland-Pfalz (§ 2 Abs. 3 LGGBehM), das Saarland (§ 3 Abs. 3 SBGG) und Schleswig-Holstein (§ 2 Abs. 3 LBGG)). Auch in Baden-Württemberg wird der Wortlaut des BGG übernommen (§ 3 Satz 1 L-BGG), die Begrifflichkeit der Landesbauordnung aber unberührt gelassen (Satz 2). NRW (§ 4 BGG NRW) übernimmt sinngemäß, variiert aber die sprachliche Formulierung. In Berlin findet sich keine Legaldefinition von Barrierefreiheit im Landesgleichberechtigungsgesetz (LGBG). Sie fehlt auch im Gesetz für Chancengleichheit und gegen Diskriminierung behinderter Menschen im Land Sachsen-Anhalt (BGStG LSA). Das Fehlen der Legaldefinition Barrierefreiheit in Berlin und Sachsen-Anhalt dürfte wesentlich darauf zurück zu führen sein, dass diese Länder als einzige vor Inkrafttreten des BGG ihre Gesetze beschlossen. Sie weichen auch im Gesamtkonzept und der sachlichen Schwerpunktsetzung von den übrigen Landesgesetzen und dem BGG ab.

45 Materiell-rechtlich wird zumindest teilweise unmittelbar Anspruchs begründend das Anliegen der Barrierefreiheit in anderen Landesgesetzen placiert, insbesondere im Baurecht (Landesbauordnungen), im Recht der Kindertagestätten und im Schulrecht. Derartige Ansprüche sind nur in einem Teil der Bundesländer geregelt.

6. Supranationaler Bezug

46 Es wird auf Rdnr. 28, 36 f. sowie die Erl. § 1 Rdnr. 7 und die dort zitierte Literatur sowie auf die Erl. § 11 Rdnr. 10 verwiesen.

§ 5 Zielvereinbarungen

(1) ¹**Soweit nicht besondere gesetzliche oder verordnungsrechtliche Vorschriften entgegenstehen, sollen zur Herstellung der Barrierefreiheit Zielvereinbarungen zwischen Verbänden, die nach § 13 Abs. 3 anerkannt sind, und Unternehmen oder Unternehmensverbänden der verschiedenen Wirtschaftsbranchen für ihren jeweiligen sachlichen und räumlichen Organisations- oder Tätigkeitsbereich getroffen werden.** ²**Die anerkannten Verbände können die Aufnahme von Verhandlungen über Zielvereinbarungen verlangen.**

(2) ¹**Zielvereinbarungen zur Herstellung von Barrierefreiheit enthalten insbesondere**
1. **die Bestimmung der Vereinbarungspartner und sonstige Regelungen zum Geltungsbereich und zur Geltungsdauer,**

2. die Festlegung von Mindestbedingungen darüber, wie gestaltete Lebensbereiche im Sinne von § 4 künftig zu verändern sind, um dem Anspruch behinderter Menschen auf Zugang und Nutzung zu genügen,
3. den Zeitpunkt oder einen Zeitplan zur Erfüllung der festgelegten Mindestbedingungen.

²Sie können ferner eine Vertragsstrafenabrede für den Fall der Nichterfüllung oder des Verzugs enthalten.

(3) ¹Ein Verband nach Absatz 1, der die Aufnahme von Verhandlungen verlangt, hat dies gegenüber dem Zielvereinbarungsregister (Absatz 5) unter Benennung von Verhandlungsparteien und Verhandlungsgegenstand anzuzeigen. ²Das Bundesministerium für Gesundheit und Soziale Sicherung gibt diese Anzeige auf seiner Internetseite bekannt. Innerhalb von vier Wochen nach der Bekanntgabe haben andere Verbände im Sinne des Absatzes 1 das Recht, den Verhandlungen durch Erklärung gegenüber den bisherigen Verhandlungsparteien beizutreten. ³Nachdem die beteiligten Verbände behinderter Menschen eine gemeinsame Verhandlungskommission gebildet haben oder feststeht, dass nur ein Verband verhandelt, sind die Verhandlungen innerhalb von vier Wochen aufzunehmen.

(4) Ein Anspruch auf Verhandlungen nach Absatz 1 Satz 3 besteht nicht,
1. während laufender Verhandlungen im Sinne des Absatzes 3 für die nicht beigetretenen Verbände behinderter Menschen,
2. in Bezug auf diejenigen Unternehmen, die ankündigen, einer Zielvereinbarung beizutreten, über die von einem Unternehmensverband Verhandlungen geführt werden,
3. für den Geltungsbereich und die Geltungsdauer einer zustande gekommenen Zielvereinbarung,
4. in Bezug auf diejenigen Unternehmen, die einer zustande gekommenen Zielvereinbarung unter einschränkungsloser Übernahme aller Rechte und Pflichten beigetreten sind.

(5) ¹Das Bundesministerium für Gesundheit und Soziale Sicherung führt ein Zielvereinbarungsregister, in das der Abschluss, die Änderung und die Aufhebung von Zielvereinbarungen nach den Absätzen 1 und 2 eingetragen werden. ²Der die Zielvereinbarung abschließende Verband behinderter Menschen ist verpflichtet, innerhalb eines Monats nach Abschluss einer Zielvereinbarung dem Bundesministerium für Gesundheit und Soziale Sicherung diese als beglaubigte Abschrift und in informationstechnisch erfassbarer Form zu übersenden sowie eine Änderung oder Aufhebung innerhalb eines Monats mitzuteilen.

Gesetzgeberische Absicht ist es, mit der in der Norm getroffenen Regelung 1 vertragliche Möglichkeiten zur Herstellung von Barrierefreiheit auch dort zu erschließen, wo der Bundesgesetzgeber entweder keine eigene Zuständigkeit hat oder sie nicht nutzen will oder kann (s. auch *Majerski-Pahlen,* Erl. zu § 5 Rdnr. 3). Gegenstand der Zielvereinbarung ist die Herstellung der Barrierefreiheit. Diese erweist sich in vielen Fällen zu vielgestaltig, als dass sie mit relativ starren Vorschriften erfasst werden könnte. Zudem erfordert die zunehmende Komplexität und Geschwindigkeit der Entwicklungen die gesetzgeberische Schaffung eines Rahmens, der solche Entwicklungen weder blockiert noch behindert. Zielvereinbarungen, d. h. frei vereinbarte Standards zwischen den Beteiligten, ermöglichen die flexible Aufnahme solcher Entwicklungen sowie eine angemessene den Grundsatz der Verhältnismäßigkeit berücksichtigende Lösungsfindung.

2 Eine ähnliche Zielvereinbarungsregelung – hier unter der rechtlichen Bezeichnung „Integrationsvereinbarung" – findet sich bislang als ein Instrument des SGB IX. Dort sieht § 83 eine umfängliche Integrationsvereinbarung zwischen Arbeitgeber und Schwerbehindertenvertretung vor. Der Begriff Zielvereinbarung stammt aus der Verwaltungsreform. In der Sache muss der Begriff mit Inhalt gefüllt werden, das Gesetz gibt zunächst nur die Vertragsparteien und allgemein den Vertragsgegenstand – die Herstellung von Barrierefreiheit – vor.

3 Bei Zielvereinbarungen handelt es sich um zivilrechtliche Verträge, deren Inhalt von den Vertragspartnern frei verhandelt und ausgestaltet werden kann. Das BGG trifft deshalb keine verbindlichen Regelungen und stellt stattdessen die Verwirklichung der Ziele in das Belieben der Parteien; lediglich § 5 Abs. 2 BGG normiert gewisse Mindestvoraussetzungen. Die Beteiligten sind danach befugt, in eigener Verantwortung Regelungen zu treffen, wie und in welchem Zeitraum Barrierefreiheit vor Ort konkret zu verwirklichen ist, so z. B. zwischen einem Behindertenverband und einer Kaufhauskette hinsichtlich der künftig barrierefreien Gestaltung der Verkaufsräume. Auf diese Weise sind flexible Regelungen möglich, die den jeweiligen Verhältnissen und Bedürfnissen angepasst sind. Ob bei Fehlen einer Voraussetzung der Vertrag gemäß § 134 BGB nichtig ist, erscheint fraglich, da ein Verstoß gegen den gesetzlichen Zweck dann wohl nicht vorliegt. Da die Partner einer Zielvereinbarung grundsätzlich im Rechtsverkehr erfahrene Wirtschaftsunternehmen und Verbände sind, kann davon ausgegangen werden, dass diese auch angemessene vertragliche Regelungen für den Fall vorsehen, dass die Vereinbarung z. B. nicht vollständig oder nicht termingerecht erfüllt wird. Nach den allgemeinen Grundsätzen des Vertragsrechts entfaltet die Zielvereinbarung rechtliche Verbindlichkeit nur für die am Abschluss beteiligten Parteien. Nach den allgemeinen Grundsätzen des Vertragsrechts entfaltet die Zielvereinbarung rechtliche Verbindlichkeiten nur für die am Abschluss beteiligten Parteien.

4 Die Verbindlichkeit der Regelung kann dadurch erzeugt werden, dass Unternehmen den Vereinbarungen beitreten: ein Beitritt kann für die Unternehmen interessant sein, die ansonsten Wettbewerbsnachteile zu befürchten hätten: zugleich kann der Beitritt zur Zielvereinbarung Werbeeffekt haben (*Wagner/Kaiser,* S. 103). Darüber hinaus kann die Zielvereinbarung auch die Funktion übernehmen, das abstrakt vorgegebene gesetzlich oder in Verordnungen formulierte Ziel zu konkretisieren und die einzelnen Umsetzungsschritte, zeitlichen Abschnitte und konkreten Standards auszufüllen. Sie kann damit eine flexible, auf dem Verhandlungswege zu erreichende Implementierung der gesetzlichen Ziele eines barriere- und diskriminierungsfreien Lebensumfeldes für behinderte Menschen erreichen, ohne ausschließlich ordnungsrechtlich zu sehr in das Alltagsleben eingreifen zu müssen.

5 Zielvereinbarungen können naturgemäß nur im sachlichen und räumlichen Organisations- oder Tätigkeitsbereich der Unternehmen und Unternehmensverbände getroffen werden. Z. B. soll ein Blindenverband keine Vereinbarung für den barrierefreien Zugang für Rollstuhlfahrer schließen. In der Praxis werden voraussichtlich stets Zusammenschlüsse von Behindertenverbänden gemeinsam mit den Unternehmen oder Unternehmensverbänden Vereinbarungen schließen, die möglichst alle Formen von Beeinträchtigungen umfassen. Damit würde für die Unternehmen oder Unternehmensverbänden auch mehr Rechts- und Vertragssicherheit geschaffen.

6 Absatz 1 Satz 1 legt fest, dass Zielvereinbarung als Instrument der Herstellung der Barrierefreiheit nur eingesetzt werden können, soweit nicht besondere gesetzliche oder verordnungsrechtliche Vorgaben dem entgegen stehen. Diese Norm beinhal-

tet kein generelles Verbot für den Abschluss von ergänzenden Zielvereinbarungen für die Bereiche, die bereits durch besondere gesetzliche oder verordnungsrechtliche Vorgaben hinreichend bestimmt sind (wie z. B. durch Nahverkehrspläne nach dem Personenbeförderungsgesetz oder Programme nach der Eisenbahn- Bau und Betriebsordnung).

Absatz 1 Satz 1 legt zudem abschließend die Verhandlungspartner fest: einerseits 7 Unternehmen und Unternehmensverbände, andererseits die nach § 13 Abs. 3 anerkannten Verbände. Bisher sind 22 Verbände vom Ministerium anerkannt worden. Eine vollständige Liste dieser Verbände findet sich in der über die Internetseiten des BMAS zugängliche Datenbank zu den Zielvereinbarungen. Nach Satz 2 haben die anerkannten Verbände einen Anspruch gegenüber den Unternehmen und Unternehmensverbänden auf Aufnahme von Verhandlungen über Zielvereinbarungen. Die Unternehmen und Unternehmensverbänden auf Aufnahme können jedoch nicht zum Abschluss einer Zielvereinbarung gezwungen werden (gleicher Auffassung: *Wagner/Kaiser*, S. 104; *Majerski-Pahlen*, § 5 Rdnr. 5).

Absatz 2 konkretisiert die inhaltlichen Mindestanforderungen an eine Ziel- 8 vereinbarung. Um eine solche Vereinbarung auch umsetzungssicher zu machen, sollten Regelungen für den Fall der Vertragsverletzung getroffen werden. Als Instrument freiwilliger Vereinbarung soll der Gestaltungswille der potentiellen Vertragspartner nicht eingeschränkt werden.

Absätze 3 und 4 bezwecken die im allseitigen Interesse liegende Konzentration 9 von Verhandlungen über Zielvereinbarungen auf die entsprechenden Verbände (*Braun* 2003).

Verbände, die ihren Anspruch aus Absatz 1 geltend machen, haben die Aufnah- 10 me von Verhandlungen gegenüber dem vom BMAS geführten Zielvereinbarungsregister anzuzeigen.

Andere anerkannte Verbände haben binnen vier Wochen nach Bekanntgabe 11 einen Anspruch darauf, den Verhandlungen durch Erklärung gegenüber den bisherigen Verhandlungsparteien beizutreten. Verbände behinderter Menschen, die sich innerhalb der Vier-Wochen-Frist nach Bekanntgabe nicht melden, verlieren nach Abs. 4 Nr. 1 den Verhandlungsanspruch gegenüber dem betroffenen Unternehmensverband bzw. Unternehmen in Bezug auf den Verhandlungsgegenstand. Um die Interessenvertretung aller in eine Verhandlung einbezogenen Behindertenverbände und eine einheitliche Verhandlungsführung zu gewährleisten, beginnen die Verhandlungen erst, nachdem eine gemeinsame Verhandlungskommission auf Seiten der Behindertenverbände zustande gekommen und eine angemessene Vorbereitungsfrist, höchstens vier Wochen, verstrichen ist.

Eingeschränkt wird der grundsätzlich in Abs. 1 Satz 3 geregelten Verhandlungs- 12 anspruch im Rahmen des Abs. 4 (Präklusionswirkung). Absatz 4 Nr. 2 trägt insbesondere den Belangen kleinerer Unternehmen Rechnung, die mit der eigenständigen Durchführung der Verhandlungen ggf. in erheblichem Maße belastet werden könnten. Sie sollen auf Verhandlungen mit einem Unternehmensverband verweisen können und sind in diesem Fall für die Dauer der mit dem Unternehmensverband geführten Verhandlungen selber nicht verpflichtet. Diese zeitweise Präklusionswirkung entfällt, wenn mit dem Unternehmensverband eine Zielvereinbarung zustande gekommen ist. Sie lebt wieder auf, wenn das Unternehmen der auf Verbandsebene zustande gekommenen Zielvereinbarung vorbehaltlos beitritt, indem es alle Rechte und Pflichten rechtsverbindlich für das Unternehmen übernimmt (Abs. 4 Nr. 4). Generell gilt für Verbände behinderter Menschen – unabhängig davon, ob sie Verhandlungen innerhalb der Frist nach Abs. 3 Satz 3 beigetreten oder nicht beigetreten sind –, dass sie für den Gegenstand – also den sachlichen und räumlichen Geltungsbereich und die Geltungsdauer – der Zielvereinbarung keinen Anspruch auf (weitere) Verhandlungen nach Abs. 1 Satz 3 mehr haben.

13 Die Berichtspflicht des Abs. 5 stellt sicher, dass das Zustandekommen von Zielvereinbarungen überprüft wird. Auch soll die Position der Behindertenverbände insoweit gestärkt werden, dass sie Verhandlungen über eine Zielvereinbarung verlangen können. Es erscheint gerechtfertigt, die Mitteilungspflicht den Behindertenverbänden aufzuerlegen, weil gerade diese ein Interesse an der Dokumentation der Vereinbarungen haben. Absatz 4 Satz 2 sorgt für den notwendigen Gleichklang im Bereich des Personenbeförderungsgesetzes und der Eisenbahn- Bau- und Betriebsordnung. Das bedeutet, wenn z. B. ein Programm i. S. d. § 2 Abs. 3 der Eisenbahn- Bau- und Betriebsordnung erstellt worden ist, dass ein Verhandlungsanspruch nach § 5 Abs. 1 ausgeschlossen ist.

14 Verhandlungen über Zielvereinbarungen sind dem beim Bundesministerium für Arbeit und Soziales eingerichteten Zielvereinbarungsregister unter Benennung von Verhandlungsparteien und Verhandlungsgegenstand anzuzeigen. Den Internetseiten des Ministeriums kann entnommen werden, dass derzeit vier Verhandlungen über Zielvereinbarungen gemeldet sind. Zwei Verhandlungen betreffen den Verkehrsbereich (barrierefreie Gestaltung von Haltepunkten, Fahrzeugen sowie Bahnsteigen). Mit der barrierefreien Gestaltung einer Betriebsstätte der Globus Handelshof GmbH & Co. KG befasst sich die vierte Verhandlung. Erstabschlüsse von Zielvereinbarungen sind gemeldet worden. Die erste abgeschlossene Zielvereinbarung hat die standardisierte Erfassung, Bewertung und Darstellung barrierefreier Angebote in Hotellerie und Gastronomie zum Gegenstand (§ 4 Rdnr. 16).

15 Zum Mindestinhalt von Zielvereinbarungen gehören neben Geltungsbereich und Geltungsdauer die Festlegung von Mindestbedingungen darüber, wie und in welchem Zeitrahmen Barrierefreiheit hergestellt werden soll. Der Deutsche Behindertenrat hat einen Mustervertragstext für Zielvereinbarungen erarbeitet. Der Mustervertragstext kann den anerkannten Verbänden als Hilfestellung zur juristischen Ausgestaltung einer Zielvereinbarung dienen. Der mit ausführlichen Erläuterungen versehene Mustervertragstext gibt Hinweise auf viele denkbare Gestaltungsmöglichkeiten zu vertraglichen Regelungen zu Mindeststandards, zur Erfüllungszeit und Geltungsdauer, zur Kündigung und zu Vertragsstrafen, zur Zusammenarbeit der Vertragspartner sowie zur außergerichtlichen Streitbeilegung.

16 *Frehe* (2002) bewertet die Zielvereinbarung wie folgt: „Mit dem Instrument der Zielvereinbarungen kann das Spektrum der Schritte zu mehr Barrierefreiheit und weniger Diskriminierung behinderter Menschen erheblich erweitert werden. Es setzt aber auf der einen Seite den aufgeklärten Unternehmer voraus, der bereit ist, an Verbesserung der gesellschaftlichen Teilhabe seiner behinderten Kunden, auch durch die bessere Nutzung seiner Angebote, mitzuwirken. Der Unternehmer muss sich als Bürger dieser Gesellschaft begreifen – eben nicht nur als „Bourgeois", sondern auch als „Citoyen". Behinderten Menschen wird mit diesem Instrumentarium nicht nur die Möglichkeit zur realen Verbesserung ihrer Lebensqualität geboten. Sie werden auch in einem noch nie gekannten Maße gefordert. Sie müssen an der Realisierung der Barrierefreiheit aktiv mitarbeiten. Denn die Gleichstellung behinderter Menschen fällt nicht wie Manna vom Himmel. Sie ist nur mit zäher Nutzung dieses Instrumentariums schrittweise durchzusetzen."

17 In den meisten Bundesländern wird keine eigene landesrechtliche Regelung zur Zielvereinbarung getroffen, da die gesetzgebenden Organe der Länder zu Recht davon ausgingen, dass die bundesrechtliche Regelung auch regionale Zielvereinbarungen zulässt. Nicht in den Einfluss der Länder kommt bei diesem Verzicht auf eigene landesrechtliche Regelung der Zielvereinbarung die Möglichkeit, die Vertragspartner selbst zuzulassen. Eigene Zielvereinbarungen finden sich derzeit nur in wenigen Landesgesetzen u. a. im Saarland, in NRW und neuestens auch in Thüringen.

Das **Saarland** regelt in § 12 SBGG den Abschluss von Zielvereinbarungen auf 18
rein landesrechtlicher Basis zur Herstellung von Barrierefreiheit. Das landesseitige
Zielvereinbarungsregister wird beim Landesbeauftragten für die Belange von Menschen mit Behinderungen geführt. Melde- und Mitteilungspflichten bestehen in
etwa analog dem Bundesrecht. Die Aufnahme von Verhandlungen wird im Internet veröffentlicht. Im Oktober 2005 lagen noch keine Anmeldungen vor.

Für **NRW** findet sich in § 5 BGG NRW die landesrechtliche Regelung einer 19
Zielvereinbarung zur Herstellung von Barrierefreiheit. Das Zielvereinbarungsregister wird beim für die Behindertenpolitik federführenden Landesministerium geführt. Analoge Anzeige-, Mitteilungs- und Veröffentlichungspflichten im Internet
sind geregelt. Das Zielvereinbarungsregister NRW wird beim für die Behindertenpolitik federführenden Landesministerium geführt (www.mags.nrw.de/soziales/
material/zielvereinbarungen.pdf). Im September 2005 waren dort fünf Zielvereinbarungsverhandlungen angekündigt, sämtlich vom Landesverband NRW für Körper- und Mehrfachbehinderte e.V. Verhandelt wird mit einem Bäderbetrieb, drei
Kommunen und einem Verkehrsbetrieb.

§ 6 Gebärdensprache und andere Kommunikationshilfen

(1) **Die Deutsche Gebärdensprache ist als eigenständige Sprache anerkannt.**

(2) **Lautsprachbegleitende Gebärden sind als Kommunikationsform der deutschen Sprache anerkannt.**

(3) **¹Hörbehinderte Menschen (Gehörlose, Ertaubte und Schwerhörige) und sprachbehinderte Menschen haben nach Maßgabe der einschlägigen Gesetze das Recht, die Deutsche Gebärdensprache oder lautsprachbegleitende Gebärden zu verwenden. ²Soweit sie sich nicht in Deutscher Gebärdensprache oder mit lautsprachbegleitenden Gebärden verständigen, haben sie nach Maßgabe der einschlägigen Gesetze das Recht, andere geeignete Kommunikationshilfen zu verwenden.**

Die Norm des § 6 ist die letzte Vorschrift im Allgemeinen Teil des BGG, sie ist 1
zwar kein reiner Programmsatz, aber dient vor allem dazu, dass der Gesetzgeber
seine grundsätzliche Orientierung zur Erreichung von Barrierefreiheit auch für den Personenkreis der hör- und sprachbehinderten Menschen festlegt. In Abs. 1 wird die
Deutsche Gebärdensprache ausdrücklich als eigenständige Sprache anerkannt.
Damit wird dem Anliegen des einstimmigen Beschlusses des Deutschen Bundestages vom 19. 5. 2000 Rechnung getragen: Es wird klargestellt, dass die von hör- und sprachbehinderten Menschen verwandte Deutsche Gebärdensprache als eine
der deutschen Lautsprache ebenbürtige Form der Verständigung zu respektieren
ist (siehe Informationen zur Deutschen Gebärdensprache: www.dgsd.de und
www.deutsche-gesellschaft.de). In Abs. 2 werden **lautsprachbegleitende Gebärden** als Kommunikationsform der deutschen Sprache anerkannt. In Abs. 3 Satz 2
werden zusätzlich **„andere geeignete Kommunikationsformen"** genannt.
Abs. 1 und 2 knüpfen an fachwissenschaftlich klar definierte Formen der sprachlichen Verständigung an, die auch eine gewisse Verbreitung haben und für die ein
Dolmetscherangebot besteht, (z. B. www.dgsd.de, sowie Bundesverwaltungsamt
Info 1725, 3/2003, www.bva.bund.de) Die in Abs. 3 Satz 2 genannten anderen geeigneten Kommunikationshilfen sind weniger abschließend definiert, dazu gehört
z. B. das Lormen (die Sprache der taubblinden Menschen) (siehe Regierungsbegründung BR-Drucks. 928/01, S. 98). Was unter anderen geeigneten Kommunikationsmitteln zu verstehen ist, muss mit fachlichen Überlegungen unter Heran-

ziehung der KHV (siehe unten sowie bei § 9 Rdnr. 2 ff.) im Einzelfall geprüft werden. Das älteste deutsche Gleichstellungsgesetz, das des Landes Berlin (Gesetz über die Gleichberechtigung von Menschen mit und ohne Behinderung (Landesgleichberechtigungsgesetz – LGBG) vom 17. 5. 1999 zuletzt geändert am 29. 9. 2004, Gesetz- und Verordnungsblatt für Berlin, Nr. 21/1999, S. 178–182; Nr. 42/2004, S. 433) legt noch ausdrücklich fest, dass auch die schriftliche Verständigung in Frage kommt (§ 12 Abs. 2). Es ist jedoch nach heutiger Auffassung unbedingt jeweils im Einzelfall zu klären, ob die deutsche Schriftsprache ausreichend aktiv und passiv beherrscht wird. Für sprach- und hörgeschädigte Menschen ist dies jedenfalls nicht selbstverständlich gegeben, auch ein autistischer Mensch kann zumindest im Einzelfall als sprachbehinderter Mensch gelten und hat dann Anspruch auf geeignete Kommunikationshilfe.

2   Wie weit gefasst diese **Kommunikationshilfen** zu sehen sind, verdeutlicht § 3 der Verordnung zur Verwendung von Gebärdensprache und anderen Kommunikationshilfen im Verwaltungsverfahren nach dem Behindertengleichstellungsgesetz (Kommunikationshilfenverordnung – KHV) BGBl. I S. 2650–2651. Dort wird in Abs. 2 für Anwendung des § 9 Abs. 1 Folgendes festgelegt: Als andere Kommunikationshilfen kommen Kommunikationshelferinnen und Kommunikationshelfer, Kommunikationsmethoden und Kommunikationsmittel in Betracht:
1. Kommunikationshelferinnen und Kommunikationshelfer sind insbesondere
    a) Schriftdolmetscherinnen und Schriftdolmetscher;
    b) Simultanschriftdolmetscherinnen und Simultanschriftdolmetscher;
    c) Oraldolmetscherinnen und Oraldolmetscher oder
    d) Kommunikationsassistentinnen und Kommunikationsassistenten.
2. Kommunikationsmethoden sind insbesondere
    a) Lormen und taktil wahrnehmbare Gebärden oder
    b) gestützte Kommunikation für Menschen mit autistischer Störung.
3. Kommunikationsmittel sind insbesondere
    a) akustisch-technische Hilfen oder
    b) grafische Symbol-Systeme.
Diese anderen geeigneten Kommunikationshilfen sind zu unterscheiden von Hilfsmitteln für hör- und sprachbehinderte Menschen, die generell zum Leistungskanon der Rehabilitationsträger gehören. Sie sind z.B. in § 9 Eingliederungsverordnung für die Leistungen nach dem SGB XII festgelegt. Auch *Majerski-Pahlen* (§ 9 BGG Rdnr. 4, in: *Neumann u. a.* 2005) verweist darauf, dass die im SGB IX geregelten Hilfsmittel nicht unter den Begriff der Kommunikationshilfen fallen.

3   Die Norm bildet noch keine gesetzliche Grundlage für individuelle Ansprüche. **Rechtsansprüche** können nur aus **einschlägigen Gesetzen** abgeleitet werden, wie Abs. 3 Satz 1 ausdrücklich festlegt. Konkret wird das Recht, die Deutsche Gebärdensprache, lautsprachbegleitende Gebärden oder andere geeignete Kommunikationsformen zu verwenden, in den jeweils einschlägigen Gesetzen geregelt. Die einschlägigen Gesetze verpflichten jeweils die dort genannte öffentliche Stelle, grenzen sachlich den Anspruch ein und legen die Kostenübernahme der verpflichteten Stelle fest. Unterschiedlich wird in den Gesetzen gehandhabt, ob die verpflichtete Stelle nur zur Übernahme der Kosten oder auch zur Bereitstellung der Leistung verpflichtet ist.

4   Zu solchen einschlägigen Gesetzen im **Bundesrecht** zählen die Bestimmungen des § 9 BGG für das Verwaltungsverfahren der Bundesbehörden und die hierzu erlassene Kommunikationshilfenverordnung, die Regelungen im Sozialgesetzbuch zum Verwaltungsverfahren (§ 19 SGB X), zu den Ausführungen von Sozialleistungen (§ 17 SGB I) sowie zu den Leistungen zur Teilhabe am Leben in der Gesellschaft (§ 57 SGB IX). Außerdem sind in diesem Zusammenhang Regelungen zum Gerichtsverfahren (s. § 4 Rdnr. 12–14) einschlägig, zu nennen sind § 186 GVG,

§ 66 e StPO, § 483 ZPO. Für den Bereich der Bundesverwaltung wird auf die Broschüre des Bundesverwaltungsamtes Info 1725, 3/2003, www.bva.bund.de verwiesen.

Im **besonderen Arbeitsrecht des SGB IX Teil 2** werden für schwerbehinderte Menschen auch im Arbeitsleben Kosten des Gebärdendolmetschens übernommen. Die Kostenerstattung bzw. der Kostenzuschuss richtet sich bei den Integrationsämtern nach der Empfehlung zur Bezuschussung von Kosten für Gebärdensprachdolmetscherinnen – Leistungen, die Bundesarbeitsgemeinschaft der Integrationsämter und Hauptfürsorgestellen (BIH) (www.integrationsaemter.de) mit dem Deutschen Gehörlosenbund und dem Bundesverband der Gebärdensprachdolmetscherinnen Deutschlands (www.bgsd.de) vereinbart hat. Im Übrigen kann im Arbeitsleben, sofern das Gebärdensprachdolmetschen regelmäßig gebraucht wird, die Finanzierung auch als Arbeitsassistenz i. S. v. § 33 Abs. 8 Nr. 3 bzw. § 102 Abs. 4 SGB IX erfolgen (s. Erl. dort). Kostenträger können dann auch die Rehabilitationsträger sein. 5

In vierzehn **Bundesländern** liegen Landesbehindertengleichstellungsgesetze vor, die alle Regelungen für hör- und sprachgeschädigte Menschen umfassen. Die **Anerkennung der Deutschen Gebärdensprache** sowie analoge Regelungen für die **lautbegleitende Gebärde** und die anderen **Kommunikationshilfen** entsprechend § 6 BGG erfolgt im jeweiligen Landesrecht in Baden-Württemberg (§ 8 Abs. 1–3), in Bayern (Art. 6 Abs. 1–3 BayBGG), in Berlin (§ 12 Abs. 1 u. 2), in Brandenburg (§ 5 Abs. 1 BbgBGG), in Bremen (§ 10 Abs. 1–3 BremBGG), in Hamburg (§ 5 HmbGGbM), in Hessen (§ 8 HessBGG), in Schleswig-Holstein (§ 10 LBGG) und in Thüringen (§ 11 ThürGlG). In NRW, Rheinland-Pfalz, im Saarland und Sachsen-Anhalt fehlt die ausdrückliche Anerkennung der Deutschen Gebärdensprache analog § 6 BGG in den dortigen Landesgleichstellungsgesetzen. Da es sich aber bei dieser Norm um einen bundesgesetzlichen Programmsatz handelt, andererseits aber die genannten Länder ihre eigenen Verwaltungen im Wesentlichen Vorschriften unterwerfen, die analog der rechtsanspruchbegründenden Norm des § 9 Abs. 1 BGG formuliert sind, ergibt sich in diesen vier Ländern hinsichtlich Deutscher Gebärdensprache und der anderen genannten Kommunikationsformen hör- und sprachbehinderter Menschen keine Schlechterstellung im öffentlich-rechtlichen Bereich. In den Ländern Mecklenburg – Vorpommern und Niedersachsen bestehen keine Landesgleichstellungsgesetze. 6

Die **Kostenerstattung und/oder Bereitstellung der Leistung** wird im jeweiligen Landesrecht unterschiedlich festgelegt. Sie wird in **Baden-Württemberg** in § 8 Abs. 4 L-BGG in Anlehnung das Justizvergütungs- und Erstattungsgesetz geregelt, es findet eine reine Kostenerstattung statt. **Bayern** schafft in Art. 11 Abs. 2 eine Ermächtigung für eine eigene RV, die die Voraussetzungen und den Umfang der Kostenerstattung für hör- und sprachbehinderte Menschen regeln soll. Diese RV steht noch aus. Im Gesetz wird aber festgelegt, dass die Erstattung nur erfolgt, wenn der Anspruchberechtigte die notwendige Leistung selbst zur Verfügung stellt. Auch die Grundsätze für eine angemessene Vergütung (Art. 11 Abs. 2 Nr. 3 BayBGG) und die Festlegung der erstattungsfähigen Kommunikationshilfen (Art. 11 Abs. 2 Nr. 4 BayBGG) sollen in der RV geregelt werden. **Berlin** verpflichtet die öffentlichen Stellen zur Sicherstellung der Leistung (§ 12 Abs. 2 L-BGG) und erklärt die §§ 2, 3, 4 Abs. 1 u. § 5 Kommunikationshilfeverordnung (KHV) des Bundes in der jeweils gültigen Fassung für anwendbar. **Brandenburg** hat sich auf Sicherstellung der Leistung (§ 4 BbgKHV) und Kostenerstattung nach eigner Rechtsverordnung (Brandenburgische Kommunikationshilfeverordnung – BbgKHV v. 24. 5. 2004) festgelegt. § 5 BbgKHV bezieht sich aber auf das Justizvergütungs- und Erstattungsgesetz (bzw. zuvor: Gesetz über die Entschädigung von Zeugen und Sachverständigen). **Bremen** regelt in § 10 7

Abs. 3 BremBGG einen Sicherstellungsauftrag der verpflichteten Dienststellen. Die Vergütung der Leistungen wird in § 5 BremKHV geregelt werden. Danach werden Gebärdensprachdolmetscher, Gebärdensprachdolmetscherinnen und Kommunikationshelfer, Kommunikationshelferinnen entsprechend den Regelungen entschädigt, die zwischen der Bundesarbeitsgemeinschaft der Integrationsämter und Hauptfürsorgestellen, dem Deutschen Gehörlosenbund und dem Bundesverband der Gebärdensprachdolmetscherinnen Deutschlands getroffen wurden. Die „Empfehlung zur Bezuschussung von Kosten für Gebärdensprachdolmetscherinnen-Leistungen", Stand 1. 7. 2004, ist Bestandteil der Verordnung (Anlage). Für den Einsatz sonstiger Kommunikationshilfen werden die entstandenen Aufwendungen getragen. **Hamburg** beschränkt den Anspruch auf Erstattung der notwendigen Auslagen, deren Umfang in einer RV des Senats geregelt werden soll (§ 8 HmbGGbM). **Hessen** will per eigener RV gem. § 11 Abs. 2 HessBGG die Bereitstellung und die Grundsätze der angemessenen Vergütung regeln. Nach Nr. 4 der Verordnungsermächtigung soll dort auch festgelegt werden, welche Kommunikationsformen als andere geeignete Kommunikationshilfen anzusehen sind. **NRW** hat in § 8 Abs. 2 eine Rechtsverordnung geregelt, die Bereitstellung, Grundsätze angemessener Vergütung und andere Kommunikationsformen festlegen soll. Die KHV NRW ist am 1. 7. 2004 in Kraft getreten (Verordnung zur Verwendung von Gebärdensprache und anderen Kommunikationshilfen im Verwaltungsverfahren nach dem Behindertengleichstellungsgesetz Nordrhein-Westfalen (Kommunikationshilfenverordnung Nordrhein-Westfalen – KHV NRW) vom 15. 6. 2004, Gesetz- und Verordnungsblatt für das Land Nordrhein-Westfalen, Nr. 21/2004, S. 201 ff.). In **Rheinland-Pfalz** haben die verpflichteten Behörden auf Wunsch des behinderten Menschen die Leistungen zur Verfügung zu stellen. Eine RV des Landes ist vorgesehen (§ 8 Abs. 2 LGGBehM). **Schleswig-Holstein** legt die Bereitstellungspflicht der verpflichteten Behörden fest und lehnt die Vergütung ursprünglich an das Gesetz über die Entschädigung von Zeugen und Sachverständigen an (heute: Justizvergütungs- und Erstattungsgesetz). Kommunikationshilfen werden durch Bezug auf die KHV des Bundes geregelt. Auch Thüringen will in einer eigenen RV Regelungen treffen.

8   Von besonderer Bedeutung für eine öffentlich-rechtliche Gleichstellung sind die Regelungen für Gebärdensprache und andere Kommunikationshilfen in Schulen, die allerdings ausschließlich Sache der Länder sind.

9   **Bayern** regelt einen Erstattungsanspruch hör- und sprachbehinderter Eltern von nicht hör- und sprachbehinderten Eltern für die Kommunikation mit der Schule (Art. 11 Abs. 1 Satz 3 BayBGG). Die Regelung findet sich auch wortgleich im HessBGG. Auch Thüringen trifft eine derartige Regelung (§ 11 Abs. 6 ThürGlG).

10 **Berlin** führt mit § 13 L-BGG sowohl für Sonderschulen wie für integrative Schulen die Deutsche Gebärdensprache und die lautsprachbegleitende Gebärde ein. Die Lehrerprüfungsordnung soll sicherstellen, dass die Befähigung der Lehrer für derartigen Unterricht sichergestellt wird. Es wird eine Übergangsfrist für Lehrer bis 31. 12. 2007 eingeräumt (§ 13 Abs. 3 L-BGG).

11 **Bremen** kündigte in der Regierungsbegründung zum BremBGG an, dass die Umsetzung der Ziele im Schulrecht im Rahmen einer geplanten umfassenden Novellierung erfolgen soll. Diese Novellierung ist mit dem Bremischen Schulgesetz (BremSchulG) vom 28. 6. 2005 (Brem.GBl. S. 260) erfolgt. Das BremSchulG enthält bei den allgemeinbildenden Schulen Regelungen für das Förderzentrum (§ 22 BremSchulG). Das Förderzentrum hat den Auftrag, eine auf die individuelle Problemlage und Behinderung von Schülerinnen und Schülern ausgerichtete Betreuung, Erziehung und Unterrichtung anzubieten. Dabei können auch therapeutische und soziale Hilfen außerschulischer Träger einbezogen werden. Darüber hinaus hat es die Aufgabe, die allgemeine Schule in sonderpädagogischen Fragen

Gebärdensprache u. and. Kommunikationshilfen   12–15 § 6 BGG

zu beraten und bei präventiven Maßnahmen gegen drohende Behinderungen ihrer Schülerinnen und Schüler zu unterstützen. Förderzentren sollen soweit inhaltlich und wirtschaftlich sinnvoll organisatorisch und räumlich den zugehörigen Stufen der allgemeinen Schule angegliedert werden. Die einzelnen Förderzentren unterscheiden sich nach der Art ihrer sonderpädagogischen Förderschwerpunkte und nach dem Angebot an Bildungsgängen. Die einzelnen Förderschwerpunkte von Förderzentren, ihre jeweiligen Bildungsgänge und deren Dauer sowie das Nähere über die wegen der Behinderungsart notwendigen Abweichungen von den Zeugnis- und Versetzungsbestimmungen regelt eine Rechtsverordnung. Das Förderzentrum und die allgemeine Schule sollen in enger Zusammenarbeit auf die Eingliederung ihrer Schülerinnen und Schüler in die allgemeine Schule hinwirken. In § 35 Abs. 4 BremSchulG wird zur sonderpädagogischen Förderung ausgeführt: Kinder und Jugendliche mit sonderpädagogischem Förderbedarf haben im Rahmen der Schulpflicht das Recht, allgemeine Schulen zu besuchen und dort die sonderpädagogischen Hilfen für die Teilnahme am Unterricht, der so weit wie möglich gemeinsam in der Regelklasse durchzuführen ist, zu erhalten, soweit nicht ausnahmsweise aus inhaltlichen oder organisatorischen Gründen im Rahmen der zur Verfügung stehenden Mittel eine gesonderte Förderung in Lerngruppen mit sonderpädagogisch ausgerichtetem Unterricht in enger Verbindung zur inhaltlichen Arbeit der Regelklassen der allgemeinen Schule oder in einem Förderzentrum erforderlich oder zweckmäßig ist. Die Entscheidung über den Förderort und über den Bildungsgang des Kindes oder des oder der Jugendlichen trifft, nach Möglichkeit im Einvernehmen mit den Erziehungsberechtigten, der Senator für Bildung und Wissenschaft, in Bremerhaven der Magistrat. Es wird abzuwarten sein, ob diese Rechtslage im Rahmen der RV zu verstärkter Eingliederung hörbehinderter Kinder und Jugendlicher in die allgemeinen Schulen führt.

Hessen hat mit der Norm des § 11 Abs. 1 Satz 3 HessBGG eine Regelung **12** für hör- und sprachbehinderte Eltern von nicht behinderten Kindern für die Übernahme der Kosten der behinderungsspezifischen Kommunikationsaufwände. Die Regelung entspricht auch im Wortlaut der bayerischen. § 6 HessBGG regelt allgemein für behinderte Menschen die gemeinsame Erziehung und Bildung in öffentlichen Einrichtungen nach näherer Maßgabe der jeweiligen Landesgesetze.

Niedersachsen: Niedersächsisches Schulgesetz (NSchG) i. d. F. vom 3. 3. 1998 **13** (Nds. GVBl. S. 137), zuletzt geändert durch Art. 9 des Gesetzes zur Änderung des niedersächsischen Kommunalverfassungsrechts und anderer Gesetze vom 22. 4. 2005 (Nds. GVBl. Nr. 9, S. 110) regelt als modernes Schulgesetz im Gesetz ebenfalls – wie Bremen – keine Fragen einzelner Behinderungsgruppen, stellt aber Regeln für Schülerinnen und Schüler mit sonderpädagogischem Förderbedarf zur schulischen Integration auf (s. §§ 4, 14, 21 NSchG). Die Fragen der Kommunikationshilfen für hör- und sprachbehinderte Schülerinnen und Schüler sind in dieser Systematik untergesetzlich zu regeln.

Sachsen-Anhalt regelt in § 16 Abs. 2 BGStG LSA für hörgeschädigte Schüle- **14** rinnen und Schüler an Sonderschulen und im gemeinsamen Unterricht an den allgemeinen Schulen Sachsen-Anhalts, dass der Unterricht in Laut- und Schriftsprache unter Einbeziehung lautsprachbegleitender Gebärde und der DGS entsprechend dem sonderpädagogischen Förderbedarf erteilt wird. In § 16 Abs. 3 wird der Einsatz entsprechend ausgebildeter Lehrkräfte und in § 16 Abs. 4 die Qualifizierung der Lehrkräfte bestimmt.

Schleswig-Holstein hat mit LBGG (Art. 4) das Schleswig-Holsteinsche Schul- **15** gesetz in § 4 (besondere Unterstützungspflicht für behinderte Schülerinnen und Schüler) und in § 25 durch Anhängen eines Abs. 7 geändert: an Schulen für Hörgeschädigte wird demnach der Unterricht für gehörlose Schülerinnen und Schüler neben der Laut- und Schriftsprache in DGS und lautsprachbegleitender Gebärde erteilt. Werden hörende und hörbehinderte Schülerinnen und Schüler gemeinsam in einer Klasse unterrichtet, kann der Unterricht für die Schülerinnen und Schüler mit Hörbehinderung im Rahmen der personellen Möglichkeiten auch in DGS oder lautsprachbegleitender Gebärde erteilt werden.

16 Hinsichtlich der allgemeinen schulischen Lage in **Rheinland-Pfalz** wird auf die Erl. zu § 4 Rdnr. 37 verwiesen.

Abschnitt 2. Verpflichtung zur Gleichstellung und Barrierefreiheit

§ 7 Benachteiligungsverbot für Träger öffentlicher Gewalt

(1) ¹**Die Dienststellen und sonstigen Einrichtungen der Bundesverwaltung, einschließlich der bundesunmittelbaren Körperschaften, Anstalten und Stiftungen des öffentlichen Rechts sollen im Rahmen ihres jeweiligen Aufgabenbereichs die in § 1 genannten Ziele aktiv fördern und bei der Planung von Maßnahmen beachten.** ²**Das Gleiche gilt für Landesverwaltungen, einschließlich der landesunmittelbaren Körperschaften, Anstalten und Stiftungen des öffentlichen Rechts, soweit sie Bundesrecht ausführen.** ³**In Bereichen bestehender Benachteiligungen behinderter Menschen gegenüber nicht behinderten Menschen sind besondere Maßnahmen zum Abbau und zur Beseitigung dieser Benachteiligung zulässig.** ⁴**Bei der Anwendung von Gesetzen zur tatsächlichen Durchsetzung der Gleichberechtigung von Frauen und Männern ist den besonderen Belangen behinderter Frauen Rechnung zu tragen.**

(2) ¹**Ein Träger öffentlicher Gewalt im Sinne des Absatzes 1 darf behinderte Menschen nicht benachteiligen.** ²**Eine Benachteiligung liegt vor, wenn behinderte und nicht behinderte Menschen ohne zwingenden Grund unterschiedlich behandelt werden und dadurch behinderte Menschen in der gleichberechtigten Teilhabe am Leben in der Gesellschaft unmittelbar oder mittelbar beeinträchtigt werden.**

(3) **Besondere Benachteiligungsverbote zu Gunsten von behinderten Menschen in anderen Rechtsvorschriften, insbesondere im Neunten Buch Sozialgesetzbuch, bleiben unberührt.**

1 § 7 regelt das Benachteiligungsverbot für Träger der öffentlichen Verwaltung des Bundes. Das Benachteiligungsverbot des Grundgesetzes wird für Behörden des Bundes und der Länder, soweit sie Bundesrecht ausführen, konkretisiert: Träger öffentlicher Gewalt dürfen behinderte und nichtbehinderte Menschen nicht ohne zwingenden Grund unterschiedlich behandeln und dadurch behinderte Menschen in der gleichberechtigten Teilhabe am Leben in der Gesellschaft beeinträchtigen. Bei der Planung von Maßnahmen haben Behörden des Bundes und Bundesrecht ausführende Behörden des Landes Ziele wie die Vermeidung von Benachteiligung und die gleichberechtigte Teilhabe behinderter Menschen zu beachten. Zur gleichberechtigten gesellschaftlichen Teilhabe gehört es, keine Sonderlösungen für behinderte Menschen zu schaffen.

2 § 7 Abs. 1 Satz 1 konkretisiert die Zielsetzung des § 1 BGG speziell für den Bereich der öffentlichen Bundesverwaltung und umschreibt mit der Aufzählung der Normadressaten den Anwendungsbereich der Vorschrift. Danach sollen die Dienststellen und sonstige Einrichtungen der Bundesverwaltung einschließlich der bundesunmittelbaren Körperschaften, Anstalten und Stiftungen des öffentlichen Rechts im Rahmen ihres jeweiligen Aufgabenbereiches die in § 1 BGG genannten

Ziele aktiv fördern und bei der Planung von Maßnahmen beachten. Satz 2 dehnt dies auf die Länderverwaltungen aus, soweit sie Bundesrecht ausführen.

Nicht zum Anwendungsbereich der Norm gehören die Gerichte und Justizbehörden sowie die Staatsanwaltschaften, soweit sie aufgrund der speziellen Verfahrensvorschriften, insbesondere der StPO, tätig werden (s. auch *Majerski-Pahlen,* § 7 Rdnr. 1). Die Ländergleichstellungsgesetze schließen allerdings teilweise die Gerichte und/oder die Staatsanwaltschaften vollständig oder hinsichtlich ihres Handelns als Verwaltungsbehörde im Unterschied zum Bundesrecht in den Anwendungsbereich vergleichbarer Normen mit ein (s. Baden-Württemberg: § 6 L-BGG – Gerichte und Staatsanwaltschaften in Verwaltungsangelegenheiten; NRW § 1 Abs. 2 BGG NRW – Gerichte sowie die Behörden der Staatsanwaltschaften soweit sie Verwaltungsaufgaben wahrnehmen; Saarland: § 4 Abs. 1 SBGG – Gerichte und Staatsanwaltschaften; Rheinland-Pfalz: § 5 LGGBehM – Gerichte des Landes –). Auch für das behördliche Bußgeldverfahren gelten nach § 46 Abs. 1 OWiG grundsätzlich die Vorschriften der StPO und des GVG entsprechend. Absatz 1 Satz 3 macht von der ausdrücklichen Ermächtigung in Art. 7 der Richtlinie 2000/78/EG zur Festlegung eines allgemeinen Rahmens für die Verwirklichung der Gleichbehandlung in Beschäftigung und Beruf Gebrauch. Diese stellt es den Mitgliedstaaten ausdrücklich frei, für die in dieser Richtlinie genannten besonderen Personengruppen, d. h. auch für behinderte Menschen spezifische Maßnahmen beizubehalten oder einzuführen, mit denen Benachteiligungen u. a. wegen der Behinderung ausgeglichen werden. Satz 3 kommt damit unter anderem auch bei dem Vergleich eines behinderten Mannes mit einer nicht behinderten Frau zur Anwendung (s. dazu auch Erl. zu § 2).

§ 7 Abs. 2 BGG konkretisiert das grundgesetzliche Benachteiligungsverbot des **4** Art. 3 Abs. 3 Satz 2 GG für den Bereich der Bundesverwaltung, insbesondere durch eine **Legaldefinition des Begriffs der Benachteiligung** (*Braun* 2003). Eine unterschiedliche Behandlung von behinderten Menschen und Menschen ohne Behinderung ist danach verboten, soweit hierfür nicht ein zwingender Grund vorliegt.

Das Verbot der Ungleichbehandlung trägt zugleich der Rechtsprechung des **5** BVerfG Rechnung, der zufolge eine rechtliche Schlechterstellung behinderter Menschen nur dann zulässig ist, „wenn zwingende Gründe dafür vorliegen" (BVerfGE 99, 341, 357). Entsprechend der Konzeption des verfassungsrechtlichen Benachteiligungsverbotes wird hierdurch nur eine solche unterschiedliche Behandlung verboten, die einen behinderten Menschen in der gleichberechtigten Teilhabe am Leben in der Gesellschaft unmittelbar oder mittelbar beeinträchtigt, d. h. seine rechtliche oder tatsächliche Position verschlechtert. Verzichtet wird in dieser Definition auf das Erfordernis, dass die unterschiedliche Behandlung gerade „wegen der Behinderung" erfolgte. Insoweit ist diese für den Bereich des öffentlichen Rechtes im Anwendungsbereich dieses Gesetzes konzipierte Definition weiter geschnitten als z. B. die dem Zivilrecht zuzuordnenden Antidiskriminierungsregelungen in § 81 Abs. 2 SGB IX (arbeitsrechtliches Verbot der Diskriminierung wegen einer Behinderung) oder in § 611a BGB (arbeitsrechtliches Verbot der Diskriminierung wegen des Geschlechts). Dieses zusätzliche Tatbestandsmerkmal hat Konsequenzen für die Beweissituation: Der diskriminierte Kläger müsste nach den allgemeinen Beweislastregeln eigentlich den vollen Beweis führen, dass der Diskriminierende ihn gerade „wegen der Behinderung/des Geschlechts" schlechter behandelt hat. Ein solcher Beweis der Motivation des Diskriminierenden, also der Beweis einer inneren Tatsache, ist allerdings regelmäßig schwierig zu führen. Deshalb enthalten die beiden genannten Vorschriften als Ausgleich für die schwierige Beweissituation eine Regelung, die dem diskriminierten Kläger den Nachweis des Tatbestandsmerkmals „wegen der Behinderung/des Geschlechts" erleichtert.

BGG § 8 1   Abschn. 2. Gleichstellung und Barrierefreiheit

Da bei der Definition der Benachteiligung im § 7 Abs. 2 Satz 2 jedoch auf das Tatbestandsmerkmal „wegen der Behinderung" verzichtet wurde, bedarf es hier – anders als bei § 81 Abs. 2 SGB IX bzw. § 611a BGB – auch keines Ausgleichs durch eine korrigierende Beweislastregelung zugunsten des Klägers. Im Unterschied zu dieser Regelung finden sich in einigen Landesgleichstellungsgesetzen ausdrückliche Regelungen zur Beweislastumkehrung, die aber nur auf den Anwendungsbereich der jeweiligen Gesetze anzuwenden sind. **Berlin** regelt in § 3 Abs. 2 LGBG ausdrücklich die Beweislastumkehr: „Macht ein Behinderter oder eine Behinderte im Streitfall Tatsachen glaubhaft, die eine Diskriminierung wegen der Behinderung vermuten lassen, so trägt die Gegenseite die Beweislast dafür, dass keine Diskriminierung vorliegt...". **Rheinland-Pfalz** hat eine ähnliche Vorschrift in § 3 Abs. 2 LGGBehM: „(2) Besteht Streit über das Vorliegen einer Benachteiligung und macht der behinderte Mensch Tatsachen glaubhaft, die eine Benachteiligung wegen der Behinderung vermuten lassen, so trägt die Gegenseite die Beweislast dafür, dass keine Benachteiligung vorliegt. Satz 1 findet keine Anwendung, soweit bundesrechtliche Vorschriften abweichende Bestimmungen enthalten." **Sachsen-Anhalt** regelt in § 3 Abs. 3 BGStG LSA eine Beweislastumkehr: „Machen behinderte Menschen eine Diskriminierung durch die öffentliche Verwaltung oder durch juristische Personen des öffentlichen Rechts geltend, so obliegt diesen die Beweislast für das Nichtvorliegen einer Diskriminierung."

6   § 7 Abs. 3 grenzt den Geltungsbereich des Abs. 2 zu anderen Benachteiligungsverboten ab und stellt insoweit den Vorrang spezieller Gesetze klar. Es ist § 81 Abs. 2 und 4 SGB IX als arbeitsrechtliche Spezialgesetzgebung für die Beurteilung arbeitsrechtlicher Sachverhalte vorrangig anzuwenden, wenn ein Träger öffentlicher Gewalt i. S. d. § 7 Abs. 1 in seiner Eigenschaft als Arbeitgeber handelt.

7   Individualklagemöglichkeit gegen die in § 7 BGG festgelegten Träger der öffentlichen Gewalt des Bundes (die Rechtswegeröffnung zur Verwaltungsgerichtsbarkeit ergibt sich aus § 40 Abs. 1 VwGO).

§ 8 Herstellung von Barrierefreiheit in den Bereichen Bau und Verkehr

(1) ¹**Zivile Neubauten sowie große zivile Um- oder Erweiterungsbauten des Bundes einschließlich der bundesunmittelbaren Körperschaften, Anstalten und Stiftungen des öffentlichen Rechts sollen entsprechend den allgemein anerkannten Regeln der Technik barrierefrei gestaltet werden.** ²**Von diesen Anforderungen kann abgewichen werden, wenn mit einer anderen Lösung in gleichem Maße die Anforderungen an die Barrierefreiheit erfüllt werden. Die landesrechtlichen Bestimmungen, insbesondere die Bauordnungen, bleiben unberührt.**

(2) ¹**Sonstige bauliche oder andere Anlagen, öffentliche Wege, Plätze und Straßen sowie öffentlich zugängliche Verkehrsanlagen und Beförderungsmittel im öffentlichen Personenverkehr sind nach Maßgabe der einschlägigen Rechtsvorschriften des Bundes barrierefrei zu gestalten.** ²**Weitergehende landesrechtliche Vorschriften bleiben unberührt.**

1   Die Norm stellt Barrierefreiheit (s. § 4) im Bereich Bauen und Verkehr her. Sie richtet sich dabei in Abs. 1 an den Bund selbst, in Abs. 2 ist der Normadressat breiter gefasst (s. u. Rdnr. 6 ff.). In Abs. 1 geht der Bund für sich selbst sowie die bundesunmittelbaren Körperschaften, Anstalten und Stiftungen des öffentlichen Rechts (also Verpflichtete i. S. d. § 7 Abs. 1 Satz 1) eine Verpflichtung zur Barrierefreiheit für alle zivilen Neubauten sowie große zivile Um- und Erweiterungsbauten ein. Es handelt sich insoweit um lex specialis. Bisheriger Bestandsschutz bei Inkrafttreten des Gesetzes bleibt unberührt.

Herstellung von Barrierefreiheit bei Bau und Verkehr 2–8 § 8 BGG

Nach Abschnitt E der Verwaltungsvorschrift „Richtlinien für die Durchführung 2
von Bauaufgaben des Bundes im Zuständigkeitsbereich der Finanzverwaltungen
(RBBau)", die zur Auslegung herangezogen werden können, ist ein Neubau bzw.
ein Um- und Erweiterungsbau „groß", wenn die baulichen Maßnahmen Kosten
von über 1 Mio € auslösen. Zur barrierefreien Gestaltung sollen die allgemein anerkannten Regeln der Technik berücksichtigt werden, z. B. entsprechende DIN-Normen.

Die Ausgestaltung der Norm des Abs. 1 als Soll-Vorschrift legt fest, dass im Regelfall die allgemein anerkannten Regeln der Technik anzuwenden sind, in besonderen Situationen aber Abweichungen zulässig sind, etwa wenn die Herstellung 3
der Barrierefreiheit nur durch einen unzumutbar hohen Aufwand möglich wäre.
Durch die Sollvorschrift ist auch klargestellt, dass Sonderbereiche nicht barrierefrei
ausgestaltet werden müssen, weil derartige Maßnahmen hinsichtlich der Art der
Anlage, der Nutzung der Anlage oder Kosteneffizienz u. einem unverhältnismäßigen Aufwand führen können. Satz 2 lässt – klarstellend – auch Abweichungen zu,
wenn beispielsweise beim konkreten Bauvorhaben durch eine von den Regeln der
Technik abweichende Gestaltung das Ziel der Barrierefreiheit in gleicher Weise
oder besser erreicht werden kann.

Satz 3 stellt klar, dass die landesrechtlichen (Mindest-)Anforderungen, insbesondere des Bauordnungsrechts, durch die Verpflichtung des Bundes durch diese 4
Norm nicht berührt werden.

Die hier festgelegten Pflichten des Bundes beziehen sich ausschließlich auf den 5
zivilen Bereich. Militärische Bauten unterliegen der Norm nicht, wohl aber die
zivilen Einrichtungen der Bundeswehr wie etwa Kreiswehrersatzämter, Wehrbereichsverwaltungen, sowie die Hochschulen und Krankenhäuser der Bundeswehr.

Absatz 2 regelt allgemein Barrierefreiheit in den Bereichen Bau und Verkehr. 6
Die Normadressaten sind dementsprechend vielfältig, teils Betreiber oder Eigentümer solcher Anlagen, teils Planungsverantwortliche oder auch – insbesondere im
Nahverkehr – politische Gremien und Beschlussorgane. Die Norm selbst zählt die
einbezogenen Bereiche abschließend auf und verweist auf die einschlägigen
Rechtsvorschriften des Bundes, die jeweils das Nähere hinsichtlich Barrierefreiheit
regeln. Für diese hier gemeinten bundesrechtlichen Vorgaben zur Barrierefreiheit
in den Bereichen Bau und Verkehr wird verwiesen auf die bei den Erl. zu § 4 dargestellten und kommentierten Vorschriften – insbesondere auf das Gaststättenrecht
(Rdnr. 13 ff.), das Gemeindefinanzierungsgesetz (Rdnr. 19 ff.), das Bundesfernstraßengesetz (Rdnr. 22), das Personenbeförderungsgesetz (Rdnr. 23 f.), die Eisenbahn-Bau- und Betriebsordnung (Rdnr. 27 ff.), die Straßenbahn-Bau- und Betriebsordnung (Rdnr. 33), das Luftverkehrsgesetz (Rdnr. 34 ff.) sowie das Bau- und
Mietrecht (Rdnr. 41 ff.).

Der in Abs. 2 Satz 2 festgelegte Hinweis, dass weitergehende landesrechtliche 7
Regelungen unberührt bleiben, ist der z. T. nur eingeschränkten Gesetzgebungskompetenz des Bundes im Bereich Bau und Verkehr geschuldet. Konzeptionell
muss an dieser Stelle auch auf die Zielvereinbarungen gem. § 5 BGG verwiesen
werden, die auch und gerade im bereich Bau und Verkehr einen Regelungsschwerpunkt sehen (s. § 5). Sie wirken ergänzend zu den hier genannten Gesetzen.

Unter dem Begriff der **„allgemein anerkannten Regeln"** sind insbesondere 8
auch die **DIN-Normen** zu verstehen. Detailliertere Maßgaben zur Barrierefreiheit
finden sich in einigen Fällen auch unmittelbar in den **Bauordnungen.** Alternativ
werden die entsprechenden DIN-Normen zum barrierefreien Bauen bzw. zu barrierefreien Wohnungen (DIN 18024–1/2, 18 025–1/2) teilweise oder in vollem
Umfang bauaufsichtlich eingeführt bzw. als verbindliche Technische Baubestimmung aufgenommen.

BGG § 9 Abschn. 2. Gleichstellung und Barrierefreiheit

9   Die DIN 18025, „Barrierefreie Wohnungen", Teil 1 mit Planungsgrundlagen für Wohnungen für Rollstuhlbenutzer, gilt für die Planung, Ausführung und Einrichtung von rollstuhlgerechten neuen Wohnungen sowie für deren Modernisierung. Die DIN 18025, „Barrierefreie Wohnungen", Teil 2, hat eine umfassendere Zielsetzung. Sie spricht blinde und andere sehbehinderte, gehörlose und andere hörgeschädigte, gehbehinderte und Menschen mit sonstigen Behinderungen sowie ältere Menschen, Kinder, klein- und großwüchsige Menschen, also alle Menschen in jeder Lebensphase an.

10 Zwei weitere DIN-Normen befassen sich mit dem barrierefreien Bauen. Die DIN 18024, Teil 1, „Barrierefreies Bauen", gilt als Planungsgrundlage für Straßen, Plätze, Wege, öffentliche Verkehrs- und Grünanlagen sowie Spielplätze. Die DIN 18024, Teil 2, „Barrierefreies Bauen", legt die Planungsgrundlagen für bauliche Maßnahmen für alle Menschen bei öffentlich zugänglichen Gebäuden fest.

11 Die vier genannten DIN-Normen sollen in einer neuen DIN 18030 zusammengefasst werden. Ein Entwurf wird derzeit erarbeitet (s. Bericht der Bundesregierung über die Lage behinderter Menschen, BT-Drucks. 5/4547 und BR-Drucks. 993/04 v. 16. 12. 2004, S. 187 f.).

12 Nach dem dort referierten Bericht der Bundesarchitektenkammer sind die DIN-Normen 18 024 und 18 025 Grundlage für Planung von Barrierefreiheit und werden von Architekten bei der Planung als Regelwerk genutzt, soweit Barrierefreiheit vom Bauherrn oder durch gesetzliche Regelungen gefordert werden. Volle Wirksamkeit würden DIN-Normen erreichen, wenn sie auf Landesebene bauaufsichtlich eingeführt oder in die Liste der Technischen Baubestimmungen aufgenommen seien. In den meisten Ländern sei dies der Fall, jedoch sei eine Verbindlichkeit nur dort gegeben, wo es sich um öffentlich genutzte Bereiche handeln würde oder die Vorhaben auf Grund der Aufgabenstellung explizit als barrierefreie Vorhaben zu planen seien. Beim Planen im Bestand gebe es häufig Schwierigkeiten in der Umsetzung.

13 Die **Sozialleistungsträger** sind verpflichtet, dafür zu sorgen, dass ihre Verwaltungs- und Dienstgebäude frei von Zugangs- und Kommunikationsbarrieren sind und Sozialleistungen in barrierefreien Räumen ausgeführt werden.

§ 9 Recht auf Verwendung von Gebärdensprache und anderen Kommunikationshilfen

(1) ¹**Hör- oder sprachbehinderte Menschen haben nach Maßgabe der Rechtsverordnung nach Absatz 2 das Recht, mit Trägern öffentlicher Gewalt im Sinne des § 7 Abs. 1 Satz 1 in Deutscher Gebärdensprache, mit lautsprachbegleitenden Gebärden oder über andere geeignete Kommunikationshilfen zu kommunizieren, soweit dies zur Wahrnehmung eigener Rechte im Verwaltungsverfahren erforderlich ist.** ²**Die Träger öffentlicher Gewalt haben dafür auf Wunsch der Berechtigten im notwendigen Umfang die Übersetzung durch Gebärdensprachdolmetscher oder die Verständigung mit anderen geeigneten Kommunikationshilfen sicherzustellen und die notwendigen Aufwendungen zu tragen.**

(2) **Das Bundesministerium des Innern bestimmt im Einvernehmen mit dem Bundesministerium für Gesundheit und Soziale Sicherung durch Rechtsverordnung, die nicht der Zustimmung des Bundesrates bedarf,**
1. **Anlass und Umfang des Anspruchs auf Bereitstellung eines Gebärdensprachdolmetschers oder anderer geeigneter Kommunikationshilfen,**

2. **Art und Weise der Bereitstellung von Gebärdensprachdolmetschern oder anderen geeigneten Hilfen für die Kommunikation zwischen hör- oder sprachbehinderten Menschen und den Trägern öffentlicher Gewalt,**
3. **die Grundsätze für eine angemessene Vergütung oder eine Erstattung von notwendigen Aufwendungen für die Dolmetscherdienste oder den Einsatz anderer geeigneter Kommunikationshilfen und**
4. **welche Kommunikationsformen als andere geeignete Kommunikationshilfen im Sinne des Absatzes 1 anzusehen sind.**

Die Norm des § 9 Abs. 1 begründet individuelle Rechtsansprüche hör- und **1** sprachgeschädigter Menschen. Sie ist im öffentlich-rechtlichen Bereich des Bundes die anspruchsbegründende Norm i. S. d. § 6 Abs. 3 Satz 1 (s. § 6 Rdnr. 7 f.). Für die Bereiche des Bundes, die auf Grundlage des SGB handeln, steht diese Norm neben den einschlägigen Anspruchsgrundlagen des SGB (s. auch § 4 Rdnr. 38). Auf Bundesebene wird durch diese Norm der noch nicht durch das Sozialgesetzbuch geregelte Ausschnitt der Bundesverwaltung für Menschen mit Hör- oder Sprachbehinderung barrierefrei (s. auch Bericht der Bundesregierung, BT-Drucks. 15/4575 bzw. BR-Drucks. 993/04 v. 16. 12. 2004, S. 176 f.). Satz 2 ordnet dabei insbesondere die erforderliche Kostentragung durch den Bund an. Für den Bereich der Justiz wird auf die Erl. zu § 4 Rdnr. 10 verwiesen.

Der Verpflichtung unterliegen nur die Dienststellen und sonstigen Einrichtun- **2** gen der Bundesverwaltung einschließlich der bundesunmittelbaren Körperschaften, Anstalten und Stiftungen des öffentlichen Rechts i. S. d. § 7 Abs. 1 Satz 1. Die in § 7 Abs. 1 Satz 2 genannten Landesdienststellen usw. unterliegen der Norm des § 9 Abs. 1 nicht, sie werden allerdings überwiegend durch ähnliche Vorschriften des jeweiligen Landesrechts gebunden (s. im Einzelnen Rdnr. 8).

Träger öffentlicher Gewalt des Bundes im Sinne der Legaldefinition des § 7 **3** Abs. 1 Satz 1 werden danach grundsätzlich verpflichtet, einem hörbehinderten (ertaubten, gehörlosen oder schwerhörigen) oder sprachbehinderten Menschen die Verwendung Deutscher Gebärdensprache, lautsprachbegleitender Gebärden bzw. anderer geeigneter Kommunikationshilfen zu ermöglichen. Der Anspruch ist auf die Bereiche beschränkt, in denen es um die **Wahrnehmung eigener Rechte in einem Verwaltungsverfahren** geht. Die Kommunikation von hör- und sprachbehinderten Menschen mit den genannten Trägern der öffentlichen Gewalt in anderen Beziehungen werden von der Verpflichtung des Abs. 1 nicht erfasst. So hat z. B. ein gehörloser Handwerker, der Arbeiten für eine derartige Behörde als Selbstständiger oder Arbeitnehmer ausführt, nach dieser Rechtsgrundlage natürlich keinen Anspruch auf Bereitstellung oder Kostenübernahme eines notwendigen Gebärdensprachdolmetschers.

Die **Verordnungsermächtigung des Abs. 2** verpflichtet das Bundesministeri- **4** um des Innern, im Einvernehmen mit dem für Fragen der Behinderpolitik federführenden Bundesministerium Voraussetzungen und Umfang der Verwendung von Gebärdensprache und anderen Kommunikationshilfen zu regeln und dabei sowohl dem grundsätzlichen Anspruch des behinderten Menschen auf Verwendung der Gebärdensprache oder anderer Kommunikationshilfen sowie den Erfordernissen eines geordneten Verwaltungsablaufs Rechnung zu tragen. Dabei sind als erforderliche Anlässe im Sinne der Nr. 1 insbesondere die Stellung von Anträgen und das Einlegen von Rechtsbehelfen zu berücksichtigen. Als andere geeignete Kommunikationshilfen im Sinne der Nr. 4 kommen z. B. Tageslichtschreiber oder Schriftdolmetscher in Betracht; nicht erfasst sind demgegenüber die im SGB IX geregelten persönlichen Hilfsmittel wie z. B. Hörgeräte. Nach der Kommunikationshilfenverordnung haben hör- oder sprachbehinderte Menschen das Recht, bei der Wahrnehmung eigener Rechte (beispielsweise dem Stellen von Anträgen oder Einlegen von Rechtsbehelfen) im Verwaltungsverfahren mit allen Bundesbehörden in deutscher Gebärdensprache oder mit lautsprachbegleitenden Gebärden oder über andere geeignete Kommunikationshilfen zu kommunizieren. Der Anspruch richtet sich gegen alle Behörden der Bundesverwaltung, wie beispielsweise die Bundesministerien, die Bundesagentur für Arbeit, die Deutsche Rentenversicherung – Bund (vormals: BfA) oder das Bundesverwaltungsamt. Ausschlaggebend für den Anspruch ist der behinderungsbedingt notwendige Umfang der Hilfestellung zur Teilhabe des behinderten Menschen. Dieser bestimmt sich insbesondere nach dem individuellen, anlassbezogenen Bedarf der Berechtigten. Dabei haben die Berechtigten ein Wahlrecht hinsichtlich der zu benutzenden Kommunikationshilfen. Der Berechtigte kann auch einen Gebärdensprachdolmetscher oder eine andere Kommunikationshilfe selbst bereit stellen, er erhält dann die notwendigen Auslagen auf Antrag erstattet. Erhält die Behörde vorher Kenntnis über eine Hör- oder Sprachbehinderung, dann hat sie den Berechtigten auf das Recht auf barrierefreie Kommunikation und auf sein Wahlrecht hinzuweisen. Als Kommunikationshilfen können Gebärdensprachdolmetscher, Kommunikationshelfer, Kommunikationsmethoden sowie besondere Kommunikationsmittel in Frage kommen. Das Bundesverwaltungsamt (www.bva.bund.de) hat gem. § 4 Abs. 2 KHV für die Bundesbehörden die Funktion einer zentralen Beratungs- und Unterstützungsstelle. Zu diesem Zweck wird hier eine Übersicht von Kommunikationshilfen erstellt und gepflegt. Ferner gibt das Bundesverwaltungsamt Hilfestellung bei Verträgen mit Dolmetschern und Dolmetscherinnen für die Deutsche Gebärdensprache oder für lautsprachbegleitende Gebärden in Verwaltungsverfahren. Im Internetangebot www.wissen-im-inter.net sind im Beitrag INFO 1738 vom März 2003 weiterführende Informationen für den „Einsatz von Gebärdensprachdolmetscherinnen und -dolmetschern" zu finden. Anfragen z. B. nach Planungshilfen für den Einsatz von Gebärdensprachdolmetschern und nach deren Honoraren werden sowohl telefonisch als auch elektronisch beantwortet. Die Auskünfte beziehen sich grundsätzlich nur auf Bundesangelegenheiten, die Länder haben teilweise abweichende Regelungen getroffen (s. u. Rdnr. 8).

5   Eine Umfrage des Bundesministeriums des Innern und des Bundesministeriums für Gesundheit und Soziale Sicherung bei den Behörden und Ministerien des Bundes im September 2004 ergab, dass sich die Zusammenarbeit zwischen den hör- und sprachbehinderten Menschen, den Behörden sowie den Gebärdensprachdolmetschern (Kommunikationshelfern) problemlos gestaltet hat. In der Mehrzahl der Fälle, in denen hör- oder sprachbehinderte Menschen von dem Recht auf Verwendung von Kommunikationshilfen Gebrauch gemacht haben, wurden ein Gebärdensprachdolmetscher oder eine andere Kommunikationshilfe selbst bereitgestellt. Besonders häufig wurde der Anspruch bei den Sozialversicherungsträgern (z. B. BfA, Bundesknappschaft) geltend gemacht (s. auch Bericht der Bundesregierung, BT-Drucks. 15/4575 bzw. BR-Drucks. 993/04 v. 16. 12. 2004, S. 176 f.).

6   Der Anspruch der hör- und sprachbehinderten Menschen gilt in seiner konkreten Ausgestaltung nach Maßgabe der Rechtsverordnung gem. § 9 Abs. 2. Diese wurde mit der Verordnung zur Verwendung von Gebärdensprache und anderen Kommunikationshilfen im Verwaltungsverfahren nach dem Behindertengleichstellungsgesetz (**Kommunikationshilfeverordnung – KHV**) vom 17. 7. 2002 (BGBl. I S. 2650, siehe Anlage Nr. 8) erlassen. Die KHV regelt entsprechend der Verordnungsermächtigung den Anlass und Umfang des Anspruchs auf Bereitstellung eines Gebärdensprachdolmetschers oder anderer geeigneter Kommunikationshilfen (§§ 1, 2 KHV), die Art und Weise der Bereitstellung von Gebärdensprachdolmetschern oder anderen geeigneten Hilfen für die Kommunikation zwischen hör- oder sprachbehinderten Menschen und den Trägern öffentlicher Gewalt (§ 4 KHV), die Grundsätze für eine angemessene Vergütung oder eine Erstattung von

notwendigen Aufwendungen für die Dolmetscherdienste oder den Einsatz anderer geeigneter Kommunikationshilfen (§ 5 KHV) und welche Kommunikationsformen als andere geeignete Kommunikationshilfen i. S. d. Abs. 1 anzusehen sind (§ 3 KHV).

Im Einzelnen ergehen durch die Kommunikationshilfeverordnung – KHV folgende Maßgaben: Die verpflichteten Stellen haben einen Sicherstellungsauftrag und die Pflicht, die Kosten der Leistung zu tragen. Die **Kostenerstattung und/oder Bereitstellung** der Leistung wird bundesrechtlich in § 2 KHV (Umfang des Anspruchs) festgelegt. Der Anspruch auf Bereitstellung einer Dolmetscherin oder eines Dolmetschers für die Deutsche Gebärdensprache oder für lautbegleitende Gebärden oder anderer geeigneter Kommunikationshilfen besteht, soweit eine solche Kommunikationshilfe zur Wahrnehmung eigener Rechte in einem Verwaltungsverfahren erforderlich ist, in dem dafür notwendigen Umfang. Der notwendige Umfang bestimmt sich insbesondere nach dem individuellen Bedarf der Berechtigten. In § 2 Abs. 2 KHV wird den Berechtigten ein **Wahlrecht** hinsichtlich der zu benutzenden Kommunikationshilfe festgelegt. Dies umfasst auch das Recht, einen Gebärdensprachdolmetscher oder eine andere geeignete Kommunikationshilfe selbst bereit zu stellen, die Erstattung der Kosten erfolgt nur im notwendigen Umfang (§ 5 Abs. 2 KHV). Die Ausübung des Wahlrechts ist rechtzeitig der Behörde mitzuteilen. Diese Regelung des § 2 Abs. 2 Satz 3 impliziert auch, dass im Falle einer irrtümlichen parallelen Bestellung eines Dolmetschers bei nicht rechtzeitiger Mitteilung der Wahlrechtsausübung der behinderte Mensch i. d. R. keinen Anspruch auf Erstattung nach § 5 Abs. 2 KHV hat. Praktisch ist der Begriff der Rechtzeitigkeit hier nicht einfach auszulegen, da an vielen Orten das Angebot an Gebärdensprachdolmetschern Vorlaufzeiten für die Terminierung notwendig machen. Rechtzeitigkeit dürfte zumindest eine Frist umfassen, binnen derer die Behörde einen eventuell schon selbst verpflichteten Dolmetscher kostenfrei oder zumindest kostenmindernd absagen kann. Näheres muss im Einzelfall festgestellt werden. Streitigkeiten bei der Bestimmung des Umfangs der notwendigen Leistung für die Erstattung sind im Zweifel sinnvoller Weise, nicht rechtlich verpflichtend anhand der Empfehlungen des Bundesverwaltungsamtes im Vorfeld gerichtlicher Auseinandersetzungen zu klären. Die Behörde kann ausgewählte Gebärdensprachdolmetscher oder ausgewählte Kommunikationshilfen zurückweisen, wenn sie ungeeignet sind oder in sonstiger Weise den Voraussetzungen des § 5 Abs. 1 KHV nicht entsprechen. Dabei ist allerdings festzuhalten, dass für die Beurteilung der Eignung eines Gebärdensprachdolmetschers in der KHV des Bundes keine formalen, ausbildungsbezogenen Kriterien festgelegt sind. Die Verpflichtung zur Bereitstellung der notwendigen Hilfen unter Einbezug des behinderten Menschen ist weitgehend. Im Gesetz wird in Abs. 1 Satz 1 wird auf das Recht der Hilfe abgestellt, das nach Abs. 1 Satz 2 durch den erklärten Wunsch des behinderten Menschen in Anspruch genommen wird. Die Verordnung gestaltet dies entsprechend Abs. 2 Nr. 2 als Bereitstellungspflicht der Behörde i. V. m. einem Wahlrecht für den behinderten Menschen, das auch eigene Dolmetscher einschließt. Die Hör- oder Sprachbehinderung und die Inanspruchnahme des Wahlrechts ist aktenkundig zu machen und im weiteren Verwaltungsverfahren von Amtswegen zu berücksichtigen (§ 2 Abs. 2 KHV). Dies heißt aber, dass das Wahlrecht für jedes Verwaltungsverfahren erneut durch rechtzeitige Erklärung gegenüber der Behörde auszuüben ist. Wie weit eine „Dauererklärung" durch den behinderten Menschen gegenüber einer bestimmten Behörde für alle zukünftigen Verwaltungsverfahren zulässig und bindend ist, regelt die KHV nicht. Es steht damit im Ermessen der einzelnen Behörde, ob sie derartiges Verfahren zulassen will. Sie hat bei Kenntniserhalt einer derartigen Behinderung auf das Recht zur barrierefreien Kommunikation und das Wahlrecht hinzuweisen. Aus praktischen und datenschutzrechtlichen Gründen dürfte es vor allem

BGG § 9 8 Abschn. 2. Gleichstellung und Barrierefreiheit

bei größeren Behörden nicht möglich sein, dass der behinderte Mensch ein für alle mal im Verkehr mit einer bestimmten Behörde sich auf einen in einem früheren Verwaltungsverfahren geäußerten Wunsch i. S. d. Abs. 1 Satz 2 beruft. Grundsätzlich steht der behinderte Mensch in jedem neuen Verwaltungsverfahren in der Pflicht, seinen Hilfsbedarf entsprechend Abs. 1 Satz 1 gegenüber der Behörde zu artikulieren und gegebenenfalls sein Wahlrecht auszuüben. Im Übrigen ist festzustellen, dass der Bund grundsätzlich die §§ 6, 9 BGG i. V. m. der KHV sehr inanspruchnahmefreundlich ausgestaltet hat. Dies ist angesichts des Zieles des § 1 BGG auch angemessen. Die Landesgleichstellungsgesetze treffen nicht alle in allen Einzelfragen gleichartige Regelungen.

8 Im den jeweiligen **Landesgleichstellungsgesetzen** werden Kostenerstattung und/oder Bereitstellung der Leistung unterschiedlich festgelegt. In **Baden-Württemberg** wird in § 8 Abs. 4 L-BGG die Dolmetscherv ergütung in Anlehnung an das Justizvergütungs- und Entschädigungsgesetz geregelt, der behinderte Mensch hat nur Anspruch auf die Kostenübernahme, nicht auf die behördenseitige Dolmetscherbereitstellung. **Bayern** schafft in Art. 11 Abs. 2 BayBGG eine Ermächtigung für eine RV, die die Voraussetzungen und den Umfang der Kostenerstattung für hör- und sprachbehinderte Menschen regeln soll. Diese Rechtsverordnung steht noch aus. Im Gesetz wird festgelegt, dass die Erstattung nur erfolgt, wenn der Anspruchsberechtigte die notwendige Leistung selbst zur Verfügung stellt. Die Grundsätze für eine angemessene Vergütung (Art. 11 Abs. 2 Nr. 3 BayBGG) und die Festlegung der erstattungsfähigen Kommunikationshilfen (Art. 11 Abs. 2 Nr. 4 BayBGG) sollen in der RV geregelt werden. **Berlin** verpflichtet mit dem Landesgleichberechtigungsgesetz (LGBG) seine öffentlichen Stellen zur Sicherstellung der Leistung (§ 12 Abs. 2 LGBG) und erklärt die §§ 2, 3, 4 Abs. 1 und § 5 Kommunikationshilfeverordnung (KHV) des Bundes in der jeweils gültigen Fassung für anwendbar. **Brandenburg** hat eine eigene Verordnung erlassen und sich dort auf Sicherstellung der Leistung (§ 4 BbgKHV) und Kostenerstattung gem. Justizvergütungs- und Erstattungsgesetz (§ 5 BbgKHV) festgelegt (Verordnung zur Verwendung von Gebärdensprache und anderen Kommunikationshilfen im Verwaltungsverfahren nach dem Brandenburgischen Behindertengleichstellungsgesetz – Brandenburgische Kommunikationshilfeverordnung – BbgKHV vom 24. 5. 2004). **Bremen** regelt in § 10 Abs. 3 BremBGG einen Sicherstellungsauftrag der verpflichteten Dienststellen, am 14. 10. 2005 trat die RV in Kraft (Verordnung zur Verwendung von Gebärdensprache und anderen Kommunikationshilfen im Verwaltungsverfahren nach dem Bremischen Behindertengleichstellungsgesetz (Bremische Kommunikationshilfenverordnung – BremKHV) vom 27. 9. 2005, Gesetzblatt der Freien Hansestadt Bremen vom 13. 10. 2005 Nr. 46, 542). Bei der Kostenerstattung bzw. der Dolmetschervergütung geht Bremen hier einen eigenen Weg. Die bremischen Behörden vergüten nach § 5 Abs. 1 BremKHV Gebärdensprachdolmetscher, Gebärdensprachdolmetscherinnen und Kommunikationshelfer, Kommunikationshelferinnen entsprechend den Regelungen, die zwischen der Bundesarbeitsgemeinschaft der Integrationsämter und Hauptfürsorgestellen, dem Deutschen Gehörlosenbund und dem Bundesverband der Gebärdensprachdolmetscherinnen Deutschlands getroffen wurden. Die „Empfehlung zur Bezuschussung von Kosten für Gebärdensprachdolmetscherinnen-Leistungen", Stand 1. 7. 2004, ist als Anlage Bestandteil der BremKHV. **Hamburg** beschränkt den Anspruch auf Erstattung der notwendigen Auslagen, deren Umfang in einer noch ausstehenden RV des Senats näher geregelt werden soll (§ 8 HmbGGbM). **Hessen** will per eigener RV gem. § 11 Abs. 2 HessBGG die Bereitstellung, die Grundsätze angemessener Vergütung und die anderen Kommunikationsformen festlegen. Eine entsprechende gesetzliche Regelung besteht in **NRW** in § 8 Abs. 2 BGG NRW. Die KHV NRW ist am 1. 7. 2004 in Kraft getreten (Verordnung zur Verwendung von Gebärdensprache

und anderen Kommunikationshilfen im Verwaltungsverfahren nach dem Behindertengleichstellungsgesetz Nordrhein-Westfalen (Kommunikationshilfenverordnung Nordrhein-Westfalen – KHV NRW) vom 15. 6. 2004, Gesetz- und Verordnungsblatt für das Land Nordrhein-Westfalen, Nr. 21/2004, S. 201 ff.). In **Rheinland-Pfalz** haben die verpflichteten Behörden auf Wunsch des behinderten Menschen die Leistung zur Verfügung zu stellen. Eine RV des Landes ist vorgesehen (§ 8 Abs. 2 LGGBehM). In **Sachsen** regelt das Sächsisches Integrationsgesetz – SächsIntegrG in § 6 Abs. 1 den Sicherstellungsauftrag der Behörden und verweist im Übrigen auf eine noch zu erlassende RV gem. Ermächtigungsgrundlage, die analog dem BGG formuliert ist. Die RV steht noch aus, ist aber für Ende 2005 angekündigt. Im Behindertengleichstellungsgesetz des Landes **Sachsen-Anhalt** (BGStG LSA) wird diesbezüglich folgende Regelungen getroffen (§ 16 Abs. 1 BGStG LSA): „Gehörlose, Hörbehinderte und Stumme haben das Recht, sich gegenüber den öffentlichen Stellen des Landes Sachsen-Anhalt entsprechend § 186 des Gerichtsverfassungsgesetzes dann der deutschen Gebärdensprache zu bedienen, wenn dies auch mündlich in der deutschen Lautsprache gestattet wäre. Machen sie von diesem Recht Gebrauch, so hat dies dieselben Wirkungen, wie wenn sie sich der deutschen Lautsprache bedienten. Die Behörden haben im Rahmen ihrer Möglichkeiten und des Bedarfs die dafür notwendigen Voraussetzungen zu schaffen." **Schleswig-Holstein** legt in seinem Landesbehindertengleichstellungsgesetz (LBGG) die Bereitstellungspflicht der Behörden fest und lehnt die Vergütung ursprünglich an das Gesetz über die Entschädigung von Zeugen und Sachverständigen an (heute: Justizvergütungs- und Erstattungsgesetz). Kommunikationshilfen werden durch gesetzlichen Bezug (§ 10 Abs. 2 LBGG) auf die KHV des Bundes geregelt. In den Ländern **Mecklenburg-Vorpommern** und **Niedersachsen** sind noch keine Landesbehindertengleichstellungsgesetze in Kraft.

§ 10 Gestaltung von Bescheiden und Vordrucken

(1) ¹**Träger öffentlicher Gewalt im Sinne des § 7 Abs. 1 Satz 1 haben bei der Gestaltung von schriftlichen Bescheiden, Allgemeinverfügungen, öffentlich-rechtlichen Verträgen und Vordrucken eine Behinderung von Menschen zu berücksichtigen.** ²**Blinde und sehbehinderte Menschen können nach Maßgabe der Rechtsverordnung nach Absatz 2 insbesondere verlangen, dass ihnen Bescheide, öffentlich-rechtliche Verträge und Vordrucke ohne zusätzliche Kosten auch in einer für sie wahrnehmbaren Form zugänglich gemacht werden, soweit dies zur Wahrnehmung eigener Rechte im Verwaltungsverfahren erforderlich ist.**

(2) **Das Bundesministerium des Innern bestimmt im Einvernehmen mit dem Bundesministerium für Gesundheit und Soziale Sicherung durch Rechtsverordnung, die nicht der Zustimmung des Bundesrates bedarf, bei welchen Anlässen und in welcher Art und Weise die in Absatz 1 genannten Dokumente blinden und sehbehinderten Menschen zugänglich gemacht werden.**

Bei dem Anspruch aus § 10 geht es um die barrierefreie Wahrnehmbarkeit von Schriftstücken durch blinde und sehbehinderte Menschen, die den Adressaten normalerweise in Schwarzschrift zugänglich gemacht werden. Die moderne elektronische Informationsverarbeitung macht es möglich, die Informationen diesem Personenkreis als elektronische Mail zuzusenden, sofern sie einen Internetzugang und einen Computer mit Braille-Zeile oder Sprachausgabe haben, als Diskette, als Braille-Druck oder gegebenenfalls in Großdruck zugänglich zu machen.

BGG § 10 2–5 Abschn. 2. Gleichstellung und Barrierefreiheit

Für diejenigen blinden und sehbehinderten Menschen, die weder über die technische Ausstattung noch über Kenntnisse der Braille-Schrift verfügen, können die Informationen auch über Hörkassetten übermittelt werden (s. Regierungsbegründung BR-Drucks. 928/01). Angesichts der weiter wachsenden Bedeutung der Verbreitung von Dokumenten etc. durch Träger der öffentlichen Gewalt steht die Norm des § 10 in engem rechtlichem und sachlichem Zusammenhang mit dem Gebot des barrierefreien Internets (s. § 11).

2   In Abs. 1 Satz 1 werden die Träger der öffentlichen Gewalt i. S. v. § 7 Abs. 1 Satz 1 verpflichtet, bei allen wesentlichen Bescheiden, Allgemeinverfügungen, öffentlich-rechtlichen Verträgen und Vordrucken eine Behinderung zu berücksichtigen. Hinsichtlich des ausdrücklich im Gesetzeswortlaut genannten begünstigten Personenkreis – die blinden und sehbehinderten Menschen – findet sich in der Regierungsbegründung eine interpretierende Weiterung (s. BR-Drucks. 928/01, S. 102): „Dieses gilt nicht nur für sehbehinderte Menschen, sondern stellt auch Anforderungen an die Verständlichkeit für Menschen mit kognitiven Einschränkungen. Dass Verwaltungshandeln für die Betroffenen verständlich und nachvollziehbar sein soll, bekommt hier zusätzlich seine behinderungsspezifische Ausprägung; die Behörden sollen den individuellen Wahrnehmungsfähigkeiten behinderter Menschen nach Möglichkeit Rechnung tragen. Mit der generellen Verpflichtung soll jedoch die Verwaltung angeregt werden, bereits bei der Gestaltung solcher Schriftstücke spezifische Einschränkungen von behinderten Menschen zu berücksichtigen."

3   Absatz 1 Satz 2 konstituiert einen Anspruch für blinde und sehbehinderte Menschen, auf Anforderung die Bescheide, öffentlich-rechtlichen Verträge und Vordrucke auch in einer für sie wahrnehmbaren Form zu erhalten, sofern dies zur Wahrnehmung eigener Rechte in einem Verwaltungsverfahren erforderlich ist. Der Umfang des Anspruchs bestimmt sich dabei nach der individuellen Fähigkeit zur Wahrnehmung. Wenn die in Rede stehenden Dokumente nach den einschlägigen Vorschriften kosten- bzw. gebührenpflichtig sind, gilt dies auch für behinderte Menschen. Es dürfen aber keine zusätzlichen Gebühren und Kostenerstattungen erhoben werden, die nicht auch bei nichtbehinderten Menschen anfallen. Vorschriften über die Form, die Bekanntgabe und die Zustellung von Verwaltungsakten – insbesondere auch die entsprechenden Vorschriften des Ordnungswidrigkeitrechts – bleiben unberührt.

4   In Abs. 2 wird das Bundesministerium des Innern verpflichtet, im Einvernehmen mit dem Bundesministerium für Arbeit und Sozialordnung Näheres zur Übermittlung dieser Dokumente an blinde und sehbehinderte Menschen durch **Rechtsverordnung** zu bestimmen (Rdnr. 5, 6). In den verschiedenen **Landesbehindertengleichstellungsgesetzen** finden sich in der Regel sehr ähnliche, aber nicht immer völlig analoge Rechtsansprüche in § 10 Abs. 1 BGG begünstigten Personenkreises. Das Unterstützungsverfahren für die verpflichteten Dienststellen ist jeweils landesspezifisch geregelt, teilweise unter gesetzlicher Einbeziehung der Blinden- und Sehbehindertenvereine (s. Ministerium für Arbeit, Soziales, Gesundheit und Familie des Landes Brandenburg 2004). Der Regelungsbereich der Landesgesetze bezieht sich nur auf die diesen Gesetzen unterworfenen Landesverwaltungen und den dort festgelegten sonstigen Anwendungsbereich wie Stiftungen, Anstalten etc. bzw. gegebenenfalls im Landesgesetz festgelegte spezifische Ausweitungen des Normadressatenkreises. (z. B. Justiz, Gemeinden, öffentliche Unternehmen o. Ä.).

5   Die **Verordnung über barrierefreie Dokumente** in der Bundesverwaltung (VBD) – Verordnung zur Zugänglichmachung von Dokumenten für blinde und sehbehinderte Menschen im Verwaltungsverfahren nach dem Behindertengleichstellungsgesetz (Verordnung über barrierefreie Dokumentation in der Bundesver-

waltung – VBD) vom 17. 7. 2002 (BGBl. I S. 2652–2653) ist im Juli 2002 in Kraft getreten (download: www.bmgs.bund.de). Erläuterungen finden sich auch in Bundesverwaltungsamt Info 1725 vom Dezember 2002 (download: www.bva.bund.de). Das Bundesverwaltungsamt ist mit der Unterstützung der Dienststellen in dieser Angelegenheit beauftragt und bietet auf seiner Homepage vielfältige Hinweise (www.bva.bund.de).

Analoge Rechtsverordnungen für die Landesgleichstellungsgesetze sind 6 nur teilweise vorgesehen (s. Vorbemerkung Rdnr. 13 Übersicht). In Kraft sind eigene RV bisher nur in Brandenburg (seit 15. 7. 2004), in NRW (seit 1. 7. 2004) und in Bremen (seit 14. 10. 2004). Diese RV der Länder weichen inhaltlich teilweise von der VBD des Bundes ab (s. **Brandenburg:** Verordnung zur Schaffung barrierefreier Informationstechnik nach dem Brandenburgischen Behindertengleichstellungsgesetz – Brandenburgische Kommunikationshilfeverordnung – BbgBITV vom 24. 5. 2004; **Bremen:** Verordnung zur Gestaltung von Dokumenten für blinde und sehbehinderte Menschen im Verwaltungsverfahren nach dem Bremischen Behindertengleichstellungsgesetz (Bremische Verordnung über barrierefreie Dokumente – BremVBD) Gesetzblatt der Freien Hansestadt Bremen, Nr. 46/2005, S. 541; **Nordrhein-Westfalen:** Verordnung zur Zugänglichmachung von Dokumenten für blinde und sehbehinderte Menschen im Verwaltungsverfahren nach dem Behindertengleichstellungsgesetz Nordrhein-Westfalen (Verordnung über barrierefreie Dokumente – VBD NRW) vom 15. 6. 2004, Gesetz- und Verordnungsblatt für das Land Nordrhein-Westfalen, 2004, S. 388 ff.). **Hessen** hat für Ende 2005 den Erlass einer derartigen VO angekündigt.

Im Bericht der Bundesregierung zur Lage behinderter Menschen wird auf das 7 Thema in Absatz 7.8 Barrierefreie Dokumente in der Bundesverwaltung (BT-Drucks. 15/4575 bzw. BR-Drucks. 993/04 v. 16. 12. 2004, S. 176 ff.) wie folgt eingegangen: „Nach der Verordnung über barrierefreie Dokumente in der Bundesverwaltung haben blinde und sehbehinderte Menschen als Beteiligte im Verwaltungsverfahren zur Wahrnehmung eigener Rechte einen Anspruch darauf, dass ihnen Dokumente in einer für sie wahrnehmbaren Form zugänglich gemacht werden. Dokumente im Sinne dieser Verordnung sind Bescheide, öffentlich-rechtliche Verträge und Vordrucke, einschließlich der Anlagen, auf die im Dokument Bezug genommen wird. Nicht dazu gehören Merkblätter oder Informationsbroschüren. Auch dieser Anspruch richtet sich gegen alle Behörden der Bundesverwaltung. Die Dokumente können blinden und sehbehinderten Menschen schriftlich, akustisch oder elektronisch zugänglich gemacht werden. Schriftlich bedeutet z. B. als Braille-Druck oder als Großdruck, wobei das Schriftbild, der Kontrast und die Papierqualität die individuelle Wahrnehmungsfähigkeit der Berechtigten berücksichtigen müssen. Akustisch können Dokumente durch Auflesen auf handelsübliche Tonträger, wie beispielsweise CDs oder Kassetten, zugänglich gemacht werden. Es können aber auch durch den Einsatz eines Text-zu-Sprache-Moduls vollsynthetisch erzeugte Sprachausgabetonträger verwendet werden. Ein elektronischer Zugang kann durch Versendung des Dokuments als E-Mail oder mittels Diskette oder CD-ROM verschafft werden. Dies setzt voraus, dass der blinde oder sehbehinderte Mensch über einen Computer mit Braillezeile oder Sprachausgabe sowie einen Internetzugang verfügt. Der Berechtigte hat hierbei ein Wahlrecht, in welcher Form das Dokument zugänglich gemacht wird.

Das Bundesverwaltungsamt hat einen Mustervertrag zur barrierefreien Daten- 8 aufbereitung in Punktschrift (Braille) zwischen öffentlichen Stellen und nichtöffentlichen Auftragnehmern entworfen und hält darüber hinaus auch eine Übersicht von Dienstleistern in diesem Bereich bereit. Der Beitrag INFO 1752 „Es geht auch in Blindenschrift" vom April 2003 im Internetangebot www.wissen-im-inter.net gibt hierzu einen Überblick.

BGG § 11 Abschn. 2. Gleichstellung und Barrierefreiheit

9 Ferner beantwortet das Bundesverwaltungsamt die verschiedensten Anfragen zur Verordnung über barrierefreie Dokumente in der Bundesverwaltung, z. B. zur Erstellung von Audiomedien und von zugänglichen pdf-Dokumenten." (s. dazu Bundesverwaltungsamt, INFO 1751, 4/2003, PDF können Sie auch hören, (auch als download: www.bva.bund.de).

10 Für den **Bereich der Justiz** steht bei Redaktionsschluss dieser Kommentierung der Erlass einer RV gem. § 191a GVG, die im Wesentlichen analog der **Verordnung über barrierefreie Dokumente** in der Bundesverwaltung (VBD) nach dem BGG regeln soll, noch aus. Die Verordnung soll den Anspruch blinder und sehbehinderter Menschen auf Zugänglichmachung von gerichtlichen Schriftstücken in einer für sie wahrnehmbaren Form (§ 191a GVG) näher regeln. Ein Referentenentwurf des Bundesministeriums der Justiz zu dieser vorgesehenen Verordnung zur barrierefreien Zugänglichkeit von Dokumenten für blinde und sehbehinderte Personen im gerichtlichen Verfahren (Zugänglichmachungsverordnung – ZMV) gem. § 191 Abs. 2 GVG liegt vor (s. kritisch: Stellungnahme des Sozialverbandes Deutschland vom 8. 8. 2005 http://www.reichsbund.de/sozialverband_deutsch land.htm). Der Anspruch blinder und sehbehinderter Menschen auf Zugänglichmachung von gerichtlichen Schriftstücken in einer für sie wahrnehmbaren Form ist unmittelbar in § 191a Abs. 1 Satz 1 GVG geregelt. Blinde und sehbehinderte Menschen können nach Maßgabe der – hier zu erlassenden – Rechtsverordnung verlangen, dass ihnen die für sie bestimmten gerichtlichen Schriftstücke auch in einer für sie wahrnehmbaren Form zugänglich gemacht werden, soweit dies zur Wahrnehmung ihrer Rechte im Verfahren erforderlich ist. Nach der Ermächtigungsnorm des § 191a Abs. 2 GVG soll die Rechtsverordnung die Voraussetzungen, die Weise der Zugänglichmachung und die Mitwirkungspflichten der Anspruchsberechtigten näher bestimmen. Nach § 191a Abs. 1 Satz 1 GVG umfasst der Rechtsanspruch auf Zugänglichmachung diejenigen Schriftstücke, die für die Anspruchsberechtigten bestimmt sind.

§ 11 Barrierefreie Informationstechnik

(1) ¹**Träger öffentlicher Gewalt im Sinne des § 7 Abs. 1 Satz 1 gestalten ihre Internetauftritte und -angebote sowie die von ihnen zur Verfügung gestellten grafischen Programmoberflächen, die mit Mitteln der Informationstechnik dargestellt werden, nach Maßgabe der nach Satz 2 zu erlassenden Verordnung schrittweise technisch so, dass sie von behinderten Menschen grundsätzlich uneingeschränkt genutzt werden können.** ²**Das Bundesministerium des Innern bestimmt im Einvernehmen mit dem Bundesministerium für Gesundheit und Soziale Sicherung durch Rechtsverordnung, die nicht der Zustimmung des Bundesrates bedarf, nach Maßgabe der technischen, finanziellen und verwaltungsorganisatorischen Möglichkeiten**

1. **die in den Geltungsbereich der Verordnung einzubeziehenden Gruppen behinderter Menschen,**
2. **die anzuwendenden technischen Standards sowie den Zeitpunkt ihrer verbindlichen Anwendung,**
3. **die zu gestaltenden Bereiche und Arten amtlicher Informationen.**

(2) **Die Bundesregierung wirkt darauf hin, dass auch gewerbsmäßige Anbieter von Internetseiten sowie von grafischen Programmoberflächen, die mit Mitteln der Informationstechnik dargestellt werden, durch Zielvereinbarungen nach § 5 ihre Produkte entsprechend den technischen Standards nach Absatz 1 gestalten.**

Die Norm des § 11 verpflichtet ausschließlich die in § 7 Abs. 1 Satz 1 genannten Dienststellen und sonstige Einrichtungen der Bundesverwaltung einschließlich der bundesunmittelbaren Körperschaften, Anstalten und Stiftungen des öffentlichen Rechts. Nicht einbezogen werden in die Verpflichtung des § 11 zur barrierefreien Informationstechnik die in § 7 Abs. 1 Satz 2 genannten Landesverwaltungen. Hier gilt ausschließlich Landesrecht, wobei außer Sachen-Anhalt und Berlin die 11 anderen Länder mit eigenem LBGG eigene Regelung treffen (Übersicht in der Vorbemerkung Rdnr. 13 sowie u. Rdnr. 5).

Geregelt wird **sachlich** die Gestaltung der Internetauftritte und -angebote sowie die von ihnen zur Verfügung gestellten grafischen Programmoberflächen, die mit Mitteln der Informationstechnik dargestellt werden, nach Maßgabe der nach Satz 2 zu erlassenden Verordnung technisch so, dass sie von behinderten Menschen grundsätzlich uneingeschränkt genutzt werden können. Näheres regelt die nach § 11 Abs. 1 Satz 2 zu erlassende Verordnung, die Intranetangebote, die öffentlich zugänglich sind noch zusätzlich mit einbezieht. Die Einbeziehung von durch Behörden u. a. zur Verfügung gestellten Programmoberflächen dürfte mit wachsender Bedeutung von eGoverment einen zukünftig sehr wichtigen Teilhabebereich für behinderte Menschen öffnen. Unter dem Begriff der Programmoberflächen sind auch durch Behörden verteilte und damit öffentlich zugängliche CD und DVD zu fassen. Erstaunlicher Weise stellt das Gesetz bei der Regelung zur barrierefreien Informationstechnik auf das Kriterium der „öffentlichen Zugänglichkeit" wesentlich ab, damit wird die Teilhabe des Bürgers, der mit der Behörde über diese Medien in Kommunikation treten will, stärker unterstützt als z. B. die berufliche Teilhabe eines einschlägig betroffenen schwerbehinderten Beschäftigten, für den jedenfalls das SGB IX Teil 2 keine vergleichbar verbindliche Verpflichtung des öffentlichen Arbeitgebers vorhält.

Die Verpflichtung zur barrierefreien Informationstechnik wird im technischen Detail durch die **Verordnung** zur Schaffung barrierefreier Informationstechnik nach dem Behindertengleichstellungsgesetz (Barrierefreie Informationstechnik-Verordnung – BITV; siehe Anlage 10) vom 17. 7. 2002 (BGBl. I S. 2654) geregelt. Die Verordnung legt in § 1 BITV fest, dass sie anzuwenden ist für Internetauftritte und -angebote, Intranetauftritte und -angebote, die öffentlich zugänglich sind, und mittels Informationstechnik realisierte grafische Programmoberflächen, die öffentlich zugänglich sind, der Behörden der Bundesverwaltung. Landesverwaltungen – auch solche die i. S. d. § 7 Abs. 1 Satz 2 Bundesrecht umsetzen – sowie die Justiz sind von der Norm nicht erfasst. Landesverwaltungen unterliegen den überwiegend inzwischen vorhandenen landesrechtlichen Vorschriften (s. Rdnr. 5).

In § 2 BITV legt den **persönlichen Geltungsbereich** gemäß der Ermächtigung in § 11 Abs. 1 Satz 2 Nr. 1 sehr weit fest. Danach sind alle behinderten Menschen i. S. d. § 3 BGG, denen ohne die Erfüllung zusätzlicher Bedingungen die Nutzung der Informationstechnik nur eingeschränkt möglich ist, bei der barrierefreien Gestaltung zu berücksichtigen. Bisher vorliegende landesrechtliche Regelungen folgen diesem Muster der Definition des persönlichen Geltungsbereichs. Damit sind insbesondere für Sinnesgeschädigte (vor allem Menschen mit Sehbehinderungen), für motorisch behinderte Menschen aber dem Anspruch nach auch für Menschen mit kognitiven Einschränkungen Gestaltungsgrundsätze in den technischen Anlagen (s. Rdnr. 6 ff.) festzulegen. Behinderten Menschen, denen ohne die Erfüllung zusätzlicher Bedingungen die Nutzung der Informationstechnik nur eingeschränkt möglich ist, soll der Zugang zu diesen Informationen ermöglicht werden. Dabei sind mögliche Barrieren unterschiedlichster Art zu beachten. Blinde Menschen können z. B. nur die Textinformationen einer Internetseite mit Hilfe eines Screenreaders oder einer Braillezeile erfassen. Informationen, die mit Hilfe von Bildern oder multimedialen Dateien dargestellt werden, sind für sie nur verständlich, wenn diese mit alternativen Texten hinterlegt sind. Sehbehinderte Menschen haben oft Probleme mit der Schriftgröße und dem Kontrast. Behinderte Menschen mit eingeschränkter Motorik der Arme oder Hände haben Probleme bei der Handhabung von Tastaturen und „Mäusen".

5   Die Regelungen des **Landesrechts** sind teilweise anders gestaltet. So verpflichtet in **Bayern** Art. 13 BayBGG zusätzlich zur barrierefreien Gestaltung des Intranets neben den auch im BGG geregelten Bereichen des Internets und den von Trägern der öffentlichen Gewalt zur Verfügung gestellten grafischen Programmoberflächen (ebenso **Rheinland-Pfalz**: § 7 LGGBehM). Unterschiedlich regeln die Länder die barrierefreie Informationstechnik in rein rechtstechnischer Hinsicht. Nur **Baden-Württemberg** (§ 10 Landes-Behindertengleichstellungsgesetz, s. auch Bundesverwaltungsamt Info 1847) verweist explizit im eigenen Gesetz auf die Verordnung des Bundes und erklärt diese für die Landesdienststellen für verbindlich. Einen etwas umständlicheren Weg wählt das Landesrecht in **NRW**. Die dortige Verordnung zur Schaffung barrierefreier Informationstechnik nach dem Behindertengleichstellungsgesetz Nordrhein-Westfalen (Barrierefreie Informationstechnik – Verordnung Nordrhein-Westfalen NRW-BITV v. 24. 6. 2004, Gesetz- und Verordnungsblatt für das Land Nordrhein-Westfalen, Nr. 21 v. 30. 6. 2004, S. 201) erklärt in § 2 Abs. 2 BITV-NRW die Bundesverordnung als Maßstab der vom NRW-Gesetz und zugehöriger Verordnung verlangten Barrierefreiheit. Es fehlt der dortigen Verordnung eine eigene Anlage mit den geforderten technischen Standards, es gilt die BITV des Bundes in der jeweils gültigen Fassung. In **Brandenburg** dagegen nennt die Verordnung explizit die eigenen Standards (auch über eine eigene technische Anlage) ohne Bezug auf die BITV des Bundes (Verordnung zur Schaffung barrierefreier Informationstechnik nach dem Brandenburgischen Behindertengleichstellungsgesetz – Brandenburgische Kommunikationshilfeverordnung – BbgBITV v. 24. 5. 2004). In **Bremen** trat am 14. 10. 2005 die Brem-BITV in Kraft. **Bayern, Berlin, Hamburg, Hessen** und das **Saarland** bereiten eine Landes-BITV vor oder haben dies zumindest vorgesehen. In **Rheinland-Pfalz** (§ 7), **Sachsen** (§ 7) und **Schleswig-Holstein** (§ 12) finden sich Regelungen im Landesgesetz, Verordnungen sind nicht vorgesehen. In Berlin und **Sachsen-Anhalt** bestehen solche gesetzlichen Regelungen nicht. In **Mecklenburg-Vorpommern** und **Niedersachsen** fehlen im Januar 2006 noch Landesgleichstellungsgesetze.

6   Die BITV des Bundes legt für die Umstellung bereits bei Erlass der Verordnung bestehender Internet und Intranet-Angebote verschiedene **Übergangsfristen** fest (§ 4 BITV), die sämtlich längstens zum 31. 12. 2005 auslaufen. Damit hat der Bund barrierefreie Informationstechnologie ab 1. 1. 2006 gemäß BITV-Standards durchgängig zu erfüllen. Die BITV ist gemäß § 5 BITV spätestens drei Jahre nach Inkrafttreten auf ihre Wirkung zu prüfen, also spätestens zum Juli 2005. Die Darstellung der Entwicklung ist Gegenstand der Berichterstattung nach § 66 SGB IX.

7   In der Anlage zur BITV sind die **inhaltlichen Anforderungen** festgelegt, wie Internetauftritte barrierefrei zu gestalten sind. Die Anforderungen beruhen grundsätzlich auf den international anerkannten Zugangsrichtlinien für Webinhalte 1.0 (im Original: Web Content Accessibility Guidelines 1.0) des World Wide Web Consortiums (W3C). Im Sinne eines **„Universal Design"** sollen Sonderlösungen für behinderte Menschen vermieden werden. Die Erstellung einer Webseite, die für alle Benutzergruppen gleichermaßen uneingeschränkt nutzbar ist, hat Vorrang vor einer nicht gewollten „Nur-Text-Lösung" als Alternative zum eigentlichen Angebot. Die barrierefreie Gestaltung von Internetangeboten ist allerdings auf Grund der ständig wechselnden Inhalte kein einmaliger Vorgang, sondern ein fortlaufender Prozess. Aus diesem Grunde hat die Bundesregierung verschiedene Maßnahmen zur Unterstützung des Prozesses eingeleitet. Beispielsweise hat das

Bundesamt für Sicherheit in der Informationstechnik ein Modul „Barrierefreies E-Government" für das E-Government-Handbuch erstellt. Im Rahmen seiner Beratungs- und Unterstützungsaufgabe bietet das Bundesverwaltungsamt Workshops und Erfahrungsaustausche zur Umsetzung der BITV an. Hier werden allgemeine Informationen wie auch solche zu Problemen der Gestaltung BITV-konformer Internetangebote von Experten (z. B. von den Projekten „Barrierefrei informieren und kommunizieren – BIK" und „Aktionsbündnis für barrierefreie Informationstechnik – AbI") gegeben. Ferner hat das Bundesverwaltungsamt zwei Themenhefte herausgebracht. Das INFO-Heft 1721 beinhaltet allgemeine Erläuterungen und Informationen zu den drei BGG-Verordnungen. Das INFO-Heft 1782 bezieht sich auf die BITV und enthält neben grundlegenden Informationen die Checkliste zur Umsetzung der BITV-Anforderungen der Priorität 1. Das Aktionsbündnis erarbeitet u. a. Empfehlungen für den Test und die Zertifizierung von Webangeboten auf der Grundlage der BITV. Ein dreistufiges Testverfahren und Empfehlungen für die ersten beiden Stufen wurden bereits beschlossen. Mit diesen Empfehlungen, die aus der Harmonisierung der Testverfahren und -erfahrungen der Partner entstanden sind, können von verschiedenen Stellen Tests angeboten werden, deren Ergebnisse vergleichbar sind. Als nächster Schritt sollen Empfehlungen für eine Hauptprüfung (dritte Stufe) vorgelegt werden. Die oben genannte Umfrage bei den Bundesbehörden ergab für die BITV, dass intensiv an der barrierefreien Gestaltung der Internetauftritte gearbeitet wird. Probleme bei der Umsetzung gab es z. B. bei Datenbankanwendungen und der Gestaltung von barrierefreien pdf-Dokumenten. Nach einer Stichprobe durch das Projekt BIK im Oktober 2004 wurden 14 Internetangebote von Ministerien und Einrichtungen des Bundes geprüft. Drei Ministerien standen im Oktober vor der Veröffentlichung überarbeiteter Versionen, sie wurden nicht in die Prüfung einbezogen. Drei Internetangebote entsprechen bereits weitgehend den BITV-Anforderungen. Bei den meisten Angeboten sind Anstrengungen zur Sicherung der allgemeinen Zugänglichkeit erkennbar. Es gibt jedoch nach wie vor Hindernisse: Der Besucher eines Internetangebotes soll die Größe von Schriften nach seinen Bedürfnissen anpassen können. Die Internetseiten sollen auch auf kleineren Bildschirmen korrekt angezeigt werden. Für körperbehinderte Besucher ist es wichtig, dass die Seiten auch ohne „Maus", also mit der Tastatur bedient werden können.

Einige Webangebote bieten zusätzliche alternative Textversionen an. Solche Textversionen sind aus Sicht der BITV nicht akzeptabel, vielmehr sollen die Internetseiten für alle zugänglich sein. Auch an der Standardkonformität muss noch gearbeitet werden, Überschriften, Listen und Formulare sind vielfach nicht korrekt ausgezeichnet. Einzelergebnisse der Stichprobe sind unter www.bik-online.info im Internet veröffentlicht.

Insgesamt stellt der Bericht nach § 66 SGB IX fest, dass die Bundesbehörden den Prozess zur Erstellung barrierefreier Internetangebote aufgenommen haben und das Ziel, die Internetseiten nachhaltig barrierefrei zu gestalten, schrittweise umsetzen (s. Bericht der Bundesregierung, BT-Drucks. 15/4575 bzw. BR-Drucks. 993/04 v. 16. 12. 2004).

Der auf dem Europäischen Rat von *Feira* im Juni 2000 angenommene Aktionsplan der Kommission „**eEurope 2002** – eine Informationsgesellschaft für alle", der ganz allgemein die Nutzung von Informationstechnologien fördern will, enthält zur Frage des IT-Zugangs von behinderten Menschen in einem eigenen Kapitel die Vorgabe, dass behinderte Menschen die Informationen auf allen Web-Seiten des öffentlichen Sektors der Mitgliedstaaten und der europäischen Institutionen erreichen und voll von den Möglichkeiten der „Regierung am Netz" profitieren können. Hierfür ist in dem Programm als konkretisierende Maßnahme vorgesehen, dass bereits existierende technische Standards, die Leitlinien der WAI (Web

Accessibility Initiative), für die öffentlichen Webseiten übernommen werden. Diese politische Selbstverpflichtung der EU-Mitgliedstaaten ist nun mit § 11 Abs. 1 für den Bereich der Bundesverwaltung umgesetzt worden.

10 Nach Abs. 2 hat die Bundesregierung darauf hinzuwirken, dass **gewerbsmäßige Anbieter von Internetseiten,** d. h. sowohl Produzenten von Internetsoftware als auch Unternehmen, die ihre Produkte und Dienstleistungen mit Hilfe von Internet darstellen, ihre Produkte im Wege von Zielvereinbarungen nach § 5 entsprechend den Vorgaben von Abs. 1 gestalten. Dies geschieht vor dem Hintergrund, dass es die Bundesregierung als ihre Aufgabe ansieht, den Aufbruch in die Informationsgesellschaft des 21. Jahrhunderts aktiv zu gestalten. Es sollen alle Bürger – auch behinderte Menschen – die Chancen des Internets nutzen können. Vorrangig ist die Entwicklung nutzer- und verbraucherfreundlicher Internetangebote im Bereich der Wirtschaft eine Aufgabe des privaten Sektors. Begleitend hierzu ergeben sich jedoch auch Aufgaben für die Politik. Aus diesem Grund begleitet die Bundesregierung Initiativen und arbeitet mit Initiativen zusammen, die sich mit Fragen der Selbstregulierung im Internet beschäftigen. In der Vergangenheit wurden etwa im Rahmen der Initiative D21, die von der Politik unterstützt und beraten wird, Qualitätskriterien für Gütesiegelanbieter erstellt und Fragen der Selbstregulierung im Internet behandelt. Für behinderte Menschen ist eine möglichst umfassende, selbstbestimmte und uneingeschränkte Nutzung des Internets wünschenswert. Das Bundesministerium für Wirtschaft und Technologie führt daher im Rahmen der Initiative der Bundesregierung „Internet für alle" eine Demonstrations- und Informationskampagne „Internet ohne Barrieren" durch. Dabei sollen Ideen, Vorschläge und Forderungen zugunsten von Menschen mit Behinderungen aufgegriffen werden. Für sie gewinnt das Internet zunehmend an Bedeutung für die soziale und berufliche Integration. Sie können per Internet wieder viele Dinge des Alltags selbstständig erledigen und ihre gesellschaftliche Mobilität erhöhen. Das erfordert aber einen barrierefreien Zugang zu diesem neuen Medium, was mit dieser Kampagne gefördert werden soll (Bericht der Bundesregierung, BT-Drucks. 15/4575 bzw. BR-Drucks. 993/04 v. 16. 12. 2004, S. 178 f.). Es sind bisher keine Zielvereinbarungen oder laufenden Verhandlungen über Zielvereinbarungen bezüglich barriererefreier Informationstechnik im Zielvereinbarungsregister (www.bmgs.bund.de) registriert (Stand: 9/2005).

11 Die Diskussion um Barrierefreiheit in Bezug auf Webseiten wird von zwei gängigen Abkürzungen, mitgeprägt: W3C und WAI. W3C ist die Abkürzung für World Wide Web Consortium. Das W3C ist eine internationale Organisation, die es sich zur Aufgabe gemacht hat, das Internet zu standardisieren. Sie erarbeitet allgemeingültige und anerkannte Spezifikationen und fördert so die Weiterentwicklung von Web-Technologien. Innerhalb des W3C existiert eine Teilorganisation namens Web Accessibility Initiative, abgekürzt WAI. Hier werden internationale Richtlinien (Web Content Accessibility Guidelines, kurz: WCAG) zur barrierefreien Gestaltung von Web-Inhalten entwickelt. Den Richtlinien der WAI sind unterschiedliche Checkpunkte zugeordnet. Die Begriffe sind für das Verständnis der Anlagen zur BITV wichtig, die Anforderungen und Bedingungen der Anlagen der BITV auf diesen Zugänglichkeitsrichtlinien. Jeder Checkpunkt dieser Zugänglichkeitsrichtlinie wiederum gehört einer Prioritätsstufe an, welche den Einfluss auf die Zugänglichkeit festlegt:
Priorität 1: Wenn ein Checkpunkt dieser Priorität nicht erfüllt ist, ist es für eine oder mehrere Gruppen von Menschen unmöglich, auf Informationen im betroffenen Angebot zuzugreifen. Man spricht auch von einem „Muss"-Kriterium.
Priorität 2: Wenn ein Checkpunkt dieser Priorität nicht erfüllt ist, ist es für eine oder mehrere Gruppen von Menschen schwierig, auf Informationen im betroffenen Angebot zuzugreifen. Man spricht auch von einem „Soll"-Kriterium.

Priorität 3: Wenn ein Checkpunkt dieser Priorität nicht erfüllt ist, ist es für eine oder mehrere Gruppen von Menschen etwas schwierig, auf Informationen im betroffenen Angebot zuzugreifen. Man spricht auch von einem „Kann"-Kriterium.
Je nachdem, welche Prioritätsstufe ein Internetangebot erfüllt, entspricht es einem sogenannten Konformitätsniveau.

Abschnitt 3. Rechtsbehelfe

§ 12 Vertretungsbefugnisse in verwaltungs- oder sozialrechtlichen Verfahren

[1]**Werden behinderte Menschen in ihren Rechten aus § 7 Abs. 2, §§ 8, 9 Abs. 1, § 10 Abs. 1 Satz 2 oder § 11 Abs. 1 verletzt, können an ihrer Stelle und mit ihrem Einverständnis Verbände nach § 13 Abs. 3, die nicht selbst am Verfahren beteiligt sind, Rechtsschutz beantragen; Gleiches gilt bei Verstößen gegen Vorschriften des Bundesrechts, die einen Anspruch auf Herstellung von Barrierefreiheit im Sinne des § 4 oder auf Verwendung von Gebärden oder anderen Kommunikationshilfen im Sinne des § 6 Abs. 3 vorsehen.** [2]**In diesen Fällen müssen alle Verfahrensvoraussetzungen wie bei einem Rechtsschutzersuchen durch den behinderten Menschen selbst vorliegen.**

§ 12 ist eines der prozessualen Instrumente des BGG, die die materiellen Regelungen zur Gleichstellung behinderter Menschen und zur Herstellung von Barrierefreiheit fördern. 1

Gemäß § 12 kann verwaltungs- und sozialrechtlicher Rechtsschutz gegen Rechtsverletzungen eines behinderten Menschen nicht nur vom Betroffenen selbst, sondern, sein Einverständnis vorausgesetzt, vertretungsweise auch von Verbänden beantragt werden. Klagebefugt sind die nach § 13 Abs. 3 auf Vorschlag des Deutschen Behindertenrates vom Bundesministerium für Arbeit und Sozialordnung anerkannten Verbände. 2

Die Norm ist angelehnt an § 63 SGB IX, der für den Bereich der Sozialleistungen bereits ein Klagerecht der Verbände in Gestalt einer gesetzlichen Prozessstandschaft eingeführt hat. Da ein Verband im Falle einer Klage nach § 12 BGG lediglich das Recht einer anderen Person geltend macht, müssen die gleichen Verfahrensvoraussetzungen erfüllt sein (z.B. die Einhaltung von Fristen), wie bei einer Klage durch die vertretende Person selbst. 3

Die Regelung trägt dem besonderen Interesse behinderter Menschen an einer sachnahen Prozessführung Rechnung und berücksichtigt die speziellen Kenntnisse der Sach- und Rechtslage durch die entsprechenden Verbände sowie den in diesem Bereich weit verbreiteten Charakter der Selbsthilfegruppen. Die Vertreter dieser Gruppen verfügen über spezielle Kenntnisse der Sach- und Rechtslage. Zudem können sie sich als ebenfalls persönlich Betroffene leichter als andere in die von ihnen vertretenen behinderten Menschen einfühlen und ein besonderes Vertrauensverhältnis aufbauen. 4

§ 13 Verbandsklagerecht

(1) [1]**Ein nach Absatz 3 anerkannter Verband kann, ohne in seinen Rechten verletzt zu sein, Klage nach Maßgabe der Verwaltungsgerichtsordnung oder des Sozialgerichtsgesetzes erheben auf Feststellung eines Verstoßes gegen**

1. das Benachteiligungsverbot für Träger der öffentlichen Gewalt nach § 7 Abs. 2 und die Verpflichtung des Bundes zur Herstellung der Barrierefreiheit in § 8 Abs. 1, § 9 Abs. 1, § 10 Abs. 1 Satz 2, § 11 Abs.
2. die Vorschriften des Bundesrechts zur Herstellung der Barrierefreiheit in § 46 Abs. 1 Satz 3 und 4 der Bundeswahlordnung, § 39 Abs. 1 Satz 3 und 4 der Europawahlordnung, § 43 Abs. 2 Satz 2 der Wahlordnung für die Sozialversicherung, § 54 Satz 2 der Wahlordnung für die Sozialversicherung, § 17 Abs. 1 Nr. 4 des Ersten Buches Sozialgesetzbuch, § 4 Abs. 1 Nr. 2a des Gaststättengesetzes, § 3 Nr. 1 Buchstabe d des Gemeindeverkehrsfinanzierungsgesetzes, § 3 Abs. 1 Satz 2 und § 8 Abs. 1 des Bundesfernstraßengesetzes, § 8 Abs. 3 Satz 3 und 4 sowie § 13 Abs. 2a des Personenbeförderungsgesetzes, § 2 Abs. 3 der Eisenbahn-Bau- und Betriebsordnung, § 3 Abs. 5 Satz 1 der Straßenbahn-Bau- und Betriebsordnung, §§ 19d und 20b des Luftverkehrsgesetzes oder
3. die Vorschriften des Bundesrechts zur Verwendung von Gebärdensprache oder anderer geeigneter Kommunikationshilfen in § 17 Abs. 2 des Ersten Buches Sozialgesetzbuch, § 57 des Neunten Buches Sozialgesetzbuch und § 19 Abs. 1 Satz 2 des Zehnten Buches Sozialgesetzbuch.

²Satz 1 gilt nicht, wenn eine Maßnahme aufgrund einer Entscheidung in einem verwaltungs- oder sozialgerichtlichen Streitverfahren erlassen worden ist.

(2) ¹Eine Klage ist nur zulässig, wenn der Verband durch die Maßnahme in seinem satzungsgemäßen Aufgabenbereich berührt wird. ²Soweit ein behinderter Mensch selbst seine Rechte durch eine Gestaltungs- oder Leistungsklage verfolgen kann oder hätte verfolgen können, kann die Klage nach Absatz 1 nur erhoben werden, wenn der Verband geltend macht, dass es sich bei der Maßnahme um einen Fall von allgemeiner Bedeutung handelt. ³Dies ist insbesondere der Fall, wenn eine Vielzahl gleich gelagerter Fälle vorliegt. ⁴Für Klagen nach Absatz 1 Satz 1 gelten die Vorschriften des 8. Abschnitts der Verwaltungsgerichtsordnung entsprechend mit der Maßgabe, dass es eines Vorverfahrens auch dann bedarf, wenn die angegriffene Maßnahme von einer obersten Bundes- oder einer obersten Landesbehörde erlassen worden ist.

(3) ¹Auf Vorschlag der Mitglieder des Beirates für die Teilhabe behinderter Menschen, die nach § 64 Abs. 2 Satz 2, 1., 3. oder 12. Aufzählungspunkt des Neunten Buches Sozialgesetzbuch berufen sind, kann das Bundesministerium für Gesundheit und Soziale Sicherung die Anerkennung erteilen. ²Es soll die Anerkennung erteilen, wenn der vorgeschlagene Verband

1. nach seiner Satzung ideell und nicht nur vorübergehend die Belange behinderter Menschen fördert,
2. nach der Zusammensetzung seiner Mitglieder oder Mitgliedsverbände dazu berufen ist, Interessen behinderter Menschen auf Bundesebene zu vertreten,
3. zum Zeitpunkt der Anerkennung mindestens drei Jahre besteht und in diesem Zeitraum im Sinne der Nummer 1 tätig gewesen ist,
4. die Gewähr für eine sachgerechte Aufgabenerfüllung bietet; dabei sind Art und Umfang seiner bisherigen Tätigkeit, der Mitgliederkreis sowie die Leistungsfähigkeit des Vereines zu berücksichtigen und
5. wegen Verfolgung gemeinnütziger Zwecke nach § 5 Abs. 1 Nr. 9 des Körperschaftsteuergesetzes von der Körperschaftsteuer befreit ist.

Verbandsklagerecht   1–7 § 13 BGG

Die Vorschrift führt für den Geltungsbereich dieses Gesetzes eine öffentlich- 1
rechtliche originäre altruistische Verbandsklage zugunsten von Verbänden behinderter Menschen ein, d. h. eine Befugnis für nach Abs. 3 der Norm anerkannte Verbände, ohne subjektive Rechtsverletzung Klage nach Maßgabe der VwGO oder des SGB zu erheben. Zweck der Regelung ist, die behinderten-politischen Anliegen auch durch Verbände befördern zu lassen und sie advokatorisch zu befähigen, Gerichte anzurufen.

Das Institut der Verbandsklage ist so neu nicht, sondern bereits z. B. im UWG 2
enthalten. Sinnvoll ist es insbesondere deshalb, weil dadurch das finanzielle Prozessrisiko des einzelnen Betroffenen gemindert wird, dem ansonsten meist die ausrechende Durchsetzungskraft gegen einen Großkonzern oder eine staatliche Institution fehlt.

Einklagbar sind die in § 13 Abs. 1 enumerativ geregelten Rechte. Eine Rechts- 3
verfolgung im Wege einer Verbandsklage wird vor allem in Betracht kommen, um eine mit den Vorschriften des Behindertengleichstellungsgesetzes in Einklang stehende Verwaltungspraxis herbeizuführen. In Abgrenzung zu § 12 ist daher die Verbandsklage als Feststellungsklage ausgestaltet. Die Befugnis zur Verbandsklage steht nur Verbänden zu, die auf Vorschlag der Gruppenvertreter der Arbeitnehmer, der Behindertenverbände oder der Bundesarbeitsgemeinschaft der Freien Wohlfahrtspflege im Beirat nach § 64 SGB IX vom Bundesministerium für Arbeit und Sozialordnung anerkannt worden sind. Ferner setzt die Verbandsklage immer voraus, dass zuvor ein Widerspruchsverfahren erfolglos durchgeführt worden ist, damit die Widerspruchsbehörde die Möglichkeit hat, die Angelegenheit im Vorfeld zu überprüfen. Das Nebeneinander verschiedener klagebefugter Verbände wird für den Bereich der Verbandsklage durch ein besonderes Beiladungsverfahren geordnet, das im SGG bzw. in der VwGO geregelt wird (vgl. Begründung zu den Art. 33 und 34). Macht ein Verband von der ihm eingeräumten Möglichkeit, eine Beiladung zu beantragen, nicht Gebrauch, so ist eine später von ihm in derselben Sache erhobene Klage unzulässig. Mit dieser Präklusionsregelung soll die prozessökonomische Wirkung des Beiladungsverfahrens noch verstärkt werden. Durch die Einführung der Verbandsklage werden die Rechtswegzuständigkeiten, etwa der Verwaltungsgerichtsbarkeit für das Baurecht, nicht berührt.

Das Verbandsklagerecht besteht nicht bei Vorliegen der in § 13 Abs. 1 Satz 2 4
und Abs. 2 genannten Voraussetzungen.

Absatz 2 regelt die Zulässigkeitsvoraussetzungen einer Verbandsklage. Zu be- 5
achten ist insbesondere, dass das Verbandsklagerecht insoweit eingeschränkt ist, als der klagende Verband darlegen muss, dass sein Klagegegenstand von allgemeiner Bedeutung ist. Dies ist insbesondere gegeben, wenn eine Vielzahl gleich gelagerter Fälle vorliegt. Insgesamt bedeutet dies, dass die Klagemöglichkeit nicht voraussetzt, dass der klagende Verband in eigenen subjektiven Rechten verletzt ist, sondern ihm vielmehr allgemein die Möglichkeit eingeräumt wird, die tatsächliche Anwendung von Vorschriften durchzusetzen, die dem Schutz behinderter Menschen dienen.

Das Verbandsklagerecht betrifft gem. § 13 Abs. 3 Verbände, die die fünf gesetz- 6
lichen Kriterien (ideelles Satzungsziel der nachhaltigen Förderung der Belange behinderter Menschen, entsprechende Zusammensetzung der Mitglieder, vorangegangenes dreijähriges Tätigwerden auf dem Sektor der Behindertenförderung, Gewähr von sachgerechter Auflagenerfüllung und Leistungsfähigkeit, Gemeinnützigkeit im steuerlichen Sinne) erfüllen. Die Anerkennung erfolgt durch Bescheid des Bundesministeriums. Ablehnende Bescheide sind gerichtlich überprüfbar.

Das Verbandsklagerecht wird eingeschränkt durch den Umstand, dass sich die 7
Verbände zur Erlangung der Vertretungs- und Klageberechtigung einem Anerkennungsverfahren bei Bundesministerium für Arbeit und Sozialordnung unterziehen müssen.

Dopatka 585

8 Hinsichtlich der bisherigen sehr fallarmen Rechtsprechung zur Norm wird auf die Erläuterung zu § 4 Rdnr. 30 verwiesen.

Abschnitt 4. Beauftragte oder Beauftragter der Bundesregierung für die Belange behinderter Menschen

§ 14 Amt der oder des Beauftragten für die Belange behinderter Menschen

(1) **Die Bundesregierung bestellt eine Beauftragte oder einen Beauftragten für die Belange behinderter Menschen.**

(2) **Der beauftragten Person ist die für die Erfüllung ihrer Aufgabe notwendige Personal- und Sachausstattung zur Verfügung zu stellen.**

(3) **Das Amt endet, außer im Fall der Entlassung, mit dem Zusammentreten eines neuen Bundestages.**

1 Seit 1980 gibt es einen Beauftragten der Bundesregierung für die Belange der Behinderten. Nachdem es in der Regierungserklärung vom 24. 11. 1980 im Zusammenhang mit dem bevorstehenden Internationalen Jahr der Behinderten 1981 angekündigt war, wurde das Amt auf Grund einer Kabinettentscheidung vom 16. 12. 1980 eingerichtet. Auch die Bestellungen des zweiten und des dritten Bundesbeauftragten erfolgten ausschließlich per Kabinettentscheidung (1982/1998). Mit dem BGG wurde erstmals eine gesetzliche Grundlage für das Amt geschaffen, dessen überaus politischer Charakter damit jedoch nicht aufgehoben wird, auch die Wirksamkeit des Amtes bleibt mit dieser Regelung unverändert abhängig vom Willen der jeweiligen Regierung und der sie tragenden Fraktionen im Deutschen Bundtag sowie der Fähigkeit des Amtsinhabers, auf die dortige Meinungsbildung Einfluss zu nehmen.

2 Absatz 1 verpflichtet die Bundesregierung, eine Beauftragte oder einen Beauftragten für die Belange behinderter Menschen zu bestellen. Die Änderung in der Amtsbezeichnung trägt der Tatsache Rechnung, dass Behinderung nur ein Merkmal von betroffenen Menschen ist, nicht aber im Vordergrund steht oder gar einen Menschen charakterisiert. Das Amt ist nicht mit hoheitlichen Verwaltungskompetenzen ausgestattet, sondern dient der politischen Geltendmachung der Interessen behinderter Menschen.

3 Absatz 2 regelt, dass der beauftragten Person die erforderliche personelle und sachliche Ausstattung zur Verfügung zu stellen ist, damit die Aufgaben wahrgenommen werden können. Organisatorisch gehört das Amt seit seiner Errichtung zum Geschäftsbereich des Bundesministeriums für Arbeit und Sozialordnung (BMA) bzw. seit dessen Auflösung 2002 zum Geschäftsbereich des Bundesministeriums für Gesundheit und Soziale Sicherung. Fachlich ist der Beauftragte nur dem Kabinett gegenüber verantwortlich. Zu seiner Unterstützung wurde 1981 ein Interministerieller Arbeitsstab aus Beschäftigten des Bundesministeriums für Arbeit und Sozialordnung, des Bundesministeriums für Jugend, Familie und Gesundheit sowie des Bundesministeriums für Raumordnung, Bauwesen und Städtebau geschaffen. Heute besteht der Stab ausschließlich aus Beschäftigten des BMGS, die dem Bundesbeauftragten zugewiesen sind. Haushaltsrechtlich ist dem Amt dadurch Rechnung getragen, dass im Einzelplan des Bundesarbeitsministeriums Mittel für besondere Aufwendungen, Reisekosten, Informationsmaßnahmen usw. eingestellt sind (s. Begründung zum Gesetzentwurf der Bundesregierung, BR-Drucks. 928/01 v. 9. 11. 2001 bzw. BT-Drucks. 14/8043 v. 23. 1. 2002).

4 Absatz 3 regelt die Beendigung des Amtes. Durch die Anbindung an das Merkmal „Zusammentreten eines neuen Bundestages" wird sichergestellt, dass zu

Beginn einer jeden Legislaturperiode die Berufung einer oder eines Beauftragten erneut auszusprechen ist. Die Gesetzesbegründung führt aus, dass das Bundeskabinett mit dieser Norm in die Lage versetzt wird, eine Entlassung aus dem Amt auch ohne Angabe von Gründen im Laufe einer Legislaturperiode vorzunehmen (BR-Drucks. 928/01 v. 9. 11. 2001 bzw. BT-Drucks. 14/8043 v. 23. 1. 2002, S. 108).

Die Schaffung von Beauftragten der Landesregierungen für die Belange behinderter Menschen sind – sofern eingeführt – in den entsprechenden Landesgesetzen geregelt (s. für Brandenburg: §§ 11, 12 BbgBGG. Teilweise schaffen die LBGG auch zusätzlich oder anstatt des Behindertenbeauftragten die Einrichtung eines Landesbehindertenbeirates (z. B. für Brandenburg: § 13 BbgBGG, für Sachsen §§ 10, 11 SächsIntegrG). 5

§ 15 Aufgabe und Befugnisse

(1) ¹**Aufgabe der beauftragten Person ist es, darauf hinzuwirken, dass die Verantwortung des Bundes, für gleichwertige Lebensbedingungen für Menschen mit und ohne Behinderungen zu sorgen, in allen Bereichen des gesellschaftlichen Lebens erfüllt wird.** ²**Sie setzt sich bei der Wahrnehmung dieser Aufgabe dafür ein, dass unterschiedliche Lebensbedingungen von behinderten Frauen und Männern berücksichtigt und geschlechtsspezifische Benachteiligungen beseitigt werden.**

(2) **Zur Wahrnehmung der Aufgabe nach Absatz 1 beteiligen die Bundesministerien die beauftragte Person bei allen Gesetzes-, Verordnungs- und sonstigen wichtigen Vorhaben, soweit sie Fragen der Integration von behinderten Menschen behandeln oder berühren.**

(3) ¹**Alle Bundesbehörden und sonstigen öffentlichen Stellen im Bereich des Bundes sind verpflichtet, die beauftragte Person bei der Erfüllung der Aufgabe zu unterstützen, insbesondere die erforderlichen Auskünfte zu erteilen und Akteneinsicht zu gewähren.** ²**Die Bestimmungen zum Schutz personenbezogener Daten bleiben unberührt.**

Absatz 1 nimmt – so die Begründung des Regierungsentwurfes (BR-Drucks. 928/01, S. 108), der ohne Änderung als Gesetz in Kraft trat – auf die Verpflichtung des Bundes, nach Artikel 3 GG für gleichwertige Lebensbedingungen von Menschen mit und ohne Behinderungen zu sorgen. Anliegen von behinderten Menschen lassen sich demnach nicht auf den Wirkungsbereich eines oder mehrerer Ministerien reduzieren. Sie spiegeln sich vielmehr in allen Politikbereichen wieder. Die/der Beauftragte soll nicht die Verantwortung für die einzelnen Politikbereiche übernehmen, sondern das zentrale Anliegen von Gleichberechtigung im Rahmen einer Gesamtschau auf Bundesebene gewährleisten. Satz 2 weist dabei darauf hin, dass den Anliegen behinderter Frauen besondere Aufmerksamkeit gewidmet werden muss. Die Bundesregierung hat darüber hinaus die Möglichkeit, ergänzende Regelungen zu Aufgaben und Befugnissen in der Gemeinsamen Geschäftsordnung der Bundesministerien (GGO) zu treffen; insbesondere werden auch die geltenden Bestimmungen der GGO (§§ 21 und 45 Abs. 2 Satz 2 GGO) durch die gesetzliche Regelung nicht berührt. 1

Absätze 2 und 3 regeln die Zusammenarbeit zwischen den Bundesministerien und den übrigen Behörden und sonstigen öffentlichen Stellen im Bereich des Bundes auf der einen Seite sowie den Beauftragten auf der anderen Seite. Absatz 2 konkretisiert die bereits in § 21 Abs. 1 der Gemeinsamen Geschäftsordnung der Bundesministerien enthaltene Pflicht, die/den Beauftragte/n zu beteiligen. Darüber hinaus schreibt Absatz 3 allen öffentlichen Stellen im Bereich des Bundes 2 vor, die/den Beauftragte/n bei der Erfüllung der Aufgaben zu unterstützen. Als Beispiele werden die Auskunftserteilung und das Akteneinsichtsrecht erwähnt. Landesdienststellen sind durch diese Norm nicht zu Gleichem verpflichtet, was praktisch allerdings nur von eingeschränkter Bedeutung sein dürfte. Der/die Beauftragte ist an die Bestimmungen zum Schutz personenbezogener Daten uneingeschränkt gebunden.

3   Die Bundesministerien haben den Behindertenbeauftragten bei allen Gesetzes-, Verordnungs- und sonstigen wichtigen Vorhaben zu beteiligen, soweit sie Fragen der Integration von behinderten Menschen betreffen. Alle Bundesbehörden und sonstige öffentliche Stellen im Bereich des Bundes sind verpflichtet, den Behindertenbeauftragten zu unterstützen. Der Beauftragte wirkt somit als Mittler zwischen den behinderten Menschen und Behörden, Rehabilitationsträgern und sonstigen Stellen. Sein ressortübergreifendes Wirken, das in erster Linie sensibilisierenden, beratenden und vorschlagenden Charakter hat, gibt ihm die Möglichkeit, die vielfältigen Belange behinderter Menschen in die verschiedenen Politik- und Aufgabenbereiche hineinzutragen. Daneben wirkt er dabei mit, die Behindertenpolitik der Bundesregierung transparent zu machen sowie die Akzeptanz für diese Politik bei den Betroffenen wie bei Nichtbehinderten zu erhöhen. Aufgabe und Anliegen des Beauftragten ist es nicht zuletzt, die Probleme behinderter Menschen allen in der Gesellschaft bewusst zu machen, um dadurch die Bereitschaft zu erzeugen, behinderungsbedingte Nachteile auf allen Ebenen – sowohl im Erwerbsleben wie im gesellschaftlichen Bereich – auszugleichen zu helfen.

4   Beim Beauftragten der Bundesregierung für die Belange behinderter Menschen finden regelmäßig von ihm moderierte Gesprächsrunden zwischen der DB AG und den Verbänden behinderter Menschen statt, bei denen auch die Frage einer barrierefreien Nutzung der Fahrkartenautomaten erörtert wird. Der Beauftragte ist in diesem Zusammenhang an die Automatenhersteller mit dem Vorschlag herangetreten, unter Beteiligung der Verbände behinderter Menschen technische Lösungsmöglichkeiten zur Herstellung der Barrierefreiheit zu erarbeiten, wobei dies für sämtliche Dienstleistungsautomaten, wie z.B. auch Geld- und Kassenautomaten geprüft werden soll. Ein erster Erfolg konnte 2004 bereits erzielt werden, indem die – für Rollstuhlfahrer zu hohe – Anbringhöhe von Automaten in Sozialämtern im Land Berlin nunmehr auf 1,20 Meter (20 Zentimeter tiefer) festgelegt wurde (Bericht der Bundesregierung 2004, S. 202).

Anhang

1. Wahlordnung Schwerbehindertenvertretungen – (SchwbVWO)

In der Fassung der Bekanntmachung vom 23. April 1990 (BGBl. I S. 811), zuletzt geändert durch Art. 54 SGB IX vom 19. 6. 2001 (BGBl. I S. 1046)

BGBl. III/FNA 871-1-5

Inhaltsübersicht

Erster Teil. Wahl der Schwerbehindertenvertretung in Betrieben und Dienststellen

Erster Abschnitt: Vorbereitung der Wahl §§

Bestellung des Wahlvorstandes	1
Aufgaben des Wahlvorstandes	2
Liste der Wahlberechtigten	3
Einspruch gegen die Liste der Wahlberechtigten	4
Wahlausschreiben	5
Wahlvorschläge	6
Nachfrist für Wahlvorschläge	7
Bekanntmachung der Bewerber und Bewerberinnen	8

Zweiter Abschnitt: Durchführung der Wahl

Stimmabgabe	9
Wahlvorgang	10
Schriftliche Stimmabgabe	11
Behandlung der schriftlich abgegebenen Stimmen	12
Feststellung des Wahlergebnisses	13
Benachrichtigung der Gewählten und Annahme der Wahl	14
Bekanntmachung der Gewählten	15
Aufbewahrung der Wahlunterlagen	16
Nachwahl des stellvertretenden Mitglieds	17

Dritter Abschnitt: Vereinfachtes Wahlverfahren

Voraussetzungen	18
Vorbereitung der Wahl	19
Durchführung der Wahl	20
Nachwahl des stellvertretenden Mitglieds	21

Zweiter Teil. Wahl der Konzern-, Gesamt-, Bezirks- und Hauptschwerbehindertenvertretung in Betrieben und Dienststellen

Wahlverfahren	22

Dritter Teil. Wahl der Schwerbehindertenvertretung, Bezirks- und Hauptschwerbehindertenvertretung der schwerbehinderten Staatsanwälte und Staatsanwältinnen

Wahlverfahren	23

Vierter Teil. Wahl der Schwerbehindertenvertretung, Bezirks- und Hauptschwerbehindertenvertretung der schwerbehinderten Richter und Richterinnen

Vorbereitung der Wahl der Schwerbehindertenvertretung der Richter und Richterinnen	24

	§§
Durchführung der Wahl	25
Nachwahl des stellvertretenden Mitglieds	26
Wahl der Bezirks- und Hauptschwerbehindertenvertretung der schwerbehinderten Richter und Richterinnen	27

Fünfter Teil. Schlussvorschriften

Berlin-Klausel (gegenstandslos)	28
Inkrafttreten	29

Erster Teil. Wahl der Schwerbehindertenvertretung in Betrieben und Dienststellen

Erster Abschnitt. Vorbereitung der Wahl

§ 1 Bestellung des Wahlvorstandes

(1) Spätestens acht Wochen vor Ablauf ihrer Amtszeit bestellt die Schwerbehindertenvertretung einen Wahlvorstand aus drei volljährigen in dem Betrieb oder der Dienststelle Beschäftigten und einen oder eine von ihnen als Vorsitzenden oder Vorsitzende.

(2) ¹Ist in dem Betrieb oder der Dienststelle eine Schwerbehindertenvertretung nicht vorhanden, werden der Wahlvorstand und dessen Vorsitzender oder Vorsitzende in einer Versammlung der schwerbehinderten und diesen gleichgestellten behinderten Menschen (Wahlberechtigte) gewählt. ²Zu dieser Versammlung können drei Wahlberechtigte oder der Betriebs- oder Personalrat einladen. ³Das Recht des Integrationsamtes, zu einer solchen Versammlung einzuladen (§ 94 Abs. 6 Satz 4 des Neunten Buches Sozialgesetzbuch), bleibt unberührt.

§ 2 Aufgaben des Wahlvorstandes

(1) ¹Der Wahlvorstand bereitet die Wahl vor und führt sie durch. ²Er kann volljährige in dem Betrieb oder der Dienststelle Beschäftigte als Wahlhelfer oder Wahlhelferin zu seiner Unterstützung bei der Durchführung der Stimmabgabe und bei der Stimmenzählung bestellen.

(2) ¹Die Beschlüsse des Wahlvorstandes werden mit einfacher Stimmenmehrheit seiner Mitglieder gefasst. ²Über jede Sitzung des Wahlvorstandes ist eine Niederschrift aufzunehmen, die mindestens den Wortlaut der gefassten Beschlüsse enthält. ³Die Niederschrift ist von dem Vorsitzenden oder der Vorsitzenden und einem weiteren Mitglied des Wahlvorstandes zu unterzeichnen.

(3) Der Wahlvorstand hat die Wahl unverzüglich einzuleiten; sie soll innerhalb von sechs Wochen, spätestens jedoch eine Woche vor dem Tage stattfinden, an dem die Amtszeit der Schwerbehindertenvertretung abläuft.

(4) Der Wahlvorstand beschließt nach Erörterung mit der Schwerbehindertenvertretung, dem Betriebs- oder Personalrat und dem Arbeitgeber, wie viele stellvertretende Mitglieder der Schwerbehindertenvertretung in dem Betrieb oder der Dienststelle zu wählen sind.

(5) Der Wahlvorstand soll dafür sorgen, dass ausländische Wahlberechtigte rechtzeitig über das Wahlverfahren, die Aufstellung der Liste der Wahlberechtigten, die Wahlvorschläge, den Wahlvorgang und die Stimmabgabe in geeigneter Weise unterrichtet werden.

(6) ¹Der Arbeitgeber unterstützt den Wahlvorstand bei der Erfüllung seiner Aufgaben. ²Er gibt ihm insbesondere alle für die Anfertigung der Liste der Wahlberechtigten erforderlichen Auskünfte und stellt die notwendigen Unterlagen zur Verfügung.

§ 3 Liste der Wahlberechtigten

(1) ¹Der Wahlvorstand stellt eine Liste der Wahlberechtigten auf. ²Die Wahlberechtigten sollen mit Familienname, Vorname, erforderlichenfalls Geburtsdatum sowie Betrieb oder Dienststelle in alphabetischer Reihenfolge aufgeführt werden.

(2) Die Liste der Wahlberechtigten oder eine Abschrift ist unverzüglich nach Einleitung der Wahl bis zum Abschluss der Stimmabgabe an geeigneter Stelle zur Einsicht auszulegen.

§ 4 Einspruch gegen die Liste der Wahlberechtigten

(1) Wer wahlberechtigt oder in dem Betrieb oder der Dienststelle beschäftigt ist oder ein berechtigtes Interesse an einer ordnungsgemäßen Wahl glaubhaft macht, kann innerhalb von zwei Wochen nach Erlass des Wahlausschreibens beim Wahlvorstand schriftlich Einspruch gegen die Richtigkeit der Liste der Wahlberechtigten einlegen.

(2) ¹Über Einsprüche nach Absatz 1 entscheidet der Wahlvorstand unverzüglich. ²Hält er den Einspruch für begründet, berichtigt er die Liste der Wahlberechtigten. ³Der Person, die den Einspruch eingelegt hat, wird die Entscheidung des Wahlvorstandes unverzüglich mitgeteilt; die Entscheidung muss ihr spätestens am Tag vor dem Beginn der Stimmabgabe zugehen.

(3) ¹Nach Ablauf der Einspruchsfrist soll der Wahlvorstand die Liste der Wahlberechtigten nochmals auf ihre Vollständigkeit hin überprüfen. ²Im übrigen kann nach Ablauf der Einspruchsfrist die Liste der Wahlberechtigten nur bei Schreibfehlern, offenbaren Unrichtigkeiten, in Erledigung rechtzeitig eingelegter Einsprüche oder bei Eintritt oder Ausscheiden eines Wahlberechtigten bis zum Tage vor dem Beginn der Stimmabgabe berichtigt oder ergänzt werden.

§ 5 Wahlausschreiben

(1) ¹Spätestens sechs Wochen vor dem Wahltage erlässt der Wahlvorstand ein Wahlausschreiben, das von dem oder der Vorsitzenden und mindestens einem weiteren Mitglied des Wahlvorstandes zu unterschreiben ist. ²Es muss enthalten:

1. das Datum seines Erlasses,
2. die Namen der Mitglieder des Wahlvorstandes,
3. die Voraussetzungen der Wählbarkeit zur Schwerbehindertenvertretung,
4. den Hinweis, wo und wann die Liste der Wahlberechtigten und diese Verordnung zur Einsicht ausliegen,
5. den Hinweis, dass nur wählen kann, der in die Liste der Wahlberechtigten eingetragen ist und dass Einsprüche gegen die Richtigkeit der Liste der Wahlberechtigten nur vor Ablauf von zwei Wochen seit dem Erlass des Wahlausschreibens beim Wahlvorstand schriftlich eingelegt werden können; der letzte Tag der Frist ist anzugeben,
6. die Zahl der zu wählenden stellvertretenden Mitglieder,
7. den Hinweis, dass Schwerbehindertenvertretung und stellvertretende Mitglieder in zwei getrennten Wahlgängen gewählt werden und dass sich aus den Wahlvorschlägen ergeben muss, wer als Schwerbehindertenvertretung und wer als stellvertretende Mitglieder vorgeschlagen wird,
8. den Hinweis, dass Wahlberechtigte sowohl einen Wahlvorschlag für die Wahl der Schwerbehindertenvertretung als auch für die Wahl des stellvertretenden Mitglieds unterzeichnen können und dass ein Bewerber oder eine Bewerberin sowohl als Schwerbehindertenvertretung als auch als stellvertretendes Mitglied vorgeschlagen werden kann,
9. die Aufforderung, Wahlvorschläge innerhalb von zwei Wochen nach Erlass des Wahlausschreibens beim Wahlvorstand einzureichen; der letzte Tag der Frist ist anzugeben,
10. die Mindestzahl von Wahlberechtigten, von denen ein Wahlvorschlag unterzeichnet sein muss (§ 6 Abs. 2 Satz 1),
11. den Hinweis, dass die Stimmabgabe an die Wahlvorschläge gebunden ist und dass nur solche Wahlvorschläge berücksichtigt werden dürfen, die fristgerecht (Nummer 9) eingereicht sind,
12. die Bestimmung des Ortes, an dem die Wahlvorschläge bis zum Abschluss der Stimmabgabe durch Aushang oder in sonst geeigneter Weise bekannt gegeben werden,
13. Ort, Tag und Zeit der Stimmabgabe,
14. den Hinweis auf die Möglichkeit der schriftlichen Stimmabgabe (§ 11 Abs. 1), falls der Wahlvorstand nicht die schriftliche Stimmabgabe beschlossen hat (§ 11 Abs. 2),
15. den Ort und die Zeit der Stimmauszählung und der Sitzung des Wahlvorstandes, in der das Wahlergebnis abschließend festgestellt wird,
16. den Ort, an dem Einsprüche, Wahlvorschläge und sonstige Erklärungen gegenüber dem Wahlvorstand abzugeben sind (Anschrift des Wahlvorstandes).

(2) Eine Abschrift oder ein Abdruck des Wahlausschreibens ist vom Tage seines Erlasses bis zum Wahltag an einer oder mehreren geeigneten, den Wahlberechtigten zugänglichen Stellen vom Wahlvorstand auszuhängen und in gut lesbarem Zustand zu erhalten.

§ 6 Wahlvorschläge

(1) [1] Die Wahlberechtigten können innerhalb von zwei Wochen seit Erlass des Wahlausschreibens schriftliche Vorschläge beim Wahlvorstand einreichen. [2] Es können ein Bewerber oder eine Bewerberin als Schwerbehindertenvertretung und ein Bewerber oder eine Bewerberin als stellvertretendes Mitglied vorgeschlagen werden. [3] Hat der Wahlvorstand die Wahl mehrerer stellvertretender Mitglieder beschlossen, können entsprechend viele Bewerber oder Bewerberinnen dafür benannt werden. [4] Ein Bewerber oder eine Bewerberin kann sowohl als Schwerbehindertenvertretung als auch als stellvertretendes Mitglied vorgeschlagen werden.

(2) [1] Jeder Wahlvorschlag muss von einem Zwanzigstel der Wahlberechtigten, mindestens jedoch von drei Wahlberechtigten unterzeichnet sein. [2] Familienname, Vorname, Geburtsdatum, Art der Beschäftigung sowie erforderlichenfalls Betrieb oder Dienststelle der Bewerber oder Bewerberinnen sind anzugeben. [3] Dem Wahlvorschlag ist die schriftliche Zustimmung der Bewerber oder Bewerberinnen beizufügen.

(3) [1] Eine Person, die sich bewirbt, kann nur auf einen Wahlvorschlag benannt werden, es sei denn sie ist in einem Wahlvorschlag als Schwerbehindertenvertretung und in einem anderen Wahlvorschlag als stellvertretendes Mitglied benannt. [2] Der Wahlvorstand fordert eine Person, die mit ihrer schriftlichen Zustimmung auf mehreren Wahlvorschlägen für dasselbe Amt benannt ist, auf, innerhalb von drei Arbeitstagen zu erklären, auf welchem der Wahlvorschläge sie benannt bleiben will. [3] Wird diese Erklärung nicht fristgerecht abgegeben, wird der Bewerber oder die Bewerberin von sämtlichen Wahlvorschlägen gestrichen.

(4) [1] Die Unterschrift eines Wahlberechtigten zählt nur auf einem Wahlvorschlag. [2] Der Wahlvorstand hat einen Wahlberechtigten, der mehrere Wahlvorschläge unterzeichnet hat, schriftlich gegen Empfangsbestätigung aufzufordern, binnen drei Arbeitstagen seit dem Zugang der Aufforderung zu erklären, welche Unterschrift er aufrechterhält. [3] Gibt der Wahlberechtigte diese Erklärung nicht fristgerecht ab, zählt seine Unterschrift auf keinem Wahlvorschlag.

§ 7 Nachfrist für Wahlvorschläge

(1) [1] Ist nach Ablauf der in § 6 Abs. 1 genannten Frist kein gültiger Wahlvorschlag für die Wahl der Schwerbehindertenvertretung eingegangen, hat dies der Wahlvorstand sofort in der gleichen Weise bekannt zu machen wie das Wahlausschreiben und eine Nachfrist von einer Woche für die Einreichung von Wahlvorschlägen zu setzen. [2] In der Bekanntmachung ist darauf hinzuweisen, dass die Wahl nur stattfinden kann, wenn innerhalb der Nachfrist mindestens ein gültiger Wahlvorschlag eingereicht wird.

(2) Gehen innerhalb der Nachfrist gültige Wahlvorschläge für die Wahl der Schwerbehindertenvertretung nicht ein, hat der Wahlvorstand sofort bekannt zu machen, dass die Wahl nicht stattfindet.

(3) Absatz 1 Satz 1 gilt entsprechend, wenn für die Wahl der stellvertretenden Mitglieder kein gültiger Wahlvorschlag eingeht oder wenn die Zahl der für dieses Amt gültig vorgeschlagenen Bewerber oder Bewerberinnen nicht der vom Wahlvorstand beschlossenen Zahl der stellvertretenden Mitglieder entspricht.

§ 8 Bekanntmachung der Bewerber und Bewerberinnen

Der Wahlvorstand macht spätestens eine Woche vor Beginn der Stimmabgabe die Namen der Bewerber und Bewerberinnen aus gültigen Wahlvorschlägen in alphabetischer Reihenfolge, getrennt nach Bewerbungen für die Schwerbehindertenvertretung und als stellvertretendes Mitglied, bis zum Abschluss der Stimmabgabe in gleicher Weise bekannt wie das Wahlausschreiben.

Zweiter Abschnitt. Durchführung der Wahl

§ 9 Stimmabgabe

(1) Wer wahlberechtigt ist, kann seine Stimme nur für eine Person abgeben, die rechtswirksam als Bewerber oder Bewerberin vorgeschlagen ist.

(2) ¹Das Wahlrecht wird durch Abgabe eines Stimmzettels in einem Wahlumschlag ausgeübt. ²Auf dem Stimmzettel sind die Personen, die sich für das Amt der Schwerbehindertenvertretung und als stellvertretendes Mitglied bewerben, getrennt in alphabetischer Reihenfolge unter Angabe von Familienname, Vorname, Geburtsdatum und Art der Beschäftigung aufgeführt. ³Die Stimmzettel müssen sämtlich die gleiche Größe, Farbe, Beschaffenheit und Beschriftung haben. ⁴Das gleiche gilt für die Wahlumschläge.

(3) Werden mehrere stellvertretende Mitglieder gewählt, soll der Stimmzettel einen Hinweis darauf enthalten, wie viele Bewerber oder Bewerberinnen im Höchstfall angekreuzt werden dürfen.

(4) ¹Bei der Stimmabgabe wird durch Ankreuzen an der im Stimmzettel jeweils vorgesehenen Stelle die von dem Wählenden gewählte Person für das Amt der Schwerbehindertenvertretung und der Stellvertretung gekennzeichnet. ²Werden mehrere stellvertretende Mitglieder gewählt, können Bewerber oder Bewerberinnen in entsprechender Anzahl angekreuzt werden.

(5) Stimmzettel, auf denen mehr als die zulässige Anzahl der Bewerber und Bewerberinnen angekreuzt oder die mit einem besonderen Merkmal versehen sind oder aus denen sich der Wille des Wählers oder der Wählerin nicht zweifelsfrei ergibt, sind ungültig.

§ 10 Wahlvorgang

(1) ¹Der Wahlvorstand hat geeignete Vorkehrungen für die unbeobachtete Kennzeichnung der Stimmzettel im Wahlraum zu treffen und für die Bereitstellung einer Wahlurne oder mehrerer Wahlurnen zu sorgen. ²Die Wahlurne muss vom Wahlvorstand verschlossen und so eingerichtet sein, dass die eingeworfenen Wahlumschläge nicht herausgenommen werden können, ohne dass die Urne geöffnet wird.

(2) Während der Wahl müssen immer mindestens zwei Mitglieder des Wahlvorstandes im Wahlraum anwesend sein; sind Wahlhelfer oder Wahlhelferinnen bestellt (§ 2 Abs. 1 Satz 2), genügt die Anwesenheit eines Mitgliedes des Wahlvorstandes und eines Wahlhelfers oder einer Wahlhelferin.

(3) ¹Der Wähler oder die Wählerin händigt den Wahlumschlag, in den der Stimmzettel eingelegt ist, dem mit der Entgegennahme der Wahlumschläge betrauten Mitglied des Wahlvorstandes aus, wobei der Name des Wählers oder der Wählerin angegeben wird. ²Der Wahlumschlag ist in Gegenwart des Wählers oder der Wählerin in die Wahlurne einzuwerfen, nachdem die Stimmabgabe in der Liste der Wahlberechtigten vermerkt worden ist.

(4) ¹Wer infolge seiner Behinderung bei der Stimmabgabe beeinträchtigt ist, bestimmt eine Person, die ihm bei der Stimmabgabe behilflich sein soll, und teilt dies dem Wahlvorstand mit. ²Personen, die sich um die Wahl bewerben, Mitglieder des Wahlvorstandes sowie Wahlhelfer und Wahlhelferinnen dürfen nicht als Person nach Satz 1 bestimmt werden. ³Die Hilfeleistung beschränkt sich auf die Erfüllung der Wünsche des Wählers oder der Wählerin zur Stimmabgabe; die nach Satz 1 bestimmte Person darf gemeinsam mit dem Wähler oder der Wählerin die Wahlzelle aufsuchen. ⁴Die nach Satz 1 bestimmte Person ist zur Geheimhaltung der Kenntnisse verpflichtet, die sie bei der Hilfeleistung von der Wahl einer anderen Person erlangt hat. ⁵Die Sätze 1 bis 4 gelten entsprechend für des Lesens unkundige Wähler und Wählerinnen.

(5) Nach Abschluss der Wahl ist die Wahlurne zu versiegeln, wenn die Stimmenzählung nicht unmittelbar nach Beendigung der Wahl durchgeführt wird.

§ 11 Schriftliche Stimmabgabe

(1) ¹Der Wahlvorstand übergibt und übersendet den Wahlberechtigten, die an der persönlichen Stimmabgabe verhindert sind, auf deren Verlangen

1. das Wahlausschreiben,
2. den Stimmzettel und den Wahlumschlag,
3. eine vorgedruckte Erklärung, die der Wähler oder die Wählerin abgibt,
4. einen größeren Freiumschlag, der die Anschrift des Wahlvorstandes und als Absender Namen und Anschrift der wahlberechtigten Person sowie den Vermerk „Schriftliche Stimmabgabe" trägt,

²In der Erklärung nach Nummer 3 versichert der Wähler oder die Wählerin gegenüber dem Wahlvorstand, dass er oder sie den Stimmzettel persönlich gekennzeichnet hat oder unter den Voraussetzungen des § 10 Abs. 4 durch eine andere Person hat kennzeichnen lassen. ³Der Wahlvorstand soll zusätzlich zu den Unterlagen nach den Nummern 1 bis 4 ein Merkblatt über die schriftliche Stimmabgabe übersenden oder übergeben. ⁴Er vermerkt die Übergabe oder Übersendung der Unterlagen in der Liste der Wahlberechtigten.

(2) ¹Der Wahlvorstand kann die schriftliche Stimmabgabe beschließen. ²Für diesen Fall sind die in Absatz 1 bezeichneten Unterlagen den Wahlberechtigten unaufgefordert zu übersenden.

(3) ¹Die Stimmabgabe erfolgt in der Weise, dass der Wähler oder die Wählerin
1. den Stimmzettel unbeobachtet persönlich kennzeichnet und in den Wahlumschlag einlegt,
2. die vorgedruckte Erklärung unter Angabe des Ortes und des Datums unterschreibt und
3. den Wahlumschlag und die unterschriebene, vorgedruckte Erklärung in dem Freiumschlag verschließt und diesen so rechtzeitig an den Wahlvorstand absendet oder übergibt, dass er vor Abschluss der Wahl vorliegt.

²Der Wähler oder die Wählerin kann unter den Voraussetzungen des § 10 Abs. 4 die in den Nummern 1 bis 3 bezeichneten Tätigkeiten durch eine andere Person verrichten lassen.

§ 12 Behandlung der schriftlich abgegebenen Stimmen

(1) ¹Unmittelbar vor Abschluss der Wahl öffnet der Wahlvorstand in öffentlicher Sitzung die bis zu diesem Zeitpunkt eingegangenen Freiumschläge und entnimmt ihnen die Wahlumschläge sowie die vorgedruckten Erklärungen. ²Ist die schriftliche Stimmabgabe ordnungsgemäß erfolgt (§ 11), legt der Wahlvorstand die Wahlumschläge nach Vermerk der Stimmabgabe in der Liste der Wahlberechtigten ungeöffnet in die Wahlurne.

(2) ¹Verspätet eingehende Freiumschläge hat der Wahlvorstand mit einem Vermerk über den Zeitpunkt des Eingangs ungeöffnet zu den Wahlunterlagen zu nehmen. ²Sie sind einen Monat nach Bekanntgabe des Wahlergebnisses ungeöffnet zu vernichten, wenn die Wahl nicht angefochten ist.

§ 13 Feststellung des Wahlergebnisses

(1) Unverzüglich nach Abschluss der Wahl nimmt der Wahlvorstand öffentlich die Auszählung der Stimmen vor und stellt das Ergebnis fest.

(2) ¹Gewählt für das Amt der Schwerbehindertenvertretung oder als stellvertretendes Mitglied ist der Bewerber oder die Bewerberin, der oder die jeweils die meisten Stimmen erhalten hat. ²Bei Stimmengleichheit entscheidet das Los.

(3) ¹Werden mehrere stellvertretende Mitglieder gewählt, ist als zweites stellvertretendes Mitglied der Bewerber oder die Bewerberin mit der zweithöchsten Stimmzahl gewählt. ²Entsprechendes gilt für die Wahl weiterer stellvertretender Mitglieder. ³Für die Wahl und die Reihenfolge stellvertretender Mitglieder gilt Absatz 2 Satz 2 entsprechend.

(4) ¹Der Wahlvorstand fertigt eine Niederschrift des Wahlergebnisses, die von dem oder der Vorsitzenden sowie mindestens einem weiteren Mitglied des Wahlvorstandes unterschrieben wird. ²Die Niederschrift muss die Zahl der abgegebenen gültigen und ungültigen Stimmzettel, die auf jeden Bewerber und jede Bewerberin entfallenden Stimmenzahlen sowie die Namen der gewählten Bewerber und Bewerberinnen enthalten.

§ 14 Benachrichtigung der Gewählten und Annahme der Wahl

(1) ¹Der Wahlvorstand benachrichtigt die für das Amt der Schwerbehindertenvertretung oder als stellvertretendes Mitglied Gewählten unverzüglich schriftlich gegen Empfangsbestäti-

gung von ihrer Wahl. ²Erklärt eine gewählte Person nicht innerhalb von drei Arbeitstagen nach Zugang der Benachrichtigung dem Wahlvorstand ihre Ablehnung der Wahl, ist diese angenommen.

(2) ¹Wird die Wahl abgelehnt, tritt an die Stelle der Person, die abgelehnt hat, der Bewerber oder die Bewerberin für das Amt der Schwerbehindertenvertretung oder als stellvertretendes Mitglied mit der nächsthöheren Stimmenzahl. ²Satz 1 gilt für die Wahl mehrerer stellvertretender Mitglieder mit der Maßgabe, dass jeweils der Bewerber oder die Bewerberin mit der nächsthöheren Stimmenzahl nachrückt.

§ 15 Bekanntmachung der Gewählten

Sobald die Namen der Personen, die das Amt der Schwerbehindertenvertretung oder des stellvertretenden Mitglieds innehaben, entgültig feststehen, hat der Wahlvorstand sie durch zweiwöchigen Aushang in gleicher Weise wie das Wahlausschreiben bekannt zu machen (§ 5 Abs. 2) sowie unverzüglich dem Arbeitgeber und dem Betriebs- oder Personalrat mitzuteilen.

§ 16 Aufbewahrung der Wahlunterlagen

Die Wahlunterlagen, insbesondere die Niederschriften, Bekanntmachungen und Stimmzettel, werden von der Schwerbehindertenvertretung mindestens bis zur Beendigung der Wahlperiode aufbewahrt.

§ 17 Nachwahl des stellvertretendes Mitglieds

¹Scheidet das einzige stellvertretende Mitglied aus oder ist ein stellvertretendes Mitglied noch nicht gewählt, bestellt die Schwerbehindertenvertretung unverzüglich einen Wahlvorstand. ²Der Wahlvorstand hat die Wahl eines oder mehrerer Stellvertreter für den Rest der Amtszeit der Schwerbehindertenvertretung unverzüglich einzuleiten. ³Im übrigen gelten die §§ 1 bis 16 entsprechend.

Dritter Abschnitt. Vereinfachtes Wahlverfahren

§ 18 Voraussetzungen

Besteht der Betrieb oder die Dienststelle nicht aus räumlich weit auseinanderliegenden Teilen und sind dort weniger als fünfzig Wahlberechtigte beschäftigt, ist die Schwerbehindertenvertretung in einem vereinfachten Wahlverfahren nach Maßgabe der folgenden Vorschriften zu wählen.

§ 19 Vorbereitung der Wahl

(1) Spätestens drei Wochen vor Ablauf ihrer Amtszeit lädt die Schwerbehindertenvertretung die Wahlberechtigten durch Aushang oder sonst in geeigneter Weise zur Wahlversammlung ein.

(2) Ist in dem Betrieb oder der Dienststelle eine Schwerbehindertenvertretung nicht vorhanden, können drei Wahlberechtigte, der Betriebs- oder Personalrat oder das Integrationsamt zur Wahlversammlung einladen.

§ 20 Durchführung der Wahl

(1) ¹Die Wahlversammlung wird von einer Person geleitet, die mit einfacher Stimmenmehrheit gewählt wird (Wahlleitung). ²Die Wahlversammlung kann zur Unterstützung der Wahlleitung Wahlhelfer oder Wahlhelferinnen bestimmen.

(2) ¹Die Wahlversammlung beschließt mit einfacher Stimmenmehrheit, wie viele stellvertretende Mitglieder zu wählen sind. ²Die Schwerbehindertenvertretung und ein oder mehrere stellvertretende Mitglieder werden in getrennten Wahlgängen gewählt; mehrere stellvertretende Mitglieder werden in einem gemeinsamen Wahlgang gewählt. ³Jede Person, die wahlberechtigt ist, kann Personen zur Wahl der Schwerbehindertenvertretung und ihrer stellvertretenden Mitglieder vorschlagen.

1 SchwbVWO

(3) ¹Das Wahlrecht wird durch Abgabe eines Stimmzettels in einem Wahlumschlag ausgeübt. ²Auf dem Stimmzettel sind von der Wahlleitung die vorgeschlagenen Personen in alphabetischer Reihenfolge unter Angabe von Familienname und Vorname aufzuführen; die Stimmzettel und Wahlumschläge müssen sämtlich die gleiche Größe, Farbe, Beschaffenheit und Beschriftung haben. ³Die Wahlleitung verteilt die Stimmzettel und trifft Vorkehrungen, dass die Wähler und Wählerinnen ihre Stimme unbeobachtet abgeben können; § 9 Abs. 4 gilt entsprechend. ⁴Der Wähler oder die Wählerin übergibt den Wahlumschlag, in den der Stimmzettel eingelegt ist, der Wahlleitung. ⁵Diese legt den Wahlumschlag in Gegenwart des Wählers oder der Wählerin ungeöffnet in einen dafür bestimmten Behälter und hält den Namen des Wählers oder der Wählerin in einer Liste fest. ⁶Unverzüglich nach Beendigung der Wahlhandlung zählt er öffentlich die Stimmen aus und stellt das Ergebnis fest.

(4) § 13 Abs. 2 und 3 sowie die §§ 14 bis 16 gelten entsprechend.

§ 21 Nachwahl des stellvertretenden Mitglieds

¹Scheidet das einzige stellvertretende Mitglied aus oder ist ein stellvertretendes Mitglied noch nicht gewählt, lädt die Schwerbehindertenvertretung die Wahlberechtigten unverzüglich zur Wahlversammlung zur Wahl eines oder mehrerer stellvertretender Mitglieder ein. ²Im übrigen gelten die §§ 18 bis 20 entsprechend.

Zweiter Teil. Wahl der Konzern-, Gesamt-, Bezirks- und Hauptschwerbehindertenvertretung in Betrieben und Dienststellen

§ 22 Wahlverfahren

(1) ¹Konzern-, Gesamt-, Bezirks- und Hauptschwerbehindertenvertretung werden durch schriftliche Stimmabgabe gewählt (§§ 11, 12). ²Im übrigen sind § 1 Abs. 1, §§ 2 bis 5, 7 bis 10 und 13 bis 17 sinngemäß anzuwenden. ³§ 1 Abs. 2 findet sinngemäß mit der Maßgabe Anwendung, dass sich die Wahlberechtigten auch in sonst geeigneter Weise über die Bestellung eines Wahlvorstandes einigen können. ⁴§ 6 findet sinngemäß mit der Maßgabe Anwendung, dass bei weniger als fünf Wahlberechtigten die Unterzeichnung eines Wahlvorschlages durch einen Wahlberechtigten ausreicht.

(2) ¹Bei nur zwei Wahlberechtigten bestimmen diese im beiderseitigen Einvernehmen abweichend von Absatz 1 die Konzern-, Gesamt-, Bezirks- oder Hauptschwerbehindertenvertretung. ²Kommt eine Einigung nicht zustande, entscheidet das Los.

(3) ¹Sofern rechtzeitig vor Ablauf der Amtszeit der Konzern-, Gesamt-, Bezirks- oder Hauptschwerbehindertenvertretung eine Versammlung nach § 97 Abs. 8 des Neunten Buches Sozialgesetzbuch stattfindet, kann die Wahl abweichend von Absatz 1 im Rahmen dieser Versammlung durchgeführt werden. ²§ 20 findet entsprechende Anwendung.

Dritter Teil. Wahl der Schwerbehindertenvertretung, Bezirks- und Hauptschwerbehindertenvertretung der schwerbehinderten Staatsanwälte und Staatsanwältinnen

§ 23 Wahlverfahren

Für die Wahl der Schwerbehindertenvertretung, der Bezirks- und Hauptschwerbehindertenvertretung der schwerbehinderten Staatsanwälte und Staatsanwältinnen in den Fällen des § 94 Abs. 1 Satz 3 des Neunten Buches Sozialgesetzbuch gelten die Vorschriften des Ersten und Zweiten Teils entsprechend.

Vierter Teil. Wahl der Schwerbehindertenvertretung, Bezirks- und Hauptschwerbehindertenvertretung der schwerbehinderten Richter und Richterinnen

§ 24 Vorbereitung der Wahl der Schwerbehindertenvertretung der Richter und Richterinnen

(1) ¹Spätestens acht Wochen vor Ablauf ihrer Amtszeit lädt die Schwerbehindertenvertretung der schwerbehinderten Richter und Richterinnen die Wahlberechtigten schriftlich oder durch Aushang zu einer Wahlversammlung ein. ²Die Einladung muss folgende Angaben enthalten:
1. die Voraussetzungen der Wählbarkeit zur Schwerbehindertenvertretung,
2. den Hinweis über eine für Zwecke der Wahl erfolgte Zusammenfassung von Gerichten,
3. den Hinweis, wo und wann die Liste der Wahlberechtigten und diese Verordnung zur Einsicht ausliegen,
4. Ort, Tag und Zeit der Wahlversammlung.

(2) ¹Ist in dem Gericht eine Schwerbehindertenvertretung der schwerbehinderten Richter und Richterinnen nicht vorhanden, laden drei wahlberechtigte Richter und Richterinnen, der Richterrat oder der Präsidialrat zu einer Wahlversammlung ein. ²Das Recht des Integrationsamtes, zu einer solchen Versammlung einzuladen (§ 94 Abs. 6 Satz 4 des Neunten Buches Sozialgesetzbuch), bleibt unberührt.

§ 25 Durchführung der Wahl

(1) Die Wahlversammlung beschließt unter dem Vorsitz des oder der lebensältesten Wahlberechtigten das Wahlverfahren und die Anzahl der stellvertretenden Mitglieder der Schwerbehindertenvertretung.

(2) ¹Die Leitung der Wahlversammlung hat die Gewählten unverzüglich von ihrer Wahl zu benachrichtigen. ²§ 14 Abs. 1 Satz 2 und Abs. 2 sowie die §§ 15 und 16 gelten entsprechend.

§ 26 Nachwahl des stellvertretenden Mitglieds

¹Scheidet das einzige stellvertretende Mitglied vorzeitig aus dem Amt aus oder ist ein stellvertretendes Mitglied noch nicht gewählt, lädt die Schwerbehindertenvertretung der schwerbehinderten Richter und Richterinnen unverzüglich zur Wahlversammlung zur Wahl eines oder mehrerer stellvertretender Mitglieder für den Rest der Amtszeit ein. ²Im übrigen gelten die §§ 24 und 25 entsprechend.

§ 27 Wahl der Bezirks- und Hauptschwerbehindertenvertretung der schwerbehinderten Richter und Richterinnen

Für die Wahl der Bezirks- und Hauptschwerbehindertenvertretung der schwerbehinderten Richter und Richterinnen gelten die §§ 24 bis 26 entsprechend.

Fünfter Teil. Schlussvorschriften

§ 28 Berlin-Klausel (gegenstandslos)

§ 29 (Inkrafttreten)

2. Schwerbehinderten-Ausgleichsabgabeverordnung (SchwbAV)

Vom 28. März 1988 (BGBl. I S. 484), zuletzt geändert durch Art. 1 VO zur Änderung der Schwerbehinderten-AusgleichsabgabeVO und der WerkstättenVO vom 2. 11. 2005 (BGBl. I S. 3119)

BGBl. III/FNA 871-1-14

Inhaltsübersicht

	§§
Erster Abschnitt: (aufgehoben)	1–13

Zweiter Abschnitt: Förderung der Teilhabe schwerbehinderter Menschen am Arbeitsleben aus Mitteln der Ausgleichsabgabe durch die Hauptfürsorgestellen

Verwendungszwecke	14

1. Unterabschnitt. Leistungen zur Förderung des Arbeits- und Ausbildungsplatzangebots für schwerbehinderte Menschen

Leistungen an Arbeitgeber zur Schaffung von Arbeits- und Ausbildungsplätzen für schwerbehinderte Menschen	15
Arbeitsmarktprogramme für schwerbehinderte Menschen	16

2. Unterabschnitt: Leistungen zur begleitenden Hilfe im Arbeitsleben

Leistungsarten	17
Leistungsvoraussetzungen	18

I. Leistungen an schwerbehinderte Menschen

Technische Arbeitshilfen	19
Hilfen zum Erreichen des Arbeitsplatzes	20
Hilfen zur Gründung und Erhaltung einer selbständigen beruflichen Existenz	21
Hilfen zur Beschaffung, Ausstattung und Erhaltung einer behinderungsgerechten Wohnung	22
(aufgehoben)	23
Hilfen zur Teilnahme an Maßnahmen zur Erhaltung und Erweiterung beruflicher Kenntnisse und Fertigkeiten	24
Hilfen in besonderen Lebenslagen	25

II. Leistungen an Arbeitgeber

Leistungen zur behinderungsgerechten Einrichtung von Arbeits- und Ausbildungsplätzen für schwerbehinderte Menschen	26
Zuschüsse zu den Gebühren bei der Berufsausbildung besonders betroffener schwerbehinderter Jugendlicher und junger Erwachsener	26 a
Prämien und Zuschüsse zu den Kosten der Berufsausbildung behinderter Jugendlicher und junger Erwachsener	26 b
Prämien zur Einführung eines betrieblichen Eingliederungsmanagements	26 c
Leistungen bei außergewöhnlichen Belastungen	27
Leistungen an Integrationsfachdienste	27 a

III. Sonstige Leistungen

Leistungen zur Durchführung der psychosozialen Betreuung schwerbehinderter Menschen	28

Schwerbehinderten-Ausgleichsabgabeverordnung **SchwbAV 2**

	§§
Leistungen an Integrationsprojekte	28 a
Leistungen zur Durchführung von Aufklärungs-, Schulungs- und Bildungsmaßnahmen	29

3. Unterabschnitt. Leistungen für Einrichtungen zur Teilhabe schwerbehinderter Menschen am Arbeitsleben

Förderungsfähige Einrichtungen	30
Förderungsvoraussetzungen	31
Förderungsgrundsätze	32
Art und Höhe der Leistungen	33
Tilgung und Verzinsung von Darlehen	34

Dritter Abschnitt: Ausgleichsfonds

1. Unterabschnitt. Gestaltung des Ausgleichsfonds

Rechtsform	35
Weiterleitung der Mittel an den Ausgleichsfonds	36
Anwendung der Vorschriften der Bundeshaushaltsordnung	37
Aufstellung eines Wirtschaftsplans	38
Feststellung des Wirtschaftsplans	39
Ausführung des Wirtschaftsplans	40

2. Unterabschnitt. Förderung der Teilhabe schwerbehinderter Menschen am Arbeitsleben aus Mitteln des Ausgleichsfonds

Verwendungszwecke	41

3. Unterabschnitt: Verfahren zur Vergabe der Mittel des Ausgleichsfonds

Anmeldeverfahren und Anträge	42
Vorschlagsrecht des Beirates	43
Entscheidung	44
Vorhaben des Bundesministeriums für Gesundheit und Soziale Sicherung	45

Vierter Abschnitt. Schlussvorschriften

Übergangsregelungen	46
Inkrafttreten, Außerkrafttreten	47

Erster Abschnitt: (aufgehoben)

Zweiter Abschnitt. Förderung der Teilhabe schwerbehinderter Menschen am Arbeitsleben aus Mitteln der Ausgleichsabgabe durch die Integrationsämter

§ 14 Verwendungszwecke

(1) Die Integrationsämter haben die ihnen zur Verfügung stehenden Mittel der Ausgleichsabgabe einschließlich der Zinsen, der Tilgungsbeträge aus Darlehen, der zurückgezahlten Zuschüsse sowie der unverbrauchten Mittel des Vorjahres zu verwenden für folgende Leistungen:

1. Leistungen zur Förderung des Arbeits- und Ausbildungsplatzangebots für schwerbehinderte Menschen,
2. Leistungen zur begleitenden Hilfe im Arbeitsleben, einschließlich der Durchführung von Aufklärungs-, Schulungs- und Bildungsmaßnahmen,
3. Leistungen für Einrichtungen zur Teilhabe schwerbehinderter Menschen am Arbeitsleben und
4. Leistungen zur Durchführung von Forschungs- und Modellvorhaben auf dem Gebiet der Teilhabe schwerbehinderter Menschen am Arbeitsleben, sofern ihnen ausschließlich oder

überwiegend regionale Bedeutung zukommt oder beim Bundesministerium für Gesundheit und Soziale Sicherung beantragte Mittel aus dem Ausgleichsfonds nicht erbracht werden konnten.

(2) Die Mittel der Ausgleichsabgabe sind vorrangig für die Förderung nach Absatz 1 Nr. 1 und 2 zu verwenden.

(3) Die Integrationsämter können sich an der Förderung von Vorhaben nach § 41 Abs. 1 Nr. 3 bis 6 durch den Ausgleichsfonds beteiligen.

1. Unterabschnitt. Leistungen zur Förderung des Arbeits- und Ausbildungsplatzangebots für schwerbehinderte Menschen

§ 15 Leistungen an Arbeitgeber zur Schaffung von Arbeits- und Ausbildungsplätzen für schwerbehinderte Menschen

(1) [1] Arbeitgeber können Darlehen oder Zuschüsse bis zur vollen Höhe der entstehenden notwendigen Kosten zu den Aufwendungen für folgende Maßnahmen erhalten:
1. die Schaffung neuer geeigneter, erforderlichenfalls behinderungsgerecht ausgestatteter Arbeitsplätze in Betrieben oder Dienststellen für schwerbehinderte Menschen,
   a) die ohne Beschäftigungspflicht oder über die Beschäftigungspflicht hinaus (§ 71 des Neunten Buches Sozialgesetzbuch) eingestellt werden sollen,
   b) die im Rahmen der Erfüllung der besonderen Beschäftigungspflicht gegenüber im Arbeits- und Berufsleben besonders betroffenen schwerbehinderten Menschen (§ 71 Abs. 1 Satz 2 und § 72 des Neunten Buches Sozialgesetzbuch) eingestellt werden sollen,
   c) die nach einer längerfristigen Arbeitslosigkeit von mehr als 12 Monaten eingestellt werden sollen,
   d) die im Anschluss an eine Beschäftigung in einer anerkannten Werkstatt für behinderte Menschen eingestellt werden sollen oder
   e) die zur Durchführung von Maßnahmen der besonderen Fürsorge und Förderung nach § 81 Abs. 3 Satz 1, Abs. 4 Satz 1 Nr. 1, 4 und 5 und Abs. 5 Satz 1 des Neunten Buches Sozialgesetzbuch auf einen neu zu schaffenden Arbeitsplatz umgesetzt werden sollen oder deren Beschäftigungsverhältnis ohne Umsetzung auf einen neu zu schaffenden Arbeitsplatz enden würde,
2. die Schaffung neuer geeigneter, erforderlichenfalls behinderungsgerecht ausgestatteter Ausbildungsplätze und Plätze zur sonstigen beruflichen Bildung für schwerbehinderte Menschen, insbesondere zur Teilnahme an Leistungen zur Teilhabe am Arbeitsleben nach § 33 Abs. 3 Nr. 3 des Neunten Buches Sozialgesetzbuch, in Betrieben oder Dienststellen,

wenn gewährleistet wird, dass die geförderten Plätze für einen nach Lage des Einzelfalles zu bestimmenden langfristigen Zeitraum schwerbehinderten Menschen vorbehalten bleiben.
[2] Leistungen können auch zu den Aufwendungen erbracht werden, die durch die Ausbildung schwerbehinderter Menschen im Gebrauch der nach Satz 1 geförderten Gegenstände entstehen.

(2) [1] Leistungen sollen nur erbracht werden, wenn sich der Arbeitgeber in einem angemessenen Verhältnis an den Gesamtkosten beteiligt. [2] Sie können nur erbracht werden, soweit Mittel für denselben Zweck nicht von anderer Seite zu erbringen sind oder erbracht werden.
[3] Art und Höhe der Leistung bestimmen sich nach den Umständen des Einzelfalles. [4] Darlehen sollen mit jährlich 10 vom Hundert getilgt werden; von der Tilgung kann im Jahr der Auszahlung und dem darauf folgenden Kalenderjahr abgesehen werden. [5] Auch von der Verzinsung kann abgesehen werden.

(3) Die behinderungsgerechte Ausstattung von Arbeits- und Ausbildungsplätzen und die Einrichtung von Teilzeitarbeitsplätzen können, wenn Leistungen nach Absatz 1 nicht erbracht werden, nach den Vorschriften über die begleitende Hilfe im Arbeitsleben (§ 26) gefördert werden.

§ 16 Arbeitsmarktprogramme für schwerbehinderte Menschen

Die Integrationsämter können der Bundesagentur für Arbeit Mittel der Ausgleichsabgabe zur Durchführung befristeter regionaler Arbeitsmarktprogramme gemäß § 104 Abs. 3 des Neunten Buches Sozialgesetzbuch zuweisen.

2. Unterabschnitt. Leistungen zur begleitenden Hilfe im Arbeitsleben

§ 17 Leistungsarten

(1) [1] Leistungen zur begleitenden Hilfe im Arbeitsleben können erbracht werden
1. an schwerbehinderte Menschen
   a) für technische Arbeitshilfen (§ 19),
   b) zum Erreichen des Arbeitsplatzes (§ 20),
   c) zur Gründung und Erhaltung einer selbständigen beruflichen Existenz (§ 21),
   d) zur Beschaffung, Ausstattung und Erhaltung einer behinderungsgerechten Wohnung (§ 22),
   e) (aufgehoben)
   f) zur Teilnahme an Maßnahmen zur Erhaltung und Erweiterung beruflicher Kenntnisse und Fertigkeiten (§ 24) und
   g) in besonderen Lebenslagen (§ 25),
2. an Arbeitgeber
   a) zur behinderungsgerechten Einrichtung von Arbeits- und Ausbildungsplätzen für schwerbehinderte Menschen (§ 26),
   b) für Zuschüsse zu den Gebühren bei der Berufsausbildung besonders betroffener schwerbehinderter Jugendlicher und junger Erwachsener (§ 26 a),
   c) für Prämien und Zuschüsse zu den Kosten der Berufsausbildung behinderter Jugendlicher und junger Erwachsener (§ 26 b),
   d) für Prämien zur Einführung eines betrieblichen Eingliederungsmanagements (§ 26 c) und
   e) bei außergewöhnlichen Belastungen (§ 27),
3. an Träger von Integrationsfachdiensten zu den Kosten ihrer Inanspruchnahme (§ 27 a) einschließlich freier gemeinnütziger Einrichtungen und Organisationen zu den Kosten einer psychosozialen Betreuung schwerbehinderter Menschen (§ 28) sowie an Träger von Integrationsprojekten (§ 28 a).
4. zur Durchführung von Aufklärungs-, Schulungs- und Bildungsmaßnahmen (§ 29).

[2] Daneben können solche Leistungen unter besonderen Umständen an Träger sonstiger Maßnahmen erbracht werden, die dazu dienen und geeignet sind, die Teilhabe schwerbehinderter Menschen am Arbeitsleben auf dem allgemeinen Arbeitsmarkt (Aufnahme, Ausübung oder Sicherung einer möglichst dauerhaften Beschäftigung) zu ermöglichen, zu erleichtern oder zu sichern.

(1 a) Schwerbehinderte Menschen haben im Rahmen der Zuständigkeit des Integrationsamtes für die begleitende Hilfe im Arbeitsleben aus den ihm aus der Ausgleichsabgabe zur Verfügung stehenden Mitteln Anspruch auf Übernahme der Kosten einer notwendigen Arbeitsassistenz.

(2) [1] Andere als die in Absatz 1 und Absatz 1 a genannten Leistungen, die der Teilhabe schwerbehinderter Menschen am Arbeitsleben nicht oder nur mittelbar dienen, können nicht erbracht werden. [2] Insbesondere können medizinische Maßnahmen sowie Urlaubs- und Freizeitmaßnahmen nicht gefördert werden.

§ 18 Leistungsvoraussetzungen

(1) [1] Leistungen nach § 17 Abs. 1 und Abs. 1 a dürfen nur erbracht werden, soweit Leistungen für denselben Zweck nicht von einem Rehabilitationsträger, vom Arbeitgeber oder von anderer Seite zu erbringen sind oder, auch wenn auf sie ein Rechtsanspruch nicht besteht, erbracht werden. [2] Der Nachrang der Träger der Sozialhilfe gemäß § 2 des Zwölften Buches Sozialgesetzbuch und das Verbot der Aufstockung von Leistungen der Rehabilitationsträger durch Leistungen der Integrationsämter (§ 102 Abs. 5 Satz 2 letzter Halbsatz des Neunten Buches Sozialgesetzbuch) und die Möglichkeit der Integrationsämter, Leistungen der begleitenden Hilfe im Arbeitsleben vorläufig zu erbringen (§ 102 Abs. 6 Satz 3 des Neunten Buches Sozialgesetzbuch), bleiben unberührt.

(2) [1] Leistungen an schwerbehinderte Menschen zur begleitenden Hilfe im Arbeitsleben können erbracht werden,
1. wenn die Teilhabe am Arbeitsleben auf dem allgemeinen Arbeitsmarkt unter Berücksichtigung von Art oder Schwere der Behinderung auf besondere Schwierigkeiten stößt und durch die Leistungen ermöglicht, erleichtert oder gesichert werden kann und

2. wenn es dem schwerbehinderten Menschen wegen des behinderungsbedingten Bedarfs nicht zuzumuten ist, die erforderlichen Mittel selbst aufzubringen.
²In den übrigen Fällen sind seine Einkommensverhältnisse zu berücksichtigen.

(3) ¹Die Leistungen können als einmalige oder laufende Leistungen erbracht werden. ²Laufende Leistungen können in der Regel nur befristet erbracht werden. ³Leistungen können wiederholt erbracht werden.

I. Leistungen an schwerbehinderte Menschen

§ 19 Technische Arbeitshilfen

¹Für die Beschaffung technischer Arbeitshilfen, ihre Wartung, Instandsetzung und die Ausbildung des schwerbehinderten Menschen im Gebrauch können die Kosten bis zur vollen Höhe übernommen werden. ²Gleiches gilt für die Ersatzbeschaffung und die Beschaffung zur Anpassung an die technische Weiterentwicklung.

§ 20 Hilfen zum Erreichen des Arbeitsplatzes

Schwerbehinderte Menschen können Leistungen zum Erreichen des Arbeitsplatzes nach Maßgabe der Kraftfahrzeughilfe-Verordnung vom 28. September 1987 (BGBl. I S. 2251) erhalten.

§ 21 Hilfen zur Gründung und Erhaltung einer selbständigen beruflichen Existenz

(1) Schwerbehinderte Menschen können Darlehen oder Zinszuschüsse zur Gründung und zur Erhaltung einer selbständigen beruflichen Existenz erhalten, wenn

1. sie die erforderlichen persönlichen und fachlichen Voraussetzungen für die Ausübung der Tätigkeit erfüllen,
2. sie ihren Lebensunterhalt durch die Tätigkeit voraussichtlich auf Dauer im wesentlichen sicherstellen können und
3. die Tätigkeit unter Berücksichtigung von Lage und Entwicklung des Arbeitsmarktes zweckmäßig ist.

(2) ¹Darlehen sollen mit jährlich 10 vom Hundert getilgt werden. ²Von der Tilgung kann im Jahr der Auszahlung und dem darauffolgenden Kalenderjahr abgesehen werden. ³Satz 2 gilt, wenn Darlehen verzinslich gegeben werden, für die Verzinsung.

(3) Sonstige Leistungen zur Deckung von Kosten des laufenden Betriebs können nicht erbracht werden.

(4) Die §§ 17 bis 20 und die §§ 22 bis 27 sind zugunsten von schwerbehinderten Menschen, die eine selbständige Tätigkeit ausüben oder aufzunehmen beabsichtigen, entsprechend anzuwenden.

§ 22 Hilfen zur Beschaffung, Ausstattung und Erhaltung einer behinderungsgerechten Wohnung

(1) Schwerbehinderte Menschen können Leistungen erhalten

1. zur Beschaffung von behinderungsgerechtem Wohnraum im Sinne des § 16 des Wohnraumförderungsgesetzes,
2. zur Anpassung von Wohnraum und seiner Ausstattung an die besonderen behinderungsbedingten Bedürfnisse und
3. zum Umzug in eine behinderungsgerechte oder erheblich verkehrsgünstiger zum Arbeitsplatz gelegene Wohnung.

(2) ¹Leistungen können als Zuschüsse, Zinszuschüsse oder Darlehen erbracht werden. ²Höhe, Tilgung und Verzinsung bestimmen sich nach den Umständen des Einzelfalls.

(3) Leistungen von anderer Seite sind nur insoweit anzurechnen, als sie schwerbehinderten Menschen für denselben Zweck wegen der Behinderung zu erbringen sind oder erbracht werden.

§ 23 (aufgehoben)

§ 24 Hilfen zur Teilnahme an Maßnahmen zur Erhaltung und Erweiterung beruflicher Kenntnisse und Fertigkeiten

¹Schwerbehinderte Menschen, die an inner- oder außerbetrieblichen Maßnahmen der beruflichen Bildung zur Erhaltung und Erweiterung ihrer beruflichen Kenntnisse und Fertigkeiten oder zur Anpassung an die technische Entwicklung teilnehmen, vor allem an besonderen Fortbildungs- und Anpassungsmaßnahmen, die nach Art, Umfang und Dauer den Bedürfnissen dieser schwerbehinderten Menschen entsprechen, können Zuschüsse bis zur Höhe der ihnen durch die Teilnahme an diesen Maßnahmen entstehenden Aufwendungen erhalten. ²Hilfen können auch zum beruflichen Aufstieg erbracht werden.

§ 25 Hilfen in besonderen Lebenslagen

Andere Leistungen zur begleitenden Hilfe im Arbeitsleben als die in den §§ 19 bis 24 geregelten Leistungen können an schwerbehinderte Menschen erbracht werden, wenn und soweit sie unter Berücksichtigung von Art oder Schwere der Behinderung erforderlich sind, um die Teilhabe am Arbeitsleben auf dem allgemeinen Arbeitsmarkt zu ermöglichen, zu erleichtern oder zu sichern.

II. Leistungen an Arbeitgeber

§ 26 Leistungen zur behinderungsgerechten Einrichtung von Arbeits- und Ausbildungsplätzen für schwerbehinderte Menschen

(1) ¹Arbeitgeber können Darlehen oder Zuschüsse bis zur vollen Höhe der entstehenden notwendigen Kosten für folgende Maßnahmen erhalten:
1. die behinderungsgerechte Einrichtung und Unterhaltung der Arbeitsstätten einschließlich der Betriebsanlagen, Maschinen und Geräte,
2. die Einrichtung von Teilzeitarbeitsplätzen für schwerbehinderte Menschen, insbesondere wenn eine Teilzeitbeschäftigung mit einer Dauer auch von weniger als 18 Stunden, wenigstens aber 15 Stunden wöchentlich wegen Art oder Schwere der Behinderung notwendig ist,
3. die Ausstattung von Arbeits- oder Ausbildungsplätzen mit notwendigen technischen Arbeitshilfen, deren Wartung und Instandsetzung sowie die Ausbildung des schwerbehinderten Menschen im Gebrauch der nach den Nummern 1 bis 3 geförderten Gegenstände,
4. sonstige Maßnahmen, durch die eine möglichst dauerhafte behinderungsgerechte Beschäftigung schwerbehinderter Menschen in Betrieben oder Dienststellen ermöglicht, erleichtert oder gesichert werden kann.

²Gleiches gilt für Ersatzbeschaffungen oder Beschaffungen zur Anpassung an die technische Weiterentwicklung.

(2) Art und Höhe der Leistung bestimmen sich nach den Umständen des Einzelfalls, insbesondere unter Berücksichtigung, ob eine Verpflichtung des Arbeitgebers zur Durchführung von Maßnahmen nach Absatz 1 gemäß § 81 Abs. 3 Satz 1, Abs. 4 Satz 1 Nr. 4 und 5 und Abs. 5 Satz 1 des Neunten Buches Sozialgesetzbuch besteht und erfüllt wird sowie ob schwerbehinderte Menschen ohne Beschäftigungspflicht oder über die Beschäftigungspflicht hinaus (§ 71 des Neunten Buches Sozialgesetzbuch) oder im Rahmen der Erfüllung der besonderen Beschäftigungspflicht gegenüber bei der Teilhabe am Arbeitsleben besonders betroffenen schwerbehinderten Menschen (§ 71 Abs. 1 Satz 2 und § 72 des Neunten Buches Sozialgesetzbuch) beschäftigt werden.

(3) § 15 Abs. 2 Satz 1 und 2 gilt entsprechend.

§ 26a Zuschüsse zu den Gebühren bei der Berufsausbildung besonders betroffener schwerbehinderter Jugendlicher und junger Erwachsener

Arbeitgeber, die ohne Beschäftigungspflicht (§ 71 Abs. 1 des Neunten Buches Sozialgesetzbuch) besonders betroffene schwerbehinderte Menschen zur Berufsausbildung einstellen, können Zuschüsse zu den Gebühren, insbesondere Prüfungsgebühren bei der Berufsausbildung, erhalten.

§ 26 b Prämien und Zuschüsse zu den Kosten der Berufsausbildung behinderter Jugendlicher und junger Erwachsener

Arbeitgeber können Prämien und Zuschüsse zu den Kosten der Berufsausbildung behinderter Jugendlicher und junger Erwachsener erhalten, die für die Zeit der Berufsausbildung schwerbehinderten Menschen nach § 68 Abs. 4 gleichgestellt sind.

§ 26 c Prämien zur Einführung eines betrieblichen Eingliederungsmanagement

Arbeitgeber können zur Einführung eines betrieblichen Eingliederungsmanagements Prämien erhalten.

§ 27 Leistungen bei außergewöhnlichen Belastungen

(1) [1] Arbeitgeber können Zuschüsse zur Abgeltung außergewöhnlicher Belastungen erhalten, die mit der Beschäftigung eines schwerbehinderten Menschen verbunden sind, der nach Art oder Schwere seiner Behinderung im Arbeits- und Berufsleben besonders betroffen ist (§ 72 Abs. 1 Nr. 1 Buchstabe a bis d des Neunten Buches Sozialgesetzbuch) oder im Anschluss an eine Beschäftigung in einer anerkannten Werkstatt für behinderte Menschen oder in Teilzeit (§ 75 Abs. 2 des Neunten Buches Sozialgesetzbuch) beschäftigt wird, vor allem, wenn ohne diese Leistungen das Beschäftigungsverhältnis gefährdet würde. [2] Leistungen nach Satz 1 können auch in Probebeschäftigungen und Praktika erbracht werden, die ein in einer Werkstatt für behinderte Menschen beschäftigter schwerbehinderter Mensch im Rahmen von Maßnahmen zur Förderung des Übergangs auf den allgemeinen Arbeitsmarkt (§ 5 Abs. 4 der Werkstättenverordnung) absolviert, wenn die dem Arbeitgeber entstehenden außergewöhnlichen Belastungen nicht durch die in dieser Zeit erbrachten Leistungen der Rehabilitationsträger abgedeckt werden.

(2) Außergewöhnliche Belastungen sind überdurchschnittlich hohe finanzielle Aufwendungen oder sonstige Belastungen, die einem Arbeitgeber bei der Beschäftigung eines schwerbehinderten Menschen auch nach Ausschöpfung aller Möglichkeiten entstehen und für die die Kosten zu tragen für den Arbeitgeber nach Art oder Höhe unzumutbar ist.

(3) Für die Zuschüsse zu notwendigen Kosten nach Absatz 2 gilt § 26 Abs. 2 entsprechend.

(4) Die Dauer des Zuschusses bestimmt sich nach den Umständen des Einzelfalls.

§ 27 a Leistungen an Integrationsfachdienste

Träger von Integrationsfachdiensten im Sinne des Kapitels 7 des Teils 2 des Neunten Buches Sozialgesetzbuch können Leistungen nach § 113 des Neunten Buches Sozialgesetzbuch zu den durch ihre Inanspruchnahme entstehenden notwendigen Kosten erhalten.

III. Sonstige Leistungen

§ 28 Leistungen zur Durchführung der psychosozialen Betreuung schwerbehinderter Menschen

(1) Freie gemeinnützige Träger psychosozialer Dienste, die das Integrationsamt an der Durchführung der ihr obliegenden Aufgaben der im Einzelfall erforderlichen psychosozialen Betreuung Schwerbehinderter unter Fortbestand ihrer Verantwortlichkeit beteiligt, können Leistungen zu den daraus entstehenden notwendigen Kosten erhalten.

(2) [1] Leistungen nach Absatz 1 setzen voraus, dass

1. der psychosoziale Dienst nach seiner personellen, räumlichen und sächlichen Ausstattung zur Durchführung von Maßnahmen der psychosozialen Betreuung geeignet ist, insbesondere mit Fachkräften ausgestattet ist, die über eine geeignete Berufsqualifikation, eine psychosoziale Zusatzqualifikation und ausreichende Berufserfahrung verfügen, und
2. die Maßnahmen
   a) nach Art, Umfang und Dauer auf die Aufnahme, Ausübung oder Sicherung einer möglichst dauerhaften Beschäftigung schwerbehinderter Menschen auf dem allgemeinen Arbeitsmarkt ausgerichtet und dafür geeignet sind,

b) nach den Grundsätzen der Wirtschaftlichkeit und Sparsamkeit durchgeführt werden, insbesondere die Kosten angemessen sind, und
c) aufgrund einer Vereinbarung zwischen dem Integrationsamt und dem Träger des psychosozialen Dienstes, durchgeführt werden.

²Leistungen können gleichermaßen für Maßnahmen für schwerbehinderte Menschen erbracht werden, die diesen Dienst unter bestimmten, in der Vereinbarung näher zu regelnden Voraussetzungen im Einvernehmen mit dem Integrationsamt unmittelbar in Anspruch nehmen.

(3) ¹Leistungen sollen in der Regel bis zur vollen Höhe der notwendigen Kosten erbracht werden, die aus der Beteiligung an den im Einzelfall erforderlichen Maßnahmen entstehen. ²Das Nähere über die Höhe der zu übernehmenden Kosten, ihre Erfassung, Darstellung und Abrechnung bestimmt sich nach der Vereinbarung zwischen dem Integrationsamt und dem Träger des psychosozialen Dienstes gemäß Absatz 2 Satz 1 Nr. 2 Buchstabe c.

§ 28 a Leistungen an Integrationsprojekte

Integrationsprojekte im Sinne des Kapitels 11 des Teils 2 des neunten Buches Sozialgesetzbuch können Leistungen für Aufbau, Erweiterung, Modernisierung und Ausstattung einschließlich einer betriebswirtschaftlichen Beratung und besonderen Aufwand erhalten.

§ 29 Leistungen zur Durchführung von Aufklärungs-, Schulungs- und Bildungsmaßnahmen

(1) ¹Die Durchführung von Schulungs- und Bildungsmaßnahmen für Vertrauensperson schwerbehinderter Menschen, Beauftragte der Arbeitgeber, Betriebs-, Personal-, Richter-, Staatsanwalts- und Präsidialräte sowie die Mitglieder der Stufenvertretungen wird gefördert, wenn es sich um Veranstaltungen der Integrationsämter im Sinne des § 102 Abs. 2 Satz 6 des Neunten Buches Sozialgesetzbuch handelt. ²Die Durchführung von Maßnahmen im Sinne des Satzes 1 durch andere Träger kann gefördert werden, wenn die Maßnahmen erforderlich und die Integrationsämter an ihrer inhaltlichen Gestaltung maßgeblich beteiligt sind.

(2) ¹Aufklärungsmaßnahmen sowie Schulungs- und Bildungsmaßnahmen für andere als in Absatz 1 genannte Personen, die die Teilhabe schwerbehinderter Menschen am Arbeitsleben zum Gegenstand haben, können gefördert werden. ²Dies gilt auch für die Qualifizierung des nach § 102 Abs. 1 des Neunten Buches Sozialgesetzbuch einzusetzenden Personals sowie für notwendige Informationsschriften und -veranstaltungen über Rechte, Pflichten, Leistungen und sonstige Eingliederungshilfen sowie Nachteilsausgleiche nach dem Neunten Buch Sozialgesetzbuch und anderen Vorschriften.

3. Unterabschnitt. Leistungen für Einrichtungen zur Teilhabe schwerbehinderter Menschen am Arbeitsleben

§ 30 Förderungsfähige Einrichtungen

(1) ¹Leistungen können für die Schaffung, Erweiterung, Ausstattung und Modernisierung folgender Einrichtungen erbracht werden:
1. betriebliche, überbetriebliche und außerbetriebliche Einrichtungen zur Vorbereitung von behinderten Menschen auf eine berufliche Bildung oder die Teilhabe am Arbeitsleben,
2. betriebliche, überbetriebliche und außerbetriebliche Einrichtungen zur beruflichen Bildung behinderter Menschen,
3. Einrichtungen, soweit sie während der Durchführung von Leistungen zur medizinischen Rehabilitation behinderte Menschen auf eine berufliche Bildung oder die Teilhabe am Arbeitsleben vorbereiten,
4. Werkstätten für behinderte Menschen im Sinne des § 136 des Neunten Buches Sozialgesetzbuch,
5. Blindenwerkstätten im Sinne des Blindenwarenvertriebsgesetzes vom 9. April 1965 (BGBl. I S. 311), zuletzt geändert durch Artikel 2 des Gesetzes vom 23. November 1994 (BGBl. I S. 3475),
6. Wohnstätten für behinderte Menschen, die auf dem allgemeinen Arbeitsmarkt, in Werkstätten für Behinderte oder in Blindenwerkstätten tätig sind.
7. (weggefallen)

2 SchwbAV

Anhang

[2] Zur länderübergreifenden Bedarfsbeurteilung wird das Bundesministerium für Gesundheit und Soziale Sicherung bei der Planung neuer oder Erweiterung bestehender Einrichtungen nach Satz 1 Nr. 4 bis 6 beteiligt.

(2) [1] Öffentliche oder gemeinnützige Träger eines besonderen Beförderungsdienstes für behinderte Menschen können Leistungen zur Beschaffung und behinderungsgerechten Ausstattung von Kraftfahrzeugen erhalten. [2] Die Höhe der Leistung bestimmt sich nach dem Umfang, in dem der besondere Beförderungsdienst für Fahrten schwerbehinderter Menschen von und zur Arbeitsstätte benutzt wird.

(3) [1] Leistungen zur Deckung von Kosten des laufenden Betriebs dürfen nur ausnahmsweise erbracht werden, wenn hierdurch der Verlust bestehender Beschäftigungsmöglichkeiten für behinderte Menschen abgewendet werden kann. [2] Für Einrichtungen nach Absatz 1 Nr. 4 bis 6 sind auch Leistungen zur Deckung eines Miet- oder Pachtzinses zulässig.

§ 31 Förderungsvoraussetzungen

(1) Die Einrichtungen im Sinne des § 30 Abs. 1 Satz 4 können gefördert werden, wenn sie
1. ausschließlich oder überwiegend behinderte Menschen aufnehmen, die Leistungen eines Rehabilitationsträgers in Anspruch nehmen,
2. behinderten Menschen unabhängig von der Ursache der Behinderung und unabhängig von der Mitgliedschaft in der Organisation des Trägers der Einrichtung offen stehen und
3. nach ihrer personellen, räumlichen und sächlichen Ausstattung die Gewähr dafür bieten, dass die Rehabilitationsmaßnahmen nach zeitgemäßen Erkenntnissen durchgeführt werden und einer dauerhaften Teilhabe am Arbeitsleben dienen.

(2) Darüber hinaus setzt die Förderung voraus bei
1. Einrichtungen im Sinne des § 30 Abs. 1 Nr. 1:
   Die in diesen Einrichtungen durchzuführenden Maßnahmen sollen den individuellen Belangen der behinderten Menschen Rechnung tragen und sowohl eine werkspraktische wie fachtheoretische Unterweisung umfassen. Eine begleitende Betreuung entsprechend den Bedürfnissen der behinderten Menschen muss sichergestellt sein. Maßnahmen zur Vorbereitung auf eine berufliche Bildung sollen sich auf mehrere Berufsfelder erstrecken und Aufschluss über Neigung und Eignung der behinderten Menschen geben.
2. Einrichtungen im Sinne des § 30 Abs. 1 Nr. 2:
   a) Die Eignungsvoraussetzungen nach den §§ 27 bis 30 des Berufsbildungsgesetzes oder nach den §§ 21 bis 22 b der Handwerksordnung zur Ausbildung in anerkannten Ausbildungsberufen müssen erfüllt sein. Dies gilt auch für Ausbildungsgänge, die nach § 66 des Berufsbildungsgesetzes oder nach § 42 m der Handwerksordnung durchgeführt werden.
   b) Außer- oder überbetriebliche Einrichtungen sollen unter Einbeziehung von Plätzen für berufsvorbereitende Maßnahmen über in der Regel mindestens 200 Plätze für die berufliche Bildung in mehreren Berufsfeldern verfügen. Sie müssen in der Lage sein, behinderte Menschen mit besonderer Art oder Schwere der Behinderung beruflich zu bilden. Sie müssen über die erforderliche Zahl von Ausbildern und die personellen und sächlichen Voraussetzungen für eine begleitende ärztliche, psychologische und soziale Betreuung entsprechend den Bedürfnissen der behinderten Menschen verfügen. Bei Unterbringung im Internat muss die behinderungsgerechte Betreuung sichergestellt sein. Die Einrichtungen sind zur vertrauensvollen Zusammenarbeit insbesondere untereinander und mit den für die Rehabilitation zuständigen Behörden verpflichtet.
3. Einrichtungen im Sinne des § 30 Abs. 1 Nr. 3:
   Die in diesen Einrichtungen in einem ineinandergreifenden Verfahren durchzuführenden Leistungen zur medizinischen Rehabilitation und zur Teilhabe am Arbeitsleben müssen entsprechend den individuellen Gegebenheiten so ausgerichtet sein, dass nach Abschluss dieser Maßnahmen ein möglichst nahtloser Übergang in eine berufliche Bildungsmaßnahme oder in das Arbeitsleben gewährleistet ist. Für die Durchführung der Maßnahmen müssen ihnen besondere Fachdienste zur Verfügung stehen.
4. Werkstätten für behinderte Menschen im Sinne des § 30 Abs. 1 Nr. 4:
   Sie müssen gemäß § 142 des Neunten Buches Sozialgesetzbuch anerkannt sein oder voraussichtlich anerkannt werden.

5. Blindenwerkstätten im Sinne des § 30 Abs. 1 Nr. 5:
Sie müssen gemäß § 5 des Blindenwarenvertriebsgesetzes anerkannt sein oder voraussichtlich anerkannt werden.
6. Wohnstätten im Sinne des § 30 Abs. 1 Nr. 6:
Sie müssen hinsichtlich ihrer baulichen Gestaltung, Wohnflächenbemessung und Ausstattung den besonderen Bedürfnissen der behinderten Menschen entsprechen. Die Aufnahme auch von behinderten Menschen, die nicht im Arbeitsleben stehen, schließt eine Förderung entsprechend dem Anteil der im Arbeitsleben stehenden schwerbehinderten Menschen nicht aus. Der Verbleib von schwerbehinderten Menschen, die nicht mehr im Arbeitsleben stehen, insbesondere von schwerbehinderten Menschen nach dem Ausscheiden aus einer Werkstatt für behinderte Menschen, beeinträchtigt nicht die zweckentsprechende Verwendung der eingesetzten Mittel.

§ 32 Förderungsgrundsätze

(1) Leistungen sollen nur erbracht werden, wenn sich der Träger der Einrichtung in einem angemessenen Verhältnis an den Gesamtkosten beteiligt und alle anderen Finanzierungsmöglichkeiten aus Mitteln der öffentlichen Hände und aus privaten Mitteln in zumutbarer Weise in Anspruch genommen worden sind.

(2) [1] Leistungen dürfen nur erbracht werden, soweit Leistungen für denselben Zweck nicht von anderer Seite zu erbringen sind oder erbracht werden. [2] Werden Einrichtungen aus Haushaltsmitteln des Bundes oder anderer öffentlicher Hände gefördert, ist eine Förderung aus Mitteln der Ausgleichsabgabe nur zulässig, wenn der Förderungszweck sonst nicht erreicht werden kann.

(3) Leistungen können nur erbracht werden, wenn ein Bedarf an entsprechenden Einrichtungen festgestellt und die Deckung der Kosten des laufenden Betriebs gesichert ist.

(4) Eine Nachfinanzierung aus Mitteln der Ausgleichsabgabe ist nur zulässig, wenn eine Förderung durch die gleiche Stelle vorangegangen ist.

§ 33 Art und Höhe der Leistungen

(1) [1] Leistungen können als Zuschüsse oder Darlehen erbracht werden. [2] Zuschüsse sind auch Zinszuschüsse zur Verbilligung von Fremdmitteln.

(2) Art und Höhe der Leistung bestimmen sich nach den Umständen des Einzelfalls, insbesondere nach dem Anteil der schwerbehinderten Menschen an der Gesamtzahl des aufzunehmenden Personenkreises, nach der wirtschaftlichen Situation der Einrichtung und ihres Trägers sowie nach Bedeutung und Dringlichkeit der beabsichtigten Rehabilitationsmaßnahmen.

§ 34 Tilgung und Verzinsung von Darlehen

(1) [1] Darlehen nach § 33 sollen jährlich mit 2 vom Hundert getilgt und mit 2 vom Hundert verzinst werden; bei Ausstattungsinvestitionen beträgt die Tilgung 10 vom Hundert. [2] Die durch die fortschreitende Tilgung ersparten Zinsen wachsen den Tilgungsbeträgen zu.

(2) Von der Tilgung und Verzinsung von Darlehen kann bis zum Ablauf von zwei Jahren nach Inbetriebnahme abgesehen werden.

Dritter Abschnitt. Ausgleichsfonds

1. Unterabschnitt: Gestaltung des Ausgleichsfonds

§ 35 Rechtsform

[1] Der Ausgleichsfonds für überregionale Vorhaben zur Teilhabe schwerbehinderter Menschen am Arbeitsleben (Ausgleichsfonds) ist ein nicht rechtsfähiges Sondervermögen des Bundes mit eigener Wirtschafts- und Rechnungsführung. [2] Er ist von den übrigen Vermögen des Bundes, seinen Rechten und Verbindlichkeiten getrennt zu halten. [3] Für Verbindlichkeiten,

2 SchwbAV

die das Bundesministerium für Gesundheit und Soziale Sicherung als Verwalter des Ausgleichsfonds eingeht, haftet nur der Ausgleichsfonds; der Ausgleichsfonds haftet nicht für die sonstigen Verbindlichkeiten des Bundes.

§ 36 Weiterleitung der Mittel an den Ausgleichsfonds

(1) [1] Die Integrationsämter leiten bis zum 30. Juni eines jeden Jahres 30 vom Hundert des im Zeitraum vom 1. Juni des vorangegangenen Jahres bis zum 31. Mai des Jahres eingegangenen Aufkommens an Ausgleichsabgabe an den Ausgleichsfonds weiter. [2] Sie teilen dem Bundesministerium für Gesundheit und Soziale Sicherung zum 30. Juni eines jeden Jahres das Aufkommen an Ausgleichsabgabe für das vorangegangene Kalenderjahr auf der Grundlage des bis zum 31. Mai des Jahres tatsächlich an die Integrationsämter gezahlten Aufkommens mit. [3] Sie teilen bis zum 31. Januar eines jeden Jahres das Aufkommen an Ausgleichsabgabe für das vorangegangene Kalenderjahr dem Bundesministerium für Gesundheit und Soziale Sicherung mit.

§ 37 Anwendung der Vorschriften der Bundeshaushaltsordnung

Für den Ausgleichsfonds gelten die Bundeshaushaltsordnung sowie die zu ihrer Ergänzung und Durchführung erlassenen Vorschriften entsprechend, soweit die Vorschriften dieser Verordnung nichts anderes bestimmen.

§ 38 Aufstellung eines Wirtschaftsplans

(1) Für jedes Kalenderjahr (Wirtschaftsjahr) ist ein Wirtschaftsplan aufzustellen.

(2) [1] Der Wirtschaftsplan enthält alle im Wirtschaftsjahr

1. zu erwartenden Einnahmen,
2. voraussichtlich zu leistenden Ausgaben und
3. voraussichtlich benötigten Verpflichtungsermächtigungen.

[2] Zinsen, Tilgungsbeträge aus Darlehen, zurückgezahlte Zuschüsse sowie unverbrauchte Mittel des Vorjahres fließen dem Ausgleichsfonds als Einnahmen zu.

(3) Der Wirtschaftsplan ist in Einnahmen und Ausgaben auszugleichen.

(4) Die Ausgaben sind gegenseitig deckungsfähig.

(5) Die Ausgaben sind übertragbar.

§ 39 Feststellung des Wirtschaftsplans

[1] Das Bundesministerium für Gesundheit und Soziale Sicherung stellt im Benehmen mit dem Bundesministerium der Finanzen und im Einvernehmen mit dem Beirat für die Teilhabe behinderter Menschen (Beirat) den Wirtschaftsplan fest. [2] § 1 der Bundeshaushaltsordnung findet keine Anwendung.

§ 40 Ausführung des Wirtschaftsplans

(1) [1] Bei der Vergabe der Mittel des Ausgleichsfonds sind die jeweils gültigen Allgemeinen Nebenbestimmungen für Zuwendungen des Bundes zugrunde zu legen. [2] Von ihnen kann im Einvernehmen mit dem Bundesministerium der Finanzen abgewichen werden.

(2) Verpflichtungen, die in Folgejahren zu Ausgaben führen, dürfen nur eingegangen werden, wenn die Finanzierung der Ausgaben durch das Aufkommen an Ausgleichsabgabe gesichert ist.

(3) [1] Überschreitungen der Ausgabeansätze sind nur zulässig, wenn

1. hierfür ein unvorhergesehenes und unabweisbares Bedürfnis besteht und
2. entsprechende Einnahmeerhöhungen vorliegen.

[2] Außerplanmäßige Ausgaben sind nur zulässig, wenn

1. hierfür ein unvorhergesehenes und unabweisbares Bedürfnis besteht und

2. Beträge in gleicher Höhe bei anderen Ausgabeansätzen eingespart werden oder entsprechende Einnahmeerhöhungen vorliegen.

[3] Die Entscheidung hierüber trifft das Bundesministerium für Gesundheit und Soziale Sicherung im Benehmen mit dem Bundesministerium der Finanzen und im Einvernehmen mit dem Beirat.

(4) Bis zur bestimmungsmäßigen Verwendung sind die Ausgabemittel verzinslich anzulegen.

2. Unterabschnitt. Förderung der Teilhabe schwerbehinderter Menschen am Arbeitsleben aus Mitteln des Ausgleichsfonds

§ 41 Verwendungszwecke

(1) [1] Die Mittel aus dem Ausgleichsfonds sind zu verwenden für
1. Zuweisungen an die Bundesagentur für Arbeit zur besonderen Förderung der Teilhabe schwerbehinderter Menschen am Arbeitsleben, insbesondere durch Eingliederungszuschüsse und Zuschüsse zur Ausbildungsvergütung nach dem Dritten Buch Sozialgesetzbuch, und zwar in Höhe von 170 Millionen Euro für das Jahr 2004 und ab 2005 jährlich in Höhe von 26 vom Hundert des Aufkommens an Ausgleichsabgabe,
2. befristete überregionale Programme zum Abbau der Arbeitslosigkeit schwerbehinderter Menschen, besonderer Gruppen von schwerbehinderten Menschen (§ 72 des Neunten Buches Sozialgesetzbuch) oder schwerbehinderter Frauen sowie zur Förderung des Ausbildungsplatzangebots für schwerbehinderte Menschen,
3. Einrichtungen nach § 30 Abs. 1 Nr. 1 bis 3, soweit sie den Interessen mehrerer Länder dienen; Einrichtungen dienen den Interessen mehrerer Länder auch dann, wenn sie Bestandteil eines abgestimmten Plans sind, der ein länderübergreifendes Netz derartiger Einrichtungen zum Gegenstand hat,
4. überregionale Modellvorhaben zur Weiterentwicklung der Förderung der Teilhabe schwerbehinderter Menschen am Arbeitsleben, insbesondere durch betriebliches Eingliederungsmanagement, und der Förderung der Ausbildung schwerbehinderter Jugendlicher,
5. die Entwicklung technischer Arbeitshilfen und
6. Aufklärungs-, Fortbildungs- und Forschungsmaßnahmen auf dem Gebiet der Teilhabe schwerbehinderter Menschen am Arbeitsleben, sofern diesen Maßnahmen überregionale Bedeutung zukommt.

(2) Die Mittel des Ausgleichsfonds sind vorrangig für die Eingliederung schwerbehinderter Menschen in den allgemeinen Arbeitsmarkt zu verwenden.

(3) Der Ausgleichsfonds kann sich an der Förderung von Forschungs- und Modellvorhaben durch die Integrationsämter nach § 14 Abs. 1 Nr. 4 beteiligen, sofern diese Vorhaben auch für andere Länder oder den Bund von Bedeutung sein können.

(4) Die §§ 31 bis 34 gelten entsprechend.

3. Unterabschnitt. Verfahren zur Vergabe der Mittel des Ausgleichsfonds

§ 42 Anmeldeverfahren und Anträge

[1] Leistungen aus dem Ausgleichsfonds sind vom Träger der Maßnahme schriftlich beim Bundesministerium für Gesundheit und Soziale Sicherung zu beantragen, in den Fällen des § 41 Abs. 1 Nr. 3 nach vorheriger Abstimmung mit dem Land, in dem der Integrationsbetrieb oder die Integrationsabteilung oder die Einrichtung ihren Sitz hat oder haben soll. [2] Das Bundesministerium für Gesundheit und Soziale Sicherung leitet die Anträge mit seiner Stellungnahme dem Beirat zu.

§ 43 Vorschlagsrecht des Beirats

(1) [1] Der Beirat nimmt zu den Anträgen Stellung. [2] Die Stellungnahme hat einen Vorschlag zu enthalten, ob, in welcher Art und Höhe sowie unter welchen Bedingungen und Auflagen Mittel des Ausgleichsfonds vergeben werden sollen.

(2) Der Beirat kann unabhängig vom Vorliegen oder in Abwandlung eines schriftlichen Antrags Vorhaben zur Förderung vorschlagen.

§ 44 Entscheidung

(1) Das Bundesministerium für Gesundheit und Soziale Sicherung entscheidet über die Anträge aufgrund der Vorschläge des Beirats durch schriftlichen Bescheid.

(2) Der Beirat ist über die getroffene Entscheidung zu unterrichten.

§ 45 Vorhaben des Bundesministeriums für Gesundheit und Soziale Sicherung

Für Vorhaben des Bundesministeriums für Gesundheit und Soziale Sicherung, die dem Beirat zur Stellungnahme zuzuleiten sind, gelten die §§ 43 und 44 entsprechend.

Vierter Abschnitt. Schlussvorschriften

§ 46 Übergangsregelungen

(1) Abweichend von § 36 leiten die Integrationsämter

1. zum 30. Juni 2005 30 vom Hundert des im Zeitraum vom 1. Januar 2005 bis zum 31. Mai 2005 eingegangenen Ausgleichsabgabeaufkommens und 45 vom Hundert des Ausgleichsabgabeaufkommens für das Kalenderjahr 2003 an den Ausgleichsfonds weiter; dabei werden die nach § 36 Abs. 2 in der bis zum 31. Dezember 2004 geltenden Fassung geleisteten Abschlagszahlungen berücksichtigt,
2. bis zum Ablauf des Jahres, in dem die Förderung durch Investitionskostenzuschüsse der vom Beirat für die Teilhabe behinderter Menschen vorgeschlagenen und von den Ländern bis zum 30. Juni 2006 bewilligten Projekte für Werk- und Wohnstätten für behinderte Menschen sowie Blindenwerkstätten durch den Ausgleichsfonds endet, im Jahr 2005 zusätzlich zu Nummer 1 und ab dem Jahr 2006 zusätzlich bis zu 4 vom Hundert des Ausgleichsabgabeaufkommens an den Ausgleichsfonds weiter, verringert um den Betrag, den die Träger der Integrationsämter in Abstimmung mit dem Bundesministerium für Gesundheit und Soziale Sicherung für die Förderung der genannten Projekte bewilligen.

(2) Abweichend von § 41 werden

1. im Jahr 2004 Zuweisungen an die Bundesagentur für Arbeit für die Förderung von Integrationsfachdiensten vorgenommen und
2. mindestens die nach Absatz 1 Nr. 2 an den Ausgleichsfonds weitergeleiteten Mittel für die Förderung von Einrichtungen nach § 30 Abs. 1 Satz 1 Nr. 4 bis 6 verwendet.

(3) Abweichend von § 41 können Mittel des Ausgleichsfonds verwendet werden zur Förderung von Integrationsbetrieben und -abteilungen nach dem Kapitel 11 des Teils 2 des Neunten Buches Sozialgesetzbuch, die nicht von öffentlichen Arbeitgebern im Sinne des § 71 Abs. 3 des Neunten Buches Sozialgesetzbuch geführt werden, soweit die Förderung bis zum 31. Dezember 2003 bewilligt worden ist, sowie für die Förderung von Einrichtungen nach § 30 Abs. 1 Satz 1 Nr. 4 bis 6, soweit Leistungen als Zinszuschüsse oder Zuschüsse zur Deckung eines Miet- oder Pachtzinses für bis zum 31. Dezember 2004 bewilligte Projekte erbracht werden.

§ 47 Inkrafttreten, Außerkrafttreten

Diese Verordnung tritt am Tage nach der Verkündigung in Kraft.

3. Werkstättenverordnung (WVO)

Vom 13. August 1980 (BGBl. I S. 1365), zuletzt geändert durch Art. 2 VO zur Änderung der Schwerbehinderten-AusgleichsabgabeVO und der WerkstättenVO vom 2. 11. 2005 (BGBl. I S. 3119)

BGBl. III/FNA 871-1-7

Inhaltsübersicht

Erster Abschnitt. Fachliche Anforderungen an die Werkstatt für behinderte Menschen §§

Grundsatz der einheitlichen Werkstatt	1
Fachausschuss	2
Eingangsverfahren	3
Berufsbildungsbereich	4
Arbeitsbereich	5
Beschäftigungszeit	6
Größe der Werkstatt	7
Bauliche Gestaltung, Ausstattung, Standort	8
Werkstattleiter, Fachpersonal zur Arbeits- und Berufsförderung	9
Begleitende Dienste	10
Fortbildung	11
Wirtschaftsführung	12
Abschluss von schriftlichen Verträgen	13
Mitwirkung	14
Werkstattverbund	15
Formen der Werkstatt	16

Zweiter Abschnitt. Verfahren zur Anerkennung als Werkstatt für behinderte Menschen

Anerkennungsfähige Einrichtungen	17
Antrag	18

Dritter Abschnitt. Schlussvorschriften

Vorläufige Anerkennung	19
Abweichende Regelungen für Werkstätten im Beitrittsgebiet	20
Inkrafttreten	21

Erster Abschnitt. Fachliche Anforderungen an die Werkstatt für behinderte Menschen

§ 1 Grundsatz der einheitlichen Werkstatt

(1) Die Werkstatt für behinderte Menschen (Werkstatt) hat zur Erfüllung ihrer gesetzlichen Aufgaben die Voraussetzungen dafür zu schaffen, dass sie die behinderten Menschen im Sinne des § 136 Abs. 2 des Neunten Buches Sozialgesetzbuch aus ihrem Einzugsgebiet aufnehmen kann.

(2) Der unterschiedlichen Art der Behinderung und ihren Auswirkungen soll innerhalb der Werkstatt durch geeignete Maßnahmen, insbesondere durch Bildung besonderer Gruppen im Berufsbildungs- und Arbeitsbereich, Rechnung getragen werden.

§ 2 Fachausschuss

(1) [1]Bei jeder Werkstatt ist ein Fachausschuss zu bilden. [2]Ihm gehören in gleicher Zahl an
1. Vertreter der Werkstatt,
2. Vertreter der Bundesagentur für Arbeit,

3. Vertreter des überörtlichen Trägers der Sozialhilfe oder des nach Landesrecht bestimmten örtlichen Trägers der Sozialhilfe,

³Kommt die Zuständigkeit eines anderen Rehabilitationsträgers Erbringung von Leistungen zur Teilhabe am Arbeitsleben und ergänzende Leistungen in Betracht, soll der Fachausschuss zur Mitwirkung an der Stellungnahme auch Vertreter dieses Trägers hinzuziehen. ⁴Er kann auch andere Personen zur Beratung hinzuziehen und soll, soweit erforderlich, Sachverständige hören.

(2) Der Fachausschuss gibt vor der Aufnahme des behinderten Menschen in die Werkstatt gegenüber dem im Falle einer Aufnahme zuständigen Rehabilitationsträger eine Stellungnahme ab, ob der behinderte Mensch für seine Teilhabe am Arbeitsleben und zu seiner Eingliederung in das Arbeitsleben Leistungen einer Werkstatt für behinderte Menschen benötigt oder ob andere Leistungen zur Teilhabe am Arbeitsleben in Betracht kommen.

§ 3 Eingangsverfahren

(1) ¹Die Werkstatt führt im Benehmen mit dem zuständigen Rehabilitationsträger Eingangsverfahren durch. ²Aufgabe des Eingangsverfahrens ist es festzustellen, ob die Werkstatt die geeignete Einrichtung zur Teilhabe behinderter Menschen am Arbeitsleben und zur Eingliederung in das Arbeitsleben im Sinne des § 136 des Neunten Buches Sozialgesetzbuch ist, sowie welche Bereiche der Werkstatt und welche Leistungen zur Teilhabe am Arbeitsleben und ergänzende Leistungen oder Leistungen zur Eingliederung in das Arbeitsleben in Betracht kommen und einen Eingliederungsplan zu erstellen.

(2) ¹Das Eingangsverfahren dauert drei Monate. ²Es kann auf eine Dauer von bis zu vier Wochen verkürzt werden, wenn während des Eingangsverfahrens im Einzelfall festgestellt wird, dass eine kürzere Dauer ausreichend ist.

(3) Zum Abschluss des Eingangsverfahrens gibt der Fachausschuss auf Vorschlag des Trägers der Werkstatt und nach Anhörung des behinderten Menschen, gegebenenfalls auch seines gesetzlichen Vertreters, unter Würdigung aller Umstände des Einzelfalles, insbesondere der Persönlichkeit des behinderten Menschen und seines Verhaltens während des Eingangsverfahrens eine Stellungnahme gemäß Absatz 1 gegenüber dem zuständigen Rehabilitationsträger ab.

(4) ¹Kommt der Fachausschuss zu dem Ergebnis, dass die Werkstatt für behinderte Menschen nicht geeignet ist, soll er zugleich eine Empfehlung aussprechen, welche andere Einrichtung oder sonstige Maßnahmen und welche anderen Leistungen zur Teilhabe für den behinderten Menschen in Betracht kommen. ²Er soll sich auch dazu äußern, nach welcher Zeit eine Wiederholung des Eingangsverfahrens zweckmäßig ist und welche Maßnahmen und welche anderen Leistungen zur Teilhabe in der Zwischenzeit durchgeführt werden sollen.

§ 4 Berufsbildungsbereich

(1) ¹Die Werkstatt führt im Benehmen mit dem im Berufsbildungsbereich und dem im Arbeitsbereich zuständigen Rehabilitationsträger Maßnahmen im Berufsbildungsbereich (Einzelmaßnahmen und Lehrgänge) zur Verbesserung der Teilnahme am Arbeitsleben unter Einschluss angemessener Maßnahmen zur Weiterentwicklung der Persönlichkeit des behinderten Menschen durch. ²Sie fördert die behinderten Menschen so, dass sie spätestens nach Teilnahme an Maßnahmen des Berufsbildungsbereichs in der Lage sind, wenigstens ein Mindestmaß wirtschaftlich verwertbarer Arbeitsleistung im Sinne des § 136 Abs. 2 des Neunten Buches Sozialgesetzbuch zu erbringen.

(2) Das Angebot an Leistungen zur Teilhabe am Arbeitsleben soll möglichst breit sein, um Art und Schwere der Behinderung, der unterschiedlichen Leistungsfähigkeit, Entwicklungsmöglichkeit sowie Eignung und Neigung der behinderten Menschen soweit wie möglich Rechnung zu tragen.

(3) Die Lehrgänge sind in einen Grund- und einen Aufbaukurs von in der Regel je zwölfmonatiger Dauer zu gliedern.

(4) ¹Im Grundkurs sollen Fertigkeiten und Grundkenntnisse verschiedener Arbeitsabläufe vermittelt werden, darunter manuelle Fertigkeiten im Umgang mit verschiedenen Werkstoffen und Werkzeugen und Grundkenntnisse über Werkstoffe und Werkzeuge. ²Zugleich sollen das Selbstwertgefühl der behinderten Menschen und die Entwicklung des Sozial- und Arbeitsverhaltens gefördert sowie Schwerpunkte der Eignung und Neigung festgestellt werden.

(5) Im Aufbaukurs sollen Fertigkeiten mit höherem Schwierigkeitsgrad, insbesondere im Umgang mit Maschinen, und vertiefte Kenntnisse über Werkstoffe und Werkzeuge vermittelt sowie die Fähigkeit zu größerer Ausdauer und Belastung und zur Umstellung auf unterschiedliche Beschäftigungen im Arbeitsbereich geübt werden.

(6) [1] Rechtzeitig vor Beendigung Maßnahme im Sinne des Absatzes 1 Satz 1 hat der Fachausschuss gegenüber dem zuständigen Rehabilitationsträger eine Stellungnahme dazu abzugeben, ob

1. die Teilnahme an einer anderen oder weiterführenden beruflichen Bildungsmaßnahme oder
2. eine Wiederholung der Maßnahme im Berufsbildungsbereich oder
3. eine Beschäftigung im Arbeitsbereich der Werkstatt oder auf dem allgemeinen Arbeitsmarkt einschließlich einem Integrationsprojekt (§ 132 des Neunten Buches Sozialgesetzbuch)

zweckmäßig erscheint. [2] Das Gleiche gilt im Falle des vorzeitigen Abbruchs oder Wechsels der Maßnahme im Berufsbildungsbereich sowie des Ausscheidens aus der Werkstatt. [3] Hat der zuständige Rehabilitationsträger die Leistungen für ein Jahr bewilligt (§ 40 Abs. 3 Satz 2 des Neunten Buches Sozialgesetzbuch), gibt der Fachausschuss ihm gegenüber rechtzeitig vor Ablauf dieses Jahres auch eine fachliche Stellungnahme dazu ab, ob die Leistungen für ein weiteres Jahr bewilligt werden sollen (§ 40 Abs. 3 Satz 3 des Neunten Buches Sozialgesetzbuch). [4] Im übrigen gilt § 3 Abs. 3 entsprechend.

§ 5 Arbeitsbereich

(1) Die Werkstatt soll über ein möglichst breites Angebot an Arbeitsplätzen verfügen, um Art und Schwere der Behinderung, der unterschiedlichen Leistungsfähigkeit, Entwicklungsmöglichkeit sowie Eignung und Neigung der behinderten Menschen soweit wie möglich Rechnung zu tragen.

(2) [1] Die Arbeitsplätze sollen in ihrer Ausstattung soweit wie möglich denjenigen auf dem allgemeinen Arbeitsmarkt entsprechen. [2] Bei der Gestaltung der Plätze und der Arbeitsabläufe sind die besonderen Bedürfnisse der behinderten Menschen soweit wie möglich zu berücksichtigen, um sie in die Lage zu versetzen, wirtschaftlich verwertbare Arbeitsleistungen zu erbringen. [3] Die Erfordernisse zur Vorbereitung für eine Vermittlung auf den allgemeinen Arbeitsmarkt sind zu beachten.

(3) Zur Erhaltung und Erhöhung der im Berufsbildungsbereich erworbenen Leistungsfähigkeit und zur Weiterentwicklung der Persönlichkeit des behinderten Menschen sind arbeitsbegleitend geeignete Maßnahmen durchzuführen.

(4) [1] Der Übergang von behinderten Menschen auf den allgemeinen Arbeitsmarkt ist durch geeignete Maßnahmen zu fördern, insbesondere auch durch die Einrichtung einer Übergangsgruppe mit besonderen Förderangeboten, Entwicklung individueller Förderpläne sowie Ermöglichung von Trainingsmaßnahmen, Betriebspraktika und durch eine zeitweise Beschäftigung auf ausgelagerten Arbeitsplätzen. [2] Dabei hat die Werkstatt die notwendige arbeitsbegleitende Betreuung in der Übergangsphase sicherzustellen und darauf hinzuwirken, dass der zuständige Rehabilitationsträger seine Leistungen und nach dem Ausscheiden des behinderten Menschen aus der Werkstatt das Integrationsamt, gegebenenfalls unter Beteiligung eines Integrationsfachdienstes, die begleitende Hilfe im Arbeits- und Berufsleben erbringen. [3] Die Werkstatt hat die Bundesagentur für Arbeit bei der Durchführung der vorbereitenden Maßnahmen in die Bemühungen zur Vermittlung auf den allgemeinen Arbeitsmarkt einzubeziehen.

(5) [1] Der Fachausschuss wird bei der Planung und Durchführung von Maßnahmen nach den Absätzen 3 und 4 beteiligt. [2] Er gibt auf Vorschlag des Trägers der Werkstatt oder des zuständigen Rehabilitationsträgers in regelmäßigen Abständen, wenigstens einmal jährlich, gegenüber dem zuständigen Rehabilitationsträger eine Stellungnahme dazu ab, welche behinderten Menschen für einen Übergang auf den allgemeinen Arbeitsmarkt in Betracht kommen und welche übergangsfördernden Maßnahmen dazu erforderlich sind. [3] Im Übrigen gilt § 3 Abs. 3 entsprechend.

§ 6 Beschäftigungszeit

(1) [1] Die Werkstatt hat sicherzustellen, dass die behinderten Menschen im Berufsbildungs- und Arbeitsbereich wenigstens 35 und höchstens 40 Stunden wöchentlich beschäftigt werden

können. ²Die Stundenzahlen umfassen Erholungspausen und Zeiten der Teilnahme an Maßnahmen im Sinne des § 5 Abs. 3.

(2) Einzelnen behinderten Menschen ist eine kürzere Beschäftigungszeit zu ermöglichen, wenn es wegen Art oder Schwere der Behinderung zur Erfüllung des Erziehungsauftrages notwendig erscheint.

§ 7 Größe der Werkstatt

(1) Die Werkstatt soll in der Regel über mindestens 120 Plätze verfügen.

(2) Die Mindestzahl nach Absatz 1 gilt als erfüllt, wenn der Werkstattverbund im Sinne des § 15, dem die Werkstatt angehört, über diese Zahl von Plätzen verfügt.

§ 8 Bauliche Gestaltung, Ausstattung, Standort

(1) ¹Die bauliche Gestaltung und die Ausstattung der Werkstatt müssen der Aufgabenstellung der Werkstatt als einer Einrichtung zur Teilhabe behinderten Menschen am Arbeitsleben und zur Eingliederung in das Arbeitsleben und den in § 136 des Neunten Buches Sozialgesetzbuch und im Ersten Abschnitt dieser Verordnung gestellten Anforderungen Rechnung tragen. ²Die Erfordernisse des Arbeitsschutzes und der Unfallverhütung sowie zur Vermeidung baulicher und technischer Hindernisse sind zu beachten.

(2) Bei der Wahl des Standorts ist auf die Einbindung in die regionale Wirtschafts- und Beschäftigungsstruktur Rücksicht zu nehmen.

(3) Das Einzugsgebiet muss so bemessen sein, dass die Werkstatt für die behinderten Menschen mit öffentlichen oder sonstigen Verkehrsmitteln in zumutbarer Zeit erreichbar ist.

(4) Die Werkstatt hat im Benehmen mit den zuständigen Rehabilitationsträgern, soweit erforderlich, einen Fahrdienst zu organisieren.

§ 9 Werkstattleiter, Fachpersonal zur Arbeits- und Berufsförderung

(1) Die Werkstatt muss über die Fachkräfte verfügen, die erforderlich sind, um ihre Aufgaben entsprechend den jeweiligen Bedürfnissen der behinderten Menschen, insbesondere unter Berücksichtigung der Notwendigkeit einer individuellen Förderung von Behinderten, erfüllen zu können.

(2) ¹Der Werkstattleiter soll in der Regel über einen Fachhochschulabschluss im kaufmännischen oder technischen Bereich oder einen gleichwertigen Bildungsstand, über ausreichende Berufserfahrung und eine sonderpädagogische Zusatzqualifikation verfügen. ²Entsprechende Berufsqualifikationen aus dem sozialen Bereich reichen aus, wenn die zur Leitung einer Werkstatt erforderlichen Kenntnisse und Fähigkeiten im kaufmännischen und technischen Bereich anderweitig erworben worden sind. ³Die sonderpädagogische Zusatzqualifikation kann in angemessener Zeit durch Teilnahme an geeigneten Fortbildungsmaßnahmen nachgeholt werden.

(3) ¹Die Zahl der Fachkräfte zur Arbeits- und Berufsförderung im Berufsbildungs- und Arbeitsbereich richtet sich nach der Zahl und der Zusammensetzung der behinderten Menschen sowie der Art der Beschäftigung und der technischen Ausstattung des Arbeitsbereichs. ²Das Zahlenverhältnis von Fachkräften zu behinderten Menschen soll im Berufsbildungsbereich 1:6, im Arbeitsbereich 1:12 betragen. ³Die Fachkräfte sollen in der Regel Facharbeiter, Gesellen oder Meister mit einer mindestens zweijährigen Berufserfahrung in Industrie oder Handwerk sein; sie müssen pädagogisch geeignet sein und über eine sonderpädagogische Zusatzqualifikation verfügen. ⁴Entsprechende Berufsqualifikationen aus dem pädagogischen oder sozialen Bereich reichen aus, wenn die für eine Tätigkeit als Fachkraft erforderlichen sonstigen Kenntnisse und Fähigkeiten für den Berufsbildungs- und Arbeitsbereich anderweitig erworben worden sind. ⁵Absatz 2 Satz 3 gilt entsprechend.

(4) Zur Durchführung des Eingangsverfahrens sollen Fachkräfte des Berufsbildungsbereichs und der begleitenden Dienste eingesetzt werden, sofern der zuständige Rehabilitationsträger keine höheren Anforderungen stellt.

Werkstättenverordnung

§ 10 Begleitende Dienste

(1) ¹Die Werkstatt muss zur pädagogischen, sozialen und medizinischen Betreuung der behinderten Menschen über begleitende Dienste verfügen, die den Bedürfnissen der behinderten Menschen gerecht werden. ²Eine erforderliche psychologische Betreuung ist sicherzustellen. ³§ 9 Abs. 1 gilt entsprechend.

(2) Für je 120 behinderte Menschen sollen in der Regel ein Sozialpädagoge oder ein Sozialarbeiter zur Verfügung stehen, darüber hinaus im Einvernehmen mit den zuständigen Rehabilitationsträgern pflegerische, therapeutische und nach Art und Schwere der Behinderung sonst erforderliche Fachkräfte.

(3) Die besondere ärztliche Betreuung der behinderten Menschen in der Werkstatt und die medizinische Beratung des Fachpersonals der Werkstatt durch einen Arzt, der möglichst auch die an einen Betriebsarzt zu stellenden Anforderungen erfüllen soll, müssen vertraglich sichergestellt sein.

§ 11 Fortbildung

Die Werkstatt hat dem Fachpersonal nach den §§ 9 und 10 Gelegenheit zur Teilnahme an Fortbildungsmaßnahmen zu geben.

§ 12 Wirtschaftsführung

(1) ¹Die Werkstatt muss nach betriebswirtschaftlichen Grundsätzen organisiert sein. ²Sie hat nach kaufmännischen Grundsätzen Bücher zu führen und eine Betriebsabrechnung in Form einer Kostenstellenrechnung zu erstellen. ³Sie soll einen Jahresabschluss erstellen. ⁴Zusätzlich sind das Arbeitsergebnis, seine Zusammensetzung im Einzelnen gemäß Absatz 4 und seine Verwendung auszuweisen. ⁵Die Buchführung, die Betriebsabrechnung und der Jahresabschluss einschließlich der Ermittlung des Arbeitsergebnisses, seine Zusammensetzung im Einzelnen gemäß Absatz 4 und seine Verwendung sind in angemessenen Zeitabständen in der Regel von einer Person zu prüfen, die als Prüfer bei durch Bundesgesetz vorgeschriebenen Prüfungen des Jahresabschlusses (Abschlussprüfer) juristischer Personen zugelassen ist. ⁶Weitergehende handelsrechtliche und abweichende haushaltsrechtliche Vorschriften über Rechnungs-, Buchführungs- und Aufzeichnungspflichten sowie Prüfungspflichten bleiben unberührt. ⁷Über den zu verwendenden Kontenrahmen, die Gliederung des Jahresabschlusses, die Kostenstellenrechnung und die Zeitabstände zwischen den Prüfungen der Rechnungslegung ist mit den zuständigen Rehabilitationsträgern Einvernehmen herzustellen.

(2) Die Werkstatt muss über einen Organisations- und Stellenplan mit einer Funktionsbeschreibung des Personals verfügen.

(3) Die Werkstatt muss wirtschaftliche Arbeitsergebnisse anstreben, um an die im Arbeitsbereich beschäftigten behinderten Menschen ein ihrer Leistung angemessenes Arbeitsentgelt im Sinne des § 136 Abs. 1 Satz 2 und § 138 des Neunten Buches Sozialgesetzbuch zahlen zu können.

(4) ¹Arbeitsergebnis im Sinne des § 138 des Neunten Buches Sozialgesetzbuch und der Vorschriften dieser Verordnung ist die Differenz aus den Erträgen und den notwendigen Kosten des laufenden Betriebs im Arbeitsbereich der Werkstatt. ²Die Erträge setzen sich zusammen aus den Umsatzerlösen, Zins- und sonstigen Erträgen aus der wirtschaftlichen Tätigkeit und den von den Rehabilitationsträgern erbrachten Kostensätzen. ³Notwendige Kosten des laufenden Betriebs sind die Kosten nach § 41 Abs. 3 Satz 3 und 4 des Neunten Buches Sozialgesetzbuch im Rahmen der getroffenen Vereinbarungen sowie die mit der wirtschaftlichen Betätigung der Werkstatt im Zusammenhang stehenden notwendigen Kosten, die auch in einem Wirtschaftsunternehmen üblicherweise entstehen und infolgedessen nach § 41 Abs. 3 des Neunten Buches Sozialgesetzbuch von den Rehabilitationsträgern nicht übernommen werden, nicht hingegen die Kosten für die Arbeitsentgelte nach § 138 Abs. 2 des Neunten Buches Sozialgesetzbuch und das Arbeitsförderungsgeld nach § 43 des Neunten Buches Sozialgesetzbuch.

(5) ¹Das Arbeitsergebnis darf nur für Zwecke der Werkstatt verwendet werden, und zwar für

1. die Zahlung der Arbeitsentgelte nach § 138 Abs. 2 des Neunten Buches Sozialgesetzbuch, in der Regel im Umfang von mindestens 70 vom Hundert des Arbeitsergebnisses,

3 WVO Anhang

2. die Bildung einer zum Ausgleich von Ertragsschwankungen notwendigen Rücklage, höchstens eines Betrages, der zur Zahlung der Arbeitsentgelte nach § 138 des Neunten Buches Sozialgesetzbuch für sechs Monate erforderlich ist,
3. Ersatz- und Modernisierungsinvestitionen in der Werkstatt, soweit diese Kosten nicht aus den Rücklagen auf Grund von Abschreibung des Anlagevermögens für solche Investitionen, aus Leistungen der Rehabilitationsträger oder aus sonstigen Einnahmen zu decken sind oder gedeckt werden. Kosten für die Schaffung und Ausstattung neuer Werk- und Wohnstättenplätze dürfen aus dem Arbeitsergebnis nicht bestritten werden.

²Abweichende handelsrechtliche Vorschriften über die Bildung von Rücklagen bleiben unberührt.

(6) ¹Die Werkstatt legt die Ermittlung des Arbeitsergebnisses nach Absatz 4 und dessen Verwendung nach Absatz 5 gegenüber den beiden Anerkennungsbehörden nach § 142 Satz 2 des Neunten Buches Sozialgesetzbuch auf deren Verlangen offen. ²Diese sind berechtigt, die Angaben durch Einsicht in die nach Absatz 1 zu führenden Unterlagen zu überprüfen.

§ 13 Abschluss von schriftlichen Verträgen

(1) ¹Die Werkstätten haben mit den im Arbeitsbereich beschäftigten behinderten Menschen, soweit auf sie die für einen Arbeitsvertrag geltenden Rechtsvorschriften oder Rechtsgrundsätze nicht anwendbar sind, Werkstattverträge in schriftlicher Form abzuschließen, in denen das arbeitnehmerähnliche Rechtsverhältnis zwischen der Werkstatt und dem behinderten Menschen näher geregelt wird. ²Über die Vereinbarungen sind die zuständigen Rehabilitationsträger zu unterrichten.

(2) In den Verträgen nach Absatz 1 ist auch die Zahlung des Arbeitsentgelts im Sinne des § 136 Abs. 1 Satz 2 und § 138 des Neunten Buches Sozialgesetzbuch an die im Arbeitsbereich beschäftigten behinderten Menschen aus dem Arbeitsergebnis näher zu regeln.

(3) (weggefallen)

§ 14 Mitwirkung

Die Werkstatt hat den behinderten Menschen im Sinne des § 13 Abs. 1 Satz 1 eine angemessene Mitwirkung in den ihre Interessen berührenden Angelegenheiten der Werkstatt nach § 139 des Neunten Buches Sozialgesetzbuch zu ermöglichen.

§ 15 Werkstattverbund

(1) Mehrere Werkstätten desselben Trägers oder verschiedener Träger innerhalb eines Einzugsgebietes im Sinne des § 8 Abs. 3 oder mit räumlich zusammenhängenden Einzugsgebieten können zur Erfüllung der Aufgaben einer Werkstatt und der an sie gestellten Anforderungen eine Zusammenarbeit vertraglich vereinbaren (Werkstattverbund).

(2) Ein Werkstattverbund ist anzustreben, wenn im Einzugsgebiet einer Werkstatt zusätzlich eine besondere Werkstatt im Sinne des § 137 Abs. 1 Satz 2 Nr. 2 des Neunten Buches Sozialgesetzbuch für behinderte Menschen mit einer bestimmten Art der Behinderung vorhanden ist.

§ 16 Formen der Werkstatt

Die Werkstatt kann eine teilstationäre Einrichtung oder ein organisatorisch selbständiger Teil einer stationären Einrichtung (Anstalt, Heim oder gleichartige Einrichtung) oder eines Unternehmens sein.

Zweiter Abschnitt. Verfahren zur Anerkennung als Werkstatt für behinderte Menschen

§ 17 Anerkennungsfähige Einrichtungen

(1) ¹Als Werkstätten können nur solche Einrichtungen anerkannt werden, die die im § 136 des Neunten Buches Sozialgesetzbuch und im Ersten Abschnitt dieser Verordnung gestellten Anforderungen erfüllen. ²Von Anforderungen, die nicht zwingend vorgeschrieben sind, sind

Ausnahmen zuzulassen, wenn ein besonderer sachlicher Grund im Einzelfall eine Abweichung rechtfertigt.

(2) Als Werkstätten können auch solche Einrichtungen anerkannt werden, die Teil eines Werkstattverbundes sind und die Anforderungen nach Absatz 1 nicht voll erfüllen, wenn der Werkstattverbund die Anforderungen erfüllt.

(3) [1] Werkstätten im Aufbau, die die Anforderungen nach Absatz 1 noch nicht voll erfüllen, aber bereit und in der Lage sind, die Anforderungen in einer vertretbaren Anlaufzeit zu erfüllen, können unter Auflagen befristet anerkannt werden. [2] Abweichend von § 7 genügt es, wenn im Zeitpunkt der Entscheidung über den Antrag auf Anerkennung wenigstens 60 Plätze vorhanden sind, sofern gewährleistet ist, dass die Werkstatt im Endausbau, spätestens nach 5 Jahren, die Voraussetzungen des § 7 erfüllt.

§ 18 Antrag

(1) [1] Die Anerkennung ist vom Träger der Werkstatt schriftlich zu beantragen. [2] Der Antragsteller hat nachzuweisen, dass die Voraussetzungen für die Anerkennung vorliegen.

(2) [1] Die Entscheidung über den Antrag bedarf der Schriftform. [2] Eine Entscheidung soll innerhalb von 3 Monaten seit Antragstellung getroffen werden.

(3) Die Anerkennung erfolgt mit der Auflage, im Geschäftsverkehr auf die Anerkennung als Werkstatt für behinderte Menschen hinzuweisen.

Dritter Abschnitt. Schlussvorschriften

§ 19 Vorläufige Anerkennung

Vorläufige Anerkennungen, die vor Inkrafttreten dieser Verordnung von der Bundesanstalt für Arbeit ausgesprochen worden sind, behalten ihre Wirkung bis zur Unanfechtbarkeit der Entscheidung über den neuen Antrag auf Anerkennung, wenn dieser Antrag innerhalb von 3 Monaten nach Inkrafttreten dieser Verordnung gestellt wird.

§ 20 Abweichende Regelungen für Werkstätten im Beitrittsgebiet

Für Werkstätten in dem in Artikel 3 des Einigungsvertrages genannten Gebiet gilt diese Verordnung mit folgender Abweichung:
1. Die Vorschriften des § 9 Abs. 2 Satz 3 und Abs. 3 Satz 5 gelten für die von dem Bundesland für die Aufgabenerfüllung in dem betreffenden Einzugsgebiet vorgesehene anerkannte Werkstatt (Werkstatt des Einzugsgebietes) mit der Maßgabe, dass der Werkstattleiter und wenigstens ein Drittel der Fachkräfte zur Arbeits- und Berufsförderung bis zum 31. Dezember 1995, ein weiteres Drittel bis zum 31. Dezember 1998 und das letzte Drittel spätestens bis zum 31. Dezember 2001 über die sonderpädagogische Zusatzqualifikation verfügen müssen.
2. Die sonderpädagogische Zusatzqualifikation nach § 9 Abs. 2 und 3 braucht nicht nachgeholt zu werden von Personen, die vor dem 1. Januar 1993
    a) das 50. Lebensjahr vollendet haben und
    b) zehn Jahre in einer Werkstatt für behinderte Menschen oder einer anderen Einrichtung für behinderte Menschen in entsprechender Funktion tätig waren.
3. § 17 ist mit folgenden Maßgaben anzuwenden:
    a) Werkstätten, die in der Zeit vom 1. Juli 1990 bis 31. Dezember 1992 unter Auflagen befristet bis zum 31. Dezember 1992 anerkannt worden sind, bleiben bis zum 30. Juni 1993 vorläufig anerkannt, wenn der Antrag auf Verlängerung der Anerkennung und Darlegung, inwieweit die Anforderungen und erteilten Auflagen inzwischen erfüllt werden, spätestens bis zum 31. Dezember 1992 gestellt wird und über diesen Antrag vor dem 30. Juni 1993 nicht unanfechtbar entschieden worden ist.
    b) Werkstätten im Sinne des Buchstabens a können, auch wenn die Voraussetzungen nach Absatz 3 nicht erfüllt werden, über den 30. Juni 1993 hinaus vorübergehend unter Auflagen befristet anerkannt werden, bis die von dem Bundesland für die Aufgabenerfüllung in dem betreffenden Einzugsgebiet vorgesehene anerkannte Werkstatt (Werkstatt des Einzugsgebietes) die behinderten Menschen der vorübergehend anerkannten Werkstatt

voraussichtlich aufnehmen kann, längstens aber bis zum 30. Juni 1995. Durch die Auflagen ist sicherzustellen, dass die in § 136 des Neunten Buches Sozialgesetzbuch und im Ersten Abschnitt dieser Verordnung gestellten Anforderungen soweit wie in der Übergangszeit möglich und wirtschaftlich vertretbar erfüllt werden.

c) Werkstätten im Sinne des Buchstabens a, die nach Buchstabe b vorübergehend anerkannt worden sind, können über den 30. Juni 1995 hinaus um jeweils ein weiteres Jahr vorläufig anerkannt werden, wenn die Werkstatt des Einzugsgebietes die behinderten Menschen der vorübergehend anerkannten Werkstatt zu diesem Zeitpunkt noch nicht aufnehmen kann.

d) Bei der Verlängerung der Anerkennung von Werkstätten im Sinne des Buchstabens a nach § 17 Abs. 3 rechnet die in dem dortigen Satz 2 bestimmte Fünfjahresfrist vom Erlass der Entscheidung über den Verlängerungsantrag an.

§ 21 Inkrafttreten

Diese Verordnung tritt am Tage nach der Verkündung in Kraft.

4. Schwerbehindertenausweisverordnung (SchwbAwV)

In der Fassung der Bekanntmachung vom 25. Juli 1991 (BGBl. I S. 1739),
zuletzt geändert durch Art. 12 Nr. 4 ZuwanderungsG vom 30. 7. 2004 (BGBl. I S. 1950)

BGBl. III/FNA 871-1-9

Inhaltsübersicht

Erster Abschnitt. Ausweis für schwerbehinderte Menschen §§

Gestaltung des Ausweises	1
Zugehörigkeit zu Sondergruppen	2
Weitere Merkzeichen	3
Beiblatt	3 a
Sonstige Eintragungen	4
Lichtbild	5
Gültigkeitsdauer	6
Verwaltungsverfahren	7

Zweiter Abschnitt. Ausweis für sonstige Personen zur unentgeltlichen Beförderung im öffentlichen Personenverkehr

Ausweis für sonstige freifahrtberechtigte Personen	8
Übergangsregelung	9

Erster Abschnitt. Ausweis für schwerbehinderte Menschen

§ 1 Gestaltung des Ausweises

(1) [1]Der Ausweis im Sinne des § 69 Abs. 5 des Neunten Buches Sozialgesetzbuch über die Eigenschaft als schwerbehinderter Mensch, den Grad der Behinderung und weitere gesundheitliche Merkmale, die Voraussetzung für die Inanspruchnahme von Rechten und Nachteilsausgleichen nach dem Neunten Buch Sozialgesetzbuch oder nach anderen Vorschriften sind, wird nach dem in der Anlage zu dieser Verordnung abgedruckten Muster 1 ausgestellt. [2]Der Ausweis ist mit einem fälschungssicheren Aufdruck in der Grundfarbe grün versehen.

(2) Der Ausweis für schwerbehinderte Menschen, die das Recht auf unentgeltliche Beförderung im öffentlichen Personenverkehr in Anspruch nehmen können, ist durch einen halbseitigen orangefarbenen Flächenaufdruck gekennzeichnet.

(3) Der Ausweis für schwerbehinderte Menschen, die zu einer der in § 151 Abs. 1 Satz 1 Nr. 2 Buchstabe a des Neunten Buches Sozialgesetzbuch genannten Gruppe gehören, ist nach § 2 zu kennzeichnen.

(4) Der Ausweis für schwerbehinderte Menschen mit weiteren gesundheitlichen Merkmalen im Sinne des Absatzes 1 ist durch Merkzeichen nach § 3 zu kennzeichnen.

§ 2 Zugehörigkeit zu Sondergruppen

(1) Im Ausweis ist auf der Vorderseite unter dem Wort „Schwerbehindertenausweis" die Bezeichnung „Kriegsbeschädigt" einzutragen, wenn der schwerbehinderte Mensch wegen einer Minderung der Erwerbsfähigkeit um wenigstens 50 vom Hundert Anspruch auf Versorgung nach dem Bundesversorgungsgesetz hat.

4 SchwbAwV Anhang

(2) ¹Im Ausweis sind auf der Vorderseite folgende Merkzeichen einzutragen:

1.

wenn der schwerbehinderte Mensch wegen einer Minderung der Erwerbsfähigkeit um wenigstens 50 vom Hundert Anspruch auf Versorgung nach anderen Bundesgesetzen in entsprechender Anwendung der Vorschriften des Bundesversorgungsgesetzes hat oder wenn die Minderung der Erwerbsfähigkeit wegen des Zusammentreffens mehrerer Ansprüche auf Versorgung nach dem Bundesversorgungsgesetz, nach Bundesgesetzen in entsprechender Anwendung der Vorschriften des Bundesversorgungsgesetzes oder nach dem Bundesentschädigungsgesetz in ihrer Gesamtheit wenigstens 50 vom Hundert beträgt und nicht bereits die Bezeichnung nach Absatz 1 oder ein Merkzeichen nach Nummer 2 einzutragen ist,

2.

wenn der schwerbehinderte Mensch wegen einer Minderung der Erwerbsfähigkeit um wenigstens 50 vom Hundert Entschädigung nach § 28 des Bundesentschädigungsgesetzes erhält.

²Beim Zusammentreffen der Voraussetzungen für die Eintragung der Bezeichnung nach Absatz 1 und des Merkzeichens nach Satz 1 Nr. 2 ist die Bezeichnung „Kriegsbeschädigt" einzutragen, es sei denn, der Schwerbehinderte beantragt die Eintragung des Merkzeichens „EB".

§ 3 Weitere Merkzeichen

(1) Im Ausweis sind auf der Rückseite folgende Merkzeichen einzutragen:

1.

wenn der schwerbehinderte Mensch außergewöhnlich gehbehindert im Sinne des § 6 Abs. 1 Nr. 14 des Straßenverkehrsgesetzes oder entsprechender straßenverkehrsrechtlicher Vorschriften ist,

2.

wenn der schwerbehinderte Mensch hilflos im Sinne des § 33b des Einkommensteuergesetzes oder entsprechender Vorschriften ist,

3.

wenn der schwerbehinderte Mensch blind im Sinne des § 72 Abs. 5 des Zwölften Buches Sozialgesetzbuch oder entsprechender Vorschriften ist,

4. GI

wenn der schwerbehinderte Mensch gehörlos im Sinne des § 145 des Neunten Buches Sozialgesetzbuch ist,

5. **RF**

wenn der schwerbehinderte Mensch die landesrechtlich festgelegten gesundheitlichen Voraussetzungen für die Befreiung von der Rundfunkgebührenpflicht erfüllt,

6.

wenn der schwerbehinderte Mensch die im Verkehr mit Eisenbahnen tariflich festgelegten gesundheitlichen Voraussetzungen für die Benutzung der 1. Wagenklasse mit Fahrausweis der 2. Wagenklasse erfüllt.

(2) [1] Im Ausweis mit orangefarbenem Flächenaufdruck sind folgende Eintragungen vorgedruckt:

1. **B**

auf der Vorderseite das Merkzeichen und der Satz: „Die Notwendigkeit ständiger Begleitung ist nachgewiesen."

2. **G**

auf der Rückseite im ersten Feld das Merkzeichen

[2] Ist nicht festgestellt, dass ständige Begleitung im Sinne des § 146 Abs. 2 des Neunten Buches Sozialgesetzbuch notwendig ist, ist die vorgedruckte Eintragung nach Nummer 1 zu löschen.
[3] Das gleiche gilt für die vorgedruckte Eintragung nach Nummer 2, wenn bei einem schwerbehinderten Menschen nicht festgestellt ist, dass er in seiner Bewegungsfähigkeit im Straßenverkehr erheblich beeinträchtigt im Sinne des § 146 Abs. Satz 1 des Neunten Buches Sozialgesetzbuch oder entsprechender Vorschriften ist.

§ 3 a Beiblatt

(1) [1] Zum Ausweis für schwerbehinderte Menschen, die das Recht auf unentgeltliche Beförderung im öffentlichen Personenverkehr in Anspruch nehmen können, ist auf Antrag ein Beiblatt nach dem in der Anlage zu dieser Verordnung abgedruckten Muster 2 in der Grundfarbe Weiß auszustellen. [2] Das Beiblatt ist Bestandteil des Ausweises und nur zusammen mit dem Ausweis gültig.

(2) [1] Schwerbehinderte Menschen, die das Recht auf unentgeltliche Beförderung in Anspruch nehmen wollen, erhalten auf Antrag ein Beiblatt, das mit einer Wertmarke nach dem in der Anlage zu dieser Verordnung abgedruckten Muster 3 versehen ist. [2] Auf die Wertmarke werden eingetragen das Jahr und der Monat, von dem an die Wertmarke gültig ist, sowie das Jahr und der Monat, in dem ihre Gültigkeit abläuft. [3] Sofern in Fällen des § 145 Abs. 1 Satz 3 des Neunten Buches Sozialgesetzbuch der Antragsteller zum Gültigkeitsbeginn keine Angaben macht, wird der auf den Eingang des Antrages und die Entrichtung der Eigenbeteiligung folgende Monat auf der Wertmarke eingetragen. [4] Spätestens mit Ablauf der Gültigkeitsdauer der Wertmarke wird das Beiblatt ungültig.

(3) [1] Schwerbehinderte Menschen, die an Stelle der unentgeltlichen Beförderung die Kraftfahrzeugsteuerermäßigung in Anspruch nehmen wollen, erhalten auf Antrag ein Beiblatt ohne Wertmarke. [2] Bei Einräumung der Kraftfahrzeugsteuerermäßigung wird das Beiblatt mit einem Vermerk des zuständigen Finanzamtes versehen. [3] Die Gültigkeitsdauer des Beiblattes entspricht der des Ausweises.

(4) ¹Schwerbehinderte Menschen, die zunächst die Kraftfahrzeugsteuerermäßigung in Anspruch genommen haben und statt dessen die unentgeltliche Beförderung in Anspruch nehmen wollen, haben das Beiblatt (Absatz 3) nach Löschung des Vermerks durch das Finanzamt bei Stellung des Antrags auf ein Beiblatt mit Wertmarke (Absatz 2) zurückzugeben. ²Entsprechendes gilt, wenn schwerbehinderte Menschen vor Ablauf der Gültigkeitsdauer der Wertmarke an Stelle der unentgeltlichen Beförderung die Kraftfahrzeugsteuerermäßigung in Anspruch nehmen wollen. ³In diesem Fall ist das Datum der Rückgabe (Eingang beim Versorgungsamt) auf das Beiblatt nach Absatz 3 einzutragen.

(5) Bis zum 30. Juni 1991 ausgegebene Beiblätter und Wertmarken behalten ihre Gültigkeit.

§ 4 Sonstige Eintragungen

(1) Die Eintragung von Sondervermerken zum Nachweis von weiteren Voraussetzungen für die Inanspruchnahme von Rechten und Nachteilsausgleichen, die schwerbehinderten Menschen nach landesrechtlichen Vorschriften zustehen, ist auf der Vorderseite des Ausweises zulässig.

(2) Die Eintragung von Merkzeichen oder sonstigen Vermerken, die in dieser Verordnung (§§ 2, 3, 4 Abs. 1 und § 5 Abs. 3) nicht vorgesehen sind, ist unzulässig.

§ 5 Lichtbild

(1) ¹Der Ausweis für schwerbehinderte Menschen, die das 10. Lebensjahr vollendet haben, ist mit dem Lichtbild des Ausweisinhabers in der Größe eines Passbildes zu versehen. ²Das Lichtbild hat der Antragsteller beizubringen.

(2) Bei schwerbehinderten Menschen, die das Haus nicht oder nur mit Hilfe eines Krankenwagens verlassen können, ist der Ausweis auf Antrag ohne Lichtbild auszustellen.

(3) In Ausweisen ohne Lichtbild ist in den für das Lichtbild vorgesehenen Raum der Vermerk „Ohne Lichtbild gültig" einzutragen.

§ 6 Gültigkeitsdauer

(1) ¹Auf der Rückseite des Ausweises ist als Beginn der Gültigkeit des Ausweises einzutragen:
1. in den Fällen des § 69 Abs. 1 und 4 des Neunten Buches Sozialgesetzbuch der Tag des Eingangs des Antrags auf Feststellung nach diesen Vorschriften,
2. in den Fällen des § 69 Abs. 2 des Neunten Buches Sozialgesetzbuch der Tag des Eingangs des Antrags auf Ausstellung des Ausweises nach § 69 Abs. 5 des Neunten Buches Sozialgesetzbuch.

²Ist auf Antrag des schwerbehinderten Menschen nach Glaubhaftmachung eines besonderen Interesses festgestellt worden, dass die Eigenschaft als schwerbehinderter Mensch, ein anderer Grad der Behinderung oder ein oder mehrere gesundheitliche Merkmale bereits zu einem früheren Zeitpunkt vorgelegen haben, ist zusätzlich das Datum einzutragen, von dem ab die jeweiligen Voraussetzungen mit dem Ausweis nachgewiesen werden können. ³Ist zu einem späteren Zeitpunkt in den Verhältnissen, die für die Feststellung und den Inhalt des Ausweises maßgebend gewesen sind, eine wesentliche Änderung eingetreten, ist die Eintragung auf Grund der entsprechenden Neufeststellung zu berichtigen und zusätzlich das Datum einzutragen, von dem ab die jeweiligen Voraussetzungen mit dem Ausweis nachgewiesen werden können, sofern der Ausweis nicht einzuziehen ist.

(2) ¹Die Gültigkeit des Ausweises ist für die Dauer von längstens 5 Jahren vom Monat der Ausstellung an zu befristen. ²In den Fällen, in denen eine Neufeststellung wegen einer wesentlichen Änderung in den gesundheitlichen Verhältnissen, die für die Feststellung maßgebend gewesen sind, nicht zu erwarten ist, kann der Ausweis unbefristet ausgestellt werden.

(3) Für schwerbehinderte Menschen unter 10 Jahren ist die Gültigkeitsdauer des Ausweises bis längstens zum Ende des Kalendermonats zu befristen, in dem das 10. Lebensjahr vollendet wird.

(4) Für schwerbehinderte Menschen im Alter zwischen 10 und 15 Jahren ist die Gültigkeitsdauer des Ausweises bis längstens zum Ende des Kalendermonats zu befristen, in dem das 20. Lebensjahr vollendet wird.

(5) Bei nichtdeutschen schwerbehinderten Menschen, deren Aufenthaltsgenehmigung, Aufenthaltstitel oder Arbeitserlaubnis befristet ist, ist die Gültigkeitsdauer des Ausweises längstens bis zum Ablauf des Monats der Frist zu befristen.

(6) ¹Die Gültigkeitsdauer des Ausweises kann auf Antrag höchstens zweimal verlängert werden. ²Bei der Verlängerung eines nach Absatz 3 ausgestellten Ausweises über das 10. Lebensjahr des Ausweisinhabers hinaus, längstens bis zur Vollendung des 20. Lebensjahres, gilt § 5 Abs. 1.

(7) Der Kalendermonat und das Kalenderjahr, bis zu deren Ende der Ausweis gültig sein soll, sind auf der Vorderseite des Ausweises einzutragen.

§ 7 Verwaltungsverfahren

(1) Für die Ausstellung, Verlängerung, Berichtigung und Einziehung des Ausweises sind die für die Kriegsopferversorgung maßgebenden Verwaltungsverfahrensvorschriften entsprechend anzuwenden, soweit sich aus § 69 Abs. 5 des Neunten Buches Sozialgesetzbuch nichts Abweichendes ergibt.

(2) ¹Zum Beiblatt mit Wertmarke (§ 3a Abs. 1 und 2) ist ein von der Deutsche Bahn Aktiengesellschaft oder ihren Tochtergesellschaften aufgestelltes, für den Wohnsitz oder gewöhnlichen Aufenthalt des Ausweisinhabers maßgebendes Streckenverzeichnis nach dem in der Anlage abgedruckten Muster 5 auszuhändigen. ²Das Streckenverzeichnis ist mit einem fälschungssicheren halbseitigen orangefarbenen Flächenaufdruck gekennzeichnet.

(3) ¹Ein Streckenverzeichnis gemäß Absatz 2 in der bis zum 31. Dezember 1993 geltenden Fassung ist nach dem 1. Januar 1994 noch auszuhändigen, wenn ein Streckenverzeichnis gemäß Absatz 2 in der ab 1. Januar 1994 geltenden Fassung noch nicht zur Verfügung steht. ²Ein bis zum 31. Dezember 1993 oder gemäß Satz 1 danach ausgehändigtes Streckenverzeichnis bleibt für den Ausweisinhaber gültig, bis ihm ein Streckenverzeichnis nach Absatz 2 ausgehändigt wird, längstens bis zum 31. Dezember 1994.

Zweiter Abschnitt. Ausweis für sonstige Personen zur unentgeltlichen Beförderung im öffentlichen Personenverkehr

§ 8 Ausweis für sonstige freifahrtberechtigte Personen

(1) ¹Der Ausweis für Personen im Sinne des Artikels 2 Abs. 1 des Gesetzes über die unentgeltliche Beförderung Schwerbehinderter im öffentlichen Personenverkehr vom 9. Juli 1979 (BGBl. I S. 989), soweit sie nicht schwerbehinderte Menschen im Sinne des § 2 Abs. 2 des Neunten Buches Sozialgesetzbuch sind, wird nach dem in der Anlage zu dieser Verordnung abgedruckten Muster 4 ausgestellt. ²Der Ausweis ist mit einem fälschungssicheren Aufdruck in der Grundfarbe Grün versehen und durch einen halbseitigen orangefarbenen Flächenaufdruck gekennzeichnet. ³Zusammen mit dem Ausweis ist ein Beiblatt auszustellen, das mit einer Wertmarke nach dem in der Anlage zu dieser Verordnung abgedruckten Muster 3 versehen ist.

(2) Für die Ausstellung des Ausweises nach Absatz 1 gelten die Vorschriften des § 1 Abs. 3, § 2, § 3 Abs. 1 Nr. 6 und Abs. 2 Satz 1 Nr. 1 und Satz 2, § 4 Abs. 2, § 5 und § 6 Abs. 2, 3, 4, 6 und 7 sowie des § 7 entsprechend, soweit sich aus Artikel 2 Abs. 2 und 3 des Gesetzes über die unentgeltliche Beförderung schwerbehinderter Menschen im öffentlichen Personenverkehr nichts Besonderes ergibt.

§ 9 Übergangsregelung

¹Ein Ausweis, der nach dem bis zum 30. Juni 2001 geltenden Recht ausgestellt worden ist, bleibt bis zum Ablauf seiner Gültigkeitsdauer gültig, es sei denn, er ist einzuziehen. ²Ein Ausweis, der bis zum 30. Juni 2001 geltenden Recht ausgestellt worden ist, kann auf Antrag unter den Voraussetzungen des § 6 Abs. 6 verlängert werden.

4 SchwbAwV

Muster 1
Schwerbehindertenausweis (Vorder- und Rückseite)

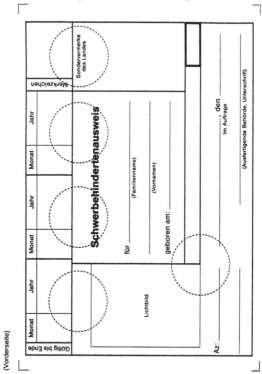

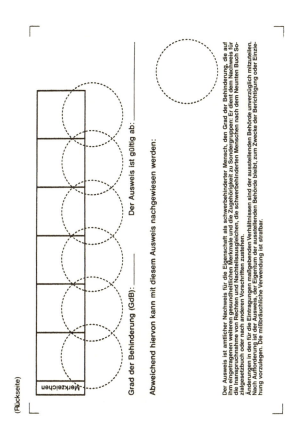

4 SchwbAwV

Anhang

Muster 2

┌───┐

Beiblatt zum Ausweis des Versorgungsamtes

Az.:

Der Inhaber oder die Inhaberin dieses Beiblattes ist im öffentlichen Personenverkehr (§ 145 Abs. 1 Satz 1 und 2 des Neunten Buches Sozialgesetzbuch) unentgeltlich zu befördern, sofern das nebenstehende Feld mit einer Wertmarke versehen ist, und zwar für den Zeitraum, der auf der Wertmarke eingetragen ist.

Raum für Wertmarke oder Bescheinigung des Finanzamts

Gilt nur in Verbindung mit dem gültigen Ausweis

└───┘

Muster 3

Schwerbehindertenausweisverordnung SchwbAwV 4

Muster 4
Ausweis (Vorder- und Rückseite)

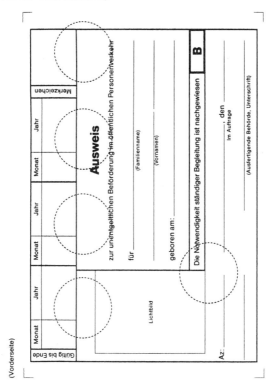

4 SchwbAwV

(Rückseite)

Merkzeichen

Der Ausweis ist amtlicher Nachweis für die Zugehörigkeit des Ausweisinhabers oder der Ausweisinhaberin zu den freifahrtberechtigten Personen im Sinne des Artikels 2 Abs. 1 des Gesetzes über die unentgeltliche Beförderung Schwerbehinderter[1]) im öffentlichen Personenverkehr vom 9. Juli 1979 (BGBl. I S. 989).

Gegen Vorzeigen dieses Ausweises und des mit einer Wertmarke versehenen Beiblattes ist der Ausweisinhaber oder die Ausweisinhaberin im Nahverkehr im Sinne des § 147 Abs. 1 des Neunten Buches Sozialgesetzbuch unentgeltlich zu befördern.

Das gleiche gilt im Nah- und Fernverkehr im Sinne des § 147 des Neunten Buches Sozialgesetzbuch für die Beförderung

1. einer Begleitperson des Ausweisinhabers, wenn dieser infolge einer Behinderung in seiner Bewegungsfähigkeit im Straßenverkehr erheblich beeinträchtigt und infolgedessen auf eine ständige Begleitung angewiesen ist, sofern dies im Ausweis mit dem

   Merkzeichen **B** eingetragen ist, und

2. des Handgepäcks, eines mitgeführten Krankenfahrstuhls, soweit die Beschaffenheit des Verkehrsmittels dies zuläßt, sonstiger orthopädischer Hilfsmittel und eines Führhundes.

Änderungen in den für die Eintragungen maßgebenden Verhältnissen sind der ausstellenden Behörde unverzüglich mitzuteilen. Nach Aufforderung ist der Ausweis, der Eigentum der ausstellenden Behörde bleibt, zum Zwecke der Berichtigung oder Einziehung vorzulegen. Die mißbräuchliche Verwendung ist strafbar.

---

[1]) Muss wohl heißen: „schwerbehinderter Menschen".

Schwerbehindertenausweisverordnung   SchwbAwV 4

Muster 5

Streckenverzeichnis
(zu § 147 Abs. 1 Nr. 5 des Neunten Buches Sozialgesetzbuches)

im Umkreis von 50 km um_____
                        (Gemeinde)

Der Inhaber oder die Inhaberin des Ausweises Az.:_____ mit Wohnsitz oder gewöhnlichem Aufenthalt in der vorstehend genannten Gemeinde wird von der Deutsche Bahn Aktiengesellschaft oder ihren Tochtergesellschaften im Schienenverkehr gegen Vorzeigen des Ausweises und des mit einer gültigen Wertmarke versehenen Beiblattes in Zügen des Nahverkehrs dieser Eisenbahn in der 2. Wagenklasse auf folgenden Strecken zwischen den nachstehend genannten Bahnhöfen unentgeltlich befördert (bei Benutzung zuschlagpflichtiger Züge des Nahverkehrs ist der tarifmäßige Zuschlag zu zahlen):

Strecke Nr.	zwischen	und
Strecke Nr.	zwischen	und
Strecke Nr.	zwischen	und
Strecke Nr.	zwischen	und
Strecke Nr.	zwischen	und
Strecke Nr.	zwischen	und
Strecke Nr.	zwischen	und
Strecke Nr.	zwischen	und
Strecke Nr.	zwischen	und
Strecke Nr.	zwischen	und
Strecke Nr.	zwischen	und

Strecke Nr.	zwischen	und
Strecke Nr.	zwischen	und
Strecke Nr.	zwischen	und
Strecke Nr.	zwischen	und
Strecke Nr.	zwischen	und
Strecke Nr.	zwischen	und
Strecke Nr.	zwischen	und
Strecke Nr.	zwischen	und
Strecke Nr.	zwischen	und
Strecke Nr.	zwischen	und
Strecke Nr.	zwischen	und
Strecke Nr.	zwischen	und

(unabhängig hiervon und vom 50-km-Umkreis auch mit S-Bahnen und im Verkehrsverbund)

Bei Änderung des Wohnsitzes oder des gewöhnlichen Aufenthaltes ist dieses Verzeichnis dem für den neuen Wohnsitz oder gewöhnlichen Aufenthalt zuständigen Versorgungsamt zum Zwecke der Einziehung und der Aushändigung eines neuen Streckenverzeichnisses vorzulegen. Die mißbräuchliche Verwendung des Streckenverzeichnisses ist strafbar.

(Ausgabedatum:_____)
                   (Monat/Jahr)

5. Werkstätten-Mitwirkungsverordnung (WMVO)

Vom 19. Juni 2001 (BGBl. I S. 1046)
BGBl. III/FNA 860-9-1

Auf Grund des § 144 Abs. 2 des Neunten Buches Sozialgesetzbuch – Rehabilitation und Teilhabe behinderter Menschen – (Art. 1 des Gesetzes vom 19. Juni 2001 – BGBl. I S. 1046, 1047) verordnet das Bundesministerium für Arbeit und Sozialordnung

Inhaltsübersicht

Abschnitt 1. Anwendungsbereich, Errichtung, Zusammensetzung und Aufgaben des Werkstattrats §§

Anwendungsbereich	1
Errichtung von Werkstatträten	2
Zahl der Mitglieder des Werkstattrats	3
Allgemeine Aufgaben des Werkstattrats	4
Mitwirkungsrechte des Werkstattrats	5
Vermittlungsstelle	6
Unterrichtungsrechte des Werkstattrats	7
Zusammenarbeit	8
Werkstattversammlung	9

Abschnitt 2. Wahl des Werkstattrats

Unterabschnitt 1. Wahlberechtigung und Wählbarkeit; Zeitpunkt der Wahlen

Wahlberechtigung	10
Wählbarkeit	11
Zeitpunkt der Wahlen zum Werkstattrat	12

Unterabschnitt 2. Vorbereitung der Wahl

Bestellung des Wahlvorstandes	13
Aufgaben des Wahlvorstandes	14
Erstellung der Liste der Wahlberechtigten	15
Bekanntmachung der Liste der Wahlberechtigten	16
Einspruch gegen die Liste der Wahlberechtigten	17
Wahlausschreiben	18
Wahlvorschläge	19
Bekanntmachung der Bewerber und Bewerberinnen	20

Unterabschnitt 3. Durchführung der Wahl

Stimmabgabe	21
Wahlvorgang	22
Feststellung des Wahlergebnisses	23
Benachrichtigung der Gewählten und Annahme der Wahl	24
Bekanntmachung der Gewählten	25
Aufbewahrung der Wahlunterlagen	26
Wahlanfechtung	27
Wahlschutz und Wahlkosten	28

Abschnitt 3. Amtszeit des Werkstattrats

Amtszeit des Werkstattrats	29
Erlöschen der Mitgliedschaft im Werkstattrat; Ersatzmitglieder	30

Abschnitt 4. Geschäftsführung des Werkstattrats	§§
Vorsitz des Werkstattrats	31
Einberufung der Sitzungen	32
Sitzungen des Werkstattrats	33
Beschlüsse des Werkstattrats	34
Sitzungsniederschrift	35
Geschäftsordnung des Werkstattrats	36
Persönliche Rechte und Pflichten der Mitglieder des Werkstattrats	37
Sprechstunden	38
Kosten und Sachaufwand des Werkstattrats	39
Abschnitt 5. Schlussvorschriften	
Amtszeit der bestehenden Werkstatträte	40
Inkrafttreten	41

Abschnitt 1. Anwendungsbereich, Errichtung, Zusammensetzung und Aufgaben des Werkstattrats

§ 1 Anwendungsbereich

(1) Für behinderte Menschen, die wegen Art oder Schwere ihrer Behinderung nicht, noch nicht oder noch nicht wieder auf dem allgemeinen Arbeitsmarkt beschäftigt werden können und zu ihrer Eingliederung in das Arbeitsleben im Arbeitsbereich anerkannter Werkstätten für behinderte Menschen als Einrichtungen zur Teilhabe behinderter Menschen am Arbeitsleben und Eingliederung in das Arbeitsleben in einem besonderen arbeitnehmerähnlichen Rechtsverhältnis in der Regel auf der Grundlage eines Sozialleistungsverhältnisses (§ 138 Abs. 1 des Neunten Buches Sozialgesetzbuch) beschäftigt werden (Werkstattbeschäftigte), bestimmt sich die Mitwirkung durch Werkstatträte in Werkstattangelegenheiten nach § 139 des Neunten Buches Sozialgesetzbuch unabhängig von der Geschäftsfähigkeit der behinderten Menschen im Einzelnen nach den folgenden Vorschriften.

(2) Diese Verordnung findet keine Anwendung auf Religionsgemeinschaften und ihre Einrichtungen, soweit sie eigene gleichwertige Regelungen getroffen haben.

§ 2 Errichtung von Werkstatträten

(1) Ein Werkstattrat wird in Werkstätten gewählt.

(2) Rechte und Pflichten der Werkstatt sind solche des Trägers der Werkstatt.

§ 3 Zahl der Mitglieder des Werkstattrats

(1) Der Werkstattrat besteht aus mindestens drei Mitgliedern, in Werkstätten mit in der Regel 200 bis 400 Wahlberechtigten aus fünf Mitgliedern, in Werkstätten mit in der Regel mehr als 400 Wahlberechtigten aus sieben Mitgliedern.

(2) Die Geschlechter sollen entsprechend ihrem zahlenmäßigen Verhältnis vertreten sein.

§ 4 Allgemeine Aufgaben des Werkstattrats

(1) ¹Der Werkstattrat hat folgende allgemeine Aufgaben:
1. darüber zu wachen, dass die zugunsten der Werkstattbeschäftigten geltenden Gesetze, Verordnungen, Unfallverhütungsvorschriften und mit der Werkstatt getroffenen Vereinbarungen durchgeführt werden, vor allem, dass
    a) die auf das besondere arbeitnehmerähnliche Rechtsverhältnis zwischen den Werkstattbeschäftigten und der Werkstatt anzuwendenden arbeitsrechtlichen Vorschriften und Grundsätze insbesondere über Beschäftigungszeit einschließlich Teilzeitbeschäftigung sowie der Erholungspausen und Zeiten der Teilnahme an Maßnahmen zur Erhaltung und Erhöhung der Leistungsfähigkeit und zur Weiterentwicklung der Persönlichkeit des Werkstattbeschäftigten, Urlaub, Entgeltfortzahlung im Krankheitsfall, Entgeltzahlung

an Feiertagen, Mutterschutz, Elternzeit, Persönlichkeitsschutz und Haftungsbeschränkung,
b) die in dem besonderen arbeitnehmerähnlichen Rechtsverhältnis aufgrund der Fürsorgepflicht geltenden Mitwirkungs- und Beschwerderechte und
c) die Werkstattverträge
von der Werkstatt beachtet werden;
2. Maßnahmen, die dem Betrieb der Werkstatt und den Werkstattbeschäftigten dienen, bei der Werkstatt zu beantragen;
3. Anregungen und Beschwerden von Werkstattbeschäftigten entgegenzunehmen und, falls sie berechtigt erscheinen, durch Verhandlungen mit der Werkstatt auf eine Erledigung hinzuwirken; er hat die betreffenden Werkstattbeschäftigten über den Stand und das Ergebnis der Verhandlungen zu unterrichten.

[2] Dabei hat er vor allem die Interessen besonders betreuungs- und förderungsbedürftiger Werkstattbeschäftigter zu wahren und die Durchsetzung der tatsächlichen Gleichstellung von Frauen und Männern zu fördern.

(2) [1] Werden in Absatz 1 Nr. 1 genannte Angelegenheiten zwischen der Werkstatt und einem oder einer Werkstattbeschäftigten erörtert, so nimmt auf dessen oder deren Wunsch ein Mitglied des Werkstattrats an der Erörterung teil. [2] Es ist verpflichtet, über Inhalt und Gegenstand der Erörterung Stillschweigen zu bewahren, soweit es von dem oder der Werkstattbeschäftigten im Einzelfall nicht von dieser Verpflichtung entbunden wird.

(3) Der Werkstattrat berücksichtigt die Interessen der im Eingangsverfahren und im Berufsbildungsbereich tätigen behinderten Menschen in angemessener und geeigneter Weise, solange für diese eine Vertretung nach § 36 des Neunten Buches Sozialgesetzbuch nicht besteht.

§ 5 Mitwirkungsrechte des Werkstattrats

(1) Der Werkstattrat hat in folgenden Angelegenheiten der Werkstattbeschäftigten mitzuwirken:

1. Fragen der Ordnung im Arbeitsbereich der Werkstatt und des Verhaltens der Werkstattbeschäftigten einschließlich der Aufstellung und Änderung einer sogenannten Werkstattordnung zu diesen Fragen;
2. Beginn und Ende der täglichen Beschäftigungszeit einschließlich der Erholungspausen und Zeiten der Teilnahme an Maßnahmen zur Erhaltung und Erhöhung der Leistungsfähigkeit und zur Weiterentwicklung der Persönlichkeit des Werkstattbeschäftigten, Verteilung der Arbeitszeit auf die einzelnen Wochentage und die damit zusammenhängende Regelung des Fahrdienstes, vorübergehende Verkürzung oder Verlängerung der üblichen Beschäftigungszeit;
3. a) Darstellung und Verwendung des Arbeitsergebnisses, insbesondere Höhe der Grund- und Steigerungsbeträge, unter Darlegung der dafür maßgeblichen wirtschaftlichen und finanziellen Verhältnisse;
   b) Fragen der Gestaltung der Arbeitsentgelte, insbesondere die Aufstellung von Entlohnungsgrundsätzen und die Einführung und Anwendung von neuen Entlohnungsmethoden sowie deren Änderung, Festsetzung der Grund- und der Steigerungsbeträge und vergleichbarer leistungsbezogener Entgelte, Zeit, Ort und Art der Auszahlung der Arbeitsentgelte sowie Gestaltung der Arbeitsentgeltbescheinigungen;
4. Aufstellung allgemeiner Urlaubsgrundsätze und des Urlaubsplans sowie die Festsetzung der zeitlichen Lage des Urlaubs für einzelne Werkstattbeschäftigte, wenn zwischen der Werkstatt und den beteiligten Werkstattbeschäftigten kein Einverständnis erzielt wird;
5. Einführung und Anwendung von technischen Einrichtungen, die dazu bestimmt sind, das Verhalten oder die Leistung der Werkstattbeschäftigten zu überwachen;
6. Regelungen über die Verhütung von Arbeitsunfällen und Berufskrankheiten sowie über den Gesundheitsschutz im Rahmen der gesetzlichen Vorschriften oder der Unfallverhütungsvorschriften;
7. Fragen der Fort- und Weiterbildung einschließlich der Maßnahmen zur Erhaltung und Erhöhung der Leistungsfähigkeit und zur Weiterentwicklung der Persönlichkeit sowie zur Förderung des Übergangs auf den allgemeinen Arbeitsmarkt;
8. Fragen der Verpflegung;

9. Planung von Neu-, Um- und Erweiterungsbauten sowie von neuen technischen Anlagen, Einschränkung, Stilllegung und Verlegung der Werkstatt oder wesentlicher Teile der Werkstatt, grundlegende Änderungen der Werkstattorganisation und des Werkstattzwecks;
10. Gestaltung von Arbeitsplätzen, Arbeitsablauf und Arbeitsumgebung sowie von Sanitär- und Aufenthaltsräumen, Einführung von neuen technischen Arbeitsverfahren;
11. Mitgestaltung sozialer Aktivitäten für die Werkstattbeschäftigten.

(2) [1] Soweit Angelegenheiten im Sinne des Absatzes 1 nur einheitlich für Arbeitnehmer und Werkstattbeschäftigte geregelt werden können und soweit sie Gegenstand einer Vereinbarung mit dem Betriebs- oder Personalrat oder einer sonstigen Mitarbeitervertretung sind oder sein sollen, haben die Beteiligten auf eine einvernehmliche Regelung hinzuwirken. [2] Die ergänzende Vereinbarung besonderer behindertenspezifischer Regelungen zwischen Werkstattrat und Werkstatt bleibt unberührt.

(3) [1] Die Werkstatt hat den Werkstattrat in den Angelegenheiten, in denen er ein Mitwirkungsrecht hat, rechtzeitig, umfassend und in angemessener Weise zu unterrichten und ihn vor Durchführung einer Maßnahme anzuhören. [2] Beide Seiten haben darauf hinzuwirken, dass Einvernehmen erreicht wird. [3] Lässt sich Einvernehmen nicht herstellen, so kann jede Seite die Vermittlungsstelle anrufen.

(4) Weitergehende, einvernehmlich vereinbarte Formen der Beteiligung in den Angelegenheiten des Absatzes 1 bleiben unberührt.

§ 6 Vermittlungsstelle

(1) [1] Die Vermittlungsstelle besteht aus einem oder einer unparteiischen, in Werkstattangelegenheiten erfahrenen Vorsitzenden, auf den oder die sich Werkstatt und Werkstattrat einigen müssen, und aus je einem von der Werkstatt und vom Werkstattrat benannten Beisitzer oder einer Beisitzerin. [2] Kommt eine Einigung nicht zustande, so schlagen die Werkstatt und der Werkstattrat je eine Person als Vorsitzenden oder Vorsitzende vor; durch Los wird entschieden, wer als Vorsitzender oder Vorsitzende tätig wird.

(2) [1] Die Vermittlungsstelle fasst ihren Beschluss für einen Einigungsvorschlag innerhalb von zwölf Tagen. [2] Sie entscheidet nach mündlicher Beratung mit Stimmenmehrheit. [3] Die Beschlüsse der Vermittlungsstelle sind schriftlich niederzulegen und von dem Vorsitzenden oder der Vorsitzenden zu unterschreiben. [4] Werkstatt und Werkstattrat können weitere Einzelheiten des Verfahrens vor der Vermittlungsstelle vereinbaren.

(3) [1] Der Einigungsvorschlag der Vermittlungsstelle ersetzt nicht die Entscheidung der Werkstatt. [2] Die Werkstatt hat unter Berücksichtigung des Einigungsvorschlages endgültig zu entscheiden. [3] Bis dahin ist die Durchführung der Maßnahme auszusetzen. [4] Fasst die Vermittlungsstelle innerhalb der in Absatz 2 genannten Frist keinen Beschluss für einen Einigungsvorschlag, gilt die Entscheidung der Werkstatt.

§ 7 Unterrichtungsrechte des Werkstattrats

(1) Der Werkstattrat ist in folgenden Angelegenheiten zu unterrichten:
1. Beendigung des arbeitnehmerähnlichen Rechtsverhältnisses zur Werkstatt, Versetzungen und Umsetzungen,
2. Verlauf und Ergebnis der Eltern- und Betreuerversammlung,
3. Einstellung, Versetzung und Umsetzung des Fachpersonals (Angehörige der begleitenden Dienste und die Fachkräfte zur Arbeits- und Berufsförderung) und des sonstigen Personals der Werkstatt.

(2) [1] Die Werkstatt hat den Werkstattrat in den Angelegenheiten, in denen er ein Unterrichtungsrecht hat, rechtzeitig und umfassend unter Vorlage der erforderlichen Unterlagen zu unterrichten. [2] Die in den Fällen des Absatzes 1 Nr. 1 einzuholende Stellungnahme des Fachausschusses und die in diesem Rahmen erfolgende Anhörung des oder der Werkstattbeschäftigten bleiben unberührt.

§ 8 Zusammenarbeit

(1) [1] Die Werkstatt, ihr Betriebs- oder Personalrat oder ihre sonstige Mitarbeitervertretung, die Schwerbehindertenvertretung, die Vertretung der Teilnehmer an Maßnahmen im Ein-

gangsverfahren und im Berufsbildungsbereich nach § 36 des Neunten Buches Sozialgesetzbuch, ein nach § 139 Abs. 4 Satz 2 des Neunten Buches Sozialgesetzbuch errichteter Eltern- und Betreuerbeirat und der Werkstattrat arbeiten im Interesse der Werkstattbeschäftigten vertrauensvoll zusammen. ²Die Werkstatt und der Werkstattrat können hierbei die Unterstützung der in der Werkstatt vertretenen Behindertenverbände und Gewerkschaften sowie der Verbände, denen die Werkstatt angehört, in Anspruch nehmen.

(2) ¹Werkstatt und Werkstattrat sollen in der Regel einmal im Monat zu einer Besprechung zusammentreten. ²Sie haben über strittige Fragen mit dem ernsten Willen zur Einigung zu verhandeln und Vorschläge für die Beilegung von Meinungsverschiedenheiten zu machen.

§ 9 Werkstattversammlung

¹Der Werkstattrat führt mindestens einmal im Kalenderjahr eine Versammlung der Werkstattbeschäftigten durch. ²Die in der Werkstatt für Versammlungen der Arbeitnehmer geltenden Vorschriften finden entsprechende Anwendung; Teil- sowie Abteilungsversammlungen sind zulässig. ³Der Werkstattrat kann im Einvernehmen mit der Werkstatt in Werkstattangelegenheiten erfahrene Personen sowie behinderte Menschen, die an Maßnahmen im Eingangsverfahren oder im Berufsbildungsbereich teilnehmen, einladen.

Abschnitt 2. Wahl des Werkstattrats

Unterabschnitt 1. Wahlberechtigung und Wählbarkeit; Zeitpunkt der Wahlen

§ 10 Wahlberechtigung

Wahlberechtigt sind alle Werkstattbeschäftigten, soweit sie keine Arbeitnehmer sind.

§ 11 Wählbarkeit

¹Wählbar sind alle Wahlberechtigten, die am Wahltag seit mindestens sechs Monaten in der Werkstatt beschäftigt sind. ²Zeiten des Eingangsverfahrens und der Teilnahme an Maßnahmen im Berufsbildungsbereich werden angerechnet.

§ 12 Zeitpunkt der Wahlen zum Werkstattrat

(1) ¹Die regelmäßigen Wahlen zum Werkstattrat finden alle vier Jahre in der Zeit vom 1. Oktober bis 30. November statt, erstmals im Jahre 2001. ²Außerhalb dieser Zeit finden Wahlen statt, wenn
1. die Gesamtzahl der Mitglieder nach Eintreten sämtlicher Ersatzmitglieder unter die vorgeschriebene Zahl der Werkstattratmitglieder gesunken ist,
2. der Werkstattrat mit der Mehrheit seiner Mitglieder seinen Rücktritt beschlossen hat,
3. die Wahl des Werkstattrats mit Erfolg angefochten worden ist oder
4. ein Werkstattrat noch nicht gewählt ist.

(2) ¹Hat außerhalb des für die regelmäßigen Wahlen festgelegten Zeitraumes eine Wahl zum Werkstattrat stattgefunden, so ist er in dem auf die Wahl folgenden nächsten Zeitraum der regelmäßigen Wahlen neu zu wählen. ²Hat die Amtszeit des Werkstattrats zu Beginn des für die nächsten regelmäßigen Wahlen festgelegten Zeitraumes noch nicht ein Jahr betragen, ist der Werkstattrat in dem übernächsten Zeitraum der regelmäßigen Wahlen neu zu wählen.

Unterabschnitt 2. Vorbereitung der Wahl

§ 13 Bestellung des Wahlvorstandes

(1) Spätestens zehn Wochen vor Ablauf seiner Amtszeit bestellt der Werkstattrat einen Wahlvorstand aus drei Wahlberechtigten oder sonstigen der Werkstatt angehörenden Personen und einen oder eine von ihnen als Vorsitzenden oder Vorsitzende.

(2) ¹Ist in der Werkstatt ein Werkstattrat nicht vorhanden, werden der Wahlvorstand und dessen Vorsitzender oder Vorsitzende in einer Versammlung der Wahlberechtigten gewählt. ²Die Werkstatt fördert die Wahl; sie hat zu dieser Versammlung einzuladen. ³Unabhängig davon können drei Wahlberechtigte einladen.

§ 14 Aufgaben des Wahlvorstandes

(1) ¹Der Wahlvorstand bereitet die Wahl vor und führt sie durch. ²Die Werkstatt hat dem Wahlvorstand auf dessen Wunsch aus den Angehörigen des Fachpersonals eine Person seines Vertrauens zur Verfügung zu stellen, die ihn bei der Vorbereitung und Durchführung der Wahl unterstützt. ³Der Wahlvorstand kann in der Werkstatt Beschäftigte als Wahlhelfer oder Wahlhelferinnen zu seiner Unterstützung bei der Durchführung der Stimmabgabe und bei der Stimmenzählung bestellen. ⁴Die Mitglieder des Wahlvorstandes, die Vertrauensperson und die Wahlhelfer und Wahlhelferinnen haben die gleichen persönlichen Rechte und Pflichten wie die Mitglieder des Werkstattrats (§ 37). ⁵Die Vertrauensperson nimmt ihre Aufgabe unabhängig von Weisungen der Werkstatt wahr.

(2) ¹Die Beschlüsse des Wahlvorstandes werden mit Stimmenmehrheit seiner Mitglieder gefasst. ²Über jede Sitzung des Wahlvorstandes ist eine Niederschrift aufzunehmen, die mindestens den Wortlaut der gefassten Beschlüsse enthält. ³Die Niederschrift ist von dem Vorsitzenden oder der Vorsitzenden und einem weiteren Mitglied des Wahlvorstandes oder der Vertrauensperson zu unterzeichnen.

(3) Der Wahlvorstand hat die Wahl unverzüglich einzuleiten; sie soll spätestens eine Woche vor dem Tag stattfinden, an dem die Amtszeit des Werkstattrats abläuft.

(4) ¹Die Werkstatt unterstützt den Wahlvorstand bei der Erfüllung seiner Aufgaben. ²Sie gibt ihm insbesondere alle für die Anfertigung der Liste der Wahlberechtigten erforderlichen Auskünfte und stellt die notwendigen Unterlagen zur Verfügung.

§ 15 Erstellung der Liste der Wahlberechtigten

¹Der Wahlvorstand stellt eine Liste der Wahlberechtigten auf. ²Die Wahlberechtigten sollen mit dem Familiennamen und dem Vornamen, erforderlichenfalls dem Geburtsdatum, in alphabetischer Reihenfolge aufgeführt werden.

§ 16 Bekanntmachung der Liste der Wahlberechtigten

Die Liste der Wahlberechtigten oder eine Abschrift ist unverzüglich nach Einleitung der Wahl bis zum Abschluss der Stimmabgabe an geeigneter Stelle zur Einsicht auszulegen.

§ 17 Einspruch gegen die Liste der Wahlberechtigten

(1) Wahlberechtigte und sonstige Beschäftigte, die ein berechtigtes Interesse an einer ordnungsgemäßen Wahl glaubhaft machen, können innerhalb von zwei Wochen seit Erlass des Wahlausschreibens (§ 18) beim Wahlvorstand Einspruch gegen die Richtigkeit der Liste der Wahlberechtigten einlegen.

(2) ¹Über Einsprüche nach Absatz 1 entscheidet der Wahlvorstand unverzüglich. ²Hält er den Einspruch für begründet, berichtigt er die Liste der Wahlberechtigten. ³Der Person, die den Einspruch eingelegt hat, wird die Entscheidung unverzüglich mitgeteilt; die Entscheidung muss ihr spätestens am Tage vor der Stimmabgabe zugehen.

(3) ¹Nach Ablauf der Einspruchsfrist soll der Wahlvorstand die Liste der Wahlberechtigten nochmals auf ihre Vollständigkeit hin überprüfen. ²Im übrigen kann nach Ablauf der Einspruchsfrist die Liste der Wahlberechtigten nur bei Schreibfehlern, offenbaren Unrichtigkeiten, in Erledigung rechtzeitig eingelegter Einsprüche oder bei Eintritt oder Ausscheiden eines Wahlberechtigten oder einer Wahlberechtigten bis zum Tage vor dem Beginn der Stimmabgabe berichtigt oder ergänzt werden.

§ 18 Wahlausschreiben

(1) ¹Spätestens sechs Wochen vor dem Wahltag erlässt der Wahlvorstand ein Wahlausschreiben, das von dem oder der Vorsitzenden und mindestens einem weiteren Mitglied des Wahlvorstandes zu unterschreiben ist. ²Es muss enthalten:

1. das Datum seines Erlasses,
2. die Namen und Fotos der Mitglieder des Wahlvorstandes,
3. die Voraussetzungen der Wählbarkeit zum Werkstattrat,
4. den Hinweis, wo und wann die Liste der Wahlberechtigten und diese Verordnung zur Einsicht ausliegen,
5. den Hinweis, dass nur wählen kann, wer in die Liste der Wahlberechtigten eingetragen ist, und dass Einsprüche gegen die Liste der Wahlberechtigten nur vor Ablauf von zwei Wochen seit dem Erlass des Wahlausschreibens beim Wahlvorstand schriftlich oder zur Niederschrift eingelegt werden können; der letzte Tag der Frist ist anzugeben,
6. die Aufforderung, Wahlvorschläge innerhalb von zwei Wochen nach Erlass des Wahlausschreibens beim Wahlvorstand einzureichen; der letzte Tag der Frist ist anzugeben,
7. die Mindestzahl von Wahlberechtigten, von denen ein Wahlvorschlag unterstützt werden muss (§ 19 Satz 2),
8. den Hinweis, dass die Stimmabgabe an die Wahlvorschläge gebunden ist und dass nur solche Wahlvorschläge berücksichtigt werden dürfen, die fristgerecht (Nummer 6) eingereicht sind,
9. die Bestimmung des Ortes, an dem die Wahlvorschläge bis zum Abschluss der Stimmabgabe durch Aushang oder in sonst geeigneter Weise bekannt gegeben werden,
10. Ort, Tag und Zeit der Stimmabgabe,
11. den Ort und die Zeit der Stimmauszählung und der Sitzung des Wahlvorstandes, in der das Wahlergebnis abschließend festgestellt wird,
12. den Ort, an dem Einsprüche, Wahlvorschläge und sonstige Erklärungen gegenüber dem Wahlvorstand abzugeben sind.

(2) Eine Abschrift oder ein Abdruck des Wahlausschreibens ist vom Tage seines Erlasses bis zum Wahltag an einer oder mehreren geeigneten, den Wahlberechtigten zugänglichen Stellen vom Wahlvorstand auszuhängen.

§ 19 Wahlvorschläge

[1] Die Wahlberechtigten können innerhalb von zwei Wochen seit Erlass des Wahlausschreibens Vorschläge beim Wahlvorstand einreichen. [2] Jeder Wahlvorschlag muss von mindestens drei Wahlberechtigten unterstützt werden. [3] Der Wahlvorschlag bedarf der Zustimmung des Vorgeschlagenen oder der Vorgeschlagenen. [4] Der Wahlvorstand entscheidet über die Zulassung zur Wahl.

§ 20 Bekanntmachung der Bewerber und Bewerberinnen

Spätestens eine Woche vor Beginn der Stimmabgabe und bis zum Abschluss der Stimmabgabe macht der Wahlvorstand die Namen und Fotos oder anderes Bildmaterial der Bewerber und Bewerberinnen aus zugelassenen Wahlvorschlägen in alphabetischer Reihenfolge in gleicher Weise bekannt wie das Wahlausschreiben (§ 18 Abs. 2).

Unterabschnitt 3. Durchführung der Wahl

§ 21 Stimmabgabe

(1) Der Werkstattrat wird in geheimer und unmittelbarer Wahl nach den Grundsätzen der Mehrheitswahl gewählt.

(2) [1] Wer wahlberechtigt ist, kann seine Stimme nur für rechtswirksam vorgeschlagene Bewerber oder Bewerberinnen abgeben. [2] Jeder Wahlberechtigte und jede Wahlberechtigte hat so viele Stimmen, wie Mitglieder des Werkstattrats gewählt werden. [3] Der Stimmzettel muss einen Hinweis darauf enthalten, wie viele Bewerber im Höchstfall gewählt werden dürfen. [4] Für jeden Bewerber oder jede Bewerberin kann nur eine Stimme abgegeben werden.

(3) [1] Das Wahlrecht wird durch Abgabe eines Stimmzettels in einem Wahlumschlag ausgeübt. [2] Auf dem Stimmzettel sind die Bewerber in alphabetischer Reihenfolge unter Angabe von Familienname und Vorname, erforderlichenfalls des Geburtsdatums, sowie mit Foto oder anderem Bildmaterial aufzuführen. [3] Die Stimmzettel müssen sämtlich die gleiche Größe, Farbe, Beschaffenheit und Beschriftung haben. [4] Das Gleiche gilt für die Wahlumschläge.

(4) ¹Bei der Stimmabgabe wird durch Ankreuzen an der im Stimmzettel jeweils vorgesehenen Stelle die von dem Wählenden oder von der Wählenden gewählte Person gekennzeichnet. ²Stimmzettel, auf denen mehr als die zulässige Anzahl der Bewerber oder Bewerberinnen gekennzeichnet ist oder aus denen sich der Wille des Wählenden oder der Wählerin nicht zweifelsfrei ergibt, sind ungültig.

(5) Ist für mehr als die Hälfte der Wahlberechtigten infolge ihrer Behinderung eine Stimmabgabe durch Abgabe eines Stimmzettels nach den Absätzen 3 und 4 überwiegend nicht möglich, kann der Wahlvorstand eine andere Form der Ausübung des Wahlrechts beschließen.

§ 22 Wahlvorgang

(1) ¹Der Wahlvorstand hat geeignete Vorkehrungen für die unbeobachtete Kennzeichnung der Stimmzettel im Wahlraum zu treffen und für die Bereitstellung einer Wahlurne zu sorgen. ²Die Wahlurne muss vom Wahlvorstand verschlossen und so eingerichtet sein, dass die eingeworfenen Stimmzettel nicht herausgenommen werden können, ohne dass die Urne geöffnet wird.

(2) ¹Während der Wahl müssen immer mindestens zwei Mitglieder des Wahlvorstandes im Wahlraum anwesend sein. ²Sind Wahlhelfer oder Wahlhelferinnen bestellt (§ 14 Abs. 1 Satz 3), genügt die Anwesenheit eines Mitgliedes des Wahlvorstandes und eines Wahlhelfers oder einer Wahlhelferin.

(3) Der gekennzeichnete und in den Wahlumschlag gelegte Stimmzettel ist in die hierfür bereitgestellte Wahlurne einzuwerfen, nachdem die Stimmabgabe von einem Mitglied des Wahlvorstandes oder einem Wahlhelfer oder einer Wahlhelferin in der Liste der Wahlberechtigten vermerkt worden ist.

(4) ¹Wer infolge seiner Behinderung bei der Stimmabgabe beeinträchtigt ist, bestimmt eine Person seines Vertrauens, die ihm bei der Stimmabgabe behilflich sein soll, und teilt dies dem Wahlvorstand mit. ²Personen, die sich bei der Wahl bewerben, Mitglieder des Wahlvorstandes, Vertrauenspersonen im Sinne des § 14 Abs. 1 Satz 2 sowie Wahlhelfer und Wahlhelferinnen dürfen nicht zur Hilfeleistung herangezogen werden. ³Die Hilfeleistung beschränkt sich auf die Erfüllung der Wünsche des Wählers oder der Wählerin zur Stimmabgabe; die Vertrauensperson darf gemeinsam mit dem Wähler oder der Wählerin die Wahlkabine aufsuchen. ⁴Die Vertrauensperson ist zur Geheimhaltung der Kenntnisse von der Wahl einer anderen Person verpflichtet, die sie bei der Hilfeleistung erlangt hat. ⁵Die Sätze 1 bis 4 gelten entsprechend für Wähler und Wählerinnen, die des Lesens unkundig sind.

(5) Nach Abschluss der Wahl ist die Wahlurne zu versiegeln, wenn die Stimmenauszählung nicht unmittelbar nach der Beendigung der Wahl durchgeführt wird.

§ 23 Feststellung des Wahlergebnisses

(1) Unverzüglich nach Abschluss der Wahl nimmt der Wahlvorstand öffentlich die Auszählung der Stimmen vor und stellt das Ergebnis fest.

(2) ¹Gewählt sind die Bewerber und Bewerberinnen, die die meisten Stimmen erhalten haben. ²Bei Stimmengleichheit entscheidet das Los.

(3) ¹Der Wahlvorstand fertigt über das Ergebnis eine Niederschrift, die von dem Vorsitzenden oder der Vorsitzenden und mindestens einem weiteren Mitglied des Wahlvorstandes unterschrieben wird. ²Die Niederschrift muss die Zahl der abgegebenen gültigen und ungültigen Stimmzettel, die auf jeden Bewerber oder jede Bewerberin entfallenen Stimmenzahlen sowie die Namen der gewählten Bewerber und Bewerberinnen enthalten.

§ 24 Benachrichtigung der Gewählten und Annahme der Wahl

(1) ¹Der Wahlvorstand benachrichtigt die zum Werkstattrat Gewählten unverzüglich von ihrer Wahl. ²Erklärt eine gewählte Person nicht innerhalb von drei Arbeitstagen nach Zugang der Benachrichtigung dem Wahlvorstand ihre Ablehnung der Wahl, ist sie angenommen.

(2) Lehnt eine gewählte Person die Wahl ab, tritt an ihre Stelle der Bewerber oder die Bewerberin mit der nächsthöchsten Stimmenzahl.

§ 25 Bekanntmachung der Gewählten

Sobald die Namen der Mitglieder des Werkstattrats endgültig feststehen, macht der Wahlvorstand sie durch zweiwöchigen Aushang in gleicher Weise wie das Wahlausschreiben bekannt (§ 18 Abs. 2) und teilt sie unverzüglich der Werkstatt mit.

§ 26 Aufbewahrung der Wahlunterlagen

Die Wahlunterlagen, insbesondere die Niederschriften, Bekanntmachungen und Stimmzettel, werden vom Werkstattrat mindestens bis zum Ende der Wahlperiode aufbewahrt.

§ 27 Wahlanfechtung

(1) Die Wahl kann beim Arbeitsgericht angefochten werden, wenn gegen wesentliche Vorschriften über das Wahlrecht, die Wählbarkeit oder das Wahlverfahren verstoßen worden ist und eine Berichtigung nicht erfolgt ist, es sei denn, dass durch den Verstoß das Wahlergebnis nicht geändert oder beeinflusst werden konnte.

(2) [1]Zur Anfechtung berechtigt sind mindestens drei Wahlberechtigte oder die Werkstatt. [2]Die Wahlanfechtung ist nur binnen einer Frist von zwei Wochen, vom Tag der Bekanntgabe des Wahlergebnisses an gerechnet, zulässig.

§ 28 Wahlschutz und Wahlkosten

(1) [1]Niemand darf die Wahl des Werkstattrats behindern. [2]Insbesondere dürfen Werkstattbeschäftigte in der Ausübung des aktiven und passiven Wahlrechts nicht beschränkt werden.

(2) Niemand darf die Wahl des Werkstattrats durch Zufügung oder Androhung von Nachteilen oder durch Gewährung oder Versprechen von Vorteilen beeinflussen.

(3) [1]Die Kosten der Wahl trägt die Werkstatt. [2]Versäumnis von Beschäftigungszeit, die zur Ausübung des Wahlrechts, zur Betätigung im Wahlvorstand oder zur Tätigkeit als Wahlhelfer oder Wahlhelferin erforderlich ist, berechtigt die Werkstatt nicht zur Minderung des Arbeitsentgeltes. [3]Die Ausübung der genannten Tätigkeiten steht der Beschäftigung als Werkstattbeschäftigter gleich.

Abschnitt 3. Amtszeit des Werkstattrats

§ 29 Amtszeit des Werkstattrats

[1]Die regelmäßige Amtszeit des Werkstattrats beträgt vier Jahre. [2]Die Amtszeit beginnt mit der Bekanntgabe des Wahlergebnisses oder, wenn die Amtszeit des bisherigen Werkstattrats noch nicht beendet ist, mit deren Ablauf. [3]Die Amtszeit des außerhalb des regelmäßigen Wahlzeitraumes gewählten Werkstattrats endet mit der Bekanntgabe des Wahlergebnisses des nach § 12 Abs. 2 neu gewählten Werkstattrats, spätestens jedoch am 30. November des maßgebenden Wahljahres. [4]Im Falle des § 12 Abs. 1 Satz 2 Nr. 1 und 2 endet die Amtszeit des bestehenden Werkstattrats mit der Bekanntgabe des Wahlergebnisses des neu gewählten Werkstattrats.

§ 30 Erlöschen der Mitgliedschaft im Werkstattrat; Ersatzmitglieder

(1) Die Mitgliedschaft im Werkstattrat erlischt durch
1. Ablauf der Amtszeit,
2. Niederlegung des Amtes,
3. Ausscheiden aus der Werkstatt,
4. Beendigung des arbeitnehmerähnlichen Rechtsverhältnisses.

(2) [1]Scheidet ein Mitglied aus dem Werkstattrat aus, so rückt ein Ersatzmitglied nach. [2]Dies gilt entsprechend für die Stellvertretung eines zeitweilig verhinderten Mitgliedes des Werkstattrats.

Werkstätten-Mitwirkungsverordnung WMVO 5

(3) ¹Die Ersatzmitglieder werden der Reihe nach aus den nicht gewählten Bewerbern und Bewerberinnen der Vorschlagsliste entnommen. ²Die Reihenfolge bestimmt sich nach der Höhe der erreichten Stimmenzahlen. ³Bei Stimmengleichheit entscheidet das Los.

Abschnitt 4. Geschäftsführung des Werkstattrats

§ 31 Vorsitz des Werkstattrats

(1) Der Werkstattrat wählt aus seiner Mitte den Vorsitzenden oder die Vorsitzende und die ihn oder sie vertretende Person.

(2) ¹Der Vorsitzende oder die Vorsitzende oder im Falle der Verhinderung die ihn oder sie vertretende Person vertritt den Werkstattrat im Rahmen der von diesem gefassten Beschlüsse. ²Zur Entgegennahme von Erklärungen, die dem Werkstattrat gegenüber abzugeben sind, ist der Vorsitzende oder die Vorsitzende oder im Falle der Verhinderung die ihn oder sie vertretende Person berechtigt.

§ 32 Einberufung der Sitzungen

(1) Innerhalb einer Woche nach dem Wahltag beruft der Vorsitzende oder die Vorsitzende des Wahlvorstandes den neu gewählten Werkstattrat zu der nach § 31 Abs. 1 vorgeschriebenen Wahl ein und leitet die Sitzung.

(2) ¹Die weiteren Sitzungen beruft der Vorsitzende oder die Vorsitzende des Werkstattrats ein, setzt die Tagesordnung fest und leitet die Verhandlung. ²Der Vorsitzende oder die Vorsitzende hat die Mitglieder des Werkstattrats rechtzeitig unter Mitteilung der Tagesordnung zu laden.

(3) Der Vorsitzende oder die Vorsitzende hat eine Sitzung einzuberufen und den Gegenstand, dessen Beratung beantragt wird, auf die Tagesordnung zu setzen, wenn dies von der Werkstatt beantragt wird.

(4) Die Werkstatt nimmt an den Sitzungen, die auf ihr Verlangen anberaumt sind, und an den Sitzungen, zu denen sie ausdrücklich eingeladen worden ist, teil.

§ 33 Sitzungen des Werkstattrats

(1) ¹Die Sitzungen des Werkstattrats finden in der Regel während der Beschäftigungszeit statt. ²Der Werkstattrat hat bei der Ansetzung der Sitzungen auf die Arbeitsabläufe in der Werkstatt Rücksicht zu nehmen. ³Die Werkstatt ist vom Zeitpunkt der Sitzung vorher zu verständigen. ⁴Die Sitzungen des Werkstattrats sind nicht öffentlich.

(2) ¹Der Werkstattrat kann die Vertrauensperson (§ 39 Abs. 3) und, wenn und soweit er es für erforderlich hält, ein Mitglied des Betriebs- oder Personalrats oder einer sonstigen Mitarbeitervertretung, eine Schreibkraft oder, nach näherer Vereinbarung mit der Werkstatt, einen Beauftragten oder eine Beauftragte einer in der Werkstatt vertretenen Gewerkschaft auf Antrag eines Viertels der Mitglieder des Werkstattrats, einen Vertreter oder eine Vertreterin eines Verbandes im Sinne des § 8 Abs. 1 oder sonstige Dritte zu seinen Sitzungen hinzuziehen. ²Für sie gelten die Geheimhaltungspflicht sowie die Offenbarungs- und Verwertungsverbote gemäß § 37 Abs. 6 entsprechend.

§ 34 Beschlüsse des Werkstattrats

(1) ¹Die Beschlüsse des Werkstattrats werden mit der Mehrheit der Stimmen der anwesenden Mitglieder gefasst. ²Bei Stimmengleichheit ist ein Antrag abgelehnt.

(2) Der Werkstattrat ist beschlussfähig, wenn mindestens die Hälfte seiner Mitglieder an der Beschlussfassung teilnimmt; Stellvertretung durch Ersatzmitglieder ist zulässig.

§ 35 Sitzungsniederschrift

¹Über die Sitzungen des Werkstattrats ist eine Sitzungsniederschrift aufzunehmen, die mindestens den Wortlaut der Beschlüsse und die Stimmenmehrheit, mit der sie gefasst wurden,

enthält. ²Die Niederschrift ist von dem Vorsitzenden oder von der Vorsitzenden und einem weiteren Mitglied oder der Vertrauensperson (§ 39 Abs. 3) zu unterzeichnen. ³Ihr ist eine Anwesenheitsliste beizufügen. ⁴Hat die Werkstatt an der Sitzung teilgenommen, so ist ihr der entsprechende Teil der Niederschrift abschriftlich auszuhändigen.

§ 36 Geschäftsordnung des Werkstattrats

Der Werkstattrat kann sich für seine Arbeit eine schriftliche Geschäftsordnung geben, in der weitere Bestimmungen über die Geschäftsführung getroffen werden.

§ 37 Persönliche Rechte und Pflichten der Mitglieder des Werkstattrats

(1) Die Mitglieder des Werkstattrats führen ihr Amt unentgeltlich als Ehrenamt.

(2) Sie dürfen in der Ausübung ihres Amtes nicht behindert oder wegen ihres Amtes nicht benachteiligt oder begünstigt werden; dies gilt auch für ihre berufliche Entwicklung.

(3) ¹Sie sind von ihrer Tätigkeit ohne Minderung des Arbeitsentgeltes zu befreien, wenn und soweit es zur Durchführung ihrer Aufgaben erforderlich ist. ²Die Werkstattratstätigkeit steht der Werkstattbeschäftigung gleich. ³In Werkstätten mit wenigstens 200 Wahlberechtigten ist der Vorsitzende oder die Vorsitzende des Werkstattrats auf Verlangen von der Tätigkeit freizustellen. ⁴Die Befreiung nach den Sätzen 1 und 3 erstreckt sich nicht auf Maßnahmen nach § 5 Abs. 3 der Werkstättenverordnung.

(4) ¹Absatz 3 Satz 1 gilt entsprechend für die Teilnahme an Schulungs- und Bildungsveranstaltungen, soweit diese Kenntnisse vermitteln, die für die Arbeit des Werkstattrats erforderlich sind. ²Unbeschadet von Satz 1 hat jedes Mitglied des Werkstattrats während seiner regelmäßigen Amtszeit Anspruch auf Freistellung ohne Minderung des Arbeitsentgeltes für insgesamt zehn Tage zur Teilnahme an solchen Schulungs- und Bildungsveranstaltungen; der Anspruch erhöht sich für Werkstattbeschäftigte, die erstmals das Amt eines Mitglieds des Werkstattrats übernehmen, auf 20 Tage.

(5) ¹Bei Streitigkeiten in Angelegenheiten der Absätze 3 und 4 kann die Vermittlungsstelle angerufen werden. ²§ 6 Abs. 2 und 3 gilt entsprechend. ³Der Rechtsweg zu den Arbeitsgerichten bleibt unberührt.

(6) ¹Die Mitglieder des Werkstattrats sind verpflichtet,
1. über ihnen wegen ihres Amtes bekannt gewordene persönliche Verhältnisse und Angelegenheiten von Werkstattbeschäftigten, die ihrer Bedeutung oder ihrem Inhalt nach einer vertraulichen Behandlung bedürfen, Stillschweigen zu bewahren und
2. ihnen wegen ihres Amtes bekannt gewordene und von der Werkstatt ausdrücklich als geheimhaltungsbedürftig bezeichnete Betriebs- und Geschäftsgeheimnisse nicht zu offenbaren und nicht zu verwerten.

²Die Pflichten gelten auch nach dem Ausscheiden aus dem Amt. ³Sie gelten nicht gegenüber den Mitgliedern des Werkstattrats und der Vertrauensperson (§ 39 Abs. 3) sowie im Verfahren vor der Vermittlungsstelle.

§ 38 Sprechstunden

(1) ¹Der Werkstattrat kann während der Beschäftigungszeit Sprechstunden einrichten. ²Zeit und Ort sind mit der Werkstatt zu vereinbaren.

(2) ¹Versäumnis von Beschäftigungszeit, die zum Besuch der Sprechstunden oder durch sonstige Inanspruchnahme des Werkstattrats erforderlich ist, berechtigt die Werkstatt nicht zur Minderung des Arbeitsentgeltes der Werkstattbeschäftigten. ²Diese Zeit steht der Werkstattbeschäftigung gleich.

§ 39 Kosten und Sachaufwand des Werkstattrats

(1) ¹Die durch die Tätigkeit des Werkstattrats entstehenden Kosten trägt die Werkstatt. ²Das Gleiche gilt für die durch die Teilnahme an Schulungs- und Bildungsveranstaltungen gemäß § 37 Abs. 4 entstehenden Kosten.

(2) Für die Sitzungen, die Sprechstunden und die laufende Geschäftsführung hat die Werkstatt in erforderlichem Umfang Räume, sächliche Mittel und eine Bürokraft zur Verfügung zu stellen.

(3) [1]Die Werkstatt hat dem Werkstattrat auf dessen Wunsch aus dem Fachpersonal eine Person seines Vertrauens zur Verfügung zu stellen, die ihn bei seiner Tätigkeit unterstützt. [2]Die Vertrauensperson nimmt ihre Aufgabe unabhängig von Weisungen der Werkstatt wahr. [3]Die Werkstatt hat sie bei der Erfüllung ihrer Aufgabe zu fördern. [4]Für die Vertrauensperson gilt § 37 entsprechend.

Abschnitt 5. Schlussvorschriften

§ 40 Amtszeit der bestehenden Werkstatträte

[1]Die Amtszeit der zum Zeitpunkt des Inkrafttretens dieser Verordnung bereits bestehenden Werkstatträte endet am Tag der Bekanntgabe des Wahlergebnisses der erstmaligen regelmäßigen Wahl eines Werkstattrats nach den Bestimmungen dieser Verordnung, spätestens jedoch am 30. November 2001. [2]§ 13 gilt entsprechend.

§ 41 Inkrafttreten

Diese Verordnung tritt am 1. Juli 2001 in Kraft.

# 6. Verordnung zur Durchführung des § 17 Abs. 2 bis 4 des Neunten Buches Sozialgesetzbuch (Budgetverordnung – BudgetV)

Vom 27. Mai 2004 (BGBl. I S. 1055)

FNA 860-9-1-2

Auf Grund des § 21a des Neunten Buches Sozialgesetzbuch – Rehabilitation und Teilhabe behinderter Menschen – (Artikel 1 des Gesetzes vom 19. Juni 2001, BGBl. I S. 1046, 1047), der durch Artikel 8 Nr. 4 des Gesetzes vom 27. Dezember 2003 (BGBl. I S. 3022) eingefügt worden ist, verordnet das Bundesministerium für Gesundheit und Soziale Sicherung:

§ 1 Anwendungsbereich

Die Ausführung von Leistungen in Form Persönlicher Budgets nach § 17 Abs. 2 bis 4 des Neunten Buches Sozialgesetzbuch, der Inhalt Persönlicher Budgets sowie das Verfahren und die Zuständigkeit der beteiligten Leistungsträger richten sich nach den folgenden Vorschriften.

§ 2 Beteiligte Leistungsträger

[1] Leistungen in Form Persönlicher Budgets werden von den Rehabilitationsträgern, den Pflegekassen und den Integrationsämtern erbracht, von den Krankenkassen auch Leistungen, die nicht Leistungen zur Teihabe nach dem Neunten Buch Sozialgesetzbuch sind, von den Trägern der Sozialhilfe auch Leistungen der Hilfe zur Pflege. [2] Sind an einem Persönlichen Budget mehrere Leistungsträger beteiligt, wird es als trägerübergreifende Komplexleistung erbracht.

§ 3 Verfahren

(1) [1] Der nach § 17 Abs. 4 des Neunten Buches Sozialgesetzbuch zuständige Leistungsträger (Beauftragter) unterrichtet unverzüglich die an der Komplexleistung beteiligten Leistungsträger und holt von diesen Stellungnahmen ein, insbesondere zu
1. dem Bedarf, der durch budgetfähige Leistungen gedeckt werden kann, unter Berücksichtigung des Wunsch- und Wahlrechts nach § 9 Abs. 1 des Neunten Buches Sozialgesetzbuch,
2. der Höhe des Persönlichen Budgets als Geldleistung oder durch Gutschein,
3. dem Inhalt der Zielvereinbarung nach § 4,
4. einem Beratungs- und Unterstützungsbedarf.

[2] Die beteiligten Leistungsträger sollen ihre Stellungnahmen innerhalb von zwei Wochen abgeben.

(2) Wird ein Antrag auf Leistungen in Form eines Persönlichen Budgets bei einer gemeinsamen Servicestelle gestellt, ist Beauftragter im Sinne des Absatzes 1 der Rehabilitationsträger, dem die gemeinsame Servicestelle zugeordnet ist.

(3) [1] Der Beauftragte und, soweit erforderlich, die beteiligten Leistungsträger beraten gemeinsam mit der Antrag stellenden Person in einem trägerübergreifenden Bedarfsfeststellungsverfahren die Ergebnisse der von ihnen getroffenen Feststellungen sowie die gemäß § 4 abzuschließenden Zielvereinbarungen. [2] An dem Verfahren wird auf Verlangen der Antrag stellenden Person eine Person ihrer Wahl beteiligt.

(4) Die beteiligten Leistungsträger stellen nach dem für sie geltenden Leistungsgesetz auf der Grundlage der Ergebnisse des Bedarfsfeststellungsverfahrens das auf sie entfallende Teilbudget innerhalb einer Woche nach Abschluss des Verfahrens fest.

(5) [1] Der Beauftragte erlässt den Verwaltungsakt, wenn eine Zielvereinbarung nach § 4 abgeschlossen ist, und erbringt die Leistung. [2] Widerspruch und Klage richten sich gegen den

Beauftragten. ³Laufende Geldleistungen werden monatlich im Voraus ausgezahlt; die beteiligten Leistungsträger stellen dem Beauftragten das auf sie entfallende Teilbudget rechtzeitig zur Verfügung. ⁴Mit der Auszahlung oder der Ausgabe von Gutscheinen an die Antrag stellende Person gilt deren Anspruch gegen die beteiligten Leistungsträger insoweit als erfüllt.

(6) ¹ Das Bedarfsfeststellungsverfahren für laufende Leistungen wird in der Regel im Abstand von zwei Jahren wiederholt. ²In begründeten Fällen kann davon abgewichen werden.

§ 4 Zielvereinbarung

(1) ¹Die Zielvereinbarung wird zwischen der Antrag stellenden Person und dem Beauftragten abgeschlossen. ²Sie enthält mindestens Regelungen über
1. Die Ausrichtung der individuellen Förder- und Leistungsziele,
2. die Erforderlichkeit des Nachweises für die Deckung des festgestellten individuellen Bedarfs sowie
3. die Qualitätssicherung.

(2) ¹Die Antrag stellende Person und der Beauftragte können die Zielvereinbarung aus wichtigem Grund mit sofortiger Wirkung schriftlich kündigen, wenn ihnen die Fortsetzung nicht zumutbar ist. ²Ein wichtiger Grund kann für die Antrag stellende Person insbesondere in der persönlichen Lebenssituation liegen. ³Für den Beauftragten kann ein wichtiger Grund dann vorliegen, wenn die Antrag stellende Person die Vereinbarung, insbesondere hinsichtlich des Nachweises zur Bedarfsdeckung und der Qualitätssicherung nicht einhält. ⁴Im Falle der Kündigung wird der Verwaltungsakt aufgehoben.

(3) Die Zielvereinbarung wird im Rahmen des Bedarfsfeststellungsverfahrens für die Dauer des Bewilligungszeitraumes der Leistungen des Persönlichen Budgets abgeschlossen, soweit sich aus ihr nichts Abweichendes ergibt.

§ 5 Inkrafttreten

Diese Verordnung tritt am 1. Juli 2004 in Kraft.

7. Verordnung zur Früherkennung und Frühförderung behinderter und von Behinderung bedrohter Kinder (Frühförderungsverordnung – FrühV)

Vom 24. Juni 2003

BGBl. III/FNA 860-9-1-1

Auf Grund des § 32 Nr. 1 des Neunten Buches Sozialgesetzbuch – Rehabilitation und Teilhabe behinderter Menschen – (Artikel 1 des Gesetzes vom 19. Juni 2001, BGBl. I S. 1046, 1047), der zuletzt durch Artikel 1 Nr. 3 des Gesetzes vom 3. April 2003 (BGBl. I S. 462) geändert worden ist, verordnet das Bundesministerium für Gesundheit und Soziale Sicherung:

§ 1 Anwendungsbereich

Die Abgrenzung der durch interdisziplinäre Frühförderstellen und sozialpädiatrische Zentren ausgeführten Leistungen nach § 30 Abs. 1 und 2 des Neunten Buch Sozialgesetzbuch zur Früherkennung und Frühförderung noch nicht eingeschulter behinderter und von Behinderung bedrohter Kinder, die Übernahme und die Teilung der Kosten zwischen den beteiligten Rehabilitationsträgern sowie die Vereinbarung der Entgelte richtet sich nach den folgenden Vorschriften.

§ 2 Früherkennung und Frühförderung

[1] Leistungen nach § 1 umfassen

1. Leistungen zur medizinischen Rehabilitation (§ 5) und
2. heilpädagogische Leistungen (§ 6).

[2] Die erforderlichen Leistungen werden unter Inanspruchnahme von fachlich geeigneten interdisziplinären Frühförderstellen und sozialpädiatrischen Zentren unter Einbeziehung des sozialen Umfelds der Kinder ausgeführt. [3] Näheres zu den Anforderungen an interdisziplinäre Frühförderstellen und sozialpädiatrische Zentren kann durch Landesrahmenempfehlungen geregelt werden.

§ 3 Interdisziplinäre Frühförderstellen

[1] Interdisziplinäre Frühförderstellen im Sinne dieser Verordnung sind familien- und wohnortnahe Dienste und Einrichtungen, die der Früherkennung, Behandlung und Förderung von Kindern dienen, um in interdisziplinärer Zusammenarbeit von qualifizierten medizinisch-therapeutischen und pädagogischen Fachkräften eine drohende oder bereits eingetretene Behinderung zum frühestmöglichen Zeitpunkt zu erkennen und die Behinderung durch gezielte Förder- und Behandlungsmaßnahmen auszugleichen oder zu mildern. [2] Leistungen durch interdisziplinäre Frühförderstellen werden in der Regel in ambulanter, einschließlich mobiler Form erbracht.

§ 4 Sozialpädiatrische Zentren

[1] Sozialpädiatrische Zentren im Sinne dieser Verordnung sind die nach § 119 Abs. 1 des Fünften Buches Sozialgesetzbuch zur ambulanten sozialpädiatrischen Behandlung von Kindern ermächtigten Einrichtungen. [2] Die frühzeitige Erkennung, Diagnostik und Behandlung durch sozialpädiatrische Zentren ist auf Kinder ausgerichtet, die wegen Art, Schwere oder Dauer ihrer Behinderung oder einer drohenden Behinderung nicht von geeigneten Ärzten oder geeigneten interdisziplinären Frühförderstellen (§ 3) behandelt werden können.

Frühförderungsverordnung **FrühV 7**

§ 5 Leistungen zur medizinischen Rehabilitation

(1) Die im Rahmen von Leistungen zur medizinischen Rehabilitation nach § 30 des Neunten Buches Sozialgesetzbuch zur Früherkennung und Frühförderung zu erbringenden medizinischen Leistungen umfassen insbesondere
1. ärztliche Behandlung einschließlich der zur Früherkennung und Diagnostik erforderlichen ärztlichen Tätigkeiten,
2. nichtärztliche sozialpädiatrische Leistungen, psychologische, heilpädagogische und psychosoziale Leistungen, soweit und solange sie unter ärztlicher Verantwortung erbracht werden und erforderlich sind, um eine drohende oder bereits eingetretene Behinderung zum frühestmöglichen Zeitpunkt zu erkennen und einen individuellen Förder- und Behandlungsplan aufzustellen,
3. Heilmittel, insbesondere physikalische Therapie, Physiotherapie, Stimm-, Sprech- und Sprachtherapie sowie Beschäftigungstherapie, soweit sie auf Grund des Förder- und Behandlungsplans nach § 7 Abs. 1 erforderlich sind.

(2) Die Leistungen nach Absatz 1 umfassen auch die Beratung der Erziehungsberechtigten, insbesondere

1. das Erstgespräch,
2. anamnestische Gespräche mit Eltern und anderen Bezugspersonen,
3. die Vermittlung der Diagnose,
4. Erörterung und Beratung des Förder- und Behandlungsplans,
5. Austausch über den Entwicklungs- und Förderprozess des Kindes einschließlich Verhaltens- und Beziehungsfragen,
6. Anleitung und Hilfe bei der Gestaltung des Alltags,
7. Anleitung zur Einbeziehung in Förderung und Behandlung,
8. Hilfen zur Unterstützung der Bezugspersonen bei der Krankheits- und Behinderungsverarbeitung,
9. Vermittlung von weiteren Hilfs- und Beratungsangeboten.

(3) Weiter gehende Vereinbarungen auf Landesebene bleiben unberührt.

§ 6 Heilpädagogische Leistungen

Heilpädagogische Leistungen nach § 56 des Neunten Buches Sozialgesetzbuch umfassen alle Maßnahmen, die die Entwicklung des Kindes und die Entfaltung seiner Persönlichkeit mit pädagogischen Mitteln anregen, einschließlich der jeweils erforderlichen sozial- und sonderpädagogischen, psychologischen und psychosozialen Hilfen sowie die Beratung der Erziehungsberechtigten; § 5 Abs. 2 und 3 gilt entsprechend.

§ 7 Förder- und Behandlungsplan

(1) [1]Die interdisziplinären Frühförderstellen und die sozialpädiatrischen Zentren stellen die nach dem individuellen Bedarf zur Förderung und Behandlung voraussichtlich erforderlichen Leistungen nach §§ 5 und 6 in Zusammenarbeit mit den Erziehungsberechtigten in einem interdisziplinär entwickelten Förder- und Behandlungsplan schriftlich zusammen und legen diesen den beteiligten Rehabilitationsträgern nach Maßgabe des § 14 des Neunten Buch Sozialgesetzbuch zur Entscheidung vor. [2]Der Förder- und Behandlungsplan wird entsprechend dem Verlauf der Förderung und Behandlung angepasst, spätestens nach Ablauf von zwölf Monaten. [3]Dabei sichern die Rehabilitationsträger durchgehend das Verfahren entsprechend dem jeweiligen Bedarf. [4]Der Förder- und Behandlungsplan wird von dem für die Durchführung der diagnostischen Leistungen nach § 5 Abs. 1 Nr. 1 verantwortlichen Arzt und der verantwortlichen pädagogischen Fachkraft unterzeichnet. [5]Die Erziehungsberechtigten erhalten eine Ausfertigung des Förderund Behandlungsplans.

(2) Der Förder- und Behandlungsplan kann auch die Förderung und Behandlung in einer anderen Einrichtung, durch einen Kinderarzt oder die Erbringung von Heilmitteln empfehlen.

§ 8 Erbringung der Komplexleistung

(1) [1]Die zur Förderung und Behandlung nach §§ 5 und 6 erforderlichen Leistungen werden von den beteiligten Rehabilitationsträgern auf der Grundlage des Förder- und Behand-

lungsplans zuständigkeitsübergreifend als ganzheitliche Komplexleistung erbracht. ²Ein Antrag auf die erforderlichen Leistungen kann bei allen beteiligten Rehabilitationsträgern gestellt werden. ³Der Rehabilitationsträger, bei dem der Antrag gestellt wird, unterrichtet unverzüglich die an der Komplexleistung beteiligten Rehabilitationsträger. ⁴Die beteiligten Rehabilitationsträger stimmen sich untereinander ab und entscheiden innerhalb von zwei Wochen nach Vorliegen des Förderund Behandlungsplans über die Leistung.

(2) Sofern die beteiligten Rehabilitationsträger nichts anderes vereinbaren, entscheidet der für die Leistungen nach § 6 jeweils zuständige Rehabilitationsträger über Komplexleistungen interdisziplinärer Frühförderstellen und der für die Leistungen nach § 5 jeweils zuständige Rehabilitationsträger über Komplexleistungen sozialpädiatrischer Zentren.

(3) ¹Erbringt ein Rehabilitationsträger im Rahmen der Komplexleistung Leistungen, für die ein anderer Rehabilitationsträger zuständig ist, ist der zuständige Rehabilitationsträger erstattungspflichtig. ²Vereinbarungen über pauschalierte Erstattungen sind zulässig.

(4) ¹Interdisziplinäre Frühförderstellen und sozialpädiatrische Zentren arbeiten zusammen. ²Darüber hinaus arbeiten sie mit Ärzten, Leistungserbringern von Heilmitteln und anderen an der Früherkennung und Frühförderung beteiligten Stellen wie dem Öffentlichen Gesundheitsdienst zusammen. ³Soweit nach Landesrecht an der Komplexleistung weitere Stellen einzubeziehen sind, sollen diese an Arbeitsgemeinschaften der an der Früherkennung und Frühförderung beteiligten Stellen beteiligt werden.

§ 9 Teilung der Kosten der Komplexleistung

(1) ¹Die an den Leistungen der interdisziplinären Frühförderstelle oder des sozialpädiatrischen Zentrums jeweils beteiligten Rehabilitationsträger vereinbaren gemeinsam mit diesen die Entgelte für die zur Förderung und Behandlung nach §§ 5 und 6 zu erbringenden Leistungen. ²Dabei werden Zuwendungen Dritter, insbesondere der Länder, für Leistungen nach dieser Verordnung berücksichtigt.

(2) Über die Aufteilung der Entgelte für Komplexleistungen schließen die Rehabilitationsträger auf der Grundlage der Leistungszuständigkeit nach Spezialisierung und Leistungsprofil des Dienstes oder der Einrichtung, insbesondere den vertretenen Fachdisziplinen und dem Diagnosespektrum der leistungsberechtigten Kinder, Vereinbarungen; regionale Gegebenheiten werden berücksichtigt.

(3) ¹Die Aufteilung der Entgelte kann pauschaliert werden. ²Der auf die für die Leistungen nach § 6 jeweils zuständige Träger entfallende Anteil der Entgelte darf für Leistungen in interdisziplinären Frühförderstellen 80 vom Hundert und in sozialpädiatrischen Zentren 20 vom Hundert nicht übersteigen.

§ 10 Inkrafttreten

Diese Verordnung tritt am ersten Tage des auf die Verkündung folgenden Kalendermonats in Kraft.

8. Verordnung zur Verwendung von Gebärdensprache und anderen Kommunikationshilfen im Verwaltungsverfahren nach dem Behindertengleichstellungsgesetz (Kommunikationshilfenverordnung – KHV)

Vom 17. Juli 2002

BGBl. III/FNA-860-9-2-1

Auf Grund des § 9 Abs. 2 des Behindertengleichstellungsgesetzes vom 27. April 2002 (BGBl. I S. 1467) verordnet das Bundesministerium des Innern im Einvernehmen mit dem Bundesministerium für Arbeit und Sozialordnung:

§ 1 Anwendungsbereich und Anlass

(1) Die Verordnung gilt für alle natürlichen Personen, die als Beteiligte eines Verwaltungsverfahrens wegen einer Hör- oder Sprachbehinderung nach Maßgabe von § 3 des Behindertengleichstellungsgesetzes zur Wahrnehmung eigener Rechte für die mündliche Kommunikation im Verwaltungsverfahren einen Anspruch auf Bereitstellung einer Dolmetscherin oder eines Dolmetschers für die Deutsche Gebärdensprache, für lautsprachbegleitende Gebärden oder anderer geeigneter Kommunikationshilfen haben (Berechtigte).

(2) Der Berechtigte kann seinen Anspruch nach § 9 Abs. 1 des Behindertengleichstellungsgesetzes gegenüber jeder Behörde der Bundesverwaltung geltend machen.

§ 2 Umfang des Anspruchs

(1) [1] Der Anspruch auf Bereitstellung einer Dolmetscherin oder eines Dolmetschers für die Deutsche Gebärdensprache oder für lautsprachbegleitende Gebärden (Gebärdensprachdolmetscher) oder einer anderen geeigneten Kommunikationshilfe besteht, soweit eine solche Kommunikationshilfe zur Wahrnehmung eigener Rechte in einem Verwaltungsverfahren erforderlich ist, in dem dafür notwendigen Umfang. [2] Der notwendige Umfang bestimmt sich insbesondere nach dem individuellen Bedarf der Berechtigten.

(2) [1] Die Berechtigten haben nach Maßgabe des Absatzes 1 ein Wahlrecht hinsichtlich der zu benutzenden Kommunikationshilfe. [2] Dies umfasst auch das Recht, einen Gebärdensprachdolmetscher oder eine andere geeignete Kommunikationshilfe selbst bereitzustellen. [3] Die Berechtigten haben der Behörde rechtzeitig mitzuteilen, inwieweit sie von ihrem Wahlrecht nach Satz 1 und 2 Gebrauch machen. [4] Die Behörde kann den ausgewählten Gebärdensprachdolmetscher oder die ausgewählte andere Kommunikationshilfe zurückweisen, wenn sie ungeeignet sind oder in sonstiger Weise den Voraussetzungen des Absatzes 1 nicht entsprechen. [5] Die Hör- oder Sprachbehinderung sowie die Wahlentscheidung nach Satz 1 sind aktenkundig zu machen und im weiteren Verwaltungsverfahren von Amts wegen zu berücksichtigen.

(3) Erhält die Behörde Kenntnis von der Hör- oder Sprachbehinderung von Berechtigten im Verwaltungsverfahren, hat sie diese auf ihr Recht auf barrierefreie Kommunikation und auf ihr Wahlrecht nach Absatz 2 hinzuweisen.

(4) Zur Abwehr von unmittelbar bevorstehenden Gefahren für bedeutsame Rechtsgüter, wie etwa Leben, Gesundheit, Freiheit oder nicht unwesentliche Vermögenswerte, kann im Einzelfall von dem Einsatz von Gebärdensprachdolmetschern oder anderer Kommunikationshilfen abgesehen werden.

§ 3 Kommunikationshilfen

(1) Die Kommunikation mittels eines Gebärdensprachdolmetschers oder einer anderen Kommunikationshilfe ist als geeignete Kommunikationsform anzusehen, wenn sie im konkreten Fall eine für die Wahrnehmung eigener Rechte im Verwaltungsverfahren erforderliche Verständigung sicherstellt.

(2) Als andere Kommunikationshilfen kommen Kommunikationshelferinnen und Kommunikationshelfer, Kommunikationsmethoden und Kommunikationsmittel in Betracht:
1. Kommunikationshelferinnen und Kommunikationshelfer sind insbesondere
   a) Schriftdolmetscherinnen und Schriftdolmetscher;
   b) Simultanschriftdolmetscherinnen und Simultanschriftdolmetscher;
   c) Oraldolmetscherinnen und Oraldolmetscher oder
   d) Kommunikationsassistentinnen und Kommunikationsassistenten.
2. Kommunikationsmethoden sind insbesondere
   a) Lormen und taktil wahrnehmbare Gebärden oder
   b) gestützte Kommunikation für Menschen mit autistischer Störung.
3. Kommunikationsmittel sind insbesondere
   a) akustisch-technische Hilfen oder
   b) grafische Symbol-Systeme.

§ 4 Art und Weise der Bereitstellung von geeigneten Kommunikationshilfen

(1) Gebärdensprachdolmetscher und andere geeignete Kommunikationshilfen werden von der Behörde bereitgestellt, es sei denn, die Berechtigten machen von ihrem Wahlrecht nach § 2 Abs. 2 Satz 2 Gebrauch.

(2) Das Bundesverwaltungsamt berät und unterstützt die Behörde bei ihrer Aufgabe nach Absatz 1.

§ 5 Grundsätze für eine angemessene Vergütung oder Erstattung

(1) [1] Die Behörde entschädigt Gebärdensprachdolmetscher und Kommunikationshelfer in entsprechender Anwendung des Gesetzes über die Entschädigung von Zeugen und Sachverständigen. [2] Für den Einsatz sonstiger Kommunikationshilfen trägt sie die entstandenen Aufwendungen.

(2) [1] Die Behörde vergütet die Leistungen unmittelbar denjenigen, die sie erbracht haben. Stellen die Berechtigten den Gebärdensprachdolmetscher oder die sonstige Kommunikationshilfe selbst bereit, trägt die Behörde die Kosten nach Absatz 1 nur, soweit sie nach Maßgabe des § 2 Abs. 1 erforderlich sind. [2] In diesem Fall dürfen die Berechtigten nicht auf eine Erstattung verwiesen werden, es sei denn, sie wünschen dies oder es liegt ein sonstiger besonderer Grund vor.

§ 6 Folgenabschätzung

Diese Verordnung wird spätestens nach Ablauf von drei Jahren nach ihrem Inkrafttreten auf ihre Wirkung überprüft.

§ 7 Inkrafttreten

Diese Verordnung tritt am Tag nach ihrer Verkündung in Kraft.

9. Verordnung zur Zugänglichmachung von Dokumenten für blinde und sehbehinderte Menschen im Verwaltungsverfahren nach dem Behindertengleichstellungsgesetz (Verordnung über barrierefreie Dokumente in der Bundesverwaltung – VBD)

Vom 17. Juli 2002

BGBl. III/FNA 860-9-2-2

Auf Grund des § 10 Abs. 2 des Behindertengleichstellungsgesetzes vom 27. April 2002 (BGBl. I S. 1467) verordnet das Bundesministerium des Innern im Einvernehmen mit dem Bundesministerium für Arbeit und Sozialordnung:

§ 1 Anwendungsbereich

(1) Die Verordnung gilt für alle natürlichen Personen, die als Beteiligte eines Verwaltungsverfahrens wegen Blindheit oder einer anderen Sehbehinderung nach Maßgabe von § 3 des Behindertengleichstellungsgesetzes zur Wahrnehmung eigener Rechte einen Anspruch darauf haben, dass ihnen Dokumente in einer für sie wahrnehmbaren Form zugänglich gemacht werden (Berechtigte).

(2) Die Berechtigten können ihren Anspruch nach § 10 Abs. 1 Satz 2 des Behindertengleichstellungsgesetzes gegenüber jeder Behörde der Bundesverwaltung geltend machen.

§ 2 Gegenstand der Zugänglichmachung

Der Anspruch nach § 10 Abs. 1 Satz 2 des Behindertengleichstellungsgesetzes umfasst Bescheide, öffentlich-rechtliche Verträge und Vordrucke (Dokumente), einschließlich der Anlagen, die die Dokumente in Bezug nehmen.

§ 3 Formen der Zugänglichmachung

(1) Die Dokumente können den Berechtigten schriftlich, elektronisch, akustisch, mündlich oder in sonstiger Weise zugänglich gemacht werden.

(2) [1] Werden Dokumente in schriftlicher Form zugänglich gemacht, erfolgt dies in Blindenschrift oder in Großdruck. [2] Bei Großdruck sind ein Schriftbild, eine Kontrastierung und eine Papierqualität zu wählen, die die individuelle Wahrnehmungsfähigkeit der Berechtigten ausreichend berücksichtigen.

(3) Werden Dokumente auf elektronischem Wege zugänglich gemacht, sind die Standards der Barrierefreie Informationstechnik-Verordnung maßgebend.

§ 4 Bekanntgabe

Die Dokumente sollen den Berechtigten, soweit möglich, gleichzeitig mit der Bekanntgabe auch in der für sie wahrnehmbaren Form zugänglich gemacht werden.

§ 5 Umfang des Anspruchs

(1) [1] Der Anspruch der Berechtigten, dass ihnen Dokumente in einer für sie wahrnehmbaren Form zugänglich gemacht werden, besteht, soweit dies zur Wahrnehmung eigener Rechte im Verwaltungsverfahren erforderlich ist. [2] Dabei ist insbesondere der individuelle Bedarf der Berechtigten zu berücksichtigen.

(2) [1] Die Berechtigten haben nach Maßgabe des Absatzes 1 ein Wahlrecht zwischen den in § 3 genannten Formen, in denen Dokumente zugänglich gemacht werden können. [2] Die Berechtigten haben dazu der Behörde rechtzeitig mitzuteilen, in welcher Form und mit welchen Maßgaben die Dokumente zugänglich gemacht werden sollen. [3] Die Behörde kann die ausgewählte Form, in der Dokumente zugänglich gemacht werden sollen, zurückweisen, wenn sie ungeeignet ist oder in sonstiger Weise den Voraussetzungen des Absatzes 1 nicht entspricht. [4] Die Blindheit oder die Sehbehinderung sowie die Wahlentscheidung nach Satz 1 sind aktenkundig zu machen und im weiteren Verwaltungsverfahren von Amts wegen zu berücksichtigen.

(3) Erhält die Behörde Kenntnis von der Blindheit oder einer anderen Sehbehinderung von Berechtigten im Verwaltungsverfahren, hat sie diese auf ihr Recht, dass ihnen Dokumente in einer für sie wahrnehmbaren Form zugänglich gemacht werden, und auf ihr Wahlrecht nach Absatz 2 Satz 1 hinzuweisen.

§ 6 Organisation und Kosten

(1) Die Dokumente können den Berechtigten durch die Behörde selbst, durch eine andere Behörde oder durch eine Beauftragung Dritter in einer für sie wahrnehmbaren Form zugänglich gemacht werden.

(2) Das Bundesverwaltungsamt berät und unterstützt die Behörde bei ihrer Aufgabe, blinden und sehbehinderten Menschen nach Maßgabe dieser Rechtsverordnung Dokumente zugänglich zu machen.

(3) [1] Die Vorschriften über die Kosten (Gebühren und Auslagen) öffentlich-rechtlicher Verwaltungstätigkeit bleiben unberührt. [2] Auslagen für besondere Aufwendungen, die dadurch entstehen, dass den Berechtigten Dokumente in einer für sie wahrnehmbaren Form zugänglich gemacht werden, werden nicht erhoben.

§ 7 Folgenabschätzung

Diese Verordnung wird spätestens nach Ablauf von drei Jahren nach ihrem Inkrafttreten auf ihre Wirkung überprüft.

§ 8 Inkrafttreten

Diese Verordnung tritt am Tag nach ihrer Verkündung in Kraft.

10. Verordnung zur Schaffung barrierefreier Informationstechnik nach dem Behindertengleichstellungsgesetz (Barrierefreie Informationstechnik-Verordnung – BITV)

Vom 17. Juli 2002
BGBl. III/FNA 860-9-2-3

Auf Grund des § 11 Abs. 1 Satz 2 des Behindertengleichstellungsgesetzes vom 27. April 2002 (BGBl. I S. 1467) verordnet das Bundesministerium des Innern im Einvernehmen mit dem Bundesministerium für Arbeit und Sozialordnung:

§ 1 Sachlicher Geltungsbereich

Die Verordnung gilt für:
1. Internetauftritte und -angebote,
2. Intranetauftritte und -angebote, die öffentlich zugänglich sind, und
3. mittels Informationstechnik realisierte graphische Programmoberflächen, die öffentlich zugänglich sind,

der Behörden der Bundesverwaltung.

§ 2 Einzubeziehende Gruppen behinderter Menschen

Die Gestaltung von Angeboten der Informationstechnik (§ 1) nach dieser Verordnung ist dazu bestimmt, behinderten Menschen im Sinne des § 3 des Behindertengleichstellungsgesetzes, denen ohne die Erfüllung zusätzlicher Bedingungen die Nutzung der Informationstechnik nur eingeschränkt möglich ist, den Zugang dazu zu eröffnen.

§ 3 Anzuwendende Standards

Die Angebote der Informationstechnik (§ 1) sind gemäß der Anlage zu dieser Verordnung so zu gestalten, dass
1. alle Angebote die unter Priorität I aufgeführten Anforderungen und Bedingungen erfüllen und
2. zentrale Navigations- und Einstiegsangebote zusätzlich die unter Priorität II aufgeführten Anforderungen und Bedingungen berücksichtigen.

§ 4 Umsetzungsfristen für die Standards

(1) Die in § 1 dieser Verordnung genannten Angebote, die nach Inkrafttreten dieser Verordnung neu gestaltet oder in wesentlichen Bestandteilen oder größerem Umfang verändert oder angepasst werden, sind gemäß § 3 dieser Verordnung zu erstellen. Mindestens ein Zugangspfad zu den genannten Angeboten soll mit der Freischaltung dieser Angebote die Anforderungen und Bedingungen der Priorität I der Anlage zu dieser Verordnung erfüllen. Spätestens bis zum 31. Dezember 2005 müssen alle Zugangspfade zu den genannten Angeboten die Anforderungen und Bedingungen der Priorität I der Anlage zu dieser Verordnung erfüllen.

(2) Angebote, die vor Inkrafttreten dieser Verordnung im Internet oder im Intranet (§ 1 Nummer 2) veröffentlich wurden, sind bis zum 31. Dezember 2003 gemäß § 3 dieser Verordnung zu gestalten, wenn diese Angebote sich speziell an behinderte Menschen im Sinne des § 3 Behindertengleichstellungsgesetz richten.

(3) Soweit nicht Absatz 2 gilt, sind die Angebote, die vor Inkrafttreten dieser Verordnung im Internet oder Intranet (§ 1 Nummer 2) veröffentlicht wurden, bis zum 31. Dezember 2005 gemäß § 3 dieser Verordnung zu gestalten.

§ 5 Folgenabschätzung

Die Verordnung ist unter Berücksichtigung der technischen Entwicklung regelmäßig zu überprüfen. Sie wird spätestens nach Ablauf von drei Jahren nach ihrem Inkrafttreten auf ihre Wirkung überprüft.

§ 6 Inkrafttreten

Diese Verordnung tritt am Tag nach ihrer Verkündung in Kraft.

11. Verordnung über Kraftfahrzeughilfe zur beruflichen Rehabilitation (Kraftfahrzeughilfe-Verordnung – KfzHV)

Vom 28. September 1987 (BGBl. I S. 2251), zuletzt geänd. durch Drittes Gesetz für moderne Dienstleistungen am Arbeitsmarkt v. 23. 12. 2003 (BGBl. I S. 2848)

BGBl. III/FNA 870-1-1

§ 1 Grundsatz

Kraftfahrzeughilfe zur Teilhabe behinderter Menschen am Arbeitsleben richtet sich bei den Trägern der gesetzlichen Unfallversicherung, der gesetzlichen Rentenversicherung, der Kriegsopferfürsorge und der Bundesagentur für Arbeit sowie den Trägern der begleitenden Hilfe im Arbeits- und Berufsleben nach dieser Verordnung.

§ 2 Leistungen

(1) Die Kraftfahrzeughilfe umfasst Leistungen
1. zur Beschaffung eines Kraftfahrzeuges,
2. für eine behinderungsbedingte Zusatzausstattung,
3. zur Erlangung einer Fahrerlaubnis.

(2) Die Leistungen werden als Zuschüsse und nach Maßgabe des § 9 als Darlehen erbracht.

§ 3 Persönliche Voraussetzungen

(1) Die Leistungen setzen voraus, dass
1. der behinderte Mensch infolge seiner Behinderung nicht nur vorübergehend auf die Benutzung eines Kraftfahrzeugs angewiesen ist, um seinen Arbeits- oder Ausbildungsort oder den Ort einer sonstigen Leistung der beruflichen Bildung zu erreichen, und
2. der behinderte Mensch ein Kraftfahrzeug führen kann oder gewährleistet ist, daß ein Dritter das Kraftfahrzeug für ihn führt.

(2) Absatz 1 gilt auch für in Heimarbeit Beschäftigte im Sinne des § 12 Abs. 2 des Vierten Buches Sozialgesetzbuch, wenn das Kraftfahrzeug wegen Art oder Schwere der Behinderung notwendig ist, um beim Auftraggeber die Ware abzuholen oder die Arbeitsergebnisse abzuliefern.

(3) Ist der behinderte Mensch zur Berufsausübung im Rahmen eines Arbeitsverhältnisses nicht nur vorübergehend auf ein Kraftfahrzeug angewiesen, wird Kraftfahrzeughilfe geleistet, wenn infolge seiner Behinderung nur auf diese Weise die Teilhabe am Arbeitsleben dauerhaft gesichert werden kann und die Übernahme der Kosten durch den Arbeitgeber nicht üblich oder zumutbar ist.

(4) Sofern nach den für den Träger geltenden besonderen Vorschriften Kraftfahrzeughilfe für behinderte Menschen die nicht Arbeitnehmer sind, in Betracht kommt sind, die Absätze 1 und 3 entsprechend anzuwenden.

§ 4 Hilfe zur Beschaffung eines Kraftfahrzeugs

(1) Hilfe zur Beschaffung eines Kraftfahrzeugs setzt voraus, dass der behinderte Mensch nicht über ein Kraftfahrzeug verfügt, das die Voraussetzungen nach Absatz 2 erfüllt und dessen weitere Benutzung ihm zumutbar ist.

(2) Das Kraftfahrzeug muss nach Größe und Ausstattung den Anforderungen entsprechen, die sich im Einzelfall aus der Behinderung ergeben und, soweit erforderlich, eine behinderungsbedingte Zusatzausstattung ohne unverhältnismäßigen Mehraufwand ermöglichen.

(3) Die Beschaffung eines Gebrauchtwagens kann gefördert werden, wenn er die Voraussetzungen nach Absatz 2 erfüllt und sein Verkehrswert mindestens 50 vom Hundert des seinerzeitigen Neuwagenpreises beträgt.

§ 5 Bemessungsbetrag

(1) ¹Die Beschaffung eines Kraftfahrzeugs wird bis zu einem Betrag in Höhe des Kaufpreises, höchstens jedoch bis zu einem Betrag von 9 500 Euro gefördert. ²Die Kosten einer behinderungsbedingten Zusatzausstattung bleiben bei der Ermittlung unberücksichtigt.

(2) Abweichend von Absatz 1 Satz 1 wird im Einzelfall ein höherer Betrag zugrunde gelegt, wenn Art oder Schwere der Behinderung ein Kraftfahrzeug mit höherem Kaufpreis zwingend erfordert.

(3) Zuschüsse öffentlich-rechtlicher Stellen zu dem Kraftfahrzeug, auf die ein vorrangiger Anspruch besteht oder die vorrangig nach pflichtgemäßem Ermessen zu leisten sind, und der Verkehrswert eines Altwagens sind von dem Betrag nach Absatz 1 oder 2 abzusetzen.

§ 6 Art und Höhe der Förderung

(1) ¹Hilfe zur Beschaffung eines Kraftfahrzeugs wird in der Regel als Zuschuss geleistet. ²Der Zuschuss richtet sich nach dem Einkommen des behinderten Menschen nach Maßgabe der folgenden Tabelle:

Einkommen bis zu v. H. der monatlichen Bezugsgröße nach § 18 Abs. 1 des Vierten Buches Sozialgesetzbuch*	Zuschuss in v. H. des Bemessungsbetrags nach § 5
40	100
45	88
50	76
55	64
60	52
65	40
70	28
75	16

³Die Beträge nach Satz 2 sind jeweils auf volle 5 Euro aufzurunden.

(2) Von dem Einkommen des behinderten Menschen ist für jeden von ihm unterhaltenen Familienangehörigen ein Betrag von 12 vom Hundert der monatlichen Bezugsgröße nach § 18 Abs. 1 des Vierten Buches Sozialgesetzbuch abzusetzen; Absatz 1 Satz 3 gilt entsprechend.

(3) ¹Einkommen im Sinne der Absätze 1 und 2 sind das monatliche Netto-Arbeitsentgelt, Netto-Arbeitseinkommen und vergleichbare Lohnersatzleistungen des behinderten Menschen. ²Die Ermittlung des Einkommens richtet sich nach den für den zuständigen Träger maßgeblichen Regelungen.

(4) ¹Die Absätze 1 bis 3 gelten auch für die Hilfe zur erneuten Beschaffung eines Kraftfahrzeugs. ²Die Hilfe soll nicht vor Ablauf von fünf Jahren seit der Beschaffung des zuletzt geförderten Fahrzeugs geleistet werden.

§ 7 Behinderungsbedingte Zusatzausstattung

¹Für eine Zusatzausstattung, die wegen der Behinderung erforderlich ist, ihren Einbau, ihre technische Überprüfung und die Wiederherstellung ihrer technischen Funktionstätigkeit werden die Kosten in vollem Umfang übernommen. ²Dies gilt auch für eine Zusatzausstattung, die wegen der Behinderung eines Dritten erforderlich ist, der für den behinderten Menschen das Kraftfahrzeug führt (§ 3 Abs. 1 Nr. 2). ³Zuschüsse öffentlich-rechtlicher Stellen, auf die ein vorrangiger Anspruch besteht oder die vorrangig nach pflichtgemäßem Ermessen zu leisten sind, sind anzurechnen.

§ 8 Fahrerlaubnis

(1) ¹Zu den Kosten, die für die Erlangung einer Fahrerlaubnis notwendig sind, wird ein Zuschuss geleistet. ²Er beläuft sich bei behinderten Menschen mit einem Einkommen (§ 6 Abs. 3)
1. bis 40 vom Hundert der monatlichen Bezugsgröße nach § 18 Abs. 1 des Vierten Buches Sozialgesetzbuch (monatliche Bezugsgröße) auf die volle Höhe,
2. bis zu 55 vom Hundert der monatlichen Bezugsgröße auf zwei Drittel,
3. bis zu 75 vom Hundert der monatlichen Bezugsgröße auf ein Drittel

der entstehenden notwendigen Kosten; § 6 Abs. 1 Satz 3 und Abs. 2 gilt entsprechend. ³Zuschüsse öffentlich-rechtlicher Stellen für den Erwerb der Fahrerlaubnis, auf die ein vorrangiger Anspruch besteht oder die vorrangig nach pflichtgemäßem Ermessen zu leisten sind, sind anzurechnen.

(2) Kosten für behinderungsbedingte Untersuchungen, Ergänzungsprüfungen und Eintragungen in vorhandene Führerscheine werden in vollem Umfang übernommen.

§ 9 Leistungen in besonderen Härtefällen

¹Zur Vermeidung besonderer Härten können Leistungen auch abweichend von § 2 Abs. 1, §§ 6 und 8 Abs. 1 erbracht werden, soweit dies
1. notwendig ist, um Leistungen der Kraftfahrzeughilfe von seiten eines anderen Leistungsträgers nicht erforderlich werden zu lassen, oder
2. unter den Voraussetzungen des § 3 zur Aufnahme oder Fortsetzung einer beruflichen Tätigkeit unumgänglich ist.

²Im Rahmen von Sitz 1 Nr. 2 kann auch ein Zuschuss für die Beförderung des behinderten Menschen, insbesondere durch Beförderungsdienste, geleistet werden, wenn
1. der behinderte Mensch ein Kraftfahrzeug nicht selbst führen kann und auch nicht gewährleistet ist, dass ein Dritter das Kraftfahrzeug für ihn führt (§ 3 Abs. 1 Nr. 2), oder
2. die Übernahme der Beförderungskosten anstelle von Kraftfahrzeughilfen wirtschaftlicher und für den behinderten Menschen zumutbar ist;

dabei ist zu berücksichtigen, was der behinderte Mensch als Kraftfahrzeughalter bei Anwendung des § 6 für die Anschaffung und die berufliche Nutzung des Kraftfahrzeugs aus eigenen Mitteln aufzubringen hätte.

(2) ¹Leistungen nach Absatz 1 Satz 1 können als Darlehen erbracht werden, wenn die dort genannten Ziele auch durch ein Darlehen erreicht werden können; das Darlehen darf zusammen mit einem Zuschuss nach § 6 den nach § 5 maßgebenden Bemessungsbetrag nicht übersteigen. ²Das Darlehen ist unverzinslich und spätestens innerhalb von fünf Jahren zu tilgen; es können bis zu zwei tilgungsfreie Jahre eingeräumt werden. ³Auf die Rückzahlung des Darlehens kann unter den in Absatz 1 Satz 1 genannten Voraussetzungen verzichtet werden.

§ 10 Antragstellung

¹Leistungen sollen vor dem Abschluss eines Kaufvertrages über das Kraftfahrzeug und die behinderungsbedingte Zusatzausstattung sowie vor Beginn einer nach § 8 zu fördernden Leistung beantragt werden. ²Leistungen zur technischen Überprüfung und Wiederherstellung der technischen Funktionsfähigkeit einer behinderungsbedingten Zusatzausstattung sind spätestens innerhalb eines Monats nach Rechnungstellung zu beantragen.

§ 11 Änderung der Verordnung zur Kriegsopferfürsorge

(vom Abdruck wurde abgesehen)

§ 12 Änderung der Ausgleichsabgabeverordnung Schwerbehindertengesetz

(vom Abdruck wurde abgesehen)

§ 13 Übergangsvorschriften

(1) Auf Beschädigte im Sinne des Bundesversorgungsgesetzes und der Gesetze, die das Bundesversorgungsgesetz für entsprechend anwendbar erklären, die vor Inkrafttreten dieser Verordnung Hilfe zur Beschaffung eines Kraftfahrzeugs im Rahmen der Teilhabe am Arbeitsleben erhalten haben, sind die bisher geltenden Bestimmungen weiterhin anzuwenden, wenn sie günstiger sind und der Beschädigte es beantragt.

(2) Über Leistungen, die bei Inkrafttreten dieser Verordnung bereits beantragt sind, ist nach den bisher geltenden Bestimmungen zu entscheiden, wenn sie für den behinderten Menschen günstiger sind.

(3) (weggefallen)

§ 14 Inkrafttreten

Diese Verordnung tritt am 1. Oktober 1987 in Kraft.

12. Nahverkehrszügeverordnung

Vom 30. September 1994 (BGBl. I S. 1994, 2962), zuletzt geändert durch Art. 58 des Gesetzes vom 19. 6. 2001 (BGBl. I S. 1046)

BGBl. III/FNA 871-1-15

Auf Grund des § 61 Abs. 4 des Schwerbehindertengesetzes, der durch Artikel 6 Abs. 103 Nr. 3 Buchstabe c des Gesetzes vom 27. Dezember 1993 (BGBl. I S. 2378, 2417) angefügt worden ist, verordnen das Bundesministerium für Arbeit und Sozialordnung und das Bundesministerium für Verkehr:

§ 1 Züge des Nahverkehrs

Züge des Nahverkehrs im Sinne des § 147 Abs. 1 Nr. 5 des Neunten Buches Sozialgesetzbuch sind Züge mit folgenden Zuggattungsbezeichnungen:

1. Regionalbahn (RB),
2. Stadtexpress (SE),
3. Regionalexpress (RE),
4. Schnellzug (D),
5. InterRegio (IR).

§ 2 Zuschlagpflichtige Züge des Nahverkehrs

Zuschlagpflichtige Züge des Nahverkehrs im Sinne des § 145 Abs. 1 Satz 1 zweiter Halbsatz des Neunten Buches Sozialgesetzbuch sind Züge mit folgenden Zuggattungsbezeichnungen:

1. Schnellzug (D),
2. InterRegio (IR),

soweit diese Züge nicht zuschlagfrei sind.

§ 3 Inkrafttreten

Diese Verordnung tritt am Tage nach der Verkündung in Kraft.

13. Kraftfahrzeugsteuergesetz (KraftStG 1994)

In der Fassung der Bekanntmachung vom 26. September 2002 (BGBl. I S. 3818)

– Auszug –

§ 3 a Vergünstigungen für Schwerbehinderte

(1) Von der Steuer befreit ist das Halten von Kraftfahrzeugen, solange die Fahrzeuge für schwerbehinderte Personen zugelassen sind, die durch einen Ausweis im Sinne des Neunten Buches Sozialgesetzbuch oder des Artikels 3 des Gesetzes über die unentgeltliche Beförderung Schwerbehinderter im öffentlichen Personenverkehr vom 9. Juli 1979 (BGBl. I S. 989) mit dem Merkzeichen „H", „BI" oder „aG" nachweisen, dass sie hilflos, blind oder außergewöhnlich gehbehindert sind.

(2) ¹Die Steuer ermäßigt sich um 50 vom Hundert für Kraftfahrzeuge, solange die Fahrzeuge für schwerbehinderte Personen zugelassen sind, die durch einen Ausweis im Sinne des Neunten Buches Sozialgesetzbuch oder des Artikels 3 des Gesetzes über die unentgeltliche Beförderung Schwerbehinderter im öffentlichen Personenverkehr mit orangefarbenem Flächenaufdruck nachweisen, dass sie die Voraussetzungen des § 145 Abs. 1 Satz 1 des Neunten Buches Sozialgesetzbuch erfüllen. ²Die Steuerermäßigung wird nicht gewährt, solange die schwerbehinderte Person das Recht zur unentgeltlichen Beförderung nach § 145 des Neunten Buches Sozialgesetzbuch in Anspruch nimmt. ³Die Inanspruchnahme der Steuerermäßigung ist vom Finanzamt auf dem Schwerbehindertenausweis zu vermerken. Der Vermerk ist vom Finanzamt zu löschen, wenn die Steuerermäßigung entfällt.

(3) ¹Die Steuervergünstigung der Absätze 1 und 2 steht den behinderten Personen nur für ein Fahrzeug und nur auf schriftlichen Antrag zu. ²Sie entfällt, wenn das Fahrzeug zur Beförderung von Gütern (ausgenommen Handgepäck), zur entgeltlichen Beförderung von Personen (ausgenommen die gelegentliche Mitbeförderung) oder durch andere Personen zu Fahrten benutzt wird, die nicht im Zusammenhang mit der Fortbewegung oder der Haushaltsführung der behinderten Personen stehen.

§ 17 Sonderregelung für bestimmte Behinderte

Behinderte, denen die Kraftfahrzeugsteuer im Zeitpunkt des Inkrafttretens des Gesetzes zur Änderung des Kraftfahrzeugsteuergesetzes vom 22. Dezember 1978 (BGBl. I S. 2063) nach § 3 Abs. 1 Nr. 1 des Kraftfahrzeugsteuergesetzes in der Fassung der Bekanntmachung vom 1. Dezember 1972 (BGBl. I S. 2209) erlassen war, gelten im Sinne des § 3a Abs. 1 dieses Gesetzes ohne weiteren Nachweis als außergewöhnlich gehbehindert, solange nicht nur vorübergehend ein Grad der Behinderung von wenigstens 50 vom Hundert vorliegt.

Stichwortverzeichnis

Die **fetten** Ziffern bezeichnen die Paragrafen,
die mageren die Randnummern. **E** = Einleitung; **Anh** = Anhang
Die mit BGG versehenen Paragrafen kennzeichnen
das Behindertengleichstellungsgesetz

Abfindungen
- Anrechnungsverbot **123** 4
- Ausnahmen vom Kündigungsschutz **90** 6
- Ermessenseinschränkung bei Kündigung **89** 6

Agentur für Arbeit
- Antrag auf Feststellung des GdB **69** 4
- Antrag auf Zulassung der Anrechnung auf Pflichtarbeitsplätze **75** 6
- Vorschlag von Bewerbern **81** 5
- Einblicksrecht in Betrieb/Dienststelle **80** 25–27
- Geheimhaltungspflicht **130** 2
- Unterstützung des Arbeitgebers **81** 38
- Zuständigkeit bei Gleichstellung **68** 4, 7
- Zuständigkeit bei Mehrfachanrechnung **76** 11

Alkoholiker
- Arbeitsplatz **73** 14

Alliierte Streitkräfte
- besonderer Kündigungsschutz **85** 10
- Mindestkündigungsfrist **86** 6

Altersgrenze
- bei Anrechnung auf Pflichtarbeitsplätze **75** 2
- bei Zugang zur Werkstatt für behinderte Menschen **136** 18

Alterssicherung für Landwirte
- als Rehabilitationsträger **6** 3

Altersteilzeit
- Arbeitsplatz **73** 21

Amtssprache
- Gebärdensprache **57** 5

ambulant vor stationär
- Allgemeines **19** 6–9

Amtzeit
- der Schwerbehindertenvertretung **94** 35–43
  - Beginn **94** 55
  - Ende **94** 40–42

Änderungskündigung, *siehe Kündigung, Änderungskündigung*

Anfechtung
- des Arbeitsvertrags wegen Täuschung **81** 6
- der Wahl der Schwerbehindertenvertretung **94** 36, 37

Anfechtungsklage
- gegen Festsetzung der Ausgleichsabgabe **77** 15
- gegen Feststellung der Pflichtarbeitsplätze **80** 16

Anhaltspunkt für Gutachtertätigkeit
- Feststellung des GdB **69** 12–15
- Wechselwirkungen einzelner Beeinträchtigungen **69** 24

Anhörung
- des Betriebs-Personalrats
- bei Kündigung **84** 3, **85** 3
- des Integrationsamtes
  - bei Beendigung des Beamtenverhältnisses **128** 1
- des schwerbehinderten Menschen
  - durch Integrationsamt bei Entziehung von Hilfen **117** 10
  - durch Integrationsamt bei Kündigung **87** 9, **88** 3
  - durch Widerspruchsauschuss **121** 3
- von den Widerspruchsausschüssen **121** 3

Anrechnung von Arbeitsplätzen
- Heimarbeit **127** 6–9

Anrechnung von Aufträgen
- an Werkstätten für Behinderte
  - Allgemeines **140** 1–3
  - Anrechnungsfähigkeit **140** 3
  - Frist **140** 7
  - Gesamtrechnungsbetrag **140** 4
  - Materialkosten **140** 5
  - Rechnung **140** 8
  - Vorsteuerabzug **140** 6

Anrechnungsverbot 123 2–7
- Gleichgestellte **123** 2
- Minderleistungsklausel **123** 8, 9
- Rente **123** 3
- Übergangsgeld **123** 7

Anrechnung auf Pflichtarbeitsplätze
- Allgemeines **75** 2, 3
- Mehrfachanrechnung **76** 1–13

Anschlussheilbehandlung (AHB)
- als Krankenbehandlung **27** 5

Antrag
- auf Aussetzung von Beschlüssen **95** 19–22
- auf Erlöschen des Amtes als Vertrauensperson **94** 40
- auf Gleichstellung **68** 4–7
- auf Feststellung der Behinderung **69** 3
  - durch Betreuer **69** 5
  - durch Erben **69** 4
  - durch gesetzlichen Vertreter **69** 4

Stichwortverzeichnis

Fette Zahlen = §§

- des Beförderungsunternehmers **150** 2, 3
- *als* Verfolgungsvoraussetzung **155** 1
- auf Zulassung der Anrechnung auf Pflichtarbeitsplätze **75** 6
- auf Zustimmung des Integrationsamtes zur Kündigung **87** 2–4
- Zeitpunkt des Zugangs **85** 23

Anzeige des Arbeitgebers gegenüber dem Integrationsamt 77 12
- Berichtigung **80** 8
- Frist **80** 8
- gerichtliche Nachprüfung **80** 6
- Ordnungswidrigkeit **80** 9
- Probearbeitsverhältnis **90** 2–5
- Rechtsfolgen bei Verletzung **80** 13–16
- Vordrucke **80** 6

Arbeitgeber
- Antrag auf Feststellung der Behinderung **69** 4
- Antrag auf Gleichstellung **68** 4
- Anzeigepflicht **77** 12
- Ausgleichsabgabe **76** 6
- Auskunftspflicht **80** 18–22
- ausländische Arbeitgeber **71** 15
- Ausschreibungen **81** 4
- Beauftragter **98** 1–12
- Begriff **71** 12–15
- Beschäftigungspflicht **71** 2–19
- Besprechungen mit Betriebs-/Personalrat **95** 35
- Entgeltfortzahlung **89** 14–16
- Förderung von Teilzeitarbeitsplätzen **81** 58–66
- Heimarbeit **127** 4–6
- Integrationsvereinbarung **83** 1–7
- *als* juristische Person **71** 12
- Kenntnis der Schwerbehinderung **85** 25–28
- Kündigung **85** 1–32
- Mehrarbeit **124** 7–10
- öffentliche Arbeitgeber **71** 16, 17
  - bevorzugte Vergabe an WfB **141** 1–8
  - Integrationsprojekte **132** 3
- Prävention **84** 2–6
- Prüfpflicht **81** 3
- schwerbehinderter Arbeitgeber **75** 10
- stufenweise Wiedereingliederung **28** 4
- Unterrichtspflicht **95** 13–16
- Verzeichnis schwerbehinderter Menschen **80** 2
- vorrangige Einstellung schwerbehinderter Menschen **122** 1–9
- Weisung **96** 8
- Widerspruch gegen Gleichstellung **68** 12
- Zusammenarbeit mit BA **80** 1–31

Arbeitnehmer
- ältere Arbeitnehmer **72** 10
- Ausnahmen vom Kündigungsschutz **90** 7
- Begriff **73** 5
- Leiharbeitnehmer **73** 6

- Rehabilitanden **36** 4
- Zwischenmeister **127** 3

arbeitnehmerähnliche Personen
- behinderte Menschen in WfB **138** 2, 3
- besonderer Kündigungsschutz **85** 13
- nicht als Arbeitnehmer **73** 5
- Wahl zur Schwerbehindertenvertretung **94** 25

Arbeitnehmersparzulage
- Anrechnung auf Übergangsgeld **52** 9

Arbeitnehmerüberlassung
- Wahlrecht zum Betriebsrat **93** 3

Arbeitsassistenz
- Abstimmung der Rehabilitationsträger **33** 4, 5
- Bundesarbeitsgemeinschaft unterstützte Beschäftigung **102** 34
- *als* Hilfe im Arbeits- und Berufsleben **102** 23
- Kostenübernahme **102** 23, 31
- Leistungen zur Teilhabe am Arbeitsleben **33** 45, 46
- *als* Präventivmaßnahme **84** 8
- Verordnungsermächtigung **108** 1

Arbeitsbereich
Leistungen im Arbeitsbereich, *siehe dort*

Arbeitsbeschaffungsmaßnahmen (ABM)
- Anrechnung auf Pflichtarbeitsplätze **75** 3
- *kein* Arbeitsplatz **73** 15
- Ausnahmen vom Kündigungsschutz **90** 6
- Wahl der Schwerbehindertenvertreter **94** 19

Arbeitsentgelt
- Anrechnung auf Übergangsgeld **52** 6
- Anrechnungsverbot **123** 2–7
  - Gleichgestellte **123** 2
  - Rente **123** 3
  - Übergangsgeld **123** 7
- Begriff **123** 4
- *im* Berufsbildungsbereich **138** 5
- Beschäftigte in Werkstätten für behinderte Menschen **138** 5–11
  - Grundbetrag **138** 8
  - Steigerungsbetrag **138** 9
- Übergangsgeld
  - bei Leistungen zur Teilhabe am Arbeitsleben **48** 10

Arbeitserprobung
- Anspruch auf Übergangsgeld **45** 4

Arbeitsförderungsgeld
- Allgemeines **43** 1, 2
- Anspruch auf A. **43** 3
- Anspruchsberechtigter **43** 3
- Arbeitsentgelt **43** 2, 4
- Auszahlung an den schwerbehinderten Menschen **43** 4, 5
- Kürzungsmöglichkeit **43** 6
- Sozialversicherungspflicht **43** 4
- Steigerungsbetrag **43** 7
- Teilzeitbeschäftigung **43** 6

Magere Zahlen = Rdnr.

Stichwortverzeichnis

Arbeitsgemeinschaft der deutschen Hauptfürsorgestellen
− Empfehlungen zur Arbeitsassistenz **33** 49; **Anh 8**
− Jahresbericht über Kündigungsschutzverfahren **85** 4, 5

Arbeitsgemeinschaften
− der Rehabilitationsträger **12** 11, 12

Arbeitsleistung
− verminderte **72** 7

Arbeitslosengeld
− Verzicht **51** 11

Arbeitsplatz
− Allgemeines **73** 1–18
− Anrechnung auf Pflichtarbeitsplätze **75** 2, 3
− Heimarbeitsplatz **127** 4
− *im* Außendienst **71** 14; **73** 4
− *von* Auszubildenden **73** 9
− *von* Beamten **73** 7
− Begriff **73** 1
− Ersatzarbeitsplatz **73** 3
− gesicherter A. **89** 22
− gewählte Personen **73** 16
− Grundlage für Beschäftigungspflicht **71** 13
− Mindestzahl **74** 1
− Ort des Arbeitsplatzes **71** 18
− Pflichtarbeitsplatzzahl **74** 1
− *von* Praktikanten **73** 9
− *im* Privathaushalt **71** 14
− *von* Richtern **73** 8
− Teilzeitarbeitsplatz **73** 19–21
− *als* Telearbeitsplatz **71** 14
− *von* Umschülern **73** 9
− *von* Volontären **73** 9
− *in* Werkstatt für behinderte Menschen **136** 10
− zumutbarer A. **89** 24; **117** 3

Arbeitsschutz
− Einrichtungen der beruflichen Rehabilitation **35** 16

Arbeitstrainingsbereich, *siehe Berufsbildungsbereich*

Arbeits- und Beschäftigungstherapie
− in Werkstatt für behinderte Menschen **136** 19, 20

Arbeitsunfähigkeit
− Einschaltung der Schwerbehindertenvertretung **84** 9–14

Arbeitsverhältnis
− befristetes A. **90** 24
− Prävention vor Beendigung **84** 17
− *siehe Probezeit*

Arbeitsvermittlung
− Vorrang schwerbehinderter Menschen **122** 8

Arzneimittel
− als Leistung der medizinischen Rehabilitation **5** 5

Arzt/Ärzte
− Beratung durch A. **61** 3
− Landesärzte, *siehe dort*
ärztliche Bescheinigung 69 20
Aufhebungsvertrag
− Entziehung der besonderen Hilfen **117** 4
− kein besonderer Kündigungsschutz **85** 20
aufschiebende Wirkung
− bei Widerspruch gegen Entscheidung des Integrationsamtes **88** 15
− bei Widerspruch gegen Entziehung der besonderen Hilfen **117** 11
− bei Widerspruch gegen Erlöschen des Amtes als Vertrauensperson **94** 43
− bei Widerspruch gegen Festsetzung der Ausgleichsabgabe **77** 15
− bei Widerspruch gegen Feststellung der Pflichtarbeitsplätze **80** 16
− bei Widerspruch gegen
  − Zustimmung zur ordentlichen Kündigung **89** 31
  − Zustimmung zur außerordentlichen Kündigung **91** 33
Aufträge
− der öffentlichen Hand
  − Aufträge des Bundes **141** 4
  − Aufträge der Länder und Gemeinden **141** 6
  − bevorzugtes Angebot an WfB **141** 1–7
  − Richtlinien des Bundes **141** 4
Auftraggeber
− für Heimarbeit **127** 3–5
− Auskunftserteilung **127** 16
− Führen eines Verzeichnisses **127** 16
Aufwendungen
− des Arbeitgebers **72** 6
Ausbildungsgeld
− Arbeitsentgelt in Werkstatt für behinderte Menschen **138** 7
Ausbildungsordnungen
− Dauer der beruflichen Rehabilitation **37** 2
Ausbildungsstellen
− Nichtberücksichtigung **74** 2
Ausbildungsvergütung
− Anrechnung auf Übergangsgeld **52** 7
Ausbildungszuschüsse
− als Leistung zur Teilhabe am Arbeitsleben **5** 9; **33** 14
Ausgleichsabgabe
− Allgemeines **77** 1–7
− Anrechnung von Aufträgen an WfB **77** 9; **140** 1–9
− Frist **140** 9
− Rechnungsbetrag **140** 8
− Aufteilung Bund-Länder **77** 21
− Ausgleichsfonds **78** 1–6
− Dynamisierung **77** 10
− Erlass **77** 17
− Festsetzung **77** 11
− Frist zur Zahlung **77** 12

663

Stichwortverzeichnis

Fette Zahlen = §§

- Höhe **77** 8
- Integrationsprojekte **134** 1
- kein Wahlrecht zur Beschäftigung **77** 5
- Nachberechnungen **77** 14
- öffentlich-rechtliche Verpflichtung **77** 3
- Rechtscharakter **77** 2, 3
- Säumniszuschläge **77** 15–18
- Stundung **77** 16
- Verfassungsgemäßheit **77** 3
- Verjährung **77** 19
- Verteilung der Mittel **77** 21
- Verwendungszweck **77** 20
- Zahlung an Integrationsamt **77** 12

Ausgleichsfonds 78 1–6
- Ausgleichsabgabeverordnung **Anh** 2
- Finanzierung **78** 3
- Förderung überregionaler Einrichtung **78** 5
- Sondervermögen des Bundes **78** 2
- Verordnungsermächtigung **79** 1
- Verwaltung **78** 2
- Verwaltungskosten **78** 4
- Verwendung **78** 4; **77** 20

Auskunft
- Ordnungswidrigkeit **80** 20
- Pflicht des Arbeitgebers **80** 18–22

Ausländer
- als Arbeitgeber **71** 15

Ausland
- Beschäftigung im A.
  - besonderer Kündigungsschutz **85** 14
- grenznahes Ausland **18** 13
- Kostenerstattung bei
  - Brillenersatz im Ausland **18** 14
  - kieferorthopädische Behandlung im Ausland **18** 12
  - stationäre Krankenhausaufnahme im Ausland **18** 15
- Sachleistungen im A.
  - ausländische Rehabilitationseinrichtungen **18** 8
  - Leistungsort **18** 6–10
  - Wirtschaftlichkeit **18** 9

Ausschreibungen
- Prüfpflicht des Arbeitgebers **81** 4

Außendienst
- als Arbeitsplatz **73** 4
- Wahl zur Schwerbehindertenvertretung **94** 5
- Wahlrecht zum Betriebsrat **93** 3
- Wechsel in Innendienst **90** 13

außerbetriebliche Bildung
- Bevorzugung schwerbehinderter Menschen **81** 33

außerordentliche Kündigung,
siehe Kündigung, außerordentliche

Aussperrung
- Kündigungsschutz bei lösender A. **85** 20

Ausweis, *siehe Schwerbehindertenausweis*

Auszubildende
- Arbeitsplatz **73** 9, **74** 2

- Beschäftigungspflicht **72** 12
- besonderer Kündigungsschutz **85** 6
- Mehrfachanrechnung **76** 7–10

Baden-Württemberg
- Vergaberichtlinien **141** 6

Barrierefreiheit
- Baubereich **BGG 4**, 41, 42, **8**, 1–13
- Bundesfernstraßen **BGG 4** 22
- Definition **BGG 4** 1–6
- Eisenbahnverkehr **BGG 4** 27–32
- Gastronomie **BGG 4** 15–18
- Geltungsbereich **BGG 4** 2
- Hochschulrecht **BGG 4** 11
- Informationstechnik **BGG 11** 1
- Justizbereich **BGG 4** 12–14
- Kindertagesstätten **BGG 4** 39
- Luftverkehr **BGG 4** 34–38
- Mietrecht **BGG 4** 43
- öffentl. Nahverkehr **BGG 4** 19–21, 23–26, 33
- Qualitätsbestandteil **20** 9
- Schriftstücke (landesrechtl. Regelungen) **BGG 10** 6
- Schriftstücke (Mustervertrag) **BGG 10** 8
- Schriftstücke (RechtsVO) **BGG 10** 4
- Schriftstücke (Verpfl. Träger öffentl. Gewalt) **BGG 10** 1, 2
- Schriftstücke (Verbot zusätzl. Kosten) **BGG 10** 3
- Schulen **BGG 4** 39
- Stimmschablonen **BGG 4** 10
- Wahlordnungen **BGG 4** 10
- Zielvereinbarung **BGG 5** 6

Bayern
- Vergaberichtlinien **141** 6

Beamte
- Arbeitsplatz **73** 7
- Beamte auf Probe **73** 7
- Beamte auf Widerruf **73** 7
- Beendigung des Beamtenverhältnisses **128** 7
- berufliche Eingliederung **128** 2, 3
- besonderer Kündigungsschutz **85** 13
- Ehrenbeamte **73** 7
- Kirchenbeamte **73** 7
- Versetzung in den Ruhestand **128** 7

Beauftragter des Arbeitgebers
- Allgemeines **98** 1
- Arbeitgeber **98** 4
- Aufgaben **98** 9–12
- Benennung gegenüber Agentur für Arbeit/ Integrationsamt **80** 28, 29; **98** 7
- Bestellung **98** 2
- betriebsfremde Personen **98** 4
- Betriebsratsmitglieder **98** 5
- mehrere Beauftragte **98** 3
- Ordnungswidrigkeit **155** 4
- Personalratsmitglieder **98** 5
- *als* Verbindungsperson **99** 5

Magere Zahlen = Rdnr.

Stichwortverzeichnis

- Wählbarkeit zur Schwerbehindertenvertretung **94** 24
- **Beförderung in Straßenverkehr (unentgeltliche)**
- Allgemeines **145** 1–5
- Autozüge **145** 22
- Begleitperson **145** 20
- berechtigter Personkreis **145** 8
  - Arbeitsgeldbezieher **145** 16
  - Blinde **145** 15
  - Gehörlose **145** 10
  - Gleichgestellte **145** 7
  - hilflose Menschen **145** 11–13
- Eigenanteil **145** 2
- Fahrgeldausfälle **145** 29
- Fähren **145** 22
- Fernverkehr **147** 14
- Handgepäck **145** 22
- Hilfsmittel **145** 5
- Kfz-Steuerermäßigung **145** 24
- Nahverkehr **147** 1–13
- öffentlicher Personenverkehr **145** 3
- Wertmarken **145** 25–27
- **Befristung**
- der Entziehung der besonderen Hilfen **117** 10
- der Gleichstellung **68** 10
- der Mehrfachanrechung **76** 9
- **Begleitperson**
- schwerbehinderter Mensch **146** 12
- unentgeltliche Beförderung **145** 20
- **Begleitung (ständige)**
- Behindertenbegleithunde **55** 10
- Notwendigkeit **146** 12
  - bei Schwindel **146** 14
  - bei Taubstummen **146** 14
- **Begriff der Behinderung BGG 3** 1, 2
- **Begünstigungen für behinderte Menschen**
- Diskriminierungsschutz **1** 10
- **Begutachtung**
- einheitliche Begutachtungsgrundsätze **12** 8
- **Behindertenbeauftragter**
- Aufgaben **BGG 15** 1, 2
- Ausstattung **BGG 14** 3
- Befugnisse **BGG 15** 3, 4
- Organisation **BGG 14** 3
- Verpflichtung der Bundesregierung **BGG 14** 2
- **Behindertenbegleithund 55** 10
- **behindertengerechte Wohnung**
- Leistungen zur Teilhabe am Arbeitsleben **33** 44
- **Behindertenverbände**
- Beteiligung bei gemeinsamen Empfehlungen **13** 21
- Klagerecht der Verbände **63** 1, 2
- **Behinderung**
- Begriffsbestimmung **2** 1–17
  - internationale Klassifikation **2** 5–9

- Wechselwirkung **2** 9
- Weltgesundheitsorganisation (WHO) **2** 4
- *in* Bewegungsfreiheit
- unentgeltliche Beförderung **145** 8
- drohende Behinderung **2** 10–12
- Prävention vor B. **3** 3–5
- seelische B.
- Koordinierung der Leistungen **10** 4
- Ursache **136** 6
- **behinderungsgerechte Beschäftigung**
- Allgemeines **81** 35
- Pflicht des Arbeitgebers **81** 35
- technische Arbeitshilfen **81** 54
- unverhältnismäßige Aufwendungen **81** 56
- **Beirat für die Teilhabe behinderter Menschen**
- Allgemeines **64** 1
- Aufgaben **64** 2–4
- Besetzung **64** 5
- Verfahren **65** 1–5
- Beschlussfähigkeit **65** 5
- Stellvertreter **65** 5
- Verordnungsermächtigung **67** 1, 2
- **Beitragsbemessungsgrenze**
- Begrenzung des Regelentgelts durch B. **47** 10
- **Benachteiligtenförderung 35** 12
- **Benachteiligungsverbot**
- Allgemeines **1** 1; **81** 1
- Begriff **1** 10–13
- Benachteiligung, Begriff der **BGG 1** 4, **7** 1, 4, 5
- Entschädigungsanspruch **81** 24–31
- Geltungsbereich **BGG 7** 6
- grundgesetzliches Diskriminierungsverbot **1** 10
- im Justizbereich **BGG 7** 3
- in der öffentl. Verwaltung **BGG 7** 2
- Individualklagemöglichkeit **BGG 7** 7
- landesrechtliche Regelungen **BGG 7** 5
- Vertrauensperson **96** 5–8
- **Beratender Ausschuss**
- bei der Bundesagentur für Arbeit
  - Allgemeines **105** 1
  - Amtszeit **106** 6–8
  - Aufgaben **105** 2
  - Beschlussfähigkeit **106** 4
  - Geheimhaltungspflicht **130** 2
  - Geschäftsordnung **106** 2
  - Mehrheitsprinzip **106** 5
  - Mitglieder **105** 3
  - Stellvertreter **105** 7
  - Wahl **106** 4
- beim Integrationsamt
  - Allgemeines **103** 1–6
  - Amtszeit **106** 6–8
  - Aufgaben **103** 2–4
  - Beschlussfähigkeit **106** 4
  - Geheimhaltungspflicht **130** 2

665

Stichwortverzeichnis

Fette Zahlen = §§

- Geschäftsordnung **106** 2
- Mitglieder **103** 5
- Stellvertreter **103** 6
- Vergabe der Mittel der Ausgleichsabgabe **77** 21
- Wahl **106** 3

Bergmannversorgungsschein (-inhaber)
- Anrechnung auf Pflichtarbeitsplatz **75** 11
- bevorzugte Einstellung **122** 5

Bericht
- des Arbeitgebers
  - über Umsetzung der Integrationsvereinbarung **83** 8
- der Bundesagentur für Arbeit **80** 31
- der Bundesregierung **160** 1
  - Frist **66** 1, **160** 3
  - Inhalt **66** 2–5; **160** 2
- über gemeinsame Servicestellen **24** 1, 2
- des Integrationsamtes **114** 2

Berlin
- Servicestellen **23** 2

beruflicher Aufstieg
- Benachteiligungsverbot
  - schwerbehinderte Menschen **81** 33
  - Vertrauensperson **96** 7
- Entschädigungsanspruch **81** 34

berufliche Rehabilitation
- Einrichtungen, *siehe dort*
- Teilnehmer
  - Rechtstellung **36** 1–3
- WfB als Einrichtung der **136** 7

berufliche Weiterbildung
- Dauer **37** 2
- Regelförderung **37** 5
- Teilzeit **37** 5
- Vertrauensperson **96** 29, 30

Berufsausbildung
- *keine* abgeschlossene B. **72** 9
- außerbetriebliche Ausbildung **72** 13
- *als* Leistung der Teilhabe am Arbeitsleben **5** 7

Berufsbildungsbereich
- Leistungen im B. **40** 4–7
  - Dauer **40** 2, 6
  - Voraussetzungen **40** 2–7
- Werkstätten für behinderte Menschen
  - Anforderungen an W. **136** 10
- Zuständigkeit **43** 1, 2

Berufsbildungswerke
- Rechtstellung der Rehabilitanden **36** 1–5
- *als* Rehabilitationseinrichtungen **19** 3
- der beruflichen Rehabilitation **35** 3

Berufsförderungswerke
- Rahmenverträge **35** 19
- *als* Rehabilitationseinrichtungen **19** 3
- der beruflichen Rehabilitation **35** 4

Berufstrainingszentrum
- als Einrichtung der beruflichen Rehabilitation **35** 7

Berufsunfähigkeit
- Berufsunfähigkeitsrente **92** 8

Berufszulassung, *siehe Zulassung von Berufen*

Beschäftigung schwerbehinderter Menschen
- Anspruch auf Beschäftigung **81** 41
- Förderpflicht des Arbeitgebers **81** 44

Beschäftigungspflicht des Arbeitgebers 71 1–18
- Allgemeines **71** 1
- Arbeitsmarktsituation **71** 4
- Ausgleichsabgabe **71** 11
- Beschäftigung schwerbehinderter Menschen **71** 8
- beschäftigungspflichtige Arbeitgeber **71** 12
- besondere Personengruppen **72** 1, 13
- *kein* Einstellungszwang **71** 5
- Erfüllung **71** 8
- Heimarbeit **71** 8
- öffentlich-rechtliche Verpflichtung **71** 4
- Teilzeitbeschäftigung **71** 10
- Umfang **71** 4

Bescheid
- Rentenbescheid **69** 18
- *des* Versorgungsamtes **69** 7

Beschlussverfahren
- Aufgaben der Schwerbehindertenvertretung **95** 40
- Mitwirkungsrechte des Werkstattrates **139** 11
- Wahl der Schwerbehindertenvertretung **94** 46

Beschwerde
- Entgegennahme durch Betriebs-/Personalrat **93** 11
- Entgegennahme durch Schwerbehindertenvertretung **95** 8

Betreuer
- Antrag auf Feststellung des GdB **69** 4
- Aufgaben **60** 3, 4

Betreuung
- arbeitsbegleitend **72** 5
- *von* Kindern **54** 8
- Ermessensleistung **54** 8
- medizinische B. in WfB **136** 13

Betrieb
- Begriff **87** 8
- Betriebseinschränkung **89** 11
- Betriebsteil **89** 8
- Bildung **93** 3
- Einblicksrecht in B. **80** 26–28
- Nebenbetrieb **89** 5
- Stilllegung **89** 7–10
- Verzeichnis schwerbehinderter Menschen **80** 4
- Zusammenfassung von Betrieben **94** 9

betriebliche Bildung
- Bevorzugung schwerbehinderter Menschen **81** 33

Magere Zahlen = Rdnr.

Stichwortverzeichnis

Betriebs- und Geschäftsgeheimnisse
- Einblicksrecht **80** 26–28
- Geheimhaltungspflicht **130** 10

Betriebsrat
- Antrag auf Feststellung des GdB **69** 4
- Antrag auf Gleichstellung **68** 4
- Arbeitsgruppen **95** 30
- Aufgaben des Betriebsrats **93** 1–17
- Ausschüsse **95** 29
- Entgegennahme von Beschwerden **93** 11
- Sitzungen **95** 28
  - Protokoll **95** 31
  - Tagesordnung **95** 31
  - Teilnahmerecht der Schwerbehindertenvertretung **95** 28
- Überwachungspflicht **93** 12
- Wahl der Schwerbehindertenvertretung **93** 16, 17
- Wählbarkeit zur Schwerbehindertenvertretung **94** 25
- Widerspruchsrecht **84** 8

Betriebsvereinbarung
- Integrationsvereinbarung **83** 4
- Überwachungspflicht der Schwerbehindertenvertretung **95** 5

Bevollmächtigung
- vor dem Integrationsamt **88** 3

Bewährungsaufstieg
- Benachteiligungsverbot **96** 5

Bewegungsfähigkeit
- erhebliche Einschränkung
  - Anfallsleiden **146** 8, 9
  - Begriff **146** 2
  - Einschränkung des Gehvermögens **146** 5
  - Innere Leiden **146** 7
  - Orientierungsmangel **146** 9
  - Ortsverkehr **146** 11
  - Zeichen „G" **146** 3

Beweislast
- *für* Ungleichbehandlung **81** 22
- *für das* Vorliegen nicht behinderungsbedingter Gründe **91** 24

Bewerbungen
- Einblicksrecht in Bewerbungsunterlagen **95** 25
- Information der Schwerbehindertenvertretung von **81** 7
- Offenbarungspflicht des Bewerbers **81** 11
- Ordnungswidrigkeit **81** 12
- Vorrang schwerbehinderter Menschen **122** 8
- Vorschlag durch Agentur für Arbeit/Integrationsfachdienst **81** 6; **104** 8
- Vorstellungsgespräch
  - *im* öffentlichen Dienst **82** 2
  - Teilnahme der Schwerbehindertenvertretung **95** 23

Bezirkspersonalrat
- Überwachungspflicht **93** 17

Bezirksschwerbehindertenvertretung
- Bildung **97** 6

Bezugsgröße
- Dynamisierung der Ausgleichsabgabe **77** 10

Blankettverweisung
- in Werkstattvertrag **138** 13

Blinde
- Augenblindheit **145** 15
- Begriff **145** 15
- Blindenwerkstatt **143** 2–4
- Seelenblindheit **145** 15
- unentgeltliche Beförderung **145** 13

Blindenwaren
- Begriff **143** 4

Blindenwerkstatt
- Anerkennung **143** 2
- Begriff **143** 2
- bevorzugtes Angebot an B. **141** 1
- Verzeichnis **142** 7; **143** 6

Bremen
- Servicestellen **23** 2
- Vergaberichtlinien **141** 7

Bund
- Einnahmen aus Wertmarken **152** 3
- Kosten für Fahrgelderstattung **151** 2
- Vergaberichtlinien **141** 7

Bundesagentur für Arbeit
- ärztlicher Dienst **38** 5
- Anerkennung der WfB **142** 4
- Arbeitsmarktprogramme **104** 5
- Aufgaben **104** 2, 3
- Auftrag an Integrationsfachdienste **111** 2
- beratender Ausschuss **105** 1–6
- Beratung der Arbeitgeber **104** 9
- Beratungsstellen für behinderte Menschen **104** 8
- Berichtspflicht gegenüber BMGS **104** 5
- Gesamtvereinbarung **38** 3
- psychologischer Dienst **38** 6
- *als* Rehabilitationsträger **6** 3
- Stellungnahme zu Leistungen der Teilhabe am Arbeitsleben
  - Allgemeines **38** 1–3
  - Gutachten **38** 9
  - Prüfung der Zweckmäßigkeit **38** 8
- technischer Beratungsdienst **38** 7
- Verwaltungsrat **104** 8
- Verwaltungsvereinbarungen **104** 7
- Zusammenwirken der Leistungen **11** 4
- Zuschuss zur privaten Kranken- und Pflegeversicherung **44** 8

Bundesarbeitsgemeinschaft für Rehabilitation (BAR)
- Allgemeines **13** 8
- Bericht über gemeinsame Servicestellen **24** 1
- Empfehlungen zur Qualitätssicherung **20** 12
- gemeinsame Empfehlungen **13** 4

Stichwortverzeichnis

Fette Zahlen = §§

- Sitz **13** 17
- Zweck **13** 1

Bundesdatenschutzbeauftragter
- gemeinsame Empfehlungen **13** 23
- Verträge mit Leistungserbringern **21** 11

Bundesnachrichtendienst
- Anzeigepflichten **158** 3
- Dienststellen **158** 4
- einheitliche Dienststelle **158** 2
- Schwerbehindertenvertretung **158** 5–7
- Sonderregelungen **158** 1–3
- Verschlusssachen **158** 9
- Vorlagepflichten **158** 3
- Widerspruchsausschuss **158** 8, 9

Bundesregierung
- Bericht über Beschäftigungssituation **160** 1–3

Bundesreisekostengesetz 53 3

Bundesversorgungsgesetz
- Anrechnung der Rente **123** 3

Bundesverwaltungsamt
- Erstattung von Fahrgeldausfällen **150** 3

Bußgeld
- bei Nichterfüllung der Beschäftigungspflicht **71** 11

chronische Krankheiten
- Prävention **3** 2

Datenschutz 10 2
- Bericht über gemeinsame Servicestellen **24** 1
- Bundesdatenschutzbeauftragter **13** 23

Diätassistentin
- als Hilfskraft **72** 5

Diakonissen
- Arbeitsplatz **73** 12

Dienstbezüge
- Begriff **123** 5

Dienstordnungsangestellte
- Erwerbsminderungsrente **92** 3
- Versetzung in den vorzeitigen Ruhestand **92** 3

Dienststelle
- *als* Arbeitgeber **71** 16
- Auflösung **89** 8
- Begriff **87** 8
- Einblicksrecht in D. **80** 26–28
- Verzeichnis **80** 2
- Zusammenfassung von Dienststellen **94** 9

Dienstvereinbarung
- Überwachungspflicht der Schwerbehindertenvertretung **95** 3

Doppelbesteuerungsabkommen
- Berechung des Regelentgelts **47** 11

drohende Behinderung
- Begriff **2** 10

Ehrenamt
- Vertrauensperson **96** 2

Einblicksrecht
- *in* Betrieb **80** 26–28
- *in* Dienststelle **80** 26–28
- Ordnungswidrigkeit **80** 28
- *auf* Verlangen **80** 26

Eingangsverfahren
- Werkstatt für behinderte Menschen **136** 20

Eingliederung Schwerbehinderter
- Aufgabe des Betriebs-/Personalrats **93** 9–11

Eingliederungshilfe
- Leistungen zur Teilhabe am Arbeitsleben **vor** § **33 ff.** 9

Eingliederungshilfeverordnung
- Leistungen zur Teilhabe am Arbeitsleben **vor** § **33 ff.** 10

Eingliederungszuschüsse
- Arbeitsförderungsrecht (SGB III)
  - Allgemeines **34** 9, 10
  - besonders betroffene schwerbehinderte Menschen **34** 9, 10
  - Regelförderdauer **34** 10–12
  - Weiterbildung **34** 14
- berücksichtigungsfähiges Entgelt **34** 5
- *als* Leistung zur Teilhabe am Arbeitsleben **34** 4–8
- Regelzuschuss **34** 4
- Rückzahlung des Zuschusses **34** 6, 7

Einigungsstelle
- bei Integrationsvereinbarung **83** 7

Einkommensanrechnung
- bei Übergangsgeld, *siehe dort*

Einrichtungen der beruflichen Rehabilitation
- Allgemeines **35** 1
- Anforderungen **35** 13–19
  - Arbeitsschutz **35** 16
  - Fachdienste **35** 14
  - Mitwirkungsmöglichkeiten **35** 17
  - Teilnahmebedingungen **35** 15
  - Wirtschaftlichkeit und Sparsamkeit **35** 18
- Begriff **35** 2
- Berufsbildungswerke **35** 3
- Berufsförderungswerke **35** 4
- Rahmenverträge **35** 19
- sonstige Einrichtungen **35** 5

Einsichtsrecht
- der Schwerbehindertenvertretung
  - in Bewerbungsunterlagen **95** 23
  - in Personalakte **95** 25

Einstellung schwerbehinderter Menschen
- Beschäftigungspflicht **77** 1; **81** 2
- *kein* Einstellungsanspruch **81** 2, **122** 6
- Prüfpflicht des Arbeitgebers **81** 3
- Vorrang schwerbehinderter Menschen **122** 1–9
  - Bergmannversorgungsscheininhaber **122** 5

Magere Zahlen = Rdnr.   **Stichwortverzeichnis**

- bevorzugte Einstellung **122** 6–8
- Bundesregelungen **122** 4
- Gleichgestellte **122** 2
- Landesregelungen **122** 5
- Wiedereinstellung **80** 3
- Zustimmung des Betriebsrats **81** 14

Einstweilige Verfügung
- Aussetzung einer Arbeitgebermaßnahme **95** 40

Einzugsgebiet
- der Werkstatt für behinderte Menschen **137** 3

Eltern
- Aufgaben **60** 2
- Beratung durch Schwangerschaftsstellen **61** 3

Eltern- und Betreuerversammlung
- Unterrichtung durch die WfB **139** 7

Eltern- und Betreuervertretung
- Mustersatzung **139** 8
- in Werkstatt für behinderte Menschen **139** 8

Elternzeit (Erziehungsurlaub)
- als Arbeitsplatz **73** 3

Entgeltersatzleistungen
- Anpassung
  - Allgemeines **50** 1–6
  - Anpassungsfaktor **50** 5
  - Bekanntgabe des Anpassungsfaktor **50** 6

Entgeltfortzahlung
- Anrechnungsverbot **123** 4
- Ermessenseinschränkung bei Kündigung **89** 4
- *bei* medizinischer Rehabilitation (ambulant) **45** 13
- *bei* Nichtbeschäftigung **71** 20
- Zusatzurlaub **125** 4

Entlassungen
- Wiedereinstellung **90** 12
- *aus* witterungsbedingten Gründen **90** 12–16

Entschädigungspflicht des Arbeitgebers
- *bei* Begründung des Arbeitsverhältnisses **81** 16
- *bei* beruflichem Aufstieg **81** 33
- *kein* Einstellungsanspruch **81** 28
- Frist für Geltendmachung **81** 32
- Höhe der Entschädigung **81** 29–31

Entziehung der besonderen Hilfen
- Allgemeines **117** 1
- Arbeitsverweigerung **117** 6
- Aufgabe eines Arbeitsplatzes **117** 3
- Aufhebungsvertrag **117** 4
- (Eigen-)Kündigung **117** 4
- Gleichgestellte **117** 1, 8
- Rechtsfolgen **117** 7, 8
- Schwerbehinderteneigenschaft **117** 8
- teilweiser Entzug **117** 2
- Verfahrensfragen **117** 7–10

- Zurückweisung eines Arbeitsplatzes **117** 3
- Zuständigkeit **117** 9

Erben
- Antrag auf Feststellung des GdB **69** 4

ergänzende Leistungen
- Allgemeines **44** 1
- Funktionstraining **44** 5
- Gesamtvereinbarung über Rehabilitationssport und Funktionstraining **44** 3
- Krankenversicherungsbeiträge **44** 6
- medizinische Rehabilitation **44** 2
- Rehabilitationssport **44** 3, 4
- Teilhabe am Arbeitsleben **44** 2
- Zuschuss der BA zur privaten Kranken- und Pflegeversicherung **44** 8

Ermessensentscheidung
- *der* Agentur für Arbeit bei Gleichstellung **68** 10
- *des* Integrationsamtes bei Zustimmung zur Kündigung **89** 1–20
  - bei außerordentlicher Kündigung **91** 11–21
- Betriebsstilllegung **89** 7–10
- *Bei* Entziehung der besonderen Hilfen **117** 9
- Kinderbetreuungskosten **54** 8
- *bei* Krankenversicherungsbeiträgen (Übernahme) **44** 6
- *bei* Mehrfachanrechnung **76** 11
- zumutbarer Arbeitsplatz **89** 4
- *der* Werkstatt für behinderte Menschen
  - Steigerungsbetrag **138** 9

Ermessenseinschränkung
- bei außerordentlicher Kündigung **91** 22, 23

Erstattung von Fahrgeldausfällen, *siehe Fahrgeldausfälle*

Erstattung von Leistungen
- Erstattungsanspruch **14** 23
- Erstattungsverfahren **14** 23–28

Erstattung selbstbeschaffter Leistungen
- Allgemeines **15** 1
- Erstattungspflicht der Rehabilitationsträger **15** 5
- Statistik **15** 7

Erwerbseinkommen
- Anrechnung auf Übergangsgeld **52** 5

Erwerbsminderungsrente
- Anrechnung auf Übergangsgeld **52** 14
- Anrechnungsverbot **123** 3
- dauernde Erwerbsminderung **92** 4
- E. auf Zeit **92** 6
- Erwerbsunfähigkeitsrente **92** 9
- Feststellung der E. **92** 2
- Teilerwerbsminderung **92** 6
- Zustimmung des Integrationsamtes **92** 10

Erziehungsurlaub, *siehe Elternzeit*

Existenzgründung
- Leistungen zur Teilhabe am Arbeitsleben **33** 25, 26

669

Stichwortverzeichnis

Fette Zahlen = §§

Fachkräfte
- *der* Integrationsfachdienste **112** 4
- *in* Werkstätten für behinderte Menschen **136** 11–13

Fahrgeldausfälle
- Erstattung im Fernverkehr **149** 1–4
  - Fahrgeldeinnahmen **149** 2
  - Prozentsatz für Erstattung **149** 3, 4
- Erstattung im Nahverkehr **148** 1–8
  - Fahrgeldeinnahmen **148** 2–4
  - Festsetzung durch oberste Landesbehörde **148** 5
  - Härtefallregelung **148** 6
  - individuelle Verfahren **148** 6, 7
  - öffentlich-rechtlicher Erstattungsanspruch **148** 8
  - pauschaliertes Verfahren **148** 5
  - Verkehrszählung **148** 7
- Erstattungsverfahren **150** 1–8
  - Antrag des Unternehmers **150** 2
  - Bundesverwaltungsamt **150** 3
  - Fernverkehr **150** 3
  - Vorauszahlungen **150** 4, 5
  - Zuständigkeit **150** 7, 8
- Kostentragung **151** 1–4
  - Bund **151** 2
  - Länder **151** 3

Fahrgeldeinnahmen
- Begriff **148** 2; **149** 2
- erhöhtes Beförderungsentgelt **148** 1
- erste Wagenklasse **148** 4
- Sonderfahrten **149** 2
- verbilligte Fahrkarten **148** 3; **149** 2

Fahrkosten 53 3
- Mitnahmeentschädigung **53** 4
- Taxikosten **53** 4
- Wegstreckenentschädigung **53** 4

Fahrplanhinweise 147 13
Fallmanagement 10 4
Familienheimfahrten 53 7
- bei Leistungen der medizinischen Rehabilitation **53** 8

Fernverkehr
- Begriff **147** 14
- Flugverkehr **147** 14
- Kostenerstattung für F. **151** 2, 3
- Magnetschwebebahn **147** 14

Feststellungsinteresse
- bei Antrag auf Feststellung des GdB **69** 2, 3

Finalitätsprinzip
- Nachteilsausgleich **126** 2

Flugverkehr
- unentgeltliche Beförderung **147** 14

Förderung der Verständigung
- Allgemeines **57** 1, 2

Forderungsübergang
- Übergangsgeld **52** 18

Fortbildungsmaßnahmen
- Bevorzugung schwerbehinderter Menschen **81** 47

Fragerecht des Arbeitgebers
- nach Schwerbehinderteneigenschaft **81** 20

Frauen
- Frauen mit Behinderungen **1** 16

Freistellung von der Arbeit
- *von* Mehrarbeit **124** 1–14
- *der* Vertrauensperson **96** 19–28
  - Aufwandsentschädigung **96** 24
  - Fortzahlung des Arbeitsentgelts **96** 20
  - Freizeitausgleich **96** 32
  - Geltendmachung gegenüber Arbeitgeber **96** 33
  - *keine* Selbstbefreiung **96** 19
  - Umfang **96** 20
  - Zustimmung des Arbeitgebers **96** 19

Fremdgefährdung
- Zugang zur WfB **136** 17

Frist
- *für* Anrechnung von Aufträgen an WfB **140** 7
- *für* Ausspruch der außerordentlichen Kündigung **91** 25, 26
- Berechnung **88** 8
- *für* Entschädigungsanspruch **81** 16
- Erklärung der Kündigung **85** 24, **88** 10–14
- *zur* Erstattung der Anzeige an das Integrationsamt **80** 8
- Kündigungsfrist **86** 1–13
- *zum* Widerspruch gegen Kündigung **90** 7
- *zur* Zahlung der Ausgleichsabgabe **77** 12
- *für* Zustimmung des Integrationsamtes zur außerordentlichen Kündigung **91** 6–11

Früherkennung
- Allgemeines **30** 1–4
- Komplexleistung **56** 4
- *als* Leistung der medizinischen Rehabilitation **5** 5

Frühförderung
- Allgemeines **30** 1–4
- Frühförderstellen **30** 10–13
- Komplexleistungen **30** 23–29, **56** 5
- *als* Leistung der medizinischen Rehabilitation **5** 16, 17

Frühförderungsverordnung 30 5 ff.

Fürsorgestelle (örtliche)
- Übertragung von Aufgaben **107** 3

Funktionstraining
- ärztlich verordnet **44** 5
- Rahmenvereinbarung über Rehabilitationssport und das Funktionstraining **44** 3

Gebärdendolmetscher
- *als* Hilfskraft **72** 5
- *im* Arbeitsgerichtsverfahren **57** 5
- Kosten **BGG** 6 5, 9 7
- Rechtsanspruch **BGG** 6 3

Gebärdensprache
- Allgemeines **57** 1
- Anspruch auf Verwendung der G. **57** 3–6

Magere Zahlen = Rdnr.

- Arbeitsgerichtsverfahren **57** 4
- Verpflichtung der Sozialleistungsträger **57** 6

Gebietskörperschaften
- als Arbeitgeber **71** 17

Gebühren
- Fernseh- und Radiogebühren
- als Hilfe zur Unterrichtung über das Zeitgeschehen **58** 4

Gehaltslisten
- Einblick in G. **95** 16

Geheimhaltungspflicht
- Allgemeines **130** 1
- Ausnahmen **130** 13, 14
- Ende **130** 12
- Gegenstand der G. **130** 6–12
  - Betriebs- und Geschäftsgeheimnisse **130** 10
  - persönliche Verhältnisse **130** 9
  - private Kenntnisse **130** 6
  - Schutzbereich **130** 8
- persönlicher Geltungsbereich **130** 2–5
- Sachverständige **130** 3
- Stellvertreter **130** 3
- Verstöße **130** 15
- *der* Vertrauensperson **96** 30
- vorbeugende Unterlassungsklage **130** 15

Gehvermögen
- Einschränkung **146** 5

Gehörlose
- Begriff **145** 10
- unentgeltliche Beförderung **145** 8

Geldbuße
- Abführung **156** 18
- Ahndung **156** 19
- fahrlässige Begehung **156** 17
- Höhe **156** 17
- Verjährung **156** 21
- Vollstreckung **156** 20

Geistliche
- Arbeitsplatz **73** 13

gemeinnützige Unternehmen
- Integrationsprojekte **132** 4

gemeinsame Empfehlungen
- Allgemeines **13** 1–10
- Bundesarbeitsgemeinschaft für Rehabilitation (BAR) **13** 8
- Gesamtvereinbarungen **13** 11
- Partner **13** 13
- *zur* Qualitätssicherung **20** 2
- Rahmenempfehlungen **13** 18; **22** 13
- Selbstbindung der Rehabilitationsträger **13** 14
- Selbsthilfe **29** 8
- Spitzenverbände der Rehabilitationsträger **13** 18, 19
- Vertretung **13** 18, 19
- Vorbereitung **13** 20
- Träger der Jugendhilfe **13** 20
- Träger der Sozialhilfe **13** 20

Stichwortverzeichnis

gemeinsame Servicestellen
- Allgemeines **22** 1, 2
- Aufgaben **22** 17
- Aufgabenkatalog **22** 7
- Beratung **22** 6
- Ermittlung des Rehabilitationsträger **22** 8
- Verzögerung des Verfahrensablaufs **22** 15
- Vorbereitung von Entscheidungen **22** 11
- Bericht der Rehabilitationsträger **24** 1, 2
- Geheimhaltungspflicht **130** 2
- Gesamtvereinbarung über Auskunft und Beratung **22** 3
- Integrationsämter **22** 16
- Pflegekassen **22** 16
- Sachverständigengutachten **22** 12
- Servicestellen, *siehe dort*
- Verordnungsermächtigung **23** 6
- Vertrauenspersonen **22** 9

Gesamtbetriebsrat
- Überwachungspflicht **93** 17

Gesamtbeurteilung des GdB
- Allgemein **69** 23

Gesamtpersonalrat
- Überwachungspflicht **93** 17

Gesamtschwerbehindertenvertretung
- Aufgaben **97** 9, 10
- Bildung **97** 2–4
- Wählbarkeit **97** 4
- Wahlberechtigung **97** 2

Gesamtvereinbarungen
- Bundesanstalt für Arbeit **38** 3
- *zur* einheitlichen Leistungserbringung **7** 2
- *einzelne* Gesamtvereinbarungen **13** 11
- gemeinsame Empfehlungen **13** 12
- *über* Rehabilitationssport und das Funktionstraining **44** 3–5

Geschäftsfähigkeit
- Werkstattrat **139** 3
- Werkstattvertrag **138** 16–18

Geschlechter
- Berücksichtigung im Werkstattrat **139** 4

Gewerkschaft
- Antrag auf Gleichstellung **68** 3

Gleichberechtigung Frauen Männer BGG 2 1–6

Gleichstellung
- allgemein **2** 14; **68** 2
- Antrag **2** 17; **68** 4
- Befristung **68** 10
- besonderer Kündigungsschutz **85** 6
- Erlöschen **116** 7–11
  - Rücknahme der Gleichstellung **116** 8
  - Widerruf der Gleichstellung **116** 9–11
- Kenntnis des Arbeitgebers **68** 9
- unentgeltliche Beförderung **68** 13
- Verfahren **68** 4
- Widerspruch **68** 11, 12
- Wirkung **68** 8
- Zuständigkeit **68** 7

Stichwortverzeichnis

Fette Zahlen = §§

Gleichgestellte
- Begriff **2** 14
- *als* besondere Personengruppe **72** 2
- Mehrfachanrechnung auf Pflichtplätze **76** 2
- Voraussetzung für Gleichstellung **2** 20
  - Antrag **2** 21
  - Schutzbedürfnis **2** 22–24
- Werkstatt für behinderte Menschen **136** 5
- Zusatzurlaub **68** 13, **125** 8

Grad der Behinderung (GdB)
- anderweitige Feststellung **69** 17
- Allgemeines **69** 1
- Antragserfordernis **69** 4
- Feststellung **69** 2
  - nach Zehnergraden **69** 9
- Gesamtbeurteilung **69** 23
- Mehrarbeit **124** 3
- Verringerung auf unter 50% **116** 2, 3
- Wechselwirkungen einzelner Beeinträchtigungen **69** 24
- weitere gesundheitliche Merkmale **69** 29

Grundbetrag
- Arbeitsentgelt in WfB **138** 5

Gutachten
- *bei* Leistungen der Teilhabe am Arbeitsleben
  - Stellungnahme der Bundesanstalt für Arbeit **38** 1–9
- *zur* Klärung des Rehabilitationsbedarfs **14** 15
- Frist **14** 13
- gemeinsame Servicestellen **22** 9

gütliche Einigung
- bei Verfahren vor dem Integrationsamt **87** 18

Hamburg
- Servicestellen **23** 2
- Stadtstaatenklausel **157** 1–4
- Verordnung über Gesamtvertrauensmann **157** 3

Handgepäck
- unentgeltliche Beförderung **145** 22

Hauptfürsorgestelle, *siehe Integrationsamt*

Hauptpersonalrat
- Überwachungspflicht **93** 12

Hauptschwerbehindertenvertretung
- Bildung **97** 7
- Wahlberechtigung **97** 7

Hausangestellte
- *als* Arbeitsplatz **73** 4
- Verzeichnis **80** 2

Hausgewerbetreibende
- Begriff **127** 3

Haushaltshilfe
- Allgemeines **54** 3
- Kinder **54** 5
  - Kosten für Mitnahme des Kindes **54** 7
- *bei* Leistungen zur medizinischen Rehabilitation **54** 8
- *bei* Leistungen zur Teilhabe am Arbeitsleben **54** 8
- selbstbeschaffte H. **54** 6
- Voraussetzung für Gewährung einer H. **54** 3

Hebammen
- Hinweis auf Beratungsangebote **61** 4

Heilberufe
- Ausnahmen vom Kündigungsschutz **90** 6

Heilpädagogik
- Begriff **55** 4
- heilpädagogische Leistungen
  - Allgemeines **56** 1
  - *für* Kinder **55** 4, 5

Heimarbeit/er
- Allgemeines **127** 1
- Begriff **127** 2–3
- besonderer Kündigungsschutz **85** 9
- Gleichgestellte **127** 5
- Hausgewerbetreibende **127** 3
- Kündigungsfrist **127** 10, 11
- Urlaub **127** 12
- Urlaubsgeld **127** 14
- Verzeichnis **80** 3
- Wahl der Schwerbehindertenvertretung **94** 6
- Wartezeit **127** 10
- Zusatzurlaub **127** 13
- Zwischenmeister **127** 5

Hessen
- Vergaberichtlinien **141** 6
- Zusatzurlaub **125** 10

Hilfen
- Hilfen im Berufs- und Arbeitsleben, *siehe dort*
- Hilfen zum selbstbestimmten Leben in betreuten Wohnmöglichkeiten **55** 9
- Hilfen zur Beschaffung, Ausstattung und Erhaltung einer Wohnung **55** 8
- Hilfen zur Förderung der Verständigung mit der Umwelt **55** 7
- Hilfen zur Teilhabe am gemeinschaftlichen und kulturellen Leben **5** 15; **55** 10; *siehe dort*

Hilfen im Berufs- und Arbeitsleben
- Arbeitsassistenz **102** 23–34
- begleitende Hilfen **102** 7 ff.
  - Geldleistungen **102** 17
  - Leistungen an Arbeitgeber **102** 19
  - Leistungen an Dritte **102** 21
  - Leistungen an schwerbehinderte Menschen **102** 18
- Hilfe in besonderen Lebenslagen **102** 13
- *als* Präventivmaßnahmen **84** 7
- psychosoziale Betreuung **102** 12
- Schwerbehinderten-Ausgleichsabgabeverordnung **102** 8

672

Magere Zahlen = Rdnr.

- technische Arbeitshilfen **102** 18
- Zuständigkeit **102** 7

Hilfen zur Teilhabe am gemeinschaftlichen und kulturellen Leben
- Allgemeines **58** 1
- Hilfen zum Besuch von Veranstaltungen **58** 3
- Hilfen zur Begegnung mit nichtbehinderten Menschen **58** 2
  - Mitgliedsbeiträge **58** 2
  - Telefonkosten **58** 2
- Hilfen zur Unterrichtung über das Zeitgeschehen **58** 4

hilflose Menschen
- Begriff **145** 11–13
- unentgeltliche Beförderung **145** 8

Hilfskraft
- des Hausgewerbetreibenden **127** 12

Hilfsmittel
- Allgemeines **31** 1
- Ausbildung im Gebrauch **31** 7
- Ersatzbeschaffung **31** 7
- Erstausstattung **31** 7
- Gebrauchsgegenstände **31** 5
- Instandhaltung **31** 7
- Körperersatzstücke **31** 2
- leihweise Überlassung **31** 9
- Mehrkosten **31** 8
- orthopädische H. **31** 3; **145** 5
- sonstige H. **31** 4
- Verordnungsermächtigung **32** 1
- Zubehör **31** 6

hörbehinderte Menschen
- Gebärdensprache **57** 3

ICIDH-2
- Begriff der Behinderung **2** 5–9
  - Aktivitäten **2** 9
  - Körperfunktionen- und -strukturen **2** 9
  - Kontextfaktoren **2** 9
  - Partizipation **2** 9
  - Umweltfaktoren **2** 6

Integrationsvereinbarung BGG 5 2

Informationstechnik
- gewerbliche Internetanbieten **BGG 11** 10
- inhaltliche Anforderungen **BGG 11** 7
- Internetauftritte **BGG 11** 2
- landesrechtl. Regelungen **BGG 11** 5
- pers. Geltungsbereich **BGG 11** 4
- Übergangsfristen **BGG 11** 6
- Verpflichtung zur Barrierefreiheit **BGG 11** 1, 3

Inkasso
- Rechnungsbeitrag **140** 6

Insolvenz
- Veräußerung während der I. **89** 5
- Zustimmung zur Kündigung **89** 25

Insolvenzverwalter 73 5
- Beachtung der Mindestkündigungsfrist **86** 10

Stichwortverzeichnis

Integrationsamt/-ämter
- Adressen **101** 5
- Aufgaben **102** 1–22
  - begleitende Hilfen im Arbeitsleben **102** 7–22
  - Erhebung und Verwendung der Ausgleichsabgabe **102** 1
  - Kündigungsschutz **102** 5
  - Schulungs- und Bildungsmaßnahmen **102** 14
  - Überwachung der Beschäftigungspflicht **81** 1
- Auftrag an Integrationsfachdienste **111** 2
- Beamte **128** 1
- beratender Ausschuss beim Integrationsamt **103** 1–6
- Einblicksrecht in Betrieb/Dienststelle **80** 26–28
- Geheimhaltungspflicht **130** 2
- Förderung von Integrationsprojekten **134** 3, 4
- Übertragung von Aufgaben **107** 3
- Unterstützung des Arbeitgebers **81** 31
- Versetzung in Ruhestand **128** 7
- Verwaltung der Ausgleichsabgabe **77** 23
- Zahlung der Ausgleichsabgabe **77** 11–14
- Zusammenwirken der Leistungen **11** 1, 5
- Zustimmung zur Kündigung **85** 1–15, **86** 1–14
  - Antrag des Arbeitgebers **87** 2–4
  - Ausnahmen **90** 1–16
  - zur außerordentlichen Kündigung **91** 4–18
  - Entscheidung **87** 15
  - Ermessensentscheidung **89** 1–20
  - Frist für Entscheidung **88** 2
  - gütliche Einigung **87** 18, 19
  - nachträgliche Zustimmung **85** 30
  - Verfahren **87**, **88** 1–14
  - vorherige Zustimmung **85** 29
  - Widerspruch **85** 32
  - Zuständigkeit **87** 7

Integrationsbetriebe
- Begriff **132** 3

Integrationsfachdienste
- Allgemeines **109** 1–3
- Adressen **109** 4
- Aufgaben **110** 1–3
  - Beratung **110** 2
  - Information **110** 2
- Ausgleichsfonds **109** 11; **113** 2
- Ausstattung **112** 2
- Beauftragung **111** 1–3
- Begriff **109** 4
- Dokumentation **114** 2
- fachliche Voraussetzungen **112** 2
- Geheimhaltungspflicht **130** 2
- Gleichgestellte **109** 9
- Jahresbericht **114** 2
- Kosten **111** 9; **113** 4

Stichwortverzeichnis

Fette Zahlen = §§

- Mehrfachbehinderte **109** 7
- Mustervereinbarung **111** 7
- Personalbedarf **112** 3, 4
- Personalschlüssel **112** 3
- Personenkreis **109** 5–7
- Qualitätssicherung **111** 6
- schwerbehinderte Menschen **109** 5, 8
- Vergütung **113** 2
- Vermittlungshemmnis **109** 10
- Verordnungsermächtigung **115** 1
- vertragliche Vereinbarung **111** 6, 7
- Vorschlag von Bewerbern **81** 3
- Zahl **111** 8, 9
- Zusammenarbeit mit Dritten **111** 5

Integrationsprojekte
- Adressen **132** 2
- Allgemeines **132** 1
- Anteil schwerbehinderter Menschen **132** 8
- arbeitsbegleitende Hilfen **133** 1
- Aufgaben **133** 1, 2
- Ausgleichsabgabe **134** 1
- finanzielle Leistungen **134**
  - Ausbau, Erweiterung, Modernisierung **134** 3
  - besonderer Aufwand **134** 5
  - betriebswirtschaftliche Beratung **134** 3, 4
  - Eigenanteil **134** 2
  - Grundstückskosten **134** 2
  - Pauschale **134** 5
  - Personalkosten **134** 2
  - Zuständigkeit **134** 6
- gemeinnützige Unternehmen **132** 4
- Intergrationsamt **134** 6
- Integrationsabteilungen **132** 3
- Integrationsbetriebe **132** 3
- Integrationsunternehmen **132** 3
- öffentliche Arbeitgeber **132** 3
- Personenkreis **132** 5–7
- Rechtsform **132** 4
- Verordnungsermächtigung **135** 1
- vorläufige Empfehlungen für Integrationsprojekte **132** 4; **134** 1

Integrationsunternehmen
- Begriff **132** 3

Integrationsvereinbarung 83 1–8, **BGG 5** 2
- Abschluss **83** 5
- Berichtspflicht des Arbeitgebers **83** 8
- Einbeziehung des Integrationsamtes **83** 3
- Einigungsstellenverfahren **85** 7
- Inhalt **83** 8
- Muster **83** 8
- Pflicht zur Verhandlung **83** 5
- Rechtscharakter **83** 4
- unvollkommene Verpflichtung **83** 5

Jugendhilfe (-beziehier)
- Leistungen zur Teilhabe am Arbeitsleben **vor § 33 ff.** 8
- Träger

- gemeinsame Empfehlungen **13** 20
- *als* Rehabilitationsträger **6** 3
- unentgeltliche Beförderung **145** 7

KFZ-Steuerermäßigung
- unentgeltliche Beförderung **145** 24

Kinder
- gemeinsame Betreuung **19** 10
- Haushaltshilfe für Betreuung **54** 5
- Kinder mit Behinderungen **1** 15, 16
- Komplexleistungen **1** 15
- Leistungen zur Teilhabe **4** 12
- Leistungen zur Teilhabe am Leben in der Gemeinschaft **55** 4, 5
  - Heilpädagogische Leistungen **55** 4, 6
  - Reisekosten für **53** 5
- Vorschulkinder **55** 4, 5

Kindergeld
- Anrechnung auf Übergangsgeld **52** 17

Klage
- *bei* Ablehnung der Gleichstellung **68** 12
- Aufnahme in Werkstatt für behinderte Menschen **137** 8
- *auf* Höherfestsetzung des GdB **69** 60
- *bei* Versagung der Schwerbehinderteneigenschaft **69** 59

Klagebefugnis
- des Arbeitgebers gegen Gleichstellung **68** 12

Klagerecht der Verbände
- Allgemeines **63** 1
- Prozessstandschaft **63** 2
- Voraussetzungen für **63** 2

Kleinbetriebe
- Höhe der Ausgleichsabgabe **77** 9

Knappschaftsausgleichsleistung
- Ausnahmen vom Kündigungsschutz **90** 7

Körperersatzstücke
- keine technischen Arbeitshilfen **81** 54

Kommunikationshilfen
- Anspruch **BGG 9** 6, 7
- Bereitstellung **BGG 9** 7
- Definition der Kommunikationshilfen **BGG 6** 1, 2
- Gebärdendolmetscher **BGG 6** 5
- Gebärdensprache **BGG 6** 1
- Kostenerstattung **BGG 9** 7
- landesrechtliche Regelungen **BGG 6** 6–16, **9** 8
- Rechtsansprüche **BGG 6** 3, **9** 1–8
- Übersicht **BGG 9** 7
- Wahlrecht **BGG 9** 4, 7

Komplexleistungen
- Allgemeines **56** 4–6
- für Kinder **1** 14, 15, 19; **56** 4, 5

Konzernschwerbehindertenvertretung
- Wahl **97** 5
- Wahlberechtigung **97** 5

Magere Zahlen = Rdnr.

Stichwortverzeichnis

Koordinierung der Leistungen
- Allgemeines **10** 1, 2
- Abstimmungsaufgaben **10** 5
- Fallmanagement **10** 4
- Mitwirkung der Betroffenen **10** 6

Kosten
- *für* Fahrgelderstattungen **151** 1–4
- *der* Integrationsfachdienste **113** 2
- *der* Integrationsprojekte
  - Ausbau, Erweiterung, Modernisierung **134** 3–8
  - Grundstückskosten **134** 3
  - Personalkosten **134** 3
- *der* Schwerbehindertenvertretung **96** 36–38
- *für* technische Arbeitshilfen **81** 54
- *der* Versammlung schwerbehinderter Menschen **95** 37
- *der* Werkstatt für behinderte Menschen **137** 5

Kraftfahrzeughilfeverordnung
- Leistungen zur Teilhabe am Arbeitsleben **vor § 33 ff.** 11

Krankenakten
- Beiziehung durch die Versorgungsämter **69** 7

Krankenbehandlung
- Allgemeines **27** 2
- Anschlussheilbehandlung (AHB) **27** 5
- Frührehabilitation **27** 4
- und Rehabilitation **27** 2–6

Krankengeld
- Zahlweise **45** 13

Krankenkassen
- als Rehabilitationsträger **6** 3

Krankenversicherung
- freiwillige Krankenversicherung **44** 6
- Übernahme der Krankenversicherungsbeiträge **44** 8

Krankenschwestern
- Arbeitsplatz **73** 12

Krankheit
- Arbeitsplatz **73** 4
- chronische Krankheiten **3** 2
- Zusatzurlaub **125** 14

Kriegsopferversorgung
- unentgeltliche Beförderung **145** 8

Kriegsopferfürsorgeverordnung
- Leistungen zur Teilhabe am Arbeitsleben **vor § 33 ff.** 12, 13
- Unterhaltsbeihilfe **45** 8

Kündigung
- Änderungskündigung, *siehe dort*
- außerordentliche Kündigung, *siehe dort*
- Kündigungsfrist, *siehe dort*
- ordentliche Kündigung, *siehe dort*
- Prävention vor K. **84** 2
- Rückzahlung von Eingliederungszuschüssen **34** 7, 8
- *von* Verträgen mit Leistungserbringern **21** 13

- Zustimmung des Integrationsamtes **85** 29, 30
- Ermessensentscheidung **89** 1–20

Kündigung, Änderungskündigung
- Mindestkündigungsfrist **86** 9
- Prävention vor K. **84** 2

Kündigung, außerordentliche
- Allgemeines **91** 1–29
- Begriff **91** 3
- Gleichgestellte **91** 1
- Prävention vor K. **84** 2
- Umdeutung in ordentliche K. **91** 5
- Vereinbarung von Kündigungsgründen **86** 3
- Zustimmung des Integrationsamtes **91** 4–6
  - Beantragung **91** 6
  - Entscheidung des Integrationsamtes **91** 12–24
  - Fiktion der Zustimmung **91** 15
  - Stellungnahme der Schwerbehindertenvertretung **91** 11
  - Stellungnahme des Betriebs-/Personalrats **91** 11
  - vorläufige Entscheidung **91** 14

Kündigung, ordentliche
- Prävention vor **84** 2

Kündigungserklärung
- Zugang **90** 3

Kündigungsfrist
- Berechnung **86** 12–14
- Heimarbeiter **127** 8, 9
- Mindestkündigungsfrist **86** 1, 4
- vier Wochen **86** 4
- zwingendes Recht **86** 2

Kündigungsschutz, allgemeiner
- für schwerbehinderte Menschen **85** 3

Kündigungsschutz für Schwerbehinderte
- Arten von Kündigungen **85** 16–19
- Ausnahmen **90** 1–16
- Beendigung
  - bei Gleichgestellten **85** 24
  - bei schwerbehinderten Menschen **85** 22, 23
- Beginn der K. **85** 21
- Kenntnis des Arbeitgebers von Schwerbehinderung
  - nicht offensichtliche Schwerbehinderung **85** 27, 28
  - offensichtliche Schwerbehinderung **85** 26
- geschützter Personenkreis **85** 6–15
  - Auszubildende **85** 7
  - Gleichgestellte **85** 8
  - leitende Angestellte **85** 7
  - Teilzeitbeschäftigte **85** 7
- vom Schutzbereich ausgenommener Personenkreis
  - arbeitnehmerähnliche Personen **85** 13

675

Stichwortverzeichnis

Fette Zahlen = §§

- Arbeitsverhältnis kürzer als 6 Monate **85** 12
- Auslandbeschäftigung **85** 14
- Beamte **85** 15
- Richter **85** 15
- Schwerbehinderteneigenschaft **85** 22, 23
- Verzicht auf K. **85** 2
- vorläufige Einstellung **85** 20
- Zustimmung des Integrationsamtes, *siehe Integrationsamt*

Kündigungsschutzverfahren
- Statistik **85** 4, 5

Kündigungsschutz für Wahlbewerber
- Wahl zur Schwerbehindertenvertretung **94** 34, 35

kurative Behandlung
- Abgrenzung zur medizinische Rehabilitation **26** 5
- Begriff **26** 5

Kurzarbeit
- Anrechnung auf Pflichtarbeitsplätze **75** 7
- *keine* Betriebseinschränkung **89** 12
- Regelentgelt bei Kurzarbeitergeldbezug **47** 9

Landesärzte
- Allgemeines **62** 1
- Aufgaben **62** 6–7
  - Beratung **62** 5
  - Gutachten **62** 6
  - Unterrichtungspflichten **62** 7
- Bestellung **62** 2
  - Anforderungen an Landesärzte **62** 4
  - Zahl **62** 3
  - Zuständigkeit **62** 4

Landesgleichstellungsgesetze
- Barrierefreiheit (Bau, Verkehr) **BGG 8** 7
- Barrierefreiheit (Definition) **BGG 4** 44
- Barrierefreiheit (Zugang zu Schriftstücken) **BGG 10** 6
- Benachteiligungsverbot **BGG 7** 5
- Kommunikationshilfen **BGG 9** 8
- Zielvereinbarungen **BGG 5** 17–19

Landesrahmenempfehlungen 30 30 ff.

Leiharbeitnehmer
- als Arbeitnehmer **73** 6

Leistungen
- ergänzende Leistungen, *siehe dort*
- Koordinierung der Leistungen, *siehe dort*
- Leistungen zum Lebensunterhalt, *siehe dort*
- Leistungen im Arbeitsbereich, *siehe dort*
- Leistungen in Werkstätten für behinderte Menschen, *siehe dort*
- Leistungen zur Teilhabe am Leben in der Gemeinschaft, *siehe dort*
- Verständigung mit der Umwelt, *siehe dort*
- Zusammenwirken der Leistungen, *siehe dort*

Leistungen im Arbeitsbereich 41 1–11
- Allgemeines **41** 1, 2
- arbeitsbegleitende Maßnahmen **41** 4
- Ermittlung des Arbeitsergebnisses **41** 10, 11
- Kostenarten **41** 9
- Nettoerlösrückführung **41** 11
- Vergütung **41** 7–9
- Zielsetzung **41** 3–6
- Zuständigkeit **42** 1, 2

Leistungen in Werkstätten für behinderte Menschen
- Allgemeines **39** 1, 2
- anerkannte Werkstätten **39** 5
- Berufsbildungsbereich **40** 3–5, *siehe dort*
- Eingangsbereich **40** 2, *siehe dort*
- Leistungen im Arbeitsbereich **41** 11, *siehe dort*
- sonstige Beschäftigungsstätten nach 41 BSHG **39** 6
- Zielsetzung **39** 3, 4
- Zuständigkeit **42** 1, 2

Leistungen zum Lebensunterhalt
- Allgemeines **45** 1
- Bemessungsgrundlage **49** 1, 2
- *bei* beruflicher Ausbildung **45** 9
- Entgeltersatzleistungen **45** 3
- Entgeltfortzahlung **45** 14
- Erstattung von Aufwendungen **45** 11
- Kriegsopferfürsorge **45** 10
  - Unterhaltsbeihilfe **45** 10
- Übergangsgeld
  - *bei* ambulanter Rehabilitationsleistung **45** 12, 13
  - *bei* Arbeitserprobung **45** 4
  - *bei* Berufsfindung **45** 4–7

Leistungen zur medizinischen Rehabilitation
- Allgemeines **5** 4, 5; **26** 1–3
- Arzneimittel **5** 5
- Begriff **26** 4
- Behandlung durch Ärzte **5** 5
- Bemessungsgrundlage **49** 3
- bio-soziales Modell **26** 6
- Familienheimfahrten **53** 7
- Früherkennung **5** 5
- Frühförderung **5** 5
- Haushaltshilfe **54** 3–6
- Hilfsmittel **5** 5
- kurative Behandlung **26** 5, 6
- psychosoziale Leistungen **26** 8
- Psychotherapie **5** 5
- Rehabilitationsdiagnostik **26** 7
- Reisekosten **53** 1–9

Leistungen zur Teilhabe
- Allgemeines **4** 1–3
- ganzheitliche Förderung **4** 16
- Leistungen zur medizinischen Rehabilitation, *siehe dort*
- Leistungen zur Teilhabe am Leben in der Gemeinschaft, *siehe dort*

Magere Zahlen = Rdnr.

- Teilhabe am Arbeitsleben, *siehe dort*
- unterhaltssichernde Leistungen, *siehe dort*
- Ursachen der Behinderung **4** 5
- Vorrang gegenüber Sozialleistungen **8** 2
- Zielsetzung **4** 5–8

Leistungen zur Teilhabe am Arbeitsleben
- Abgrenzungen **vor § 33 ff.** 15–18
  - zu Leistungen der medizinischen Rehabilitation **vor § 33 ff.** 16
  - zu Leistungen zur Teilhabe am Leben in der Gemeinschaft **vor § 33 ff.** 16
- Allgemeines **4** 9; **5** 6–11; **vor § 33 ff.** 1–20; **33** 1, 2
- Anleitung zur Inanspruchnahme von Leistungen **33** 39
- Arbeitserprobung **33** 31
- Arbeitsplatz **73** 11
- Auswahl der Leistungen **33** 28–32
- Begriff der Leistungen **33** 4–6
- berufliche Weiterbildung **37** 4, 5
- Bundesanstalt für Arbeit
  - Gesamtvereinbarung **38** 3
  - Stellungnahme der **38** 1–9
- Dauer der Leistungen
  - Allgemeines **37** 1
  - Ausbildungsordnung **37** 1
  - Vorbereitungslehrgänge **37** 3
  - Vorförderung **37** 3
- dauerhafte Teilhabe **33** 3, 11, 30
- Eignungsfeststellung **33** 31
- Einrichtung der beruflichen Rehabilitation, *siehe dort*
- Erforderlichkeit der Leistungen **33** 8
- Frauenbelange **33** 12, 13
- Geeignetheit der Leistungen **33** 7, 8
- Haushaltshilfe **54** 3–6
- Hilfsarten **33** 14–27
  - Arbeitsassistenz **33** 15
  - außerbetriebliche Ausbildung **33** 23
  - auswärtige Unterbringung **33** 42
  - berufliche Ausbildung **33** 23
- berufliche Weiterbildung **33** 21
- Berufsvorbereitung **33** 18
- Existenzgründung **33** 24, 25
- Lehrgangskosten **33** 32
- Maßnahmekosten **33** 42
- medizinische Hilfen **33** 35–37
- Mobilitätsbeihilfen **33** 17
- psychosoziale Hilfen **33** 38
- Trainingsmaßnahmen **33** 16
- Überbrückungsgeld **33** 24
- Unterkunft **33** 32
- Verpflegung **33** 32
- Integrationsämter **vor § 33 ff.** 19
- Integrationsfachdienste **33** 36, 40, 41
- Leistungen an Arbeitgeber
  - Allgemeines **34** 1, 2
  - Arbeitshilfen **34** 15

Stichwortverzeichnis

- Ausbildungszuschüsse **34** 3
- Eingliederungszuschüsse **34** 4–8
- Probebeschäftigungen **34** 15
- Leistungsarten
  - Ausbildungszuschüsse **5** 9
  - Beratung **5** 8
  - Berufsvorbereitung **5** 8
  - Eingliederungszuschüsse **5** 9
  - Lehrgangskosten **5** 9
  - technische Arbeitshilfen **5** 9
  - Überbrückungsgeld **5** 8
  - Unterkunft **5** 9
  - Verdienstausfall **5** 9
  - Vermittlung **5** 8
- Leistungsfähigkeit der behinderten Menschen **33** 10
- Leistungsort **18** 11
- *aus* Mitteln der Ausgleichsabgabe **77** 20
- Praktikum **33** 33
  - Anerkennungspraktikum **33** 34
- Rechtsreferendare **73** 22
- Reisekosten **53** 1–7
- SGB III (Arbeitsförderungsrecht)
- teilstationäre Leistungen **19** 7
- Teilzeitangebote **33** 13
- Übergangsgeld **51** 11
- Unterbrechung der **51** 9
- Unterhaltsgeld **51** 11
- Ziel der Leistungen **5** 7; **33** 3
- Zusammenwirken der Leistung **11** 3

Leistungen zur Teilhabe am Leben in der Gemeinschaft
- Allgemeines **5** 13–15; **vor § 55 ff.** 1–4; **55** 1
- Begriff **55** 1
- Förderung der Verständigung **57** 1–6
- Gebärdensprache, *siehe dort*
- Heilpädagogik, *siehe dort*
- Leistungsarten
  - heilpädagogische Leistungen für Vorschulkinder **55** 4, 5
  - Hilfen zum selbstbestimmten Leben in betreuten Wohnmöglichkeiten **55** 9
  - Hilfen zur Beschaffung, Ausstattung und Erhaltung einer Wohnung **55** 9
  - Hilfen zur Förderung der Verständigung mit der Umwelt **55** 7
  - Hilfen zur Teilhabe am gemeinschaftlichen und kulturellen Leben **5** 15, **55** 3–10; **58** 1–4; *siehe dort*
  - Hilfsmittel **5** 15; **55** 3
  - Verständigung mit der Umwelt, *siehe dort*
- Verordnungsermächtigung **59** 1

Leistungsausführung
- Allgemeines **17** 1
- Form der Leistungsausführung **17** 3–8
- Rangverhältnis **17** 4
- Modellvorhaben **17** 10
- persönliches Budget **17** 9–23

677

Stichwortverzeichnis

Fette Zahlen = §§

- Allgemeines **17** 9
- *als* Geldleistung **17** 10
- Wirtschaftlichkeit und Sparsamkeit **17** 17
- Verträge über die L.
  - Allgemeines **21** 1
  - einheitliche Grundsätze **21** 11
  - Kündigung **21** 13
  - Mitwirkungsmöglichkeiten **21** 8
  - Qualitätsanforderungen **21** 1
  - Vergütung **21** 6

Leistungserbringung
- ambulant vor stationär **19** 8
- teilstationäre Leistungen **19** 7

Leistungsgruppen 5 1–15

Leistungsort
- Allgemeines **18** 1–3
- Leistungen zur Teilhabe am Arbeitsleben **18** 11
- Sachleistungen im Ausland **18** 4–10
  - ausländische Rehabilitationsträger **18** 8
  - Ermessensleistung der Rehabilitationsträger **18** 6
  - grenznahes Ausland **18** 11
  - Wirksamkeit der Leistung **18** 7
  - Wirtschaftlichkeit **18** 9

Leistungsverweigerungsrecht
- bei Ablehnung von Mehrarbeit **124** 14

leitende Angestellte
- Arbeitsplatz **73** 5
- besonderer Kündigungsschutz **85** 7
  - Stellungnahme des Betriebs-/ Personalrats **87** 9
  - Wahl der Schwerbehindertenvertretung **94** 5

Mahnung
- Mahnkosten **140** 8
- *bei* Säumniszuschlägen **77** 17

Medizinalpersonen
- Begriff **61** 5

medizinische Rehabilitation
- Entgeltfortzahlung **45** 12
- Leistungen zur medizinischen Rehabilitation, *siehe dort*

Mehrarbeit
- Anordnung von Mehrarbeit **124** 10
- Arbeitszeitgesetz **124** 8
- Begriff **124** 7–9
- Freistellung von M. **124** 1–14
  - . Beamte **124** 3
  - Gleichgestellte **124** 3
  - Gründe **124** 11
  - Leistungsverweigerungsrecht **124** 14
  - Richter **124** 3
  - Soldaten **124** 3
  - Teilzeitbeschäftigte **124** 4
  - Verlangen des Arbeitnehmers **124** 12–14
  - zwingendes Recht **124** 2
- Überstunden **124** 9

mehrfachbehinderte Menschen
- Integrationsfachdienste **109** 6

Mehrfachanrechnung auf Pflichtplätze 76 1–14
- Agentur für Arbeit **77** 11–13
- *bei* Auszubildenden **76** 7
- Begrenzung **76** 6
- *bei* Eingliederungshindernissen **76** 3
- *kein* Rechtsanspruch **76** 11
- *bei* schwerstbehinderten Menschen **76** 2
- *bei* Teilzeitbeschäftigten **76** 5
- Übergangsregelung **76** 14
- Verfahren **76** 11–13

Minderjährige
- Antrag auf Feststellung des GdB **69** 5

Mindestkündigungsfrist 86 1–14
- *bei* Änderungskündigungen **86** 9
- Berechnung **86** 12–14
- *bei* Teilkündigungen **86** 9
- Zugang der Kündigung **86** 2

Minderleistungsklausel 123 8, 9
- Akkordlohn **123** 9
- Zeitlohn **123** 9

Missionare
- Arbeitsplatz **73** 12

Mitgliedsbeiträge für Vereine
- als Hilfe zur Begegnung mit nichtbehinderten Menschen **58** 4

Mobilitätsbeihilfe
- Leistungen zur Teilhabe am Arbeitsleben **33** 17

Mobilitätshilfen
- als Leistungen der Teilhabe am Leben in der Gemeinschaft **55** 14

Mutterschaftsgeld
- Ruhen des Anspruchs auf Übergangsgeld **45** 4

Nachtarbeit
- Ablehnung von Mehrarbeit **124** 10

Nachteilsausgleich
- Allgemeines **126** 1
- Finalitätsprinzip **126** 2

Nahverkehr
- Begriff **147** 2–12
- Eisenbahn **147** 6–8
- Erstattung von Fahrgeldausfällen **148** 1–8
- Fahrplanhinweise **147** 13
- Kostenerstattung für **151** 2, 3
- Kraftfahrzeuge **147** 3, 4
- Magnetschwebezüge **147** 8
- Nahverkehrszügeverordnung **147** 8; **153** 2
- Omnibusse **147** 2
- Sammeltaxen **147** 4
- Straßenbahnen **147** 2
- Verordnungsermächtigung **154** 2
- Wasserfahrzeuge **147** 12

Nahverkehrszügeverordnung 147 8; **153** 2

Nebenbetrieb
- Stilllegung **89** 8

Magere Zahlen = Rdnr.

Stichwortverzeichnis

Niedersachsen
– Vergaberichtlinien **141** 6
Nordrhein-Westfalen
– Vergaberichtlinien **141** 6

Offenbarungspflicht
– des Bewerbers **81** 11
Öffentlicher Dienst
– Anteil schwerbehinderter Beschäftigter **128** 2
– *als* Arbeitgeber **71** 16, 17
– besondere Pflichten **82** 1
– beratender Ausschuss beim Integrationsamt **119** 6, 7
– Beschäftigungspflicht **71** 1
– Beschäftigungsquote **159** 2–4
– Dienststelle **71** 16
– Meldung freier Stellen **82** 3
– Schwerbehinderten-Richtlinien **128** 5, 6
  – des Bundes **128** 5
  – der Länder **128** 6
öffentliche Verkehrsmittel
– Fahrkosten **53** 3
Ordnungswidrigkeiten
– Arbeitgeber **156** 3–5
– Beauftragter **156** 4
– Geldbuße **156** 17–21
  – Abführung **156** 18
  – Höhe **156** 17
– gesetzlicher Vertreter **156** 3
– Information über Bewerbungen **81** 6
– Nichtverwendung von Vordrucken **80** 26
– Tatbestände
  – Benennung der Vertrauensperson **156** 13
  – Einblick in Betrieb **156** 12
  – unrichtige Auskunft **156** 11
  – Unterrichtung über Bewerbungen **156** 14
  – Verletzung der Beschäftigungspflicht **156** 7, 8
  Verletzung der Pflicht ein Verzeichnis zu führen **155** 9
  – Verstoß gegen Anzeigepflicht **156** 11
  – Verstoß gegen Erörterungspflicht **156** 16
  – Verstoß gegen Unterrichtungspflicht **156** 17
  – *bei* Verweigerung des Einblicks in Betrieb **80** 28
  – Zuständigkeit **156** 20
orthopädische Hilfsmittel
– unentgeltliche Beförderung **145** 6
Ortszuschlag
– Anrechnungsverbot **123** 5

Pauschbetrag
– als Wunsch- und Wahlrecht **9** 5
Pensionen
– Anrechnung auf Übergangsgeld **52** 9

Persönlichkeitsschutz
– *bei* Bewerbungen **95** 24
– *bei* gesundheitlichen Beeinträchtigungen **84** 9–17
Personal
– *der* Integrationsfachdienste **112** 3, 6
– *der* Werkstatt für Behinderte **136** 11–13
Personalakte
– Begriff **95** 25
– Einsichtsrecht der Schwerbehindertenvertretung **95** 25–27
– Einsichtsrecht des schwerbehinderten Menschen **95** 25–27
– Prozessakten **95** 25
persönliches Budget 17 9
– Allgemeines **17** 1
– *als* Geldleistung **17** 16
– Umwandlung von Sach- in Geldleistungen **17** 16
– Wirtschaftlichkeit und Sparsamkeit **17** 17
Personalrat, *siehe* Bezirks-, Haupt- u. Gesamtpersonalrat
– Aufgaben **93** 8–17
– Bildung **93** 4
– Entgegennahme von Beschwerden **93** 11
– Sitzungen **95** 18
– Überwachungspflicht **93** 12, 13
– Wahl der Schwerbehindertenvertretung **93** 16, 17
– Wählbarkeit zur Schwerbehindertenvertretung **94** 25
– Widerspruchsrecht **84** 8
– Zustimmung zur Einstellung **81** 14
Pflege
– Pflegebedürftigkeit **22** 16
  – Begriff **46** 8
  – erhöhtes Übergangsgeld **46** 7
– Rehabilitation vor Pflege **8** 2
Pfleger
– Aufgaben **§ 60** 3, 4
Pflichtarbeitsplatz
– Anrechnung **75** 1–11
– Auf- und Abrundung **74** 5
– Ausgleichsabgabe je **77** 8
– Bergmannversorgungsscheininhaber **75** 10
– Kleinbetriebe **74** 7
– Nichtberücksichtigung von Ausbildungsstellen **74** 2
– Rechtsreferendare **74** 3
– schwerbehinderter Arbeitgeber **75** 10
Pflichtquote
– Allgemeines **71** 1
– öffentliche Arbeitgeber des Bundes **71** 19
Pflichtverletzung
– Erlöschen des Amtes als Vertrauensperson **94** 43–45
Präsidialrat
– Aufgaben **93** 1–17
– Bildung **93** 6
– Sitzungen **95** 28

679

Stichwortverzeichnis

Fette Zahlen = §§

Prävention
- Arbeitsassistenz **84** 8
- Aufgabe der Rehabilitationsträger **3** 2
- gemeinsame Empfehlungen **3** 3
- *vor* Behinderung **3** 2, 3
- *vor* chronischen Krankheiten **3** 2, 3
- Einschaltung der Schwerbehindertenvertretung **84** 2
- Hilfen im Berufs- und Arbeitsleben **84** 8
- *keine* Ordnungswidrigkeit **84** 6
- Schadensersatz **84** 14
- Sekundärprävention **3** 2
- Verstoß gegen Präventionspflicht **84** 17
- Zusammenarbeit der Rehabilitationsträger **12** 10

Praktikanten
- Arbeitsplatz **73** 9

Praktikum 33 33
- Anerkennungspraktikum **33** 34

Probezeit
- Anzeigepflicht des Arbeitgebers **90** 24
- Arbeitsplatz **73** 20
- angemessener Arbeitsplatz **89** 18
- befristetes Probearbeitsverhältnis **90** 13, 14
- Zuschüsse für Arbeitgeber **34** 15
- Kostenerstattung für befristete Probebeschäftigung **5** 9

Prothesen
- keine technische Arbeitshilfen **81** 30

Protokoll
- der Betriebsratssitzung **95** 31

Prozessstandschaft
- Klagerecht der Verbände **63** 1, 2

psychische Rehabilitation
- Empfehlungsvereinbarung RPK **10** 2
- Koordinierung der Leistungen **10** 2

Psychotherapeuten
- als Hilfskraft **72** 5

Psychotherapie
- als Leistung der medizinischen Rehabilitation **5** 5

Qualitätssicherung
- Allgemeines **20** 1–5
- Barrierefreiheit **20** 7
- Empfehlungen der BAR **20** 12
- gemeinsame Empfehlungen **20** 2, 6–9
- gemeinsame Erklärung über Zusammenarbeit in der **20** 5; **Anh 14**
- Qualitätsmanagement **20** 10
- Qualitätssicherungsprogramm **20** 3
- Vereinbarungen der Rehabilitationsträger **20** 12

Rahmenempfehlung 13 17
- Durchführungshinweise zu der **23** 13, **Anh 12**

Rechnung
- Anrechnung von Aufträgen an WfB **140** 9

Rechnungsbetrag
- bei Aufträgen an WfB
- Inkassogebühren **140** 8
- Mahnkosten **140** 8
- Verzugszinsen **140** 8

Rechtsreferendare
- Arbeitsplätze **74** 3

Rechtsschutzinteresse
- bei der Feststellung des Einzelgrades **69** 17

Regelentgelt
- Allgemeines **47** 1
- Arbeitsentgeltbegriff **47** 5
- Bemessungsgrenzen **47** 10
- Berechnung
  - *bei* Arbeitnehmern **47** 2–6
  - *bei* im Inland nicht einkommensteuerpflichtigen Versicherten **47** 11
  - *bei* Kurzarbeitergeldbezug **47** 9
  - *bei* Teilzeitarbeitslosigkeit **47** 18
  - *bei* Winterausfallgeldbezug **47** 9
- Doppelbesteuerungseinkommen **47** 11
- Einmalzahlungsneuregelungsgesetz **47** 3
- Monatslohn **47** 4
- Stundenlohn **47** 4
- Wertguthaben **47** 6

RehaAngleichungsgesetz 1 3

Rehabilitanden anwendbare Vorschriften **36** 5
- Arbeitnehmer **36** 4
- Mitbestimmung **36** 4
- rechtlicher Status **36** 3
- Wahl der Schwerbehindertenvertretung **94** 21

Rehabilitation
- Frührehabilitation **27** 4
- Leistungen der medizinischen Rehabilitation, *siehe dort*
- Rehabilitationseinrichtungen, *siehe dort*
- Rehabilitationsträger, *siehe dort*
- Zuschuss zur Pflege- und Krankenversicherung **44** 6

Rehabilitationsdienste, *siehe Rehabilitationseinrichtungen*

Rehabilitationseinrichtungen
- Allgemeines **19** 1
- Arbeitsgemeinschaften **19** 13
- ausländische **18** 8
- Auswahl **19** 11
- eigene Einrichtungen der Rehabilitationsträger **21** 11
- Förderung **19** 12
- Mitteilungspflicht **11** 4
- Mitwirkungspflicht **11** 4
- Zahl **19** 2

Rehabilitationsträger
- Anwendbarkeit des SGB IX **7** 3
- Arbeitsassistenz **33** 45–47
- Aufgaben **101** 4
  - eigenverantwortliche Wahrnehmung **6** 4

Magere Zahlen = Rdnr.

- gemeinsame Aufgabenwahrnehmung **6** 4
- Prävention **3** 2–5
- Aufsicht über R. **12** 12
- Bericht über gemeinsame Servicestellen **24** 1, 2
- einzelne Rehabilitationsträger **6** 1–4
- Erstattungspflicht selbstbeschaffter Leistungen **15** 5
- Geheimhaltungspflicht **130** 2
- gemeinsame Empfehlungen **13** 12
- Mitteilungspflichten an BAR **13** 20
  - regionale Rehabilitationsträger **13** 27
  - Spitzenverbände der Rehabilitationsträger **13** 18, 19
- gemeinsame Servicestellen, *siehe dort*
- Koordinierung der Leistungen **10** 4
- Leistungsausführung **17** 3
- Servicestellen, *siehe dort*
- Stellungnahme der Bundesanstalt für Arbeit **38** 1–9
- unzuständiger Rehabilitationsträger **14** 11, 12
- Zusammenarbeit der Rehabilitationsträger
  - Abgrenzungsfragen **12** 4
  - Allgemeines **12** 1, 2
  - Arbeitsgemeinschaften **12** 11
  - einheitliche Begutachtungsgrundsätze **12** 6
  - Pflicht zur Zusammenarbeit **12** 1
  - Prävention **12** 10
  - Servicestellen **12** 5
- Zusammenwirken der Leistung **11** 1
- Zuständigkeitsklärung, *siehe dort*

Reisekosten
- Allgemeines **53** 1, 2
- Fahrkosten **53** 3, *siehe dort*
- Familienheimfahrten **53** 7
- Kinder **53** 5
- Übernachtungskosten **53** 3
- Verpflegungskosten **53** 3

Rente
- Anrechnung auf Übergangsgeld **52** 9
- Erwerbsminderungsrente, *siehe dort*
- Leistungen zur Teilhabe **8** 2
- Rehabilitation vor Rente **8** 7

Rentenversicherung
- Leistungen zur Teilhabe am Arbeitsleben **vor § 33 ff.** 6
- *als* Rehabilitationsträger **6** 3

Rheinland-Pfalz
- Vergaberichtlinien **141** 6

Richter
- Arbeitsplatz **73** 8
- berufliche Eingliederung **128** 1
- besonderer Kündigungsschutz **85** 15
- ehrenamtliche Richter **73** 8
- *an den* obersten Gerichtshöfen **73** 16
- Versetzung in den Ruhestand **128** 7

Richterrat
- Aufgaben **93** 1–17
- Bildung **93** 5
- Entsendung in Personalrat **93** 5
- Sitzungen **95** 28

Rückzahlung
- des Eingliederungszuschusses **34** 6–8
  - Ausnahmen von Rückzahlungsverpflichtung **34** 7

Ruhen des Beschäftigungsverhältnisses
- Arbeitsplatz **73** 17, 18

Saarland
- Zusatzurlaub **125** 9

Sachbezüge 81 30
- Anrechnungsverbot **123** 5

Sachleistungen
- *im Ausland* **18** 4–10
  - Ermessensleistung der Rehabilitationsträger **18** 7
  - Europäische Union **18** 5
- Leistungsort **18** 4–10
- Umwandlung von Sach- in Geldleistung **17** 8
- *als* Wunsch- und Wahlrecht **9** 7
  - Antragserfordernis **9** 7
  - Kostenvoranschlag **9** 7
  - Wirksamkeit **9** 7
  - Wirtschaftlichkeit **9** 7

Sachverständige
- Feststellung des Rehabilitationsbedarfs **14** 13
- Verfahren vor den Versorgungsämtern **69** 7

Saisonbeschäftigung
- keine Betriebseinschränkung **89** 12

Säumniszuschläge
- Ausgleichsabgabe **77** 15–18
- Mahnung **77** 17

Schadensersatz
- *bei* Ablehnung der Wiedereinstellung **90** 16
- Fristversäumnis des Integrationsamtes **88** 2, **91** 8
- Geheimhaltungspflichtverstoß **130** 16
- Höhe **81** 15
- *wegen* Ungleichbehandlung bei Bewerbungen **81** 24
- Verstoß gegen Benachteiligungsverbot **96** 6
- Zusatzurlaub **125** 27
- *keine* Zustimmung zur Einschaltung der Schwerbehindertenvertretung **84** 14

Schleswig-Holstein
- Vergaberichtlinien **141** 6

Schriftform
- Antrag auf Zustimmung des Integrationsamtes zur Kündigung **87** 2
- Aufhebungsvertrag **96** 11
- *für* Entschädigungsanspruch gegen Arbeitgeber **81** 32
- Kündigung **96** 11

681

Stichwortverzeichnis

Fette Zahlen = §§

- Telefax **87** 2
- Werkstattvertrag **138** 12
- WfB-Anerkennung **142** 4
Schulung
- *der* Vertrauensperson **96** 25–28
- *des* Wahlvorstands **94** 33
Schulungs- und Bildungsveranstaltung
- Anerkennung **96** 27
- Erforderlichkeit **96** 25, 26
Schutzgesetz
- Benachteiligungsverbot **81** 15, **96** 5
Schwangerschaft
- Beratung durch Schwangerschaftsstellen **61** 3
Schweigepflicht
- *bei* Einblick in Personalakte **95** 16
- Verletzung **94** 44
- *der* Vertrauensperson **96** 34, 35
schwerbehinderte Menschen
- Begriff **2** 13
Schwerbehindertenausweis
- Ausstellung **69** 50
- Befristung **69** 53
- Berichtigung **69** 58
- Beweisfunktion **69** 51
- Einziehung **69** 56, 57
- Erfassung **153** 1–4
- Gültigkeitsdauer **69** 53
- Statistik **131** 2
- Verfahren **69** 54
- Verlängerung der Gültigkeitsdauer **107** 2–4
- Zuständigkeit für Ausstellung **69** 54
Schwerbehinderten-Ausweisverordnung Anh 4
Schwerbehinderteneigenschaft
- besonderer Kündigungsschutz **85** 1–28
- Erlöschen **116** 2
- Übergangsfrist **116** 3–6
- Kenntnis des Arbeitgebers **85** 21–23
- vorgezogene Altersrente **116** 5
- Zusatzurlaub **125** 11
Schwerbehinderten-Richtlinien
- Bund **128** 5
- Länder **128** 6
- statt Integrationsvereinbarung **82** 6
Schwerbehindertenvertretung
- Amtszeit **94** 38–42
- Aufgaben **95** 1–39
  - Beantragung von Maßnahmen **95** 7
  - Entgegennahme von Beschwerden **95** 8
  - Förderung der Eingliederung schwerbehinderter Menschen **95** 3
  - Sitzungen des Betriebs-/Personalrats **95** 28
  - Überwachung **95** 5, 6
- Aussetzung von Beschlüssen des Betriebs-/Personalrats **95** 32–34
- Bezirksschwerbehindertenvertretung **97** 6
- Bundesnachrichtendienst **158** 5–7
- Gesamtschwerbehindertenvertretung **97** 2–4
- Hauptschwerbehindertenvertretung **97** 7
- Kosten **96** 36–38
- Mitwirkung bei Präventionsmaßnahmen **84** 14
- Vertreter **94** 16, 17
  - Aufgaben **95** 8
  - Hinzuziehung des Stellvertreters **95** 9–12
  - Unterrichtung des Arbeitgebers **95** 11
- Wahl **94** 2–37
  - Arbeitgeber **94** 6
  - Beauftragter des Arbeitgebers **94** 24
  - Betrieb **94** 9
  - Betriebsratsmitglieder **94** 25
  - Dienststelle **94** 9
  - Gleichgestellte **94** 4, 20
  - Grundsätze der Wahl **94** 28–37
  - Heimarbeiter **94** 6, 20
  - Kosten **94** 33
  - leitende Angestellte **94** 5
  - Mehrheitswahl **94** 30
  - mindestens 5 Schwerbehinderte **94** 4
  - Personalratsmitglieder **94** 25
  - Rehabilitanden **94** 21
  - Richter **94** 8
  - Soldaten **94** 8
  - Staatsanwälte **94** 8
  - vorübergehende Beschäftigung **94** 7
  - Wahlanfechtung **94** 36, 37
  - Wählbarkeit **94** 22–25
  - Wahlberechtigung **94** 19–21
  - Wahlordnung Schwerbehindertenvertretung **Anh** 1
  - Wahlschutz **94** 32
  - Zeitpunkt der Wahl **94** 28, 29
  - Zwischenwahl **94** 29
Schwerhörigkeit
- unentgeltliche Beförderung **145** 10
schwerstbehinderte Menschen
- heilpädagogische Leistungen **56** 3
- Mehrfachanrechnung auf Pflichtplätze **76** 2
- Versammlung **95** 36, 37
  - Entgeltfortzahlung bei Teilnahme **95** 37
  - Teilnahmerecht **95** 36
seelische Behinderung
- Empfehlungsvereinbarung RPK **10** 2 **Anh 15** Anlage
- Koordinierung der Leistungen **10** 4
selbstbestimmtes Leben
- Allgemeines **1** 6, 7
Selbstgefährdung
- Zugang zur WfB **136** 14–18
Selbsthilfe
- Allgemeines **29** 1 ff.
- gemeinsame Empfehlungen **29** 12–16

Magere Zahlen = Rdnr.

- Grundsätze zur Förderung der Selbsthilfe 29 2
- Selbsthilfegruppen, *siehe dort*
- Selbsthilfekontaktstellen, *siehe dort*
- Selbsthilfeorganisationen, *siehe dort*

Selbsthilfegruppen
- Begriff 29 7

Selbsthilfekontaktstellen
- Adressen 29 11
- Begriff 29 10

Selbsthilfeorganisationen
- Aufgaben 29 9
- Begriff 29 8

Servicestellen
- Allgemeines 23 1–6
- Durchführungshinweise zu der Rahmenempfehlung 23 5; **Anh 12**
- gemeinsame Servicestellen, *siehe dort*
- Kreisebene 23 2
- mobile Sprechtage 23 7
- Organisation 23 3
- Rehabilitationsträger 23 5
- Verantwortung für S. 23 4
- Verordnungsermächtigung 25 1

SGB III (Arbeitsförderungsrecht)
- Leistungen zur Teilhabe am Arbeitsleben **vor § 33 ff.** 3–5

Soldaten
- Allgemeines 128 9–11
- anwendbare Vorschriften 128 9
- berufliche Eingliederung 128 2–4
- *keine besondere Personengruppe* 72 2
- Wahl zur Schwerbehindertenvertretung 94 27

Sonn- und Feiertagsarbeit
- Ablehnung von Mehrarbeit 124 6
- Zusatzurlaub 125 17

Sozialarbeiter
- in Werkstatt für behinderte Menschen 136 13

Sozialhilfe (-bezieher)
- Leistungen zur Teilhabe am Arbeitsleben **vor § 33 ff.** 9
- Träger
- *als* Rehabilitationsträger 6 3
- unentgeltliche Beförderung 145 7

Sozialleistungen
- Leistungen zur Teilhabe 8 1, 2

sozialmedizinischer Dienst
- der Rehabilitationsträger 14 13

Sozialpädagoge
- in Werkstatt für behinderte Menschen 136 13

sozialpädiatrische Zentren 30 14, 15

Sprecherausschuss
- Sitzungen 95 29

Staatsanwaltsicht
- Aufgaben 93 1–17
- Bildung 93 7
- Sitzungen 95 28

Stichwortverzeichnis

stationäre Aufnahme
- in Werkstatt für behinderte Menschen 137 4

Statistik
- auskunftspflichtige Stellen 131 3, 4
- Bundesstatistik über schwerbehinderte Menschen 131 1
- *über Erstattung selbstbeschaffter Leistungen* 15 7
- Inhalt 131 2
- Verfahren 131 3
- Zeitpunkt der Erstellung 131 1

Steigerungsbetrag
- Arbeitsentgelt in WfB 138 9

Stellungnahme
- *des beratenden Ausschusses beim Integrationsamt* 102 5
- *des Betriebsrats*
- zur Kündigung 87 9
- *des Integrationsamtes*
- zur Zusammenlegung von Betrieben/Dienststellen 94 12
- Niederschrift 87 13
- *des Personalrats*
- zur Kündigung 87 9
- *des schwerbehinderten Menschen* 87 12
- *der Schwerbehindertenvertretung*
- zu Bewerbungen 95 13

Strafvorschriften
- Allgemeines 155 1, 2
- Antrag 155 1
- Antragsberechtigung 155 5
- Frist 155 9
- Rücknahme 155 9
- Rechtsfolgen
- Geldstrafe 155 10
- Freiheitsstrafe 155 10
- Sonderdelikt 155 1
- Strafverschärfung 155 4
- Täter 155 3
- Vergehen 155 1
- Verjährung 155 11

Straßenverkehr, *siehe Beförderung in Straßenverkehr*
- Ortsverkehr 146 9

Streik
- Wiedereinstellung nach S. 91 17, 18

Stufenvertretungen
- Bezirksschwerbehindertenvertretung 97 6
- Bundesnachrichtendienst 158 2
- Gesamtschwerbehindertenvertretung 97 2–4
- Hauptschwerbehindertenvertretung 97 7
- Konzernschwerbehindertenvertretung 97 5
- Zeitpunkt der Wahl 97 11

stufenweise Wiedereingliederung
- Allgemeines 28 1
- Arbeitsplatz 73 21
- Entgeltersatzleistungen 28 7–9

683

Stichwortverzeichnis

Fette Zahlen = §§

- Freiwilligkeit **28** 3
- Stufenplan **28** 2
- vertragliche Vereinbarungen **28** 5
- Zustimmung des Arbeitgebers **28** 4

Stundung
- der Ausgleichsabgabe **77** 16

Tarifvertrag
- Kündigungsschutz **85** 2
- Regelungen zur Wiedereinstellung **90** 12

Taubheit
- unentgeltliche Beförderung **145** 10

Taxi
- Übernahme der Kosten **53** 4

technische Arbeitshilfen
- Begriff **81** 54
- behindertengerechte Beschäftigung **81** 41
- Kostentragung **81** 54

Teilhabe
- Allgemeines **1** 9, BGG **1** 5
- Begriff **1** 10

Teilhabe am Leben in der Gemeinschaft BGG 1 5

Teilzeit
- Teilzeitbeschäftigung, *siehe dort*
- Teilzeitarbeitsplätze, *siehe dort*

Teilzeitarbeitslosigkeit
- Begriff **47** 8
- Berechnung des Regelentgelts **47** 8, 9
- Teilzeitarbeitslosengeld **47** 8
- Anrechnung auf Übergangsgeld **52** 15

Teilzeitarbeitsplätze/Teilzeitarbeitnehmer
- Altersteilzeit **73** 18
- Anrechenbarkeit auf Pflichtarbeitsplätze **75** 4–7
- Arbeitsplatz **73** 19–21
- besonderer Kündigungsschutz **85** 7
- Förderung durch Arbeitgeber **81** 58–66
- Mehrarbeit **124** 4
- Mehrfachanrechnung **76** 4
- stufenweise Wiedereingliederung **73** 21
- 18-Stunden-Grenze **73** 19
- Wahl der Schwerbehindertenvertretung **94** 19

Teilzeitbeschäftigung
- Arbeitsförderungsgeld **43** 5
- *wegen* Art und Schwere der Behinderung **75** 5
- Erfüllung der Beschäftigungspflicht **71** 10
- Zusatzurlaub **125** 18

Telearbeit
- Wahlrecht zum Betriebsrat **93** 3

Trainingsmaßnahmen
- Leistungen zur Teilhabe am Arbeitsleben **33** 16

Überbrückungsgeld
- als Leistung zur Teilhabe am Arbeitsleben **5** 7; **33** 24

Übergangsgeld
- Anpassung **50** 1–5
- Arbeitsentgelt **48** 10
- *für* Arbeitserprobung **45** 3
- *für* Abklärung der beruflichen Eignung (Berufsfindung) **45** 3
- Berechnung
- Allgemeines **46** 1–3
- Berechnungsbeispiel **46** 12
- Grundlage **46** 4
- *in* Sonderfällen **48** 1–10
- Einkommensanrechung
- Allgemeines **52** 1, 2
- Arbeitgeberleistungen **52** 11
- Arbeitnehmersparzulage **52** 9
- Arbeitsentgelt **52** 6
- Einkünfte **52** 4
- Einmalzahlungen **52** 10
- Erwerbseinkommen **52** 5
- Geldleistungen **52** 12
- Kindergeld **52** 17
- Pensionen **52** 9
- Renten **52** 9, 13
- vergleichbares Einkommen **52** 6
- Verletztenrente **52** 13
- Forderungsübergang **52** 18
- Höhe
- Allgemeines **46** 1–3
- erhöhtes Übergangsgeld **46** 6
- häusliche Gemeinschaft **46** 1
- Nettoarbeitsentgelt **46** 11–12
- Obergrenze **46** 11
- *bei* Pflegebedürftigkeit **46** 7–9
- *bei* Leistungen zur Teilhabe am Arbeitsleben
- Allgemeines **48** 1, 2
- Arbeitsentgelt **48** 10
- Bemessungsgrundlage **48** 4
- Einmalzahlungen **48** 10
- Sonderberechnung **48** 9
- Leistungen zwischen Rehabilitationsmaßnahmen **51** 3–7
- Arbeitslosigkeit **51** 7
- Arbeitsunfähigkeit **51** 6
- Erforderlichkeit **51** 4
- Verzögerung
- *bei* Mutterschaftsgeld **45** 7
- Regelentgelt, *siehe dort*
- Ruhen des Anspruchs **45** 7
- *bei* Unterbrechung der Leistung zur Teilhabe am Arbeitsleben **51** 9
- Weiterzahlung **51** 1–14
- Zahlungsweise **45** 13

Übergangsregelung
- *bei* Mehrfachanrechnung **76** 14
- *für* öffentlichen Dienst **159** 6

Übernachtungskosten 53 3

überregionale Einrichtung
- Förderung aus Ausgleichsfonds **78** 5

Umschüler
- Arbeitsplatz **73** 9

Magere Zahlen = Rdnr.

Stichwortverzeichnis

Unfallrente
- Anrechnungsverbot **123** 3

Unfallversicherung
- Heilbehandlung **27** 6
- Leistungen zur Teilhabe am Arbeitsleben **vor § 33 ff.** 6
- *als* Rehabilitationsträger **6** 3

Unterhaltsgeld
- im Anschluss an Leistung zur Teilhabe am Arbeitsleben **51** 10
  - erfolgreicher Abschluss **51** 11

unterhaltssichernde Leistungen
- Allgemeines **5** 2
- Leistungen zum Lebensunterhalt **5** 12

Unterlassungsklage
- Verstoß gegen Geheimhaltungspflicht **130** 16
- vorbeugende
  - bei Verstoß gegen Geheimhaltungspflicht **130** 15

Unterrichtungspflicht
- des Arbeitgebers
  - Einblick in Gehaltslisten **95** 16
  - gegenüber der Gesamtschwerbehindertenvertretung **97** 10
  - gegenüber der Schwerbehindertenvertretung **95** 13
  - Ordnungswidrigkeit **95** 41

Urlaubsentgelt
- Zusatzurlaub **125** 24

Urlaubsgeld
- Zusatzurlaub **125** 26

Urteilsverfahren
- Kosten der Wahl der Schwerbehindertenvertretung **94** 33

Verbandsklagerecht
- Anerkennungsverfahren **BGG 13** 7
- Anspruch auf Barrierefreiheit **BGG 12** 1–4
- Befugnis **BGG 13** 3, 6, 7
- Notwendigkeit eines Widerspruchsverfahrens **BGG 13** 3
- Präklusionsregelung **BGG 13** 3
- Zulässigkeitsvoraussetzungen **BGG 13** 5

Verdienstausfall 53 4

Verfahren
- vor den Versorgungsämtern **69** 7

Verjährung
- *der* Ausgleichsabgabe **77** 19
- Beginn **155** 9
- *von* Straftaten **155** 9

Verletztengeld
- Anpassung **50** 1–6
- Anrechnung auf Übergangsgeld **52** 16
- Zuschuss zur privaten Kranken- und Pflegeversicherung **44** 6

Verordnungsermächtigung
- *zur* Ausgleichsabgabe **79** 1–4; **Anh 2**

- Beirat für die Teilhabe behinderter Menschen **67** 1, 2
- gemeinsame Empfehlungen **16** 1–3
- gemeinsame Servicestellen **23** 6
- Leistungen zur Teilhabe am Leben in der Gemeinschaft **59** 1, 2
- Persönliches Budget **21** 1
- Servicestellen **25** 1

Verpflegungskosten 53 3

Versammlung schwerbehinderter Menschen
- Bericht des Arbeitgebers **83** 9, 10
- Entgeltfortzahlung bei Teilnahme **95** 37
- Kosten **95** 37
- Teilnahmerecht **95** 36
- Zeitpunkt **95** 36

Versetzung in Ruhestand
- Anhörung des Integrationsamtes **128** 7

Versorgungsamt
- Antrag auf Feststellung des GdB **69** 4
- örtliche Zuständigkeit **69** 6
- Verfahren **69** 7

Versorgungskrankengeld
- Anpassung **50** 1–6
- Zahlungsweise **45** 13
- Zuschuss zur privaten Kranken- und Pflegeversicherung **44** 6

Verständigung mit der Umwelt
- Allgemeines **57** 1, 2
- Gebärdensprache **57** 3–6
- Sprachmittlungshilfe **57** 3–5
  - Erstattung von Aufwendungen **57** 5
  - Verdienstausfall **57** 3

Vertrauensperson
- Benachteiligungsverbot **96** 5–8
- Benennung gegenüber Agentur für Arbeit/Integrationsamt **80** 29
- Ehrenamt **96** 2–4
- Erlöschen des Amtes **94** 43–45
- Freistellung **96** 19–30
  - Aufwandsentschädigung **96** 20
  - Fortzahlung des Arbeitsentgelts **96** 31
  - Schulungs- und Bildungsveranstaltungen **96** 25–28
  - *keine* Selbstbefreiung **96** 20
  - Umfang **96** 21
  - Zustimmung des Arbeitgebers **96** 20
- Kündigungsschutz **96** 9–18
  - Allgemeines **96** 9
  - Änderungskündigung **96** 12
  - außerordentliche Kündigung **96** 13
  - Beginn **96** 10
  - Ende **96** 15
  - ordentliche Kündigung **96** 13
- Rechtsstellung **96** 1–38
- Stellvertreter **94** 16–18
  - Anzahl **94** 16
  - Aufgaben **94** 16
  - Kündigungsschutz **96** 14–16
  - Nachrücken **94** 18, 40

Stichwortverzeichnis

- Nachwahl **94** 17
- nachwirkender Kündigungsschutz **96** 16
- Schulungs- und Bildungsveranstaltungen **96** 28
- *als* Verbindungsperson **99** 6
- Verhinderung **94** 18
- Wahl **94** 1, 16

Vertreter/Vertretung
- gemeinsame Empfehlungen
  - Spitzenverbände der Rehabilitationsträger **13** 18
- gesetzlicher Vertreter des Arbeitgebers **73** 5; **75** 10

Verwaltungsakt
- *bei* Auskunftspflicht des Arbeitgebers **80** 21
- Benennung der Mitglieder des beratenden Ausschuss **119** 5
- *bei* Gleichstellung **68** 4
- konstitutiver bei Gleichstellung **68** 9
- *über die* Zahl der Pflichtarbeitsplätze **80** 14

Verwaltungsanordnung
- Überwachungspflicht der Schwerbehindertenvertretung **95** 6

Verwaltungskosten
- aus Mitteln des Ausgleichsfonds **78** 4

Verzeichnis
- Form **80** 5
- Heimarbeiter **80** 3
- Ordnungswidrigkeit **80** 5
- Pflicht zur Führung **80** 2
- Vordrucke der BA **80** 5
- Vorlage an BA und Integrationsamt **80** 3, 11

Verzicht
- *auf* Arbeitslosengeld **51** 14
- *auf* Freistellung von Mehrarbeit **124** 2

Vollmacht
- Antrag auf Gleichstellung **68** 5

Vollstreckung
- *bei* Auskunftsverpflichtung des Arbeitgebers **80** 21
- *bei* Einziehung des Schwerbehindertenausweises **69** 57

Volontäre
- Arbeitsplatz **73** 9

Vorauszahlung
- Erstattung des Fahrgeldausfälle **150** 4, 5

Vordrucke
- Ordnungswidrigkeit **80** 24
- Vordruck der BA **80** 23–25

Vorlesekraft
- als Hilfe zur Unterrichtung über das Zeitgeschehen **58** 4

Vormund
- Aufgaben **60** 2

Vorstellungsgespräch
- öffentlicher Dienst **82** 4
- Teilnahme der Schwerbehindertenvertretung **95** 23

Vorsteuerabzug
- Anrechnung von Aufträgen an WfB **140** 8

Wahl
- zur Schwerbehindertenvertretung
  - Kosten der Wahl **94** 33
  - Mehrheitswahl **94** 30
  - *der* Schwerbehindertenvertretung **94** 1–37
  - vereinfachtes Wahlverfahren **94** 31
  - Wahlanfechtung **94** 36, 37
  - Wahlschutz **94** 34, 35

Wahlanfechtung
- Anfechtungsberechtigte **94** 36
- Wahl zur Schwerbehindertenvertretung **94** 32, 36, 37

Wahlordnung Schwerbehindertenvertretungen
- **Anh 1**
- Verordnungsermächtigung **100** 2, 3

Wahlvorstand
- Kündigungsschutz **94** 95

Weltgesundheitsorganisation (WHO)
- Begriff der Teilhabe **1** 8

Werkstatt für behinderte Menschen (WfB)
- Allgemeines **136** 1–3
- Anerkennung **142** 2–8
  - Antrag **142** 4
  - Einvernehmen mit Sozialhilfeträger **142** 6
  - Wirkung **142** 9
  - Zuständigkeit **142** 4
- angegliederte Einrichtungen **136** 19–21
- Anrechnung von Aufträgen auf Ausgleichsabgabe **77** 9
- Anzahl **136** 2
- Arbeitsentgelt
  - Ermessensentscheidung **138** 8
  - Grundbetrag **138** 7
  - Steigerungsbetrag **138** 9
- Arbeitsplätze **136** 10
- Aufenthalt
  - Dauer **137** 7
- Aufgabe **136** 5–9
- Aufnahme **137** 1–6
  - Rechtsanspruch **137** 2
  - regionaler Bezug **137** 3
  - stationäre A. **137** 4
- Begriff **136** 4
- Berufsbildungsbereich **136** 10
  - Leistungen **40** 3–5
- Berufsbildungsplätze **136** 10
- Eingangsverfahren **136** 20
  - Leistungen **40** 2
- Einzugsgebiet **137** 3
- Fachausschuss **136** 20
- Fremdgefährdung **136** 17
- Gleichgestellte **136** 5
- Kosten **137** 5

- Leistungen in Werkstätten für behinderte Menschen, *siehe dort*
- Personal **136** 11–13
  - Fachkraft **136** 11
  - Fachkraftverordnung **136** 11
  - Gesellen **136** 12
  - Meister **136** 12
  - Sozialarbeiter **136** 13
  - Sozialpädagoge **136** 13
  - Werkstattleiter **136** 11
  - Zahlenverhältnis **136** 12
- Rechtsverhältnis **138** 1–3
  - arbeitnehmerähnliche Personen **138** 2, 3
- *als* Rehabilitationseinrichtung **19** 3; **21** 10
- Selbstgefährdung **136** 17
- stationäre Unterkunft § **137** 4
- Träger **136** 20
- Verfügbarkeit auf Arbeitsmarkt **136** 6
- Verordnungsermächtigung **144** 1–3
- Verzeichnis **142** 7
- Weiterbeschäftigung **137** 1
- Werkstattrat **139** 1–12
- Werkstättenverordnung **136** 9; **Anh 3**
- Werkstattvertrag **137** 7; **138** 8–11
- wirtschaftliche vertretbare Arbeitsleistung **136** 14, 15
- Zugang **136** 14–18
  - Altersbegrenzung **136** 18
  - Fremdgefährdung **136** 17
  - Selbstgefährdung **136** 17

Werkstättenmitwirkungsverordnung
- Allgemeines **139** 1; **Anh 5**
- Aufgaben des Werkstattrates **139** 9–12
- Mitwirkungsrechte des Werkstattrates **139** 11, 12

Werkstattrat
- Allgemeines **139** 1
- Aufgaben **139** 9–12
- Eltern- und Betreuerversammlung **139** 7
- Eltern- und Betreuervertretung **139** 8
- Errichtungspflicht **139** 1
- Geltungsbereich **139** 2
- Geschäftsfähigkeit **138** 16, 17; **139** 2
- Geschlechteranteil **139** 4
- Größe **139** 4
- Mitwirkungsrechte **139** 11
- Wahl
  - Durchführung der Wahl **139** 6
  - Kosten **139** 6
  - Wahlvorstand **139** 6
- Wahlberechtigung **139** 5
- Wählbarkeit **139** 5

Werkstättenverordnung
- Allgemeines **136** 9

Werkstattvertrag
- Anspruch auf W. **138** 12
- Blankettverweisung **138** 13
- Dauer der Aufnahme in WfB **137** 7, 8
- deklaratorische Wirkung **138** 13
- Inhalt **138** 15
- Schriftform **138** 14
- Zustimmung der Sozialleistungsträger **138** 14

Wertmarken
- Einnahmen **152** 1–4
  - Abführung der Einnahmen **152** 4
  - Aufteilung zwischen Bund und Ländern **152** 2
  - bundeseinheitlicher Anteil **152** 3
- Erfassung **153** 1–5
- für unentgeltliche Beförderung
  - Ausgabebehörde **145** 21
  - Begleitperson **145** 25
  - Kosten **145** 27
- Verordnungsermächtigung **153** 1

Widerruf
- der Gleichstellung **116** 9–11

Widerspruch
- *bei* Ablehnung der Mehrfachanrechnung **76** 13
- *bei* Ablehnung der Schwerbehinderteneigenschaft **69** 59
- aufschiebende Wirkung
  - *gegen* Erlöschen des Amtes als Vertrauensperson **94** 45
  - *gegen* Festsetzung der Ausgleichsabgabe **77** 15
  - *gegen* Zustimmung des Integrationsamtes **88** 11
- *des* Betriebs-/Personalrats **84** 8
- *gegen* Entziehung der besonderen Hilfen **117** 11
- *gegen* Festsetzung der Ausgleichsabgabe **77** 13
- *gegen* Feststellung der Pflichtarbeitsplätze **80** 16
- *bei* Gleichstellung **68** 11
  - *bei* Rücknahme der Gleichstellung **116** 13
  - *bei* Widerruf der Gleichstellung **116** 13
- *gegen* Kündigung **90** 10, 11
- *gegen* Zustimmung des Integrationsamtes
  - zur außerordentlichen Kündigung **91** 32, 33
  - zur ordentlichen Kündigung **85** 32, **89** 31

Widerspruchsausschuss
- beim Integrationsamt **89** 20
- Amtszeit **119** 8
- Anhörung **121** 2
- Befangenheit **121** 3
- Ehrenamt **119** 8
- Erlöschen des Amtes der Vertrauensperson **94** 39
- Geschäftsführung **117** 4
- Mitglieder **119** 4
- öffentlicher Dienst **119** 6
- Verfahren **121** 2, 3
- Vertrauensperson **119** 2, 4

Stichwortverzeichnis

Fette Zahlen = §§

- Vertreter **119** 3, 5
- Zusammensetzung **119** 2, 3
- bei der Bundesagentur für Arbeit **68** 9, **76** 9
  - Anhörung **121** 2
  - Befangenheit **121** 3
  - Geschäftsführung **117** 4
  - Mitglieder **120** 2
  - Verfahren **121** 2, 3
  - Vorschlagsrechte **120** 5, 6
  - Widerruf/Rücknahme der Gleichstellung **116** 13
  - Zusammensetzung **120** 3–6

Widerspruchsbescheid
- Widerspruchsausschuss **118** 2
- Widerspruchsverfahren **118** 3

Wiedereinstellung
- *nach* Aussperrung **91** 30, 31
- Schadensersatz **90** 13
- *nach* Streiks **91** 30, 31
- *nach* witterungsbedingten Entlassungen **90** 13
- Zusage des Arbeitgebers **90** 15

Winterausfallgeld
- Berechnung des Regelentgelt bei Bezug von **47** 9

Wintergeldzuschuss
- Anrechnung auf Übergangsgeld **52** 9

Wirtschaftsausschuss
- Teilnahmerecht der Schwerbehindertenvertretung **95** 29

Witterungsbedingte Entlassungen
- Wiedereinstellung **90** 12
- witterungsbedingte Gründe **90** 13
- Zusage der Wiedereinstellung **90** 15

Wunsch- und Wahlrecht
- Allgemeines **9** 1, 2
- Angemessenheit der Leistungen **9** 4
- Kinder **9** 11
- Pauschbeträge **9** 5
- Sachleistungen **9** 12
- Wunsch des Leistungsberechtigten **9** 7

Zeitungen
- als Hilfe zur Unterrichtung über das Zeitgeschehen **58** 4

Zielsetzung
- *der* Leistungen zur Teilhabe **4** 1, 5–8
- *des* SGB IX **1** 1
  - Benachteiligungsverbot **1** 10–13
  - Selbstbestimmung **1** 6, 7
  - Teilhabe **1** 8, 9

Zielvereinbarungen
- allgemein **BGG 5** 1, 4, 5
- Aufnahme von Verhandlungen **BGG 5** 10
- Barrierefreiheit **BGG 5** 6
- Beitritt **BGG 5** 4
- gem. Verhandlungskommission **BGG 5** 11
- landesrechtliche Regelungen **BGG 5** 17–19

- Mindestanforderungen **BGG 5** 8
- Mindestinhalt **BGG 5** 15
- Mitteilungspflicht **BGG 5** 13, 14
- Präklusionswirkung **BGG 5** 12
- rechtl. Verbindlichkeit **BGG 5** 3
- Überprüfung des Abschlusses **BGG 5** 13
- Verhandlungsanspruch **BGG 5** 12
- Verhandlungspartner **BGG 5** 7
- Verlust des Verhandlungsanspruches **BGG 5** 11

Zinsen
- Verzugszinsen **140** 8

Zivildienstleistende
- anwendbare Vorschriften **128** 11

Zugang
- der Zustimmung des Integrationsamtes zur außerordentlichen Kündigung **91** 12

Zulassung zu Berufen
- Allgemeines **129** 1
- Berufszweige **129** 4
- bevorzugte Zulassung **129** 6
  - sachlicher Grund für Abweichung **129** 7
- Gleichgestellte **129** 3
- öffentlich-rechtliche Zulassung **129** 1
- Rechtsanspruch **129** 2
- Verfahrensfragen **129** 9

Zusammenwirken der Leistungen
- Allgemeines **11** 1, 2
- Bundesagentur für Arbeit
- gutachterliche Stellungnahme **11** 4
- Integrationsamt **11** 6
- Mitwirkung der Rehabilitationseinrichtungen **11** 4

Zusatzurlaub
- Abgeltung **125** 24, 25
- Allgemeines **125** 1
- Antrag **125** 12
- Anwendungsbereich **125** 5–10
- Arbeitsleistung **125** 14
- Beamter **125** 7
- Bundesurlaubsgesetz **125** 3
- Dauer **125** 15–19
  - Bruchteile von Tagen **125** 19
  - Erhöhung **125** 16
  - laufendes Kalenderjahr **125** 15
  - Sonntagsarbeit **125** 17
  - Teilzeitbeschäftigte **125** 18
  - Verringerung **125** 17
  - Zwölftelung **125** 19
- einstweiliger Rechtsschutz **125** 33
- Entgeltfortzahlung **125** 4
- Erlöschen **125** 21–24
- Gleichgestellte **125** 6
- Günstigkeitsprinzip **125** 28
- Hessen **125** 15
- Mindesturlaub **125** 2
- Richter **125** 7
- Saarland **125** 9
- Schadensersatz **125** 24

Magere Zahlen = Rdnr.

- Soldaten **125** 7
- Tarifvertrag **125** 28
- Teilzeitbeschäftigte **125** 6, 18
- Übertragbarkeit **125** 22
- Unabdingbarkeit **125** 2
- Urlaubsentgelt **125** 4
  - Heimarbeiter **125** 4
- Urlaubsgeld **125** 26
- Verlangen des Arbeitnehmers **125** 22, 23
- Verweigerung durch Arbeitgeber **125** 11
- Wartezeit **125** 13

Zu schützender Personenkreis im BGG
BGG 1 1

Zuständigkeitsklärung
- Allgemeines **14** 1, 2
- Antragsweiterleitung **14** 7–9
- Bundesanstalt für Arbeit **14** 6
- Erstattung von Leistungen
  - Erstattungsanspruch **14** 4
  - Erstattungsverfahren **14** 11, 12
- Feststellung der Zuständigkeit **14** 3
- Feststellung des Rehabilitationsbedarfs **14** 7
- Gutachten **14** 9
- *bei* Hilfen im Arbeits- und Berufsleben **102** 18
- Leistungen von Amts wegen **14** 10
- vorläufige Zuständigkeit **14** 4

Zustellung
- der Zustimmung des Integrationsamtes
  - zur außerordentlichen Kündigung **91** 12
  - zur ordentlichen Kündigung **85** 24; **88** 4, 5

Zustimmung
- des Integrationsamtes bei Kündigungen **85** 14–27
  - Antrag des Arbeitgebers **87** 2–6
  - zur stufenweise Wiedereingliederung **28** 4
  - Ausnahmen zur Zustimmungsbedürftigkeit **90** 1–16
  - Ermessensentscheidung **89** 1–20; **91** 11–13
  - Fiktion der Zustimmung **91** 9
  - Frist für Entscheidung **88** 2
  - gütliche Einigung **87** 18, 19
  - nachträgliche Zustimmung **85** 30
  - Verfahren **88** 1–14
  - vorherige Zustimmung **85** 30
  - Weiterbeschäftigungsmöglichkeit
  - Widerspruch gegen **85** 32, **89** 20
  - Zuständigkeit **87** 7

Zweckvereitelung
- Zugang der Kündigungserklärung **90** 3

Zwischenmeister
- Begriff **127** 5